胡風主編期刊彙輯

第五冊

北京魯迅博物館 編

國家圖書館出版社

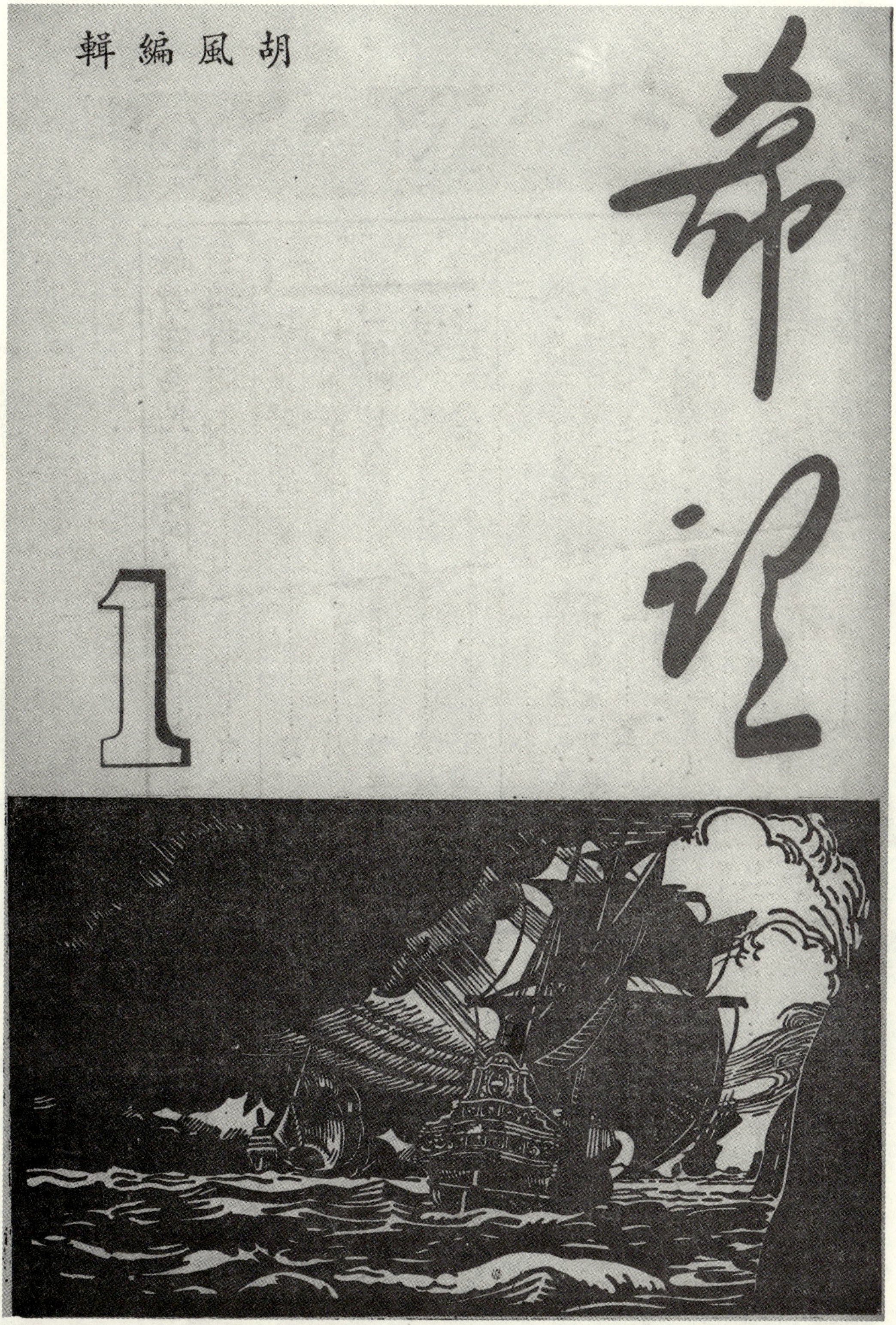
胡風編輯
希望
1

·目錄·

希望

第一集 第一期

三十四年十二月上海重版

編輯兼出版者 希望社

主編兼發行人 胡 風

總發行所：

五十年代出版社

重慶鄒容路四十號

上海總發行：

中國文化投資公司

上海威海衛路五八七號

電話：三九八九一

價目：

本期零售四百元

外埠郵費在內

掛號照章另加

徵求基本訂戶五千戶辦法：

一、凡一次繳交書款二千元者，即列入本刊基本訂戶。
二、凡入本刊基本訂戶，得享八折優待並奉送平寄費及包紮費。（掛號自理）
三、本刊出版時儘先寄發基本訂戶。
四、本刊如中途停刊，或讀書興趣轉移，其存款可通知改訂其他刊物或本社書籍。
五、本社所出「讀書新聞」，凡訂購本刊者，按期奉送一冊。

致讀者：

一、願意廣收同好者底來稿，凡文藝創作和文化批評，不論哪一類（暫不收純學術性的文章）也不論長短，由幾百字到兩三萬字，除了我們認爲不好，或者實際是好的但我們不能理解的以外，都願發表。
二、短稿請留底子，長稿附有退件郵票者不用，時當退還。
三、來稿請用有格稿紙按格抄寫，這對于編者，排校者是一大恩惠。
四、爲了節省彼此的時間精力，凡中庸的議論或虛僞的聲音，請免寄。
五、來稿決定發表時即發通知，發表後即寄發表費。
六、來稿請寄中國文化投資公司。

寄從「黑夜」到「天亮了」的讀者們

經過了八年來的苦難和犧牲，戰鬥和考驗，我們終於走到了這歷史轉換點的一天。在這一天，久別的人重逢了，未知的人見面了，這時候當各各有着痛苦與歡欣，難言的感慨與新生的希望罷。

而我們，就把這一份「希望」寄給了讀者。這一本，連同即將續出第二，第三兩本，還是在敵人投降之前編成付印的，但我們相信，這些里面所表現的中國人民底痛苦與歡欣，難言的感慨與新生的希望，因爲是在八年間的大的歷史里面所孕育出來的，不但還生動地活在「勝利」鍛鍊後不久的今天，而且還要生動地活在今後五年十年當中的艱苦的歷史進程里面。當然，和大洋似的祖國底歷史內容相比，這些不過是一些波峯罷了，然而，大洋底呼吸不是表現於波峯底應和，波峯底連續不是表現了大洋底生命的無限麼？

在勝利後編成的第四本里，有一位詩人唱了：「終點，又是一個起點」。是的，歷史是要繼續前進的，在這個終點與起點之交，我們和讀者，要在經過了苦難，忍受着苦難，但却逐漸堅強起來的中國人民里面，追尋新生的路，奪取新生的路。

一九四五年十一月一日寄自重慶——胡風

文藝是國民精神所發的火光。同時也是引導國民精神的前途的燈火。這是互爲因果的，正如麻油從芝麻榨出，但以浸芝麻，就使牠更油。倘以油爲上，就不必說；否則，當參入別的東西，或水或鹼去。中國人向來因爲不敢正視人生，只好瞞和騙，由此也生出瞞和騙的文藝來，由這文藝，更令中國人更深地陷入瞞和騙的大澤中，甚而至於已經自己不覺得。世界日日改變，我們的作家取下假面，眞誠地，深入地，大胆地看取人生並且寫出他的血和肉來的時候早到了；早就應該有一片嶄新的文場，早就應該有幾個凶猛的闖將！

現在，氣象似乎一變，到處聽不見歌吟花月的聲音了，代之而起的是鐵和血的贊頌。然而倘以欺瞞的心，用欺騙的嘴，則無論說A和O，或Y和Z，一樣是虛假的；只可以嚇啞了先前鄙薄花月的所謂批評家的嘴，滿足地以爲中國就要中興。可憐他在「愛國」的大帽子底下又閉上了眼睛了，——或者本來就閉着。

沒有衝破一切傳統思想和手法的闖將，中國是不會有眞的新文藝的。

魯迅（一九二五年）

置身在為民主的鬥爭里面

胡風

一

今天，在全世界的規模上，帶着深刻的精神鬥爭，也引發着深刻的精神改造，民主在流血……。

當批判的現實主義在人類解放鬥爭里面爭到了進一步的發展，文藝底戰鬥性就不僅僅表現在爲人民請命，而且表現在對於先進人民底覺醒的精神鬥爭過程的反映里面了。中國的新文藝，當它誕生的時候就帶來了這種先天的性格，因爲，中國的新文藝正是應着反抗封建主義的奴役和帝國主義的奴役的人民大衆底民主要求而出現的。

如果說，意識鬥爭底任務是在於摧毀黑暗勢力底思想武裝，由這來推進實際鬥爭，再由實際鬥爭底勝利來完成精神改造，那麼，新文藝就一直是在艱苦里面執行着這個任務的。……新文藝底這個革命的傳統，使新文藝投身到戰爭底要求里面，七年多以來，一方面向渴血的日本法西斯及其幫兇封建買辦法西斯作戰，一方面發揚了也保衛了人民大衆底忍受痛苦，忍受犧牲的英雄主義和正視現實，堅信自己的樂觀主義的精神。

今天，民主在流血。爲摧毀法西斯主義而流血，爲爭取民族底自由解放而流血，爲爭取人民底自由解放而流血。如果說，沒有人民大衆底自由解放，沒有人民大衆底力量底勃起和成長，就不可能摧毀法西斯主義底暴力，不可能爭取到民族底自由解放，如果說，不是自由解放了的人民大衆，那所要爭得的自由解放的民族不過是拜物教底幻想里面的對象，那麼，現實主義的文藝鬥爭底目標，例如對於毒害人民大衆的封建主義的控訴，對於燃燒在解放願望和解放鬥爭里面的人民大衆底精神動向的保衛和發揚，……就正深刻地反映了民主主義底要求。

二

然而，文藝創造，是從對於血肉的現實人生的搏鬥開始的。血肉的現實人生，當然就是所謂感性的對象，然而，對於文藝創造（至少是對於文藝創造），感性的對象不但不是輕視了或者放過了思想內容，反而是思想內容底最尖銳的最活潑的表現。不能理解具體的被壓迫者或被犧牲者底精神狀態，又怎樣能夠揭發封建主義底殘酷的本性和五花八門的戰法？不能理解具體的覺醒者或戰鬥者底心理過程，又怎樣能夠表現人民底豐沛的潛在力量和堅強的英雄主義？

從對於血肉的現實人生的搏鬥開始，就正是爲了思想鬥爭底要求，而且是爲了在最眞實的意義上執行這個要求；對於作家，思想立場不能停止在邏輯概念上面，非得化合爲實踐的生活意志不可。如果說，眞理是活的現實內容底反映，如果說，把握眞理要通過能動的主觀作用，那麼，只有從對於血肉的現實人生的搏鬥開始，在文藝創造里面才有可能得到創造力底充沛和思想力底堅強。

爲了從目前氾濫着的，沒有從現實人生取得生命的文藝形象底虛僞性，卽所謂市儈主義脫出，在文藝的思想鬥爭上，首先就要提出這一個基本的要求。

然而，對於血肉的現實人生的搏鬥，是體現對象的攝取過程，但也是克服對象的批判過程。不過，在這里，批判的精神必得是從邏輯的思維前進一步，在對象底具體的活的感性表現里面把捉它底社會意義，在對象底具體的活的感性表現里面溶注着作家底同感的肯定精神或反感的否定精神。所以，體現對象的攝取過程就同時是克服對象的批判過程。這就一方面要求主觀力量底堅強，堅強到能夠和血肉的對象搏鬥，能夠對血肉的對象進行批判，由這得到可能，創造出包含有比個別的對象更高的眞實性的藝術世界；另一方面要求作家向感性的對象深入，深入到和對象底感性表現結爲一體，不致自得其樂地離開對象飛去或不關痛癢地站在對象旁邊，由這得到可能，使他所創造的藝術世界眞正是歷史眞實在活的感性表現里的反映，不致成爲抽象概念底冷冰冰的繪圖演義。

從這一理解出發，才能夠和目前泛濫着的，沒有思想力底光芒，因而也沒有眞實性底迫力的形象底平庸性，即所謂客觀主義進行文藝思想上的鬥爭。

在現實鬥爭里面，法西斯主義和封建主義在進攻，在肆虐，民主的力量或人民底力量在受難，在崛起。這是一個繼往開來的總結性的歷史鬥爭，它底意義流貫到一切的社會領域，即使在最平凡的生活事件或最停滯的生活角落里面，被這個鬥爭要求所照明，也能夠看出眞槍實劍的，帶着血痕或淚痕的人生。在這個時候的作家，不管他掛的是怎樣的思想立場的標誌，如果他只能用虛僞的形象應付讀者，那就說明了他還沒有走進人民底現實生活，如果他流連在形象底平庸性里面，那就說明了，即使他在「觀察」人民，甚至走進了人民，但他所有的不過是和人民同床異夢的靈魂。

三

問題還可以前進一步。

在對於血肉的現實人生的搏鬥里面，被體現者被克服者既然是活的感性的存在，那體現者克服者的作家本人底思維活動就不能夠超脫感性的機能。從這里看，對於對象的體現過程或克服過程，在作爲主體的作家這一面，同時也就是不斷的自我擴張過程，不斷的自我鬥爭過程。在體現過程或克服過程里面，對象底生命被作家底精神世界所擁入，使作家擴張了自已；但在這「擁入」的當中，作家底主觀一定要主動地表現出或迎合或選擇或抵抗的作用，而對象也要主動地用它底眞實性來促成、修改、甚至推翻作家底或迎合或選擇或抵抗的作用，這就引起了深刻的自我鬥爭。經過了這樣的自我鬥爭，作家才能夠在歷史要求底眞實性上得到自我擴張——這藝術創造底源泉。

今天，作家要眞誠地承認而且承受這個自我鬥爭。

說是作家要深入人民，說是作家要與人民結合。然而，怎樣深入，又怎樣結合呢？首先，當然要求一個戰鬥的實踐立場，和人民共命運的實踐立場，只有這個倫理學上（戰鬥道德上）的反客觀主義，才能夠杜絕藝術創造上的客觀主義底根源。但這還只是解決問題的基本條件，猶如游泳須在水里，但在水里並不就等於游泳一樣。

作家應該去深入或結合的人民，並不是抽象的概念，而是活生生的感性的存在。那麼，他們底生活欲求或生活鬥爭，雖然體現着歷史的要求，但却是取着千變萬化的形態和複雜曲折的路徑；他們底精神要求雖然伸向着解放，但隨時隨地都潛伏着或擴展着幾千年的精神奴役的創傷。作家深入他們，要不被這種感性存在的海洋所淹沒，就得有和他們底生活內容搏鬥的批判的力量。

一般地說，這就是思想的武裝。然而，這里且不論這思想的武裝是怎樣形成，但要着重說明的有一點：它並不等於憑藉「思辨的頭腦」去把握世界（馬克思），它底搏鬥過程始終不能超脫感性的機能，或者說，它一定得化合爲感性的機能。我們把這叫做實踐的生活意志，或者叫做被那些以販賣公式爲生的市儈們所不喜的人格力量，也可以的。

但實際上，作家正是各各帶着他底「思想武裝」深入人民，與人民結合的。或者是一些抽象的理論教條，或者是一些熟悉的感情習性，或者是一些強烈的處世願望……，當然，最多的是這些的複雜的結合形態。作家就各各帶着了這樣的「思想武裝」。從這里，和人民的結合過程，對於對象的體現和克服過程，就必然要轉變爲作家自己底分解和再建過程，這就出現了前面所提出的深刻的自我鬥爭。

承認以至承受了這自我鬥爭，那麼，從人民學習的課題或思想改造的課題從作家得到的回答就不會是善男信女式的懺悔，而是創作實踐里面的一下鞭子一條血痕的鬥爭。一切偉大的作家們，他們所經受的熱情的激盪或心靈的苦痛，並不僅僅是對於時代重壓或人生煩惱的感應，同時也是他們內部的，伴着肉體的痛楚的精神擴展的過程。

通過了這樣的自我鬥爭，一方面，對象才能夠在血肉的感性表現里面湧進作家底藝術世界，把市儈的「抒情主義」或公式主義驅逐出境，另一方面，作家底思想要求才能和對象底感性表現結爲一體，使市儈的「現實主義」或客觀主義只好在讀者面前現出枯萎的原形。

我們說，這是現實主義的鬥爭。

四

今天，我們要堅持這個鬥爭，推進這個鬥爭。

市場上充滿了色情的作品，怪誕的作品，有閒趣味的作品，奴才道德的作品，這現象是進步的作者和讀者所感到痛心疾首的。然而，用什麼和這些對抗呢？當然，要和培植這些，獎勵這些的社會勢力作鬥爭，但在文藝本身，就需要爭取現實主義得到勝利，爭取文藝作品能夠在生龍活虎的感性力量里面反映這時代的人生眞理，用這奪回能夠奪回的，尋求刺激的苦悶的讀者，用這培養在生活鬥爭里面尋求道路的千千萬萬的讀者。因爲，任何反人民的，或者和人民游離的有害的社會現象，只有在人民勃起的過程上面，在爭取民主勝利的鬥爭過程上面才會受到歷史底公平的審判。

所以，偉大的民主鬥爭，固然不僅僅是文藝上的目標，但在文藝創造的思想要求上面，對於法西斯主義和封建主義的控訴，對於幾千年累積下來的各種程度各種形式的奴才道德的鞭撻，對於人民底潛在力量的發掘，對於人民底解放願望以至解放鬥爭的發揚，不正是民主主義底最中心的思想綱領麼？但眞正有力量擁抱這樣的思想要求的，只有現實主義，眞正有力量把這樣的思想要求體現在眞實的藝術世界里面的，更只有現實主義。

舊的人生底衰亡及其在衰亡過程上的掙扎和苦痛，新的人生底生長及其在生長過程上的歡樂和艱辛，從這里，偉大的民族找到了永生的道路，也從這里，偉大的文藝找到了創造的源泉。

爲了文藝，雖然也不僅僅是爲了文藝，我們要爲現實主義底前進和勝利而鬥爭！

一九四四，十月七日，渝郊避法村

箭頭指向——

阿壠

詩是赤芒衝天直起的紅信號彈！

攻擊！攻擊前進！

詩是攻擊前進的紅信號彈！

今天，詩和詩人底任務是：A、作爲抗日民族戰爭底一彈；B、作爲抗日民族戰爭底一員。

反侵略——從抗日民族戰爭躍進，同時也就意味了抗日民族戰爭哨位底加強。

反反民主——

掃蕩漢奸，準漢奸和第五縱隊。

詩是那種自己也不知道地說了謊話而自己竟又相信起來的，那種謊話麼？

寧可有孔雀底金藍的一翎，而沒有麻雀底微小的雙翅麼。

或者，寧可有麻雀底微小的翩翔的雙翅，而沒有孔雀底盛裝的金藍的全羽麼。

假使抒寫僅僅的一句而是詩，我要的；假使著吟滔滔的一萬行而並不是詩，我要什麼！

假使爲好看，請用紅綠顏料寫作吧，假使爲好聽，請用絲絃樂器演奏吧。

詩應該超出色調，節奏的；否則，深入它們之間，突入它們之內！

詩是一團風暴的進行。

當風暴來了的時候，死寂的世界突然呼吼起來，激動的枯林要飛躍而去——就是那青青的山峯，也將一一拔盡的樣子，沒有永遠的沉默，沒有永遠的沉靜。

世界動了，整個在同一旋律裏。

詩是復活的偉大力量。

詩也是摧毀的偉大力量。

當風暴來了的時候，枯木連根從土地一拔而出，黃葉連枝從森林一掃而空，巨大的岩石也高高地飛起雲中，然後再從那雲中作一瞬萬尺的急降，把自己跌得粉碎化作四面飛迸的火星，也打爛了那個正和它接觸的哲學的禿頭。……

所以詩不是呻吟，沒有呻吟。

但是那嗚咽的流泉呢，那朝陽下的露珠呢，那飲露珠而和流泉唱和的小鳥呢，那小鳥所棲的綠枝之下披髮徘徊的人兒呢？

……

那僅僅是呻吟。

詩裏，假使也不免有抑鬱的影子，但是那呻吟，至少也應該是戰鬥的呻吟。

從那戰鬥裏，他帶着夕陽下的纖長的影子向樹林緩步着走來，在一塊石頭邊放下了赤刃的劍，在一灣水中洗淨了流血的箭傷。淡淡的黃昏來了，圓圓的明月上來，於是在細草一片之上躺了下來或者坐了下去低低地嘆息了一聲戰士的嘆息。

詩是烈火，和旭日一樣在清晨的原野上紅光四照的烈火。

詩是烈火，它使人遠遠地就覺到了溫暖，覺到了光明。近呢，使善的，美的，同化爲輝煌的烈焰；使惡的，醜的，淨化爲烏有的死灰。煤和劍輝煌金碧；黃葉和屍骸虛無烏有。

但是是怎樣的烈火呢？

詩是，人類底感情的烈火。有輻射的熱，有傳達的熱，有對流的熱。

詩是一粒種子，種在那裏是要在那裏開出花來，生下根去的。

不僅僅開滿枝滿樹芬芳的穠花，而且更結滿園滿圃肥碩的蜜果。

但是在今天牠却是一粒爆炸的手榴彈！鋼的爆炸！火藥的爆炸！……

一種一和三千之比的突然的體積的澎漲，一種突發的，甚至野蠻的向外的壓力。

粉碎一切！

情感底爆炸，力量底爆炸！

但是詩哪裏是誇張的辭藻呢。

那是大出喪儀仗的嚮導神：顏色塗染的，紙紮的，不禁風雨的，一戳即破的，——倒是眞值得跟在背後哭泣的呢。

詩是需要高大的靈魂和闊大的感情的，即使只在小小的一首裏。

詩是自內而外的，不是自外而內的。

所以，微末的修飾作主之處，詩是被篡奪了的。

我不能承認有所謂詩人的那種特殊的人。

當農夫撫摩讚嘆那綠玉一樣的自己辛勤種植出來的瓜果的時候，那個農夫就是詩人。

當工人鏗鏘椎擊那赤屑飛迸的鑄鐵而情不自禁大發哼吼的時候，那個工人就是詩人。

當嬰孩注視母親滿臉笑窩呀呀學語的時候，那個母親就是詩人。

所以，在今天，詩人是歷史的人。

當一切的花失去芬芳的日子，芬芳的那一朵自然給了特殊地位了。

詩人是在商品世界之中不失其赤子之心的一種特殊的人。

詩人是火種，他是從燃燒自己開始來燃燒世界的。

他不是異人，是凡人。他不是不食煙火的人，是老老實實的人。他不是精神貴族，是活生生的血肉。

他也不是虫吃空了的軀殼，像沒有金身的徒然被香花供奉着的神龕。

自然，他也是不免有弱點的人，甚至有那很嚴重的弱點的人，像揮劍斬龍濺血而沐的時候給偶然飛落的一片枯樹葉遮沒了身體底小小的某一塊的人，——唯一的弱點，也就是致命的弱點；小小的弱點，却正是致命的弱點。他是這樣的一個人。

詩人不是行列之前的號兵，而是行列之內的戰鬥兵。

那末，詩句呢？——

詩句，不是有響亮的節湊誘導萬人的隊伍前進的號聲，而是一個戰士從事白刃戰以打擊敵人在那生死的一瞬從巨大的胸中吼出的洪濤的一聲『殺』聲。

虎嘯是詩句，學虎叫就不是詩句，不管你學得最好。

鶯啼是詩句，學鶯啼就不是詩句，不問你學得更好。

是鶯，何必學虎嘯呢，在楊柳曉風之間啼起來就好。

是虎，何必學鶯啼呢，在叢莽皓月之間嘯起來就好。

不要以為自己是鳳凰就驕矜自豪於碧梧枝上吧，連瓦礫之中的蟋蟀也會彈琴的。那是你所學不到的。

不要以為自己是蟋蟀就自慚微末於瓦礫堆中吧。你底彈琴，是世界底衆聲底一聲，那是碧梧枝上的鳳凰也學不到的。

詩人不是宮庭中為珠光寶器所圍繞的孔雀，他是天空裏和狂風驟雨同飛翔的老鷹。他不要高貴的但是墮落的生活，他要的是，簡單得很，——自由，或者死。

詩人是最傲慢的人，但也是最謙抑的人；是最冷靜的人，但也是最熱狂的人；是最和平的人，但也是最戰鬥的人。

不必一定要歌功頌德，祇要是那種吟風弄月，在眞正的和平沒有到來的時代沉湎於那種和平之中，那種詩，不要給他騙了那是詩；不是的，那祇是一種絲竹雜奏的賣身契！

出賣耶穌的猶大，不是出賣了耶穌，而是出賣了猶大他自己。

賣身投靠的詩人並沒有賣掉了革命，革命並不是一個叛徒底微小的力量可以賣掉的。他所賣掉的，僅僅是他自己可憐而又該死的靈魂。

但是，猶大怎樣使耶穌流血在十字架上，賣身投靠的詩人怎樣使眞理正義受難受害在歷史之中啊！

因此，詩人不但要英勇地給敵人以決定的打擊，並且要堅苦地和內奸不斷地作戰！

因此，詩是宣戰！

因此，詩是口號！

因此，詩本質地是戰鬥的。

詩應該有什麼形式呢？

假使那是名畫底金框，那也好的吧。

但是假使那不幸是金框中的名畫呢！

讓沒有形式的那種形式成爲我們底形式吧。

高漲的春江有什麼形式呢。

那是一種奔放的力量，那是一種潰決的力量啊。那不是栁根盤錯的堤岸約束得住的，那不是綿亙而來的山峽攔截得住的啊。

給牠澎湃的自由吧，還牠激蕩的自由吧，任牠奔騰地自由吧。

祇有那樣，牠會波浪愈闊大，流量愈雄大，——景色也就愈壯大了。

要控制形式，不要顚倒給形式所控制。

善於騎馬的人善於駕馭繮索，他向夾道的杏花追逐春風而去了。不善於駕馭繮索的，他立刻從馬背上跌了下來，沒有馳騁到五百步，幾乎連頭骨也跌折了。馬呢，馬已經脫繮斷索而飛，早已越過三個青峯去了。

善於駕馭繮索的，有人底自由；不善於駕馭繮索的，祇有繮索底自由。

走馬看花的先生們才需要繮索和鞍鐙，蒙古人祇有一握的馬鬣而已。

我們底可憐的形式主義者，是自己先找來六塊薄木板拚好，釘好，然後再自己鑽爬進去，在那個棺材裏面向世界歌唱他自己底傑作的。

我們底另一種形式主義者，是在舞台上擺擺做作的架子，用空洞的噪吼唱黑頭的。

詩底排列歸納於：

力的排列和美的排列。

力的排列，以詩底內在的旋律爲本質，而定爲某一形式，使詩底血肉浮雕地凸出。

美的排列，有爲音節的美，屬於聽覺底和諧，有爲行列的美，屬於視覺底參差，更近於形式地純粹了的。

以力的排列爲主。

但是，美的排列之終極，也在求那內在的旋律表達底鮮麗婉轉。

僅僅以自己懂得的語言爲語言的，那是走不出鄉里的人物。

不幸我們底詩人，同樣是僅僅以自己熟諳的詩爲詩的。

滿足，似乎是一個天才底特權；但是對於一個天才那是怎樣沒有益處的特權。

海是沒有滿足的，所以有海之大。

海由涓滴而大，爲什麼你——詩人在珍饈方丈之前如甘地一樣絕食？

爲什麼你又立在高蹻之上俯視而笑平常人底高度的旁邊的人？……

戰鬥，對於敵人底隊伍自然是無情的；但是對於自己底伙伴又自然是多情的。

既然戰鬥了，就需要那個勇敢了，甚至幾乎成爲胆大妄爲的那個勇敢。

但是更重要的是堅定，那個老謀深算的堅定。

勇敢是野火一樣容易熄滅的，堅定是海潮一樣頑強不去的。

眞正的和平是沒有呻吟和屈叫的，沒有呵叱和咒咀的，沒有禱告和夢囈的，在晴霽千里的天空之下。

眞正的和平是虫聲，鳥聲，松聲，流水聲，人底笑聲，和歌聲和諧交響的，在淺草繁花的春城之內。

這也就是詩人用熱烈的聲音所祈禱的，用無畏的戰鬥所爭取的。

與其生活於金鎖之間，不如慘死於黑鐵之下。

詩人是最懂得生活的，最忠於生活的，而且是最有提高生活的創造的能動作用的。

一首小詩底字數不妨比任何一篇文章底都少，但是一首小詩所說着和說了的話必須比一套高談闊論底多。

長詩呢，它決不是可以隨手拉長的橡皮，它和小詩是偉大歷史的暗示那樣是時代底雄辯。

小詩是一擊的七首。

長詩是千軍萬馬的長征。

有的長詩是補補綴綴的百衲衣，似乎氣象萬千，其實寒傖已極。

有的長詩是拚拚湊湊的千人針，似乎有神憑附，實則無靈可乞。

終日長嘶的蟬終於使人厭惡那種嘩噪，最高的聲音就是最單調的聲音。

嘩噪和單調只有使人疲倦之處，於是人就聽而不聞，清風過耳。

有的小詩似乎是用墨水已乾的鋼筆寫出的，那麼稀稀朗朗的，那麼斷斷續續的，沒有形象，沒有情感，甚麼也沒有，除掉偶然湊在一起的幾個鉛字構成的虛偽的節奏，那個叫做詩的東西。

向太陽的，得太陽。

禮讚太陽的，自己紅光滿臉若火球飛旋於沙坵之上。

當乞丐看人那樣剔牙齒的樣子的時候，詩人只用幾個簡錄的字就造塑了那個鬼氣森然的形像。

不要祇從簡潔而生動的繪畫技巧去欣賞那一首好詩，去稱讚那一個詩人；要緊的是理解字句底經濟的來處，原來是詩人底靈魂底深湛，——那從他自己底靈魂向人底靈魂的跳躍，那跳躍途中所發生的燦爛的火花。

怎樣才能擁有那大的形象力呢！

笑街頭詩麼！——

笑人淺薄的恰好笑着的正是他自己底淺薄處。

萬粒泥沙也埋沒不了一粒金子的；就是十萬吧，就是萬萬吧，就是恆河沙數吧，又那裏埋沒得了。不論那反對是什麼性質：是反 還是嫉妒，是恐怖還是狂妄，是防禦還是攻擊，總的目的是埋沒，——不，埋葬這個新生的嬰孩，這個第一聲啼叫就聲音大得使他們驚恐的。

笑街頭詩是詩底墮落，好的！……

你儘把自己關鎖在那個象牙塔裏吧，吃在那裏，喝在那裏，拉在那裏，死，——也自然在那裏了。

或者，你儘雲雀一樣唱，一樣飛吧；你雲雀，飛吧，向上飛，向上飛，不斷地向上飛，直到你底歌曲這人間什麼也聽不到。

你說是蓮花落，它就是蓮花落了麼？

我們底理解是，原來詩是人間的：把金身送入了那個沉檀玲瓏彫刻的神龕，把瓶裏那束鮮花移種於那片春風萬里的原野，正像把詩發展到街頭，那是，還給它那個它原來應有的地位。

而且我們目前還這樣抱憾着呢：歷史的局限性推動着這一發展而又給這一發展一種羈絆，正像繮索給一匹神駿的馬的那樣的羈絆，放開牠底向前奔跑，同時又勒住牠底向前奔跑。這是，在目前，這個街頭詩運動，牠不是自內而外而是自外而內的，甚至可以說不是自下而上而是自上而下的。

街頭詩不得不是口號，不得不是標語，與其說形式底類似不如說本質底同一。

當一個戰士手挺白刃奔近敵人而彼此呼吸這樣相觸的一瞬，不可能也不需要那堂堂正正的偉論，那洋洋灑灑的雄辯，那浩浩蕩蕩的高唱，那淋淋漓漓的痛罵，什麼也不可能，什麼也不需要，有的，只是他憤怒豪勇的一吼，那個全神灌注，全力奔赴的一聲「殺」。

革命高潮的日子，血肉相搏的戰地，是沒有喘息的餘暇的，既不可能低徊咏嘆，更不需要低徊咏嘆。

不懂得街頭詩，那是他不懂得戰鬥之故；不懂街頭詩人，那是他不是戰士之故。

田間有弱點麼？

有的。

但是我們底優點並不比他底弱點更好啊！

他有歷史的光輝地位和前途。

有所謂諷刺詩者。

牠應該是一隻蜜蜂，不僅僅有蜜，也不僅僅有刺。

對於敵人，牠不是在一邊作冷言冷語的；而是像毒虫底一螫，癢得要命，痛得要命，也就利害得要命了；那種擠眉弄眼的，是無聊的舞台上的低級趣味。我們要注意一個小丑，他不但不可能打擊敵人，適得其反，他是娛樂敵人的，而且他不是辛辣地給人剝下敵人底紙衣紙褲露出寧惡的面目，狼狽的手脚來的，而是用不相干的笑料把同志們底視線轉移，使他忘掉他底任務對象和戰鬥於輕鬆柔軟的情調之下的。

有所謂朗誦詩者。

是不是有朗誦詩底出現，別的就完全沒有聲音了，沒有節奏了？

不是的，從來沒有一首詩，——甚至一句詩是啞的。

朗誦，是詩底動域，不是詩底形式。所以這一運動，與其說是增加詩底種類的，不如說是開拓詩底讀者的。

第一個人作是好的，第二個人作就弄壞了。並不是世界祇要僅僅的一朵花。花是需要千朵萬朵的，需要千枝萬枝的，需要千株萬株的，需要千種萬種的，需要千類萬類的。

他不是創造，那是模倣。

不僅僅如此，他是把庸俗偷襲了天才，把拙劣篡奪了獨創，把醜陋抹殺了艷麗；他是，把瓷瓶中的鮮花拔去，而換置了他底紙花，或者，他把一萬朵假花混雜了那一朵唯一的眞花。

所以詩人中有堂堂正正的革命者，有輝煌的天才，有慨慷激昂的戰士；但是也有偷偷摸摸的僞善者，也有聰明玲利的反動份子，也有花花綠綠的庸人，也有鬼鬼祟祟的小偷，也有空空洞洞的，什麼也沒有，什麼也不是的那種無物之物。

所以，當戰鬥被偷天換日的日子，當革命被抽骨留皮的地方，我們底詩人，應該更有力而大胆地去把握他底歷史，把握他自己，把握他底武器——詩！

詩本來是一種富於戰鬥性的聲音。

、而這個日子！而這個地方！牠是具有更多的，更大的戰鬥性了的，那個有歷史的意義和價值的戰鬥性。

那，那種愛情的聲音是不是多餘的，無聊的呢？

不是的。

愛情是感情底頂點之一。而且也正是給與新的人類的歷史地的重大事業。

沒有爲戰爭而戰爭的那種戰爭的。也不能夠有爲戰爭而戰爭的那種戰爭理解。爲戰爭而戰爭的那種戰爭，那種戰爭理解，那祇是一種希特勒們底主觀中的存在物。

愛情和戰爭是矛盾發展底統一。

沒有大的愛情是不會有大的戰鬥的。

人若沒有了所愛，也就沒有了所憎。

戰鬥以愛情爲起點，又以愛情爲終點，像那圓場上的競走。

假使愛情是那個果肉，那麼戰鬥正是包裹保護那果肉的一種堅皮剛刺的外殼。

詩人底戰鬥，不是英雄主義的；那是集體主義的。

詩人的戰鬥不是孤立的，是屬於羣衆那個戰鬥序列之下的。

這戰鬥多少是浪漫主義的啊，因爲它怎樣強烈地懷着它美麗的夢想啊！

於流血之地，使紅花開綻。

向敵人猛惡成性的或者驚懼失色的臉相，作勝利和無畏的含笑。

給刺倒了再躍起來的，並不是什麼失敗。

跌痛了不再爬起來的，那才是不堪的過失。

詩人底口號必須是而且僅僅是戰鬥！戰鬥！戰鬥！第三個戰鬥！口號，那是他底詩。

一首詩底成功就是一次戰鬥底勝利。戰果相同，所以愉快相同，榮譽相同。

但是我們所期待的，是一次更大的會戰底勝利。

詩人衹有兩種詩：一種是進行曲，一種是凱旋歌。

詩是國際性的，詩人是國際主義的。

因爲，眞理，正義，美學，都是那新的世界底一神教。

因爲，每一個膚色不同的戰士所流出的血色是完全相同的。而且，到血的支流匯流於血的海洋，人衹暈眩于整個一片的艷紅，無從挑剔屬此屬彼的。

詩，因爲是時代的，所以是不朽的。

靈感是什麼東西呢？……

沒有種子，沒有土地，沒有日光和水，怎麼會有花呢？

……沒有沒有花的林間的濃香，谷中的幽香，池邊的淸香，雪裏的冷香的。無花之處的香從有花的地方飄來。花香那樣空靈飄縹的，也完全是物的，不是不可捉摸，不可詰究的。

靈感，是詩人底心對于某種事物的震動。這事物，可以是非眼前的，非直接的；不是不存在而是更高地存在的。撒但從來沒有於聖經以外存在。就是如此吧，他底非人間的馬蹄 驢耳，也是是人間的形象。人所理解的，才成爲人所怪誕的；人所熟知的，才成爲人所幻想的。那種從天而降的靈感，那種東西，衹有比撒但底荒謬可笑更荒謬可笑。那種靈感，一種是自視過高的人底自欺之慰，一種是愚不可及和陰險之至的人底欺人之談。

詩人是天之驕子！

是的。但是天是要人之子背了十字架到地獄去的，並不是給他在人間飲酒食肉的——那樣的人多得很，和盛夏嫩枝上的蚜虫一樣多。

詩人作詩是和產婦坐蓐一樣的：碎裂的痛苦，不是碎裂肢體，而是碎裂靈魂；陶醉的歡喜，不是陶醉肢體，而是陶醉靈魂。

寫成了新的作品獻給世界，誕生了新的人獻給世界。收獲了全生命來的是付出着全生命去的。

無視死的人可以戰鬥。

無視生的人可以戰鬥。

斜帶着帽子就是詩人麼？——

喝醉了烈酒就是詩人麼？——

詩人是謹嚴的，端莊的；不過他不妨在春風吹過之處斜帶着帽子，他可以——而且往往興之所至地喝醉了烈酒。

詩是必須謹嚴的，必須端莊的！

作成了一首好詩就可以死的話，是說，一次戰鬥勝利了，可以死了。

但是爲什麼不看作死至少要等到全部勝利以後呢？——

那麼，又爲什麼不繼續活下去呢？繼續活下去不更好麼？

繼續戰鬥下去不更好麼？繼續擴張戰果不更好麼？繼續突擊勝利不更好麼？

不把握活生生的現在，不可能於夢想的花果之中去接觸未來。

跳過現在去麼？跳到未來去麼？——

有從芽看到花，從花看到果實的；有想望海市蜃樓而作長袍大袖神遊於其間的。這就是現實主義者和那種未來主義的人們之間的分野。

那種未來主義，似乎比我們底現實主義更前進的，更激進的，因此也就更革命的了。但是同時牠又是完全沒有內容的，唯心論的，神祕主義的，從超越革命到不要革命的，——因此也就是反動的了。

那些未來主義的人們，是因爲那些未來主義的旗幟是革命的姿態的，更革命的姿態的，最革命的姿態的。

其實，那些未來主義者是既不屑，又不敢正面現實世界的小小的人物。他們要英勇，但是怕圍繞着英勇的那些苦難；他們要光榮，但是怕鍛鍊着光榮的那些汚辱；他們要勝利，但是怕刺激着勝利的那些潰敗；他們要吞食革命的果食，但是怕播散革命的種子。他們是聰明而實狂妄的，犧牲而實貪婪的，進步而實落伍的，超現實而實反現實的。

那種未來主義，是怎樣空虛的標榜啊，旗幟上雖然有眩麗無倫的顏色，旗幟下只是一無所有。

詩自然就是詩，正像蘋果就是蘋果，寶劍就是寶劍。

但是說詩是詩的人，那意味，是：詩不是政治！

這證明了什麼！除掉說詩人不是政治的動物，——自然那是他自己而已。

其實是不然的。假使不是他不懂得拿起這個政治的武器來，就是，他是立足在一定陣地上勸誘我們繳械的。——不知不覺之間，他仍舊轉到詩正是政治的圈子裏來了。

那些淸高論者．自由主義的人們！——

至於那些頹廢派者底叫囂呢。

不理他們，當你以激烈的衝鋒突入那敵人佔據的森林之中，你是不應該注意一隻吃醉了高粱酒糟，在灰色的泥沼中敞胸橫足地歪斜着的酣睡的豬向你亂發夢囈的。

人不要貪多，一朶花祇有一種顏色。

也不要嫌少，一粒星就是一個世界，一粒穀子也就是一個生命。

假使你底感情是美的，你底詩也一定是美的了。

釋伽牟尼底金身底莊嚴肅穆，不是那些無價的檀木，輝煌的金箔，而是那個棄萬乘之尊爲人間苦行半生的生活。由於有那生活，無價的檀木才更無價起來，輝煌的金箔才更輝煌起來，於是我們底心上才反映着他底輝煌肅穆，寶殿的金身才富麗着他底莊嚴肅穆。

詩人是能夠被騙的，但是不是能夠永久被騙的。

情感原是烈火啊。

當一片枯葉飄然落下，牠也燃燒起來，牠也成爲烈火了。

詩人情不自禁地擁抱了牠。當那枯葉在燃燒中熄滅，冷却，結果變作一堆灰燼了，情感十分自然地捨棄了牠。

無條件地說詩不是叫喊是錯誤。

詩人底叫喊，是情感和詩瓜大的強度。

詩不是叫喊；但是不一定不是叫喊。

詩不是叫喊，是因爲詩不是營業的街頭樂隊之故，那些是嬈嚷而嘶的，大呼小叫的，滑嘴油舌的，有聲無人的。

詩不一定不是叫喊，是因爲詩是人底聲音之故，眞正的人底眞正的聲音，往往有在動盪之間樸素渾厚地發爲叫喊的。

用聲音的叫喊，不是詩。用情熱的叫喊，那才是詩。眞詩和僞詩之間的分別是如此。

首先以戰爭消滅戰爭。

然後有和平的和平。

詩人底戰歌所以是戰鬥底的而又是和平底的。

詩人底頌辭所以是和平底的而又是戰鬥底的。

對於生活的想望愈大，對於世界的失望似乎因此也就愈多了。

其實，一個詩人底更大的失望，那是他底更多的希望底泡沫。

這恰好說明了爲什麼英勇的呼聲中有時有陰鬱的影子。

但是，地球本身底投影，對於渾圓的明月，僅僅是偶然經經地一掠的掩蔽而已。這裏有自然的法則存在着；但是那是幾乎可以說是偶然的的。

即使是憂鬱吧，也不是表面那樣消極的東西；相反，那是一種被壓抑的力流，一種更蘊蓄的戰鬥。因爲，我們這個時代，正可以發露一切人底東西，但是又正沒有可能發露一切人底東西。

黃昏和黎明同色，但是本質的差異極大。

愛情怎樣大，仇恨怎樣大。

詩人歌頌光明。而且通過那無上的智慧和最高的意志歌頌明天的光明。在這一意味上，詩是預言；詩人是往往作着光明的預言的，像紅冠金羽的雄雞往往在微熹的晨光之前歌頌那將躍出湧現於色彩絢爛的金赤的雲霞之中的新的太陽一樣，幾乎成爲他底本能，也實在是他底職務。

但是，那預言，那是流露着怎樣灼熱的他底熱情的！

否則，和春街賣唱所做的，那徒然春鳥一樣好聽的聲音，是並沒有通過眞實的靈魂的，或者她並不懂得故事底壯烈處和淒艷處，或者，她底小小的心正在打算自己底破了的錢袋子和想着些什麼無關的事，會有什麼不同呢。

並且預言本身也必須具備着歷史底的，牠自己底眞實性，正像『嚴冬已經來了，春天還會遠嗎？』那個說法一樣。

否則，和夜街賣卜的人所做的，——那徒然把沒有說作有的，把空想說作科學的，那祇是用神秘的定命論，或者用廉價的興奮劑，來陶醉人和陶醉自己，欺騙人和欺騙自己。

預言是怎樣美麗的詩啊！因爲，第一，詩人有十分誠摯的心。而第二，歷史有必然的法則。

因此，歌頌光明決不是行屍走肉底乾咳，也不是小牧師底天國的誑語。

那末，讓我們預言明天吧。

羅大斗底一生

路翎

他是一個卑劣的奴才
鞭撻他啊！請你鞭撻他！

1

羅仁厚，大家叫他做羅大斗，是在父親底嬌縱，和母親底惡毒的鞭笞，咒罵下面長大的。全黃魚場都讚成他母親底這種鞭笞和咒罵，因此羅大斗底心里充滿了有毒的恐怖。他底一生底目的，便是在於求得黃魚場，也就是那些有勢力的大爺和光棍們底好感。

他底家庭，原來是相當富有的，有過一棟屋子，一些田地，甚至有過一些奢侈品。但在他父親底這一代，便完全敗落了。最後就祇剩下了黃魚場後面的山邊上的一棟破爛的茅屋。在這座茅屋里，他父親抽鴉片到四十歲，最後吞鴉片而死。他母親餵豬，打草鞋，編草帽，維持着全家底生活。

在這種情況底下，他底頹廢的父親嫉恨人世，對他底母親懷着極爲惡毒的憤怒：他認爲，敗壞了一切的，是這個愚蠢的女人。女人害怕丈夫，並且崇拜他，永遠向他低聲下氣。於是脆弱的羅大斗便成了她低發洩憤怒的對象。

尤其在最後的幾年，他父親是無比的嬌縱着他，他母親對他則是無比的惡毒：惡毒的刑罰，總是祕密地，突如其來地進行的。他父親輕視周圍的一切，嚮往往昔的書香世家，在他底脆弱的身上寄託了一大堆的夢想。鴉片鬼在烟榻上教他認字，每當他認識了一個字，便快樂地哈哈大笑一場。幼年的羅大斗學會了謊騙、賣乖、帶着強烈的虛榮心，不停地諂媚着他底父親。

常常地，在夏季的黃昏里，落日底光華下面，他父親摟着他慢吞吞地走了出來，不理任何人，向着坡下的豐饒的田野，宛如舊式的地主……

他父親死去的時候，他底妹妹已經兩歲，他已經十七歲了。母親，好像把一切希望都寄託在女兒身上了似地，懷着奇異的妒嫉，不停地毒打着他。但這時候，愛着他的，還有一個年老的伯父。老伯父住在那個叫做十二道溝的山邊上，有着一間破茅屋。老伯父沒有兒女，並且沒有絲毫的財產，因爲這個世界是有着某種人情的緣故，他才能生活到今天的。仁慈的紳糧劉名高，因了他底三十年的忠誠的服役的緣故，給他茅屋住，並且每年給他一點東西。此外，他在黃魚場底任何共公場所都能够得到一份食物。現在他是七十歲，不能做什麼了，但精神仍然很活潑。他歡喜修理各種破爛的東西，他不停地修理着他底茅屋，因爲它老是被風雨毀壞。

羅大斗從母親底控制下逃到他那里去，聽着他不停地亂說，看着他徒然地做着事情，得美了一種安靜，此外他還在他身上得到了一種到麗的理想：被黃魚場同情地養活着，眞是一件好事。但母親時常衝了來，揪住了他，就是一頓毒打，並且用最惡毒的話咒罵老人。經常地，老人總是裝聾作啞，乘機還要向陰慘的任兒做鬼臉。

有一次，老人顫抖地站了起來，憤怒得好久都說不出話來，指着羅大斗底母親。

「你，……你這個婆娘家……你把你底兒用……用籮兒背起麼！你，你背起麼！……冤屈！冤屈！冤屈啊！」老人說，哭了起來。

就在這以後的第三天，老人爬到梯子上去拾漏，跌下來，死去了。

於是羅大斗就感到了非常的悽涼，他底父親，尤其是他底老伯父，對於他，是神聖的。他是怎樣地仇恨他底母親啊！沒有多久，他就走進了黃魚場底光棍們底圈子，開始了他底狂熱的，追求榮譽的生涯。

2

他有過一度的發奮。事情是這樣的：他替一個穿西裝的 年青的 先生扭行李到場後的一所莊院里去，說好了是十塊錢。到了地點，這個先生祇給了他一半的數目。於是他就非常可憐地懇求加一點，他說：這個錢，是拿去吃藥的。他底萎縮的樣子一定使這個青年的上流人物覺得討厭，他很有理由相信羅仁厚是在騙他吃藥。於是給了羅仁厚一個耳光。接着又是一個耳光。

羅仁厚頹喪地回到場上來了，一見到熟人，他底眼淚就湧出來了。

「他打我啊！他們打我啊！」他哭着，說。

「哪個打你？」或者「爲啥子打你？」於是男人、女人、小孩站成了一個圈子，把羅仁厚圍在中央。

「我扭得出血，那個鬼兒，他打我啊！」羅仁厚哭着，說。

「打了哪里？」一個女人，問。

「這里，你看，這里。」羅仁厚指着左腮，說，而且張開嘴，用舌頭在里面舐着。

「是打出血來了哩。」另一個女人，驚異地說，注意地看着。

羅仁厚，覺得悲傷，嚶嚶地哭了兩聲。

「羅大斗，你咱個不還手嘛？」那個驚異着的女人，問，把懷里的小孩拖上一點，以熟練的動作，把奶頭塞到他底嘴里去。

「你有棰子用！」一個缺牙的男人鄙夷地說，然後拖着鞋子走了開去。

羅大斗覺得自己受了侮辱，他不平地看着那個走開去的男人。

「站着，你哥子！你哥子聽我說……」他用打顫的手揩去了眼淚，環顧大家，說：「要不是我生病，我羅大斗打得起他……我連他底西裝都扒下來……我羅大斗在本碼頭，不是說癡，還承大家看得起，你哥子不要以爲……」羅大斗激昂地說，——但頓住了。

那個缺牙的男人，站在圈子外面，兇惡地看着他。

「你還說麼！」缺牙的男人，說。——「有種你還鬧瞎麼！」

「天啊，我又不是說你！…你哥子未必還多這個心！」羅大斗說，然後可憐地向大家笑着——「我這樣像一個男子漢麼！」同時他想。這句話，表現了他底最高的理想——「不是說麼，我羅大斗家里還是見識過一些，比起那些人來麼，不是吹的話，的確是要高點兒！」他向一個女人說，逐漸地，露出那種高傲的樣子來。

「老子揍你！」缺牙的男人，捲起袖子來，咆哮着。

「你，你來麼！」羅大斗，痛苦得戰慄，幌動着身體，叫。

「你是什麼東西！」羅大斗拚命地叫，同時他挨了一拳。大家拖開了他們，——羅大斗，高聲地叫囂着，被別人推了開去。

羅大斗底萎縮的樣子，他底層出不窮的牛皮，是常常要觸犯黃魚場底主人們底威嚴的；他底這一切，是常常要喚起那些豪壯的人們底嫌惡來。同時，他底混亂的激情，他底詭譎的品行，招致了所有的正直的人們底嫌惡。大家都不同情他，大家都覺得，欺淩他，是正當的。正直的人們，是明白羅大斗底作風的：沒有隔上幾個鐘點，羅大斗便出現在茶館里，向缺牙的光棍提起了剛才的誤會，陪了禮，傾訴着自己底好心腸，感動得不停地流着淚了。

羅大斗底最高的理想，便是成爲一個眞心的男子，就是說，成爲一個光棍，有一天能够站在街上，如缺牙的光棍欺淩他似的，欺淩別人。

「來，羅大斗，上去！」光棍們喊，於是羅大斗就上去了，像一頭忠心的狗。

3

他底母親，聽到了鄰人們底議論和建議，考慮了很久之後，準備替羅大斗娶親了。

他漸漸地明白，對於他們母子，娶親是一條正當的路。但她是孤獨的，她覺得她底周圍全是敵人。她懼怕鄰人們底議論，因此她仇恨他們。同時，受她底鴉片鬼的丈夫底感染，她覺得自己底一切都比隣人們高超。她底自尊心常常使她討好於他底鄰人們，但跟着來的總是更大的破裂。她底兒子成了她底弱點，她底混亂的熱情使她生活得更爲艱難。

因爲在這個世界上，是存在着一種漂亮的貴族制度的緣故，人們就紛紛地互相踐踏，渴望爬高。經驗豐富的人們就能明白，在高處的那個宮殿里，除了金錢以外，別無神祕。金錢，是現實的力量；缺之這種力量的人們，就給自己臆造了一種精神的力量。他們用各種東西使自己和高處聯接起來，這中間就產生了大的嫉妒。特殊的想像和癖好，以及某種神祕的情懷。羅大斗底母親，雖然同樣地輕蔑着那些富有的人們，卻虔敬地供奉着他們底偶像。黃魚場上，因爲附近開設了一所工廠，一所中學，並且建立了一些闊人們底別墅的緣故，是繁華了起來；經常有漂亮的人們經過，店舖里也陳列着各種華麗的東西，羅大斗底母親，從各處檢了一些香水瓶之類的東西回來，把它們擦得極乾淨，擺設在房間里，以此驕傲於她底鄰人們，感到無上的滿足。

然而她底兒子是她底弱點。首先，他底存在破壞了她底夢幻，其次，他有一種力量，能够使他瀆禁地看見周圍的一切；他並不怎麼輕蔑他底鄰人們，反之，他輕蔑他底母親，和她底那些香水瓶。

狂熱的，混亂非常的羅大斗，却有着一種淸醒的能力，能够觀察他周圍的一切在它們各自底位置上。這是因爲，他底軟弱的心是容易感動，非常的敏銳。還更因爲，對於賣魚場，他是有着一種親切的，甜蜜的感情。

母親和兒子互相猛烈地撲擊，他們底心腸都很冷酷。

現在的這件婚姻，是由女家提起的。女家住在十二道溝後面的山邊上，靠近離賣魚場二十里路的雲門場。很多人都知道，女家的這個姑娘，周家大妹，是在七年前就被賣了出去的：她父親爲了一百塊錢的債，把她給了雲門場底一個紳糧家當丫頭。七年來，這個姑娘頑强地向着她底父母，她逃跑過多次。這一次，十天以前，她遍體傷痕地逃了回來，他底父母把她藏匿了，希望祕密地嫁了她。但還些知道這件事的人，都不願意告訴羅大斗底母親。這首先因爲，壞了女家底事是缺德的，其次，羅大斗底母親是過於不講理，大家都有些幸災樂禍。

羅大斗底母親，孤獨地辦着這件事，總覺得有些不安。她竭力使自已相信，並告訴別人說，這件事情是辦得怎樣好，女家對她是怎樣好，等等，但總不大敢相信自已底話，另一面，羅大斗整天在場上混——從那次挨打以後，她是什麼事情也不做了——對這件事情顯得非常的冷淡。

羅大斗總是被各樣的幻想和色彩蠱惑。他渴望一切美麗的婦女。他時常跟着光棍們和女人們胡鬧，漸漸地變得大胆，於是色情更熾烈。他當然不能滿意他母親給他找來的女人——無論這是怎樣的女人。他顯得冷淡，一面又看淸了現實的一切，心里覺得很悽涼。

他不向他母親說一句話，連飯也不回來吃了。他母親把他找了回來，一面兇駡他，一面又懇求他同意。

「沒得那個話！」他說，「是你娶媳婦，可不是我娶堂客！」

「沒得話了嗎？」他母親問。

「說完了。」他說。

於是他母親給了他一個耳光。他把他母親推到地上去，跑出去了。

4

這個衝突之後，羅大斗底母親走了出來，向鄰家底老太婆訴苦。這是一個耳聾的老太婆，她正抱着烘籃，坐在小凳子上晒太陽。

「王家老太婆，你晒太陽是哈！」羅大斗底母親大聲地說，坐了下來。「老太婆，早上你看到我打我那個兒是哈！你想想那樣的兒呵！我昨兒跟他說：『跟你娶媳婦，看了人，生得不錯，女家又和氣！』我說：『賣了一口豬，後天交錢，你自已安排安排！』哈，你猜他哪個？他哼都不哼！好，今天不回來吃飯，找回來問他，好，他說：『是你娶媳婦，娶來服侍你，又不是我娶堂客！』他還駡我不要臉，難道媳婦就不該服侍我！我說，好！……老太婆，憑你底心說哈，你可看他行過孝沒有？」

她興奮地說着。聾子老太婆毫無表情地看着她。

「唉，你那個兒啊！」聾子老太婆慢慢地大聲說，提着烘籃，哼喘着。

「又好吃，又偷懶！……」羅大斗底母親說，沉默了一下，顯得不能忍耐了。「哦，憑你底心說，你可看她行過孝沒有？」她問。

「那里說孝！你那個兒麼，眞是叫人……」老太婆大聲說，閉上眼睛搖搖頭……。

「該是這樣說的哈，王家老太婆！是麼，兒不孝，」羅大斗底母親興奮地說，心里有了强烈的敵意，「我還個兒麼，就是受別人騙壞了！本來麼，心地又好，人又老實！」

「哈，你那個兒！」老太婆說，輕蔑地搖搖頭。

「王家老太婆，你聽好是哈！我這個兒是不好！不過我們這些人家麼，不是說那個，總比這些人家要高倒點兒！老太婆！你說說看，你家底兒對你又啣個麼！駡起你來啊，那才是！老太婆，我還是說知心話的哈！」她張望了一下，小聲說，以爲聾子不一定聽得見，「你說你苦不苦哈！你才苦，你底兒拖死你！你家孫媳婦還是偷李保長的哈！」

「賣麻屄！」老太婆叫，憤怒地顫抖着，

站起來了。

「你媽我哈！你這個聾子倆還聽得見，看我停下告訴我底兒……」

老太婆瘋狂地叫喊了起來。她底孫媳婦，其實不知道這究竟是怎樣的事，從里面衝了出來，叫喊着，向羅大斗底母親撲去。鄰人們都跑出來了，從坡下也有人跑來，一瞬間顯得非常的熱鬧。羅大斗底母親和老太婆底孫媳婦一同滾到地上去，扭成了一團。

5

事情進行下去，羅大斗也就不再反抗了，雖然還是沉默着。第三天下午，天氣很溫暖，羅大斗底母親，在房里掃地的時候，有了較為快樂的心情。她臉上有着煩惱的表情，有什麽恩想，她就大聲地說了出來。

她想着她底媳婦怎樣地走進房來，怎樣地聽她底話，做一切事情，并且把兒子勸進了正當的道路。她想着，她怎樣地和年輕而柔順的媳婦坐在門前的陽光下，安靜地紡着線，周圍有嘹亮的雞啼和偷快的笑聲。她想到了美麗的孫兒和她底幸福的老年。

「是啊，是這樣！」她大聲地說；「人老了，牙齒脫頭髮白，不行了哈！我不做，媳婦他們做！」她說。她聽到有聲音說：「多好的福氣啊！」她快樂地笑了起來。

她帶着一種迷茫的表情，靠着桌子出神。

還是一間非常陰暗的屋子。在桌子上，陳列着香水瓶之類的東西。有的已經完全空了，有的則還剩着一點點香水，或一點點生髮油。黑人牙膏底空了的錫瓶子，被弄得非常之舒帖，放在陳舊發黄的餅乾盒上。一雙破了的白色的高跟皮鞋，從床下的 子罐子之類的堆積物中奇突地顯露了出來，閃耀着光輝。

正面的牆壁上，貼着兩張明星畫片，另一面，則貼着一張一個駝背的道士放寶劍的畫像。這一切東西，都使羅大斗底母親感到巨大的不滿足——但羅大斗却對它們懷着無比的嫌惡。

「要是我哈，早就把她打死了！」羅大斗底母親說：她想到了隣家底媳婦。「我跟她說，凡百物都懂人性，一個人刮毒麽，連雀雀子都要避開！張家老太婆說：『他家麽，刮毒呢，連麥子種種都要煮起！』煮起，嚇嚇！」她笑着。

這時門開了，透進一道美麗的陽光，她底八歲的女兒走了進來。女孩穿着骯髒的綠棉袍，在衣襟上插着早開的臘梅花。她在跑動的時候，細緻地用手按着花。她站下，壓制着興奮，帶着一種貴婦人的風度垂下眼睛來，並且深深地嘆息了一聲。

「么妹，過來！」母親說，撫着了她底頭。「不許跟那些人家底娃兒玩——你這花哪里來的？」

「馬尾巴送跟我的。」這個小婦人說，賣弄着風情，希望被讚美。

「么妹，我跟你說！」母親說，帶着一種激動。

小婦人，露出一種細緻的感情來，走了過去，抬起頭來看着她底母親。

母親匆促地笑了一笑。

「么妹，你再跟那些娃兒玩，我揍你！」她說。

么妹嚴肅地沉默着。她底母親憤恨地抓着了她的手，向她低聲地說述了起來

「么妹，你聽好：那些人家，哪里叫人家啊！」母親憤恨地說，「隔壁么媳婦偷劉保長！我親自看到劉保長調戲么媳婦，晚上么媳婦就偷偷地上他那里去！你該是曉得哈？」她停頓了一下；「跟你說，長大了不要學這些人！」

女孩一知半解地，嚴肅地思索着這件高深的事情，望着憤激的母親。

「么妹，我們是啥子樣的人家，哪能跟他們比！」母親熱情地說；「你聽好，我聽說新媳婦兒有點兒好吃懶做，等她來了，你不許作聲，有我收拾她！新媳婦是周家大妹，她們都說她嘗跟人家做過丫頭，前天我去了，周家太婆親口跟我說：『親家，哪里有這事呀！』那些嚼舌頭的不得好死！周家大妹，我親眼看見，人又頂靈醒，又白淨，又漂亮！」母親熱情地說。「你說還是哈？」

女孩懷疑地看着母親。她和母親之間的突然的平等，使她有些迷惘。

「要是她有哪些不合我底意呢，我會收拾她！我要叫那些人家看見！」母親憤激地說。

「你聽到沒得！」母親嚴肅地問。

「你朗個像木頭！」母親，在出神了好久之後，說；「周家太婆親手端了一碗放白糖的雞蛋跟我，說：『親家，吃呀！』我親眼看見——人又靈醒，手脚又乾淨！」她做夢似地說

，把剛剛說過的話完全忘記了。

顯然的，這個孤獨的女人，祇有在女兒面前，才能任性地談話；她是痛苦地掙扎着，企圖弄到那個高高的位置上去。然而，那個裝模作樣的，八歲的小婦人，是一點都不能理解她了。

她又出神起來。熱情掘發了她心里的一切，現在就到了嚴厲的反省。

她沉默着，然後拿起香水瓶來，打開，嗅了一嗅。

「媽媽，我擦了點兒！」女孩利用着和母親之間的突然的平等，羨慕地說。

「放屁！祇有這個點兒，留倒娶新姑娘的！你要偷，我戳死你！」

女孩撇了一下嘴，低下頭去，狠狠地撕着衣服。母親剛剛走出去，她就爬到椅子上去，動手偷起來了。她把香水倒在手心里，被濃烈的香氣刺激得驚慌而狂喜，就用舌頭在手心里舐了一下。她又倒出了幾滴生髮油，把兩樣攙和在一起。迅速地塗在臉上，頭上，手腕上。

她抓起破鏡子來。

「好漂亮，羅家么妹好漂亮呀！」女孩，帶着那種出神的，遊戲的，幸福的表情，模倣着她所想像的聲音，說。當她注意地凝視鏡子的時候，她就被她自己底眼睛里的一種力量吸住了。她底巨大的，美麗的眼睛，在她底骯髒的，塗着生髮油的臉上閃耀着。她霎了一下，又霎了一下，希望明白它們究竟是什麼東西。

羅大斗猛然地推門進來，駭得她打抖。

「滾出去！」羅大斗憤怒得戰慄，說，走到床邊下坐。

6

羅大斗，以爲自己已經走進了光棍們底核心，覺得非常光榮，但在今天的賭場上，光棍們中間發生了某一件重要的事情，大家在商量，卻把他趕了出來，他憤恨而沮喪，咒詛着他們，走了回來。

第一件惹起他底憤怒的，是他底被他母親疼愛着的妹妹。

他在床邊上坐了一下，走進了後房，也就是他底未來的新房。他抱着頭痛苦地躺在床上，望着牆上的美麗的明星畫片和兩張三潭印月之類的風景片，後者是別人當做他結婚的禮物送來的。

「混賬王八旦，不要臉的東西！」他罵，跳了起來，動手撕着牆上的印花紙和明星照片。他因過於興奮而顫抖着，簡直好像要瘋狂，把桌上的一個新買來的土磁花瓶碰到地下去了。這是怎樣的沉沒，這是怎樣的一種瑣碎，混亂，而又狂熱的狀態！這時他母親奔進來了。

「不要臉！沒得出隊！我們家里哪一些比別人了不起！不要臉！沒得出隊！」他用尖銳的聲音叫着，痛苦地捶胸頓足。他底母親向他撲來，他就沉默了。他突然地對他母親感到非常的恐怖，好像幼年的時候一樣。在惡毒的捶打之下，他捧着臉大哭起來了。

接着，他奔了出來，向江邊跑去，以爲這樣會使他底母親陷於絕望。他繞了一個圈子，心里變得安靜而迷糊了，向十二道溝走來。六年以前，每當挨打而啼哭的時候，他總是向這里跑的。

在他底老伯父住過的那間茅屋里，現在是住着劉名高家底長工劉長壽夫婦兩口子。劉長壽是單純而懶惰的年青人，但在賺錢上面卻又狡猾而勤快，他底主人想盡了方法，都不能阻止他在外面去賺錢。他底老婆，則是一個非常機靈的小女人。羅大斗走近來的時候，劉長壽正坐在門口編笋笠，顯得非常安靜。在周圍的田野上，斜照着美麗的陽光。

「你哥子，……我來看看我那個伯伯底房子啊！」羅大斗說，萎縮地張望着，走了上來。

「看麼！……坐麼！」劉長壽說，單純的笑着，他總是如此的。

「坐到要得，你哥子有酒渴沒得麼？」羅大斗用細弱的，怯弱的聲音說，仍然在偷偷地張望着。

「酒是沒得，開水倒有！」劉長壽說，高興着自己底這種坦白的應付，用含笑的眼睛看着羅大斗。

他預備喊他底女人倒茶了，羅大斗急忙地抓住了他底手臂。

「你哥子不必！」羅大斗活潑地說，但在這活潑里，又帶着一種黏膩的東西。「二天麼！我兄弟請你吃杯酒！」他說，搖頭，噘嘴，儼然是眞正的光棍。「唉！我是來看我那個伯伯底房子！」他坐下來，拍了一下大腿，說。「人死了，心里麼還留着這麼個丁點兒紀念！」

劉長壽沒話可說，向他笑着，意思是讚問他。

「那些年多太平啊，嚇！現在，沒得話說！」羅大斗說，那種支配着他底整個的生活的狂熱，在他底心里鼓動着。

劉長壽編編箬笠，又向他笑着，仍然無話可說。在羅大斗身上，是有着黃魚場底公共場所底全部的風度和激情的，而顯然的，劉長壽，對於這些，是不大習慣的。在茶館，烟館，賭場，酒店里，是起伏着那種濃濁的波濤，它底那種力量，是造成了一些英雄，又造成了一些伏在英雄們底脚下的，卑微的奴才，它底那種力量，是擊中了追求榮譽的脆弱的青年們底弱點，使他們在狂熱和恐懼底不息的交替里毀滅了一生。

羅大斗，在他底那些英雄們里面，是決無出頭的可能。他底快樂，是當着一些安份守己的老實人，表現他底英雄的激情和風度。對着劉長壽的現在，他剛才還挨了母親底打的事，是被忘記了。

他用力地拍了一下大腿。

「你哥子，我兄弟今天來，要和你談幾句話！」他說，做着手勢。於是他用他底細弱的，小孩般的，灼熱的聲音開始說話。他底小眼睛閃着光芒，搜索地，不懷好意地看着對方。

「在黃魚場，我兄弟活了這麽多年，多少事情麽，都還知道個點兒！」他說，絞扭了一下身體。

「我兄弟要談的是，在本碼頭，常常有一些事，大家不諒解我兄弟！」他說，搖幌着身體。搜索地看着劉長壽，希望明白，劉長壽是否已經被他感動。「大家都認爲我兄弟有點兒那個！哎，沒得說！你哥子心里亮嘛！」他拍着大腿，叫了起來。

然而劉長壽沒有感動，沒有崇拜他，祇是疲乏地向他笑着。

「哎，我問你！我兄弟有件事情，你肯不肯幫忙麽？」他問，側着頭，親熱地笑着。

「嗓子事情麽？」劉長壽問。

「哎，不必說！你哥子！」他說，幌了一下腦袋。「你哥子先說肯不肯出力麽？」

劉長壽嬉嬉地笑着，表示很爲難。

「你哥子心里明白嘛！」羅大斗拍大腿，大聲地喊叫了起來。沉靜了一下。「哎，這麽一件事，你哥子聽倒：張海雲那批混蛋霸佔小老漢底茶館，小老漢跟我叩頭，哭着求我！哎，我心里下不去啊！你哥子幫不幫點兒忙麽？」他說。

「小老漢……小老漢是哪一個：我都不曉得哩！」劉長壽說，覺得這一切很有趣，笑了起來。

「哎！你哥子！」羅大斗說，突然地沉靜了下來，眼光呆板地坐在那里，好像僵化了似的。劉長壽低下頭去，安靜地編着底箬笠。

羅大斗心里突然冷淡了，想到了他和他母親底衝突。

「有點兒話要跟你哥子談談，」他用軟化的，可憐的聲音說。「兄弟這種人，憑你底心說，够不够上做朋友？」他說，眼淚流了出來。這是從痛苦而憂傷的內心發出來的誠實的聲音。劉長壽感到難於瞭解了，疑問地看着他。

「兄弟是……難得有路走啊！」羅大斗說，大滴的眼淚流到地上去了。在這種安撫的感情里，他便又感到了一種熱情，於是重新地興奮了起來。

劉長壽是再也不能理解這個人了，而且他，劉長壽，也的確並沒有這樣的願望。

「你哥子聽到，兄弟平生最痛恨那種檢別人的渣渣的人！兄弟是，寧可讓自己底堂客沒得衣服穿，也決不檢別人底羊皮袍！男子漢大丈夫，堂客又算得什麽！嚇！」他說，撈起了衣袖。在這里，他是說到了他底痛苦，他母親底香水瓶，明星畫片，以及他底未來的女人。

「你是要娶堂客了吧？」劉長壽，從箬笠上抬起頭來，問。

「堂客！堂客算得個屁！我兄弟平生最痛恨！……」羅大斗狂熱地說，但這時從里面傳來了劉長壽女人底憤怒的聲音，劉長壽站起來，走進去了。

年輕的，機靈的女人在里面高聲地叫罵了起來，罵她丈夫就擱了時間。劉長壽走了進去，女人就快樂地笑了起來，而且做了一個鬼臉。接着她就更兇地叫罵了起來。劉長壽看着她，快樂地笑着。

羅大斗憤怒了，他站了起來。但他看見了門檻上面的剪刀。他猶豫了一下，不知是發怒好，還是拿剪刀好，終於他選擇了剪刀。情形是這樣：眞正的光棍，是敢於一面偷剪刀，一面捶桌子大罵的。

羅大斗偷了剪刀，恐怖得發抖。

「……兄弟走了！」他用破碎的聲音叫；「後天兄弟娶堂客，請來吃杯酒！」

他走下了土坡。沒有多久，他便聽到了後面的脚步聲。脚步聲近來，他就站住，轉過身來。

劉長壽面孔灰白，眼里有可怕的光芒，看着他。

「兄弟娶堂客，請來……吃杯酒！」羅大斗用細弱的聲音說，顫抖着。

「羅大斗，我底剪刀你拿了。」

「兄弟……娶堂客……吃杯酒！」

「你拿的剪刀！」

羅大斗變得死白，戰慄着。

「龜兒拿了你的剪刀！」他瘋狂地叫，跳了起來。而後他靜止了，他底死白的臉孔痛苦地顫抖着。

劉長壽看着他，有些激動，顯得很猶豫，顯然的，這個他所不能瞭解的人令他痛苦，而他懼怕這種痛苦。

「要得！」他勉強地說，盼顧了一下，轉去了。

羅大斗轉身就走，但心里很不安。這不安是因爲他覺得他底否認暴露了他底弱點，使得劉長壽確信他是偷了剪刀。他覺得這種行爲太不像一個光棍了，他心里很痛苦。走了一下之後，他在山邊上站下，對着一棵枯樹練習了起來。

「剪刀！」他說——他想像這是劉長壽說的。

他走開兩步，轉過身來，向着這個劉長壽「龜兒拿了你底剪刀，你他媽的那個臭婆娘！」他兇惡地，威風凜凜地叫。

他向那個想像的劉長壽輕蔑地看了一眼，大搖大擺地走開去了。

7

羅大斗，是祗要得到一點點，就能够滿足的，但在這個世界上，是存在着如此之多的迷人的東西，他不得不拿它們來和自己底比較。顯然的，這個世界折磨着他。

結婚的早晨，他心里很迷糊，差不多完全混亂了。這使得他隨着他母親底播弄，顯得很馴順。時間還很早，就來了四五個喜歡熱鬧的女人。她們打打敲敲地到處跑，發出活潑的笑聲來，在某一個機會里，一致地和羅大斗開着玩笑，使得羅大斗感到了一種甜蜜的情緒，隱隱地在那里愛着他底周家大妹了。在這幾個快樂的女人里面，有兩個是羅大斗底母親底姨表妹和外甥女。在平常她們是很少來往的，因爲她們都很窮苦。羅大斗想到，她們之所以如此活潑，是因爲她們心里很不好意思；她們沒有送禮。但羅大斗仍然因她們而快樂，這種單純的快樂他幾乎從來沒有經歷過。

客人一來多，空氣就沉重了起來，因爲，羅大斗底母親顯得很傲慢，她以爲這樣就能够掩飾她底吝嗇和窮酸。她大聲地向一個女客說，她們底家庭，在從前是如何之好，這使得羅大斗很苦惱。

道士要一隻公雞，此外還要一些酒，羅大斗底母親憤怒地說：沒有！走進去了。她相信道士是在敲騙，但這使得客人們很不高興，特別是稍爲有錢的客人們。

羅大斗，穿着新藍布衫，呆呆地站在那里，看着開油店的張家底强壯的美麗的媳婦。穿着紅花布的衣裳的，活潑的女人發覺了他在看她，快樂地，惱怒地紅了臉，迅速地和一個老太婆說着話。

羅大斗看着她，此外毫無知覺了。

「他們都不相信；我早就知道！」張家媳婦說，飛快地瞥了羅大斗一眼。

「我還是知道點兒！」羅大斗用他底細弱的，狂熱的聲音說。

大家都注意到了，吃了一驚。表嬸嬸跑了進去，把這個告訴了羅大斗底母親。

「大斗，進來！」母親喊。羅大斗驚駭得打了一個寒戰。他走了進去，痛苦地躺在床上；想到了他底不幸的父親，他就哭起來了。

擦着胭脂的，緊張的妹妹跑了進來。

「妹妹啊！妹妹啊！可憐！……」羅大斗說，哭着。

女孩同情地看着他。

「新姑娘要來了，哥哥！」女孩說，緊張地盼顧着。

「不要臉的東西，起來！」母親衝了進來，叫。

羅大斗沉默地爬了起來，仍然看着他底妹妹，心里充滿了憐憫的感情。……他走了出去，在大的騷亂中開上了迎親的滑杆。

他心里逐漸地有了更强的憐憫的感情，而且含着一種虔敬。這種感情，是從他底質樸的對父親底回憶里來的，並且也是他底可愛的妹妹給她的。在如此的時間，一切騷亂，痛苦，狂熱和瘋狂的失望都離去了，他心里很明亮。在這樣的瞬間，他是願意向過去的生活告別而走上正直的道路了。他想，周家大妹是能夠懂得他底好處的……他對她有了強烈的渴望。

但是，這個世界，是已經給羅大斗家安排了一件致命的不幸。在這件不幸之後，羅大斗就走進了更爲黑暗的生活。

快到中午的時候，迎親的花轎轉來了，然而是空的，並且被打破了。羅大斗昏迷地躺在花轎後面的滑杆上。

酒席剛剛擺好——對這酒席，客人們是難得滿意的——大家騷亂了起來。羅大斗底母親奔了出來，看見「這樣的羅大斗，就明白了一半，大哭起來了。

這件對於女家是祕密的婚姻，被從黃魚場洩漏到雲門場去了。從周家大妹底養父養母底家里，來了三十個以上的人，他們都是出色的光棍和潑婦。這樣，迎親底隊伍在回來的路上遇到了搶刦，羅大斗被一拳打昏了。

最初，羅大斗看見了周家大妹被從花轎里拖了出來，一個穿得很好的女人走了上去，撕去了她底蒙面布，給了她兩下耳光。她在如此的打擊下，低着頭，顯得倔強而安靜。突然地，她抬起頭來，以明亮的，嚴肅的眼光，向羅大斗看了一眼。羅大斗心里燃起來了一陣熱情，他向前跑去，於是被擊倒了。

被抬回來的羅大斗底臉上，有着一種安靜的神情，這是周家大妹底那迅速的一瞥造成的。這是一件戀愛，他底心已被安慰。而這種安靜的神情，使母親底感情赤裸出來了。她可憐她這個兒子，並且強烈地愛着他了。

羅大斗睜開眼睛來，立刻就明白地感覺到：他底母親愛他，但不能安慰他。

「兒……苦命的兒啊！」母親哭着，動手扶兒子下來。但羅大斗自己跳了下來，嚴肅地，痛苦地看着他底母親：他底嘴唇顫慄着。

「媽……媽……」羅大斗說，喘息着，眼淚流了下來。「媽媽……我……對不住……我！」他說，喘息着。一種大的熱情，使他向他母親跪下來了。

母親大哭，緊緊地抱住了她底兒子。

「伯伯們，嬸嬸們啊！我羅大斗是個壞蛋，我對不住我底苦命的媽啊！」羅大斗叫，於是他嚎啕大哭了。心腸仁慈的婦女們，是都在靜靜地站着，流下了眼淚。

……

客人們散去了，剩下少數的親戚。九歲的女孩可憐地啼哭着，走遍了結婚的筵席底荒涼的廢墟。有兩個老女人，帶着嫉恨而緊張的神情，在包着碗裏的肉；她看着她們。

「這裏，這裏還有一碗！」她說，指示着，哭着。

她們中間的一個向她諂媚地笑了一笑。然後她們互相憤怒地看着，好像說：「哼，你能包，我就不能包嗎？」

女孩哭着，覺得無趣，走了開去。她看着一匹狗哭着，然後踢了它一脚。然後她又看着掛在樹上的爆竹哭着。最後，她從懷裏取出一塊破鏡子來，看着鏡子，哭得更傷心。

8

在他們母子之間，這一度的激動的愛情之後，到來了一件冰冷的東西；它漸漸地就更爲冷酷。羅大斗底母親是絕望了，羅大斗自己，則隨着熱情，走上了他底奇異的途程。

他底熱情是極爲混亂的。他迷信一切鬼怪神奇，這不僅因爲它們實在地迷惑了他，而且因爲，他覺得，知道這些，是一種光榮。一棵大樹被暴雷劈倒了，他心里便發生了一種畏怖的感情，同時又發生了一種快樂：把這個去講給人別人聽，該是如何的光榮。愈是他沒有見到的事，他愈是描寫得確鑿；別人，聽他講，他就感覺到光榮。常常的，因爲說謊，他受到了大的侮辱——他常常爲這而挨打。但他總是饒舌！夏天底猛烈的雷雨，冬天底狂暴的大風，深夜裏的黑暗，死寂，和魅人的聲音，都燃燒着他底想像，並且使他直接地感到光榮。漸漸地他就更確信那神奇怖人的一切了。他說：昨晚上他看見土地菩薩走出來了，又看見祇剩下兩個眼睛的鬼在地上打旋，他眞的覺得是如此。有一次，深夜裏，他恐怖得跌到泥溝裏去，然而，第二天，這就成了他底光榮。

現在，深夜里走路，尤其在和別人一道走的時候，他要唱嚇鬼的歌。

現在，聽見烏鴉叫，尤其是在和別人一道的時候，他要大唾三聲。

現在，在這樣的冰冷的，死寂的，失望的深夜裏，他痛苦地翻來覆去。忽然他就起來，覺得聽到了什麼聲音。他鼓起了勇氣，覺得有什麼東西走過他底窗下。他從破紙裏窺探出去，看見了蒙着灰色的微光的田野。他覺得，剛才的這個東西，是周家大妹底夜遊的魂魄，他和周家大妹，是前生結下的冤孽。

他想像到，在前生，他是一個女人，他辜負了周家大妹，她在前生是一個男人。他心里嚴肅而痛苦。

於是他就離開了他底不幸的母親，投到雲門場來了。

在他所幻想的一切神奇之中，這一件神奇是最爲眞實：周家大妹底夜遊的魂魄飄過了他底窗下。這一件神奇沒有使他感到光榮，它所帶來的是嚴肅的沉思，甜美的感激，傷心和頑强的追求。這一件行動，它底動機是純潔的——但這件行動使他走進了一個可怖的深淵。

他拜伏在雲門場底光棍們底腳下，很快地就走進了乞丐和偷兒們底集團。他遺忘了他底母親，他在黑夜裏面活動，他再無一個親人了。

9

在一個趕場的日子，他看見了周家大妹；這時，他全身長滿了蝨子，害着膿瘡，衣服完全破爛了；對於周家大妹，他差不多已經絕望了。他很容易地便認出了她，她穿着一件打補釘的衣服，仍然是那樣的蒼白陰慘。她是跟隨着一個肥胖的女人的，背着一個沉重的籮兜。她底左腳跛得很兇，顯然是挨了毒打。羅大斗閃到一堵斷牆後面去，看着她；她恰好在斷牆旁邊的巷口站了下來，從巷子裏，冬天的早晨底鮮美的陽光，照耀在她底頭上。

她底太太在和別人興奮地講着話，她盼顧了一下，迅速地伸手到背後的籮兜裏去，取了什麼，同時一個男孩從她身邊擦過，在人叢裏消失了。她底動作是這樣的敏捷，羅大斗沒有能够看清楚那男孩究竟拿去了什麼。可是他懂得這件事底意義：周家大妹想弄一點錢。

羅大斗因懂得這個而覺得非常的幸福。

他所愛的女人，照耀在美麗的陽光下，臉上顯出了一種寧靜的，迷茫的表情。這樣，對於羅大斗，別的一切都不存在了。

羅大斗追蹤着她，一直到她主人家底莊院前面。她有兩次回頭看什麼，然而一點都不會注意到這個瘦削的，襤褸的人。

她走進門去：羅大斗覺得一切希望都失去了。他回來，蜷伏在他們底破祠堂裏，下午又跑出來亂走，這樣一直到黃昏。

這時場已經散了，在冷僻的處所，靜靜地沒有一點聲音，冬天的落日底短促而微弱的光華照耀在那些低矮而破朽的瓦屋上，有着一種和穆的景象；這光華迅速地消逝了，霧氣靜靜地籠罩了下來，各處都變得陰暗，空氣變得寒冷。飢餓的羅大斗疲乏地走着，他看見了從一家底灶門裏所照出來的美麗的，溫暖的紅光，就對着這紅光站了下來。

這紅光使他聯想到周家大妹，他底眼睛潮濕了。

這時突然地傳出了婦女底嘹亮的笑聲，和叫鬧聲。羅仁厚站在一個乾枯的爪棚下面，見了那個叫做張有德的矮而結實的光棍，抓着一根竹條，沿着被臭水溝橫斷的大路跑着，在他底後面，追着一個健康的，襤褸的婦女，胸懷敞開，哈哈大笑着。在冬日的荒冷的寂靜中，這種大笑的聲音，和那個女人底那種快樂的動作，羅仁厚覺得曾經在哪裏遇見過。啊，一切是這樣的快樂！

張有德，是一個保長，也是羅仁厚們底首領。此刻他顯然是喝醉了，或是假裝喝醉了，在調戲女人。羅仁厚，對這一切，是特別感動的。

張有德披着單衣，最後就迅速地拉了下來，用它抵禦那個强壯的女人。那個女人停住了，揩着笑出來的眼淚。

「來嘛，親家！」光棍高興地說。

「噹！」女人說，做了一個動作。

「你們看哈！」光棍跳了一下，打了一個轉，說。「咦，你看着——你安逸哩！」他向誰說，羅仁厚不能看見。「你底床借來睡一下嘛，親家！啊，親家！」光棍攤開手，做出失望的樣子來，向誰說。他底衣服搭在肩膀上，他在冷風裏快樂地轉着。

忽然，從羅仁厚看不到的那一面，潑出冷水來。爆發了婦女底快樂的大笑。接着又有一些破碎的東西丟出來，光棍，就是保長，快樂地表演着。隨後，他被女人們追逐着，向爪棚這邊奔跑。

「晚上來，晚上來！」光棍叫，停下來，攤開手，搖着屁股，表演着。

「要死——你看他呀！」强旺的女人叫，快樂地遮住了眼睛。

對於羅仁厚，這景象是多麼偉大。他張開

嘴，流着口水，嘻嘻地笑着。

「哪裏去發了財！」光棍疲倦地說，披上了衣服。他們一同走着。

羅仁厚沉默着。

「今天——沒得要！」光棍說。

「兄弟……」羅仁厚胆小地說。「還沒有吃飯……。」

「吃棰子！……哪，老子賞你五元兒！」光棍說。

「兄弟……爲了那個女人……在恍惚……」羅大斗說。

光棍沉默着。這時天色完全黑暗了，天上出現了稀疎的星星，場上的稀疎的燈火，在溷濁的空氣裏，顯得昏沉而和平。

「去你媽底屁！」光棍突然地罵。「又是：『兄弟，爲了那個女人……』儈子女人嘅！」光棍快樂地大聲說。

羅仁厚，好像被罵的小孩，羞慚地笑了一笑。

「你哥子不懂得！」他說，歎息了一聲。

「『你哥子不懂得！』鼻子吹咆咆！」光棍說，顯然地，非常愉快。

但羅仁厚却不敢再說什麼了。他們沉默着進了正街，光棍向各處大聲地喊叫着，最後就走到一個酒店裏去了，丟下了羅仁厚。

一個鐘點以後，他醉熏熏地從酒店走了出來。忠實的羅仁厚，畏縮地站在場口的一根柱子旁邊，等待着他。

「肖海清綏米虫吵架老子彈了一下，言歸和平。」光棍說，笑着，酬答羅仁厚底忠心。

從附近的一家人家，照出來一片朦朧的光。羅仁厚底萎縮的臉上，有着崇拜的笑容。

「我們談談嘛。那個女人，是吧？」光棍說。

羅仁厚底心激烈地跳起來了。

光棍，在微光里，皺着他底左眼，滑稽地，快樂地望着羅仁厚。他們兩個人都笑起來了。

「你是被她迷住了啊！」光棍高興地叫，好像發現了什麼大道理。「你說對不對：迷住了啊！」

羅仁厚光榮地笑了一笑。

「兄弟，色無二味！」光棍正經地說：「我曉得你是好人，我們都是好人。」光棍，毫不懷疑地，顧給自已以「好人」的名號。無論是酷熱的夏天或是憂愁的冬天，他，好人，都是如一地生活着。從小就在門前玩耍，後來父母雙亡——這是他自己底敍述——深深地知道雲門場底一切，他就深深地愛着雲門場了。好人有一點自大，常常在街上表演，鬧事，然而他不愁衣食，生活得很快樂。

「就是把省主席給我當！」他說，伸出頭去，好像要爬到對方底身上去，「我也不幹的啊！」他說，迅速地縮回頭來。「但是我是保長，省主席，」他擺着頭，「也還是看到過我底名字：『咦，張有德他是哪個呀！』」嚇，他不曉得就是我！」他指鼻子，並且咂嘴，簡直就要爬到對方身上來了。

羅仁厚覺得，這是一個偉大的人物。

「兄弟，莫憂愁，有我！……嚇，不是吹的話，雲門場底事情！」光棍說，拍了一下大腿，掠了一下頭髮，曳着衣服走了開去。

「要與啊奴家……講戀愛啊！」在寂寞的寒冷的街道上，光棍大聲地唱了起來。

10

第三天，光棍實踐了他底諾言，把周家大妹弄來了。這對於羅大斗，自然是一個奇蹟，他覺得周家大妹是神聖的。是黃昏的時候，羅大斗正縮在破牆旁邊烤火，光棍露出一種憤怒的表情來，推開了門。

「你認得他罷！」他指着羅大斗，向周家大妹說。「進去！」他陰沉地說。於是他站在旁邊，帶着無上的威嚴，看着這一對男女。顯然的他因自己底成功而得意。

周家大妹被他主人家底長工底女人領了出來，交給了張有德。她知道這個張有德，非常的怕他，但是她決未料到會看到羅大斗。她知道這座名譽惡劣的破祠堂，這裏面的骯髒的景象，那些躺在昏暗裏的可怕的人形，是驚嚇了她，所以她一時不能够認識羅大斗。

她畏縮地走了進來，忽然她抬頭，警戒地張望着。她底視線停在羅大斗身上了：她心跳起來，血湧到臉上，低下了頭。

羅大斗，怕在張有德面前丟臉，難看地笑着。

「我……我是羅……羅大斗……」他說，嘴唇顫慄着。「周家大妹，……我跟你說：」

他用細弱的聲音說，走進來，但隔着相當的距離便不敢再走了。

周家大妹迅速地看了他一眼。

張有德向他做了一個鄙夷的鬼臉，然後，露出一個冷笑來，看着他。突然地周家大妹轉身就跑，而張有德含着那個冷笑看着她，並不阻攔。周家大妹迅速地跑出去了。

「你中個槌子用！」張有德說。

羅大斗，被這喝聲驚醒，追了出去——這時那個不幸的小女子已經逃出了大門。月亮已經昇起來了，田野里有着灰色的光明。周家大妹吃力地拖着她的腫痛的腿，沿着石板路奔去，羅大斗狂熱地追着她，對她有了一種敵意。

她拚命地跑着，不發一點聲音。羅大斗很快地就追上她了，伸手就可以抓住她了，然而她仍然不屈不撓地奔跑着。

她突然地停了下來，轉身向着羅大斗。

「你幹啥子！」她嚴厲地說。

羅大斗胆怯地看着她。

「周家大妹……我們是，前生結的寃孽啊！」羅大斗戰慄着，說。

周家大妹沉默着，這樣羅大斗就大胆了起來。他忽然地撲了過去，摸着她底身體，發出了一種痛苦的，虛僞的笑聲。

「唉！我想你好苦喲！」他說。

周家大妹拚命地推開了他。他站着，忽然地感到了空虛，他已經失去了隨隨便便地開一下玩笑，把這個女人弄到手的可能了，剛才他是想這麼做的。他覺得他底心已經冷了，這使他很痛苦。這時霧氣從田野里騰了起來，剛剛昇起的月亮顯得微弱而蒼白。空氣變得很寒冷，衣裳破爛的羅大斗戰慄着。

「我……我有話跟你說。」他乞憐地說。

周家大妹，從來不知道有愛情，現在心里迷迷糊糊地感動了起來，放棄了她底戒備。她覺得羅大斗很可憐，並且想到，回去，反正已經遲了，於是就迷糊地跟着他。她還是一個小孩子，很容易地就做起夢來了；羅大斗底接觸，他底畏懼和順從，以及他底忠實的，可憐的眼光，使她心里發生了一種甜蜜的東西。在這個世界上，沒有一個人會經對她如此。

他們站在墳墓旁邊的荒草中，羅大斗呆呆地看着田野。空氣更冷，霧氣更濃，霧底迷團在田野里飄浮着，拂着他們底臉，浸濕了他們底衣裳。羅大斗，是已經得到了初步的勝利，他底心溫暖而活潑了起來。他望着田野，覺得一切都甜蜜，悽傷，美麗。他想到了他底母親，妹妹，想到了黃魚場底一切，並想到了黃魚場對岸的巉江矗立的高大奇突的山峯；夏天底雷雨的雲，總是從這山峯後面憤怒地昇起來。

他覺得他被愛了，而他底往昔的生活，是十分的悽涼。他哭了起來。

「大妹，我……想死啊！」他說。

他想到，他將要被一切人遺棄，而死在荒涼的山溝里；這樣他就哭得更傷心了。

周家大妹溫柔地，憐憫地看着他；不可覺察地嘆息了一聲，這個小女子現在是幸福了。

一隻烏鴉從墳墓後面的樹上飛了起來，噪叫着。

「呸！呸！烏鴉啊！」羅大斗痛恨地說，哭着。這烏鴉，使他想起過去所受的侮辱來了。但周家大妹不能知道這個：她祇是覺得幸福，她在愛着。

羅大斗沉默了。他用力地抱住了她。於是，在這種接觸之下這個小女子驚醒了。她心里騰起了一種熱辣的東西，她覺得她是絕望了。

「放開！放——開！」她憤怒地說，掙扎着。羅大斗不肯放開，一種瘋狂的熱情，使她毒辣地在他底手上咬了一口。

羅大斗恐怖地退後，同時她也退後，在她底眼睛里，閃耀着憤怒的，瘋狂的亮光。羅大斗底強暴的接觸，使她頓然覺得，她是永不能再回到主人家去了，也不能跟隨這個人；這是一個脆弱的，墮落的人。這種絕望使她有了瘋狂的熱情，她想到就此而死——投身在險惡的懸岩下面。她不能回去了，是的：她也決不想再回去！她不可能跟隨這個人，是的！她也決不想跟隨他！在絕望之後，她心里是快樂而驕傲。

她第一次在這個世界上如此獨立，如此自由地支配着她自己。她轉身向濃霧中的田野狂奔了。羅大斗異常胆怯，不敢再追她。

她跑過田野，她向山谷奔去。她在亂石堆和荊棘叢里蹦跳着，她穿過一些雜木，於是來到懸岩邊上了。

她不覺地謹慎起來，摸索着走了近去。她看見了蒙着霧的深谷，在霧里各處有黑色的團塊，在寂靜中，谷底的水流聲可以聽見。

於是她駭怕了起來。那山谷底下，是多麼可怕啊！她寒戰了一下，轉身就逃，覺得那山谷張着大口，在追着她。

她恐惰地，飛快地跑過田野。看見霧里的人影，她心里溫暖了起來，傾刻之間就充滿了感激。她向這人影跑去。這是羅大斗，他失望地站在這里，按着流血的手。

周家大妹喘息着，跑近來，就哭起來了。好像迷路的小孩又見到了母親。

「……我不想死啊！我才……才祇十七歲，沒得一個人喜歡我，他們說我……陰險……其實我心里都明白啊……」她哭着，說。

羅大斗可憐地看着她，不知怎樣是好。

「嗚嗚嗚……你，你底手，我替你包，包！」她說，哭着，翻開衣服，猛力地撕破了她底衣襟。

於是，他們在濃霧和朦寒里走過田野，消失在什麼一個地方。這一對不幸的男女，有了他們底幸福的一夜。

11

從這時起，一直到舊曆年關的時候，經過了半個月的時間。這半個月內，周家大妹一有機會便溜到羅大斗這里來，每一次來，身上都有着新的紫塊和血斑。他們在一些荒涼的破廟里度着他們底痛苦的生活。

在這半個月里，羅大斗有兩次偷了場上的店家底東西，被捉到，挨了可怕的毒打。光棍們遺棄了他了，他底乞憐再得不到任何回答；到這個場上來的最初，他是很替張有德們做了一些不可告人的事的。現在他已經變得和乞丐一樣了，有着乞丐的狼狽和兇惡。漸漸的，對周家大妹的熱情也冷淡了，然而她又沒有能力相信這個。事實是，假如相信了這個，他便除了討飯回家以外再也無路可走了。

周家大妹常常偷點東西來給他，有一次還偷到了一件衣服。這使得他更離不開這個女人。這個女人，或者說，早熟的女孩子，對於他，抱着一種可憐的，頑強的感情。她底對這件愛情的慘淡的經營，成了她底絕望的生活里的唯一的安慰。她現在有了一種強大的自覺，她覺得，她挨打，受苦，都是爲了羅大斗；假如沒有她，這個可憐的人便會凍餓而死了。她覺得她活着並不是沒有用的，心里常常感到安慰。然而羅大斗卻不能知道這些。他覺得這是應該如此的，因爲這個女人已經是他的了。他對她逐漸地橫暴了起來。他向她苛求更多的東西，他並且常常欺騙她。

有一次，周家大妹勸他找一件工做，她說：別人也有到工廠里去做工的。羅大斗覺得她不配說這樣的話，打了她。但她以後仍然來找他，雖然顯得很冷淡。對這冷淡，羅大斗又不能滿足。他們中間的感情成了痛苦的，可怕的了。

荒野中的這一件祕密的愛情，它不是一件美麗的故事，到這里便瀕於毀滅了。雲門場底流氓們，大半都知道這件奇聞了。羅大斗受着侮辱，挨着毒打，被流氓們搜捕着。於是他們就常常的逃到荒山去。

舊曆除夕的夜晚，雲門場是非常的熱鬧。流氓們，整個地捲入了賭博的狂潮，各處的富有的莊院里，擂着鑼鼓的聲音；散去的龍燈，在山里進行着。似乎一切人都快樂，都找得到一個快樂的地方，祇有羅大斗是孤單的，然而，他是非常糊塗的，聽着這些快樂的聲音，幻想到一切人都是他底朋友，而他在雲門場是非常的有勢力，他也不覺地得意了起來。

他從破祠堂里鑽了出來，冷得打抖，聽見了鑼鼓聲，看見赤裸的田野上映着一種喜悅的光明，就快樂了起來。過去的無數次的熱狂被驚醒了，在他底心里顫動着。他沿着石板路向場口迅速地走去，好像那里有什麼東西在呼喚着他。

他驕傲起來，想，今天晚上不等周家大妹了。

天氣是非常的冷。走過場外的小土地廟的時候，他站下來拉緊了身上的破衣。這時他突然發覺，在不遠的路邊，有一對眼睛在固執地注視着他。

他裝出若無其事的樣子來，又走了幾步，但這雙眼睛仍然在注視着他。他覺得這雙眼睛一定看破了他底狼狽的情形，他被激怒了。

「看啥子！賣麻屄！」他站了下來，以細弱的聲音叫。

但那雙眼睛仍然在看着他，悽苦而固執。這是一個凍倒了的乞兒。

「賣麻屄！」羅大斗跳了起來，憤怒地叫。

這雙眼睛明亮了起來，它們好像說：「不必像這樣罷！不會久了，你也會遭遇和我同樣的命運！」

憤怒的羅大斗拾起一塊石子來，向這個乞兒拋去。石子落在他身上，發出了一種沉悶的，輕微的聲音。

「混帳個龜兒！」羅大斗駡，然後向場口走去。

然而他感到寒冷，覺得空虛。快樂已經沒有了。他爲什麼還要到場上去呢？在那里，他已經再沒有了一個朋友。

他茫然地站了一下，走了轉來。路邊的那雙眼睛已經消失了，寒風在呼嘯着。他走了近去，向那個乞兒恨恨地踢了一脚；他認爲，他底不快樂，完全是因爲他。隨後他彎下腰去察看；乞兒已經死去了。

「呸！呸！呸！怪不得這樣倒楣！」他說，走了開去。

12

他沮喪地走到黑暗的山邊上來，走進了一座破廟。周家大妹還沒有來，他感到失望。他想，今天晚上，說好了帶東西來，又沒有別人監視，她應該早些來的。

「這個婊子女人，一定給別人吊上了！哼，祇要有錢！老實說，我是沒得錢的！」他說，在門檻上坐了下來，摸出一點烟葉子來抽着，呆呆地看着遠處的碉樓里的明亮的燈光。

這時爆竹在各處響起來了，愈來愈緊密。雲門場上，騰着安祥的烟氣。羅大斗萎縮地蜷伏着，餓得昏暈，不停地咀咒着他底周家大妹。最後他發誓說，要是她來了，他一定不饒她。

很久之後，一個人影從下面的路邊上移動了過來，羅大斗認出了她是周家大妹，[illegible]地笑了一聲。周家大妹挾着一包東西，不停地向四面張望着，困苦地爬了上來。

羅大斗陰沉地蜷伏着。

「你先來了。」周家大妹說，聲音很不尋常。

羅大斗冷淡地哼了一聲。

「你那個包包里是些啥子？」他問。

「你聽我說，我今天……」

「聽你說個屁！老子一天都沒吃東西！」羅大斗叫，站了起來，奪過了他底包裹。

他打開包裹看見了兩件衣服和一個荷包，並且嗅到肉底香氣。他打開荷葉包，貪饞地吃了起來。

這時，從站在旁邊的周家大妹底眼睛里，一滴眼淚落到地上去了。她轉過身子去，低着頭，沉默地流着淚。

「好吃，安逸！」羅大斗說，伸手到周家大妹底身上來。

「哭啥子？」他發覺了，叫；「你哭，是不是老子把你吃傷了！」

周家大妹沉默着。

「龜兒不要臉的婆娘！哭！哭！老子是窮人，老子沒得錢！」羅大斗駡。

隨後他便走到牆壁旁邊去，在地上蜷伏了起來。接着，他就發出了一種痛苦的，誇張的呻吟。周家大妹不理他，他呻吟得更高了。

「哎喲！阿！唉！哎喲！死了死了哎喲！馬上就死了，哎喲！」

周家大妹，對他底這種情形，是非常熟悉了。她轉過身來，[illegible]地，痛苦地看着他。

「哎喲，渾身痛！要死了啊！」羅大斗喘息着，喊。

周家大妹底心，是完全冷淡了。

「羅大斗，你聽我說，」她說：「我想了好幾天了！你打我，駡我，我不怪你，那些人毒駡我，我也不寃哪個，我是想你好！我想了好幾天了，今天早上我聽到說他們都知道你了，我也就打定了主意，你聽我說，你頂好還是離開雲門場。我這回來了，下回也不得來了。我來是跟你說……」

羅大斗咆哮了一聲，站了起來。

「放屁！」他叫。

周家大妹沉默着。

「我猜倒你底鬼心思！你是想找個有錢的，反正不在乎了，賣麻屄！跟你說，老子一天不死，一天不離開雲門場，你就一天都不得快活！」

周家大妹流着淚，然後輕輕地哭了起來。

「我今天，跟你拿來兩件衣服……」

「你這衣服哪里來的？」羅大斗叫。

「我是說，我也活不下去……你走了，我心里也落個想念，我也不寃你。」

「哎喲！哎喲！」羅大斗重新地呻吟了起來。但忽然他又吼叫起來了。

「跟老子在地上睡倒！」他叫。

「羅大斗！」周家大妹嚴厲地說。

「好，看老子摔跟你看，婊子兒！」羅大斗狂怒地叫，於是衝了上去，揮起拳頭來瘋狂地打在周家大妹底臉上。

周家大妹[illegible]

出去，羅大斗滾到地上去，大哭起來了。她覺得他很可憐，站下了。

「哎喲！我羅大斗如今是山窮水盡了啊！哎喲！我是就要死了啊，我底親娘呀！……哎喲，大妹，我對不住你呀！」他哭着，叫着，在地上翻滾。

這時有一道手電底光輝照在破門上，接着就有了人聲和腳步聲。羅大斗寂靜了，爬了起來。

「他們來了。」周家大妹說，盼顧了一下，然後就安靜地站着，望着外面。

羅大斗恐怖了起來，拖着周家大妹，求她救他。然後他往窗上爬，又往破板後面鑽。這時人們已經走了進來，手電照着了他。

他們是周家大妹主人家底少爺和長工，給他們領路的，是光棍張有德。

「哎，羅大斗，你這個樣子要法，要到今天，就太不够朋友了啊！」張有德快樂地大聲說，走了進來。

「綑起來！」少爺說，丟下了繩索。

羅大斗呆呆地站着。但突然地他跪了下來，不停地向少爺叩着頭。周家大妹憤怒地轉過臉去。

13

羅大斗在挨了毒打之後，就被送去當壯丁。幾天之後，壯丁們集合到黃魚場來，以便搭船到縣城去入營，羅大斗就又回到黃魚場來了。當晚天上，那個痛苦的母親知道了這個消息，哭喊着奔到鎮公所來。

羅大斗底母親哭號着跑過街道。她底女兒，拖着一雙破爛的大鞋子，一邊不瘖地追隨着她。

她向一切她認為有力量的人們懇求，哭號，叩頭，希望他們拯救她底兒子。這一個多月來，黃魚場上的流氓們多半已經知道了羅大斗底事情，然而做母親的都一點也不知道。她以為他是跑到城里去，或者死在什麼地方了！在這個打擊之下，她是失去了生機，麻木地生活着。現在，兒子底出現把她底絕望的痛苦重新地刺激了起來。

她向聯保主任叩頭，向紳糧們叩頭，求他們放掉她底兒子，至少要讓她見他一面。第三次跑過街道的時候，她撞見了她那一保的劉保長，這是一個矮小的，遲鈍的老年人。

「劉保長，救命呀！」她喊，跑了過來，撲在地上，叩頭如搗蒜。

劉保長着急地拉着她，告訴她說，這件事情，他一點都管不到。然而她不肯起來。劉保長着急地向周圍的人們叫着說，對天發誓，他一點辦法都沒有。然而她仍然不肯起來。

「你找我有啥子用喲！」保長叫。

羅大斗底母親站了起來，倉皇地張望着。

「羅家太婆，你聽我說……」保長說。

「么妹，過來！」羅大斗底母親喊，打斷了保長。「么妹過來跟保長叩個頭，求求保長。」

於是么妹一同跪下去了。

「求求保長，求求保長。」母親說，叩着頭。

「求求保長，求求保長。」女孩用清脆的聲音說，叩着頭。

年老的保長焦急得顫抖着，突然大哭起來，並且跪下來了。他向羅大斗底母親叩頭，又向女孩叩頭，大哭着。然後他迅速地爬起來，大哭着衝開人羣，跑了開去。

「求求各位啊，求求各位吶，寡婦孤兒啊！」羅大斗底母親向人羣叩頭，說。

「求求各位啊，寡婦孤兒啊！」女孩用清脆的聲音說，叩着頭。

她們像這樣一直求到深夜，第二天一大早她們又到街上來了。

14

羅大斗底感覺已經陷於麻木，他機械地聽着別人底擺佈，並不覺得黃魚場是他所熟悉的——從前的那種甜蜜的親切之情，是不復存在了——也沒有想到他底母親。他被帶進了鎮公所，關進了一間第一眼看來非常黑暗的房間。他踉蹌地踏了進去，踩着了一個坐在地下的人底小腿，接着他就分辨出來，在這里面，一共擠着十幾個人。

他呆呆地站着，好像一點力好像，站着或坐下來，對於他是並無分別的。

「羅大斗，是你？」那個被他踩着了小腿的人，憂鬱地說。

羅大斗站着，好像沒有聽見；他看見有人在吸烟，很想吸烟，就靠着那個吸烟的人擠了下來。

大家都在注意着他，這是他所不能知道的

．他心里很疲乏，很靜，連吸烟的慾望都沒有了。

「羅大斗，你朗個來了？」那第一個說話的人，繼續問，聲音里充滿了同情。

羅大斗聽着他，不覺得他講了什麼。

「他屁眼兒癢！」對面壁角，一個吵啞的聲音說。顯然的，這是一個光棍。大家知道，他已經當了四次壯丁，這次又來了。沒有人附和這個聲音；空氣是非常的沉重。

「羅大斗，你在雲門場，他們把你朗個了？」有人問。

光棍輕蔑地看着說話的人。但羅大斗自已都沒有聽見。這里攜着的沉重的同情，是他從來都不曾遇到的。然而他不感覺到它。他心里很靜，在想着被鞭撻而鼻子冒血的周家大妹。漸漸的，他心里有了一種渴望；他渴望非常的，殘酷的痛苦；他渴望他所不曾遭遇過的那種絕對的痛苦。他渴望那種痛苦；有力的，野蠻的，殘酷的人們，把他挑在刀尖上；他渴望直截了當的刀刺，火燒，鞭撻，謀殺。他渴望這個，因爲他底生命已經疲弱了，這種絕對的力量，是他底生命里而最缺乏的；而且，無論在雲門場或是在黃魚場，你都找不到這種絕對的有力，野蠻，而殘酷的人們。他底在黃魚場和雲門場所生活過來的生命，是疲弱了。

他震動了一下，覺得他被當胸刺殺了，他感到無上的甜蜜。

但他底活在黃魚場和雲門場的生命，漸漸地又被刺激了起來；純粹地是被刺激了起來，隨着這種刺激而運動。

「羅大斗，他們說你搞些亂七八糟的事情，有這回事吧？」那第一個聲音，憂鬱地問，接着歎息了一聲。

「羅大斗，嗡，你底堂客呢？」光棍問，乾笑了兩聲。

沒有人響應光棍。但羅大斗自已，響應他了。

「去你的媽喲！」他用細弱的聲音說。「你哥子，拚我一根烟，」他說，貪饞地吸着氣。

「我有烟。」在他底旁邊，劉長壽說。他在抽着烟，他底憂鬱的，單純的臉，在烟火的微光里愁慘地笑着。

「謝了。」羅大斗說，吸起烟來。「你哥子又何必喲，都是本碼頭……」他用細弱的聲音說，顯然地，希望對光棍討好。

「本碼頭！本碼頭沒得你這個龜兒！」光棍說。

「不許開腔！」外面的兵士，嚴厲地叫。於是他們大家沉默了。

但羅大斗已經被刺激起來，不能安靜了。他漸漸地有些迷糊，他一面對光棍底那一切激動着，一面做着夢。他夢見了他底妹妹，她在衣襟上插着桃花，從桃林里跑了出來。忽然桃林不見了，一匹狼跑了出來，啣走了周家大妹，接着就有了更多的狼，四面八方地圍繞着他，用牠們底獰惡的綠色的眼睛凝視着他……他恐怖得叫了一聲，抬起頭來。

「哈，老子夢見了狼！」他高興了起來說，於是他激動地推着他身邊的劉長壽，「你哥子聽倒，剛才我夢見了一百多匹大狼，綠焰焰的眼睛！」

顯然的，劉長壽一點都不能理解他，而且也沒有興趣——這個單純的人立刻就又睡熟了。

對面的牆壁下，光棍輕蔑地哼了一聲。

「眞的我夢見狼！」他向光棍得意地說。光棍罵了什麼，他沉默了，接着就又懷着激動迷糊過去了。

沒有多久，他又抬起頭來。這次他夢見了他底母親，夢見他母親在哭，他心里充滿了强烈的悽惶。但是，當他發見了那個光棍在抽着烟的時候，他就忘記了這種悽惶。他推醒了劉長壽。

「你哥子，我兄弟有點兒話說。」他用細弱的聲音說，瞥着光棍。「要是你哥子將來遇到了我底那個媽，你就說：『你底兒死了，他說讓你過得快活！』」他說，興奮得戰慄，瞥着光棍，希望這種光棍式的英雄的話能够得到他底激賞。

劉長壽淒涼地歎息了一聲，沒有多久就又睡着了。光棍在靜靜地抽着烟。

羅大斗現在是非常的感激這個劉長壽了，他想到了剪刀的事，心里很覺得不安。他又興奮了起來，推醒了劉長壽。

「你哥子聽我說，我兄弟心上有件事……」他說，有些遲疑：想在光棍面前博得光榮。光棍兇兇地咳了一聲，他沉默了。

有人大聲地歎息。羅大斗又迷糊了起來，他重新地夢見了周家大妹，夢見她在啼哭。他醒來，眼里含着淚水。

他輕輕地，猶豫地推了一下劉長壽。

「劉長壽啊……那回子，兄弟拿了你一把，一把剪刀……」他說，啜泣了起來。

「我早都忘了啊……唉，我丟下我底那個女人了！」劉長壽說，含着眼淚。

「兄弟心上很……很不安！劉長壽啊，這一回子兄弟在雲門場……」羅大斗說，啜泣着。光棍吼了一聲——這個光棍，他因了別人對他冷淡而對羅大斗有着更強的毒恨——站了起來，羅大斗沉默了。

光棍脫下一隻鞋子，走了過來，用力地敲着羅大斗底頭。

「你哥子又何必喲，」羅大斗可憐地說。

「看你吹不吹！看你吹不吹，看你吹不吹！」光棍兇惡地說，向羅大斗頭上打了三下。

「喂，老兄，別個可憐人！」劉長壽憤怒地說，支着身體，預備站起來。

「不要欺侮人！」另外的憤怒的聲音叫。

「我說你哥子又何必喲！」羅大斗說，他仍然希望討好於光棍。光棍罵了一聲，然後大家都沉默了。

羅大斗重新地迷糊了起來。刺激和興奮都過去了，他底心重新地變得空虛，疲乏，呆滯。

15

羅大斗，是直到最後，都不能從他底對他底英雄們的崇拜解脫出來，雖然他很明白，這些英雄，是怎樣的一種存在：他明白他們生活底細微末節。他底熱情，是固定了朝這樣的一個方向運動。另外的那一切，那些愛情，友誼，同情，以及悲涼而深沉的歎息，是都被他踐踏了。

這樣，他也就失去了他底生機。他底身上的一切是沉重的，那種叫做理智，理性，和意志的東西，是毀滅了。最初他是狂熱的，現在他是空虛，呆滯的。那一股青春的力量，是很快地就過去了。現在，對於他，一個小流氓，已經再沒有東西是莊嚴的了，——對於他，祇有可怕的東西是存在的。一切都是可怕的，要麼他就變得呆滯，要麼他就在幻影面前顛狂，戰慄。雖然，對於他周圍的生活，他是懂得異常的清楚，但這些知識在他底人生行爲里卻絲毫都不能發生効果。幻想和暴亂的熱情把一切都歪曲，淹沒了——在生活里，人們大抵是違背着知識底教訓，而伏伏帖帖地聽從着熱情底指引的。

第二天早晨，疲憊的，頹衰的壯丁們在鎮公所底院落里列隊準備出發了。隊伍很久才勉強地排起來，荷着槍的兵士們用技條抽打他們，並且向他們憤怒地吼叫着。

是晴朗的早晨，太陽已經昇了起來，照在鎮公所底屋頂上和一堵白色的高牆上。在鎮公所底門前，集着很多的人，大半是婦女，她們都是母親和妻子，她們是來目送他們底親人的。

她們有的抱着奶兒，有的提着一點東西，有的在低低地啜泣着。在鎮公所前面的走道上，一個警察在徘徊着，顯得很煩惱。

縣政府派來的兵役科科長，顯得非常的嚴厲，走了出來。警察向他敬禮，婦女們屏息着，敬畏地看着他。

壯丁們從鎮公所底斷牆的缺口里走了出來，通過一片瓦礫場（鎮公所底大門正在從新建築）。啜泣着的，抱着奶兒的，衣服襤褸的婦女們陸陸續續地，緊張地向前跑去，羅大斗的母親跑在最前面；在人羣中間，擠動着她底拖着大鞋子的，九歲的女兒。

但她們在瓦礫場底邊沿上被兵士們攔住了。頹衰的壯丁們通過着。從婦女們中間，發出了一些叫喊，最初是抑制着的，後來是嘹亮的。

有一個女人高聲地哭起來了。

「劉長壽！劉長壽！我在這里！」劉長壽底瘦小的女人，喊，含着眼淚。隨即她就衝進了瓦礫場，把她手里的一捲鈔票往劉長壽底脚前一摔。

劉長壽含着眼淚，拾起鈔票摔了回來。

「你留起！」他說。

女人向前跑，重新拾起來摔了過去。

「告訴你我不要，你留起！」劉長壽說，摔了回來，揩了一下眼睛，向前走去了。

劉長壽底瘦小的女人被一個兵士攔住了，看了一下鈔票，哭了起來。但趕快地又停止了哭泣，踮起脚來，通過兵士底肩頭，凝視着她丈夫。

羅大斗底母親，笨重地衝進了瓦礫場，她底女孩緊緊地跟隨着。死白的，痲木的羅大斗走出斷牆底缺口來，踉蹌着，沒有看到他底母親，似乎也沒有想到他底母親。他底母親看見了他，就大哭起來了，因爲，她底這個兒子，比起一個多月以前來。是完全不同了。母親底心，本能地感覺到，兒子底毀滅，是已經到了怎樣的程度。

她喊着兒子底名子，哭着奔了上去。羅大斗被乏地抬起頭來，認出了他底母親，就呆呆地站着不動。他似乎是在等待着什麼。

母親撲倒在他底脚下，抱住了他底腿。於是他心里有東西碎裂了，血液衝了上來，他底眼睛發光，他底嘴唇顫抖着。

兩個兵士走了上來，一個拖羅大斗，一個拖他底母親，兵士咆哮着，拖着他的時候，他在空容地望着站在街上的人羣：黃魚場底人們，是都在看着他。

是的，黃魚場底人們，都在看着他。他覺得他們是在可憐他！他是一點錯處也沒有的！他是蒙着大的寃屈的！

他癡癡地望着，想到了周家大妹。

於是他叫了一聲，掙脫了兵士，也掙脫了他底母親。他癡癡地走了幾步，突然地就跪了下來，向他底母親叩着頭，然後向人羣叩着頭。他做這種行動，心里有着熱狂的，憤怒的感情。他銳利地感到他底這種行爲侮辱了一切，他心里有着大的快樂。

他並不想侮辱黃魚場底人們，也不想侮辱他底母親；他熱狂地侮辱他自己，侮辱一切，因而快樂。這可以說是他底一生里的最清醒的瞬間了，雖然，很顯然的，他已經被一種冷酷的瘋狂所掌握了。

他向向他跑來的兵士叩着頭，這時壯丁們已經走完了，陽光照在瓦礫場上，人羣上籠罩着大的肅靜。

他頻頻地叩着頭，一句話都不說，他底母親則在一個兵士底拖曳下大哭着：她明顯地感到了恐怖。羅大斗站起來了，面孔死白，飄搖着，眼里有眩暈的，可怕的光芒。突然地他就向一塊巨石上撞去了。

人羣里發出了一陣輕微的驚呼。鮮血淋漓的羅大斗，在別人拖住他之前，又向石塊猛撞了一下，然後就仰天倒下了。

他底母親大叫着，和兵士掙扎着。肥胖的，手里拿着枝條的警察隊長跑了出來，憂愁地，吃驚地向羅大斗看了一下。

「你看他蠢不蠢！這是公家上的事情啊，你們看這兩母子蠢不蠢！」他彎着腰，用枝條指點着，大聲地，親熱地向人羣說，顯然的，他想討好大家。但大家嚴肅地沉默着。

羅大斗抽搐着，突然地不再動彈了。這時他底大哭着的親母突然寂沉了。她底眼睛凝固了，向着羅大斗。她移動脚步，用凝固了的眼睛向着前面，向前走去，抓着她的那個兵士本能地放開了她。她突然地拍手，仰天大笑了起來。

「么妹，快去喊你媽！」一個瘦削的女人緊張地向呆呆地站在那里的羅家么妹說，並且推了她一下。

女孩哭起來了。

「么妹，快去喊！」那個瘦削的女人說。

女孩跑了過來，哭着。那個瘦削的女人，含着眼淚，跟着她。

「媽！媽媽！媽媽呀！」女孩喊，恐怖地哭着。

羅大斗底母親拍着手，大笑着，在她底兒子底屍體旁邊兜着圈子。她底女兒，拖着破爛的大鞋子追着她跑，哭着，喊叫着。

「么妹，用力喊，用力喊！」瘦削的女人說，在後面推着女孩。但終於她自己衝動地啼哭了起來。

「媽！媽！」女孩，本能地鎮壓了自己底恐怖，閃露了那種初發的理智，追着她底母親不停地喊着。

一九四四年八月

無題

綠原

夜間，虫聲大噪。
廣播，演說，以及
衆人底掌聲都沒有了。

政治家在床上睡不着，
搬着指頭算：哎呀，
中華民國三十三年……
翻個身，他不覺想起
那副官買鷄卵要三拾塊錢一個：
「該死！
看他明天替我弄點什麼布丁吃？」

女僕，打盆水來給主人洗洗脚吧，
可憐他醒一會兒就要瘦了。

山村小事

馬琴

一

冬天來了。一整個秋天雨水很少，山野乾癟了，褐黃色的泥土起伏着，懶懶的爬上山頂，於是又是同樣的一帶高低的土峯，僅有的一點綠色像癩痢頭上的毛髮似的，點綴着這單調枯澀的顏色。

天空沉重得像一塊不高的天花板。遠處，模糊的飄浮着煙霧，連山脚的石板大路也看不淸楚。

這樣的冬天，不太冷的時候，一天明了就是如此，沒有水獺，也沒有鳥叫，也沒有什麼時間早晚的分別，天亮時如此，一直到這樣的拉下了夜幕。如像陳老太婆居住的半山腰，再上面是山頂，沒有人住，山脚是地主老板的房子和大路，即使是飄散的話語聲也很難來訪問這孤獨的山居，於是更混混沌沌的一天天的淸，活。早晨陳老太婆底二兒子去做活，大兒子拿了鋤頭上山，陳老太婆上午在麥田里鋤草，下午也在鋤草，除了大兒子回來吃中飯而外，似乎不曾一天遲早都是這樣一幅圖畫；竹林前面的破爛的草屋，有幾隻雞子在走，門前豬欄的豬在打鼾聲，陳老太婆坐在一根矮凳兒上不快不慢的在有兩三寸長的麥田里鋤着地，拔着雜草。

今天大約是傍晚之前，從山那邊來了一個客人，那是在幾天前也來過一次的楊奶媽。多天是鄉下的婚嫁時節，楊奶媽來也正是爲陳老太婆二兒子底一樁婚事。

在不等陳老太婆向屋里呼喚大兒子拿煙的時候，楊奶媽便連忙像報告喜信似的說；

「你老二的事成了，你老二的事成了！」

楊奶媽是一個中年婦人，滿臉的雀斑，一付厚嘴唇，鼻尖上常年的沁着汗珠。

陳老太婆扶了一扶頭上的布巾。已經上年紀的老婆子了，露出的頭髮都已經帶白，年紀已經給了她眼角的皺紋和微扁的嘴。

陳老太婆也懷着一點高興走到屋里，在門角找到了竹煙袋。她[illegible]不太高興的，因爲她還得把她底疑問，也是她二兒子底疑問問一個淸楚。

她把點了火的紙媒和煙袋遞給楊奶媽，在板凳的一頭坐下了。她說；

「我底老二說；兵大爺的東西多半沾不得手，你不說那女娃子是一個什麼副官的乾女？」

楊奶媽把手上吹燃的紙媒又吹熄了，抹一抹鼻尖上的汗水珠，張開了厚嘴唇，露出大瓣大瓣的黃牙齒說；

「你老人家眞心多得很，我楊奶媽做媒做了十大年，我有不弄淸楚的麼？她底乾爸爸早開走了的了，你想想那女娃子在那山邊劉大媽作事都要來半年了。走的時候，那副官親自對劉大媽說，我這個女兒，拜託你，她在軍隊上不方便，她可以幫你掃地抹屋的，我一個月總一百八十寄點錢來的，大了的話，也拜託你老人家，找一個門當戶對的嫁了她。……」

「那我要跟老二說一說。」

「兒女的事做爹媽不該管麼！陳老太婆，你就這些地方太仔細，兒子的事，我做媽的要怎樣就怎樣。老實說，我也看你老二人聰明，靈醒，又有手藝，人老老實實的，不然我吃飽了自已的飯來多事麼？你說，你說，陳老太婆，是不是這個道理？」

陳老太婆除去了頭上的白頭布，露出了斑白的頭髮。

「這些事也多承你們照應呵，我一家，人手又少，……」

「眞的嘛，」奶媽搶着說，「自從你大媳婦去年死了，這屋眞冷淸淸的了，你看，一出去了，除了你老婆子而外，打鬼都沒有人，也該進個人口了，冲冲喜，冲冲喜。」

「這間房子也眞的不佰利達，去年死大媳婦，今年熱天我們一家人都打那鬼擺子，連如今也沒有好斷根。」

「呃，這也是，這也是。那女娃子你看到才歡喜咧！臉圓圓的，一雙大黑眼睛，做事又靈活，說話又會巴結人，在劉大媽那里，儘是劉媽長劉媽短的。人其實才剛滿十四歲，她昨天親口對我講的。」

「十四歲？」

「還不大麽？這時候的人十四歲也眞不小了。我自已就是十二歲出嫁，十三歲生娃兒的。你底老二有多少歲數？」

「今年廿四歲了，是屬羊的。」

「是不是要合一合八字？其實現時刻還些東西也都不興了。她是大河底下，一個什麽地方——，啊，我眞記性壞，一轉眼又忘記了，一個叫什麽羅的地方生的，出過遠門的咧！」

於是，她們底話頭轉到了別處，談了一些別的事情。一直到天要黑了的時候，楊奶媽猛的站起來，幾乎把那一端坐着的老太婆弄跌了，說：

「哎呀，我的娃兒還沒有喂呃，怕哭壞了吧！明天來看看人，明天？……」

屁股一拍，她已經轉到屋子後面的竹林去了。

天晴下來。烏鴉一對一對的飛過。斑鳩在樹上唱出了晚曲。似乎這比白天有生氣些了。

在屋子里也是這樣的。在先，從屋簷邊冒出了煙，煙霧也在屋頂上盤旋着，那是晚炊。

陳老婆子一個人在預備晚餐，其實也早好了，飯和一碗醃青菜已經在鍋里了。

先回來的是老大，他的路程只有兩三條田埂，他把鋤頭把在門後面，在門檻上坐下來，吸着菸葉。

他是一個三十以上的中年人，却有些老了，額上已經刻上縐紋，嘴邊有一點稀疏的鬍鬚。他去年死去了妻子，是產後死的，沒有兒女。

「媽，下午是誰在這里和你談了大半天？」

媽正從廚房出來，手里端着菜碗。

「有誰，還不是前幾天來的楊大媽。」

「說成了嗎？」

媽走到他身後來，還端着那碗菜，她又連忙回轉去，把菜碗放在棹子上，回轉來才滔滔不絕的說起來：

「他說那女娃子的乾爹已經開差了……：」

老大對她底話也沒有很大的興趣，但是一直到老二回來，陳老太婆的故事還沒有說一半。

在桐油燈下的飯棹上，她又從頭開始向老二說明下午的事。

老二比較他哥哥健康，團團的像孩子的臉面，高高的額頭閃着油汁的光。他是一個業餘的泥水匠，在冬天，從來是沒有空閑日子的，在他們辛勤了一年之後，那乾燥的土坡，像一個老母親的乳房，還是很吝嗇的不給够他們養命的東西的時候，都是由他冬天的工作來補足的。

所以他們吃着白米飯，這在這一帶山坡上的農家是很少有這福氣的。

他從不多說話，閉着嘴唇，有時在人多或生人的前面他更是生怯的把眼光避開。卽使在現在談論他自已的事，他也沒有發言。

直到晚飯完結之後，又在棹邊談了一會，媽的話才到近乎終結。

這中間，老大說了一兩次話，都是：

「這也不錯了。」

或者在媽用詢問口氣的時候，老二不開腔，才接着說：

「爲啥子不可以。」

老二沉默着，吃完飯，用筷子在棹子上畫着。這並不是孩子氣的害羞，他還是在聽。

過後，他從衣袋里摸出了兩張紅色的鈔票。

「媽，這里錢。」

他媽接了錢，奇怪的望着他：

「老二，你到底喜不喜歡。」

老二低着頭，有汗的額頭在燈光下發亮，似乎在想說一句話，過後，用有一點捲着舌頭發出的聲音說：

「那麽，哥哥……」

大哥攤開兩手，說：

「我，我就說你承認這門親事好。嫂嫂死了，人手少，明天春天不要人做事麽？」

沉默一會，又是帶一點捲起舌頭的有點口吃的聲音：

「媽，那你明天去看一看。」

媽很快的帶着碗到廚房去了。

陳老太婆第二天到山後去看人。

她穿着新的陰丹林布短衫，黑褲子，沒有包頭布，頭髮也理了一理，但風一吹又亂了。她踏着快的脚步翻過了山頭，劉大媽的房子就在望了。

她到了。但是，並沒有像預備着來看人的

樣子。在屋里的牀鋪上找到睡午覺的楊奶媽，她睡眼惺忪的爬起來，那孩子又哭了，於是，她抱起了孩子，在屋外去叫了很久才把劉大媽叫了回來。

劉大媽都是會經相識的人，平常的時候，討一點茶種或借什麼東西的時候都常來往的。今天，當然是份外熱烈的歡迎陳老太婆。

坐定之後，劉大媽先稱讚陳老太婆的福氣，尤其是老二的能幹，有手藝，老實，等等。過後才說到婚事。

「我們以後是乾親家咧，雖說女娃子是周副官的，這大半年來我眞當自已的女兒一樣的看待。」

於是，陳老太婆又重複一次會不會有什麼糾葛，這又引起了楊奶媽的一大段話：

「你老人家眞仔細，走路都怕把螞蟻踩死了，……」

說完之後，她似乎才想起正事，她一股風的抱着孩子出去了。門外嚮起破鑼一樣的聲音，在呼喚那女孩子的名字。

屋里面劉大媽又說：

「我親自看見，就是周副官在的時候也對她頂好，有時候雖然也打一兩下，女娃子不懂事，那得不打一兩下的道理，平時睡覺也是跟周太太睡的，她對周太太也頂恭敬……」

於是，有一個什麼東西輕輕的掠過陳老太婆的心頭，停在心里就有點覺得不自然了，她後悔有一句話沒有向楊大媽問，現在又似乎難於開口。

「我麼，我也頂愛這娃兒的，」又是劉大媽說，「周副官走的時候，這女娃子死活都不跟着去，哭着要我收了她。而且周副官也願意。這女娃子這會來也眞更長得好看了。………………」

門外有脚步聲，有什麼東西放下的嚮聲，於是，一隻光脚和黑的褲管預備伸進來了，但是，突然外面呀——的一聲，脚和褲管都一起不見了。

劉大媽又談着別的，陳老太婆在考慮着怎樣提出她的問題。

很久，楊奶媽出來了，手里沒有了小孩子，身邊却有一個只及她大半截高的女孩子。

很自然的，陳老太婆知道那女孩子就是她未來的兒媳婦。

像一隻圍在人叢中的兔子，那女孩子的圓眼睛閃着生怯而恐懼的光，藉着陽光，她看見在那晒黑的臉是瘦削的，穿一件黑布衣服，肚皮上已經破了，里面似乎還塞有什麼東西，下面一條過大的夾布褲，一雙過大的鞋子。

劉大媽說：

「來，見見陳婆婆，她就要當你的婆婆娘了。」

在女孩子的臉面上，除了生怯和帶一點懼怕而外，似乎找不出其他的表情。沒有像通常的女孩子一樣談起這些事的時候的少女的羞澀。

女孩子沒有說話。

劉大媽說：

「人頂聰醒，就是不說話，像你底老二一樣，這才眞是一對呢！哈，哈……」

女孩子木然的站着，似乎一點沒有聽到，也不關她底事一樣。

陳老太婆裝着憐恤的樣子問。

「你幾歲了？」

「我十四。」

女孩子用有一點破沙的聲音回答。

「你那里的人？」

「洛碛人？」

陳老太婆沒有什麼問的了。女孩子還是一樣的站着。

過後，還是楊大媽叫她出去了。女孩子從晒壩的左角走了過去。

在屋里，劉大媽徵求陳老太婆關於婚期的意見。

但是，陳老太婆心里正想着一個問題。而楊奶媽像吐枇杷子一樣的說了起來：

「這時刻都新式的了，什麼看期不看期，八字也合了，但是我那死鬼呢？一關進去又是幾個月了，我看這一次活不了他的，………」

陳老太婆終於打斷她的話，問：

「這女娃子是………」

「唉，你眞是，都好，都好，我保險，我保險。」

陳老太婆遲疑的說：

「我說的是……」

「啞子嘛！」

陳老太婆到她耳邊低聲說了兩句。

楊奶媽大笑了，她笑着向劉大媽耳邊咬了一兩句，她們都大笑起來了。

過後，還是劉大媽說：

「眞的是靑頭姑娘，別人才十三四歲呢！」

陳老太婆心里的一塊石頭放下了。於是，她才有心來談結婚的日期。

在先劉大媽的意思也是不擇日子，她一再的說這些只是迷信而已。

陳老太婆說：

「抬人的日子總得看一看，老二也是在外面作事的人，又不是接『過婚嫂』，別人談起來笑話。」

劉大媽在這老婆子的堅持下幾乎一時想不出法子來了。她對於那女孩子的出嫁似乎非常急切，看她的樣子，好像是越快越好，就是今天下午也未始不可的。過後還是聰明的楊奶媽解決了這個疑難，他像發現新大陸一樣的說：

「我眞忘記了，你不是有本皇書（即曆書）嗎？」

劉大媽也有一點愕然，摸不着頭腦。

「你忘記了，您有的，您枕頭邊的。」

他跑進屋里去了，屋里是黑黑的，從亮處看去幾乎像從罐口看一隻大而空的瓦罐子一樣，只有一線微弱的光在楊奶媽的背上溜了一下，兩分鐘之後，楊奶媽滿臉高興的跑出來了。

「眞湊巧，初三初四都是皇道吉日，都好都好！」

從今天算到初四，連頭連尾有七天。

陳老太婆遲遲的，無從決定。

「我翻完了一本皇書，就是這兩天可以，以後都不行了。還是早一點的好。」

「就是初四吧，冬月初四。」

還是劉大媽折衷的意見。

陳老太婆心里也在打算盤，她在想着冷淸淸的家，一天到晚連一點人的聲音都沒有，餵人養豬，鋤地收拾屋子都得她一個人去辦，早添一個人，淸閑一下，也是可以的。她心里似乎這樣決定的了，但她只是說：

「我跟老二去商量一下。看他可不可以。」

「他，他倒高興得很，他會連屁股都笑圓了！」

過後，她們又談到別的事，無非是媒人和衣服的事，媒人當然是楊奶媽義不容辭的了，衣服等等劉大媽也沒有堅持，一兩件布衣服也可以了，在這國難期間，物價太高，這理由是很方便應用的。

臨走的時候，陳老太婆心里的一些暗影早消失了，心中也變得寬暢起來，她在酒壜邊還加一句話說：

「就是這樣說吧，初四可以也勉勉强强的，我老二麼，別的不行，我老媽子的話是頂相信的。」

二

七天的光陰快要過完了。其實，陳家的預備婚事也決不是想像中的那樣熱鬧，繁忙和有趣，如像有錢人家會一月兩月，以至半年一年的時間，來嫁一個女兒或接一個媳婦，上上下下，一家老小忙得像熱鍋上的螞蟻。陳家的辦倒是頂淸靜。

那一天的晚上，陳老太婆把她初四抬人的主意告訴了老二，不知道他一貫的不說話呢，還是有點羞澀呢，他只說一句：

「這樣快麼？」

他就到木盆邊去洗脚去了。

過後他底母親又嘮嘮叨叨的把買布之類的事告訴他，他說：

「等兩天有空進城去買吧。」

第四天布買回來了，這是老大去買的，一共去了三四百塊錢，而且老大又有機會喝了一次燒酒。

第二天上午，陳老太婆把衣料拿去托人縫衣服，順便也到地主老板家里去告訴了這一件事。

這樣快的動作，使老板娘二太太有點不相信，她有點好奇的問：

「是『過婚嫂』麼？」

「別人十四歲的姑娘。」

「甚麼地方的人啊，這樣快，說接就接。」

在臨走回來的時候，二太太還拉長淸脆的聲音，叫陳老太婆一定不要忘記了頭一天來掛一個紅。

頭一天的夜晚，老二眞的到老板家里去掛紅。

這是一種規矩，在別人地土上結婚似乎對主人有點不恭敬，所以一定先得向主人底神主道個謝，掛一條紅，放些鞭炮，並且也附帶送一點酒肉給主人家。

老二穿着新的靑布長衫，布鞋，白褲子，戴着有紅結子的瓜皮帽，同着老大一起，手提了香燭錢紙，一個籃子裝了一塊刀頭——豬肉一大方，酒壺，鞭炮，這樣就去了。

一大院子的人，大的小的，都像看把戲一樣的圍攏來了，里面有一些是從城里來的房客，似乎對這種事情都感到莫大的興趣。

二太太高聲的吩咐一切，一對大紅燭點在正中，小燭也燒了幾對，全屋抖動着閃閃的燭光，倒眞的有一點喜慶的樣子了，於是生的豬肉用碗托着，酒壺的酒也傾在酒杯里了。

突然，二太太又忙止着這進行的儀式，說着不忙不忙，大家都以爲她要等二老爺回來看看。

老大坐在堂屋的椅子上，老二被一些孩子圍着，似乎要從他底身上用眼睛看一點什麼東西出來一樣。在模糊的光線中，老二的臉紅着，撕着疊起的錢紙。

一會，二太太又出來了，帶來了一個十七八歲的學生樣子的人，她向老大說：

「放鞭炮吧！」

她又向那學生樣子的人說：

「看嘛，就是這樣子的。」

原來她是請她底兄弟來參觀這個典禮。行禮如儀。不但老板底神主，而且長生土地之類的神明也受了禮拜。

完結了。陳家弟兄正要帶起空的籃子回去二太太帶着祝福的口氣說：

「陳老二，你好好的接一個好婆娘，又漂亮，又會做事。」

老二困惑了，他找不出答話。還是他哥哥解了圍。

「這都多承二太太栽培。」

在屋角的人叢中，又氣喘喘的擠出一個老太婆，她是老板底母親。

「老二，你們把日子看過一下沒有？」

老二傻呆呆的回答：

「他們看了的。」

「這些事情要留心，你看你哥哥，那時不聽我底話。……」

她老人家還說了一些，在老二他們踏出大門時，天不知什麼時候已經完全黑了。

「二太太，老太婆，明天一定請上來玩一玩，沒有什麼吃的，二老爺是不會來的。」

「我倒走不動了啊，咳，咳……」

還是老太婆的咳嗽聲。

三

初四的大淸早頭一天約好的兩個幫忙的就來了，一個是劉大爺，是同一個老板底佃客，住在陳老太婆左邊山頭的半山腰，一個是劉大爺底兒子，十二歲的放牛娃，他們都穿着他們最好的衣服，劉大爺是元靑土布大衫，兒子是一件洗得半舊了的藍布衫。劉大爺向陳老太婆說了幾句道喜之類的喜慶話，就提着籃子到碼頭上去買東西去了，那十二歲的兒子就在屋里等候吩咐。

天還是往天一樣的陰暗，昏沉沉的天空，霧濛濛的大地。如像沒有人會想到有太陽的痕跡一樣陳老太婆家里也沒有什麼喜慶的痕跡。

收拾一下屋子，洗換一下身上，陳老太婆就花去了一早晨。老大又同着劉家的兒子出去張羅借棹子板櫈之類的東西。

新房收拾出來了，就是這房子的正屋，以前是陳老太婆自己睡的。現在她和老大住到對面的一間屋子，那屋子自從老大的女人死後都是老大一個在住，老二是住在她媽底房里的。

現在，新房整頓了一番，一間半破的牀鋪抬出去了，正中靠牆是牀，並沒有帳子，倒像一具織布機。靠牀是棹子，上面陳設了一些土製的茶杯之類的東西。另外很別緻的是一個量米的升子，用紅紙封着，里面大約是泥土，上面插了花燭。對面是櫃子，這已經是陳老太婆的東西了。除此而外是櫈子和板櫈，還有搬不出去的四方形大櫃子，很厚的灰塵的破罐子，認不出是什麼東西的破碎雜物等等。很小的窗，而且有六根直的木條，所以射進來的光並不比往天多一點。

吃早飯的時候，劉大爺回來了，帶了滿大籃子的東西。他是請來作廚司的，所以一直忙着去做自己的事，直到早飯的時候，他才有空來說：他在碼頭的時候，怎樣豬肉不好割，別人和他吵架，以至幾乎打架，結果只買到六斤，順帶又說了他底菜目等等。

老二聽到割肉吵架的時候，說：

「買肉的屠戶就是這些可惡，別人是錢，未必我的少了一個子？」

過後，老大他們也回來了。借來了一張大棹，小孩子背了幾條板櫈。依劉大爺的意思，大棹子和板櫈都放在晒壩，預備轎子來的時候用的。

不久，擡轎的也來了，一共三個人。於是乎老大他們又開早飯。在席上，劉大爺說：

「陳老二，不是我說你，這些事情一輩子也只有回把，何必這樣子寒傖，有轎子，沒有吹打，像個什麼樣子，又不是接「過婚媳婦」。」

老二沒有話。老大說：

「我們人手少，管不了這麼多。」

劉大爺忿然的接了過來：

「你眞是，為什麼早不找我劉大爺，這些事情……」

這時外面一陣喧嘩，原來客人已經陸續來了。里面的談話也暫行停止了。劉大爺一個在廚房，兒子燒火，其餘的人都從豬欄溜出去了。

客人都是左隣右舍的熟人，數目有七八個，女人最多，小孩子還不算，當然，一來都要看看新房，發表一點什麼意見，肯說話的還說老二幾句笑話，這之後，也就各安其位了。

轎子在不久之後出發，這也簡直是一場大事，足足鬧了半個把點鐘才走。

起先，依劉大爺和何二娘的意見，老二應當去迎親，說這是一般的規矩，絕對少不了的，但是，轎子只有一乘，即使老二去的時候能坐，回來未必跟着轎子走路不成？所以沒有辦法。

其次，有的提議要送一點東西去，例如豬肉和酒，劉大爺也認為可以，但是豬肉一共只有六斤，不够分配。結果只有帶點酒去，可是，一隻錫壺又是壞的，看來像洩了氣的皮球，好在不漏，勉强可以應用，但是，劉大爺一定要在壺嘴和壺蓋上插一點紅紙花。

拉拉扯扯，喧喧嚷嚷的，三人大轎終于出發了。後面是劉三娃子，轎子中間放了新衣，鏡子之類的東西。何二娘指着後邊的劉三娃說：

「你看，他走在後面倒像個「押轎狗」啊！」

這說來劉大爺有點難乎為情了。一場熱鬧了結。一個女客又來了。是老二的姑媽，以前是作小生意的，現在丈夫在跑三斗坪，在一般人的眼里也算富豪了。

她有一幅虛腫的臉，抹了粉，油了頭，青綢褲子，陰丹士林布上衣，皮鞋。

她下了轎子，給過了轎錢，這時陳老太婆少不得要客氣一下，但是轎錢仍由客人付過了。

她走進屋子，斯斯文文的向陳老太婆作揖道喜。看了看新房的佈置，在新房裏，當着炯炯注視的旁觀者之前，向陳老太婆交了賀禮，一張一百元的鈔票。這個行動，在衆人中起了點小波動，在跟着她的客人中，眼睛的光相碰着，交換着羨慕驚奇的眼色，還有的手肘也輕輕的碰碰別人的腰部，低聲的在說：「看，一張大票。」一個說：「一百元的。」

姑媽坐在牀邊的椅子上，陳老太婆倒了茶，一些人站在門邊，有的只把頭伸了進來，都望着她，生怯怯的沒有一個上前。

這沉悶的局勢被二太太的到來打破了。

二太太的打扮也不壞，頭上的髮挽了像兩根樹根交叉的東西在腦後，油很亮，藍布衫亮着里面的綢棉袍子，半高底鞋。她也交了賀禮，有一兩張紅鈔票。

陳老太婆說：

「二老爺說沒有跟你們買東西。」

「它怎麼受當得起！」

收過錢之後，二太太又說：

「昨天夜晚，你老二怎麼沒有帶紅來，過後二老爺回來發脾氣，說來掛紅又沒有紅。」

「是的，眞忘記了，隔天一定補來，這都是買好了的，一共三根，……」

這時旁邊的姑媽又插入說：

「今天沒有日子，是怎麼看的？昨天姑爺還看了看曆書，他說又這麼快，一看曆書日子又不好。」

「這是劉大媽她們看的。」

「是的，」二太太說，「眞是怎麼選的，你當媽的也要留心才行，這是你兒子一輩子的事。」

這時，氣喘喘的跑進來一個小孩子，正是劉三娃子。

「陳…陳…老太婆…要……」

陳老太婆一驚，忙說：

「三娃，你慢慢說。」

劉三娃氣定了一下，才說：

「她們要…要…粉，擦臉的粉，還有，要兩根紅頭繩。」

陳老太婆連忙站起來：

「哎呀，怎麼又把粉忘記了？頭繩？她連一根頭繩也沒有？」

「她？」劉三娃說，「她倒像一個死了頭，我們轎子去，才把她從田裏叫回來，光脚板，盡是泥巴，一腦殼像亂鷄窠一樣。」

劉三娃又帶着要的東西去了。

大約有一點鐘之後，轎子眞的抬到了。

一個小姑娘坐在一乘破爛的轎子裏，轎子是陳舊的，大約是從一個破落的大地主底廢物堆裏請出來的東西，連轎頂也有破的了，只是坐位的地方還可以坐，外面也洗刷過一下，然而就越顯出破敗的樣子。

新姑娘很小，穿着藍布新衣，紅鞋子和粉紅袜子，頭上用紅繩紮了兩個小辮子，臉上不均勻地敷了粉和紅，然而還是抹不了那被長年久月風吹日晒的黑色。她端正的坐着，後背離開轎子的背部很遠，而且還用兩隻手扶着前面的竹柱子，以乎怕被轎夫們輕快的脚步給抖出來了一樣。眼睛黑黑的，怕怯的在圍攏來的大堆人中窺看着。

楊奶媽緊隨了轎子，後面是劉大媽。劉三娃子替楊奶媽抱了小孩。

轎子停在釃壩中間，於是，那新娘很自然的就預備走出來。旁邊的人就大笑起來了：

「你看她多忙！」

「你看她多着急！」

新娘子在楊奶媽的拉扯和示意之下，又回復了原位，仍舊挺直了腰幹，這回眼睛却低下了，似乎才感到了外面忙亂的看熱鬧的人都正爲了她，而感到有點害羞了。

劉大爺把菜刀放下來安排一切。因爲除了漂亮的客人，姑媽和二太太而外，他是最懂事體的，而且女太太們又始終只能說不能動。

這時候，劉大媽進屋去，裏面傳出了一片禮讓之聲。楊奶媽在釃壩侍候着新娘。

第一步，是回車馬。這是一種規矩，意思是把同花轎一起來的鬼怪退回去。

釃壩的大棹子上把上了新房裏的紅升子插的花燭，由劉大爺把花燭和香都燃起來了。這時候在屋裏應酬吩咐的姑媽突然來到劉大爺的耳邊說了幾句，於是，劉大爺又大聲的嚷着：

「陳老太婆！」

而陳老太婆正在屋門邊，劉大爺走上前去，看熱鬧的人也好奇的跟了去。

劉大爺低聲的向陳老太婆說：

「日子不好，要一隻紅鷄公，回車馬。」

但是，陳老太婆冷冷的回答：

「沒有。」

劉大爺又要求：

「只要小鷄公一點血也行。」

「沒有，沒有！」

劉大爺只得去找老二，在廚房的門邊把他拉了出來。老二的口裏只是說：

「我管得他們的，我管得他們的。」

終于，由劉大爺做完了儀式，只撒了些白米。新娘由楊奶媽扶着進屋了。

屋里也同樣燃起了大燭。

新娘，新郎都掛了一條紅，一高一矮的站着，由劉大爺的唱呼，拜過了天地。

新娘被扶坐在床邊。那床對她是太高了，她底脚幾乎觸不到地面，眼睛圓溜溜的，看着棹子上的燭。她底臉上看不出一點什麼表情，似乎這一些事都很少和她有什麼關係。

屋裏坐了二太太，姑媽，和一些見過大世面的胆子大的鄉下女人，嘴是說七說八的。

外面在張羅安排席棹了。堂屋正中安了一席，釃壩兩邊各安了一席，還三張棹子和十二條板凳的事情也鬧了一陣，結果是一些覺得肚子餓了想早一點吃這一餐喜筵的客人，幾個大一點的小孩子幫忙弄妥了。從廚房和新房里搬板凳，抬棹子，端菜碗，拿酒壺，少不得也要弄來鷄飛狗跳的，幾隻公鷄和母鷄也似乎在慶祝這場喜事一樣，總是在人脚邊遶來遶去。

堂屋里是講究一點的客人坐的，上席就坐定了姑媽和二少娘，其餘的位置，在一請吃飯的時候，早已陸陸續續的坐好了。

酒席不是客人們想像中的豐富，很使他們失望。比如二少娘只喝了兩杯酒，尖起手指略略的夾了一點炒乾粉和炒豬肉吃。就是這樣，正中的一席也在沒有菜，外面的兩席就早已四碗朝天，向客人告罪了。不得已，還是劉大爺的聰明，還把剩下的東西凑了三碗，每席又補了一碗。

外面的客人非常難爲情的坐着，孩子們和女人在大碗大碗的吃飯。左邊一席一個半大的孩子憎憎的在說：

「還沒有我們打牙祭吃得好。」

吃飯中間，依照一般的規矩，新郎和新娘

要來上一次酒。新娘子，像一條很溫順的羊被人牽着在衆人面前打轉，她沒有低着頭，像一些新娘一樣要裝來羞答答的，她底眼睛，無目的的，茫茫然的，在被衆人的眼光追逼的時候，她就盯着一個什麼小東西。她只及老二的胸部高，一個小孩子一樣被楊奶媽牽來東走西走。老二底臉面像不動的水面一樣，在被人逗弄的時候，一個淺淺的羞澀的笑掠過臉上。

很快的這件事也完了，因爲除了姑媽，二少娘，劉大媽而外，很多客人都謝了沒有喝。他們又回到新房的時候，劉大爺的添菜才正下鍋。

下午，又拜客。

客人們早已零散，有的是回家有事，有的是因拜客是一件敲竹槓的事，熱鬧也不好看再看，道了謝就帶着孩子走了。

在新郎和新娘的久候中，受拜的只有姑媽和二少娘，過後還在廚房吃飯的劉大爺也拉來磕了一個頭。

「磕嘛，我不怕的，我是沒有拜錢的啊，……」

他已經喝了不少的酒了。

「學他老人家多子多孫，……」

楊奶媽祝福的說。

一天的熱鬧過去了。

在新房裏還有劉大爺和幾個男的在鬧房，笑聲和話聲時時的傳到廚房來。這時候似乎是在打趣老大，在說老大的笑話。陳老太婆在收拾散亂的東西，碗筷這類的東西必得明天上午還到老板那裏去。

在她底腦裏掠過新娘的相貌。夜晚看來，那樣子比白天好看一些，尖下巴，圓眼睛，稀稀疏疏的眉毛，人可惜短小了一點，十四歲，還會長的吧？那樣的愛笑，就是別人說的趣話，沒有向她說她也在微笑。白天才抬來那死木頭的樣子，一個新姑娘，一對眼睛儘東看西看，但是，夜晚看來，這女娃也不頂討厭了。

她洗好菜碗，飯碗，又清點了數目，桐油燈也快熄了。她想起了新房裏的酒壺，於是想到鬧房的也該完了。

正在這時候，老大的影子閃了進來，手上拿了兩把錫酒壺。把酒壺重重的把在灶頭上，在燒火的凳子上坐了下來。

「劉老二，這傢伙一定搞倒了，……」

「這夜深了，還鬧屎子？」

「走…走…走了。」

她想到新房去看看，剛一走到堂房裏，聽見新房靜悄悄的，門開着，老二的影子幌了一下，她又覺得不好再進去了，她又走回來，老大在凳子打起鼾聲起來了。

「老大，老大，進去睡。」

喝得那樣多的老大，好容易被拉進屋裏，就倒在床舖上了。

對面的門呀的一聲關了起來。

四

這一個孤獨的半山的小屋，很快的就恢復了原來的平靜。添了一個人口也沒有添多少的熱鬧。新姑娘不大說話，一天天的靜悄悄的忍喝做事。倒也還是一個聰明伶俐的媳婦，陳老太婆在想。

老二也出去作事，照例的早出晚歸。

老大也照樣的默默的做事。

過了大約二十天的光景，這平靜給一個小小的波浪打破了。

老二有點不舒服。

病痛是鄉間的一點也不生疏的來客，牠常常扣着貧苦人家的門戶，而人們也是無聲無氣的接待牠，牠若是走了的時候，人也好了，把這些個不俗之客請出去的力量，歸功在求神，許願，「觀花」的，似乎遠比醫藥來得大。若是牠不走的話，牠就同着病人回到泥土去。

有一天的早晨，老二不出去作事。說有點不舒服，就這樣躺了一整天。飯食雖也不大減少，臉色可不大好看，走路是一顛一跛的。晚上，陳老太婆照例給他煮了蜜水，里面加了紅糖，但是老二不要吃。於是陳老太婆也沒有深勸，這一些小病痛，或許明天起來就會好的。

可是，第二天沒有好，像昨天一樣，第三天也沒有好。老二皺起眉頭，臉色不好，不走動，而且愛發脾氣，尤其是新媳婦在他側邊的時候。媽問他的時候，他總是：「沒有屎子，你莫管。」

一連幾天不出去作事了，陳老太婆可有點着急了。有一天夜晚，她又去問兒子，她這次預備總要弄一個清楚，病了，找個先生看看，不吃藥，儘睡着也不成話。

「老二，媽問你是屎子病，你這多日子不出去作事了，儘這樣子也不好，並且，這裏…

……。」

老二很困難地從牀上翻過身來，用他困惱和有點氣憤的眼睛在屋里望了望，向他媽低聲說：

「曉得是蹊子道理，下身不——不好。」

陳老太婆聽到很有點吃驚。

「蹊樣子的？」

老二說：

「我怕是那女人不大乾淨，下身腫了，怕會生什麼瘡的。」

陳老太婆的心裏起了一種要想咒罵的想頭。

「我一定問淸楚，這賤東西。」

但是，老二低聲的阻止說：

「不忙，我明天去張先生看一下，別人那樣年紀青青的一個小姑娘。」

濟生堂的張先生是廿幾歲的人，很瘦弱，一雙老鼠樣子的眼睛，皮色蒼白，很容易使人想起在陰暗的屋角裏長出的桐樹芽。他先問了老二的症候，而且，在帶點譏刺的點點頭之後，把病人請到裏面小屋去了一會，出來之後，微笑着，向着在後面一顛一顛的老二說：

「你樣子倒老實，你人却不老實咧！你找上一個蹊子樣子的姘頭？」

老二眞沒有聽懂他底話。

「我這個是蹊子道理？」

「你幾時在外面去亂搞了來？這些病得上身來，就不大好了。」

老二這才懂得他底意思，他連忙分辯說：

「我在這個月初接了親。」

張先生搖搖頭。

「接親不會的。」

「眞的沒有亂搞蹊子呀！我就怕那姑娘不乾淨。」

「好大歲數了？」

「說才十四歲，人也還不大的。」

張先生又頗有意思的搖搖頭，說：

「從蹊子地方來的？」

「說是下河蹊子地方，是個蹊子軍官的乾女。」

張先生得到了一個解答。

「對啦，對啦，你吃虧了！眞的十四歲？還也缺德，缺德！」

老二有點困惑的說：

「眞是時運不好嘛，這瘡要用蹊子藥才得好？」

張先生說：

「那姑娘一定是搞爛了的、不要了，你去檢了來，你這種瘡叫下疳症。就是女人不乾淨同了房就要得的。」

老二茫然的望着他。

「病呢，說老火也不老火，說不老火也十年八年斷不了根，這種病根本是交接過毒，慾火行皮膚之上，或是交接過雜，不乾淨才長成的，這種瘡要傳人，西醫說是有細菌，微生虫。不過，這病好了的也有，像你這樣人年青，身體服得住，內裏吃一點解毒藥，外面擦一點藥膏，不久也會好的，只要頭頂上的一封口，兩邊的魚也會消的。……」

老二在才聽到他的病的時候，着實心慌了一下，但是一到張先生在背藥書的時候，他倒茫茫然的望着他，像犯了什麼警規的人被拉到警察局按章議罰的樣子，聽不懂到底是一些什麼，直到聽着可以消的時候，心裏也放了一付重担子。

「那我橫豎拜託張先生。」

他用四十元的代價，張先生發了一點黃色油膏和一付解毒藥，帶着慢慢從心裏生起的對新娘子的憤怨的情緒，他踽一踽的走上山去了。

老二氣極敗壞的倒在牀上，而且這一段路也够他受了。陳老太婆忙去詢問：

「張先生說些蹊子？」

「蹊子？他說女人不好，是下疳症，說不好醫，慢慢的來。」

陳老太婆心中的一股怒火升起來了，她氣冲冲的跑出去，口里說着：

「我要問淸楚那混帳女人！」

新姑娘從田土里叫了回來。從門口站着的婆婆的怒容，她已經知道事情不大對，而且這些時老二的病，她自己也很明白。

像一個做錯一件大事的小孩子，縮手縮脚的站在門邊，一隻手輕輕的捏着衣角，聲音有點顫抖的說：

「蹊子事？」

老太婆像一隻要脹破的氣球，爆炸似的說：

「你這個混帳女人，你自己還不曉得！」

女孩子低下了頭。

「你這個賤東西，你以前纏了一些睬子東西，你說！」

女孩子輕輕的說：

「我不曉得。」

老太婆更發怒了。

「你不曉得，你不曉得，病傳在別人身上了，你還不曉得！」

女孩子沒有話。

老太婆走到棹子邊坐下，又說：

「你來，你來，你一五一十的說我聽聽，那老妖精倒底玩的點什麼把戲！」

女孩子抖抖的說：

「我…沒有睬子。」

老太婆的氣平了一下，說：

「你都說跟我聽，說，你，我饒你的，我饒你的。」

女孩子哭起來了，抽噎得很利害。

「我沒有睬子。」

「你好生說，不要緊的。」

女孩子哭着，斷斷續續的說起來：

「我…沒有媽，我…後娘…她打我，在家鄉的時候，連吃的也沒有。過後…周…周副官…他騙我，要…我跟他…跟他出來……我就逃出來了……過後，他的太太來了，太太一天打我踢我，有一些回數硬要把我打死了，過後，我就得了病，他不要我了。」

陳老太婆的怒氣還是在冒，但是，當着這樣一個在面前啼哭的女孩子，要打她麼，殺她麼，就是心腸硬的也下不來手。

「這些死絕良心，這些該千刀砍萬刀殺，不塡炮眼麽，這死絕良心的……」

一會又轉向面前的人：

「你這賤貨也是，看別個男子標緻，就跟着跑，以爲這也是官太太了，吃好的穿好的，你也活該！你總不該害人呀，別人跟你有睬子仇恨？」

女孩子還哭着：

「不…不是我，我…不…曉得呀……」

這時候，左邊屋裏擠着老二的聲音，他似乎還躺在牀上，外面的話他都聽見的，他低聲的說：

「媽，你不要吵她，叫她各人去就是了。」

老太婆大聲的說：

「你各自滾！」

女孩子還哭着。她說：

「我走。」

下午，才來不到一個月的新姑娘又走了。別人看見她翻過山頭，大約是到山那邊去了。

五

氣候要轉了。冬天快要完了。紅的白的梅花開滿了樹。

這半山腰陳家的故事當然遠遠近近都傳遍了。

老二的病始終沒有好全，剩下來的冬天，幾乎一大半的日子在屋里動不得，張先生的藥方子也用完了。在能够走動的日子出去做事，他又成了人們取笑的材料：

「老二，媳婦兒呢？」

「老二，你還搞不搞？你很不得心，心很就出毛病了。」

「老二，你的機器弄壞了！」

老二臉上是蒼白的，健康的顏色沒有了。對這些話，常常是一句腔也不開，默默的，心裏也不知道想的什麼。

現在，梅花開了，大地在動，似乎要從這多日子的陰沉沉中翻轉身來。草長花開的日子要來了。

可是，老二這一會又病着。

自然，陳家的白米飯也不是天天有的了。

至於外面的評論呢，主要的是說陳老太婆太隨便，不擇日子，犯了忌，又吝嗇，有鷄公也不殺，車馬沒有退，該當災。或者只是有興趣于怎樣一個十三四歲的女孩子爲一個軍人所佔有，怎樣又染上了病。結果，總括的意旨是：陳老二自己該當災。這句話頗有道理，鄉下人也常用來解釋一切不幸的變故，你說不該麼，陳老二眞的病着還沒有好呢！

一九四三，七，廿三。

一個坦白人的自述

駱賓基

一九四三年夏天，我是在廣西省一個Y縣城過的；那眞是一個魔鬼的地方。一個十七世紀的城市一樣。白天你在街上走，就能够聽見城外的汽車過路的聲音，若是有隻鳥路過這縣城的領空，你也能够聽得，聽得淸淸楚楚牠那一聲暫短的啾鳴。實在說，那地方的確是幽靜的，城郊的山水也是有名的優美，街道又整潔，而且也有不少很體面的受過高等教育人物。不過都是一些過時的了。四鄉就更落後，你碰到他們簡直不能不疑惑他們是韃靼人，如托爾斯泰在高加索的囚徒那篇小說裏所寫的，眞是野蠻呀。

而且這地方的警察，也是特別的出色。他們的穿戴就像一些退伍的軍官一樣，布鞋，散腿制褲，而且很有禮貌。

假若你指着向東走的巷子，問他：「勞您駕！到公路上去，是從這走嗎？」

「唔！」他會向你敬禮，憎惡地，站在你面前。

「這是一個不通的巷子吧；是不是走不出去呢？」若是你再向前指着說：「是不是能走出去呢？」

「唔！」他就會回過頭去，臉色蒼白的這麼應聲。

「那麼不是向那邊走呀！公路不是在西邊吧！」

「唔！你問路呀！」他雖然明白了，就會說：「我不知道，對不住。」然後用咀咒你的眼光，悻悻然的丢掉你，儘自去了。走出去七八步，還要回頭望望你，那眼睛的神氣彷彿說：「丢那媽的，倒霉，見你的鬼。」自然你起初也會疑惑不解的站在那兒，等到他第二次回顧，那麼你也明白了，你同樣會小聲咀咒：「見你的鬼，混蛋！」你會開始懷疑，這個縣城的警察是不是有神經病。然而你忘了，這是中國的進行偉大戰爭的時代呀！

原來這些警察有的是鄉下有名的紳士保送來的，有的是賄賂警察所長才補上缺的；警察所長額外還有一筆他們的薪項的收入，他們只是爲了逃避兵役。不管白天或是晚上，他們從來不站崗，整個夏季，唯一的工作，就是他們輪班坐在灕江下游那個城市居民打水的石級上，等候着來挑水的人，只要是和他們沒有交情的居民，挑着水扭子從他們跟前路過，就一定強硬的在他們的水桶子裏倒下一小勺子防霍亂的石灰水。

我在那兒整整住了一個月，再住二十天，我想，回到桂林就一定給人關到瘋人院去了。實際上，我回來的時候，已經憔悴的不像樣子了；而且害着惡性的失眠病。你知道，大學剛讀了一年，我就到那個魔鬼縣城去作事了。說實話，我在大學裏所受的那一年教育對我是有着深刻的意義的。那不是從書本子上可以得到的，那是從實際生活經驗裏得來的。那就是一個字：錢！中國歷史上沒有一個時代，這個錢字像我們這次戰爭中那樣有價值了。那些穿戴襤褸的教授們，和他們那些營養不良的體質，給我的印象，是太深刻了。實在直到現在我還很尊敬他們，不過，確實，他們都是有點過時了，有點傻氣，我是大澈大悟了，我的所以沒有撈起家當，就是因爲我的運氣太壞，一出手就倒霉。

我在Y縣那個直屬食糖專賣局西南分局的營業所裏，本來的名義是會計，而且是局長直接委派的。當我到職的那一天，已經很晚了，可是半夜十二點了，我們的主任還沒有回來，我初到又不便問——你知道，我是以一種年輕的紳士氣派出現的，雖然，我穿的確是有點不大體面——直到第二天，吃過午飯，我才見到他。後來我才知道那天晚上，他提着木棒子到碉堡上去等候私糖販子，一直大半夜，才一無所得的回來。

他的名字叫呂超人，一九三八年徐州大會戰的時候，他還在某戰區的政治部裏當過科長。據說，那個時候，他確實是一個稱職的官吏，然而我碰見他的那個時候，就完全不同了。從他身上一點戰時氣息都看不出來了。他是一個面色蒼白的人，有兩隻深沉的黑眼睛。憔悴，枯瘦，然而穿的倒挺講究，白西裝褲，從那兩條使人注目的褲摺上看，那是一條質料很貴重的褲子，吊着香港出品的背帶，扣着閃光的扭扣，然而正因爲他的衣裝的完整，更襯着他的體質的衰弱。一見面，他很熱誠的表示他的歡迎，而且是使我那麼吃驚，在上樓梯到他的寢室裏去的時候，他抱着我的膀子。

首先他問局長好，問局長的女人還常玩牌吧！彷彿把我當作局長的親信一樣，我就說，我只和局長會了一面，而且也沒有談什麼。

「那麼你從前不認識他了？」

「是的，」我就如實地把我的來歷說了：一個教育系的大學一年級生，又在桂林一個會計班裏受過教。

「那很好，那很好。」我們的主任開始在沉思狀態中，彷彿他根本就沒有聽我的陳述，自己在那裏埋眼想什麼；而且臉色嚴肅得可怕。突然他小聲向我說：「你和他們談過什麼沒有？那些樓底下的人，都很壞，壞透了。不要和他們談什麼？」

我不明白「他們」是指誰？我們的主任呂超人又機密的說：「你在我這裏担任緝私好不好？還是有錢賺的差事。」躺一會子又站起來，站會子又躺下去，我沉醉在自己的種種誘人的幻想裏了。我的好運氣這次可來了……。我想着。那還未來的財富彷彿等候着我。又想：我永遠再不靠着貸金過那些可怕的窮困日子了，我望着自身那套借來的粗布制服，又肥又大，褲子闊得能裝兩袋麵粉，太不像話了。我以前過的是一些什麼生活呀，多可憐呀！接着又說：「緝獲的私糖可以抽出三分之一的獎金。」他說，這裏四鄉的私糖每月有上萬斤的交易，而且使我非常吃驚的，把他收藏的專賣局頒佈的緝私條例拿出來，像一個軍隊指揮拿出他的機密的地圖一樣，指出那條獎賞辦法的條文。他的臉色是過度的緊張而且嚴肅，當時我對於他那兩隻陰沉的眼睛，有點恐怖，然而這只是一瞬間的感覺。我還沒有看清楚，他又匆促的把那獎賞條例折起來，珍貴的揣到襯衣兜裏去。彷彿怕我搶過來，或是被別人撞進來看見似的。當時我的神色或許也是半瘋狂的吧！我的心完全動了，一個月只要我能緝獲兩宗私糖，那麼按照最低估計，我可以有六百斤的提成。因為這裏的私糖都是以擔子作單位，一擔子就有二三百斤，而且一宗就是十幾担子。

當他決定了明天派我到白沙鎮趕墟之後，我就提着帽子退出來。那時候他喃喃自語着什麼，他那灰白的臉色，有些邪氣，像鬼附着他似的。然而不管我的感覺怎樣，那天從黃昏到夜裏我是完完全全給他感染了，給鬼附着了。

最初我一個人關在房子裏，大量吸着烟。一切都將要過去了。不久，我就要成為另一個人了，一個穿戴華麗的「乘他兒曼」了。從那一天晚上，我就開始失眠了。直到半夜兩點鐘，我還聽見我那間房子的樓板上的腳步聲，那天夜裏我們的主任呂超人，同樣關在自己的房間裏沒有外出，而且有種低不可辨的喃喃聲。等到幾次想睡，而睡不着的時候，我就煩燥了，覺得四肢疲乏，又酸又痛，腦子就要爆炸似的，由於我的不安的驅擾，和我同住的一個沉默的業務員也翻滾着身子，在床上嘆氣。白天，他是坐在對面的辦公室裏看書的，另外彷彿還有一個女公務員，這是我從辦公室門口路過望見的，業務所本身的機構，那時我還不清楚。那個沉默的業務員，一見面，我們就不大談得來，正如初見面的青年同事一樣，我們的交際只限於彼此進出點點頭。就是那瞬間的臉色，也不大好看，彷彿兩個毛針堅立起來的刺蝟，彼此防禦着對方的損害似的。自然現在我們也就各人懷着各人的痛苦在床上翻來覆去的受罪了……到底我在極度疲勞中睡過去了。

第二天早晨，就聽見我們的主任呂超人，在辦公室裏督促什麼的聲音，彷彿是趕辦什麼公文。等到我起身，我們業務所的工友，一個是有七十歲的憂鬱老頭子，很有禮貌的說，已經給我預備好早餐了。

我們的主任呂超人，那天的臉色是奇怪的嚴肅而且緊張，就像是送葬的老人一樣，遞給我一隻皮包，又跑上樓去匆匆的拿來一杯徽章，遞給我時候，也不注意我的臉，只望見我的手掌似的，他埋着眼睛全想些什麼呢？彷彿這一些全是交給我帶到墳穴裏去的遺物似的。他又為什麼那麼衝動的跑到門口去一次兩次的探望呢？我一邊就餐，一邊驚奇地望着他的異樣的舉止。不久我明白了，他所窺探的是兩個赤手的警察。他們是接到縣長的手令派來協助我的，原來一早晨，我們的主任趕辦的就是請本縣政府派警協助緝私的公文。那時候，我已經準備動身了，而我們的主任又第三次匆匆的慌恐的跑上樓去，這次他給我帶下來一根粗木的手杖，同樣遞給我時埋着眼睛，只注意到我的手似的。那兩個警察是用站在照像鏡頭前面的姿態站在我的眼前，兩手垂直，嘴唇閃着一種禮貌的笑容。我就走到他們中間，而他們隨着我的移動而旋轉了，他們之間形成一個走道。我必需說，我路過辦公室門口時，會經望見了同事們的窺伺些那些眼睛，彷彿預感到我將遭受的災難似的。我們的主任呂超人，一句話也不說，沉默的送葬似的，低着頭，隨在我們身後，還是作什麼呢？爲什麼還送我呢？

「還有什麼事嗎？主任。」在門口，我就停下來問。

「沒有，沒有，我送送你。」我們的主任呂超人喃喃地說：「就送到你街口，就送到你街口。」

「那是爲什麼呢？主任太客氣了。」然而我的心裏確實有點不祥的感覺了。我開始懷疑我們的主任是不是有神經病，這從他那沉默而又嚴肅的臉色上就感覺到了，何況他又是送葬似的埋着眼睛匆匆的跟在我身後呢！

可是我這想頭，只是閃電似的，在腦子裏亮了一下，就熄滅了。因爲我第一次失眠，我的腦子有點暈沉，身上又酸又痛，而且所有早晨的陽光，街道兩傍的牆壁，屋頂，瓦簷，樹木，都給我一種混濁不清的感覺，映入我的視覺裏的所有物象都沒有系統而且不完整，零亂，恍惚。我的頭非常沉重又彷彿已經膨脹開來。我沒有注意到我們的主任在街口用怎樣的姿態站在那裏注視我們，不過我回過一次頭，在五十步以外的距離，我確乎望見他還是站在道傍的土崖子上目送我們的。

那兩個警察中的體質健壯得像匹公牛的那那個，白臉色，有着兩個機警的眼睛。當我問他白沙鎮離縣城有多遠的時候，他就向我現着農民式的溫馴的微笑，於是我知道了，他聽不懂我的話；另外那一個呢？像文弱的小鎮市的商人一樣，從他那拘謹的眼神裏，我知道他穿警察制服不久，而且依持那個壯健的老當差的眉眼行動的，那個警察離我多遠，他也就採取同樣的距離。他們是站在我的兩邊作護衞似的。

老實說，當時我身上難受的很，骨頭又痛。然而我們走的脚步却又那麼儘捷，急促，正像我們去捉賭一樣，白沙鎮有力的誘惑着我。

我們走到白沙鎮的時候，剛好趕墟市的鄉下人大部份上齊了。他們是從週圍二三十里路來的農民，挑着穀子，馬鈴薯，山芋之類的農產物，到這裏來賣，也有挑着棕樹皮蓑衣，和團笠的。一到白沙鎮村口，就面對面也聽不清楚話聲了，人是那麼稠密，擁塞，在人們腿部之間，全是圓圓的籮筐，那是豆子市。我最前邁過這一條擁塞的街道了，現在我面前的是一個寬暢的賣吃食的場子，這場子的建築是許多走廊式的瓦棚頂連結作一塊的，當地食客都是兩脚蹲在板凳上。這是廣西省農民的一種特殊姿態，你一看就知道他們是怎樣獷粗而不如我們江浙人的溫文知禮了。每個長條桌子上，都有裝筷子的大竹筒子，成羣的蒼蠅，……醬着布的大木盤子，有的露着一半，那些露出裏的米粉就完全給蒼蠅佔據了。總之，使人一見就吃驚他們身上那種潛在的抵抗霍亂菌的力量。

我站在那場子和豆子市的交接的三岔口上，是等那兩個警察，原來另外有一條擺着各種菜蔬的小巷子，在那小巷子口上，突然我發現糖菓攤子傍邊擺着的一罈子黃糖了。我就匆匆的從趕墟的鄉人之間擠過去。

「這是誰的糖？」我用手杖敲着那個罈子口。

那個糖菓攤主，是一個紅臉的漢子，夏天還戴着破毡帽，長衫的腰間紮着一條黑圍巾，前襟掀捲着。他正在和另外一個莊稼人打交道。當我問他時他望了望我，完全是無暇兼顧的說了一句什麼，從他那眼色上看，就知道他是把我當作主顧的。

「這是誰的？你的嗎？」

他突然注意到我的神色了，他的臉色立刻就嚴肅了。他凝視着我，彷彿凝視一個仇人似的。然而在他向我注目之間，還從容的遞給那個莊稼人一盒紙烟，而且把紙幣接到手上。那瞬間，他并沒有向他手上的紙幣望一下就拉開硃傍的抽屜；同時注視着我，不說話。

「有特許營業執照沒有？」我停了一會子又說：「你老是望着我作什麼？有特許證嗎？我問你話呀！」

「沒有。」他憤怒的只這麼暫短兩個字，就低下頭去，開始注意他手裏的紙幣而計算找補的數目了。

「你說話是什麼態度呀！」我說：「你知道沒有特許委銷證，這罈子糖就要沒收的。我告訴你！」我望了望，那一個文弱的警察他是趕來了，就站在我傍邊，我說：「把這罈子糖拿去，沒收。」

然而那個警察，沒有遵照我的話，開始和私糖主大聲談論什麼了，彷彿他們是老朋友似的。回頭，他向我解釋：「他情願拿糖稅，不過這糖不是他自己的，他親戚的。」許久，我才明白那警察的土話，就是說，讓我坐在傍邊等，等他賣出去多少糖就拿多少糖稅。並且給我拖過一柄凳子。

「這是什麼話？」我說：「這簡直是侮辱，我是要眼的呀。我坐在傍邊等？這像什麼話。把這缸糖給他稹走，什麼話也不必說了，眞是太混蛋了。」

我們的週圍已經有些趕墟的鄉下人圍聚着觀望了。就在那時候，我注意到其中一個人的恐慌的背臉高呼的姿態，我只聽懂了「收糖稅的來了！」就機警的從他身背後跑過去，就在那會子，我望見斜對面的吃食市場的背後，有些人開始飛跑，而且很淸楚的望見其間一個戴藍布包頭巾的老婦人，雙手攏着兩個罈子在人叢中閃逝的倒像影子。當時我就丟下那個糖棄攤主，頭也不及回，大聲招呼着我背後的那個警察，就向斜對面跑，穿過那擠吃食市場的時候，我感覺到擁擠在過道間的那些莊稼人存心的阻塞了，我向西躲，就有人用身子向西擋，我向東插脚，就有人用身子向東遮阻，我是又匆忙，又氣憤。最後我開始用手半推半撥的勸了一下阻路人的身子，於是我被那個農民，同樣的推了一下，若不是我急於趕那些私糖販子，我那天也許會吃大虧。我當時只忿忿的望了他一下，就向前奔走過去了，實際上我也沒有望淸楚他的面目，我是從來未有的匆忙。

等我走出那走廊式的陰晴瓦棚，我發現沿順吃食市場的那條甬道上是空虛的，相反和我站在一排的農民和壯婦非常的多。我在那瞬間所注意的，只是掉在走道的空地上的一塊黑布包頭巾，另外有一根蔴繩，再遠一些是一個坐凳，一隻布鞋。原來這條甬道，就是糖市。

我完全陷入瘋狂狀態裏了。我左右的環顧了一下，就順着甬道向鎭裏跑去，我向背後的那個文弱警察大聲招呼着：「跟我來，快一點兒！」於是我背後就響起轟轟然的聲[illegible]了。我已經跑過第一條橫的巷口，那瞬間，我瞥見巷口行人間的一個老村婦，在我跑過的時候，她還坐在罈子上彷彿喘息似的，等我跑回來，她已經在人叢間消逝了。這只是兩分鐘的時間。那條巷子是雞市，另外有籠子裝的狗仔和小貓。農民是同樣的稠密，不同的是他們臉上那種瞠惑的神色，他們不知道在他們週圍發生了什麼變故似的，我當時就順利地擦過他們，向前奔跑着，自然那個販私糖的老村婦，不會再向糖市或者吃食市場逃的，我只跑過這條巷口兩三步，自然她是來不及向回逃的，那麼她無疑的順着巷口一直逃下去了，然而蹤跡不見。

在那巷口外邊，是一個牛市，臨近着一條有高崖子的河流。我匆促的環顧了一週，實際上我沒有發現什麼，然而在一棵老松樹底下聚集的一組農民裏，有一個挑着兩個煤油箱子的老頭子，奔跑，穿過牛市場。我立刻瘋狂地追着，一邊呼喊着那個追隨在我背後的警察。

當我抓住那個老頭子扭上的蔴繩的時候，他回過頭來是那麼兇惡的從我手裏把吊糖箱的蔴繩奪過去，又開始跑出去三步，給我第二次抓住了。

「你再跑！混蛋，他媽的！」我就用手杖在他的腿上打了兩下，憑良心說，我喘氣也喘不過來，那會有力氣打人呢？而且我只不過氣憤他那忿忿的奔跑，並沒有存心欺負他。

同樣他也氣喘，臉上過度恐怖而現着灰白色，兩個眼睛像兩團火焰似的，他還大聲爭辯着什麼，我只望見他的手抖着，然而說的什麼，一點也聽不淸楚。

「你還說什麼？媽的……」我喘着說：「把糖担子放下！」

突然從環繞着我們的那些人叢間——走出一個粗壯的人來，嘴上沾着紙烟，滿臉兇氣。一上來就抓住我的領口，他的眼睛仇視地注射着我，他說的話中，我只聽淸楚，丟那媽的！

「這位先生是收糖稅的！」那個文弱的警察懦怯地站在傍邊說。

那個半莊稼人半流氓的漢子，蔑視地望了望他，就把我的一頂草帽抓過去。

「你要作什麼呀！你！」我說。我的兩手扼住他那隻抓住我領口的手，我說：「你這是作什麼！」

那個漢子在那些莊稼人的紛紛議論中，拖着我向前面的高崖子走，我就用力向後掙扎，然而我身子向前傾斜，這就不得不向前挪步子。我說：「你要把我帶到那去呀！」同時我向那個警察喊着：「你怎麼不說話呀！你是幹什麼的呀！」當時那個警察很可憐的望着我：我心裏是那麼氣憤。還是怎樣的警察呀！那個漢子向後攔阻着他，彷彿不願意，他也在身後追隨似的。

「你不會說話呀！你，你！混蛋……」就在我向那個文弱的警察說出這個咒駡的字眼兒的時候，我被猛力的推下高崖子，還沒有來得是明白是怎樣一回事，就滾下斜坡，跌到河裏去了。當時我就喝了一口水，我要呼喊而給這口水噎住了。當我坐起來的時候，我的頭就露在水外了，我神經錯亂的喊了一聲：「呵：：呀……」我算是喘出一口氣，心裏又有底了，我吐着口水，就在那時，我聽見河口崖子上人羣轟笑的聲音了。而且有一個襤褸的小孩子向我頭上丟土塊。那些人羣就團聚在五六尺高的崖子上，我是看得淸淸楚楚的。當我爬到河沿上的時候，又有兩三塊土塊子向我拋來。我起初斜着身子躲避，還想爬上那個高崖子去，可是有一塊土正擊中了我的臉，我什麼也看不淸楚的那瞬間，我的心，突然沒有底了，我就開始匆匆的順着河沿走。土塊和石子越來越多，我開始大步逃了……。一路上流着水滴兒。我大步逃着，毫無顧忌的逃着。直到聽不見什麼聲音，我才開始注意我所跑的方向，我爬上崖子去四週巡視了一下，我沒有跑錯，我望見半里外的排列在田陌間的電線杆子，於是我穿過樹叢間的墳墓，走到公路上了。

我們的主任呂超人在城外的路口上接迎我呢！我想他是巴望很久了。等到他一走近我跟前，我就揮着臂，怕他擋住我似的，我心裏說：「滾你媽的去吧！」就又匆匆地又快步奔跑起來。

不用說，街上的人都驚奇的望着我，而且跟隨着我停集在我們營業所的門口外了，不用說，我的同事們在我經過辦公室門口就注意到我，而且我一進到辦室，他們就跟進來。

「你們看什麼？滾開！去！」一個粗胖的

我鄉

一切痛苦都帶來多少好處

——悲多汶

賈植芳

是蓐熱的戰爭中的暑天，在戰地生活得麻木了的我，在一次戰役後部隊整憩的機會，請了短假，返回我那別了整整四年的家鄉去。

這四年裏，世事雖然變得格外迅速和複雜，如萬花筒般的使人目眩，但一件事我還記得淸楚，就像昨天的事一樣。我離故鄉的那年，故鄉也正陷在一種戰亂裏；當時以腦疾旅居青島的我，因爲又將有一次不平常的長途飄泊，遵了當地就商的長輩的命令，裝做一個小買賣人，剃光了腦袋，紮着棉袴角，穿起馬褂，除過吃飯，「不必用嘴」的回到家鄉去。那一次留給我的混和着黑色恐怖的歡快和悲哀，我永世不會忘卻。但是，四年以後，我又要回到我的陷在戰爭中的故鄉了。

在貧乏的西北高原上迂迴了十三天，天氣是這樣的乾熱，懸在半空的太陽，像一個敵人似的高高在上的監視着；我嘴着乾裂的脣皮，充軍一樣的前進。一身深灰軍服差不多變成了淡白色，襯衣像膠布似的貼在背上。我充滿了乾燥的希望。從父親的謹愼的來信中，我知道我不能一直到達我那躺在平原上的故鄉，像過去一樣；家早搬在離故鄉不遠的山村裏。我總是快活的，無邊的快活。是的，這次還鄉是不平常的，我竟眞的穿了軍衣，以一個軍人的身份走回來了。還有，是和我結婚不久就離別了的妻死在戰爭第二年春天，我想看看她的大概已蓋滿了青草的墳墓。我心裏悲戚的想，這樣低頭回到故鄉，眞不知那年那月再能回去了，世事是無涯無際的，我們雖然早一脚踢倒了命運的謬說，但是欣逢着一種怎樣的時代啊！

第十三天的黃昏，我終於到達住家的山村。和這村毗連的前一個村裏，住着遷移來的縣政府，和本縣人民自己組織的抗敵自衛隊隊本部。匆忙的走在曚朧的村路上的人，吃驚的盯視着騎在驢背上的我，我也吃驚的盯視着他們。啊呀！不少是我所認識的村人和鄰村的人，他們都穿了寬大的手縫的各色軍衣；在一個場裏，正擠滿一堆人唱「我們再也不能忍受，我們再也不能忍受」，指揮人的兩隻手在空中有力的揚動，聲音是我們的本地腔，雖然不合抑揚頓挫的音樂學理，感情的激越奮發，卻深符歌詞的意義。一大羣烏鴉繞着樹林旋噪着，翅膀厲害的抖動着空氣。我懷着激動的走出村子。一線白光的路漸漸認不淸了，祇有下了驢子，摸索着行進。眼前山崖下伸張着一片混雜着晚烟的鬱結的樹叢，像一羣抬頭瞭望的兵士。脚夫說，大概就是那樹林裏的村子了，我的心腔起了劇烈的跳動。

中年事務員，向窗外吆嚇，原來我的窗口也有些人聚集着向裏窺望……

我那天一共有七處擦傷，自然衣服也都給裂破了。

當我脫掉濕透了的衣服的時候，我們的主任呂超人從我門口外低着頭溜過去。一隻畏怯的老鼠似的。當時我還以爲他是完全爲了躲避我，由於內心的某種羞愧，然而不是，他確是害着初期的神經病，後來那個青年業務員告訴我，他是財迷心竅了，若不離開這個機關，他不久就有進瘋人院的資格了。

當天晚上我就渾身發熱，我害着一種很厲害的瘧熱病，你可以想像到我那十天是怎樣過的，半夜發燒，說胡話，後半天，我好了一些，可是失眠，作惡夢……並不是因爲我在白沙鎭那場丟臉的遭遇而懊惱呀！奇怪的是我的腦子一清醒，立刻就想起那些逃跑的私糖販子來，那些裝私糖的罐子是那麼有力的誘惑着我，這正像在賭場上一個作了丟臉事情的賭徒一樣，事情一過，還是想賭賭運氣，我是給鬼附着了，再住下去，你想，我怎不會發瘋呢？鬼地方…那眞是鬼地方，落後，野蠻，不容從法令，你問我們那個主任嗎？他到底是發着熱性的神經了，他的侄子代他辭職的，現在還把他關在他家後院子的一個倉屋裏，一有人去探望他，他就從懷裏掏出那張緝獲私糖的奬賞條例，這是他死也不放手的珍寶。他還會小聲低氣的央探病的人：「你把我帶出去，我要再去，我知道那裏有幾十扣私糖！你只要向他們說一聲，就把我帶出去了……」，就是這樣。

走下一條直坡，算是在樹林下面的村裏了，緊接着一家門旁，坐着幾個乘涼的人，一個老太太和幾個年青的姑娘靜靜的像在期待着什麼。哪裏是我的家呢？哪裏是我的家呢？——我遲疑着；上去問一下罷，我這樣想，就一直追近到那坐在門前石上的老太太面前，旁邊站的幾個姑娘，一瞬間驚鴻般的跑進門去了。老太太大吃一驚的抬起頭，從那寬而高的額上，和那憂然的失神的眼睛，我認識這就是我的母親！

「奶！」我用我們本地的稱呼喊着母親，眼睛覺得濕潤了，面前像起了一層薄霧。

她緊緊的瞪視着，手扶着牆顫巍巍的站起來，發了失神的聲音，「你是誰？」但一下她就覺醒似的喊出了，「你回來了，呀，是你！」我看見她的遺傳于我的高而寬廣的打着皺紋的額，和那深深的淚，我木然了。……

於是，院裏起了一陣激動，到處響着硬朗的發顫的笑聲。母親點燃了一大把香火，青色的火炎，照耀着母親的笑得發顫的閃光的臉，母親的臉添了更多的皺紋了。她跪在院裏向漠空禱告，我坐在院子裏的階上，獃獃的看着懸在烏灰的天上的半個月亮，腦子裏像一個戰場。一個清脆的女孩子聲音說：

「哥，你走時候買的魚缸我們打了。」

「啊啊……」

「打了幾年了。」

「呵呵……」

「是新打的。」

「新？」

我似乎從疲倦裏驚醒了。新是我的弟弟，說話的是我的二妹，她的大而有神的眼睛看着我，微笑着。

「新嗎？他不在，他在幹部學校當兵，哈哈……」母親搶着說。

我愕住了。

「他今年是十四歲，可是比他小的兵還有，東候村幾個，也在一塊呢。」母親補充着說。

玻璃魚缸，嬉戲的金魚，翠綠的水藻，圍觀的孩子們的笑臉，和我發着這樣的聲明：誰打了誰賠。于是孩子們都注意着自己，怕萬一撞倒了魚缸。……呵呵，蒙着厚重的塵埃的鏡子一樣的我的記憶啊！……但是，我想到新弟，我在戰地接到過弟弟的一封信，那信曾引起正在關觀地圖的同事的嘩笑，「二哥！現在是民族革命的時候了，所以我們青年都要民族革命了，做一個民族革命的戰士。完了，此致，民族革命的敬禮。」瘦小的月亮下，我强烈的想到我那個黑瘦短小個性倔强的弟弟，現在他也在這暗晦的月光下，開着小組討論會罷，旁邊燃着一堆熊熊的野火，會照得孩子們的天眞的臉，更勇敢，更美麗。或是和他一樣是兒童就穿了軍服的同志正圍在昏暗的菜油燈下，看土紙印成的寫着鬥爭知識的壁報罷。……

「金魚，二小煮吃了。」一個男孩的結巴的聲音，於是，起了一片嘩笑。這是我的姪子，他歪了頭，熱心的告訴我說。可是，那時他還不是金魚的保護者之一呢。

可是，我聽見母親嘆息說，「對了，二小

死了。」

「死了？」我非常驚異。

「死了，當漢奸，拿我們的砲打死了。」妹妹們大聲說。

「胡說！」母親叱着，於是，又是一片笑聲，母親却感動的說着二小的事。

所謂二小這個人，他不是本地人，是一次黃災後逃出來的魯籍難民。祖母在世的時候，他就來到我們家裏做廚子，人老實沉默，一個頭剃得和臉一樣的發青，全身有點灣曲，像一條沒長壯實的青頭蘿蔔。深深的眼裏佈滿一種迷惑於生活的寞光。可是，他是我的一個眞實朋友，在野地或山澗，捉起兔子，或捕起雀子來，他是一個機智老練的好手。記得一個雪天，他捕到兩隻灰色的鴿子，他先砍掉一隻的腦袋，把明恍恍的染着血的廚刀遞給我，笑着說，「殺一個試試看」。我打了一個冷噤，但也在他的鼓勵殺伐的情緒下下手了。他贊成着我的勇敢，所以他也是我的一個師傅。他竟是這樣死的：被敵人捉去當伕子，在敵人潰退下逃了半里地，被我們追擊的砲打碎了。這是一個戰爭中的平凡的死。

「聽說，是無聲砲打死的，那是英國砲呢。」二妹說。但沒有笑聲了，一片沉默，彷彿爲我們的廚夫舉行一個追悼。我又突然想起了一宗事，就在我前次還鄉的時候，故鄉正陷在「草木皆兵」的危亂裏，家中爲預防萬一，衣服什物都交由二小隱藏，他居然沒有逃離的死守着家園，事後有兩個衣包不見了，問二小，他紅着臉否認經手過這兩件，不久他卻穿了衣包內的衣服，可並不膽怯。

父親回來了，燈光映着他的白髮。人很瘦削了，他手裏拿了一包書報模樣的東西。

「你回來了，我在自衛隊隊部坐着呢，」他說，「這是合作社新到的書報，來，拿去」他說着把書遞給妹妹們。院子裏泛起一片孩子的歡聲。父親打量着我，獃滯的目光裏散出一絲慈藹的柔和，而且這柔和在漸次增添着。……

不久，院子沉寂了，家人和孩子們都憩息去了。我和雙親坐在燈光下喝茶，母親黯然的說述着妻病死的經過。我卻想着妻在致我的一封信裏的話，「幸福是偶然的」。妻是一個沒有很高的教育程度的女子。據母親說，妻在病危的時候，地方已然亂糟糟的了，家人都逃到山村裏，妻卻沒有逃，他借住在一個本族的窮人家裏，在死去的前一天，她拿我的照片和一束父親交給她預備萬一家族被衝散各人逃離用的鈔票。這些都縫在她的衣袋裏。她覺得自己不久於人世，所以交給母親，「我沒有力量再保存這些了」她說，第二天的晚間就死去了。

「那時你跑到那裏去了呢，我們還以爲你仍在南方。」一直沉默着的父親說，聲音是暗啞的。……

遠遠的砲聲響了，不久是機關槍打石子一樣的交鳴。還在我的感覺上是疲然的。父親說，「恐怕又接觸了。」隨着嘆過一口氣。

外面起了夜風，槍砲一陣比一陣激烈：父親鐵着眉看窗外，院子里漆黑的，半個月亮隱下去了，槐樹上棲息着的老鴉感覺不安般的飛了起來，哇哇的淒然鳴過，翅膀振着空氣沉重的鳴着，飛向不知之所了。

這樣，我又是我們可愛的家庭的一員了。在砲聲裏，忘了恐怖和悲哀，浸在一種天性的歡娛和驕矜裏。我感到生命在激烈的跳躍。心裏像有一把刀子在亂攪，彷彿一睜眼，便看見使人戰慄的棵體的將來，是時代的將來，人類的將來，我自己的將來，一切生物的將來。這裏，陡的想起佩服過一時的 John Avebury 的話，覺得要反對起來。他論家庭說，是「躲避世途中難免要遭遇到的暴風雨的安靜的海港」在這個血腥遍地時代，是不存在這樣一個海港的；有的，卻是人工的「沈醉的海港」，像紙做的花似的無生命性。沈醉不惟是一種沒有出路的不幸，而且是痛苦，是痛苦的延長物，毀滅。于是，我想逃開愛我和我愛的家庭。但一想到走，母親本是歡快的面孔就頓呈灰白，嘴唇失色的抖動着，父親是孤寂的沉默着，撚着尖瘦的下巴上的短鬚，整個家庭是一片內裏起伏激烈的沉默。祇有兩個妹妹是不覺得這種人生之悲哀的，她們都在婦女動員會工作着，每日一早，饃和書都塞在布袋裏，面孔紅紅的出去了，晚時餓着肚腹走了回來。雖然都是初中或高小程度的學生，但在活的教育下，大妹已在看流行的「西行散記」一類書，她在作縣婦女會的組織工作；二妹則在進行村婦女的認字工作，用粉筆在釘在牆上的油布上寫「自衛隊是老百姓的軍隊」一類的口號當做課本。晚間的家裏充滿她們歡快的笑聲和歌聲，她們不懂這是一個多難的時代，甚至把苦難看做一種昂揚的歡快。在燈下翻半天書就呼呼的睡去了這中間，我看過幾個來看我的本鄉人。年青的穿了軍衣，做戰士或工作員，紅紅的而上現着沒有畏懼的笑，嘴裏說着一些生硬的名詞，人與人之間「同志」普遍的稱呼起來，正如我作戰的地區所見中年以上的人多半蓄了鬍鬚，穿了比平日破十倍的衣服嘆息說沒有法子，或抬起一雙畏怯無神的眼問你，「你看咱們到底有沒有辦法？」眼裏電光般的閃過一抹希望的活光。而且，一向以權威的地位維存着人與人間的存在關係的「架子」和「面子」，這兩件寶貝像給戰爭嚇得開小差了，人還原成人。也正同我作戰的地區所見。至於少數的村裏老智識份子，像永遠在用蓄得長長的手指甲挖鼻孔，一張灰白的面孔，除過神經質的顫動外，很少變動。我担心的想，他們拚命的挖鼻孔，彷彿是種不祥之兆，還不如說是在挖自己的六尺之穴罷。

一個夜間，我和家人談話終了不久，山下突然泛起一片緊密的槍聲，遠近的狗子接着在相互接應的狂吠，像和槍聲做比賽，或想替鎗聲做掩飾。院子的房主，一個老農，和他的年青的兒媳先驚覺了，老農在咀咒般的走出走進的嘰咕，兒媳在低泣，他的兒子，也是她的丈夫，是一個自衛隊員，本晚在戰地值夜。母親說，不要緊，這是常事，安然的睡去罷。但在側着的耳朵聽來，鎗聲不僅愈趨綿密，而且接近，而且加入小鋼砲的吼聲，紙窗在發瘧疾似的震動，構成一種戰爭存在的狀態了。戰爭在向着我們的村莊前進。父親說，「你現在休息着，跟我們嘗一次逃難的滋味罷。」天還是漆黑色的時候，我們順着山路前進，正像其他扶老攜幼，帶着糧食耕牛的村民。自衛隊員，都匍伏在山野裏，迎接戰鬥，同時，以笑臉和戰士的驕傲迎接他們父母故鄉的村人，有的不可忍耐般的一次又一次的拉着鎗栓在隊長的命令下，等着敵人接近的射擊。我們背後，戰爭正在激烈的進行，遠處的山頭，在晨曦下剪影般的活動着各式短小的戰鬥者的姿態。我攙着母親正走到山腰，一隻機鎗忽然向我們的方向猛烈的撲來，我發現我們是一大目標，流彈在近處匍匍的叫着，妹妹們恐懼的藏下身子，但我想在這裏還未構成一個完全的火網前，不如快速前進的安全，母親也這樣急呼着，要在前邊的妹妹嫂子和姪子們「快跑」，同時他擺脫我的手，「你快跑，不要管我，」的邊喘邊嚷着；父親大聲說，「這孩子，怎麼不聽話！你遠走你們的，不用管我們。」母親更着力的推着我，氣喘的拚着生命之力喊着，「留着你們年青有用，你們快跑你們的，不用管我們。」憤怒的催促着。我沒有眼淚，我懂得這是一次什麼意義的戰爭，我單獨的走出一段路，回頭看見在陽光裏蹣跚前進的雙親，默然的相互攙扶着的姿態，我忘了在戰爭中的走回去。他們大聲的叫着我，「滾你的！」妹妹們也在遠遠的獃視着身後的雙親，停止了個人的行進；…

在回憶裏寫到這裏，我覺得這管筆的沉重，我要用全部的生命力量支撐着牠。我要大聲的呼喊和讚嘆，這和我在寫着的稿紙一樣純白聖潔的人性和愛！不久，我們全家歡聚在一個凹處的樹下，妹妹吃着饃說笑，我順着母親伸出的手杖，迷着眼看在陽光下的山頭上的戰爭，「那該是鬼子」，母親說，「閃光的可是鋼盔。」「你看奶的眼睛，那是刺刀的光。」二妹辯解着。「又要肉搏了！」父親嘆息說。「這樣的講論着戰爭，和默禱着一次新的勝利。下午敵人退了，我們歡快的回到我們的家裏。我攙扶着母親，她滿臉笑容，「又是一次勝仗，」她說。父親則在大聲嚷着，要送兩隻豬慰勞戰士，母親笑着說，「你看，又嚷起來了，回到家裏你送你的豬去，不就完了，現在半路上，就嚷了。」父親在兒女的笑聲裏沉默着，忽然微嘆的說，「我們陣亡了兩個戰士，一個是很好的機關鎗手。明天又要開追悼會了。」

但是，我一再覺得，我要離開這裏了，我平和的向母親說，要趕回部隊上去，母親低了頭沒響，突然說，「那走你的罷，我們不再就誤你了。」一刹那間，我看見母親臉上閃過一種光，一種可稱為聖潔的光，但馬上，就佈滿了寬大的淚珠。使我悲然的想起一幅叫做「犧牲」的外國畫。

父親說，「那麼下午下山回村一次罷，總是回來了，也好看看家鄉的樣子。」隨着嘴角露出一絲淒然的苦笑。這正合我的意思，我要看看我的在痛苦裏打滾的新的故鄉，還有，新增在故鄉的土地上的妻的墳。下午我穿了鄉裝，一個破草帽壓到眉尖，跟着父親下山，母親黯然送我們到門口，祗說，要小心，明天一早轉來。小的姪子在我一旁跳着，說着「叔叔回家去嗎？我一塊去。」可是給父親叱回去了。

我們低着頭默然前進；在山口，父親指着

近處的映在夕陽裏的爛爛的村子，說，「看，這就是村子。」是的，這是我記憶中的村子，豐盛，繁茂的村子，現在控制在敵人刺刀下的村子。

暮色中我們進了村，村民背着農具從田裏回來，看見我，灰色的面上，露着一種寂寞親切的神色，低着嗓子說，「你回來了。」於是，在我們的園子裏，跑過來大羣的村民，他們好奇的圍着我，聽說我在軍隊上，眼裏閃着新的感激的光，重新的估量着我。

「好的，好的，軍隊，軍隊，殺這夥驢父的！」一個近鄰的老農雙喜突然激動的說，大家吃驚的看着他。

園子裏的繁茂的花木在黃昏裏擺動着，我仍被人們圍繞着，黯啞的聲音，破舊的衣服，神色都是寂寞而胆怯，彷彿走路都害怕有聲音，是一羣幽靈似的生物；用人在田裏搬來幾個西瓜，大家黯然的吃着。園外池塘裏蛙嘓嘓的淒苦的叫着，老者們抽烟絲絲的發響，火就在暗裏一顫一顫的。

「你們的紅馬不見了罷，」雙喜用他的乾啞的聲音問我，「你小時候心愛的那匹紅馬，給鬼子拉去了。」

「他拉了有什麼用？」我的一個同族青年吉安吃吃的說，摸着他的光光的頭。

「有什麼用，他也許把牠殺了，這夥驢×的！」雙喜激昂的說，接着又是厚重的沉默，這沉默抑壓着一種疲倦。

我們鄉間的習俗，我是知道的：一個畜牲，待牠老了的時候，除過吃草料，供兒童們嬉戲外，牠是不再作什麼工了。一旦老死了，出人就給他穿兩隻舊鞋，戴一頂舊草帽，送一個飯碗一雙筷子，和一枝棍子，一齊的埋葬了，「牠受苦一輩子，希望來世轉成一個人罷」的贊嘆着。這彷彿是真正的東方哲學和道德的徵記。我們的老紅馬，牠是溫良的，他的昂着首鳴叫的姿態，和老是有一匹小紅馬依在他身旁吃乳的景況，却在我的記憶裏復現。牠現在在自翔是文明人類而且自稱是替文明來征服我們的俘虜下的生與死，我真不忍去想了。

父親接着默默的打開各處的門，要我參觀他這幾年的建築，有幾處給砲打倒了，地上堆着厚厚的土料，從這裏發出腐木的氣息。於是我又把草帽拉到眉尖，走出村子，向鄰村我睡覺的地方去，而就在一個長輩的屋裏待了下來

我的這位長輩，曾在外埠幹過洋行經理，自從洋行關門，退回故鄉後，成了一個迷信大家。他每天要燒成箱子的黃表，燒香也是整斗，而且不能間斷一刻的；他用灰白的面孔迎接着我，吹過一口氣似的說，「你回來了，你大概不信神的，可是現在是該信的時候了。」滔滔的談論着燒餅歌一類的話，結末他說，「這戰爭，這災難，還是神對人的一種懲罰，祗有忍耐，祗有忍耐，是惟一的辦法。」於是說，「你腦裏應該有一個神字。」兩隻毛玻璃似的眼珠骨碌骨碌的轉動着，………

在黯然的燈下和繼續不絕的砲聲中，聽着這種殘破的聲音和這聲音所代表的意義，使我奇怪的想到蒼白的寺鐘之聲。這是滅亡的代表

第二天的黎明，我就離開這位神的弟子家裏，他在蒼白的沈默裏送走我，一直走出村子，我的眼前彷彿還閃動着那一張驚懼而絕望的灰白的臉。這個意像太醜惡了。

在自已罩着晨霧的菓園裏，父親摘取了幾個沾着露珠的肥大的梨子，默默的遞給我。我們一路向山走去，就在近山脚下，我看到妻的孤墓，正在朝陽裏爆晒着，我脫了帽子，默立了兩分鐘。膽小的妻的墓旁，不知進行過多少次激烈的戰爭了，但她既然告別了人間的幸福，也就忘卻了人間的悲苦罷。………

當日下午，我離家向黃河前進。房主的老農，一直送我走過兩個山頭，纔辭別了。我走過很遠，偶然轉回頭，還看見他那挺立在山嶺上的高大的身軀，和他手裏的閃光的鐮刀。他是在佇視着我，怕我萬一會走錯路子的。我聽到他的高大然而枯老的喊聲：

「對了，對了，就是那條路，放心走你的罷。」

我在這萬山叢中的崎嶇路上轉進着，重穿了我的軍衣，想到我們東方人所悲觀的夢的人生，和并不是夢的殘酷的現實人生之繪，我的眼睛濕潤了。但是，我們正如牧者站在四顧茫茫的荒原上對於生命的設想，是不應該茫然着或憂鬱着的。應該挺身高歌，呼喊生命的愉快和偉大；更不是純然動物式的生活，而應努力增潤生命，發揚生命的真價。

生命嗎？就是生命。鬥爭、創造，征服。

故鄉，戰亂的故鄉，是賦予我們以人生和戰鬥之勇氣的。它是這樣的一個新的人生之港灣。　（一九四二年九月上旬寫。）

郝二虎

——記七鄉的優抗主任

孔厥

郝二虎病了，我覺得很奇怪。

他原是那樣強壯，我們都稱他爲「活金剛」的。一年四季，他大部分日子赤着膊，就那麼裸露着紅銅一般的肌膚；從胸口到肚皮，非字形地長着黑毛；渾身筋肉，強固地凸出着——被風吹，被雨淋，被我玩笑地揍得連我自己的拳頭都腫痛，他都不在乎。更不要說病了，我甚至沒見他塞過一回鼻子。

可是，就那麼個人，竟病了。我去看他，原來他得了這樣的病——

據說，那夜開罷會，他摸黑回家。在路上，他突然感到右腿彎作痛，他驚覺轉身，却並沒有狗或狼的動靜；摸摸痛處，褲子和皮肉也仍舊完好。於是他罵了起來：「啐！作什麼怪！」便狠命地在腿彎上搥了幾下。誰知他搥得多重呢！而痛却不減，反更厲害；待到蹺回家裏，從此便痛倒，起不來了。

「開會的好處呀！」他媽不看着我，祇惡狠狠地把冷言冷語潑過來。「鷄叫三更，人家都睡得呼嚕嚕的，太平無事；偏我們的人開會，打雙柳樹下過，可不是給陰兵一炮崩了！」

她的意思，我明白。她是相信：那一九三五年被打死在雙柳樹下的民團，這回槍擊了她的兒。復仇的子彈呀！我又想不起有效的解釋，一時只好不答話。二虎呢，他咬牙皺臉，在勉強從炕上撐起身來，解開包着的痛處給我看，正也沒注意她的話；要不然，他媽雖是個出名兇悍的婦人，却也只要她兒子的眼光向她斜過去，她就只有閉嘴的份兒了。

「哪，這搭！」二虎說，伸起右股，扳開那腿彎給我看。我聞到一陣濃烈的臭味；原來那毛毿毿的肌膚，誰給塗抹過蒜泥和烟灰。——一團黑；但依舊看得清隆起來了的一大塊，摸摸，綳硬的，像石蛋。二虎那粗魯的食指，還用力地撳着它，終於扣進一個深窩去；而他忍痛的表情，也就使我不敢看了。

「唉，好老孔！」他說，「這是什麼頑意兒？我可被它欺定了，這就把工作也誤啦！你知道，一年裏頭，代耕工作就這一陣最緊忙；咱領導代耕，也就在這忽兒頂當緊呀！你想，一年的辛苦，收成見功效。我得趕快督促檢查，調動人馬！要不，讓抗幹屬的糧食糟場在地裏？可是我，唉，這回却弄得革命也鬧不成毬了……怎麼辦！」

他從門框裏望外邊——遠遠的藍天白雲下面，金黃的山頭有些已經被收割的鐮刀使它變了色，看得出他又着急，又懊惱；也不把痛處包好，就悵然地睡下去。他媽却漲紅了臉，背地射他一眼，手裏紮鞋ㄦ的粗麻線都拉斷了；顯然二虎的話使她動了肝火，然而她忍耐着；可終究忍耐不住了——

「好呀！」她叫。「抗幹屬抗幹屬！你倒急（積）極呀！自己的莊稼撩在山裏，自己的莊稼不是莊稼！」

「什麼！」二虎也被激怒了，霍地坐起來；那股蠻勁兒，正是他所常有的。可是，他還沒有說下去，他媽已經把鞋底一丟，氣冲冲地走了出去。

「你領導我！」二虎還吼着。而且，他不聽我解勸，說：「要依她，那就不如做頑固！她，你還不清楚嗎！」

我等二虎平了氣，看他睡下了，才又和他談。關於工作，我以爲，他倒可以不必担心：他雖病了，可還有優抗委員，三個人呢；並且，還有鄉政府其他幹部，還有我們工作團，都可以幫忙的。然而二虎露出不以爲然的神色，堅決地搖頭說：

「不成的！這個工作，可難搞呢！」

「我們大夥兒有這許多人啊！」

「哼！你不信！」他不高興地別轉臉去，順手拿起一本抗日戰士讀本翻着，不再理會我。我覺得很氣悶。——窰洞原是窄小的，裏面又骯髒，又雜亂；透過汚舊的窗紙，陽光也黃矄矄地像害着病。——我叫二虎：「不要看了，談談玩兒吧。」他不睬。我又搭訕地問：「你在看什麼？」

「看什麼！」他生氣沒地回答我。「我也是幹部，我也得學習呀。我向來就是受知識的氣！知識：——」他沒有說下去，却專心地讀起來：「我，們，在，抗，日，的，戰，場，上……」很自得。

「二虎，」我想轉變一下空氣，又故意引起話來說。「你自己的莊稼呢？也快收了吧？」他不答，還在讀着：「鬼，子，兵，用，一，種，烏，（他不識那龜子）烏，烏什麽，一，樣，的，車……」．

「怎麽啦！」我憤憤地說，搶掉他的書；他却搶回去，還力氣很大地推開我，仍舊讀。我不耐煩了，說；「二虎，講正經話。你病了，你不能收莊稼，待我跟鄉長指導員去商量，看能不能撥幾個生產幫幫你忙，也算慰勞慰勞你吧！」

他忽然轉臉來瞧住我，兩眼張得大大的，露出十分詫異的神氣，一會後說：「好老孔呢！你這什麽話！我鄰二虎自鬧革命到現在，人是粗笨，可一貫革命性，我從沒要沾革命的便宜！我從沒對不起革命過！我要像你說的那樣，我就犯了右傾機會，讓別人笑？」

「不！」他又說，不容我分辯地。「我又不是受傷將士！我可沒有資格受優待！再一點：（他好像在演講了）當根兒我們飯都吃不上，現在可升了貧農啦！張區長說過，現在的貧農，抵得上從前的中農呢！我明兒就雇個月工收莊稼，化三幾十塊錢也化得起呀！」

這時候，一個大的響聲驚動了我。原來二虎的媽，在門外餵猪，偷聽了二虎那樣慨慷的話，突然發了大脾氣，把猪食鉢子一下砸爛在磨石上面了。還一疊連聲地兒罵着，往隣家院子裏走去了。

二虎也一呆。待到明白了，他覺得很好笑，對我扮了個鬼臉，又假裝做兇狠的神氣大聲地喊過去：「那你算有種！你不要再回來！」

而且，似乎那鉢子的砸碎，給了他極大的滿足，他笑呵呵的；看樣子，他已經忘了剛才的氣，也忘了脚上的痛，反而恢復了平常那種嘻皮笑臉，一面用書本子撣開他赤膊上和聚在腿彎裏的蒼蠅，一面和我說笑話：

「同志，眞的是不成的呀！優抗工作可少不了優抗主任呀！我明兒就得起身了！什麽鬼病！我自己來把它治！」他爬起來一股勁地在那痛處揑了幾拳，好多蒜泥和煙灰掉下來。我擋也擋他不住，他哈哈大笑着。還異想天開地，把頭上那圈成半圓形的銅髮箍兒取下來（讓一頭髒髮散亂着），把它緊緊地壓在痛處上又把它緊緊地用帶子綁住，絞一般地用力把帶子收起來——這回他可痛歪了嘴，却還滑稽相地裝鬼臉。像這樣稚氣到傻氣程度的行爲，也正是這大人所常有的——他小名就叫「蠢驢兒」呢。

我發現他婆姨卻坐在鍋灶後面一邊燒火，一邊用含淚的眼睛白着他。二虎不意間看了我的眼睛，隨着也就注意到她。他笑着呵斥她：「嗤！哭什麽，今晚上老孔就把你帶過去！」我知道他又在說起交換老婆的笑話了，趕快溜出來。

第二天，他果然雇了月工：我看見有一個鬍髮花白的駝背老頭兒，提着鐮刀，從他家裏走出來，往山裏去。但是，一會後那老頭兒又回到村裏來，仍舊空手握着鐮刀，一邊走一邊嘰咕着——意思是說：「像那樣的莊稼，我可不會收！眞是，甚麽樣的莊稼呀，大一半是草！」有些坐在門前用綠色柳條荆條編架圈的人，又有些挖深了地窖只露出頭的人，聽了他的話，都笑了。槐樹蔭下，一個穿紅兜胸的小老太婆，是抗屬，也笑眯了眼睛，又感激又抱歉地拾起雙手說：「是呀！我們的優待主任，優待了我們，虧待了自身啦！」

二虎看兒老頭兒回去，問明了緣由，卻便從炕上坐起來，發脾氣，但也有些開玩笑的樣子，大聲說：「這老牛膝！皇帝不急，倒急了你太監啦！我的莊稼，哪怕盡是草呢，你就收草得啦，你拿你的錢，我收我的草，實地上，我的莊稼也滿好呵！你也不瞧瞧我三口子人家，還怕打下糧食不够吃嗎？你老昏蛋啦！」

於是，老頭兒又喃喃地往山裏走去。

我有事也想走，卻被二虎叫住。「不要走，老孔！剛才我本來要人去叫你呢。」他說：「來！我給你個任務！」「什麽任務？」他要我代他寫幾個通知（不過他聲明要自己簽名的），今夜召集優抗委員會在他家裏開。他不讓我反對，就搶口說：「不用說了，我知道啦！我們優抗幹部已經儘够了，又是熟人熟手，不用你們操心的！你瞧吧，明後天命令下去，紀律實行，就有一隊隊人馬打還裏過，一個個拿着鋤頭——不，舉起鐮刀，就像咱們游擊隊一樣！一到抗幹屬地裏，就散開，大夥兒風一樣捲過去……接着就打場！嘛嘀，」他越說越起勁，簡直忘了還天已經在作膿的瘡痛。「你瞧吧！咱鄉十六個莊子全部任務，我包你五天裏面就完成，你信不——」突然他痙攣着灰白了的嘴唇，用一隻手去握緊那腿彎，卻用另一隻手扳住我的肩頭對我笑呵呵地說：「你要知道，我是優抗總司令呀！」

第二代（詩集）

魯藜

星的歌

我是一顆小小的星
我有很多純潔的姐妹兄弟
我喜歡她們，我愛他們
我常常在孤獨的時候懷念她們
我知道，我和他們在一起的時候
我才感到快活，才感到美麗
我的光亮和她們的光亮
聯接在一起，世界就永恆流着理想的河

時間

時間呀
你的每個行動都經過我靈魂的門口
我要很愼重地監視着你
像哨兵看守着陣地
不讓你從我的空白裏溜走

夜歌

今夜，天上的星
也感動得掉淚
一顆流星飄落
又一顆流星飄落
啊，是否因為我的歌聲而啜泣

河流

黃昏時候，天空滴着血
血也溶落在河上
生命的河流啊
流去，向遙遠的世界那邊

小孩在河流旁邊
學着建築

我在河流旁邊
構想世界的創造

村女在河流上
洗淨她的衣裳

我在河流上
冲激我勇敢的靈魂

野火的歌

我是野火
我燃燒在山上
風，吹散了我的髮
風，吹亮了我的眼睛
風，吹醒我冬天沉睡的心
風，吹吧，我的朋友
我們永遠相愛
我們是以生命相聯結
在黑暗中排成行列
去照耀那沒有太陽的地方

風，吹吧，吹吧

第二代

我的孩子用小手拉着我
我和她就走到山下
孩子在田野裏跑來跑去
我蹲在地上，望着她
陽光照着她的兩個紅頰
像兩支火炬
映射着黑暗的童年
呀，——我感到幸福
雖然我過去沒有幸福
今天，我們開始勞作
播種着幸福給我們的第二代

早

有一天，我把一幅畫
掛在牆上
清早，孩子起來

照樣地叫媽媽早，爸爸早
孩子看見了畫中的人
問媽媽：這是誰
媽媽告訴她
「這是斯太林」
孩子說：「斯太林早」

散步去了

有一個晚間
我抱着孩子在星空下
我問她：「天上亮的是什麼」
她說：「星星」
有一顆星落了
我又問她
「這顆星怎樣了」
她說：「星星眞好
星星散步去了」

春天的生活

河忍受不住冰的束縛
河同冰說：「讓開，讓開」
冰怕損傷自己的裝飾
「不行，你要胡鬧我就要叫喊了」
春來了，用溫柔的手撫着他們
於是，河水和冰塊就一起旋行去了

友情

兩道平靜的小河流在一起
他們默默互相擁抱而流去
啊，我只有無限的靜默
我曾用情感毀了友情的堤岸
、不可再回頭了，我只能讓牠獨自奔流
我望着兩道小河合流了
我感到無限的痛楚
我希望我重新回去
像小河一樣，流入友情的海

牧童的歌

我仰臥在草地上
把太陽擁抱在我裸露的胸中
周遭的高山大原圍着我的羊羣
廣大的盆地啊，你是我的搖籃
微微的風來捉弄你
在我足趾下的小河
正給我唱天眞的歌

海

土倫的艦隊在地中海沉沒了
無數勇敢的海的戰士的屍首
海在給他們洗刷着痛苦的血
海在接受他們的時候激怒地震響
海在他們的四周掀動
海在他們的軀體上綫飾着浪花
海在咆哮，海在翻覆
而法蘭西從毀滅的駭浪中矗起
海呀，無邊的海呀
你們相聯接的海，使人類相通的海
法蘭西是你光輝的兒子
海在海岸上奔騰着，告訴人們
新的法蘭西在鬥爭着，在鬥爭着
在沉沒中升起

雪

雪落了
可愛的雪你來了
我們正在怪你耽誤了季候
說你飄游到那里而忘却了大地
現在你回來了，很好
這次你的旅程怎樣
你沒有困倦的樣子
你天眞而活潑地揮動着銀翼
呀，純潔的孩子，可愛的雪
小麥們待着你天鵝絨的柔暖
大地渴望你親密的愛
我們也需要你，我們要去開墾
歡迎，熱情的雪啊
輕輕的，細細的擁抱着大地吧

泥土

老是把自己當作眞珠
就時時有怕被埋沒的痛苦
把自己當作泥土吧
讓衆人把你踩成一條道路

寒冷（詩集）

冀汸

回來

——母親來信說：「你回來……」

花開了
青春的顏色泛濫了
我們底國土
在戰爭里年青了

孩子再沒有昨夜的惡夢了
眼淚流得太多的老人也笑了

我有蜜蜂底記憶
我有關于這季節的
候鳥 愛情

母親呵
你說
我該不該回來？

只是今天呀
花幷沒有開……

寒冷

沒有一件好大衣
沒有一頂皮帽
沒有一雙不開口的鞋子……
是不是
沒有苦惱的夢的糾纏
就沒有甜睡？
沒有相對的赧顏的沉默
就沒有愛情？
沒有冰霜的凍結
就沒有春天？

罪人不在這里

劊子手沒有罪
被他殺死的人沒有罪
來看殺人的人
沒有罪……

愚蠢的沒有罪！
被欺騙來的沒有罪！

留聲機說錯了話
沒有罪
刀子割斷了花朵底嫩芽
刀子沒有罪

誓

——寫在一九四三年詩人節

我永遠和你一起
同志

不賦「皇帝萬歲」
不寫一個字讚美木乃伊
不譜製英雄交響曲獻給拿破侖
不作一切爵位和榮譽的買賣

不要桂冠
不要歡迎會
不要豪華的晚宴
我死了
也不要讚美詩
不要銅像

好同志
我完全和你一樣
「流血的人不是流淚的人」
我要的也就是你要的！

有翅膀的

——贈C.T.

有翅膀的
是該追尋彩色的日子
做着海洋的夢的
是該有壯闊的航行

你要到南方
南方正好
南方底
同志們
第一次的握手
南方底
開不完的花
綠不老的林子
大風
大雨
大晴天

我不哭泣

我不哭泣
才鞭笞得更重麼？
這就完全對了——
鞭子是你底
意志是我底
我不哭泣
說我變成了白癡麼？
這也并沒有錯——
Socrates 像白癡一樣勇敢地飲了那杯毒酒
Jesus 勇敢得像白癡一樣被釘上十字架

七月底軌跡

——紀念第七個七月

從激動的流淚到痛苦的流淚
從啞吧要說話到說話的變成啞吧
從老人像孩子底天真到孩子裝成老人
從歌唱到悲憤地嘆息
從火把到沒有燈光……

聖徒們

「君子人與？君子人也！」
——論語

用幻想裝飾自己
在幻想里笑
在幻想里哭泣
像那個
不美麗的寡婦
對着鏡子誇耀自己
又想起了自己不美麗

寧靜的夜里

我們
偷渡了一道小河
又一道小河……
有蘆葦不安的抖動
有水蟮們撲擊翅膀
有夜遊鳥用啼叫詢問
有沼澤睜大失眠的眼睛
我們
不應該再有聲音
我們啊
哭泣是罪過
笑
也是多餘的

聽見了

——答××：他新從北方訪問了回來。

從河水底破裂
我聽見那兒春天醒了
從笑語和喧鬧
我聽見那兒正是愉快的清晨
從蜜蜂底大合唱
我聽見那兒花在開放
從一團新泥底洒落
我聽見那兒候鳥們已經回來
我聽見那兒山野青青
我聽見那兒牛羊肥壯
我聽見那兒再沒有哭泣
只有含笑的溫暖的流淚……

「熱風」—「隨感錄三十九」：「即使無名腫毒，倘若生在中國人身上，也便『紅腫之處，艷若桃花；潰爛之時，美如乳酪』。國粹所在，妙不可言。」

以前每讀到這幾句，輒爲之憮然。心想：這大約先是不意之中生了出來，也覺得痛，想醫好；後來久醫不好，才漸漸習慣，由習慣又才有了愛好的吧！起初的愛好，或者還是「聊以自慰」；又漸漸習慣了，才變眞的吧！於是又想到「劉邕嗜痂」的故事，推測他這種怪癖的由來，怕也就是如此。但旣是嗜之不已，遇到大家身上都沒有生瘡的時候，又怎麼度過呢？怕就要故意使身上生瘡，好製造出瘡痂來吃了：這樣推下去，就覺得特別可怕。

「嗜痂」與「製痂」

孫塂

然而，今天才知道，可怕的事還不止此，先前的見識太淺薄了。因爲讀「中國小說史略」，看到第五篇所引劉敬叔的「異苑」中的幾句話，那故事就在裏面：

「東莞劉邕性嗜食瘡痂，以爲味似鰒魚。嘗詣孟靈休，靈休先患灸瘡，痂落在床，邕取食之，靈休大驚，痂未落者悉褫取飴邕。南康國吏二百許人，不問有罪無罪，遞與鞭，瘡痂落，常以給膳。」原來不但製造，而且大量製造。但所用的材料，竟是別人的血肉！雖然是這樣的惡癖，若能拚着自己的血肉來供滿足，那精神也還有一點可取的；先前揣想他會如此，實在太抬高他了！

「嗜」之不已，必定要「製」之；又捨不得自己的血肉，必定要用別人的血肉做材料。其始也，只是「私人的怪癖」；及其終也，就成了「社會性的行爲」。爲了自己的血肉，就不能以其爲私人的怪癖而放過不問的。

一九四四、五、二一、

寫了以上的話之後，不知怎樣一來又翻去了「憂雨集」，發現其中有一首題爲「病瘡作嘗戲書自遣」的七律，第六句是：「論交難得嗜痂人」。這又是一種很新奇的看法，似乎生了瘡時，只要有人將瘡痂吃去，瘡就可以好；或者，如同越王嘗糞一樣，是一種屈辱的服務，非至親好友不能爲。一個嗜痂的劉邕，一個想人來嗜自己的痂的王次回，雖然生不並時，未免遺憾，但也究竟是天造地設，無獨有偶，先聖後賢，輝耀千古了。

他們的文化

化鐵

他們的文化已經喂了狗。

他們的美術做了商店底招牌；
他們的音樂祇是在賣淫的酒席間演奏。

他們的科學祇是殺人；
他們的哲學製造着戰爭。

他們的女人生着孩子；
他們的文藝被人強姦。

他們的水手們死在深山里；
他們的兵士們死在刑台上。

他們的種田人沒有飯吃；
他們的小孩子都做了強盜。……

他們的元首哭泣；
他們底最後的時辰已經到了。

一九四四、四月

讀羅蘭「悲多汶傳」

人僕

我有一個浮雕。

生命本沒有所値的
假使不是自己給了牠所値的；
當生命被踏倒了的時候
音樂有什麼呢？
當一個藝術家不擋於他底生命的時候
藝術有什麼意義呢？
但是——
「我底王國在空中。」
藝術比生命活得要更高。

藝術原不是有所驕傲的東西；
藝術的驕傲祇有從人格來
永遠從人格來；
因爲
這驕傲是一種力量
是思想使藝術所有的；
當哥德向王室在大街上鞠躬下去。……」
因爲你底藝術
是作爲窮人底福利的。
因爲你是那個給人類搗成甜蜜的葡萄酒的酒神。

雖然國王們很可以任命一些教授
和樞密大臣，
賞賜他們爵位和勳章；
但是他們異毫無能力任命一個偉大的人物，像你
一些屹立於世界底塵垢之外的
思想家，像你！
而且那些國王們，寶貝們
除掉他們底寵臣，他們底寵犬
是無論如何也關心不到一個思想家的，不相干的；
他們也很難懂得藝術
除掉被他們用來淫樂
和修飾。
賈里青王子使你譜成了他底四重奏而沒有給錢。
何況那種不關在紀律與服從的國家裏面
是非常觸目的。

當你底壯年
你祇縱情於你自己底強暴
被自己底野蠻的癖性陶醉；
什麼都不管：
不顧世人

不顧成規
不顧別人底判斷……
你底獅子的臉
狹窄的額骨
摺紋多怒而哀痛的眼睛。……

傑出的標識一般地不是你底『善良』；
他們，是『唯美主義』的人們呢；
流行地，而且他們傾倒着洛雪尼；
你底第二音彌撒曲，所以
祇賣了可憐的三、四十個杜嘉，
僅僅祇有七個預約者
——當中沒有一個是音樂家，
雖然每一篇奏鳴曲都要費去你三個月。

『他檢拾石子，
却沒有看見在道旁盛長的
鮮花。』

但是這靈魂對於歡喜有着這麼一種需要
它沒有歡喜的時候，它要創造牠！
它似乎
把痛苦當做一種遊戲；
歡喜還是歡喜，憂愁始終保有着一種希望。
『痛苦裏的歡喜。』
你是這樣抓住了
你一生底對象，
你抓住了歡喜；
你能夠
獃在這個靈魂的峯巔，雄視着
那些暴風雨麼？——
「我應該
像一個厭世者，
可是我多麼不近於厭世者。——」你說：
「你們應該
看見我
像我在地上所能夠做到的一樣
快樂，
——而不是不幸。」

『那雄獅戀愛了：
藏起了牠底爪。』

還有，意志和信心
自然的力量——你就是！

你說：
「你知道
對人類的愛和做好事的想望住在我底心裏。」

在善良以外，你不知道有什麼傑出的標識，
你靈魂裏面有着
清教徒的東西，
你是迫使每一個要理解你的人祇有從你底言語、樂止處

膽大和不羈裏找到
你底根源的，
你永遠不和不公平
妥協！
你這樣時常隨便說出：
關於政府，關於警政，關於貴族
的意見，那怕在公共的場所。
而且那是完全依照你底習慣的，一個重聽者底，你高聲說話。

連俾斯麥也說
「如果我時常聽到牠，
我會時常十分勇敢的。」

為了要
自由說話，自由思想
被檢查殺了的詩人格里巴爾撒
想跑到
北亞美利加去，
否則就自殺。
但是你
悲多汶啊！任何力量都可驚地不能夠箝制你底思想
「說話被束縛住了；
但是幸而
聲音還是自由的。」
是你，以你底靈魂打救了格里巴爾撒。
『戀下蒼蠅底針刺，不足以牽住一匹在疾馳裏的馬。」
為了更美，你說，——你是，沒有不能夠毀壞的規則！

但是你是
悲苦於：
像秋天的葉子，落了而且乾了，
這樣——這樣那希望也枯乾了，
「差不多像我來的時候，」你說：
「我去。」……
你有意思超出疾苦；
也有，這個力量；
你靠德行
像靠藝術
在你底窮苦中支持你；
但是你忍讓，悽慘的忍讓，
終於忍讓，
不是，是沒有方法不忍讓的。……

悲多汶是從痛苦偉大的；
悲多汶是從偉大痛苦的。

革命，和民主的痛苦啊！
藝術的
痛苦啊！
愛的痛苦啊！……

在這個世界裏面沒有
幸福給你，悲多汶！
僅僅在理想的畛域裏面——
你會找到
朋友麼？
你曾經那樣絕望地說過你一個人在世界上。

即使終於榮譽來了，
即使有了對於自己底威力的那種感覺，
即使被『五回的采聲』所轟鬧，
有什麼用處呢？有什麼用處呢？——

藝術是悲哀的。
們悲哀的物。
當英雄交響樂被樂聞習唱了
拿破崙就睡在香奈勒倫宮裏了！……
而巴斯梯爾底勝利者
——許冷將軍和他底同僚們
和葉碑矗立在哥勃朗許和龐納之間一個丘陵上的人
還有那些無數的，眞正的
英雄們
你他是和革命一道被埋葬了！篡殺了！
——你所以作了一個英雄底死的喪曲麼？

尤其——
你底殘酷的殘疾！
產枉然求助於庸醫

而且你要在庸衆們底面前掩藏你自己底傷心的殘疾！
因爲牠最後剝奪你，使你難於
在人們社會中找到一回舒散
在那細緻的談話中
在那互相的傾吐中；
但是牠還要殘忍一些——
你沒有了，那祇有你才配有的能力，必須有的
不能夠指揮自己底菲台里奧底初奏，
那是十一月的，致命的一天
在四面八方的，死的靜默裏
你是怎樣被擾的怒馬底樣子，縱身一跳
從台上
跳下到樂隊後面的坐位
向親愛的荀鐵勒狂亂地囑着：「快出去！」……

但是，殘酷還要殘酷啊！……
你耳聾——
而爲人們工作於音樂，……
殘酷還殘酷得不夠！

但是終於要戰勝你的命運，却被你，
戰勝了！
你，一個失聰者
居然是唯一的
使人類底聽覺洗脫一切的噪音到達一個最優美的境界的
音符工作者——『樂聖』！
你底高度是音樂底新的高度。

諷刺的，人類底命運
被你辛辣地刺倒了牠自己。

音樂底新的高度
這是，你底高度。
因爲沒有更美於接近神性的，
而你接近了；
沒有更美於在人的種族上面散播神底光輝的
而你散播了。
於是『藝術結合衆人
結合
眞正的藝術家。』
因爲，你底忍受
是爲了人類底享受。

因爲藝術底目標是
自由和
進步。

而你在一場雷雨交作——一回又下雪的暴風雨中死去。……

於是人們
祇見最明白的思想像
一些蒸氣昇起；
它們消失而又從新形成；
它們以惆悵和
變換無常的困惑
使人心
晦暗了；
直到樂篇底結末
它乘着一陣颶風
再走出來。……

向浮雕凝視着那一雙眼睛：
這是你底想哭的，『溫柔的眼睛』嗎
藍灰色的『馴良的眼睛』嗎？
細小而且深陷，會在熱情或者惱怒裏突然睜開的
眞實地反映種種思想的嗎
以一種非常的力量燃燒着
使所有看見的人刺目的嗎
更兩倍地兇惡的『野蠻的眼睛』嗎？……
悲多汶啊！我現在這樣注視着
你底這麼一張淡棕色的悲慘的
上面熠耀着一片野蠻的明亮的臉啊，
和你底牠們可以碟碎核桃的
可怕的顴骨。……

悲多汶啊！
你知道，現在連希特勒也要給你掛一個橡葉十字勳章的吧？
你知道，現在連發國難財的人們，蚜虫們也似乎懂得你底音樂
了吧？
悲多汶啊
你知道，這是僅僅因爲你偉大；
而且也僅僅因爲
你已經不活着了吧？……

不！悲多汶啊
但是人民將在你底一邊，已經在，
人民將高舉你，將舉得更高更高，
而且他們，人民們
合着你底大交響樂底節奏在進軍！……

一九四四·八·二七。蝸居。

駱駝和星

朱健

昨夜，在乾涸了的河底聚會
一位詩人說一個沙漠的神話

十萬年前
沙漠是一片跳躍着波浪的大海
像一座綠色的洞穴
那里住着無數綠色肌膚的美男子
在多星的夜里
他們自海底躍出
赤裸了全身，披散着頭髮
唱着歌
互相拋擲着浪片
宏亮的合唱
搖動了天空
星星們思凡了
一個一個搖搖欲墜

他們都是被星的眼睛誘惑而歌唱啊
於是，星星被禁止在夜間發光
必須蒙着頭睡眠

違反了天神的誡條
在夜間，星星們
用打顫的手指
戳破了黑色的棉被
露出眼睛和嘴唇
打着手勢向海洋調情
情急的挑着小燈籠
自天上躍下
三更半夜
急急慌慌地去尋找自己的情人……
天神發怒了
星星像暴雨
被驅逐下了天空……

那麼多被謫下凡的星啊
個個眉開眼笑
爭先恐後的投入了海洋
出乎意外的
大海被填平了
星星吸乾了海水
當晚，
天神搓着頭髮注視着沙漠
懊悔自己鑄成的錯誤

當大海乾涸了的次日
一個老瞎子
到海邊去洗自己乾癟的眼睛
當他知道
捧在手中的是一捧殞星時
對着遍地渴死的銀色的魚
撫摸着自己光禿的頭頂
跪在海岸上
他久久無語
因爲，天神的手
敲碎了他的面盆
他懂得了自己的命運
是要再搖響串鈴
爲那串鈴
他已經償付過了一對眼珠
他搖響擱啞了的串鈴
招搖過所有的部落
述說着在遠古的年代
因爲失掉了自己周圍的星
月亮懷念那些發光的小伙伴
淌乾了眼淚
因而死去的故事

他預言
假使星再殞落
地球將要像月亮一樣冰涼
他呼喚人們向天神請願
莫再懲罰那些星星了吧
人民
曾因爲她們的發光而得福

「莫再懲罰那些星星了吧，
人民
曾因爲她們的發光而得福！」
一個盛大的祈禱會開始了
瞎子率領着全體人民
跪倒在曠野裏
嘶啞了嗓子
仰起臉向蒼天哀告

提懷那禿光的頭頂所率領的人民
其餘的星是被赦免了
而在一個下雪的早晨
一羣獵人
發現那瞎子
被剝得赤裸裸
兩手緊揑着串鈴
死在谷底

獵人們向天放鎗三響
鎗聲召聚了遠遠近近的人民
跪倒死者的身邊
撫摸着他的頭上
被龍爪抓過的傷痕
讀着寫在他背脊上的
讀不出聲音來的
兩個朱紅大字的罪狀
他們的哭聲填滿了山谷……

這時有七顆帶棱角的星
嗤嗤的響着
落在瞎子頭枕的土旁
人們用兩顆
嵌進他深黑的眼洞
其餘的鑲上花圈
裝飾了他光禿的頭頂

最後，每人抓一把
被淚水濡濕了的土
虔敬的撒在死者身上
用一個挖成的石頭而盆叩在坟頂
做爲墓碑，盆底上寫着
「這下面埋葬着
全世界的良心」
他的墳被築得無比的高大
成爲有名的
中國西北高原

自墳場上夜祭回來的人民
經過沙漠
失聲痛哭了
並沒有誰提議
在祈禱的曠野裏
舉行了一次宣誓的集會
宣誓要把沙漠變成海洋
天神爲這叛逆的一舉而震怒

狠狠的舉起自己黑色的鞭
鞭向全體
他們在回家的路上
變成了駱駝
被註定永世用大步
丈量沙漠的面積
從那時起
世界上有了胃中帶着水囊的動物
沙漠
成了被放逐者死亡的地帶……

天神的鞭
變成了烏拉爾山
隔開了歐亞大陸
永遠震壓着亞洲的大沙漠
震壓着跋涉在沙漠上的駱駝羣
爲了眺望
那黑色的鞭影有沒有消失
駱駝開始昂起了頭

有幾個逃脫了這場災難的人民
孤獨的在沙漠的邊涯
流浪了多年
每天想望着親親熱熱的伙伴
想望着牠們悲苦的遭遇
最後，他們回來了
每個人都變得
像一根竹桿一樣瘦長

嘴巴下生了一付大鬍子
含着淚跪倒在駱駝足前
請求饒恕，發下了誓
要世世代代做駱駝的牧人
約定了
有誰走過沒有水草的沙漠而渴倒
就要用血液解救同伴的死亡
駱駝們頭仰得更高
驕傲着又有人
走進牠們中間
驕傲牠們有了
以血液相滋養的伙伴
開始計劃着一次
跨過烏拉爾山的遠征……

沙漠的夜空
星星繁密而明亮
個個都像蒙着淚水的眼睛
因爲那些被赦免的星星
每晚在沙漠的上空聚會
看着那一個個
駱駝羣圍成的城堡
看着那一面面
插在城門口的
猩紅的大旗
像一些武士
忠誠的守護着同伴的睡眠……
星星們痛哭失聲了
哭泣姊妹們的
沒有水份的命運
哭泣爲了她們的

一個人的死亡
據傳說
中間有的哭暈了腦袋
自天上跌落
聚成了荒涼的星星峽

沙漠的水又鹹又苦
一位詩人說
是那些星星和人民的眼淚
如今，駱駝和牠們的牧者
跋涉過沙漠
用來解渴的
是自己祖先的淚水
和伙伴的血液……

前幾年
一隊考古學家
發掘荒山
掘出一對鉄環
和五顆殞星
據考證是九萬年前的遺物
鉄環上刻着幾行字
有的已經銹蝕
郭沫若給我們譯成現代話
大約是下面的意思

聰明人
永遠不相信我的話

昨天
星和海洋結婚
今天，我死去……
將來
（我們的數學
計算不出確實的年代）
沙漠裏
有新生物出土
每個抱着一粒沙子飛上天
掛在空懸已久的星國上
夜間重新開始明亮
海水各自跑回老家

駱駝們有福了
海水浮着牠們
兩峰變成兩張白帆
掛星者有福了
每一個從星星
得到一盞小燈籠
騎着駱駝
在綠色的海水上游行

能讀到這些活的人們
你們有福了
看到烏拉爾山潰倒
在我同你們見面的日子
地上、天空和海洋
一樣明亮
人民
因日夜的光明而得福……

一九四四一月，青羊河。

論主觀

舒蕪

一

我們這時代中，許多新哲學者，對於「主觀」這一範疇，還具有頗為混亂的理解，而這種混亂，就整個歷史發展的現實而論，是不應該有的；就新哲學本身所已發展到達的階段而論，尤其是不應該有的。

新哲學是隨從着反映着並指導着現實歷史的發展而因以取得它本身的不斷發展，這是大家都知道的。新哲學在今天，由於約瑟夫的偉大的戰鬥實踐，已被提高而進入了通常所謂「約瑟夫階段」，這也是大家都知道的。但是，所謂約瑟夫階段，反映着歷史新形勢而作為其特質的，就正是對於主觀作用的充份強調；換言之，今天的哲學，除了其全部基本原則當然仍舊不變而外，「主觀」這一範疇已被空前的提高到最主要的決定性的地位了。因此，我們認識里面關於它的混亂，就必需從速加以澄清。

但是，新哲學的發展，無論如何都不會從它自己的基本原則離開；在它自己的基本原則里不會和不能涵蘊的東西，無論那位導師也無法憑空的引進來。所以，把「對主觀作用的充份強調」了解為約瑟夫階段的特質，並不表示此階段以前的新哲學里都是輕視乃至無視了主觀作用。恰正相反，新哲學的創始人，就正是通過對於主觀作用的深刻把握，而把自己決然的從費爾巴哈分開，遂使新哲學第一次在正式意義上出現的。

費爾巴哈的哲學，毫無疑義是偉大的，遠超過了法蘭西舊唯物論的水準。但他把人類看作基本上相等於其他自然物的一種存在，不過在「數量」的範疇內為較高，這就沒有正確的認識到人類對於其他存在的關係，沒有正確的把握到推進整個歷史乃至整個宇宙的動力，因而在對於人類的歷史實踐的指導上面顯得無力無用，到底和舊唯物論同病了。

不過，他究竟把人類的存在看得比其他存在都高，不管這所謂「都高」還只屬於「數量」範疇之內，也已經給予新哲學以一個重大的啓示。卡爾對於新哲學的創始工作，包括他自己的從費爾巴哈分開，就思想過程而言，就是直接由這啓示誘發而來的。

卡爾認識到：人類較之其他存在的「高」，實不僅數量上的意義，而且主要的是本質上的意義。因此，人類和其他存在之間，就不是普通那種一類存在對於另一類存在之間的關係，而是一種特殊的關係。這特殊的關係，即是「主觀與客觀」的關係，是在人類對於其他存在這場合中才發生的。它乃是一個極深刻的矛盾，而作為推進歷史乃至宇宙的動力。新哲學把握了它時，對於人類的歷史實踐，也就成為指導的戰略性的原則了。

新哲學創始時的情形既已如此，其後來兩個階段的發展，就也都以此為中心。作為伊里奇階段之特質的，如衆所週知，是辯證法和認識論的深刻的統一；這反映了革命成功的前夜和開端的形勢，反映了進步階級準備以其主觀力量制馭客觀存在的這種形勢。到了約塞夫階段，革命已有巨大的成功，進步階級的主觀力量已發生了巨大的效果，則其以直接強調主觀力量為新的首要的課題，又白是必然的事。

任何地方的革命的成功，都是世界意義的；根據這成功而發展出來的新哲學的新階段，也是世界意義的。世界意義的東西，也必需以世界的規模來闡究發揚。中國不能自外於世界，更由於中國歷史發展和社會性質的特殊性，尤必需積極深入的參加研究，以成就世界規模之全。所以，在中國的新哲學者的面前，固然有着「主觀」這範疇本身在要求正視深入的研究；而在中國的新哲學者的背後，特別艱難而亟待克服的客觀形勢，也在推動着他們，使他們雖欲忽視這研究而不可得。總之，這個研究，無論從那方面看來，都是一種絕對的任務而不可避免的。

二

那麼，「主觀」是什麼呢？

所謂「主觀」，是一種物質性的作用，而只為人類所具有。它的性質，是能動的而非被動的，是變革的而非保守的，是創造的而非因循的，是役物的而非役於物的，是為了自己和同類的生存而非為了滅亡的；簡言之，即是一種能動的用變革創造的方式來制用萬物以達到保衛生存和發展生存之目的的作用。這就是我們對於「主觀」這一範疇的概括的說明。

這里，首先需要解釋的是：它是否只為人類所具有，以及如果是的又由於什麼原因，這兩個問題。

「動」，是一切存在所同具的作用；但「能動」，就只屬於各種存在中具有生命的幾種。無生命的存在，其所以動，固亦為了它自己的存在；然其動，只是順受着大宇宙的普遍法則，而無絲毫個體的力量參預於其間。這樣的動，在某種意義上是消極的；建築於這樣的動之上的存在，也就在某種意義上是消極的。因為，旣然沒有絲毫個體的力量參預於其間，則其一切存在的機會就都絕對的決於預定，而不能有任何增加與擴張。這樣完全受制於預定的機會的存在，無論如何總是不能符合於大宇宙的進化的本性的。

因此，就有有生命的存在產生出來。所謂「生命」，如一切生物學教課書上所說，基本的包括着攝取養份和排除廢物兩個作用；往上到最複雜的程度，如人猿等所表現。但從那最基本的兩個作用里，就已經可以看出，是有着個體本身的力量的發揮，個體本身的對於存在的機會的爭取。就由於這種爭取，消極的存在狀態就大體上已被代替，而呈現出蓬蓬勃勃的景色來，符合於大宇宙的向上進化的本性。

然而，僅靠自然的生命發揮力量來爭取，其所能爭取得到的，仍然要受着自然環境和本身機能的嚴格限制。「鷦鷯巢林，不過一枝；鼴鼠飲河，不過滿腹」：這兩句自然主義的名言，恰好也就表明了自然生命和自然生命力的局限。植物的存在，要受陰晴、寒暖、風雨、晦明、以至七壤肥磽的種種限制，其仍然具有消極的性質，固不待言；就是動物，其實亦何嘗不如此？例如：貓兒雖可以到處捕捉老鼠來吃，卻曾不看見牠在喝着清燉鼠肉湯；猴子雖可以到處採摘果子來吃，也曾不看見牠在切製「桃片糕」；至於貓兒開闢老鼠畜牧場，猴子種植果樹園，更都是絕不會有的事（註一）。所以，自然生命的能動力，仍不是可以發展自身生存於無限而充份實現宇宙本性的東西。

於是，能動力的使用，就有更進一步，在本質上更進一步的必要。在它原來使用於自然生命的基礎上時，其所以有那麼多的局限性，乃是因爲它直接仰賴於自然，自然遂亦直接束縛了它。所以，如果眞的要更進一步，就必得從這種直接仰賴的狀態下離開，反把自然的簡單的原體變爲更複雜的新的東西，也就是把所需要的而自然中本來沒有的創造出來。必需如此，才可以脫離自然的束縛，反而不斷戰勝自然，以爭取無限的生存機會，眞正實現了大宇宙的本性——生生不已的「天心」。而當這生命力在全新的基礎上被使用之時，亦卽人類乾然出現於大宇宙中之日。人類，便是大宇宙的進化的本性之結晶；人類的對於能動力的使用，便是大宇宙的進化力之具現。

而被使用於這種基礎上的能動力，也就正是我們正在加以討論的「主觀」。

「主觀」之所以只能爲人類所具有，現在便已十分明白，乃是因爲能動力只在被人類使用時才可以這樣的被使用。人類之所以能夠成爲人類，如衆所週知，實由於社會的結合；而社會之所賦予的，使人類足以爲人類的特徵，亦如衆所週知，就是工具的製造和使用。首先，社會就是保衛並發展自己和同類之生存的東西；其次，工具的製造和使用又卽是變革和創造的具體化：這兩樣東西，卽是所謂「主觀」的構成里面的特異因素了。其他生物沒有社會的結合，不能使用和製造工具，故不能成爲人類；沒有社會的結合，不能使用和製造工具，故亦不能具有那基於社會而表徵於使用和製造工具上面的「主觀」。這里，需得提出「人類」「社會」與「主觀」的三位一體觀來：舉「人類」，則其中必然的函蘊着「社會」和「主觀」；舉「社會」，其中亦必然的函蘊着「主觀」和「人類」；同樣的，「主觀」這一概念，從中除去「人類」之後固不能成立，從中除去「社會」也不能成立的。「主觀」，必然要函蘊着「社會」而存在，它本身就是「自然生命力」和「社會」這兩個因素的統一體，而以後者爲其矛盾中的主導契機。所以，「主觀」並非「通過」社會而作用，實乃「帶着」社會而作用。又，人類既已成爲人類，其自然生命力的使用，就一定都成爲「主觀」，不再是什麼自然生命力。這兩個命題，對於以後的討論，是極爲重要的。

三

人類帶着本來的自然生命力而結合爲社會，自然生命力，一碰到社會的結合，就和社會因素有機的化合起來，變質而成「主觀」，於是人類所發出來的一切作用就都是內部含有着社會因素的主觀作用。同時，由於社會的一切變化終究要通過人類，故一切社會現象也都成爲內部含有着人類主觀作用的現象。這就是社會主觀作用和客觀社會現象二者間的矛盾的合一之處。不過，在人類的主觀作用里，客觀社會因素到底只有構成資料的意義；在客觀社會現象里，人類的主觀作用也僅有構成資料的意義：這又是二者間的合一的矛盾之處。主觀作用，在社會現象里找着被屈辱爲奴隸而且變了形的它自己的兄弟，它要幫助這可憐的兄弟獲得解放，恢復原形，而且聯合一起的來翻轉作社會的主人。而它自己的家庭里，卻也潛在着社會因素的勢力，它不但爲了保衛自己而需得壓服此勢力。而且爲了向客觀社會作戰還需得馴服此勢力以用作戰鬥的武器。這情形，卽是作爲歷史之動力的主觀作用和客觀社會間之矛盾的具體情形。

由此可見，在一般意義上，主觀作用總是站在進步的一方。但實際說來，主觀作用的進步性，也是在內部經歷了對於分裂矛盾之克服而後才眞正充份獲得了的。主觀作用本身的發展，也經歷了三個階段：

第一個階段，人類開始獲得主觀作用，而客觀界全部還都是敵人。不過，這時的所謂客觀界，是指社會以外的自然；而社會勢力，則由於剛才爲人類所把握，由於自然敵人過於強大，暫時倒還處于和主觀作用相合致的狀態中。這種狀態，乃是還沒有眞正完成的原始的進步狀態，不過在原始的統一中預示了將來的眞正進步的遠景而已。專就人類的主觀作用而言，其所以得與社會勢力合致，並非因爲它的強大而征服了社會勢力，反是因爲它的軟弱而不得不藉助於社會勢力以對抗那強大的自然敵人。不過，這階段中的主觀作用，終究是一致的用於變革創造上面，儘管它還沒眞正的完成，而其把它自己的進步本性明示出來，意義仍是重大的。

第二個階段，主觀作用本身已由於許多巨大的自然敵人之被征服而強大起來，社會勢力也享受到這戰果而同樣強大起來；兩強不能並，於是前述的矛盾就從此展開。而這矛盾，立即反映到主觀作用的內部。一部份主觀作用，由於對自然敵人的相當戰勝而提供了可能，使它在對社會勢力的妥協中還能憑藉前代遺留下的那一點戰果而生存；於是，基本上不再求變革創造，只一意保守那一點戰果，因仍那一點遺產，而成了違反它自己本性的卸反動的東西。但所謂因仍保守，只是對於自然和社會的壓力而言；至於十分純粹的因仍保守，卻是不能存在的。所以，仍然需得變革創造：不過，並非自爲之，而乃驅迫別一部份主觀作用去爲之。這里，就形成了一部份主觀作用違反本性，另一部份主觀作用保存並發展本性，但前者得後者供養，後者反被榨取而不能自存的情形。至於後者何以還能對本性有所發展？則是因爲：它在這階段中，不但仍需對自然界和客觀社會作戰，而且還需對那妥協於社會勢力之下的自己的同類作戰的緣故。這時，足以增加全人類幸福的一切進步，就只能向它歸功；而妥協的主觀作用，則已成爲人類整體生存的障礙，爲了人類的整體生存必需加以消滅的了。

第三個階段，人類主觀作用本身，由於反動的妥協的部份之已被克服，於是眞正充份的實現了變革創造的進步本性。又因爲那反動的主觀作用乃是依託於客觀社會勢力，前者的被克服自以後者的被克服爲必要前提，於是整個客觀社會勢力至此亦益被主觀作用所攝收融鑄，而被運用爲對自然作戰的武器。這樣一來，人類的主觀作用，就成了不但最進步而且最強有力的東西，從此就可以所向無阻的向全部自然敵人進軍。而這進軍，就超過推進歷史的意義，且如我們在前面所說，具有推進宇宙的意義了。

由以上簡略的分析，可以看出，人類的鬥爭歷史，始終是以發揚主觀作用爲武器，並以實現主觀作用爲目的的。詳言之，人類並不是用自然生命力或社會勢力來鬥爭，而是用眞正的主觀作用來鬥爭；也並不是爲了社會本身或自然生命而鬥爭，而是爲了那比自然生命本質上更高並且中間就有機的統一了社會因素的主觀作用之眞正充分實現而鬥爭的。

人類的存在和運動不單是社會因素，然主觀作用亦與社會因素不可分。所以，說人類只爲社會本身和用社會勢力而鬥爭是機械之談，說人類爲社會本身和社會勢力所作的鬥爭之中另含有爲自然生命和用自然生命力而作的一種鬥爭，則是欲矯正機械主義而成了費爾巴哈的傾向。眞正卡爾——約瑟夫的看法，則是正確的強調主觀作用，其中間自自然然的就已經有機的統一了自然生命和社會因素，不必有所偏去偏取。

四

在上節所述的三個階段中，其第二個是對我們特別重要的。

第二階段之所以重要，是因爲它使整個人類的主觀作用都受壓迫，結果或成變態或被損害。妥協的主觀作用的變態，已經很明白，不必再說。至於那被驅迫被榨取的主觀作用，我們雖在上節說過，還能保持並發展主觀作用之所以爲主觀作用的變革創造性，但這並不含有這樣的意思：卽認爲這部份的主觀作用實乃本性的適合於這個階段。正相反對，我們認爲：它在這里是被大大的損害了。它事實上雖用於變革創造的工作，但由於被驅迫和被榨取，却並不能從這工作里獲得絲毫樂趣，而反視爲畏途，力謀逃避之不遑。其從事於這工作，本應該出於主動的熱誠，表現得生趣流行，生氣勃勃；這裏，則迫於被動，或表現爲病態的狂奮，或表現得死樣活氣。這一切，難道不是大被損害的情形呢？其實，就連那另一部份的主觀作用，雖然妥協於社會勢力之下，亦並不怎樣適合；因爲，妥協是必需日益加甚，而在從事於驅迫和榨取的工作中亦並不能獲得健康的愉悅的。

若更就兩部份主觀作用相關之處來看：則雙方都處在不斷的戒備敵視，榨取抗禦，以至於直接的相互殘害之中，而與它們的爲了自己和同類之生存這一本性相反。這樣，尤以可見得整個人類主觀作用的受着壓迫了。

既受着壓迫，就必需解放：人類在第二階段中的鬥爭，卽以此爲目標，怎樣解放呢？依據於那雖受損害却全不變態的一部份，克服那已經完全變態而類似自身所生的毒瘤的另一部份，把損害彌復起來並且壯健起來：這又是人類在第二階段中的鬥爭的指導原則。簡言之，人類在第二階段中，要消滅主觀作用中因妥協而變態的一部份。要創造一種新環境以便於在更高的基礎上恢復主觀作用的原狀。但這種鬥爭，其主持者必需首先對於主觀作用的一般的本性具有淸楚的認識，並且對於自己的具體的主觀作用的內容和強度具有更淸楚的認識，而非僅僅那樣想着就能成的。

我們現在，正是這第二階段的終端。在此以前，卽在本階段中，爲了解放和發展眞正主觀作用而作的鬥爭，也有過好幾次的。但鬥爭的主持者，或是對於主觀作用的一般的本性都還沒有淸楚的認識，或卽使對於主觀作用的一般本性有所認識而却於自己的具體的主觀作用毫無所知，所以都不能或不完全能把人類的主觀作用解放和發展。可是，到了現在，情形就大不相同：那對於主觀作用的一般的本性和自己的具體的主觀作用之豐富的內容與強大的力量都具有極其淸楚而且深刻的認識的人們已經產生出來了。他們是誰？就是第二階段中那獨獨能夠保持並發展主觀作用的創造變革性的人們的最優秀的後代。他們爲什麼能有那樣淸楚而深刻的認識？一方面是由於創造變革性本身發展的極度，另一方面是由於被損害的極度。（註二）

今天的鬥爭，是這一種類的許多次鬥爭的最後一次。這種人們，就是這最後一次鬥爭的主持者。鬥爭由他們來主持，必能完全遵照那指導原則，（因爲他們認識自己），因而必能眞正達到那鬥爭目標，（因爲他們自己確如他們對自己所認識），所以說是最後一次的。而我們身處這個鬥爭之中，爲了更加促成鬥爭的勝利，就必需把鬥爭的指導原則弄得更爲詳盡更爲豐富、把鬥爭的目標弄得更爲具體更爲分明，所以對於「主觀」這個範疇，深入的研究是刻不容緩的。

這個研究，不是書齋里的清談，而是我們當前的生死存亡的關鍵。

五

說我們的一切鬥爭是都爲了解放和發揚人類的主觀，這話看來似有些希奇；然而，是毫不希奇的。因爲，所有的導師都早說過：我們所要建立的社會，是最能發展每個人的個性的社會；我們之所以要建立那個社會，是爲了使我們人類從必然的王國飛躍到自由的王國，而成爲歷史乃至宇宙的眞正的主人。那麼，是什麼形成了每個人的個性的呢？豈不就是人類的主觀作用的一般基礎麼？什麼叫作自由呢？豈不就是人類主觀作用的充份發揮麼？怎樣才是歷史乃至宇宙的眞正的主人呢？豈不就是主觀作用對於客觀勢力的澈底征服麼？尤其，在一切偉大的文藝作品里，更在高爾基的全部文化論文里，是把不合理社會對於主觀作用的壓迫和損害充份加以揭露，並把合理社會的對於人類的主觀作用的解放和培育當作革命的最大勝利和最能使人心悅誠服的證據而謳歌了。所以，關于鬥爭目標的這種肯定，只要稍加思索，是沒有什麼懷疑的。

但關於鬥爭的主要武器，我們之所以同樣把它肯定爲主觀作用，只這一點還需待若干解釋：

首先，從最合於常識的說起：卽無論爲了什麼目的而作的鬥爭，其鬥爭本身總都表現爲了主觀作用的發揮。我們之所以努力——這努力，本身也就是一種主觀作用。——去認識客觀界的法則，並不是爲了聽憑客觀事物自己去發展時而在旁邊看得清楚一點，更不是爲了認識出前途的重重困難來梗塞自己主觀作用的發揮。我們認識出有利於自己的法則，固然要利用它；卽認識出不利乃至有害於自己的法則，也還是要克服它。對於不利乃至有害於自己的法則之克服，固然仍需利用客觀界的另外的法則；但這另外的法則並不會自己跑來施於這不利的法則上面，引導它過來的還是我們人類的主觀。總之，不論是「克服」是「利用」，只有「被克服」「被利用」的對象才是客觀事物，而「去克服」「去利用」的主體終都是主觀作用：這道理是很顯然的。

其次，在不斷的對客觀界的戰鬥中，每次戰勝後所克服利用了的客觀事物，並不是擺在那里而僅僅作爲藩屬國納貢稱臣，而是立卽把它攝收統一進來，好像作爲正式領土而增強國力一樣，亦卽融化爲主觀作用的有機的一部份以增強主觀作用的力量本身。本來，主觀作用的最初產生，如前面所說，就是工具的製造和使用；而工具的製造和使用，就已正是被克服利用了的客觀事物。往後，對於客觀事物（包括自然的和社會的）克服利用得越多，主觀作用的力量也越強大，再作新的鬥爭時也越容易。所以，就說對客觀事物的克服利用簡直是爲了增強那作爲鬥爭武器的主觀作用的力量，也並無不可的。

第三，由上段可見，時代越後，作過的鬥爭越多，主觀作用的力量也就越大，在鬥爭中的決定性也就越高。今天，我們已擁有這樣龐大的物質的和精神的文化，它們都是主觀作用的有機的構成部份，再要說主觀作用是不足輕重的東西，實在是一種罪惡。所以，在那革命已經成功的國家，這全部文化已爲革命的人羣所接受運用，主觀作用的力量的增強已成事實，於是作爲鬥爭指導原理的新哲學里面，反映着這個形勢，就有我們所討論的新的階段發展出來。約瑟夫再三昭告人們：當一切重要的客觀條件都已被自己所掌握時，事業的成功與否，就決定於自己的主觀作用的力量的強弱。在這種時候，依然諉過於客觀條件的困難已經不行，唯一可以偷懶怠工的藉口，便只能說是有利的客觀條件還不夠！然而，即使真的不夠，也應該而且可以立刻把它創造出來，藉口終於只是藉口而已。這就是約瑟夫階段新哲學的精義。

第四，在我們中國，問題的解決亦並無不同。也許有人說：擺在中國的戰鬥者的面前的，未被克服而時時給予着阻難的客觀條件儘有的是，怎能和別個事業已經成功的國家相提並論呢？我們說：前途的困難條件固然多，有利的條件也同樣多。我們究竟不是無邊黑暗中的孤獨的一羣，在極濃的黑暗包圍之中，也就有着極光明的火炬在照耀引導，即使果真是全部客觀界都給予阻難，我們也必需正因此而格外加強主觀作用的突擊；何況現在的形勢，最大的客觀困難條件和最大的客觀有利條件同樣具備，能夠決定一切的，更只是我們主觀作用的取舍從違了。詳言之，擺在我們面前的，一方面有足以使我們完全失敗的條件，另一方面又有足以使我絕對勝利的條件，但後者不會自來而需待我們的爭取，前者隨時窺伺而刻刻要把我們吞噬：在這種形勢中，唯一可以不但救命而且制勝的力量，除了我們自己主觀作用的發揚而外，還有別的嗎？

那麼，對於這救命致勝的力量，又還能不從速加以深入的研究嗎！事機之迫，正所謂稍縱即逝，如果此刻還沒有這個問題的提出，倒是極其可怪的。

六

我們不但要對主觀作用本身加以深入的研究，而且還要用這主觀作用來作一切研究的工具。

但說到這個，在今天又是頗需要解釋的。這是因為「重客觀」一原則已為大家所熟悉崇奉，根據之而發出攻難，是極可能的。

攻難的理由，大概不外兩個：一是說，客觀事物的真象，乃一切研究所追求的目標，但它們並不皆對人有利，且往往有害，如從主觀作用出發，則容易塗改這些不利的事象，以求適合自己的脾胃，而遂失去求真的本旨；一是說，主觀對立於客觀，今在求認識客觀真象的研究中而以主觀作用為工具，是根本南轅北轍，亦遂失去求真的本旨。對於這兩個攻難，我們不妨嘗試答覆一下：

對於前者，我們答覆：用主觀作用為工具以研究客觀事象，誠然是以我們自己的利害為歸，是要利用此客觀事象來為我們自己興利除害；這一點我們並不諱言，而且是特別強調着重的提出的。但問題在於：主觀的利害是否即會影響到客觀的真偽是非？塗改那些不利的客觀真實，是否即於自己有利？承認了那些不利的客觀真實，是否即於自己有害？答覆這些，不關於純理論純邏輯，而實係乎我們自己的力量和信心，這就是說，儻能清楚的認識到自己的主觀力量的強大，並對此強大力量之必能戰勝任何攻難具有堅決的信心，則會堅決的答覆：我們自己的利益，就建築在客觀事象之全部真實上，連那些看似於自己極端有害的都在內。因爲，對於不論怎樣有害的，我們的主觀力量都可以克服之；而最大的害旣被克服之後，反遂變成最大的利了。相反的，只有那些已經妥協於社會勢力之下，喪失了主觀作用的力量，對於制用萬物失去信心，因而對於他自己的前途亦然失去信心的人，才會蒙蔽客觀事物的眞象，過份誇大那於已有利的部份，而把那於已有害的加以塗改。然而，塗改並不就等於變革，而只是一種歪曲，正所謂諱疾忌醫，徒足以促使他們自己更快的滅亡而已。他們的主觀作用早因爲妥協而變態，則其不能用主觀作用向客觀作戰，是毫無可怪的。

對於後者，我們答覆：這本身卽是哲學上的一個從來未能解決的問題，然當新哲學一開始出現時就已把它澈底解決了。解決得很簡單，就是說，主觀作用的創造變革實踐，卽爲認識的正確性的唯一證明；我們對某物有所認識，如能根據此認識而再造出同樣的某物來，此認識的正確性就已在不容辯駁的規模上被證明。前面再三申說過，主觀作用本身，就已有機的統一了客觀因素在內，一切被克服了的客觀勢力都是主觀作用內部的有機的構成因素。所以，把主觀和客觀的對立絕對化起來，是完全錯誤的。前面又曾申說過，主觀作用之對客觀勢力作戰，正是使用它自己內部的客觀因素爲武器。今研究工作亦是一種作戰，所以，說用主觀作用爲工具來研究客觀事象就不能研究得出什麽，也是完全錯誤的。至於其間具體的關聯，則表現於研究的「座標」的確定上。詳言之，凡在研究時，必需把對象放在一種「關係」上，才有可能得到認識；此對象所關係的另一對象，卽是此對象的「座標」。例如，「甲物在乙物之上」這一認識，雖是對於甲物的，但必需以乙物爲「座標」。如果作爲「座標」的乙物不能確定，則不特「在上」與否無從判斷，而且根本就無所謂「在上」這種關係。前段已經明說過，一切研究是都爲了給我們自己興利除害，所以，「我們自己」就是一切研究的總的「座標」。「我們自己」的地位如果不能確定，則不特一切研究都無意義，而且被研究的一切對象都不可能被認識到，一切研究的本身都沒有可能。然則，怎樣確定「我們自己」的地位呢？唯一的方法，就只是主觀作用的充份發揚。主觀作用，是以客觀因素爲質料而有機的構成的。被克服了的客觀因素的具體的質量，也構成了主觀作用的具體的差異，所以發揚了自己的具體的主觀作用，自然就可以顯示出自己的戰鬥地位來。以明確堅定的戰鬥地位來對客觀事象作研究的戰鬥，則那什麽主觀和客觀間的對立隔膜，又能存在於何處呢？約瑟夫所強調的「認識的黨派性」，卽是以上所說的一切的最高原則。

根據以上兩項答覆，我們認爲：以主觀作用爲工具來進行研究，是不但可能而且必需的。至於此外另有一種意見，以爲主觀作用就是「心」，用作研究的工具便是唯心論，則是把「主觀作用」看成和「物」相對待的東西，把它和「心」混淆了。其實，「主觀」和「客觀」都屬於「物」的範圍；但這由整個上文里面都可以明白看出，此處還是不必贅述吧！

七

上節里面旣已提到「重客觀」這一原則，又答覆了似乎是從這原則而來的兩個攻難，這里就必需回答另一個問題：強調主觀作用的發揚，是否等於對這「重客觀」的原則的反對呢？我們說：對於「客觀」一詞的了解，有正誤之分，因而，所謂「重客觀」者，也有眞僞之別；對於眞的，我們不但不反對而且極端贊成，對於僞的，我們不但要反對，而且所以強調主觀作用就是企圖用它來消滅這個僞品。

什麼是眞的？作爲對中古時代的學術專制的反動而提出的，就是眞的。

原來，現代這種重客觀的大潮流，可以追溯到中古時代之末。整個中古時代，在許多國家的學術史上，大都被稱爲黑暗期。在那中間，總有一個或幾個教主宗師在施行着學術專制。研究者們除了匍匐於他的脚下，絕對服從他的支配而外，一般的更無其他道路可循。不管那一面方的研究，結論的存在都先於研究工作本身。換言之，一切研究都並不爲了得出一個符合於客觀眞實的結論，而是預定一個結論爲絕對正確再用研究來證明它。但更進一步的說，那結論的正確性，其實好像是一種「超證明」的眞理，卽不待證明也不該證明的眞理。它對於研究工作，雖往往以結論的形式而出現，但實在是同時作爲絕對的大前提而作用着的。因爲這種專制，使研究的觸手其實絲毫碰不到客觀界的東西，所以當文化革命隨着更根本的革命而來到時，「重客觀」這原則就當作革命武器而被提出了。

於是，在這個原則下，一切研究都沒有什麼預定的結論，客觀法則是怎樣，結論也就是怎樣。而結論與客觀法則之間，固然也會有不相符之處，但它總不是預定的，錯誤根源不過在於認識的歷史限度和研究過程本身，自己終於有改進的可能的。由於這新的原則，遂使近代的學術文化有着我們所共見的如此巨大輝煌的進步；對於它，我們怎能反對呢？

而且，我們這里所強調的「主觀」，也並不就是這原則所反對的對象。我們要用主觀作用來征服客觀勢力，又收攝那被征服了的客觀勢力以充實主觀作用：這就是我們的意思的簡括的說明。但爲了要征服它收攝它，如常識所知，就必需先能深入它認識它：這和「重客觀」的原則所要求的有什麼不同呢？一定要說有，也只能說：我們明揭出所以要「重客觀」的目的，而提出這原則者却不會揭出而已。

其所以不會揭出，除開其他更基本的原因不談，單就研究工作本身的觀點而言，或者是因爲有鑒於學術專制時期那種預定結論的情形，怕揭出這目的後也犯了「預定」的嫌疑吧！如果眞是如此，則至少是過慮的。因爲，一個所預定的，是本來應該於研究工作完成後才可以有的「結論」；一個所預定的，則是研究工作發動之前實在就該決定的「目的」：其爲「預定」雖同，其「所預定」的却大有分別，這里是毫無嫌疑可犯的。而我們之強調「主觀」，正是要把「重客觀」這原則推進加深，也並非要預定什麼一種結論；所以說，並不是它所反對的對象。

然而，也還是除開更根本的原因不談，這種怕犯嫌疑的過慮，不會把研究的目的明確揭示出來，也就招致一種惡果了。這惡果，卽是前面所謂僞的「重客觀」。

僞的「重客觀」，就是不承認研究工作有任何目的，只要能有一個結論可得，不管是怎樣的，便已心滿意足的一種態度。這種態度，根源于主觀作用的完全妥協，具體表現在「爲研究而研究」這句口號上，也表現在「純粹哲學」「純粹科學」等類的名稱上；一般所謂資產階級沒落時期的文化，就是這類的東西（註三）。這類東西之怎樣借「淸高」之名來蒙蔽和歪曲現實，怎樣在自稱「無目的」之中實現其反動的目的，大抵都是衆所週知的，無庸再來贅述；這里只需指出一點來，卽它們同樣使主觀作用因得不到養料而衰萎，其害處是與那學術專制相等的。

我們則明白聲稱：「客觀」是用來營養主觀的東西；我們不做拜物教徒，不要形成一種拜「客觀」教。同時，又需說明：上節所述的那兩個攻難，其實與眞的「重客觀」無關，而都出發於這個僞品。

八

然而，這種僞品，究竟還是比較的簡單；另有一種，卽所謂「機械」——教條主義」的，則是異常的複雜，而爲我們目前的最惡劣的傾向。

機械——教條主義者們，並不是沒有運用主觀作用向客觀勢力作戰的。他們確曾有過一個時期，積極發揚了變革創造的主觀作用，在各種困難的情況里，征服了許多客觀勢力的敵人，並把這些征服的客觀勢力攝收到主觀作用中去。如果他們攝收了這些客觀勢力，是爲了營養那作爲戰鬥武器的主觀作用，是爲了增強主觀作用以便繼續並更加擴大這個戰鬥，那麼當然能夠始終作爲一個眞的戰士而存在而運動。但是，他們攝收那些被征服了的客觀勢力，達到某種一定限度時，便不再是爲了繼續戰鬥，而相反的，却把這些戰利品給自己建造起一個完成了的小世界來，用它們把自己「完成」起來，把自己的主觀作用「完成」起來。從此以後，卽使還在實際上戰鬥着，也只是外部意義的；換言之，卽從自己那已經「完成」了的小世界里，運用着那已經「完全」了的自己的已經「完成」了的主觀作用，機械的一方面的去和客觀勢力作戰，而不能在對客觀勢力的作戰里面同時改造自身，同時對自己的主觀作用有所變革創造。總之，這乃是主觀作用的變革創造力的中斷或偏枯，在戰鬥形勢基本上還沒有大變化時，或者還能「動着恆動」似的機械的機續着工作(註四)，但一到形勢發生大變化時，必然就要由於對形勢的隔膜而被新形勢所拋棄了。

然而，就在他們還機械的繼續着工作時，也就發生了許多阻礙作用。主要的表現在下述幾點：

首先，他們當初還在眞正作戰時，所克服了的客觀勢力，當然要被昇化到原則的程度，或者說，要從這些戰利品的基礎上眞正有機的接受那指導戰鬥的理論原則；然而，等到他們把自己的一切都「完成」起來時，也就同樣的把這些原則「完成」起來，卽變成殭死的公式教條了。他們不能不以全力來保衞這些公式教條的「完成形態」，因爲他們的戰利品全在其中，他們建造自己的小世界的材料全在其中。他們自己的「完成」也全在其中，總而言之，他們自己的存在已經完全依賴着這個。於是，就表現出通常所見的教條主義者的兩個特徵：一方面是對若干最基本的原則的死死株守，另一方面是對一切新探討新追求的竭力遏抑。他們就依賴着教條來鞏固自己的存在，當然最大的工作也就是鞏固那些教條本身。在他們看來，每一個新事象的發生，都只爲了又一次證明那些教條的正確，——其實是又一次證明他們自己的存在的鞏固。所以，就把幾個基本原則看成絕對第一義的東西，而客觀新事象反被看作塡充原則的「例證」；似乎新事象本身沒有任何意義，只在被塡進理論原則時才有意義。他們確實這樣看的，故當對於新事象硬套公式時，別人看來是「硬套公式」，他們自己却確實認爲是在賦予這事象以意義，或發現這事象的意義，或「解決新問題」。而所謂「新問題」者，對於他們，旣只是一種「尙未塡進原則的新事象」，所以他們也就認爲絕對沒有什麽新問題是實在未曾解決的。儻有人眞正從實踐的經驗中感到新問題而提出來，而從事認眞的探討，追求一個新的解決，他們便要認爲是對於已解決的問題的故意懷疑，企圖修正歪曲；或較好一點，就是庸人自擾。他們毫不感到新問題的「新」，只拿幾個老公式套上去，套不上的便認爲根本不存在。而一切新探討新追求，因爲旣然還在探討追求之中，卽未解決之中，當然不免表現得有些差誤，於是，又被他們抓住，更足以證明「修正歪曲」的企圖，至少也可以證明並無新問題存在了。他們在一切「完成」里面，確實不能感到任何的東西，故別人看來是在遏抑新的生機，在他們自己心目中却也確實以爲是在嚴正的「打擊歪曲傾向」。

其次，他們把自己「完成」起來，當然「完成」爲「進步的代表」之類；卽認爲自己已經是担任了一個「終身職」。因此，對於自己的實在不可能沒有的一切內部矛盾，都覺得是自然不成問題的，反正不能妨害「代表」的資格的，因此也就是有理由的。但由於自己的「完成」而把別人也看作已經「完成」的，應該「完成」的，這時，就抹煞別人的內部矛盾的意義了。「反動的代表」，都是已經「完成」的，所以，無論你內部有着怎樣的矛盾，反正都不能改變你的反動地位，所以都是無聊的；別的「進步的代表」，是應該「完成」的，如果你還有矛盾，就表現你未能「完成」，亦卽未能「堅定」，所以都是不應該的；總之，一切內部矛盾，一切對於某種階級基礎的脫離或接近的主觀作用的努力，只要發自別人，在他們那已經「完成」了的心目中，都是毫無一點價值的東西，不值得注意，或應該打擊。而其具體表現，一方面就是機械的「階級決定論」，這是由於對別人的脫離反動階級基礎的主觀努力的「無價值」感而來；另一方面就是木石似的「理性論」，這是由於對別人的接近進步階級基礎的主觀努力的「不應該」感而來。然而，在他們自己，却確實不感到一點「機械」，也不感到一點「木石」，因爲他們把自己的一切矛盾都放在「完成」里面，對於自己是並不感到任何抹煞主觀的地方的。（註五）

他們自己也並非不會說：要反對機械主義，要反對教條主義，要把原則拿來具體應用，等等。他們這樣說着的時候，也並非出於虛僞，而是實在覺得自己並無這些傾向，實在不感到自己就在「要反對」之列。如果搬出祖傳法寶的所謂「反省功夫」來，要他們這樣做，也還是沒有用處。因爲，他們卽使——也確實可能眞誠的反省了，但因爲主觀作用所克服的已經「完成」，小世界——在他們自己看來卽是整個世界已經「完成」，結果仍然反省不出任何一項事物是眞正未被主觀作用所克服的，任何一個問題的解決不是早就現成的隱含在基本原則本身之中的（註六）。於是，當他們「具體應用」理論原則時，實際上仍不過是拿一個原則往問題上硬套；或者，多套上幾個原則，就更可以顯出「不教條」來了。對於他們，所謂發展理論原則者，只意味着把理論原則里所本來現成含有的東西，藉新例證出現時逐個逐個具體化的引申出來而已；馮友蘭教授所謂「『眞際』不待『實際』之有而有，但需待『實際』之有而被發」（大意），正可以說明這種「發展觀」。而他們自己確實是在照着這個「發展觀」做，所以他們不能反省出自己就是機械——教條主義者來。

九

我們則認爲：基本原則也者，並不是一種「範圍天地而不過」的東西，內部現成的蘊藴着對於一切可能發生的新事象的認識，有如馮友蘭教授所謂「大全」；而只是根據於某個特定歷史階段的具體情況而分析出來的人類社會乃至整個宇宙的最本質的東西，它自然是對於一切可能發生的新事象的新認識之「基礎」，但決不是一個「總匯」。換言之，就因爲它所反映的是「最後的」本質，所以對於一切新事象的正確認識自然要「歸於」它；但也因爲所反映的只是最後的「本質」，所以對於一切新事象的認識並不能「出於」它。總之，它不能「具衆理而應萬事」。

至於它對我們的認識工作乃至實際戰鬥的指導，則可以兩個字總括說明：「如實」。因爲那一切範疇一切法則，都不過告訴我們：實際事物就以這些基本方式而存在。我們的接受指導，因此也就是，周到的照顧着這一切條件一切方式，在這周到的照顧之下，去分析那對象，把握那對象，以至變革那對象。所分析出來的，必需是被不斷抽象後終仍能符合於實際事物的基本存在方式的，但却是新的，全然新的，而不是以具體名詞代替了一般範疇的基本原則的本身的變象。簡言之，當進行分析工作時，基本原則只能規定分析能力運用時所應循的道路，而不能作爲所獲得的結論的「鑄型」；對於分析的結果即結論而言，它只能要求把它自己作爲本質的東西而包含進去，不能要求把那結論「塡嵌」進自己里面去。總之，是新結論包含了基本原則，而不是基本原則包含了新結論。必需這樣了解，相信一切認識只要與現實眞相符合，基本原則自然會作爲本質而在於其中，這才是眞正尊重了基本原則；否則，惟恐新的結論不能套進去，拚命把基本原則往上套，以便證明它的正確，這是把偉大的原則看成什麼東西了呢？

因此，就不但需要着全新的結論，而且當新結論本身確係正確，又與舊結論相衝突時，還不憚廢棄舊有的結論。基本原則是不容修改的，個別結論在不合時宜時却不能死守的，創造者自己早就昭告後人，他們是給後人留下了無限的創造的餘地，所以，當着歷史形勢果然發生新的變化時，也就果然有新的結論被創造出來；例如革命可以在單獨一國內先行勝利這個結論，就是最有名的一個。創造者確曾說過革命必需在世界的規模上取勝這樣的話的，教條主義者以爲，把這泛指的話「具體應用」到俄國來，自然就是革命不能單獨在俄國取勝了。但是，伊里奇的「具體應用」却大大不同，他竟得出相反的結論來。這相反的結論，在當時的教條主義者看來，何嘗不是對於原則的違叛呢？但今天已容易判斷，眞正違叛者又究竟是誰呢？

伊里奇之所以能作出這個新的結論，教條主義者之所以不能，原因其實也很簡單：他引用舊的結論時，能意識到它或者只是一個「結論」，而主動的考慮到這引用是否適合，而教條主義者却把它當作不可侵犯的「原則」，而不敢這樣考慮（註七）；他發現了不適合時，能主動的向深處探索其原因，而教條主義者卽偶亦同樣感到，却不敢這樣更深的探索；他探索到不適合的原因時，更能主動的另外去追求解決的方法，而教條主義者卽偶亦同樣看到不適合的原因，却不敢這樣另行追求；他追求到另外的解決方法時，終於還能主動的把它公開提出，並且堅決付諸實行，而教條主義者卽偶亦同樣看到新途徑，最後還是不敢提出來實際的去做：總之，他不把一切結論看作已經確定而不可侵犯的東西，於是不斷的探索追求，而教條主義者却正相反，如此而已。

今天，事後論事，這一切是都明明白白的了；然而，重要的還是目前，目前就應該先不管什麼後果，儘量容許一切新的探索和追求。探索和追求，是一切進步的動力；它會招致錯誤，它本身也就會克服錯誤。而錯誤的被克服，又不僅消極的意味着錯誤的消滅，而且積極的意味着正確的實現。一切原始的統一，都不是眞正實現了的東西，眞正的實現，必待內部的分裂而又更高的統一起來之後，接着又如此不斷的進步。對於眞理的追求，亦與此相同。想求得堅實的正確認識，就不能懼怕錯誤；懼怕錯誤，就只好苟安於原始的統一里面，其實還是苟安不下去的。錯誤並不可怕，由死守原則而來的連錯誤都談不上的狀態，才眞是可怕；因為「死守」者，就等於「守死」的。新生的正在發展中的東西，才是最重要的東西，必需珍惜，必需培育，必需拚着自己的血肉化為肥料以去培育。對於新的探索和追求，如果眞正發現了錯誤，固然要嚴格的批判；但更重要的，是要小心細緻的，甚至像淘沙揀金似的，把其中正確的因素發掘出來，發揚起來，幫助它的成長（駐八）。因一分錯誤，而抹煞其中九十九分的正確，固然不對；因九十九分錯誤，而抹煞其中的一分正誤，也還是不對：因為這「一分」就是新生的東西。因百分之九十九的錯誤，而抹煞其全部，固然不對；因百分之百的錯誤，而抹煞其全部，也還是不對：因為它至少反映了新生的問題，新生的問題既被反映出來，即使它解決得完全錯誤，也不能因而抹煞問題的存在；而且，正因為它解決得完全錯誤，更必需好好的清洗出問題的原形，趕快另外去追求正確的解決了。

十

我們又認為：階級這東西，是特定歷史階段里的社會經濟上的確確實實的存在，沒有任何問題。人類在這歷史階段里，終究都要被決定於這個或那個階級的基礎，而分別站在這個或那個階級的立場，這也沒有任何問題。然而，所謂「被決定」者，所謂「站在某個階級的立場」者，却並不像「軍師旅團營」之類對於兵卒，決不是那麼簡單。

首先，由於經濟的構成，經濟意味上的各個階級，是十分確定的存在着，也十分顯然的相互區別開來的。抹煞這種存在，淆混這種區分，是當然無疑的反動的看法。

其次，各階級由於各自的經濟地位，形成了各自的階級利益和階級要求，這也是十分確定的存在着，而且十分顯然的相互區別開來的。抹煞這種存在，淆混這種區分，也是當然無疑的反動的辦法。

復次，由於各種不同的階級利益和階級要求，反映為各種不同的政治方向，這也是十分確定的存在着，而且十分顯然的相互區別開來的。然而，要簡單的認識這個區分，就已經是不大容易的事。這是因為，大的方向本身，固然較易把握；但在每個具體的政治事件和政治問題面前，怎樣解決就通到這個方向或那個方面，起始時往往就只是毫釐之差，不是怎麼容易抉擇的。

復次，對於具體的個人而言，其具體的思想情感和一般的階級意識之間，其關係就更難斷定。所謂階級意識，只是一種抽象的，或者說「典型的」東西，而與具體的人的具體的情感思想大有不同。換言之，即沒有一個具體的人是具備着任何一種正如理論里面所分析的那樣的階級意識的。這是因爲，理論里面所分析的階級意識，乃是根據於各個階級的經濟地位的基礎，而把那上層的應該有的與本質相合致的思想情感，用論理的方法加以概括和抽象而成；那麼，其本身當然很完全很純粹，其相互之間的區別當然也很顯然了。而具體的人，却是生活在綜錯複雜的現實社會里，其生活不能是純粹的「本階級的生活」，其所接觸到的人物事象也不能是純粹的「本階級的人物事象」，其具體的思想情感就在這些複雜的生活和複雜的接觸之中形成；所以，其本身也就不那麼完全而純粹，其相互之間的區別也就不那麼「楚河漢界」式的了。

最後，要特別提出，各種精神文化上的努力的階級基礎，乃是最不能輕率判斷的東西。這樣說，並非覺得精神文化可以「超階級」，只不過根據於衆所共認的「精神文化乃是距離階級基礎最遠的最上層的建築物」這一命題而來。詳言之，即因爲精神文化距離階級基礎最遠，所以這方面的工作者本人，無論是否有意的爲着某個階級而努力，其所獲得的結果却往往是並非工作者本人所能控制的東西，而與其心意相反；另一方面，就是那工作的結果，其是否能與那距離得很遙遠的階級基礎相符合，也就不是一時輕易所能夠看出來的。

根據以上幾項認識，我們又認爲：

第一，對於政治上的各種鬥爭，不能太簡單的以說出所謂客觀階級意義來爲滿足，而需要愼重的把握着每個政治人物的心意上的狀況來處理。我們都已經知道，即使最反動的政治集團，還有「有原則的政派」與「無原則的匪幫」這個區別，就不能對於任何政治方向抹煞其中具體人物的心意上的狀況。所謂「有原則的政派」者，即是說，其傾向其路綫客觀上雖然反動，但在其具體人物的心目中，却還眞正的自以爲是正確。事實上，每個反動的政治人物，當其尙未完全失敗時，決不會有意識的自同於「匪幫」，至少也還拿一些理想原則之類來對自己掩飾自己；而在其走上反動路綫的開端時，就更是眞誠的覺得自己是在執行進步策略了（註九）。必需這樣看，才能解釋某些反動路綫爲什麼能有那麼大的政治影響；而眞正的「無原則的匪幫」，例如我國的漢奸敵探之類，是不會發生什麼政治上的深刻影響的。也必需這樣看，具體顯示出僅僅心意上的眞誠之毫無用處，才能對後人發生深刻的警惕作用；否則，把從前的反動人物說得好像一開始就有意識的反動，後代人便會想：「只要我自問不是爲了反動爲了破壞，自己知道不像那樣，自然沒有問題」，這是會無故犧牲很多人的。也只有這樣處理，才可以眞正顯示出那些始終堅持正確路綫的人物的偉大之處；否則，對於漢奸敵探之類，誰不知道反對，誰不知道應該打擊呢？也許有人顧忌：這樣做是否會使人對反動人物發生某種同情？我們說：不會的；客觀效果自在，事實的證明自在。

第二，對於具體的人，不能視作階級的「例證」，認爲階級意識已經全備在他身上，從而分別給以無條件的打擊或無條件的頌揚。今天，社會變化特別急劇，個別的人在各階級間的游離和轉化也特別容易。有些本是從沒落階級中出來的，由於主觀作用的奮鬥，遂能轉入進步陣營；這時，對於他應該注意的，就是誘發和培育他的進步的部份，而不是專找落後的部份來打擊。然而，他的參加進步陣營，仍是以他那個具體的人來參加，不是一下子就把一切落後部份都丟下在門外；這時，又不能以其已經屬於進步陣營就專頌揚他的進步部份，而相反的，應注意落後部份的清洗。這一點，對於目前特別重要；因爲目前進步陣營中的人物，究竟大都是由沒落階級中來，不能自我神化互相神化的。但即使眞是出身於進步階級，仍然也不能——或更不能加以神化。因爲，一般的說，進步階級的具體的人，在多年被壓迫之中，被統治者影響之中，其具體情形已經很複雜；而在中國的特殊的社會里，在中國的特別沉滯的封建精神里，其被染汚被傷損的程度就更甚了。如果一般的對於轉入陣營的份子，特別對於進步階級中有了思想覺悟的份子，予以寬容，給包上一個光輝的「階級意識」的外衣，任其汚點在里面擴大，傷口在里面潰爛，將來從陣營內部毒害出來，是要不可收拾的。而被寬容被神化者本人，又正由於對自己的缺點的痛感，不努力加以克服，却趁勢也抓緊了人家送來的「階級意識」的外衣，緊緊裹住自己，並且專去打擊別人，以向自己證明已經不在被打擊之列；於是，這又形成另外一種的機械——教條主義。這種機械——教條主義者，正是前面分析過的那種機械——教條主義者的羣衆基礎；但他們還在方興未艾之中，其爲害是比前述那種已經「完成」者更大得多的。「階級意識」的「典型」，是必需的。每個人的任務，是要把這抽象的東西和自己的全部具體的思想感情眞正融化起來，把它在自己內心深處具體的植起根來，把它當作自我改造的模範或目標而去不斷追求；不能以爲，只要在思想上認識了它，自己的全部具體的思想感情就等於它了。

第三，對於精神文化的各部門，以及那些工作者本人，必需統一起來去作深刻的把握，不能割裂開來看。普列漢諾夫說：卡爾是由一個黑格爾主義者，經過費爾巴哈主義者，然後才成爲革命導師的。如此說來，卡爾就是曾經作過一個「資產階級代表」了。又有某些人說：魯迅是由一個進化論者，「轉變」而爲卡爾主義者的。如此說來，魯迅也是曾經作過一個「資產階級代表」了。這兩種說法，現在大家都已經能夠批判其錯誤；我們希望，把這批判所根據的原則，加以擴大並展開，應用到目前的文化批判上來。這就是說：凡是進步的文化成果，是不可分的；因爲，一切偉大的文化戰士，不但其本身的發展是有「一根紅綫貫串於中」的，而且他們相互之間的關係也是有着「一根紅綫貫串於中」的。對於歷史上的富有戰鬥意義的文化成果，固然要了解乃至批判其因歷史限制而生的缺陷；但如果認爲是「資產階級的」等等，就把它一刀割斷，或存着「利用」的心理去讚美一下，都是極其愚昧可笑的行爲。（註十）而在目前，因爲新的文化究竟還未成形，更不能隨便規定某種定型，用來衡量一切。在今天，在現實的中國里產生出的一切進步文化，只要是「進步的」，就是「進步的」，就是能夠代表進步階級而作文化鬥爭的。但機械——教條主義的批判，往往根據已有的公認的文化成果，把那作爲模範，來衡量新生的東西，發現有不合，（當然不能盡合），就斥爲「反動的」，至少也是「非進步的」，這實在就已經阻礙了進步。其所用爲模範的，確是進步的；然而，與這「模範」不盡合的，也未必就是「非進步」乃至「反動」的。階級基礎的文化表現，是多麼豐富多麼複雜啊！隨便舉其一端，就以爲已經是全體，這能算得上文化批判嗎？能算得上了解文化嗎？

十一

以上兩節，不過是申述我們自己的理解，並不企圖用來說服那些教條——機械主義者們。和他們辯論，是無用的。因爲他們已把自己「完成」，從而把世界「完成」。你所說的，與那「完成」若無大害，他便把它收進那「完成」里去，反而更加鞏固那「完成」；若是眞正衝突，他又認爲「世界」里本來不存在這個東西，仍然置之不理。所以，上兩節的看法的陳述，只爲了幫助同樣要消滅機械——教條主義的人們或者可以因此了解得更清楚一點，並使另一些也要趨於「完成」但究竟尚未「完成」者知所警惕而已。

有人向機械——教條主義者們宣揚「感覺」的必要，似乎以為他們沒有感覺，才這樣麻木。其實不是的。他們在他們自己那「完成」了的世界里，仍然有着極強的感覺，首先是對於「人民」的極強的感覺。正是這種極強的感覺，才支持着他們去保衛他們自己的「世界」。也正是這種極強的感覺，才使他們實在無法感到新的問題，於是別人看來就好像麻木。不過，他們的感覺，首先是對於「人民」的感覺，乃是抽象的而已。感覺本來只能「加以」抽象，其本身不能「就是」抽象的，抽象的感覺，未免有點不可思議；然而，竟然「就是」，這卽是機械——教條主義者的特點了。原來，所謂「感覺」，就是主觀作用對於客觀事物的最初交鋒；加以抽象而成「概念」等等，就是已經把客觀事物攝收進主觀作用里面。他們的主觀作用既然已經「完成」，當然不再能接觸到尚未被克服的客觀事物而獲得眞正具體的感覺；而只能接觸到那些早已被克服了的客觀事物——卽抽象的概念等等，對它們發生一種感情，由此而獲得的「感覺」，自然就只能是抽象的了。他們抽象的感覺到「人民」，這「感覺」因為熟悉的緣故而又極強，所以他們能那麼自信而專斷。他又極強的抽象的感到「完成」了的一切，所以對於這「一切」之外的東西，根本無法感到其存在，因而也無法想像是可能發生。總之，在他們自己的那個世界里，感覺並不缺少，而且足夠；向他們宣揚感覺，是仍然鑽不進去的。

同樣的理由，有人問他們宣揚「感情」的必要，宣揚「敢哭敢笑敢罵敢打」的作風，實在也沒有用處。他們自己並非不哭不笑不罵不打，不過都是為了那些已經進入他們自己的世界的東西而哭而笑而罵而打，不是為了向新事物的戰鬥而哭而笑而罵而打，並且覺得別人的這些表現就是「不完成」——「不堅定」而遂加以打擊而已。

這些東西都不用向他們宣揚，只應該作為我們自己的努力。不過，也並非說，我們自己要提倡「感覺主義」和「感情主義」了。現在，不是什麼文化上的這樣那樣的「主義」的問題，所需要的，是眞正健全的開擴的積極發揚主觀作用的實生活。二十多年來，知識分子們儘在文化潮流里打滾，碰着這樣的障礙時，抓那樣的「主義」來救命，碰着那樣的障礙時，又抓這樣的「主義」來救命，昨天為了對抗法西斯神祕主義而高呼「理性主義」，今天為了對抗機械教條主義又來提倡「感情主義」；這樣滾來滾去，終於都是沒有基礎的，什麼出路也找不到，這也是知識分子們的另一方面的深刻危機。所以，今天說要有銳敏的感覺，是對的，要有眞摯強烈的感情，也是對的；然而，這些都還不是根本的東西，最根本的是要好好的去生活。

好好的生活是怎樣的呢？簡單言之，就是把主觀作用培育得日趨健全，把健全的主觀作用積極發揚起來。

由於長久的被壓抑和損害，一般說來，眞正健全的主觀作用，已經沒有一個人能具有。然而，這在知識份子身上，尤其在進步陣營的知識份子身上，尤其表現出深刻的危機。這是因為，這一類的知識份子們，都會接受了進步的理論，於是便不想彌復那主觀作用中被損害了的地方，而只方便的簡捷的就拿理論把這地方塡嵌起來，用外科手術把傷口塡嵌起來。但主觀作用是有機的東西，一部份被塡嵌了無機物，終於整個的有機構成都要被破壞，而愈益發達為畸形。假若自己能看到這情形，往往仍只是再找些無機物來填嵌，不到整個主觀作用都枯死不止。所以，今天最重要的，是要求得主觀作用的眞正健全，是要求得有機的發展，而外科手術必需從速停止。

主觀作用的有機的發展，就是按照它本然的方式而發展，如前面所說的：征服客觀，攝收客觀，以這被攝收進來的客觀爲養料。只有這有機的養料，才可以眞的彌復傷口，才可以自致于健全。然而，要征服客觀，先需接觸到客觀；這里便又有了新的問題。原來，某些缺陷既被填嵌了無機物，就不免自以爲這已是最發育完全的部份，而專用這部份去和客觀接觸。具體言之，即一切接觸都以生硬的理論爲媒介：接觸到人民時就看作理論上那種「人民」，接觸到青年時就看作理論上那種「青年」，接觸到兵士時就看作理論上那種「兵士」，等等。這樣，不論接觸得多麼廣，終于接觸不到任何具體的東西，亦即接觸不到任何眞正的客觀事物。那麼，又去征服什麼，攝收什麼，那里有那有機的養料可得呢？

這里，就不但接觸，而且需要深入了。只是接觸時，儘管只以那填嵌上去的無機部份去接觸，但如果深入，就必然要觸到其他血肉的部份，於是便不能沒有具體的感覺，從而亦不能不從事于眞正的征服和攝收了。具體言之，即不能僅僅是這樣看看那樣看看，而必需眞正生活在對象一起，在那一起過着整個的生活，這就不僅看到抽象的東西，而且看到具體的東西，遭遇到具體的問題。既遇到具體的問題，發現生硬的理論不能解決，或者從此便能運用眞是自己的主觀力量去解決，那麼便有健全起來的希望；或者從此嚇得仍舊躲回公式教條里去，那麼也是自己證明了毫無希望，也不足惜的。

可以眞正在其中生活的，無論那里都是，原無分于前方或後方，上層或下層。無論那種生活，只要能夠深入，原都可以有所得。但是，如衆所週知，歷史的動向，是決定于人民；而且，今天大家也都在從人民那里獲得力量。所以，一般的說來，自然還以深入民間爲首要。至于特別就我們這些知識份子而言，則由于到底不易擺脫的種種限制，眞正深入民間的事還不大容易。那麼，就從本來的地位上，仍然可以竭力去接近具體的人民，認識眞正人民的道路，不過費力特別大而已。首先，我們必需儘量克制自己，不用生硬的理論爲媒介，免得造成機械——教條主義者那種抽象的感覺，爲害無窮；而必需具體的去認識具體的人民，獲得具體的感覺，乃至更進一步的發生具體的「同感」。從這里，也自然可以淸楚的看出人民所需要的東西，以及人民本身需要改造的東西，自然就能決定努力的道路，而用不着去求救于各種各樣的文化潮流。

實在由于種種限制而無法眞正深入民間，雖然不太好，但如果主觀上能作巨大的努力追求，還不過于危險；最危險的，乃是各種各樣的小圈子。今天，「文」有「壇」，「學」有「界」，「影劇」有「圈」，乃至其他更其光輝眩目的東西，也都各有其完整的小規模的宇宙。這些東西，都很能吸引人；特別是知識份子們，最容易陷入。當其未曾鑽進去時，自覺或不自覺的以鑽進去爲人生第一大事。等到鑽進去之後，所遇到的，大都是同樣具有某種缺陷，也同樣填嵌了某些嚇人的東西的人們；於是，就以其缺陷而聚在一起，互相陶醉，爲了一點可憐的小利害而爭奪搶攘，不能感到此外廣大世界的存在，把工作的社會意義忘記得乾乾淨淨，自己終于不知道跌進某一個深淵。在這些小圈子里，是無從征服客觀以健全自己的主觀作用的，是無從具體的認識人民以決定正確的道路的，總之是最最危險的。然而，它們的形成，正由于不健全的主觀作用的本然的需要；要戒備它們，突破它們，防止它們，就仍然需要着主觀上最大的努力，主觀上無盡止的追求的。

總之，最重要的是深沉開擴的生活；而爲了獲得深沉開擴的生活，最重要的是要把主觀作用發揮在變革創造上面。變革，就要時時注意突破各種小圈子；創造，就要不斷獨立自主的去正視具體問題解決具體問題。能突破各種小圈子，生活就能開擴，能獨立自主的戰鬥，生活就能深沉。生活能開擴，就能獲得多量的養料；生活能深沉，就能發現缺陷而使之眞正彌復。內部的養料既然充足，外部的缺陷又能彌復，變革創造的工作就更能不斷進行。不斷進行，不斷衝鋒，就能掌握住歷史，建設起新的社會。錯誤，是可以克服的；偏差，是可以糾正的；缺陷，是可以彌復的；只有那自我的「完成」，那教條包裹里的潰爛，那小圈子里的昏天黑地，才是無可救藥的。僅是銳敏的感覺，不一定就能感覺到好多東西；僅是強烈的感情，也不一定就能用于正當的方向；現在所需要的，是在深沉開擴的生活中，由于眞實具體的感覺，燃燒起眞摯強烈的感情，遵循着眞正人民的道路，因不斷征服客觀攝收客觀而本身不斷成長不斷前進的健全的主觀作用之積極發揚。我們自己努力于這種發揚，使新的流動不已的東西日益增多起來，匯爲奔騰汹湧的巨濤，則那一切殭死的東西自然就要被冲毀被擊散而至于消滅的。

並且，這種人民的道路，也就是消滅法西斯主義的最有效的武器。因爲，法西斯主義正是利用人民本身的無出路的感情爲材料，通過對于「民族」之類的抽象但却強烈的感覺，而把人類的主觀作用扭歪了而發揮出來的。我們則是要從具體人民的具體生活中發現正確的出路，用健全積極的主觀作用來實現它，從頭到尾都正相反。我們基于這相反，就正好以主觀作用的強大力量去消滅法西斯的瘋狂力量，決不怕在「力量」這一詞上犯了嫌疑。（註十一）同時，也就無需求救于什麼「理性主義」。

十二

最後，還需要兩點說明：

第一，我們既然知道，機械——教條主義的基礎，乃是那麼一種「完成」了的主觀作用。因此，對于通常所規定爲教條主義基礎的所謂「主觀主義」，就可以不致于發生一種誤解。因此，反對這種通常所謂「主觀主義」的，還是眞正積極的主觀作用的發揚。然而，這名稱實在易致誤解；有些人就當反對教條主義時，誤以爲一切主觀作用都要不得，而遂運用一種好像是「自然主義」的東西來作武器，表露出費爾巴哈的傾向了。似乎因爲這所謂「主觀主義」乃是對于思想的偏重，（似乎其所以爲「主觀主義」即在于偏重思想），反對它的武器就只有人類作爲自然存在而發揮的那種自然生命力。殊不知，其「主觀」之所以必需反對，是在于它的「完成」，「偏重思想」只是這「完成」的必然結果而已（註十二）。要反對它，只有發揚不「完成」的主觀作用，不能只從結果上着眼而提出一種與這結果相對待的東西來作武器的。而且，人既是人，其所發揮的，就只能是那有機的統一了自然生命和社會因素而不可分的主觀作用，自然生命力不再能藏在任何里面而自有其作用；以自然生命力爲武器的企圖，實不免徒勞。再說，主觀作用也要征服自然，首先即以自己的自然生命爲對象；所以，強調自然生命力，實等于削弱了主觀作用，使人類對自然乃至社會都要妥協屈服，這更是自然主義的最大害處了。

無論如何，人類社會里面，總沒有什麼自然生命力存在，也沒有什麼自然和社會的矛盾存在。如果說：體力和腦力是自然的，社會勞動力是社會的，人類的以最小的體力和腦力來造成最大的社會勞動力這個企圖，就是自然和社會的矛盾之表現。這話，我們也認爲不對。首先，體力腦力和社會勞動力之間，就不可加以分析。因爲，體力和腦力並不僅是生理的機能，而實包含了由使用工具（廣義的）而來的一切經驗；不如此看，就不能解釋人類的體力和腦力爲什麼代代有進步。其次，就因爲這種進步，所以社會勞動力的加大也並不等于體力和腦力的減小。體力和腦力的大小，不能以單純的量來計算；適應于更高級的生產工具和生產方式，也需要着更精微的體力和腦力的使用，而一分精微的體力和勞力就抵過十分簡單的體力和腦力的。只能說：社會里面有着「社會主觀作用」和「客觀社會勢力」的矛盾；而不能把前者看成自然範疇內的東西。

第二，我們要求，對于主觀作用缺陷的地方，不要以理論去塡嵌，接觸客觀事物時不要以生硬的理論爲媒介；但這與否認理論的領導作用的意思，是毫不相干的。這中間的區別原很顯然，一個是硬把理論塡嵌到主觀作用本身，一個是以理論作主觀作用的領導。前者使主觀作用本身不能健全，因而就不能達到理論所要領導達到的目的，當然必需反對；後者則是首先就以主觀作用的健全爲領導之一目的，並使此健全的主觀作用能發揮于正確的地方，當然十分必需。至于主觀作用本身亦需包含有理論的東西，這一點也沒有問題。因爲，那理論，本來就是有機的被包含在導師們的主觀作用之中，並不是自己從什麼地方鑽出來的。不過，導師們是把那被克服被攝收了的客觀，加以精微的消化而成爲理論；所以我們之於理論，亦必需這樣有機的經過苦鬥而才可以包容，生硬的剖開肚子放進去是不行的。這個問題，本來就是前面討論過的套公式與眞應用原則之區別的問題，這里無需多說。我們只要認清：是爲了實踐才要領導的理論，並非爲了領導的理論才去實踐；如同爲了人的幸福才要新社會，並非爲了新社會才要人一樣。

（註一）通常有一種意見，覺得較高等的動物也有主觀作用。這所謂「主觀作用」，其實仍由人類的立場出發，把牠們「擬人化」了。嚴格說來，高等動物的個體作用，頂多也不過是自然生命的最高級的形態而已；對牠們使用「主觀作用」這一詞，是不大妥的。

（註二）這里所謂對自身的認識，是就整個集團的歷史發展而言，並非就其具體的個人而言。

（註三）這類的口號和名稱，當對於中古學術專制的局面作鬥爭時，也曾被提出過的。但那時的眞實意義，是把客觀眞理當作研究的當然目的，所以「爲研究」云云，實等於「爲客觀眞理」，其意義仍是無比的進步，而資產階級趨於沒落時，這些口號和名稱的提出，就只是「超階級」之類的意味了。

（註四）所謂「機械的繼續着工作」，不僅對於自身而言。並且，因爲客觀究竟需用主觀去把握，所以把作爲鬥爭目標的不合理社會也就看成「完成」了的東西。通俗的說：即把社會的不合理之處看作只有這麼一些，而不能知道它還會有全新的壞處產生。

（註五）矛盾，本來是可以突破那「完成」的。但若把矛盾「放在「完成」里面」，就等於用「完成」來壓服矛盾，亦即使矛盾本身都變得「完成」。所以，這種矛盾就不能發生突破的作用。

（註六）本來，對於每一個人，「世界之外的」東西，究竟都是無從想像不可思議的。

（註七）這種教條主義者，也是把一切個別的結論都當作基本原則的。在這一點上，與我們現在的教條主義者全同。但是，他們之所以如此，並不一定都由於「完成」，或者倒由於某種盲目的誇張的熱情，比「完成」還要稍勝一籌。還是從那問題的具體性質推論出來的。

（註八）今天，由於「批判的接受遺產」這口號的提出，對於古代某些最反動的學派，都已經在用着這種淘沙揀金的功夫，何獨於現實的新探討新追求反這樣苛刻呢？對於舊的東西就心平氣和委曲求全，對於新的東西就痛心疾首求全責備，這種態度早爲魯迅先生所斥責過了。

（註九）分裂的開始，往往只是毫釐之差，終於才有千里之謬。所以會在毫釐上相差，即是由於各自的生活基礎之不同，其生活歷史所積蓄下來的具體的主觀作用的內容之不同。其各自的路線客觀上固有階級的分別，其不同的生活歷史也還是由於「階級的」分別。不過，反動者開始時往往並不能自覺到這種生活歷史的「階級的」分別，却只從當時那純粹思考上生出眞誠的自信來，自信是代表着進步階級；這一點，也不能否認的。

（註十）例如，對於法蘭西那些唯物論的戰士，只可以說是「反映着一種進步——這進步是由資產階級的興起而來」，若說成「資產階級的」，就弄得十分狹隘而完全錯誤了。何以伊里奇再三號召，要無產階級努力接收過去的進步文化呢？若眞是「資產階級的」，爲什麼並且怎樣能接收呢？何以不聽說要無產階級去接收資產階級進步時期的生產方法呢？

（註十一）戰爭，是必須消滅的；然而，能消滅戰爭的，還只是戰爭。同理，對於法西斯主義的暴力，也只有用强大的力量才能把它消滅。力量，並不就是法西斯主義；憑着抽象的「人民感」而專斷固執的幹着一切，才眞近於法西斯主義。蘇德戰爭達到決定的反攻階段時，約瑟夫指示說：「武器決定一切！」這未必也是法西斯主義麼？

（註十二）參看第十節第九段的後半。

一九四四・二・二八・二次稿・於左道樓

「麥哲倫通過海峽」題解

麥哲倫（Feadinand Magellan），葡萄牙人，葡文名Fernao de Magalhaes。一般的紀載都說生於大約一四八〇年，但「納爾遜辭典」則說是大約一四七〇年。是探險家和發現者，因爲發現了Malacca和非洲等而得名，但失掉了葡王（一說女王）底信任，向西航行，繞地球到莫魯卡斯的願望不能實現。後得到西班牙王查利第五底幫助，一五一九年率帆船五艘，人員二百八十名向西航行、過大西洋到巴西，在 San Julian 遭到伙伴底叛變，差一點被殺死。一五二〇年十月二十日通過智利與 Tierra deRutegs 之間的海峽（長三百六十哩，寬度由二哩半到十七哩不等），後來就命名爲「麥哲倫海峽」（Magellan Sraits）。一五二〇年三月十六日到達菲利賓，在Matan島與酋長戰，喪命。部下到達初定的目標莫魯卡斯的時候，尙剩有船三艘，但到一五二一年九月十六日回到出發的港口，只剩下都爾卡諾等十八人和船一艘而已。但由於他底壯舉，不但發現了太平洋，而且大地終於在實驗上被證明了是一個球體，打破了中世紀的迷妄。

本畫係在劉鐵華先生藏品裏面選出的。余所亞先生查明作者Locdeler是英國皇家美術院會員（R.A.），爲畫家兼版畫家，但所能查出的只此，時代亦不詳。原畫爲六色版畫，因爲是複印的而且沒有說明，原來的大小亦不詳。重慶沒有製這種版的技術條件，只好請余所亞先生彷刻，又因爲要節省三道色的印工，就由六色變成了三色，色朵也不能完全與原畫一致了。（十一月五日之夜）

胡　風

附錄

本文初稿完成後，即請路翎兄看過。他寫了幾條意見出來，我們逐項加以討論。當時的爭辯，記得是很激烈的，甚至到了「面紅耳赤」的地步。後來寫第二次，遵照他的意見而修改的地方很多，但自然也有一些是我認爲始終不能接受的。現在，把它們全部附錄於此，以供參考。——一九四四，九、二七。

A 我認爲一般動物，尤其是接近人類的動物，是有主觀的。雖然是低級的主觀，但確已表現了或種社會性，所以就也不是自然力了。（我覺得你太苛求於自然力。它在心境上，是存在的。）牠們顯然是有意識的：對於食物，對於敵人，甚至對於某種精神生活；牠們底行動很可能地是與意識有關的。而你所說的主觀，偏於創造，可能叫作「主動」。這樣，不僅高低之分，就與動物分開了。雖然這是不重要的，但你是在「自然哲學」的意味上很正經地說的。雖然這功利主義是高級的，但偶然地就顯出了人類底自私。這或許與教條主義也有關。教條主義，哲學地說，是「存在」或「自在」的自私。

B 積極的主觀和妥協的主觀，改造社會是爲了活人，說得都極好。但有一點，就是妥協的主觀，原則上雖是如此，却也常有對現實問題的人類的努力和啓示的。爲科學而科學，也表明了很多東西。而積極的主觀，常有自私主義和偏窄可憐的心靈在。（教條主義常常表現出積極的主觀：掙扎的感情，是積極的。）分別是很精微的。誰能眞的是你所表明的那種主觀？我們這個時代底靈魂底向上的努力，在自以爲努力的空氣瀰漫着的現在，眞是很可憐。

C 對教條主義的批評，有些弱；好像沒有擊中痛處。照你的規定，很多人都自覺不是教條主義了；但他們是的，而且爲害最大。這些人，主要的是表現出小布爾喬亞的深刻的危機，和理智的掙扎，可憐的努力。這里就有暴君和誇大狂，和丑角。一切是嚴肅的。他們只求獲得聲名或老婆，但心里又努力出無限的盡忠和自我感激。這一點，最好指明。

D 人們因自己的存在而不感到問題的時候，就打擊了，所以他們不意識到他們是教條主義。差不多沒有一個人在當時能有認識自己的智慧。那麼，問題在於，用灼熱的方法使他們感到問題：感到這是新的，新的，全然新的。要使他們懂得「在太陽下面無新事」的眞理，從他們的內部打開他們。

E 要指明：「征服客觀，包容客觀………」等等與法西斯底力學的分別。你說你不怕認識眞理和客觀，但法西斯們，在他們底方式里，又何嘗怕認識？因爲法西斯，以主觀的力學和暴君學號召，針對了苦悶的感情的弱點，是大有「社會基礎」的，所以他們不怕他們所看到的「客觀」了。而所怕的，又不能看到，常常如此。——蕪案：這一點的確很重要，但也太複雜，擬另爲專文討論。這里可以說的只是兩層意思：一、他所謂「針對了苦悶的感情的弱點」，已把法西斯哲學的本質說明了；二、我願意介紹林同濟的「寄語中國藝術人」（「時代之波」第一篇），那是最典型的法西斯哲學，他所謂「恐怖」「狂歡」「虔恪」的三階段，尤其是一頭一尾，發源和歸宿，最足表明法西斯之所以爲法西斯。如果和本文參看，一定可以淸楚看出二者的不同的。

又：附錄胡風先生的兩點意見：

似乎「論主觀」還有不少的弱處。例如，今天知識人底崩潰，這普遍現象沒有觸及：這是由於把對象局限於所痛切關心的一方面之故，例如，深入生活這一論題，還把握得不豐富，或分析得不深：這里由於實踐精神不够強的緣故。總之，胸襟還不够闊大。

雜文

「能爲中國用」

林慕沃

在報上看到一篇短評，說是有人要以學生見教師時鞠躬的度數，作爲測驗「學風」昇降的標準了。評論者因此頗表示憤慨，好像還說：這樣下去，豈不是要學生一天到晚磕頭，「學風」才能好的麼？

其實，是用不着這樣憤慨的。因爲，這種標準並非自今日始，以磕頭爲學生第一要務，早就是「祖宗成法」了。還要加以推論，以爲「這樣下去」才會出現者，那只是未嘗讀史之過，即所謂「數典忘祖」也。

我最近是在讀史，所讀的是二十三年上海商務印書館出版的張星烺著的「歐化東漸史」。原來一八七〇年（同治九年）清廷因曾國藩之奏，始設留學事務所，派陳蘭樹及容閎爲監督。一八七二年（同治十一年）夏季之末，第一批正式留美學生三十人出國。到了一八七六年（光緒二年），

「陳蘭樹升任駐美公使，薦吳子登（名惠善）自代。吳性情怪僻，爲人好示威，一如往日之學司。接任之後，即招學生至使署中教訓。各生謁見時，均不行跪拜禮。監督係友命某大怒，謂各生適異忘本，目無師長。固無論於其學雖期成材，即成亦不能爲中國用。具奏請將留學生裁撤。容閎力爭無效。卒於光緒七年，一律撤回。」（頁四八）

這就是有名的撤回留美學生的事件；黃公度先生並且有一首長詩專詠此事，我是在「飲冰室詩話」中看到的。而中國所謂「留學生監督」，給予美國人的最初印像，也就是如此。

然而，這其實並非因爲吳子登的特別「怪僻」的緣故，那位僉什麼先生的話是不錯的，不行跪拜禮，就根本已經失去了「能爲中國用」的資格。

那時的「中國」，所要「用」的，就是最善于「行跪拜禮」的人。這一個條件不合，不論學識材具如何，當然都絕對不在話下的了。尤其跑到無父無君的外國去，更非特別加以「監督」，使表現出這崇高的「品格」，以顯華夏之光榮不可；否則，豈不是就要成爲「洋奴」了嗎？

如果認爲這只是特殊的事例，也並不然。一七八六年八月二十八日，英國派來交涉通商事宜的專使阿美斯德爵士，到了北京。那時，正是嘉慶二十一年，還經過三代皇帝才到光緒。然而，終于因爲皇帝要他朝見時「行跪拜禮」，他不肯。沒有見到就回去了。何以一定要「行跪拜禮」呢？就因爲他本是蠻夷，必需行了，才證明「能爲中國用」的緣故。所以，這並不是特殊的，實在是一種「祖宗成法」。

不過，也不能看得太死。有時也並不一定非那麼一「跪」那麼一「拜」不可；雖無此形式，却同此精神的其他儀式，仍然是一樣的。其精神爲何？林語堂博士有一篇專頌揚跪拜之禮的文章里說過，原文記不淸，大概是從跪拜時身體各部份的位置姿態，證明其爲一種安閑從容和平均衡的心境的表現，即所謂「中心悅而誠服」是也。（此文見於「愛與刺」中，題目已經忘記。這本書的譯印，不知曾經林博士允許否。我只是引用，如果鬧起着作權的問題來，恕不負責。特此聲明。）

所以，古今中外的英雄，「所見略同」，凡於用人之際，必使之履行一種儀式，以證明其「能爲我用」。儀式的外表有不同，其爲「中心悅而誠服」的表現則一。「有淸一代」用的就是「跪拜禮」，並且早爲之計，所以特別嚴格的施之將要「成材」的學生們身上。英國十八世紀十九世紀之交，情形尤其有趣：

「雖然當時的」羅馬教和不順從國教者（案：即聖公會）可以依照各人自己的方式來敬拜上帝，但是在軍事和政治上，不能和順從國教者享受同等權利。那時有一條限制的法律，名爲『測驗的條件』（Test Acts），規定：切文武官吏，必須按照國教的規例受聖餐禮。所以，根據這法律，拒絕非國教者攫取政權和軍權，

（基督教史綱，賈立言編，十九年上海廣學會三版，頁三〇九）

許你信教自由，但暗中又使你非服從國教不可，而表面上仍還是信教自由，這就是這個方法的妙處。不過，「教」而曰「國」，就已經不是什麼宗教問題，這「受聖餐禮」，實在和「行跪拜禮」是一樣的。換言之，就是「精神上的跪拜」。

不知道當時的情形究竟怎樣，據理推測，這「測驗的條件」必不止用在「文武官吏」身上。「百年樹人」，立國之本，最重要的，還是要使每個學生都受一下這種「測驗」，合格的才給以受教育之權。能如此，則一切知識份子自然都已合格，不必再操其他的心。倘未曾如此，就未免愚蠢，還得向咱們的「有清一代」學習學習才是。

然而，當時光流過去之後，一切就可以清楚。今之留學生，總不會再要以「行跪拜禮」為第一條件；就是制定這辦法的「有清一代」本身，不也覆亡了三十三年了麼？

沒有「非國教者」，就不會有那「測驗的條件」產生。所以，它的產生，也就是它的即將滅亡的預兆了。

一九四四、五、二四、

耶蘇聞道記

姚箕隱

耶蘇釘在十字架上。當時有兩個強盜，和他同釘十字架，一個在右邊，一個在左邊。

從午正到申初，遍地都黑暗了。約在申初，耶蘇大聲喊着說：「以利！以利！拉馬撒巴各大尼？」——就是說：「我的上帝！我的上帝！為什麼離棄我？」血從十字架上滴下來，一滴一滴，滴在地上。

忽然，左邊那個強盜，向他嚷起來：「先王有至德要道，以順天下，民用和睦，上下無怨，汝知之乎？」

耶蘇左顧，茫然；血從十字架上滴下來，一滴一滴，滴在地上。

右邊那個強盜，也向他嚷起來：「君子之事親孝，故忠可移於君；事兄悌，故順可移於長。」

耶蘇又右顧，還是茫然；血從十字架上滴下來，一滴一滴，滴在地上。

終於，兩個強盜齊聲嚷起來：「故不愛其親而愛他人者，謂之悖德；不敬其親而敬他人者，謂之悖禮。………五刑之屬三千，而罪莫大於不孝。………」

「你們在說些什麼？」耶蘇忍不住，這樣的問了。

兩個強盜謙讓一番，結果推定左邊那個代表答覆：「這都是孝經上的。我們兩個，都是中華人氏，當初跟着張角做黃巾賊。後來，漢家朝廷上有一位向栩向大人，上了一本奏章，主張國家不必與兵討賊，只要拿一本孝經，站在黃河邊上讀一遍，賊自然會消滅。我們受了這個感化，從此洗手不幹，精讀孝經，所以讀熟了的。」

「那麼，你們為什麼又做起強盜來呢？」

「這在孝經上也是有的：戰陣無勇，非孝也。………」

「好！好！可是又為什麼來對我唸呢？」

「你還不明白麼？你提倡博愛，就是『不愛其親而愛他人』，所以你現在是罪有應得。我們對你讀孝經，就是要你『朝聞道，夕死可矣』。你還不明白麼？」還是左邊那個，大義凜然的說。

可是，右邊那個也發言了：「不！不！吾兄此言，尚有見道未明之處。要知道：人生是寂寞的，孤獨的。能盡孝道，則縱觀上下千萬世，一氣相通；能盡悌道，則橫覽並世億兆人，同根相屬。如此，人生中才有博厚悠久之樂。而這樣一縱一橫，這就叫作『人生中的十字架』。釘在十字架上，最宜體會此理，所以我們才對他讀孝經啊！」

這一番話，可把左邊那個嚇住了：「啊呀！這真了不起！想不到你見道之深，已到了這一步！這真是士別三日，當刮目相待了！」

「豈敢！豈敢！我也是看來的。」右邊那個遜謝不遑。

「這又奇了！我自從讀了孝經以後，進而遍讀十三經，都沒看到這種議論呢！」

「哈哈！說到這一層，小弟倒要來勸幾句；吾兄過於篤古，瞧不起新東西，這是一個大缺點。要知道：時代日進，聖學也與之俱進，決不能過於拘迂。我這番議論，就是從一家報紙的副刊上看來的。題目就是『人生中的十字架』，作者是錢穆教授。——此人眞一代大儒也！——這文章，除掉有一段涉及我們當初被向大人感化的那一段事，說我們並未被感化，是由於史籍不詳而致誤，此外眞所謂字字珠璣，你我皆不可不讀。我還帶在身上，可惜……」

正在這時，耶蘇又大叫一聲，氣就斷了。而血已乾，不再往下滴；地上的血也混入泥土中，不可辨了。

「朝聞道，夕死可矣：信哉信哉！」兩個強盜歡喜讚歎。

一九四四·六·廿五·

宰相怎樣「代表平民」的

但公說

中國歷史上的「宰相制」，把許多人迷住了。一個世襲的皇帝，一個選拔自平民中間的宰相；皇帝是統治者，但宰相卻是「平民的代表」：兩人共執大權，有時實權且多在宰相手裏。啊啊呀！這是多麼美好的一幅階級合作，甚而至於平民政治的圖畫呀！看了這幅圖畫，就知道咱們這可愛的國家，已經實行了五千年（？）的民主政治，你們現在還吵嚷些什麼「民主」呢？

「宰相制」的全盛期，要推漢代，這是大家公認的。漢代的宰相，究竟做了些什麼「代表平民」的事呢？關於這個，我是毫無所知，淺陋得很。然而，這種「一人之下，萬人之上」的地位，卻並不怎麼容易坐上去，莫名其妙的給皇帝做替死鬼的事，是往往出乎我們意料之外的：

「當元帝永光元年（前四三），春霜夏寒，日青無光，丞相於定國就繳上侯印，自劾而去。薛宣做了丞相，恰逢到永始二年（前一五）的隕星和日食，成帝就給他一個冊書，說道：『災異數見，秋收又不好，這都是你做了丞相的緣故。快些把印綬解下了罷！』他走了之後，繼任的是翟方進，爲相九年，沒有出什麼岔子。不料綏和二年（前七）熒惑星守住了心星，其凶應在皇帝。有人上書，攛掇成帝讓大臣去担當。他聽信了，也就發下冊書，把翟方進重重地罵了一頓；並賜給他酒十石，牛一匹，作他最後的餐食。他只得即日自殺了。成帝看他做了自己的替死鬼，未免有些不忍，所以對於他的飾終典禮非常優異。很不幸的，丞相二月自殺，皇帝就於三月壽終了，並沒有達到替災免晦的目的，翟方進只算得白死！

「因爲有了這件故事，所以漢儀注裏就規定了一條慘酷的法典，是：天地有大變時，皇帝派侍中持了便節，乘四白馬，帶着尊酒十斛，牛一頭，到丞相家，把這殃咎告知他。侍中走到半路，丞相即上書告病，侍中回朝，還沒有覆命時，尚書就把他的死訊報與皇帝。——這個制度雖然沒有使用過幾回，但此後逢着天變就把丞相免官還是常事，就是不當權的也往往免不了這個責任。」（顧頡剛：「漢代學術史略」第六章）

所謂「平民的代表」者，就是這個樣子！

然而，仔細想想，皇帝腳底下的小民，不也正是這一樣的命運麼？無事時，是皇帝享福；有了天災人禍，則是小民們遭殃，還說是「天職」或「應盡的義務」！那麼，「平民的代表」云云，倒又是非常確實的了。

再推而廣之：隋唐以後的科舉制度，以及隋唐以前的薦辟選舉等制度，也有人說是「平民參政制」；換言之，即一應文武百官，無不是「人民的代表」。所以，當王朝傾覆時，那「亡國之君」也就往往把責任全推到文武百官身上去。最有名的，是明崇禎帝的話：「朕非亡國之君，卿等皆亡國之臣」。

這本來也難怪。無論怎樣名流學者，達官顯宦，即使做到了「一人之下，萬人之上」的最高等奴才，而從那「一人」看來，卻根本上都是一樣的奴隸而已。奴隸能替死，奴隸中提拔出來的奴才又何獨不能？而且，最高等的奴才，更要勉盡「天職」，以爲其他奴才奴隸的榜樣；這就是所謂「平民的代表」的眞解了。

附帶要說明的是：漢書並非僻書，而我卻來引這根本已非原文的「漢代學術史略」，也眞所謂「轉相稗販」，將要貽譏於通人了。然而沒有法子，我實在是從這「漢代學術史略」上看到的。

一九四四·六·廿一·

「驕」與「餒」

牟尼

十一月十一下午，我的「高足們」到處張貼標語，紀念次日「雙慶」。託福，我的門口也被貼起一張，是「勝勿驕，敗勿餒」。

這是很好的格言。但不知道爲何貼在我的門口？莫非他們以我爲總是常常要「驕」要「餒」的麼？

是的，這確是値得反省的。

晚上沒事，一面吸烟，一面就這麼反省。但記性太壞，記不淸楚，不知抗戰以來，我到底「驕」了幾回，又「餒」了幾回？

這種標語別處大槪也有，旣可通行，那也就是一種頗有益處的東西。那麼我們就得好好的遵守實行。因此，我得請求讀者，也可這麼反省一下，看這七年以來，自己「驕」過幾回，「餒」過幾回。無則嘉勉，有則改之，不要對不起國家。

有些人說，標語是無用的。其實也頗不然。以我自己來說，自從受過這張標語的教益以後，就被大大的改變了。旣不「驕」，也不「餒」。長沙，衡陽，已是過去的事，且不必說。就最近幾天，桂林陷敵柳州巷戰，我都確實沒有「餒」過……昔特沒有「餒」，到還有一點「驕」。爲什麼呢？——但那是「軍事祕密」，不便奉告了。

四四，一一，一五。

我佩服「曾文正公」

宗珪父

我佩服大淸帝國的中興功臣「曾文正公」，因爲我知道了他的一件「逸事」。「逸事」，自然不見於正經的史傳，大抵都記在野史筆記裏面。但究竟是什麼一種筆記，也記不淸了。總之，事情的梗槪是這樣的：

——

曾國藩以講理學出名，所以他的幕下有所謂「三聖七賢」之類。却說，共中有一個不知道是「聖」還是「賢」的人，初來謁見時，就送了一篇文章上來，題曰「不動心說」。這篇大文，開頭是這樣的幾句：

「置吾於曼妙蛾眉之側，問吾動好色之心否乎？曰：不動。置吾於紅藍大頂之旁，問吾動爵祿之心否乎？曰：不動。」

用理學家的術語來說，這幾句，眞是所謂「指點親切」，非見道者不能言；雖然不免有點「鄙倍」。用新名詞來說，更是所謂「形象化」，而且「大衆化」了。

然而，不料這篇大文擺在曾滌國的書桌上，他不在時，却被他的一個內姪（或外甥）翻出來。這位先生，大約屬於「少年名士」之類，一看到開頭幾句，不禁呵呵大笑，於是拿起筆來就在上面批了一首打油詩，曰：

「曼妙蛾眉側，紅藍大頂旁，爾心都不動；只想見中堂。」

第二天，這位名士就被中堂大人喊了去。去時，已經有些戰戰兢兢。一見面，中堂大人果然就指着那打油詩，問道：「這是你寫的吧？」他知道賴不過，只好承認，心想一定要挨一頓大罵了。然而，旣然是中堂大人，自然應該「宰相肚裏好撑船」，也果然就不慌不忙，說出一番大道理來；其言曰：

「這種人的眞情，我難道就不曉得的麼？但是，這一套話，就是他們的飯碗。你把它揭穿了，也就是打破了他們的飯碗，那怨仇可要結得深了。你們少年氣盛，只顧痛快，不顧人家的面子，將來到處都是死仇，那才後悔不及了呀！」

故事就是這樣。但這裏面，是把歷來所謂理學家的眞面目，所謂「禮賢下士」的內幕，所謂「宏奬風流」「主持風氣」的動機，所謂「崇禮師儒」的眞實關係，全都澈底揭露出了。

「鴛鴦繡出從君看，不把金針度與人」。歷來只看到繡出的鴛鴦如何如何美麗，這回，才看到了金針。能把金針度與人的，是可佩服的，所以我佩服「曾文正公」。

然而，大家都看到金針了，那繡鴛鴦也就沒有什麼神奇。這，却又是深可悲哀的事。

一九四四．五．二八．

於書桌旁壁上見一大蜈蚣之後。

「迷途之羔羊」返矣！

姚箕隱

錢穆教授曰：「然而我竊觀於今日中國之青年則異是，攘臂疾呼以自號曰吾青年吾青年矣。抑其所拜蹈歌頌者則曰平等，曰自由，曰獨立，曰奮鬥，曰戀愛，曰權利，此皆壯年人事也。然則如何而爲青年？孔子曰：『弟子入則孝，出則弟，謹而信。汎愛衆，而親仁。』子夏曰：『賢賢易色，事父母能竭其力，事君能致其身。與朋友交言而有信。』孔子青年之楷模，論語，青年之寶典也。此吾先民精血之所貫注，吾國家民族文化之所託命。迷途之羔羊，吾謹潔香花美草薦以盼其返矣。」（「文化與教育」一〇頁）

我的「年」，雖然確實還算是「青」，但「攘臂疾呼以自號曰吾青年吾青年矣」的事倒還沒有做過，而且朋友中還常有稱我爲「老夫子」者，更可證明。因此，在這一點上，就頗可以自問無罪。

然而，對於「平等」之類，雖然也並沒有在什麼地方「拜蹈謳歌」過，却是一向希望着的。聽了錢教授這一番教訓之後，才恍然於已經成了「迷途之羔羊」；何況說得又是如此諄諄切切，怎能不從速悔悟呢？

於是，「迷途之羔羊」一頭，謹再拜頓首，痛哭流涕，道其懺悔之情，設誓於牧羊大人錢大教授之前曰：

「迷途之羔羊」返矣！自今以後，謹願依大人之教：

決不再妄言平等，任何奴隸之地位皆當安之；

決不再妄言自由，任何枷鎖之束縛皆當受之；

決不再妄言獨立，可以爲任何人之所有品；

決不再妄言奮鬥，可以處任何種之惡境遇；

決不再妄言戀愛，隨時準備應召而爲姨太太（或進貢愛人及妻女子妹爲之）；

決不再妄言權利，隨時準備頭顱血肉骨髓以盡義務：

儻有違背，則惟大教授鞭笞之宰割之烹煮之，斷無怨言，並無怨聲，設誓於此，神明共鑒。

然環顧中國，則無一「君」，欲「致其身」，亦無可「致」。惟聞有「滿州國」者，相距甚邇，有「君」曰「康德」；又有「大日本帝國」者，亦在近隣，有「君」曰「昭和」：我輩「羔羊」，恐再「迷途」，倘請大教授統率前往，「事」之而「致其身」，以遵先賢之訓，幸甚幸甚！大教授所錫之「美草」，亦不致大蝕其本矣！

謹此瀝陳，不勝惶恐戰慄之至。

（「迷途之羔羊」過多，招不勝招，大教授何不憚其勞？竊謂不必再招，但領取屠刀若干來，盡執而殺之可也。至彼輩應得之「美草」，小「羔羊」既獻此策，或可稍分潤一二，亦惟大教授之恩賜，非敢請矣。）

一九四四·五·二三。

「國家育才之至意」

竺夷之

三十三年六月十日，看到「三十三年六月十五日出版」的八卷四期的「學生之友」，有這麼一條學校新聞：

「白沙大學先修班二月間佈告欄出現有下列佈告二則：

「訓導課佈告六17第九號：今日午後×××等六人球興勃發，不顧門禁，不顧傳達室不許學生闖入之條文，不顧守球工人之職責，强行借用籃球……在此世風日下，國民道德直轉急下之時，他處容已司空見慣，本班作育青年，多日數啓，不應再有此怪現象。……×××動手取球，着記過一次。×××接球飛奔，其過正同，係生犯過，比照新生三倍處罰，着記大過一次。其餘四人，均予嚴重警告。其各革面洗心，勉為馴良份子，勿負國家育才之至意！此佈。二月二十三日。」

「又：「訓導課六罰字第六號令：今日採買×××，不依時呈領菜錢，監廚×××，今晨又不早到廚房監煮稀飯，起床號鳴，仍杳如黃鶴，均屬不敬職責。採買×××情節較輕，應予警告。監廚×××情理法均說不通，除本日着令努力服務外，罰其今晚打米，明晨監煮稀飯，八時仍上課，明晚仍打米，星期日幫同監廚，下星期一停膳一日，敢再有怠忽之行為，即有更嚴重之處分！此佈。二月二十五日。」

「由此可見該班學風諒厚，（案：原文如此，疑是「淳厚」之誤。）執法之嚴緊，為他校所不可見。」

以前聽說，有一個學校開除學生，出的佈告是：「查學生×××，終日默默，形迹可疑，着即開除！此令。」我自己，也曾被一個學校開除過，記得那佈告是：「查學生×××，不堪造就，着即斥退！此令。」這些佈告，文體都太簡古，或者只說出一個罪案，或者雖然也說了事由，却很難看出與罪案的關係，都使受刑者有些茫然，想謝恩也無從謝起的。

時至今日，教育究竟有了進步。佈告的文體，也大經改良。看先修班的這兩則佈告，就一定出於一位才子的手筆。不但說得很詳細，而且起承轉合，抑揚頓挫，有心理分析（如「球興勃發」等句），有文藝描寫（如「接球飛奔」「杳如黃鶴」等句），有議論，有說明，尤其接連三個「不顧……」，寓變化於排偶之中，一句緊似一句，這種腔調，比得下一點，也是「新民體」的嫡派正傳，比得上一點，更是脫胎於賈誼的「過秦論」。可惜原來的鈔錄者未曾查出作者的姓名；而於第一則之中，又刪節了兩處，據上下文推測，必正是大起波瀾之處，現在却不見妙文，只見「…………」，更是遺憾之至了。

不過，這兩則佈告的價值，也並不專在文詞；更重要的作用，的確就是「由此可見該班學風諒厚」。我們看了之後，就知道「該班」所採用的許多最新的教育方法。例如「上課」一事，普通除了「先生講，學生聽」而外，並沒有什麼別的意義。但在「該班」，却能使之成為兼具「智育」「德育」兩用的工具。那位貪睡早覺的「監廚×××」，弄得於「打米」「監煮稀飯」澈夜未眠之後，接着還要昏頭昏腦頭重脚輕的去「上課」，眼中金花亂迸，耳中「ABCD」（假定其「課」為英文），既身受教澤之霑濡，又自省罪孽之深重。接着還有一夜的不眠，一個假日的禁足。而最後，還有「停膳一日」。這時，即使是蠢如猪犢力如牛，恐怕也要形消骨立，神智昏迷，求生不能，求死不得了吧！然而，且慢！「敢再有怠忽之行為，即有更嚴重之處分」呢！

「該班」的「執法」，這樣「嚴緊」（案：據文義當是「嚴峻」，然未敢擅改原文。），確乎是「為他校所不可見」。但據第一則佈告所說，「該班」的任務，原與「他處」不同，所以根本也就不能與「他處」或「他校」相提並論的。其特殊任務，是阻遏「直轉急下」（案：通常皆作「急轉直下」，不過才子的手筆，當然不拘這些小節。），而建立不「轉」不「下」的「國民道德」；這「道德」的具體內容，即是「馴良」。那麼，為了使學生「馴良」，而加以那樣的磨折，自然很合理的了。

「中華民國教育宗旨」我雖然記不滴，但其中沒有「造成馴良份子」這一項，却是記得的。不過現在是「非常時期」，「該班」本身就是非常學制，倒不必那樣拘迂，還拿什麼「中華民國教育宗旨」來斤斤較量。所以，對於「該班」的這種教育方法，我實在也無從非難的。只是有一點不大懂得：既然「本班作育青年，多日教導，不應再有此怪現象」，何以竟然還是有了呢？

不過，這一問，也就不大「馴良」，還是「世風日下，國民道德直轉急下」的表現。將來由「該班」的努力，把「直轉急下」扳回過去的時候，大家都成了「馴良份子」，不「馴良」的也已經受了幾夜不睡，整天挨餓，乃至其他「更嚴重之處分」，不是氣息奄奄，雖欲不「馴良」而不可得，就是索性一命嗚呼，連「勉為馴良份子」都來不及，那麼自然誰也不會來問這樣的問題了。

猗歟盛哉！「國家育才之至意！」

一九四四・六・十・於從良齋。

「眞」與「雅」

白君勺

「且介亭雜文二集」里，有一段話，我最歡喜讀，就是：

「…………紀得十多年前，在北京認識了一個土財主，不知怎麼一來，他也忽然「雅」起來了，買了一個鼎，據說是周鼎，眞是土花斑駁，古色古香。而不料過不幾天，他竟叫銅匠把牠的土花和銅綠擦得一乾二淨，這才擺在客廳里，閃閃的發着精光。這樣的擦得精光的古銅器，我一生中還沒有見過第二個。一切「雅士」，聽到的無不大笑，我在當時，也不禁由吃驚而失笑了，但接着就變成肅然，好像得了一種啓示。這啓示並非「哲學的意蘊」，是覺得這才看見了近乎眞相的周鼎。鼎在周朝，恰如碗之在現代，我們的碗，無數年不洗之理，所以鼎在當時，一定是乾乾淨淨，金光燦爛的，換了術語來說，就是牠並不「靜穆」，倒有些「熱烈」。這一種俗氣至今未脫，變化了我衡量古美術的眼光，…………」（「題未定」草第七節）

這是敢於求「眞」，敢於以實效爲「善」，敢於由「眞」「善」見「美」，第一次澈底摧毀了傳統的士大夫的「雅」的美學，攻倒它的最後堡壘（卽關於古美術的場合）的理論。

然而，「李笠翁曲話」里，却有這麼一段：

「…………然而古董之可愛者，以其體質愈陳愈古，色相愈變愈奇。如銅器玉器之在當年，不過一刮磨光瑩之物耳；迨其歷年既久，刮磨者全無痕迹，光瑩者斑駁成文，以是人人相寶，非寶其本質如常，寶其能新而善變也。使其不異當年，猶然是一刮磨光瑩之物，則與今時旋造者無別，何事什百其價而購之哉？…………則是古董便爲古董，却未嘗易色生斑，依然是一刮磨光瑩之物，我何不取旋造之物觀之，猶覺耳目一新？」

相反的意見，恰都用了同一個實例，簡直好像在「論戰」，眞太巧了。但如果不看到這一面的意見，則對於那一面的批判，就體會得不能深切。批判者熟知士大夫的美學，信手拈來一個例子，就給它「形象化」起來；却不料士大夫的美學就躲在這里，好像照妖鏡，一下子照個正着。比起費盡氣力，虛構出什麼「快地的來」，以及「大雪一片一片紛紛的下着」之類的例子，來攻擊別人，而別人並未如此，終於只顯出自己的浮滑的那種戰術來，又眞是優劣判然，卽小見大，也可以看出本質的相反了。

由此，對於另一個問題，也就可以得一解。問題是：

「倘說，因爲古物古得很，有一無二，所以是寶貝，應該趕快搬走的罷，這誠然也說得通的。但我們也並沒有兩個北平，而且那地方也比一切現存的古物還要古。禹是一條虫，那時我們且不談吧，至於商周時代，這地方却確是已經有了的，爲什麼倒撇下不管，單搬古物呢？」（僞自由書；崇實）

併曰：「古董便爲古董，却未嘗易色生斑」，必待「河山變色」，這才「發思古之幽情」，見諸雅詠，「人人相寶，非寶其本質如常，寶其能新而善變也」。

一九四四・六・三・

不暇自笑的丑角

趙元申

讀「蘇聯的宗教與無神論之研究」（美國 Julius F. Hecker 著，楊繽譯，二十四年上海靑年協會書局出版），其中記載有十月革命以後，敎會大會「梭波爾」拚命掙扎，抵抗革命的怒潮的情形。有許多，是所謂「令人髮指」的。然而也有滑稽戲，下面所引的就是一幕：

「一九一八年一月十九大主敎下第一道文

告於教會，其內容就是上述的情形（引用者案：指上段所謂『對革命政府及新社會制度公然宣戰』）。它攻擊革命的破壞不止，反攻它對於教會的攻擊。它以地獄的火及開除教籍來威脅企圖爲害教會的人們。文告中的要點如下：

『你們所作的不但是殘忍，它簡直就是撒旦的舉動。這種行爲將使你們來生要遭受地獄的火，………』

「………教會大大施展其開除教籍的本事，不但政府中的人物，即凡與革命政府合作服務的，都遭同樣的待遇。………」（頁一五四——一五五）

那時的革命家，現在已有不少到了「來世」，不知道在那里「遭受地獄的火」沒有？當時看到這文告的革命家，也不知道有被這「地獄的火」嚇倒了的沒有？但對於那樣的革家命們，而以「來世」的『地獄的火』相恐嚇，總令旁人看來，不免起滑稽之感了。

然而，又豈僅「梭波爾」的大主教爲然？瀕死之際，手忙脚亂，神智昏迷，從自家的拉圾堆中，隨便拖出任何東西，就當作法寶，寶與對方全爲「風馬牛」，然方且竊竊自喜，自信非常，曾不知其在旁人眼中早成丑角者，天地之間，又豈少也哉？惟其不暇自嘆，只好讓旁人笑之了。

一九四四・五・二二・

「無捧而無不捧」

徐　舞

G兄在朋友們中間，是以「怪」著名的。有一次向我說；『我之所以一向不捧名人，也並非因爲生性的孤介。凡希望別人來捧的，那希望必是無限大，聽了說出來的具體的頌詞，總不會滿足，反而要不高興起來。我也無非是怕惹起人家的不高興而已。』當時我想：這又是「怪論」吧！

然而，近讀葛立方的「韻語陽秋」，却看到這麽一個故事了；

「歐公贈介甫詩：『翰林風月三千首，吏部文章二百年』，可謂極其褒美矣！世傳介甫猶以歐公不以孔孟許之爲恨，故作報詩云：『他日若能追孟子，終身何敢望韓公？』………」（卷十八）

李白在宋代已經極被推崇，固不用說；而韓愈，更是歐陽修所畢生景仰的人。以歐陽修那樣名臣顯宦一代文宗的身份，對於後進小生的王安石，一下子就以這兩位大家相許，的確是「可謂極其褒美」，亦即捧得太高了。但不料就偏偏遇着狂上了天的王安石，其志殊不在此，弄得反而「以爲恨」起來。這，豈不是恰好證實了G兄的理論，一點也不「怪」了麽？雖然葛立方自己不相信這事，但看他下文的駁議，一則曰「恐未必然也」，再則曰「恐未必然爾」，到底仍然舉不出確切的反證的。

老子曰：「無爲而無不爲」，因爲一有所爲，此外就有更多的不爲在。同理，若是眞正會捧人的，或者另有妙法；否則，雖然有捧人之志，却無捧人之才的，還是小心一點，姑且也「無捧而無不捧」吧！

一九四四・五・二八。

第二期要目

哲學與哲學家

——關于文化上「接受遺產」工作的一個建議

許無

「揚棄」，不是「揚」「棄」。

「批判的接受」，不是「批判和接受」。

「存在決定意識」，不是簡單直接的「存在決定理論」。

文學家對於他的人物，不能只問「做什麼」，而要問「怎樣做」；同樣，哲學史家對於前代的哲學家，不能只問「感到什麼問題」和「怎樣解決了問題」，而要問「怎樣感到問題」和「怎樣在解決問題」。

「揚棄」，是一次的，整個的；「被揚棄」，也是一次的，整個的。

「批判的接受」，就是「接受的批判」：卽以「批判」爲「接受」，亦卽以「接受」爲「批判」。

「存在」，主要表現爲這個「人」的「存在」，卽具體的生活；「意識」，是活生生的這個「人」的「意識」，卽具體的主觀作用。

哲學家是活人，不是鏡子；所以，問題不是「照在」他的意識中，而是被他主動的「感到」。哲學家也不是「邏輯」；所以，問題不是「在」他的意識里獲得解決，而是「被」他主動的運用意識去解決。

他的社會存在，決定了他的具體的生活；具體的生活，又決定了他的主觀作用的具體的完美或缺陷的狀況。同是以主觀作用去感到問題，較完美的就不自覺的感到多些深些正確些，較缺陷的也就不自覺的感到少些淺些歪曲些。然而，努力去感到時，却都需要向客觀限制和自己的主觀缺陷作嚴重的戰鬥。

同是以主觀作用去解決問題，較完美的就能解決得較合于眞理，較缺陷的也就不自覺的解決得較遠於眞理。然而，努力在解決時，却也都需要向那問題和自己的主觀缺陷作嚴重的戰鬥。

每一個偉大的哲學家，不管基本上屬于那一個哲學營壘，也不管客觀上起着怎樣的作用，其哲學的創造，都是由主觀作用這樣的戰鬥而來。所以，只要能了解他的主觀作用的具體狀況，以及其主觀作用的戰鬥的具體狀況，就能全部「接受」之，同時也全部「批判」之。

所以，哲學與哲學家不可分：不是研究孔子的「哲學」，而是要研究「孔子的」哲學；不是研究章炳麟的「哲學」，而是要研究「章炳麟的」哲學。

什麼東西是可以「接受」並且必需「接受」的呢？

「唯物的因素」，對於今天的哲學工作者，是可以並必需「接受」的。「進步意義」的東西，對於今天的文化工作者，也是可以並必需「接受」的。然而，這兩項，性質究竟比較專門，普遍的現實意義究竟太少了。

什麼東西是可以「批判」並且必需「批判」的呢？

「唯心的因素」，對於今天的哲學工作者，是可以並必需「批判」的。「退後意義」的東西，對於今天的文化工作者，也是可以並必需「批判」的。然而，這兩項，性質究竟也比較專門，普遍的現實意義究竟也太少了。

而且，還有三個困難：

古代，尤其是中國古代所通用的哲學範疇，既與今天所用的大有不同，其本身的意義又很含糊。究竟什麼理論是「唯物的」，什麼理論是「唯心的」，大抵很難簡單的斷定。例如老子的一個「道」，就有人說是「客觀法則」，又有人說是「絕對精神」。這是一。

一般的說，固然唯物論的哲學都是進步的，唯心論的哲學都是退後的。然而，全部哲學史的發展，就是唯物論哲學的發展。所以，在很多具體情況下，「唯心的」哲學不一定就退後，且較之同時存在的「唯物的」哲學還可能遠爲進步。世界哲學史上，有一個很明顯的例子，就是黑格爾哲學和當時的庸俗唯物論相對比的情形。在這里，「進步意義」和「唯心的因素」之間，「退後意義」和「唯物的因素」之間，就不能這樣對置。這是二。

「批判的接受」既即是「接受的批判」，則可以並必需「接受」的東西，應該也就是整個的都可以並必需「批判」的東西；可以並必需「批判」的東西，應該也就是整個的都可以必需「接受」的東西。在這里，連「唯物的因素」和「唯心的因素」之間，「進步意義」和「退後意義」之間，就也不是這樣各不相涉。這是三。

所以，還是要從哲學家的主觀作用的具體狀況，以及其主觀作用的戰鬥的具體狀況上面看。能這樣看，則可以看出其全部哲學都由怎樣的主觀上的戰鬥而來，於是全部都要「接受」；同時又可以看出其主觀上的——實際生活上的——社會存在上的缺陷怎樣作用于全部哲學之中，於是全部都要「批判」。

然而更重要的，還是其主觀上戰鬥的勇猛和主觀缺陷所生的毒害，其對自己的缺陷的自覺和因缺陷而受到的痛苦，其對自己的缺陷的克服和對缺陷的妥協，其克服了缺陷和被缺陷所克服的具體情形。這一切，就不僅對於專門的哲學工作者和文化工作者有意義，而且對於一般人的精神發展都有着極其重大的普遍而現實的意義了。

至於「唯物或唯心」的判斷，「進步或退後」的判斷，就不說已經是次要的事；由于看清了「存在決定」和「對存在的反作用」的具體情形，要判斷起來也比較容易，判斷的結果也比較能夠確定了。

因此，我們要求中國哲學史的研究者，把對哲學的研究和對哲學家的研究統一起來，並把後者作爲前者的基礎。這就是說：首先寫出每個哲學家的完整的傳記來。

這種傳記，要注重時代的背景。然而，不能只顧及一般的階級關係，一般的社會經濟狀況，一般的社會問題，政治問題，文化問題，學術問題之類；這些都是抽象的，哲學家至少在開始時不能從這些抽象的地方感到問題。必需把這些問題在哲學家的具體環境里表現出來，把它們在哲學家實際可以感得到的地方表現出來；例如具體的家庭環境，教育環境，師友交遊，活動接觸到的人物事象，等等。必需這樣，才可以使人看出，同一問題可以有着多麼不同的具體表現，感到同一問題的方式可以有着多麼不同的具體情形。而這表現的不同，也就具體的活生生的反映出客觀的階級存在；這感到的方式的不同，也就揭露出「存在決定」的具體的活生生的過程。

又要研究哲學家在上述具體環境中的實際生活，這實際生活怎樣形成並形成了什麼樣的具體的主觀作用。因爲，雖然「存在決定意識」，但沒有人是用「存在」來接觸問題和解決問題，而都是用「意識」來接觸問題和解決問題；而且，也並不是「存在等於意識」，同被「存在」所「決定」的，儘有着千萬種的不同的。所以，必需看清每個哲學家的具體的主觀作用，看清問題開始被他所感到時就是怎樣的具體情形，這才能解釋爲什麼同一社會立場的幾個哲學家却有着完全不同的哲學，才能眞正的認識其意義而不致以爲「天下老鴉一般黑」。

又要表明哲學家怎樣爲解決這些問題而用主觀力量在戰鬥，其主觀上的缺陷怎樣在這戰鬥中起着作用。他怎樣在突破「存在」的限制；又怎樣終於突破了或仍被限制于「存在」？他怎樣在克服問題？又怎樣終于克服了或反被克服于問題？他是否感到自己的缺陷？對自己的缺陷是怎樣的態度？是否企圖克服自己的缺陷？怎樣在克服？克服了沒有？克服到如何程度或者失敗到如何程度？然後，這一切怎樣表現在他的哲學里面？這都是絕對必需表明的。

還有：上述這種戰鬥，並非一次完成，而是不斷的在進行。哲學家與哲學家之間，並非僅有社會歷史上的承續關係，而且更有精神主觀上的承續關係。這兩點，當然也絕對不可稍稍忽視。

最後，就是其哲學的客觀社會作用。這作用，決定于其戰鬥的成果和缺陷的毒害二者間之矛盾。如果專就客觀社會作用而言，則只要後者在矛盾中佔居絕大的優勢，就不管其主觀戰鬥如何勇猛，當然都是絕對反動的東西。

（「接受遺產」，是着眼于「存在決定」的具體情形，尤其主要的是着眼于「對存在的反作用」；社會文化鬥爭，則是着眼于上述那種「客觀社會作用」。今天是要做前一種工作，同時仍需加緊後一種工作；而五四時代，則是完全做後一種工作。兩種工作的目的和出發點並不相同，但有些人却往往混爲一談。於是，有人說：五四時代的工作里沒有「揚棄」，所以是錯誤的；有人因爲看到作家的主觀上的戰鬥，就說儒家的社會作用也是進步的；有人看到墨家哲學里所殘留的一點缺陷的表現，就說墨家的社會作用也都是反動的；又有人因爲今天要「接受遺產」，就忽略了社會文化的鬥爭，認爲只是淺薄的叫囂，是無聊的。這樣混淆起來，一方面是停止了文化鬥爭，另一方面更使「接受遺產」近乎復古了。）

這種對哲學家的「人」的研究，還有一個原則和兩種材料必需注意：

一個原則，就是衆所週知的「封建社會中的階級關係，蒙了一種家族的溫情的外幕」所謂「外幕」，當然也就是實質的一種；上層階級對於下層人民的苦樂，不管怎樣少和怎樣歪曲，也就因此總算可以稍稍相通，哲學家較之他的階級，總要感到得多些，看得遠些，而中國哲學家，又多半是在封建社會之中。所以，在研究時，必需注意到這一點，不能以爲上層的哲學家就對人民的問題絲毫無所知。

兩項材料：一是哲學家本人的關於現實社會問題政治問題等等的言論，一是當時的各種文藝作品。中國很少純粹的哲學家，每個哲學家都留下不少關於當時現實問題的意見；這項材料的價值本很顯然，但到今天爲止，大家都還沒有好的應用。至於文藝作品，則是當時的社會情緒社會精神的具體表現，有些哲學家自己也就寫得不少；必需從這上面研究，才可眞正不出活生生的「人」來，對之忽視也是不對的。

有了完整的傳記以後，最好更能把他的哲學著作的全部或重要部份，用白話翻譯出來。這不僅爲了便於一般人的「接受」，也不僅爲了顯示出哲學家的本來的全貌，而且對於研究者自己，意義也極重大的。因爲，尋章摘句的來排比論斷，其實很容易，所見也往往錯誤。只有從事於翻譯的工作，才能逼得自己處處不放鬆，眞正深入到里面去，眞正了解其精神。而批判討論的工作，也就在其中；自己的認識，也就能表現於其中的。

★　★　★

到今天爲止，我們一般的研究工作，顯然已有了不容抹煞的成績。然而，眞正就「批判的接受遺產」的觀點而論，其缺點也都很顯然。這可以分成以下幾種來檢討：

第一種，可以用對於戴震的「惟情哲學」的研究爲例。一般研究者對於這種哲學，大概都已經認識到它的文化上的反理學的強烈進步作用，以及政治上的反封建的強烈進步作用，乃至哲學上的戰鬥唯物論的地位。這種意見，我以爲確是對的。然而，這就是「遺產」嗎？對於專門的哲學工作者，或者還能一壯聲勢，並顯示出一些向未注意到的問題，指示出一些向未注意到的方法。但既是專門的哲學工作者，則本來就應該研究這些；而今天「接受遺產」的口號之提出，却是爲了一般人的文化鬥爭和精神發展的。那麼，這些東西便顯然沒有用處。如果不能明白其主觀作用在當時環境里爲這些而鬥爭的特別困難的具體情形，則一般人如其從這些里接受進步思想，還不如直接從新哲學里去接受，還要澈底得多呢！

第二種，可以用對於朱熹的哲學之研究爲例。據說：朱熹是個「二元論者」，「即物而窮其理」「天下之物莫不有理」都是「唯物的一方面」，「窮理」到「吾心之全體大用無不明」是「唯心的一方面」；「接受遺產」，就是要「接受」那「即物而窮其理」，等等。朱熹的哲學，在我看來，其實只是一種很完備的客觀唯心論，與「二元論」是不相干的。但即使是「二元論」，難道丟掉一「元」而要另一「元」，就算是「批判的接受」嗎？二元論，並不是一種簡單拚湊起來的東西，雖是「二元」，也就有着統一。例如康德的「物自體」的概念，自然就與「不可知」的概念不可分。否則，「二元論」也者，也就不成其爲一種重要的哲學流派了。

第三種，可以用對於所謂「左派王學」，即正統學者所斥爲「王學末流」的態度爲例。王守仁的哲學，本來確乎是一種極端的主觀唯心論；即使「末流」而至「左派」，仍然確乎是極端的主觀唯心論。但這「末流」中，如王畿王艮等人，高唱「無善無惡」「酒色財氣不礙菩提路」，却也實在具有極大的反抗意義。所以弄得後來自命「程朱正學」的御用學者們一致痛心疾首，竭力攻擊；並且，當時就見惡于統治者，遂有「大政治家」「張江陵相國」査封天下書院禁止講學的事。而今天的研究者，却對他們十分冷淡，難道就因爲是「主觀唯心論」的緣故嗎？

第四種，可以用對於孔子「過猶不及」的主張的解釋爲例；更可以用對於惠施公孫龍的哲學的研究爲例。據說：惠施公孫龍都是「唯物論」者；而且，「天與地卑，山與澤平」是啓發對立物的統一，「堅白石，二」是啓發統一物的對立，所以並且還含有「辯證法因素」；不過「辯證」得太過，可惜「流爲」詭辯了。又：「過猶不及」雖是中庸主義的主張，但却是從對於「質量互變律」的認識而來，所以也含有「辯證法因素」云云。這樣的方法，就是「棄」理論本身而「揚」其前段，「接受」理的前段而「批判」其本身。實際上，即使最反動的理論，也論都有着頗爲可聽的理由；「錯誤」之所以可惡，就在於它把「正確」弄歪曲了。如果這樣就是「批判的接受」，則希特勒的攻擊民主制度的理論，也是從對於「階級對立」這一眞理的認識而來，豈非也可以「批判的接受」嗎？至於以上這三種，較之第一種，是更沒有普遍而現實的意義，自然更不必說的。

最後一種，卽所謂「注入新內容」的方法，特別盛行於道德哲學的研究上：例如「忠」是「對國家盡其至忠」，「孝」是「對民族行其大孝」，「節」是「對革命立場的堅定」，「義」是「對革命紀律的服從」，等等。這種方法特別有問題：難道這些規範眞像外衣一樣，可以隨便套來套去的嗎？卽使眞是外衣，難道不帶着幾千年的歷史塵汚和惡臭，反而毀壞了內容嗎？卽使還是乾凈的，借衣作客，狼狽不堪，難道合身新作的不要適合些嗎？卽使完全合身，古衣古冠，不也顯得缺乏現實的戰鬥性嗎？卽使以上都不管，我們旣有了可以「注入」的東西，也就無需多費一道手續去「注入」了。沒有什麼東西會沒有「形式」：如果已經有了新的道德，自然也就有了它的「形式」，而用不着舊的「形式」（？）；如果還需要舊的「形式」，就證明它還並沒有存在，結果還是舊的道德而已。

至於，因爲儒家多談人事，就說是「人文主義」；把「死生有命，富貴在天」的主張，解釋爲勉勵人作現實的努力：這些就更是牽強附會，斷章取義，完全不必管它的了。

也許有人說：第一種工作，表明出我們這民族也能產生這些偉大的哲學，可以提高民族自信心；以下幾種，結論容或錯誤，動機却也相同，也是不可厚非的。

這說法，是錯誤的。因爲，民族生存的力量，主要的是人民，而不是人民所直接間接創造出來的文化。今天確乎是要提高民族自信心，但必需從人民尤其今天的人民身上去深刻認識其力量，而不是靠着對過去的進步文化成果的誇耀。這就是說，必需深入人民的生活之中，並且把人民發動起來，向其生活深處，從其發動之中，認識其潛在的支持民族生存並創造文化的偉大力量。認識這種力量，並且眞正感到這種力量，這才可以提高民族的自信心。至於對於過去，也必需首先研究眞正人民的歷史，研究先民們究竟憑着什麼力量而這樣長久的生活過來，其次才是對於文化成果的研究。但卽在對於文化成果的研究之中，上述五種方法也還是不行，仍需從哲學家的生活和主觀作用上去研究。因爲，對於眞正出身於人民，並反映了人民的利益的哲學家，固必需如此研究，才可以認識到具體的人民的創造力；就是此外的哲學家，其主觀作用的戰鬥也還是自覺和不自覺的力圖尋找人民的道路，其戰鬥如有勝利也還是由於級取了人民的創造力的。

不看人民，專談文化，終於便會覺得，是全部舊文化支持了民族的生存；起初或者還要單選「進步的」，最後，由於反動的文化究竟佔統治地位，便也能於其中看出力量來了。近來，進步文化陣營里所流行的某些頗堪注意的復古傾向，就是由於這個根源。

所以，「接受遺產」的工作，在今天實在是一種很危險的工作。人民旣未發動起來，其力量旣未顯露出來，「接受」的基礎就不易找到。僅僅站在文化的基礎上，則一不留心，是反要被「遺產」所「接受」過去的。

然而，也並非說，這工作就不重要不必做了。相反的，我們仍然要做，不過必需把這工作安置於尋找人民的具體創造力這個目的之下。只有從過去的文化成果里，看出一切由人民的力量所直接間接創造出來的東西，看淸人民的力量怎樣在背後起着直接間接的作用，這才可以提高對於民族的文化創造力的信心。而前面所謂哲學家傳記里的時代背景的表現，也就以哲學家所能感受到的人民力量的表現爲主要部份。

我們現在的「接受遺產」，限制還是很多。必需到了人民眞正掌握民族的運命時，才可以無限制的接受。因爲那時人民的力量已經昂揚，「接受」過來的一切，自然都成爲人民的東西，不怕反被它「接受」過去。那時，卽使「秦皇漢武」，也都可以成爲民族英雄；而現在，卽使石達開李秀成，如果過於頌揚，也未嘗不會發生很大的毒害作用的。

一九四四・三・二。

「夷狄之進於中國者……」

馮挽

「夷狄之進於中國者，則中國之」，還是「公羊傳」上的話吧！康聖人用這作根據，建立他那一套「保皇論」。後來，聽說鄭孝胥做了「滿洲國」的「國務總理」，也根據這話來辯護他的行爲。

粗粗一看，好像過於可笑。但細細一想，是並不可笑的。

「進」有二義，一是「進來」，一是「進步」；冒充教授口吻來說，前者是「形而下的」，後者是「形而上的」。

周帝國厲行種族同化政策，雖然春秋戰國時已經談不上，但「公羊傳」這話的原義，還不妨認爲是僅僅指「形而上的」一種而言。到後來，就兼含二義，並且以「形而下的」事實爲主了。

太遠不必說。蒙古人先是「進來」，接着大崇儒術，這就是「進步」；滿洲人也先是「進來」，接着也大崇儒術，這又是「進步」：既已「進來」到中國國土，又能「進步」到中國「固有文化」，當然沒有問題：「則中國之」。

成吉思汗對於「斡羅斯」只是「進來」，所以其「進于斡羅斯」雖還在「進於中國」之前，「斡羅斯」人却並不稱之爲「我們的……」，也不說他的「進于中國」是「我們的光榮史」，只有我們常這樣說，就因爲他對於我們的「進」，並不止「進來」而已。

日本人在東北，也大崇儒術，倡讀經，祭孔廟了。所以，自然，也就「則中國之」。

爲什麼人家崇我們的儒術就是「進」呢？曰：我國固有文化爲世界第一。

一九四四・五・二二。

書評

「歐根・奧尼金」與「當代英雄」

冰菱

「歐根・奧涅金」，普希金底巨著，有甦夫和呂熒底譯本，後者較完全。「當代英雄」，萊蒙托夫底名著，有小畏底譯本，分為「塞外羇覽記」及「畢巧林日記」兩部。

萊蒙托夫底世界比起普希金底廣大與深沉來，要顯得深邃些，有着某種聳拔的力量。普希金所廣泛地接觸，並且在里面深刻地生活了的，是俄羅斯底純樸而雄厚的人民世界和它底文化，平民主義的偉大的詩人面對着貴族世界及其文化底深刻的激動，法蘭西大革命底怒濤，以及十二月黨人英勇的叛亂。這是一個激動着的輝煌的世界，在里面發生着新鮮而深刻的民主主義底理想。萊蒙托夫因普希金底被害而攻擊沙皇，像普希金一樣地流徙終生：兩位詩人底人生遭遇大略相同。但萊蒙托夫所生活着的，主要的是在西歐底力量影響下的紛雜的世界，這中間得唱沒落的貴族底動人的輓歌。假如說，托爾斯太在「戰爭與和平」里表現了貴族世界底美麗及力量，在「安娜・卡列尼娜」里深刻地批評了市民社會，果戈理強烈地表現了農民的俄羅斯底理想和浪漫的感情，那麼，在普希金，尤其是萊蒙托夫這里，就直接地描寫了美麗的，頹廢的貴族底人生逃亡。黯然的，普希金批判了奧尼金，萊蒙托夫批判了畢巧林，但兩人都不可抑止地對他們底主角湧起了悲涼的愛撫。普希金愛撫得明澈而溫柔，萊蒙托夫則更為悲涼：美麗、煩惱、然而有力的畢巧林從遙遠的波斯回來底時候死去了。說是，普希金自己並不是奧尼金，萊蒙托夫自己並不是畢巧林，當然是對的，因為詩人已經鮮明地把他們底人物寫出來了；然而，奧尼金表白了普希金底人生迷惑及痛苦，畢巧林表白了萊蒙托夫底人生迷惑及痛苦，這個說法，也是無疑的可以成立的罷。

無論怎樣偉大的詩人，總要受着歷史底限制的，雖然他有着一個熱情的，想像的，屬於未來的地盤。普希金堅信美好的未來，但處於當代，遭遇着各種現實的，文化的，精神的問題，敏感的詩人要比一切人都覺得痛苦，由痛苦就產生了迷惑。所以，「奧尼金」是熱烈地表現了他底痛苦的作品，在對於他底主角的描寫及檢討里，詩人回憶了自己底身世，生活，並且溫柔地凝視了未來。

但萊蒙托夫在畢巧林里面却未凝視未來，因了他底環境，他要較為冷酷。顯然的，萊蒙托夫，忠實的詩人，是民主主義者，但這並非理論的或實踐的民主主義，而是客觀傾向上的民主主義。在「當代英雄」里，他悲悼了一個美麗的頹廢的貴族軍官底滅亡，但並未自覺地指出他底客觀上的、歷史的孤立性以及其他的他所以滅亡的根據，如普希金在「奧尼金」里所竭力地做了的。普希金，在某種程度上完成了現實主義的史詩，萊蒙托夫則寫成了美麗的，深邃的，頹廢的輓歌。這表現着，較之廣泛而深沉的普希金，萊蒙托夫底世界里有着更大的矛盾。但因為充份地吸收了俄羅斯人民底粗野而雄厚的活力，作者得到了質樸新鮮的對人生的美感，這種美感就又成為某種樂觀的力量。我們看到，在現代的苦悶的西歐社會里，藝術家就得不到這種力量，在那里純然地是社會分化與階級孤立。

在普希金身上，存在着不小的矛盾，這是他沒有能力在思想上或生活里得到解決的。他吸收廣大的人民生活來創造他底藝術，用這來較量自己底痛苦，達到了現實主義的完成。他痛苦愈深，追求愈烈，愈廣大，但他實在並未變成神仙：如有些人所想的，因為，顯然的，在奧尼金里面，他表白了他自己底人生矛盾及思想矛盾，並寄託了他底痛苦。詩人底勝利，是在於誠實的，偉大的表白，批判，悲悼，和希望，他和歷史的限制鬥爭，完成了現實主義的藝術。

「當代英雄」里面的思想，無疑地有很多是從「奧尼金」里面感染了來的，但它顯得孤立，帶着更深的失望的色彩。萊蒙托夫並未像普希金那樣的凝視西歐，萊蒙托夫所渴望的自由，充份地帶着原始的山林的性質，它用這樣的武器來攻擊暴君及崩潰的社會，好像盤據在秀山里的英雄，吸引了當代的蛻化着的貴族的視線。對於打擊暴君他是頑強的，但對於自己底矛盾及痛苦他是無能為力的，終於恐怕祇有「遺棄」的一途——但暴君使他不得「遺棄」，而草野的人民給了他以人生的樂觀的美感。

奧尼金是俄國文學里的第一個「多餘的人」，普希金也把他當做當代英雄來看。普希金使他在各種矛盾里比自己陷得更深更絕望，並且使他，除了熱情的無望的騷擾以外，沒有理想及批判自己的力量，如真正的當代英雄普希金所有的。這樣，人們就不以為奧尼金與普希金底痛苦及思想有着痛切的關係。

真正的當代英雄萊蒙托夫，對於想像的當代英雄畢巧林，保留着他底批判，很顯然的，他覺得人生永遠地祇是矛盾與痛苦，而且——虛無，他覺得批判無益。顯然的，他在某種程度上同意着畢巧林底思想。所以，頹廢的，「多餘的人」的畢巧林和萊蒙托夫有着痛切而深刻的關聯。萊蒙托夫，顯然的，由於虛無思想和超越痛苦的人生的願望，覺得自己是多餘的人，雖然他不但不多餘，反而被他底祖國和愛好自由的人類所需要。在那些站在社會矛盾中的藝術家底身上，我們常常看到這種分裂：它表現為各種樣式。

普希金底某種程度的虛無的感情，在萊蒙托夫身上，成為鮮血淋漓的傷痕了。雖然他美麗地裝飾了這傷痕。

到了「奧布洛莫夫」，「多餘的人」發展成熟，民主主義和現實主義也發展成熟，就展開了對「多餘的人」的熱情的，坦白的批判。

一九四四年九月廿日夜

「何為」與「克羅采長曲」

冰　菱

「何為」，乞爾尼雪夫斯基底名著，有世彌底節譯本。「克羅采長曲」，托爾斯太底後期的作品之一，我所讀到的鄒荻帆底譯本，標名為「愛情！愛情！」，另有幾種譯本，其中有易名為「愛的囚徒」及「波茲雪尼夫底愛」的，未曾讀到。

乞爾尼雪夫斯基是俄國底民主主義的鬥士及作家，「何為」是他底政治信仰底產兒，帶着濃厚的理想主義的色彩。主題是，為了理想，決然地與舊社會脫離的青年男女，愉快地戰勝了人類底愛情的弱點。展開在理想主義的戰士底面前的，是一條光明的大道，因了這種力量，舊社會的，個人的，私有的愛情觀念及其熱情，輕易地就被超越。托爾斯太，如他自己晚年所渴望，並且實際上也差不多成功了的，是「神」，在「克羅采長曲」，帶着「神」的憤怒和嫉妒，以他底偉大的魄力，兇惡地揭露，並且抨擊了人類底情慾的弱點。蒙昧的人類，除了宗教，別無拯救。所以，「克羅采長曲」也可以說是理想主義的作品。

好像在哪里讀到，說是「克羅采長曲」是用來反撲「何為」的，舊世界的「神」宣佈說：除了皈依福音，人類必將永遠地淪於黑暗，近代的科學文明則祇能增加這黑暗，所以，認為政治信仰可以使人類克服自身底弱點，是錯誤的！照這意思看來，「反撲」之說，是可能成立的。但究竟誰的力量大些？

乞爾尼雪夫斯基底理想主義，本然地包括着政治的實踐，在「何為」里，直接地傾訴着自己底信仰及世界觀，並且直接地讓它得到勝利。托爾斯太底理想主義，本然地包括着福音的光明，即精神的光明，在「克羅采長曲」里，直接地抨擊着物質的，情慾的世界，並且直接地讓這抨擊得到勝利。托爾斯太底另一個主題是：情慾底邪惡決非近代的科學所能征服，近代的科學及民主主義，無論如何都不能達到人類靈魂底波濤洶湧的深處。

「何為」震動了俄國的當代的青年男女，「克羅采長曲」則剝開了西歐底創痕，刺激了它底痛處，西歐底苦悶的知識份子認為，「克羅采長曲」發露了人類及藝術底永恆的主題，即人類底「愛情的嫉妒」。反之，沒有人認為在「何為」里面，有什麼永恆的主題。

假如藝術即宣傳之說可以成立，那麼，「何為」及「克羅采長曲」，就特別是宣傳。也可以說，乞爾尼雪夫斯基宣傳得膚淺些，因為他沒有能夠替他底人物安排一個現實的世界，並且因為他所需要的現實世界當時也幾乎沒有產生。而托爾斯太則宣傳得高超一點，他底現實世界已經活了數百年，因了他底痛苦的熱情，他有着一個絕對的領域：十九世紀的俄國及西歐底特定的社會矛盾，舊世界底沒落底痛苦，及其拼除痛苦，追求完美的熱情。人類經歷了數百年的熱情及痛苦，西歐底苦悶的知識界稱之為永恒的主題。

假如「何為」，因為昂起頭來向着未來的緣故，未曾給予真實的藝術世界，應為今天的現實主義者所不取的話，那麼，「克羅采長曲」，因為痛苦地向着過去的緣故，未曾給予真實的藝術世界，亦應為今天的現實主義者所不取。

這里存在着歷史的限制，恐怕也就是藝術的限制。乞爾尼雪夫斯基急於理想（政治目的），不能給予關於當代俄國社會的真實的畫幅及史詩；托爾斯太祇能看到抽象的情熱問題，也不能給予真實的藝術，雖然他底天才的力量使他底抽象的情熱問題有了某一限度的藝術生命。這祇要拿人物（波茲尼雪夫）底孤立及對市民社會的描寫底片面化及觀念化和他自己底「安娜·卡列尼娜」底錯綜及完整來對照了看就可以明瞭。

向着未來的偉大的理想主義者，假如不以單純的理論為滿足，假如熱情地與聯繫着社會矛盾的人生痛苦搏鬥的話，就會產生偉大的詩，如羅曼羅蘭底「克利斯多夫」。以單純的理論為每日的食糧，避免向人生深處搏鬥，總不能產生好的藝術的。雖然對理論的高度的熱情及迷戀也能產生有着某一限度的藝術生命的東西，如「何為」。站在過去與未來之交，也就是複雜的社會矛盾的中心的卓越的藝術家，身罹複雜的痛苦，往往走向大的迷妄；從大迷妄衝出來，就能產生偉大的作品，也就是所謂永恒的主題；但他底身上往往佈滿了「永恒的主題」的創傷，如托爾斯太。從遠古以迄現在，人生總有缺陷，藝術自難免有缺陷；特定的個人更有特定的缺陷，因為，就小說而言，到現在為止，總祇能是特定的個人的創作。但這特定的個人，如陷於孤獨，像托爾斯太底晚年，或抽象化於對未來之理想中，如寫作「何為」的乞爾尼雪夫斯基，則難於產生完美的藝術。這對我們今天的教訓是：必需堅持現實主義。

「萬物靜觀皆自得」，我們不要，因為它殺死了戰鬥的熱情。將政治目的直接地搬到作品里來，我們不能要，因為它毀滅了複雜的戰鬥熱情，因此也就毀滅了我們底藝術方法里的戰鬥性。對於腐爛的現實的嫉恨產生積極的現實熱情，也產生凌空羽化，面對虛無的熱情，後者視腐爛的現實為永恒，因此也就會發生追求永恒的主題的衝動，這種衝動雖然有時是好的藝術的泉源，然而也極可能走到它自己的陷井里去，對於我們，雖然是「抵抗力最大」的道路，却也是危險的道路。

兩層霧罩下的黑格爾

舒蕪

這是中國的哲學家賀麟，從美國的哲學家魯一士的兩本書里面輯譯出來，介紹黑格爾的一本小冊子，「黑格爾學述」。商務印書館「漢譯世界名著」之一，去年八月在重慶翻版的。

這里面當然有一個黑格爾。但我們讀時，却首先看到賀麟先生，其次看到魯一士先生，最後才看到黑格爾。賀麟先生張着一層中庸主義的霧罩擋在頭一道，魯一士先生又張着一層「新黑格爾主義」的霧罩擋在第二道。要想看到黑格爾麼？從這兩層霧罩透過去，透過去！

中庸主義的霧罩，賀麟先生自己說得很明白：「黑格爾的矛盾法（蕪案：即辯證法）又是一種矛盾的真理觀。……不過是說真理是包含有相反的兩面的全體，須用反正相映的方式纔能表達出來。……換言之，只執着片面的「生」或「死」，「為」或「無為」，「道德」或「不道德」，均不足以見真理之全。不過為世人說法，不可說得太顯露玄妙，致引人誤會。……譬如，不用「死以求生」的矛盾玄學語，我們不妨說「殺身成仁，捨生取義」，或「苟且偷生的生活無意義」等，如此便平實多了。……如此說來，雖失了原語之矛盾方式，便少語病，而不易引人誤會了。（凡着重點，都是我加上的。下同。——蕪）（譯序）他就是這樣看的，就是這樣把「矛盾的統一」看作「不偏不倚」，把辯證法的戰鬥氣息都消滅掉，而譯成「平實」的中庸主義的東西的。

這里有一個最好的例子，就是原書引拜倫的幾句詩，而他譯成這樣的東西：「昔日誤失，足，創痛巨且深，所失雖云巨，天寵幸存之逝者何須咎，來者萬般新，乃悟心中實，悠永最可診；大漠有涌泉，荒野有綠林，孤鳥鳴空際，告我天心明。」後面還要來一段「譯者按」，曰：「全詩大旨，最近衰了凡『從前種種譬如昨日死，從後種種譬如今日生』之語；至所謂『心中實』，即指自家方寸中之一股志氣，一線希望，一點靈明。所謂『天寵幸存』者，亦自己尚知自愛，不因此而自暴自棄也。……」你看！這霧罩濃到什麼程度！連拜輪，連那樣熱烈的永遠不疲倦于「生之追求」，甚至于有「惡魔」之稱的拜輪，被他這霧罩一罩，都居然大有焚香靜坐合眼觀心的理學夫子之狀，或者大有高歌「誤落塵網中一去三十年」的我們的老隱士陶淵明先生之狀了。拜輪如此，又何況黑格爾乎？譯拜輪的詩都譯成這樣，解拜輪的詩都解成這樣，又何況黑格爾的理論，更何況魯一士所轉述的黑格爾的理論乎？大抵全書無處不有，可以推知，不一一列舉了。

至于魯一士所加上的「新黑格爾主義」的霧罩，是把黑格爾砍成兩截，一半爲「早年的富有自由精神的黑格爾」，一半爲「晚年的專橫獨斷保守的黑格爾」；而以早年著作「精神現象」爲前者的代表，晚年著作「歷史哲學」爲後者的代表。他在這里，就是特別抬高「精神現象」的價值，要用來壓倒「歷史哲學」；特別抬高「早年的黑格爾」，要用來壓倒「晚年的黑格爾」。據他說：「假如黑格爾果然犯這種毛病（燕案：指牽强傅會的毛病）的話，我們至少也可以說「精神現象」里所犯此病處極其稀少，而他那晚年的『歷史哲學』牽强傅會之處倒比較多些。因爲在『精神現象』中，他是自由選擇歷史事實以說明哲理，並未會呆板地重述過去事實。」這就是被他的霧罩住了的黑格爾的形樣。

但我們知道，黑格爾和費爾巴哈，是聯係着哲史學上從唯心論時代到唯物論時代的，兩個偉大的接力賽跑員。黑格爾從康德手里接過火把，一直跑到唯心論的終點，交給費爾巴哈；費爾巴哈就從那一點開始，跑進唯物論的階段，又把火把交給他的更偉大的繼承人。所以，從「精神現象」到「歷史哲學」的過程，實是在就從唯心論階段之中跑到唯心論階段之終點的過程。看魯一士所介紹的「精神現象」的內容，可知那里面的「絕對精神」，與「歷史哲學」里面的「絕對精神」並無不同。只是到「歷史哲學」里面，這「絕對精神」才追求它自己在現實世界里面的真正實現，而在「精神現象」里面還只拘守在精神本身的領域之內而已。那麼，魯一士的用意就很顯然，無非是阻礙「絕對精神」往現實世界求實現，也就是阻礙黑格爾跑到唯心論的終點。爲什麼如此呢？不用說了。

「絕對精神」這個東西，當然沒有的。但費爾巴哈說得好：凡黑格爾之所謂「絕對的這個」「絕對的那個」，實在都只是黑格爾自己的「這個」「那個」；所謂「絕對的」，不過出于「思維的誇張」。因此，如果把所謂「絕對精神」理解成「黑格爾的精神」，那麼情形當會大爲兩樣。那麼，我們就可以從「精神現象」里面，看到黑格爾自己的精神怎樣萌生；從「精神現象」與「歷史哲學」的關係上面，看到黑格爾怎樣發展自己的精神，怎樣不安于精神本身而必求進一步實現于人類歷史，用怎樣的方法求實現，實現了怎樣的程度，以及怎樣在最後一步失敗了而就沒有能跨進唯物論的階段上去。這一切，對於理解黑格爾，理解唯心論與唯物的關係，理解唯物論的眞正的勝利的精神，都是有大幫助的。

因此，這本「黑格爾學述」，在「精神現象」尚無中譯本之前，倒是很值得一看的；只要能透過兩層霧罩。

四四、一〇、一六、

小啓

· 特別徵求前綫的，敵後的，後方民衆生活的報告。字數不拘，但希望是短小而又有特殊內容的，寫法不拘，但希望不是瑣碎的鋪敘或空洞的議論。

· 爲了抵抗小說里面的頹落傾向，本刊計劃出一個小說專號，希望在實際生活里面戰鬥的作者寄稿。字數不拘，但頂好在兩萬以下。

· 昆明佘甯李之華二先生：「七月詩叢」不是「七月詩叢」作者們所編，有稿請直接寄去。

編後記

山路邊有兩三尺寬的小溝，里面有碎石，有樹根，有手指大小的水流，有小鳥停腳，有青蛙跳過，……但我們看得到間或有小蟻們由這邊岸上辛苦地曲曲折折地走向那邊岸上。連人類包括在內的大的動物們，在一兩秒鐘的時間里可以毫不在乎地舉腳跨過，但如果懂得小蟻們底言語（假定蟻族也有言語），牠們將會告訴你：翻過了多少高山，爬過了多少懸崖，涉過了或彎過了怎樣的大河，而且遇見了怎樣兇惡的巨獸……。這當然是非常可笑的。但在小蟻們確實是眞實的經歷。

如果我們向讀者訴說這個小刊產生的經過，就不免會弄到像小蟻們發表冒險記一樣的可笑。況且現在是怎樣危急的時期，全人類在火熱地進行着決死的搏鬥，敵人底炮火正在向我們殘破的半壁河山瘋狂地轟進，不但要爭取戰鬥的時間，而且也只能檢討戰鬥的效果，鄉下小女子似地傾訴衷曲，實在沒有也不應該有這樣的閒情逸致了。

不過，因爲是小蟻，雖然微小得也遲緩得在大力者底眼里等於烏有，但因此也就不是驚空而過，非得用自已底微末的身軀一分一分地在小溝里面爬行，而且和小溝里所有的一切打遭遇戰不可。那麼，在小蟻們，雖然是微小的，但卻也就能夠有自己的悲喜和艱辛了。

就詩說罷，在眞正的詩人們看來，頂多也不過是些「詩料」，但在作者們是誠懇地說出了，在讀者們也大概能夠感受到一點眞實的控訴和眞實的追求，而且我相信，這些決不是不答時代底脈搏相通的。「詩料」也不壞，因爲到底還是「料」，怕只怕連「料」底作用都沒有的斷爛了的文字垃圾堆。

但無論是控訴或追求，並不能那麼容易地發出，試一讀小說，就更加明白了。前三篇所展開的是多麼苦痛的境界，到第四篇，作者和讀者就一同受到了試鍊，第五篇才完全驅走了悲愴的氣息，雖然也還是在試鍊的過程里面，但已經多少透露出樂觀主義的確信了。如果說「我鄉」是親切感人的抒情詩，「郝二虎」是幾條遒勁的炭畫，那麼，「羅大斗底一生」就是色采濃郁的油畫底大幅。在這大幅上面，有色底滲透和線底糾結，人民底苦惱，負担，和希求，在活的生命形象上使紙面化成了一個世界。在作品里面看不到「結論」就驚慌失措的批評家們也許要用顯微鏡來尋找「主題」罷，但我不妨冒昧地說一句：我們所要求的人民底英雄主義是能夠從這里呼之即出的。而且還不妨再加一句：在文藝思想上，無論對於實現主義或教條主義，這都能成爲有效的一擊。

當然，從作品里面追求思想問題雖然並非要不得的道路，但也不會到此爲止，所以也還有了一點理論似的文字。但所謂理論，也只是一些從微小的悲喜出發的實感，並不是什麼引經據典的臯然的「體系」，使讀者望而生畏的東西。像「箭頭指向」——不是毫無第一點、第二點……的分析麼？像「論主觀」，不是太不合於邏輯大家底胃口麼？生活，生活，你怎麼不成爲按照公式循規蹈矩地自然流去的大河，讓我們站在岸上畫出一目了然的圖解呢？

但「論主觀」是再提出了一個問題，一個使中華民族求新生的鬥爭會受到影響的問題。這問題所涉甚廣，當然也就非常吃力。作者是鑿了他底能力的，希望讀者也不要輕易放過，要無情地參加討論。附錄里面所記下的意見，太簡單了，幾乎像是電報碼子，但如能有多少的啓示，使讀者從這些以及正文引出討論的端緒，我想，受賜的當不只作者一人而已罷。

由於相似的追求的心情，就有了「雜文」和「書評」。原來的意思不過是收集一些匕首式的短文，讓麻痺的神經受一點刺痛，但老實說罷，所得到的成績却是超過了預定的期待的。不過，這一回，雜文專向着封建主義，範圍還可以更廣一些，書評專向着古典名著，希望能夠更多地論到現在的著作和作品。這就得靠寄稿者和讀者平時讀書加以注意，有所得時就寫給我們。

那麼，第一回就這樣地和諸位相見了。

但我想向諸位提出一個問題：和兩三年前相比，戰鬥的思想力量是不是加強了呢？——我們底答覆是肯定的，這就一方面使我們底負担更重，因爲進一步有進一步的任務，進一步有進一步的阻力，另一方面，使我們預想到能夠遇見更多的共感者和同道者。我們願意結識這樣的同道者，這裏沒有「新作家」與「老作家」之分，也沒有「提拔新人」的大志，所有的只是一點願能夠共同作戰者來共同作戰的誠心。但當然，我們認爲是不好的，或者也許實在是好的但我們却不能理解的作品，我們也不會憑什麼情面決定取捨的。

有人問，列名「希望」有什麼意思？答覆是，不過偶然想到的而已，沒有什麼深意。如果勉強地說，那就是，抱有希望的心的人總不會失掉希望的。像 pondora 似地，錯誤地打開了寶箱，讓罪惡、災難等都飛到了人間，僅僅關住了一個美麗的「希望」，我們自信並不會這樣悲觀的。但如果以爲是賣弄機智，眞意不過是「現實」底反語，那恐怕也不完全和我們底心情一致罷。

胡　風（十一月十六夜）

饑餓的郭素娥

路翎

震動了大後方青年讀者的中篇小說，爲青年作家路翎的力作。美貌而窮困的郭素娥，「是這封建古國的又一種女人，肉體飢餓不但不能從祖傳的禮教良方得到痲痺，倒是產生了更强的精神的飢餓，飢餓於澈底的解放，飢餓於堅强的人性。她用原始的强悍碰擊了這社會的鐵壁，作爲代價，她悲慘地獻出了生命。」

這裏面「展開了勞働、人欲、飢餓、痛善、殘酷、犯罪：：：：，但也有追求、反抗、友愛、夢想所織成的世界；在那中間，站着郭素娥和圍繞着她的，由於她的運命而更鮮明地現出了本性的生靈。」前冠胡風先生長序，對作者與作品有愷切的說明。

民族戰爭與文藝性格

胡風

這是胡風先生第三批評論文集，都十餘萬言。寫作的期間約有四年，足見作者上筆之愼和構思之深。在這裏，他指出了文化發展與文藝發展的特徵和方向，他從最高的理論水準上解明了創作方法上的原則問題，他對於幾種基本的文藝形式提出了扼要的指示，他對於革命文學的兩大導師——魯迅和高爾基——畫出了最基本的特徵：：。從實際問題引出理論上的要求，所以理論是活的，既能引起讀者對於理想的熱情，又能使讀者對於現實問題得到銳利的分析力量。

追求者

孔厥

孔厥是抗戰後出現的最優秀的小說家之一，一直置身于北方的戰鬥生活裏面，所以內容上是脫胎換骨的變革過程中最堅實的人生，表現上是不帶一點纖弱味和誇張性的樸實的風格。本集是從作者全部作品裏精選出的小說十餘篇。

青春的祝福

路翎

路翎先生底中篇短篇合集。作者抱着蓬勃的情熱，向時代突進，向人生突進，在勞動世界的搏鬥，殘害，友愛，仇恨的合奏里，我們看到了時代底青春。在戀愛追求的痛苦，懺悔，犧牲夢想的合奏里，我們看到了人生底青春。但作者一貫地用着祝福的心，不但使讀者感到熾熱的時代的呼吸，更使讀者得到對於人生理想和人生戰鬥的勇氣。

生活唯物論

舒蕪

青年哲學家舒蕪的出現，在後方讀者社會中造成了一個驚奇。他的每一篇論文都深深地刺入了現代中國的思想狀況的要害，因而引起了廣泛的討論。本書是爲青年讀者寫的一本哲學講話，但却是因全力把最高的原則提示了出來。因爲是從現實生活要求提出問題的，所以亳無難懂之處。用小說式的對話體，活潑而生動，有很高的獨創性。每章附有討論題目，書後附有詳細索引。

棘源草

胡風

本書是作者底抒情的雜文集。一面撫傷，一面酣戰。能掘出小事件裏面的思想的根源，能剝開小花頭下面的醜惡的本相。讀「棘源草」，看得見一個士卒的刀光劍影，也看得見那擋路的、絆脚的、臃腫的軀殼。

財主底兒女們

路翎

約一百萬字的大長篇，是抗戰以來的小說文學中的偉大的收穫。時間自一•二八戰爭到蘇德戰爭爆發，舞台由蘇州、上海、南京、江南原野、九江、武漢以至重慶、四川農村，人物有七十個以上（這裏有眞的汪精衛和陳獨秀），主要的是青年男女，一•二八一代的青年男女，抗戰發生後一代的青年男女。以這些人物爲幅射中心，在這部大史詩裏面，激盪着神聖的民族解放戰爭底狂風暴雨，燃燒着青春底熊熊的熱情火焰，躍動着人民的潛在的力量和强烈的追求。而且，作者是向着將來，爲了將來的，所以，通過這部史詩裏面的那些激盪的境界，痛苦的境界，陰暗的境界；歡樂而莊嚴的境界，始終流貫着對於封建主義和個人主義的痛烈的批判和對於民族解放，個性解放的狂熱的要求。這是現代中國底百科全書，因爲它所包含的是現代精神現象的一些主要的傾向。橫可以通向全體，直可以由過去通向未來的傾向。這是光明和鬥爭的大交響，在衆音的和鳴中間，作者和他的人物是舉起了整個的生命向我們祖國的苦惱而有勇氣的青年兄弟姊妹們呼喚着的。前有胡風先生長序和作者自己的題記。將分四厚册出版。

抗戰八年中：

人民的精神經過了怎樣的鍛鍊？
人民的生活發生了怎樣的變化？

胡風先生編選：

傑出的新作家

優秀的新作品

我是初來的

胡風選

這是「七月」裏面不能單獨成集的詩人的選集。這些都是一首至多兩首的詩人，而且都是第一次和讀者見面的詩人，但好像少年男女的初戀，這些詩都是最純潔的眞情。現在選成一本，有如一個花球，每一朵都現出特有的色采，都發出特有的香氣。共分五輯，各各反映了時代精神的一種狀態，一個方向。書前有胡風先生四千餘言長序。

無弦琴

S·M·

作者是持槍的詩人，流血的詩人，求眞的詩人，他的詩，帶着槍刺的閃光，帶着鮮血的閃光，更帶着求眞者的愛愛仇仇的閃光。我們在這裏接觸了肅穆的詩的境界，嚴峻的詩的風格。

旗

孫鈿

這是從最殘酷，最現實的戰鬥裏面發出的戰鬥的聲音，但詩人的語言是那麼的清新，詩人的胸懷是那麼的坦赤，好像戰鬥對于他是最親切的日常生活，這些戰鬥的聲音好像是對于愛人對于慈母的傾訴。

意志的賭徒

鄒狄帆

「你是意志的賭徒，以生命爲孤注一擲」。爲了鬥爭，爲了理想，也爲了生命的歡喜，詩人想尋求孤注一擲的人生意義。他從一棵草一朵花裏面尋求，從一個戰鬥的人格或一個民族的命運裏面尋求。

給戰鬥者

田間

在中國詩壇，作者是一個勇猛而矯健的闖將，由于他，先進人民的眞實的靈魂才走進了詩裏。本集是戰鬥以來的作者已發表未發表的全部作品的大選集，共分五輯，說明了時代精神的進展，作者戰鬥生活和戰鬥情緒的進展，詩的風格的進展。這裏面表現先進人民的精神覺醒狀態和路向。

北方

艾青

這是最能代表詩人艾青的一本詩集。作者在這裏用最純眞的語言傾訴了對于祖國，對于人民的愛，對于祖國的解放的希望。詩人自己是農民之子，因而他的歌聲是從廣大的土地的深處發出的。

醒來的時候

魯藜

天眞的詩，沉醉的詩，美夢的詩，但詩人底天眞，沉醉，美夢……是發芽于最艱苦的鬥爭裏面，發芽于最現實的戰鬥着的堅韌不拔的心懷裏面。詩人的歌聲打開了我們更愛人生也更愛鬥爭的靈魂的門。從他，許多年青的詩人被啓發了詩的靈感。

預言

天藍

作者是個特彩的詩人，他的熱情是在戰鬥的思想裏面錘了又錘，煉了又煉的，因爲他所歌頌的，是在時代洪爐裏面燒過了結晶了的人生。他的筆觸帶着鏗然作響的鋒利，他的風格好像是鋼板上的發着烏光的浮雕。

泥土的夢

杜谷

深深的浸入了地母的呼吸，氣息，希望，歡喜，以及憂鬱與痛苦，詩人才能夠唱出了這樣深沉的大地的歌。這樣的歌，只有深愛祖國的詩人，善良到像土地一樣善良的詩人，坦白到像土地一樣坦白的詩人才能夠唱出的。

躍動的夜

冀汸

詩人所唱的是戰爭的童年的情緒，社會的童年情緒，這裏面是純潔的樂觀，開朗的心懷，以及醉酒一樣的戰鬥氣魄。在詩人的面前，一切都現出友愛的笑容，一切都發出親密的聲音，罪惡和汚穢都銷聲匿跡了。

童話

綠原

如果童話是提煉了現實的精英而創造的世界，那麼，童話式的詩是現實人生情緒的更美的昇華。從星星，從花朵，從囚徒，從季節，從一種情緒狀態，從一篇作品，……詩人都能構成一個情緒的樂章，而這些裏面却都躍躍地跳動着時代的脈搏。

▶ 紙型陸續運抵上海翻印出版 ◀

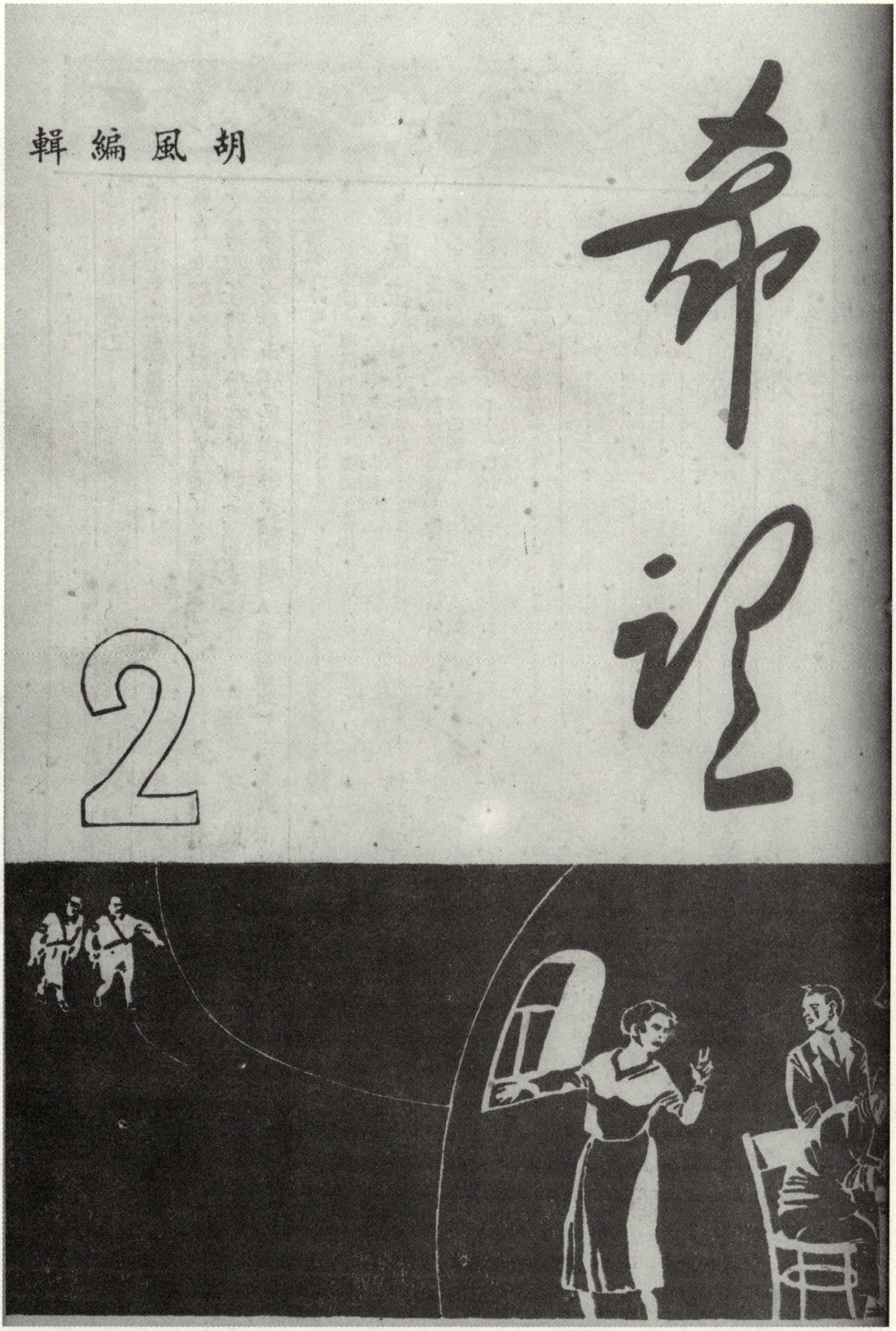
胡風編輯
2

·目錄·

希望

第一集 第一期

三十五年一月出版

編輯兼出版者 希望社

主編兼發行人 胡風

總發行所：五十年代出版社
重慶鄒容路四十號

上海總經售：中國文化投資公司
上海威海衛路五八七號
電話：三九八九一

價目：
本期零售四百元
外埠郵費在內
掛號照章另加

雜文

致讀者：

一、願意廣收同好者賜來稿，凡文藝創作和文化批評，不論哪一類（暫不收純學術性的文章）也不論長短，由幾百字到兩三萬字，除了我們認為不好，或者實際是好的但我們不能理解的以外，都願發表。

二、短稿請留底子，長稿附有退件郵票者不用時當退還。

三、來稿請用有格稿紙按格抄寫，這對于編者，排者，校者是一大恩惠。

四、為了節省彼此的時間精力，凡中庸的議論或虛僞的聲音，請免寄。

五、來稿決定發表時即發通知，發表後即寄發表費。

六、來稿寄中國文化投資公司

給希望

G. 基茨

當我一個人孤獨地坐在爐邊，
　可哀的想頭糾纏住沉鬱的靈魂；
當美好的夢影不再在眼前顯現，
　生命的荒原不再有花枝招展；
親切的希望，啊，請把你的甘露傾瀉，
請把你銀色的翅膀搖曳在我身邊。

當夜幕沉沉下降，不論走到何方，
　稠密的樹枝遮斷皎潔的月光，
要是深沉的憂鬱驚走我的遐想，
　使我深縐眉頭，把美好的歡娛追放，
　只消跟着月影透過樹杪窺望，
　那憂鬱就不再敢冒然下降。

假如那絕望的父親——失望，
　要他的兒子來抓住我的胸膛；
而他——絕望，竟像一朵雲，坐在空中，
向他的定命的獵物瞄準了手鎗：
　親切的希望，請你用光明的火炬趕走他，
嚇走他，正如同黎明嚇走了暗夜一樣！

當我那些最親愛的人們的命運，
　在我不安的心中引起了無限的悲傷，
啊，你明眼的希望，請制止我那不健康的幻想；
　請你暫時借給我你那欣慰和安詳：
　請你向我傾瀉你那天生的光明，
請把你那銀色的翅膀搖曳在我身旁。

假如那不幸的愛使我的苦痛高漲，
　不論那是由於父母的殘酷，或是愛人的無常，
那麼，讓我想，那不是空虛的，
　假如我向子夜的天空盡情歌唱！
　親切的希望，請你向我傾瀉芬芳的甘露，
　請你在我週圍展開你那銀色的翅膀。

在那行將展開的歷史的走廊，
不要讓我看見祖國的命運淪亡：
啊，讓我看見我們國家能保持它的靈魂，
　它的驕傲，它的自由；而不是自由的外相。
　從你雪亮的眼中，傾瀉出無比的光明來吧，
　讓你那銀色的翅膀永遠做我的蓬幔。

不要讓我看見愛國者們崇高的遺產，
那偉大的自由——它那平淡的外表何等輝光！
不要讓它在那卑賤的宮廷的壓迫之下，
慢慢的低下頭來，終於無聲無臭地死亡：
　啊，希望，讓我看見你趁着雙翅，從天而降，
　漫天漫地充滿了你那銀質的聲響！

正如那沐浴在光輝的莊嚴中的星星，
嵌在一片陰雲的發白的尖端之上，
照亮了整個半明半暗的老天的面龐：
　當那憂鬱緊裹着靈魂的一響，
　啊，親切的希望，請你向我傾瀉神靈的感應吧，
　請你在我身邊展開你那銀色的翅膀輝煌。

（一八一五、二月作）　　懷譯

暴雷雨岸然轟轟而至

化鐵

風走在前面，前面。

現在，雲塊搬動着。
從天底每個低沉烏暗的邊際，
無窮盡的灰黑而猙獰的雲塊底轟響，
奔駛而來，
以一長列的保衛天底眞實的鐵甲列車
奔駛而來，
更壓近地面，更壓近地面，
以陰沉的面孔，壓向貧苦的田莊，壓向狂嘯着的森林。
無窮盡的雲塊底搬動，雲塊底破裂，
奔駛而來，
從每個陰暗的角落里扯起狂風底挑戰的旗幟。

風走在前面，前面，
向搖擺的綠色的稻子報着信，
向溫馴的水牛底黃色大眼睛報着信，
向農民們報着信；

從破朽的茅草屋頂掠過，
揭去茅草，向里面的蓬着頭髮的結實而苦惱的農婦報着
信，
向流着鼻涕的她底飢餓的兒子們報着信，

向山嶺打着招呼，
向黑色的森林，使它發着歡樂的躍跳，
向河流報着信，
向正在河岸上搬運貨物的赤裸的小夥子們報着信，
讓渾濁的波浪追逐着波浪，

向一切它所愛着的東西報着信，
親切地報着信，狂暴地報着信。……

於是
幾根灼燒的電火突然攪了一下，奪去了天。
從急駛着的雲底牙齒縫里迸出，照亮。

一列天之運煤的鐵甲列車放倒了，
嚇住膽小的女人們，
嚇住正在關着窗戶的富人們，
從地里爆裂出來，從天上轟響而來，
把完全憤怒了的黑色的沉重的雲，壓得更低，壓得更低。

然後，雨

以它千萬隻顫慄的手指，
敲打着玻璃窗，
敲打着茅草蓬，敲打着河邊翻過來的船底，
敲打着還在桿子上懸掛着的飄動的旗幟，
花花花，是冰冷的理智的手指，
是昇華的人底甘露啊！

隨後，一個大的破壞在地面開始了。

舊的脆弱的折斷在風底急浪里，
山洪從地里爆發，響應，
河流崩潰，
古老的房屋搖動，吱吱地響了——
讓地主們從破窩里伸出頭來，想着他底谷倉。
好呀，一個大的破壞在地面行進！

睹，睹！
暴雷雨不過是一次酷熱的結果；
沉悶的雷子磨着牙齒，
輕快的雨粒和雨粒底碰擊，
原是從地面昇起，
現在從天際蜂擁奔馳而來。

睹，睹！
在暴風雨底後面原還有溫暖的像海水一樣的蒼天，
還有拖長着身體的柔美的白雲，
還有雀鳥，
還有太陽底黃金。

靜候解答

但公說

二十一日的新民報的「本報特寫」，大標題是「可恨腐儒文亂法，只悲聖主不長生」，小標題是「黎東方高論」。原來這位教授，被什麼一個合法團體請在重慶社交大會堂講三國故事，二十日乃是開講之期，所以就有了這個「高論」的。「高論」的內容，歸納起來，有三個要點：

一、「世界上最好最有效的政體是君主專制」。

二、君主專制的缺點，只在于好君主死後難得繼承人，故秦皇漢武不得不求長生。

三、「農民雖苦，却不知造反，而文人却想乘機崛起，因爲文人有理論，會造謠，煽動人民，致天下大亂」。

這三項，都是根據那特寫裏所記錄的。而那特寫於記錄了這些「高論」之後，就以幾句諷刺的話語作了結束。

但我想，這裏根本用不着諷刺的吧。政府當局會一再宣示：言論只要不違背立國最高原則，都可以得到保障。那麼，現在就要看看究竟如何了。如果這種言論將被政府認爲違反立國最高原則，自然就也會由政府採取適當措置，不是僅僅一個諷刺的事。但如果安然無恙，而且可以繼續說下去，那麼，便證明了辛亥革命根本錯誤；或者辛亥革命以後孫中山先生的不做皇帝是根本錯誤；或者袁世凱做得對而討袁的人都根本錯誤；或者中華民國的元首都等于皇帝；或者孫中山先生以及一切知識份子出身的革命先烈與建國元勳都是用「造謠」「煽動」致使「天下大亂」的「文人」：證明這些就是「立國最高原則」。而在這證明之下，當然更無需任何諷刺的了。

我們總不大容易知道「立國最高原則」究竟是什麼一些內容，現在是一個好機會，靜候解答吧！

四五・二・二十三・

眞實——蘇聯藝術的基礎

V·吉爾波J

法西斯蒂們將文學和藝術用作腐化現代德國民族精神的方法之一。但是藝術在本質上不能用作「人的憎惡」的工具。繆司不能和吃人的人同住在一處。法西斯蒂們毀滅文學和藝術。藝術創作不可能在巨大的勞動營中得到滋養原料，這勞動營叫做國社黨的德意志。

藝術要求眞實。眞實——這境界，在它之外藝術就要枯萎和滅亡。所有偉大的古典作家們深澈地了解這個，他們寶貴眞實，在眞實中他們看到脫離庸俗，模仿，矯飾的唯一的生路。眞實使他們的作品成爲人民的。『這就是說，現在俄國社會需要的是——涅克拉梭夫寫信給萊夫．托爾斯泰，那時還是一個初初開始的作家，說：『眞實，眞實，它自戈果里逝世以來在俄國文學中存留得如此之少了。（涅克拉梭夫意指那些官家的尼古拉政府的文棍——吉爾波J）——您是對的，比一切都更寶貴您這方面的才能。』

深思的列寧的理論是我們的社會主義藝術的基礎，這理論向藝術家要求在現實繪寫中的眞實，澈底的深刻的眞實，寫述的是肯定的生活現象或是否定的，這全都是一樣。馬克西姆．高爾基，最偉大的社會主義作家，勇敢地面對着生活，以外科醫師的嚴酷暴露它的潰瘍，於是就更眞實地指示出列寧眞理的光輝，同樣也指示出它康復的唯一的程序。

法西斯蒂們沒命的恐懼眞實——在政治上，在道德上，在科學上，在藝術上。

怕眞實，怕現實——這是文學和藝術方面法西斯政策底根本的決定的因素。御用法西斯劇作家約斯特，從希特勒初初掌握政權的日子起，就宣言討伐文學和戲劇上的現實主義：『我們不要，——他寫道——任何自然主義時期的或者即令是現實主義時期的那些創作製造室。』

戈培爾負責統治管理德國文學和藝術，拿他那著名的『鋼鐵的浪漫主義』來和現實主義對抗。法西斯浪漫主義的口號受命反對現實主義。法西斯戲劇活動的任務，目的在使文學和現實分離，不讓它有表現在希特勒脚下的德國是什麼情形的可能。

法西斯文學理論統一的代表者科爾夫帶着奴才的犬儒主義教導着：『我們有權批評，但不是任何樣的批評，而是恭敬的批評。』這就是說，在藝術上，正如在精神生活其他的領域，法西斯蒂們許可的僅僅是諂媚地重複謊騙的煽動的喊叫，以及永遠千篇一律的對吃人者的瘋狂的贊美。

希特勒在藝術上留給他的奴僕們的任務，僅僅只是專爲解釋愚蠢的法西斯魔術。法西斯政策引導創作走向空虛無物而又消化不良的，浸透「人的憎惡」的癲狂的文件。

去——搶，姦，殺——戈林命令道。去——搶，姦，殺——戈培爾在所有的交叉路口喊道。於是法西斯的文書們，畫匠們，俳優們，電影老板，令人厭倦地一律用同一個聲調重複着這三個字，拿自己警察的職務的熱心當做『靈感』。

深入現實的眞——這完全不是輕易的任務。爲要解決它，藝術必需和科學，和進步的觀念，和進步的文化成果結合。蘇聯的文學，一切蘇聯的藝術都同樣，在和科學與學問的結合中看到成功的發展的法則。恩格斯看到——『……在廣大的思想的深度，帶有莎士比亞的豐富行動的覺悟的歷史內容，完全的匯合中的將來的戲劇。』而法西斯蒂們，旨趣在於將藝術造成功煽動欺騙勞動者的工具，使文學和藝術做了無理性的神祕論，宗教，占星術，神靈學，巫術，魔術底俘虜的奴隸。

希特勒最親信的助手之一，著名的羅森保，在他的『二十世紀的神話』一書裏宣稱：

『理智論，這種僭望文化意義的現象，已經僵臥在死床上面。從科學和藝術上的理論的唯物論回轉，可以算是內部完成了；擺已經向後轉了（神智學，神靈主義）。』

在法西斯主義手裏，藝術的手段——是破壞文化，野獸化和野蠻化的工具。

馬克斯和列寧教導我們在新的創作上借助過去的成就，借助古典的遺產。我們知道，法西斯主義是怎樣對待文化上過去遺產的：明白的說明是——在德國城市廣場上那些中古時代的柴堆，一切或多或少獨立自主的文學家和藝術家從德國的放逐。可是這還不算。法西斯蒂們重復審查所有傳統的文學史。被收買的文士們站起來反對歌德，證明他太眞實，太寫實，太人道，太國際。在德國學校的文選裏，希特勒，羅森保，戈培爾的結結巴巴的文章的斷片，代替了席勒和海湼的作品。於是反動的浪漫主義者們也持盾而出，第一回就是封、馬爾繼茨，在他的作品裏，用恩格斯的話說來，『沒有任何有趣的東西，除去卓越的騎兵的知識，以及對於五度鞭笞的神奇的力量的堅信，假使貴族把他們放在民衆的背上的話。』

現實主義和人道主義，民主主義、社會主義的觀念有機地聯繫着。眞理和人道——是親兄弟。法西西蒂的掘墓者文化對現實主義的憎惡是完全必然的，而且擴張到不單是對現代的作家，甚至於是對所有過去時代的作家。

希特勒黨徒們對現實主義的否定態度一般地也擴張到文學的樣式上，現實主義獲得它的輝煌勝利的樣式——小說。在法西斯德國背信進攻蘇聯不久之前，在法西斯蒂文學理論家們中間流行着一種類似的關於小說的議論。小說的樣式，全都知道，要求社會生活的眞實的繪寫。法西斯蒂首腦們甚至害怕一絲一毫的眞實，這在小說裏可能有時違反法西斯文士們的意志出現的。因此『純種的』德國文學理論家們反對小說的形式，認爲它在藝術上違反『德國的根本』，代替小說，法西斯蒂烏格留姆·布爾切葉夫們推薦給現代德國作家們最合乎現實的文學形式——古代德國的傳說。在這裏，當然，不是那種眞正的人民的民間的傳說。這，這班『理論家們』所叫做的傳說，在事實上是用來作爲喊叫的戈培爾的戰報以及希特勒的猥號底押韻的或是散文的說明。

法西斯蒂『藝術』——垂死的勞動營的精神的工具，強盜和匪兵們的不祥的呻吟。納粹們腐壞了現代德國生活的一切現象——文學和藝術也在內。

德國古典作家眞理和人道的傳統，只是在那些英勇地，站在和法西斯主義作不共戴天的戰鬥的隊伍裏面的作家們的作品裏，才保存着。——這樣的作家，如曼，非赫特汪格爾，瓦湼爾特，伯赫爾。

偉大的祖國戰爭，蘇聯人民對嗜血的法西斯蒂走狗們所作的戰爭，這是一個特殊的戰爭。這是文化對野蠻，眞理對謊騙和愚蒙，人道對搶奪，光明對黑暗的戰爭。我們保衛我們的土地，我們的政制，我們的自由。我們保護人類在長期途程中蓄積起來的一切最高的文化的財富。在這一戰爭中眞理在我們這一邊，在這一戰爭中我們必定勝利。（雨林譯自「蘇聯藝術」周刊）

文藝的任務不僅在說明

——關於歷史劇的一個論爭

莫洛索夫

這一個史無前例的巨大的戰爭，在千百萬蘇聯男女的心中喚醒了他們祖國在歷史上所經歷那些偉大的瞬間，那些當人民起來爲保衛祖國的自由而鬥爭的偉大的瞬間。俄國歷史上的偉大人物又復活了。因此毫不足怪，最近出現了很多以歷史爲題材的新的劇本。

遠在這一次戰爭之前，俄國的劇作家已經顯示出他們對於歷史題材抱着很大的興趣了。例如，遠在一九三八年，列寧格勒的普希庚劇場，就上演了小托爾斯泰的『彼得大帝』，同樣在莫斯科紅軍中央劇場由波波大導演的，巴赫第里夫和拉佐莫夫斯基合著的『蘇伏洛夫元帥』一劇得到了廣大的歡迎；同樣的情形適用于在瓦赫坦高夫劇場上演的蘇羅維奧夫的『庫杜索夫元帥』和高樂特科夫與里普斯凱羅夫合著的『納台什達・杜羅娃』。『納台什達・杜羅娃』是一個喜劇，這個劇本中的女英雄是在一八一二年的反拿破倫戰爭中非常有名的，那時她假裝一個男人，取了一個假名子，在一個騎兵部隊中，她作戰的英名是人所共仰的。一八五四—五五年塞巴斯托波爾港英勇的保衛戰形成了好多劇本的題材，在這裏我們只要提一下塞爾耶夫曾斯基的『海軍大將科爾尼洛夫』就夠了。

在戰爭當中，蘇聯劇作家更把他們題材的範圍推廣了，推廣到俄國歷史的最初期。巴耶第哀夫和奧爾加・福爾希剛剛完成了一個劇本，叫『佛拉第米爾王子』，這當中的事實發生在十世紀末到十一世紀初的期間。里托夫斯基的『亞力山大・涅夫斯基』取材于十三世紀俄國史中的一個描話：俄國的民族英雄，涅夫斯基打敗日耳曼的封建騎士，飽羅亭已經把他一部以德米特里・頓斯科伊王子爲題的歷史小說改編成劇本，我們知道，頓斯科伊在一三八〇年打敗了蒙古侵略者，奠定了俄國解放的團結的基礎。

小托爾斯泰正在寫一部關於伊凡第四，所謂暴君伊凡的三部曲，它將是俄國戲劇史上的一個紀程碑。這三部曲的第一部叫『老鷹和他的同伴』，第二部叫『考驗的年代』，暴君伊凡同時也是斯摩林一個新劇本的題名。

在以一八一二年的戰爭爲題材的劇本中使我們感覺興趣的，是夏伯瓦連科的『丹尼斯・大衞道夫』，這一個劇本的英雄就是那位騎兵戰士，游擊戰鬥者和詩人的大衞道夫，老托爾斯泰曾根據他塑造『戰爭與和平』中凡瓦斯卡・丹尼索夫的性格。還有一個成功的劇本是格拉特科夫的『好久，好久以前』，這是同樣以納台什達・杜羅娃爲中心人物。這一個劇本很適當地把輕鬆的喜劇和英雄的氣派結合了起來，這樣完全證實了作者自己對于這一劇本的規定：『一個英雄的喜劇。』在波波夫的導演之下，『好久，好久以前』目前正在莫斯科中央紅軍劇場收到巨大的成功。

還有很多劇本是以比較近代的歷史爲題材的，例如伊里雅・塞爾文斯基的『布魯希洛夫將軍』，在這裏作者展開了兩個個性的尖銳的對立——俄國人，布魯希洛夫；德國人盧登道夫。

蘇聯的歷史——愛國劇正在探尋它自己發展的道路，改善它自己的藝術方法。自然還有很多地方就是劇作家自己也不能滿意的；他們希望由他們雕塑出來的性格能有力的打動這一次偉大的愛國戰爭的人們的心，而同時又不失去任何一點歷史的眞實性。

七月初（一九四三年）全蘇戲劇協會召開了一次大會討論歷史劇的問題。在這一次會上的發言人一方面包括了歷史家，例如潘克拉托娃，斯大林獎金的獲得者，巴克魯新，這兩位都是蘇聯科學研究院的通訊會員，再有如杜魯什寧教授和巴澤業維奇教授等，另一方面則有劇作家和批評家。歷史家和劇作家之間有這樣的會，這還是破題兒第一次。

所有歷史家和劇作家都一致認爲歷史劇必須回答今天鼓動着我們這一代人的心的大問題。莎士比亞和他的同時者的歷史劇不是就反映了那鼓動着當時英國的大問題——西班牙入侵的威脅嗎？

在一個充滿了鋒利的機智的演詞裏，劇作家和批評家克列嘉諾夫斯基敍述了最近他怎樣找到了一本三十年前他在高等學校裏讀過的歷史教科書。這一部教科書上劃着一些鉛筆批，指出那些地方應該研究的；書的行間充滿了「從這裏」，和「到這裏」的批註。換句話說，歷史的發展是被機械地分割成一些水洩不通的片段了。克列嘉諾夫斯基指出兩種爲歷史劇作家所特有的限制性。一種是「從這裏起」派，一種是「到這裏止」派。他說：「當一位『從這裏起』先生寫一個關于近代題材的劇本的時候，他總是看不見那發展爲現在的過去，另一方面『到這裏止』先生總是看不見蘊含在過去裏的將來，而這將來在最後的分析下就是我們現在。當我們談起一位俄國歷史上英雄的時候，我們必須記住，人民的歷史道路是從這位英雄一直發展到今天的。」

這一番話引起一場熱烈的討論。在場發言的歷史家一方面很正確的喚起劇作家的注意，必須對歷史文獻作更深刻的研究，特別是古代俄國史的研究——但另一方面我覺得他們對于歷史劇的教育功能強調得太過失了，我自己在這一次會議上的發言就針對着這一問題。歷史家向劇作家說：「從你們的劇本裏，青年應該能學到歷史。」這一種理論追根到它的最簡單形態，可以這樣的解釋，就是說歷史劇應該是歷史的一種通俗說明書，一切的「說明」在我看來在文藝中是一種缺陷。自然，一個歷史劇的作者不僅應該熟悉他要的文獻資料，而且還應該了解近代歷史家的一般結論（雖然在有些時候，在結論上詩人比科家更爲前進）。正如同潘克拉多娃所正確地指出的，當寫『波理，斯高杜諾夫』的時候，普希金所依據的正是他那一個時代最偉大的歷史家——加拉姆金。但是，不論是普希金的『高杜諾夫』或是莎比亞的歷史劇都不僅僅是一種「說明」。和華特・斯考特以及十九世紀俄國有名的，那位曾經是『塞列伯里揚尼王子』和其他若干歷史劇的作家的A. k. 托爾斯泰比較起來，普希金和莎氏比亞的「說明性」是少得多了。這怎樣解釋呢？我以爲最應該記住的一個要點是，普希金和莎士比亞的劇本都有一個所謂「第二主題」。對于莎士比亞，英王列查特第三不僅是一個歷史的性格，而且是一個直接打動着他自己的倫理問題，這一個問題又在那哥和馬克白斯身上表現出來，雖然這三個性格有他們各自的不同。法斯泰夫，正如普利斯特列之所指出，（他的觀點之大部份爲今日蘇聯劇壇所共有的），正可解釋爲是表現着一種向中世紀的禁慾的僧侶主義和清教徒的清貧生活反抗的生命的快樂，這可以認爲是英王亨利第四的「第二主題」。普希金的『波理斯・高杜諾夫』不僅是俄國的一段歷史插話底藝術地發現，而且是一幕心靈的悲劇。這樣的「第二主題」在華特・斯攷特和A.k.托爾斯泰的作品裏就非常不明顯了。我以爲，蘇聯的歷史劇已經選擇了普希金和莎比亞的道路，它將來的發展一定會跟着這個方向。自然這絕不是說蘇聯的歷史劇可以不顧及它的歷史的精密性了。

週密的敍述一個歷史事件往往發現很多的性格。歷史小說絕不怕人物太多，它很容易處理他們。在戲劇中，爲了使得行動緊湊，有一些作家往往把兩三個性格合併成一個性格，而這一個性格因此也就獲得了一種支配地位，這樣「綜合的性格」保全了它的一個組成者的名子，在這一次的會議席上，歷史家抗議這種辦法。綜合性格的運用，即以當時人的記錄中把很多歷史人物的行動和特徵結合起來成就爲一個性格，在歷史劇中是不能避免的，但是這樣的綜合性格他總有一個假定的或「中立性」的名子，而不能以其任何一組成份子之名爲名。各演出家如瓦林在這一次會上力陳創造的想像力在歷史劇的創作中的重要以及計劃製作一個大史詩和創造一批能體現人民力量和智慧的綜合性格的必需。

同時我們必須注意到歷史家對于一部份劇作家歪曲當時社會和政治關係的指摘。例如，潘克拉多娃就指出在巴愛第哀夫和奧爾加・福爾希的劇本中，基輔王子佛拉第米爾的政治活動被描寫爲一種統一俄國的活動，而實際上這樣的活動與其說是屬于那一時代，無甯說是屬於我們歷史上較後時期中莫斯科公爵和沙皇的在熱烈的討論之後，巴愛弟哀夫承認這一批評的正確，而現在他已從事于修改他的劇本了。

此外歷史家對于一部份劇作家所提出的重要批評是他們的人物性格的公式性和缺少地方色彩。這批評同樣的適用于語言問題。我們時常看到一位十世紀的人物和一位十四世紀的人物是在說着同一種語言，在這樣的情況下應該怎麼辦呢？人們必須根據考古學呆板地把當時的裝飾道具和服裝……和當時人用的語言和姿勢……一起搬上舞台嗎？不，事物本身正如同語言和動作本身一樣，是不能轉達出任何東西來的。必須要說話的是人民在歷史的文獻裏，從幾世紀的塵埃中找出活的人民——這是歷史家和劇作家必須聯合，努力以求其實現的課題。外在的瑣細事物，僅僅乎語言和動作，是瑣細到太不足以成爲一個眞正藝術的目的了。這些東西絕不能滿足我們觀衆的慾望，他們所要求的是當前被描寫的歷史事件的活的眞理。是這一個活的眞理，在決定着語言和動作——這活的眞理和那瑣細的外表的眞實性太沒有相同的地方了。這是我們年青的歷史劇所應追求的眞正的目標，它必須完成「歷史的眞理」和「藝術的眞理」的結合，而在這裏它是完全有成功的可能的。

舞台學研究者朱希金提出一個有興趣的問題，即歷史劇中的美學性質的問題。在朱希金着來，我們既然不能把過去和現在機械地分開，歷史劇不曾有，而且也必不能有專屬于它自己的美學，對于事物底美學地底解釋，不管一個作家所處理的題材是歷史的還是近代的，是不可能有差別的。

人們可以反對說，我們是用我們自己的眼看近代的生活，而對于過去我們只能想像得之，因此在解釋一個歷史主題的時候，不可避免的會帶來更多的「舞台性」。在本質上，這一個問題還原到關于導演藝術的「經驗論」和「表現論」之間的論爭去，而這一個論爭再推上一步實際上就是藝術劇場和小劇場之間的老論爭。

藝術劇場要求在一切之上，「一個演員必須在戲劇的某一特定環境中找到他的自我。」于至怎樣去解釋一個性格，在基本上不管這個演員所飾的是一位歷史人物或當代人物，他是用不着區別的；小劇場的演員則與此相反，他對于性格的解釋完全依据于現實生活的客觀模仿。因此對于他，處理一個他親眼看過的性格或是他僅能想像的性格，這其間就有很大的不同了。在後一種情況下，他的演出就可能滲進更多的「聳人」因素和舞台性的熱情——這些因素不僅在理論上而且在全部實踐上都是爲藝術劇場所不取的。

蘇聯戲劇界的出版物最近用了很大的篇幅來熱烈的討論這個「舞台性」的問題，而在這一次會上，很多發言人還在繼續討論這一問題，在一個十六世紀的英國劇本『美婦人的警告』中，歷史自己帶回它的旗幟和鑼鼓登上了舞台。今天不會再有一個人想像，近代歷史劇還應如此。但是它應該到什麼程度穿着日常生活的服裝，而不染一點「舞台性」的痕跡呢？對于這一個問題，我們劇作家有着不同的答案。只有他們的作品才能提出一個爲大家所共同服膺的答案。

這就是這一次討論會上所接觸到的一些問題，從歷史料學當前的一些批評指出了我們這一個時代對于歷史劇所提出的高度要求。而討論的熱烈又證實了一件事實，那就是我們的歷史家和劇作家對于我們歷史劇的前途有着同樣深的關心，因此也就產生了這兩集團間永久友誼的保證；這是科學和藝術之間的同志的友誼，而科學和藝術的結合正是我們國家的精神文化上的一個獨特的性質。（一九四三年九月份英文國際文學）

——于懷 譯

非「政治」的民意　竺夷之

今天買到一張小報，一眼看去，最觸目的是一個標題，曰：「參議會開「騾馬大會」」。心想：怎麼一回事呢？

於是，趕忙看下去，才知道是：

「政校教授（新近被選爲河南省參政員）講到『讓人民參加政治活動』時，舉例說到此次在河南舉行參議會的時候，由于競選，由于酬酢，甲地的猪肉買光了，甚至跑到乙地去買，鄉下人不知究竟，人家問爲什麼買猪肉的生意突然這樣好？回答是：『他們在開騾馬大會哩』，由此可知讓人民參加政治活動，實際責任還是先要人民澈底懂得政治活動，關心政治活動，然後才談到民意的政治，否則，憲政云云，於人民何益？」（中華民國三十四年二月四日出版「南泉新聞」第廿六期）

拜讀之餘，對於該教授兼參政員（原文即未著姓名，故只得如此稱呼，非盲派也）的高見，當然非常佩服。然而，中國人民的愚昧竟到這步田地，又眞使我悲觀，不知何年何月方能「談到民意的政治」了。

不過，在還沒有「談到民意的政治」的今天，我想「民意」總還是有的，惟尙有待於負「實際責任」者加以改造而已。而現在這種未經加工的民意，也眞是討厭得很。就例如這裏的「鄉下人」的這一句話，不就充分顯示出那一切「競選」「酬酢」的對象究竟是誰，那一切「政治活動」究竟是怎麼一回事了麽？

當然，這只是非「政治」的民意，决不能「談到民意的政治」。要「談到民意的政治」，總要先造成足够的「政治」的民意，才行的吧！

四五・二・五・燈下

論蘇聯文學中的民族形式問題

A・顧爾希坦作

這篇文章，是蘇聯文藝批評家A・顧爾希坦的「社會主義現實主義諸問題」中的一章，原題爲「蘇聯文學的社會主義的內容和民族的形式」。

一

一九一三年初，列甯在給高爾基的信中曾經這樣寫道：『講到民族主義，我完全贊同你的意見，應當更加認眞地來研究這個問題。我們現在有一位卓越的喬治亞人，他搜集了所有的奧地利學派和其他的材料，正埋頭爲「啓蒙雜誌」寫一篇大文章』（見『列甯全集』俄文本第十六卷第三二八頁）。列甯此地所指的，就正是斯大林在一九一二年底及一九一三年初所寫的，和後來成爲名著的『馬克思主義與民族的問題』。布爾塞維主義對於民族問題表示出特別大的關心，並且還製定了一個解決這個問題的唯一正確的和精密草成的綱領。布爾塞維主義對於民族問題的這種深切的關心，是因爲它在民族解放的運動中，特別是在附屬國家及殖民地國家的民族解放運動中，看出爲了勞動人類解放鬥爭的最龐大的力量和支援。斯大林這本關於民族問題的專著，曾經得到列甯的很高的評價；除去這本著作之外，斯大林在他的其他許多著作中和演講中，又曾經多次地講到這個問題。他繼續了和發展了列甯的思想，完整地研究了作爲馬列主義關於無產階級的革命及工人階級專政學說的一個組成部分的民族問題的理論。

在這個理論當中，民族文化的問題佔着一個重要的位置。關於在社會主義現實的條件之下所創造出來的文化，應該是社會主義的內容和民族的形式的這個著名的提綱，就是由斯大林所研究出來的。斯大林這樣寫道：『什麼是在無產階級專政之下的民族文化呢？這就是在內容上是社會主義的而在形式上是民族的文化，它的目的是要用國際主義的精神來教育羣衆，和鞏固無產階級的專政』（見『馬克思主義民族殖民地問題』，一九三九年俄文本第二四九頁）。在這樣一個簡明和深刻的精審的定義中，就揭發出了我們社會主義文化的本質。

斯大林曾經嘲笑了那些牽強附會的人，這些人硬說列甯認爲社會主義的文化好像是種沒有民族成份的文化。斯大林這樣寫道：『假如有人以爲列甯把社會主義的文化，視爲是一種沒有民族成份，沒有任何民族形式的文化，那就是種愚蠢的想法。猶太工人同盟派的人們，曾經有一個時期眞正地把這種愚蠢的想法歸在列甯身上。但是從列甯所有的著作中，我們就知道他曾經尖銳地反對過這種汚蔑，並且堅决地和這種愚蠢的想法區分開來。（見前書第二四九頁）。

無論列甯，無論斯大林，他們時時刻刻都着重地指出民族形式的意義。這和他們整個的社會學說，這和貫穿了他們整個學說的那種天才的歷史的感覺與理解，是深刻地相聯繫着的。這因爲各民族的具體的歷史生活，他們的發展、他們的社會與政治的制度、習俗以及精神活動的各種現象，換一句話說，他們整個地從廣義上講起來的歷史，在民族的區別最初發生的時候起，就以民族的形式而結晶化了。到了後來，由於各民族發展的各種歷史條件的特點，就產生了各自代表一種歷史現實的特有的民族文化。

二

社會主義的文化，是在全人類文化收獲的土地上和基礎上成長起來及發展起來的。我們永遠記得列甯的這幾句話：『無產階級的文化，應該是人類在資本主義的社會，地主的社會及官吏的社會的重壓之下所研究出來的一切知識的合法的發展』（見『列寧全集』俄文本第三十卷第四〇六頁）。還遠在十月的社會主義革命之前，列甯就曾經這樣寫過：『在每一個民族文化裏面都有着即使是還沒有發展出來的民主主義和社會主義的文化的成份，因爲在每一個民族裏面，都有勞動的和被剝削的羣衆，這些羣衆的生活條件，必然地會滋長出民主主義和社會主義的意識形態來』（見前書第十七卷第一三七頁）。在每一個民族文化裏面所具有的這些民主主義和社會主義的文化的成份，就隨着工人階級的成長，就隨着人民大衆的社會自覺心的增長而得到了它們的發展。在偉大的十月社會主義革命的基礎上更加深入了的文化革命，給了我們向着社會主義方向發展的文化以一個很大的推動。現在我們所有的已不再是各種個別的文化的成份，——現在我們所有的，就是由我們創造出來的一個偉大的、豐富的、有着許多分枝的社會主義的文化。

我們國家的社會主義的建設，使得我們表現於各部門中的意識，起了一個根本的改變，並且創造出一種新的、社會主義的意識。這種改變的過程，在我們偉大聯盟的各族人民的民族文化中，在由這些多民族的文化所組成的統一的蘇維埃文化的總和中，得到了它們的反映和表現；毫無疑問地，在這種多民族文化的總和中，文學創造是佔着一個重要的地位。蘇聯文學是這種蘇維埃文化的一個組成的和重要的部分。而蘇聯文學自身所帶來的那種在原則上是新的東西，這首先就是它的社會主義的內容。

高爾基在第一次蘇聯作家代表大會上的發言中，曾經講到革命前的文學和蘇聯的文學之間的差別。他當時這樣講道：『……革命以前的文學，其基本的和主要的題目，就是個人的悲劇！這個人感覺到生活局促，覺得自己是社會的一個多餘的人，想爲自己在社會中找尋一個方便的位置，但是因爲沒有找到它，於是就苦痛，死亡，或者和他所敵視的社會妥協，或者就墮落到縱酒，墮落到自殺的地步。

『在我們社會主義的蘇維埃聯盟內，不應該而且也不能有多餘的人。每一個公民，都有發展其自己的能力，才幹與天才的廣泛的自由。現在所要求於個人的，就只有一件事情：要忠實於創造沒有階級的社會的英勇工作。』

在高爾基的這些話裏面，清楚地表現出了新的，蘇維埃人民的情況；這種新的人，已成爲我們多種語言文字的多民族的蘇聯文學的主要的人物。

社會主義的人民，已經製定出他們自己對於全世界，對於社會，以及對於他們自己本人的新的態度。而我們的文學，就在於體現出這種新的態度，新的世界觀，新的意識，新的思想與感情的構成。從我們蘇維埃時代的最優秀的詩人瑪稚科夫斯基起，一直到無名的人民的歌者爲止，蘇聯文學的所有的創造者，都想在他們的創作中，表現出新的蘇維埃人民所體驗的這些新的思想與感情。對於社會主義祖國的摯愛，充滿了深邃的國際主義感情的蘇維埃的愛國心，蘇聯各族人民的友愛，蘇聯人民對於共產黨及其偉大的領袖列甯與斯大林的無邊的愛與獻身的精神，新的世界觀，在我們社會主義國家消滅了人碌削人的制度之上所建立起來的對於大自然與社會的態度，對於勞動的新的創造性的觀點，兩性間的新的相互關係，共產主義的道德，社會主義建設及為了共產主義最後勝利而鬥爭的熱情，——新的社會主義人民的體驗的所有一切不可計量的富源和包括不盡的多樣性，都在我們的文學裏面有了它們的反映。

蘇聯文學的社會主義的內容，表現在它描繪出我們社會主義現實的巨大的社會過程，描繪出具有着各種思想，感情與體驗，和具有着新的社會主義意識的新的社會主義的人民（這是我們文學中的肯定的人物）；同樣地，也表現在它用新的社會主義意識的光亮，照射出它來，涉及的一切題材和一切問題。而和這一切緊相聯繫着的，就是蘇聯文學的社會主義的方針目標，和它用共產主義的精神來教育人民大衆的願望。

三

蘇聯文學的這種新的社會主義的內容，就要求我們的藝術家們創造新的文學形式；這些文學形式，可以儘可能更深刻地，和從藝術的意義上講更確切地傳達出，表現出和銘刻出這種新的內容。這是一個漫長而又複雜的過程。同樣地，斯大林所說的『內容的發展先行於形式的發生與發展』的那個關於內容與形式的相互關係的一般原則，也可以應用到文學上去。但在此地我們不應該忘記一件事，就是眞正的文學，（一般地講起來，藝術也是同樣的情形），都不能容忍一種毫無區別的形式；用黑格爾的語法來說，它要求一種內容豐富的形式。我們反對藝術中的形式主義，並不是為我們一般地反對形式，而正是因為形式主義曲解了形式這個概念，把它變成了一種空洞的、自以為是的和絲毫不顧內容的形式。形式對於我們是一個重要的和有着豐富內容的範疇。列甯在他的哲學筆記裏面，曾經總結了黑格爾的思想，他這樣寫道：『形式是本質的。本質則是這樣或者那樣地，按着它本身的特質而轉化為形式……』（見『列甯論文彙集』第十卷第一三五頁）。列甯的這個意見，也可以應用到形式在藝術中的作用上去。黑格爾曾經說過：『只有那些內容與形式相一致的藝術作品，它們才是眞正的藝術作品』。這句話是千眞萬確的對。

但是不管我們循着什麼方向去尋求各種新的文學的形式，來體現新的社會主義的內容，——形式部門中的民族文學的傳統應該是它們一個出發點。文化遺產的問題，不僅僅存在於內容的部門中，也存在於形式的部門中。文學（和藝術）的存在的具體的歷史形式，就是民族的形式。偉大的多種語言文學的蘇聯文學，是從蘇聯各兄弟民族文學：蘇俄、烏克蘭、白俄羅斯、喬治亞、阿美尼亞、烏玆拜克、猶太等民族文學的總和所形成，而作為一個完整的統一體成長起來的。

（文學中的）民族的藝術形式，是從下面的幾種要素所構成的：（一）語言（照馬克思的說法，這是人類的眞實的意識）；（二）歷史的傳統與文學的傳統；和（三）所謂『眞實』（Realia）。

關於語言的問題，用不着在此地多加以特別的解釋：語言是一個民族的首要的特徵，每一種民族文學是在某種一定的語言上創造出來的。講到歷史的傳統這一點，就應該瞭解某一個民族所特有的歷史經驗的總和，這種經驗是通過了眞正的現實與意識而總結起來和獲得到的。文學的傳統，則包括了每一種民族文學發展所特有的文體、風格、型式等整個歷史的總和。但是每一種民族文學中的文學傳統（從它具體的歷史的表現上來講），永遠都是特有的和獨創的，這不僅可從所謂『異國情調』的文學的例子中看出，同樣地在詩歌的部門中也可以看出，在詩歌中這種傳統是以非常的輕快的說法表露出來的。

在民族的文化形式的形成上，其中有一個要素是具有相當的意義的，這就是我們所用的一個附有條件的名稱『眞實』。舊的資產階級的文藝科學，是用最狹窄的意義來解釋這個概念的。舊的文藝科學所瞭解的文學中的這種『眞實』，只是提一提生活的具體事物或者是具體的歷史事實。文學作品中的這種『眞實』，是以眞實的『眞理』來和藝術的『虛構』相對立的（見『歌德：詩與眞實』）；我們可以說，『眞實』組成了文學中的『屬於人種學』的東西。可是，我們要非常地擴大『眞實』這個概念。這並不是一種像自然主義派的那種人種學，而是廣義的歷史在藝術上的反映：在文學中反映出歷史的具體事實，反映出所謂『民族性』的特點（用斯大林的說講，這就是『表現於文化的共同性中的心理狀態』），反映出社會的與個人的生活，習慣與風俗，以及風景等等。因此在講到『眞實』這個名詞時，這就是歷史在文學上的反映；至於此地的所謂『歷史』，當然不只是指過去，而是指一個民族發展的整個過程，主要地還是它的現在；這就是說，是在這個過程中所有的生動的，革命的和前進的東西。民族的形式，是帶有這個民族過去和現在的整個歷史發展的路程的痕跡的。而其中起有決定作用的還是現在，因爲組成了文學的內容和進而組成它的形式的那些生動的構成的要素，是消溶在現實的情況中的。民族形式的特質，是以各不同民族的生動的歷史的區別來作爲它的主要的起因的。

在民族的文學形式的各種要素中，就可以感觸到某個民族的『民族性』和『心理狀態』，就可以感觸到那種主觀的民族的東西，這種東西在民族集團的整個表現方法上，在各種最富有表現力的手段上都留有自己的印記。

四

普式庚的詩『歐根·奧涅金』在拜林斯基的認識中是一部『俄國生活的百科全書』。這就是說，普式庚不只是反映出當時俄國的顯著的社會過程，和表現出他當時的進步的思想，同樣地，他還作出了俄國人民和他自己的國家的許多成類的典型和形象。「歐根·奧涅金」也正像普式庚的其他著作一樣，反映出當時俄國生活各種具體現象的所有的特點。這就是說，普式庚同樣地也創造了一個豐富的民族形式。普式庚的泰姬雅娜，是當一個時代特有的俄國女性。從歐根·奧涅金起，就展開了「多餘的人物」的一條廣泛的畫廊，普式庚之後的俄國文學，是時常插寫這類人物的，因爲當時的俄國現實，爲在知識份子階層中的像「多餘的人」這樣的現象的發展，創造了一片好的基地。藝術家對於他所要描寫的生活把握得愈深刻愈正確（這就是說看出了歷史的前進的運動），則他在文學中所創造出來的民族形式，也更加豐富，顯著和眞實。

陀思妥耶夫斯基認爲普式庚是一位偉大的民族詩人，但是他却說奧涅金的形象是反民族的，這是因爲他在奧涅金的身上，看出了他是一部分俄國知識份子的先驅者，這一部分的知識份子想向「西方」去尋覓關於俄國生活的各種問題的解答——在當時這就是說，向着進步的，先進的思想去尋求解答。陀思妥耶夫斯基是『歐洲』精神的敵對者，他對於俄國人民的『民族性』，有一種不正確的看法；他認爲奴性的『馴良』，溫順，對苦難的崇拜，是俄羅斯人民的主要的特點。陀思妥耶夫斯基本人就是這樣描繪俄國的人物的，他企圖用同樣的看法來把俄國的偉大詩人普式庚『樣式化』了；而實質上講起來，普式庚是反對這種奴性的感情的，不管它究竟是用什麼形式表現出來。

在沙皇的專制政體中，在農奴制度中和當時俄國的其他各種「民族的」特點中，普式庚看出了對於國家及人民的進一步發展的妨害與阻礙，並且他懷着鼓舞的熱情指出俄國生活中那些領導着向前進的進步的過程。「歐化」的問題，對於當時的農奴制度的俄國所意味着，就是進步，發展和前進的運動。這就是爲什麼普式庚比起陀思妥耶夫斯基來是更加富有民族性的原因，而陀思妥耶夫斯基則想固定了那些保守的，落後的和爲歷史所批評了的東西。

普式庚在他自己創作的形式上，在他自己的文學的形式上，大大地打開了一面向着歐洲的窗戶，這就是說，打開了一條走向進步的國際主義影響的路徑，把歐洲的無盡量的主題，題材，文學的原則和成類的技巧帶進了詩歌，這種『歐化』（或者是國際主義化），不但沒有減小了，相反地，它却使得普式庚的詩歌的俄國民族形式，更加清晰和更加顯著。普式庚這位新俄羅斯文學的創始者，他無論在內容的部門中，還是在形式的部門中，都爲自己吸收了當時歐洲文化的最好的成分。普式庚的創作是在最肥沃的人民的泥土上生長出來的，他吸收了先進的歐洲的各種文化的影響，而以俄國民族形式的全部富源和特點在閃耀着光輝。

普式庚創作中的『歐化』的東西，和當時俄國生活的眞實的歷史趨向，是有着深刻的諧和，並且是相應合的，而這些趨向，必然地會使得整個國家，使得它的整個結構和生活的習慣，走向『歐化』的方向。這是些眞實的歷史的和進步的趨向，因爲它們是一定要來代替那些封建的和在歷史上已經過了時的東西。這些趨向，是和當時俄國的最深刻的和本質的社會過程有關係的；這就是說：它們是屬於當時的眞正的民族現實的本質的特點的。從另一方面講，國際的影響，幫助了普式庚更深刻地看到和更眞實地描繪出當時俄國人民的生活，這些影響幫助了他更尖銳地把握住當時的俄國的現實，和瞭解社會更進一步發展的趨向。歐洲的國際的影響，加深了普式庚的視野，使得詩人有可能更深刻地一覽他四周圍的俄國生活，和瞭解它的特質與其中所包容的一切的東西；同樣地也豐富了他的文學技巧，並加深了他的民族形式，使得他從『人種學的』獨特性的狹窄的界限，走上了全人類藝術與文化的大道。

五

從上面所講的，就已經得出了這樣的一個結論：就是一般地講起來，民族形式，特別是文學的民族形式，是一個歷史的，變動的範疇。它是隨着社會生活中所發生的變化，以及更從而在民族的文化與文學的內容中所發生的變化而改變的。

只有帶着限制性的和反動的民族主義者，才從民族發展的最初出發的時機中來看民族的東西。眞正的民族的東西，經常都是偉大而久遠的歷史發展的結果；在這種發展中，國際的影響是起着巨大的作用的。遠從古代的文學中，我們就可以看出由於國際文化交流的結果所發生的各種文學的相互關係的痕跡。實際地講，各不同民族的文化的相互影響，在某種程度上，是成了各個民族文化的分化的一個前提。歐洲近代的文化和文學，是作爲各文化的民族的複雜影響的結果而發生的。文藝復興，啓業運動這些文化現象，並不只限於一個國家或是一個民族，這是一個普遍於全歐洲的現象。同樣地，我們也可以講到各種個別的偉大的文藝作品：在這些作品裏面，經常可以看到各種最不同的影響和作用相互交錯的情形，它們成爲當時進步思想的交點，而在創造這種思想的時候，是各個極不相同的民族都參加了的。但丁的『神曲』，是整個中世紀的一部百科全書（恩格斯稱但丁是中世紀最後的一個詩人和近代的最先的一個詩人），它正像歌德的『浮士德』一樣，並不僅是德國文化的創造物，這是各不同民族的各種表現不同的人類精神之久遠的創造上的探求與努力的總結。

文化繁榮的各個時期，同時也就是更眞實的國際交流與相互影響的時期。我們已經講過了文藝復興和啓蒙運動的時期。在我們今天，進步思想的頂點，這就是社會主義內容的文化，它是總結了全人類的整個創造的路程的。用列甯的話說，因爲馬克思主義，『……把握了和改造了兩千多年以來人類思想與文化發展之中的一切寶貴的東西』（見『列甯全集』俄文本第二十五卷第四〇九—四一〇頁）。我們的社會主義內容的文化，其在本質上所包含的深刻的國際主義的成分，就是民族形式的規模龐大的與史無前例的繁榮的一個前提。

資本主義非常地加速了和加強了各民族文化與文學中的相互影響的過程。馬克思和恩格斯曾經在資本主義和在資本主義之前的封建制度之間，畫了一條平行線，他們在『宣言』中這樣寫道：『過去的那種地方的與民族的閉塞及自滿自足，被一種多方面的交通，各民族相互間的多方面的依賴所代替了，這不僅在物質生產方面是這樣，就是在精神的生產方面也是這樣的。各個民族的精神活動的成果，成了公共的所有物。民族的片面性與限制性日益成爲不可能，從那許多民族的與地方的文學中，則形成了一個單一的全世界的文學』（見『馬恩全集』俄文本第五卷第四八七頁）。現在，假如不知道歐洲幾種主要的文學中的一般的過程，就沒有可能研究任何一種近代的民族文學。在近代的各國文學之間，是有着思想與形式的經常交流的。

但是在資本主義社會條件下的各民族的文化交流，應該衝破民族對敵的封鎖線，這種敵視是由統治的剝削階級所支持和挑撥而形成的。一個統治的民族的文化，是用武力來強迫被壓迫的少數民族。這種種條件，就造成了文化的有機的與有益的影響的許多巨大的障礙。

在我們國家的社會主義條件之下，民族間的矛盾已經消滅了，各民族的文化交流是建立在各民族的友愛基礎上的。我們的社會主義現實的條件，使得蘇聯各弟兄民族的民族文學，有了一種有機的相互影響。這是如互相平等與具有同等權能的民族的文化交流，他們是互相學取經驗的。這是一種有機的和創造性的交流，它和資本主義社會各種歪曲的條件的民族文化的交流，是有着原則性上的差別。

六

統一的蘇聯文學中的民族形式的多樣性，也是極有差別的，這可以拿居住在蘇聯土地上的各民族的歷史路程來解釋。甚至在十月革命勝利之後，在社會主義革命發展的最初階段一九一八年時，列甯還這樣寫道，現在我們國家裏面，依然有着五種不同的經濟生活的方式。現在我們國家裏，已經建立了社會主義的社會，社會主義不僅僅是我們的經濟基礎，社會主義也侵入了蘇聯各族人民的生活和心理中去。但是由於蘇聯各民族的歷史發展的條件是不同的，假如可以這樣的話，那麼民族的土壤（我們社會主義社會的美麗的和驚人的建築物就是建立在這片土地上的），是因其特點而有差別的。這就正是在我們國家所發生的社會過程的統一的本質中，這些過程的具體表現，這些過程的體現，有着多樣性的原因。

蕭洛霍夫在『被開墾的處女地』中，描寫了頓河歌薩克人轉變到農業集體化的道路上去的過程；在烏克蘭，在阿美尼亞，在中央亞細亞的各共和國中，這種過程是帶着各自不同的特點而發生的，它的表現的形式也是特有的，我們在猶太民族的蘇維埃的文學中，就可以看出這種情形的一幅值得注目的圖景，在這個文學當中，集體化的題材佔了一個相當大的地位。大革命之前，在猶太人中間，農民只佔一個很小的階層；現在移居到蘇聯來的新的猶太人，他們從大城市和小地方，他們從自己過去的社會中帶來了另一種習慣，——而這一切的總和，必然地就在猶太民族的農民中間，造成各種特點。猶太農民的這種特有的典型，和我們所熟悉的大俄羅斯及烏克蘭的農民的形象是不同的，但同時它們在社會本質上又是一致的，——這因爲他們建設社會主義的農業和新的農民生活的社會的事業，是他們的公同的事業的原故，——而猶太民族的蘇維埃文學，在很多的文藝作品裏面都描繪了這種情形。在這一方面，像猶太民族的蘇維埃詩人拜勒茲·馬爾吉希的許多人物，都是很有趣的；這些人物在某種程度上是繼承了猶太作家蕭倫·阿萊亭的所寫的牛奶伕泰維愛的傳統的。馬爾吉希（在『富農之死』一詩中）描寫了富農安謝爾——謝萊斯略克的典型。這個人物的典型是和猶太人所特有的舊生活習俗及猶太教的『文化』完全相聯繫的。

在專寫蘇聯國內戰爭的許多作品中，民族的特性是非常深刻地表現出來了。我們只要把伊凡諾夫的『鉄甲列車一四——六九號』，和烏克蘭作家楊諾夫斯基的『騎兵』來比較一下，就能相信這一點了。

蘇聯的各民族，因爲各自的歷史與文化的傳統而互相有區別的。假若從純文學的意義上來講，我們這個多民族的國家的各民族，是有着很大的區別的。在我們國家裏，有着具有豐富的久遠的文學傳統的文學，像俄羅斯，喬治亞，烏克蘭，猶太，阿什倍疆，阿美尼亞，白俄羅斯等民族的文學，就是這樣的文學。從另一方面講，我們有許多文學，在這些文學中，民俗文學的傳統是駕凌文學的傳統之上的；像提供出我們現代的一位著名的歌者江布爾的喀什克文學，就是這樣的一種文學。此外，我們還有這樣一類民族的文學，這些民族在十月革命之前是沒有了文學的。他們只有在十月革命勝利之後，才有了文學。在此地我們應該記得一件事，就是我們有某些民族，因了十月革命才得到民族的獨立存在，在蘇維埃政權的條件之下他們才有可能過着民族的生活，發展他們自己的固有的素質，特徵，沒有這些素質和特點，這些民族的存在簡直是不可思議的。

爲了要更顯明地相信我們民族文學的多樣性，我們把各民族民俗文學中的列甯和斯大林的形象比較一下，就是一件極有趣的事。每一個民族都把他們最喜歡的英雄的特點，加到這兩個領袖的身上去，用他們自己所特有的風景和特有的生活，把他們襯托出來，並且把他們的民俗文學的豪華和形象利用到他們的傳統的描繪中去。假如我們把許多互相距離得很遠的許多民族的民俗文學，舉如北方的民族和高加索一帶的山民來比較一下，那麼這種差別就更加注目了。

蘇聯各民族的相互影響，不僅表現在現代的創造上，同樣地也可以應用到如何把握過去的文學遺產的部門中去，——當然這是從我們社會主義的認識的觀點來把握的。無論是新的蘇維埃文學部門中的系統的翻譯工作，還是蘇聯各民族的豐富的文學遺產部門中的系統的翻譯工作，都促進了我們各民族友愛團結的鞏固與加強。我們對於蘇聯各民族古代經典的文學名著的新的，社會主義的興趣，結果造成了這樣一種情形，就是這些具有着高度藝術技巧的古代名著，已開始獲得了一種新的真實的生命，並在我們今天蘇聯的詩歌中，引起了各種創作上的反響。我們可以舉出像『伊戈爾王子遠征記』，『虎皮武士』，『江加爾』等許多作品。這些豐富的和多樣的文學遺產，使得我們蘇聯各民族文學的社會主義的內容，有了一種特有的色彩。

假如和資本主義社會條件之下的各種不同的文學的相互影響比較起來，那麼我們各民族文學的相互影響，從它形成了統一的蘇維埃文學的完整和總和來講，是獲得了一種完全新的性質，獲得了一些新的，特有的特點。我們各弟兄民族的文學，有着同一的本體，同一的社會主義的內容，雖然這種內容在深度，明確和完整上，並不是同等的。

我們有較老的和年青的文學，我們有着具體更豐富和次豐富的傳統的文學，但是一種豐富的文學，並不排擠他的文學上的小弟妹，也不壓迫她，而是去豐富她，幫助她走上真正藝術的廣闊的大道，有時候他還學習弟妹們特有的經驗和成就。我們的文學的相互影響，是包括了內容和形式的範疇的，它是表現在語言，文體，典型，題材等方面。在此時應該記得的，就是並不是所有的要素，都同時並以同等的程度在改變着。我們各民族文學的這種相互影響，首先是以特別的明確性，表現在所謂『真實』上（特別是在典型和題材上），這因為『真實』，是直接地反映出生活的過程的。同樣地，言語和文學傳統，在某種程度上，也吸收了其他各民族文學的某些相適應的要素的影響。

在語言部門中的這種相互影響，——假如要引用最顯著的例子，那我們可以拿應用所謂『蘇維埃式』的字（如『蘇維埃』，『集體農場』等名字）來作解釋，這些字已成為許多種語言的公同所有物。在文學傳統方面，我們只要指出高爾基和瑪稚科夫斯基的藝術形式的影響就夠了，這種影響在蘇聯各民族的文學中是最顯著的；從另一方面講，各民族的敍事詩的形式，在最近一個時期也有很大的影響。

七

各種形形色色的資產階級的民族主義者，他們認為民族形式是一個永遠的，完成了的，閉塞的，凝固的和永遠解決了的範疇。斯大林曾經批評了奧國社會民主黨的民族綱領，這個綱領是把『保存與發展各國人民的民族特性』作為自己的任務的。斯大林寫道：『請你們只要想一想吧：把外高加索韃靼人每逢「夏赫賽—瓦赫賽」節互相毆鬥的這樣的「民族特點」「保存」起來的情形吧！把喬治亞人人人有「復仇的權利」的這種「民族特性」「發展」起來的情形吧！……』（見『馬克思主義與民族殖民地問題』俄文本一九三九年版第三五頁）。

斯大林的這些意見，同樣地也可以應用到文學與藝術部門中的民族形式上去。在民族形式中，有着不完整的成份，這些是陳舊了的，這是帶着過了時的和包含着反動內容的組合的東西。像從宗教範圍中所取來的成份，就是屬於這一類的。社會主義的藝術，在民族形式中，只取出那種顯著的，進步的和積極的成份，這些成份是和社會主義生活的精神與本質相吻合的：民族形式並不是教條，也不是社會主義藝術的一種偶像的崇拜，而是一種為了表現我們時代新的深刻內容的生動的創造形式。馬列主義要求我們大家用這樣一種批評的和創造的態度來看民族形式，以及來看整個的文化遺產，無論它是屬於什麼部門的。

那些曾經一度在象徵派影響之下的蘇聯詩人，他們在自己的詩歌裏面，時常借用從宗教範圍中取來的形象。舉如在布洛克的長詩『十二個』的結尾，就出現了一個『帶着白色的玫瑰花環』的基督的形象，同樣地在其他蘇聯詩人的作品中，也有類似的形象，像這類的情形，大部分是表示這些詩人，在當時是用某種唯心論的觀點來看革命的。但是這種形式上採用比擬成份的方法，並不是時常都具有同一樣的意義。

從這一個觀點看來，像猶太民族的第一位蘇維埃詩人奧謝爾•希瓦茲曼的抒情詩，就是最足資證明的。在他的譬喻中，我們常可以看到像『天使』，『安息日』等等的形象，但是這些形象從沒有被視爲是宗教的範疇。它們的作用，就在於它們着重指出和加深了全主題，以及革命覺醒的整個情緒，一個古代的民族覺醒了走向新的生活，大自然已爲他們自身所認識了，並過去那種關於幸福的，曾經有一個時候是帶着宗教的意味的古老幻想，現在是在革命中發現出來了。奧謝爾•希瓦茲曼的譬喻中的宗教的比較的成分，是這樣被瞭解了的。

在永遠的民族形式裏面，什麼東西是生動活用的？爲了我們蘇維埃的文學，我們從龐大的民族形式的累積中，能利用並且應當的利用什麼東西？通常我們是指這樣一些民族的成分，這些民族成分是人民創造的要素的表現，這種創造的要素，其本身是包括了對於未來的各種偉大的，眞實的願望。其中時常也包容了永不會腐朽的，堅強的，不能動搖的生動的力量。在形式的部門中，蘇聯文學的實際情形，是有着多樣的和特有的結合的。在我們蘇聯的東部的許多人民歌者的創造中，一直到現在還響着東方古代詩歌（阿剌伯，伊朗，阿什倍疆）的成分。在烏克蘭詩人巴格里茲基的『奧巴拉斯之歌』中，用了謝甫青科的傳統，又重新恢復了烏克蘭的人民『詩歌』的形式。一般地講，各時代的具有着豐富的多樣形式的人民創造，是我們詩歌取之不盡的豐富的源泉。同樣地，寫作的傳統的命運，也是多樣性的。舉如托爾斯泰的傳統，就非常生動地活在蘇聯的文學中。（如蕭洛霍夫，如法捷耶夫的作品）。我們所能列舉的，還僅限於幾個表面上的例子。對於文學的研究者，在這個問題上是有着一片巨大的和差不多還沒有知道的園地的。

蘇聯文學的民族形式，是在人民在其自身歷史的過程中所創造出的一切美好與重要的東西的基礎上創造出來的。但是這個民族形式的創造的過程，時時刻刻都是一個生動的，不斷地創造的過程；它包括了我們社會主義的社會生活，我們社會主義意識的所有的新內容。民族形式不僅僅是指人民在幾百年中所創造出的東西，民族形式也是由我們各弟兄民族的無盡止的創造活動而在我們眼前創造出來的。這些民族由於偉大的十月社會主義革命的號召才走向了新的幸福的生活。一般地講起來，當歷史生活在發展的時候，生動的民族形式就也隨着發展：不完整的，陳舊了的成份正在死亡着；生動的成份則變得了新的存在，它們是隨着社會內容中的變動而改變的，這時候各種全新的構成的形式就發生了。民族形式是一個歷史的範疇，它是在經常不斷的創造過程中改變和發展的。

八

作爲文學中的藝術方法與樣式的現實主義，時時刻刻都要求藝術家要創造出『典型的環境中的典型人物』，而它本身又刺激了民族形式的發展。這因爲民族的東西，是典型的與具體的歷史的東西的最本質的條件之一。十九世紀這個文學與藝術中的現實主義的繁榮時代，同樣地也使得民族性質的小說能有巨大的發展。但是民族形式的問題，在我們蘇聯文學中，是得了一種特別重要的意義，它的基本方法，就是社會主義現實主義的方法。社會主義現實主義的方法，要求藝術家按照生活的整個的歷史具體性，來最深刻地亦最眞實地描繪生活。我們的藝術家，對於生活與現實接近得愈深刻，愈眞實，愈具體，則他的創作的民族形式，就會愈加豐富，愈加顯著，愈加有內容。

× × ×

我們曾經多次地着重指出，民族形式是一個歷史的範疇。在遙遠的展望中，當無產階級和勞動羣衆在全世界得到勝利，而共產主義已到處都成爲日常的生活現象時，那時候，各民族的文化就會合流爲一個公同的，統一的，在內容上和形式上都是社會主義的文化，它的語言也是統一的，公同的。其實這並不是一個很遠的遠景。斯大林曾經用他所特有的辯證法的深邃的眼光，着重指出這一點，他說這種文化只有經過了各民族文化的繁榮，才能成爲可能，那時候這些文化表現出自己所蘊藏的一切可能，並因此而創造出社會主義在全世界勝利時期的文化合流的各種條件。我們的社會主義的現實，是正促成了各民族文化的繁榮。斯大林這樣寫道：『……無產階級專政和蘇聯建設社會主義的時期，就是各民族以社會主義爲內容以民族爲形式的文化繁榮的時期』（見『馬克思主義與民族殖民地問題』俄文本一九三九年版第二四九頁）。這種民族文化的繁榮，是我們社會主義現實的結果。社會主義使得人民的整個創造的要素能發展出來，能表現出來，因此，在我們國家裏面，以社會主義爲內容的各民族文化就得到有力的和豐富的繁榮，而和它們同時發展的，這就是我們社會主義藝術的民族形式。

——戈寶權譯

沉默成功了什麼

耿庸

人們大抵都很知道一種戰鬥的方式：沉默。有句名言叫做「沉默是最高的輕蔑」。顯而易見，壓根兒瞧不起對手之意也；魯迅甚至說過，對這類對手要「甚至連眼珠子都不轉過去」。輕蔑果然輕蔑極了，但那類對手首先就不應會是厚臉皮的，還要是識相的。否則，瞧吧，他得意了。得意之餘，還要說一句：

——那傢伙沒胆量。

或者：

——默認了，哼！

「最高的輕蔑」可就落了空。

不乏無例，且舉一個：譬如「魯迅正傳」的作者吧，用靈機智把死人鞭打一頓了，看看四方，竟沒有反響，或者自感失望於做了伍子胥的無用的徒孫吧，不鞭屍了，這就轉過眼睛對着活人，重新揚起奴才鞭子，沒頭沒腦地打在曹禺的劇作身上，並用以向「中國青年」殺雞敎猴地示個威。

曹禺，沉默。

不知道曹禺以爲是非自有公論呢，還是表示着最高的輕蔑，但有件事情却是知道了的：揚鞭子的奴才業已變本加厲。

××先生曾來信說：「對於某些對象，是用不得許褚式的戰法」，又說：「有許多投機家，我們一眼就明白的，但不能直率地指出，原因就因爲他已經投了機」。還是眞的，因爲，「我可以隨便到世界任何地方去，而沒有人偷偷的跟在我的背後，沒有人盤問我到哪里去和幹什麼去，也沒有人檢查我的行李。……我願愛寫什麼便寫什麼，……文藝將是講絕對的眞理的……」的老舍的「夢想的文藝」（見抗戰文藝第九卷第五·六期第七·十五頁），截止現在，還是夢想。

但也不是不要赤膊上陣的鬪將。一旦最高的輕蔑變成鼓舞爾的時候，吶喊是必須的。而且，大可不必因爲準備給封閉嘴巴就趕緊先自己閣緊了嘴。

那麼，幹嗎你不作聲？你！

四五·二·十二·

破壞

同其餘幾首假冒的詩

綠原

破壞

一排釘靴
踏過去！
要這條穿獸皮、插羽毛的衕秩序大亂
，
而且
破壞！
對他們已經決裂了，
誰再侍奉
那些被滋陰品和食慾所毒傷的上流
社會？
——管它是倒霉的將軍還是暴富的平
民呢！
這些爛臭了的心肝歡喜什麼？
羅馬獅虎和埃及鸚鵡
以及好萊塢的廣告。
他們痛恨
蘇聯的新聞，
他們鼓贊奴役和愚蠢，
並且推薦
描寫色慾的作品，
——因爲那些「寫實」的技巧的幫助
他們誘姦婦人。
這些爛完了的心肝！
破壞！
——我們是沙漠底、孤島底征服者！
而且
竄改
這些賣弄風情的聖樂
連同這些着魔的音符和節拍！
而且
消滅！
要這羣用貴婦底小拖鞋
啜飲着咖啡的官僚們
大驚失色，尖叫起來
閉着色情的眼睛，逃走
要用猙獰的想像
爲嬌貴的胃
燒一盤辛辣的菜肴！
我不過是一個卑微的錄事，
要用兒時
從當票和借據上面認識的
字體和文法，
不斷地複寫着
互相矛盾的法律同道德，以及
永遠不能忘卻的
淒厲的寃屈。

虛僞的春天

天氣還凍着呢，老幾們
你看這虛僞的春天
連微細的小青花
都給典押了，不再出現
這樣冷的日子
出汗的躍動
總比烤火要好
慢說有些人還睡在冰窖裏呢
我們要幹起來
我們不再憂愁，
一輩子也還不了
太多，太多的惡債！
不過，大夥兒一起了
也不能慵懶地發笑，
應該嚴肅，我覺得
歡天喜地的辰光還早着……
我們必須幫助
一些仍然迷信運氣的

來研究明白：
為什麼人快是一架骷髏了
還要割下滴不出血來的皮肉
去墳補人家底膿瘡呢
嚴冬離開我們了，是的
可是春天來了嗎？哼！
你底破鞋脫掉了
我底襯衣是穿着乾淨的
他底頭髮半個月梳剃一次
要緊的呢？我們
擦槍和
讀報！

遊記

有人到那片荒涼的國邦去了來
告訴大家一些夢想般的事蹟
說那兒科學在平民手裏
那些巨人們又同自然作戰
因為無數的手舉起來
要為新人類弄得更富足，更快樂……
大家奇怪：沙漠也能夠變成森林嗎？
那人笑一笑，就像馬哥波羅
跋涉波斯的荒野
從忽必烈 燦爛的朝廷
帶回幾顆韃靼的珠寶
叫貧窮的威尼斯人
咋舌吃驚一樣。
不過，我怕這譬喻非常拙劣。

堅決

殺人的人走了
這塊墳場呀，這塊刑場
再也沒有什麼好看的
脚爪盤着銀圈的蒼鷹
在半空中飛旋
螻蟻和土撥鼠
參加着死者底葬儀
——有時是一捲蘆蓆，有時還沒有
迴避呀
肅靜呀
忽然間一陣旋風大哭
天昏地黑……

給化鐵

在你月份牌上記着：
一九四四年四月十六日，
大風大雨的
夜晚十一點，
在沒有標明官銜的大門旁邊
你等候我出來……
我出來了，
兩個人用一頂草帽做雨傘，
在腥紅慘綠的馬路上
走過去，走過來，走過去……
又被重慶的警察訊問：
「半夜三更怎麼不回家？」
你怕我喪氣，常常說
世界的公民是沒有家的。
當真，我回頭望，也望不見
我們是從哪兒來
但是我們卻向一個地方走
我們常常流着熱淚
讀旁人底喜劇，
而悲劇祇使我們冷笑

給我底女人的囑咐

莫到殘破的弦月下
去聆聽我底咳嗽，
那時我已經睡了
疲倦了的身體需要休息
莫到繽紛的陽光下
去探看我底午睡，
那時我到辦公室去了
男子底力流在正經事情上
就是黃昏，也莫到
那骯髒的走廊上
去嗅我散步時
隨口就噴出來的藍煙呀，
那時我雖然坐在窗前
遠望着黃泥的小河
綠葉的大樹和紅牆的莊園
心裏卻反復着
怎樣製一份社會調查表

（四四・十・廿日輯）

論民主（時事詩集）

鄒荻帆

論民主

不是等待，
不是乞討，
不是商業上買主與賣主對於折扣的爭
論，
而是
人性的恢復
和
人權的獲得，
眞正地
言論
出版
結社……的自由！
笑
可以放縱，
淚
也可以奔流。

給一位報紙編輯

不要批評邱吉爾，
不要呼籲歐洲第二戰場，
不要厚臉地撒賴
顚倒因果地說：
『我們抗戰了七年
目前的失利是必然的，』
拿出良心來
爲人民
和時代的要求
講話，
你知道嗎？
好多的青年
讀着你的報，
指着你的名字
噓！

彼德羅夫將軍和孩子

他拿着捷克式
走在捷克的村莊，
他沉思的是
秋高氣爽
人民的軍隊的推進。
而一個孩子在風車邊哭着，
孩子的父母
又到田地裏辛苦去了，
他摸着口袋，
沒有糖菓啊，
一枚空彈殼
塞在孩子的抓着泥的小手裏，
他裝貓裝狗
直到孩子笑了，
他又大步地走向前去……

德國俘虜

兇獸的角
扭斷了！
希特勒的卐字
和他的黨徒
舉起手來！
成爲被否定的×字形
再向眞理歡呼，
唸我們的話：
一，
決不是二。

圍攻希特勒

用歐洲的大牛皮
包裹那隻瘋狗，
史達林元帥
艾森豪威爾將軍
緊緊包裹它，
再扔向海裏！

哈嘍，鬍子！

——送一郎老朋友到冀中去

公木

多麼繁茂的花朵開放在你底心裏，
那肥沃得像我們家鄉底黑土一樣的心啊！
而你臉上的皺紋褶得那麼深，
你爲什麼總愛眯縫起眼睛來看世界呢？

是的，我瞭解你如同瞭解我心愛的詩：
對那些用大姆指點着自已底鼻尖做自我介紹的演說家，
對那些編造從三歲起就頑強地反抗母親底巴掌的英雄，
對那些以剽竊和說謊相眩耀，伸長手臂去抓取名譽的天才，
對他們你永遠不屑翻一翻眼皮，
睥睨的笑影閃跳在你鬚鬍的叢林裏。

哈嘍，鬍子，
但是爲什麼你羼雜在年青的伙伴中，
總顯得如此孤寂又如此沉默呢？
——其實我知道你的雙肩
担負過也還担負着比任誰更多的痛苦，
正如你底鬍鬚比任誰底更密更長。

自從對罪惡揮起憤怒的劍，
你不曾把緊握的劍柄鬆弛。
浮着脂粉的眼淚沒有浸軟你橫起的心，
戮在心窩的手槍沒有嚇退你邁進的步伐。
你一啓程就向着「自由的王國」，
單憑你正義的直感選定了這個方向。
你從口紅和酒排底包圍中衝出，
留一片蠢然的嗤笑在你底身後。

從你手中飛出的石子，
打中過圓肥的警官底頭；
那象徵着威權的藍底白字的木牌，
曾被你從衙門口上摘下而搗碎；
在沒有月光的夜裏你用粉筆去宣告眞理，
塗滿一條小巷又一條小巷；
你坐在飯攤底短凳上，
草草地塡滿叫響的肚皮；
而後就踏着磨透底的皮鞋前去——
迎着乞討者伸出的烏黑的手，
迎着煙囪林噴吐的濃重的煤煙，
迎着偵緝隊閃亮的錐子似的眼睛。

你就這樣打發走了你最美好的歲月，
在別人正是拿戀愛和幻想餵養自已的歲月啊！
你毫無保留地付出你底勇敢和忠誠，
付出你底一切直到你最寶貴的自由，
你告別了這綠色的世界和明亮的陽光，
鐐銬底音樂伴奏着你灰暗的日子；
而你底心裏却燃着一點永不息滅的火種。

而你底形貌却慢慢變得呆硬了；
時間底手，在你本是油黑的臉上，
偷寫出無數條纖細的褶皺；
在你牛犢般的身體裏在你風箱般的肺腔裏，
裝進了各式各樣的病苦。
愛和憂憤灸煎着你，
比爲風雨和勞苦灸煎着的你底哥哥
還更顯得蒼老。

你底心謙虛得像一隻空瓶；
你向老鄉問一聲路必定先來一個最端正的敬禮；
你進合作社從不敢放肆地喊一聲小鬼或敲一下桌子；
因爲你來到了這個地方啊，
這個被你愛得心疼的地方，
這個被你愛得想到就流出熱淚的地方！
對每一個人甚或打身旁擦過的趕路者，
你都從心裏呼喚着：『同志，喂，同志！』
這個比銅錘擊打洪鐘還響亮的名詞，
這個把戰斗的隊伍結合成一堵鉄牆的名詞。
你把工作了八個鐘頭的手插進褲袋裏，
打着口哨散步在黃昏的河灘，
再不必閃躲那些沒有影子的人跟蹤盯梢了；
你把思考了一天的腦袋放在枕頭上，
平坦地走進夢裏去像走回自已的家裏，
再不必驚恐有攜帶繩索的黑手來叩門了。

哈嘍，鬍子！
但是，爲什麼你廝雜在年青的伙伴中，
總顯得如此孤寂又如此沉默呢？
你沒有學會放開喉嚨歌唱：
『起來！饑寒交迫的奴隸！……』
你不習慣於高聲地喊：
『我們，鋼鉄波爾什維克！……』

你却把拳頭攢得緊緊的，
側着頭聽別人這麼歌唱，這麼喊。
一陣感應的風暴從你底心裏鼓蕩着，
吹起一片迷濛的白雲飛飄飛飄，
凝成幾滴細雨落進你漾着微笑的眼裏，
像一顆顆銀色的露珠從那裏迸流，
濡溼了你滿臉的皺紋，
濡溼了你長長的鬍鬚。

你站在七月底隊伍中間，

大地在你脚下痙攣，
太陽在你頭上跳盪。
你投射出驚奇而又快樂，生疏而又親切的目光，
注視着那些張大的嘴巴，
注視着那些飄揚的旗幟，
注視着你底無盡長的行列，
這是你底夢，你底理想，你底希望啊！

而你，不知道疲倦，
也不要求啖食鬥爭底果實。
在眞理底面前，
你永遠是一個傾聽命令的小卒。
眞理命令你：『前進！』
你立刻就邁動闊步，從沒有躊躇過；
眞理命令你：『衝鋒！』
你馬上就上好刺刀，把仇恨投向敵人。
你從不吝嗇付出血去灌溉，付出生命去繁殖，
完全用不着老朋友爲你担心啊！

因爲是你心裏白燃着永不息滅的火種，
風一吹就會發出熱的熊熊的光焰來；
因爲是板着臉的冰床阻不住潺潺潛流的河水，
春來噓一口氣息冰床也會展開笑顏而歡唱。
水要流，火要燃燒，
聲響和光彩就是這樣產生的，
你就要生活在聲響和光彩裏了！

戰鬥在向你召喚，
血洗的原野在向你召喚；
那裏是以鬥爭哺養了你三十年的家鄉，
那裏的人民以誠樸以剛毅以汗和血耕種着他們底土地。
而今那土地被強盜底足跡玷污，
田隴裏灑着苦難與羞辱。
把穩你底方向盤，旋動你底引擎吧，
迎上去，迎上去，迎上去！

而我，仍然被留在這後方，
也請你完全不用担心！
我不會沾染上你所深深煩惡的病疫：
我不會坐在房裏夢想榮譽；
我不會讓女人的花朵落進眼裏撥不出；
我不會把抱娃娃和學貓叫做日課；
我不會忘記應去耕耘的園圃，我不是一個懶惰的園丁。

哈嘍，鬍子！
我不想再多說什麼，
我們都不是喜愛剖白自己，像以。
讓我們再緊緊地一握手吧！
下次見面該是在慶祝最後勝利的會場上，
長白山底倒影舞躍在鴨綠江底浪心，
你密長的鬍鬚也許要染上幾星白霜；
而我一合眼就彷彿看見了
那白霜上鍍一層歡笑的紅光。
那時候孤寂和沉默將不會再伴隨着你，
你該也習慣於高聲地喊，
學會放開喉嚨歌唱了！

一九四二年春。

海路歷程

胡風

你也生長在
滾滾而來的長江岸上麼？
但我遇見的
你
却已是潰堤的一段木頭
無力地飄着
一顛一落地飄着
在無數支流、無數漩渦底一股支流、一個漩渦里面

不盡長江滾滾來——
在那長江兩岸
曾洶湧過滾滾而來的革命洪潮
而你
用少女的狂熱和眞誠
反叛這半封建、半殖民地的命運的
一個中國少女的狂熱和眞誠
向那中間縱身躍進
你衝過鋒
你打過滾
但你敗退了
像無數無數敗退者
痛哭而去

像潰堤的一段木頭
飄流而去

你飄到了東京

東京
那東方羅馬帝國底都城
有鋼骨水泥高廈的銀行街
有陳列着劣質的但却五光十色的商品的鬧市
也有流漾着凄涼的尺八聲的小巷——
你何所爲而來呢？

你
一個半殖民的支那青年女子
穿過那些飛馳的流綫型汽車
（那里面坐着燕尾服的盤腿紳士和蝴蝶服的駝背夫人）
避開那些掛着軍刀的昂然闊步的武士
（那是日本天皇底鷹犬）
在東方帝國主義者底囚徒們中間
（他們
被過度勞動壓乏了的男女工人
眼里閃着飢餓的光芒的失業者
嗎啡中毒的朝鮮人、台灣人

背着孩子餓軟了坐在街邊的
　白衣裙已經灰污了的
　　朝鮮女子……)
在他們中間
匆匆走過
到早稻田區的一條偏街
租下了四疊半的貸間
——那放不下一張中國大木床的小天地呀
向一個兩尺來高的書架
你裝進了
幾本世界語教程
一些社會科學書籍……

一個無可奈何地敗退了
但却不甘于敗退的青年的心呀
敗退了的是你底力氣
不甘於敗退的有你底靈魂

而東京
那用囚徒們底血肉所供養的都城、
却也有爛漫的季節
海風吹動你底衣裾
櫻花掠過你底髮鬢
而你呀
半殖民地的支那女子
　在鬥爭底音樂里面沉醉過的
　在人民底蜂起里面狂舞過的
帶着微隆的脚掌
和耳葉上的小孔
　——數千年歷史重載底烙印
從三味絃底繁響
和菊正宗底濃味中間
匆匆走過
因爲你
抱恨的心不能爲愛情而歌
因爲你
在追悼着一個夢
　那曾經使你活過的夢
也在追求着一個夢
　那將使你能夠活下去的夢呀

你匆匆走過
因爲
在那帝國都城底莊嚴、繁華……
　以及爛漫的季節底陰影下面
有招誘你的鮮紅的火粒
那從囚徒們底求生意志上爆發出的火粒

你走到上野公園的山上
被那戴着神聖的菊花帽徽的警官們
　攔在入口搜查過身體以後
擠進了無產者文化晚會的會場
夾在工人、學生、教師、小從業員、朝鮮人，台灣人……
中間

仰起你底憔悴的面孔
聽着
（似懂而不能全懂地）
那些朗誦
　勞苦人民底抒發的言語
那些音樂
　勞苦人民底激情的旋律
那些講演
　勞苦人民底反抗的控訴……

你走到築地小劇場
付過二十錢或三十錢的入場料
分得了一個坐位
夾在工人、學生、教師、小從業員、朝鮮人、台灣人……
　中間
仰起你底憔悴的面孔
注視着那脚燈後面
展開了被檢閱官刪了又刪的
現在還坐着監視的警官
　　在一面聽一面對着稿本的故事
你不能全懂但卻親切地感到了
他們是在勞動、窮苦、受騙里面掙扎的
　　天皇底民草
因而也是在忿怒、覺醒、抗爭里面求活的
　　人類底兒女
……………

羣集——溫暖的羣集
沉浸在那里面
親人似地
分受了他們底悲喜
你——
　一個此心不死的尋夢者
　一個不甘於奴隸命運的叛逆
但走到公園的林蔭路
或劇場外的夜街上的時候
你就驚醒了
像跌出了一個夢
你——
　對於他們只不過是一個看客的陌生人
從祖國的人民用生命爭取自由的戰列中間
　　敗退了下來一個逃兵呀

他們是火粒
照亮了你
但也燒痛了你——
你彳亍在帝國都城底街頭
抱着女性的善良的心
但卻不要愛情底溫撫
抱着懺悔的追求的夢
但卻得不到人民底握手……

而東京
原來是帝國 都城呀
有用血肉供養它的它底囚徒
就也有用爪牙捍衛它的它底獵狗
那些獵狗
張着了一面網
一面順我者無事、逆我者有禍的漫天大網
從那里伸出一條嗅覺的線
——跟着你！
從那里伸出一條觸覺的線
——跟着你！
而
心驚血脹地
聽過了「滿洲事變」和「上海事件」的
惶亂的號外鈴聲
心驚血脹地
嗅過了暴風雨撲打火苗的嗆人的氣息
終於
像一隻受箭的鳥
你跌落
你被縛住了
有法律不肯保障你的，你思想不穩的份子
有國家不能保護你的，你劣等種族的支那人
你要掙斷殖民地的奴隸頭上的鐵索
但他們却用鞭打亡國奴的鞭子鞭打你
你要打破幾千年的女性身上的枷鎖
但他們却用汚辱女性的老辦法汚辱你……
「卽以其人之道
還治其人之身」——
我們相信這仇恨的道德
他們更相信這仇恨的道德
而這才叫做鬥爭
而這才是「以眼還眼、以牙還牙」的老老實實的鬥爭呀！
你半殖民地的支那女子
抱着巡禮的心
來尋求叩開理想之門的手杖
但却被關進了這現實的帝國底囚房
但却被逐出了這現實的帝國底疆土
越過海
昨天
你拍擊着幻想的翅膀而來
今天
你被縛着負傷的兩臂而去
越海而去的心
不是那越海而來的心
越海而來的時候
想不到這越海而去的時候呀。
而海

咆哮着
依然像萬馬奔騰
只是你再也不能
在那萬里浪上面
畫出一條叫做理想的采色的虹路

而海
晶澈依然像明鏡
——向那萬古長生的宇宙映像頂禮呀
那中間
站着無助無告的你孑然的倒影

海
它迎接你從故國來
它又遣送你回故國去
回到那養育過你的、折磨過你的故國
回到那使你夢想過的、鬥爭過的、但却終於敗退了的故國
回到那在血汗里面掙扎、在飢寒里面掙扎、在枷鎖里面掙扎的故國
回到那你只能從她得到生底意義，也只能從她得到死底意義的，你和她原是枝、幹一樣連結着的故國呀
載着你
海在啜泣……

一九四二、七月二十八日、
成於桂林之聽詩齋

作者附記：這是還未能寫下去的一個故事底第一章，題目是暫加的。

「祖國」與「情郎」

龍亮之

不知是不是有人說過：「女人是愛情的動物」。但說過與否也不關重要，相信總都這麼相信的。

於是，有了這種的詩：

「姑娘：祖國是你一位偉大美麗的情郎，
他長得一副如同桑葉似的臉孔，
和平慈善的心腸。他有悠遠歷史文化，
他有無數家產寶藏。……
……姑娘：你可忘了他平日對你愛護培養。
你勿忘了恩，負了義，……………
不：你要知道，他是你恩深義重的情郎，……
這樣，才見得你是愛情至上。」（二月十四日中央日報中央日報載：「獻給從軍的冰妹」）

由此可見：女人的用處就是愛男人，女人只能也只知道做這一件事。卽使說是「從軍」，卽使說是爲了「祖國」，也一定要告訴她們，這等於愛男人；否則，就不行的。

然而，這愛，是愛他的世家大族——「悠遠歷史文化」，和「無數家產寶藏」；而他是「情郎」，是「恩深義重的情郎」。那麼，

「一更一點月正明，
嘆一聲：情郎哥！細聽衷情：
……………」

索性這樣唱下去吧！

「祖國」！「祖國」！你何時成了「大少」？「桑葉似的臉孔」亦有點發紅否？

四五，二，一四。

論詩四題

阿壠

節奏片論

節奏，由人類底生命底進行的系列而來。呼吸與脈搏，是自然底秩序。

詩底韻律，發源而又歸結於這一法則。

但是更高的，力的旋律底存在，並不是任何形式之間，而在越過形式以上的詩底情緒底充沛融和中。這是服從了自然，發展了自然；也就是創造了自然的。

所以，第一、在力的旋律之前，音樂的旋律祇有從屬的地位。

第二、在創造了自然這一高原，還提了出來詩底散文形式的反對，祇不過是侏儒在密開朗琪羅底遺像之前爲自己斜拖在夕陽草地裏的影子作誇大的跳舞而已。有什麼呢？什麼也沒有。除掉向原始的生活倒退着走。

對於詩的要求，在內部的完成，而不是外面的華美。力的旋律在內，由整個情緒所包含的各個因子之間的排列組合，形成了調子底多種多樣的強、弱、快、慢，——強的像羣衆底興奮和集合，弱的像微倦的眼瞳向什麼地方的凝盼；快的像軍炮激烈的射擊，慢的像春湖底漣漪洄波。讀一首詩，所感染了來的，所接受了來的，是這一種情緒，這一種感動，這一種東西。抽剝掉了這一種東西，卽使平平仄仄的很吧，讀了並不能夠再有什麼感染，就不能夠再有什麼接受，是容易明白的事。音樂的旋律，僅僅是在外的，所以附屬的。

以七律爲例，抽剝掉了這一種東西，是還完整地剩餘下來極其嚴格的形式上的東西的。譬如句數和字數（音數），韻脚，平仄，對仗，而且在字法上還有講求雙聲，叠韻之類嫵媚的條件的。但是詩底內部的東西，旋律的本質的東西既然這樣被抽剝掉了，也就恰恰無詩可說了。好吧，讓我們來讀一讀下面的東西吧：

仄仄平平仄仄平　仄平平仄仄平平
平平仄仄平平仄　仄仄平平仄仄平
平仄仄平平仄仄　仄平平仄仄平平
仄平平仄平平仄　仄仄平平仄仄平

這裏問：有詩底風味否？有詩底本質否？

我就請答！

七律是以嚴整有名的。詩旣然採取了散文形式，當然更沒有什麼和韻脚『抱牌位做親』的必要。

以爲節奏是詩底本質，而這節奏又被解釋作韻脚之類的，是把外面的東西錯亂地認作了內容的東西的，是把從屬的妄僭了決定的的。

散文形式的詩底節奏是完全在內部的，而力的旋律是詩底僅僅可有和有着的生命。

一九四三，四，二。山城公寓。

排列片論

舊體詩，和所謂『豆腐乾』詩，有整然的排列。但是到詩採取了純然的散文形式，是否也服從於排列的法則，或者說，是否眞和一般的見解一樣那是完全隨隨便便的？

不然的。

第一、因爲詩底生命底進行，情緒或者力，有着一定的起伏，形式上的排列是受着這一誘導的；一個眞的詩人，一首好詩，於是有隨心適手的章節，句子，原是自然的事。

第二、因此，新詩底排列，在這裏就含有內容的性質，而和舊詩或者『豆腐乾』詩底排列底單純形式的性質，就完全不同。

在新詩，排列有兩重的性質：力的排列和美的排列。前者從內容發展，而又反作用於內容，使旋律加強，深沉，像疾風、暴雨底四谷齊鳴的譜子，或者像山林樓閣底煙雨霏微的層次，使讀者或情緒在讀着這一節或者這一句的時候，自然地或者被迫地火花爆發而投置於那轟然震蕩之下，或者纏綿不巳之中。而作者當時情緒底進行，原也是如此的。

後者純粹得多，簡單得多，屬於修辭的，僅僅形式本身的，使調子斌媚繽紛的。讓我開始。

美的排列，又可分屬於視官的和屬於聽官的兩類，前者講求行列底和諧，後者講求音節底鏗鏘。

例如「蕾」，由一組獨立的句子，構成着完整的行列：

一個年青的笑
一股蘊藏的愛
一罎原封的酒
一個未完成的理想
一顆正待燃燒的心

但是在「牆頭草」，第三行和第四行，原是由一個句子所分寫的，而有了一種圖式底美——整齊：

五點鐘貼一角夕陽，
六點鐘掛半輪燈光，
想有人把所有的日子
都過在做夢，看看牆，
牆頭草長了又黃了。

圖式是多樣的，在整齊和參差之間。於是從視官到情緒的結果是，在前者一般產生了嚴肅的、雍容的、莊凝的、溫靜和和諧的調子，後者一般產生了起伏的、行動的、多變的、激越或者暴烈的調子。

從感覺到感情的跳躍，的透入，在音節上，就是在聽官上，是同樣有達到一般的效果的地方的。例如「投」和「破船片」：

獨自在山坡上，
小孩兒，我見你
一邊走一邊唱，
全都厭了，隨地
檢一塊小石頭
向山谷中一投。……

潮來了，浪花捧給她
一塊破船片。
不說話，
她又在崖石上坐定，
讓夕陽把她底髮影
描上破船片。

她許久
才又望大海的盡頭，
不見了剛才的白帆。
潮退了，她祇好送還
破船片
給大海漂去。

「投」和「破船片」都是精細的玉石的雕刻；小擺設。但是作爲美的排列之一底例，這一任務是頗爲勝任的：在「投」，那樣排列的結果是，第一，行與行之間音節多少相同，第二，韻脚，位置適當。在「破船片」，更加强了音節底起伏和流動。對於聽官，這就起了一種刺激的作用；所謂詩底音樂性的東西。

同樣，在「巴黎」和「透明的夜」中，我們也看到了：

巴黎
在你的面前
黎明的，黃昏的
中午的，深宵的
——我看見
你有你自己個性的
憤怒，歡樂
悲痛，嬉戲和激昂
整天裏
你，無止息的
用手搥着自己的心肝
搥搥！
或者伸着頸，直向高空
嘶喊！
或者垂頭喪氣，鎖上了眼簾
沉於陰邃的思索，
也或者散亂着金絲的長髮
激聲歌唱，
也或者
解散了緋紅的衣裙
赤裸着一片鮮美的肉
任性的淫蕩……你！
儘只是朝向我
和朝向幾十萬的移民
道出了
強韌的，誘惑的招徠……
巴黎，
你患了歇斯的里亞的美麗的妓女！……

……闊笑從田堤上煽起……
一羣酒徒，望
沉睡的村，嘩然的走去……
村
狗的吠聲，叫顫了
滿天的疏星。
×
「走
到殺牛場，去
喝牛肉湯……」
×
油燈像野火一樣，映出
牛的血，血染的屠夫的手臂，
濺有血點的

屠夫的頭顱。

油燈像野火一樣，映出
我們火一般的肌肉，以及
！——那裏面的——
痛苦，憤怒和仇恨的力。

×

…………
「趁着星光，發抖
　我們走…………」
鬨笑從田堤上煽起………
一羣酒徒，離了
沉睡的村，向
沉睡的原野
　嘩然的走去……
夜，透明的
夜！

這裏，和上面的作一比較，不但並不缺乏所謂『詩底音樂性』的東西，而且這個祇有更豐茂，豪邁，自然和自由，多變多采，琳琳瑯瑯！

無論如何，美的排列祇是次要的；祇有力的排列，才是真正首要的。從巴黎的例，那幾句：

用手搥着自己底心肝
搥搥！
或者伸着頸，直向高空
嘶喊！……

『搥搥』！自然是極短促的句子。但是和『用手搥着自己底心肝』比較，內部所蘊蓄着的東西，那個力，並不侏儒；而且正由於這樣短促，使蘊蓄着的力，有着一般的量而外，更特殊地有着一種向外面爆發着的強度。

但是『嘶喊！……』的情形又略有不同；因爲牠不是獨立的句子，而是從『直向高空』分寫的。所以牠是一種強調作用的特寫；是一個句子中最沉重，最尖銳的。假使把牠寫成下面的兩種形式底任何一種，那樣的排列將是詩的平庸，平淡——而且將是詩底損失之一；用第二種形式使調子完全改變的結果，是從高亢的憤怒的吼鳴，轉爲喘息不寧的嘶啼。旋律——力量，並不是相同的了。

或者伸着頸，
直向高空嘶喊！……

或者伸着頸，直向高空嘶喊！……

又例如「爲祖國而歌」最後的一句；

爲了你呵，生我的　養我的　教給我什麼是愛什麼是恨的　使我在愛裏恨裏苦痛的　輾轉於苦痛裏但依然能夠給我希望給我力量的　我底受難的祖國！

浩浩蕩蕩的情緒的旋律，同樣浩浩蕩蕩的排列的旋律；一種一氣呵成的欲罷不能的力量怎樣在詩句中無情地震撼着，無情地壓迫着！因此，長；但是讀着的時候却不是繁冗累澀之感，像大江潮漲，澎湃疾流，瞬息千里！

一個字的一行，二、三十個字的一行，在這裏並沒有此輕彼重的說法；而一個字一行的和二、三十個字一行的句子底音節底組成配合，也不是跛行的，不調和了的形式。

但是力的排列，和美的排列之間，並不是脫節的，孤立的，或者甲是甲和甲非乙的。牠們之間，應該是和諧的整體，或者以各種不同的構成條件彼此交錯，完全重疊或者祇在某一程度上重疊。反對機械。

排列是河牀，而情緒或者力是河水，河牀不是決定河水的，決定的，僅僅是河水本身。所以，順從水流底方向，順從水流底道路！而於是有匯納、闊大、矯嫋、曲折、奔騰、自由、無量又無限。——

詩人，在他底排列，能夠獲取這一自由，能夠得心應手之處，似乎是任意的吧，而又不同於一般的任意的的；我們底理解在這裏，又歸結於認識必然而有自由。

一九四三，四，四，山城公寓。

小詩片論

一種傾向，認為：詩是若干文藝形式中最輕易的一種，而小詩，又是這最輕易的一種中的最輕而易舉的。

論證是提不出來的。但是就是這樣，詩，在一方面被從老花眼鏡那邊投來的憎恨和鄙賤所踐踏，在另一方面又被戴白麻紗手套的人們所喜愛而輕佻狎褻地擁吻了。雖然詩本身毫無動搖，而且也絕沒有被玷污，正像烈風撼拔的青峯，雀糞堆積的玉石。但是詩，尤其小詩，終於是不堪的不幸。

有一種說法，對於文藝的接近，往往是從詩的；年青者底入手，也是詩開始的。

作為輕易而理解，那是絕對錯誤的。那樣的事，那樣的態度，可以有，但是並不是本質。我們底理解如此：年青者底感情，一般在衝動的敏活狀態，純眞的無垢狀態和眞切的追求狀態，這就恰好是詩的，不是適合詩，而是說，本質地就是詩的東西了。而文藝也正好是屬於靈魂的東西，和精神麻痺患者無緣，因此和牠彼此相吸的人，那是出於怎樣一種的力也是顯然的事。

不是形式的，祇是血緣關係的。

詩假使不輕易，小詩更不輕易。——至少同等不輕易。

以為小詩祇是筆尖上的墨水還沒有乾盡就可以隨手寫下一首來的，那祇是證明了這個詩人對於詩的一無所知的洋場惡少底淺薄不過的看法而已。

鯨魚和銀魚軀體底鉅細，並不和牠們各個之間的生命底大小有什麼比例的關係，這樣的關係從來不存在於創世記和笑談之外。

所以曾卓底說法是恰當的：讀起來，好的長詩像小詩，不嫌其長，而好的小詩像長詩，不覺其短。不覺其短，正因為裏面包含着許多東西，譬如一粒電子是擁有着龐大驚人的能量的。

但是，應該包含着一些什麼？這裏提出的，不但在量，進一步，更必須在質；不但在內容，進一步，更必須在這內容對於詩所起的是怎樣的一種作用。

例如綠原底「自訴」和「螢」：

我驕傲
生活像風景
第一，走在陽光底蹤跡裏
第二，大聲說話
第三，寫着詩

從空間走來
向時間走去

我死了
就讓人類底歌
抬起我底棺槨

這一首小詩，在某一條件說是好的。但是那生活態度，卻是很容易被誤解的。假使生活是風景，不是生活得不認眞，五顏六色，就是詩人從生活遊離出來，冷情地作一個生活底閒散的旁觀者了。其實是，不應該這樣拘束地讀的。但是這詩太空泛，沒有足夠的——飽滿的自己說明的能力，而且把牠孤立起來。於是自然容易作成這樣的結論。假使和別的詩對照，到足夠彼此互相註釋，我們底認識就將不同。

現在我底理解：所謂『生活像風景』，是我們正處在歷史底轉捩點，速度極大，強度極大，多變多采，氣象萬千，目不暇接，心往神怡，意識着這個情景而擁抱了牠的時候的詩人底歡呼。所以，在生活並不是鄰人，而實在是主人；在風景並不是唯美的欣賞，而應該是革命的把握。這，和『第一、走在陽光底蹤跡裏』，『向時間走去』，等句子有機地連繫着讀，並且特別要了解以人類底歌抬起棺槨的說法，是可以懂得的事。不然，『我驕傲』些什麼？——

「自訴」中的風景，和卞之琳底「斷章」中的風景，對照了讀一讀，可以看出距離很遠。硬度，以及光度，從我看，倒多多少少和「穿褲子的雲」有點相似。

蛾是死在燭邊的
燭是熄在風邊的

青的光
霧的光和冷的光
永不殯葬於雨夜
呵，我眞該爲你歌唱

自己底燈塔
自己底路。

我們再略看一看「螢」●

光明的追求成爲世紀底苦悶。蛾死在燭邊，燭又熄在風邊。但是，光明的慾求却是頑強的，堅強的，革命是無所倚賴的，完成任務需要獨立活動的生存能力，到光從呼吸而來，到光由內部射出，像螢，自己是燈塔，自己是道路，即使微小黯弱吧，青冷吧，——却再也不是任何一級的風所能夠撲熄，不，連連綿的雨夜也永沒有使牠滅絕的可能了。這小詩，以低沉平穩的調子和「自訴」底高亢跳蕩的調子劃然對照，但是在基調上却是統一的，一致的。聲音是年青的，含着痛苦，痛恨，但是是怎樣凝鍊着信仰的堅決，燃熾着戰勝的希望！

寫這詩，決不是一個誇大狂者，也決不是什麼行走在海市蜃樓中的衣冠人物，這樣，「自訴」應該怎樣讀？又同樣自然明白的了。

但是在詩之外作剖析，所得的自然是理智的東西，在詩裏，却僅僅有着情緒的光芒的。這裏的說法，也不應該這樣引起誤解。

情緒這東西，怎樣一般地被看作着烈火的燃燒狀態的；但是有的地方，除掉奔放，洋溢，牠還有凝斂的姿態，牠可以有幽潭的澄澈狀態的。不是本質底差異；也不僅僅由於視角底不同；這是強度，或許還是高度之間的區別。

魯藜底幾首詩就是如此的。正像一個幽潭：澄碧透底，沒有雜物，沒有激浪，沒有漣波，沒有芳菲，沒有色采，祇有極其簡單的平面構成；但是裏面却輝耀地通過了從藍空來的日光，無遺憾地溶解了牠，莊嚴，崇高，明淨，向太陽接受，向太陽擁抱，向太陽反映，每一點每一滴都水晶一樣通明了的！水草在舒適地裊動，魚羣在鮮活地浮游，看得清楚，數得明白；而且，人也可以照照他底影子。赤練蛇呢，是沒有處所藏匿的，水獺呢，是沒有方法潛入的，沉渣和浮漚呢，是沒有地位存在的。自然是完全的平靜；但是不可能不是戰鬥性的平靜。

例如他底小詩，「早」和「泥土」吧。

「泥土」還是有着淡淡的顏色的。是一種生活的認識；當然不是慷慨的說理，祇是質樸的抒情。由於慷慨和質樸，尤其由於外鬧於慷慨和質樸的戰鬥氣氛，近於雄辯了，成爲斥責了。容易被當作理智的東西的原因在這裏。但是，本質地，眞正地，牠並不是攻辯，並不是呵叱，不是的；牠祇是有着說理的外貌的抒情，牠是誓言！牠不是認識的理智，不是那樣的光華，牠是宣誓的抒情，是達到了認識的高度又從那一高度躍出的革命的感情底火花。在堅實的獻身態度，在純潔的殉道精神，沒有狂躁，也不全同於冷靜，——有顏色，但是很淡。

老是把自己當作珍珠
就時時有怕被埋沒的痛苦
把自己當作泥土吧
讓衆人把你踩成一條道路

但是在「早」，完全透明無色，素描。

有一天，我把一幅畫
掛在牆壁上
清早，孩子起床
照樣地叫媽媽早，爸爸早
孩子看見畫中的人
問她媽，這是誰
她媽媽就告訴她
「這是斯太林」
孩子說：「斯太林早」

詩人底情調，這裏不得不承認已經達到了昇華的境界。

「泥土」和「早」，都寶石一樣含蓄着許多光采，都鮮花一樣含蓄着不少芳香。寶石祇不過一粒，有光采像星，使泰山黯然無色，蘭花祇不過一束，有芳香像雲，而使大氣酣然沉醉。但是魯藜底光采和芳香，特別是含蓄在他底質樸裏面，澄澈裏面。

冰底小詩「別」，一樣這樣意味深長：

一

你們走了
好像在冰冷的冬夜
從我們身邊
移去了火盆

二

都帶去吧
不要丟棄一點點
這純潔的崇高的
同志之愛
——路
都是相通連的。

作爲一個革命者，他底感情是和他底生活一起整個地拋擲向革命的海了的。身邊的感情，不必要了，友情，已經超越過去了，——超越是不低徊於自己底顧影，更高地發展了的步子；似乎是鉄的無情，其實是大地的博愛；愛底深度和愛底廣度之間正比例地展開了。

何嘗眞正冷落於友情。那樣一種親切的、溫馨的感覺，是在詩中湧溢着的：在冰冷的冬夜，從身邊，移去了火盆了！這是詩的感覺；人的感覺；這是眞切的，懇摯的，所失的，被奪的感覺！這裏才存在着眞正的友情的，——友情在人類底路向中得了新的發展。

別，這一題材，在舊中國底詩歌中，不說是特有的吧，也算是特殊的了。是樸實的中古的心底跳動，農業封建社會的傷感主義。自然也是人底眞聲；尤其因爲牠是個人的，所以特別灼痛，也特別眞實。分別是在，牠是消極的，而「冰」底是積極的；強度或許相等，方向却大不同。所以是新的發展，而且是更高了的發展，就質量說，就意義說都如此。

革命的感情，不是拋棄一切，祇是無視自己而已。

在「平原手記」，在陳輝，「賣糕」，是小小的敘事詩，不停止於生活抒情，更突入了生活活動了：

——上哪兒去啦？
——賣糕去呀！
——帶上吧
到城裏再散它
賣糕的
伸過油汚的手
接了過去
（把它壓在糕下面）
那些
紅紅綠綠的小紙條
賣糕啊賣糕
他
敲着鑼
在城裏消失了
像一根火苗……

小詩一般地是抒情的，敘事的却極少。這原因，感情可以凝斂，事件必須展開。但是例如魯藜底「早」，尤其是這裏的「賣糕」，却勝利地突破了這一防線。

是怎樣的呢？

是不是抒情地敘事的緣故呢？

「早」，多少可以這樣說法，而「賣糕」並沒有抒情。

是不是小小的，——事件是小小的的緣故呢？

不！不能夠因爲你和我底一隅之見，以爲海就盡於一望的水平面，大地就盡於地平線，視域底狹隘，不是世界底狹隘，而是視覺的限度。而且，人類底智慧是早已超過了感覺的原始階段了的。我們倒因爲繁星 照耀，而認識了天宇；倒因爲這小詩底暗示，而展開了革命戰鬥底壯麗的圖景，——無微不至是，無所不在，無所不包之故。

問題是在：詩，牠包含着——或者暗示着無窮。必須包含或者暗示這個無窮。

小詩，本身就是無窮。

一九四三，五，一二。山城公寓。

靈感片論

靈感原是從外部攝取的，氧氣是從大氣吸入的；這個字，inspiration，和這個字底字根，inspire，原是物的呢；並不是自己存在的，獨立高聳的。

無花之地的花香，從有花之地飄來。

自然我們可以陶醉於花香，而不見一朵花，——像我們在山谷間或者曠野上所常常遭遇的。

這說法，沒有一點否定着花底存在的；相反，却更肯定了這個存在：濃郁的、幽微的、清遠的、飄然而來而又飄然而去的一切的花香，就首先以花底存在爲決定的條件。淺鮮的，眞實的。

但是，「煙絲——」什麼的音譯，靈感的字面，却不可捉摸，不可究詰，弄得煙霧繚繞，神經錯亂了。

同樣的，把天才來解釋靈感，又把靈感去解釋天才，——這徒然的神祕主義，這種無知的教科書，這種並沒有說明什麼的說明，却是文學的海市蜃樓，傳統的寶藏經典。

這種玄之又玄的說法底所以存在，而且居然能夠囂張起來，我想理由不外如此：

第一，祇有用空洞才可以說明空洞，祇有用神祕才可以擴展神祕；不致破漏，不遇障礙。

第二，假使不是直接的對於詩的無知，或者，假使不是單純地企圖以七色的雲彩包裹身體底赤裸使自己輝煌，高；那就是，故意把詩的世界深鎖在象牙塔裏，而教人到恆河底泛濫與淤沙中去尋取金鑰，——當人們和詩之間距離愈去愈大，當到達詩底國境的路愈艱難渺茫，對於詩和詩人就愈給了尊貴的、崇高的地位，——神龕。

第三、這樣也就教人在另一面害怕詩，討厭詩，這樣也就在另一面使人服從於詩不是生活的，或者政治的，詩僅僅是天才底唯一的事業，而靈感是這事業底唯一的資本，諸如此類的強辯與狡辯。

其實，這些，倒往往不是彼此毫不相干的，各個山峯即使有陷離峭拔的姿態，山脈總是起伏綿亙的。所以，這五顏六色裏，實在潛藏着大的惡毒，大的陰險。

神祕斑斕的表皮必須撕剝下來，必須無情！

那麼，我們是不是能夠滿足於一種生活旁邊的解釋呢，譬如：靈感是創作慾，或者是創作的衝動？——

比較地，這解釋是地上的。但是我們在這裏，還不祇看見一種內發的狀態；因此，這很容易被拉扯到神祕主義的血緣關係之上去，仍舊容易被還原為神祕主義的。而且樸素得缺乏之神祕主義 華采，也容易被認為是兩者之間的不高的，凡庸的。

需要說明：這創作慾是從什麼地方來的，在什麼狀態之下才有這一衝動。

一切不是從非常的天才，而是從極人間的生活。

對于生活的搏鬥強，向生活的祈求大，從生活所得的感受也就強和大。有強的、大的感受，才有強的、大的感發。

而那一點一滴的日常的感受吧，也同樣是可以構築成不朽的金字塔的每一塊花崗石。

生活在今天，能夠沒有今天的歡悅、今天的哀痛、今天的亢奮和今天的抑鬱的種種色色的感受嗎？在今天的解放戰爭、正義戰爭底前哨，我是不是有着一種豪放之感，假使有，這浪層是不是我把生活直接向這巨渦拋去而激起的？而在今天的市儈集團、特種職業集團的圍牆中，我是不是又有着一種窒息之感，假使有，這黑影又是不是我底生活無可避免地被這氣壓捲去而凝成的？尤其，我是不是要生活，而且所要的又是怎樣的一種生活？

——祇要·生靈得眞實，充實，結實！

一個哲人所說的：靈感產生於精神底建康狀態，飽滿狀態。從這可以得到理解。

靈感在一般的視界是爆發狀態的，但是牠也有蘊蓄的狀態，積儲的狀態，而且還有持續的狀態。

一般以為那是飄然而來而又飄然而去的。這不是全部。這樣說法的，原因和結果，還是如上面所說：在靈感的無知，或者在增加神祕的特性、高昂的價格。

「月光曲」是在一個月夜作成的，但是「戰爭與和平」是寫作却費時若干年月。擊落山巖的固然是霹靂似一聲，瀰漫地球的却是海水底平滿。靈感不僅僅是一種敏感，而且有各種的強度。

靈感有頃刻的，也有非頃刻而緩燃的；在頃刻的不及明白所從來，在非頃刻的又不容易清理出來所從來，——這也是神祕主義插足和抬頭的嫵媚之處吧。

靈感底人間的解釋，這樣，它就歸結到廣泛的存在。——不錯，是廣泛的存在，原不是天才底特權。

爲什麼這個人有，那個人又沒有？這個時間有，那個時間又沒有？

磁性這個東西，是鉄和鉄製物所共有的，無論是礦鉄、釘子、汽追和磁石——天然的或者製造的。分子排列底差異，和這排列是否被適當地組織了，就顯出磁性作用底有或者沒有，較強或者較弱，發生以及消失。人和靈感正好也如此。

我　朋友會吹笛，吹得清越悠揚，在笛子這樂器操縱樂曲到達神化仙妙的境界，而我一點不會。這並不是我　朋友有天賦，而我完全沒有毛髮。能力從學習而來；潛力是共有的，能力就不一樣有，而且有差別，有強度。能力，是潛力底被提用，在渾動過程裏不斷活動的開花結實，而且在不斷活動裏不斷地昇高。任何笛子，各種樣子的，各種質料的，優美的或者粗劣的，在我底朋友都吹得絕好；在另一面，我却一管笛子和一根棍子並無分別。但是，假使我曾經學習呢；假使我立刻開始呢。——

而且，我底朋友因爲有那樣的喜愛，那樣的親切，他底笛子和他祗生活不可劃分，因此隨便拿了起來的時候，快樂和哀愁的時候，都是琳琳瑯瑯的。反過來說也是眞實，他吹得好，他愈愛吹，他底音樂的衝動才特別敏銳鮮活，強烈豐滿。

我完全沒有音樂的要求？不是的，我也是愛好的；祗是我不熟習於把這一感受的東西反射出去的形式，不能夠把握表達的方法，情緒一般地是有着，能力却沒有，不是靈感底根本的缺乏，只是牠在音樂是礦石狀態的而已。沒有成熟地通過音樂這一東西——不通過音樂而已。

所謂販夫走卒也有煙水氣者，或者說詩，或者說靈感，不是這一類東西底存在底普遍狀況麼？不是即使在非文化活動內低下的階層，祗要有較大的生活的接觸而也就會被引到而感發的麼？所以，不是詩人的人，不是詩的日常的生活，偶然也會茁放出詩的花，而且特別是好詩。

條件是：祗要那是眞實的靈魂，祗要那是健康的生活。

所以，另一面，高貴的教育，倒往往大量地產生脂肪，不產生詩。

有從生活的感受底存在，而有詩的感發底產生。生活不是啞默，不能夠啞默。靈感是這樣的條件之下的對於生活的適度的刺激的靈魂底震動，精神底燃燒，人類同有的熱情與藝術必具的組織力底噴湧，像電，像火，像泉。

靈感是人底詩情詩景底一種美麗的醒覺；在這裏，生活力對他強悍而又神奇地要求着一種愛什麼和恨什麼的，怎樣在愛和怎樣在恨以及怎樣的愛和怎樣的恨的朗然的生命的呼叫。

毫不光怪陸離呢。

一九四三，五，二五。山城公寓

論中庸

舒蕪

一

中庸主義的特徵，就是「折中」。「命固不可不革，然亦不可太革」，是最極端的例子。其他如「感情固然重要，不過理智的作用不可抹煞」之類，都是的。

然而，爲什麼要這樣折中的呢？

因爲恐怕不這樣折中就「太偏」，一「偏」了就有「流弊」。爲了預防「流弊」，就非「不偏不倚和平中正」不可。這就是所謂「補偏救弊」。

因爲要「救弊」，所以要「補偏」；因爲要「補偏」，所以要「折中」：可見，就是這個「流弊」，才逼出了中庸主義，中庸主義就是怕「流弊」才怕出來的。

那麼，又究竟什麼是「流弊」呢？

「流弊」，就是本來很好的東西，後來弄出來的壞處。這壞處，是由那本來很好的東西而生，但又並不就使本來的好也都變壞。

因此，並不反對革命「本身」，革命「本身」本來是好的；只是革命太過也要有「流弊」，而「流弊」當然是壞的：於是「命固不可不革，然亦不可太革」了。

同時，禮教固然可以吃人，但這只是禮教的「流弊」；而禮教本身却不受「流弊」的影響，仍然還是好的：於是「不可以末流之弊，並廢其本也」了。

既然「不可以末流之弊而並廢其本也」，不也就應該不可以革命的「流弊」而並廢革命本身了麼？豈不是一樣的道理麼？然而不然，並不一樣的。

禮教固然有了「流弊」，但它「本身」已經建立穩固，還易於補救；革命，則新基礎還未建立，新「流弊」便已產生，舊基礎已經破壞，舊「流弊」又還存在，就難於補救了。這是一。

舊「流弊」即使再壞，已經可見，不過如此；新「流弊」還不可見，安知不比舊的更壞呢？這是二。

而且，我也並沒有反對革命「本身」呀！我不過是要革命時「穩健」一點，不要革得太過罷了。這是三。

就這一套「流弊論」，便給中庸主義者們以一個最有利的武器，一面保護了舊的，另一面壓殺了新的，妙用無窮。

然而，他們也並非故意找出這些理由來的，他們實在是眞的害怕「流弊」，前面已經說過了。

他們確實看到，新創造一件事物總不容易弄好，反而大概都要弄壞；他們也確實看到，守着已成的東西總要容易些，總不會弄得怎樣出於意想之外的壞。久而久之，便成了習慣，對於創新的事總覺得一定要弄壞，以「流弊」取消它；對於已成的東西總覺得究竟是個保障，以同一「流弊」寬恕它了，所謂「對舊氣運就心平氣和，委曲求全；對新生機就痛心疾首，求全責備」，其關鍵也就在此。

他們確是常看到那兩種現象麼？是的。那麼，又何以常有那些現象呢？很簡單：人們缺少了強大的主觀力量。

創新，本是很難的。力量不夠，勉強做起來，也確往往反而弄得更壞。而他們又大抵都很自知，明明不能信任自己的力量，於是就還未動手先怕「流弊」了。

同時，雖然明明看到舊事物的壞處，却也明明知道自己無力創新，就覺得不如還留着舊基礎，可以只費較少的力量慢慢改良，還較容易，於是，就又把舊的壞處只當成輕易便可消除的並非根本問題的「流弊」了。

總之，無力，而又自知無力，所以才怕「流弊」，所以才成爲中庸主義者。中庸主義，就是由於「無力」與「自知」兩個因素組成的。

「無力」而不「自知」，就是所謂「初生之犢不畏虎」。那還不是中庸主義，還可以走極端，還可以莽衝一陣。「無力」而又能「自知」，那就只有「穩健」「平和」，左扶壁，右扶杖，瞻前顧後，東牽西掛，一步一步，生怕跌倒了。雖然有時確實看清以後，也會勇敢的一下踏死一隻螞蟻。

然而，「初生之犢不畏虎」，長大了還是要「畏」的；「無力」而不「自知」，終於還是要「自知」的；「還不是中庸主義」，只是「還沒有成爲中庸主義，將來就要成爲」的意思而已。初生之犢所以不畏虎，只是因爲還沒有知道老虎的厲害；等到自己或看見別的牛吃過幾次虧之後，馬上就知道自己只是那麼無力了。

所以，所謂「自知」，也包括了，並且就由於對客觀世界的清楚認識。正是看清了世界的險惡，客觀形勢的強力，相形之下，才清楚的自知其無力。無力的人所弄糟了的事，也是一種客觀形勢，被看到以後，又成爲世界的險惡以及人們的無力的實例。[illegible]轉不已，認識得愈清楚，就愈胆怯，而胆怯又更削弱了力量。

不過，雖是怯懦無力，生存總還是要生存的。好在週圍的世界已經摸清楚，那里是可扶的壁，那里是可扶的杖，都已了然，於是「穩健」便不成問題。那里一定有危險，那里暫時還無危險，那里又可作退路，也都已了然，於是苟安便不成問題。誰個將要勝利，誰個將要失敗，又都已了然，於是取巧僥倖又不成問題。卽使實在已經被壓倒，也早看清了就是這麼一回事，於是依然還能自慰自解，「樂天安命」。總之，認識更幫助了中庸。

是的，中庸主義並不怕認識的。在中庸主義的基礎上，無論怎樣認識，無論認識得怎樣清楚，都只是適足以助成其爲中庸，天地之大，未嘗就絲毫不留給個人以一時的苟安取巧的餘地。同樣的認識，對於主觀戰鬥力強大的人，固然可以更增加他的勇氣，固然可以使他們有勇而又有謀；但對於中庸主義者，却也未嘗就不供給他以苟安的庇護與取巧的方法。「見可而進，知難而退」，這是典型的中庸主義的態度了；然而，曰「見」，曰「知」，又豈是不要認識就能成的？

如果說：這並不是眞認識；眞認識，則一定可見決無苟安取巧的可能。這話，倒也不是不錯的。然而，所謂眞認識，要獲得它，仍不能僅僅求之於認識本身。同一困難，對於主觀力量強大的人，是可以克服的，其可以克服的條件是展示出來了的。這固然是眞認識；然而，所謂「可以克服」云者，豈不是省略了主語「我」或「我們」，其實意味着「我（或我們）可以克服」的麼？沒有這個「我」或「我們」，或雖有而缺少力量，缺少足以去利用控制那些條件的力量，則其認識就一定相反：「是不可以克服的」了。而所謂「不可以克服」，也只意味着「我（或我們）不可以克服」而已。

一隻老虎，獵人看了，想着牠的要害在那裏，牠的皮值好多錢，牠的肉有什麼用，等等。普通人看了，就只想着她是否只有「一剪，一撲，一拂」三下，如何避過這三下，牠頂多能跳好遠，如何跑得更遠，牠是否不吃死人，如何裝作死人，等等。而且，獵人也未嘗不想着普通人所想的這些，但仍是爲了避開以後再打中牠的要害，並不就是避開而已；普通人或者也知道牠的要害何在，但避開以後就完事，決不會把牠的要害想作可以克服牠的條件。爲什麼有這種不同呢？也很簡單：一個手上拿着武器，一個却是赤手空拳而已。

而且，赤手空拳的人所確切認識到的，如老虎所能跳的最遠的距離是若干之類，你能說它是錯誤的嗎？這個認識，對於獵人的用處，是可以找到安全的根據地，來向老虎射擊，這就成爲克服牠的條件；但一到赤手空拳的人，就只是躲避牠的條件了。

所以，所謂眞的認識與否，並不能僅以認識本身的錯不錯爲判斷。認識得不錯，還要有強大的主觀力量，這認識才是「眞的」，才能成爲征服的武器。不把主觀力量放進去，不增強自己的主觀力量，則凡有確切的認識，都只足以成爲行進的障礙。

由於自己的無力，認識得越確切，就越感到客觀的困難；越感到客觀的困難，就越感到自己的無力；感到了自己的無力，又更感到客觀的困難：相尋相逐，愈往愈下，等到對於客觀的困難有了大致完備而且固定的認識時，中庸主義於是完成。跟着來的，便是「顧根本」「守中正」「防流弊」「悔前非」「歸平淡」「順大化」乃至「安天命」這一套法寶；而總而言之，便是未動的不要動，已動的向後轉而已。

至於有時做得好像窮兇極惡，並不怎樣中庸，那實在仍然是他那一點點的力量之所能及，實在由於對方的力量更小，他自己却決不曾多用一毫力量出去，決不曾做到力所能及的範圍之外，實在還是符合於中庸之道，或者說，只是中庸主義的副產物而已。

總之，聰明的怯懦，怯懦的聰明；怯懦而輔以聰明，雖怯懦而仍可以苟安，聰明而基於怯懦，雖取巧而仍不能成爲勇士：這就是中庸主義。

二

中國的知識份子的中庸主義，一向是有名的。學術思想方面，正統的儒家就集中庸主義之大成，不必說了。更其重要的，則是中庸主義就在日常的現實生活裏廣泛的生着根。正因爲有這樣的根，所以作爲中庸主義之花朵的儒家，才能夠繁榮滋長。

中國知識份子所最看重的，是「人情世故」。而「人情世故」，便是對於人生的明慧的認識。統傳到今天的一些諺語格言，大都把人間的險惡或醜惡一針見血道出，例如雖說是「家族本位」，其實對於家族關係也儘多澈底的暴露，並不眞存若何幻想。但其所以暴露這些，却又並非爲了打倒它消滅它，不過爲了使人知道如此，以便於預防，便於周旋應付，不要太認眞而已。舉一個最顯明的例子：一方面雖說是「誰人背後無人說，那個人前不說人」，另一方面却又說「是非終日有，不聽自然無」，對付這醜惡的關係的辦法却只是一個「不聽」。你以爲他眞的「不聽」了麼？則又不然：「寧可信其有，不可信其無」，小心是還要小心，正惟其那樣，就更要戒備的。「誰人」云云，是使人看透；「是非」云云，是教人敷衍；「寧可」云云，則是勸人小心：「看透」「敷衍」「小心」，可利用時就利用一下，這就是「人情世故」的一整套。這一整套，固然很明白的是由於缺乏了向醜惡挑戰的力量而致，然而，其對於醜惡的認識，却也顯然是清楚透澈之極。而這清楚透澈的認識，就是今天許多人所詡為「中國文化的優點」的「富於理性」的精神。

在這種「理性」之下，絕對化的要求，火熱的或冰冷的精神狀態，都是產生不出來的。一切都只是微溫，既不執着於生，也不嚮往於死，既不能追求絕對的理想於人生之中，也不能趨向絕對的寂滅於人生之外。雖然看透了人生的醜惡，而且肯定了人永不會美好，但仍然要在這醜惡之中鬼混，而其鬼混又並不為了什麼現世或來世的目的。建設固然無能，破壞亦復無力；入世固然太實，出世又未免太虛，在人間覺得只是過客，在非人間又並沒有老家；眞正的公道固然只在陰間，而陰間的官吏又以人間的「妻財子祿」為酬功的「美缺」而急於投生陽世：總之，明知其醜惡而仍留戀，留戀之時仍深知其醜惡，深知其醜惡而又覺得也並沒有變好的可能，雖覺得永沒有變好的可能又並不想到加以改造或躲避，這就是中庸主義者的全部生活態度。而這態度之所以形成，也並沒有什麼奧妙，還是由於深知自己的無力，覺得改造和躲避都太困難，只有生下來是一件既成事實，不如就順着活下去而已。

「既生下來，只好活下去」，這便是中庸主義者的「生活」的意義。這種「意義」，以「沒有什麼意義」為內容；然而又究竟還是一種「意義」，並非簡單的就等於沒有。如果簡單的就是沒有意義，那便應該向人生之外追求，因而產生高級的完成的宗教出來的吧；如果並不以「沒有什麼意義」為內容，那便應該向人生之內追求某種理想，因而更可以在人文主義的基地之上供獻一些偉大的東西出來的吧：但這兩個「如果」都只是「如果」而已，所以我們就既無壓殺人文的宗教，也無破壞宗教的人文，只有中庸主義的「國粹」了。

墨家是忠實於人生的，是要在人生之內追求絕對化的理想，對於人生諸關係的美善有着絕對性的要求的，為了所追求的理想，為了所要求的美善，可以相率而「赴火蹈刃，死不旋踵」的。後來的遊俠之士，特別認眞於朋友的關係，為了普通看來無甚要緊的「一諾」，不惜犧牲命去實現它，尾生和朋友約在橋下相會，潮水來了，仍然抱着橋柱等候，一直到被水淹死，就是最有名的例子。這種事情，和呂氏春秋所記，墨家「鉅子」孟勝決定為楚國的陽城君死難之先，派兩個墨者去宋國傳「鉅子」之位給田襄子，兩人完成任務以後，又堅決不聽田襄子的勸阻，依然遠迢迢的趕回楚國，也去死了難的事，完全是同樣的嚴肅於人生的精神。所以不必用什麼考據方法，就可以斷言，遊俠之士就是墨家的（或者有一點畸形的）精神上的繼承者。但這種精神，在「誰人背後無人說，那個人前不說人」的社會氛圍中間，實在未免太「不合國情」，因而也就被判以「不近人情」的罪名，給以冷漠排斥，乃至如漢代初年的大規模的迫害了。正式的墨家固然忽焉中絕，作為其餘波的遊俠之士也逐漸消滅了。能不消滅的，只有儒家。而儒家的態度則是：一方面固然高唱「朋友有信」，另一方面孔子又早已嚴辭痛斥，說是「言必信，行必果，硜硜然，小人哉」，中庸主義之精萃盡在於是矣。

佛教是完全否定了人生，公然以「涅盤」為最終歸宿的。但初傳到中國來時，就以「虛無寂滅」一罪大受儒家的衛道之士的攻擊；韓愈先生的有名的「諫佛骨表」里面，除掉那些謾罵而外，從理論上批判的就只是「夫佛本夷狄之人，……不知君臣之義，父子之情」這幾句。其後，被「中國化」而成理學，那玄妙的方法索性就被用以論證出「事父事君皆我分內事」的命題，並且給中庸主義者的生活態度製就出一個絕妙的美名，曰：「以出世的精神，作入世的事業。」

不過，這倒並不能責怪佛教，它並不是自己要如此變的。實在因爲，中國人的中庸主義早就需要較好的裝備，剛剛遇到它，就把它這樣利用了過來而已。它本來的方法，是要以「無認識」去認識「無」，以達到「涅槃」的目的。因此，必需先以天地萬物一齊歸於內心，再就內心之中作一個徹底的掃蕩殲滅。但一遇到中庸主義，這第一個步驟恰好就成爲「事父事君皆我分內事」的證明，成爲在人間鬼混的辯護，而第二個步驟又恰好就成爲「看透」人生的方法，成爲「不過那麼一回事」的證明：總之，就給中庸主義以一件「以出世的精神，作入世的事業」的美麗的外衣了。

所以，任何理想，任何學說，一遇到中庸主義，總都是大大的不幸，總都要變成中庸主義的工具。我們已經知道，中庸主義並不怕認識，反而愈是認識得確切就愈足以助成其爲中庸。本來任何理想，任何學說，都有其獨到的認識與認識方法，以作實現其理想的工具，但一遇到根本無理想的中庸主義，它就把你的理想丟開，却只接受了你的認識與認識方法，用作實現其「無理想」的工具去了。

道家的命運也是這樣。它本來是有逃向自然的強烈的理想的。爲了這個理想，就對於人生社會加以透[illegible]的破壞。但偏偏遇到儒家，就把它的眞理想丟開，只接受了那一套虛無主義的破壞批評，也使之成爲「看透」人生的方法，「不過那麼一回事」的證明；一面把這虛無放在心里，一面又依然去幹「事父事君」的盛業，還是「以出世的精神，作入世的事業」之類。這種情況，有些人沒有弄淸楚，以爲眞是「內道外儒」，甚至說是「道家爲體，儒家爲用」，因而就放過儒家，重責道家，殊不知依然是純粹統一的儒家，嚴格的說，只是一個中庸主義而已，道家在這里——用新名詞說——是早被「閹割」了的。

中庸主義者之所以不能接受任何強烈的理想，很簡單，就是由於強烈的理想必需巨大的主觀努力才能支持，而中庸主義者却根本無「力」可「努」的緣故。而且，理想就必需追求，追求就必需前進，而前進就有走錯或跌倒——發生「流弊」的可能，這對於中庸主義者又是太可怕的。

沒有理想，於是就連徹[illegible]墮落也不能，不敢前進，於是就連乾脆的倒退也不敢。追求理想固然需要強大的主觀力量，徹底乾脆的墮落倒退也同樣需要堅毅和勇敢，而中庸主義者都沒有，所以就什麼也說不上，眞所謂「非之無舉也，刺之無刺也，同乎流俗，合乎汚世，閹然媚於世也者」了。這幾句話，本是中庸主義者用來罵「鄉愿」的；但「所謂中庸者，是國愿也，有甚於鄉愿者也」，章太炎先生早就說過（見「諸子學略說」），所以又正是「夫子自道」，不妨就「請君入甕」了。

這些「國愿」們的修身原則是「束身寡過」，是「言寡尤，行寡悔」（這下面緊接着還有一句：「祿在其中矣」。）辦事原則是「不求有功，但求無過」；最討厭的是「更張」，是「好事」；最羨慕的是「簫規曹隨」；最希望的是有一套「萬世大法」；別人要改革時，他們就主張「利不百，不變法」；非要他們自己動手不可時，又希望能夠「一勞永逸」；兩三步一走，就要「臨懸崖而勒馬」；三十歲不到，立刻「見老成之用心」；直到最後一口氣，還要心驚胆跳的歎一聲「而今而後吾知免夫」，這才死掉。對於現狀，大抵都不滿的，表現出來則有幾種：一卽前面常說到的「以出世的精神，作入世的事業」，這是最正統的一派；一卽「挫其銳，解其紛，和其光，同其塵」，這是較不正統的「陰柔」的一派；一卽「出汚泥而不染」，這是「獨行孤介」的一派；一卽「國事莫談，且食蛤蜊」「人間何世？風月還親」「美人香草，聊寄繫憂」等等，這尤其了不起，是名士風流才人韻事，雖然正統派有些反對，但大抵為一般人所愛好，因為中庸主義得此就更可以美化了。然而，「出世的精神」也好，「美人香草」也好，却都不能把現狀改變絲毫，因此也就都無背於中庸之道。

三

我們的文化革命，也承受了中庸主義的傳統。

拉開文化革命的序幕的，是張之洞李鴻章等人，薛福成郭嵩燾等人。他們的理論根據，是「天下之法，萬世行之而不弊者，未之有也」，因為終於一定都有「弊」，所以終於一定都要「變」，很顯然，這正是「流弊論」，正是典型的中庸主義。但照中庸主義者看來，超然於「流弊」之上，絕不會發生「流弊」的東西，也還是有的。是什麼呢？「不偏之謂中，不易之謂庸」，要永不發生「流弊」，只有「不偏」，而永遠「不偏」的，就只有那唯一「不易」的「聖人之道」。因此，就必然得出「不變之道，宜變今以復古；可變之法，宜變古以就今」的結論來。而且，「可變」的東西既只是「末流之弊」，所以就一定還得以「不變」的東西為基礎，那麼，張之洞的有名的「中學為體，西學為用」的口號，就是必然產生而無足怪的了。

正式演出第一幕的，是康梁。康先生叫出了反抗的第一聲，同時也就以他一人之身象徵了預示了他以後無數代的進步知識分子的悲劇性的命運。他最初出馬時，的確銳不可當；然而，立刻非常迅速的就「立定，向後轉走」。而這「立定，向後轉走」，又早就在最初的銳不可當之中潛伏了種子。他有着極偉大的社會主義的空想，但始終不敢把他那「大同書」發表出來，為的是不相信自己以及人們的力量，為的是不相信自己以及人們有力實現這太遠的「大同」，為的是恐怕勉強實行起來要發生「流弊」，所以就只號召枝枝節節的改良。而到了別人響應他的這個號召，眞起來實踐時，他又立刻覺得已經做得太過，已經有了「流弊」，於是一百八十度的向後一轉，趕快來「補偏救弊」，並且就拾起自己先前所反對的一切來作為武器了。這歷程，是後來好多代的進步知識份子們所反覆經歷過的。梁先生最初上陣時，就抱定一個策略：每當本意是要提倡這件東西時，公開提倡的却必定要比這東西更進步更高一層。因為看到中庸主義者遇事都要「折中」，儻本意是要一斤而就說出來是要一斤，結果一定會被「折中」成八兩，所以不如說出是要兩斤，那麼被「折中」成一斤時就正是本意所要的了，這策略，好像是正能醫治中庸主義的妙藥。其實，說出來時就暗預備給人家打個折扣，那一定就不會有什麼力量，即使看來很強烈，也只是所謂「外強中乾」的。而且，這也就是不相信自己的力量的表現；眞正有力的東西，又怎麼會被人打折扣呢？所以，這種「漫天討價，就地還錢」的方法，骨子裏已經和中庸主義妥協，無非只是中庸主義的翻一個面而已。由此，也就發生了對於「流弊」的恐懼。在他自己，以為是由於別人把他那「漫天討價」信以為眞，所以做得太過。於是，便宣稱「不敢再為極端破壞之言論」，要從事於「建設」了。殊不知，儻使沒有實際基礎，「漫天討價」也無從「討」起；他自以為是「漫天討價」的，其實正反映了客觀形勢的要求。別人響應這號召而起來，並不是弄假成眞，實在由於客觀形勢在那里推動；他以為做得太過者，是因為他自己要把它打折扣，他自己比他所反映出來的東西落後了一步的緣故。至於「建設」，固然很好，但倘不先用破壞來掃清地基，那顯然就只是在舊的地基上「建設」，「建設」出來的究竟是什麼也很顯然了。梁先生前後二十多年的對于進步知識份子的領導，可以與伏爾泰當時的情況相比而毫無媿色，但就他自己而言，却也實在是讓自己的言論領導着自己。因此，當自己的力量已經用盡時，就追趕不上這領導，而退到後面去了。不過，雖然退到後面去，不久也就又跟上來，所以只是走得緩慢，並沒有「向後轉走」，這是梁先生的値得欽敬之處。

同時的譚嗣同先生，却是澈底的反中庸主義的戰士。他的言論，例如「古而可好，又何必爲今之人哉？」之類，有些紳士式的學者很不滿，認爲是「強辯」；但實在就是正與紳士風格相反的「無賴精神」，不必講什麼道理，只是認定這樣就糾纏不放，這種精神在中庸主義的國度里是最爲難得最可寶貴的。中庸主義總是徵溫的，不絕對的；而譚先生當戊戌政變失敗時，可逃不逃，決定作中國的爲改革而流血的第一個人，終于從容就義，這更是以生命奉獻給反中庸主義的戰鬥了。

但可惜的是，譚嗣同終于只是一個譚嗣同，和他同時的戰友中，中庸主義者却太多了。即如嚴復先生，青年時代又何嘗不是發揚踔厲？他早年所譯的書里，大抵都可見他那時的熱情。「天演論」每章後面的「譯者後案」中，就有不少即在今天讀起來還是虎虎有生氣的文字。但到了晚年，却把民主的未成熟的現象，當作民主太過的「流弊」，因而不相信中國能實行民主，終于被捲到「籌安會」的泥沼中去；並且臨死時還留下幾句慨歎改革的「流弊」的話，爲許多腐臭頑固的東西所津津樂道，一直被用作反對改革的論據。

其後，第二幕登場的進步知識份子，是辛亥時代的一批。他們在文化上的表現較少，但仍然大部份的爲中庸主義所拖累，不久就落伍後面乃至轉身過去，這些例子倒都是很顯然可見的、

最煊赫的是第三幕，即五四時代的一批。他們後來的分化，所謂「或高昇，或退隱」者，大家都已很熟悉。然而，試一考察，就可見即在未分化之前，早已大都有了中庸主義的內容，胡適先生的「一點一滴主義」，固然是一方面表現了對于中庸主義的阻力的妥協或退讓，另一方面表現了自身的缺乏亦向着理想而一鼓作氣以趨赴之的毅力。就是陳仲甫先生的看似勇猛的衝鋒，在對于儒家的批判中，也就流露出「實驗主義」之類的因素。他對于儒家的攻擊，並不如通常的印像，以爲完全是莽張飛黑旋風式的砍殺一陣，其實倒是非常文雅的，慢條斯理的，先承認儒家在從前自有它的用處，不過說是在現在就不適用，所以必需丟掉而已。常常有一種不知道從那裏來的意見，認爲五四時代的大缺點在于太「感情用事」，只知道叫喊，不知道冷靜的分析，云云。其實，看一看當時的各種文獻，眞正能發出撼動心魂的決絕的叫喊的，倒是太少，憑着「賽因斯」之名而在那里平心靜氣的作着「整理國故」之類的工作的，倒未免太多了。如果那時眞是那樣「感情用事」，則經過那一番澈底的清洗之後，現在也不會還有這麼多的舊的殘餘，現在的「接受遺產」的工作也不會這樣困難，也儘可放手做去而不必怕反被「遺產」所「接受」了的吧！

自然，「把線裝書丟進毛坑」之類的叫喊，也還是有，而且不能算少的。但那些，大抵只是所謂「快心之談」，說出來是爲了「痛快」，並不由于衷心的深沉的憤怒；聽來固然可以「出氣」，但「氣」一「出」掉之後，也就什麼都沒有了。

那時代的人物里面，可以稱作典型的中庸主義者的，是周作人。他自己在「談龍集」的序文里面也曾這樣自認過，實在是很有自知之明的。他還在獻身於戰鬥時，所使用的武器，例如最主要的一種——「寬容」，就其實並不能算作武器，並不

能用以直接打擊敵人，而只是一種溫和的評論。後來，提倡「明智」，提倡「明淨的觀照」，說什麼「人生社會眞是太複雜了，如實地觀察過去，雖然是身入地府，畢生無有出期，也似乎比一心念着安養樂邦以蘄得度更有一點意思」（「空大鼓」序文，轉引自「文藝雜談」），就更完全露出了那不爲什麼理想而認識並且正因認識而消磨了理想的中庸主義者的眞面貌。

那時代還有許多其他的人，以及那以後好多代的人，也都差不多成了套公式似的重複又重複着這條路：帶着軟弱萎縮的自我而登場，最初還沒有接觸到，因而也就是還沒有認識到眞正的客觀障礙時，把自我虛浮的吹漲起來，好像力量極其充足，鋒頭銳不可當，並且實在也還能獲得一些勝利；然而，只顧到東衝西撞，並不把他那膨漲起來了的自我加以內部的充實，後來逐漸遭受到客觀現實的擠壓，也就是逐漸認清了客觀的困難，那空洞的膨漲的自我就抵抗不住，就逐漸被壓縮，終于壓縮成原來的樣子，自己也看清了自己的軟弱，於是一動也不敢動的緊守在他所已經進到的地方(?)，而成爲純粹的中庸主義者了。成爲中庸主義者以後，又自命爲有了「深刻」的認識，自命爲「理智」或「理性」，接觸人生事象社會變動時從此無動于中，對於下一代人的熱情根本無從通感到，就斥爲「淺薄」，斥爲「盲目」；而這種對於下一代人的自覺或不自覺的敵視，也就使得他自覺或不自覺的採取了一般的反進步的立場，因而其實就連他所已經進到的地方都並不能緊守得往。所以，對於下一代人的態度或感印，就是一個最好的標準，可以用來測驗每個人的究竟已被客觀困難壓縮回原狀與否。而不幸的是，從作爲第一代的康梁以來，並且直到作爲最近一代的覺醒於抗戰前期和初期的進步知識份子們中間，能經得起這個測驗的，偏偏又是太少了。

從這一方面看來，我們就特別對於魯迅先生的偉大有着更親切的感印。只有他，是始終歌頌着「毒蛇」「怨鬼」及至天津車站上的潑皮們的糾纏不已的精神，實踐着「韌性的戰鬥」，詛咒着「模範監獄」式的「永不錯誤」，號召着「敢哭，敢笑，敢罵，敢打」的態度而決不以此爲「盲目」或「淺薄」，一有機會總要把「有一利必有一弊」之類的話放在最可笑的地位來揭露出它的原形，並且「俯首甘爲孺子牛」，終其一生都是由衷的痛恨「前輩導師」之類的頭銜，也就是終其一生都在毫不妥協退讓的和中庸主義戰鬥。

四

自從一九二八年新社會科學新哲學廣泛的被介紹進來以後，我們的文化革命就進入一個新的階段。新社會科學，新哲學，猶如一道光，照亮了中國的道路，並且也就使這條路上有了行人。走在這光明之下的進步的知識份子們，從此就有了淸楚的認識，看定了出路的所在，不再需要茫然的摸索。這種對於客觀世界的正確認識，是新文化運動所產生的最寶貴的成果，是無疑的。

然而，如果中庸主義的基礎還存在，認識得愈淸楚，就只能愈加鞏固中庸。新社會科學新哲學的被介紹進來，對於人民的力量的發動，固然給予了強有力的領導，創造出奇蹟一般的偉大的事業；但對於接受了它的那些知識份子們，也確是相當大部份的更保護了中庸主義。這就因爲中庸主義本來並不懼怕認識，而且正是一種極聰明的怯懦和極怯懦的聰明的緣故。

「從來的哲學都是在說明世界，但重要的是改變世界」；新哲學的創始人的名言是這樣的。這就是說，新哲學不能僅僅作爲一種對於客觀世界的正確無誤的說明，而且必需是一種能夠改造客觀世界的最有力的工具。但怎樣才能區別一種哲學之究竟是作爲說明還是作爲改造的工具之不同處呢？如果它除了理論而外不包含別的東西，那麼不管它怎樣與客觀規律相符合，都只是一種說明了；如果它不但符合於客觀規律，並且在其中包含有人們的強烈的情感，強烈的願望，強烈的意志，總之，強烈的主觀力量，那它就是一種有力的改造的工具了。新哲學的創始人通過對于費爾巴哈的批判，特別強調的用「主觀的去把握對象」這一點，把新哲學從那種「只在客觀或直觀的形式下去把握對象」的舊唯物論區別開來，也正是昭示着這個原則。所以，新哲學並不是固然的就永遠作爲一種改造世界的工具；它之能成爲改造世界的工具與否，還要決定於每一個每一個接受或掌握它的人。如果有一個新哲學者，不能「主觀的去把握對象」，不能「主觀的去把握」新哲學本身，不能把主觀力量打進去融進去，那麼，新哲學在他那里，就只是一種說明而不是什麼改造的工具；要說改造，總要有可以用去改造的力量才成，這道理是顯然的。

僅僅看新哲學的那些原則範疇之類的「本身」，固然也可以就從那些上面看出與那些「說明的」哲學不同之處。然而，並不是這些不同的東西產生了「改造的」的性質，而是因爲是「改造的」所以才有這些不同。具體言之：新哲學之作爲「改造的」，固然可以表徵於「矛盾的統一」「質量互變」「否定之否定」「本質與現象」這些它所獨有而其他哲學所無的東西之上；但這些東西「本身」，却並不就是它之所以能爲「改造的」的原因。創始人用着不同於其他哲學家的態度，「主觀的去把握對象」，於是所創造出的哲學，也就與其他哲學都不同。但這種哲學被創造出來之後，就也是一個對象，也要求着人們對於它來作「主觀的把握」；而且它自己就是一個最好的模範品，展示給人們以客觀事物被主觀的把握之可能。如果首先對於新哲學都不能主觀的把握，那就不但是根本違背了創始人的指示，而且表現了連前人所已經主觀的把握過了的東西都不能照樣的去把握，則其主觀力量之微弱也就可驚了。

前人用強大的主觀力量去把握客觀世界，而創造了新哲學，那力量自然也打進了新哲學之中，新哲學就憑藉這個而成爲改造世界的有力的工具。但是，它里面的那力量，仍然必需成爲眞正「主觀的」才行。其作用，是在於能夠誘發出具體的人的具體的主觀力量，而不是就可以代替別人的主觀力量。所以，接受新哲學的人，如果以爲只要那里面包含了前人的主觀力量就已經夠了，不再由自己發出力量去掌握它，那麼，那里面的力量仍然只是前人的，只是「客觀的」；嚴格的說，就不成其爲力量的。如果更連包含在里面的前人的主觀力量都看不到，認爲只要幾個原則範疇就已經是「改造世界的工具」，那便是乾脆把新哲學變成同樣的「說明的」哲學，弄得與機械論形式邏輯毫無分別了。而且，無論什麼哲學，總都要發生實際影響的；「改造世界」是影響之一種，此外即使是反動的哲學也儘有類乎「改造」的實際影響在，否則又何必反對那些反動的哲學？所以，接受新哲學而不主觀的去把握它，認爲它本身就能「改造世界」，結果恐怕更有極大的危險吧！

不幸的是，我們的接受了新哲學的知識份子們，偏偏就有不少人犯了這嚴重的錯誤。特別從許多宣揚新哲學的言論中可以看出，他們所着重的，只是新哲學的認識如何正確，接受了它就可以免除迷茫，不接受它就看不到出路之類。談到新哲學與形式邏輯的區別，也只是着重於雙方的三個基本原則的顯然可見的不同，很少人把重點放在把握的方式的根本不同，即一個是「主觀的去把握」一個是「客觀的去把握」之不同上。尤其顯然的是對於五四階段的批判，差不多一致認爲五四階段的缺點是在於認識得錯誤或淺薄，在於「沒有發掘出舊文化的社會基礎」；似乎只要新哲學新社會科學早點介紹進來，五四時代就介紹進來，便可以一切沒有問題了。同時，又覺得五四階段做得未免過火，未免不「理性」，未免浮囂；似乎那時候應該還溫和一點，紳士派頭一點，心平氣和一點才對。後來的「新啓蒙運動」，其一部份倡導人們的言論，就特別表現出這種中庸主義的色彩，充份代表那種把新哲學當成固然的現成的拿過來就是的「改造世界的工具」的意見。

五四時代沒有能運用新哲學，這是事實。然而，這乃是所謂「歷史的限制」；而「歷史的限制」是不能就看作「缺點」的。那時的缺點，倒是在於不夠強烈，如果定要說成「浮囂」，就是還不夠「浮囂」。我們可以責備它不夠強烈，因爲這是那歷史限度內所應有的；但不能責備它「不懂社會基礎」，因爲這本是那歷史限度內所不能懂的，雖然能懂就更好。而且，在那歷史限度內能夠眞正強烈的衝進的，衝進到新的階段，自然仍能強烈的衝進，成爲新的最優秀的戰士，魯迅先生就是最具體的例證；有些一開始就在新階段的人們，沒有前一段的「不懂社會基礎」，應該是澈底「認識正確」了吧，然而事實上有能超過的沒有呢？

許多人誤解了「認識就是征服」這句話，以爲就眞是如此簡單直接，於是越發以「認識」自滿，殊不知，爲了征服固然需要認識，但說到征服，用的總還是具體的主觀力量。新哲學固然是改造世界的工具，但要運用這工具，總還要出於自己的力量才行。而且，也並不是先有認識，然後再用力量去改造；認識里面，就得以主觀的控制作爲最主要的因素或契機，那認識才眞是可以用來征服的認識。所謂「客觀的規律」者，並不是「它必然要怎樣」，而是「我（或我們）要它怎樣，就必然應該怎樣控制它」；不是在「它」的必然規律之下「我」怎樣應付，而是在「我」的控制之下「它」怎樣實現其必然規律。換言之，事物的「本然的」規律，在還沒有人類時，在人類還沒有覺醒時，或者還能夠就算是「必然的」；但既然已經有了覺醒的人類以後，「本然的」就必需被控制於人類的主觀力量，才能算是「必然的」了。所以，「認識就是征服」這句話中的「認識」，其對象也必需就是這種「本然」被控制於主觀力量後而形成的「必然」。

但許多新哲學者却把主觀的控制完全除開，推測事物自動發展的「本然」以當作「必然」。於是，動輒就戰戰兢兢的自問：「這樣做，違反了必然規律沒有呢？會不會發生錯誤呢？」如果自以爲已經認識清楚了，那麼便又自慰說：「我的道路已經有了規定了；就這樣做下去，沒有什麼問題了。」雖然也說着什麼「必然乃是一種加上了主觀努力的可能」之類，但似乎不大注意到，每一種可能都另有一個與它同樣有力的可能同在；並不是只有一可能待我們去加以促進或阻滯，而是時時都有兩個相反的可能在作生死存亡的鬥爭而我們要潛入這鬥爭中決定從違取舍。把好的可能當作只有它一個，那就覺得反正要勝利，不必怎樣嚴格的檢查自己內部外部的一切，「大節不虧」就已經足夠；把壞的可能當作只有它一個，那就覺得根本沒有正面的戰勝它的方法，只好小心謹慎，避免或儘可能減少和它接觸：前者是希圖微倖，後者是妄想苟安，微倖和苟安的根源，又都由於不肯用力，無力可用，中庸主義而已。

然而，既是「新哲學」「新社會科學」等等，於是又可以憑着「進步」「革命」之名，對別人，尤其對自己掩蓋起中庸主義的本質，使別人，尤其使自己相信眞正是個勇士，眞正是個健康者。又憑着勇士和健康者的自信，去做一些若非真的勇士來做就非常危險的工作，去嘗試一些若非真的健康者來喫就一定要中毒的毒果。這樣一來，中庸主義之蘊毒更一發而不可收拾。而所謂認識之幫助中庸主義，又不僅如前面所述的使人們無力而又自知，並且更使人們的無力在自欺之中被自知，或者說，使人們其實已經確定的感到自己的無力，但偏又卽以這些無力為勇猛了。其實，中庸主義是一種極根深蒂固的傳統，並不是一朝一夕所可斬除，更不是憑着什麼神聖的名義就可以嚇退的。

五

新哲學里面中庸主義的作祟，最顯明的表現於一部份人對那作為新哲學之中心法則的「矛盾的統一」這法則的了解上。

對於中庸主義者，這法則的最大的用處，是可以抹煞並壓抑任何根據具體情況而發出的迫切的要求。例如，如果有人在今天估計了具體情況，覺得大後方進步知識份子們在政治立場上大概都已經建有基礎，只是生活力不夠強，不夠真正服務於那立場，因此就要求着對於實生活的密切而嚴格的注意；這時，中庸主義者便會跑出來說：政治立場和生活態度是矛盾的統一的，現在你只要求着對於實生活的注意，就是片面的強調，是不對的，云云。

政治立場和生活態度，是不是矛盾的統一的呢？是的。在二者之中，是不是可以片面的強調其一個呢？不可以的。這些都沒有問題，然而問題也根本並不在此。問題是在於：這種迫切而具體的要求，究竟是否就等於片面的強調？

所謂片面的強調，是不認識現實的形勢，不認識現實發展本身的中心要求，只從現實中隨便抓取一端，而把中心要求放在上面；這一端也未嘗不是需要的，但從它那里却不能解決現實形勢的中心問題，所以如果偏把它當作中心，就犯了片面的強調的錯誤。那麼，對於上述的具體要求，就應該考察它是否與現實發展本身的中心要求相符合，由此才能再進一步談到它的究竟是片面強調與否。

儻有人生病，請了醫生來看，開出的藥方是當作胃病來治。對於這藥方，就只能先去研究病源究竟是否在胃，卽病人的身體組織中究竟是否只有胃的部份發生毛病，或究竟是否胃的部份毛病比較最多，然後才能加以批評。如果忽然大談其生理衞生學，說循環系統和消化系統是矛盾的統一，同樣重要，現在只要求消化系統的健全，就是片面的強調，所以這藥方不可用，等等；那麼，倒先得看看這位先生的神經系統是否出了毛病了。

但卽使能夠向他證明了，現實發展的確是迫切的要求着在已有的政治立場上集中全力來建立健全的生活態度，以便使那立場能得真正的堅實；他仍然會說：究竟也還是要政治立場的呀，而你對於這沒有提到，還是片面的強調的呀！這說法或者也有一理，但無奈解決實際問題時並不同於編寫「入門」「講話」之類的教科書，這說法對於後者的確適用，對于前者就不適用了。

解決現實問題的理論，是為了卽刻鼓動實踐的。而實踐，就要求着力量的集中。置定實踐的目標，必需清楚確定，才能使人望着它而集中全力以專心一致的衝進；如果目標就模模糊糊，看不清楚，那一定將使人對之而瞻顧徘徊，終於把全部力量就銷磨在這瞻顧徘徊之中，以至於一步也不能前進的。如果當前的中心要求是確在於健全實生活，那便應該就把這一點作為確定的目標，號召大家集中的向這一點努力，把一切力量都集中到這一點來。這樣做，還未見得就眞能使一切力量集中，未見得就澈底的完成；如果更不如此，更根本不示以可以集中的一點，則其效果又將怎樣減少以至少到沒有呢？

儻說，無論怎樣需要集中，總不能歪曲現實，現實的矛盾的統一總不能割裂的。我們說，正是尊重現實的矛盾的統一的強固的存在，正是認定現實的存在斷不會因我們沒有說到而就突然消滅，我們才敢於這樣根據實際要求而把要求集中到確定的一點，因爲這一點在現實的存在里面必然密切的關聯於其矛盾的另一面，必然要展開而不止一點而已。口口聲聲說着現實的矛盾的統一，却惟恐其中的任何一面要因理論上的不會提到而就隨之消滅，則把它的現實存在看得又何其脆弱呢？

我們之所以要認識矛盾的統一，並不是爲了說明這麼一個事實，而是爲了掌握矛盾展開矛盾以開創所需要的新局。矛盾統一體中的兩面，永遠是糾纏不解的發生着「矛盾的統一」這個關係的；無論那一面，永遠都是矛盾的統一着另一面的。有時是這一面可以用「矛盾的統一」這種關係導出那一面，有時是那一面可以用「矛盾的統一」這種關係導出這一面，視現實發展的不同而定。當發展到這一面統率着那一面時，掌握了這一面，就同時是掌握了那一面，也就是掌握了整個的矛盾；加緊掌握這一面，就能展開那一面，也就能展開整個的矛盾：掌握了整個的矛盾，展開了整個的矛盾，就能開創新局，也就是使那矛盾的統一體在我們的控制之下實現了發展的必然。當發展到那一面統率着這一面時，亦復相同。矛盾的統一，其存在是不可分的兩面的，其發展的動力則是經常向着或此或彼的一面集中過來的，我們目的如果只是要說明這麼一種存在，那麼，只要知道「兩面是不可分的」之類自然就够了；但如果是要使這矛在爲了我們的利益而向前發展，就不能不時時尋覓動力集中所在的一面而牢牢的掌握它，所謂「抓住決定的一環，以便抽出全鏈條」者也就是這個意思。

然而，雖是我們只以說明這麼一種矛盾的統一的存在爲滿足，它自己却並不也就滿足，還是要發展的。在它自動的發展中，固然也可能就是那動力集中所在的一面發動着另一面，發動着整個的矛盾；但多半都是，這邊的動力被那邊的「靜力」或反動力所壓倒，於是就向着另一方向發展，而於我們無利乃至有害了。

如果目前的整個社會環境與自然環境，都還是不合我們理想，也就是對我們不利的。我們就在這整個的不利的環境中，逐步爭取我們的利益，和整個的環境鬥爭。但環境的力量雖不一定比我們的力量強大，却總是廣泛的包圍着我們，當我們放開手，讓一個事物自動的去發展時，它就要被那不利於我們的環境所決定所推動，因而其發展的方向也一定就不利於我們了。事物自身的矛盾，雖然就能使它自身發展；但無奈已經沒有什麼事物的發展是純粹的只由於它自身的矛盾，而是同時都還受着環境的影響。就抽象的法則而言，一切事物都必然發展得於人有利；實際上，於人不利的大環境既早已形成，這環境就也得在發展中起着作用，於是遂使那抽象的於人有利的必然發展法則無從那麼單純的實現。因此，就決不能聽任事物自身的矛盾自動展開，不能聽任矛盾在那於人不利的環境的影響之下展開，而必需和環境爭奪，必需使矛盾展開於我們的主觀控制之下。

主觀的去控制事物的茅盾的展開，就是自己也參加到矛盾之中去，使自己也成爲矛盾統一體中的一面。這新參加的一面和原有的某一面相融合，這一面的比重自然就增高，矛盾的統一着另一面，統率着另一面，因而整個的矛盾的展開自然也就爲這一面所決定。凡是有所要求時那要求者實際上都已經融合于被要求者一起，而與被要求者的矛盾的另一面發生矛盾的統一的關係，這時所應加以注意的是：他這樣增高了矛盾統一體中的這一面的比重，將使整個的矛盾向什麼方向展開？這展開的方向是否於我們有利？如果是於我們有利的，那麼他所選擇出來而把自己融合進去以增高其比重的這一面，就正是足以使整個矛盾擺脫那於人不利的環境的影響而實現其本來的於人有利的必然發展法則的一面，就正是「决定的一環」，而决不是什麼「片面的強調」。

其實，嚴格的說來，普通所謂「片面的強調」，也還是並不「片面」的。他強調了那一「片面」，他也就與那一「片面」融合起來，而與另一「片面」發生着矛盾的統一的關係，他也就參加到矛盾之中去了。不過參加得不對，使矛盾的展開反於人們的利益而已。凡是「片面的強調」，必定都要發生實際的不利的效果，所以才被斥爲「片面的強調」；然而不管什麼實際效果，都非通過辯證的過程不能發生，它既發生了實際的效果，使人們受到實際的不利，這就是它在現實中其實也並不「片面」的證明。

總之，主觀要求與客觀形勢之間的矛盾的統一，就是最重要也最現實的矛盾的統一，也仍然是客觀形勢中的矛盾的統一。對於任何主觀要求，都必需就它與客觀形勢之間的矛盾的統一的關係而加以考察，看它究竟將使整個的矛盾展開到什麼方向上去，由此以判斷它究竟是否掌握了足以實現整個矛盾的本來的於人有利的必然發展法則；决不能看到一個集中的要求就斥爲「片面的強調」，使人們都不能參加到矛盾過程之中去，只好讓矛盾獨自永遠在那於人不利的環境的影響之下展開。

然而，中庸主義者們之所以偏偏會這樣看，這樣批評者，一方面固然由於根本沒有可以控制矛盾的那麼強大的力量，又聽到一些較抽象的法則，以爲反正會發展得有利，就覺得不如省些力氣；另一方面，他們倒也的確可以舉出一些例證，證明太集中的要求往往弄得壞事。這些例證是實在的，而其原因却並不在於要求得太集中，是在於要求者本人就被那不利於人的環境所支配，其所集中要求的正符合於那不利的環境所要求的，或者雖未被環境所支配，雖其所要求的正確，却終於還被那不利於人的環境所壓倒；總之，仍然是失敗於主觀力量的萎弱，這失敗又嚇出了中庸主義而已。

矛盾的統一，這個法則是揭露了事物內部的無限的複雜性。新哲學之所以特別着重於它，正是爲了使人們的實踐因此就可以通過對於它的掌握而獲得無限的機動性，無限的自由，展開事物內部的複雜關係之中的效果上的多方面的成就，給予實踐以現實性的無限的威力。事物被看作靜止的單純的內無矛盾的東西時，是頑固的，不可入的，對之無計可施的，因而也就削弱了實踐的威力；如果其內部的矛盾的統一的關係被揭露出來，主觀力量就顯然可以不僅從外部而且滲入其內部深處而加以控制了。

然而，除非你是具有強大的力量，又本來就在向着客觀事物猛進的人，這法則對你才是展示了深入進去而加以控制的可能；如果你本無力量，也無衝進之意，則這種事物內部的無限複雜性的被揭露，徒然使你在本來對於那直接易見的萬花撩亂的世界就已看到的「牽一髮而動全身」的情況而外，更增加一層深刻的「牽一髮而動全身」之感，對於「動全身」既毫無把握，於是惟恐牽了這「一髮」了。

六

反對任何集中一點的要求，把它們都當作「片面的強調」

的人，還可以用新哲學的第二個法則，「質量互變」的法則來辯護。他們會說：強調是可以的，但如果強調得太過，超過了它本身的一定的量的限度，就要使它變質了。另舉一個例子，例如在封建文化的重壓之下　顯然必需積極的要求着個性的解放；但這時就會有反對者跑出來說：個性的解放也有一定的限度，超過這限度，就要使它變質為很反動的東西的呀！

這種說法，雖然披着新哲學的外衣，但很容易看出來，其實就是最典型的中庸主義；因為，這里所謂「變質」，是與中庸主義者口里的「流弊」毫無不同的。中庸主義怕「流弊」，這里怕「變質」；中庸主義者為了預防「流弊」就要主張「過猶不及」，這里為了預防「變質」就高呼「不可超過一定限度」：雙方的步調，是非常齊一的。

是的；「過猶不及」是「流弊論」的根據，然而又與我們現在某些新哲學者所了解的「質量互變」沒有分別。前幾年，就有一位有名的新哲學家，在研究孔子的哲學思想時就說過：「過猶不及」的理論，乃是未能發展完全的「質量互變」的理論，這就是孔子的哲學思想中的「辯證的因素」，云云。

然而，「過猶不及」果真是未能發展完全的「質量互變」嗎？

近來有人解釋這理論，以煑飯為例，說是煑得「過」了就要焦，煑得「不及」了還是生的，焦的和生的同樣不可吃，所以是「猶」，不焦也不生才可吃，所以中庸主義無非是主張做事要適度，並無可非議云。這樣說，好像的確略近於「質量互變」的理論了；然而，其實並不是這樣的。有兩句把「過猶不及」的理論「形象化」了的名言，叫作「月盈則缺，器滿則欹」。從這里，就可以看出，其實是為了預防「缺」和「欹」，而就連「盈」和「滿」都不要的；理由也很簡單，就因為「缺」和「欹」必然跟着「盈」和「滿」而來的緣故。所以，所謂「過」者，正是指適度而言，正是指「盈」和「滿」而言；至於「缺」和「欹」，則已經是作為「過」的惡果的「流弊」，已經不在論列了，因此，「留有餘不盡之地」，就成為士大夫們所最愛好覺得妙義無窮的格言；「求不足」，「求有闕」，這些字樣，也都成為士大夫們的書齋或軒亭館堂之類的雅號。

至於新哲學之所以揭露出「質量互變」的法則，之所以指示出規定着一定的質的一定的量的限度，却正是要求着認識這限度以便達到它，達到它以便超過它，超過它而使事物變質。如果仍用中庸主義者的「形象化」的說法來說，就是不但要求着「盈」和「滿」，而且正要求着「缺」和「欹」。

說是要求着「缺」和「欹」，其實當然並不對的。在我們看來，一切「變質」，都決不會「變」出「缺」和「欹」來，因為我們不許它那樣變。對於我們，一定的量的限度之所以不但不能阻止我們，而且正等待着我們去超過者，就因為我們已經獲得了一切「變質」都必於我們有利的保證，而這保證就是我們自己給的。

由此，也就可以明瞭，「過猶不及」和「質量互變」兩個理論，究竟何以有上述的不同。它們所說述的，或者是同一個事實：卽事物如何如何就要變化的事實。然而，事實的說述並不算什麼，重要的是對於一事實的主觀態度；縱使所說述的事實完全相同，對於此事實的態度如果完全不同，那麼兩種理論之間也就毫無相同之處。說「過猶不及」者，是看到事物如何就要變化，但竭力企圖阻礙或延滯這變化；創造「質量互變」這原則者，同樣看到事物如何就要變化，却正是要促成或展開這變化：因此，兩種理論就是澈頭澈尾的相反的了。而所以要阻滯事物的變化者，是由於他不能控制這變化；所以要促成事物的變化者，是由於他能夠控制這變化：所以，態度的不同，又由於主觀控制力強弱有無的不同。

今天的新哲學者，對於較大的變化，例如一個歷史階段到另一個歷史階段的變化之類，都能知道主觀的控制的重要作用，因而歡迎它的到來。然而，對於較小或較具體的變化，例如前面所說的由個性的積極解放到新的集體主義的變化之類，就有一部份人有意無意或顯或隱的惟恐變化的到來，表露出「流弊論」的傾向，把主觀的控制完全丟開了。

他們所指出的個性解放的限度，並不錯；他們認爲解放得過了這限度就要變質，也並不錯。然而，問題的關鍵是在於：那一變是否一定就變壞呢？他們認爲一定是要變壞的，並且舉出資產階級沒落時期的文化中所謂「個性解放」的反動性質爲證。這個證據本身，是確鑿無疑的史實，然而要用它來證明澈底的個性解放之後一定變爲反動這個理論，仍然不成。在資產階級沒落時期文化中，所謂「個性解放」之所以變爲反動性質的東西，並不是由於它超過了一定的限度之故，而是由於達到一定限度之後就失去了主觀控制之故。按個性解放的本來的發展法則，在它自己達到最高限度之後，是必然就要產生出新的集體主義來的。然而，它並不能純粹的照着自己的法則去發展，而要受着社會環境的影響；因此，如果它所從而受到影響的社會環境，乃是那不合理的沒落期的資本主義社會，同時，人們也被這不合理的社會所壓倒，弄得沒有誰能夠去管它的話，它的發展又怎能不就受這社會的影響而向着反動的方面呢？反過來，如果我們能和不合理的社會展開爭奪戰，排斥這社會的影響，而積極的加以主觀控制的話，又怎能斷定它的變質一定是變向反動的方面呢？

高呼着個性解放不可超過一定限度的人們，也是認爲個性解放之後還要有新的集體主義的。問他們這樣安排是根據着什麼，他們也要回答是根據着客觀必然順序的。既然是根據着客觀必然順序，那麼，豈不也就是必需經過發展過程的麼？而發展過程，豈不是又正要通過「質量互變」的法則，正要達到量的限度而且超過量的限度才能實現的麼？如果新集體主義乃是個性解放的必然發展，則當個性解放被阻滯着而不能達到最高限度時，那新集體主義不也就要發展不出來的麼？那麼，即使要以新集體主義來救個性解放的「流弊」，又那里能找到這新集體主義呢？

個性解放本身的發展法則，決不會發展爲反動；只當它的發展法則被不合理的社會所歪曲時，它才會發展爲反動。因此，我們的任務就不是預先用那雖然按它本來的發展法則一定將要發展出來，但實際上究竟還不會發展出來的它的後一階段來阻滯它本身的發展，而是要用主觀力量積極的控制它，使它不被不合理的社會所歪曲，而實現它自己原來的道路，完成它本身的發展，發展到最高限度之後就接着進入新集體主義的階段。

還有一點需要補說的是：它的發展法則之被不合理的社會所歪曲，並不僅僅在它達到最高限度之後，而且也常常在它未到最高限度之前。換言之，如果它沒有受到主觀的積極控制，或沒有受到足夠的主觀的積極控制，則不但澈底了之後要變爲反動的東西，沒有澈底時也同樣要變爲反動的東西。澈底之後而變爲反動的東西，如前所說，是由於被新的不合理社會所歪曲，未能澈底而亦變爲反動的東西，則是由於被舊的不合理社會所歪曲。澈底了之後，如果根本受不到主觀的積極控制，或所受到的還不夠，它就變爲無力，而抵抗不住新的不合理社會的壓力；未能澈底，則它本身就根本未曾有力，自然更抵抗不住舊的不合理社會的壓力：於是，就都也確實抵抗不住而被歪曲了。

不過，所以未能澈底，也還是由於主觀控制力不強，在不合理社會的嚴密包圍之中，它是不會自動的發展到澈底的。因此，毫不放鬆的加以主觀的控制，使它發展到澈底，使它達到最高限度，就不僅可以使得新集體主義自然接着發展出來，而且就在距離新集體主義還很遠時，也可以使它自己證明出它自己決不會發生什麼「流弊」。

這一點，對於我們現在的具體問題特別重要。因爲，新集體主義的建立，究竟需要着新的合理的社會環境，我們現在距離那個社會階段又比較還遠。根據這形勢，便可以發出這樣的質問：個性澈底解放之後接着就發展出新集體主義，這固然可以使個性解放的變質不會變爲反動的東西，但一時既不能獲得建立新集體主義的社會條件，那麼，澈底了之後的變質，豈不是就發展不出新集體主義，而非變得反動不可了嗎？我們說，不管將要發展出什麼東西來，現在它本身如果尙未澈底，仍然非使之澈底不可。不澈底，就要被舊的東西所利用，舊的荒淫放縱之類都要鑽到這不澈底的個性解放之中來而把它變成掩護的外衣。事實上，這種假個性解放之名的荒淫放縱之類，也的確很多，而且往往就被看成解放得太過的「流弊」，而嚇出了「不可超過一定限度」的呼聲來。

至於說到沒有新的社會條件，恐怕澈底之後並沒有新集主義接着發展出來的問題，這顧慮完全是可笑的。因爲，新的社會本身，也需要着許多條件，澈底的個性解放就是其中之一。有了它，固然不一定就能產生健全的新社會；沒有它，却一定不能產生健全的新社會。它的發展的下一階段，固然要以新社會爲必要條件；但新社會的確立，又還要以它本身的澈[illegible]爲充足條件。坐待新社會來爲它的發展準備道路，却不使它去給新社會的建立奠定一木一石，總是說不通的吧！

而且，既然還沒有產生新集體主義的社會條件，那麼，現在就給個性解放劃定界限，又是用什麼東西來劃定的呢？莫非是封建的全體主義麼？

對於這一問，大概沒有人公然肯定的回答，然而，是有人實際上那麼做着的。而其所以那麼做，又並非由於找着了那個全體主義而對之發生了好感，實在是根本就沒有脫離掉全體主義的束縛，根本就看不慣澈底的個性解放而已。更推廣一些看，則又不僅全體主義，其實是差不多一切封建文化的束縛都還緊緊的束縛在許多進步知識份子身上。所以，也並非把「質量互變」弄成了「過猶不及」，實在本來就是「過猶不及」論者罷了。

本來的「過猶不及」的理論，還只是一種蓋然性的說法，現在抓到「質量互變」的理論，就把中庸主義變得很「科學的」，因而更加鞏固了。本來說「流弊」，究竟還帶有一種較偶然的意味，現在說「超過了量的限度就要變質」，就成了因果分明的必然可據的東西了。本來的「留有餘不盡之地」，還只能用「天道虧盈而益謙」之類的渺渺茫茫的理論來證明，現在的「不可超過一定限度」，就有確實清楚的「客觀法則」之類以爲保障了。揭露這個「質量互變」的法則，本是爲了使人知道怎樣才可以使事物變質，主觀的控制要在什麼關頭上特別加緊；但中庸主義者接受過來，却從中看出怎樣才可以使事物不變質的方法，怎樣節省主觀力量的方法：這樣一來，的確未免有點出乎意料之外，但如果理解了中庸主義者那萎弱無力的本質，則也實在可以說是意料之中的。

前面說過，對於歷史階段的大變質，即使是那些中庸主義者，倒也一樣知道的應加以主觀的努力而促其實現，並且大抵也都實際在努力着的。這里，却也並不是中庸主義消滅了的表現。其所以能歡迎這一變質者，主要的其實還由於那些實際担負變革任務的作爲基礎的人羣已經把這變質控制到勝利的方向，控制到卽將開始的程度，並且又有輝煌的前例擺在那里，看了這些而就覺得參加一份也無需眞太費力而已。而且，正是這個最大的似乎是反中庸主義的行爲，才使他們能在其他一切場合都自信爲同樣的反中庸主義。

七

「否定之否定」，或「更高的復歸」的法則，也往往被一些人弄得與中庸主義的「悔前非」的轉變無甚不同。這主要的表現在「接受遺產」的工作中的對於五四時代的批判上面。

「接受遺產」的口號，是正確的。在這工作中，對於五四時代加以批判，也是必要的。但這批判，必需是向前看，而不能是向後看。向前看，才眞是「否定之否定」；向後看，就只是「悔前非」。這區別好像很微妙，然而也就是非常顯着的了。

所謂向前看，就是把五四時代的「不懂社會基礎」等等看作只是「歷史的限制」，並不是它本身所應該負責的過失；所謂向後看，也是說着「歷史的限制」之類的話，却又把這當作一種缺點而責之於其本身。

因爲，凡說過失缺點，必是已有一個至善至全的標準在，才能把「過失」「缺點」之名加在不合於這標準的事物上面。我們今天所能設爲文化工作的標準的，固然已經有了新哲學所昭示的方法。但這方法，按五四時代本身的性質，根本就是不可能被介紹被運用的，那麼，又憑着什麼東西爲標準而說它的這樣「過失」那樣「缺點」呢？以今天的標準，回過去責備昨天，所以就是向後看。反之，把那不合於今天的標準的昨天，加以研究，以便闡明今天這標準本身之所由形成，自然就是向前看了。

向前看，則對於五四時代的「不懂社會基礎」之類，儘可嚴格的批判。但這嚴格是對於自己，而不是對於它的苛求。必需認清：這在它並不是什麼「缺點」，但我們自己如果仍然那樣就是不對，責任必需放在自己肩上。換言之，並不是過去已經有了什麼錯誤，現在要我們來改正；而是我們自己要進一步，要跨越過去而更向前。只有這樣的認識，對於五四時代的批判才眞是辯證的，「否定之否定」，而不是簡單的「反其道而行之」；對於封建文化中的優秀傳統的「復歸」才眞是「更高」，而不是簡單的只有「復歸」。

但在中庸主義者們，對於五四時代，恰正是假「否定之否定」之名，而行簡單的「反其道而行之」之實。五四時代「不懂社會基礎」，所以太「意氣用事」，是錯誤了；那麼，現在談起封建文化，就應該平心靜氣，溫文爾雅，不動感情。五四時代，「不懂社會基礎」，所以過份誇張了儒家的罪惡，是錯誤了；那麼，現在的接受遺產，就應該專門的或主要的在儒家那里「發掘進步因素」。五四時代「不懂社會基礎」，對於「上層建築」的罪惡專攻擊它本身，是錯誤了；那麼，現在就必需諱言或少說「上層建築」的罪惡，句句話不要忘記提到「社會基礎」，最好專說「社會基礎」。尤其這最後一點，成了最普遍的現象：凡有比較集中的文化批判，沒有怎麼提及「社會基礎」之類的，往往就要被指斥爲故意的抹煞或無視，迹近「唯心」。甚至看文藝作品時，也用上這個條例，似乎最好是在每個人物出場時都證明一句：「此乃某某階級也」，這才算正確。

「否定之否定」旣被變成了這樣簡單的「反其道而行之」

，那麽，這「之否定」出來的東西，顯然也就只能是簡單的「復歸」，毫不見有什麽「更高的」之處了。把「過猶不及」都當作「質量互變」的雛形，就是一個實例。而到了去年，更有對於整個孔子學說崇拜得五體投地，連「死生有命，富貴在天」都加以極端推崇的煌煌大文出來，就尤爲明證。此外，還有研究杜甫，研究到他的怎樣押韻；歌頌「浪漫」，歌頌到信陵君的「醉酒婦人」，等等。五四時代對於一切封建文化是顯然的相反，現在不求自己負責去開拓更向前進更新的道路，只知「反五四而行之」，則其落到「順封建文化而行之」的路上去，眞是所謂「勢所必至，理有固然」的。

用今天的標準，回過去指責昨天，於是看昨天爲錯誤。昨天既爲錯誤，它本身原有的標準當然也就不合用，於是始終只好借用其他的標準。所謂其他的標準，又不外兩個，一是今天的，一是前天的。如果事實上今天的標準還未能確實建立穩固，所謂「今天」還才開端，臏下來可以遵循的標準，便只有前天的了。而且，既然還在和昨天發生密切的關涉，就總是今天還才開端，所以凡是用今天的標準，回過去指責昨天，發現了不合，就當它是錯誤，而要加以改正的，都必然要回到前天去了。根据「向後看」而作「否定之否定」，都必然要以「向後轉」自命爲「更高的復歸」了。

前天的人，開闢了前天的路；昨天的人，開闢了昨天的路：在我們背後，就只有這兩條路。如果向後看，只看到昨天的路爲錯誤，那就只有前天的路可走。必需向前看，自己開闢出今天的新的第三條路來。這新的路，可以是「非昨天的」，但不能是「反昨天而行之」的。「反昨天」很容易，它是「這樣」，我就「那樣」，它「東」，我就「西」，它「熱」，我就「冷」，它「上」，我就「下」，反正有它在作反面的模型，用不着我自己獨立的空無依傍的去設計的。「非昨天」就不容易，「非一」，不一定就是「二」，「非甲」，不一定就是「乙」；這時，究竟是「二」，還是「三」，還是「四」「五」「六」……，究竟是「乙」，還是「丙」，還是「丁」「戊」「己」……：就全靠自己去開創了。用昨天作反面的模型，必然回到前天去；自己獨立的去開創，才能開創出今天。然而，才一把昨天的不合於今天的標準之處看作錯誤，就已是向後看，已是把昨天當作反面的模型；只有把它看作是以幫助鞏固今天的標準的東西，但這鞏固之責還要由自己獨立的全部担負，這才是向前看：此中關鍵，又很精妙的。

自從文藝復興時代起，許多進步哲學家歷史家，都困惑于「歷史的錯誤」這個問題。他們覺得，過去的歷史既有那麽多的錯誤，則雖然現在人類有了覺悟，要爭取進步，又怎能保證將來的歷史發展不再陷於大錯誤之中呢？黑格爾第一次克服了這個困難，根据他的偉大的唯心論辯證法，在全部「歷史哲學」里，證明整個歷史的發展都是必然的，都是「絕對精神」的自我實現的過程，絕無錯誤可言，因而得出「一切存在的，都是合理的」這有名的結論。但什麽「絕對精神」之類，在研究哲學時，或者還有用，但在人們的現實活動中，就完全沒有影響。人們的現實的感受，對於那些顯然可悲或可憎的史實，總要覺得是「歷史的錯誤」，用什麽「絕對精神」總安慰不成。這里，就因爲那作爲歷史之動力的「絕對精神」究竟渺渺茫茫，缺少了人類的主觀的控制，所以主觀的感受也就感受不到它。新哲學產生，在一切客觀法則中，都打進了主觀力量，這才勝利的解決了問題。人們能主觀的控制歷史發展，能在這控制性的向前推動的過程中，和歷史本身的發展過程一道，現實的親切的感受到一切過去的歷史階段所給予的必不可少的助力，這就自然能夠眞正懂得「一切存在的，都是合理的」的命題，而掃除「歷史的錯誤」這個觀念。歷史不會錯誤，就因爲人類必需控制歷史，就因爲人類不許歷史倒退，總要從任何性質的階段上更向前進，而這前進又總必需取資於已經到達的階段，使它也幫助了前進。特別正是「否定之否定」的法則，精義就在於此。

人類總是要前進的，所以對於舊的階段要「否定」；前進又是無休止的，所以又總有「否定之否定」。「否定之否定」既是更向前進，前一個「否定」的階段就不是什麼錯誤，只是這「更向前進」的前一步而已。但只有在走這「更向前進」的一步時，即有繼續走「更更向前進」的一步之決心的人，才能根據目前的「更向前進」對於將來的「更更向前進」的絕對必要性，推廣開來，同樣感到過去的「向前進」對於目前的「更向前進的」同樣的絕對必要性。如果已經失去「更更向前進」之志，以爲目前的「更向前進」就是最後的一步，那當然要志得意滿，覺得以前所走都是寃枉白費，以至錯誤了。但事實上沒有什麼「最後的一步」，以爲目前就是「最後的一步」者，將來看到竟然還有一步兩步三步那至無數步時，便要從此灰心，更覺得天下事全都不足爲了。

不過，中庸主義者的情形還要複雜些。他們一面希圖苟安，總希望目前就是最後一步，因此對於以前所走都覺得寃枉白費；一面又很聰明，又明知將來還有無數步，因此就對於目前所走的一步，內心深處也覺得還是要成爲白費。這兩面混合起來，就產生了這樣的一種態度：即企圖一面往前走，一面回頭看，以便看出過去的寃枉白費之處，以後可以減少它，毫不寃枉的向前走。這種態度，從前表現在「行年五十而知四十之非」，以及「前車之覆，後車之鑑」這些格言里。現在，就找着「否定之否定」和「更高的復歸」這些更爲「科學的」的命題，作它的藏身之所了。「否定之否定」者，減除寃枉白費；「更高的復歸」者，減除寃枉白費之後，而可以供給今後使不再寃枉白費的經驗也。既然如此，五四時代，當然也就要被當作一大段寃枉路而「否定」掉它了。

八

由以上的分析，可以看到，新哲學的三個基本原則，一樣能夠被中庸主義接受過去，變成最中庸的東西。然而，還有一個頗爲動聽的名稱，即所謂「理智主義」也者，這里必需指出，是尤其中庸的中庸主義。

高談「理智主義」的人，最愛說：情感是盲目的，所以是無益的，並且是有害的，必需使情感昇化，昇到高級，就也可以成爲理智，等等。他們動輒就判定情感的罪名，說是任其衝動，不加節制，就要成爲法西斯云。也有人見到此說的錯誤，於是就偏偏振抓情感，來和它抗爭；說是出于眞情的東西，才可以發生力量。

但其實，並不是「理智乎？情感乎？」的問題。這兩個東西，都並沒有固定的意義，要視具體的歷史條件和生活環境而決定其具體的性質。

從培根到伏爾泰，都重視理智的。那是指人類對於客觀世界的威權，指客觀世界被人類陶鑄改造的無限的可能，指人類所用以照穿宇宙祕密而使魍魎魑魅無所遁形的永恆的光；換言之，人類的力量，就藉着使用理智而成爲對於客觀世界的威權。緊接着伏爾泰，異軍突起而直接向伏爾泰挑戰的，是盧騷，他所重視的是人類的自然生活中的自然情感。那是指人類本身的力量的發揚衝擊與醞釀，指人類所用以轟擊社會習俗的約束而使之碎爲齏粉的炸藥；其所以不滿意於伏爾泰的理智，是因爲覺得人類在對客觀世界施行威權之時，不能不先發揚力量以充實自己。不過，從倍根以降，內部力量的發揚衝擊，其實都已在不自覺的進行，那所謂「理智」之中其實都已灌進了主觀的力量，只是到了盧騷，才加以明白的肯定，自覺的運用，以便達到更其激烈的一步而已。

至於在我們這里，卽使所重視的是情感，如果不更深向內層去攪動，那也並不能獲得本意所欲獲得的效果，因爲儘有「才情」「風情」「麗情」「柔情」這些「情」現成的存在。乃至如某一位教授的意思，以「舜往於田，號泣於旻天，爲不得于父母」爲「中國的浪漫主義」，也並不是不可能的。

而我們的「理智主義」者，其實也並不排斥這些「情」的。他們那個「理智」，直接繼承着中庸主義的「明淨的觀照」的傳統，同樣是一種怯懦的聰明；或者更爲聰明，就因爲更爲怯懦。他們不但沒有了足以控制客觀世界的主觀力量，並且沒有了足以被客觀世界所打動而起感應的主觀力量。被客觀世界所打動而起的感應，通常是表現爲複雜的情感；感應得深劇，複雜的情感向一個方向尖銳的集中，成爲意志，就要求認識的幫助，以便去控制客觀世界。這二者，中庸主義者都缺少，所以當接觸到每一人，每一物，每一事時，就沒有主觀上的迎拒，吐納，控縱，收放，取予，只是把它平面的照樣描摹到認識中來。這樣的描摹，因爲沒有內力運行於其間，是靜止的，所以也就是「井井有條」「一目了然」「條分縷析」的。他們就以此自誇，以此表示「不盲目」，自封曰「理智」。他們也有行動，並且就以這行動來證明自己並非「聽天由命」，但實在只是「見其可爲而爲之」。其行動，或者也並非毫無危險，不見得馬上就有成功之望，這似乎不是「見其可爲而爲之」了，但仍然只是「知其當爲而爲之」。眞正的戰鬥的要求，却既不是「見其可爲而爲之」，也不是「知其當爲而爲之」，絕對的必需是「覺其必爲而爲之」。這個「必」，卽是深劇被打動了的主觀力量的不可抗拒的衝擊發動，換言之，就是不假任何外來標準而出自深心的戰鬥動力，只有出於這個，那行動才眞正是戰鬥。——

但現在的「理智主義」，很重視「當爲」，凡有行動，必先問：這樣做是否正確？對於「覺其必爲而爲之」的，加以鄙視，甚至加以攻擊，說是盲目的衝動，無當於「客觀眞理」，云云。殊不知，就每一個戰鬥者的主觀方面而言，眞正是「必爲」的；就其社會本質而言，或者說，加以歷史的考察之後，也便眞正是「當爲」的。只有「必爲」，才是「當爲」的眞實內容；「當爲」，待「必爲」而產生，亦待「必爲」而實現。從前宋儒所講的「天理」，就是一種離開了被他們視爲「人欲」的「必爲」，不知從何而生，實際上也無從實現的「當爲」。直到王船山戴東原，才嚴格的批判了這個分裂，指出來：所謂「道」，就是生民日用之間的飢思食渴思飲之類的要求，在現實社會中匯集而成的總的方向。而所用以實現這方向的，又必需還是生民日用之間的如飢如渴的努力與追求。否則，那所謂「理」，就空無依據，終於只變成理學家自己的意見，而演成比「以法殺人」還要慘酷的「以意見殺人」，「以理殺人」的悲劇了。這批判，是極有價值的。萬千蚩蚩小民的「飢思食，渴思飲」，在他們自己，並不想到這要求是否能成功，更不想到「是否正確」，只是覺得「必食」「必飲」，而就「思食」「思飲」，而就「求食」「求飲」而已。但歷史的社會的要求，還有比這要求更「正確」些的嗎？不也就是一定能勝利的嗎？然而，小民們卽使知道了這是「正確」的一定能勝利的，當再要求時，仍然不會是爲了「正確」等等才要求，仍然是爲了「必食」「必飲」。所以，凡是離開了這些「必爲」，而以「意見」爲「當爲」的，不問他的「意見」究竟是怎樣，都一定會「殺人」，因爲必需「求食」「求飲」人才能存在。

不過，王戴兩位的批判，也還有所忽略。理學家們自己，難道都是不知飢渴，或者飢渴而不思飲食的嗎？他們無力從飢渴之處再往前追求，無力推進思飲思食的要求而達到現實性的人生理想，所以纔逃避這一方面，另找什麼「天理」來安慰自己而已。「天理主義」的具體的根源，還是在於主觀力量的萎弱；「以意見殺人」，則是遭值了現實社會基礎，而發生的現實社會效果：要說他們本意就在此，那還看得他們太有力量了。

我們現在的所謂「理智主義」，又比理學家的「天理主義」更進一步。後者還只是逃避苟安，前者又還加上乘機僥倖。因爲，那「理智」所依靠的「客觀眞理」，乃是所謂「必然法則」；而所謂「必然法則」者，又即「必然要勝利的法則」之謂也。所以，其所重視的，雖然好像是「當爲」，實際上仍然是「見其爲可爲而爲之」。他們所見到的「客觀眞理」等等，原來也就是人民的飢思食渴思飲的要求，經前人的天才遠見，加以匯集，使之表現爲歷史的大動向，人生的總路程；並且因爲它確是最「正確」的，所以指明其爲「客觀眞理」，因爲它確是一定要勝利的，所以指明其爲「必然法則」。但到了我們這些「理智主義」者手里，就只看重其「一定要勝利」這一點，藉人民的飢渴的要求，以爲自己的取勝的法門了。不過，這所謂「取勝」，不一定是實際上的，有時也明知自己看不到，但總想着：將來總要勝利的。爲了「將來總要勝利」而才去做，就仍然只是把自己參加到一個現成的勝利里去，要分得一點人生價值上的勝利的僥倖。所以，比起那只是逃避的「天理主義」，其爲聰明的程度，又不可同日而語了。不過究竟是「將來總要」，所以也還似乎，並且自己確實的自信爲只是爲了「當爲」。

前人所以要把人民的「必爲」匯集爲「當爲」，指出其「可爲」，乃是爲了建立「理論的領導」，如衆所週知。然而，「理論的領導」決不是「理論的代替」。「領導」，仍然必需有被「領導」的東西，否則又「領導」些什麼呢？必需自己本有「必爲」的基礎，已經「覺其必爲而爲之」了，這時，再「知其當爲」以堅定信心，「見其可爲」以加強勇氣，因而戰鬥得更爲熱烈；其「爲之」，直接的唯一的原因還是「覺其必爲」，「知其當爲」和「見其可爲」都只是這麼四個字，下面不能再接上，「而爲之」的字樣的。

前面說過，「覺其必爲」的「必」，乃是一種「深刻被打動了的主觀力量的不可抗拒的衝擊發動」，那麼，所謂「覺」，就指「深刻被打動了」而言。所以，決不可以作「明淨的觀照」，決不可以像理學家所說的「廓然而大公，物來而順應」，決不可以於「感而遂通」之中仍有什麼「寂然不動」，決不可以如孟子所說的「動氣」而「不動心」，決不可以如佛家所說的「明鏡照影，鏡不留形」；沒有完全動，就是完全沒有動，要動，只有完全動起來。有一句話，叫作「雄獅搏兔，必用全力」，說得極好。眞正的戰鬥者，對於所接觸到的東西，無論大小，都必需具有這一「雄獅搏兔」的態度的。

「覺」，又有「所覺」與「能覺」之分：「深刻被打動了」是「所覺」，能夠「深刻被打動了」的主體，則是「能覺」。沒有這主體，則於「明淨的觀照」之中，有時也會發生一種「情感的彩飾」，近似於主觀力量的被打動，往往要被誤認的。這種「情感的彩飾」，並不是主觀向客觀的衝擊，只是在「觀照」所得的圖樣上，添畫幾筆美麗的色彩，或譏諷，或悽涼，或清逸，或豪壯，使不致太枯燥，但又無改於圖樣絲毫而已；所謂「才情」「風情」之類，就是這個。那麼，不從事於主觀力量的醞釀發揚，單單重視情感，便也顯然可見其無用了。

這里，關於前文所提到的「雄獅搏兔」的精神，還要申說幾句。這種精神，通常大抵都被中庸主義者斥爲「絕對主義」，從而加上一些「不懂歷史發展」「靜止的觀點」之類的罪案。依他們說，每一個進步階段，都只是歷史發展的無窮無盡的長途中的區區一步，何必把它看得那麼絕對嗎？他們對於任何進步階段，內心深處都希望是最後一步，果能如其希望，在他們看來就才是值得用上全力的，否則，就不值得。因此，表現在對於一般的布爾喬亞文化革命，特別對於五四時代的批判上，對於那些文化戰士的言論中的把當時的要求說成可以「一舉而澈底解決一切問題」的要求的那些部份，就時常加以油滑的譏嘲，如「想得多麼如意呀」之類。那些偉大的文化戰士，受了歷史的限制，認爲當時的那些要求就能「一舉而澈底解決一切問題」，固然確實不對。但這種話里面，除掉直接的包含有理論的成份而外，更深的還包含有一種精神的成份；其精神，即是「雄獅搏兔，必用全力」，以整個生命作「孤注一擲」的精神。對於理論的成份，可以作嚴正的理論批判；但對於這種精神，就不能糊糊塗塗一並加以油滑的譏嘲。當時的那些要求，對於當時的戰士們，確乎應該是絕對的；這也並無什麼深奧的理由，就因爲當時的戰士們是「當時的」，其整個生命就係乎那些要求的實現，否則，等不到我們這些後來居上的戰士們爭取到更進步的東西，立刻就要活不下去了，如是而已。「絕對」者，「無與爲對」也，就是並沒有別的東西可以來比較重輕的意思。無論說，都沒有兩次可活，所以每個人一生中所遭遇到的歷史進步的要求，對於他本人，就都是「絕對」的。雖然歷史的看來，每一個個別的進步都只有「相對」的意義，但這是因爲歷史中本不止包含一個進步的緣故；而每一個個人，儘管知道他所要求的進步之後還有無窮的進步，實際上則他的一生所能貢獻給予的，就只能及於他所要求的，他的一生所賴以維繫的，也只能及於他所遭遇的，以後的無窮的進步，還是無從拿來「相對」了。因此，綜合所有的「每一個個別的進步」加以歷史的考察，這全過程又就都是「絕對」的，因爲都是具體的活人的「絕對」的要求所累積而成；所謂「相對中的絕對」，也正指此。（關於這兩個範疇的關係，好像引起過爭論，詳情記不清，總之是都就「純邏輯」的立場立論，所以終於很難解決，其實，只要從活人的立場上，「主觀的去把握」問題，是很容易解決的。）

同樣的理由，對於今天的現實要求的爭取，也就應該出以「雄獅搏兔」的態度。但中庸主義者們，最初是雖然口頭上不說，卻心裏把這當作歷史進步的「最後一次」，那時還好像能有出全力的決心；到了目前，則由於這要求的實現已經比較接近，許多問題之並不能就此一下子解決也已比較看得清，於是，雖然口頭上也並不說，心理就不免有些「洩氣」了。所以要特別提倡「理智」，也無非就是怕人們在這些要求上寄託了太多的「情感」，將來要過份失望，不如先就「看開一點」而已。但實際上，眞正的戰士，一方面儘管把這些要求當作「絕對」的，另一方面也並非就是幻想着由此一下子昇入極樂世界。現在的要求不能實現，現在就活不下去，所以現在的要求是「絕對」的；將來呢，如果將來還活着，那麼就也還是要活下去，所以將來的要求就也還是「絕對」的。只要始終能把自己的生命的發展，融進歷史的進步過程之中，幷且只於歷史的每一個進步之中，求得自己的生命、發展，那麼，不論那一個歷史的進步，只要是自己的生命所直接遭遇到的，就都是自己的「絕對」的要求；而那些站在一旁在「理智」的，經歷了幾個進步之後，也就終於要落到「看破紅塵」的泥沼中去了。

九

又一個中庸主義的產物，是對於「體系」的愛好。上節原說過，整個客觀世界，對於中庸主義者，是一幅靜止的，「井井有條」的，「一目了然」的，「條分縷析」的圖樣。就由這種圖樣，生出「體系」來。

中庸主義者用他們所謂「理智」去描摹世界，是怎樣，就低首下心諾諾連聲的還它一個怎樣，這當然能夠弄得井井有條絲毫不紊。描摹完了，除掉偷尋苟安僥倖的機會而外，再也無事可做，於是「體系」完成，整整齊齊，精光滑溜。然而，主觀戰鬥力強旺的人，却不以此為滿足：有明明確知其只是這樣的，但總要求它不只是這樣；有明明確知其並不是那樣的，但總要求它是那樣；有明明確知其還沒有的，但總要求它就有；有明明確知其慢慢總要有的，但總要求它更快的就有；明明確知其慢慢總要消滅的，但總要求它更快的就消滅；…………等等。這些要求一天沒有實現，這些東西就一天不能照樣描摹或不描摹；到實現了，又有新的要求，又有新的不能照樣描摹或不描摹的東西！終於，那種精光滑溜整整齊齊的圖案，就總是描摹不成，所謂「體系」者，也就總是建立不起來。

這並不是什麼「唯心論」，這是一切戰鬥中最可寶貴的戰鬥的理想主義。關於理想主義和唯心論的區別的問題，本來在那討論費爾巴哈的哲學的一經典」裏，就有着極其詳盡深刻的指示。但一個人說話，大可不必「引經据典」以自壯聲勢，所以這裏還是不引。而且，上段所說，也已經很清楚：一方面有「明明確知」，一方面又有關於「這些要求」的「沒有實現」以及「到實現了」以及「又有新的」這些話，則其為根据於現實，並且又可以變成現實，並且又可以引出更新的現實來的理想，而非脫離現實的幻想，已是不必再多加說明的了。至於，倘有人問：無論誰的幻想，誰不自信為可以實現的理想？照你這樣說，豈不是鼓勵無論誰都可以歪曲現實麼？則將答道：我本不是指「無論誰」而言；所指的是什麼一些人們，從開頭到現在，難道還看不清嗎？

這些，都無庸辭費的。要說的，是這種「體系」所發生的作用。

我們現在，有一種「體系」最有力，就也最有害，即是通常所稱為「教條主義」的。所以有這個名稱，是由於它並非普通的「體系」，而是利用最有權威的新哲學新社會科學新經濟學而作成，這權威就可以使人們奉為「教條」的緣故。但其「最有力」之處，還不在此，還不在權威本身，而是在於產生權威的東西，即新哲學等等之中所已具有的戰鬥的理想，和這理想所已經導引出來的現實。正是這些，才使實無理想的中庸主義的「體系」，蒙上一層理想主義的光輝的外衣。

創造者以強旺的主觀戰鬥力，向客觀世界突擊，向客觀世界提出理想的要求，把這理想的種子種進客觀世界裏去，並且指示出培育這種子而使之生長出來，以造成新的世界的方法。他們所留下的，並不是整齊清潔的客觀世界的圖樣，而是灌注了希望熱情在內的充份表現出偉大藝術天才的畫幅。如果是前者，雖然是描摹得一絲不走樣，却就是一絲不走樣而已，除非有人從旁加以說明，某處當改，某處當留，某處當廢，某處當興，人們是不能從那上面得到改造現實的指示的。但即使聽人從旁說明，聽時也無深刻的感動，知其如此而不一定就照樣做，聽後更容易忘掉；並且被懶漢拾去，弄清了形勢，還可以躲進去睡懶覺，被偷兒拾去，也可以利用來偷東西的。至於後者，一面是也完全不歪曲現實，一面却又藝術的顯示出現實中值得更加發展的美麗之處，以及必需消滅的醜惡之點，深入人心，使人看了，立刻就鼓舞奮發，而要有所行動。他們未嘗不會描摹出一個整齊清楚的圖樣，但他們不能那樣做，因爲他們不能在現實之中絕滅掉他們自己的理想＝全人類的理想。同時，他們又正是完全把握住了現實，並沒有一心如意的亂畫，因爲否則就灌注不進理想去，就不能使理想在現實之中被接受，被追求，被實行，被實現。總之，他們是完全抓住了現實世界，沒有讓它跑掉一點，但又不讓它頑固完好的存在，而施以理想的斧鑿，打定一個「粗坯」，給後人照那所表示的理想模型，再加工細製而已。

然而，這偉大的畫幅，到了我們的中庸主義者們手裏，又被怎樣處理了呢？他們根本沒有可以被鼓舞起來的力量，於是自然也就不能被鼓舞起來。並且，就拿了米達尺量角器分光器之類，把那上面每一個淺條的長度，每一個角的角度，每一塊色彩的成份，都精密的測量出來，再照這方法描摹下來，規定爲不可絲毫改變的標準。這描摹出來的畫幅，雖然「逼肖」原作，但既是用這種「井井有條」的方法描成的，當然也就與那種整齊清楚的圖樣無別，同樣成爲「體系」了。不過看來又沒有那種圖樣的枯燥死板，究竟還「逼肖」原作，所以又更能吸引一些本來還不十分愛好那種圖樣，還有一些追求理想的熱情的人們。追求力眞正強的，猶如對藝術品感受力強的，這種贋品是騙他不到的。只是，大多數人的追求力本來都並不怎樣強，遇到眞正充沛着理想熱情的東西，那一點力量還可以被誘發出來，逐漸成長健壯；遇着這种贋品，一下子被吸引住，就陶醉於其中的似是理想的無理想，以及似是熱情的無熱情，以此自滿，苟安下去，終於萎弱下去了。所謂力量最大，就也最有害，正是指此。如果所遇到的，索性是枯燥死板的圖樣，對於他那一點追求力也還不能滿足，那末，或者倒還可以毅然舍去，另外尋找，因此就找到眞的偉大的藝術品來的吧！

具體說來，卽是把創造者所播種下去的偉大理想的種子，也當成客觀世界中所本然固有的東西，依然恢復一個完整的客觀世界的完整，同時禁絕再有創造性的理想產生，或者說，禁絕別人再進行探索以開拓理想。必需如此，必需整個世界都平靜可知，他們才能按步就班的在其中活下去；否則，如果還有什麼尙待探索，尙待冒險，尙未可知的地方，對於他們這些怯懦無力的人，那也確乎太動亂不安，難以生存了。凡有探索，同時也就表現出還有探索的未知的東西，這自然令他們不安，非找出藉口來阻遏住不可。而藉口又很易找，因爲既還在探索中，則其會跌倒，走錯，碰壁，乃至於不意中弄倒了本已建立好的東西，都是十分可能，甚至可以說是必然的。弄倒了本已建立好的東西，固然是罪大惡極，不必說；卽使只是跌倒一交，並沒有什麼了不起，他們也立刻跑來，卽以這跌倒爲論据，昭告三界，說這人是居心想要跌倒，或更是居心想要牽天下人而一齊跌倒，非撲滅不可了。大家都不探索，世界完整，天下平安，於是「頭頭是道」「左右逢源」的大「體系」也就告成；前人拚命戰鬥而種下的理想的種子，在這里也被當作自古而然本來如此的東西了。

不過，其實也已經並非種子，大抵都已經冒出萌芽，或長成幼樹，其將成爲參天合抱的大樹，大抵都已經不問可知了。惟其如此，這些本是偉大理想的東西，才能被他們接受，被他們承認爲現實中本來所具有；否則，如果眞的還是埋在地下看不見的種子，在他們手里，就連被承認爲現實中本來所具有的資格都還沒有呢！他們又即据此，而高唱未來的歷史的必然發展等等，以博得理想的美名。其實，說說這些之不能就算是理想主義，是和相信「人砍了頭就要死」之不能就算是理想主義，完全一樣的。

所以，說他們的世界是靜止的，這「靜止的」一詞，有絕對確實的意義，可以包含看來與它相反的東西。換言之，他們的世界里，無論什麼都是「靜止的」，連「變動」都是「靜止的」。雖然有變動，但關於怎樣變動，變動的結果如何，全都一目了然；眞正要說那種事情本身尙在未可知之數，必待我們自己加以強大力量的控制，才能決定其勝利的變動，他們是忍受不了的。由於前人的努力，到今天，有些變動固然也確乎是一目了然的將要勝利的，所以他們還能有所倚賴；然而，等到有一天，歷史的行程由『齊步走』變成「跑步走」，「跑步走」而又「加快加快」時，有了基礎的變動已都實現，全然尙未有基礎的變動却一下子集中到面前來，那麼，那些怯懦無力，只知依賴前人戰鬥成果的人們，就再也無可倚賴，再也看不到什麼「必然」，就有大危險了。

「必然必然」，不要叫得太昏了！想想紅種人樓種人看！他們不也是一樣的人類，一樣的「社會的動物」，一樣的「會製造工具的動物」麼？老實說，社會變革的工作，並不是張天師捉鬼，令牌一下，就手到擒拿的。更坦白的舉個例子：英國美國不都是資本主義的最高峯麼？然而「工人貴族」等等就能有那樣大的作用。

總之，世界之大，出乎意外的事是多得很的。「範圍天地而不過」，究竟只是儒生們的妄想。連偉大的黑格爾，都碰死在他所手造的「體系」上，遑論其他？不過，出乎意外的，終於仍然要入乎意中，要說理智，這才是眞有威權的理智。但這也就是理想的威權，因爲理想所招來的，往往就是對於理想本身也出乎意外的東西，却又究竟是理想所招來，理想有招來它的勇氣的緣故。否則，如果理想的實現都可預知，世界就仍能完整，「體系」亦仍能建立了。

而「體系」，不管叫作什麼名子，是沒有一個好的。新哲學的創造者，不但有一位再三指明他的哲學絕不是「體系」，而且另一位還就在「體系」的消滅的意味上宣佈一切舊哲學的消滅。兩位的話，這里仍然不必加以「引据」，這里只作如下的兩段結束：

不要任何「體系」！除非你向全部現實低頭。大胆的展開理想！因爲歷史就是會追求理想的人類的歷史。

理想的種子，種到現實的土壤中去，就會生根發芽長成：這就是最利于人類的現實的「必然法則」。但對于無理想的人，現實的「必然法則」就是另一個，而且只有那另一個，那就是：「滅絕」。

十

我們檢討以上所說的一切，似乎大有「羅列現象」之嫌。有些恰恰就是中庸主義者的論者，將會詰問：「你說了這些，究竟其本質的原因在那里呢？」

我知道，按照中庸主義者的脾胃，是必需把這些都歸因於「社會基礎」，才心安理得的。「社會基礎」，我會說的，然而這里偏偏不說。因爲我本不想迎合中庸主義者的脾胃，正是要大家都不能心安理得，不能一下子推卸全部的責任，或者便可以有些警惕，因而自己負起責任來。

無論是由于什麼樣的「社會基礎」，知道了以後，總還是要由具體的人作具體的努力，這中庸主義才會消滅。並且，就每一個個人而言，爲了消滅自己身上的中庸主義，應該作怎樣的努力，其實也非常顯然，用不着研究到它的「社會基礎」之後才能知道，第一要緊的，是和當前的非常顯然的中庸主義作戰；能夠積極戰鬥着，則「社會基礎」自在其中，無須另外去尋找的。

造成中庸主義的，無非就是幾千年來凝積而成的封建的退嬰的實生活，這種生活，現在是廣泛的存在，而且究極的說來，還是沒有眞正被這五十年來的進步潮流所撼動的。其中充滿了各種各樣的規範，阻遏住人們的生命的活動與自由，於不知不覺之中，使人們的主觀力量萎弱下去。人們在其中，如果不是有意識的和它們對抗，則一舉一動，無論巨細，就都覺得要碰到它們，都要被它們擋住去路。怕碰到了，於是縮一步，被擋住了，於是停下來，這樣要不了幾回，便一步也不敢走了。又由于世代的相承，每一個人又還無需眞正親身經歷過這些過程，一生下來，耳濡目染，父師訓誨，朋友箴規，大抵也就都是現成的模範，所以自然而然的也早被鑄進這同一模型之中了。習慣于對這些規範的服從，習慣于不問理由只看社會權威的服從，寧願壓抑自己的必不容己的要求來牽就，終於，就成爲對于既成社會的絕對尊重，沒有和它搏鬥的勇氣，雖是「理智」上明明知道鬥爭的必要，也無力去做的。

這些規範，非常之多，簡直不可勝數，而且大抵都很細微，看來好像無關宏旨。家庭生活中，社會應酬中，男女關係中，都有着一些通常認爲是「當然如此」，稍加考察就完全看不出究竟何以不能不如此之處的莫名其妙的規範。今之進步知識份子們，很多人懷抱大志，不屑留心這些小地方，以爲我既已能夠從事于根本改造社會的旋乾轉坤的大業，難道這些小小的社會習俗就無力打倒嗎？不過爲了減少無謂的麻煩，以使集中力量，所以只是姑且這麼做做，無非敷衍或利用而已。但其實，並不是無關宏旨的，我們所要改造的「社會」，就在這里，既成社會的可怕，就在於這種「無物之陣」，使大家雖明明覺得身陷重圍，而舉目四顧，却不見一敵人。

和這些「無物之物」作戰，的確顯不出英雄本領來的。因爲「誰也不聞叫」，所以誰也不發喝采之聲。志在博得羣衆的夾道歡呼，少女的香花進奉，騎高頭駿馬，緩緩入凱旋門，於千萬人叢中大顯英恣的英雄們，也不怪他瞧不起這些「日常生活」中的問題了。許多符合於禮教或宗法制度的行動，都已昭昭在人耳目，舉不勝舉。這些，固然都只是「日常生活」中的交際應酬，然而看了以後，對於這些英雄們，也就覺得與那些自命風雅的紳士大人們，實在沒有若何分別了。(下略千除字)

今天所需要的，還是強烈的個性解放，爲集體主義所要求的戰鬥的個性解放。沒有什麼「破壞」和「建設」的區別，「破壞」也是積極性的，「個性解放」也就是道德。眞的個性解放，必定是戰鬥的，必定是要變革既成社會的，因爲既成社會就是束縛「個性」的枷鎖，不變革它就不足以保衞「個性」，發展「個性」。由於個性解放，而掃蕩一切封建生活中的規範，於是就有了自由奔放的流動。這流動，終於總要匯歸一個方向，這時就又由於新的領導，而能立刻給它開闢一條寬闊的河道，讓它順暢的進行。流動以後，不能立刻給它一條河道，固然要給泛濫成災；但如果還沒有把那些湮塞阻遏壓抑住它的泥沙亂石除掉，就在它旁邊築起堤來，以爲簡省一道麻煩，直接就給了它以一條河道，這不更是窒死了它嗎。

面且，老實說一句：新的河道的開闢，其實也並不完全要靠我們的設計，它自己的作用也還有一半的。人們的生命的自由奔放，即在其繼續不斷的流動中，自然要形成一些規律，我們所能做的，是以這規律為基幹，再加以擴充與補充。相傳大禹治水，其所以成功，就重在一個「導」字。所謂「導」，也就是順着水流的自然方向，修治疏通，向下濬發，並在兩旁加以鞏固而已。直到它形成一個大致一定的方向時，其間恐怕也不免要犧牲一些廬舍田園乃至人畜吧，然而這當然不能算是水災。同樣的，積極的個性解放的過程中，也不免有看來近乎「人慾横流」的現象，然而也决不能就算是「人慾横流」。况且，人類的事情，究竟也不完全像水流。水流去掉泥沙亂石以後，泥沙亂石就沒有了影響；而我們現在，即使破壞了一切封建的規範，其影響還是存在的。我們只習慣於那一套規範的方式，但其正正反面的東西也就同時包含在那一套之內，我們的習慣也就習慣於這些反面的東西。我們習慣於封建的屈從，也就習慣於封建的放縱。所以，即使破壞了封建的屈從，我們也會保留舊的習慣，以封建的放縱為「自由」。這時，如果說「自由」招致了「人慾横流」，其實就並不是，那責任還應該歸舊的習慣來負的。

這時，就還是要「破壞」，澈底的「破壞」，而「破壞」的對象仍然還是那封建的屈從。因為，我們總是根据實生活而感受的，如果實生活中已經毫無封建屈從的影子，我們對於「自由」，就可以有全新的感受，不會以為它還是舊的「屈從之反」——「放縱」了。否則，以為「自由」招致了「人慾横流」，就趕快反對「自由」，抹煞「自由」而専談「守法」，那麼，儘有封建的「屈從」的殘餘在，就要鑽進這「守法」中而復活起來的。

受慣了束縛，根本看不慣解放，一看到解放過程中有些消極的現象，也不究明其根源，立刻歸罪於「解放得太過」，而要用一些規範來「補偏救弊」，其實只是再束縛起來：這種轉變，乃是這五十年來一切本質上原是中庸主義者的進步知識份子露出中庸主義者的原形來時，所先後同樣經歷過的决定的關頭。他們的開始走上沒落階段，其實倒不大由於直接的政治問題，而由於政治問題的生活形態的這種道德問題，特別表現在對於後輩青年的態度上。有一位過去一向以「自由主義者」的姿態出現，在比較廣義的解釋上也算是進步知識份子的學者，以差不多十年的距離，先後發表了兩本專以青年為對象的書，第一本書里，雖然實現上也只能導青年於消極的逃避，但可以看出他本人的心境，究竟也還在煩惱苦悶之中。這表明他那時還有一些生命的流動。到了最近發表的第二本書，就搬出全套祖傳法寶，向青年說教，痛斥青年的「頹廢」為病態，要青年向這些祖傳法寶的規範中求安身立命。這就表示他已經經歷了前述的轉變，自己先就覺得與其流動而找不着出路，還不如照舊束縛起來之為舒服了。然而，有一位極進步的理論家，竟然對這後一本書加以部份的稱讚，說是比起前一書來，這里已能面對着現實的問題云。據我看，這並不是什麼面對現實，如果前一書是消極的逃避，這一書就只是「積極的屈服」；逃避時自然是背向着現實的，對現實磕頭時自然是「面對着現實」的；能逃避究竟還在活動，對現實磕頭就完全沒有希望了：兩者間如果還要有所選擇，我看倘可多幾個還能逃避的「不現實」，只能磕頭的「面對着現實」還是少些為妙罷！

不過，既有那稱讚，可見也就有不自覺的相通之處。有一些人在今天之所以特別高呼「建立新道德」，恐怕也就有了與那位學者相同的心情罷。

一九四四、六、八、初稿、於左道樓

六、一四、校訂、於左道樓

六、二二、再校訂、於不留餘地樓

小說集：

在光明以外

賈植芳

剩餘價值論

……想不到在這個鎭上，我又一頭撞見子固了。

那是在戰爭的第三年。整個中國像一把快開的茶壺冒着雄偉的蒸氣，普嘟普嘟的進行着熱烈可貴的戰爭生活。好像在鬧市上走着，肘子突然被人觸了一下，戰爭使人們驚覺般的懂得生命的眞諦，像信仰生命一樣的信仰着戰爭的勝利。……我在西北山地旅行裏過了刼，以偸吃沿途瓜果爲生的來到這個黃土高原上的小鎭上，眼奔到鎭外的小店裏，在疲憊和疾病兩重侵襲下，倒在連蒲蓆都沒有的土坑上，一連幾日像死了一般。過往的旅客們，在我身旁交替的更換着，他們露出一付驚異的神色，遠離着我躺下身子去，那種在無可奈何中表現出的謹愼，恍如對付一具沒人收斂的死屍，敎人可笑。——這都是事後那店家的瘦子老板告我的，搖着他那像一面鼓似的頭，嘆息着出門人的哀憐，說到後來，竟也禁不住的呵呵乾笑着。我祇感到滑稽，沒有所謂悲哀；正像在結婚典禮中突然被燙傷姆指，是沒有什麼意義的一樣。實在戰爭使人們變得強健和可愛，血液正在盛旺的流轉着的時候，也祇有在字典上才找得出「個人」是一種什麼講法了。

這個小鎭戰前是土匪出沒所在，沒有什麼歷史的一個躲在山裏的鎭。自從一個政權中心移到這裏，它就被賦予了一種新的意義和生命，活在熱帶地方的人才開始歪着頭向它看得出神，不斷的被注意了。層層的黃土岩上，散轟着爆炸的音響，新的窰洞在開闢中；岩下的鑿石聲，山腰的伐木聲，建築工人原始的吆喝聲，湊成暴風雨似的緊張的交響；山背後吼着馬達低悶的聲音，是小規模的軍需工廠在努力生產。面孔繃得緊緊的灰軍衣的人，像被追趕着接連在窄小的茅棚當中的街心流過。被羣山襯得低下的蒼空，擠滿厚絮般的雲，一條漲溢的綠色小河繞着鎭子灣曲的流轉着，那種匆忙和嚴肅的神氣，像是爲這新來的客人的生活方式所引誘和激動了。……

我在街中人羣裏走着，肩膀突然被人拍了一下，驚愕的回過頭，我楞住了。——拍我肩膀的是這樣一個被衰老征服了的年青人！我祇看到他那褪色的軍服的胸際一個紅邊胸章，下意識的知道這是一個將官。「啊，碰到你了！」他激動的說，音調黯啞；兩隻被摺紋開着的像陷下去的眼睛裏，閃着一種濕濕的哀悽的光，兩耳以下的面部長滿刺一樣發黑的短鬚，使人有一種被刺着的感覺，不由得去摸自己的下顎。但我茫然了。我又聽見那像斷了一樣的聲音，「你不認識我了？…………子固……」那張悽然的臉像在抖動着，背像更灣曲了。

「啊，子固！」我醒來似的喊着，「是你，總有七八年不見了。」他悽然的笑着，藏在濃黑短鬚裏的紋摺一條一條很殘酷的裂開來，兩隻眼睛低垂着，像被長長的睫毛遮掩了，……

……但祇是一閃，那一雙陰悽的眼就像喫驚似的盯着我，竟像藏着毒藥，閃着一種奇異的光，堅堅的盯着我胸前的一塊證章。

「你在部隊上？」是他的聲音，更加緊的盯視和搜索。

「沒法子，戰爭把咱們都趕到軍隊上了。」我說。

「呵，……」，他迷惑般的嘆着，在握着的手也鬆弛了。一種反常的感情的表現，我想，覺得很難堪。「你現在怎樣呢？」我不得不迫着自己說着一般人所謂的寒暄話來敷衍，另一面我對於這種無意義的邂逅感覺着一種被刺着似的不快。因爲世界最不痛快的事，莫過於被人當做商貨樣的放在眼前吟呻着考查，那是一種把人的價値忽略了的行爲。

「在司令部當參議，沒有什麼事。」聲音是那麼平淡沒有感情，像說着別人的事；全神卻緊緊的盯着我，面孔上的黑鬚像一根一根的在跳動，他好像在空屋裏發現了一條蛇似的獸啞。我可有點煩燥了，這是一種什麼寂寞呀！我心裏說；就想擺脫這個奇異的相遇。

「好，那麼改天我們長談吧。」我終於這樣說了。

「我住在北邊山上的洞裏，和無線電台挨着。』他說，神氣不改前態。於是我就邁步向前走我的路。在相當距離後，我偶然回轉頭，看見他還垂着頭在原地方站着；在這蕩着煙塵的窄小街上，竟像是一件新添的建築物，匆匆過往的人們，本能的從他身旁繞過去。我的情緒竟被這事所攪亂，就輕輕的咬着下唇，大步向前走去。

子固和我相識，既不是同學，也不是同鄉關係；我們被這「中國的命運」追趕着，碰在一起做了朋友了。他眞算得上一個朋友，也夠得上是一個眞正青年。雖然爲生活的不良和過度的勞力，那高而挺直的身軀，蓬亂而尖硬的頭髮，和那無論在什麼境地裏永遠浮在蒼白而頰上的堅定的微笑，發自坦然心坎裏的健康而硬郞的笑聲，溫良堅決的眼神，……那一切彷彿便是希望的化身。雖然有時也發着所謂智識份子的憂鬱症，但這症候在他正像夏季偶有的雨天，很快就過去了；他的洋溢着熱情的款款的談論裏，雖然有免不掉的感情消化不良的表徵，但總是一種發自生命本原的樸實的聲音，泰半是健康的。一個新認識他的人，往往喫驚於他，覺得和他做一個朋友眞是命運安排好的了，雖然那一身永遠穿着的舊藍布長衫，連領子也洗掉了。我沒見他紅着頸子發怒，他卻能在和平的永遠的微笑裏保持自己的意見而很少退讓，倒使反對他的人在不知覺間退讓了。他是肯遷居的，在無論怎樣的房間裏，他都保持着清潔和秩序，正像他的好像雕刻一樣的坦然的微笑。所以雖是經歷了不少變化，我還能記憶着子固，就是他這種性格和這種近乎不朽的微笑；尤其是那微笑，眞可說是典型的笑，彷彿是一首詩，一個啓示，一個信仰，秋夜高空的星，聳嶺幽谷中的溪流，靜月下的花瓣，少女夢中的囈語，……是一個難忘的記憶。記得有一次我在一個法國人開的書舖裏無意間看到一幀達文齊的 Mona Lifa，那馳名的微笑激動了煩惱中的我，使我深切的想到子固不能自己，竟將荷包裏僅有的飯錢買了這幀像回家，覺着像對着故人一樣。雖然這記憶往往增添我的苦惱，有了卑視自己不能獨立的感情。

在同一城市裏，子固和他的微笑突然不見了。……這是一種命運，也是我們時代青年的一種義務，像當兵納稅的被稱爲國民的義務一樣。我的心排擠着，忽然我湧起一種意外的可以被稱爲「中國的感覺」：我模糊記到他家裏在青島有一座洋行，有幾個錢●

錢和面子，是中國的醫生和聖人。

于是，就對我所懷念的子固和他的微笑感到一種純屬于友誼的欣悅了。雖然內心里我責備自己的自私，但這就是人性的兩面，無可奈何的。

好幾年以後了，我在北方的一個濱海的城市碰到子固。是在海水浴場裏，要不是他的帶着喜悅的拍肩的招呼，我簡直想不到這樣高貴的地方竟還有我的一位友人。

他着一身上等的藍色游泳衣，黑色的皮膚在陽光的爆晒裏閃礫着一種健康的亮光，迷漫着一種喜悅的氣息，塗着髮臘的髮燙得時髦而光亮，平滑的額角還顫着一滴一滴的水滴……他的那種裂開嘴露出雪白牙齒的表情，和那種可稱爲富人的眼睛，使我想逃開去。

「你怎麼……？」我隨意的問道。

他的臉紅了。在外頭又多飄泊了幾年，懂得點所謂世故的我，這裏就深責自己的孟浪了。

「我現在在這裏一個什麼機關，當一名幹事。」倒是他坦白。說着他轉過臉去，用手招呼一個隨潮浪衝到岸上的嬌豔的紅游泳衣的女郎。她含笑的近來了，沒有帽子，一頭燙的發黃的捲髮濕膩的拖在背後，兩隻深黑的大眼睛，低低的向人狡詐的窺視，兩頰暈紅，嘴角浮着矜持；她擺動頭的時候，一大部捲髮飄到左肩上來，同時眼裏露着過多的眼白，黑瞳孔沉了下去：一種無情的表徵。她有適中婀娜的身材，背一個綠色的大游泳圈，顯得疲倦的把身子倚到子固的身旁去，微喘着，用着懷疑的眼白窺探着我，接着又向上微揚着頭用那同一表情的眼神向子固詢問，嘴有點鼓。……子固洋洋的笑着，伸出豐滿的左臂抱着她的肩，女的像發出一種模糊的呻吟，捲髮在子固的突出的厚胸上操掠了一下，……子固抬頭發現了我，低低的像是向自己說：

「這是絹。」

我托故向遠一點的地方走了去。他們倆個開始躺下來，把身子埋在沙裏，互相往身上拋着沙子，女郎銀鈴似的笑聲裏混和着我久違的子固的粗郎的笑聲，但卻是無節制和色情的。我的被引起的記憶一下就消滅了，像海水的一個小泡沫。

這高朗的晴空，沒有平靜的海，和像停滯在透明的空際的銀色海鷗，快樂的喧囂着的五顏六色的人羣……一切都像離我遠了。我看着面前兩個用沙子建塔的肥壯的孩子，塔將要成功的傾刻，一個大的浪頭奔了過來，沙上留下一灘濕跡，潮退了，塔沒有影子，躲在一旁的孩子拍着手歡呼，于是又蹲下身子匆忙的開始工作。……失敗和成功是分不開的。我驚訝着孩子們純眞的感情。

下午我在街上碰到子固，他着一身雪白的西裝，黑襯衣小白領結，沒有帽子，戴一付墨鏡，斜着身子坐在一輛嶄新黃包車上，馳了過去，接着是那絹的車子，她也是一身白西裝，一頂寬沿的白色法國女帽一直歪壓在眉角，斜遮着半個臉，也是墨鏡。子固向我揚起一隻手，女的露着矜持的嘴角，但車子已走過去了。

……各種關于子固的記憶在我腦海裏湧現着，直到覺得混亂和疲憊。我沒有邀約去他那裏。第二天恰好有一輛轎車我就搭了這車，向西北一個城市馳來了，再由這裏轉到我的部隊上去。

這車子另外還搭一個女政工員，她帶着一個出生不久的嬰兒。她是一個有健康的身子和暸喨嗓子的女郎，圓臉濃眉，老是格兒格兒的笑着，更喜歡談話，像一隻麻雀的唧喳，沒有停息。她也要到我去的那個城市的。在各種原因下，我們決定在B鎮換乘本戰區運輸部的汽車，我有一張能交涉到車子的公事，她喜歡不盡，向我儘在談說着她在這裏所認識的人所知道的事：比如有一個漂亮的女工作員，除過右額角有一個疤外，她一切都無可非議，突然和一個做大官的老頭「平等的」結婚了，可是她還和另外一個勇敢的男孩子來往着，一天她寫給他的一封信被老頭子查到了，信裏有着像演劇口氣一樣的話，「呵我的肉體雖是屬于他（指老頭），我的不朽的靈魂却永遠是你的。……」老頭子大怒，回到住家的窰洞裏，一句話不講，把她綁起就打；她發怒的說，你為什麽平白的打人呀！老頭子平靜的說，反正你肉體屬于我，我就打這屬于我的肉體，這不關你靈魂的事，有什麽喊的。接連着僻拍僻拍的打下去，像敲石頭，哈哈！……

她笑得喘不過氣來了。有的時候，說到一個人她還摹着那個人的聲音和動作，眼睛靈活的閃礫着像一隻發笑的猫。倒是我不斷的提醒她：

「張同志，你的寶貝頭擂着了。」

「張同志，小孩像餓了。」

「張同志，小孩子像要瞌睡了。」

「…………」

她還是不經意的縱聲譁笑着，沉緬在自己製造的快樂裏，那裏像是一個母親！

第二天過午我們順利的挨乘了汽車，她好像感激着我的公事的幫忙，在那擠擁的人堆裏，仍然向我絮說着她以為是好笑的人和事。……車揭着塵灰，像一匹瘋狂的獸，在曲折的山路上野蠻的蠢動着。

「我還認識一個人也頗有意思，謝先生，」她說，聲音悶悶的，她用毛巾遮着嘴。

「小心你和你的寶貝罷。」我不耐煩的說，舐舐發乾的唇皮，在毛巾裏喘過一口氣。

「那是一個司令部的參議，滿有意思。」她繼續說，並不注意到我的忠告。這裏我對女人起了一種彈性的反應，她真是與我們男子不同的一種生物，莫索里尼說女人祇會分析不會綜合的話，被我無聊的想起來了。

「這個人纔有意思，好像另一種生物標本。他少和人來往，見了人臉紅口納，就喜歡一個坐在河邊山頭和野地，獃看路上的風景，像被鬼迷了的沉默。路上的風景是一個樣的：一羣一羣馱着子彈和給養的毛驢子，是送到黃河岸上，過戰區去的；一隊一隊的唱着『我們的熱血沸騰啦』的新兵，三句倒有兩句音調不對，正在這裏集中訓練。他像做夢一樣看這些單調的景色，彷彿這景色裏潛藏着一種什麽。這人有一雙溫和的眼睛，一看就是個好人，但可憐却有白髮了，背也弱了，聽說年紀還不大，戰後受了一個大刺激，什麽都完了。生活好的人是經不起大的打擊的。他和我們的隊長還要好，他和他很談得來。嚇，我們的隊長，過去是一個了不得的脚色，以至一下弄到不得了。一天下午他路到我們隊部裏，正湊我們都在院子裏玩，他就和隊長一句一句的閒拉起來了。我聽到他慢慢沉沉的說什麽『我願意一個人遠離人羣坐在荒原裏，山頭或水邊，但坐長久了，太使我痛苦，彷彿時間就是痛苦。真的，我在這些地方，好像常聽到一種呼喚的聲音，這聲音像在熱情的有力的召喚着我，像是一種復活的誘惑，聽着這聲音我就惶惑戰慄起來，不知所措，就像轉回到前些年，……──我早忘了想起就使我痛苦的那些。但這結果呢？這更多的痛苦加添在我的心上，我沒有法子。我疲倦了。自己把自己毀了。……這回戰事真是一種了不得的力量！』我們快樂的隊長，滿面紅光的隊長，和我們在一起唱歌的隊長，聽到這些結結巴巴的話，眼看着地嘆了一口氣，一邊拿起棍子在地上劃着一些不成形的東西。他不說什麼。但結果還是勸他，要他看的開，這位參議，」——他機警的向我身邊湊近些，「他叫余子固。」——這倒使我喫了一驚。『我們隊長向他說，『老兄，你也弄了一個少將了，還想那些無聊的事做什麼！況且我們總在為抗戰工作，并不是作什麼低三下四的事，我就很痛快這種生活，彷彿洗過一個熱水澡。』他說着，瞟到我們，——他的眼眞管事，吆喝着，『你們不趁天沒黑去排劇，儘擠在院子裏幹什麼！』我們看見了那參議不相信的搖搖頭，傴着背走了。我們隊長頹喪着神色，眼睛不離開地面，挾在手裏的棍子儘在地上劃着，顯然陷入了一種沉思。我們就給這個參議，起了一個綽號叫『烏鴉。』」……

我想不到從她嘴裏會聽到子固的事。我默然，我雖于忘卻。我徒然記起「野性的呼喚」裏的狗巴克了。巴克做了家狗，過着麻木而安適的日子，日子長了，尖的耳朵裏時時被風吹進一種聲音，這聲音在牠是熟悉的，但又遼遠，使牠喜悅憤怒，痛苦，經驗着各種繁複的感情。最後牠對於違反本性的現實的生活懺悔而遺棄了，重回到山野的月光下，過牠的狠的不羈的生活了。……在形而上學的動物的子固身上使我想起一匹狗的事總是奇怪的，人沒有刺激就不能像人的生活嗎？什麼是一個人的生活呢？不過這在殘餘的人性中發現的呼聲是不是比狗的強烈，眞能引起行動呢？……這需要生物學家的答復了。

我身子大大的震撼着，同時嬰兒刺耳的啼哭起來。我驚醒似的發現車子正艱辛的迂迴在一個險峻的山頭上，山旁暗綠的狹谷裏，一小隊騎兵正在縱馬奔馳。兩邊的半個天空抹滿美麗的巨大紅色，落日像一匹獸的血紅的大口，要吞沒一切的走向沉墜。鋼色的羣山聳立着，空氣是暗紫的。沒有鳥跡和風聲，一幅沉默的晚景。馬嘶着，人的身子伏在馬背上，突出的槍尖閃着暗沉沉的光。……

我的激越的感情又向戰鬥轉過來了。讓我們向這眞正的人間勇士致無涯的感激，為他們的健康祝福。

（一九四二，年夏天。）

（註）「野性的呼喚」（The call of the wild）美國賈克倫敦作長篇小說。

特別啓事：本集尚有「碎片」，「社會諷刺家」兩篇，被印刷廠遺失了。

「致身」法鈎沉

姚蕪隱

魏書卅六：

「王秀林族子鼐，字彥邕。初諂附侍中元暉。後以在道事侍中穆紹。嘗裸身被髮，畫腹含刀，於隱屏之處，為紹求福。故紹愛之。」

這是善於利用自己的身體的。

然而，通鑑二百六：

「（聖曆二年二月）壬辰，太后（武則天）不豫，遣給事中欒城閻朝隱禱少室山。朝隱自為犧牲，沐浴伏俎上，請代太后命。太后疾小愈，厚賞之。」

這位閻先生比之那位王先生就更進一步了。然當時無照相之術，未能照下那脫得赤裸裸的爬在架子上冒充豬羊的盛景，遂令美事湮沒不彰，惜哉！

錢穆教授以「事君能致其身」之義向青年人說法，倘能得到此種照片，說得必更具體親切。退而求其次，則文字記載亦聊勝於無。爰特為鈎沉於此，敬獻諸該教授，——其具體景況，固不難想像得之也。

一九四五・一・九・

小說集：

有「希望」的人們

路翎

感情教育

「你瞧，是這樣的！理論教導我們認清現實，正視現實！在我底分析之下，你可以看清楚，這是怎樣的重壓！否則我一定不能原諒自己！……」宋子清說，激動地做着手勢。

這時來了第二陣的急雨。宋子清帶着嚴肅的神情張望了一下，就抓着張蒲英底手，領着她向附近的涼亭跑去。

這是夏天常有的情形，一陣急雨，然後又是一片陽光。花園里騰着乾燥的，濃烈的氣息，茂盛的綠葉滴着水，塵土底小球在青石路上滾動着。宋子清和張蒲英跑得喘息起來，然而在跑近涼亭的時候，雖然雨並未停止，他們都停了下來，互相地露出一種猶豫的、苦惱的神色，觀望着。尖銳的、惱怒的神情立刻就出現在張蒲英底瘦小的臉上，這臉剛才還因淋雨而洋溢着喜悅的熱情的。

在某些時候，婦女們發怒，因爲她們底男子在行動中露出猶豫來，這猶豫暗示了他們底生活深處的苦惱的糾紛，毀壞了她們底突發的快樂和想像。在此刻，張蒲英底快樂是，園林底芳香中的夏天底急雨，以及那個建築在花叢中的美麗的涼亭：此外的一切她就全不去想了。宋子清猶豫，因爲涼亭里已經歇着幾個鄉下人，主要的，因爲他底愛人底快樂的熱情。他覺得，這種快樂的熱情，對於他底那些嚴肅的話題是非常不利的。

「你爲什麼這樣看着我呢？」宋子清嚴肅地問，表示他不能屈服。

張蒲英扭過頭去，望着滴着水的，蕪雜的，怒放的花叢。

「你想想，你所喜歡的是戲劇工作，但我認爲現在的劇團是非常無聊的！」宋子清說，渴望壓倒她——這是戰鬥的渴望，在他底心里，鼓動着熱烈的自尊心。「你幹了那麼久，難道連一點經驗都不曾得到麼？就沒有別的工作了麼？這邊學校里，不是更適宜學習麼？你難道不曾想到現在的生活里的重大的一切麼？」他說，帶着強烈的仇恨情緒。「我並沒有強迫過你……」他突然停止，看着她。「雨都止了，我們坡下去走走好麼？」他溫和地問。

沉默着。

「要去你一個人去！」張蒲英憤怒地說，眼圈發紅了。

「就這樣又吵起來了麼？一點點嚴肅的話都不能談了麼？我說，今天發了錢，我們出來玩玩……那些人原是混蛋……唉，我早知道這是囚籠，鎖住你！——這個縣城是多麼荒涼啊！」他停住了，呆呆地望着坡下的發閃的綠葉。這時有兩個鄉下人從涼亭里注意到他們了，宋子清有些侷促，就假裝着要去摘花。然而，張蒲英仍然那樣地站着。

「你喜歡那朵紅的麼，我跟你去摘！…我看還是那邊的一朵好些…喂，不要老這樣站着，別人注意我們啦！」他湊近她，觸着她底細瘦的手臂，說，「不過太潮濕了，走不進去！」宋子清大聲說，向涼亭來的鄉下人看了一眼。「我眞慚愧，人家鄉下人過着怎樣的生活，我們又過着怎樣的生活！」他憤怒地說，抛下了手里的花葉。「你想想，爲什麼我們沒有嚴肅的工作，祇知道過着特殊的生活，而且傾慕虛榮！你要懂得，浪漫的精神，决不是虛榮，我們都在這個時代里生活得不淺，有一首詩說——不要老這樣站着，有學生來了！」

兩個女學生，一個穿着難看的黑布裙子，一個穿着打了補綻的藍布衫，走了過來，看見了宋子清和張蒲英，就顯得非常的窘迫，垂下了眼睛，紅了臉。宋子清露出笑臉來，看着她們，然而張蒲英仍然那樣地站着。

女學生慌亂地鞠了躬，喊了老師，走了過去。

「你看，在學生面前都這樣子，」宋子清皺着眉頭說。「下面去走走行麼？正好這時候沒有太陽，而且有風，我跟你摘花，回去插在瓶里……」

「不管你怎樣說，我這個霧季要到重慶去！」張蒲英憤怒地說。

「嚇，霧季！」宋子清輕蔑地說，「那些走江湖的，投機的……」

「什麼走江湖的！——祇有你不投機！」張蒲英說，決然地轉身，走進了涼亭。

宋子清站着不動，帶着強烈的，痛苦的臉色，向着參差不齊的林蔭路。他看見了剛才的那兩個女學生：她們並肩地在坡下的草地上走着，興奮而親密地談着話。他忽然凄涼起來，覺得自己愛她們：他蹲在這個陰沉的小城里已經兩年了。他想到過去的熱情，他懷着更爲猛烈的嫉妬和仇恨，想到了噪雜的城市，舞台上的輝煌的燈光。

「蒲英！」他走進涼亭，當着鄉下人底面，溫和地笑着說，下去走走好麼？」

「等一下。」

他皺了皺眉靠着欄杆坐了下來，望着那幾個歇脚的鄉下人。他們坐着或睡着，在身邊擺着扁担，籮筐，其中有一個年紀大的在抽着煙。大家都疲乏地沉默着，絲毫都不注意他們。宋子清略微安心了。

太陽照在潮濕的，蕪雜的花園上，林蔭深處，蟬叫起來了。

「你怎樣想呢？在這樣沉重的壓迫下面，人應該走一條深刻而廣大的路！」宋子清說，一面嚴肅地望着鄉下人。

「我不聽你說！你自己又做了什麼沒有？所以我不聽你說！」張蒲英，在苦惱地沉思了很久之後，忽然嚴厲地說。「比方昨天，我和小胖子唱幾句，」她興奮地說，「我唱幾句，你爲什麼要干涉？」

「我討厭那種無聊的歌！」宋子清說，重新憤怒了起來。

「那麼，什麼才不無聊呢？」

「看見廣大的生活——這一個月你看了一行書沒有？」

張蒲英嚴肅地沉默着，漸漸地眼睛潮濕了，她覺得她自己是很可憐的。

「根本我們就……」她說，要哭起來了。

「理智一點！」宋子清冷淡地說，看了那幾個鄉下人一眼。

「我們就沒有一點點……一點點快樂！」張蒲英說，朝着涼亭外面流着淚。

「快樂？追求快樂嗎？不！」宋子清想，「然而她的確需要快樂——需要感情的教育！」他興奮地想。

「快樂是怎樣的東西？」他問她。然而她憂傷地瞧着外面。這憂傷的小臉，對于宋子清，曾經是輝煌的存在，然而現在他覺得他在它里面看到了生命底渺小和疲乏。

「快樂是愚蠢的東西，當全世界都在迫害下呻吟流血的時候！」他被激怒了，驕傲地對自己說。「我們受過這種感情底教育！——但是，是的，我們不是出來玩的，爲什麼不學習偉大的人，爲什麼不樂觀，不克制自己底感情呢？」他想。

「蒲英，安靜些罷，我現在心里很快樂了，我們原是出來玩的，而且……」

他注意地看着她，發現她靠在柱子上，就要睡着了，就沉默了下來。他繼續地想着他底嚴肅的問題，彷彿重新看見了狂熱的時代，但漸漸地他就疲乏了起來，覺得非常之煩悶。這時有兩個鄉下人已經走了，悄悄地來了一個糖販子。這個賣糖的傢伙年紀很青，精力飽滿，然而有着一付呆頭呆腦的表情；他總在那里動作，好像手脚永不能安靜似的，他不停地偷看着張蒲英，宋子清突然地覺得非常煩悶了，恨恨地推醒了他底愛人。

「告訴過你，我們是出來玩的！」他憤怒地說。

「玩什麼？」張蒲英問，看見了糖販子，覺得他很滑稽。

「你不應該睡覺！」

「我霧季要到重慶去。」她懶懶地說，注意着糖販子。

「那就去好了！」宋子清說，決然地站起來，衝了出來。

「張蒲英在靠板上支着頭，沉思地看着糖販子。糖販子偪促了起來，臉紅了。

「我不該生氣——是的，必須感情的教育！」宋子清想，重新走了進來。

「你這個糖賣不賣？」張蒲英問，走到糖担子旁邊去。

「要賣！」糖販子大聲說，不安地看了宋子清一眼，然後低下頭去，用一條髒手巾在担子上面揮着。

張蒲英蹲了下來，說：髒得很。撿了一塊扇子糖，同時拍了一下自己底荷包。

「I have no money! 」（我沒有錢）她說，打開紙頭，把糖塞到嘴里去。

宋子清取出錢來，溫和地看着她；雖然她在鄉下人面前說英文，使他有些不快。

「再吃一塊嗎？」他問。

「要得！」她說，伸手又拿了三塊。

賣糖的，裝出一種莊嚴的樣子來，揮着蒼蠅。

「你吃嗎？」張蒲英溫柔地問。

「我抽一根煙。」宋子清說，取了一根煙。

「你一定要吃一塊！」張蒲英說，打開了一塊糖。

「要不得！」他說，坐了下來，抽着煙。

「我不——我一定要你吃嘿！」她說，跳到他底膝上來，用手搬開了他底嘴。賣糖的，顯得很莊嚴。

她坐了下來，把頭靠在他底肩上，嚼着糖，快樂地閉上了眼睛，她又拉他底手，要他替她墊着肩膀。賣糖的顯得更莊嚴了，對於驅趕蒼蠅，顯得更專心。宋子清想到，感情底難關已經打破，他就可以從感情上着手，向她提示一切嚴肅的問題了——他覺得很幸福，不大在乎那幾個鄉下人了。

突然地又是一陣急雨打在涼亭上，和周圍的蕪雜的花木上，張蒲英迅速地抬起頭來，臉上有稚氣的，可愛的，狂喜的表情。嚴肅地望着外面，然後她生動地叫了一聲，跳了起來，在涼亭里打了一個旋，跑了出去，顯得紅潤，生動，站在雨中。

「出來！我們到城牆上去！」她叫，然後她拍手。

她在雨里跳了一下，跑了幾步，站了下來，又跳了一下，叫出了生動的、美麗的聲音。莊嚴的糖販子突然地抬起頭來，看着她，然後就不覺地嘻嘻地笑起來了。不知爲什麼，賣糖的伙底傻笑，比起愛人底美麗來，還要使宋子清快樂。

「走罷，城牆上去！」他說，坦白地笑着。

「不，慢點！我再拿兩塊糖！」張蒲英叫，紅着臉跑上了台階。

「快點！你看哪，那邊露出了太陽！」宋子清熱情地說，走到雨里去。

他們向坡上的茂盛而蕪雜的花木里跑去，宋子清緊緊地隨着張蒲英，好像賣糖的傢伙底傻笑要求他如此，好像是，假如那個傻伙反對他們，他們便會破滅。他們在溫熱的、沉重的雨點下向坡上跑去，發出熱情的叫聲來。

接着，從荒涼的，被急雨籠罩着的坡頂上，傳出了興奮的合唱聲。

一九四四年九月十一日夜

可憐的父親

王吉弟，在他底妻子分娩的時候，發生了強烈的熱情。這種熱情，在他底一生里面，從來不會有過。是春天的晚上，他底妻子陳逸珍在房內痛苦地號叫着，他興奮地在醫生、產婆、姑媽、表姐之間跑來跑去，什麼也不能做。醫生、產婆、姑媽、表姐們也並不叫他做什麼，都以譴責而憐恤的眼光看着他。他是一個小小的科員，但現在覺得自己十分重要。他迷迷胡胡地覺得自己是偉大的：這種感覺也從來沒有過，他跑到潮濕的廳堂里面去，抱着頭，喘息着，好像不能忍受了似的。他臉上有恍惚的笑容，或者愁容，——很難分得清楚。他底妻子在里面呼號得更兇了，他聽出來她是在咒罵他，咒罵他不負責任，害她受苦。他覺得快樂，非常快樂。他忽然想到，不久之後，就會有一個可愛的小東西在這陰暗的房子里活潑地奔跑了，于是他跳起來，擄起衣袖，歪倒面頰，出力地打起自己底耳光來。

「你！你！你！」他說，在右頰上打了三下。「你配做父親！你配做父親！你配做父親！」他換了手，打着左頰，說。

他安靜地坐了下來，但忽然更快樂，更快樂。看着桌子，燈光，窗外的春夜的星星，都忍不住要發笑。眞是非常美麗的春夜，院子里的樹幽靜地低着頭，在訴說着某種悲凄的甜蜜。

「唉！唉！唉！……」王吉弟笑着，滿堂屋地走。他底妻子在房內不停地叫號着，仍然在咒罵他。

「罵！罵！對，我該罵！」他小聲說，吃吃地笑着。「我配做爸爸？比方說，少東西喊我爸爸——他果然會喊我爸爸？奇怪！奇怪！奇怪的人生！『爸爸！』」他模仿着他所想像的一個柔嫩的聲音，喊：「『噯，喊我做什麼？——叫你媽媽去！』——不，不對，一點都不像！奇怪！奇怪的人生！」

「比方說，我是一個低級公務員，現在同盟國在打仗，中國在繼續抗戰，公務員吃苦耐勞，但是寂寞，氣悶，無聊！我底簽呈上去五天了，一點消息都沒有，而小東西要吃要穿了……………——不，說這個幹什麼？別人總不會說你好的！」他嚴肅起來，站在窗口，看着春夜底柔和的天空。在他底眼睛里，出現了囘憶和想望——那種使人們聯繫着過去和未來的美麗的東西。「我從前曾否抱負過崇高的理想？」他問自己。「是的，學校畢業的時候，你曾經想辦實業，改造社會！你想做實業家，別人，一切，都不對，看你來！那時候，深夜長思，心里也如現在一樣的感動！然而時日消磨，現在一切都過去了！而從被叫做爸爸的那一天起，一切都完了！」他嚴肅地，帶着輕微的感傷，沉思了一下。「是的，我懂得了，我已經老了，過去了，而新的生命出現了，一切都讓他們來，讓他們生活，理想，戀愛——唉，你以爲這是很甜蜜嗎？」他對自己說，心里仍然非常快樂。

他底妻子仍然在房里呼叫着，他跑了進去。

「你這個……哼，哼，不負責任的死東西呀！」她指着他底臉罵。

大家譴責地，憐恤地看了他一眼——祇有瘦小的女醫生顯得莊嚴而冷淡。他搖搖頭，走了出來，一出門就快樂得笑出了聲音。他又打自己一耳光。

「從前，在我們出生的時候，我們底父親是否也有我們這樣的思想？」他重新嚴肅起來，想。「然而他們是老式人，我們底可憐的父親！是的啊，我們底可憐的父親！」他說，又走到窗邊。

他長久地站在黑暗的窗前。

「比方說，我們底可憐的父親是在皇帝老兒治下，我們就趕上民國了！而且遇到如此偉大的第二次世界大戰！又比方說，從前他們見不到這些東西，連夢都沒有夢到過，我們却見到了！而且辦公的情形也不一樣，禮節風俗也不一樣！…那是多麼靜靜的，一潭死水的時代啊，比方說，我們底可憐的父親，他出一次門……」他長久地這樣迷胡地，快樂地想着，一面聽着里面的聲音。

他底同事張志芳走上台階，探進頭來。

「你拿着雨傘幹什麼？」他問，看着張志芳手里的雨傘。

「你不要以爲不然，我相信要下雨——怎麼你站在這里，生了麼？」張志芳問。

「他眞蠢——記罣下雨！」他想。

「你眞蠢！」忽然他熱烈地說，「我問你，在從前，在你年輕的時候，你有過崇高的理想麼？理想你自己做一件大事業？」他問，眼里閃耀着光！。

「你在想些什麼嘛！」張志芳輕蔑地說，哈哈地笑着。

他嚴肅地沉默了一下，然而心里跳躍着快樂。

「唉，你不懂！」他說，「我在想我們底可憐的父親！」

「好罷！」張志芳說，得意地放下了雨傘。「你要請客：我有一個好消息！」

「我不相信。」他說，望着張志芳；「也許是的罷！就是沒有好消息，我這個人也是不會不請客的！祇有那位老毛子才不請客！」他驕傲地笑着，說。

「請什麼呢？嘜？」

「你說消息罷！」他說，想到了，在此刻能聽到好消息，是格外值得高興的。「是不是我的簽呈下來了？」他問，假裝着不介意。

「恭喜你升官！」張志芳說，「還有，國防最高委員會決定，加薪水二成，又發布，又發油，又發麵——所以你要請客！」他說，抓起雨傘來。

「果然果然！老毛子這要氣死我了！」王吉弟說，喜歡得跳了起來。「但是爲什麼要我請客呢？又不是發給我一個人！」

「你升官呢？還有，添兒子呢？」張志芳說，用雨傘輕輕地在他底頭上敲了一下。「老毛子要氣死了。」他說。

「眞的，這恐怕要把老毛子氣死了，他不曉得我做簽呈的！」他快樂地說，笑着。「老毛子這個人呀，前天在攤子上替他太太買了一雙皮鞋，他太太穿來了，一進門，就脫了底，于是乎光着脚，光着……又踢……」他說，快樂得結巴了起來。

「他太太就跑不掉了呀！」

于是他們就快樂地哈哈大笑了起來，笑着老毛子和他底太太皮鞋。愈笑愈快樂，愈笑愈響亮，忘記了房內正在進行着的事了。

「慢點，我有點事情跟我太太說一說！」王吉弟說，想使太太知道這些好消息，向房門跑去，忘記了他底太太正在生產的痛苦中。

他剛剛跑進房，房內就傳出了可怕的叫喊聲。張志芳跟着走到了門口，很想知道里面究竟在鬧着什麼，站在暗處觀看着。

房內有喊聲，掙扎的聲音，和低語聲，門輕輕地關上了。

「張志芳，你等一下我有話跟你說。」王吉弟緊張地在門縫里說。

房內有細微的縊縊的聲音，沒有多久，又有了窒息的喊聲和掙扎聲，接着就是新生的嬰兒底哭聲。……張志芳覺得希奇，緊張地站在黑暗中。

房門打開了一個縫，王吉弟探出頭來。

「老毛子可要氣死了呀！」王吉弟說，快樂地笑着。

張志芳突然很是氣憤。

「你這個東西！」他說，用雨傘打王吉弟底頭。

「唉，你說爺是准了嗎？老毛子可要氣死了呀！」王吉弟快樂地說。

一九四四，九，十二，

秋夜

縣政府底雇員張伯堯，早晨聽到了縣長底關於苦學成名」一篇談話，想到自己還是非常的年青，心里很感動。午飯以前，翻讀了幾負偉人成功要訣，對自己發生了一種莊嚴的意識。於是在他心里產生了一個熱情的計劃。他借來了一部古文觀止，一本會計學入門，並且從辦公室里拿來了一個算盤，先讀諸葛亮底「出師表」，後讀會計學，打算盤，劃表格，晚上一直用功到深夜。他心里很快樂，充滿了憧憬。這時周圍一點人聲都沒有了，外面刮着秋夜底寒風，遠處隱約有犬吠。他凝神靜聽，覺得這是他有生以來的最美好的時光。

「唉，多麼好呀！靜坐讀書，不覺已深夜矣！」他說，推開了面前的算盤，伸了一個懶腰。

「現在再複習一遍！」他堅決地說，坐正，把書本拉到面前來。「臨表涕泣，是不知所云啊——看這里第二頁！傳票共分三種，一爲收入傳票，一爲支出傳票，一爲轉帳傳票。此地須特殊注意者，爲餘帳傳票，蓋表現現金與各帳戶之關係也！」他唸，在食指上醮了一點唾沫，用指甲狠狠地在書上劃着。然後他抬起頭來，霎着眼睛背誦；又低下頭去，伏在桌上背誦。——這時周圍更靜了。

「爲學貴在有恆，今天成功了，以後晚上決定不去喝茶擺龍門陣！」他說，站了起來，得意地徘徊着。這是一間四面都是毛厠的低矮的、潮濕的房子，他用一百塊錢一個月租來的。他底表哥，也是他底同事，夫婦兩人租了隔壁的一間。「抗戰軍興以來，離鄉背井，不覺已是四年了！眞是光陰似箭！我才二十四歲，我要發奮下去！不能像表哥那樣爲了表嫂斷送了自己底前途——他們眞是睡得好香呀！……我底人生計劃共分四步，要曉得，不進大學也能成名的，不進會計學校也能當會計——他們睡得好香呀！……一馬離了啊——西涼界嘍——」他唱了起來。「第二步是，我當了機關里的主管長官——決不要看不起自己！而第三步，是的，第三步才是結婚！」他走到牆壁前面去，伸起頭，向隔壁聽着。「……他們睡得好香呀，這樣的秋夜里眞非常適宜……」

漸漸地他就飄忽了起來，覺得自己已經娶到了縣長底女兒：她帶來了一百担谷子底嫁奩。沒有多久，他就坐上了小汽車去出席省政府底會議了，省主席和他親熱地握手——他欠着腰，伸出手來，練習握手——終於抗戰勝利，南京收復，他回到故鄉去了，受到了熱烈的艷羨與歡迎，那時他就娶了第二個太太，是蘇州人，因爲蘇州女子苗條而多情。

「不！何必要兩個，一個盡夠了，事業要緊！」他向自己說，快樂地笑着。

他在房內徘徊着，想着他底光明的生涯。忽然他站住不動了，——聽着外面的風聲，和遠遠的江流聲，感到了一種荒涼，他恍惚地覺得，他所想的一切都不確實。周圍是這樣的深沉，他覺得，在這個世界上，現在祗有他個人在活着。他忽然覺得他底蒼老可悲的父親站在他底背後，他寒戰了一下，迅速地回顧，他底父親消失了。

一種大的嚴肅，浸透了他。

他不覺地走過去，打開了房門，向堂屋里看了一下。他痴痴地站着，困難地想着什麼，聽着外面的深夜的風聲。他想到了他底母親，想到她用柔弱的聲音喚他去吃飯，眼淚流了下來。

這時有一個老鼠從屋頂上跑了下來，伏在門頂上，聽了一聲，以牠底懷疑的黑眼睛看着他。

他看着老鼠。

「四川的老鼠眞大胆——像人一樣壞！」他想，搖了一下門。老鼠向門外移動，他本能地迅速地閉門，恰好把它壓在門縫里。

他非常之歡喜，他很有興緻地做着這件工作：壓老鼠。他用力地抵緊門，看着老鼠底亂動着的後身，聽着牠底叫喚，感到快樂，但是他壓不死牠，牠仍然在動，在叫。牠底細微的，尖銳而緊張的聲音，是如此廣漠的深夜里的唯一的聲音。注意地看着牠底抖動着的發白的後身，他感到了一點恐懼。他底快樂和興緻突然消逝了。他門上門，並且用一條板凳抵住，防備牠逃掉。他注意地看着牠，神經緊張，他底恐懼增大了起來。

他落到一種緊張的，惶恐的局面里去，好像遇到了大的危險。他興奮地找出了釘錘、剪子，又找出了一根大鉄釘。

「判決死刑！」他說，笑了一下，顯然希望提起興緻來，但笑容是恐懼的。

在這種深沉的靜寂與荒涼里，老鼠底尖利的叫聲，掙扎聲，牠底急速地抖動着的，發白的後身，以及張伯堯自己底神經緊張，引起了恐懼。然而正是這恐懼，鼓起了殺伐的決心與勇氣，這已經變成了一件深刻的苦悶，毫無興緻可言了。

他拿着油燈，剪子和釘錘，打開了通過道的門。走進堂屋，他 腿就發軟，而且打抖了。周圍沒有一點點人的聲音，黑夜廣漠無邊際，而一隻老鼠，一個活的東西，在張伯堯底面前銳利地掙扎着：張伯堯感到了大的恐懼。

他勉強地拿起燈來。

他看到了那個從門縫里倒掛着的，烏黑的活的東西，和兩雙滾圓烏黑的，發亮的眼睛。這兩隻眼睛在望着他。

他抖了一下，燈落到地上去了。他迅速地逃了回來，戰慄着，找到了火柴。火柴好久擦不着，他覺得，祇有他一個人活在世上了。

「不行，我是一個男子漢！」他想。

他點上了焟燭，拿着焟燭跑了出去，在堂屋里東張西望地跑了一圈，拿起了釘錘，抬起頭來，看着老鼠。

老鼠抓扒着，叫着。

他舉起釘錘，閉上眼睛，猛力地擊了一下去。一下，接着又是一下，敲在老鼠　頭上，牠尖銳地叫着，而後牠沉默了。他從事這個恐怖性的戰爭，處在一種昏亂的狀態里面，他聽別人說過，老鼠們是常常會裝死的——他一共敲了八下。

他又舉起焟燭來，照見了流着血的老鼠，牠底那兩隻突出的，烏黑的眼睛，仍然在看着他。他認為他沒有死，又敲了三下。

他昏亂地跑進房來，忘記了有板凳抵着，好久都打不開門。門開了，老鼠落了下來，他趕緊關門，跑到床上去，用被蓋蒙住頭。

他覺得那兩隻突出的，發亮的眼睛仍然在看着他。

「不行，今天夜里定要做夢！」他想，跳了起來。

「傳票分三種，收入，支出，轉帳，特殊注意的，表現帳戶與現金之關係！」他迅速地唸，抱着頭。「薄記又分三種，總帳，日記帳，明細帳！…而報表之類，一般以為，…實在是，我國之會計工作！」他抬頭，凝神，又看見了那雙可怕的眼睛。

「不行不行！」他說。「臣亮言，先帝創業未半，而中道崩殂，今天下三分……」他停住，凝神。「我底人生計劃共分四步。第一步為學會計，讀國文英文……不一定要進學校也能當主管長官的，為學貴有恆，要發奮努力！…抗戰已經七年，我離家已經四年，今年二十四歲，我是七月八日子時生，妹妹是九月二十日丑時生！桂花香，橘子紅，吃年飯，放爆竹……不行不行！怎麼一點人的聲音都沒有呀！」他焦急地說。

突然地他聽到了老鼠叫。漸漸地周圍全是老鼠叫：吱吱吱！他疑心那隻老鼠沒有死，邀了同胞們來復仇了！

「老鼠會不會咬死人？人家說老鼠有毒，不然怎麼會有鼠疫？十個二十個老鼠一定會咬死一個人的！」

「這張現金表上一共是十八項！逢九進一，逢九進一，三下五除二，四下五除一——我明天還是去喝茶了——四下五除一！」他高聲地唸着，打起算盤來了。「先要學好算盤才能當會計——又是逢九進一！…牠們叫，比方說，三十個老鼠總會咬死一個人的！」他用力地搖了一下算盤，沮喪地抱着頭。

「表哥！表哥！喂！」他站起來，大聲喊。

他底表哥在隔壁房里憤怒地捶着牆壁。

「你鬧什麼，混帳東西！」

他打開側門，跑到他表哥底門前。

「我有話跟你說，表哥！」他緊張地說。

「哎！你用功的成績怎麼樣了？」表哥說。

他聽見了他表嫂翻身的聲音，他做了一個鬼臉。

「嚇，你來看，我打死了一個老鼠！」他說，快樂了起來。

一九四四年九月十五日夜

瞎子

公路局車站底驗票員高國華，穿着一條破爛了的灰褲子和一條發黑的老布襯衫，個子很矮小，打皺的，乾枯的臉上顯露着一種煩悶；但在這煩悶里又含着一種暴躁的確信和毅力，因爲他底生活，在某一點上講，是非常充實的。他暴躁而忙碌，每一輛開出的車子都使他感到一種熱情的興奮，久而久之，這熱情的興奮就變成了他底生活的當然的一部份了。他本能地就會被那些熟悉的聲音刺激起來，卽使他已經疲乏得在打着盹睡。和煩惱的旅客們大聲地爭吵，在票窗前面和車門前面雄糾糾地大聲喊叫，這些，好像吃飯似地，是成了他底一種需要了。他覺得，假如沒有他，一切便會不可想像：車輛將不能行駛，於是就要發生一些驚人的災難，比方乘客互相踏死，漂亮的姑娘突然失踪之類。這一類的災難常常在他底夢里出現，使他感到快樂，並且使他對於他底職務有了一種嚴肅的意識。

夏天的一個炎熱的早晨，第一輛班車開駛以前，高國華站在車門旁邊驗票。他把左脚踏在車身上，同時叉着左手，這樣，他便享有着一種雄壯的姿勢了。他興奮而驕傲，嚴密地注意着上車的乘客們。

一對年青的男女正在上車。

「這一對一定不是正式結婚的，不信你看！啊哈，她抓着他底手！」高國華想，接住了穿西裝的年青的乘客遞過來的車票，一面緊緊地看着那個漂亮的女子。

「這一定是發國難財的暴發戶！這是他底女人，這個呢？恐怕是他底小姨——你看小姨才風騷，他一定跟她勾勾搭搭！——乖乖，這個包包里頭值錢呢！」他想，接了票。忽然他有些煩惱，他想他應該給一點顏色讓這個擺架子的暴發戶看看，於是他就大叫了起來。

「朝里頭走，進走！叫你進去！」他憤怒地叫，然後又向暴發戶底集團輕蔑地看了一眼。那個肥滿的，戴金手錶的男子，喘着氣，擠進去了。

「看你敢不進去——！這一定是一個特務人員。」他想，望着那個戴黑禮帽，穿黑色中山裝的男子，謹愼地接了票。

「哈！這是男學生女學生，其實他們懂得什麼！他們一定剛才從旅館出來，有一個笑話……」他想，輕蔑地接了票。

「草帽！草帽！」他怒吼了起來。那個鄉下人，慌忙地摘下了草帽。

一個穿得很蹩脚的女學生，提着一個行李，走了過來。

「不行，上不了車！」他冷淡地說，指着她底行李。

「請…請原諒一點！」女學生柔順地說，可憐地看着他。

他露出堅决的表情來，搖了一下頭，接住了另外的票。

「那麼，補一張票來！」他說，瞥了她一眼。「看她怪可憐！」他想。

「請你通融，因爲祇有這一點點！」女學生說。

「公家上的事情！又不是我要錢！」他大聲說，搖了一下頭。「尤其是女學生不能通融！」他想。

這時有一隻手觸着了他底肩頭，他抬起頭來，立刻變得莊嚴。這是一個鄉下人，一個瞎子，他在摸索着。他底另一隻手里，提着用繩子穿着的一串鉄器；鋤頭，鏈子，釘扒，和鎌刀。它們是很沉重的，沿着地面拖着。

高國華勉強地接了票，皺着眉頭看着他。

「等一下！等別人上完！」他突然憤怒地吼。

瞎子，放下鐵器來，等待着。

終於，在高國華底嚴厲的監視下，瞎子開始了他底艱難的摸索。他顫抖着舉起他底右腿來，踏着了車門。接着，他全身顫抖着，提起鐵器來；這是過於吃力，他滿頭大汗了。

擁擠在車內的乘客們，有趣地，或者爲難地，看着瞎子。高國華憤怒地看着瞎子，他覺得是車內的乘客們要求他這樣。忽然地，他大吼了一聲。意識到乘客們正在看着他，他覺得光榮。瞎子驚慌，碰在車門上，同時繩索斷了，鋤頭，釘扒，鐮刀，碰出了大的響聲，散落在車內。

車內發出了不滿的，埋怨的聲音。那個戴黑禮帽的人，幾乎被一個釘扒打傷了脚，憤怒起來，看着瞎子。

一個穿制服的學生，向落在他底脚邊的鋤頭踢了一下，他是想踢出來，但是他踢到一個軍官底脚上去了。軍官憤怒地把鋤頭踢到旁邊去。戴黑禮帽的人踢了兩脚，一個西裝青年踢了一脚，很多脚都焦躁地，憤怒地踢了起來，於是鋤頭就消失在脚底森林里了。

瞎子伏在車門上，用他底顫抖的手摸索着。他臉上顯得忍耐而安靜，無論是脚踢的聲音，乘客們底怨恨的聲音，或者驗票員高國華底吼叫，都不能破壞他底這種安靜。一陣混亂的脚踢聲，釘扒，鐮子之類落到車下來了，於是他就在地上摸索着，並且查點着數目。

高國華停止了吼叫，乘客們底怨恨使他不安起來了。他覺得應該忍耐一下，讓車子快一點開出去。他覺得，對瞎子，應該特別忍耐一點。但他忽然向瞎子演說了起來。同時他覺得漂亮的乘客們都在讚美着他底演說，不但不怨恨他，反而因他而快樂了。他對那些被他輕蔑的乘客們發生了強烈的好感，他覺得他們都是一些頂好的人。

瞎子在各處摸索着：他還差兩件。

「你想想，你是瞎子，跟本看不見，」高國華說，「你也來趕車，你說看看，你知道汽車是個啥子樣子？是圓的還是方的？」他興奮地說，做着姿勢，他聽見了車上的笑聲。「你說是圓的還是力的？我當你以爲它是一個烏龜呷！」他說，愛着乘客們，並且愛着瞎子所不能看見的汽車了。「我告訴你汽車是個啥子樣子！它是美國人發明的，美國就是同盟國！你還看見過飛機沒有？……」（車上有了不耐煩的，嘖嘖的聲音）「瞎子！我警告你！」高國華迅速地憤怒地叫，挺起胸來，看着在地上摸索着的瞎子，「你帶這些東西不准趕車！別人帶包包箱子，你帶這些破銅爛鐵，眞是從來都沒有看見過！」（車上有了憤怒的喊聲，高國華重新着慌了。）「你想想，瞎子，你今天要是把這些客人底脚打傷了，你怎麼辦？」他面紅耳赤地大聲叫，覺得乘客們重新地非常之喜歡他了。「你想想，這些爛鉄能值幾個錢？打傷了這些客人，好，起馬要在中央醫院頭等病房住一個月，兩三個月都不一定，頭等房間，你想要好多錢！醫藥費，看護費，還有伙食！」

車上的客人們暴怒地吼叫了起來。天氣是這樣的熱，車內是這樣樣的擁擠，乘客們是急切地希望着開車，對於瞎子，鉄器，以及高國華底關於醫院底演說毫不發生興趣了。

「混蛋！」車內暴怒地叫。

「這些先生們是不會要你的爛鉄的！」高國華大聲地向瞎子說；他仍然在車門前面的地上摸索着，帶着淡漠的，安靜的表情。

「混蛋！混蛋！你這個王八旦！」車內叫。

高國華吃驚地看着車內：他明白他們是在罵他了。站長憤怒地從車子前面跑了過來，於是高國華憤怒地跳上前去，把瞎子拖開，關上了車門，面紅耳赤，滿頭大汗地吹了開車的哨子。

「都是他媽的王八旦！」他罵，望着駛開了的車子。

瞎子，被高國華猛力一拖，仰天地跌到地上去了。但他卻刻就爬了起來，帶着他底頑強的安靜和忍耐，重新地在地上摸安着。

他發覺情況已經改變了。他站了起來，聽着不遠的車聲，用他底瞎了的眼睛，向車子開去的，飛揚着塵土的方向努力地凝視着。

「瞎子底車票錢拿去！」高國華怨恨地說。

瞎子，踮起脚來，側着頭，帶着沉思的表情，聽着遙遠了的車聲。

一九四四年十月

王家老太婆和她底小猪

冬天底晚上，雖然才祇九點鐘的樣子，江邊的這座小鎮已經完全寂靜了。鎮上，江岸上，以及周圍的田野里，沒有一星燈火。在灰白色的朦朧的密雲下面，坡上的那些密集着的房屋，以及江邊的那些密集着的木船，它們底黑影沉重、寂寞而荒涼。江流在灰暗中閃着微光，發出粗野的喊聲來，流了過去。落着雨，冷風吹嘯起來了。

街上好久已經沒有了一個行人。風雨底聲音，使這小鎮顯得更爲黑暗，荒涼。這時，從正街後面的一個密集着破爛的矮棚的小巷子里，傳了一個尖銳的，嘹亮的，充滿着表情的聲音。這聲音有時憤怒，有時焦急，有時教誨，有時愛撫，和它同時響着的，是篾條底清脆的敲打聲，和一只豬尖銳而粗野的呼叫。這聲音在深沉的靜夜裏。是這樣的嘹亮，在寒冷的風雨里是這樣的緊張，很遠的地方都可以聽得見。

風雨急迫了。這聲音似乎是在和風雨作着追逐。

這是一個孤伶的，六十歲的老女人，住在一個破爛的，用篾條和包穀稈子編起來的棚子里，她底和她同樣貧苦的隣人們，叫她做王家老太婆。她底兒女們都死去，或者離開了。她底生活顯然是非常艱難的，雖然她需要得極少。前幾天趕場的時候，她用二成的利息，經本保的段保長担保，借來了一千塊錢，然後，買來了一口小猪，保長本來是不願，也不敢替她担保的，然而她哭訴，吵鬧得很久了，當着大家底面，保長就非常之可憐她。「放心能，老太婆是可憐人，這個錢有我！」段保長，當着大家底面，向放債的鹽販子說。這口小猪使王家老太婆看見了她底幸福的未來：實在說，她沒有任何親人，她渴望着永久的安息了，她希望這口小猪能給她安排這個安息。她希望這口小猪能使她得到一套屍衣，幾張紙錢，因爲，後坡上的馮家老太婆，前個月是死得太慘，太可怕了。這口小猪又使她覺得光榮，因爲，從這一天起，她底生活和往昔是完全不同了。她也有胆量走過去參加隣人們底關於猪的議論了：她是，好像第一次生了孩子的母親似地，不再感到隣人們的議論和咒罵底壓迫了。

然而她又總是有些懷疑：大家不頂讚美她底小猪。

這豬是瘦弱的，雖然王家老太婆覺得它豐滿，可愛。而且是很不馴順的。王家老太婆替它在自己底爛板床旁邊——這爛的板床，已經有幾十年了——安置了一個住處；但它總是各處地亂竄，有時竄到床下來，有時竄到潮濕的草堆，或壁下的污泥坑里去。在現在的這風雨的寒冷的夜里，小猪更不能安寧了。矮棚朽爛了的頂子已經被風掀去了一半，棚子里各處都潮濕了，而且各處都是草灰和污泥。王家老太婆，全身透濕，縮在她底草堆旁，捏着篾條，藉着昏朦的天光看着小猪。小猪呼嚕呼嚕地哼着，而後就亂竄了起來。於是王家老太婆就捏着篾條追着它跑。

「睡倒！睡倒！好生睡倒！」王家老太婆用她尖銳的，焦急的聲音叫，同時用篾條拍打着地面。

小猪，希望得到一個安寧的地方，因王家老太婆底叫聲和篾條聲而變得非常之焦燥，竄到門邊，站下來，遲疑了一下，撒起尿來了。於是王家老太婆用篾條拍打着牆壁。

「不許痾尿！你龜兒跟老子睡倒！」

小猪望着她。它，小猪，不知道自己究竟要怎樣，毫無主意了，但它覺得這一切：寒冷，焦燥，無主意，全是王家老太婆底錯；王家老太婆底喊聲，和篾條底打擊聲，是一切不幸底根源。它憤怒了。冷風突然吹開了破門，小猪就懷着復仇的憤怒竄到門外來。

王家老太婆追了出來。它站在路邊的籬笆下面，望着她，好像說：「我原是不想出來的！好！看你怎樣辦罷！」

王家老太婆追趕着它，用她底尖銳的聲音喊叫着。因了六十年的單純的愁苦的生活的緣故，這聲音是非常富於表情的。因爲不幸，因爲年老，她是不知道鎮靜，也不知道含蓄了：她喊叫着，完全不會顧到她底周圍的睡着了的隣人們。但她却非常地顧忌着這口頑劣的小猪，她底篾條始終不會落在它底身上；她底喊聲，無論怎樣的憤怒，是都含着一種忍耐的愛撫：她對待小猪如同對待她底小孩。

她底喊聲表示，她是很孤獨的，又表示，對於頑劣的小孩們，她是怎樣地愛過又恨過，愛着又恨着：這些小孩們是都已經長大，離開了她了。她喊着，好像小猪懂得她底這一切，並且已經回答了她似的。

風和雨繼續着，王家老太婆和她底小猪，在寒冷和潮濕里顫慄着。王家老太婆前前後後地追着，叫着，並且用篾條在地面，籬笆，牆壁上擊打着。

小猪有時躲藏，希望能不被發覺；有時憤怒地亂竄，叫着它底粗野的或尖利的聲音。它是恐懼而又憤怒。漸漸地就糊塗起來，對一切都不明瞭了。

王家老太婆艱難地跨過了一條泥溝，叫着，攔在它底前面。它躲在暗處，抬起頭來，看着她，好像說：「爲什麼要這樣鬧呢？我怎麼會跑到這里來的呢？甚麼會變得這樣糟呢？總而言之，你爲什麼要和我這樣鬧呢？」

「拍！拍！拍！」篾條拍擊着地面的聲音。「你孤兒聽倒！你孤兒回去好生睡倒！」王老太婆興奮地叫，望着小猪。「好！你孤兒淋雨淋死！」，她叫，「你孤兒跟老子一樣造了孽，沒得好的吃，沒得好的睡，你孤兒跟老子一樣的賤！拍！拍！拍！你孤兒看，啷個大的風啷個大的雨，別個都睡着了！」她大聲地喊，接着就跑了上去，用篾條拍擊着地面。

小猪遲疑了，它覺得，無論它怎樣做，王家老太婆是總不肯放鬆的。她閃避了一下，發出輕微的呼嚕聲來，然後就抬起頭來，靜悄悄地望着她。

「你究竟要我怎樣呢？」它底眼光說。

王家老太婆小心地滑到籬笆邊去，舉起蔑條來預備拍籬笆，小猪就憤怒地叫了一聲，竄到路上來了。

王家老太婆痛苦地呻吟了一聲。她痛苦地感覺到這個，就是：她底兒女們丟棄了她了。

「好，你孤兒看倒，把我整起！」她憤怒地叫，「你孤兒聽到，老子不虧待你，老子一生不虧待人！兒子媳婦兒不行孝，把我丟起！我活到六十幾，一點指望都沒得！——你孤兒整我！你孤兒聽倒！」她憤怒地大聲叫。於是又是蔑條敲擊着地面的聲音。

「你孤兒好生聽點點話，回去好生睡倒，我明天大早就餵你吃！」王家老太婆懇求地，痛苦地說，捏着篾條站在雨中。她幾乎從來都不曾知道，小猪，是並不懂得她底話的。「你想想，這個樣子亂跑又有哪些好，你自己又不是不怕冷！」她說，慈愛地望着小猪，她覺得，小猪，連衣服都沒有穿的，站在雨中，一定很冷。她想到，小猪，長大了就要被殺死，自己却一點都不知道，是很可憐的。她心酸起來了。「唉，你孤兒多可憐喲，又不通人情，又不會講話，心里有苦又說不出！」她感動地大聲地向小猪說，捏着篾條站在風雨中。

小猪靜靜地抬着頭，站在路邊望着她。它是全然不能明白了。它覺得，如其這樣無結果地等待着，不如睡下來再說罷，於是就睡了下來。一睡下來，縮着頭，就覺得一切都無問題，非常的安寧了。

「你孤兒起來！起來！」王家老太婆叫，在它底身邊拍着篾條，然而它不動，而且一點聲音都不發。它覺得這樣做是非常的好。

這時傳來了踐踏着泥濘的腳步聲，和別人鬧了架，在排解糾紛的場子里吃醉了的段保長，提着一個燈籠，搖搖擺擺地走了回來。他提高了燈籠，露出懷疑的，憤怒的表情來，照着王家老太婆，又照着小猪。他覺得，在他底這一保，人們是不應該在夜里無禮地嚷來的。

「我當是哪個哩！」保長輕篾地說，他底燈籠在風里搖閃着。

王家老太婆覺得自己是受了侮辱，於是憤怒地用篾條拍打着地面，向她底小猪喊叫了起來。

保長皺着眉頭，輕視地看着她。

「唉！我早就勸你說：喞個大年歲，胡里胡塗的，沒得事就睡睡覺，餵餵子猪喲！可是你偏想，日也想來夜也想！人家新媳婦想兒，也沒得你想得嘲個兒麼！」保長搖着頭，用曼長的，唱歌般的聲音說。「拿跟我！」保長說，於是搶過竹條來，擄起袖子，憤怒地抽打着小猪。

小猪哼着，但不想動彈，終於它覺得事情不大對了，跳了起來，竄到路邊去，驚異他望着保長底燈光。保長追了過來。

「你個瘟猪！你個瘟猪！你個瘟猪！」保長說，盡情地抽打着。

王家老太婆着慌了：保長的篾條，好像打在她底心上。

「段保長，拿跟我！拿跟我！」她憤怒地大聲叫，追着保長。

小猪遲疑地逃着；總想偷懶，因此就挨得更兇。保長憤怒地抽打着它；燈籠落到泥濘里去，熄滅了。小猪尖利地嚎叫了起來，重新奔到路上去。

「這孤兒，打得痛快，身上都暖和！」保長說，遞過篾條來。

「你嘲個打法？不是你底猪兒，沒得心肝！」王家老太婆憤怒地說，搶下了篾條。

「好，你自己去打：輕輕地摸！」保長冷冷地說，走了開去。「老子燈籠都熄了……王家老太婆，我早就勸過你，」他站下來，大聲地說，「你這個樣子餵不活猪的：一匹病猪！看那個錢你嘲個辦？說好的四個月本利還清，先說在這里，休要又找我吃皮判！」保長在黑暗里說，於是濺着泥水走了開去。

王家老太婆氣得直發抖，說不出一句話來。這時周圍又完全寂靜了，雨住了，寒風在天空里猛烈地呼嘯着。王家老太婆非常的難受，同時感到了一種恐怖。她看見小猪在路邊悄悄地向她抬着頭，覺得一切全是因爲它，發狂地憤怒了起來。

小猪同情地看着她。

「剛才究竟是怎樣弄的？」它底眼光，問。

「你孤兒！你孤兒！你孤兒！」她憤怒地叫，衝了過去，瘋狂地抽打着小猪。「你孤兒！別個能打你，我就打不得？你孤兒！你孤兒！……」

小猪失望地，憤怒地豪叫了起來，從她底腿旁衝開去了。於是，除了可怕的風聲以外，再沒有別的聲音了。她忽然恐怖起來，覺得小猪是被打傷了。她呼喚小猪，用一種柔弱的，哀憐的聲音，然而，風吹着，小猪不再回答她了……。她更強烈地感到恐怖，並且感到孤獨，她覺得有什麼事情要發生……。一陣冷風撲擊着她，她底眼睛昏黑了起來，並且她底手脚浮動——她微弱地喚了一聲，跌倒在泥濘里了。

她明白她已經倒下了。她忽然感到安寧，她底內心變得非常的溫柔。「我要死了！唉，可憐這多好啊！」她想，依稀地聽到了尖銳的風聲。她覺得她底一生是無罪的，她心里有歡暢。她覺得另一個世界向她打開了，平坦的道路，照耀着溫暖的，慈祥的光明。天上有五彩的雲，遠處有金色的光。她看見，從這金色的光里，一個美麗，健壯，活潑的女孩向她跑來，從頸項、肩膀、腰肢上飄揚着華美而發光的絲帶，手里捧着一個大的，光潔的冬瓜：這個女孩是她底外孫女。

「家婆啊！我先來，他們都來了哩！」女孩溫柔地在她底耳邊說。

她聽見了孩子們底整齊而清脆的歌聲：

「磨豆腐，

請舅母……」

在她幼小的時候，她是和別的孩子們一起這樣地唱着的。在她出嫁的時候，孩子們是這樣地唱着的。在她底悠長的一生里，隣家底孩子們，也這樣地唱着。……

她底小猪悄悄地跑了過來，在冷風里戰慄着，長久地懷疑地望着她。對這個，它是一點都不能瞭解了——它挨着她底身體在泥濘里睡了下來。

一九四四年十月

新奇的娛樂

陰雨，泥濘的重慶底街邊上，人們成單行地排列了起來，在等候着公共汽車。後來的人陸續地加入着，這行列就不停地增長。這些人，大半都是穿得相當整齊的公務員：灰色、黃色，黑色的制服，大衣，中間挾着小姐們底漂亮的絲巾，頭飾，和鮮艷的外衣。間或也有難看的工人，狼狽的青年和流浪漢站在他們中間。

汽車好久不來，大家都無聊，焦燥，煩悶，他們之中，有的在看報，有的在不停地重複地束着衣帶，要使衣服更整齊些；有的，小姐們，在不停地輕輕地摩弄着頭髮，她們總是確信她們底頭髮已經被擠散了。

小汽車和大卡車在街心奔馳着，濺着泥濘。……

有一個討飯的瞎子，在擁擠的人行道上摸索了過來，用他安破爛的竹桿輕輕地敲着地面。這街道是喧囂的，然而瞎子是安靜的，他走他底路。他摸索着轉過身子來，預備過街去，然而他碰着了這煩悶的行列底尾巴。

「過去點！」一個穿西裝的，在看報的人說。他是很無意地這樣說的，因為他沒有想到要移動；然而，他前面的一部份人轉過頭來了，看着瞎子。

大家有趣地看着瞎子；他，沿着行列摸索了一下，又轉身

，碰了壁，

「過去點！」一個穿長衫，戴禮帽，攏着手的人，說，有趣地笑着。

他附近的有幾個人笑了，有一個小姐笑了，引起了更多的注意。

「過去點，你老兄！」一個提着長衫的，戴着漂亮的鴨舌帽的靑年，快樂地說。

更多的人笑了，引起了更多的注意，笑和注意，好像波浪一般，在這煩悶的行列里波動了開來。

「唉，嘲個這樣長呀！」瞎子自言自語地說，用破竹桿敲着地面，在大家底笑聲里摸索了過去。

「里邊去點！」一個穿着黑色的大衣的胖子，正在笑瞇瞇地等待着瞎子來碰壁，說。遵從了他底話，瞎子向里面走了一點。「還要里面去一點！」他得意地說；瞎子，又向里面走了一點，挨着堵壁了。「告訴你，長得很哩！」他說，得意地盼顧了一下，他底周圍哄笑起來了。

現在是已經到了這行列底中央了，瞎子靜靜地摸索着。「總該可以了罷。」他想，彎了過來，用竹桿輕輕敲地着地面。

「先生太太，請讓一讓路喲！」他說，摸索着。這次他碰到了一位漂亮的小姐。

「過去！」小姐憤怒地說，但隨後又笑起來了，用手帕掩着嘴。大家看着瞎子和小姐，全體都哄笑了，熱烈的笑。「告訴你，長得很哩！」小姐快樂地說。

大家快樂地笑着，大家都覺得驕傲，因爲自己們竟然能夠站得這樣長，以致於使得瞎子多次碰壁，大家看着瞎子繼續地碰壁，熱烈地哄笑着——現在是，他們全體都興緻濃厚地加入這件新奇的娛樂了——大家希望他們底行列比原來的更長，更長。

在人行道上行路的人，有一些站了下來，張着嘴巴，看着
。

「你哥子要注意！」一個瘦小的，提着一個大的布口袋的人，向碰壁的瞎子說。

「唉，眞是長得很呀！」瞎子低聲地自語着，輕輕地敲着竹桿，靜靜地摸索了過去。

「早就告訴你長得很呀！」

大家笑了，連行路的人也笑了。大家覺得，這長，是他們底光榮：「我們站得多長呀！」——站在路邊觀看着的行路的人們，也分享了這光榮。

「喂，這里走。」一個衣裳破污的，挾着一包書的靑年，在瞎子走近他的時候，低聲說，同時讓開了自己底位置，牽着瞎子底手，使他走了過去。

「道謝了！」瞎子說，輕輕地用竹桿敲着地面。

大家沉默了，望着這個靑年，這個靑年，皺着眉頭望着地面，他底面頰在顫動。大家掃興，不滿，比原來更煩悶，望着這個靑年，他放走了瞎子。

「哎喲，要死。車子怎麼還不來呀！」一位小姐，煩躁地說。

一九四四年十一月十四日夜

雜文

無常

牟尼

魯迅曾寫過一篇專談我國國粹之一——無常的文章的。從前讀過，總覺得他和我的所見頗有一些不同。——這也只是當時的感覺，現在，連這所謂的感覺也逐漸渺茫，而且一時找不到這篇文章，不能說明這不同的地方，但我卻也要寫出來的。只是我得申明，我所談的只是自己的「無常」，並非說明那所見的不同。實際也不必相同，語云：「相離十里路，隔里不同俗」，何況我們中國又是一個地大物博的國家，從鴉片戰爭起，就被宰割，侵佔，卻還是弄不完。抗戰七年，雖然失去好多地盤，也還是弄不完。豈特弄不完，還擠上了四強之列呢。——地大就一定物博，那不同，正是當然的尊。

小的時候，曾在城裏住過一段時期，大概是躲避什麼兵燹和匪禍的。住所是一座古老的木屋，前臨大街，街上非常冷靜，過往的人很少。雖然這樣，但我卻不敢走上街去。由於祖父早就說過，街上有閹猪匠，常常把娃兒捉去閹掉。這的確是可怕的！而且，幼年時代，我最害怕的也就恰是這種人物。在鄉間，只要馬鑼一響，便趕快跑進屋去，關上門，兢兢業業，不敢放肆。一進城裏，馬鑼的聲音更多，而且覺得處處都和自己有關——雖然不過是兜售零食的小販。另外，也怕城裏的孩子的奚落。所以，只好整日的坐在家里，唸那一點也無趣味的「亹亹文王，令聞不已」了。

可是，這初次入城的我，對這城市不免有些稀奇，實在想看一下。這城市不特美麗，而且古老，巴國曾一度用爲都城，杜甫也歌頌過。可是，由於所謂「環境關係」，不克如願。只好獃在門前，漫看從那里經行的人，當然希望人們不斷的來去，除掉閹猪匠而外。

一天，我居然看見兩個身披紙錢的漢子，迅速從門口經過，後面跟着一大批閒看的人們。馬上，心血來潮，什麼都忘記了：閹猪匠，城里的孩子的奚落，旋風似的跑出去了。跟着他們，就跑到城隍廟用。

這是我第一次進城隍廟。就是最不善記憶的我，也仍然記得。那披錢紙的人們，原來是爲賭咒，一個被竊了錢，疑心是另一個。后者不服。只好請求城隍和鬼物來作裁判。只有他們才會知道……。但這是題外的文章。我要談的，原是無常。原名「活無常」，省作「無常」，命名的來歷，大概是採取「人生無常」這句成語。但在我的故鄉，卻叫作「吳二爺」的。爲甚這樣叫法？不知道。總之，這吳二爺，對鄉間的人們，卻是一個頗有威望的人物，聽見他的台甫，已經不止一次。但只限於「聽見」，這回，才算正式親見，實在覺得光榮。所以，一進廟門，就簡直不想再管別的，卻專來參觀這些。那眞是猗歟休哉，好看得很！城隍大帝，十殿閻羅，牛頭，馬面，打着「賞善罰惡」的招牌的鬼怪，青面紅髮，捏着蛇和爪錘的哼哈二將，還有九房四班：這裏面，有癩子，歪嘴、瞎眼皮；有的拿鐵鏈，有的拿刑杖。最使我感覺興趣的，還是那位柱着刑杖睡覺的差役——就是官名「皂隸」的那一類。由此，我才知道，這些就是構成陰司統治世界的人物，打着「賞善罰惡」的招牌，執掌人類的生死和未來的命運的。同時，也是我們活人的最正直，最公平的主宰，凡有沉冤莫白，就總是向他們申訴。這類略略，據說只有他們才會知道。

但在這批面目可憎的鬼魅當中，有一個卻很令人喜歡，就是我要敍述的這吳二爺。雖然同是要命的人物，但比起那些，卻要和善得多。魯迅也曾頌揚他過。但看他的裝束便可知道：白布衫子，草鞋，肩上，把雨傘，傘上掛着一個小包袱。別一支手拿一條籤，表示就要出差的意思。弓月形的高帽子，上書「正在等你，你就來了！」八個用硃筆圈過的大字。臉龐消瘦而且蒼白。八字鬍，兩眉上聳。嘴巴上面，卻是一般善男信女給他塗的鴉片煙，由於這點，當時我曾非難過他，以爲一個神祇，不該這樣不顧品德，公然的吃着大煙，况且在閻羅殿里，我就見過懲處這類犯鬼的科目。記敘下來，當也有趣，或許還可作爲當今禁煙機關的參考資料，對於禁政不無小有裨益的。其法是用一張鐵床，下燒以火。還有一個鬼卒，持着一根吹火筒，歪着嘴，努力的吹着，兩個瘦精精的烟鬼，就躺在那鐵床上。之間，放着他們的煙燈，煙槍，鐵籤，打石。而他們，却難看的歪着嘴，不知是發了煙癮，抑是由於燒灼的苦痛。推斷起來，大概以後者較爲妥當。這種刑罰，施於活人，却是很殘酷的，對於鬼類，不知亦如是否？但這吳二爺，却並未這樣。這自然引起我的腹誹。現在想來，其實大可不必。吳二爺是辦公事的，衙門的官吏，大權在握；這瘦精精的，是什麼東西！

魯迅所敘述的那位『無常少爺』，是已有十二三歲的樣子，假使讀書，也該是高小畢業，升入初中的年齡。而且，他未談到「無常太太」；那所見的，又大概是在戲里。戲里我未見過。只有在大目蓮戲里，見過「死有份」；俗名「殃煞」，一名「雞腳神」。她的前身，即傳說里的趙金娘。所以是女性。一支穿着繡鞋的小脚，一支却是雞爪子。舌頭垂在胸前，有一尺多長。因爲她原是縊死的。倘要知道她的比較詳細履歷的，可看「趙匡胤送妹」這幕戲。她的職務，不是勾魂，而是人死之後的收煞。但在這幕戲裏，却沒有見過無常及其「哲嗣」。所以我看見的，仍以城隍廟爲限。那位「哲嗣」，比起魯迅所看到的，却要幼小得多。大概兩歲或者還不到。還正在襁褓之中。到是一個肥肥胖胖，頗爲乘足的娃兒。頭繫着紅的總角，身穿白布汗褡。雖然這麼幼小，嘴上却已啣起鴉片煙了。除此之外，也說不出來別的。至於背着她的少爺的「無常太太」，據我看，並不怎樣漂亮，到是有些醜陋。頭梳圓髻、；兩邊的太陽穴上各貼一張膏藥；鑲邊的衫子；紅褲；繡花鞋；尖脚兒；手提一把水煙袋；這就是她的全部裝束。——這種裝束，在生在民國十二三年的青年，除看戲外，怕不易見到，或許也不大看得順眼。但在三十年前，却是很摩登的，非大家閨秀不能穿。總之，這無常太太，現在看來，已是一個典型的舊式婦女。但我多年沒有回去，回去，也沒有拜望過她，不知現在她是什麼打扮，可也摩登了否？但以故鄉婦女進步的程度來說，我想，還是有可能的。

可是，直到現在，我還並不知道這無常及其「元配」的「爵位」。魯迅是算他爲「鬼」的。我的故鄉，也是這樣算法，「你闖到你媽的吳二爺了！」他們常常這麼口頭禪的說。這裏的「吳二爺」，就是「鬼」的意思。不過，就人類的心理或興趣來說，只要自己是用兩脚走路，能言語，能思考的東西，就總是高興他的同類稱他爲「人」的。倘若喚作「畜牲」，那則要說你在罵他，實在有傷恕道。雖然這種「畜牲」，在人類又確實多得可以。以此類推，則死了的精靈，也一定高興被爲稱「神」的吧？爲了他的興趣，就稱他爲「神」吧。人生幾何。何必固執。況且，我又原是一個專講「忠恕之道」的「聖人之徒」，爲了他們的興趣，常把不是人的東西也呼爲「人」的呀！

這一位「神」，還有頗足矜式的美德，就是，他雖要命，一面却又掛着「濟世活人」的招牌——大概就像現在有些人聲稱在給社會服務，對於國家，民族，抗戰，說是都有很大的供獻；雖然實際只在做着肥家養已的工作。言歸正傳，就是這吳二爺，他還能給人醫病。這本不算稀奇，中國的神祇，大都精通岐黃，心存「好生之德」的。自然也要一點報酬，如香、燭、錢帛、豬頭、雄鷄之類。而且給予他的禮物，除香、燭、錢帛當焚化外，其餘只不過放在那裏，給他看一看，或嗅一下子之後，是仍然提回，自已燒來吃掉。比起給活人送禮，實在合算得多。故俗諺云：「寧肯敬奉財神菩薩，不要向發財人討好」。大概一般鄉下人，已經懂得這個偉大的經濟原理。

但這吳二爺，却是我所看見的唯一的例外。那些禮物，他却不止限於看一看或嗅一下的，却是整個兒收下來，就像給活人送禮似的。而且，他的醫病的取費標準，也有嚴格的規定，譬如，醫治頭風，就得謝他一支豬頭，醫脚氣病，便要酬謝豬脚。以此類推。我就看見他那柵欄上面，掛着這類事物：豬脚，豬耳朵，豬鼻子。豬頭雖未見過，但據別人說，是給廟上的和尚提去吃了。而且他告訴我，說是兩三天內，就要收去一批。只有那些不能吃的，才掛在那兒——但也終於給叫化子們搬走了。足見他的業務頗爲發達，簡直可比一個「妙手生春」的高等名醫。

中國的醫生，據有些學者們說，與巫覡頗有一些關係，凡醫生，大都兼擅巫術。雖實與否，我不知道。但這吳二爺，好像確是兼通巫術的。比如，化惡，禳災，給小兒保護關煞：：之類，他都實在專長。譬如，要小兒易養易大，便去寄拜給他，把他尊爲「乾父」，自己却議稱「乾兒」。收乾兒原是我國國粹之一，集其大成，且有史可考者，當推明朝的魏忠賢。但那些寄拜給他的「乾兒」，都是爲了作官。其目的，已經頗不純正。但爲作官，那能講得這些，只要弄得到手，就是俗語所說的，「爲目的不擇手段」。而這手段的效果，比起幾篇「洋洋灑灑，都十萬言」的八股文章，還要大得許多，眞是一條通往官階的捷徑。寫出來，希望有些自傷命蹇的「志士」去試一試。因爲這總比寫文章，投稿要好得多。但所找的對象，必須是魏忠賢或准魏忠賢，否則，恐怕就還是要寫文章，投稿的。

但寄拜給吳二爺，却不是這樣，那目的，只在使孩子易養易成。這在兒童死亡率佔世界最高紀錄的中國，實屬一種必要。因爲，我們原是把自己的生命和一切，託付給那般神祇——不，鬼魅的。

這種寄拜的儀式，我也沒有見過，只看見貼在他的門口的許多類似對聯的東西，上面寫着：「保佑孩兒壽命長，寄拜二爺爲乾父」。另外一種，是桃木折成的弓箭，那裏也放得很多。這是禳解小兒的重要關煞之一的「將軍箭」。但通常的辦法，却是在三岔路口，豎立一塊指路碑。在四川旅行的人，當見過不少。我作孩提時就犯過這種關煞。前年回家，就看過一座立在附近埡口上的我自己的石碑，約一尺高，雖在十多個別人的中間，形成一種壯觀。那是我的祖父的手筆。其中兩行是：「弓開絃斷，箭射石當」。從後一句看，原來是擋箭牌的意思。那回曾拓過一張，覺得頗有趣。但不知道給無常掛付桃木弓箭是什麼意思。

我的文章也該結束了。總之，這吳二爺，原是一個多才多藝的人物。職位雖不大，却是一個肥缺。他的手段，也比別的鬼神要圓滑一些。雖然要你的命，却又使你覺得他在保命，不特不怕，反覺和藹可親。收受禮物雖也厲害，却沒人告發他的貪污。料想起來，他該是精通做官的法術的。因此我們就一直沒有聽見他被掉動或撤差之類的事。也許由於陰司的官位比陽間鞏固一些。倘在陽間，這樣一個肥缺，一個人怕幹不到一年，就會被人擠掉。這是陰司與陽間唯一的區別。然而陽間，也在極力摹仿，使自己的官位鞏固，永遠的包辦下去。雖然有時做不到，但努力總是在努力的。大概說來，陰司的官吏也極希望陽間的官吏的地位鞏固，這於他們也有利益。因爲，據我們知道的，陰司好像沒有發生過革命。或許也發生過，但不能影響陽間，所以我們並不知道。但在陽間，却常有這把戲的。五四時代的打倒偶像運動，雖在偏僻的故鄉，也確有幾個激烈的青年，動過一下手脚的。許多陰司的官員，被打得一塌胡塗，什麼人的樣子也不像了。後來，却被陽間的官吏禁止了，說是神像廟宇，要一律加以保護。這大概是看見陰司的官吏們的被推翻，陽間的官吏們也覺得有些不利於己，所以才「一律加以保護」。從那時起，陰陽便連成一氣，一邊是要員，主任，一邊是牛頭，夜叉。而一般「濟濟小民」就只好在這陰風慘慘的陰陽界上，永遠的摸索，掙扎……。

因此，這裝着笑嘻嘻的面孔，同樣要命的，神不神，鬼不鬼的東西，即無常或吳二爺，就儼然成爲唯一可以親近的人物，甚至是代表「人」的利益的了！

（三三、一〇、二〇、夜。）

略談祀灶

牟尼

陰曆才是九月，便來「略談祀灶」，還無異是在盛暑談皮襖，「三九」談扇子，不能算爲應時的。做文章，亦如開菜館，當力求應時。算爲這幾天應時的談料的，已經很多。大則「保衛桂林」，「美軍登陸菲島」；——「衡陽」「長沙」，已經有些「古典」的氣味，不能算爲應時了。——小的，也有「九皇齋」，「火鍋毛肚」。如要飄逸，也可談：菊花。我却偏來「略談祀灶」，豈不正是「不識時務」的證明？

然而也不。既然說出做文章如開菜館的比喩，則這比喩就還要使用一回。況且，做文章，又不是一說就定，像法庭上的對審。還有起承轉合，先反後正，欲抑先揚這些把戲。只須

「然而」一下，便可像孫行者的筋斗雲，一下跳到十萬里外。如果依然不通，又「然而」轉來就是，豈不甚爲便易也乎？

開菜館要應時，還是天經地義的道理。然而，一面應時，一面更要求早。冬初賣嫩豌豆，春初賣鮮茄，那價值的昂貴，當非外人所能意想。今年二月，我就見過八百元一斤的茄子。大量出來時，僅四五元耳。什麼道理？——因爲早，所以珍貴。現在來「略談祀灶」，就是因爲求早。所以，本文的價值，就是「克己」一點，亦當比祀灶時來談祀灶的要高幾倍，否則不賣！

祀灶是蜡月二十四日，月小便提早一天，這已成爲規定。各地大概一律。據「後漢書」「陰興傳」所載：「陰子蜡日晨炊，而灶神現，祀以黃羊」。這大概就是牠的起源。禮記是僞書，當不可信。但這位神，比這却還早些。孔夫子就曾「媚」過。大概也是祀。「灶」字的眞寫，當是這個樣子：「竈」，或這個樣子：「竈」。和「竈」、「竈」、「竈」、「竈」這四位有相似的相貌。小時讀書，就爲認錯了牠們還挨過一頓板子。深仇重怨，永難消泯，直到現在，我都害怕刻畫這些嘴臉。幸還「竈」一字有法俗寫，使我能够從俗。否則，我倒不想談牠。

我的故鄉，稱灶神一曰「耳目神」，表示是玉皇的耳目的意思。別處是否也這樣稱？可不知道。他的全銜，是「九天東廚司命灶王府君」。何人封贈？也不知道。——豈特這些，即連他的尊容，姓名甚至性別，我都實在有些茫然，「淮南子」「氾論訓」說：「炎帝作火官，死爲灶神」。那麼，他是男性。也許：就是和黃帝戰於阪泉的那一位。但古代的「炎帝」很多，故曰「也許」。「五行志」却說：「竈神名禪，字子郭」，「酉陽雜俎」却說姓蘇名吉利。但這「禪」，「子郭」或「蘇吉利」，究竟是怎樣的人物？雖不知道，但却可以斷定是男性的。然而莊子的「天運篇」却持另外一種見解：「竈有髻」。既然「有髻」，則又當是女性。註解家似乎也弄不清，却註釋道：「竈神著赤衣，狀如美女。」據此則又好像並非眞正的女性，乃是由男性扮出來的，所以，好像到是唱小旦的。……還有許多，但懶得抄。因爲我也實在不想弄清楚他。男性也好，女性也好，男扮女更好，女扮男還是好，管他娘的！

但是，啊喲！問題却馬上出來了。就是寫文章，要用代名詞。一人兼備兩性，談起話來，到不覺得，但寫文章，就實在爲難。所以仍得想法解決。假使這裏人，亦可採用舉手的辦法，我想，他一定能够獲得男性的多數。何況莊子本人，又是一個吊兒郎當的角色，他的話未必可信。所以這裏，代名詞仍然用「他」。

其實這是頗爲傻氣的。倘從「生意經」着眼，到應該保留莊子的意見。因爲，按照目前的情形，談女性的文章，據說銷路很好，何況這位灶神，又是一個神祕的角色。他的職業是特務，亦即所謂間諜。既是間諜，又是「女人」，則談「她」的文章的銷路和價值？恐怕比冬初的嫩豌豆，春初的鮮茄，還要高超得多。如果再在裏面錦上添花的插點「愛情」又「愛情」，說不定還會因此發財。現在，我到實在有些變心，恐怕這篇文章並無什麼價值，大概還值不到一碗嫩豌豆或一斤鮮茄的價錢。這能怪誰，除了責備自己的愚蠢！但勢已至此，有何辦法，還是寫下去，管他媽的！

上面說過，他是一個神祕的人物。我想：這也或許由於他的工作和環境的關係，不得不然。因爲他的職務是調查凡人的隱祕，年終回去奏報的。這種職務，雖然威風，但也危險，所以公開不得。因此，直到現在經過許多學者偉大的如莊子，淮南子的研究，也還不得要領。甚至連性別也弄不清。而他，却又天天跟着我們。凡我們的一舉一動，他都淸楚。但也只是他淸楚我們，我們，却無論如何也不淸楚他的。

這樣的人，有什麼辦法？連孔夫子也都要「媚」，何況我們區區的凡民？……

據長輩說，這一位神，是無論如何也不能開罪的。宋朝的天下，就爲用筷子敲了幾下鍋邊才被後來的金國鬧得那樣厲害。以此推想，被他害死的區區小民，更不知多少。因此對於他，他們就特別謹愼，每逢生產兒女或死人，便用簸箕關起灶洞，或用一張火紙貼住他的眼目。婦女月信，便不准入廚，早晨起來，上灶之前得先洗手。因爲灶神知道，她們的手，晚上曾摸過不乾淨的東西。小時，在一個親戚家里，就曾見識一個長年因爲脫掉褲子對着灶洞烤乾濟而挨過一頓飽打的。

他雖這麼氣派，但有一種人，即故鄉叫作

端公的巫師，却能制服他。跳神的第一壇法事，便是「責灶」。首先，給他燃點香燭，敬酒，唸經……之后，才用一對鋼針，釘住他的眼目，直到七天，才拔出來。什麼道理，可不明白。

端公的行逕，我本不以爲然，獨這一點，却頗爲擁護。所以，每逢這種盛況，即不免有點幸災樂禍的意思——還是很顯明的：以爲這七天以內，他的眼睛被釘住了，我們凡人，可以作點壞事，不致被他密報天曹。但不知道是否我就因此作過？倘使作過，又作了一些什麼？如果仍未做過，那也只好等到死后，在閻王那里去查，現在，是無論如何也查不出的。

社會上的職業，據說，有七十種。還是過去的說法，現在，當然不止。而且每一行，都必有一個「菩薩」。木匠的魯班，屠戶的張飛，打草鞋的劉備，教書匠的孔老夫子……等等。這些都是他們的同行，是表示那種職業的優越性的。即以時下而論，有些職業雖不發源於本國，但在本國，却可以找出他們的代表，如開汽車的可供諸葛孔明，生物學家可供莊夫子。因爲一個發明過木牛流馬，一個發明過「馬生人」的「進化論」，可以作爲他們的代表。但有一種人（？）即特務，不知是否也有一個「菩薩」？這一點，我還沒有研究出來。倘使沒有，我到願意給他建議，不妨供讀灶神。因爲希姆萊到底是洋貨，只可心嚮往之，不能正式打出招牌的。何況供俸灶神，還可表示本國的優越性，國粹家亦會首肯呢。

端公的辦法，我雖擁護，但鄉下人却不敢使用。因爲這關係一家的吉凶。偶一不慎，開罪了他，他便回去亂說，玩些詭譎，陷害的把戲。宋朝的趙家，本來只用筷子敲了四下鍋邊，但他却回去說，打了他四十金條。那位胡塗的玉皇，登時大怒，立刻降旨，遣派金兀朮下凡，擾亂宋朝，不多不少，整四十年。這事實，雖是鄉下人却也大概知道。無意的敲了幾下鍋邊，便闖出這種大禍，遑論用鋼針釘住他的眼睛。所以唯一穩妥的辦法，還是給他塞點包袱——那便是「祀」。

祀灶，在故鄉亦是隆重的典禮之一，和清明掃墓，中元祭祖可以同樣媲美，講究點的，還要齋戒，唸經和辦一桌素席，臨行之時，還要燒一乘紙糊的花轎，四個轎大，一個跟班——現在，大概可以改用飛機或汽車了——即使貧窮人家，也得燒份灶書，包一包鹽，茶、米、麵、作爲灶神走路的乾糧。點燭燒紙，行禮如儀。他的神像，也在這時更換，龕子兩傍，也要貼起新的對聯，如「灶爲一家主，神爲五祀尊」之類。有些地方，聽說還要製一種糖，膠住他的嘴唇，使他到了天上，張不開嘴。這已有點「人心不古」的表現，故鄉可沒有的。

我家祀灶，一貫是由祖父主持。幾天前照例有個附近的道士送灶書來。但我祖父，也照例是不要的。給點小錢，就支吾過去了。他有他的特別的祀灶儀式：

一切不要，只在灶神前面，放一碗冷水，用一塊燒紅的火炭，放在里面。嘴裏，却背兩句晚唐詩人羅隱的詩：

「一碗清茶一股煙，灶君皇帝上青天。」說畢，儀式也就終結。

但這祗是祖父的儀式——或者說，是他摩做羅隱的，不足爲訓。我就問過幾個前輩，都說沒有這種儀式。別人祀灶，我也見過幾回，也都沒有。因此，我很懷疑，這種祀法，灶神是否歡喜，雖然他近來也許化裝成爲新派人物，表面上說，不講什麼儀式的？

責任我雖不負，但也與我有點關係。八歲那年，祖父教過我，說是以後當家，可要需用。我也確實這麼學過一次，全是依照他的。幸而只有這麼一次，即使造罪，大概還不怎麼深重。其後，南北飄零，不說家，連灶也沒有，要祀，也無從祀起。所以，只好寫篇文章，騙點稿費，算是「學以致用」的意思。

沒有灶，從理論上講，亦當沒有灶神。這是很可慶幸的。因爲沒有他來管住，即使作點壞事，天曹和陰司，亦當「不知其情」。死了以后，翻開簿子，一律空白，那時，對灶君無妨撒謊，說是在生曾做過怎樣的善事。沒有記錄反正他查不出來。天堂雖不妄想，至少總可不進地獄。從前，我就確曾這樣想過，且還認爲這是自己的得意算盤。可是後來閱歷較深，這才知道，事情並不如此簡單。現在的「灶神」，比從前還要更多。從前他只化爲「火夫」，現在，却還化爲教員，學生，詩人，作家。以至販夫走卒裏面，都有他們的蹤跡。眞是所謂「無處不有，無往不在」的樣子。所以，我們這個時代，實可稱做「灶神統治時代」。將來的歷史家分期，不妨採取這種分法的。

然而小民們有甚辦法？爲自避禍計，還是以「祀」爲妥。所以，過河不要船錢，乘車不收車費，在學校裏，則强迫教師多給分數；進娛樂場，也不打票，且有優待他們的特設座位；甚至逛窰子，嫖娼，都不給錢。到底時代進化，既有摩登的灶神，則必有摩登的祀灶儀式……

抄到這里，就接到報紙，說是德國的政權，歸希姆萊獨攬了。可見德國也進入了超級的「灶神統治時代」。但不幸的是，他就恰恰要完蛋了！「唉！」

一九四四•一一•二〇。

「國字」的奧妙

桂未曉

三十三年十月十三日的大公晚報上，有一則小新聞，題爲「斬日、反日」；內容是：

「日寇於我淪陷區內收容土匪，改編僞軍，特別番號爲暫編第×××師團等。或譏敵酋曰：「暫者，斬日也。」敵聞而諱其說，遂不復用暫編字樣。

「淪陷區中有人書「皈」字少「白」字上一撇者，竟因而被縶囹圄，其罪狀爲「有反日嫌疑」。」

前些時，不記得是那一家報紙上，也載過與此相類的另一件事：說是日寇攻下洛陽之後，覺得「洛陽」音近「落陽」，遂改名爲「浮陽」，但又覺得音近「俘陽」，又要改名了云。

這一類把戲，都頗近于測字先生的把戲，可笑得很。感到統治不穩，所以神經過敏，處處還要疑神疑鬼的吧？這大概可以是一方面的解釋。

但我想滿清統治下的多次文字獄，却因而想到另一面了。那些文字獄之中，當然有不少是由于文字內容的。但如查嗣庭一案，因爲出了一個「維民所止」的八股文題，就被雍正皇帝把「維止」兩字解作「雍正無頭」，而興起那樣大獄的，這不也和「皈」字少寫了第一筆而就「被縶囹圄」一樣了嗎？

何以異族統治者都歡喜來這一套，無間古今呢？莫非素來習聞「文字之國」的聲名，覺得這國裏的文字的確大有道理，所以才特別注意麼？我想，恐怕是的。

「暫編」與否，「洛陽」與否，那都還沒有什麼關係；只是「反日」與「雍正無頭」之類，就有不知多少性命送在這上面了。如果確眞是高壓之下，心猶未死，只得在這上面寄託一點反抗之心，因而賈禍的，倒也還有可說；但我看，無論古之查嗣庭，無論今之「有人」，都未必眞在這上面做這些功夫，那麼，這些性命就不知誰把它們送掉的了。

一個國家，到了只能以文字語言的神祕特殊性來驕人的時候，情形已經悲慘；何況先以這神祕特殊的文字語言拒絕友人的幫助，後來就只能以這神祕特殊的文字語言幫助敵人的屠殺呢？

或曰：明太祖也曾在什麼人的詩文裏面尋出一個「殊」字，解釋成「歹朱」，因而殺了許多人；你何以只說異族？

答曰：本來一樣的。

四四、一〇、一七、

王莽的訓導方法

孫乎野

漢平帝不明不白的死掉以後，「行天子事」的安漢公王莽，就在皇族中間特別找出一個只有兩歲的孺子嬰，來繼承帝位。當然，兩歲的皇帝，能治什麼天下呢？於是，王莽做了「攝皇帝」了。

但皇族中紛紛有人起來聲討：說王莽居心叵測。王莽覺得自己一片好心，竟被誤解至此，就模倣尚書裏面那篇據說是周公作的「大誥」，也作了一篇「大誥」，頒佈天下。大意是說：從前周成王年紀小，周公以皇叔的身份，代行天子事，一面盡力訓導成王；等到成王長大，並且已經被訓成一個賢君，周公就交還了政權。現在，他對於孺子嬰，也是這個關係；將來總有一天，心迹可以大白於天下，云云是，仍然「不計毀譽」，「任勞任怨」，「忍辱負重」的幹下去。

過了兩三年，忽然發現符瑞，說是天命王莽必須做眞皇帝了。王莽是「畏天命」的呀！怎敢不遵呢？於是，改定辦法，對天下號令時還稱皇帝，只對上帝祖宗和皇太后說話時，仍稱「假皇帝」。並且宣稱，今後要更加努力的訓導孺子嬰，使他將來和周成王一樣好，和周成王一樣的復位。

但又沒有好久，又有符瑞出來，索性說是漢高祖的意思，要把漢家天下讓給王莽了。下文不必細說，總之就是王莽正式即位，改國號曰「新」。同時，封孺子嬰爲定安公。讀完封策文時，還執着孺子嬰的手，痛哭流涕的，說他不料爲天命所迫，竟不能如初願那樣終于歸還政權了。

嗚呼！王莽這一片苦心，眞叫人不能不傾佩。終於迫於天命，而爲後人誤解，豈不惜哉！

案：後之論史者之所以誤解王莽，大抵皆謂符瑞荒誕，天命無稽，不可據此就來篡位。且那時孺子嬰也不過五六歲，將來賢否究未可知，何以不能稍待呢？此種議論，實屬隔膜。殊不知孺子嬰之必不能成材，在王莽心中早已雪亮，固不必待其長大而後知也。

蓋王莽訓導之法最佳，只要一開始那麼訓下去，立刻就可所預知被訓者將來的造就。然則，又究竟如何訓法呢？曰：郝經的「續後漢書」中有云：

「敎（嬰）乳母不得與（嬰）語，常在四壁中。至於長大，不能名六畜。」

即此是也。

四四、一〇、一九。

讀溥儀「遜位詔書」書後

龍亮之

中國幾千年的君主專制，到溥儀而終止。因此，溥儀的所謂「遜位詔書」，當然是一件很有意義的歷史文獻。一向想找來看看，總找不到。最近，無意中在陳恭祿的「中國近代史」第十四篇上發現了。特爲錄出，以廣傳流：

「奉天承運皇帝詔曰（此句陳書引文無之，我以意補。但也許本來眞的沒有，或雖有而不是這樣，都說不定的。——亮之）：朕欽奉隆裕皇太后懿旨：前因民軍起事，各省響應，九夏沸騰，生靈塗炭，特命袁世凱遣員與民軍代表討論大局，議開國會，公決政體。兩月以來，尚無確當辦法。南北睽隔，彼此相持，商輟於途，士露於野：徒以國體一日不決，故民生一日不安。今全國人民心理，多傾向共和：南中各省倡議於前，北方諸將亦主張於後。人心所向，天命可知。予亦何忍因一姓之尊榮，拂兆民之好惡？用是，外觀大勢，內審輿情，特率皇帝將統治權公諸全國，定爲共和立憲國體，近慰海內厭亂望治之心，遠播古聖天下爲公之意。袁世凱前經資政院選舉爲總理大臣，當茲新舊代謝之際，宜有南北統一之方，即由袁世凱以全權組織共和政府，與民軍協商統一辦法。總期人民安堵，海內乂安，仍合滿漢蒙回藏五族完全領土，爲一大中華民國。予與皇帝，得以退處寬閑，優遊歲月，長受國民之優禮，親見郅治之告成，豈不懿歟！欽此（此句亦我以意補。——亮之。）」

這篇東西，據說是南通才子兼實業家張謇所作，不知道究竟是不是。但看文章，一定出于才子手筆，可以無疑。其中妙處甚多。例如共和政府的組織，還要由皇太后的命令；又如預伏一句「親見郅治之告成」，以備不能「親見」時就可有嘲笑乃至其他行動的藉口：此皆其最妙者。但現在不說這些。

現在要說的，是章太炎先生那篇有名的「駁康有爲書」里的幾句話；曰：

「豈有立憲而可上書奏請者？立憲可請，則革命亦可請乎？以一人之詔旨立憲，憲其所憲，非大地萬國所謂憲也。」

他料定淸廷無立憲誠意，是料中了的。然而，下詔立憲，終于倒是下了詔；而且，正因爲本無立憲誠意，現在被迫而下詔立憲的時候，就甚至于不得不一並「下詔共和」，亦即「下詔革命」了。這，章太炎先生固然未能料到，當日慈禧太后宣佈「光緒三十六年正式立憲」的時候，恐怕更未能料到吧？

四四、一〇、一七。

設想與事實

龍亮之

蔡孑民先生論新文化駁斥林紓的那封有名的信，裏面有兩段話：

「天演論，法意，原富等，原文皆白話也，而嚴又陵君譯爲文言，小仲馬，迭更司，哈德所著小說，皆白話也，而公譯爲文言。公能謂公及嚴君所譯，高出於原文者乎？」

「公不云乎：「時乎井田封建，則孔子必能使井田封建一無流弊；時乎潛艇飛機，則孔子必能使潛艇飛機不妄殺人。衞靈問陳，孔子行；陳恒弑君，孔子討：用兵與不用兵，亦正決之以時耳。」使在今日，有拘泥孔子之說：必復地方制度爲封建；必以兵車易潛艇飛機；聞俄人之死其皇，德人之逐其皇，而曰「必討之」：豈非眛於「時」之義，爲孔子之罪人，而吾輩所當排斥者耶？」

這兩問，都問得甚奇，料想對方必不能肯定的答覆。

然而，吳汝綸給嚴又陵譯天演論所作的序上，就有：

「今赫胥黎氏之道，未知於釋氏何如。然欲儕其書於太史氏揚氏之列，吾知其難也；即欲儕之唐宋作者，吾亦知其難也。嚴子一文之，而其書乃駸駸與晚周諸子相上下。然則，文願不重邪？」

這無異對蔡先生的第一個問題答覆道：是的；是要高出於原文的。

又：當康梁變法時，出死力攻擊康梁，甚至說康有爲書桌上有許多洋文信札，所以康有爲應該殺頭，那個御史文悌，在沙俄強租旅順大連的時候，上了一道策。說是要請求派他到俄國去，與俄皇辯論，將痛哭流涕，九日不食，學申包胥哭秦庭，使俄皇感悟。如果俄皇竟不感悟，他就立刻自殺，庶幾感動英日諸國出而相助。自謂這是最上奇策；並且說：「奴才無父母在堂，妻妾在室；以死報國，奴才蓄志已久。死得其所，可以感動地球萬國。」（見陳恭祿「中國近代史」），這位先生，不知活到「俄人之死其皇，德人之逐其皇」的時候沒有；如果活到那時候，那麼，聞而曰「必討之」，是一定的。

設想的離奇，總奇不過事實。然吳序與文策，都在蔡先生之前，蔡先生應該知道，何以竟像不知道呢？莫非以爲時代進步，吳文二人言之行之雖不爲奇，五四時代若再有之就足以爲奇麼？如果眞是這樣想，那我就要怪蔡先生過于忠厚長者氣味了。

君不見，二十世紀四十年代中，猶有人以戰國時代的策士自命，而欲縱橫排闔於「大戰國」之間，恰可與申包胥並存乎？

四四、一〇、一九。

國之本在家

魏仲奇

靄理士在他的「性的道德」裏面說：「德國邁瑞德女士（Roja Mayreder）在一篇很有思想的論文裏說：現代的男子，要在夫婦關係之間，再扮一個叱咤風雲，頤指氣使的脚色是不行的了，因爲他已經不再有這種準備。漁獵時代的男子，是一個英雄好漢，一個『有貴族氣概的野人』（Nobel Savage），他整天的在山林中東奔西馳，一面獵取兇猛的野獸，一面，於必有時，還得剝取敵人的頭皮；他的生活是何等的艱苦卓絕。這樣一個男子，偶然放出一些丈夫的架子來，把打野味打敵人的棍輕輕的在妻子的頭上敲一兩下，那確乎是有效的，甚至於做妻子的還不免覺得夫恩深重，感激涕零。但是現代的男子怎樣？他也許在大班的寫字間裏過着生活，整天的守着半只桌子，馴服得像綿羊一般；他已經練出一種逆來順受的功夫，大班責備他，他可以忍氣，客人笑罵他，他可以吞聲。這樣一個男性的典型人物，晚上回到家里，試問他還能玩那『有貴族氣概的野人』的那一套把戲，而玩來可以發生效力麼？當然不能。不能而勉強爲之，妻子的反應，是可想而知的了。」（青年協會書局三十三

年出版濟南日課本七四頁）

靄理士先生，據說是「一個隱士中間有一個叛徒」的。請一番用編者的同情轉述出來的話，不知道究竟是出於「隱士」，還是出於「叛徒」？然而，其實並不確的。他（或她）沒有看到，晚上回家來的大發威風，就正是白天在寫字間裏忍氣吞聲的必然結果。這時，妻子的地位，中國話中所謂「出氣筒」者，最足狀其形容。

如果不信，請看南宋那些皇帝。他們對人稱「兒」，稱「姪」，稱「臣」，那里還有一點皇帝的氣概？然而，在偏安的江左的範圍之內，卻對於小民特別兇殘，皇帝的架子擺得特別足。論史者每說其何以如此倒行逆施，不知實所謂「勢有必至，理有固然」者也。

齊家而至治國，本大學一貫之道。「夫君」合稱，「臣妾」並列。所以，我這樣引南宋的事來駁靄理士，自以為是很得當的。

不過，靄理士也未可厚非。實在他所說的，只是「不應如此」；或者連「不應如此」都不是，只是指出這麼一個可笑可憐又可憎的事實而已。

那麼，我把它當作「不會如此」的意思來反駁，就實在是文不對題。而被那樣的「夫君」所壓迫的，就也將因此而知道看出壓迫者的醜態的方法了吧！

四四・一〇・一八・燈下

意志自由的苦笑

荒陵

當一隻鳥兒關進鳥籠的時候，不用說，他是失去自由了，然而，事情往往也有另外的看法。記得在我六歲那年，父親捉了一隻鳥兒關進籠裏給我玩，我看他在籠裏東碰西碰，一時把頭向這個格孔一鑽，一時又把頭向那個格孔一鑽，這樣鑽了一會雖沒有鑽出去，而我卻着急的大叫起來。父親說：「讓他鑽吧，他是鑽不出去的！」我聽了父親的話仍然放心不下去，總是用手去虎他，不准他鑽，因為我在當時的想法，以㸃他雖然已在籠子裏了，但還沒有失去鑽的自由，如果讓他鑽的話，這一個格孔即使鑽不出去，而他又可以去鑽另一個格孔，這樣鑽來鑽去的把全籠的格孔鑽完了，總有一個格孔可以鑽出去。而我卻沒有想到全籠的所有格孔都是一樣大的！

這種孩子的想法，本來是幼稚不通而又很可笑的，不想最近讀報，見有一位自命觀察更深一層的大學者，把意志自由的好名詞用在社會的生產關係上，作為資本家應該經濟獨佔的理論根據了。這理論根據就出在一篇「自由經濟與自由」的文章裏，不同的只是將鳥籠換成了「社會的，道德的，或習慣的關係」，把鳥兒換成了「百分之九十」的人民，把格孔換成了「幾種替換職業」的選擇。我們現在且看他究竟說些甚麼吧：

「自由與獨佔及集中不妨兩存，」我們的大學者說道：「打個比方，我們去看影戲，一家二家客滿不得進，可說妨礙了我們看戲的自由，但沒有人埋怨先進戲院的客人，以為獨佔，因為這家不看，我們儘可看別家，我們仍有充分自由可以選擇，因之我們仍有充分自由意志。」

站在資本家或資本家的代言人的立場來看，這說法當然是百分之百沒有錯，因為正如我們的大學者所說：「一個工人，或許考慮他是否在此廠做工，或在彼廠做工，或去改行經商，或做農人，他也不想到與鋼鐵大王競爭，百分之九十人民，是這種人民，在他們所考慮的職業中，如有一業已經人滿，他們儘可選擇別業。」

照我們的大學者這樣推下去，意志雖然看起來是自由了，不過，以我這不深一層觀察的人看來，卻覺得未免自由得太無限量。因為，一直推下去，推到選擇別業都不可能的時候，我們的大學者仍然有一條「充分自由意志」的路給他走，那就是所謂死，不怨天不尤人的去死。寫到這裏，我覺得我們的大學者在美國走了一趟，回來貢獻如此偉大的一個「旅美觀感」給國家，確實太偉大了。

四五，五，一五日于濟南。

讀史筆記三題

舒蕪

明太祖高皇帝的「革命」

做小孩子的時候，曾聽過一種議論，說朱元璋的做皇帝是平民革命，因爲他本是窮得做了和尙的人云。當時一想，覺得很對：窮得做了和尙的人，豈不正是「平民」？這樣的人起來造反，豈不正是「平民革命」麼？我自己，曾因爲是獨生的少爺，而拜了當地的「佛教會主席」爲師，獲得一個法名。在聽了這個議論之後，也就「少有大志」，希望有一天也能「平民革命」起來；雖然我的做和尙是爲了怕養不大，並不因爲窮，而且也並沒有眞的披髮受戒。

近來，另一種議論又傳到耳邊，這回是說「民族革命」了。這理由更簡單，大概就因爲「有元一代」乃是異族的緣故。我不知道朱元璋這回被尊爲「民族革命領袖」以後，原來的「平民革命領袖」的尊號是否就要取消，是否又「平民」又「民族」。如果可兼任，這位朱先生豈不是個「先烈」？我和他還有一點「鄉誼」，豈不也「與有榮焉」嗎？

然而，前一種議論究竟很少聽見了，或者「平民革命領袖」的尊號就要被取消也未可知。儻竟取消，我不知道實在是根據於什麼理由；但看論壇近來的趨勢，很嚴於「正名」，那麼可能是因爲這位皇覺寺的和尙終於變成「太祖高皇帝」的緣故。無論他本來怎樣窮，造反成功之後，依然是「太祖高皇帝」；這一名稱確可以說明許多事情，「循名責實」，就取消「平民革命領袖」的尊號，是很對的。

不過，我想，假若他竟沒有叫作「太祖高皇帝」是否就不取消「平民革命領袖」的尊號呢？如果專用「正名」的方法，當然不的。我自己的意思，則以爲，「太祖高皇帝」與否，其實不關重要。眞正重要的，是要看他實際，是否與以前那些「太祖高皇帝」相同。關於這個，史册上固有明文在：

「（元至正十四年）太祖略地至妙山，……定遠人李善長者，少讀書有智計，習法家言，策事多中。太祖道遇之，知其爲里中長者，留掌書記。從容問曰：『四方戰鬥，何時定乎？』對曰：『秦亂，漢高起布衣，豁達大度，知人善任，不嗜殺人，五載成帝業。今元綱旣紊，天下土崩瓦解。公濠產，距沛不遠，山川王氣，公當受之，法其所爲，大業可成也。』太祖皆善之。」（明紀卷一）

旣然「善之」，可見那時就已有志做漢高祖了。但這還是別人勸進，且不說。

「（元至正二十四年太祖稱吳王元年四月）陳友諒旣滅，……時江左兵勢盛，太祖以漢高自期，嘗謂孔克仁曰：『秦政暴虐，漢高帝起布衣，以寬大馭羣雄，遂爲天下主。今羣雄蠭起皆不知修法度以明軍政，此其所以無成也。』因感歎久之。……又嘗問克仁：『漢高起徒步，爲萬乘主，所操何道？』克仁對曰：『知人善任使。』太祖曰：『項羽南面稱孤，仁義不施，而自矜功伐。高祖知其然

，承以柔遜，濟以寬仁，卒以勝之。今豪傑非一，我守江左，任賢撫民，以觀天下之變。若徒與角力，則猝難定也。』」（明紀卷二）

這些問答裏，對於漢高祖眞是不勝其欽歔景仰之忱；雖然他自己的行事實在並不怎樣「寬大」。但還可以說，他之所以特別景仰漢高祖，只因爲漢高祖是和他自己一樣的「起布衣」；而况漢高祖也曾被尊爲「平民革命領袖」呢！

那麼，看另一條記載：

「（洪武六年七月）御史答祿與權請祀三皇。帝以五帝三王及漢唐宋創業之君俱宜致祭。八月乙亥 建歷代帝王廟於欽天山之陽，爲正殿五室，祀三皇、五帝、夏禹、商湯、周文王、武王、漢高祖、世祖、唐高祖、太宗、宋太祖、元世祖，每歲春秋仲月上旬甲日致祭。已而，以周文王終守臣服，唐高祖由太宗得天下，遂寢其祀，增祀隋高祖。」（明紀卷三）

不管他原來是和尙是流氓，由這麼一「祀」，就擠到歷代「創業之君」一起，成爲不折不扣的「太祖高皇帝」，「起布衣」的事是丟得遠遠的了。

而況，他對於「創業之君」駕馭人民統制思想的方法，也有極精到的認識：

「（洪武元年十一月）以孔希學襲封衍聖公，……進衍聖公秩二品，賜之誥曰：『自古聖人，自羲農至於文武，法天治民，明並日月，德化之盛，莫有加焉。然皆隨時制宜，代有因革。至於孔子，會前聖之道而通之，垂教萬世，爲帝者師。其孫子思子，又能傳述而名言之，以極其盛。有國家者，求其統緒，尊其爵號，所以崇德報功。……』」（明紀卷二）

即位第一年，就趕忙做這一項事，可見對於這事是認爲重要無比的。這樣一來，儼然就是「堯舜禹湯文武周公孔子明太祖」，接了「道統之傳」，不但成爲現世的帝王，而且成爲精神上的統制者，到底是使現世的權力更加穩固了。所以，說得很明白：孔子之所以偉大，就在「爲帝者師」，能教給「帝者」以統制麻醉人民的方法，對於「帝者」有「功」待「報」；而一切「有國家」的「帝者」，向來也都在「報功」，他的「進衍聖公秩二品」尤其是「厚報」。只要這一件事，就可以看出，口口聲聲「起布衣」「不忘民間疾苦」的朱元璋，實在是什麼一種東西，不必等到六年後的對歷代「創業之君」的致祭。

然而，在那「歷代創業之君」的名單裏，未免使人有點驚異的，就是「元世祖」三字竟赫然同在。「元世祖」也是一個「創業之君」，是不錯的。但他所「創」的「業」，豈不就是對漢族的屠戮，豈不就是漢族千萬人民的血海屍山麼？他所「創」的「業」，豈不就是對漢族的奴役，朱元璋如果眞是「民族革命領袖」，豈不就應該徹底摧毀它的麼？然則，「民族革命領袖」的尊號，也就未免可疑吧！

原來，朱元璋的意識和感情裏面，實在就沒有一點「民族革命」的影子：

「（洪武元年七月）辛卯，諭徐達曰：『……元祖宗功德在人，其子孫罔恤民隱，天厭棄之。……』」（明紀卷二）

「（洪武二年）二月丙寅朔，詔修元史。……帝諭之曰：『元初，君臣樸厚，政事簡略，與民休息，時號小康。季世嗣君荒淫，權臣跋扈，兵戈四起，民命顚危。……』」（明紀卷三）

「元祖宗」踏進中國來時，屠戮之慘、剝削之重，即在今天，血迹猶新，哭聲猶響；僅僅隔了一百年的朱元璋，竟然不見不聞，反而稱為「小康」，頌為「功德」，總不能不算怪事吧！

然而不足怪；還有更甚者焉：

「（洪武二年五月，李文忠克應昌，走元嗣君，俘獲甚衆。）壬申，李文忠捷奏至，羣臣稱賀。……中書省草詔多侈辭。帝責之曰：『元主中國將百年，朕與卿等父母，皆賴其生養。元之興亡，自是氣運，於朕何預？而以此張之四方，有識之士，口雖不言，心未必以為是也。亟改之！』」（明紀卷三）

這回，連「子孫罔恤民隱」「季世嗣君荒淫」的話都不說了，只是一昧的歌功頌德，感恩圖報之情，溢於言表。那麼，對於「有元一代」的「開國規模」的稱頌，又何足怪呢？自己的祖宗的血迹，在他看來當然成為燈彩的光輝；自己的祖宗的哭聲，在他聽來當然成為太平的歡笑了。

然則，朱元璋的視官聽官都有了毛病麼？答曰：並沒有的。實在說來，他雖然是「濠產，距沛不遠」，而其看待同族人民，却與「元祖宗」的看法並無不同。在他的眼中，這些同族人民，實無異於被征服的異族。所以，對待人民的方法，也大抵和「元祖宗」的是一樣的。洪武九年十一月，平遙訓導葉伯巨應詔陳言，對於當時的情況，有如下的敍述：

「古之為士者，以登仕為榮，以罷職為辱；今之為士者，以溷迹無聞為福，以受玷不錄為幸，以屯田工役為必獲之罪，以鞭笞箠楚為尋常之辱。其始也，朝廷取天下之士，網羅捃拾，務無餘逸，有司敦追上道，如捕重囚。比到京師，而除官多以貌選，所學或非其所用，所用或非其所學。洎乎居官，一有差跌，苟免誅戮，則必在屯田工役之科，率是如常，不少顧惜。……

「漢嘗徒大族於山陵矣，未聞實之以罪人也。……今賊突竄山谷，以計求之，庶可或得。顧勞重兵，彼方驚散，入不可蹤跡之地。捕之數年，旣無其方，而乃歸咎於新附戶籍之細民，而遷徙之，騷動數千里之地，室家不得休居，雞犬不得寧息。況新附之衆，向者流移他所，朝廷許其復業。今附籍矣，而又復遷徙，是法不信於民也。……

「……而陛下切切，以民俗澆漓，人不知懼，法出而姦生，令下而詐起。故或朝信而暮猜者有之，昨日所進今日被戮者有之，乃至甫令而尋改，已赦而復收。天下臣民，莫知適從。……」（明紀卷四）

這裏所說的都是實情，觸了朱元璋的痛處，所以這位葉先生就立刻被抓來，「下刑部獄，死獄中」了。這些辦法，實與「元祖宗」所行的無絲毫差異。僅就對於士大夫的手段來說，也是一律奴隸待遇，所以洪武三年詔興科舉，就有「前元待士甚優」之語。而「前元待士」的方法，如衆所週知，是把「士」列在「倡優隸卒」之間的。

「（元至正十八年，太祖破婺州）王興宗為金華知縣。興宗，故隸人，李文忠李善長皆以為不可。太祖曰：『興宗事我久，勤廉能斷，儒生法吏莫先也。』」（明紀卷一）

在他看來，「儒生法吏」原也就下於「隸人」數等。立場相同，感覺自然也相同，朱元璋的做皇帝，和「元祖宗」的征服中國是同一性質，所以自然不以「有元一代」為異族侵略者，反於其「開國規模」，乃至「朕與卿等父母皆賴其生養」的「季世」，都極盡其謳歌景仰了。

然而，他偏偏是個漢人，而且是個窮和尚，就使人誤認為這樣那樣的「革命領袖」。何況他還會下詔：

「前代革命之際，獲其后妃，往往不以禮遇，欺孤虐寡，朕甚不取。今元脫忽思后在此，飲食居處務適其宜！」（明紀卷三洪武三年五月）

更是自命為「革命」，更易於惑人了。

一九四四，二，三，於左道樓

效「儒效」

錢穆教授曾在他所著的「墨子」（商務印書館百科小叢書本）裏說到儒家，有這麼幾句話：

「他們的口號是：『學而優則仕，仕而優則學。』他們的事業，只爭得貴族階級下層一個陪臣的地位，——家宰和小相。他們講究的便只是足食，足兵，宗廟會同，使於四方，做貴族的管家或跟幫。」

這的確是一針見血之談，不但把儒家的社會本質揭露出來，而且把他們的學說中心緊緊抓住。

但這是說初期的儒家，在那時貴族世卿的政治之下，做大官無望，故只好「做貴族的管家或跟幫」。後來，貴族世卿政治隨着宗周而消滅，便無「管家或跟幫」可做，又怎麼辦呢？曰：孔子聖之時者也。效法孔子的，自然也是孔子而時中，新情況之下自有新辦法。又所謂「時中」，自然要越「中」越上進，故新辦法倒比舊辦法的眼界更高，不止「貴族的管家或跟幫」而已。不過，所謂「更高」，也不能遂到「犯上作亂」的程度，「是故終身志望，不敢妄希帝王，惟以王佐自擬。觀荀卿『儒效』篇云：『大儒者，天子三公也；小儒者，諸侯大夫士也；衆人者，工農商賈也。』是則大儒之用，無過三公，其志亦云卑矣。」（章太炎先生，諸子學略說）「其志亦云卑矣」與否，可不必論；而「坐而論道」的「三公」，比起「貴族的管家或跟幫」來，顯然已高得多了。「坐而論道」之餘，回想從前「宗廟會同，使於四方」的可憐相，自然不勝今昔雲泥之感。這時，就把從前的醜態儘量宣佈出來，也好像大資本家自述少年做小偷的情形，反足以增加奮鬥的光榮，毫無可恥之處了。

然而，做了「三公」，「儒效」雖已達到；但「坐而論道」之時，究竟「論」些什麼呢？不用說，「格、致、誠、正、修、齊、治、平」的「大學之道」，古來素稱「帝王之學」、其將「論」及，是無疑的；像明太祖時那樣，作為「儒臣」而「為武臣講經史」，使他們「庶得保族全身之道」，也是無疑的。問題在于，怎樣使一切聽議者尤其皇帝本身聽信遵行這些「道」呢？在這裏，就只好搬出祖傳法寶的「天」來，說人的行事必需上體天意。能體天意而行事的，可以使「國泰民安」，天象就「風調雨順」；大背天意的，固然要失去「天命」而亡國覆宗，小背天意的，亦將使「寒暖不時，風雨無節」，有「天象示警」。這一套法寶，的確也有些用處。所以，因「日有食之」而「下詔求言」，因「雷震某某殿」而「避正殿省衍」，因「亢旱成災」而「省獄決囚」，這一類事居然也史不絕書。而王安石敢於昌言「天變不足畏，祖宗不足法」，也就一直被攻擊了幾千年。那麼，所謂「天意」，便成為實現「儒效」的工具了。

但這工具的使用，實仍不免有時而窮。記得在什麼一本書上看過：張獻忠將殺掉大批的人，天上忽然密雲四集，雷震電擊。旁邊有儒生就乘機勸告，說是已有天象示警，應該停止。

不料張獻忠對天大罵：「老子殺人，關你什麼事？」並且下令從山頂上對天放幾炮，看他晴不晴。放炮之後，仍然把那大批的人殺掉了。這種時候，什麼「天變」，眞是所謂「卵用！」了。

然而，還不只此。張獻忠究竟沒有做成皇帝，對於「帝王之學」還沒有研究，所以才敢公然向天挑戰，把天看得一錢不值。對於這種人物，能「識去就之機」的「儒臣」，本來就不願幫忙或幫閒，所以這種情形究竟較少遇到，不必怎樣費力去計劃對策。在此之外，譬如明太祖那樣的人，如果碰上一個，就不免眞正的「傷腦筋」了。這位皇帝，本來也是強盜出身，只曉得一刀一槍的幹法，不知道什麼文縐縐的玩意兒，但到了剪滅羣雄，定鼎金陵以後，立刻和一切「太祖高皇帝」一樣，悟到「馬上得之，不能馬上治之」的道理，再被劉基宋濂一班「儒臣」所包圍，於是也就弄起祭孔，封衍聖公，編纂經書注疏，選「儒臣」進講「大學衍義」這些把戲來。而如前所述的因「日有食之」而「下詔求言」等等，也做了很多次。這時，「儒臣」們大概樂不可支，以爲這個皇帝竟然也和別的皇帝一樣被他們包圍利用，「儒效」從此大行了。但不料，這位皇帝其實很有些不同，雖然不像張獻忠，仍然做出了兩件使他們啼笑皆非的事。

第一件是：

「（洪武元年八月）會以旱求言，基（劉基）奏：『士卒物故者，其妻悉處別營，凡數萬人；工匠死，胔骸暴露；吳將吏降者，皆編軍戶：足干和氣。』帝納其言，旬日仍不雨，帝怒。基有妻喪，遂請告歸。」（明紀卷二）

你說不下雨是由於這些原因，現在我把這些原因除去了，爲什麼過了十天仍然不下雨呢？他的「怒」的確不無道理，這位開國儒臣劉基先生也只好嚇得借故告假回家去了。但這還是偶然的事，還不說。

至於第二件：

「（洪武十三年九月）帝以密勿論思不可無人，乃建四輔官，以四時爲號，詔天下舉賢才。戶部試尚書范敏，薦耆儒王本等。丙午，告於太廟，以本及杜佑龔斆爲春官，杜斆趙民望吳源爲夏官，秋冬闕，命本等攝之，位都督之次，屢賜敕諭，隆以坐論之禮，命協贊政事，均調四時。又月分三旬，人各司之，以雨暘時若驗其稱職如否。居無何，斆等四人相繼致仕。召安然代之。本亦坐事誅。」（明紀卷四）

這些「耆儒」們忽然被薦來做這樣大的官，雖無「三公」之名，但「隆以坐論之禮」，顯然也就是一樣的「坐而論道」，本來以爲可以充份發揮其「儒效」了。豈知明太祖的意思完全是別一種：你們平常慣說「儒效」，現在就來「效」你們一下看；該你管的十天以內，如果天象有變，就要找你負責！但老實講，天的事情誰料得定呢？多下幾天雨，證明他不稱職；多出幾天太陽，也證明他不稱職；熱一點，也證明他不稱職；冷一點，又證明他不稱職。每天早起，戰戰兢兢的祝禱老天千萬不要有變象；如果一天平安過去，才鬆一口氣，又保住一天的飯碗；然而，接着又是明天：這樣的官誰幹得了？那時還沒有氣象台，更無法可想。於是，自然不免「相繼致仕」；而領銜的王本先生，竟被殺了頭，明太祖這個辦法，既不負「逆天」的惡名，反有「畏天」的美名，而實在却塞住「儒臣」們的嘴，使他們不敢借名來嘰哩咕嚕，眞是極其巧妙也極其毒辣的。

然而，王本等人，既被稱爲「耆儒」，可見年紀都已很老。他們在應詔之時，對於自己將要担任的職務的危險性，總不能毫無所知，何以甘願拚老命去冒險呢？曰：這也還是儒家的傳統精神。「孔子之譏丈人，謂之『不仕無義』。孟子荀卿皆譏陳仲：一則以爲『無親戚君臣上下』，一則以爲『盜名不如盜貨』。而荀子復述太公誅華士事，由其『不臣天下，不友諸侯』。是儒家之湛心榮利，較然可知。所以者何？苦心力學，約處窮身，心求得讎，而後意慊。故曰：『沽之哉，沽之哉！』不『沽』，則『吾道窮』矣。」（章太炎先生：諸子學略說）儒家自處，刻刻在「待價而沽」的狀態中，愈老愈急於出脫。所以，少年時還不妨帶一點點「非聖無法」（略近於今語所謂「疑古」）的作風，做個踏脚石；等到名譽已高，年紀已大，「疾沒世而名不稱焉」，就非趕快賣身投靠不可了。一時做不到「經筵講官」，先「爲諸武臣講經史」或「爲諸文臣講經史」也可以，只要再進一步就成。反正「曾子居武城，子夏居西河，還安受着貴族的蔭庇和豢養，而無可奈何。」「儘管他們學說上反對貴族，生活上還是同樣的要依賴貴族的。」這種事情原是自古而然，毫不足怪的。

所可怕者，還是遇到明太祖那種「效『儒效』」的辦法。雖然可以懲於前失，不再以「天」爲實現「儒效」的工具，另換個什麼，而成爲「新儒學」；但無論另換個什麼，只要還言「儒效」，仍然可以卽用其工具來「效」它一下的。譬如說，「大陸農業文化的永遠青春」吧，那麼，就叫他去種田，看他能長生不老以至返老還童否。再譬如說，「抗戰的動力全在教育」吧，那麼，就叫他帶着幾個學生上戰場，看他能打退敵人否。此外，譬如說，「担水砍柴皆有妙道」之類，也不妨就叫他試幾天「担水砍柴」，不說出那裏面的「妙道」就不准停止。

這爲他們計，當然有點吃不消；然而，爲我們愚民計，好處是多的，首先就落得一個耳根淸淨。

一九四四、二、六、於左道樓

從「遊龍戲鳳」說到「妾不如偷」

前兩年，曾有關於陶潛的爭論。有人站出來大義凜然的說：每個人都不應該逃避責任而去做隱士；故陶潛的立身行事是錯誤的，云云。這個道理，其實是古已有之：

「普天之下，莫非王土；率土之濱，莫非王臣。」

「君，天也；天可逃乎？」

「聖代無隱者，英靈盡來歸。遂令東山客，不得顧采薇。」

一切聖明天子，原都是痛恨隱士；尤其是開國之君，對於所謂「山林巖穴之士」，更要不憚煩勞，三令五申，非盡量搜羅出來以點綴太平不可的。所以，就有「桃花扇」「尾聲」一折裏所表現的，拿着拘票之類來「禮聘」山林隱逸的情形。

而尤其可怕的，是明太祖的辦法：

「貴溪儒士夏伯啓叔姪斷指不仕，蘇州人才姚閏，王[illegible]被徵不至，皆誅而籍其家。」（明紀卷五）

不但殺頭，而且鈔家。後來，還因此「輯官民過犯，條爲『大誥』，分列十目，最後一目就是「寰中士夫不爲君用」。那裏面的刑法，據說是「凌遲，梟示，種誅者無慮千百，棄市以下萬數」，則對於那些「不爲君用」的隱士們，至少也是「棄市」，並且着爲定法了。

爲了不做官，竟至於砍斷手指，則官之不可做也可想而知。試看那時的情形：

「（洪武十八年三月）帝疑北平二司官吏李彧、趙全德等，與戶部侍郎郭桓爲姦利。己丑，坐桓盜官糧，誅之。自禮部尙書趙瑁、刑部尙書王惠迪、工部侍郎麥至德、暨六部

左右侍郎下，皆死。贓七百萬。詞連直省諸官吏，繫死者數萬人。覈贓所寄借，徧天下民，中人之家大抵皆破。」（仝上引）

小百姓的破家，固不足道。但各省的幾萬官吏，和中央的幾乎全部大員，一下子相繼送命，只爲了皇帝老兒的輕輕一「疑」；而且，後來這事激怒了天下民心，皇帝也覺心虛，又「論右審刑吳庸等極刑，以厭天下心」：這樣的做官，眞所謂「整天把腦袋提在手上」，還不可怕，還能幹得的嗎？

更有：

「其始也，朝庭取天下之士，網羅捃拾，務無餘逸，有司敦迫上道，如捕重囚。比到京師，而除官多以貌選，所學或非其所用，所用或非其所學。洎乎居官，一有差跌，苟免誅戮，則必在屯田工役之科，率是爲常，不少顧惜。」（明紀卷四載洪武九年十一月本遙訓導葉伯巨應詔陳言）

這對於被徵的隱士們，更是最好的前車之鑑。則其抵死不做官，乃至砍斷手指，當然毫不足怪了。

然而，皇帝老兒把隱士們弄來做官以後，既是這樣待遇，那麼當初到底又爲什麼而非弄來不可呢？最方便的答覆是：隱士們的口號都是「不立於汙君之朝」，如果讓他們長久隱下去，豈非默認自己爲「汙君」了嗎？但我看，是不僅如此，還有更微妙的理由在。

記得馮友蘭教授曾在他的『貞元三書』——然而已記不得是那一書裏，把「君臣」和「夫妻」兩種關係作了很好的比較。大意是：出仕爲臣與出嫁爲妻，乃是同類性質的行爲。故相同於妻爲夫死而「殉節」，臣亦須爲君死而「殉節」。但如果不曾出嫁爲他的妻，則於他死時並無「殉節」的義務。所以，不曾出仕爲臣的，於君死時亦無「殉節」的義務；平民而亦「殉節」者，則向來都並不稱爲「殉節」，別稱爲「義民」。同時，臣對君可以「告老」，子對父却不可「告老」，也可見「君臣」的關係實與「父子」的關係有着「種類上的不同」。

這個比較，方才已經說過，是「很好的」。但是，於傳有之：「人盡夫也」，而君却實在只有一個。這一個君，實在不僅是「臣」的「君」，同時也還是「民」的「君」的。所以，對於君的「出嫁」，實在不必等到「出仕」之時，只要生下來就已是的；不過曾經「出仕」者是正式的老婆，未經「出仕」者是姨太太或「收房」的丫頭而已。「人盡夫也，君一而已」，這個差別原來極其顯然；而馮教授未說及此，若非智者千慮之一失，就是因爲此理過深，俾能揭其端緒，其餘精蘊不能盡行發揮吧！

但既然天下人生下來都是姨太太或「收房」的丫頭，所以每個人就都有「薦枕席」的義務，皇帝隨時都可以「召幸」的。這在女人方面，就直接表現爲「選妃」，以至「遊龍戲鳳」之類。而在男人方面，便是「科舉」和「薦辟」了；正常的「科舉」相當於「選妃」。例外的「薦辟」相當於「遊龍戲鳳」。但總之，無論是正常還是例外「選妃」。例外的「薦僻」相當於都不但是「夫君」的固有權利，而且是把你由「收房丫頭」升爲姨太太，或由姨太太昇爲太太的好意；所以，儻若不願順從，也就不但侵害「夫君」的固有權利，而且辜負「夫君」的好意了。

然則，像明太祖那樣對付隱士們的方法，理由就可以明白：你本是我的人，我要你昇任姨太太或太太，你們就得順從，做了姨太太或太太後，能「固寵」的我當然寵幸，失寵的我當然要打入冷宮以至殺掉。但如果開初就不順從，侵我權利，負我美意，却不行的；所以，「寰中士士夫不爲君用」者，殺！換言之，「隱士」兩字，也就一般的見惡於一切聖明天子了。

可是，天下事也並不能拘泥。普通人中間，都有「妻不如妾，妾不如偷」的信條，何況堂堂天子呢？有時，正正經經的做了「后」「妃」「昭容」「婕好」之類倒並無意味，反是偷偷摸摸的比較更好。所以，以宋徽宗之力，要把一個李師師公開接進宮去，誰敢怎樣？但他偏不，雖然已經册她為「宸妃」，却仍讓她住在宮外做她的「名妓」。自己則不惜犧牲，從宮裏打地道到她家，鬼鬼祟祟的鑽來鑽去。並且和周密爭風吃醋，幾乎把這位詞人弄得充軍。而清朝的咸豐皇帝，更因私出亂嫖，至於「出痘」而死。由此類推，只要手段高明，儘管表面上「不為君用」，無論做山林隱士或是在野名流，也並不一定就會得罪；反而可以像李師師一樣，份外的「承恩」的。

不妨再比較下：這類隱士或名流之被「賜宴」或「請吃飯」，皇帝看來就如偷偷向宮外叫條子，比后妃之流的公開「侍宴」更有味；請來「論道」或「講學」，皇帝聽來就如妓女唱「十八摸」，比宮女們的頌聖歌詞更有味；至於這些隱士或名流間或替皇帝實際效一點勞，則在皇帝的感覺中，自然更是等於較有神祕意味的「滅燭留髡」，遠遠勝過宮中那平淡無奇的「進御」「侍寢」了。這樣看來，隱士或名流之類，實乃不可為而可為；但「不可為」中的「可為」，其事至難，非於「君臣」的關係有深刻研究，並從各方面加以比較者，孰克勝此？

可是，「昭容」「婕好」等對於李師師之流，自然也要極端嫉妒的。那麼，除了借陶潛來罵隱士的人，是由於一種體貼「夫君」的「賢婦」的心理而外；另有些專著整本的書來罵盡一切隱士的，其心理亦可得到說明了。

一九四四、二、七、於左道樓

文學的強姦

東山

那邊的山上沒有樹
那邊的地上沒有草
那邊的河裏沒有水
那邊的人沒有眼淚

上面的詩是艾青底荒涼，被××先生引用到他底論小詩裏，刊登在長風文藝第一卷第六期。作者告訴讀者的是：在艾青底這三十二個字裏，清楚地展開了一幅圖畫，「荒野、土堆、山巒，無盡的勞作，貧困與可怕的飢饉」云。

這手法是巧妙毒辣的。

無論詩人艾青在他底主觀上是怎樣的，——色采鮮明地，他是一個擁抱了那「荒涼」的土地的人；不但擁抱了，而且感激着，所以才有這樣的詩產生出來的。就是以這三十二個字來論這一首詩，雖然牠是不夠明朗，正由於不夠明朗，××先生才有機會耍魔法，但是牠底中心，也可以被把握。因為，「那邊的人沒有眼淚」的說法，用不到更多的註解。

艾青是企圖用那樣的「荒涼」，一系列的「荒涼」，來對照從那種「荒涼」中新生的，蛻化的，來寫出和那種「荒涼」異質的，那樣的新東西；詩所肯定的，用反對物強調起來，正像插鮮花於髑髏孔穴裏，擎火炬於霜夜裏，會更倔強一點，也會更嫵媚一點。一種存在於不平衡之間的，衝突之間的，那種力量的體味。

問題極簡單：假使真是「無盡的勞作、貧困與可怕的飢饉」，人可能「沒有眼淚」麼？假使真有着「可怕的飢饉」，人可能「沒有眼淚」麼？——不可能！

假使「無盡的勞作、貧困與可怕的飢饉」倒，如××先生所說的，於人「沒有眼淚」，我極願意有一種和這相類的人以為的「無盡的勞作、貧困與可怕的飢饉」；我以人類的資格和欲求願意，在現有的一種之外。

這是極簡單的，這人為的「無盡的勞作、貧困與可怕的飢饉」，不過是××先生在他底文章上創造的；這人，是××先生和他底和同類。××先生們變艾青底歌頌為咒詛，變感激為誣衊，用意僅僅如此，原來如此。

這是文學上的強姦之一；這是××先生強姦了詩人艾青！——自然更主要的，是要強姦讀者的。

兩個理想世界對照起來的話，就更可以看出東西來了：

這邊的山上有橘林
這邊的地上有黃金
這邊的河裏有可口可樂
這邊的人眼裏有淚珠

一九四四・二・三一。

書評

評「一個人的煩惱」

——目前創作上自然(客觀)主義傾向的一個例子底剖析

石懷池

一

小有產者智識份子的參加抗戰，是有着五花八門的不同形式的，但卻也有一個共同的普遍的主要特徵：大多數都是「只憑着一股熱情，一片主觀的幻想」，投身到「當時的具有強烈吸引力的洪流」裏去的。而其結局，由於各個人底對於客觀環境的不同感受，以及其本質上的或多或少的差異，卻是光怪陸離，紛紜複雜，迥然不同的：有的在戰爭的烈火中得到煉冶，終於一直生活在人民的海洋裏；有的落了荒，在沉悶孤寂裏作着淒楚的個人的戰鬥；也有一碰到冷酷的現實，主觀的幻想頓然消失，於是廢然而返，有良心的則牢騷消沉，坎坷一生，沒靈魂的便乾脆走到相反的陣營裏去。——這是一個變化萬端，廣而大的，足够我們底作家們放馬馳騁的創作領域，而事實也正是如此，大多數去過前線，而現在生活在後方的小有產者出身的作家們都在探索着這個主題。嚴文井底「一個人的煩惱」便是一部這一類型的作品。

主題把握的正確，和對於當前現實的教訓意味，是人們給與這部小說以成功的評價的最主要的基因。茅盾先生在序裏說：「作者沒有從正面寫那些富于積極意義的人物，作者卻寫了個從鬥爭中逃陣下來的人物，但雖然如此，劉明的故事還是有積極教育意義的，因為還是一面鏡子，可以促起反省的一面鏡子。」這是頗為適切的見解。像主人公劉明那樣「愛以幻想餵養心臟的人們」，在抗戰初起時參加戰鬥的而後退逃出來，現在在大後方苦惱地度着麻痺的生活，是很多很多的。這是一個嚴重的真實。有靈魂的臨陣脫逃者讀着這本書，想起自己的往昔的英豪，是會洒幾滴懺悔的眼淚的。

但是，「一個人的煩惱」的成功似乎也僅止於此，而作為一個忠實於人生和藝術的作者卻不應自足於此，相反，應該渴欲向前更突進一步的。

二

誰都明白，藝術作品並不是一篇純社會科學的論文。也不是用人物和事例來解釋一個思想觀點的插畫(illustration)或譜帖(album)。「藝術是從生活內容提昇出來的，社會科學的結論或思想只能作為作家對待生活以至把握生活的引線」，因而，正確的主題並不就是藝術作品的全部成功，僅不過是一個先決條件而已。藝術作品是有牠自己底藝術的特質和生命的，牠要求真實，更要求藝術的真實，牠要求生活和人物，更要求形象化的生活和典型化的人物。這些都曾經是「一個人的煩惱」底作者所努力探索的，但是，不幸地，卻都沒有能達到預期的成功。

首先，我覺得，「描寫生活」曾是作者的長處，但也正是作者底缺點。一個富有魄力的作家，他之處理生活，是應該採取主動的地位的；對於一位新現實主義者，創作過程並不僅僅是一種對於現實生活的冷靜的，精密的，單純的，「概括」和「分析」的，邏輯思維底過程；牠與舊的現實主義，或是客觀自然主義不同的分歧點，就在於牠更要求着一種「戰鬥意志底燃燒，情緒底飽滿，站在比生活更高的地方」。現實的生活是紛紜的，枯燥的，灰沉的，但經過新現實主義者底藝術的主觀精神創造過程，複現在紙上的生活便是精煉過的生活，牠是複雜卻潛藏着內在的發展法則的，牠是普遍卻逗引着讀者的親切感和濃厚的興味的，牠是平淡卻又從平淡中看出不凡和美麗動人的東西。「一個人的煩惱」的作者在精神搏鬥的過程中，沒有做成生活的主人，卻被生活拖累，而深陷在生活的泥淖裏。從這裏面，我們感覺到一種「思想力底灰白」，一種「藝術力底死滅」。作者還困守着舊的現實主義——自然主義的創作方法。

三

關於這個自然主義的傾向，曾一度被批判過：——

「有些作家是，生活隨遇而安了，熱情衰退了，因而對待生活是被動的精神，從事創作的是冷淡的職業的心理。既已失去了只有藉着牠才能向生活突擊的戰鬥熱情，又怎樣能夠獲得思想力底強度或藝術力底強度呢？這就是所謂客觀（自然）主義，是氾濫在目前創作上的一個著目的傾向。」（胡風：關於創作發展的二三感想）

我不知道，這個一般的分析和概括是否也適應於特定的「一個人的煩惱」底作者，然而，「一個人的煩惱」是一種平板的，煩瑣的，客觀自然主義的產物，這卻是一個不可否認的事實。從楊敬之夫婦請客起，一直到劉明和王亮坐上火車回後方來，在作者筆下出現的無處不是生活，現實的生活，日常的生活，然而那卻是無光的，黯淡的，甚而至於叫不耐心的讀者感到疲倦的。這原因是：作者沒有從「現實」和「日常」的生活的寶藏裏提煉出那些最特徵的，最典型的，最動人的生活，沒有能夠滌除去現象中的無數的偶然的瑣節的東西，把社會性的必然的特徵鎔鑄在他的人物裏面；沒有全部地把握住恩格斯的名言：「現實主義不但表示瑣細的正確，而且表示正確地傳達典型環境中的典型性格。」他沒有從生活的沙河裏淘出眞實的金，而是把濕漉漉的沙粒摻和着陰暗地發光的金粒一起搬到紙上來。因而，「一個人的煩惱」裏是有惟肖的現實的場面的：例如劉明走前和石端的不愉快的生氣事件，例如在戰地的某一個朦朧黎明，幾個到「××」去的人來辭別的時候，所有的人底各各不同的反應，再如劉明和梓德山的許多次的談話，這都動人，因爲牠們本來就潛存在現實生活裏，正如同金粒沉澱在沙河的深底一般。但是，在「一個人的煩惱」裏卻更多地有着無數沒有血色的，不關緊要的，瑣細小節的生活場面：例如楊敬之夫婦的請客，例如劉明到趙廣生家去吃飯，例如劉明和石端他們那無數次的吃館子，例如在戰地小縣城裏的吃零食：這都是呆板的，無味的，灰白的，牠們與主題沒有息息相關的連繫，也不會給故事發展以絲毫的積極的影響，更不可能使得某幾個人物的性格強烈地凸出，相對地，牠底庸瑣性只能削弱使人感動的藝術力量，正如同泥沙會使金粒的煥發的光芒晦暗一樣。當然，牠也是生活，但牠卻是生活裏的泥沙，是自然主義的創作方法所產生的圖解式的，照像式的描寫所提供給讀者的產物。

記得G・盧卡契在那篇「敘述與描寫」的論文裏，（這兒暫且不管以盧卡契爲代表的潮流派所犯的以「人民性」代替「階級性」的錯誤。）曾述及愛彌勒・左拉在「娜娜」裏所寫的賽馬場面，與萊奧・托爾斯泰在「安娜・卡列尼娜」裏所寫的賽馬場面的不同意義。前者是典型的自然主義的處理手法，是爲寫賽馬而寫賽馬，暴露賽馬的黑暗內幕爲其主要的描寫目的，與「娜娜」的主題沒有血肉相關的紐帶，作家底主觀精神和被處理的對象的聯結過程，是站在同一水平的邏輯思想的過程：而托爾斯泰是現實主義的，他把賽馬（特別是渥倫斯奇的墜馬）當作渥倫斯奇與安娜・卡列尼娜底愛情發展的一個非常有力的影響的事件來寫，因而，也就積極地幫助了加強了主題的發展。

在托爾斯泰的這個光輝的現實主義的範例中，顯示出我們前面所指明的「戰鬥意志底燃燒，情緒底飽滿，站在比生活更高的地方」，亦即高爾基所提稱的「文學站在現實之上，多少從上而下俯認現實」的作家主觀精神力量的重要性。

我覺得，作者嚴文井在「一個人的煩惱」裏處理生活（精神創造的對象）時，還深深地掉落在左拉的，自然主義的窠臼裏。舊的自然主義必須放逐，而現實主義（托爾斯泰）特別是新的革命的現實主義（高爾基）底處理生活，不應是生活的從僕，生活的平板的照像，而該是生活的有力的主人，生活的藝術的彩畫。

四

生活是錯綜交雜而多方面的，作爲生活的主人的「人」也是衆多而各各不同的，小說是文學裏的大工程，是複雜的宏大的文字組織。牠不僅只描畫出一個人物的片斷的輪廓，也不僅只勾出一條某個單獨人物的生活的痕跡；不，不是的，現實主義的小說應該寫出社會的關係，——社會的本質的內在的葛藤；「人是社會關係的總和」，因而，人與人之間的糾葛和關聯便成爲文學作品不可缺少的處理對象，牠雖不能做到包羅萬象的百科全書式的地步，但牠至少應該能反映出整個歷史時代的風貌和牠底來龍去脈，牠應該能有機地寫出生活在現實的某個角落裏的，某一小組人物的互相關係，和他們各自的生動的有血有肉的形像與典型意味的性格，這才是小說，這才是文學裏的最巨大的敍事的精神工程。

但是，我們假如把這種要求放在「一個人的煩惱」裏，我們是要失望的。除主人公劉明而外，全部小說裏曾出現的無數的人物，那一個是有血有肉，有個性有思想有行動的呢！我們不否認，作者用全力來塑造的劉明，是挖到某種深處的，他底「好像是狷介却實在是孤僻，尙知自愛又不免過于自負」的性格，作者都曾把牠們栩栩如生地活現在紙上，而桂德山和楊敬之、石端也多少能勾出一個大體上的輪廓，然而，還有那些其餘的爲數衆多的人物呢？庸俗的家庭婦女楊太太，可憐而卑瑣的趙廣生夫婦，虛僞的教育家楊昌華，奸猾刻薄的女人潘玉英，還有一羣紙影子似的靑年人穆朗，胡璧，鹿金，天諦、李秋虹，和在戰地遇到的一批飄浮在半空似的救亡靑年王亮，金毅，李詠文，潘基，林萍，劉煥文，李文書，潘春雲，——他們都不是人，只能說是在紙上跳動的影子，一定要說是人，那也僅是舊劇裏的跑龍套者，他們沒有生命，他們底出場，只是陪襯地在主公公背後劃上幾筆背境而已。

五

關於劉明這個人物的處理，我們應該是沒有異議的。作者非常工整地，一刀一筆地細心雕刻着這個人物，他底勞力是有代價的，劉明成了一個某一類靑年的代表。然而，我們在劉明的故事的發展中，找到一個處理不當的破綻。

無疑地，劉明是一個應被否定的人物。茅盾先生解釋這個人物底「後來廢然而返，牢騷消沉」的根因說：「劉明當然不是一個壞人，本質上他還不失爲一個好人，然而由於他的好像狷介却實在是孤僻，尙知自愛又不免過于自負的毛病，再加以貌似沉着實則神經過敏，一方面恥于寄食，看不慣泄泄沓沓的生活，蠅營苟且的把戲，另一方面又不能眞正吃苦，眞正對人民虛心，于是他這本質上還好的人，就不能進一步把自己鍛鍊得成爲堅強的戰士。」這是對的，卻僅是一面，主觀的一面，我認爲決定一個人的前進或落後，還應該看一看他所遭遇到的客觀環境的。

當劉明由於遭遇到後方的，小圈子生活的現實的冷酷的接待，他憤懣，他便到前方去，還是一種「一時的衝動」，然而，卻也不能否認這個行動的積極的意義的。鬥爭是能煉冶人的，多少的小有產者知識分子在抗戰初期的激流裏衝擅着，退下來的固然有，而經過一番煅煉一直屹立在前方以至今日，又何嘗絕無。但劉明是退下來的，其原因據作者告訴我們，固然是由於他底自身的怯弱（如茅盾先生所指出），另一方面也因爲前方戰鬥生活的荒涼和寂寞。是的，在「一個人的煩惱」裏所展示的前方的戰鬥場景是不能煉冶人的，劇團是一個吊兒郞當的組織，參加者也大都是些亂七八糟的份子！「演演戲」「吃吃館子」就是生活的全部意義，這是不可能也沒有理由叫劉明再就下去的。——我覺得，作者底這個忽略相當地嚴重，心軟的讀者們會想：環境是那樣的，爲什麼劉明要一直吊兒郞當下去呢？這樣一來，一個否定的人物立即地變成博得大家同情的，不過是稍帶憂鬱的正直靑年了。

自然，我底意思並不是：因爲要造成劉明的否定性，使故意地不眞實地把前方描寫成理想的天堂，劉明要逃出天堂，回到卑汚的地獄去，自然是罪該萬死。但是，我們要問，抗戰初期的前方戰鬥生活果眞是寂寞荒蕪到如此地步嗎？在一個戰鬥的團體裏，爲什麼個個都是只會吃飯唱歌的瞌睡蟲（桂德山也不是肯定人物，他是玩笑人生的），而沒有一個積極的，眞正對人民虛心，爲祖國貢獻出他自己的生命的人物呢？退一步講，假如承認這是有的，但這種團體是當時前方最普遍最典型的嗎？——！這些都是作者底過份強調，而這些強調的筆觸便使讀者爲劉明找得開脫的根據，教育的意義自然也就更加大大地減少了。

沒有問題，「一個人的煩惱」是一部暴露作品，作者在劉明身上批判着抗戰陣營內的某一些進步智識份子。但是，由於作者沒有把握住前面所提的新現實主義創作方法的原則，也就是沒有如高爾基所一再宜稱的從「高處俯認現實」，而僅僅貢獻無力地剖析生活，沒有向生活搏鬥（戰鬥氣氛的不够），沒有作主體的把握（對劉明的原諒——小布爾喬亞汜劣根性的不够強調），沒有從黑暗中看出光明（劉明是無望的，其他所有的人物也都淪陷在絕望的泥沼中），總之，作者所運用的，還是客觀（自然）主義的創作方法。

我們提出：放逐自然主義。

——十月，北碚。

談「色情文學」

冰菱

碧野先生的「肥沃的土地」（長篇「黃汎」第一部）是表徵着目前的新文學創作上的一種惡劣的傾向的作品。這種傾向，基本上是生活的空虛及對這種空虛的生活的虛偽的，自欺欺人的態度，以及思想能力，實感能力底缺乏。從這種空虛和缺乏，產生了對於政治理論和社會理論作着盲目的適應和投機的八股文學；用來點綴這八股文學的，是一種表現着作者自身底可憐的苦悶的色情主義。

這色情主義，它底文學理論的來源，可能是歐洲文學作品里面的那種浪漫主義。歐洲的浪漫主義，帶着個性解放底色彩的，是對於舊世界的一種猛烈的衝鋒；但跟着這衝鋒，就到來了，個人主義的向着神的掙扎和內心的，內省的頹廢。蘇聯底新文學里面的浪漫主義，比方在「靜靜的頓河」里面所表現的，主要的是人民底原始的力量和潑剌的生命。但我們中國的如碧野先生一類的作家把它們剽竊了來，利用着它們底某類形式，注入了中國的封建奇產階級底苦悶無聊的色情的內容。因此，這里的形式，祇是一種僵死的存在了。

碧野先生，從社會理論出發，也摸做着「靜靜的頓河」，企圖在破籬笆這個人物（？）里描寫如蕭洛霍夫底格黎高里似的人民底潑剌，企圖在花豬這類的人物里描寫地主階級底惡劣的本性，又企圖在水獺媳婦們身上描寫農民們底生活。然而，描寫破籬笆，祇寫了他怎樣浪漫地弄到了小桂花，描寫花豬，祇寫了她怎樣的淫蕩，描寫水獺媳婦，那主要的本領，是寫了她底「胸脯上的酥白的肉」，「雪原一般白而豐滿的胸脯」，以及其他等等。

每一章的開頭「浪漫地」描寫着風景，而差不多每一章的結尾，都是色情的引誘。碧野先生寫花豬底色情，顯然地是和她一同享樂着的：關於地主的生活，什麼表現都沒有——這眞是沒落的田園文學底悲哀了。碧野先生不知從哪里看到過中國農婦底胸上的「酥白的肉」以及她底「雪原一般白而豐滿的胸脯」的，但顯然的，碧野先生是用了悲慘的農婦們來滿足了他底色情的享樂了，一面也搏得了「寫人民大衆」的美名。

這裏面的對於生活場景的企圖，關於「小牛犢」等等的描寫，無疑的祇是一種點綴——硬硬地貼上去的。

色情加上政治的和文學的公式主義，一面向今天的苦悶的中層社會搏取觀衆，一面又宣告說：「看吧，人民大衆」！這是把自己當做妓女的色情文學！這是把作者自己及其觀衆們當作嫖客，把人民大衆當作妓女的色情文學，

這樣的贊美者的這樣的色情文學，是目前的文學創作上的一個顯明的傾向。假如碧野先生是從所謂浪漫主義取得了他底辯護形式的，那麼，還有一些先生們，是從中國底古籍，用接受文學遺產底美名，取得了他們底辯護形式的。

姚雪垠先生底「戎馬戀」和「春暖花開的時候」，裏面就有着後者。救亡女性們互相地叫着「好姐姐」和「好妹妹」，我們好像走到「大觀園」裏去了。而作者緝然地認爲這是接受文學遺產底得意之作的。

在姚雪垠先生底「春暖花開的時候」裏面，「紅樓夢」不停地跑了出來，使他底看客們非常的慨嘆了。

公式的政治理論和文學理論，在這裏有着同樣的作用。作者告訴我們，黃梅這個人物，是從地主階層出身的；羅蘭這個人物，是從下層社會出身的，等等。在比較這兩個人物的時候，作者就得意地使用着溫柔的場面。描寫羅蘭在房裏穿軍褲，一陣春風吹來，她趕忙地掩上了腿，我們覺得這簡直是畫龍點睛的筆法了。描寫對花相思，對水流淚，作者顯得肉麻的溫柔體貼，使他底讀者簡直要陶醉了。然而，關於救亡運動，關於民族革命戰爭底深刻的生活根源和衝突，作者是一點東西都沒有寫出來。

在姚雪垠先生底一個短篇「三年間」裏、

是寫着一個幹救亡工作，回了家來的丈夫，怎樣地和他底妻子調情。

此外有一個叫做蒂克的作家，在什麼一個地方發表了一篇小說，後來這篇小說被轉載到「天下文章」上來。在這篇小說裏，蒂克先生寫了，一個美麗的女學生，怎樣地在旅途中被一個汽車夫强姦，後來成了這個汽車夫底小老婆；終於是出去了，「向着黎明的大旗前進」云云。蒂克先生所着重描寫給他底看客們的，是「月經停閉了」，「什麼人又要强姦她」等等。

這篇小說據說會經使一位善心的先生流了眼淚。大家都替這位漂亮的小姐覺得非常的憤怒。但這憤怒，顯然地因爲這是一位「漂亮的」「小姐」，對於目前的社會生活，表現了一種蒙昧的苦悶；在這中間，戴着同情的面具，拿那位女學生來當作享樂；其次，用了「向着黎明底大旗前進」，向八股主義打了一個招呼——這就是這篇小說底一切。

這都是，憑着寫抗戰，寫人民，寫社會的名，夸蔽狎褻地引人入勝的作品——引着他們底看客們走到他們底勝地裏去。

這種色情文學，是黏着在目前的中層社會的苦悶的現實上的。它大量地給中國社會的苦悶而愛時髦的人們，特別是青年們，供給着「精神的食糧」。它用「我底主題是正確的」等等來替自己辯護。它是沒有靈魂的。

一九四四年十一月廿八日

「希望」

第三期要目

附告：「希望」第一期重版，即日出書。

編後記

這第二本就脫期了。交到排字房已經兩個月以上了，但到寫這編後記的現在，還不能看到最後的校樣。許多萬人企望的大事都只好讓時光老人嘆息，一本小刊物底晚產當然算不了什麼的。但願第三本能够不再如此。

至于內容，和第一本一樣，在某些文壇月旦家看來，依然不過是一些使他們感到不快的厭物罷。頂好的東西當然是牡丹月桂，但世上也還不免有荆棘或蒿藜，這在荆棘或蒿藜的我們，實在是萬分抱歉的。

但我現在也說不出什麼附加的話。清樣既還沒有送來，原稿也當然還留在排字房里，現在所有的只是兩個多月以前讀原稿時的印象而已。但也可以從留在手里的目錄回憶一點的。

有三篇關于理論的譯文。第一篇是關于文藝生命的簡單說明，太簡單了，但我想，在被以爲靠交際手腕可以成仙成聖的文場空氣所包圍的現在，再提一提也是好的。第二篇，副標題才是原題，爲了加重對于內容的暗示，譯者另外取了這個題目。雖然只是對史劇這個被限定的範圍說的，而且也太簡單了，但對于以爲文藝應該是時論或新聞記事的諸公，算是提出了一個不同的說明。作爲第一篇底補充，說明文藝上的眞實到底是什麼一回事，大概值得一讀的。到第三篇，這才展開了具體的問題和具體的分析，記得曾有過一些由它引起的意見，但現在也無從說起。「萃業」上有過一篇關于「人民性」的譯文（期數忘記了），和這一篇可以互相參證。

論詩的四則，也還是沒有提出按照它們就可以寫出傑作來的規律，文章當然也是零零碎碎的。但如果世上還有不以研討用字、造句、押韻爲藝術創造底能事的詩人，也就必然會有這種沒有公式可尋的詩論。只有當詩不從人生要求出發的時候，詩論才會不帶人生要求的氣息。

「論中庸」。在作者自己，以爲可以作爲「論主觀」底補充。但對「論主觀」抱有疑難的，對這一篇也不會不引起疑難罷。疑難是好的，它會引起進一步的探求，不够的可以補充的，錯誤的可以糾正，因爲，疑難不等於抹殺，猶如批評不等于言論統制一樣，本是明明白白的。自己的弱點一受到批評就說批評家是法西斯，這恐怕只有混虫才會採用的「法西斯」的口吻。當然，不能沒有弱處罷，記得論及個性解放的時候，對它和集體主義的深刻的關聯就沒有充份地說明。

對于創作，沒有什麼補說的。但關于兩個小說集，却還有幾句話。除了一篇，這些都寫的是小市民或知識份子，而且都是灰色生活底自欺或欺人的奴才。艱苦的政治局勢，幾年來的窒息的後方生活，使這個「五千餘年古國古」的社會還是一個太重了的對于個人的壓力，多少智識份子崩潰了，多少智識份子還在做着莫明其妙的夢，說他們是自己吃着自己的尾巴的蜻蜓，還是寬厚的，其實是一些對黑暗勢力有利的無恥的順民。當然還有不同的人們，這里不過是一些灰色動物，而且是灰色動物里面的若干形象而已。在作者們自己，決不是僞了開一個動物展覽會，舉一反三，在生活里面的，和人民同在的讀者們，所感受的應該是觸目驚心罷。

雜文，涉及的對象這次是比較廣泛一些了。但也並不同意一位來信所說，對于封建意識的批評是「從古書中斷章摘句」。不的，那些「斷章摘句」後面正藏着封建意識的幽靈。追跡它們，還要繼續追跡他們！至于有的讀者提議不如用這篇幅多登純文藝的作品，就更和我們底意見相遂了。把文藝當做忘憂草，把文壇做成好像是樂園，我們沒有這種本領也沒有這種福氣。不用說，雜文只能是刺一樣的東西，刺是不容易刺死人的，但刺破動脈試試看。有的朋友說我們底雜文還不够有力，不够刺中典型事物底要害，這倒是應該警惕的。還有書評。但關于這，暫時不說什麼罷。如果做一個掮客，只要是賺錢的貨物都當作寶貝，那當然皆大歡喜，要不然，就得有別樣的準備或決心！

臨了，對于以「希望」爲題目的兩篇補幾句說明。譯詩，是偶然記起，譯出的，爲的是原詩底那一種追求的悲憤。至于所謂有「希望」的人們，不過是作者由那些人物順帶地也對「希望」這兩個字的並無惡意的諷刺，但就對於那些人物說罷，王老太婆並不能包括在內的；便宜地放在一起，應該對她表示誠懇的歉意。這說明，是因爲接到了好幾件以「希望」爲題的來稿。刊名不過是一個記號，而人生戰鬥里，於那個希望，它也並不要求我們歌頌它本身，它引起我們對現實的追求熱誠和用這追求熱誠所掘發的人生眞理。

胡　風（三月二十三夜）

正誤：第一期「編後記」內「無論對于實現主義或教條主義」的「實現」二字爲「客觀」之誤。

中國文化投資公司

威海衛路五八七號

電話三九八九一

生也有涯　知也無涯

文化界異軍突起

書報部

是一切新書、雜誌、出版物的總匯。經銷世界、開明、光明、正中、生活、中華、商務，各大書局以及中外、復興……各大出版社新書，代辦文具，服務週到。

印刷部

是一切作家、雜誌社、出版家之友，承接各種書報、卡片、請柬、訃告及學校、機關之大小印件。交件迅速。價目克己。

閱覽室

是一切學生、公務人員、職業青年精神食糧的供應所。搜集全上海報紙雜誌新書，內地及英美的珍貴出版物。每日上午八時至下午七時全天開放。星期例假，照常開放。

饑餓的郭素娥

路翎

震動了大後方青年讀者的中篇小說，爲青年作家路翎的力作。美貌而窮困的郭素娥，「是這封建古國的又一種女人，肉體飢餓不但不能從祖傳的禮教良方得到麻痺，倒是產生了更强的精神的飢餓，飢餓於徹底的解放，飢餓於堅强的人性。她用原始的强悍碰擊了這社會的鐵壁，作爲代價，她悲慘地獻出了生命。」

這裏面「展開了勞働、人欲、飢餓、痛苦、殘酷、犯罪……，但也有追求、反抗、友愛、夢想所織成的世界；在那中間，站着郭素娥和圍繞着她的，由於她的運命而更鮮明地現出了本性的生靈。」前冠胡風先生長序，對作者與作品有愷切的說明。

民族戰爭與文藝性格

胡風

這是胡風先生第三批評論文集，都十餘萬言。寫作的期間約有四年，足見作者上筆之愼和構思之深。在這裏，他指出了文化發展與文藝發展的特徵和方向，他從最高的理論水準上解明了創作方法上的原則問題，他對於幾種基本的文藝形式提出了扼要的指示，他對於革命文學的兩大導師——魯迅和高爾基——畫出了最基本的特徵……。從實際問題引出理論上的要求，所以理論是活的，旣能引起讀者對於理想的熱情，又能使讀者對於現實問題得到銳利的分析力量。

追求者

孔厥

孔厥是抗戰後出現的最優秀的小說家之一，一直置身于北方的戰鬥生活裏面，所以內容上是脫胎換骨的變革過程中最堅實的人生，表現上是不帶一點纖弱味和誇張性的樸實的風格。本集是從作者全部作品裏精選出的小說十餘篇。

青春的祝福

路翎

路翎先生底中篇短篇合集。作者抱着蓬勃的情熱，向時代突進，向人生突進，在勞動世界的搏鬥，殘害，友愛，仇恨的合奏里，我們看到了時代底青春。在戀愛追求的痛苦，懺悔，犧牲夢想的合奏里，我們看到了人生底青春。但作者一貫地用着祝福的心，不但使讀者感到熾熱的時代的呼吸，更使讀者得到對於人生理想和人生戰鬥的勇氣。

生活唯物論

舒蕪

青年哲學家舒蕪的出現，在後方讀者社會中造成了一個驚奇。他的每一篇論文都深深地刺入了現代中國的思想狀况的要害，因而引起了廣泛的討論。本書是爲青年讀者寫的一本哲學講話，但却是因全力把最高的原則提示了出來。因爲是從現實生活要求提出問題的，所以毫無難懂之處。用小說式的對話體，活潑而生動，有很高的獨創性。每章附有討論題目，書後附有詳細索引。

棘源草

胡風

本書是作者底抒情的雜文集。一面撫傷，一面酣戰。能掘出小事件裏面的思想的根源，能剝開小花頭下面的醜惡的本相。讀「棘源草」，看得見一個士卒的刀光劍影，也看得見那擋路的、絆脚的、臃腫的軀殼。

財主底兒女們

路翎

約一百萬字的大長篇，是抗戰以來的小說文學中的偉大的收穫。時間自一•二八戰爭到蘇德戰爭爆發，舞台由蘇州、上海、南京、江南原野、九江、武漢以至重慶、四川農村，人物有七十個以上（這裏有眞的汪精衛和陳獨秀），主要的是青年男女，一•二八一代的青年男女，抗戰發生後一代的青年男女。以這些人物爲幅射中心，在這部大史詩裏面，激盪着神聖的民族解放戰爭底狂風暴雨，燃燒着青春底熊熊的熱情火焰，躍動着人民的潛在的力量和强烈的追求。而且，作者是向着將來，爲了將來的，所以，通過這部史詩裏面的那些激盪的境界，痛苦的境界，陰暗的境界；歡樂而莊嚴的境界，始終流貫着對於封建主義和個人主義的痛烈的批判和對於民族解放，個性解放的狂熱的要求。這是現代中國底百科全書，因爲它所包含的是現代精神現象的一些主要的傾向，橫可以通向全體，直可以由過去通向未來的傾向。這是光明和鬥爭的大交響，在衆音的和鳴中間，作者和他的人物是舉起了整個的生命向我們祖國的苦惱而有勇氣的青年兄弟姊妹們呼喚着的。前有胡風先生長序和作者自己的題記。將分四厚册出版。

抗戰八年中：

人民的精神經過了怎樣的鍛鍊？

人民的生活發生了怎樣的變化？

胡風先生編選：

傑出的新作家

優秀的新作品

我是初來的

胡風選

這是「七月」裏面不能單獨成集的詩人的選集。這些都是一首至多兩首的詩人，而且都是第一次和讀者見面的詩人，但好像少年男女的初戀，這些詩都是最純潔的眞情。現在選成一本，有如一個花球，每一朵都現出特有的色采，都發出特有的香氣。共分五輯，各各反映了時代精神的一種狀態，一個方向。書前有胡風先生四千餘言長序。

無弦琴

S·M·

作者是持槍的詩人，流血的詩人，求眞的詩人，他的詩，帶着槍刺的閃光，帶着鮮血的閃光，更帶着求眞者的變愛仇仇的閃光。我們在這裏接觸了蕭穆的詩的境界，嚴峻的詩的風格。

旗

孫鈿

這是從最殘酷，最現實的戰鬥裏面發出的戰鬥的聲音，但詩人的語言是那麼的清新，詩人的胸懷是那麼的坦赤，好像戰鬥對于他是最親切的日常生活，這些戰鬥的聲音好像是對于戀人對于慈母的傾訴。

意志的賭徒

鄒荻帆

「你是意志的賭徒，以生命爲孤注一擲」。爲了鬥爭，爲了理想，也爲了生命的歡喜，詩人想尋求孤注一擲的人生意義。他從一棵草一朵花裏面尋求，從一個戰鬥的人格或一個民族的命運裏面尋求。

給戰鬥者

田間

在中國詩壇，作者是一個勇猛而矯健的濁將，由于他，先進人民的眞實的靈魂才走進了詩裏。本集是戰鬥以來的作者已發表未發表的全部作品的大選集，共分五輯，說明了時代精神的進展，作者戰鬥生活和戰鬥情緒的進展，詩的風格的進展。這裏面表現先進人民的精神覺醒狀態和路向。

北方

艾青

這是最能代表詩人艾青的一本詩集。作者在這裏用最純眞的語言傾訴了對于祖國，對于人民的愛，對于祖國的解放的希望。詩人自己是農民之子，因而他的歌聲是從廣大的土地的深處發出的。

醒來的時候

魯藜

天眞的詩，沉醉的詩，美夢的詩，但詩人底天眞，沉醉，美夢：：：是發芽于最艱苦的鬥爭裏面，發芽于殘現實的戰鬥者的堅韌不拔的心懷裏面。詩人的歌聲打開了我們更愛人生也更愛鬥爭的靈魂的門。從他，許多年青的詩人被啓發了詩的靈感。

預言

天藍

作者是個特彩的詩人，他的熱情是在戰鬥的思想裏面錘了又錘，煉了又煉的，因爲他所歌頌的，是在時代洪爐裏面燒過了結晶了的人生。他的筆觸帶着鏗然作響的鋒利，他的風格好像是鋼板上的發着烏光的浮雕。

泥土的夢

杜谷

深深的滲入了地母的呼吸，氣息，希望，歡喜，以及憂傷，與痛苦，詩人才能夠唱出了這樣深沉的大地的歌。這樣的歌，只有深愛祖國的詩人，善良到像土地一樣善良的詩人，坦白到像土地一樣坦白的詩人才能夠唱出的。

躍動的夜

冀汸

詩人所唱的是戰爭的童年的情緒，社會的童年情緒，這裏面是純潔的樂觀的開朗的心懷，以及醉酒一樣的戰鬥氣魄。在詩人的面前，一切都現出友愛的笑容，一切都發出親密的聲音，罪惡和汚穢都銷聲匿跡了。

童話

綠原

如果童話是提煉了現實的精英而創造的世界，那麼，童話式的詩是現實人生情緒的更美的昇華。從星星，從花朵，從囚徒，從季節，從一種情緒狀態：從一篇作品，：：：詩人都能構成一個情緒的集章，而這些裏面却都躍躍地跳動着時代的變轉。

▶ 紙型陸續運抵上海翻印出版 ◀

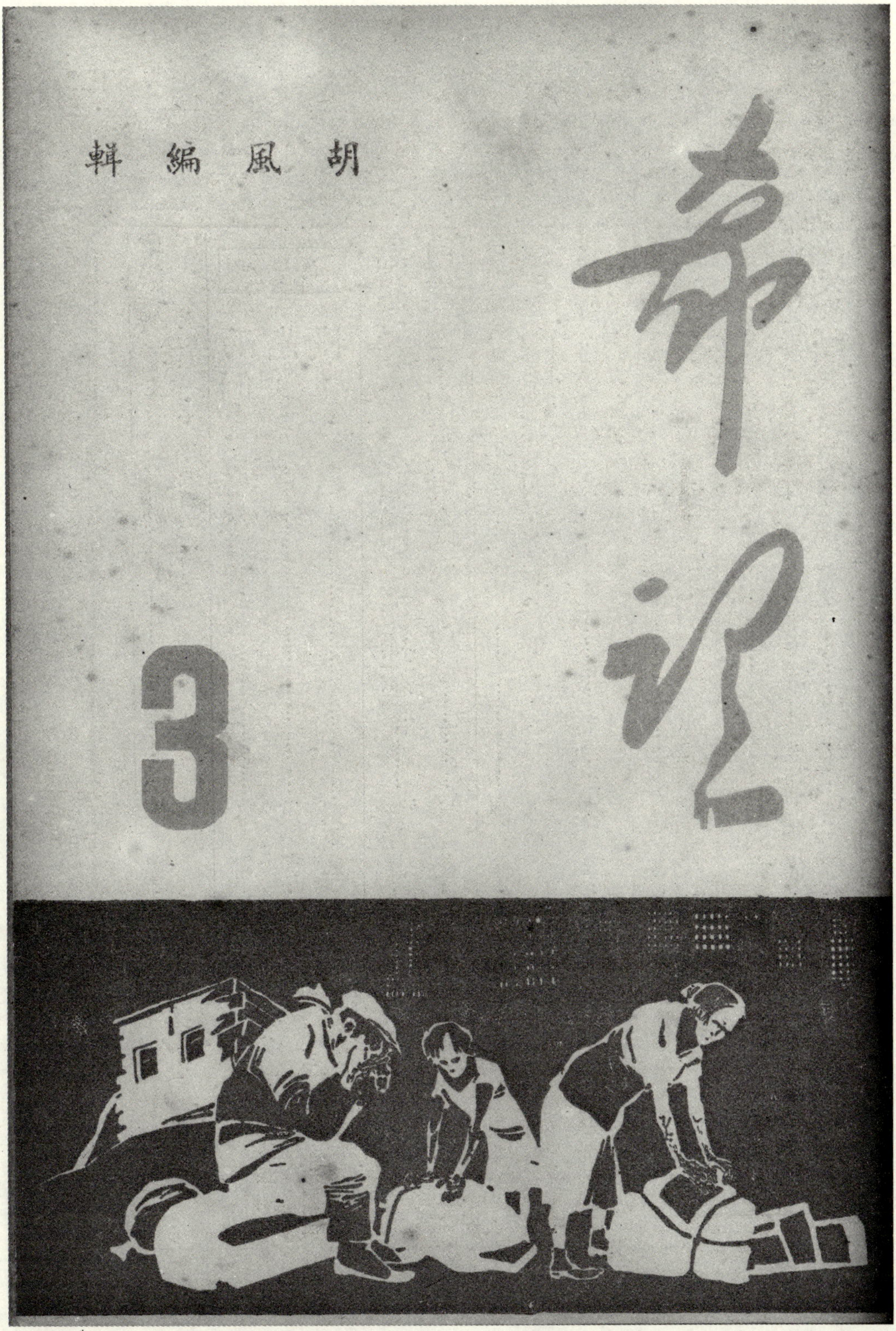
胡風編輯
希望
3

•目錄•

希望

第一集　第三期

三十五年三月上海版出版

編輯兼出版者　希望社

主編兼發行人　胡　風

代發行所：中國文化投資公司　上海威海衛路五八七號　電話：三九八九一

價目：本期零售八百元　外埠郵費在內　掛號照章另加

雜文

書評

徵求基本訂戶一萬戶

辦法：

一、凡一次繳足三千元者，卽列入本刊基本訂戶。

二、凡本刊基本訂戶，得享八折優待，並奉送平寄費及包紮費。（掛號自理）

三、本刊出版時儘先寄發基本訂戶

四、本刊如中途停刊，或讀書興趣轉移，其存款可通知改訂其他刊物或書籍。

五、本社所出「讀書新聞」，凡訂購本刊者，按期奉送一冊。

致讀者：

一、願意廣收同好者底來稿，凡文藝創作和文化批評，不論哪一類（暫不收純學術性的文章）也不論長短，由幾百字到兩三萬字，除了我們認為不好，或者實際是好的但我們不能理解的以外，都願發表。

二、短稿請留底子，長稿附有退件郵票者，不用時當退還。

三、來稿請用有格稿紙，按格抄寫，這對于編者，排者，校者是一大恩惠。

四、爲了節省彼此的時間精力，凡中庸的議論或虛偽的聲音，請免寄。

五、來稿決定發表時卽發通知，發表後卽寄發表費。

六、來稿寄中國文化投資公司轉希望社編輯部

牢獄篇

（寄民主的××犯們）

牧青

·火的想望

昨夜
聽伐木的聲音
響在山上
欣喜
山下將有火

今天
爬着窗口
去迎接——
呵，是
一道又一道
白楂兒柵欄
并且落了鎖！

·大地

金黃
從菜花湖出來
美麗
生在田園
子彈
從鎗膛跳出來
聲音
響在山外
春天來在大地
大地有着戰爭……

·我願越過牆去

我願越過牆去
看遍地的油菜開花
我願越過牆去
聽小鳥說些什麼話
我願越過牆去
把那爭執的孩兒勸解
我願越過牆去
向着春天出發！

三月，十六日

兩個流浪漢

路翎

我的愛並不是歡欣安靜的人家，
花園似的，將和平一門關住，
其中有「幸福」慈愛地往來，
而撫養那「歡欣」，那嬌小的仙女。
　我的愛，就如荒涼的沙漠一般——
一個大盜似的有嫉妬在那里霸着：
他的劍是絕望的瘋狂，
而每一刺是各樣的謀殺！

——彼兌非

一

陳福安，這個精明的北方人，先前在一家玻璃場里當雜工，後來在一家火柴廠里當警察，其次又在一家礦廠上管理拖車；流浪的這幾年間，他還幹過茶房，燒火的工人，傳令兵，以及其他這一類的工作。在他底同類中間，他總是顯得優越；然而，因爲有時顯得是過於傲慢的緣故，他總不能在他所經歷的那些生活中得到恰如其份的位置。他是有着流浪着底氣魄的。半年以前，他隨着一個管理水運機構的營長到這個小城里來；跟着年青的，豪華的營長夫婦當勤務，他底顯現在他底同類的人們裏面的這種流浪的氣魄是被壓伏了——在他底面前，展現了用金錢和權勢構成的美麗的遠景，他覺得自己已經獲得了新生，他預見着自己底輝煌的前途。在碼頭上逞着威風，有機會也敲榨幾文，他所經歷的那些苦難，他底那些不幸的兄弟們，是全然被他遺忘了。他覺得，他底那些兄弟們，總是匯成一個集團，把他孤零零地扔在外面，輕視着他的；這樣，他就向他們做了報復了。他很得意，做着他底英雄的好夢，希望有一天能夠再見到往昔的那些狡猾的，輕視着他的人們——他覺得是這樣。然而，一個月以前，年青的營長被某個上級機關滯到城里去，隨後就不知下落了。他底朋友們得到消息，知道他是被別人報復了：這是一個險惡的案件。他們着手營救他，可是沒有結果。驚惶的營長太太，那個豪奢的女人，陳福安底偶像，是拋出了大量的金錢，做了一切她能夠做的。可是事情已不可挽回，營長被槍斃了。

到這個縣里來以前，營長歐陽德是在某個師管處里幹着管理糧食的工作的。如一般人所說的那樣，這是一個肥缺。他底上司是他底亡父的朋友，打了電報要他去，原意是在於希望得到一個有力的心腹和助手的。剛去的時候，就豪爽地給了他兩個連的空白的名額；然而却不得不望着他底美麗的，豪奢的女人苦笑起來了。連他底另外的收入加在一起，營長歐陽德每月能有十萬元的收入。這個時代的人們，尤其是，在這個險惡的圈子里起家的人們，他們是常常要寒心的；好像那些強盜們一樣，營長歐陽德時時都懸念着自己底命運，懷着戒心，希望能在弄到一筆鉅款以後就放手。他最初私心希望得到一千萬元，後來，他跑了幾次重慶，被那些新興的富豪們刺激起來了，就決心把他底賭注放在一個更大的數目上。他是一個殘酷的人物

——這自然是的，可是他是多麼愛着他底美麗的女人啊！以他底年青的莽撞和魄力，他就拿他底生命做着賭博了。在他更爲年青的時候，在他苦悶着的那些時間里，他是曾經接近過這個時代底新文學的，然而一面也做着舊詩。這種蒙昧的文學敎養，在他底心里給他描繪着他底拿破崙似的前途：他要做一個震撼世界的，迷人的英雄。在墮入這種生活的這些日子里，他更是常常地想起文學作品的那些美麗的畫面來，這給他一種傲慢，並且彷彿使他底心靈變得崇高。他，懷着怎樣的一種感傷，憧憬一個安寧的，幸福的暮年，一種避世的無爲的田園生活。

實際上，在他底這個險惡的圈子里生活，代替了他底那些英雄的好夢的，是他底內心底恐懼和疲倦，他覺得自己已經衰老了。顯然的，他底逞強的，豪華而美麗的女人和他底肥胖的男孩是他底罪惡的熱望的主要的原因。他希望，一年以後，就能夠帶着他底女人和孩子悄悄地回到他底故鄉湖南去。

結果他遭了一次大失敗，虧空了一千萬以上的公款。有人告發了他。他忽然害怕起來，捲了公款逃走了。接着，他就以爲他底上司，他底亡父底朋友會饒恕他的；這是一種幻想，然而，在這些豪爽的人們里面，這也是常有的情形。到了重慶他就向他底上司寫了一封信去，悲悔他底罪惡，悽涼地回憶着他底父親。這種悽涼的回憶，恐怕是最眞實的了罷。這樣他就沒有逃得更遠。然而，他底上司激怒了。他底地位，是已經因歐陽德底這件犯罪而動搖了。於是歐陽德就丟下了他底女人和孩子，拋擲了他底生命。

歐陽德，是這樣的一個悲慘的人物，然而他却是陳福安底偶像。金錢，權勢，豪爽，殘酷和歡樂，發出了一種迷人的光輝。陳福安是常常要挨主人底罵的，然而他以不曾挨打爲光榮。陳福安看見，歐陽德動不動就和什麼一些人吵架，喊着：「槍斃他，槍斃他個混蛋！」而且拿出手槍來。陳福安並不知道在主人底過去那一段的歷史，他常常看見主人非常之煩悶，躺在椅子里，接連地吸着煙；或者不停地在地板上來回地走着，喃喃地說着什麼。在這樣的時候，陳福安就非常的不安，而且懷着敬畏。然而，他更常常地看見主人底尋歡作樂。每當這樣的時候，明亮的房間里充滿着煙氣和笑聲，陳福安端着東西走進走出，心里就非常的快樂了。這樣的歡欣，這樣的幸福，是怎樣地刺激着這個微賤的人底激動的，驕傲的想像！

這個微賤的人，受過嚴酷的自尊心底教養，雖然崇拜着他底英雄，却也是非常地愛着自己的。假如主人當衆侮辱了他，那他是無論怎樣都要爭回來的。有一天，來了客人，歐陽德臨時吩咐他去叫菜。歐陽德，因爲他底女人不知道預備菜，又不好明說，就悶悶地發着脾氣，於是有兩個客人不安地告辭了。陳福安跑得飛快，捧着菜回來的時候，歐陽德就得到了他底一顯身手的對象了，他吼叫了一聲，搶過陳福安手里的菜盤子來，砸到天井里去。一心想討好的，可憐的陳福安恐怖得發抖，逃到里面去了，但即刻就又走了出來，蒼白，莊嚴，說：他沒有錯。

「營長，你拿手槍打死我好了！」

歐陽德，看着他底堅決的眼睛和顫抖着的嘴唇：這嘴唇上，有一個輕蔑的笑容。於是歐陽德明白，他是得到了怎樣的一件寶貝了。

「傻瓜，傻瓜！」歐陽德，向客人們說，笑了起來；「你看這個傻瓜啊！」

「是！」陳福安說，照着當兵的習慣，不覺地敬了禮，走了轉去。他走到里面便甜蜜地流淚。

歐陽德漸漸地知道了怎樣地對付這個忠心的，自負的，單棄的人。他常常和他開兩句玩笑，常常出其不意地，誇讚他幾句。歐陽德有時感慨地想到，在世界上，祇有這一個人，能為自己而犧牲性命。

於是陳福安就在他底夢想里生活下去。營長太太底聲音，笑貌，舉動，無不感動陳福安；和這個女人說話，就變成了他底最大的幸福。他常常地，顯得非常地洒脫，文雅，向她報告碼頭上的瑣事和街上的趣聞。營長太太是愛聽瑣事的，而且，陳福安底崇拜的表情，他底洒脫的風度，使她常常地發生興趣。「哎呀！天曉得這個鬼人從哪里學來這種風度的！他像是出身很好呀！」她快樂地想。

可是她漸漸地有些懼怕這個人。她在他面前會覺得拘束，她常常不知道應該用怎樣的態度來對待他。他在她面前是顯得過於體面了，雖然他非常地懂得禮節，或者只因為他懂得禮節罷，他不像一個僕人。她，由於一種羞澀的感情，總是避免着，要陳福安替她做事。

然而她有時又有些煩惱，希望試一試自己底權力。

「陳福安，替我買包香煙來！」她冷淡地喊。

體面的僕人走進來了，恭敬地，溫和地笑着。

「您吩咐買什麼牌子呢？」他問，顯示着，他要用最大的忠心去服務。

太太覺得自己已經發陳福安看穿，煩惱起來了。

「隨便你罷。」她說，竟致於氣惱得臉紅了。，

營長太太憂愁，煩悶，這一切都因為她受過高等教育，整天地閑着無聊。她似乎看不起她這個圈子里頭的任何人，然而她又總是用她底豪奢的酒席來奉承他們。在背後帶着狹小的心田的自大和自私，她惡毒地嘲笑他們，當着面的時候，却又總是生動活潑，讚美着他們，而且這些讚美又總是出於一種熱情的異鹹。這一切都是因為不甘寂寞，希望得到別人底讚美。陳福安崇拜着她，但是又慣於把她當作需要保護的小孩，這樣，他就在他和他底英雄歐陽德之間，建立了更大的精神的聯繫。

這大的不幸發生的時候，陳福安因自己底無能而覺得痛苦。他整天地為營長夫婦底不幸的命運而驚惶，竟至於不再想到自己，這在他底一生里，是稀有的。他可憐這個不幸的女人，發生了一種英勇的情緒：他要拯救她。他願望做什麼。接着，他聽說營長已經被槍斃了；他不能明白世界上何以會發生這樣的事，他迷惑起來了。

顯然的，陳福安，雖然很熟悉所謂上流社會的風度，雖然模做着它，却因了那種傾心和迷戀的緣故，不能真正地懂得他。女主人，留下他來照管門戶，又進城去了。十天以後，她回來了，伴着她的，是一個陌生的女人，穿着一件狐皮大衣，陳福安後來知道，這是她底姐姐。陳福安，期待了十天，希望得到好的消息，然而女主人一走進房就大哭起來，顯然的，這華麗的房間里的一切令她傷心。她底姐姐對她用盡了一切安慰的方法，可是她是顯得那樣的無可安慰。她哭着，把她底小孩也弄哭了，她喝酒，揪自己底頭髮，又在地下打滾。

陳福安失望，驚慌。現在他底心是毫不虛偽，他對這個悲傷的女人懷着眞實的敬畏。他覺得，在這樣的時間還焦慮自己底前途，是有罪的。夜里他迷胡地睡去了，夢見了營長。醒來，快要天亮了，他發覺內房里有嚴肅的響動的聲音，並且點着煤油燈。顯然的女主人在收拾她底東西。

「她要到哪里去呢？多可憐啊！」陳福安想。

「阿尼，你看這個。」陳福安聽見，營長太太底柔甜的，疲乏的聲音說。

「什麼？」

「表哥底照片。」

「該死！你一直留到今天。」

「你以爲我會忘記他嗎？」沉默了一下，歎息了一聲，「這個可憐的人！爲什麼他要記着我啊！」

陳福安覺得驚異，同時他被怎樣的一種東西感動着。

「難道她會不愛營長嗎？」他想。

顯然的，營長太太，是在一種甜蜜的感傷里。「阿尼，」她說，「孩子我不想娶了！」不等回答，她接着說：「阿尼，你以爲我會再結婚嗎？」顯然的，她底柔情，她底感傷，她底貞操的自覺，以及她底其他的那一堆東西，需要讚美。

阿尼興奮地笑了一聲，低聲地說着什麼。陳福安想到營長，想到他對這個女人的無微不至的愛情，不覺地歎息了一聲。

「陳福安，」營長太太，用她底柔美的聲音，喊，「你沒有睡着嗎？來！」

陳福安穿起衣服來，懷着嚴肅的感動，走了進去。他看見，營長太太披着大衣，站在一口敞開的箱子面前；那個阿尼，同樣地披着大衣，坐在那里。小床上睡着那個無父的孤兒，里面的房里同樣的有燈光。陳福安，深夜里走進女人們底溫暖的，迷人的房間，又因目前的心情而放棄了洒脫有禮的戒備，顯得很是羞澀了。他聽見外面有大風吹着：正是深秋，蕭殺的季節。他忽然覺得這房間威脅着他，他忽然覺得，營長不在以後，他已經落到一個痛苦的，羞澀的地位上來了；依傍着這個女人，完全沒有一點男子氣慨。

「我陳福安在世界上流浪過！」他想，騰起了英雄的熱情。

「陳福安，我要走了，我也不能留你！」營長太太說。

「我曉得的。」陳福安冷靜地說，皺着眉。

這里站着的，又是一個陳福安！營長太太忽然有些胆怯了。但她知道怎樣對付這個陳福安，他給了她一種便利，比起先前的來，這個陳福安是容易對付得多了。營長太太忽然對陳福安發生了不可解的仇恨的感情。

她關上了箱子。

「我陳福安可以赤手空拳地再來！」陳福安想，撫慰着他心上的創痛，看着她。

他們都聽見吹過屋頂的大風。

「你人很好，到處可以謀生。」營長太太，冷淡地笑着，說，「而且你也正是遠走高飛的時候——這里是給你的兩千塊錢。」

「是的，太太。」陳福安說，接過錢來，向房內掃了一眼，轉身走了出去。他不意地看見了床上的熟睡的男孩和壁上的營長歐陽德底大照片，想到他就這樣地要走開了，一陣熱情在他底心里騰了起來，他走到門邊就哭起來了。

他跑進了他底小房間，倒在床上，發出了一個衝動的，粗野的哭聲。

「陳福安！」營長太太追了過來，替他覺得羞恥，同時驚惶而痛苦，不覺地嚴厲地喊。

「營長啊！嚇！營長，你啊！」陳福安哭着，同時輕蔑地笑着，喊。

營長太太，感覺到這個人底抗議不僅是因爲金錢了，非常的不安。但這個人底天性里面的更深一層的忠實或狡猾，他底動情下面的那些英雄思想，他底對於他底滅亡了的偶像的那種輕蔑，他底對於自己底失望的那種悲悼，却是她不能知道的，她跑進房去又跑了出來，混合着厭惡和憐恤的感情，加給他兩千塊錢。

但陳福安顯得並不注意這個錢。

「營長，嚇！嚇！你啊！」他哭着，又冷笑着，說。

二

於是陳福安就從那個華美的天堂里流落了出來，回到了慘痛的人間。他覺得，這個慘痛的世界，不是高超的他所能夠久留的。他抱着頑強的熱望，在他底周圍尋覓着，希望能夠再踏上那個通向高處的階梯；他熱切地夢想，而且模倣着一切種類的高尙的感情——他覺得是如此——以和一切有地位，有智識的，富有的人們談幾句話爲最大的光榮。他不時地反省，檢查他自己，努力着，以使自己在這些人們面前顯得更洒脫，更懂事，更有教養。

他充滿着神聖的感情，供奉着一個精神的偶像，如這個世界上的一切人們所供奉的。他覺得，比起他周圍的那些微賤的人們來，他是要高超得多；他和那個華美的上流社會是有着深刻的姻緣和一段特殊的交情的。除了能夠開展他底人生遠景的那些事物以外，一切東西他都輕蔑。他愛一切榮華富貴，他卑視一切卑賤和不幸。他善於感應一切華麗的夢，他無視一切悲慘和孤伶。他是飽經風險的人，他底冷酷的心覺得，假如他，陳福安，在潦倒中死去的話，是沒有人願意知道他底身世，而爲他流一滴眼淚的；他底英雄的感情使他樂於相信這個，展開了他底不平凡的抱負。

這種精神的境界，對於那些在富貴的家庭里生長，在社會底高處安享着一切愉快的位置的人們，對於那些飽食終日，腦滿腸肥的人們——對於陳福安底偶像們，自然是不會存在的。這一切，都因爲陳福安是非常的微賤，而對於微賤，又有着敏銳的感覺的緣故：可憐的陳福安，他不知道這個祕密。就在人生底這些恥辱的時間，產生了那些鋒利的騙子！和那些復仇的英雄！

然而他久久地不能再找到那個階梯。他底煩悶和頹唐使他自暴自棄了。他喝酒，嫖妓女，豪爽地請客，花光了他底所有的錢。無法可想的時候，他就在一家轉運行里當起苦力來了。

這家轉運行，有二十架板車，有六十幾個苦力。每天黃昏的時候，苦力們把貨裝妥，第二天黎明他們就動身，拖着米糧，紙張，布匹，沿四十里的公路，到另一個縣城里去。第二天他們拖另外的貨轉來，第三天他們又從原地出發。略有休息的時候，假如興緻好，這些不幸的人們就會把路過的瞎子找來，替他們算命，或者唱歌。

假如僥倖他們能拖着空車子轉來，那他們就會得到一點比較愉快的時間；那些年青的傢伙，就會沿路吵鬧着。然而，等待着他們的，多半是寒冷的風雨和泥濘的道路。潔身自好的陳福安，在這種痛苦的生活里，不和任何人打交道；他也蔑視他們底小小的歡娛，認爲那些都是愚蠢和迷信。

他希望，弄幾個錢，就到別處去想辦法。他也想乘這個機會運一點私貨，或者做一點生意，他向他底伙伴們游說了，可是沒有結果：大家都沒有錢，而且，那些本地人，都不敢信任他。因爲他是常常地喜歡和那些職員們談天的。

一天早晨，落雨的天氣，陳福安起來了，冷得發抖，站在重載的板車旁邊，等待着別人把輪子修理好。實在的，他有些不屑做這些事情。修理車輪的，是一個五十幾歲的，枯瘦的老人，他披着一件單薄的破衣服。他用搖子敲擊着。

別的車子，陸續地出發了。陳福安愁悶地站着，抽着煙。

那老人站起來了，脚步有些飄搖，走到車子後面去。陳福安發現他在顫抖着。

「倒霉！他怎麼弄得動！」陳福安想。

老人忽然地抖索得更厲害，緊緊地咬着牙齒；他伸開兩臂，擁抱着車身，好像要把車子抬起來似的。突然的一陣猛力，他抱得更緊，用他底下巴抵着油布包；好像這擁抱對於他是必需，而且甜蜜的。顯然的，他明白他是病倒了；用力地擁抱什麼，他底顫抖的筋肉得到一種緊張，他覺得是舒適的。

「你病了罷？」陳福安，煩悶地問。

老人拚命地擁抱着，把車身抬起來了。是的，他還有力量，而且他底非常飢渴的心，得到了一種甜蜜的安慰。可是陳福安看見，他底光赤的腿，在緊張地抽搐着。

「去！……去罷！……」老人底戰慄的，粗啞的聲音喊，他底眼睛，凝固了，望着前面。「去罷！……回來！……回來再吃飯！……」

車身落下來了，他倒在油布包上面，抽搐着。很多人跑了過來，大家以爲他是發羊癲瘋了，於是陳福安去找青草。他轉來的時候，老人躺在堆棧前面的地上，在微弱地抽搐着。這抽搐卽刻就停止了。

大家向老人叫着，又互相吵着，這件新鮮的事情就擱了出發的時間，刺戟了他們底感情，大家好像是快樂起來了。陳福安，也感到這種快樂。顯然的，他們並沒有想到老人：這個孤伶的人，拖了一年的板車，他是完結了。

「他在裝傻！」一個年青的傢伙，喊。「喂，起來呀！喂，我們抬他起來！」他快樂地說，有趣地笑着。

於是他們，扶着老人底上身，使他站了起來，靠着墻壁。沒有一個人知道這已經是一個死人。大家爭論着，吵叫着。「你看，我包管他叫起來！」那個年青的，活潑的傢伙說，拉了一下上衣，走了過去。另一個人，天眞地笑着，扶着老人離開了墻壁。這些天眞的人，他們在尋歡作樂。

「嚇！說話呀！」年青的傢伙，叫，向老人底腿灣踢了一下。

老人倒下去了。

大家突然地沉默了。「死了。」一個人小聲說。那個年青的傢伙，臉上顯出了苦悶的，敬畏的感情。他蹲了下去，摸着老人底光秃的頭，突然地他哭起來了。

這哭聲在大家底苦悶的靜默裏透露出來，給了大家一種慰籍。在這種時間，人們底心靈打開了，人們回憶過去，並且凝視未來。陳福安難受，覺得自己有罪；可是這祇是一瞬間，立刻，恐懼征服了他。

「我也會這樣死掉嗎？」他想，於是他看見了這個世界上的那個榮華的高處：他不能這樣死掉的。

於是，他就不再感覺到這里的悲哭和慰籍了：人們結成一體，用甜蜜的生來悲哭，用甜蜜的生來慰籍。他懷着恐懼和厭惡，走到街道上去，站在雨中。

「這些人，他們剛才鬧的多麼喪德！多麼蠢！」他厭惡地想，但他並不能完全說服他自己：他底心告訴他說，他是有罪的。

他痛苦得蒼白了。他沿着街道走下去。當他轉來的時候，人們正在把那具屍體塞到一具薄板的棺材里去：棺材太小，人們用力地搬着那個不幸的老人底手臂。陳福安憐恤而厭惡地看了一眼，走到堆棧底屋簷下去。「難到棺材是現成的等着的嗎？難到我也會像這樣死去嗎？」他想。他點燃了香煙。

板車陸續地出發了，經過擱在路邊的那具棺材。人們陰沉而莊嚴。那個年青的傢伙，迅速地向棺材瞥了一眼，然後陰沉地看着前面，非常穩定地，搖擺着，拖着板車。

「陳福安，你怎麽搞的？」堆棧的辦事員走了過來，憤怒地問。

「我不幹了。」陳福安冷冷地說，抽着煙。

三

陳福安，流浪了幾天之後，遇見了他底同鄉張三光。他們之間，有着一些間接的朋友關係，於是他們談了起來。張三光，先前在一家鐵廠里做事，現在失業了。他身邊還有幾個錢。他們兩人商量着，應該怎麽辦，忽然的，陳福安想到了一種自由不羈的，眞正的流浪漢的生活：耍猴兒戲。他熱情地想到，祇有這種生活，才能隨心所欲，讓自己眞正地成爲自己底主人。這幾年來，伺候着別人底眼色，又在那些本地人里面受欺，他實在覺得不能忍耐了。但這並不是說，他已經忘却了他底榮華的好夢。不過，他懂得了，這一條道路，是必需忍受酷毒的痛苦的，他對這已經失去了一部份的信心；而且他怕危險，懷着恐懼。

他熱望自由的生活，度過目前的這艱難的時間；一有可能，他就要飛昇。他熱望成爲自己底眞正的主人，而且，這種生活，是能夠賺到較多的錢的，這吸引着他。他覺得，有了錢，他底道路就會平坦得多了。

張三光，這個北方漢，是幹過這種把戲的。在陳福安小時候，他底哥哥，就是幹這種生活的：他在江南的那些大城市里面流浪。於是他們就幹起來了。陳福安不停地鼓勵着張三光。張三光，對一切都沒有意見，他拿出錢來。他們買了一頭猴子和一隻小的哈叭狗，製造了一切器具。他們，在很短的時間里，嚴酷地訓練了猴兒和哈叭兒狗。接着他們就敲着銅鑼，這個鄉場走到那個鄉場了。

「嚇！伙計們，打起傢伙來！」陳福安喊，於是他底老實的伙計就敲起鼓來。「日落西山一點紅，秦瓊賣馬下山東！」陳福安，帶着他底狡猾的，快樂的表情，敲着鑼，唱着，一面做着鬼臉。他揮着鞭子，穿着花布衫的猴兒就帶上了面具，叭兒狗就鑽過了籐圈。看客們哄笑了，陳福安也笑了，彷彿看客們底快樂就是他底快樂似的。

陳福安，顯然的是一個利害的角色。一個這樣的流浪漢，需要一份愉快的天性，和一副安心立命的心腸；陳福安缺乏這一切，却能夠做出這一切來。這種生活是辛苦的，和最初的熱望完全相反，也並不自由。他很快地就厭惡它了；他渴望昇騰而高飛。他底心里，始終有一個火辣的熱情。他一時這樣，一時那樣，都是因了這個火辣的熱情。

這種生活，必需忍受大量的羞辱和欺凌：有什麽能比伸手要錢的時候的突然的散場更令人難堪的呢？陳福安顯得很是愉快地忍受了，但他記在他底心里的那一本賬簿上，期待着將來的復仇。

但是，他底伙計張三光，却是一個知足的老實人。不知道在看客們面前的取巧的，狡猾的微笑，他站在哄鬧中，帶着他底溫和的呆相；他機械地接應着陳福安底活潑的歌唱。他愛着他底猴兒和叭兒狗，甚於陳福安底愛好那個榮華的好夢。

「猴兒！」他喊，含着一朵溫和的微笑，於是猴兒就爬到他底肩上去了，抓扒着他底粗糙的臉。他安靜，憂鬱，可親，獨自地讚美着他底猴兒和叭兒狗：「嚇！你看這個小傢伙！」

每當看見張三光這樣地讚美猴兒們，陳福安就要不覺地感到一種厭惡的，嫉妬而羞恥的感情。這種感情漸漸地就激起了他底不安。他不能知道這種感情底根源，不過在某些時候，放下了他底那些精神的武裝，對於人生里面的善良的感覺，他就有了迫切的需要：他希望證明給自己看，他，陳福安，是非常善良的。然而，這種需要，就立刻地又變成了他底盔甲！他用它來解釋自己底一切伎倆，一切罪惡的感覺。「我底心腸是多麼軟啊！」或者「你看我爲什麼自己苦自己啊！」——他想。這樣地想着的時候，在他底心里，就甜睡着一個可愛的陳福安。「猴兒這些東西算得什麼呢？我底心腸多麼軟啊！」他想，於是他就解釋了他底對他的伙伴的妬嫉了。他就顯得更爲冷淡，把猴兒和叭兒狗一齊摔到他底善良的伙伴的身上去。他還對他底伙伴潑了一大堆的汚泥：他斷定張三光是一個陰險的壞蛋。天曉得，在這里，有着怎樣的一種虛榮。

每天夜晚，猴兒和狗兒都睡在張三光底身旁，張三光，用他底大手，輕輕地撫摸着它們，一面哼着一隻單調的歌。

「唉，人怎麼能跟畜牲一同睡覺呢？」高潔的陳福安，苦惱地想。終於他想：「他在裝假，以爲他底心腸好！壞蛋！」於是他安寧了。

每天晚上，在那些可憐的小客棧里歇下來，陳福安照例地要向他底伙計說幾句話。「今天弄了多少？——你身上有多少？」於是，那個忠實的伙計，搜着自己底骯髒的褲腰帶，一齊都拿了出來。用一種腼腆的眼光，看着陳福安，好像陳福安會責罵他似的。「他一定上腰了一些！」陳福安想，於是他說：「嚇！他媽的！弄杯酒來罷！」

當張三光細心地招呼着猴兒和叭兒狗吃東西的時候，陳福安就喝起酒來，醉醺醺地想着他底一切了。他喝得更多，憤怒地看着前面，不時地大叫起來。

「伙計啊！世界上沒有不散的筵席！」他叫，於是又繼續想着。他覺得他理解人世的一切。「嚇！」忽然地他又大聲說，拍着桌子。「老子非幹不可！……啊，反了罷！「他咬着牙齒，發出他底英雄的喊聲來。

在這個狂妄的酒徒旁邊，那個善良的伙伴，把猴兒和狗兒抱在膝上，輪流地替它們搔着癢。陳福安底這一手，是已經不能驚動他了。有時候，他對陳福安陰沉而冷淡，使陳福安感到畏懼。

陳福安總覺得他 朋友是仇恨着他的。他們這樣地生活在一起，常常地鬧得很不愉快。睡覺的時候，陳福安總是責罵着張三光：張三光底身體，是過於粗笨了。吃飯的時候，陳福安又總是譏刺着他 朋友底食量：看見張三光吃得那麼多，他就妬嫉而厭惡。他們在患難中相遇，度過了少數的快樂的，熱切相愛的時間，現在看來他們是不得不分離了。

「伙計，用點勁罷！呆頭呆惱是不行的呀！」年關以前的幾天，陳福安向他底伙計說，他向他提議，過了年，弄到幾個錢，他們就拆夥。

「要得！」他底伙計陰冷地說。「可是得說回來，」他加上說，臉紅了。他生氣地沉默了一下。「猴兒怎麼辦呢？」他問。

「猴兒？」陳福安輕蔑地說，「你要你帶着它罷！」

「要得！」張三光陰冷地說。他突然地轉過身去，深思地，憂鬱地摩着猴兒。陳福安，覺得這是一個示威，他底臉發白了。

第二天，舊曆年前的兩天，他們弄到了比較多的錢，晚上，在客棧里歇下來，陳福安突然地非常的生動，快樂。客棧里，一間殘破的大房間里，安置了四張大鋪，住着十幾個人。正是趕場的日子，這些人們，都是從附近的場上來這里辦貨，因落雨而趕不及回去的。一盞吊燈掛在柱頭上，在濃烈的煙氣里發出一個昏暗的光圈來。靠着正面的牆壁，生着一堆非常熾烈的火，照出了它底周圍的那些粗笨的影子。這是一個集團，他們在高聲地吵鬧着。左邊的大床上，坐着三個小生意人，低聲地，機密地談着話，又是一個集團。陳福安和他底伙計坐在他們底角落里；快樂的英雄的陳福安立刻就吸引了大家。

活潑，兇惡的女老闆，提着開水壺，憤怒地衝開了門，走了進來，叫着，罵着，在這個世界上，她是完全自由的；然後走了出去，憤怒地帶上了門。不知為什麼，她不停地這樣地走進來，雖然沒有人喊她；她也，顯然的，沒有什麼事情可做。然而人們總覺得她底來往是必需的，一定做了什麼。她對這些人們叫罵着，好像他們都是她底親熱的仇敵。

「還有兩天過年了，讓開！」她憤怒地叫，從火邊擠了出來，走到陳福安和他底朋友底面前，雄糾糾地舉起開水壺。

「不要。」陳福安說，文雅可親地笑着，他知道，還有兩天要過年了；但是女老闆使他突然地明白，一點都不假，還有兩天要過年了。

女老闆冷淡地看了他一眼，陳福安覺得，這冷淡，是非常有趣的。

「要是跟她抱着睡一覺！」他想，看着她，嘲諷地笑着。

「對麼！這才對麼！」女老闆叫，然後她站在門邊，雄糾糾地提着開水壺，看着她底這些親熱的仇敵。

「跟你們說！」她大聲叫，「要什麼開腔！我再不來了！」

火邊的談話的人們，沉默了下來，好像覺得，應該滿足女老闆底要求。

「她一定還要來的！」陳福安想，嘲諷地笑着，含着半根香煙。

「來半斤酒！」他說，沒有改變他底姿勢，覺得大家都在看着他。「這些土貨！」他高傲地想，有力地，嘲諷地笑着。

「啊！來半斤酒！」女老闆，好像這是她所最討厭的事，皺着眉頭，憤怒地向外面叫。

「來一斤花生。」陳福安說，托着腮，同樣地笑着。

「啊！來一斤花生！」

「她老練哪！可是祗要我稍稍地要那麼一點，今天夜里一定會把她弄到手了！」陳福安想，確信着自己底熱情的本領，並且覺得，這本領，已經在這個房間里得到了證實，心花怒放了。

陳福安底傲慢，他底嘲諷和氣魄，使火邊的那些舊樸的人們嫉妒地沉默下來了。然而他們也得到一種愉快的印象：大家頓然地覺得他們底周圍很明朗，沒有什麼東西能夠妨礙他們底那個突然發生的尋樂的願望了。這時候，那個張三光，輕輕地推開了膝上的猴兒，安靜地脫下他底破鞋子來，把他底大脚抱到鼻子下面去，嗅着。

女老闆，雄糾糾地提着開水壺，仍然站在那里。她明白她底王國里面的一切。

「各位！有話說開腔！」她喊。

「來一斤酒！」火堆旁邊，喊。

「啊！來一斤酒！」

陳福安，移動了一下位置，擦燃了火柴，火柴照見了他底微笑的瘦臉。想到快要過年了，而他是一個到處為家的人，他就又瞥見了他底那個榮華的前途，強烈地感到歡樂。女老闆，吼叫着拿來了酒和花生。

「來，兄弟。」陳福安，快樂地笑着，向張三光說。

張三光，把猴兒抱在膝上，感動地笑着，接過了酒杯。叭兒狗，躺在他底脚旁。他是一個眞正的兄弟。

「我有點話說。」這個屈辱的兄弟，親切地移近來，說：叭兒狗，退到他底脚邊，重新地躺下，那樣的安寧。接着，他紅着臉，說不下去了。他喝了幾口酒，給了猴子一顆花生，呆呆地望着前面，想着什麼。「咱們還是公開罷！」他說，腼覥地笑着。「咱們幹這個事，是咱們願意，咱們是鄉親，咱們該是朋友……」他底嘴唇戰慄了起來。

這個兄弟，是從來都沉默着的。陳福安覺得很難受，然而他微笑着，好像早就知道這個。

陳福安，總是顯得非常的優越，這個兄弟覺得屈辱。他底女人，孩子，遠在故鄉，他不知道他們底生死。他自己下力，賣燒餅，編燈籠，做小工，在重慶底周圍流浪。他希望積幾個錢了有一天能夠回到故鄉去。他曾經被捉去當壯丁——他逃了出來。他是頑強地向着他底故鄉的，他頑強地渴念着他底女人和孩子們。故鄉底廣漠的田野，風砂里的黃色的天宇，他底茅棚前面的那一棵他底女人用來晒衣服的樹，常常地在他底眼前出現。他看見，在大風里，孩子底尿布，在枯枝上飄揚。

他希望在目前的生活里能夠苟且偸安，這種心情使他對陳福安懷着一種假想：他以為陳福安能夠支配他底生活。他怕陳福安會扔下他，或者鬧出一些嚴重的事來。

陳福安，努力地揣測着他，同時感動地微笑着。

「咱的意思是，咱們要憑義氣……咱心里實在是感激你，」張三光，假笑着，說，紅了臉。他希望能夠討好這個他以為是高深莫測的，有力的，支配着他底生活的人。「咱，本來是混不到飯吃的，這全虧你！……咱心里有你，就是到死。」他說，假笑着，流下了痛苦的，羞辱的眼淚。

陳福安感到一陣熱辣。他忽然想到，假如不是張三光底錢，他不會有今天的；假如不是這個善良的伙伴，他更不會有今天的；好久以來，他都竭力地企圖忘掉這個。他感到喜悅，歉疚，羞恥。他底臉發紅，然後又發白。

猴兒爬到張三光底肩上去，張三光憤怒地把牠推了下來。顯然的他覺得，這樣做，陳福安會歡喜。聰明的陳福安痛苦地微笑着。他決心向這個人說幾句感激的話，他底自尊心和這個決心交戰着，他底臉更白了。

「我眞不懂，你說這個幹嗏！」他忽然輕蔑地說，「這樣說就不把我當人了，兄弟！」他說，露出了他底輕蔑的微笑。

張三光嘆息了一聲。

「難道我沒有良心麼？」陳福安想，「不過我是決定了的，難道我眞的會依靠他麼？就是沒有他底幾個錢，我陳福安幹不通麼？」他想，然而覺得苦惱。

「這樣，兄弟，」他嚴肅地說，用手指輕輕地點了一下桌子，「咱這種人，到處為家，咱這種人，不把自己底命當一回事，有時候也不把別人底命當一回事！」他驕傲地說；「咱相信，你就是不說這些話，咱心里也知道！」

張三光，盤着腿坐在床上，看着前面，歎息了一聲。

火堆那邊，談話停止了。短促的寂靜，陳福安聽見了落在瓦上的急急的雨聲。他覺得，這樣的晚上，這樣的雨聲，他在哪里曾經遇到過。他忽然異常的興奮，混合着一點悽涼，覺得，整個的生命，青春，光榮，是在他底擁抱中，並且展開在他底眼前。他想到營長，愛着他，但浮起了一朵嘲諷的微笑。他渴望增強他心里的歡樂的悽涼，浸在生命底烈酒中。他聽着火堆那邊的談話：在說着什麼一個女人，大家快樂地大笑着。陳福安想到了女人，她們從不會愛過他。而他是有着這樣華美的生命，值得被愛的。於是他有細致的，溫柔的感覺和強烈的渴望。他渴望殘酷的仇敵和熱烈的愛人，這些他都從來不會有過。他渴望用致命的一擊撲殺什麼，顯示他底眞實的生命；用殘酷的手臂擁抱什麼，顯示他底眞實的生命。

他願意用二十年的生命換取一分鐘的放蕩。完美，歡樂，光明，勇敢。

「有啥妨礙我呢？」他對自己說，陶醉地微笑着。

「兄弟啊，人生原不過是個夢！」他忽然地向張三光大聲說：「做好夢或是做壞夢，這就要看各人！」他站了起來，微笑着，不覺地向火堆那邊走去，因爲那里有笑聲，因爲那里有着他所渴念的什麼一種英雄的人生。他去點煙，雖然他自己有火柴。

「對不住，借個火。」他說，快樂地笑着，這笑容有着那樣的魅力，使大家不覺地微笑着看着他。

他底明亮的眼睛微笑着，站着點煙。

「這個火好！」他說，向大家笑着。

「你們那個猴子好耍啊！硬是要得！」一個粗糙的，愉快的臉，抬了起來，說。陳福安，愉快地笑着：他忽然愛着猴子了。

「你個龜兒！就是管你自己！」一個哄亮的聲音說，因爲一個瘦小的，快樂的傢伙把酒杯打翻了。大家笑了起來，好像翻了酒杯，是非常快樂的。這笑聲，對於陳福安是一種友誼，他笑着坐了下來。他覺得，因爲他的緣故，大家才發笑的。

「你們一天搞到好多錢？」打翻酒杯的，快樂的，發窘的傢伙問。

「沒得一點！還是你們安逸啊！」陳福安快樂地說。他高興他能迅速地獲得了這些人的友誼，同時他又愉快地輕視着他們，覺得他們光祇想到錢。

他洒脫地東扯西拉，討好着這些陌生的人們，使他們快樂起來了。他雖然同樣地快樂，却仍然在心里保留着對於這種快樂的輕視。在他底周圍，有着兩雙冷淡的陰沉的眼光，他心里懷着嫉妒和輕蔑，却用討好來軟化它們。他慣於如此地把人生里面的這一切當作一種遊戲，或者鬥爭，以滿足他的內心底那種英雄的需要。

他不愛這些人們，他慣於征服他們。他所假想的他底那個高超的出身，使他有着一個高超的志願。他突然地愛着什麼又突然地遺棄；他突然地興奮又突然地厭倦——他不斷地變節，激動着，飄浮於生活之上，永遠不肯降落，好像是沒有什麼原因的，好像僅僅是由於偶然的機遇，但實際上，這一切，都是由於他心里的那個火辣的熱情和高超的志願。

他說了什麼，大家哄笑了起來。他非常輕柔地笑着，但這笑容突然消逝了，他用他底莫測的，明亮的眼光看着大家。

「這些人多可憐！」他想。

「喂，你哥子喝杯酒！」那個快樂的年青人，紅着臉說。

陳福安接過酒杯，站了起來，一飲而盡。

「猴兒！」他轉過臉去，喊。

陳福安就是這樣不覺地，把他底伙計推到屈辱的地位上去了。張三光領着猴兒走了過來，疲乏地笑着。顯然的，對於火堆旁邊的這一切，他毫無感覺。

陳福安注意地看着他。忽然地他爲自己辯護說，他對他底伙計，是已經盡了心了。

「喂，你哥子來喝杯酒！」那個快樂的傢伙，希奇地看了猴兒一眼，說。

「咱不喝。」張三光說；發覺到自己底冷淡，他求饒地笑着。

「喝了吧，伙計！」陳福安生動地笑着，說，隨後他就舉起鞭子來。猴兒跳到地下，胆怯地發望着，走過燈光下面去。大家，對於自己們底這種娛樂的願望，有一種漠然的躭心；大家站了起來，胆怯地笑着。陳福安又開腿，牽着猴兒，站在燈光下，那樣自信地笑着，掃除了他們底躭心。

猴兒看着陳福安，又不停地張望着，顯然的，地下的一顆花生吸引着牠。忽然牠迅速地彎了下腰去。陳福安輕輕地吹了一個口哨，牠寒戰了一下，站了起來，把手藏到背後去，恐懼地看着主人。顯然的，這是一個可怕的主人。

大家胆怯地笑起來了，好像覺得有什麼不妥。

「來，猴兒！」陳福安喊，笑着。

陳福安揮了一下鞭子；猴兒騰躍了起來，翻了一個觔斗。他又揮了一下，牠又翻了一個觔斗。他向右揮，又向左揮，猴兒迅速地跳着。他停止了，發慌的猴兒仍然在那里跳着。大家大笑起來了。猴兒，停了下來，猜疑地盼顧了一下，看着張三光。在張三光底臉上，有着一個憂鬱的，疲倦的笑容。

「猴兒！」他說，笑着，忽然有淚水。他轉過身去，猴兒跳上了他底肩膀。

「猴兒！」陳福安說，笑着走了過來，在猴兒底腦袋上拍了一下，告訴大家說，也證明給自己看，他是非常地愛着猴兒的。

這時，那個快樂的，穿着一件單薄而破爛的上衣的青年，拿着一根兩端破爛的竹桿，走了出來，羞澀地，興奮地笑着，站在昏暗的燈光里。他底同伴們，好像躭心他會出錯，胆怯地笑着，站在那里。他盼顧了一下，捲起了衣袖，拍了一下手，拿着破竹桿跳躍了起來。他底喝了酒的臉更紅，然而嚴肅，緊張，他底眼睛凝望着他底運動着的手，閃着光輝。他輕捷地騰躍，蹲下，伸出腿，用竹桿敲腿，起立，伸出手臂。他跳得更輕捷，更快，用竹桿飛快地敲着全身的各個關節，活潑地唱了起來。一個安寧的，快樂的，完美的微笑在他底嘴邊出現了。

他底歌聲生動，深沉，流露了熱烈的悲愴。他跳躍，敲擊，歌唱，在地上盤旋。大家圍在他底四周了。大家遺忘了他們底躭心了。大家快樂，嚴肅，感到甜蜜和悽涼，看着他。

張三光，肩着猴兒感動地，小孩般地笑着。然而陳福安感到嫉妒。

「他心里有些什麼東西？他知道人生麼？」陳福安想，突然地合唱的強大的歌聲震動了他。

「正月啊好把龍燈來耍！」幸福的青年，唱。

「荷花一枝啊——海棠花！」大家唱，那些嘴，張了開來，那些嚴肅的眼睛，笑着。

短促的寂靜中，陳福安聽見了落在屋上的密密的雨聲，這雨聲和從大家底屏息中發出來的竹桿底輕輕的敲擊聲混合在一起，在他底心里造成了莊嚴的印象。

他聽見孤獨的美麗的聲音唱：「臘月啊好把肥猪來殺！」

「荷花一枝啊——海棠花！」大家唱，是強烈的聲音，震動了房屋。這強烈的聲音，和那孤獨而美麗的聲音一樣，對陳福安發生了一種引誘。他好像是面對着迷人的愛情了，他底心激動了起來，感到一種慌亂。然而，他底自尊，他底冷酷的意志，做着反抗，他含着一個嘲諷的笑容。終於他試着加入那合唱了，然而他胆怯不安，生怕讓別人聽見他底聲音，生怕別人窺破他底軟弱的心腸。他看見，站在對面的張三光，張着大嘴，呆傻地笑着，在他底肩上，伏着那個吃驚的猴兒。

那兩個已經睡了的生意人被吵醒了，罵了幾聲，然而大家聽不見。快樂的人，含着幸福的微笑，在地上活潑地盤旋。他們大家底表情說：「美麗的時間啊！請你停住！」

門開了，女老闆，披着衣服衝了進來。這一羣粗笨的作樂的傢伙，把她驚倒了！

「各位，房子鬧翻了呀！」女老闆，叫。

「荷花一枝啊——海棠花！」大家唱。陳福安，嘲諷地看了看女老闆，又嘲諷地看了看這些作樂的人。他兩面都同情，於是他快樂起來了。

「各位，十二點鐘了呀！」

「荷花一枝啊——海棠花！」

女老闆，叉着腰凝視了一下，衝進了他們底圈子。那個快樂的人突然地站了起來，丟下破竹桿，溜開去了。他蹲在火邊，蒙着臉，笑得幾乎要窒息。大家大笑着。女老闆，笑了一下，憤怒地叉着腰。

「各位請早點兒安息！明天早上各人趕路！」她叫，威嚴地向這些快樂的人掃了一眼。

「我陳福安不弄她到手不算男子漢！」陳福安對自己說，輕蔑地笑着。

四

狂妄的陳福安，他希望用這一手來超越那些快樂的人。他不知道他自已想了什麼，當房內安靜了下來，坐在床邊吸着煙，聽着落在瓦上的雨聲時，他就明白了這個想頭底狂妄。他躺了下去，可是他不能安寧。他底傲慢，和他底那個火辣的熱望，折磨着他。

「是的，明天早上各人趕路！可是我陳福安哪里去呢？」他想，看着對面的牆邊的殘餘的火堆：「你陳福安莫非要漂流一生麼？你陳福安是那些永不能出頭的賤種麼？你陳福安不能吸引一個女人麼？你可是缺少什麼？你可是怕犯罪，怕鬧事？

笑話！那樣我就算不得是陳福安！」他咬牙切齒地對自己說。

他聽見一切都寂靜了。殘餘的炭火，在牆邊輕輕地爆裂。黑暗里陳福安對什麼東西發生了一種熱烈的美感，并且他心里充滿了神祕的渴望。他好久不能下決心，他恐慌地戰慄着，他咒駡着他自己。

「別人能夠平庸地過一生！可是我不能！明天怎麼樣都可以，今天，現在，我陳福安要打碎這平庸的生活！」他對他自己說。他發覺他自己已經站在門邊。

他慌亂地，小心地打開了門。他摸索着找到了通往女老闆底房間的狹窄的樓梯：他知道她是一個人住着的。

「可是她是什麼樣的一個女人呢？假如她根本就是做生意的呢，這種女人？那我豈不是和自己開玩笑？」他站在樓梯口，想。「我要知道究竟！」他對自己說。

他摸索着上了樓，從門縫里看見房里有微弱的燈光，女老闆，披着棉襖，坐在那里吸煙，顯得疲勞而寂寞。

陳福安原來以爲，在這個女人底身上，是存在着一種歡樂的，熱烈的，暴烈的東西的，這種東西吸引着他。但現在，看見了這個女人底寂寞和疲勞，他底心突然地變化了，一種嚴肅的尊敬，有力地透露了出來。看見這個女人是生活在她底孤苦和煩悶中，他突然覺得她是不能夠隨便侮辱的。

「她多麼可憐啊！」陳福安想，於是他靜靜地推開了門。

這是一個放高利貸的女人，她是生活在一種兇惡的氣氛里的，她立刻就跳了起來，她底疲乏的孤苦的樣子，立刻就消失了。常常地，當她一個人呆在她底房間里的時候，她顯得煩悶，憂愁，孤苦。可是她卻兇惡而勢不可當地在這個世界上作戰。

看到她底兇惡，陳福安底怎樣的一種胡塗的高貴的感情就消失了。他底臉打抖。他痛苦地假笑着。

「你幹嗉子？」女老闆，叫。

「不認得我麼？」他說，假笑着。缺乏熱情，不知道自己要做什麼。但立刻他就變得嘲弄而勇敢。從他底這一句話，這個女人臉上的一陣輕微的顫抖，他明白他是對的：他已經得到他底俘擄了。

女老闆臉孔發白，喘息着，兇惡地看着他。她底心里，一瞬間湧起了各樣的複雜的感情，這些感情向她說，這是一個無賴的人，她是決不會從他得到便宜的，並且向她說，她底名聲素來是很好的，她有過不少次的愛情，遇到過不少的男人，但沒有一次是像現在這樣：這是可怕的，大家知道了，一定要唾棄她，說她的壞話。這些感情把她激怒了，同時她注意到了陳福安底帶着深沉的，感情的，漂亮的，清瘦的臉。

「不行！老娘不受欺！」她對自己說，於是她迅速地走了過來，抓住了陳福安底衣領，搖幌着他，兇惡地看着他。陳福安，帶着他底無賴的笑容，愉快地隨着她底手搖擺。

「出去！」她說，把他揪到她底胸前來；「你不出去我就叫了！」

「我不出去。」陳福安愉快地說。

她轉過頭去望着旁邊。忽然她推開了他，在房里焦急地走了幾步。然後她站了下來，叉着腰，看着他。顯然的她覺得很辣手。然而她不相信這辣手是由於她底內心的動搖，她祗相信，這個人，是一個難以對付的壞蛋。

「哼！你不要以為我是那些女人！」她說，嗤了一聲，假笑着。「你在街坊上問問看老娘是哪些人！當心你進門容易出門難！」她說，假笑着，一時撅嘴，一時擠眉毛，生動地做着表情，掩飾着她底在抑着的聲音里的那種慌張。

「當然咯！進門容易出門難！」陳福安說，無賴地笑着，非常快樂。

「哼！你！老娘開茶館，開客店，老娘從來清清白白！」她生動地說，向前走了幾步；「你到街坊上去打聽打聽！老娘孤寡一個人撐了好些年！」

她站下來，叉着腰，激動地，輕蔑地笑着。

「唉，你又何苦喲！」陳福安親熱地說，「我是那些人嗎？我姓陳，我叫陳福安，」他說，忽然激動了；「我……我不是那些沒得心的人呵！我愛上了你！」他說，瞪着眼睛看着前面，覺得自己真的是愛上了她。他忽然被自己底勇敢的行為和某種道德意識汀動了，覺得人生底大祕密是已經向他暴露了。在一陣熱情里面，他向這個女人奔去。他底心善於製造幻象，可是他底心又告訴他說，這一切都是虛假的，他不過是開開玩笑罷了。

女老闆，戰慄着，推開了他。

「你個龜兒不把老娘當人喲！」她說，哭着，跳着脚，於是她走上來，猛烈的一下，打在他底臉頰上。他靠在墻壁上，含着那麼美麗的，燦然的冷笑。

女老闆底哭聲停止了，驚異地看着他。

「好！」陳福安說，嘲弄地，溫柔地笑着；「你以為我們這些到處為家的人，就沒有一顆真心麼？你以為我不知道你心里的可憐麼？」他說，懷着一顆高貴的心。忽然他想到了轉運行里的那個老人臨死時的情形，覺得他愛着他，覺得他知道一切生活，冷笑着，流下了眼淚。

「哎喲，深更半夜，你個龜兒不把老娘當人喲！你個龜兒喲！」女老闆顯得是心碎了，掩着臉，跳着脚，哭着。但忽然她又放開手，看着他。「沒有那麼撇妥！」她兇惡地叫。

「你要錢我給你錢！」陳福安冷冷地說，帶着勇壯的感動。他是迅速地放棄了他底幻想，或者是承受了一個更高的幻想。

女老闆驚異地看着他。

「那麼就先拿錢來！」她回答，帶着同樣的勇壯。

於是陳福安走到桌前，安靜地取出錢來，一共五百，放在桌上。他忽然有稀奇的快樂，感到慰藉，覺得他是嘲弄了人生。

然而，意外地，女老闆歎息了一聲，頹然地坐了下來。她推開了錢，悲傷地看着她底在桌上的肥胖的手。

「跟你開玩笑，你這個人，」她溫柔地小聲說，露出一種嬌媚來，瞇着眼睛笑着，「哪個要你的錢啊！」她說，瞟了陳福安一眼，好像他們已經相愛得很久了。

於是陳福安就落進了另一個幻想了：他樂於信賴她。他感到一種溫甜。他底那個熾烈的情慾消逝了，他瞇着眼睛看着身邊的燈光，聽着外面的淸晰的雨聲，親切地感覺着這房里的一切，相信自己在這個世界上是暫時地得到了一個溫暖的，親愛的，休憩的場所。他樂於信賴。這個短促的幻想，他底潮濕的眼睛閃着光輝。

女老闆，支着面頰，顯得非常的可愛，甜蜜地看着這個蒼白的，嚴肅的，動人的異鄉人。

這個異鄉人迅速地就丟下了他底幻想的逸樂，轉過身來，嘲諷地笑着，擁抱了她。

五

陳福安，打定了主意，再弄一些錢，就和張三光拆伙。這是一個寒冷的晴朗的早晨，他們到遂了另一個場鎮，因過年而安祥，店舖關着門，街上佈滿着鞭炮皮，瓦上有薄霜，這個場鎮顯得愉快，嚴肅，生動。陳福安，帶着他底那種冷淡的表情，顯示着他底陰沉的決心。他有時不停地說着話，好像他心地單純，生活得很快樂，然而，他愈說得多，就愈顯得突兀，無理，虛假。張三光含着不安的焦躁的微笑，瞧着他。他們牽着猴兒和叭兒狗走過了安靜的愉快的街道。

「我跟你說我去年過年挺舒服！」陳福安說，走進了一片佈滿着鞭炮皮的空地，用眼光測量着它。「這里來吧！」他說。於是他變得陰沉，站在空地中央，望着對面的一列貼着新鮮的春聯的房屋。「他媽的哪一天要給它一把火！」他想。「喂，兄弟，再不要呆頭呆腦呀！」他說，假笑着；「俗話說得好，做一天和尚撞一天鐘！哪個王八旦才信菩薩！」他興奮地笑着，但這笑容又忽然消逝。

張三光，帶着麻木的臉相，彎下了他底巨大的身軀，放下了兩個竹箱；猴兒，從他底肩上跳了下來。陳福安敲起鑼來。有幾個襤褸可憐的小孩跑來了，站在那里，呆呆地看着，凍得發抖。陳福安繼續地敲着鑼，張三光敲起鼓來。來了幾個過路的鄉下人，文靜地站在那里，看着不安的猴兒嘻嘻地笑着。附近的一家打開了門，一個女僕模樣的中年女人，抱着一個穿着紅色的毛線衣的小孩，笑着跑了過來。

「他媽的全是瘟蛋！」陳福安想，繞着圈子，敲着鑼。

好久好久，圈子仍然沒有站滿；有的人，站了一下又走了。陳福安非常的焦躁，咀咒着他們。對於他底周圍的人們底表情，他是有着非常的感應的，他底虛榮的心，是常常地受着刺痛；在這苦難的幾年里，那種溫良的謙遜的少年的感情，是從他心里消逝了。他覺得他瞭解人世的一切生活；於是，在他底心里，日漸增漲着那種冷酷的憎恨。他憎恨他自己，一如他愛着他自己。他底無比的虛榮，是渴望着與什麼一種有力的東西爲敵——然而，大家看見，當着有權有勢的人們的時候，他總是非常的文雅有禮。

他敲着鑼，得不到像樣的看客，他憤怒了；然而他即刻又因憤怒而驕傲，快樂。他敲着鑼。

一個穿着紅色的大衣的風騷的女人走進了圈子，用小指剔着牙齒，輕佻地笑着，看着猴兒。陳福安驚動了。他底心里騰起了混亂的甜蜜的熱望，好像一個受着冷遇的藝術家突然地得到了知己似的。感情和幻想的華麗的門，被這個女人打開了，陳福安顯得莊嚴而拘謹，有時突然地紅臉，繞着圈子，敲着鑼。

他立刻就克制了他自己，生動，洒脫。陳福安，爲怎樣的一個偶像而獻技，希望得到怎樣的一個微笑，像一切不幸的藝術家一樣。他不是一個眞正的流浪者；不幸的陳福安，他不願意相信他自己底卑微。

他敲着鑼，揮着鞭子，唱着歌，猴兒開始打圈子，戴面具，翻觔斗。他不看那個女人，但他覺到她底快樂的微笑。好像那些高貴的藝術家祇有一個聽衆或讀者一樣，陳福安祇有一個看客。他自然不知道，這個女人，他底一時的偶像，原來是街上的一個紳糧家里的名聲惡劣的媳婦；不過，假如他知道了，他就一定會對着衆人的刀槍挺身而出， 用他底生命來 替她辯護。

然而，當他歇了下來，取下了他底舊帽子的時候，那些不愉快的看客，都一哄而散了。第一個走開的，就是那個愉快的女人。她身子一扭，用手帕掩着嘴，有趣地笑着，逃了出去。於是，剩下在圈子里的，祇是那些凍得發抖的襤褸的小孩。

陳福安，英勇地掠了一下頭髮，看着那個快樂地奔開去的女人，浮着一個辛辣的微笑。

他輕蔑地抛下了銅鑼。

「收場！」他說。

張三光，柔和地笑着，看着那些小孩們，他們在逗弄猴兒，用愉快的尖銳的聲音笑着。於是張三光站了起來，拾起了銅鑼。他彎着腰輕輕地趕開了一個跑進了圈子的小孩，好像怕碰壞了他似地，而且向另外的小孩們溫和地笑着。他敲起鑼來，猴兒抓耳扒腮，非常的快樂與奮了。

小孩們快樂地大笑，走進場子來的幾個鄉下人，同樣地快樂地大笑。在大笑和哄鬧里面，這個北方大漢帶着不變的神情，滿足，安靜，憂鬱，微微地彎着腰，敲着鑼，同時唱着歌，好像是，卽使一個看客都沒有了，他也要這樣地繼續地唱下去的。他拾起了地上的舊氈帽，幾個鄉下人，尷尬地笑着，顯然地覺得自己善良，摸出錢來。顯然的他們覺得，在這樣的一個北方大漢伸手的時候走開，是可羞，而且有罪的。

「猴兒，向各位老爺道個謝，恭喜發財！」

猴兒迅速地扒了下來，叩了一個頭。大家滿足地大笑着。然而，那個陳福安蹲在那里，含着一個輕蔑的，邪惡的笑容，托着下顎。

六

陳福安和張三光，整整的一天，留在這個場上。他們底成續非常的好，黃昏的時候還不肯歇手；各處有過年的鞭炮聲，街上各處站着看熱鬧的人們，聲音燥雜而愉快；各處燈火通明。陳福安們，預備歇手的時候，場上的那個矮小的保安隊長，披着一件黑大衣，雄糾糾地擠了進來。

對面的館子里的汽燈底光明，照見了黑壓壓的人群，照見了陳福安和保安隊長王春林底緊張的臉。這是一個坐落在高山旁邊的鄉場，這里的人們，在一些狹窄的感情里生活着，在他們底上面，站着那些充滿了傲慢和強橫的，唯利是圖的人物。外來的一切，常常地給他們帶來一些刺痛；爲着打倒它們或迎合它們，他們做着一種緊張的鬥爭，這里面有着那種可憐的虛榮和什麼一種良心的激動，以及那種江湖氣魄。保安隊長王春林，是過着這種緊張的，忙碌的生活的一羣里面的出色的一個。一些有錢有勢的外省人，這幾年來出現在這里了，用着各樣的方法，奪去了他們底一部份的利益。這個小鎮，除了田地以外，是靠附近的鄉里的桐油和山上的一些石頭來過活的，人們用這些石頭來燒瓷器。保安隊長王春林，是在這些石頭上建立起他底功業來的；那些外省人以他們底雄厚的資財，從縣里疏通了道路，傷害了他。他是懷着一個復仇的願望，追求着怎樣的一種光榮的，現在他碰上了這兩個流浪的外省人了。

他希望，當着他底熟人們底面，使這兩個流浪者嚇得發抖，磕頭求饒。他非常的興奮，顯然的，喝了一點酒。

他兇橫地吼叫着。那個愛好上流社會的，文雅的陳福安走過來了，殷勤地陪着笑臉，覺得自己和這個有力的人物原是很好的朋友。他請保安隊長抽一根煙。他說，他們沒有打招呼，實在是初出門，太不懂規矩，請隊長原諒。

「你曉得政府底法令麼？」保安隊長王春林說，提到政府，像那些穿得筆挺的憲兵們一樣，熱情地顫抖起來了。

他不停地說着政府。政府這樣，政府那樣，好像說着一個隨心所欲的，親熱的愛人似的。這個政府，使他底心里洋溢着効忠的熱情，使他興奮得不能自持，不停地發着抖。

陳福安受了侮辱，假笑着，抖着伸出來的右腿。他變得灰白了。他底心里，忽然地騰起來英雄的憤怒。

「跟你們這些人沒得餘子說！」保安隊長叫。

「請問你我是怎樣的人？」陳福安用輕柔的聲音說，異常的洒脫，擦火柴，點着了香煙；火光照見了他底輕蔑的笑容。

「沒得說，跟我走！」保安隊長，伸出手來。

「告訴你：我是憲兵司令部的！」陳福安突然地以他自己所不知道的力量吼了起來：這句忽然出現的話，表現了他底那個精神的世界。雖然他說了謊，他却是無可比擬地驕傲起來了。

保安隊長，忽然地有些胆怯，他向張三光走去。忽然地他憤怒起來，把那個死白的，假笑着的北方大漢推開，奪下了他底牽着猴兒的皮條。猴兒焦急地在地上爬着打轉，憤怒的隊長，不知道自己在做什麼，猛力地踢了牠一脚。正好踢在腹部底致命的地方，猴兒尖利地叫了一聲，倒在地上翻滾着。沉默的人羣，發生了一聲驚訝的歎息。

那個恐怖着的北方大漢，他底心里有東西破碎了，一股熱氣騰了起來。他向猴兒跑去，立刻地就跑了轉來，可怕地叫了一聲，向保安隊長底臉上打了一拳。

他警告自己：不要出岔子。同時他揪住了那個隊長。在這個野蠻的，可怕的北方大漢底毒打下，保安隊長恐怖地叫着；他軟弱得像棉花，甚至不敢回手。

人羣感到快樂了，保持着肅靜，希望這毒打繼續下去。

「救命呀！」保安隊長，喊。

人羣里面，有着悄悄的笑聲。

陳福安輕蔑地笑着，站在一邊。隨後他覺得恐懼，走上去解和了。他勸他底兄弟不必如此，他說大家都是一家人——都是中國人。

「打死你！打死！打死你！」野蠻的北方人，叫，捶打着。

從人羣中間，傳出了一個叫喊，接着，一個穿長衫的人和另外的幾個人擠了進來。那個穿長衫的人，是紳糧張正富。

張三光突然地推開了隊長。他瘋狂地盼顧了一下，然後凝視着死在地上的他底猴兒。他哭起來了。

「猴兒啊！」他說。

「各位大爺，我這個兄弟，是個粗人，」陳福安，抓住了張三光底手臂，甜蜜地笑着向大家說。「兄弟，您發瘋！給各位大爺陪個禮！」

他底兄弟，呆呆地看着他。

紳糧張正富，用一種嚴重的低聲說着話。他並不覺得有什麼嚴重，然而他享受着他所造成的嚴重。於是，張三光被反縛了起來。

「打了人依法律辦。」紳糧說；「各位，沒得啥子熱鬧好看，走開走開！」他說，搖着手，驅趕着人羣。

張三光不反抗，也不做聲。他被帶進了鎮公所。那個挨了打的隊長，緊緊地揪着他底俘擄，走一步向他底背上打一拳，同時叫喊一聲。陳福安，遺棄了猴兒底屍體，夾着叭兒狗，扭着竹箱，追隨着。在燈火明亮的街上，他們底後面，跟隨着一大羣看熱鬧的人們。

「我會出賣朋友麼？」陳福安，忽然地這樣想。

在少年時代，在充滿着善良的人生感情和英雄的好夢的那些日子里，陳福安曾經從漢口乘船到上海去。他是希望到上海去做工。和他同路的是他底一個剛剛認識的同鄉。這是一個高大的，活潑的人，沒有錢吃飯，更沒有錢買船票。陳福安，像一切少年人一樣，依賴着別人，並且渴望得到陌生的世界的友情。他借錢給這個同鄉吃飯，錢用光了，他又向輪船上懇求，用他底行李做抵押，說明到上海就給錢，使這個同鄉上了船。旅途上的全部的時間里，這個同鄉對他非常的殷勤，告訴他在上海認得哪一家公司底辦事人，一定替他介紹，使得年輕的陳福安心花怒放了。到了上海，他上岸去找熟人借錢，晚上才回來。輪船，卸完了客，泊在江心里，燈光燦爛。陳福安激動着，預期着見到了焦急的同鄉以後的大喜悅，找上船去，他底同鄉已經離開了，而且帶走了他底行李。船上的茶房抓住了他，說他偷走了抵押的行李，要他給錢。

陳福安不肯給錢，和那個茶房打了起來，結果挨了一陣毒打。深夜里，他帶着青腫流血的臉從汽船走下了駁船。汽船底汽笛叫了一聲，滿載着燦爛的燈火，向黑暗的江面駛去了。倔強的陳福安感到一陣酸涼，落下淚來。

他永遠不能忘記這一段遭遇。他尋找着這個同鄉，渴望復仇。他對他底生活失望，非常焦急，不能在工廠里留下去了。有一天，在上海底繁華的街上，他看見了一隊騎兵。他們底駿馬，發亮的鋼盔和短槍，他們底美麗的紅色的旗幟，以及他們底臉上的那種莊嚴，飽滿，英爽的的神情，整個地吸引了他。他決定去投軍了。他們這隻軍隊，抗戰開始的時候上過兩次火線，但沒有遇到敵人；以後就各處駐防，貧困而疲勞。抗戰的第三年，受了嚴厲的處罰，他斷定這種生活不是人過的，逃亡了。此後他便希望着榮華富貴，一直到如今。那個拿生命來做賭搏的熱情是淡下去了，他也就淡忘了他底那個同鄉。

現在他又忽然地想起了他，覺得張三光正是那個時候的自己。他想到，他將要背叛張三光，恰如那個人在他底一生底緊要的關頭背叛了他一樣。這個思想，粉碎了幾年來他賴以生活的他底對自己的確信，使他迷亂而痛苦。

「不過我原來就準備和張三光拆夥的，這根本是他底錯！

……但是我是一個男子漢麼？我對得起朋友麼？」他痛苦地想，挑着竹箱。

七

隊長王春林，他底鼻子，口腔，都流着血。他懷着一個野蠻的復仇的決心，走進了他底房間。他告訴他底那個塗着胭脂的女人說，他要殺人，那個女人坐在那里剝核桃吃，笑了一笑，好像這還是很平常的——至少，這樣的話，是很平常的。不過，當王春林找出了跌打損傷的藥酒，她看見了他臉上的血跡的時候，她就尖利地叫起來了。

「該死呀！你又跟別人鬧事！」她跑了過來，扳住他底頭憐恤地看着。

「滾開！」王春林驕傲地說，推開了她；一口氣喝了三杯藥酒。然後，他取出了一把尖刀，又取下了掛在壁上的盒子槍。他做着英雄的姿勢，傲慢不遜，非常快樂。

那個女人，忽然地跳了過來，攔在門前。

「我不許你嚾！」她撒嬌地叫。

「滾開！——老子要殺人！」他說。

「吔子喲！」紳糧張正富走進來，有趣地笑着，說。「我看，打一頓算了罷！」他說，瞭解地笑着看着王春林。

「不行！」王春林說，面孔發抖，把刀子插在桌上；忽然地感動了，有了眼淚。

「唉，你哥子！」紳糧說。

「不行！」

紳糧，攝了一下衣袖，聳了一下肩膀。

「我兄弟請你吃杯酒呢？」他說，側着頭。

「準備兩口棺材！」王春林，向他底女人說，拔起刀子來向外面跑。

王春林向外面跑去，好像張正富底笑容要求他如此。張正富，假裝着非常驚動，叫喚着，好像王春林底表情要求他如此。他忽然地覺得自己是有了一種溫柔的，善良的感情，他覺得他是在可憐那兩個不幸的異鄉人。

「哎喲哎喲！你哥子何必喲！」他吃驚地叫，正因為他明白這一切。他抱着王春林，覺得王春林一定非常喜歡他。

「不行！準備兩口棺材呀！」王春林叫，舉着刀子，掙扎得似乎非常吃力。

「哎！你哥子何必跟那些娃兒家一般見識喲！」張正富說，快樂地抱着他。

「不行！準備棺材！老子今天拚了！」王春林說掙扎着。

他們兩個在房里團團打轉。他們兩人心里都滿足而快樂。張正富叫喚着，同時向那個女人做了一個鬼臉。那個女人，拍着巴掌，哈哈大笑了起來。

「你們兩個又何必喲！」

八

張正富站下來，假裝非常失望，揮了一下袖子。王春林，拿着刀子走了出去。他走上台階，推開了門，陳福安迅速地閃了出來，使他吃了一驚。他舉起了刀子。

「哪里去？」他粗暴地問。

「老兄，這邊來。」陳福安說，笑着，閃到一旁去。一個迅速的動作，塞過來一捲鈔票。

王春林呆了一下。陳福安底笑容使他發慌了，他捏着他底刀子，把鈔票藏了起來。但隨即他想，也許這還是很少的數目，值不得的。於是他取出鈔票來，迅速地數着：一千。

「好罷，沒有你的事。」他說。

陳福安站在那里，明白他已經丟了他底朋友了，痛苦地笑着。王春林看着他，對這個陳福安發生了一種友誼。

「不成問題不成問題，你哥子走開！」他說，甜蜜地笑着，「停會兒鎮長來了，你哥子底事情，包在兄弟身上，不成問題！」

他忽然熱情起來，走了過來，拍着陳福安底肩膀。

「你哥子夠朋友！」他說。

陳福安感動了。他重新地獲得了自尊心的安慰，滿足着這個有力的人的友誼；同時他又覺得，他是已經看穿了他面前的這個卑劣的奴才。他矜持地笑了一笑。

「不過，我底那個伙計是個粗人，老兄原諒他罷！」他殷勤地說，同時他想：「我總算已經盡了力了！」

王春林，滿意他底殷勤，愉快地笑着。

「是的！不過，你哥子曉得，我不能做主！這是國家上的法令，我一定幫忙！」他說，走了開去。

在門邊他遇到了張正富。

「搞了好多？」紳糧，神祕地笑着，問。

「沒有好多！」王春林冷淡地說。

「倒底好多麼？」

「五百。」

「唉！你哥子眞有本領啊！」

「不行！我是一個男子漢！一千塊錢叫不動我底心！」王春林想，推開了門。站在外面的陳福安，立刻就聽見了鞭撻的聲音。

九

陳福安，懼怕鞭撻，懼怕羞辱，懼怕傷害，用着他底伶俐的技倆，遺棄了他底伙伴張三光。他站在寒冷的，黑暗的院落里，鞭撻聲起來，他希望安慰他自己。他憎惡那個卑劣的隊長，輕蔑他底卑劣的靈魂；然而他更輕蔑他自己，鞭撻聲起來，他無可安慰。

他不能向自己說明，在這個世界上，在這種遭遇里，他究覺懼怕什麼。顯然的，這一切都是因了他底那個榮華的好夢。

他異常的痛苦，被一個兵士攆出了鎮公所。他底友誼的感動和高雅的風味被嘲弄了；仍然沒有人愛他，仍然沒有人知道他，同情他，他仍然是這樣的卑微。他走在這個鄉場底過年的，燈火通明的街上，不知道自己要到哪星去。

他想到他底那個同鄉，想到張三光底一切，他再不能信賴他自己了，他想到了他底遠在故鄉，不知生死的高年的母親。他覺得自己罪惡而卑怯，他從來不曾這麼覺得的，這個思想使他底驕傲的心痛苦得要發瘋。他告訴自己說，他對張三光並不錯，別人也都這麼對他的，但是他不相信自己底話。

他是一個那樣驕傲而自信的英雄，憑着這自信，他會玩各樣的把戲。但現在他已經從他底原來的世界里跌出來了。他走着，他看見，在一家店舖里，一個年輕的女人逗着小孩玩，快樂地笑着。他驚動了一下。

「以前我流浪，相信自己，現在我怎麼辦呢？」他想。「我愛過別人麼？對了！我愛過別人麼？」

他想着，明天早上，張三光可以被放出來，他應該對他怎麼說，張三光是否會被打傷呢？以後他們要不要幹下去呢？「不！最重要的，眼前的問題，我這個人的問題沒有解決！我是一個人麼？」他想，看着街上的人們，覺得他們都快樂。

他忽然想到猴兒，可憐着牠，決心到原來的空地上去看一看牠底屍體。他走過那片空地，沒有猴兒底屍體了。他忽然非常的傷心，想到猴兒跟着他他們流浪了那麽久，他站在空地上流淚了。

「唉！可憐的畜牲啊！」他說。

他看見，在空地里面，在微弱的光綫里，兩個瘦弱的，矮小的，襤褸的女孩，互相摟着肩膀，繞着很小的圈子走着，齊聲地唱着歌。他聽着，覺得歌聲甜蜜而柔美，他從來沒有聽見過這樣的歌聲。

他看到了女孩們底骯髒的，蓬亂的頭髮，他看到了她們眼睛里面的動人的光輝，他看到了，她們底臉上，有着嚴肅的，恬靜的，深沉的表情。他底心里發生對人生的，莊嚴的尊敬。

女孩們沒有注意到他。她們親蜜地相愛。度着童稚的，美麗的時光。她們繞着圈子小聲唱：

你在哪里住？
我不跟你說！

她們唱：

貓石子，金剛沱，
光着屁股求生活！

「我已經看透了！明白了！陳福安，你要聽見良心底聲音！有錢有勢的生活算得什麼！」他想，含着一個笑容。於是他心里充滿了勇壯，發生了那種歡樂的憤怒他向鎮公所奔去。那個衞兵來不不及阻攔他。他跑過了院落，聽見了鞭撻的聲音和張三光底呻吟的聲音，他猛力地推開了門。

房里站着好幾個人。張三光，他底上衣被剝去了，綑在一根柱子上。他底臉上流着血。王春林，拿着一根藤條，叫一聲鞭撻一下。

「兄弟！我來了！」陳福安大聲叫，他撲了過去，抱着王春林，和他一同倒下。於是開始了兇惡的格鬥。終於被縛起來了；人們把他縛在另一根柱子上。

鞭子，火辣地落在他底臉上。他看見，張三光底激動的，血汗的臉，看見了滿房地亂竄着，吠叫着的叭兒狗，這鞭撻使他底心里發生了辛辣的快樂。

「兄弟啊！我們再不要分開！」他叫，哭了起來。

「兄弟，不哭，咱不哭。」張三光說，流血的臉，柔和地笑着。

於是陳福安想到了過去的一切。他抬起頭來。他想到，過去吸引過他們的那一切，權勢和豪華，現在是再也不能吸引他了。他覺得，曾長夫婦底生活，實在是狹小可憐的。他，陳福安，將有悲壯的道路。鞭子，落在他底臉上。

一九四五年一月

悲歌

漠實

一

「蔡蕙珍，你居然帶男人的衣服到宿舍來說，這是女工宿舍呀，傳出去成何體統？……」

「那是嚴海文的。」

「我知道，你的名聲夠香，騷子狗男人都追着嗅，嚴海文，哼！」女工宿舍的管理員跳來跳去，拿着一件潮濕的男襯衫的兩隻袖子，像隻奇形怪狀的大白鳥，要撲吞么妹似的，尖聲叫着：「哼，嚴海文，嚴海文是你的騷子人？他自己不能說，要你說？難道，這就多情麼？也不想想，么妹，一個無父無母的女子，不學好，整日在外面交男朋友，騙男人家幾個臭錢甜嘴，說句不好聽的話……」

「不好聽？好聽不好聽，管你個屁？管理員，」么妹挺着胸脯，線條鮮明，繃緊了紅紅的臉。「你報告廠長，記過就記過，扣薪就扣薪，你莫朗個講駡人，大驚小怪的，碰到大頭鬼喲！」

「嘖嘖——扣薪就扣薪？」

「對頭！」么妹一把搶過襯衫，拋向竹床。

「咦，不要後悔啊！」

「死相！」么妹駡。從女工們嘰嘰咕咕的耳語和嫉妬的眼光中，衝出了宿舍。她在台階上站住，鼻頭和額角沁出幾粒冷汗。

「不上班，看你朗個兒，扣薪就扣薪！」么妹屁股一扭一扭地搖擺在公路上。

么妹走上路旁的土坡，看見初冬的陽光，輝煌着藍空，一隻小鳥，在陽光下閃光飛過。她轉進坡側的柑樹林，伏在一塊石頭上。石頭給陽光晒熱，熱着么妹的胸。么姑覺得愉快，把胸部湊上去，用力湊上去。么妹瘋狂了，抱住石頭，落下眼淚。眼淚滴到石頭上，流到她的胸前，衣服濕了，乳房堅實地現出來。么妹看着，居然想起過去的日子。可是，一切都像那遙遠星的市鎮上飄浮着的煙塵，渺茫地，辛酸地，模糊不清。么妹的命運，不相信任何人，該相信自己的命運，是多麼悲慘啊！么妹放開手，坐到石頭上，拔起脚下的草葉，在嘴里拚命嚼着。

么妹，這個奇怪的姑娘，記不淸自己的父母是怎樣死去的。她只隱約聽人家提起，說父親是鎮上哥老會的頭目，因爲吃官司被屈打成招槍斃了的。後來，她寄居叔父家里。叔父，這個鴉片煙鬼和賭徒的袍哥，結交着流氓光棍和幽痞，使么妹受盡了一切的苦難。她記得，爲了一塊藍布，叔父和嬸母打架，叔父把藍布拋進風爐里，嬸母的臉青腫，塗滿了血。么妹同情嬸母，嬸母可憐啊。爲表示這同情，她揀出一小片還未燒焦的藍布，拿到嬸母面前，癡笑着。

「小雜種！」嬸母狠命地送給她一記耳光，使她暈倒了。——眼睛幌着一片藍布，火光和流血的臉。那時候，她才六歲。成長着，她永遠被拷打和毒罵。她忍耐，認爲世界上沒有好人，一切，都是惡毒，殘暴。她想走，走，走到什麼地方呢？么妹，已經是一朵含苞待放的野花；她早熟，健壯。有棕色的皮膚和黑晶晶的大眼睛。胸脯一天天高起來，她把手按在胸前，想，迷茫地想：需要一個年青小伙子。

一天早晨，她因趕場翻上土坡，站着。太陽光在她身上閃爍。像屹立高原上的女英雄的銅像。么妹凝視着坡下的工廠，嚴肅地，凝視着勞動的大海，以及在這大海里游泳的男男女女。她，年青美麗的么妹，决定離開叔父的家。雖然她不明白孤獨和寂寞，以及抗戰給予這小鎮所帶來的新的氣息，然而，照我們的說法，她是知道了報復，向叔父的社會報復。憑自己，會生活得愉快的。么妹深長地吸進一口空氣，眼睛濕了。這感情，她很少經驗，因爲她忽然覺得憂鬱。要割斷毒辣殘忍的生活，在她，也有留戀的。比如，每天夜里她伏着流淚的小床。那溫暖的禾場，——她會賭氣從叔父家里跑出來，在那兒躑過一夜的禾場，還有，階前的螞蟻穴；因爲，她喜愛看螞蟻打架。但最後，她從憂鬱里毅然抬頭，好像對這些都已得到最後的决定。她張開雙臂，掄起雙手，讓晨風吹散頭髮。一隻自由的小鳥，么妹，向坡下勞動的大海飛去。她飛得很快，扭着野蠻的腰肢，跳過水溝。就好像那大海里有人在等待她，會給她溫暖。

么妹記不清自己餓了幾天，曾經被廠警摸過胸部和淫笑着推開。總之，么妹跳進了勞動的大海，開始做工了。

野花開了。野花一開，就有蜜蜂來採；野花一開，香氣到處飛。——么妹，開始被男工們追逐，她不害羞，反注意打扮。學鎮上的女學生，在頭頂結起蝴蝶帶，塗起劣等的鉛粉，搽着含有酸味的生髮油，健壯的，結實的，婀娜嬌健的，美麗又潑辣。么妹，用尖銳的喉音跟姊妹們學會一些流行的小調，一面唱，一面跳。有時，笑得彎腰，把頭埋到手里，向男工們拋出毫無顧忌的，鄉場上所說的，年輕女子想男人的嫵媚的做作的眼風和微笑。於是，烘版房出色的男技工嚴海文，抱着么妹意想不到的毒辣和自私，奔向她的世界。而且，驕橫地踐踏起來。——嚴海文是啥子人？嚴海文太强硬，我是我，嚴海文是嚴海文，女子也是人呀。么妹躍起，拋去手中的草，病態地笑。而哭泣後的疲倦，使她想睡，想休息，么妹又伏到石頭上。

正當么妹伏在石頭上，頭髮披滿臉，在夢中哭泣。陽光撫摸着她的背脊，這時候，姚啓中，一個面部浮腫，穿西裝戴近視眼鏡的青年，從鎮上回來。——他是廠長的外甥，今天一早到鎮上銀行里去取款的。他爬上土坡，由於疲累，站住喘氣，用白手帕揩汗。伸出右手看錶。同時，望望四週。他看見了柑樹林中的女子。由於詫異，由於所謂艷遇，可以向同事們誇口的得意。他驚喜交集，但又胆怯地，心跳着，小偷一樣，鬼鬼祟祟走進柑樹林。當他站在石頭前面，看清楚眼前蹲伏着的女子就是蔡惠珍時，他的臉更紅了，他失去理智，感覺喉嚨乾燥，香着口水。因爲，姚啓中知道么妹的美麗，也打聽過么妹的身世，他想引誘她，可以直沒機會，又礙於職員的面子，怕人知道的——此刻，他不知道應該做些什麼。

終於，他伸出右手，可是這隻到了半途便停住了，原因是，么妹在一個大聲的啜泣里醒來。么妹醒來，驚愕地望着姚啓中。一會，么妹撫媚地笑，知道他是高級職員，么妹招呼姚啓中坐下。

姚啓中害羞地搓着手指，解釋着，雖然在么妹這種女子是不注重這種解釋的。但他紅着臉，極力裝的自然，說自己是從鎮上領款回來，看見么妹睡在樹林里晒太陽，「這樣會生病的，所以，所以我喊醒你。」他說，擺開右手，顯露出閃光的手錶。然後，一個狐步舞，姚啓中掏出白手帕，鋪到石頭上，坐下來。

么妹沒有聽姚啓中的話。她看着姚啓中插在西裝袋上的鋼筆。鋼筆在陽光下閃得十分美麗，這誘惑，使么妹歡喜，她伸手拿過來，瞟一眼姚啓中，玩弄着。

「這是派克牌，現在貴得很。」

於是，一種突如其來的慾望，使他站起，踱步，手抄在褲袋里，吹口哨。文雅地笑，弄領結，抖一下肩頭。他從廠長開始，談到自己，談到大學堂，談到吃飯，像江流一拐，轉個彎，開始談到戀愛，指手劃脚，跑兩步停下來，停下來又坐下，坐下又跑步。這個二十五歲的青年，說是熱情，說是由於么妹的刺激，無寧說是由於壓抑的，變態的畸形生活造成的，可憐的貨色。姚啓中，在自己的激情里，把么妹當做天仙，跪下來。在戀愛至上論之下，這種浮腫的青年，撲到么妹面前，跪下來。眼睛里滾着淚。

么妹受到這意外的崇拜，這崇拜，是她沒有要求的。像都市姑娘等待愛人求情時跪下來的企望實現時的勝利和驕傲的滿足，在么妹，是做夢也不會想到的。她紅臉，侷促，說不出話，渺視而又驚異這崇拜，顫聲說：「起來！」

「我愛你！」姚啓中說出最後一句話，站起身，眼淚滴到草地上。

么妹此刻沒有感情，如果有，就是對於鋼筆的喜愛。

「送給我？」么妹知道不會被拒絕，搖着鋼筆，說出她想說的話。

「拿去吧。」姚啓中奇怪着自己的慷慨，也滿意自己的慷慨。因爲慷慨，他漸漸恢復常態，覺得庸俗和無恥。而剛才那種高貴的感情，也變了。他坐下來，拉么妹的手，他顫抖，大胆地握着。並且，睜着小眼珠，從近視眼鏡里，看着么妹。么妹的臉，紅紅的臉，沾着幾絲髮絲。么妹的胸膛，在那被眼淚浸濕的衣服里，鼓出來，軟軟地，堅硬而顫動的乳頭，起伏着，散發着一種少女的，使姚啓中瘋狂的氣息。

「你們職員，一個月拿好多薪水？」

「一萬多。」

「哎喲，我們才兩千幾。」

「你要錢嗎？」

「當然，有錢什地方都可以去。」

「我可以給你……」姚啓中放肆地，突然摟住么妹，用蒼白瘦小的手，摸向么妹飽滿滾熱的乳房。嘴唇——姚啓中那蒼白而薄弱的嘴唇，跳着，抖着，湊向么妹的下巴。

么妹顫抖一下，看着胸前蒼白瘦小的手和手腕上的錶，聞到那噴出熱氣的浮腫的嘴唇，她突然想起嚴海文有力的，粗壯的臂膀。這是侮辱。么妹用力掙扎，擇開姚啓中的手，從他臂彎里躍出來，屹立在石頭上。生着氣，以嚴海文所給予她的那種憤怒和力量，么妹，把鋼筆擲向姚啓中的腦袋，嘶叫起來：

「你這狗食的雜種，職員就要起女工啦？你有錢……嘻嘻……」她掄起拳頭，跳着，頭髮飛揚，撲向姚啓中。

姚啓中狼狽地逃跑，像條被主人趕打的狗。走出柑樹林。走到土坡上。姚啓中向么妹揮手，罵：「好，好，有你的，報告廠長開除你！」

么妹，失去了一切，飄浮在生活的大海上。她不知道生活。或者說，她沒有生活的智識。任生活的浪濤，給她冲刷，任生活的風暴給她打擊。人，是要學游泳才能泗到對岸的。么妹，祖先遺傳給她的，是光棍，流氓，鴉片煙鬼，地痞的集團所產生的，那種集團里的女人們的性情。加上原始的，野蠻的，山國里的動物的愚蠢。么妹，單純得可愛，單純得美麗。這單純，是一切都市文明所沒有的，像都市姑娘的傷感和憂鬱，么妹沒有。因此，她單純地愛，單純地憎，要求着個性的解放。她要自由，雖然她不知道自由與解放的更大的意義。然而，她已經開始，而且執着地，向着這方面衝撞了。么妹拾起地上的鋼筆，鋼筆剩下半截，從金色的筆尖上，浮起來姚啓中猥狽的形相：像條狗！

「這些狗！」么妹嚴厲地，扔掉鋼筆，跟着這右手用力擲出去的動作，她斜俯了身體。當她退回來，重新坐到石頭上，么妹看見：樹葉的翠綠，以及密集的，重重交錯的樹身外面，遠遠的一片田野。一片綠。么妹看着，忽然想起：想起自己替叔父耕種過的那片包谷地。在那些日子里，除了在那片狹窄的土地上流汗和勞作，她的精神便沒有寄託。所以，現在想起來，雖然不會欣賞田園的景色，但她却想起黃色白色的菜花，紅色柔軟的包谷鬚，蜜蜂和蝴蝶，和螞蟻的打架。——陽光從葉隙落下來，一點點圓圓的光明，跳在么妹身上。

二

而這些，這些是嚴海文作爲藉口要拋棄么妹的理由——么妹和姚啓中的關係，嚴海文是不很濟楚的。他永遠也不需要知道。在他嚮往偉大的世界的雄圖里，嚴海文有自己的見解。他常常用一種英雄的姿勢，擺開兩腿，兩手叉腰；或者，用右手撻在左手上；或者，抓緊拳頭，做出種種粗暴的雄渾的動作，俯視脚下站着或蹲着的伙伴們。嚴海文，演講起自己的見解。此刻，他抽着紙煙，狠命地抽着，歪着頭，挺高胸脯。初冬的陽光，在他的鼻翼和額頭閃爍。他，驕橫的老公鷄一樣，拍拍翅膀，嚅出嘹亮的聲音。

「……女子，女子的滋味，是甜。但有啥用場？你不能一輩子把她做褲頭帶，纏在腰上。因爲，男子漢大丈夫，還要飛呵。——就是，所謂事業，給大家，幸福，——自從，我在濾縣，格老子被保長瞎攪，舞弊兵役，抽了壯丁。好，我想，當了兵再說。龜兒子，當兵，不派你上前線，你哥子想想，那班龜兒子朗個攪法？哈，替長官做生意，運貨，走私——他媽格屄，我開了小差，我操他個雜種保長。啥子兵役，一句話，貪汚呵！」他拋掉紙煙。「報仇，是要剝他們的皮。諸位，話說回來，我們的廠，印鈔廠，物價朗個漲，坐飛機也趕不上，我們票子越印就越漲，兄弟不曉得國家啥子金幣政策，啥子生產建國，印票子也算生產嗎？格老子！職員們做生意，貪汚，鑽美國坐飛機，運來啥子油墨紙張，哥子們想想，舞弊啦，揩油啦，各位有目共睹，有耳共聞，不是我嚴海文拉言語，扯謊，我嚴海文一向爲人坦白，」他拍一拍胸脯。慷慨激昂。「我嚴海文不作僞，說一是一，說二是二，我看不慣，我嚴海文有辦法，會殺光他們，殺，殺，殺光這班龜兒子王八蛋的腦殼！」

他結束了演講，拋開伙伴們，氣勢十足地，闊步走出廠門。因爲，他不願意聽伙伴們的批評，他不願意自己的意見受到別人平凡的議論，甚或和他完全對立的爭執，所以，他走開。——這半個月，他做夜班。白天，他要坐茶館，想着未來。他的思路展開着，飛過田野，飛過市鎮，飛到自己也想不清楚的地方。飛向那壯闊輝煌的天下，遙遠的土地，風雨飄搖的黃昏。那兒——他想，一個年青的漢子，屹立懸崖上，向天空咆哮。然而，他猛然搖頭，站起，丟下幻想，走進公路旁邊的小酒店，敲着八仙桌：

「喂，來碗乾酒。」

他嚼嚼地吞着酒，不管喉頭發燒和額角冒着汗。他飲，因爲他高興這樣做。嚴海文，把酒碗往桌上一擲，踢開凳子，衝出店門。

「酒錢。」老板喊。

「記帳！」嚴海文袋子裏還有錢，但嚴海文要記帳。嚴海文在學壞，在墜落。嚴海文，要把自己造成一個流氓，這樣做是好是壞，他不想，但他做了。他要做成一個與廠里那些穿西裝戴手錶的職員們相反的，以及在保長這類人眼中是流氓光棍的，惡毒地隨處可以給人們吃拳頭脚尖的流浪漢，爲了將來要回來報仇。爲了要打出自己的江山。所以，嚴海文學着那些年紀比他大的，走過碼頭的工人們和鄉場上光棍們的種種行爲。

嚴海文，這個年青毒辣的漢子。驕傲，不可一世地蔑視統治者，熱愛人生——他自己不懂。他發展着自己的個性，豪爽魯莽。對於這個勞動的世界，他看得很深，有愛也有恨。對於這個萬花繽紛的社會，他就顯得太幼稚，太無知了。他不能拔一根市鎮的脚毛，市鎮却可以一脚把他踩個稀爛。——像所有年青的幻想家，他夢想自己的未來，矚望蒼鷹翺翔於長空。他要飛，在遙遠里或者深山野穴中，爲自己，用自己的拳頭，擊倒一切。主要的，是創造一切，就算帶了刀痕和創傷，他也會得意的。情願像暴風雨里的樹木，被雷電劈下一聲瘋狂的歡呼而飛向無名的慘死，却不願靜靜地，靜靜地，無聲無息地生活，因爲這樣，人會發臭的。嚴海文，以年青蓬勃的生命，看清楚自己的未來。於是，以祖先遺傳下來的，人民剛強的，好的原始的傾向，執着地，開始試驗自己了。這試驗的第一個對手，就是么妹。因爲，照嚴海文的想法，在離開以前，是有權利嚐嚐女子的滋味，而在嚐過之後，也有權利拋棄她。這才有自由，使自己什麼滋味都知道。如同有錢的紳糧們，想嚐遍天下的山珍海味一樣。嚴海文，開始貪饞地，吞起第一盤奇異的珍品，咀嚼了。可是，想不到的，意外的挫折，擺起開玩笑的架子，在向他的試驗招手了。這些日子里，工人們間謠傳着么妹和職員姚啓中的關係。——這爲他所絕對漠視，而在別人眼中却絕對嚴重的，愛情的糾纏，使得他憤怒，暴燥起來。

這天黃昏。

么妹，穿過公路，走進茂密的柑樹林。走過一片長滿綠草的土坡。樹葉子在星光下閃光。么妹走上土坡。她看見嚴海文坐在她坐過的那塊石頭上，極目望着葉隙外面的天空。嚴海文凝視着，不說話，也不動。么妹走到石頭旁邊，停下來，倚着樹身，俯視嚴海文，俯視他粗黑的頭髮和健壯的闊肩膀。么妹覺得舒服。

這時，嚴海文的眼前，跳着紅色的，灰色的，灰白的，灰白的月亮。那樹林後面的山谷，山谷里有一條小河，河水日夜在流，河邊有石塊，就在那崢嶸的石頭堆間。九月的風，吹亂他和么妹的頭髮，那頭髮，一樣烏黑的頭髮，絞在一起。然後，么妹的臉，埋在他挺立的，強烈地跳動着的，厚闊胸膛里，嗚咽。

「沒有人當我是人，嚴海文呵，我自己，一個人，從小，到現在……好苦呀，十八年，哎，這河水流得眞好聽，我過去，那陰陽怪氣的日子呵，像這河水，流啦，一轉眼的工夫：……好悽涼呵……」

「是悽涼，你的身好燙……」嚴海文，在急劇的感情里，迷失了路。他渾身戰抖，發燒。這女子的肉體，比他更燒。他一把撕開襯衫，抱起么妹，把她燙熱的臉，貼緊着胸脯。么妹喃喃地，說着聽不清的話。

「單獨是苦……有你，姊妹們笑我，欺負我……我怕……怕職員知道了，報告廠長，我們，會開除的……」

「你怕開除？」

我……如果有錢，我就不怕，我們，不等……不等開除，我們就走，嚴海文，走得遠遠……」

「對，走得遠遠，走到天邊，海角，我想走，么妹，我天天想走呵！」嚴海文，舉手指遠方，遠方夜霧模糊。「么妹，開除就開除，開除了，我們就走！」在強烈的感情與肉體的震撼里，嚴海文擾住么妹，站起來，站在嶙嶙的岩石中間，看着對岸綜錯的灌木林，灌木林在灰白的月光下，放散着憂鬱悽涼的光。么妹顫抖在嚴海文的胸里。么妹在做夢，這痴情的孩子，夢見鎮上的女學生，夢見她們在燦爛的天空下，走着唱歌：……

……嚴海文後悔，他騙了么妹，他害了女子。因為，他本來愛么妹呵……

此刻，么妹的眼睛，流出來寬闊的，海樣汪洋的巨浪，傾刻間，淹沒了嚴海文的世界。他竭力掙扎，要泅過這大海，但他抬頭又低下頭，他在等待着海潮的退去。——么妹坐下來，堅定地，打量着年青漢子。——這對年輕懞憧的戀人，沒有開口，我看你，你看我，大家沉默。嚴海文極力隱藏心中那絲善良的，顫慄的感情，他要跨過么妹眼睛里泛出來的，他又恨又愛的浪潮。然而，他失敗了。因為么妹，清醒地，帶着白天打擊姚啓中時已想起他的感情，向他說話。

「你又喝了酒？」

嚴海文點頭，嗤鼻子，短促地囘答：「喝酒不是壞事。」

「人家說，酒傷身呢。」

「你相信人家的話？」他說。由於「人家」兩個字所引起的衝動，喊起來：「么妹！」他覺得聲調很不自然，便又大聲而生氣地吆喝：「么妹！」

「朗個……」

嚴海文粗暴地截住：「我不是姚啓中啊，不要看我，滾！」

「啥子？」么妹，猛然從自己的世界里衝出來，擋住這個年青健壯的漢子。么妹，由於對方少有的嫉妬，由於嫉妬能夠探測出愛情的深度。她覺得神聖，不，覺得快樂。她跪下來，把雙手搭在年青漢子的膝蓋上，斜着頭，看進對方的眼睛。

她看着嚴海文。年青漢子的眼光充滿着熠熠的火焰，教她恐怖，絕望。受了騙的小雞雛！她滑倒地面。嚴海文看見，么妹的眼睛，海很平靜了。但那上面，有着嚴海文意想不到的，表達着內心的激動和愛情。

「職員廳，有西裝，有眼鏡，有手錶，有鋼筆，有票子，哼，」嚴海文突地跳起，屹立在石頭上，比么妹高出好幾倍。拍胸脯，右手在空中一揮，抓成拳頭，聲勢俱厲地，喊：「我嚴海文認識你！」

他一個箭步，躍下石頭，唉冬唉冬地，沿着土坡飛奔。

「站住，」么妹，兎子一樣地，跟着他的走去，跳起身，用不可思議的，使自己也驚異起來的力量喊：「嚴海文，站住！」

嚴海文在百步以外站住，轉囘頭，闊肩膀迎着一陣旋風。看見么妹的頭髮，在風中抖。他想出一句話，但又突然停住。抬頭望向天空，星星沒有了，黑雲密佈，要下雨。在剛才劇烈的飛跑里，他感覺到愉快和興奮，一種寶貴自己和渺視他人的得意，使他相信自己是有可能不被女子絆住脚的。於是，他停下來，等待着么妹。——他的敵人。

「你說，你啥子都沒說啊，你！相信別人……姚啓中，是他寫信給我，我看不懂』，叫別人看的。他約我去鎮上耍，我沒有去，你朗個啦，你不相信，你這人……二天你會看出我的心的……今天，我打了姚啓中，我罵他……」么妹，唱出心頭第一支戀歌：「我和他無情呵！好人！我會被開除的……我苦了十八年，嚴海文，你如果有良心，你帶我，帶我走吧……嚴海文！」

么妹，撲進嚴海文懷里。

風，掃過來，雨滴，撒落大地。青空，電光碎裂，一閃，像千百條毒蛇。遙遠里的削壁，鼓着風，嗚嗚的響，削壁上的樹枝，擊撞着，和着山岩的爆發，瀑布的奔瀉，轟響起來。沉鬱地，狂暴地，雨點帶着雷電刺人的青光，迎頭劈下來。一片水，風，掃過去。耳邊，只有嗚嗚的風聲，雨點和樹木的狂歡的節奏，震撼樹林。而一片片的電光，更加密，更加狂歡而兇猛。青色的電光下，嚴海文抱起么妹，向坡下狂奔。風，手一樣拉着他的褲管，頭髮披下來，眼前跳滿青光，在青光的閃射下，雨水一片片，流在天空與大地之間。瘋狂呵！青光，閃吧，閃吧，年青的生命，在青光下飛奔，年青的生命，在宇宙的狂歡里飛奔，年青的生命，嚴海文和么妹，在伸手不見五指的暴風雨之下，飛奔……

「嚴海文，我肚子痛……哎……哎喲……」

三

姚啓中這種人，是極端自私，虛僞和愚昧的。他想同事們怎樣佔有女工，自己却受侮辱，他搥桌子，寫簽呈。寫出種種理由，可以開除嚴海文和蔡惠珍的理由。——撕着紙，寫，擲開筆，一會，又寫。他花去整個上午，寫好簽呈。疲倦地，大聲呼氣，靠緊椅背，伸腰，弄響指關節，看錶。然後，搖晃着油光光的腦袋，細聲而又抑揚地，朗誦起來：

「謹簽呈者：竊查我廠成立迄今，蒸蒸日上，突飛猛晉，此皆蒙鈞座暨從事業務諸公之熱心努力，有以致之。今者，我廠負國家經濟之命脈，抗建生產之重任，誠可喜可賀者也。然職敢冒昧懇陳者，則爲我廠技工之行爲。查我廠爲戰時生產部門，技工之一舉一動，在在影響生產効率，爲提高我廠生產効率及整頓低劣工人起見，似應早日調查行爲不軌之工人，加以警戒，以策來茲焉。」搖頭，拍案。「現職彙多方報告，得悉烘版房甲級技工嚴海文，日常工作不力，行爲不軌，對廠方待遇，時有怨言，甚且口出不遜，辱罵高級職員，酗酒滋事，荒謬至極。該技工竟色胆包天，擅自引誘點查課初查組點查員蔡惠珍，而該女工竟信其猖言，雙方如魚得水，蔡惠珍甚至私自帶嚴海文之衣服至女工宿舍爲之洗滌，此有女工宿舍管理員之報告爲證。似此敗類，不但有損我廠信譽，且危害國家生產，應即開除，以昭廠規，幸鈞座明鑒裁奪，則我廠幸甚！國家幸甚！——幸甚！好！要得！」

姚啓中拍桌子，得意非凡。寫好密封的信封，親自送給廠長。於是，嚴海文的命運，這傻瓜的命運，將受到更嚴厲的，等待着的試驗。

嚴海文站在廠長面前，露牙，咬唇，做出絕望的兇猛。這種兇猛，顯然是裝假的。在廠長冷若冰霜的言談和臉孔下面，從廠長那對尖銳而疲倦的眼睛下面，人們充分可以看出，這個年青工人的怯懦。——首先，嚴海文不看姚啓中，他極力不使自己想到還有一個浮腫的姚啓中坐在廠長身邊。他想到許多蒙冤的伙伴的離去，他握拳，想給統治者以顫慄的打擊。——這，會招來滔天的大禍。嚴海文知道，他是深深地知道自己的怯懦的，他生氣了。他遍身顫抖，用力站住。——怪不得嚴海文只會殘酷地向自己的心報復。比方他要拋棄么妹；比方他要學會種種流氓的舉動。這些，這些歷代演不完的悲劇，悲劇里的主角們，都是有着一顆悲壯的，創痕斑斑的心呵。

同時，廠長室的一切，那溫暖的房子，充滿紙煙和香水的氣息。陽光落在白色的窗帘上，陽光溫柔地，用金色的光線，使大辦公桌燦爛輝煌。廠長慢慢的動作，慢慢的說話，昏沉地，使聽者不會起刺激，而絕對不聽對方的，所謂胸有成竹的說話，一頓一頓地。嚴海文終於忍不住瞥了一眼姚啓中在挖鼻孔的動作。——姚啓中有挖鼻孔的癖好。這一切，這周圍深沉的環境，把嚴海文拖進深沉的，黑迷迷的袋子里。

「嚴海文，違犯廠規，是要開除的，你知道麼？」

「廠長，嚴海文時有怨言，沒錯。酗酒，喝酒是有的，一個工人，喝酒不算壞，但我沒滋事，試問，我喝酒鬧過啥子事？我罵了那一個？那一個高級職員？我滋了啥子事？我引誘蔡惠珍，有證據麼？」嚴海文，在自己有力的辯駁里，振作起來，跳出無底的黑袋子，回復他自己，用他全部的狠毒，跨過廠長室的昏黯與內心的怯懦，向統治者衝過去。他揮拳，大聲說理：「沒得證據，隨便陷害麼？姚啓中，你拿出證據來，拿出證據來！」嚴海文，揮着拳，大聲說理，而且咒罵：「姓姚的，你挖出心來，你自己引誘蔡惠珍。你，哼，你侮辱蔡惠珍，你豬狗不如，你，披人皮的畜牲……」

「住口！」廠長拍案，氣得發抖。

「這麼說，」姚啓中說，臉色蒼白，冷笑，搖頭，不以爲然地，假裝鎮靜，挖鼻孔。「你老人家別生氣，你坐下來……」他轉向嚴海文，「這麼說，叫蔡惠珍來對證！」

廠長，想着年青工人的橫蠻，煩惱地，批道：「查該員所呈屬實，該兩工應予開除，交人事股即辦。」廠長，用他慣用的，先發制人的聰明，批完公事，躺進椅子裏。

嚴海文轉身，踱着闊步。在這動作里，嚴海文驕傲，他在廠長室踱闊步，旁若無人。他看見廠長的批示，他冷笑，他早就料到的。現在，在他驕傲的闊步里，在姚啓中的冷眼里，在廠長的漠視里，他感到一種抑制不住的，殺人的念頭。而在他年青的心中，就唱起悲壯的，遙遠里的哀歌。嚴海文預料到，即將爆發的壯烈的行動。嚴海文週身發抖，發熱，變成一塊火。

「我曉得，我恨死這班狗肏的雜種，生活眞難啊！我此去，也不知流浪到那年那月，流浪到那地方……一個男人，總是要頂天立地，做人，要不怕，對！不怕，走！」他彷彿又在向伙伴們演講：「哥子們，嚴海文承諸位的情，在此過了三個寒暑，現在，我走了，諸位，嚴海文走了，嚴海文走得不甘心啊！」

急劇地，不甘心的痛苦，使嚴海文看見許多熟悉的，受寃的面孔，這些伙伴們，直立起來，以威臨一切的雄姿直立起來。——要報復啊！——嚴海文，看見么妹，么妹臉色憔悴，姑在門邊，像佇立在黃昏岸畔的一株白楊，陽光照滿她頭上，頭髮放金光。么妹深情地凝視他。——這深情的眼光，在以後嚴海文悲壯的一生里，在嚴海文的生命里，永遠閃爍着，永遠放光，永遠不熄滅。可是此刻，由於這眼光，由於奔瀉的感情，嚴海文瘋了，露出牙齒，像匹野獸，躍過去，掀翻辦公桌，咆哮，撲向姚啓中的腦袋。姚啓中，從椅子里翻出，躺在地上，他流血。

「嚴海文！」么妹喊。

「走！」

人們知道，同時代的青年男女，那些成長在被抑壓與被汚辱的暴力下面以及動亂的戰爭里的青年男女，在生活的荆棘上打滾的，山谷里健壯的青年男女，對於戀愛，大都有一種遺傳性的害羞與無知，和執拗地，性急地，達到目的後便無法駕御的糊塗。這些，表現在嚴海文與么妹的關係中，更爲明顯和突出。

現在，嚴海文站在通往鎮上的一條小徑上。他抬頭，初冬的夜風，吹過來，廠區里的路燈，在風中搖曳。廠區在潮濕的煙霧中激劇地呼吸。青空有稀疏的星座眨着眼睛。遠處，廠長的洋房的大窗，垂着綠色的窗帘。嚴海文感覺到綠色窗帘里的溫暖和安逸，狠狠地磨起牙齒。而遙遠里——當他回轉頭，有一片微薄模糊的光明，那是鎮上喧囂的夜市的燈火。

嚴海文，迎風點燃紙煙。

「那一個？是不是老胡？」嚴海文，望定走過來的一條高大的黑影。

「是我。」

「哦，你來了。」

老胡拍着嚴海文的闊肩膀，平靜地熟視年青伙伴。在他正直冷靜的眼光下，嚴海文大大地煩燥，侷促不安起來。他失去支持，變得胡言亂語：「……老胡，我告訴你……老胡，你進廠好久？」

「四年多。」

「你不想走？」

老胡搖頭，看清楚了對方的心。冷靜地微笑。

「老胡，我此去……」

「此去，第一，心要放寬，不要太暴，總之，萬事小心！當心上別人的鈎。嚴海文，我約你等我，爲的要關照你，告訴你，么妹小產啦！」

「啥子？」

「小產！今天女厠所里，丟着一個血跡模糊，還沒有變成人形的肉娃娃……老弟，我碰到么妹，她說，她也要走了！」

「她上那兒？」

「不知道，她叫你不用記掛她，她今後會——變好的！」

「變好……」嚴海文。沉默了片刻，咬緊牙根，沒頭沒腦地，變得散漫，憂鬱，淒然說：「今晚，我先到鎮上，明天一早去重慶。」嚴海文，憂鬱更深，噙緊欲滴的眼淚，酸楚地，從來沒有過地，嗚咽起來：「老胡……那廁所里的娃娃，是……是蔡惠珍……是我的……老胡，我來不及再見她一面，廠警四處找我，我只有走，走是好的，就是那女子，那么妹，你哥子以後多照顧……」

「你放心！」老胡點頭。握緊嚴海文的手，沉默。一會，他伸手到袋里掏出一包東西，塞到嚴海文手里。「大家患難一場，兄弟們知你身上沒得錢，大家湊了三千塊，吩咐我帶來，你收下吧，將來通個訊……」

「我忘不了哥子們……」

夜，悽涼。

嚴海文走了。嚴海文的心中，唱着一支悲壯的遙遠里的哀歌。老胡看着年青伙伴的闊肩膀。——頭上是天空，腳下是土地，一個放逐的生命，一個年青的生命，這生命，唱着遙遠的悲歌，和狠毒的，對於年輕情人的薄情，消失於蒼茫里。因爲明天，天一亮，他就要開始悲歌里所頌唱的生活……

一九四四、九、十二。重慶。

機場上

劉北汜

一

兩個月來，機場上大部分的土基都已平好了，不管站在那裏，現在都可以淸楚的看出機場中的各部分，疏落的公事房，高高的風向塔，灰色的水塔，圓筒似的油庫，無數的跑道和無數業已具有了雛形的飛機堡。每個用來掩蔽飛機的飛機堡都是由上千的工人做成的，像似巨大的野獸蹲伏在那兒，沿着小鎭，沿着山坡，而且伸入山坡間的谷裏去。

小鎭是隨了飛機場的修築才興起的，從各地湧來的工人們在山脚下原有的村子四周用稻草，麻楷或木板搭了無數矮小的茅棚，同時有人開了店舖，設了汽車站，一條不修整的小街道於是慢慢形成了，一直橫過鎭中心，通向了機場。

鎭子左邊是村間舊有的社戲台，建成的年月已很久了，現則改建成了材料庫，台口被封起來，終日都有武裝士兵守衛着。過了那裏，在鎭後的高坡的那邊，是一個曠大的山谷。

傍晚時候，天落起雨，機場和遠山都爲灰色蒙住，什麼都不能看見，大山谷也被煙雨罩住，不能望見了。

雨一直繼續到了晚上，夾裹着猛烈的風。

雨點不時放肆的撲打着茅草棚，和緊閉的門窗。燈光搖曳着，黑色的人影於是也在屋中搖盪着，而且更爲迷離了。

之後，風平靜了，人影不再搖盪了，棚子裏漸漸亮起來，於是，喧鬧和狂笑也又繼續起來了。

搖曳着，黑色的人影也在茅草席結成的壁上搖蕩着，一切却更爲迷離了。

之後，風平靜了，人影不再搖蕩了，棚子裏漸漸亮起來，於是又繼續起喧鬧和笑聲。

到十一點鐘，從茅草棚裏吃酒出來的老海覺得有些醉了，他踉蹌的在泥濘的街道裏跋涉着，這路，走到他住的地方原不是很長的，現在却顯得太遠了。雨絲模糊了他的眼睛，祇在閃電的一瞬之間，他才倏忽的看出哪裏是白天習見的房屋和樹木，但這些隨即又被黑色的夜蔭遮掩下去了。

在鎭上，老鄉親麵食館裏的燈光已沒有了。仍然飄着雨，街道泥濘着，淌着的泥水發出細碎的響聲。

走着的人向鎭尾一個有着燈光的窗子走過來，這也還是由茅草搭成的棚子，有人在裏面笑着，窗紙是昏黃的，人影恍動在窗紙上。

他去敲門。他同時把插在門上的一柱香拔了下來，咬着下唇用手指捏熄了尖端的火花。

搶着出來開門的人在他背上推了一下。他身體恍了恍，站住了。和出來的人比起來，他的身材是常高大的。

「肏你娘！老海！你不能說話等於放屁，是不是？」

出來的人跳起來罵，使勁搖着老海的肩頭。

老海不出聲，只往前凑了凑。他暗暗笑着。罵着的女人的面孔是笑着的。而在她慢慢靠近來時，她却突然尖叫了一聲，從他的身旁跳開了。

「捏個屌！再捏娘老子把你摔到外面！……」

「金花！……」

「什麼？」

她開始搜索老海的衣兜，把從裏面捏出的塵土揚到他臉上去。他趁勢撈了個野，出人不意的用手臂繞住對方的頸子。

「你敢！老娘揍你！」

他咬着舌尖，學對方的聲音。

被捏住頸子的，順勢向後一仰，於是他便被踉蹌的帶進黑黑的草屋去了。

許久許久以後，在被濕夜吞沒的空曠的機場上，一股強烈的燈光亮起來了。這是卡車上的燈光。

雨仍然落着，激動的搖着黑暗的天空。電光閃着強烈的火亮。當汽車的燈光一射進空際裏，天空便顯得更深遠起來，閃電，緩緩的雷聲，都彷彿發自天空的最深處，故意來攪亂單調的雨聲似的。

燈光漸漸移近着。雨絲被風攪起了，突然，在車燈光被顛簸得射進了空際，隨又沉落下來時，這一瞬間，雨滴也重新被埋在黑暗裏了。燈光照明了不盡的小水潭，不盡的浮在水上的泡沫。汽車的摩托聲更響了時，雨也更大了。

風，狂野的夾了雨在汽車的窗玻璃上擂過去，隨即也消滅了。

泥水從黑色的膠輪下濺開來，呻吟着同時迅速的散到一邊去，最後輪軸被箍着，在一聲痛苦的窒塞的叫喚之後，汽車停下了。

有人倒在路上，車子被攔阻住了。

雨已把這個人的全身都泡濕了。從車轍流來的水，在流到這個不知是死了還是活着的人的身旁時就折開去。

「哪裏死不得，偏要死在路上！」

第五工務段段長王景華揮起拳頭叫着。這不快的事情，使他驟然憤怒起來，他望了一眼擠在車中的三麻子，孫萬善和包工頭董啓新。他不知道爲什麼要望他們，但是當孫萬善會意的推開車門，跳下去把躺在泥濘裏的人拖開時，他才覺得微微的安靜了。

「我們不能在十二點前趕到車站了，我答應過人家，現在偏偏失了信，……」

董啓新不說什麼，只接過王景華遞來的紙煙吸起來。段長發怒的聲音，段長爲了這種拖延而引起的憤怒，他都聽得很清楚，他知道段長發起脾氣時是不容別人插嘴的，也聽人講起過段長的身世，知道段長不久還是個學生，年紀青，好強，可以爲了趕工一夜不睡覺。但也顯然的，比起他自己，比起他這個幹了多少年的水泥工把頭在經驗上要不得及多了，於是，一想到自己還正坐在這麼一位初出茅廬的段長身邊時，他激憤了，他感到一種不快的壓迫同時襲向了身上，車越顛簸，這種感覺也越爲強烈起來。

二十幾年前，他便帶着鄉裏的幾十個年青小夥子從河南趕到安徽修過淮南鉄路的，他們全像才架起犂的牛，即使費氣力，任何工作對他們都是新鮮有趣的，正像牛一樣，力氣便是他們的本錢。他們跑過很多地方，做過瓦匠，泥水匠，淮河岸上的縴夫，還賣過大餅，饅頭，最後，當他已成了一名熟練的水泥工匠，糊里糊塗的離開了家鄉幾千里地以外的時候，跟在他身邊的已只剩下三麻子一個人了。

他們是從小就在一起的，在那個北方的小村子裏，一同讀過兩年書，但不知爲了三麻子傻里傻氣的樣子，還是爲了他把認過的字後來又全忘了，村裏人是一直都拿他當傻子看待的。不久，正是跑關東的風在村間散開的那幾年，當他們也感到不甘心把自己捨在幾畝薄田上，猶豫着是不是也該走上關東的路時，他們便裹進恰好來到村間招募修鐵路工人的隊伍裏偷偷離開家跑掉了。

二十幾年來，他們一直就這麼從北到南，在無止無休的忙碌中過活的。他們撐過來的是一串長的苦日子。

而現在，當他們遠離了家鄉幾千里，沒有一個親人可以看到，可以管到的時候，還有什麼值得怕呢？段長麼？段長是連黃嘴牙子還沒有退的。……

這樣想着，他的心裏便彷彿突然爆裂了似的，被一種深深的憎惡刺痛了。

他緊緊抓住坐墊，向裏面移了些，同時藉着車燈微弱的光注視段長的臉孔來。

道路在經過一個大泥坑時轉彎了。

雨仍然落着，雨滴繼續不斷的打在車篷上。車玻璃上全出汗似的掛着小水珠。

把向車窗外望着的頭轉過來的時候，段長看到了正在凝視着自己的董啓新的眼睛。在微黑的車箱中，兩隻眼睛正在閃着亮。

「不知是哪一個，看得清麼？」

他問，從心裏湧起一陣不安來，盯住董啓新，但孫萬善卻搶着回答了：

「好像你那個同鄉李永福……」

「聽說他在鎮裏找你很久了，」董啓新接着說，打斷了孫萬善的話，一邊繼續注視着段長的臉孔，不讓段長把臉孔扭開去。看出段長的不安，他心本是覺得快活的。

「我收到他一封信過。……」

「最近麼？」董啓新追着問。

「很久了。」

信是這位叫做李永福的同鄉託人帶給他的，但他卻不會按着信裏提到的時間等着這位同鄉。他太忙，他不能爲了私事誤了公事，因此，爲了來不及通知李永福，那天他便按着平日的時間趕到段上辦公去了。這些年來，從離開大學的時候起，他便一直爲了好好做工作的心和求進步，求勝的心纏住，好像一塊太美好的遠景正在等待他，稍一遲便會錯過似的，他是從不會對自己的理想和工作疏忽過的。朋友都一個個疏遠了，而他，除了每天把時間放到工作上，不抱怨，不偷懶，連什麼是挫折都不知道的。可是，想起來這位同鄉拿來的介紹信如今都已在自己口袋裏腐爛了，卻始終不會見到面時，他便也禁不住感到頹喪起來了。

但他卻不願把這種從心的感覺表現出來。爲了藉此平靜一下這種不安，他接着莊重的解釋說：

「我們的信譽是絕不能破壞的，我們說過的就要做到，我急的就是這個。而且，由我們開始不顧信用，那更不成話！……」

他不停的說着，卻誰也不去理會。於是大家都沉默了。

當他們把車停到汽車站前時，已有人撥着風雨蹲在等候了。

「我的一個同鄉在路上醉倒了。」段長取出手帕揩着淋在臉上的雨滴向來人說，隨又轉過頭來望望站在一邊一聲不響的孫萬善和三麻子，又望望董啓新。

「老董，讓孫萬善去把他背回來！」他命令的說：「要他以後來我們段上工作好了。」

在小街的中間段長和他們分了手。

進了齷齪的巷子的董啓新和三麻子都不得不把身子捲縮着，防着從簷上落下的雨水。一股有着難聞的味道的水流在地上不發聲的流着。鎮裏喧嚷的聲浪已沒有了。

「明天要加工人哩！」董啓新突然記起似的說，卻依然低了頭走着：「這次要挑結實的，把生病的趕掉。」沉默了一會之後又說：「要他們後天來，來三十個。」

三麻子搖着頭，一聲不響的聽着，他的大而空洞的兩眼顯得一如兩個窟窿，全身也因爲終日的疲憊而感到麻木了。

二

工人們的住處都是散着各工務段固定的區域，分配在機場四周臨時搭起的伙棚裏的。

黃昏時候，沒有錢到小鎮裏吃酒，喝茶的人都在各自的伙棚前燃起艾蒿來，架在火堆上的銅鍋吱吱響着，水壺沸騰的叫着，艾蒿的煙混着水氣和火光使黑黝黝的人影都顯得神祕而可怕了。

靠近大柳樹的一羣人正在吃酒。被烤着的牛肉在火堆上熱辣辣的叫着。人們不知怎麼談到了女人時，正有一個女人過來了，臉上敷着刺目的脂粉，依着大柳樹站下來。

「睛吧！婊子！」

老海從堆上抓出一塊骨頭擲過來，女人想閃過，骨頭卻已摔到她衣上去。

「撇你娘！」

女人狠狠的罵，窘住了。吃酒的人都大笑起來，老海則裝作沒聽見，故意摔過第二塊骨頭來。

「還不夠嗎，金花？……我肏你個婊子！……」

他有幾分醉了，金花尖叫了一聲，從地上把骨頭又拾起拋回來，騰進人堆裏去。

人們轟笑了一陣，隨後，有人打起鼾來。不知由於風吹，還是由於雨大了，火堆突然熄滅了，艾蒿煙襲鼠的冒着，打鼾的人又被驚醒了，他們倒了一杯酒遞給他，他喝了，立刻又打起鼾來。

「我們猜拳吧！」有人提議。

酒巳經很少了，柴也沒有了，但他們還是猜了起來。

先前走開的女人不久又走回來，一聲不出的坐到老海的旁邊去，火又被燃旺了，看得見她的爛紅的眼邊和她的垢膩的衣服。靠近下衣襟的紐扣散開着，裸露着的大腿壓到老海的腳腕上。

老海覺到了，卻輕輕舐着嘴唇，嚥下了最後的酒，隨即猛然回過頭來拖住她，邊粗魯的嚷：

「媽媽的！要嚐老子的腳桿麼？你娘的……」

他扯開女人的胸襟，在她前胸上揉着。她滾倒了，坐對面的人，趁勢抓住她的兩腳，拉着大聲起來：

「嘿呀！嘿呀！……」

老海捉住她的手腕，狂暴的在她臉上亂咬着，吐了口吐沫在她嘴裏。

「整老子不是好玩的，走開！」

他推開了她，醉醺醺的站起來，但隨即搖晃着在她腿上絆倒了，她迅速的在他頭上擂了一拳，叉開兩腿坐下去。

「娘老子也不好惹哩！」

她說，抓住他的頭髮。

老海已爛醉了，卻仍然張撒着兩手，舌尖僵硬的叫喊：

「格雜種！給老子復仇，雪恨呵！……」

「金花同老海好，又同董啓新好，還會鬧出什麼亂子呢？……」

沒有醉的胳腮鬍子陳常有喝乾了酒，瞥了他們一眼，想着，一邊自顧抽起烟筒來。

前面機場上，天完全黑了，濃厚的黑色包掩着一切。若是沒有雨，平常別的工務段裏照樣也會燃着亮亮的篝火的，現在卻也沒有了。

第二天，直到天大亮了，而且開始泛起灰白色，三麻子，孫萬善都出他們的意外地走來的時候，他們仍然沒有醒。及至看出來的是三麻子，人們都愣住了。

「做什麼，有事情麼？」

三麻子穿着新的短褲褂，平常穿的一套現在由孫萬善穿着了。

老海酒已醒了，一出來便坐到昨夜撒火的石塊上，冷冷的望望三麻子，又望望孫萬善。

「來送工錢，是不是？……」

他突然對着孫萬善的裝束譏諷的冷笑起來。

三麻子屏息的望住老海，還個說打便打，說罵便罵的人的脾氣他知道的。人們沉默着，慢慢在他們四周圍起來。三麻子從自己的新衣袋裏取出煙捲來點燃着，各個人的眼睛便也都隨了他的動作機械的轉動着。

天顯然的要晴了，但這些梯比的，破爛的松棚或草棚並不因爲罩了晴天的光輝而好看些。地上，在每個棚子間殘留的灰燼都已被雨沖散了，乾了的銅鍋子仍然坐在灰堆上。

爲要掩藏自己臉上的怒氣，三麻子躲開了人們的眼睛，低下頭來強笑的說：

「我來找工人，要三十人哩！……」

他笑着，但人們並不回答他，只惡意的望着他。人們的沉默使他全身發起熱來，彷彿人們嘴裏呵出的熱氣全集到他的胸口，喉嚨也哽塞住了。但當他突然瞥到了金花從棚裏爬出來時，他便發狂的對她喊起來：

「肏你老娘！可是董老板背了你嘞？……」

他對她揮着拳頭，她抽開身向鎮子裏跑去。三麻子猶豫了一刻，也憤憤的追上去了。

「我知道這騷貨老早就搭董啓新勾結的。」老海忽然想了起來：「他恨我，知道她搭纏我，他會抓住她來出氣的。……」他覺得好笑，覺得爲了這些傷感情太不值了，他便又卑睨的望望還處在奔跑的人，三麻子的可笑的臉孔於是又在他眼前浮起來，空洞的眼睛和那細長的脖子。但隨即，一想到那麼醜惡的面孔將會幫助董啓新動手打她時，一種要報復的心，好強心，使他忍不住的跳起來了。

「做什那？」

胳腮鬍子也跳起來，扯住老海要披到身上的衣服。

「去找他們！誰也不許碰她一指頭！……」

「要是碰了呢？」

「我也碰他！……」

靜靜的聽他說完了，胳腮鬍子便倔強的然而微笑着反駁的說：

「你知道這個三麻子是誰呢？」

「包工頭，那個叫董啓新的傢伙的走狗。」

「好！」他安靜的說，對這位朋友他知道不是用頂嘴的辦法可以克服的：「我問你，假如你的一隻狗給人打死了，你要怎麼辦？」

「我也要打死打死我的狗的人，我要報仇！」

「給狗？」

「給狗。」

「這就是了，你打了董啓新的狗，董啓新也會給他的狗報仇的！」

「我有時候很糊塗，是吧，老陳？」隔了一陣，老海回想的望着駱駝鬍子說，如像覺得這清楚的觀念給別人聽了也會快樂似的。「犯不着爲一個下賤女人丟臉，對的……我老海……」

「不要緊，以後防着些……」

這樣說了，駱駝鬍子就推着老海，使他重新坐下來，不再做聲，把自己抽着的紙煙塞到老海嘴裏去。

太陽昇起來了，山腰裏浮着霧。西邊的直山腰上，有成條的霧遊行着，像給山紮了條棉絮做成的帶子。

迎着陽光，有人脫掉衣服捉蝨子，讓陽光晒着背脊。相毗連的伙棚都看得很清楚了，都像燒熱了似的，茅草棚頂上全冒着熱氣，彷彿有什麼正在燃燒。

過了七點鐘，拴在大樹上的半截鐵軌敲動了以後，成百的石匠和泥水工匠們全又爬上汽車，開到山裏去了。

山，最遠的要有十里路，終日都被火藥的煙霧和氣味浸罩着，看不出輪廓來。原是一漫青色的石山，現在已全被壓得凌亂不堪了。

沿着山脚堆滿了碎石子，從沒有經過踐踏的荒草地如今被車轍馬跡攪亂了，鐵錘敲着碎石，拚裂的火花四濺着，而大的石塊一炸落，從山巔向下滾着，整個的山谷也會被搖震起來，石工們都在預爲選好的地方避着，直到隨着石塊震落下的泥土完全沒有了，停止下落了，他們才走出來，愈空着炸落的山石。

駱駝鬍子，老海同李永福則順着一段險峻的石山脚爬上去。這山脚，一直從遠處綿亙過來，挺拔而懸陡，不生樹木，花草，石色經過風雨和陽光的洗晒，全已褐黑了，就連一撮泥土也是不易找到的，但他們抓住危崖上的突角引上來，很快的便把這道石壁爬過了。

從附近的山中，震耳欲聾的爆炸山石的聲音不斷的響着，聲音在空氣中抖動着。每響一次，螞蟻似的集聚在荒地上敲打石塊的民工們便會站起來向山腰間望過去，興奮的看着被炸落的巨大的山石怎樣從山頂滾下，怎樣跌碎，或撞破什麼。

李永福加到石工組工作有兩天了，然而這工作對他仍是陌生的。他的手背在搬運石塊的時候被擦破了皮，鞋子踢在尖峭的石塊上踢裂了，一切引起他的憎惡。夜間，駱駝鬍子在茶舖裏問起的時候，他卻支唔的解釋說：

「不，還好，我能幹下去的。」

他幹下來了，而且漸漸的習慣於這種生活。那些平滑的，堅硬的石頭他知道將是用來舖飛機場的跑道的，他不再來回的亂跑，沒有車子來時，他便默默的含了煙筒坐下等待。他也學會了吃酒。他能知道小鎭裏那家酒利害，那家的辣，那家的女老板娘酒量得太吝嗇。他能够爬上別人認爲險峻的山崖上去。漸漸的，由於工頭的誇獎李永福，三麻子感到不能忍受了，有一天午間他們甚至於打起架來，但很快的就被和解了。

然而，另一天，同樣的衝突又起來了。

李永福命令別的民工們把較大的石塊裝上卡車時，三麻子故意又叫撇了下來。

「爲什麼？」

李永福生起氣來。三麻子卻不去看他，也不立刻回答他，只繼續命令民工們把石頭搬下來，同時自己也動手來搬着。

「爲什麼？……」李永福抓住三麻子搬着石頭的手腕。

「不爲什麼，不需要這種……」

他瞟了李永福一眼，正想繼續撇時，他便被李永福打倒了。

當這裏的山石再不容易鑿下，只剩了陡懸的大石壁，他們也不得不移向附近的山去時，左近的荒草地已變得更荒蕪了，從山頂滾下的石塊，燒飯燒水遺留下的殘燼隨地都望得見，紫色的小馬蓮花全被馱馬踩啃光，草叢間幾乎無處不是牛糞和馬糞了。

這個下午，李永福突然受傷了，和另外幾個受傷的人同時被抬回小鎮來。正當他們在山的道一個點火路，埋下火藥時，在另一個，另一部分人所點的火藥却爆發開來，飛起的石塊恰好傷了他的額頭。

黃昏的時候他醒過來。他渴望喝水，他的額部滿塗着血，腿上也沾了血，而當他自覺乾渴得利害，同時動手想剝開自己彷彿被泥巴纏結着的眼睛時，一種突然而來的刺痛使他朦朧的想起不久前發生的事情。他感到一些涼，同時也望見了夜，發見了這已不是在山上，也不是在自己的住處。他想起來，但隨即他又朦朧了。

而當三麻子擲開死掉的人的屍體，從谷邊回來，從黑暗裏望到依然躺在與梁旁的李永福時，一種要復仇，要報復的慾念便猛然的把他抓住了。

他站着傾聽了一會。四周是靜的，他聽出了躺在地上的人的困頓的呼吸。

他繼續向前走了幾步。他的手觸到褲袋裏的小刀和火鏈上。小刀是用一節鉛條和防備毆鬥用的。從刀背上滲出的一種冰冷透到他的手上來。

他重新站住。仍然看不清躺着的人的面孔。但，分明人仍在昏迷着的。

他想起了黃昏前李永福剛被抬回時的面孔。然而正是這面孔，好多天來，無時不是對他敵視着的。一種再難忍耐的憤怒在他心裏急遽的增長起來，他迅速的抽出刀子。

機會是不能失的；再看了四周一次之後，他便俯下身子，用力在李永福的耳根上割了下去。……

他跑回自己的住處。在路上，他把割下來的一隻耳朵，扔進路邊泥塗裏了。

三

在小鎮裏，晚上，茶舖門口一懸起大紅燈，燈光亮亮的，人早擠滿了時，蕢新啓新便已趕到了。

新來的清唱班子裏的坤角不時被包圍住，被喝着采。鑼與奮的敲着，弦琴響出了曲折而清脆的聲音，隔不到幾秒鐘，是一聲清亮的梆子，空氣中漫着煙和霧的濕膩膩的水氣。

「……想到奴，孤，苦，零仃……」

女的在繼續唱，柔細的然而帶着破碎的聲音在混沌的空氣裏激動着。

胡琴聲漸漸昇高起來，鑼劇烈的吵着，鼓響着。

人鬧雜的拋出淫蕩的叫聲，起着吃葵花子和松子的破裂的聲響，一個叫着跳起的漢子把茶杯碰翻了，揚了一把瓜子皮到女的頭上去。

「好哇！嘴老子可憐你！……」

他顯然吃醉了，一坐下來，就被隣坐的人塞了一根粗大的手指到嘴裏！

「啃老子的賣瓜！」

唱着的聲音彼捧開似地突然激動的揚起，又降落下來，咬着舌尖做了一個大轉折，停住了。

「好……」

人們喧嚷着，激起很大的騷動。

工頭坐在他習慣坐的位置上，呷着茶，用食指輕敲着桌面和着音拍。

在最黑的角落上坐着駱腮鬍子。這些日子，他一直都在規避着工頭的，因此當他一走進來，突然看到工頭也坐在燈下的時候，他便急急的選中這個黑暗的角落坐下了。

李永福坐在他的對面，衣服已經破舊了，黑瘦了，不久前被山石擊傷的額部已經痊癒，留下了幾塊疤痕，一邊沒有了耳朵的臉顯得較先前寬大些。他是打定主意來這裏等待第五段段長的。却不時打起瞌睡來。

「你太累了，回去吧！」

駱腮鬍子安慰而憐恤的說，這張日漸消瘦下來的老實的面孔使他記起許多事情，同時忍不住從內心感到憤怒。

「算了吧，朋友同鄉都靠不住的，」他接着說：「我吃過虧，你見過的，你總知道我和蕢啓新的關係，我來，是他拿同鄉面份請的，我還替他認了多多少少人，可是現在他彷彿不認得我了。……」

先前吵過的，吃醉酒的人這時穿越了幾層桌子，跑近敲打鑼鼓的地方。他的粗惡的聲音把女的聲音淹沒了下去。

「叫什麼！一點沒教育！」工頭怒喊着，站了起來。

人們雜亂的叫着，斥罵着，低矮的棚子似乎被搖顫了。

駱腮鬍子不顧的站起來，塞了張紙票到李永福手裏。

「走吧！沒有錢打我這兒拿去用！」

隨着他的聲音後邊，一種浪蕩的聲音昇了起來，人影隨着也搖蕩了。

「……害得奴，日夜思量！……」

工頭隨即低聲和了起來。

駱腮鬍子走出去了。李永福從背後望着他，也慢慢的跟了出去。

外面，從還不潔的屋子照出的燈光直映在街路上。人們慌張的走着。天上的星子全靜靜的，撩着龐大的黑幕俯看着這小小的鎮子。

攤聚在對街潮濕的小飯舖裏的人們，都在高聲笑着，在昏暗的燈光下面粗草的嚼着羊腸或雞頭。每個食舖前面的地上，也滿擺着小食物攤。人擁擠的無聲的吞嚥着。菜蔬多是老鄉親麵食館裏的剩菜，特為挑來賣給這夜裏才有時間來小街上的工人們的，但一離開時，人們也總是醉薰薰的了。

有人在遙遠的地方吆喝着牲口。不斷的有手電筒的閃光從鎮四周亮起來。

經過了短短的間歇，鑼鼓聲又繼續起來，而且立刻壓過了鎮外的聲音。

人們重新安靜下來，看着慢慢站起的生着長髮的坤角。她的吊起的尖眼稍向四座掃着。

「嗓音要得，這嗓子……可以上北京了。」

工頭又一次的說，手指抉着腮，臉微微紅漲着，被她的聲音感動了。

一個矮矮的工人這時擠攏來，打斷別人的話問工頭：

「工頭，幾時發工錢呵？」

「快了，」蘆啓新回答，避開兩道直射來的憤怒的眼光。一種犯罪後的畏怯心理在他身上茁長起來。

「做派也一定不壞哦，你看……」

為着逃避問話的人的眼色，他盡力揚起頭，不使擠來的人看到他的眼睛。

女角的上體微顫着，一片淡淡的煙繚繞着她的頭，胡琴的聲音突然跟着她的嗓音挑高了。

每人都靜默着，沉浸在這微細的顫動的聲音裏。唱着的聲音越高，屋裏也越沒有人似的，這使他完全把剛才的不快和疑心忘開了。他感到滿足輕鬆。他繼續聽了一會，他發覺一隻蚊子落在他的脖子上。正是這時候，只在一轉眼時，他又發現了那對眼睛。

兩隻眼睛，微惱的，直射的，正是剛才問到工錢的人的。那矮矮的工人並沒有離開，而且一如先前一樣，還只逼人的望着他。

他渾身驚悸了一下。在同時，他看到站在門口的段長了。

他知道很久以來段長便在尋找着他的。

他開始覺得從背後有一種恐怖在一點點接近來。先就有過的一種生命的冒險，這緊箍的壓迫現在似乎更逼近他，拖他下來。……

他突然聽到唱着的聲音先好像是低沉的，微啞的，現在又在漸漸上昇着。

現在，他繼續想，現在倘使真的被段長發現了，真的知道了他心裏所想的，而要他立刻發出工錢時，一切又該會怎樣呢？

所有這個月的工錢已搞下來，而且到了他手裏，工人們並不知道的，然而段長知道。……

他不願往下想，卻覺得心裏太沉重了。

唱着的聲音更高了，充溢在茶舖裏每個地方。

突然，人影攪動起來，唱着的高音掙扎了一陣，不可挽救，終於慢慢的斷了。

人們離開了原來的座位，狂呼的笑叫起來。

趁着這片紛亂，蘆啓新擠出來。

，他急急的出了小街道，踏上有着腐爛的麥桿的鎮邊田地。一隻巨大的野狗從路邊驚跳了起來，對他叫着，威嚇他，使他不得不退縮一下，讓牠跑開去。

當他匆匆回到自己房裏的時候，三麻子正喝得爛醉的躺倒在床上，溫霉的氣息和油膩的味道，一直撲的他的臉孔上，他立刻憤怒起來，便恨恨對三麻子身上踢着，一邊嚴肅的罵起來。

三麻子想爬起，却又跌倒了，頭撞在工頭脚上。工頭跳開去，把三麻子躺到自己脚上的頭摔開，邊忿忿的罵道：

「老子倒霉就倒在你身上了，原來給你這個烏龜搞的！」

他隨又踢翻了桌上狼藉的擺着的碗筷和剩餘的飯菜，一面用脚在三麻子紅紅的胸膛上蹂躁着，同時連連的盤問起同誰喝酒的事來。

三麻子酒已微微醒了，靜一會，揉了很久眼眼，才說：

「同老海，老海吓，…………我說……」

他吃力的坐住，嘴角上流淌着涎沫，工頭趁勢按了三麻子的頭，狠力向桌脚上磕去，一邊大聲的威嚇着說：

「我要敲破他的腦袋！……你早知道他同我搗蛋的，你要同他灌喉子酒呵！……」

他一想起老海，心裏立即滿是怒氣了，便當牠捉牢三麻子的頭髮更用勁的磕着，却被三麻子噴出的熱辣辣的酒氣衝後了一步，這一來，他才發覺自己頭上竟是大顆大顆的汗珠子了。

三麻子也抱住自己的頭，現出非常疲勞的神色，接連望了工頭幾眼，竭力放出平靜的聲音說：

「他剛剛才走的，說問你討工錢來呐！………」

他原想因此討得工頭的高興的，工頭經他這麼一說，却反更忍不住了，突然更大聲的罵起來：

「我怕就怕你對他亂說一陣，說走了嘴哩！………」

但到這裏他的聲音突然又暗啞住，說不下去了。房間裏很熱，很暗，燈油就要乾了，火光微弱得利害。對着這屋子，這在黑暗中的啞人，，忽然覺得好像在一個完全陌生的地方對生疏的客人解釋什麼，一切都整脚而不投機，如此和他的心境不調和。

他沉默下來，靜悄悄的坐到一把椅子上，想藉此安定一下心中的不安，但很快他又發覺這是奢望了，他並不安靜。從三麻子的呼吸裏帶出的鼾聲，喘息，和這種頓挫的抽噎都引起他深深的憎惡。

他從側面看了看已經坐起的三麻子，映着黯淡的燈火，這隨了自己多少年的面孔現在竟顯得非常卑鄙可憎了，越看下去，這種憎惡心也更爲強烈。這現象是任何時候都不曾有過的，現在却隨着三麻子粗嗄的呼吸一點點增長了，這面孔如今彷彿只在緊緊推開他，絲毫都不再有可親處。

屋內的東西全是淩亂的，黑黝的。一層陰慘的紅光重重的在三麻子臉上罩着，幾隻蒼蠅在嗡嗡的繞着那臉孔飛，成顆的汗珠在額上閃着亮。

突然老海的面孔又從黑暗裏顯現了，這面孔好像正在挨近他，不相信他，正在一點點逼近他來，滿臉是不可抑制的怒氣。……

他忽然站起來，不加躊躇的抓起錢褡褳闖在肩上，又抓了根棍子走出去。

他繞過屋角，轉向了屋子的背後。平常站在屋後便能望見老海的棚子，現在却被黑夜遮住，連模糊的輪廓也看不出來，只鎮子裏還有些燈光了。

他在黑暗裏站了一刻，當他隨又覺得這麼跑一次不必要，決心折回來時，他看到三麻子也出來了，這使他失去了要回去的意思。

他們在泥濘裏走了很久，繞過了幾間草棚，脚時時踏進浸滿污泥水的流溝裏去。在社戲台的前面，他們被守衛的哨兵威嚇了一陣，但他們彼此始終沉默着，誰也不會說什麼，好像約好了誰也不許說什麼。好像他們並不是有一定的去處，只不過爲了要逃避什麼。他們喘氣的聲音，這聲音好像告訴人他們心裏很急，很煩躁，可是他們却不作一句言語上的表示。他們漸漸爬上山坡，過了高崗，而且看到了前面那些平時便顯得很高很高的草棚子。但三麻子却漸漸落後了，他覺得頭昏。從心裏嘔出的酒味仍然激撞着他，彷彿被推向了一排水浪的前面，他忽然猛烈的向前跌倒了，而當他還沒有來得及從濕膩的污泥裏把雙手拔出的時候，工頭便已燃了火柴把他絆倒的原故看清了。

他心裏煩起來。狠狠的對一個躺在地上的人踢了一腳。

「狗養的！算他倒霉，碰到老子手上了……」

他沒有說出絆倒三麻子的是老海，就止了火柴，用力的揮了一下手，要三麻子把醉倒在地上的老海背起來。

他們繼續走着，仍然默默的不說話。夜靜靜的裏着他們，空氣是陰涼的，濕的。

在黑暗裏，三麻子的頭顯得更大，更和他的細　子不調和了。老海騎在三麻子胸前的肩膀在一點點沉下來，三麻子的酒還沒有醒，而且顯然架不動老海了。他的臉孔好像泥塑的，一動也不動，老海仍然醉得沉沉的，從他們身上，嘴上發出的酒氣和汗腥味，強烈的壓迫着董啓新。

遙遠的山谷裏，傳來一陣烏鴉嘈雜的叫聲，這聲音喚起了董啓新一片不快的回想，好像那大山谷很快便在他腳下裂開了，那不像是山谷而是一張巨大的嘴正張開着等待誰。那是一張永遠餵不飽的野獸的大嘴呵！每次走近那大山谷時會嗅到的人和牛馬的屍體的腐爛氣味現在像也在他面前昇了起來，更刺人也更濃烈了。他怔了怔，傾聽到從老海的喉裏在慢慢發出的一種呻吟的聲音。

「這雜種灌了多少！……！」

他突然覺得微微輕鬆的想，便更用力的抓住他握住的那隻胳膊。

可是，漸漸的，在離開老海的房子更近了時，他內心又感到空洞起來，而逐漸被一種決心要除掉老海的慾望佔去了所有的思想。離得越近，這種慾望在他心裏也越爲熾熱了。

「狗肏的，同他解釋什麽？丟下大谷裏餵狼算了！……」

他決定的想，重又被那種空漠的，恍惚的感覺包圍住，彷彿的又見了那深谷，和那些嶙峋懸陡的岩壁上參差不齊的草木　但跟着，在發現了他們還在向着老海的屋子前面走去時，他馬上便又被一種急躁的情緒壓倒了。

他跑起來，一手扯住三麻子，另一手托住老海的背脊，很快的繞到老海的屋後來。

前面已不再有人家，山坡在展開來，被夜色罩得平勻而深沉，好像沉睡着，即使看向了深處，或更遠處，也都是一樣的。夜是安靜的，除開他們外，宇宙裏好像就不再有旁的人，旁的生物，和旁的聲音。彷彿他們的腳音就足以震撼這全個的世界，而這世界正像濃濃的黑霧，除了偶然可以看清一些較大的事物，什麽也看不到。他們在高到沒腰的草叢裏走着。從草上濺起的露水都落到他們腿上來，他們的腳時時會被草叢纏住，過高的草也不時掠打着他們的面孔，但他們並不停歇，他們全彷彿無知覺，無意識，只是機械的架着醉醺醺的人向前走，向上走，漸漸，他們的腳步踏到乾爽些的地上來了，草降低了，他們上了一條小路。最後，站在山坡的頂上，他們看到那黑洞似的大山谷了。

董啓新回顧了一下，不自覺的把腳步放慢下來。他心裏急躁的跳着。他看着它，慢慢向它走近着。他覺得有什麽東西在心裏燃燒起來，把他捲在一片熱浪中。

他把老海的手臂握得更緊些，在谷邊停下來。什麽地方起了一陣單調的蟋蟀的聲音，從谷裏，傳來一陣紛踏的什麽跑過的足音，接着，還聲音又被許多鳥鼓擊翅膀的的聲音壓沒了。

董啓新渾身戰慄起來。他似乎第一次看到這山谷，聽到這些聲音。他退後一步，準備歇息一下，覺得從手臂到手指都已麻木了。

三麻子已稍醒過來，他兩手抱住老海的腰，沉在靠在他足上的人爲他帶來的一種溫熱的好過的感覺裏，什麽也沒有想。他呆呆站着，腦子裏卻閃出了一些不愉快的景象，但這也很快便過去了。他閉了一會眼睛，他甚至不想看看這個靠在自己身上的人。他朦朧着，渴望着睡眠，渴望着快些回去。當他突然看到董啓新抓住醉人的左臂時，他便也朦朧的鼓起全身的力氣，幫着把醉人抬起來了。

迅速的，從無底的黑暗裏有一聲無力的喊聲昇了上來，老海沉重的身體落下去了，向下滾着，發出撞衝岩石的沉重的聲音，慢慢的，連這聲音也降低了，最後，沉濁的一聲回響之後，便什麽聲音也不再有了。

在谷邊站着三麻子，兩手張撒的垂在身邊，微傾着上體注視向山谷間的黑暗，而當他突然意識到已犯下了罪，從昏濛中驚醒過來，想轉過身，不再有立刻跑回去睡覺的願望時，他猛然看到工頭的兩隻模糊的手臂向他推過來，還沒有來得及思索和躲避，他便也跌下去了。

最後的一點聲音再也沒有了，整個山谷隨即沉寂下來，被濃厚的雲層罩住。

遠遠的從鎭子的上空有兩柱微黃的汽車燈光射過來，冷冷的搖曳了一下便又不見了。

機場上什麼也看不見，夜像是隨處都靜止得凍結了似的，而且和天空連在了一起。

董啓新沿着谷邊走了下去，他不停的走着，手壓着胸口，覺得心裏沉重而疲乏，身上也漸漸涼起來，到了渴睡強烈的來了時，他才發覺離開小鎭，山谷，乃至廣闊的機場都很遠了。

空氣是微微有點潮濕的，在下着露。天已漸漸亮了。

四

沒有到雨季之前，大部分工程都已做完了。碾路機只還在飛機場的邊緣上慵懶的移動着，烟囱上冒着淡淡的煙。來過三架一隊的飛機，像要降落，却在離飛機場很低的時候突然又昇起來，鑽進雲堆裏去。

小鎭逐漸的荒涼了，臨時搭架的茅草棚大都倒塌下來，麥桿在雨水中腐爛着，麥梗變黑了，而且染黑了附近的土地，泥土像中了毒，一起風，就會嗅到黴酸澀的氣息。烏鴉成羣的循了小鎭四周噪叫着，整日逗留着不散去。商店不少都倒閉下來，老鄉親北方麵食館以七千元的代價頂了出去，茶舖裏的淸唱班子遷回省城，汽車公司定期的班車無形取消了，街子也停頓了，出現在小街上的人都帶出憂慮不快的樣子，慢慢的走過去，偶而會用空瀜的，枯澀的眼睛凝視一下罩着霧的機場。

機場上，一到午間也仍然刮着風，黃色的風一直向遠遠的平鋪的山坡蕩過去，掠過鎭子，在山和天空間染起一片昏黃來。修好的飛機塢，都像龐大的被削去尖頂的埃及金字塔一樣，散在機場的四周，已完了工的，便有兵士守着了。

沒有風時，天空會藍得更耀眼些，以悅人的深邃的蔚藍色覆蔽着下方。但總過不久，總又會從山後茁長出成團的煙似的雲來，冒着，泛濫着，在人們無從注意的瞬間，一片厚厚的雲幕已在上空形成了。

夏天了，看着透藍的天空，人們都更渴望着飛機的降落。

機場也在等待着。風向袋裝滿了風，滾圓的，魚似的在天空裏浮着，底裏修造了水閘，修了抽水機房，粗大的吸水管經過地底一直被引到水塔下來。只有水塔內部和山洞間防空監視站的工程還在進行着。

當第五工務段段長王景華間隔很多天又來到董記啓新建築公司的門前，當他發覺屋內已空了，猛然想起近來一般人對董啓新的責難，而悟到董啓新實的或已拐了工資逃掉的時候，他便禁不住的立刻被一種切齒的憤怒捉住了。

他立卽回到小鎭裏來，當他憤憤的四處尋覓着的時候，在茶舖裏，一個最初屬於他的工務段裏的路聰翁子工人撞見了他。

「您忘了我吧？段長，我是陳常有。」

他馬上記起來，這個工人，正是離開他跑到董啓新手下的，正是那些起初同他抗辯過的工人們中間的一個。他手下沒有人，也請不到新的人來幫忙的時候，這位路聰翁子却決絕的捐了行李捲離開他走了，全沒有顧及他怎樣待人待事的，從那時就留下的對於陳常有的壞印象，現在便也復活了。

陳常有也看出這點來，便隨又冷冷的問：

「段長，董啓新逃了，打算怎麼辦呢？……」

段長先以爲沒人知道這事的，這時知道不好瞞過了，臉便禁不住紅起來，停了一陣才忍着氣說：

「他跑得掉才好哩，就怕跑不掉！」

陳常有仍然不信任的問：

「怎麼辦呢？看着那多工人被騙嗎？……」

段長不能再忍住氣憤，也就不悅的頂撞着說：

「你看怎麼辦好，你就去辦，還不更好麼？」

陳常有原想從段長口中探出些消息的，這樣一來，看出段長氣了，便也就突然的裝出漠不關心的神色，不再說什麼了。

突然，茶舖的角落裏有人吵起來，許多聲音尾隨着一個沙啞的聲音，人們向角落上移動着，一個中年人面無人色的站在那裏，人們的紗頭揚着，幌着被擠落的頭巾對擠在角落上的人咆哮着，吼着。

「這人，是孫萬善麼？」

看見那人的面孔轉過來了，段長問陳常有。

他沒有得到回答，而在他轉頭看向陳常有時，陳常有已不知幾時站了起來，正憤憤的對着牆角那裏揮起拳頭。

「打他！打……」

陳常有的兩頰全是紅紅的，喊着，被汗水浸熱了，但隨後，他的聲音又被從牆角來的更嘈雜的聲音壓倒了。

「打死他！龜兒日的！」

尖銳的聲音在呼喊。

段長覺得自己的身體被擠動了，桌子也動了，成羣的人都在向牆角落裏呼噪着，零亂的發出揍打的聲音。

「摔他嘴吧！……」

重又是陳常有的聲音浮起來，他仍然站在原來的地方。

「問他，工頭，三麻子還與王八鑽到那裏了！」

人蜂擁的向屋外擠着，經過了陳常有的桌前時，有人按住孫萬善的發紅的額頭向桌上敲了幾下。

一到外面，這些人就擁着走開了，帶走一片喧鬧的聲音，遠遠的向小鎮的另一端擁過去。他們好像對付一隻瘋了的狗，呼嘯，叫喊着，這聲音一直隨了他們走開去，從後面趕上去的人，也跑着，跳着，浪似的奔過去。

有人拖着沒有扣好的衣扣從店舖裏追出來，咆哮着：

「抓住了三麻子的幫手麼？揍死他！」

附近落在人家屋頂上和樹上的鴉羣都噪叫着飛開了，隨着這個拖着衣襟跑開的人的後面，幾隻狗刺激得太利害了，狂吠着挾緊尾巴橫過小街跑去。

段長睨了陳常有一眼，這時候他才發覺自已不知什麼時候也站起來了。

拖着衣襟跑的人一直奔茶舖跑來，路上的人都躲着他，一隻大狗隨在他身後叫着。一當他擁近門口，茶館裏僅餘的人便都跑過來把他圍住。有人衝人堆裏叫着：

「當真工頭獨王八把工錢拐跑了麼？……」

擠得緊緊的人堆被搖動着，有幾個身體搖顫了一下，迅速的抓住桌角才不致倒下來。

「這王八，害死了人咧！……」

跑來的人只顧頓着脚跳着，嗓子已啞了。

「造謠！」陳常有站在人們中間，轉身向着段長，也激動的叫起來：「他招他們來做工又欺騙他們，現在，他們什麼也不消說，……只消抓住他！揍死他！……你也看着，段長，你做證見，這是他們大家的意思……」

他激動得有些口吃了。

「……是我們大家的意思！」

有人隨和的說。

陳常有揮着手，關切的望了望每個人的臉孔。看出每個人都在會心的聽着他的話，他便加重了聲音：

「喂！大夥兒聽明白呵！」他掃望了人堆一下，臉上的筋肉跳着：「我要說出所有他的壞處來，……不對時只管大家檢舉，王段長也在……」

鋪子上也迅速的圍起了人，把茶舖的窗口擠得緊緊的，低聲的嘈語着，房子裏漸漸的熱烘了。

「第一，他造謠言，」陳常有接着說，拿衣袖揩去額上的汗，殷斥的說道：「從沒有人來機場上抽壯丁，他扯謊說飛機場一修完便要來抓工人，因此多少工人都在沒有完工前，工錢都捨開跑掉了。第二……」

「他割過好幾個人的耳朵，汪大，李永福的……」

一個站在人圈外層的人翹了脚跟截斷陳常有的話喊着。人們立刻呵斥住他。

「第二，等工人跑了，我也跑了，他就會搭工頭平分所有的工錢。……他一下子變闊氣了，我們卻一杯茶都吃不起。……」

從人堆裏有一隻胳膊向上揚起來，一個沉濁的聲音啞嗓子呼喊着：

「不要說了，先摔他大谷裏再講！」

一個高大的女人的聲音叫着：

「還有，老海也是他幫兇害死的！……」

「對了，第三還有老海失蹤的問題，」陳常有看了一眼提到老海的金花，這女人現在非常的瘦弱了，貧血，帶着蒼白的臉色和陰沉的小眼睛。人們都向她瞥了一下。「大家都這麽說，三麻子他們害死老海的。……！……」

許多人的視線都轉來向着段長，有人莽撞的叫：

「怎麽辦呢？你要說話呵！」

段長一直就沉默着，這些人在他面前形成了一種不可抗拒的力量，揩個流着汗，顯出十分憤怒的臉孔，都使他明白了自己的地位，他伸出手，沉重的揮了一下。

「而且，這也妨障了國防工事！……」

他重重的說。

人們在他站起來的時候就把他緊緊圍住，而且儘可能擁近他。他的陰沉，有力的聲調遮住了人們有力的叫嚷。

「妨障了做工事，延誤了飛機場的完成日期，只這件過錯便該殺頭的！……」

他停下來，吸了口氣，人們都被「殺頭」兩個字嚇得嚴重的緊張起來，更不敢放鬆的望着他的嘴脣。

「你們是對的！」他怒視着把頭向下一沉說：「我們一定要抓到董督新，和三麻子這些人！……只這種人，是破壞專業的！……」

所有的力量都彷彿衝到他的嘴上來，使得他感到了一種輕微的昏眩。

模糊的小鎮的那一端，響着種喋喋的沉重的聲音，間斷而有節奏，夾着箍打大汽油鐵筒的響聲。一羣烏鴉集在鎮中空曠的場子上。黃昏的混濁的紅色從山頂慢慢的瀾了下來。

鎮子的上空還漫散着一片黃黃的濃重的陽光，把麥桿搭成的棚頂映成焦黃色，耀着人們眼睛。屋子裏映起最後的光芒，也突然的明亮了。

從小街上經過的人，逐漸的都湧集到茶舖門口來，帶着驚訝的眼色和探問的神情。翹了脚跟聽着的一個突然對屋裏大叫着：

「老陳，大一點聲說呵！說嗓子總要使大家都聽得見……」

「朋友們！」段長叫着，跳到茶桌上去，向四周黑黝的面孔揮動着兩臂：「大家靜下！靜一下！……」

不管他的呼叫，一個倔強的聲音仍然喊着：

「放屁！都被騙光了，靜個屌勁！」

從外面擠進來的一個人，一擠近桌邊，便遲遲的抬起頭來問：

「倒底我們的工錢問那個去算哪？」

黑色的面孔都緊隨着他轉着，身上發着酸腐的汗膩的臭味。人們的話越來越聽不清了。

外面，一個人把嘴巴對在一個穿了黑膩的汗衣的人的耳根上告訴着：

「……工頭，工頭跑了，拐掉我們工錢跑了……」

問的人已問幾次了，聽到這回答，便立刻尖叫起來：

「那怎麽辦呢？」

他好像被大針刺了一下，全身打了一個寒顫，隨即用握緊的拳頭向天空裏揮着：

「走！有種的都報仇去！」

他揩了一把臉，他的面孔一下子被他的手掌抹紅了。

人們從他背後追上去，湧向了小街的西端。許多人在叫喚着。

「抓住他！剝下他的皮！」跑不動的，一個病了的工人靠在門口上喝着，像對那些跑開的人下着命令。

茶館裏變得空洞了，只餘下了段長和茶役。茶役高聲的叫喝着，把沒有收過茶錢的空杯子堆到骯髒的桌上去。

段長的臉上流着汗，他向一點點跑遠了的人羣揮着手。他的手心向下壓着，想竭力抵住從人羣中冒出的喧嚷。但沒有人留意他。

「不能！不能去！工頭跑了，三麻子也跑了，為什麽我們要拿沒有啥關係的孫萬善出氣呢？……朋友犯法和我們有啥關係呵！……我們只要想辦法……」

還沒有說完話，他發覺街上幾乎已沒什麽人了，並沒有誰聽到他的話。

人們仍在繼續向鎮外奔跑，有人揮着大圍巾呼喊，這聲音從遙遠的鎮子邊上傳過來，驟然壓過了他的聲音，衝着他，使他的喉嚨也發硬了，像似故意反對他的話似的。

他跑出去，可是他馬上感到全身毫無力氣，再難追上去了，他盡了所有的力量高聲呼叫起來：

「我們會想法子！會的！……」

然而這聲音一喊出來，立刻又戰慄的從街道間退回來了。街道上，人羣已經走遠了。

留下的人都站到街道兩旁向前遙望着，沒有一點聲音，也沒有人理會他。

他臉色蒼白而冷靜的站在茶舖前面，有好久不知道該做什麼。他望望茶館，這好像才從夢中離開的地方也已經不再有人了，這種迅速的變化在他的心上引起了一種極大的震戰。

但最後他還是追上去了。眼看着差不多是跑着步的人羣，很快的離開了鎮子。

這樣他又看到那個病了的工人，爲了走不動，落後了，但仍然嘶啞的叫喊着，呼喚着，高高揚起手臂，一頂破帽子緊緊蓋過額上，帽沿的黑影把額部遮成了黑黝的，正不住的嚷着同樣的話。

「到大谷嗎？……來，讓我丟掉他！……」

人們上了快接近大山谷的山坡時，又停了下來，他們決定了最後向孫萬善盤詰三麻子和黃啓新的下落。他們威脅地伸出了拳頭，搖幌着，但在粗暴的喊叫聲裏，却什麼也聽不出了。他們拖着他，瘋狂的推着他的腦袋和脊背，全希望自己的話能逼出他們要知道的事情。但顯然的，人們的話震亂了他的聽覺，因此在喧鬧中他却不再說出什麼來。

「靜呵！……」生着胳腮鬍子的陳常有叫着擠進人堆來，人羣退開去立刻又合攏過來。都靜下了，熱心的傾聽着孫萬善的回答。

「……我不知道，眞不知道，我，」孫萬善重複着說了多次的相同的話，他的聲音已啞了，從鼻孔裏流出的淤血一直流進他的口中，但他的手臂被許多條手臂緊緊抓着，再也抽不出來揩揩了，他繼續以相同的聲調說：

「我，我只是他們雇的工人呵，跟你們一樣，我跟你們一樣的被騙來的呵……」

人們都聽到了，但顯然，他和他們不是一樣的，於是吼聲又起來了，混亂的，抓住孫萬善的肩膀，兇暴的推着叫喊着，一個人手里握住一塊大石塊向他的頭頂敲下來，但打到肩上了，另一個人趁機捧了一把路邊的稀泥從孫萬善的頭頂澆了下來。

陳常有緊把着拳頭，眼睛變紅了，燃燒着兇暴的光芒。站到孫萬善後邊來。

人們又開始擁擠着，向前推着，於是這隊伍又前進了。

孫萬善還在喊着什麼，似乎已明白了自己的命運，而且爲這將臨的惡運做着最後的解脫似的，但沒有人再願意聽他講什麼了。他的臉上佈滿傷痕，一隻眼睛腫着，頭髮被扯落了一些，連着頭皮和淤血垂在額上，遮去了另一隻眼睛，從頭頂流下的稀泥混着血，在流向他那隻腫眼上面來。

他想回過頭來找陳常有，他感到這個站在背後的人，口中喘出的熱氣一直吹到他的 頸上，但這也立刻被兩邊鷄住手臂的人狂暴的制止住了。

段長趕上山坡來時，他看到人們像螞蟻抬着什麼東西，已走近那大谷了。一種絕望的念頭立刻重重的襲擊了他，覺得再沒有向前走一步的力量了。

山谷靜靜的橫在山坡下面。它顯出較之平日更甚的平靜，泛着夢幻似的陽光和霧似的乳灰色的氣氛，差不多全個谷底都被遮掩得看不出什麼來。這氣氛全像是停滯着的樣子，遠遠的展了過去，罩着大谷，展向了人們目力所不及的地方：而在山谷轉灣的山麓下，沿着灰濛濛的谷口，這層乳白色又分散爲成團的榴花似的，鬆軟的，輕鬆的浮在山腰間，也不動一的，像全靜止了。

天是澈藍色的，遠山，透過了白雲露出了微紫的顏色。

那些沿着谷邊生長的矮小的樹叢，彷彿也在沉睡中，在寂寞的孤獨裏呆呆的立着。

山谷的兩面全是峭峭的巖石和黏土構成的斜坡，籠罩着陽光，同時被草叢點綴着，正跟谷兩邊的景色一樣，呈現着一種要睡眠的，沉悶的，疲憊的景象。

可是，當集聚在谷邊的人們的喊聲又升騰起來的時候，立刻，緊在谷中的白濛的氣氛像是又漸漸消散了，露出了可怕的深邃的谷底，而褐色的巖石也變得猙獰可怕了，漸漸的接近，漸漸的推移着，更懸陡了，整個山谷都好像非常焦渴的張大了血嘴等待吞噬什麼了。

那些樹叢也都像跟着人們的喊聲，叫聲震撼起來，突然因爲有什麼落進了谷中而歡騰了似的，從谷底，一聲沉濁的回響起來了。

接着，一切又平靜了。

人們從谷邊退了回來。好像經過了一場過於猛烈的撕殺，如今都陷在回憶裏，疲憊裏，每個人都沉默的循着來時的道路走着。

段長驚呆住了，他把自己藏在一小叢楓樹林裏，黯然的望着人們從他附近走開去。

他不願意爲他們看見。他蹲着，屏着呼吸，覺得被一種內疚的心緒壓迫得不能透氣，覺得自己忽然成了個罪人，心裏只剩了一種粗厲的不安和煩悶，變得昏昏蕩蕩，甚至連起初爲什麼跑來，連孫萬善的影子都忘得淨盡了。

最後他又看到那個依然走在後面的病人了，而當他突然看出這個少了一隻耳朵的面孔是誰時，他立刻叫起來了：

「李永福，你怎麼？……」

但他的嘴却戰慄着，不能再喊下去了。

這剛許久會爲他看到的面孔現在變得非常黝黑了，顴骨突着，臉盤顯得太寬大，而且浮腫着。

「我回去。這地方，我住不了。……」

李永福勉强笑笑，吃力的說。全身抖了一抖，頭隨即被猛擊了一下似的驟然垂下來。

天黑了，從飛機場的四周，更多的照空燈的無數圓圓的明耀的光柱，又昇了起來，透過黑的空際，穿着燃後的雲的黑灰色的殘燼，移行着，無聲的交錯着。

星子全隱去了，都淡得看不見了。

小鎭裏是沉寂的，人們都站在街心上，默默的仰望着交又了冲天的光柱的天空，都在這陣陣繽紛的明燿的光輝下昏眩起來了。

對話

方然

下面是史記「敬仲完世家」里，淳于髡與鄒忌底對話，略加刪節，譯成語體。淳于髡是位「學者」；鄒忌本來是位音樂家，一下子討得齊王喜歡，剛作了宰相。

淳于髡：你好哇！眞有辦法。闊起來了！可是我還有點意見要貢獻給你。

鄒　忌：敝人此次就任，處此艱難時期，還要請先生多多指教！

淳于髡：作事要各方留意，那末，你就會事事如意；否則，前功盡棄。

鄒　忌：領教，領教！以後，我更會察言觀色。

淳于髡：猪油涂車軸，只能在方的里面就不行了。

鄒　忌：領教，領教：以後談話，對人都特別注意。

淳于髡：膠水可以拿來黏烏紋，而不可以拿來補鍋補碗。

鄒　忌：領教，領教。以後，我知道怎樣對付民衆！

淳于髡：狐皮袍子雖然是破了，但不可以拿黃狗底皮來補！

鄒　忌：領教，領教。決不讓小人插足到君子中間！

淳于髡：車底架子要不打好，就不能裝貨物拖起走；琴絃子要是不調好，就不會彈出好聽的音樂。

鄒　忌：領教，領教，以後，我知道怎樣行「法治」。

淳于髡：好得很，好很好！有辦法，有辦法！

思想建設與思想鬥爭的途徑

舒蕪

一

從一八九八年的維新運動到今天，不過將近五十年，時間是很短的。但今天，我們已能確定的站在光明的一邊，和黑暗搏鬥。對于那些用自己的生命的燃燒，一點一點的在這黑暗的國度里增加光明的份量的先覺者先驅者，我們不能不獻以感激的心。而且，正因爲搏鬥還在進行，這感激的心就不僅放射出感激，還可以吸進來力量。

可是，有一件事，却又引起我們大的驚異，大的警惕：那些先覺者先驅者，除掉極少數而外，差不多每一個人，都是走不完應走完的路程，中途折回，強迫後來者也跟他後退，而後來者這時也無從容讓，只好推倒他，踏過他，而繼續前進。爲什麼先前那樣清醒那樣勇猛，一變而又就那樣糊塗那樣怯懦呢？怎樣解釋呢？這是驚異。難道不論怎樣清醒，都不能保證後來不糊塗？不論怎樣勇猛，都不能保證後來不怯懦麼？就這樣宿命似的悲慘麼？這是警惕。

二

問題既已產生，解答就不會沒有。

那麼，就來看看那極少數的曾經堅持到底的，看他們究竟怎樣堅持過來的吧。他們之中，最卓越的代表，是魯迅先生。那麼，就來看看魯迅先生究竟憑着什麼堅持過來的吧。

魯迅先生憑着什麼堅持過來的？就憑着他的「狂人日記」，就憑着他所獨創的雜文。

「狂人日記」，不是普通的一篇小說，是新思想與現實的人生要求，在中國的第一次的結合，有機的結合。雜文，不是普通的一種新文體，是從現實人生要求中隨處發掘出一切新思想的鋒利的鋤頭。能在自己的生命燃燒之中，把新思想和現實人生要求化學的結合起來，又從現實人生要求的每一根纖維里提鍊出新思想：這就是魯迅先生之所以能堅持戰鬥到底的緣故。

康有爲，梁啓超，譚嗣同，嚴復，這些在他以前的人；陳獨秀，胡適，錢玄同，吳虞，這些和他同時上場的人：都是偉大的，都是偉大的新思想的建設者與保衛新思想的戰士。然而，他們所建設所保衛的，也就僅僅是「新思想」，這新思想並沒有在現實人生要求里生根。只有他，不以「新思想」本身爲滿足，從在日本籌辦「新生」雜誌時起，就於大家的冷淡之中，獨獨深見現實人生要求的啓發的重要，而後來，在新文學運動聲中，在別人還只能討論計劃擬議推測的時候，他就首先貢獻出實際的成績，使先前的新思想結出堅實的果實來了。

是的。只是新思想，還不夠的，還只能等于一陣吹過去的春風的。必待地上的花朵應着春風而開放，果實應着春風而長成，人世方才眞正到了春的階段。

但還不夠。春風不能不間斷的吹，花和果也不能專賴春風的吹煦而生長。徃後的護育，就全靠每一分子都可以作為養份的肥沃的春泥了。春泥，是把春風春雨春光全吸進自己內部，釀成養份，而變得肥沃起來的。它不放棄任何一絲春風，任何一滴春雨，任何一綫春光，但又毫不吝嗇的貢獻出它所製造的養份。也許春風春雨春光都比春泥偉大，但春的花與春的果，究竟還絕對的受護育於春泥，只從春泥那里才取得生命與發展。這春泥，在他就是雜文。

春風一會兒就要息的，春雨一會兒就要停的，春光也一會兒就要暗的，只有春泥，是頑強的堅韌的存在着，直到它自己不存在的時候。所以說，魯迅先生之所以能堅持戰鬥到底，特別就憑着他所創造的雜文。

三

雜文的意義，是無可估價的。不僅中國的思想史，而且全人類的思想史，都由于雜文的出現，而進入了一個全新的勝利的階段。在雜文既已出現之後，如果還用舊的方式做着思想建設與思想鬥爭的工作，那就不僅錯誤，而且非失敗不可了。

這是因為，世界只有一個，而世界的內容就只是人生。任何新思想，那裏面所包含的觀念，所追求的理想，所寄託的希望，所進行的追求，無非都是現實人生中的現實要求，這些要求經過整理歸納與提鍊後的形態。它們的性質，就現實生活的要求來說，都是「不得不如此」的；就現實生活的發展來說，又都是「不會不如此」的。

但在先前，一切偉大的思想家，雖然內心深處也正感受着這「不得不如此」的現實要求，順從着這「不會不如此」的發展路徑，而建設出他們的思想；但却未能把他們內心深處感受到的明白表現出來，只能用思想本身來推斷，來論證，使原來是「不得不如此」與「不會不如此」的東西，表現成「應該要如此」的東西了。這「應該」的標準，雖然實際上還是現實人生要求，但表現出來就好像是存在于思想本身之中的了。於是，危機就這里潛伏。

只有魯迅先生，生在幾千年來都是「天理主義」壓死了現實人生要求的中國，深知一切現實人生要求的合理，與一切現實人生要求以外的東西的危險性與反動性。因此，處處不離現實人生要求，緊緊依住現實人生要求，把新思想和這個基礎結合，進而從這個基礎上發展新思想。他的雜文，都取資于現實人生的平凡的事件，向那中間作正面的突進，白刃的搏鬥，結果，所發現的道路，都不僅與新思想所指示的符合，而且迫使讀者無猶豫的跟上去，決無法不跟上去。

而在他自己，更因為這種搏鬥，故能在現實生活中永遠保持主動的地位，不會被生活推移了而還不自知。所以我們也就看到他一生的屹立不倒的巨像。

四

至于那些中途轉變的先覺者先驅者，我們看到他們的倒下去的過程，或者說，向後轉的過程，是很清楚的。而在他們自己，却並不覺得；凡我們所看到的向後轉，在他們內心，仍然眞誠的自以爲直道而行。這是因爲，一方面他們未曾進行現實生活中的搏鬥，生活已把他們本身暗暗的轉了一個方向；另一方面他們原先就只接受了一套思想，里面並未含有眞實的迫切的人生要求，修改起來並不引起血肉的痛感的緣故。

例如胡適先生，後來的專事結交顯要的作風，是頗爲世論所非的。但據他自己的解釋，則仍是出于救世的苦心，故卽使對于官僚軍閥之流，仍不欲輕易放棄希望，云云。這解釋，我相信並非飾詞。因爲，他後來所過的名人學者的生活，根本上已把他推到社會的上層，使他感受不到下層人民的力量，只看到既成的由上而下的政治機構，那麼希望自然只好寄託在足以發動這機構的官僚軍閥們的身上了。不然，卽使對于好官吏好軍人都無所用其希望，又何有于軍閥官僚？

例如嚴復先生，晚年的反民主的議論，更是爲世論所非的。但據他自己的解釋，則是因爲有見於人民知識程度的不夠，痛懲於這樣的人民在民主中造成的混亂的可怕，故只得主張暫緩實行民主，先把人民教育好了再說，云云。這解釋，我也相信並非飾詞。因爲，他雖然先前主張民主，但只是從思想本身見到「應該要如此」，而「應該」又極容易變成「不應該」，只決定于一個「標準」的轉移，不像「不得不如此」那樣絕無通融的餘地，所以雖是把先前所熱心主張的理論全盤改過，也並沒有什麼困難的緣故。

如果關于民主的理想是從現實人生要求提鍊出來的，情形就大爲不同了。現實人生是脫離不了的，現實人生要求是無從違背的，不管過程中要經過怎樣混亂，不管正在怎樣混亂，我的要求總還是這樣要求，不要求就不能生活，那麼，對于不管怎樣的混亂的可怕都只有忍受，不管怎樣的犧牲都只有付出的吧。而且，也能認識到，就由于這種「不得不如此」的要求，就一定有「不會不如此」的發展，那麼，也就不會要把人民都教成學者，才實行民主的吧。

思想家所創造出來的未來世界，其實還是現實世界；或者說，是潛伏在現實世界里的現實的未來世界。思想，並不能給現實世界增加什麼東西，更不能如柏拉圖所說的「理念世界」那樣，懸空存在于現實世界之上，而作爲改造現實世界的範型。如果一個思想家，對于他的思想中的未來世界採取了這種柏拉圖式的看法，他的中途轉變就是必不可避免的事情。因爲，他走下去必定要和現實世界相碰，他那思想中的世界又必定與現實世界不合，這樣一碰之後，立刻就會對現實屈服的了。只有深入現實深處，從那里而自然可以發現出未來世界來，而這種未來世界才可以得到實現。

不過，更重要的，還是自己的現實生活。如果能在自己的現實生活里進行毫不怠忽的戰鬥，從自己的每一個生活節目里發現新思想的靈魂，那麼，卽使自己平常所抱持的思想與現實世界的發展不合，也能隨時糾正自己；或者，在發現表面的碰不合而實際上却不錯的時候，也能堅定自己的信心。反過來，如果抱住了一個思想體系，就自以爲得到了一切，在錯誤的生活基礎上推行着思想的方程式，那結果無非加深錯誤而已。

思想體系，並不是萬能的。從思想體系去認識生活，是辦不到的。因爲，思想就爲生活所決定，思想已經跟着生活變化，却往往還自以爲沒有變化，還絕對的自信所思想者爲正確。正如「刻舟求劍」的故事，刻痕早隨着舟而移動了千萬里，却看那刻痕在舟上未動，就以爲還正對着落劍的地方。那些中途轉變的先覺者先驅者之所以中途轉變，很簡單的，就由于這個原因。

只有魯迅先生，用他的雜文的創作，指示後來的思想家以一條全新的途徑：這就是要在現實人生中對那作爲思想的主體的自我作嚴格的批判，又發展迫切的人生要求來作爲思想的靈魂。

五

對自我的嚴格批判，是應該怎樣進行的呢？

這就是要突破生活的小圈子，每個人都難以避免而又絕對應該避免的小圈子。這種小圈子，是由共同的生活方式而結成，反過來又更固定了這種生活方式。每一個這種小圈子，都自成一個完整的世界，都有一個最高的理想或目標。各個小圈子里的人，熱心的追求着各自的目標，眞誠的信仰它的永恆的意義，它的超乎其他一切之上的價値。其他一切，比起這最高的意義和値價來，都絕對算不了什麼。於是，爲了對于這最高的意義和價値的追求，在其他本來算不了什麼的事情上的馬馬虎虎，自然也就算不了什麼。「爲目的不擇手段」的方法，是大家都會的。這本來也很對。但無奈各個小圈子里的所謂「目的」，從較廣大的立場上看來，往往根本不値得當作目的；所謂「手段」，從較廣大的立場上看來，又往往並非可以隨便馬虎過去的手段：這里，問題就出來了。從較廣大的立場上看來認爲罪惡的事情，在當事者本人，却認爲只是爲了達到他那生活圈子的最高目標，不得已而採取的手段，因此也就算不得罪惡：這樣的事，是極普通的，並不鮮見的。所以，這里的問題，就是各個人的生活目標，究竟是否値得當作目標的問題。

然而，爲了解決這個問題，思想體系之類，還是很少用處。前面說過，思想本身，就是被決定于生活的東西。思想，通常只是現實生活的辯護，現實要求的陳述；並不是根據某種思想才過着或要過某種生活，而是過着或要過某種生活才有某種思想。被局限在生活的小圈子里的「專門的」思想家，往往實際上早由那生活圈子替他規定好了生活目標，他隨着不意識的用思想來辯護這規定；而在他的意識中，還以爲是他的「純粹思維」所「發現」出來的「眞理」呢！同時，因爲他本來堅信思想的萬能，所以對于這「眞理」，還在堅信不疑呢！悲劇就在這裏。

魯迅先生所指示的道路是：不專看着自己身邊的事，多看看別人的別樣的生活；不專爲一己的喜怒悲歡而喜怒悲歡，多去感受感受別人的喜怒悲歡，看別人怎樣在用着別樣的方式爲着別樣的原因而喜而怒而悲而歡。他的全部雜文，就都是通過這種廣泛的觀察與廣泛的感受，批判了自己之後，得出來的產品。這種廣泛的觀察與廣泛的感受，——不，應該說，這種只由于廣泛的感受爾才得到可能的廣泛的觀察，首先至少使自己對于自己的生活圈子所規定的生活目標的價値與意義不會那麼遽然肯定，其次否定它的價値，終于追尋到眞正具有最高價値與意義的生活理想與目標。這樣時時批判着自己，愈益明確愈益明確的趨向于眞正具有最高意義與最高價値的生活理想與生活目標，然後用思想記錄下這趨向的歷程，描繪出這目標的形貌：只有這樣的思想，才是永不會錯誤，永不會不正確的思想。

六

那麽，發展現實人生要求來作爲思想的靈魂，又是應該怎樣進行的呢？

這，和對自己的批判，是一件事的兩面。因爲，所謂人生要求，並不是空泛的一般的東西，也必須是通過了自己的精神感應，受過自己的精神燃燒的鍛鍊，成了自己對于人生的要求的這樣的要求。另一方面，一切崇高的理想與目標，本來都是人類的——人民的生活立場上的本然的要求：必須站到這樣的廣泛的立場上才能把握到，但一站到這樣的廣泛的立場上也就能把握到。所以，倘能如前面所說那樣不斷的批判着自己，突破生活的小圈子，自然就能感受到人類的——人民的生活要求的衝擊鼓動，迫不容已的企求着人類的——人民的生活的幸福，爲了這種幸福而必然的追尋着一切從古以來的偉大的心靈所曾追尋過的東西。這樣，高遠的理想與自己的現實人生要求就有了密切的聯係，於是成爲有血有肉的東西，成爲自己的血肉的一部份了。

人們都知道崇高的理想的崇高，但在關係到切身的利害的時候，却又往往去掉崇高的理想來成全自己的利益，甚至利用崇高的理想來成全自己的利益。在這種時候，看來崇高的理想就好像只是沒有在現實里面生根的玄虛飄渺的東西，從天而降的是非標準了。其實不是的。一切崇高的理想對于廣大的人類的——人民的生活，是和「地位」對于官僚生活，「名譽」對于學者生活，「財富」對于市儈生活一樣，有着密切的關係，就成爲切實的利益的。問題只看你過着什麽生活：如果你生活在官僚的圈子里，當然以「地位」爲切身的利益；生活在學者的圈子里，當然以「名譽」爲切身的利益；如果你生活在市儈的圈子里，當然以「財富」爲切身的利益；如果你生活在混雜着學者氣與市儈氣的官僚的圈子里，或者混雜着官僚氣與市儈氣的學者的圈子里，或混雜着官僚氣與學者氣的市儈的圈子里，當然以「地位」「名譽」「財富」都爲切身的利益；但是，如果你並不生活在什麽圈子里，而以廣大的人類的——人民的生活爲生活，那你就會鄙視一切「地位」「名譽」「財富」，而以人類的——人民的自由尊嚴堅強與幸福的生活爲切身的利益，像官僚追求地位，學者追求名譽，市儈追求財富一樣的去追求，不顧一切的爲它的實現而奮鬥了。人們就只因爲「地位」「名譽」「財富」之類，才看不到在現實人生要求里生着根的崇高的理想。現在反過來，如果看不到「地位」「名譽」「財富」之類，那在現實人生要求里生着根的崇高的理想，自然就清楚呈現在目前，沒有絲毫翳障了。

用思想來證明這種追求的應該，證明應該作這種追求，那是沒有用的。無論誰，無論作什麽事，都是已經做了或已經要做了，才認爲應該做；當沒有做的時候，當不要做的時候，再怎樣聽別人說是應該做，甚至聽自己說是應該做，儘管相信，也不會就去做的。所以，必須是用追求推動思想，這思想才可以反過來有助于追求；如果要用思想推動追求，這思想反而會被向着其他方向的追求也推動其他方向去的。

總之，無論如何，修改自己的思想的，總還是自己：先使自己沒有修改自己的思想的可能，自己的思想才有不被修改的保障：這就是魯迅先生所「走」出來的，留給今後的思想的建設者與戰士的一條新的途徑。

七

遵循這個途徑，就有兩方面必須注意：

在思想建設方面，應該注意，不可再建設什麼架空的「體系」。思想的「體系」，卽使就其中最好的說，也都是由于雖然感受到廣大人生的迫切要求，却還不能在現實人生里面發現未來的潛在，因而只好懸空繪構出來的關于未來的圖案。其實，人類的未來，不管究竟是怎樣的場面，自然只有一個場面；對于這只有一個的場面的推測，在那麼多的思想體系之中，竟作出那麼多的互不相同的圖案來：看這一點，則於思想體系的價值，就不能不懷疑了。當然，我們所謂「最好的」體系，亦必自有其所以爲「最好」的地方。但這地方，並不在于它本身構造得完整，也不在于它與未來現實的符合，而是在于創造這些體系的人們所以創造的動機，創造過程中的精神突進過程，以及透過那些創造品而表現出來的精神要求，等等。這些東西，都由于對自己實行了嚴格的批判，（批判工作曾否澈底勝利，乃是另一問題）方能得到。所以，也必須是嚴格的批判着自己的人，方能接受。尼采主義，達爾文主義，都曾被魯迅先生所接受，轉化爲最革命的思想，就是證明。不過，惟其是這樣的接受了前人的一切偉大的體系，洞見他們所以要創造和不得不創造這些體系的苦痛的原因，自己就更不要創造出什麼體系來了。

他們創造體系，豈不是爲了自己的根源于現實人生要求而生的理想，却無從聯係到現實人生上面去，所以就用思想體系把它架空的另建成一個人生麽？而爲了能發現這一點，又豈不是要先就抓得住現實人生，抓得到它之所以產生那種理想而又拒斥那種理想的原因麽？這原因一被抓到，當然也就會被克服。一被克服，那克服者自然也就不再去創造什麼「體系」了。首先用對于社會構成以至宇宙構成的基本法則的把握，罩住靈巧善變的人生，使它無從遁逃的，是卡爾主義的創始者與幾個偉大的繼承者；然後伸進巨掌，一下把它抓住的，在中國文化戰綫上，是魯迅先生。卡爾主義的創始者宣佈了「思想體系」的滅亡，魯迅先生就創造出非「體系」的偉大的戰鬥思想。

八

在思想鬥爭方面，與上面所說的相應，也就不能只顧到和那些成體系的堂而皇之的反動思想作戰；而應該不放鬆現實人生中的一切反動的生活觀念生活傾向，連最小最小的都在內，——不，尤其是對于最小最小的，隨時隨地給以無情的打擊。這，本來是魯迅先生的全部戰鬥中最容易見到的一面。但也正是這一面，最不容易被認識。有些好心人，頗爲這種戰法惋惜，以爲如其虛擲勇力于無關宏旨的這些地方，何不集中勇力向敵人集中的地方作一番集中的戰鬥呢？其實，一切成了體系的反動思想，都只是現實的反動的生活觀念生活傾向的粉飾；那並不是敵人集中的地方，只是高聳在敵營之上的大旗，或者是敵人的進軍宣言之類而已。砍掉敵方的大旗，駁斥敵方的宣言，固然也可以摧毀敵軍的鬥志；但究竟於實力無多大影響，不如直接殺敵，那實效之大，就不可同日而語了。而况，因爲沒有和敵人對面厮殺過，仇恨不強，以致在去砍敵人的大旗的半路上，却被旗上的美麗的圖案迷住，在研究敵人的進軍宣言準備痛加駁斥時，却被宣言中巧妙的詞令說服，這樣的事也並非沒有呢？

反動的成體系的思想，是有反動的生活觀念生活傾向在後面作雄厚的實力的。如果自己沒有強烈的人生要求作實力，而去和它作戰，一定會失敗，會成爲俘虜。如果也有發自生活的實力，那又不必去和它作戰，更有效的是就和它後面的同樣發自生活的實力去作戰了。在現代，「避實擊虛」的戰術已經失去時效，代之而起的是，應該「避虛擊實」。

九

以上，已經對于魯迅先生在思想史上所「走」出來的新途徑，作了一個簡略的但大致完備的說明。這里，還要拖一個尾巴。就是說：要遵循這個途徑，雖然並不是要大家都寫雜文，而且本來也不只是寫文章的事；但著就寫文章而言，雖然所寫的是堂堂正正的論文之類，倒也應該依照雜文的原則。什麼是雜文的原則呢？除掉本篇整個上文所說的那些而外，還有最與「寫文章」的問題直接有關的一個：就是並不要在什麼「論點」之類的東西上面弄巧翻新，而要注重眞實的表現；天地之間，「論點」本來無多，但每一個論點在每一項眞實的因而獨特的表現之中，亦即每一個特殊的精神的燃燒之中，就能獲得一個全新的意義。簡言之，就是不僅注重「說什麼」，特別還要注重「怎麼說」。魯迅先生的全部雜文，如果被歸納還原爲一條一條的「論點」，那是幾乎別人早都大約說過的。然而，那些雜文仍然不可廢；不但不可廢，而且恐怕比所有那些說過同樣的「論點」的別人的文章，至少對于我們，都更有價值。那麼，這當然實在就還不僅是「寫文章」的問題，今後的思想建設者們與戰士們，爲了推動思想史的發展，是可以就從這一點上領受到一個極深刻的啓示的吧！

一九四五、二、七、燈下。

書信斷片

要求藝術家在工作里面有意識的態度，是對的，但您把「解決問題」和「正確地設定問題」這兩個概念混同了。用強制權對待藝術家，是要不得的。在「安娜・卡列尼娜」里面也罷，在「奥涅金」里面也罷，連一個問題都沒有解决，但那些作品十分地使您滿意者，因爲一切問題被正確地設定了。裁判官有把問題正確地提出的義務，但那解决，應該讓陪審官們各各從自己的立場來做的。

A.契訶夫(F譯)

內容的了解和形式的了解

——評楊晦：「曹禺論」（「青年文藝」第六期）

呂熒

「雷雨」的主題

「曹禺的道路」上半篇發表後，楊晦先生也發表了一篇「曹禺論」。

「曹禺的道路」的題旨，想對作者的創作道路求一整個的認識，所以中心在劇作的主題與思想，成功與限制，方向與發展。作者的六個劇是總起來看的，個別劇作的成功或意義，與中心題旨無關的，就沒有能詳加探討，因而解析不到和不夠的地方很多。同時，我的意思也只在於引玉，想引起批評家對於曹禺先生的劇作以及當前劇作傾向的注意，希望能展開更深更廣的批評，就把這塊「磚」冒昧的抛出去了。

楊晦先生的論文和我的見解，差異和距離很大，許多地方都值得商討。而主要的是，在楊晦先生的論文裏，形式的理解佔着優勢，壓倒了內容的理解；因而對於讀者對於作者，都不能提供眞正的現實主義的創作要點，反而在某些點上，助長了形式主義的傾向。

比如，一個非常明顯的問題：「雷雨」的主題。

「雷雨」的主題是什麼？

楊晦先生說明：周樸園是一個官僚資本家，官僚資本家即「所謂的官商」，「正是一個典型的封建人物」，因而：「他的家庭不也正是一個跟他一樣鍍上金的封建家庭嗎？無論是周繁漪，是周萍，或是周冲，並且餘勢波及到四鳳身上，都是在這樣的封建家庭裏所演的悲劇。這正是一個血淋淋的現實問題。」可是，「我們的作者，却一定要寫成希臘悲劇樣的認為是人類無可逃避的「運命」，拿性愛和血緣的糾纏，來作悲劇的結子」，原因何在呢？原因是：「就雷雨的序看，就曹禺對於雷雨的序幕與尾聲那麼堅持，不肯割愛看，都可以證明，像他認為「雷雨是一種感情的憧憬」一樣，希臘悲劇才眞正是他的「憧憬」。所以，那樣眼睜睜的現實問題，他却一定要強調「雷雨」，強調不可知的力量，強調不可逃的運命；明明是易卜生「羣鬼」一類的題材，却一定要參雜上古希臘悲劇裏的那種血緣糾纏，而且一定要加上一個序幕和一個尾聲，要發生古希臘悲劇裏歌舞隊的效用……」於是楊晦先生結論說道：『他迷戀悲劇；他妄想造成「一種哀靜的心情」，「欣賞的距離」，要觀衆在心裏盪漾一種「水似的悲哀，流[illegible]盡的」。這是他的寫作目的。然而，我們所要求的，正跟曹禺的『用意』相反。我們不要「一種哀靜的心情」，不要什麼「欣賞的距離」。……』

在楊晦先生看來，雷雨裏的血緣糾纏，那是希臘悲劇的憧憬，而憧憬的目的，『用意』只是在『加上一個序幕和一個尾聲，妄想造成一種哀靜的心情，欣賞的距離』，如此而已。所以楊晦先生認為，雷雨中的命運，只是作者「藝術思想」上的憧憬；雷雨的主題，仍然是作者的「社會思想」，封建家庭的悲劇。所以楊晦先生一再宣布：雷雨是『一個鍍金的紳商家庭的悲劇』，『一個官僚資本家的家庭悲劇』。

可是，我們往深處想一想看：事實上有沒有這樣糊塗的作者，僅僅為了一種形式或手法上的憧憬，為了一個序幕和一個尾聲，為了造成一種「哀靜的心情」，「欣賞的距離」，就不惜放棄真實的社會見解，接受希臘悲劇的血緣糾纏，將一個社會的悲劇化作運命的悲劇？

自然，如果作者頭腦簡單，思路不清，這是可能的。但是楊晦先生在論文中認為合乎真實的周冲的如何如何，魯大海的如何如何，周繁漪周萍的如何如何，實際上無一不是曹禺先生筆下已經照寫了的，作者不但思路清楚，而且寫得十分真切。

自然，如果作者技巧拙劣，不得不模仿前人，因而弄出了錯誤，這也是可能的。但是曹禺先生並不是一個拙劣的人。

那末，既然作者不像批評家所想的那樣，糊裏糊塗盲目的迷戀希臘悲劇；那末，就是作者在主題上，確實有所寄託有所憧憬，才採用這種結構的。

楊晦先生認為，曹禺在雷雨序裏說，『我初次有了「雷雨」一個模糊的影象的時候，逗起我的興趣的，只是一段情節，幾個人物，一種複雜而又原始的情緒。』——『這裏邊並沒有什麼思想的問題存在。』

不錯，在這麼寥寥數語裏，當然是「並沒有什麼思想的問題存在」。可是，再往底下一讀，就知道批評家為了構成他的論點，在和我們要「斷章取義」的花鎗。緊接着這幾句，曹禺先生就明明白白的寫着他的思想：

『雷雨對於我是個誘惑。與雷雨俱來的情緒蘊成我對宇宙間許多神祕事物一種不可言喻的憧憬。雷雨可以說是我的「蠻性的遺留」，我如原始的祖先們對那些不可理解的現象睜大了驚奇的眼。我不能斷定『雷雨』的推動是由於神鬼，起於命運或源於那種顯明的力量。情感上『雷雨』所象徵的對我是一種神祕的吸引，一種抓牢我心靈的魔。『雷雨』所顯示的，並不是因果，並不是報應，而是我覺得的天地間的「殘忍」，（這種自然的「冷酷」四鳳與周冲的遭際最足以代表，他們的死亡，自己並無過咎。）如若讀者肯細心體會這番心意，這篇戲雖然有時為幾段較緊張的場面或一個性格吸引了注意，但連綿不斷地若有若無地閃示這一點隱祕——這種種宇宙裏鬥爭的「殘忍」和「冷酷」。在這鬥爭的背後或有一個主宰來使用它的管轄。這主宰，希伯來的先知們讚它為「上帝」，希臘的戲劇家們稱它為「命運」，近代的人撇棄了這些迷離恍忽的觀念，直截了當地叫它為「自然的法則」。而我始終不能給他以適當的命名，也沒有能力來形容它的真實相。因為它太大，太複雜。我的情感強要我表現的，只是對於宇宙這一方面的憧憬。』

作者明白的告訴了我們，他的『悲劇』的主題何在；接着，作者又告訴我們，他「憧憬」的這主使「天地間的殘忍」的主宰的內容：

『寫雷雨是一種情感的迫切的需要。我念起人類是怎樣可憐的動物，帶着躊躇滿志的心情，彷彿是自己來主宰自己的運命，而時常不是自己來主宰着。受着自己——情感的或者理解的——的捉弄，一種不可知的力量的——機遇的，或者環境的——捉弄；生活在狹的籠裏而洋洋地驕傲着，以爲是徜徉在自由的天地裏，稱爲萬物之靈的人類不是做着最愚蠢的事麼？……』

這「思想」不光是紙上談兵，說說而已，是有事實有作品爲證的。『雷雨』人物的環境，性格，遭遇，就是在這個思想內容上寫出來的。無論是周樸園，侍萍，繁漪，周萍，周冲，四鳳，都一方面，『受着自己——情感的或者理解的——的捉弄』，另一方面，又受着『一種不可知的力量——機遇的或者環境的——的捉弄』。所以雷雨裏，不但人物有各自的眞實的生命，各自的「情感的或者理解的」活動；同時還有不可知的力量的活動——血緣糾結強調「機遇」，社會問題家庭關係強調「環境」。這樣一個複雜而又巨大的主宰，主使着人的命運。所以雷雨裏，極離奇的血緣糾結與極尖銳的社會問題家庭關係，並始並終，極虛玄的力量與極眞實的人物，並生並死；在這個『悲劇』裏，作者用力的功，寓意的深，遠非形式了解者所能想像的。

在悲劇雷雨的構成上，作者顯然受了希臘悲劇的引誘和影響，這我們不必否認。但是悲劇雷雨的內容，並不同於希臘悲劇。雷雨中的主宰，遠比希臘悲劇中的「命運」複雜得多，這包容着希伯來先知們的「上帝」，希臘戲劇家的「命運」——觀念論的一元，還包容着近代人的「自然的法則」——社會學的一元。這是一個二元的，包容着社會學的觀念。楊晦先生認爲作者僅僅是迷戀希臘悲劇，憧憬希臘悲劇，這見解是純形式的，而且也太狹小。從內容上看，在作者，甚至有創造『現代悲劇』的企圖。

這個『現代悲劇』，不用說是觀念論的。但是也並非希臘悲劇似的，僅僅肯定命運的存在而已。作者的『現代悲劇』包含着社會學的一元，所以，當顯示「機遇」的力與魔的時候，同時也顯示了「環境」的「殘忍」和「冷酷」，尤其是人與人間的社會關係家庭關係。這樣，作者的『現代悲劇』也有「暴露」和否定的意義。在雷雨裏，周樸園的「暴露」和魯大海的出現，不僅有否定封建力量的意旨，並且也帶有否定資本主義力量的意旨。

但是這意旨，並不就是悲劇的主題。楊晦先生爲了要說否定封建的意旨就是悲劇的主題，就竭力證明官僚資本家是「一個典型的封建人物」。實際上，周樸園留過洋，開煤礦，決不僅僅是一個封建人物而已；他是中國封建社會中脫胎出來的第一代資本家。他在封建社會的懷抱中長大，封建家長的觀念與氣慨在他身上仍然遺存，作爲一個煤礦主，他更會以新的方法與手段對付工人；在雷雨裏，有他的教妻訓子的場面，也有他的哄嚇收買的場面；這兩個特質結合在一個人身上，這是中國半封建半殖民地社會性質決定的。楊晦先生的了解在形式上強調了『雷雨』的現實意義，而實際上則狹小了人物以至主題的內涵，甚至誤解了主題。

楊晦先生不能理解周冲的死，認爲『他的追隨四鳳而死，却是作者的過份強調的，我認爲，他不該那樣熱烈地死的，假使他就那樣地自然發展下去，正是方達生一流的人物。』這是主題認識錯誤必然的文不對題的結論。如果主題在寫封建家庭悲劇，周冲的死當然不該。但是作者的主題在寫主宰的力與魔，在這一意義上，周冲和四鳳的愛和死就是『最典型的』。作者在序裏就告訴我們：『這種自然的「冷酷」四鳳與周冲的遭際最足以代表，他們的死亡，自己並無過咎。』作者並且要我們『細心體會』，批評家體會不得，就裝作沒有看見，「抹殺」了之！

在雷雨裏，反封建反資本主義的意旨，並沒有得到健全的生命。這樣現實的意旨，歸結起來，是以一個無形的「主宰」（雷雨）爲中心的，這無論如何，是純觀念論的。所以儘管有這樣的意旨以及它的社會學的意義，然而這是與觀念論結合着的，甚至是從屬於觀念論的。在外形上，社會問題家庭關係與眞實的人物扮演悲劇，在內容上，血緣糾結與虛玄的力量主使悲劇。批評固然有擴深作品主題的內涵，發揚現實意義的任務，但是也有指正主題的內涵，揭露觀念的玄學的任務，對於『雷雨』，我們應採何種態度，是很明顯的。

這樣，當批評家一看到周樸園是官僚資本家，就竭力證明那是「典型的封建人物」，他的家庭就是封建家庭，因而這就是「這樣的封建家庭裏所演的悲劇」；一看到周家的血緣關係，就斷定是「命運」，是希臘悲劇，是藝術思想上的「憧憬」，目的在「加上一個幕序和一個尾聲」，「妄想造成一種哀靜的心情，欣賞的距離……」等等。不理解主題的內容，不理解序幕與尾聲中的禮拜堂和頌主歌是對「主宰」的強調，就把作者的「憧憬」一筆抹殺，只憑自己的形式了解行事，把一個整個的觀念（主宰）劈做兩份，一份劃歸「社會思想」，一份劃歸「藝術思想」。如果深思一下，這不跡近浮淺的主觀主義的武斷麼？這樣的形式了解，截然的曲解了作者創作道路的起點，此後離作品主題發展的核心只有越走越遠，而且永遠不能達到。

「思想」的問題

楊晦先生這樣的了解，是有更基本的思想上的根據的：在一個作家身上，「社會思想」和「藝術思想」不是一體聯繫的，而是截然分開的兩個東西。

本着這個認識，楊晦先生將整個思想上的曹禺先生用形式的巨斧劈成兩個，一個是「社會思想」上的曹禺，一個是「藝術思想」上的曹禺。

『雷雨』就是這樣評論了的：「社會思想」是封建家庭的悲劇，「藝術思想」是希臘悲劇的憧憬。

作者劇作發展的歷程，也是在這兩條路線上觀看的。所以楊晦先生一方面認爲從雷雨到原野的發展。『是有着一貫的線索的』，這是『由一個鍍金的紳商家庭的悲劇——雷雨，擴展到在一種黑暗的惡勢力支配下的社會悲劇——日出，再一轉而到中國古老的農村，農民的悲劇——原野。』——這是「社會思想」發展的「線索」。另一方面又認爲作者『由「雷雨」的神祕象徵的氛圍裏，已經擺脫出來，寫出「日出」那樣現實的社會劇了，却馬上轉回神祕象徵的舊路。』『在「日出」裏已經向社會問題方面發展去的道路却走進「原野」的黑林子裏迷失了方向』，『他剛突破了他的藝術思想的局限，馬上又重新築起了一道藝術的圍牆。』——這是「藝術思想」發展的「線索」。

這樣，曹禺先生的思想有沒有『問題』（沿用楊晦先生術語）呢？有的。但「社會思想」如此的進步，所以『問題』不在這裏，在「藝術思想」。

這樣的見解，楊晦先生在論『原野』時盡興的發揮出來：

『雷雨』裏，實際是現實的問題比神祕象徵的「雷雨」更佔支配的地位；而「原野」裏，却把那樣現實的問題，農民復仇的故事，寫得那麼玄祕，那麼抽象，那麼鬼氣森森，那麼遠離現實，那麼缺乏人間味。』這是因爲：『他却爲他的思想所限制，他迷戀於神祕象徵的藝術表現法，於是把一個現實的問題，給神祕象徵化了，他不從現實去了解社會問題，却從現在的社會問題裏，得出神祕象徵的了解，……』

於是楊晦先生結論道：

『一個藝術家，迷戀於一種不正確的藝術思想，或者是不自覺地爲一種不正確的藝術思想所潛移默化，使他的思想，他對於社會問題的認識和了解，都受了戕害，被了歪曲。這是一種眞正的不幸，可以說。』

所以原野裏的一切問題，都不是「社會思想」的問題，問題是『曹禺爲的要把這樣的一個現實的問題，給神祕象徵化』，於是『使他對於這個現實問題的認識和了解，該有多麼不夠，該有多大的曲解，該有怎樣地陷於思想錯誤。』

事實是不是如此呢？——從形式來看，是如此的；但是從內容來看，並不如此。

首先，所謂「社會思想」和「藝術思想」，作爲兩個名詞，是分離而且獨立的；但是在一個作家身上，這二者就是一體的，而且息息相通的。「藝術思想」也是有社會階層性的，在一個作家身上，前進的社會思想與後退的藝術思想，決無結合的可能。當一個作家接受了後退的「藝術思想」，而且到了如楊晦先生認爲「迷戀」的地步，這就說明作者的社會思想中，有與這樣的藝術思想共通的東西存在。在前面已經舉過例子，一個「社會思想」無問題的作家，認識正確的作家，不可能像『雷雨』那樣，爲了「藝術思想」上形式或手法的憧憬，就不惜放棄眞實的社會見解，接受希臘悲劇的血緣糾纏，將一個社會的悲劇化作命運的悲劇。更不可能在『原野』裏，重又「轉回神祕象徵的舊路」，僅僅是「迷戀於神祕象徵的藝術表現法」，這就不惜使「農民對土豪地主復仇的故事」玄祕，抽象，鬼氣森森，遠離現實，以至缺乏人間味，「把一個現實的問題，給神祕象徵化了。」

並且，「藝術思想」之影響「社會思想」，原是可能的事。但是單單一個藝術思想並無決定左右社會思想的能力。除非是像楊晦先生所說的那樣一個糊裏糊塗，『迷戀於一種不正確的藝術思想，或者不自覺地爲一個不正確的藝術思想所潛移默化，使他的思想，他對於社會問題的認識和了解，都受了戕害，被了歪曲』的作家，一個根本毫無「思想」可言的，小市民的作家。

曹禺先生是不是這樣一個根本毫無「思想」可言的作家呢？

顯然不是，曹禺先生不但有「思想」，而且是社會學的思想，並且在方向上，也是傾向進步這一方面的。

那末，曹禺先生社會思想的內容是怎樣呢？作者在『原野』裏，把現實問題神祕象徵化的意義何在呢？作者怎麼會一而再，再而三的「迷戀」這種「不正確的藝術思想」呢？

這都是批評者應該逐一回答的問題，可是這都不是形式了解者所能理解的問題。

楊晦先生的批評是簡單的，不是把作者的社會思想撇開不談，就是把作者當作一個無思想可言的小市民；把一切內容上的「社會思想」的問題，都歸爲形式和手法的「藝術思想」上的問題，作者的一切「思想」，「憧憬」，只用「象徵神祕」四個字，就包括盡竟。象徵的什麼？神祕的什麼？是不管的。批評家從他自己的觀點出發，判定『原野』寫的是『血淋淋的現實問題』，『農民對土豪地主復仇的故事』，至於其他的意旨，因爲批評家認爲不應該有，於是也就沒有。於是作者寫思想憧憬的筆墨，批評家只要大聲痛責一番，斥爲「荒唐的想像」等等，就算了事，這是何等的痛快淋漓，並且是何等的簡單省事。

這簡直等於是開玩笑一樣。這不是嚴正的客觀的評論，這是浮淺的主觀的武斷。

曹禺先生的思想內容是社會學的，但是是一種包容有觀念的憧憬的，超然的社會學。正因爲有這樣的一種社會思想，才有雷雨中二元的主宰，日出書前對老子「天之道」的嚮往，原野中對人類原始的性與力的肯定，這原始的性與力，終於以一個「北京人」的形象現出身來。在雷雨原野北京人裏，作者都藉現實社會中的問題，顯示思想的憧憬或者寄託。這樣，作者才在原野中「把現實問題神祕象徵化」，才一而再，再而三的「迷戀」着這種「不正確的藝術思想」，在北京人裏，甚至把「技巧上不允許」的「猩猩似的野東西」送出台來。

所謂「象徵神祕」是關聯着內容的，決不單是形式上的事。因此，評論曹禺先生的作品，是複雜而且困難的。形式的了解只知道強調作品形式上的現實意義，責難象徵神祕的表現法；如果『問題』僅僅只在這裏，這是何等簡單，不用它豈不就是了。可是單是不用，問題就解決了麼？在根本上，超然的社會學的立場，觀念的「天之道」的憧憬，是作者絕大的阻礙，阻礙他進一步走向人民羣中，走向現實主義，乃至走向藝術的殿堂。——這才是『問題』的所在。

批評家不了解這一點，根本就無法理解曹禺先生劇作的內容，自然只有在劇作主題的形式上兜圈子了。

發展的道路

楊晦先生對於個別劇作的觀看，是唯形式的，因而對於劇作發展歷程的觀看，劇作發展道路的評論和指示，也是唯形式的。

作者劇作的發展路程，楊晦先生這樣理解着：

『由「雷雨」那樣充滿神祕運命觀念的家庭悲劇，這中間自然含有大部分社會問題的，一進而爲「日出」那樣在黑暗勢力鐵掌下的社會悲劇，爲「原野」那樣農民向土豪地主復仇的悲劇。本來是一個極大的進步。可惜的是，在「日出」裏已經向社會問題方面發展去的道路，却走進「原野」的黑林子裏迷失了方向，由社會問題轉爲心理問題，良心問題及道德問題等的精神枷鎖。這不難明白，到了「原野」的出版後，曹禺的「戲劇集」要告暫時的停頓。這是一個「叉路口」，他不是從這個「黑林子」裏突出去，就是一時要陷在裏邊。

……跟「原野」，隔了四年的長時間，出版了他的「蛻變」。這中間的停頓，作者生活的不安定，是個原因，而作者創作態度的轉變，也應該是個原因的，我認爲。以「蛻變」來說，曹禺已經由他的「黑林子」裏走了出來，到了光明的世界了，不管這光明是一時的，還是表面的，這究竟是一條大路，一條走得通的路，會通到眞正光明的境界去。「蛻變」的成就，就藝術價值說，並不高，然而，作爲作者態度轉變後的第一部作品，却是非常之有意義的。極不足怪，却極可惜的，曹禺在這條路上，只邁了這一步，馬上又退轉去，回到了他的老路，寫出了「北京人」，接着是「家」！』

在這樣的理解裏表現的形式了解，幾乎到了典型的程度。

楊晦先生認爲『蛻變』是作者創作發展上最有意義的「轉變」，光明大路：『「蛻變」在曹禺的作品裏，又是一種轉變，是比「日出」更徹底的轉變。在「蛻變」裏，他運用的，完全是寫實的手法，沒有一點神祕象徵的成分，攙雜在裏邊。處理的是現實的題材，用的是寫實的寫法，這在曹禺，的確是一種進步，眞實的進步；雖然他還沒有把握到眞實，只是隨着當時抗戰初期的樂觀空氣，接觸了表面上足以使人樂觀的現象而已。這雖然只是一種淺薄的樂觀主義，在曹禺的藝術發展上，實在是平坦的一條大道，這前面沒有「神祕」，沒有「想像的荒唐」，是一步一步更走近眞實的道路。』

仍然是——「手法」的問題。只要在形式上，用寫實的手法寫現實的題材，儘管「表面」，「淺薄」，卽使內容上歪曲了現實，也是「大道」。

不錯，『蛻變』是寫實的。可是，「寫」的是什麼樣的「實」？

作者在『後記』中說明，蛻變的主題在寫『我們民族在抗戰中一種「蛻」舊「變」新的氣象』。「蛻變」是——「民族」的，是「生物界裏一種新陳代謝的現象」，不是歷史社會的行程。於是社會的生命還原成了自然的生命。人，一定社會階層中的人的「變」，一定社會內容的民族的「變」，還原成了生物界中昆虫的蛻殼。中國社會是在變動着，但是是一個包含着衝擊，磨擦，阻逆，爭鬥的變動，如果認爲這變動只是自然界昆虫脫殼式的自然而然的「蛻變」，這是對中國社會現實認識不夠，對歷史行程認識不夠。由這樣認識寫出來的眞實，不管作者如何「寫實」，都是決不會達到眞實的。所以作者只有用觀念圖式化了的人物來扮演這幕「蛻舊變新」的喜劇，把眞實的社會變動以及人物粉墨畫，粉飾了現實。

『蛻變』是「民族氣象」的喜劇，也是作者從超然的社會學立場所見的喜劇。超然的社會學在哲學上似乎升到高超時，凌空翱翔的境地；實際上在政治學上則陷在中庸的泥潭裏面。『蛻變』裏以梁公仰爲中心的「個人中心」的世界，好人政治的理想，是與作者天之道的信念，超社會階層的人心說，遙遙相應的。

楊晦先生認爲『蛻變』『是比日出更徹底的轉變』。但是，「轉變」較不徹底的『日出』，倒還寫出向「可怕的黑暗勢力」

實戰，進步的社會學的悲劇，有破壞舊的的意旨；「更澈底的」轉變了的『蛻變』，寫的却是一個中庸的社會學的喜劇，以脫殼式換湯不換藥的蛻變爲新生，有粉飾的影響。

在作家，「手法」和形式並不是一切。

所以『蛻變』的路，對於作者，並不如楊晦先生所說，就是「光明」，「大路」，也說不上是什麼「非常之有意義的」「轉變」或「眞實的進步」。尤其是楊晦先生如此堅持的解釋：『不管這個光明是一時的，還是表面的，這究竟是一條大路，一條走得通的路，會通到眞正光明的境界去。』更表現出形式重於一切的論點。只要主題的外形是光明的，內容不管，就是「大路」。然而所謂的「光明」，可能是早晨的光綫，也可能是黃昏的光綫；從黃昏走去，就到黑夜。在創作上，阻礙一個進步的作家，沒有比中庸的社會學和表象的觀念化的陷穽更深的了。可是批評家指示作者這是「大路」，而且「實在是平坦的一條大道」。

因爲以手法的外形定前進和後退，所以必然的，楊晦先生要否定『北京人』。

楊晦先生認爲『北京人』是「回到「雷雨的舊路」，但，『自然，並不那樣完全地回到「雷雨」的舊出發點，沒有充滿雷雨裏的那種雷雨，神祕的命運思想，却變成事實的無可奈何，人性的不可救藥的悲劇了。』

『北京人』是「事實的無可奈何，人性的不可救藥的悲劇」，何所據呢？大概只是因爲有了北京人。這是何等道地的形式邏輯。然而，楊晦先生還有更進一層的發揮：

『「北京人」，是曹禺先生，於失望之餘，悲哀心情的表現，也是中國社會發展的不幸寫照。雖然『在抗戰的大變動中』，中國社會大部分並沒有走上正常的「蛻變」道路，只掀起了一陣風波，並且攪起了久沉河底的泥沙，使我們的藝術家，在現狀下，失去了追求光明的勇敢，從此又不在現社會裏去尋求光明的人物，把他的憧憬，他的希望，都寄託在人類的祖先，幾十萬年前的「北京人」身上。這能說不是可悲的嗎！他的心情，也可以說他的懷戀，都回到中國舊的封建社會，封建道德與封建情感上去，好像憑弔往古一般，極其低個婉轉之至。』

只看作品主題外形的變換，不顧作品主題的內容和思想的連繫，不了解作者一貫的超然的社會學的立場和天之道的憧憬；當然，在抗戰題材之後，看到了幾十萬年前的原人，這還了得！這不是「失望」，「悲哀」，還有什麼話說！

其實，在『原野』裏，當仇虎進了「充溢原始的生命」的森林時，他『忽然顯得異常調和，衣服在背面有個裂口，露出黑色的肌肉。長袖撕成散條，破布束着受傷的腕，粗大的臂膊如同兩條鐵的柱，魁偉的背徵徵地傴僂。後腦勺突成直角像個猿人，由後面望他，彷彿風捲過來一根烏煙旋成的柱。……在黑的原野裏，我們尋不出一絲的「醜」；反之，逐漸發現他是美的，値得人的高貴的同情的。他代表一種被重重壓迫的眞人，在林中重演他所遭受的不公。』——在這樣的仇虎身上，已經有了北京人的影子。正如雷雨中命運主宰的觀念在原野中得到進一步社會學的發展一樣，原野中眞人的觀念，也在北京人中得到進一步社會學的發展。在『北京人』裏，北京人是與一個崩解中的封建家庭一同出現的，北京人是象徵，但已沒有「神祕」。北京人雖是人類的祖先，却是一個修理卡車的機器工人，並且是給前進的瑞貞們開門的人，引他們走出行將就木的封建家庭，走向「明日的北京人」，新人的集體。這種嚮往原始人近乎無知的純眞的觀念固然不對，但也明明白白寫着反封建的題旨，以及作者的希望和憧憬的社會學的寄託。批評家爲了自圓其說，就把這些一筆抹殺，硬說作者『從此又不在現社會裏去尋求光明的人物，把他的憧憬，他的希望，都寄託在人類的祖先，幾十萬年前的「北京人」身上。』這是『事實的無可奈何，人性的不可救藥的悲劇。』甚至於說作者是一個封建社會的懷戀者，作者『迷戀的是我們舊日封建社會的道德與情感，像愫方所代表的那樣。』在北京人裏，『重音在愫方的身上，那代表封建道德與情感的舊式小姐。』等等等等。不想一想，如果『迷戀』和『重音』都在舊社會的道德與感情上面』，作者在劇裏如何能容許袁圓那樣的女兒出現？而且她和北京人是一氣的？作者又如何會以明日的北京人作他社會學的憧憬，並且以『北京人』來名這個劇本？——抹殺內容的，片面的形式了解發展到了這種地步，誠如批評家所言，『這能說不是可悲的嗎？』

希望作者多寫現實題材，不要老在封建家庭裏爭個，這是有意義的。但是決不能說，作者寫他熟悉的題材，這就是「心情」，「懷戀」，「都回到中國舊的封建社會，封建道德與情感上去」了。這已不是偶然的誤解，而是有意的歪曲了。

『蛻變』中對現實題材的躍進，對抗戰的樂觀精神，是應受贊揚的；『北京人』中奇形怪狀的猿人和原人的嚮往，是應受批判的，但這並不是作品的主題，並不能說，單由這一點就判斷了一切。『蛻變』的主題，外形上是現實題材進一步把握，可是這把握的內容却是中庸的社會學與觀念圖式化的表現方法進一步的發揚。『北京人』中外形上有觀念的象徵存在，然而主題的內容以繪寫舊家庭的崩解爲主，在繪寫中，作者籍「北京人」寫了他的嚮往，却同時謳歌了新人類的誕生，明確地說明事實的可以奈何，人性的可以救藥，肯定了新人（明日的北京人）的集體；這中間包含着雷雨日出中社會學意旨的進展，與原野中性與力的憧憬的演化。——這樣，『北京人』在作者創作道路上，『這是一個轉化點，留有舊的痕跡，也現出有新的方向。』

作者應該繼續走外形前進，內容則在發揚中庸的超然社會思想的路，還是繼續肯定新人集體的認識，拋棄觀念論的天之道的觀念，從純正的現實主義社會學的立場，深入現實，繪寫現實；那一條才是大路，當很明顯的罷。

形式了解的悲哀

楊晦先生的論文並不是純粹的形式了解，文中也參有已有的內容方面的批評成果，然而，却是形式了解佔了壓倒的優勢。形式了解的批評是簡單的，它的原則是：形式決定一切。形式了解之下的曹禺先生，也是非常簡單的，只要沒有「象徵神祕」的手法，就解決了創作道路上的一切問題。

但是，『蛻變』就是一個明明白白的例子，說明「手法」並不是一切。問題的根本在認識。

形式了解就作品主題的外形論斷作家，接觸不到思想內容的本體。

形式了解運用的是表面的，浮淺的形式邏輯，時時顚倒是非的本末，更時時牽強附會的武斷的歪曲作家。

比如，楊晦先生認爲曹禺先生是一個封建意識的迷戀者。就是純形式邏輯的結論。

最初，楊晦先生從劇中人物的姓氏上，發現這種思想。楊晦先生看到作者在劇裏，常用夫姓代替妻姓定女子的姓，於是認爲這是作者『不自覺地流露出他的不能突破的封建意識』。楊晦先生列舉雷雨原野蛻變中女子都從夫姓爲例，並且指出：『北京人裏最顯著了。曾文淸的妻子是曾思懿，曾霆的妻子是曾瑞貞，倒是江泰的妻子還是曾文彩，不作江文彩。』——但是，就在「最顯著」的例子裏，出來了反證；如果這是作者「不能突破的封建意識」，那末，怎麽江泰的妻子不作江文彩，竟然「突破」了？事實上，作者這樣定女子的姓，並不一定就是他自己有什麽封建意識，而是顧及一般普通觀衆的習慣，便利觀衆的原故。例如在『北京人』裏，作者的故事以曾家爲中心，這些人物全都姓曾，正好加深觀衆對一個封建的家崩解的印象。這就是爲什麽江泰的妻子仍然姓曾而不姓江的原因。

在「姓氏」問題之後，楊晦先生在論『北京人』時，就又根據愫方的性格，認爲作者『重音是在愫方的身上，』『迷戀的是我們舊日封建社會的道德與情感。像愫方所代表的那樣。』甚至把愫方和思懿性格的對照也拉扯進去，斷定這是作者對封建道德情感的「偏愛」和「偏憎」：

『在「北京人」裏，我們因爲同情愫方，或者說是愛慕愫方，而又哀憐愫方：我們愛慕她的性情態度，我們也哀憐她的不平的身世；於是，我們自然地要討厭大少奶奶曾思懿的。我們覺得她潑辣，嫉妬，無所忌憚，彷彿她就是一切惡德的象徵一樣。……

……

這還不算。就是曾思懿跟她的公公曾皓的鬥爭，也是她佔在合理的方面，然而，她却因此遭到全家的憎恨，這顯然作者，因爲對於封建道德的依戀，不自覺地流露出他對於這個反封建道德的媳婦曾思懿，有了感情上的偏憎的原故。自然，她跟愫方的對立，早在觀衆的心裏種下了惡感。』

「反封建道德的媳婦曾思懿」和她的公公曾皓起了些什麽『鬥爭』呢？

其一是：曾皓「寧肯交房子，讓一家老小沒有住處，死不肯捨他的棺材」，思懿則堅持留房子賣棺材。結果思懿勝利。——這樣的描寫，楊先生認爲是對思懿的「偏憎」，因爲這原是老年人的自私，可是這樣一來，『作者却把這筆賬算到大少奶奶曾思懿身上，認爲她不能體諒老人家的苦心，全家人都責備她在逼迫老太爺，使觀衆也覺得這個女人眞要不得。這實在太不公平，太不合理了。』

其二是：『曾老太爺，因爲一時氣急，昏厥過去了，而且喉嚨裏的痰湧了上來。這種急症，送醫院是最正當不過的措置』，但是，曾皓不願意進醫院，手扳門框，不肯離開他的家，思懿堅決主張送醫院，就斷然地拿開他的手。——這描寫，楊先生認爲『作者在這裏也有意地要加重思懿的罪惡』，『作者有意構成思懿罪狀地叫她強自拿開他的手』。

結論就是：『因此，我們知道曹禺，在「北京人」裏，雖然在寫舊家庭的崩潰，因爲他的重音放在舊社會的道德與感情上面，所以，他的感情對於舊的道德與感情有所偏愛，同時，對於那被認爲舊社會叛逆的曾思懿，也就有了偏憎，這樣，不但對於舊社會崩潰過程的認識自然不夠，並且有些曲解。就作者的見解，曾家的崩潰，罪魁惡首，就是這個破壞了舊家道德，舊式感情，不孝公公，不順丈夫，對於兒子媳婦不慈，對於姑奶奶姑老爺不敬，並且對於能以討得她公公的歡喜，博得她丈夫愛慕的愫方不相容的曾思懿，家庭叛逆給造成的。……」

在這裏，批評家把一個感情用事的，庸俗的市民觀衆的感想和理解，加在作者的頭上了。

首先，『北京人』的「重音」不在愫方的身上，我們已經說過。

其次，『北京人』中曾家的愫方和思懿，作者寫的是兩個在封建社會家庭制度幾千年積壓之下成形的女性，一個剛強的純眞已泯的思懿，精明幹練，潑辣嫉妒，當家理事的能手。一個柔弱的純眞未泯的愫方，憂鬱哀靜，善良婉順，「時時忘却自己的幸福和健康，撫愛着和她同樣不幸的人們。」作者以她們對照的本意在此。如果觀衆或者批評家從心底裏『同情愫方，或者說是愛慕愫方而又哀憐愫方……自然地要討厭太少奶奶曾思懿……彷彿她就是一切惡德的象徵一樣。』覺得思懿跟愫方的對立早在心裏種下了惡感。認爲這樣性格的對照便是對封建道德情感的偏愛和偏憎。這是與觀衆或批評家的思想情感有關的事，與作者的思想情感是無關的。

至於思懿和全家人不和，這正是楊晦先生所認爲應該寫的『家庭內部的矛盾』的一個軸，這一方面是她的性格之罪，主要的是她的地位和封建家庭中的利害情勢使然。思懿在管家，家裏面的公公丈夫姑老爺等等，一大家人都是廢物，一無所能，全坐着張嘴吃飯；但是這個家骨子裏已是空無所有，山窮水盡，杜家又時時逼債，叫她怎麼能滿足他們的參湯，油漆壽木，鴉片之類的慾望，孝公公，順丈夫，敬姑老爺呢？即如楊晦先生所謂的『鬥爭』，其一就是由於經濟問題引起的。所以在作者，並沒有把曾家崩潰的原因歸在思懿身上，反而自始至終，曾思懿是全力支撐維持這個家的主婦。認爲曾家崩潰是曾思懿這「家庭叛逆」給造成的，這不是作者的「曲解」，這是批評家的「曲解」。

對於思懿的性格，作者是確有所憎，但是介紹曾思懿時，作者對他第一句說明就是：『是一個自小便在士大夫家庭薰陶出來的女人。』她的笑裏藏刀，虛僞，自私，不知自省，陰謀計算，鈎心鬥角，矯柔造作，暗放冷箭等等以至知書達理，精明幹練，都是「自小」在封建家庭中養成的。作者憎的，是封建家庭的惡德的化身，不是跟公公鬥爭的「反封建道德的媳婦」。並且，如果說她爲了一家大小堅持賣棺材留房子，主張送公公進醫院，拿公公的手救他的命，這就是叛逆公公，反封建道德，把行將崩潰的封建家庭中翁媳間發生的任何爭執，都認爲是反封建的鬥爭，那這種反封建的戰士就太多了，滿山遍野都是的了。這樣的認識，確係不凡，但也確大有問題在。

楊晦先生的「偏愛」和「偏憎」的理論，明明白白是形式邏輯的。只因爲看到雷雨的序幕與尾聲中有哀靜的氛圍，在愫方性格上又看到哀靜，就斷定這是對封建道德情感的迷戀；抹殺作者思想的內容，作品主題的內容，其他人物的存在，硬說「重音」就在這裏，甚至閉着眼睛，把一個封建家庭的主婦拉到反封建鬥爭的戰士行列裏去。

這樣，批評家的理論是完成了。但是，置作品，作者，批評於何地？

形式了解，爲了自圓其說，是不惜損害眞實的。

『北京人』裏，如果說，作者對愫方有所同情，這是對的；只要看作者給了她出走的新生之路，就可以知道。但是這決不是說作者迷戀封建的道德和情感。作者同情的是她的純眞未泯的善良的心，因爲這，她才能和北京人一同走去。如果說：作者對於「哀靜」的氣氛有所愛好，這是可以說的，這與作者的生活態度，與超然的社會學的觀念境界，是一致的：這可能是傳統的士大夫文化陰影的反映，但不能說就是「迷戀封建道德與情感」。如果說，作者對思懿的描寫有誇張的地方，這也是對的，可是並不能由此得出思懿是反封建的戰士，作者對她有所偏憎的結論。因爲在作者全部劇作中的人物，都有這種鋪張的，力圖構成場面的緊張和熱鬧，過份追求舞台效果的痕跡，這應該到作者使觀衆發生興趣的創作態度與一貫的「寫實的」藝術手法上去求理解的。

形式的了解，就連「手法」和形式上的事，也是無法了解的。因爲任何形式手法都與內容關聯着的。

所以，我們希望曹禺先生更進一步，這決不是說，作者如果在形式上奉行什麼條規，寫些什麼題材或人物，喊些什麼口號，就解決了問題；外形的接受新理論不是內部的接受，所以作者的劇裏，有新社會學的意旨，但也有一些觀念的社會觀，人物觀，以至藝術觀，這阻礙作者創造典型，完成詩。我們期望作者更進一步的面臨現實，體認現實，深入現實。

這一點，不獨對曹禺先生，對我們自己，也是值得一思的。我們不時時看到許多公式主義，形式主義，自然主義的創作，也是打着現實主義大旗的麼？

一九四五年二月

不變

方然

後漢書「五行志」上，記載一條漢靈帝時的新聞：某處有一隻公雞，忽然變成母雞了；就賸下雞冠子沒有變，還是顫顫巍巍地立在頭上。

皇帝以爲不祥，就問當時有名的才子蔡邕，這是甚麼道理？蔡邕回答得很好：變者是因爲順子陰陽（用現在話來說，就是順乎「世界潮流」，也許當時流行牝雞司晨了），雞冠子不變者，是因爲這是元首所在，絕對不能變的。於是這隻鷄：乾坤集于一身，英武的冠子昂然在上，以不變應萬變。這隻鷄實足驚伏一切異種，且證明我堂堂大邦自有其特殊產物。

白衣女

胡征

石像

一

你站立在荒山的頂峯
沐着年代的風霜
熬過每個白天和寂寞的夜
青草在你脚下生起又枯萎了
夜里的流星
從你頭上飛馳而過
你蕭穆的古貌
沾積着幾世紀的塵沙呵

二

古代的工人
劈開大山的崖石
用銳利的鐵器
精細地彫出你的生命
於是你的生命里
閃着他的生命的光輝
你那凝視世界的
圓睜着的眼睛
你那衣服上起伏的縐紋
都是他付出了更大的智慧與功夫的
因爲他是你形體的創造者
你是他莊嚴的事業的標幟

三

大風不能動搖你
雷電不能驚駭你
那矯健的鷹
喙不動你的帽子
又拍着翅膀飛走了
而你忠實的守望着
守望着
那創造你的人
生長的這塊土地
你守望
這塊土地上
已有更多而更新的創造者奔湧而來……

一九四二、五、二七、

白衣女

在某村宿營的那夜
你我相遇了
因各人都有遠行的路
第二天
你我又得分開

那夜
我的生命垂危
你給我診斷後
從你的左臂
抽出了50cc血液
給我注射
於是我在那無言的
同志的愛里重甦了

我願和你作一個久遠的朋友
願托出我最深的心幕
給你了解
好將你聖潔的注射液
洗滌我的靈魂
而我

還不知道你的姓名
更記不清你那夜的容顏
只留下一個白衣的身影
在我深沉的憶念里

你的血液
已使我再能奔走在戰爭里面了

一九四二、三、二十

清明節

清明節，我給爸爸的坟墓
蓋上新的黃土和青草
我把柳條捲着白紙的小旗
插在他的坟頭上

媽媽跪在坟前
擺好三個酒杯，燒起了香和紙
風吹着淡淡的藍烟
在松林里昇起了

媽媽低聲禱告着
囑咐爸爸保佑我們今年的運氣好
囑咐他照護我們有吃有喝
撐起我們的家

媽媽又狠狠地埋怨他
罵他自己死了不問家的事
罵他沒有出息
沒有留下一點田產給我們

「媽媽不要埋怨啊」我說
「他活着給別人種一輩子田
死了還是睡的別人的地
他有什麼對不起我們呢…」

媽媽嘆息着再也沒說話
她用顫慄慄的手指奠着三杯酒
她和酒一樣溫熱的眼淚
滴落在火邊上

風捲起燒紙的白灰在坟前團團地轉
我怕看爸爸清冷的孤坟
和媽媽衰老的臉
播谷鳥啊，你不要叫得太傷悲…

一九四二、五、二七、

掛燈的人

你小心點
掛路燈的同志
不太穩的梯子
在動搖了
人們的眼睛
都担心地望着你
因為你給引路人
點起了明亮的燈

好，再上一步
掛燈的同志
為了照得更遠
你要掛得更高更高些

三、二十、四二、

鐘聲

你又走上了鐘台
敲打啊，老盧
用鐵鐘，在日子上留下響亮的記號
以那顫抖的聲音
向世界廣播着莊嚴的歌

鐘聲召喚着
叫奔馳的馬跑得更快
叫鷹和鵬鳥更高地飛

思想吧
在鐘聲里……

三、二十、一九四二、

打水的

打水人的歌
振顫着夜

打水的人
天沒亮就起來
他以粗壯的手
攝着冰冷的鉄軸
絞動着，絞動着
那骨碌骨碌的音響
催喚起黎明了

打水人呵，沒偷過懶
大風雨的夜，絞動着
落雪的清早，絞動着
一條冰冷的麻繩，兩担木桶
和他的汗，他的老實的心
養活了我們

他唱着歌
受苦人的歌，悲哀的歌，健康的歌，
快樂的歌，
劉志丹給受苦人打天下的歌
他用各種各樣的歌
和他的工作
教我們去怎樣生活，怎樣戰鬥……

四、六、一九四一、

夜行曲

魯藜

夜行曲

夜，不知甚麼時候了
一顆星落在樹枝裏了

夜的風颳着
靜靜的
靜靜的
同志們
向前面去
向前面去
向前面去……

我們迅速的
輕輕的，走
像沒有風的夜那樣靜

夜，靜極了
像堅固的硯台一樣呀

一個跟上一個
不要掉隊
同志們
不要掉在黑暗裏邊
向前面去
向前面去
向前面去……

向前面去
小河落在我們後邊了
向前面去
村落落在我們後邊了
我們把村落掉遠了
遠了
狗在遠遠的叫了幾聲

一切又歸於靜止了
向前面去
向前面去
向前面去……
同志們
一個跟上一個

讓我們的足步
在大地的絃綫上彈出歌曲
向前面去
月亮飛出來了
向前面去
月亮照清山的面孔了
我們爬過山去
山頂的樹像煙一般的飛散了
呵
夜呵漫漫無盡的
我們走，又是像沒有底似的
向前面去
我們要通過黑夜
夜也快要完了
月亮冲出了樹梢
在星空裏游着，滾着
走呀，向前面去
同志們
天微微地發亮了
天亮的時候
像一朵花驀然偸偸地開放
你聞過初開花兒的香味嗎
你聞到了黎明的氤氳的氣息嗎
呵，走呀
向前面去
向天亮的地方去
在路上
有先進者留下馬蹄的痕跡
在路上，
有我們的同志洒下的血滴
夜，已經接觸着黎明了
晨星已經昇起來了

一九四〇、一二、一五

同志的槍

——辛致正同志，在黎荊關戰中，受傷臨死時，他還掙扎着，用最後所有的力量，把槍扔到山溝中去。

一

槍啊
當我小的時候
我對牠就有了幻想
我希望，我有一枝槍
去射擊我的仇敵
可是，我很窮
我只能得到一枝木槍
好的
我拖着我的槍
騎上我的馬

二

那時候
我只是一個童話裏的人物
現在我才眞正認識了槍
我知道
槍在我們的手裏
是一個忠實可靠的朋友
十多年來，我們同牠
保衞了革命的陣地

三

我們把槍
放在我們的肩上
從國境的南方
走到了北方
我們把槍
放在我們的懷里
在北方農民的炕上
做我們的夢

每個同志
都夢見過美麗的共和國

我們的民主共和國
是要用我們的槍去保衛去建設
槍，在我們的身上，得到溫暖
第二天
我們用着火熱的槍筒
去射擊冰冷的，黑暗的世界

四

嗨，射擊
射擊——要求準確
每顆子彈
要能夠歌唱
唱一支輓歌
送給我們的仇敵

每顆子彈
要能夠發亮
像流星
流過天河，飄嘯在我們的國土
我們的國土
籠罩在火星的網裏
我們知道
我們的每寸國土
是這樣保衛起來
——用我們同志的血

我們的同志，李致正
他死了，死在拒馬河邊
死在紫荊關的戰鬥里

他死了
他保留了槍
給另一個戰爭的伙伴
這是我們，勇敢的布爾塞維克
唯一的遺囑

一九四一，七，一五，晉察冀

收穫

一

六月，陽光很強烈
田地黃透，像火焰在那裏吹動
這是收穫的季節

兵士和農民們
結隊向田野走去

二

在這裏
我們開始勞作
我們像熟練的理髮匠
梳弄大地的髮——黃金的髮

一束一束的麥子
柔順地躺在田邊
我們就把牠綑紮，荷上肩
送到打麥場去

三

這時，路上走來一位小姑娘
她留着短髮，穿着白衣
在陽光裏
閃耀着深紅的兩頰

「喝水，同志！」
她擎起水罐
招呼着我們
於是，很幸福的
我們一個一個從她那邊舀來了水

四

啊，在這寬闊的田野里
充滿人民，軍隊一致的呼吸
和少女的微笑

這再不是米勒描寫過的土地
我，一邊彎腰刈着
一邊望着大地
我的心跳着
我在做着金色的夢

五

我知道，未來將是更美麗
但是，現在也很好，很好
在田野的上空
燕子自由的飛舞
孩子們
聒噪地拾着麥穗
兄弟們抹着額子上的汗水
老年的農民捋着他的鬍鬚
這一切都那麼可愛
想着，想着
我興奮地掄着鐮刀
讓我的汗液暢快地飄落

六

夜裏，在小小的燈光下
我像拾穗的孩子
用快樂的手指去尋找詩句
來歌頌這勞動人民自己創造的土地

一九四二，六，一六滹沱河邊

迎接冬天

聽着，在這昏暗的夜裏
有風從北方來
風，在樹林那邊吹着
在門外吹着
在窗口上搖撼着
呀，冬天的風
你是要來訪問我嗎
請進來
告訴我：冬天的消息
不要吝嗇，樹林
風在向你請求
把你最後的葉兒
贈送給她吧
讓牠們互相携着手
在大道上去狂歌，去飛舞
不要怕泥土掩埋
不要怕那層層的冰雪
我們的希望
早在那最寒冷的地方開了花
誰都阻不住北風的運行
這是時代的列車
山脈是牠的軌道
峯巒是牠的路標
呀，疾駛而去吧
我們信任你
就在那動蕩和險巇的顛簸裏
不會躭誤到達春天的門限
去吧，去吧
狂風，澎湃的風
時代的風
你將吹雪
你將吹落歷史的殘葉
你將使大地赤裸
大地也將在你的奔流裏
帶來純潔和光輝
聽着，聽着
我以火炬的心
守候着夜，守候着風暴
守候着冬天
守候着黎明
風呀，請告訴冬天
我們伸着勇敢的兩手
向牠站立着
期待着……

一九四二，十一，十三夜。

低雲季

朱健

早晨，我開始寫詩

早晨
我開始寫詩……
河灘上有少女歌唱
伴和着從夜的重壓下甦醒的河
音節　滾動着，響着……
一個連着一個
像一串圓熟的果實
在太陽可親的照射下
閃耀着金屬的光澤
太陽　響着……
像一口巨大的銅鐘
聲音伴隨光芒流瀉到曠野
毫無阻擋的流着，横衝直撞的流着
潰決的河流，熔化的鐵，火山噴吐的熔岩……
流着，流着……
聽啊……
應着太陽的召喚
河水在呼喊，山谷在呼喊
大公鷄亮着翅膀在呼喊
頭上包着白布，呵叱畜牲上套的農民在呼喊
敞披着老羊皮，響着鞭，驅趕牲口上路的馬車身夫在呼喊
兵士整齊着隊伍，大踏步跨過街道在呼喊
工廠的汽笛，剛發動的引擎，顫抖着全身在呼喊……

一切在音響的河道裏游泳
一切在呼喊
一切要開始工作……

四四年春，寧縣，

問訊

像火把在燃燒
我的胸膛
爲難耐的「陣痛」睡不成覺
誰爲我按一張分娩的產床
夜好長……

蟋蟀都哭乏了
躺在草叢里打瞌睡
夢到月光像棉被
催他安歇

我靜聽
高大的十字架下
傳過來晚禱的鐘聲
我狠狠的吸着
一枝黑色的雪茄，一捧火
像吮吸一條黑色毛虫的
苦辣的血液

星星呢？——是星出的時辰了
唉，唉，烏雲不肯分開啊……
我無可奈何的在等待
像屈死的幽靈
搖幌在黑色的墳場
要拉住一個急急慌慌的行人
問一問
這裏是哪裏
現在是幾點幾刻
問一問
星從哪一塊烏雲的缺口衝出
用難耐的焦急的高音
問一問
我的面頰紅
你在哪裏
你胸前的大紅花
幾時才爲我開放

嗓子都燒紅了
愛情的火焰
大水不能淹滅
火種
是人的心啊……

四三年冬，關台子

霧

——給黑生

向日葵垂下了頭
無聲的磕落着灰色的眼淚
害相思病嗎？
是的，沒有太陽啦
我聽到在霧中折騰翻轉的人
嘶啞了喉嚨叫喊着
「霧呀，霧呀！」的聲音

我看到一輛因爲看不清[illegible]而翻了的汽車
像一付挖空了肉的巨獸的骨骼
底盤朝天擺在山腰裏
有一頂折了簷的鴨舌帽丢在地上
血呢
血被紅着眼睛的野狼舐乾了

看不清……
我是看風景來的
秋天有好風景啊

我愛聽西風對沈莽的山野
唱出悲壯的輓歌
使凋敗的樹林瘋狂的旋舞像妓女
向半天拋撒起黃色的紙錢
泉水，孩子一樣活潑
爽朗的大笑自山頂奔下
野草，枯白了
一根火柴，可燒紅半個山……

我瞎子一樣摸索着尋找
沒有啊
一切却被窒息，窒息……
而又葬埋
我看着那頂折了簷的鴨舌帽

那漢子，光着腦袋
到哪裏去了呢

我噙着眼淚
不讓它流下
我握緊拳頭
叩問着山谷
求救的槍聲
響過沒有
這里有一個
沒有穿軍裝的兵士

四五年元月改寫

沈默

啊，密雲期
啊，冬天……

肺結核菌
成團的飛滾着
人們閉緊嘴
不敢呼吸

瘋癲而斑癩的瘋狗
細菌劇烈的蛀蝕牠發臭的內臟，要牠死
夾着尾巴滿街溜

眼珠血紅，瞅着健康的生存者
隨時要咬一口
發洩可恥的嫉妒
拖着全世界隨牠一起死去

有人按着胸口，低聲的嗽咳
有人窒息得臉發青，像煤塊
喘着氣，成羣的倒下

有人急速而沈重的
用鐵鍬敲開冰凍的地殼
埋下死者
死人的墓穴下
是積壓了萬年的
深黑的煤礦……

黑色的沈默
成熟了……
天文台發出地震的警號
電已閃過
請聽一聲雷響……

四四年尾，川西

不知道

好多事情我都不知知……

不知道——
向日葵是以怎樣的心情隨太陽起落
鳥爲日出歡快的歌唱時小小的心臟跳動得多劇烈
敵人應手而倒
戰士歡喜有多大
「耕者有其田」了
農民怎樣用短短手臂擁抱整個的大地
莫斯科上空第一次升起了紅旗
列寧怎麼抬起頭來望着天空……

不知道——
狐狸可曾履行過自己的諾言
狼有沒有衷心的懺悔
狗的祖先担任過什麼職務
是不是喝同類的血幷靠主人的屎而活？
在美國的中國「人」的三萬萬金元
是誰的？是紅色還是黃色，會不會生銹？……
大清皇帝要公佈的
是哪一國，哪些人的「憲法」

不知道——
海洋是怎樣深又怎樣闊

有人自海上來
說海上航行

有風暴和人造礁石和海盜們的搶刼
波浪跳躍像千萬個少年
在扛着船隻前進
遠方的燈塔對航海者有紅色的招引
波浪鼓舞歡欣，頭頂上盛開着金色的花朵……

說海是一隻巨大的搖籃
海水是一床綉花的棉被

睡在海上有發香的夢
夢到星星撒滿天，像銀色的鴿鈴
早晨，第一陣海風吹
太陽光芒照耀，星星搖響着謝落
水手們自海底撈起來
嵌在白色的小帽上當帽徽
留一枚，獻給燈塔看守人的女兒……

我，有福沒有福……
像一片漂浮在海底邊涯
又黏附在陸地的足趾的海藻
屬於海，又不屬於海……

但我有濃濃的海的想望呢
每天看着錶
數着長針和短針艱難的跨過每個方格
靜聽我們的船向陸地發出的歡呼
我想，我也是
那有一頂白色小帽的水手
一個清除大炮塵污的小兵
一顆螺絲釘，一個齒輪
一個扛着船隻前進的浪花……
好多事情我都不知道
但我却不迷惑……

四五年元月十五日，川西，

日記斷片

我自己試問自己：我爲什麼寫的呢？在那里面沒有什麼爲自己個人的欲求的麼？於是，能够用凝信回答。不，假使寫，那是因爲沉默不住。因爲就如覺得不努力去阻止兒童從山上向下跌倒或者向着兵車跑去是最愚劣的一樣，覺得沉默是愚劣的。

——L·托爾斯泰（h譯）

祭天

魏本仁

天生萬物以養民
民無一德以報天
——張獻忠

我們底跑紅的大學教授
林同濟
苦悶於這現代的機械現實生活
吃多了肉
也臭罵完了魯迅
講完了戰國策
伸伸懶腰而起——
主張
祭天！
天（啊，我底天哪！）
你受了多少近代文明的委屈！
你多崇高，多偉大和神祕
在時間上旣無窮，在空間上也無限
你藍得——藍得我精神狀態也忽然發藍啦
對於藍色底奇麗和光輝發生莫大的感激
和信仰
因爲我感激我能夠逍遙在普魯士藍的幻想底廣漠中
並且陶醉這精神門閥底豪華和饜足
我並非愚笨也並非狡猾
我祇是你底一個小兒子
——一定要做你底小兒子
這樣我乃分有了你底崇高，分有了你底偉大和神祕
——那怕祇是崇高、偉大、神祕底碎片也總崇高、偉大、
神祕的，一樣有聲有色
我和你融合爲一而飛翔
無所不在，無微不至
在人頭的平面上發光
以自然的權力爲權力才是自然的事（用人工加強則更妙）
最高，最大，最廣
讓他們和牠們磕頭
讓我膨脹
因爲我感激我依托了你，分享了你
我是多少敬你愛你
像敬愛人類底頭目希特勒
舉起手來！
於是在一國底首都，在都會底中心

埃及王造金字塔一樣
造了有這天七分之一高的鋼鐵祭壇
其上焚以人民全體所出的脂膏
熊熊的大火（羅馬大皇帝也將為之失色哩）
於是有一天（即使是永看不到的一天吧也不錯）
一年之中那最好最好的一天，最合適的是元旦
一國底元首，我們底乾爸
穿着釘釘鐺鐺的大禮服，
恭率沒頭沒惱的小百姓
全體俯伏，不配做人，無能做人一樣俯伏，俯伏
做人有罪一樣俯伏，俯伏
有自感其渺小微賤之必要一樣俯伏，俯伏……
對
不要理性
不要科學
不要民主
要的是拜物教
和雅片
要的是獻祭的血和主祭的大祭師！

一九四三・一一・二六。渝。

給詛咒者

方信

鋼鐵不是為了生鏽的
日光不是為了揚塵的
生命不是為了打呵欠的……
——不必你說就明白
說了並不更明白

就這樣——
生活裏面
而實在沒有一點一滴的生趣和
生意嗎？
笑裏面
而實在沒有一點一滴的歡娛嗎？
痛楚裏面
而實在沒有一點一滴的怨毒嗎？……
絕不　絕不的！
就這樣
你已經狂笑得像
那株老空皮柳樹孔洞中的鴟梟了
說：

髑髏

倒還有人底骨頭留下來
而我連血帶肉像個髑髏——
你好刻毒！

夜晚閉着眼睛睡覺
白天睜着眼睛
睡覺……
你好刻毒！

好的，得意這個刻毒吧！
但是潮也有結冰的日子
但是冰也有起潮的日子
不知道嗎？

請得意你底吧
我不舉起我底拳頭來
你說我是植物
到一舉起拳頭來
又說是太陽系底破壞者。
——總之，一張口就看清楚了你底牙齒。

假使我在你是
這麼一堆好肥肉
就請再不用客氣了，
不要說多餘的理由使你自己　顯得更莊嚴　更優越
爲上帝所造
你已經

你知道　夠優越和莊嚴的了；
擁有吃的福氣　享有吃的權益
吃羊子和兔子而不吐一根骨頭　一根毛
輪到了我就不必繁文縟節了。

因爲我了解
當救世主弄到了那個開天堂門的金鑰匙而兩手戀戀發抖
的時候　天堂是他獨有的了！
他已經用屁股塞住後面的路　陶醉得忘掉了：
連他底招牌十字架　和曾經是他自己底血
何況左邊的強盜。

於是你這樣出來了；
這個鮮血鮮肉的——髑髏呀！
——你比我多三十二磅脂肪的——
這個睡覺，睡覺，睡覺的——傢伙呀！
——你是　那株老空皮柳樹孔洞中的聖先知　整夜清醒
着的——

結論：
我不配活
你就該吃！

但是沙漠中也有綠洲
但是雨雲中也有彩虹
不幸生命出於你底意外地倔強　不可抹煞。

但是人不是虫子

即使是瘋病患者
即使是軟骨病患者
一不出賣自己
二不汚辱人類
人 總是人！

你知道有潮結冰的日子
有冰起潮的日子
有地層陷落的日子
有海底火山爆炸的日子
有龐貝城再發掘的日子
有狐狸拜月 也有死人復活？

我是一粒鑄鐵的手榴彈 滿不在乎而裝滿着火藥
玩意兒
磨鐵
你玩吧
玩玩吧！

我要活 你又有什麽辦法呢！
要無花果一樣
活
要蔓草一樣
活
要石頭裏的火星一樣
活
要和蚯蚓 和土撥鼠一樣
活
要流氓光棍一樣
活
要咬在你身上的蝨疽一樣
活呀！……

我活是，爲了我和我們自己的路；
——但是爲了你底不快活，我也値得這樣活！

一九四三、四、一七。山城。

徵求（一）

「七月」第三集第二期、第三期、第六期。
第六集第四期。
第七集一——二合刊。

徵求（二）

戰前在上海出版的「譯文」上載有「棉花」（日本須井一作、胡風譯），現譯者缺該文第一節，願有藏書者掛號借抄，或代抄賜寄。

——通信處：重慶二一二信箱。
對應徵者，各以「希望」兩期奉贈。——

給天眞的樂觀主義者們

綠原

羣衆們，可愛的讀者，我站在你們面前冷淡地讀這篇詩。
可是我從哪兒說起，到哪兒停止呢，不幸引用了這些燐光四射
的文字？
而且我將慚愧，如果我眞的下流到惹你們大噪：聽哪，
魔鬼在陽光下面對人類大搖大擺地朗誦諷刺小品了……
且慢申斥我底奇談吧，可愛的讀者，你可能回答麼——
在戰事下面呼吸的中國底人民有多少個愉快，多少個悽惶？
多少人在白晝的思維裏，在夜晚的夢幻里，進行組織「罪惡」
同解散「眞理」？
向你們吹牛撒謊的，在非淪陷區匆忙地、緩慢地跳着野獸派的
舞……
而沉思的人們都有點兒悲哀……

二

大街上，警察推銷着一個國家底命運；然而嚴禁那些
齷齪的落難者在人行道上用粉筆訴寫平凡的自傳。
這是一片寶島：貨幣集中者們像一堆響尾蛇似的互相呼應，
共同象徵着一種意志底實踐：光榮的城永遠堅強地屹立地球上
。
水門汀，鋼筋混凝土……永遠支柱着
銀行，信託部，辦事處，勝利大廈，百貨商場……
知名的律師充任着常年法律顧問，發行巨批傑作：
撲克，假面會，賽路珞，玻璃玩具……，
坤伶，明星，交際花，肉感的猥褻作家，美食主義者，拆白黨
，財政敲榨者……
茶會，午餐，鷄尾酒晚宴，接風，餞行，烹調術座談，金融討
論……
賭窟，祕密團體，娼妓館，熱鬧的監獄，瘋人院……
鴉片批發，靈魂收買，走私，拐誘，祈禱同懺悔……
我不知道，可愛的讀者，是否你以爲我底見解十分荒謬；
或者是否你見到悲慘的嚴肅的一面，與我所見的完全相反呢。

三

例如，每次空襲解除了，慶祝常常比哀悼更熱烈……
只有這樣一回，一位紳士抱着他底夫人憂愁地從私人防空洞出
來，有些人大喊：
——可惡的鬼子，可惡的鬼子，一位中國貴婦被炸彈嚇昏了……
……

傑歐跟着：「老爺，公館平安，叭兒狗活着呢。」
（請恕我這個沒有身份證的公民吧，他沒有福氣接近貴人；
因此，他這兩行詩或許是像幻想一樣錯誤。）

可是，那些小市民們，一羣替罪的羔羊，呢？可愛的讀者，我很知道

他們怎樣斷了頭。看吧，街道，扭曲了，房屋，飛去了，
一顆男人底頭顱像爛柹似的懸掛着……
一隻女人底裸腿不害羞地擺在電線一起……
一個孩子坐在土堆上，凝望天空的灰塵，沒有流淚……
啊，可愛的讀者，你想問大隧道慘案的內幕嗎？

不過，大體說來，這光榮的城不容易屈服！
幾分鐘後又美麗地抬起了頭：
男人同女人照樣吊膀子……
電影院照樣放映香艷巨片……
理髮廳照樣替顧客們挖耳糞……
花柳專科醫師照樣附設土耳其浴室，奉送按摩……
紳糧們照樣歡迎民衆們大量獻金……
譯員們照樣用洋涇濱英語對駐華白僑解釋國情……
公務員照樣繕寫呈文同佈告……
報紙照樣發表勝利消息，緝拿同縣賞……
何況這兩三年連空襲都沒有了？
在中國，誰能快樂而自由？這些天國的選民。信不信由你。
然而，今天，地獄的牧者率領一羣哀軍來了：不要憐憫！
要用可怖的悲慘驚嚇這些選民！要將唾沫吐在他們底粉臉上！
可愛的讀者，向他們挑戰！

四

我是一個都會的流氓，沒有受過良好教育。
我底見聞同我底感想自然非常卑微。
有一次，我走到一片廣場上去了，
那兒圍着一羣人，贊嘆劊子手底勇敢：
尸首俯臥着，彷彿在吮吸從自己底肺臟流出的紫血……
或者用點詞藻描寫，他正用自己底血沐洗自己底罪惡呢……
沒有遺囑。沒有錢紙。沒有誰給他一頓「最後的晚餐」。
沒有赦免。因此，沒有懺悔。一個普通犯人底葬禮。
啊，他是比痛苦的生存要快樂十二倍的死亡賓客之一，
可愛的讀者，我們寬恕他生前的一切過失吧。
據說他是一個从前線退下來的可恥逃兵，
曾經保衛過南京——那時汪精衛正向重慶飛……
據說他底母親哭瞎了，自從他出征以後。
她底眼睛永遠不再睜開，就是聽到她底兒子做了官……
據說他悄悄回到故鄉了，像一匹狗忍受愛國份子底辱罵……
在陽光下面行乞，在燈光下面偷盜，在並沒有敵人衝過來的戰場上陣亡了。

可愛的讀者，我不過是一個不相干的旁觀者，
注視着一顆子彈旋轉過去的胸脯，我不得不
祝福死者：來世不可在黑巷內咬傷一位貴婦底帶鑽石的手指。
也祝福活着的人：永遠踏着薔薇色的旅途，莫逢見了竊賊同土
匪！

五

幾年前，我還是一家紗廠底人事股辦事員，
經理命我調查工人底健康，「以備向勞動局備案」。
我這樣報告：工人們全體擁護生產建國的號召！
他們底身體非常強壯！士布較羅斯福布更堅韌！
天啦，我撒謊了。他們底體格檢查表千篇一律：
「……女性，十七歲，九歲入廠……
……月經停閉，臉黃，暈眩，下午發燒……」
「……男性，十歲，童工……
……肺結核，痰臭，盜汗，指甲透明……」
可愛的讀者，你問我什麼——
啊，少女，她底美麗在哪兒？討厭青春嗎？
啊，兒童，他底幸福在哪兒？討厭游戲嗎？
他們爲什麼在纖維里蜷縮着，不言不語？
……幾年以後，死了，把飯碗贈給旁人，不是嗎？
你覺得，可愛的讀者，命運容易統治他們麼？
他們不要幸福——只要沒有痛苦，你覺得，可愛的讀者？
不，你錯了。除非人不是人……
他們底，以及這一類人們底，怨恨像自己底骨頭一樣永遠不會
同皮肉一樣消瘦的！

六

在晚上，這些人零散地走進一間房……
這些人在一起開會，討論，決議，進行……
這些人用睡眠的時間幹自己底事……
這些人犯了罪，勇敢地用生命賠償這社會底損失……
這些人底口號不再是：「打倒機器！」……
可愛的讀者，我還談談可憐的智識份子吧。
在驕傲與頹廢的輪替里，他們不敢大聲說話的。
你看，一些丑角兒嚶嚶哭泣起來了……
在泥濘的時間底走廊上，他們用虛無主義的酒灌醉自己，避免
窗外的噪音。
在像海一樣洶湧着波濤的大陸上，他們栽蒔
哀傷的街，爽氣的屋子，流淚的書……做他底一朵離世的島嶼，
潛伏着他們底靈魂，惶恐地聆聽着鬥爭底陣亡者底作怪的呼喊
……
他們非常苦悶，有時不覺將自己底思想孵出變節的幻蟲！
於是，閱讀着錯誤的哲學；巧妙地註解着慈善家殺戮嬰兒的原
因；

模倣着蟋蟀用尾巴歌吹——慶祝聖者以神底名義統治他們底同胞。

他們逃避着巨大的愛情與仇恨：他們自嘲，爲濱遜不要錢幣！
然而，可愛的讀者，這羣幼稚的犬儒們將永遠回復到
神權時代底恐怖與羞恥里去：恐怖自己底影子，羞恥於接近陽光：

他們漸漸昏迷了。我附帶舉一個例證——
常常有人說我底鄰居犯了罪，
因爲在那潔白的粉墻上的
莊嚴的肖像同滑稽的剃刀面前，
他竟無緣無故地微微喟嘆。

誰曉得他想得什麼了？
他爲什麼喟嘆，他爲什麼喟嘆呢？
獄卒們常常在夜半聽見這樣濃重的喟嘆的——
這盞天下面的輕輕的雷證明了他底罪狀：「你說，他叫什麼名字？」

唉，我底鄰居從這世界失踪了，
我彷彿還聽到沉睡的森林里
有一隻受難的小兔低低泣着……
他正是一個胆小怕事的知識份子呢，
願你保佑他，上帝！

我們離開他們吧，可愛的讀者。讓他們在時代的石塊上撞破腦袋，
讓他們底腦袋像鷄蛋一樣碎裂，讓他們底勇敢同懦怯像蛋黃同蛋白一樣分開！

七

不過，可愛的讀者，我也是一個低級知識份子。
太陽使我底身體發熱，小河給我以清潔的水，
燕子，它唱得多好，從自己胸脯撕落
一片片棕色的羽毛在我底屋樑上築它底窠……
可是，我卻常常無端直抖，嘴唇發白……
我底朋友曾刻薄地罵我是：从憂鬱里享樂！

可愛的讀者，這批評是對的。從前我眞是一個神經衰弱的無神論者，
曾經荒謬地信奉悲哀的宗教，用彌撒來咒罵耶和華……
但是，今天，那樣可笑的我已經完全變了——
我底急劇的心臟漸漸堅硬，像一塊浸在酒精里的印度橡皮。
我底心臟究竟沉浸在什麼裏面呢，是演現在世界的各處的悲慘歷史吧？
是的，是那悲慘的歷史像洪水一樣衝擊着，而人不能是一塊水成岩……

我知道我還有淚水，但是我再沒有哭泣過，甚至嘆氣，自從我結交了一羣寃魂……
而且，我還未大聲歡笑，因爲一切痛苦的過去還未完全否決！
因此，我厭棄輕浮的頌歌。叫我贊美那些腐朽的上流社會嗎？
等於叫一個犯人去贊美斷頭台底堂皇：要他底命吧！

可愛的讀者，我底詩是一文不值的——那又算什麼呢。

我並不信仰西歐的德謨克拉西，亞剛亞也不需要人道主義的惠
特曼；
這無光的大陸正從事反抗同鬥爭！
在中國，田間、孫鈿……這些人以及
一些更偉大的詩人們正向你，可愛的讀者，寫着革命史；
我不過是一個渺小的獵人，發見一兩滴 兎子或者松鼠底 血跡
後，
再告訴力士們去追尋那些猛獸同兇禽！
你以爲，可愛的讀者，我還沒見到一些光明的體積吧？看見的
。
雖然聖經不敢發表他們底史蹟，博物館不敢陳設他們底塑像，
甚至百科全書不敢記載他們底姓名，然而我正走向他們……
不過，我不必贊美他們——這些戰鬥者，正如我不必贊美我自
己底詩。

八

請溫暖地批判吧，可愛的讀者！
這幾行不完整的詩句再不能刪減，可是也不好增加了。
就算這是一個年老的新同志底報告：
願他底希望比他底回憶愉快些！

（一九四四年十二月黃昏寫成）

氣死不告狀

荒陵

今天在一座石橋上玩，見一塊高約六尺寬約三尺的石碑上，寫有「氣死不告狀」五個大字。我望着這五個大字，曾經默默地想了很久。

氣死不告狀，表面看來，寫字同立這石碑的人們是如何的硬朗而英雄呵。然而仔細一想，這五個字成爲一句話的話裏面，却又是如何的隱痛深沉呵。所謂告狀，除了少數豪棍外，祇有不是含冤莫訴的時候才去走的這一條路，可知走這一條路的目的是在希望甚麼了，然而，竟有人立一塊石碑而在上面寫出這樣五個字來，這可想見爲人評斷是非曲直的所謂官也者的所爲了。

從這塊碑石看來，大概是清代立的。清代距民國成立以來的今天，至少是有三十三年又加一月零十六天了，而由清代至民國的今天，又是經過革了一革的，依理說，這一塊石碑就應去掉了。然而，不但沒有去掉，却還有人從新把字的一橫一直，一撇一勒用紅填了起來，而且紅得那樣的鮮明醒目，由此可見這五個字，在鄉間一般人的心眼裏，還有力量，還沒失去作用。不然，他們又何苦花些工夫來把上面的字填得如此鮮明醒目？填得鮮明醒目的意思，依我想來，總不外是在使過路來往的人看了，因而氣死也不告狀罷了。大家想一想，氣而至於死都不去告狀，其傷心也就够傷心了。在前清時候，國是皇帝國，官是皇帝放來的官，使人民氣而至於死都不去告狀，想來是理所當然的，但今天是民國世道，國是人民的國，官呢，當然也有官，卻不知爲何仍然有人民氣而至於死都不去告狀？然而話又也許可以這樣說，人民氣而至於死都不去告狀，也可以作人民很守本份看，亦即所謂的「民風純樸，民德歸厚也」了。唉，只有一痛。

四五，二，一六日夜于渝南。

雜文

引經據典

許　燕

有些人歡喜在論文中引證經典著作中的文句，並且如果看到別人寫論文時沒有這樣做，就要鄙笑別人的淺陋。

固然，淺陋的人大概總不會引經據典的；然而，不引經據典卻未必就都是淺陋的表徵。

歡喜引經據典者的心理，我不敢說就是拜服權威，張大旗嚇人之類。他們或者實在是覺得前人說得已經極好，自已無以易之。但雖然如此，那樣做了之後，引起意外的糾纏，終至連自已都被扯得忘了本意的事，還是要發生的。

甲發表一項意見，引用一段經典上的話來作爲主證或旁證。他的意見，當然是根據現實形勢，有所爲而發的，但乙跑來說：經典上的這一段話，並不能證明你的意見；你是把它照你自已的意見曲解了，而正解實在是如何如何，云云。甲如果再力爭他的解釋不爲曲解，而且證明曲解的正是乙，這時，問題就轉成解釋經典，解釋經典上的話何所爲而發的問題，本來應該成爲問題的反被遠遠丟開了。

本來應該成爲問題的是：甲這意見所批判或闡釋的對象是什麼？那對象是否存在？是否如甲所批判或闡釋的那樣？甲爲什麼要加以批判或闡釋？爲什麼要那樣的批判或闡釋？那樣的批判或闡釋，是否能批判得了或闡釋得了那對象？那樣的批判或闡釋，會導出什麽理論和實際上的結果？等等。只有提出這些問題，解決這些問題，對于甲的意見的批判，才眞正是批判。

爲了使這些問題能被提出，能被解決，而不至于被無理糾纏，因此，另一些人就不願意太多的引經據典，力求其少，以至于無。

而且，就引據經典的事本身而論，也還有一些情形值得考慮。因爲，經典著作中的話不外兩類：一是關于一般基本原則的，一是關于特定環境中的特定問題的。如果是前者，就大抵爲人所熟知，儘可用自已的話說出來，不必斤斤鈔錄；有時且因所要解決的問題較之原已爲太複什，不是直接搬運原則就能解決的，故運用自已的話說出來都不必了。如果是後者，又不一定與自已目前的環境中的目前的問題相恰合；即使說是「類比」，也往往使人生出「這不過是老問題」之感；何況個別論點根本與基本原則不同，在歷史諸條件已有改變之後，儘可用原則上雖然相通而本身卻的確相反的新論點來代替呢？

至於如前面所說的，天地之間也並非絕對沒有的，拜服權威，張大旗嚇人之類的心理，那實在是「誣經蔑典」，另外一回事，不在這里所說的範閾之內了。

四五、二、一一。

關於「立像與胸像」的兩件事

石亦生

勃朗寧的詩：「立像與胸像」，因爲廚川白村在他的「苦悶的象徵」裏的引用，就隨着「苦悶的象徵」而在中國被廣泛的接受了。大意是說：一個騎士在赴人家的婚筵時愛上了那新娘，新娘也愛他。但新郎發覺了，就宣佈新娘在她自已的房閣裏的終身禁錮。他和她，計劃着潛逃。但她總覺得立刻實行未免過於匆促，反正還有明天。就這樣，日復一日的用「明天」來延挨「今天」的計劃。只是每天一定時候，她站在高樓上的窗前，他走過窗下，遙遙相望一番，博得些微的安慰。但時間過去了，終于有一天，她發現了自已的衰老，不敢再給窗下的人看見，只好塑了一座完全保持着自已少日姿容的胸像，放在窗前自已常站在的地方，讓天天去與他相見。後來，他也由于同樣的原因，也塑了自已的一個立像，乘黑夜偷偷送到那窗下，與他以爲是眞人的那個胸像相對。就這樣，原來充滿着生命與愛情的一對青年人，就只留下一對既無生命又無愛情而徒具其形的冰冷的塑像，悲涼的對立于終古蒼茫之中了。

好像四年之前，我才在一個荒僻的鄉村裏面看到。當時，爲他那種熱愛生命的愛情，和充溢着愛情的生命力所震動，大大奮發起來。往後，又常常在適當的機會裏向別人宣說。

可是，宣說過程之中，却遇到了兩件事：

一回是，一個人聽我說完之後，思索了半天，然後大義凜然的說：「這怎麼對呢？照他意思，豈不是要大家亂搗亂來，一點不顧社會的秩序了麼？眞是胡鬧！」

另一回是，另一個人聽我說完之後，並不思索，立刻不勝喟嘆似的說：「對呀！花開堪折直須折，莫待無花空折枝；最是人間留不住，紅顏辭鏡花辭樹：就都是那個意思。」

這兩件，當然都是小事，但要忘掉它們，在我却不十分容易。對于那位那樣熱心於「社會秩序」的先生，固然已經沒有什麼話可說；使我耿耿於衷者，就只是他那一份熱心。但另一位，倒是使我生出不少感慨的：我實在不解，人與人的心靈何以會相距得這麼遙遠，以致於雖已靠在一起而仍接近不來？

勃朗寧所要說的，該是生命的永恆與孅嫺，任何一段一節都不容輕易放過，這樣的意思吧！該是生命的無間斷的連綿，如果在任何一段一節上稍有缺憾，就會使後來的生命的全程都爲之枯死，這樣的原則吧！該是對于那些在現實生活裏面怯懦軟弱，而就只能在虛妄的希望」裏面得到躲避之所的人們的一種帶淚「斥責吧！該是要人們勇敢堅强的掌握住「今天」，然後才有「明天」；怕人們妄想「明天」而就不顧「今天」，終于連「明天」和「今天」一起得不到的吧！

然而，不料「花開堪折直須折」論者竟那麼僻決了。在那幾句詩裏，我只看到人生的無常，生命的飄浮，人生或生命的意義的被玩忽，根本沒有「明天」的「今天」，等等。這一切，和勃朗寧豈不是毫不相干的麼？然而，竟就被當作他的意思了。

了解別人，眞是困難的。困難並不在於把別人了解成不是那個人，而是在于往往把別人了解爲自己。從上述兩種了解上面，我窺見了中國人自己的靈魂。因此，我深悲於中國人精神發展的這樣底下。同時，覺得在這樣的精神環境中，無論受到的是賞賞還是辱虐，恐怕都不足喜也不足怒，總之還都是可悲的吧！

四五、一、三〇、燈下

「公民」的捷徑與岐路

吳民

我做學生的時候，當然也讀過好幾年「公民科」。但現在對于那里面的具體內容，却是忘記得乾乾淨淨了。只有一個總的印象留下來，即所謂「做個公民實在弗容易，大家勿莫耶耶乎」也。

因此恒自惴惴，不知道自己是否合于「公民」的條件，然而又無從檢討反省，狼狽得很。

但幸而，今天却被我發現了一條捷徑：據今天看到的昨天的大公報載中央社訊：

「本市市政府爲限期完成地方自治，決定本年三月內各區實行民選保甲並完成區民代表之選舉。惟以實行選舉，選舉人及被選舉人均須依法首先取得公民資格，現市府已督飭各區公所及保辦公處負責辦理公民宣誓登記，凡獲得公民證之市民，即有選舉及被選舉的資格。賀市長以此關係人民基本權利甚大，深恐或有少數人民不知此種意義及辦法，致失其權利，特印發爲公民宣誓告市民書數萬份，剴切說明其關係及辦法，分發各區保長，勸導市民，踴躍參加公民宣誓及登記。……」

這樣看來，只要照預定的誓詞讀一遍，（或者還要把右手擧一擧），在預定的表格里塡幾個字，然後拿一張「公民證」回來，就已「取得公民資格」，從此安享種種「基本權利」，豈非容易簡單之至；與「公民科」所說的那些麻煩的辦法比較起來，眞相去不可以道里計，又豈非一條捷徑麼？

可是，回過來一想，却又有點糟：原來我到今天爲止，都還沒有「取得公民資格」，還算不得「公民」，先前所惴惴者已經定爲事實了也。這並非「少數人民不知此種意義及辦法」：我是知道的，觀上段所說自明。也不是沒有看到「剴切」的「為公民宣誓告重慶市民書」，沒有受過區保長的「勸導」的緣故；我自以為還不算「梗化」的「頑民」，本來無待於「剴切」的「告」和「勸導」。所以然者，只因為先前根本不知道這麼一條捷徑，現在雖知道，又恨身不在重慶市，即使趕快去抄捷徑也無從抄起而已。

那麼，就現狀而論，我之不是「公民」，就確然無疑了。於是，我就來研究自己現在究竟是什麼：

看那消息，「公民」之外，還有兩個名稱：一曰「市民」，一曰「人民」。前者想必限于住在重慶市的，還是和我不相干。賸下來的，就只有後者，而又於我「尚無不合」。那麼，我現在就做「人民」吧；雖然這樣會連「基本權利」都沒有，也無可奈何，只好怨自己的了。

做定了「人民」之後，再去看看那些「公民」，又總覺得有些不可解。中國人的分類，一向適用三分法：一官，二民，三匪。市長以及區保甲，不用說是官。我自己這樣的「人民」，又自問還未至于匪。這裏能適用的，只是官和民兩類。然則，「公民」們究竟是什麼呢？匪乎？已經說過不在論列。而且，豈有匪而由官勸為之者？民乎？則又與我這樣的民顯然不同類。思維至此，眞陷于兩難，無從解決了。

但也還有兩個解決的方法：一即把「人民」或「市民」派作匪，於是「公民」就可以安然為民；一即把「公民」視作介乎官民之間，而比較更接近于官，如所謂「公事人」之類的東西也。

兩說岐出，於「公民」的捷徑則又為岐路。何去何從，我不敢知，惟讓貢獻發現，供在其位者謀其政而已。

四五、一、廿九、深夜。

「擁護」古誼考

孫子野

今語「擁護」，古謂之「擁戴」，究義其訓，可舉兩事明之：史記高祖本紀：

「……父老乃率子弟共殺沛令，開城門迎劉季，欲以為沛令。劉季曰：『天下方擾，諸侯並起。今置將不善，壹敗塗地。吾非敢自愛，恐能薄，不能完父兄子弟。此大事，願更相推擇可者！』蕭曹等皆文吏自愛，恐事不就，後秦種族其家，盡讓劉季。諸父老皆曰：『平生所聞劉季諸珍怪，當貴。且卜筮之，莫如劉季最吉。』於是劉季數讓，衆莫敢為。乃立季為沛公。」

又項羽本紀：

「……東陽少年殺其令，相聚數千人，欲置長，無適用，乃請陳嬰。嬰謝不能。遂彊立嬰為長。縣中從者得二萬人。少年欲立嬰便為王，異軍蒼頭特起。陳嬰母謂嬰曰：『自我為汝家婦，未嘗聞汝先古之有貴者。今暴得大名，不祥。不如有所屬：事成，猶得封侯；事敗，易以亡，非所指名也。』嬰乃不敢為王。……於是衆從其言。以兵屬項梁。」

這兩副算盤，都是一個打法。尤其陳老太太的那幾句話，眞是幽折精微，面面俱到，令我佩服之至。不過，陳嬰之流，究究還算不了什麼。蕭曹二人，則是漢家佐命元勳，千古功臣之冠，現在看他們最初出來「擁戴」時竟亦出於此種動機，這個不能不為之駭然了。

凡有「創業垂統」之宏圖者，固不能不需要這些「從龍仗策」之士；然此輩的動機之可怕，被「擁戴」得昏了的人可也知道呢？「萬歲」之聲雖然悅耳，「勸進」之文雖然娛目，「黃袍」當然更足以彰身，但隱藏在這一切後面的殺機，怕就不怎麼好受了吧！

惟三國志魏志建安二十四年裴注引魏略：

「孫權上書稱『臣』，稱說天命。王以權書示外曰：『是兒欲踞我着爐火上耶！』」

偏他能識破這一點，老瞞畢竟英雄。至於後世承受他的衣缽的徒子徒孫之流，則眞是「每下愈況」，令人不免有思古之幽情了。

一九四五、一、五。

「法於自然」

宗珏父

燈下讀嚴復的「政治講義」自序，有這麼一段：

「蓋自古人羣之爲制，其始莫不法於自然，故易曰：「天尊地卑，乾坤定矣。」有其至高者，在上以爲吾覆；有其至卑者，居下以爲吾蹠：此貴賤之所由分，而天澤之所位也。乃自歐白尼之說確然不誣，民知向所對舉而嚴分者，其於物爲無所屬也。蒼蒼然高者，絕遠而已，積虛而已，無所謂上下也。無所謂上下，故向之名「天」者亡。名「天」者亡，故隨地皆可以極高。高下存乎人心，而彼自然斷乎無此別也。此貴賤之所以不分，而天澤之所以無取也。三百數十年之間，歐之世變，平等自繇之說，所以日張而不可遏者，溯其發端，非由此乎？」

讀了之後，覺得這種意見，對不對姑且不說，實在新奇可喜得很。

正在這時，報紙送來了，於是丟下嚴復，去看「中印公路通車」「波境蘇軍佔伯魯堡」之類。而看來看去，終於就看到「唐潔身陶鑄九秦光燾僞酆都縣名山鎮鎮長魏作舟非法拘禁凌辱商民黨部書記長許生吾歐傷法警刧釋人犯籲請援助啓事」上面來。上面說些什麼呢？大概是：

「竊潔身等世居酆邑名山鎮，安分守已，向不干預外事。本鎮鎮長魏作舟認爲可欺，時來藉詞敲詐，已非一次。民國三十三年十一月四日，該鎮長復因籌款，索借數十萬元。潔身等無力應付，致觸其怒。該鎮長魏作舟竟然是日下午四時，派出武裝隊丁數名，先後將潔身等三人逮捕以去，拘禁於鎮公所內，非刑吊拷，百般凌辱。……嗣爲警察局長馬安治得知，……延至深夜，始強迫移提到局；次晨恢復自由。潔身等……不得已，分向酆都縣政府及地方法院訴究在案。縣政府雖將該鎮長撤職，但法院迭次拘傳，該魏作舟恃有黨部爲護符，均抗不到案。法院亦無奈之何。兩月以來，案懸莫決。本年一月十二日，該魏作舟因郎姓出喪，前往送葬，道經法院門首。法警瞥見，立報法官，奉准前來拘捕。當場即將作舟拿獲，送入法院。不料是時，縣黨部書記長許生吾，常委徐日波，縣政府財政科長王元愷，防護團團長龔烈五等亦同在送葬，因見同黨作舟被捕，遂各持手棒追去，闖入法院，毆傷執行拘捕之法警胡恩忠吳子麟秦什來等三名，並將拘獲人犯魏作舟刧出釋放。此事傳遍全縣，各界駭然。……」（中華民國三十四年一月二十四日大公報）

我也駭然，不禁連連仔細看了三遍。

看了三遍之後，又想起前幾天同報上的什麼一條消息，似乎和這有些什麼關係。站起來去找，果然在十六日的報上找到了：

「（本市訊）據中華全國文藝界抗敵協會消息：該會會員駱賓君（筆名駱賓基）渦維典（筆名豐村）在酆都適存女中任教職多時，於本月十日動身來渝時，忽被駐該縣稽察處人員所逮捕，同行杜君及送行者二人亦同時被捕。駱渦二人任教職期中，頗得校方及同學之敬重。酆都縣士紳素來敬重外省教員，對此深表遺憾。文協總會聞訊後，除即電該縣縣長查明眞相外，並正設法積極營救云。」

消息就是如此。所謂有些關係者，即謂同樣令人「駭然」的兩件事，剛剛都發生在一個地方，又只相差兩天也。

那麼，究竟是那兩天的日子特別不吉利，還是那個地方特別不吉利的緣故呢？酆都麼？一月十日十二日麼？酆都麼？……我不禁這樣反覆尋思了。

但終于被我想了出來。是什麼呢？就是酆都之故。

你還不懂麼？請看：——

「酆都」！

彼鎮長，黨部書記長，黨部常委，稽察處人員諸公，住在那麼一個名子的地方，就做出了那麼一點令人駭然的事，蓋皆深通「法於自然」之義也。

那麼，住在別樣的名子的地方的諸公，就該不至于也做那一類的事了吧？——我希望我這只是褊狹的對于一個地方的攻擊！

中華民國三十四年一月二十七日

中國法西斯蒂黨

孫無害

「中國法西斯蒂黨」，有這樣的東西麼？有的。什麼時候有的呢？這可就由來久矣，是在二十年前。

一九二四年，孫中山先生在廣州召開中國國民黨第一次全國代表大會，改組國民黨，發表大會宣言，予三民主義以正確解釋，從此，中國的革命力量有了空前的大團結，革命運動也開始了一個最輝煌的階段。

九月五日，孫先生以大元帥名義，在大本營召開軍事會議，決定北伐，組織北伐軍。八日孫先生親赴韶關；十八日，發表「北伐宣言」，其中有這樣的話：「於此有當鄭重為國民告，為友軍告者，此戰之目的，不僅在覆滅曹吳，尤在曹吳覆滅之後，永無同樣繼起之人，以繼續反革命之惡勢力；換言之，此戰之目的，不僅在推倒軍閥，尤在推倒軍閥所賴以生存之帝國主義。蓋必如是，然後反革命之根株，乃得永絕，中國乃能脫離次殖民地之地位，以造成自由獨立之國家也。」另有一個專以廣東商民為對象的文告，又有這樣的話：「原革命之目的，在實現民有民治民享之國家，以獨立自由於大地之上，此與帝國主義為水火不相容；故帝國主義，遂與軍閥互相勾結，以為反動。軍閥既有帝國主義為之後援，乃悍然蔑視國民，破壞民國而無所忌憚。」

對于革命形勢的分析，是清清楚楚的。對于革命目的的要求，是斬釘截鐵的。態度，是嚴正的，精神，是熾熱的。並且，孫先生又以大元帥的名義，正式舉行了誓師，在百萬戰士之前宣佈了戰鬥的開始。這一切，都表示人民的力量立刻就要發動起來了。

然而，「當先生出師韶關之際，帝國主義者，恐革命成功之後，實行其對外政策，常思有以阻撓之。會有少數英人，不同情於國民黨，因利用陳廉伯運動商團，牽制北伐，在國民黨根據地之廣州，實行反對國民政府。」「陳廉伯者，以中國人入英籍，充匯豐銀行廣州支行買辦，因而結識英人。英人之反對國民政府者，嘗與陳言，君如果能運動商團，反對國民政府，我國願助君組織商人政府，君即為中國之華盛頓；陳既聽英人之甘言，又可得其幫助與保護；於是野心勃發，在所居之沙面，作種種之運動，甘心效忠於外人，為虎作倀，假商團之名，購械練兵，以謀推倒革命政府，期達到中國華盛頓之迷夢。」

這役後來，還有一些經過。終于是在廣州爆發了暴動，被孫先生毅然鎮壓下去，「一場買辦階級之陰謀，至此始告結束。」然而，犧牲在這位「中國華盛頓」手里的，就不只是被他所「槍殺參加慶祝雙十節之農工團體，及學生多人，有遭剖肝剖肺，割頭斷足之慘者」，而且孫先生被迫而回師坐鎮，預定的北伐計劃全都不能實現了。中國的革命才一走上正式的道路，就遇到這麼一個大破壞！

對於這一事件，我們通常都漫稱之曰「商團暴動」，但他們自己是有正式組織的。其組織為何？當英法領事對于革命政府的鎮壓手段橫加干涉，且以兵艦相恐嚇時，孫先生為此而提向英政府的抗議書中有之：「匯豐銀行廣州支行買辦陳廉伯，近組織一所謂「中國法西斯蒂黨」之團體，……」。

那麼，把這些寫出來是什麼意思呢？也沒有什麼特別的意思，不過最近讀胡去非先生所編的「總理事略」（中山文化教育館研究叢書），讀到了這些，覺得「法西斯蒂」一名在中國曾有這樣一段光榮史，卻很少看到人提起，怕是忘了，因此特記錄下來而已。

引文未說明出處者，皆見「總理事略」第十二章。

一九四四、五、二一。

「你們以為那熏魚的味道怎樣？」

耿庸

在「我的自傳」中克魯泡特金曾寫下他和他的哥哥參加一兩個文學團體的集合的情形，說是每每把話題引到國內問題上的時候，總有人陡然插進話來：

——諸君，你們以為最近的「美女海倫」演得如何？

——你們以為那熏魚的味道怎樣？

這一類話語的高聲的提出終於使得談論全滅。

這和重慶的一些小飯館的「莫談國事，起身看坐」，說眞的，頗有異曲同功的妙處，也全是聰明人的聰明。

「莫談國事」，曾敢，還是只想做一大文抄公——

……最好的著作家如巧爾尼雪夫斯基，米海洛夫，拉甫洛夫諸人是被流放到西伯利亞或外國去了；有的又被囚禁在彼得保羅堡內，如畢沙列夫。其餘的人看見形勢很可悲觀，有的便改變了意見，現在竟傾向於一種父道的專制主義；大多數的人雖然尙未改變初衷，却是噤若寒蟬，他們的謹愼幾與變節相等。（巴金譯克魯泡特金「我的自傳」第二八一——二八二頁）

舊俄時代的政治威風，極見凜凜，只消看看那些「改變了意見」和「噤若寒蟬」的作家羣，彷彿就有一羣發抖的書生在戰競競地過活的素描畫出現了，可歎得很。不過，似乎也不可歎，除却耽心不免被流放到西伯利亞或外國去和囚禁之外，倒是沒有什麼貧病，要勞別人設置收容所或撥款救濟的。

雖然如此，嚴格的「無政府主義之父」還是說了：「幾與變節相等」！「謹愼幾與變節相等」，作家們也許覺得此話太辱斯文，難道克魯泡特金先生竟還不懂「沉默爲最高的輕蔑」？噤若寒蟬，原就可以作爲沉默作爲輕蔑之解的。然而，竟是變節。只不知那些「傾向於父道的專制主義」的作家們有沒有高舉「民族文學」的大旗，「改變了意見」的作家們是否在唱「文學無用論」的小調？倘使答案是否定的，其低能也就在我國的陳銓之流之下了。

下面，再抄一段——

在改革潮最高的時代，進步的文學團體中差不多每個人都和赫爾岑或屠格涅夫及其友人，或當時的……結社多少總有點關係，現在呢，這些人都特別努力把他們的先前的同情深深地埋葬起來，免得受着政治上的嫌疑。（第二八二頁）

臨到面對流放和囚禁，人同此心，心同此理了，煩惱皆因強出頭，不是傻瓜，何必自首作一個嫌疑犯？於是，即使是「先前的」那種同情也必須努力深葬了。中國有句古話叫做「獨善其身」，當成吉斯汗進兵宣威的年代，大底就帶到俄羅斯原野的，所以成爲那些俄國作家的座右銘了。

但畢竟還有被流放西伯利亞的巧爾尼雪夫斯基和被囚禁的畢沙列夫等，而且，畢竟他們並不孤獨：人民的眼睛同着他們，又而且，何曾過得太久呢，俄羅斯成爲蘇聯了。「誰笑得最後，誰笑得最好」。

人民不能摧毀，人民的作家終必勝利，如果非發下他們的鐐不可，那就先該準備自己的後事了，可憐，當時的聖彼得堡的王爺們竟至弄得手忙脚亂。

但是，「你們以爲那蟈點的味道怎樣？」

四五、一、卅、霧務里

「民信」在哪里？

閔波新

買了一本張其昀著的中國軍事史略來讀。在第二頁上，就發現了「民信」。照這位學者底說法是：

——「民信」者，即國民之公共信仰與理想，釋以今語，是謂主義。

而還「民信」底出處，是在論語上的：

——足食、足兵、民信之矣。

釋以今語即譯成白話是：

——糧食够了，軍隊够了，百姓相信他了。

「民」即「百姓」，是名辭，在句的文法中是主辭；「信……矣」是「相信了」，是動辭；「之」是「他」，是代名辭，在句的文法中是賓辭。這個句子，在文法上極簡單，極完整。但是假使照這位學者底用法翻譯，豈不成了：

——糧食够了，軍隊够了，「主義」他了。

這還成什麼話。於是我們發現：第一、擁護孔子的人們，是怎樣斷章取義，胡說八道，使孔子底話合於自己，也就是使迷信儒家的人們——即舊勢力歸於自己。第二、用新的解釋去修補舊的經典，使這個統治工具在新的情況之下以新的姿態出現。第三、不怕負担不懂小學生文法的罪名，爲了服務政治，可以犧牲學術。第四、借重舊的經典底碎片，完成新的行動底理論根據。總括一句話：這是我們底學者們怎樣爬上了政治。說破了，原來既無「民信」，也沒有「主義」的。

並且，照孔子自己底話，雖然「民信之矣」了，似乎天下太平了，但是從那背面，我們倒還能够看出來，另外的一些東西的。因爲「民信之矣」這個結論，是以「足食」「足兵」做前提條件的。就是說；假使不「足兵」，即統治的力量不够，那是未必「民信之矣」的；更特別是，假使不「足食」，即吃不飽，那是未必「民信之矣」的。「主義」云何哉？「民信」云何哉？

一九四五、六、一七。渝。

李勇和他底地雷陣

邵子南

地雷像個大西瓜
翻開地皮埋上它；
澆上了鬼子的血和肉，
讓它開一朵大紅花！

這是晉察冀民兵唱的「地雷歌」。多少民兵都學會了埋這玩意兒——抱着大大小小的「西瓜」，口裏不言語，心裏笑迷迷的。這「西瓜」是鐵的，裏面還有火藥，「西瓜」藤子又十分細。你要觸動了「西瓜」藤啦，就請你扭一陣秧歌舞，跌倒地下，不拉你，你再也莫想起來，起來還得進棺材。這號鐵皮藥餡「西瓜」，大的要幾個人抬，小的一個人能拿上三五個。

一九四三年春天，日鬼吃虧吃够了，怕了地雷，寫信給武裝部講條件。武裝部不跟他講條件，却說：「你來吧，不會嫌少的，够你吃的啦！」

聽吧！日本鬼子走大道，大道寸步難行；走小道，小道的地雷也響得一樣厲害。他就只有竄啦，在麥苗下竄，在水裏頭拖着那雙牛皮靴踹子竄——就沒有走的樣兒，只好叫他是竄嘛——慢慢的麥苗水邊也會咬人啦。日本鬼子看好地形，說是：「好架機關槍哩！」打着機關槍上山頭，一架，「轟！」連機關槍帶人飛上去又跌下來，槍使不得，人也使不得啦。日本鬼子進村也好，走道兒也好，學會了畫圈圈，還壓上「小心地雷！」的紙條兒。一個村，他可以畫上百十個圈圈。圈來圈去，還是走不得，動不得，挪不開脚步，一碰就響。爆炸手們都知道：

管你騎馬坐轎，
管你費盡心機；
我要埋上地雷，
你就寸步難行。

可是出了李勇，地雷戰那才算得更有聲有色。

李勇是阜平五丈灣人氏，從小就跟着父親養種着不大點子不打粮食的嘎咕地，吃着多半樹葉，少半糧食。長到抗戰開始，是個又黃又瘦，個子不高的少年。

他一看見××軍，就嚷着要當兵去。父親把他關起來。他鑽了一個窟子，總算蹓出來了。瞞着××軍，說是：「跟老的說好了的。」穿上一身嶄新的黃軍裝，坐也不是，立也不是，催着出發。隊伍就不出發，慢慢地作飯吃，吃了還睡覺。他就巴望着他父親不要尋到他那兒來。昏頭昏腦，尋到隨便那兒去也好；不敢到××軍來也好。

究竟年青，沒想到大人尋人的本事。——突然，父親站在他跟前。他要蹓出去，父親攔住大門。一巴掌就把他打了個跌。給硬逼着脫軍裝，李勇直瓦瓦啼哭。軍裝脫下來，軍裝又拿走了，穿上便衣，一下子就給滿身大汗闇濕了。又給硬逼着走。

走一路，他哭了一路。見着莊稼地他就鑽。鑽進去又給抓出來；走不了幾步，又鑽。走完二十幾里地回到了家，父兒倆都累得不成樣子。他直嚷了一夜，第二天又不吃飯。

「老虎平兒，」當老的跟他妥協啦。盡向他說好的，把他制住了。他也休想再能跑出去了。

很快，他成了××黨員，一直他都是青年們的頭兒。誰受了欺負，找上了李勇，只要李勇一吆喝，青年們一窩蜂跟了去，那是「天不怕，地不怕！」他性子又急，像乾透了的劈柴，一點就着火，一着就沒完。共產黨在五丈灣，使得窮小子，娃娃，婦女，都能說話，能辦事：那李勇還不是「魚兒見水，龍歸大海」嗎？入了黨他自個兒整整樂了好幾天。就走路也唱唱打打的了。

人們說：「這娃娃拾了好東西，發財了吧？」

一陣快樂勁過去，李勇說話像個大人了，正正經經問起村里的事來。

後來，人們選了他當抗先隊長。組織民兵，他當了武委會主任，又改爲中隊長。憑着他積極，勇敢，心眼靈，學會了使槍使雷：在使槍上，雖不說百發百中，却也打得不差碼子，在使雷上，無蹤無影，好爆炸手也找不出來。各種地雷陣，游擊戰，蠻子戰，麻雀戰，更是頭頭是道。

只是在一次反「掃蕩」裏，父親被日本鬼子殺死了。「生要見人，死要見屍！」李勇找了兩天一夜，找着了，他也昏倒過去了。醒轉來，他成了他娘，他妹，他弟弟的當家人，還不到二十歲。把父親埋了，眼見得生活更加困難，悶了幾天，就拾奪出一副担子，找好秤，和鄰親們對落出幾個本錢，到四外趕集，賣粉麵去。

一九四三年，五月十一日，他挑着担子，到鄧家店趕集。忽聽見一人叫他：

「李勇！」

他抬頭見是區裏大隊長。就說：

「下鄉呀？」

大隊長說：「下鄉！日鬼子來啦！奔襲我們阜平。」就把情況兒告訴他，還說：「可能打你們村過，地雷，你們得準備嘞！」

李勇順口就說：「那我就回去吧！」

大隊長點了點頭，又說：「雷要響得了呀！」

李勇說：「說的。」把担子放下了。

大隊長說：「你這担子？」

李勇說：「不要緊，我交給個熟人好了！」

一回頭，看見個空手熟人，把担子交代淸楚，李勇撒開腿，一個跑步半上。大隊長看看，暗自說：「哼，我還以爲他要埋怨情況兒變化得怪呢！這小子，就是利索！」

回到村裏，把民兵掌握起來，李勇在五丈灣附近，看好日鬼子要走的道兒，仔仔細細地佈置了地雷陣，專等日鬼子到來。正是：

鬼子來，
就把雷埋上；
管教他
來了就倒下，
倒下就起不來！

這一天，日鬼子沒來！第二天，五月十二日晨，是一個陰天。日鬼子從那長滿棗樹、榆樹、槐樹、綠蔭蔭的道兒上露頭了。棗兒花香，露水重，片片葉兒下垂，十分好的去處。日鬼子在那兒露頭，歡喜死了伏在北邊小坡上的李勇，和他的游擊組爆炸組。

眼睁睁看看日鬼子朝地雷陣走去，李勇氣也不出啦，衆人也一二十雙眼睛都是看定一個方向。日鬼子進了地雷陣，一個進去了，一個進去了，又一個進去了。李勇他們就等着地雷響。那聚精會神的神情呀，眞是：

耳不旁聽，
目不旁視；
忘了自己，
忘了旁人！

什麽不想了！千種聰明，萬種本事，全丟開了！只幹一件事：「注意！」這種情境，打慣游擊的老鄉都知道。這麽爬着，爬一天半天，眞只當一會兒事，不餓不冷，太陽晒着不熱，不撒尿，不拉屎；說他傻不是傻，說他癡不是癡；頭兒仰着，嘴兒閉着，臉上皮肉死；就是眼睛向前直視；誰的手動一動，衆人心頭麻煩死，風兒不吹，鳥兒不叫——呀，大陽早偏了西。

他們等着地雷響，地雷不響，日本鬼子一個一個擦着地雷邊過去了。過一個，李勇臉上變一種顏色。連過三個，李勇臉黑了。這個黑法，好比烏雲堆滿了天，好比那無底洞兒黑沉沉，好比那黑夜只等雷閃光。

諸位，地雷厲害是厲害，就這個缺點：踩不着，牠不響。一條寬寬的道兒上，那有那容易就端端踩着？就再窄的道兒，也有脚前脚後，也沒有非踩着不可的道理。我們有好多的地雷陣就這樣向嘈塌了。這才急死人呀！誰也沒想出法子過。

好一個李勇，靈機一轉：「他不踩地雷，我得叫他踩！拿槍打，怕他不亂，亂了，怕他不踩！」心裏這麼想，拿出大槍瞄。回頭輕向衆人說：

「打！」

衆人說：「打不得！」

「不敢暴露目標！」

「不打，他不踩地雷！」李勇說着就是一槍。

那一槍，好比鷂子撲小雞，好比長江歸大海，槍子直落到頭前那個日本鬼子的頭上。李勇頭一抬，還說：

「走！走還麼快幹什麼？」

日鬼子這邊登時一陣大亂，前擁後擠，這個的槍礙着那個的腦袋，前面的手拐撞壞了後面的眼睛，頭兒還得東張西望，脚下又要趲奔前程。天崩地塌般一聲響，一股藍煙昇起，塵土飛揚——雷響了——猜吓子，紅的白的鬧了一地，好像日鬼子賣豆花，担子翻了，長腿，短胳膊，腦袋，爛皮，碎肉，擺了遍地，好像日鬼子在學水滸傳上孫二娘開人肉作坊；軍帽，軍衣，飛上樹梢，槍筒，子彈，擺了一地，好像日鬼子在開雜貨舖。這邊鬧成一團，且慢些說。

那邊李勇的臉，早變了顏色，好比那日出烏雲散，好比那雪地梅花開，好比那悶熱天氣下大雨，好比那黑夜森林着了火。李勇紅着臉孔，忍不住，急說：

「打！趁這亂勁！」

一陣槍子，就像亂鴉投林，都找着了自已的對象。

這時，日鬼子顧得着辨明情況，打呢？還是顧得着跑呢？自然嚟，「三十六計，走為上計。」該跑！——呀，道兒在那兒擺着，誰又知道那「葫蘆裏賣的什麼藥？」——日鬼子看見路旁，朝南有個缺口，一條岔道通向河灘，「狗急跳牆」。就洪水崩決似地向那湧去。各自拼腿長，賭力大，推着，爭先恐後，狗搶骨頭一般。

那邊李勇笑了，說：「跑得好，早給你們算好啦！」

「轟！」比前一番更大的雷響了，日鬼子挨得也結實。重重叠叠，比堆羅漢還熱鬧。

李勇再打一槍，打倒騎兵的軍官，收了場。日鬼子嚎着到了河灘。李勇第一個站起，衆人也會意地站起。李勇紅着臉孔，大聲說：

「追他狗肏的！」

一吓子李勇臉上成了青蒼蒼的。所謂「威風凜凜，殺氣騰騰」，無非這個樣子——他們就追下去了。

這一仗非同小可，打開了地雷戰的新局面。諸位，記着：在地雷戰術裏邊，從李勇起，加上了大槍。這叫做「大槍和地雷結合」的戰術思想。北嶽區區黨委公佈他是「模範××黨員」，武裝部和軍區司令員都嘉獎了他。號召全體民兵向他學習。一個月到兩個月，從南到北，從東到西，在好大的地面上，人們唱開了一隻歌了：

不怕敵人瘋狂進攻，
我們民兵有的是英雄，
滿山遍野擺開了地雷陣！
　啊！聰明勇敢的要算李勇！

五月十二那天早晨，
敵人向那五丈灣前進，
敵人走進了李勇地雷陣！
　啊！聰明勇敢要算李勇！

李勇拿起了他的快槍，

一槍就打死了一個敵人，
敵人亂跑就爆發了地雷陣！
啊！聰明勇敢的要算李勇！
兩個地雷炸倒了三十三，
一槍又打死騎馬的軍官，
敵人哭啼啼就離開了地雷陣！
啊！聰明勇敢的要算李勇！
李勇要變成千百萬，
千百萬的民兵要像李勇，
敵人要碰上千百萬李勇地雷陣，
管教他一個一個，一個一個都送終！

太陽昇，太陽落，暑天過了轉秋涼。這歌子唱得全邊區民兵爆炸手們手早癢癢的了。李勇，炸成了功，遠近馳名——在晉察冀，一個莊戶主成了鼎鼎大名的英雄，鬧得這麼紅火，還是第一次。——新聞記者，鑿鑿的，照相的，各級幹部，一個一個地到五丈灣來看他，誇他。他，二十二歲，頂壯的中等身材，一本正經的臉孔，頂硬的說話的口氣，穿着件家裏頂新的衣服，忙來忙去，和人應酬得來，人都滿意。村裏人們看見李勇走來就說：

「我們的英雄來啦！」

李勇知道，這個話雖然是跟他鬧玩笑，却並沒有懷疑他的地方。

他挑着粉麵担子趕集去，一路上就常聽見人們說：

「看！那就是李勇！」

有的說：「個兒不大，却了不得呢！」

有的說：「你說嘞，一個莊戶主比縣長還有名！」

又有人說；「共產黨真會提拔人材！」

他遇見了從來不認識的人也當面就叫他：「李勇！」好像很熟識似的。

李勇啊！他自己越來越難受，心裏打算：「上級培養他，下次日鬼子來，我得怎樣打呀！唉！名氣大了！打不好，怎麼對得起人？」

他就常到區委，縣委去，這個話他却沒有說出來。區委也好，縣委也好，也常找他談，很尊敬他的意見。李勇嘛，是個模範××黨員，民兵裏頭的英雄，各級黨都要培養他——這個思想，李勇自己也明白。他捉摸着區黨委的心思，聶司令員的心思，心裏很快活。但等會再看看自己，就比從前更難受了，老是問自己：「下回日鬼子來，能搞得出個樣兒嗎？」等會又暗自說：「不要垮了，辜負了聶司令員他們的心腸呀！得捉摸着！」

區委書記告訴他：「李勇！只要自己堅決，為羣衆着想，打擊敵人的時候兒，又愛想辦法，就沒有問題了——啦，一驕傲，就得脫離羣衆！——還不要說驕傲，就是照顧羣衆不够，也不行——尤其是出了名的人，就更不同，你馬虎一點，羣衆就不理你了。你離羣衆一寸，羣衆離你一尺！」說得李勇滿頭大汗，臉又紅了。區委書記又說：「聶司令員獎勵你以後，呃，尤其是你是公開的××黨員，村裏人都把眼睛擦得亮亮地看着你了呢——他們說你有點驕傲。」

李勇告他，他自己沒覺着一點，反覆說明他的態度：「我呀，我也是莊戶主啊！沒有黨啊，還有我李勇？沒有上級，民兵，搞地雷，還有我李勇？光我一個，五月十二，也炸不了敵人呵！」又叫着區委書記的名字說：「你以後看吧，看見我驕傲，就給我指出來！」

區委書記又安慰他：「李勇！好好注意，就能搞好的。羣衆那個不佩服你？黨也實在要培養你。就是因為你能為羣衆為黨作事嘛！」

從區上回來，李勇的態度變了，原先開會就光聽見他說話，也好些了。原先看見人跟他爭，就越吵越兇，現在正吵他會一聲不響，等別人不說了，又平心靜氣地說自己的道理。開初覺得難受，後來好了，慢慢地能作到接受別人的批評了。原先就不能批評他，平日他也會發火。村裏人們也說：

「李勇變了！」

又有人說：「當了英雄，人老成了！」

又有人說：「這小子，這麼着下去，真有指望！咳，出了這麼大的名，要是別的小伙子，早換列了！」

趕集，在路上，區委書記再見了他，他說：

「李勇！這一向，你幹得不壞呀！——好好地捉摸打游擊吧，情況兒又有些變化啦！日本鬼子報上還登着你的名字呢。他們也研究「李勇爆炸戰」——好好的幹一幹吧，日鬼子來，叫他知道你的厲害！」

李勇說：「看着我有什麼不合式的，勸說着點！——日鬼子要來？叫大隊長多給我們發點地雷呀！」

他們研究了一陣莊稼，又研究了一陣地雷。分手的時候兒，李勇把担子換了換肩，說：

「你看我還像原先這樣楞吧！」

區委書記笑着說：「好得多！」

李勇挑着担子直到市上去，賣到後半晌——又做買賣，又盤算埋地雷，眞是「一心罣兩場」！——心思再也安不下來了。中秋節快到了！生意雖然紅火，老百姓總有點慌張，人們在傳說着：「日鬼子在到處增兵了！」李勇比平日早走一個多小時。在路上一氣也不歇，到家。

吃了晚飯，村裏開了個會，說是「準備反『掃蕩』工作」，會開了半夜，李勇才回家睡覺。第二天早飯，他娘，他妹，他弟弟各自端着碗米湯，拿着個菜餅子蹲在階沿上吃着，李勇還蹲在遠點，靠新猪圈了。二條小猪吱吱叫着爛泥坑裏轉。李勇說：

「又要打游擊啦！——這回跑遠點，索性把猪賣了！——碰見日鬼子千萬不要說出我的名字，更不要說我是你們的哥哥。我倒不怕，就怕你們受制。這回打游擊，我回家的工夫兒少了。」

他妹子頂能幹，是村裏頂活動的脚色，村劇團更少不了他。他弟弟，也實在機靈。他們都句句記在心裏。吃罷飯，李勇就到中隊部去，集合民兵，整理爆炸工具。

剛一得有眉目，那消幾天光景，出探回來的民兵報告：「日鬼子從平阻來，快到鉄嶺村了，過了數，有五百一十個；還有一大把子牲口，沒有過數。」

那正是中秋節後，下了幾天雨，剛晴，天氣涼爽，是打仗的好天氣。

李勇說：「不要等日本鬼子到咱村來吧——到鉄嶺西梁上打他去！」

他們飛也似地趕去，日鬼子還在鉄嶺村裏。埋了地雷，他們伏在西邊大高山上。一個時辰，日鬼子出了村，忽見山勢險惡，地形不好，就問抓住的老百姓：「有地雷沒有？」

老百姓說：「不知道！」

又打，那老百姓就不改口。日鬼子看出了那老百姓的確不知道，只好硬着頭皮走。「轟！」的一聲，地雷響了，炸得日鬼子一齊爬到地上，直嚎嚎。

一個游擊組員說：「打吧？李勇！」

李勇搖了搖頭，說：「還不到打的時候！」

日鬼子爬了一陣，起來收屍。整個部隊都拉到山腰上休息，要在那兒定一定那貓抓了的亂心，喘一喘那口上下不接的邪氣。密密層層，挨挨擠擠。

李勇說：「打吧！」

一陣槍打得日鬼子東倒西歪，又奔又竄。半天，日鬼子才結集了隊伍，向南梁上爬。

一個游擊組員說：「走吧，日鬼子要佔好地勢，跟我們幹哩！」

李勇說：「爬好不動，讓他打吧！」自己就首先在地皮上貼得緊緊的。

說着，日鬼子在南梁上支起了五挺機關槍向西梁上射來，擦着西梁崗吼來吼去，吼不出道理來，走了。機槍大砲也啞巴了。李勇這時動彈了，叫衆人描準，打開了排子槍。日鬼子的機關槍再響，他們撤了。

路上，打着身上的土，李勇說：

「今天就是這末回事嘛——地雷勁不大，日鬼子又都爬下了，還打什麼呢？還不是浪費子彈？等他們休息，才是好機會。日鬼子上南梁，地要上就上，我們跑他幹嗎呢？估好了地形，他再好的傢伙也不頂事。他不打，我們就摸着打了。他的火力強，我們抗不住他，打下去要吃虧，才做嘛！」

他們走了好遠，那機關槍還在響着。李勇他們又鑽了一條溝，上了二條梁，但是日鬼子上了他們原先爬的西梁。因看不見人，正在那兒發楞。衆人佩服李勇。李勇說：

「多捉摸着就成。」

下山時候兒，李勇和爆炸組長商量：「日鬼子總有那麼一天到五丈灣的，給他擺一個紅火的地雷陣才好。」

吃了晚飯，他們去看了一遍，着手準備。

兩天後，日鬼子果然分頭兩路合攣五丈灣，要拔掉五丈灣這顆釘子——李勇英雄。這兩路，東邊從王快上來，打一面黃旗；西邊從五柳口下來，打一面白旗。

這兩路，越靠越近，只差半里地了，沒聽見一聲槍，沒看見一點動靜。北邊山上，坐着的李勇，爬着的游擊組，蹲着的爆炸組，到處的羣衆，臉都白了。日鬼子這麼的行動，他們還是第一次看見。兩路合攣，還打着這兩面旗！他們合在一塊，要幹什末事呀？這兩條蛇！

突然，上邊「轟！」倒了打白旗的，下邊「轟！」倒了打黃旗的。有人忍不住說：「日鬼——」沒說完，看見了李勇的臉色，不會語了。

頭回——五月十二，日鬼子踩不着雷，李勇的臉黑了！這回變，李勇的臉蒼白得怕人。兩回的關係不同：頭回是氣壞了他：這回，他認爲任務重大得多，眞正提心吊胆。日鬼子研究過他的爆炸戰術，那麼，怎樣才能叫日鬼子胆寒呢？怎樣炸開局面，才對得起黨，對得起那麼多的衆人呢？這回日鬼子那動作，就像是下了決心來惹李勇的。這時候兒，他覺得好多的眼睛都在看他：「李勇！炸得怎麼樣？」

又「轟」的一聲——上邊的去抬死屍，又炸了。那羣日鬼子就只好遠遠地爬着，只嚷嚷，不動彈。這時，下邊的已把死人上了馱子，叫兩個人到村裏去找門板抬傷兵。兩個人又在門邊倒地成了死屍。

上邊的，下邊的，都不敢動彈了，好比那石凍臘月天凍住了大小河流，好比那人們睡在草堆裏，醉人到草堆前，坐下抽煙。好一陣了，上邊的動了，下了決心，要冒險。——諸位，這麼爬着也不是事呀，該爬到何年何月呀！——起來了一個，在「哇啦哇啦」地嚷着找地雷，找着了，用手抓，一會兒也就眞的抓出了一個。「好運氣！算是在老虎背上拔了一根毛！」他哈哈大笑。別的日鬼子也起來，看着哈哈大笑。

山上有一個人叫：「李勇！」

李勇神色不動地說：「看着吧，沒有完哪！」

山上話剛完，山下又「轟」了一聲，站起來的都倒了，正笑得歡喜的時候死了，好比那氣泡吹大了猛地破，好比那要飯吃的歡喜過度打了碗，好比那吊着老虎鬍子打鞦韆，眞還是樂到死上頭了。

滿山羣衆笑起來了。喊着：「炸得好！」

下邊的那一股急了，又不敢動，只好支起大砲，放了二三十發，就好像吹了陣牛皮，沒人理他。兩邊都走了回頭路——走不了幾步，不敢走大道，都衝着稻子地走。

所有的民兵，羣衆，都樂了。李勇却帶着民兵下山，拖了日鬼子血，拾起了那面白旗。

打這天起，日鬼子走大道，大道炸，走小道小道炸——這不用說。莊稼地也炸，渠道也炸！日本鬼子走河裏，河裏陷！走蕎子地，蕎子地也炸。李勇他們天天當天黑的時候兒開會，猜日鬼子第二天要走的道兒，估計籍儘趁夜埋，有時也早晨埋，越猜越準，越炸越切實。那日鬼子也像發狂了，拿着李勇的圖像，橫衝直撞。走到處，「轟轟」地雷直響：走過後，血呀，死屍，丟了一地。有一回李勇只隔他一丈遠，雷聲一響，李勇纘了。那西山羣衆，每天看着險惡的地雷戰，看得發了呆，禁不住的手舞足蹈，喝「好！」叫「妙！」——他們寧願冒着危險，日鬼子上來才跑。李勇炸了人，又炸了汽車，……捉摸出法子單炸汽車裏的人。鬧得五丈灣，地雷轟的響聲，「轟轟隆隆」！地雷冒的籃煙，飄來飄去。

終有這麼一天，日鬼子把李勇的妹妹弟弟一併捉去。捉時，在另一處，日鬼子也正追李勇。

原來三十餘名日鬼子，帶着十餘名僞軍，在山上追趕羣衆。追來追去，看見一個手提大槍的小伙子，個兒不高，腿快，不慌不忙，時時回過那沉着的一本正經的臉來看他們。追着，踏翻一個地雷。日鬼官兒一下子警悟到那小伙子是李勇，就命令追去，還用漢話告僞軍：

「追！李勇！」

追了一陣追不上，但又隔不遠，打不着，鼓鬧得很。一個僞軍急了，高聲吆喝：

「好李勇！是好漢，再響一個地雷！」

他明欺李勇被追，無法使雷。李勇正跑，忽聽後面吆喝他的名字，回頭一看，他們正追到一個早埋上的雷跟前，稍偏一點，沒踩着。李勇喜歡得了不得，忍不住高聲喊：

「聽我李勇的雷響！」

這一喊，不要緊，三四十名日鬼子和僞軍嚇得胆裂魂飛，往下一伏，剛剛伏到地雷上，三個日鬼子玩了個剖腹挖心的把戲，賸下的往後逃。李勇喊：

「我李勇的雷響吧！」

原先吆喝的那僞軍，氣憤不過，又回了頭來吆喝：

「好！李勇！你再響一個！」

使着他們走的是回頭路，還欺負李勇！好一個李勇舉槍打了一發子彈，那日鬼子，那僞軍一散，又踩上了一個地雷。雷聲一響，李勇勝利地叫着：

「還要不要啊？」

原來李勇的特點，不只是各種各樣的地雷陣，不只是「敵到雷到」，「敵不到叫敵到」，「敵未到雷先到」；他歷，是游擊組打着，爆炸組埋着，臨機應變，看眼色行事。地雷在他手里活了。今天，他看見日鬼子追捕羣衆，先埋好了雷然後自已去引日鬼子，要在這裏粉碎日鬼子今天的搜山。

果然不出所料。日鬼子也好，僞軍也好，再也不敢哼氣，搜山也停止了。

天黑，李勇他們到了一個山溝裏吃晚飯，正熱鬧着：

這個穿着白袴褂，
端着飯碗，嘻哈哈；
那一個跌了筷子
笑出眼淚，說不出話；
爆炸組長拿着一塊大鍋渣，
游擊組長搶了他，
伸手遞給指導員，
指導員按牠在碗底下；
狗娃早給二拎背上黏了個大王八；
二拎要抓狗娃，
像這般
愛貪玩笑，
無牽無累，
——戰鬥起來，你認得他！

李勇的弟弟來了，找哥哥，說他今天給日鬼子捉住，只說是小放羊的，日鬼子不注意，他蹓出來了。「姐姐也給日鬼子捉住，沒有回來，娘直啼哭。」

衆人再也快樂不起來了。李勇神色沒變，就是吃不下飯。匆忙地放下碗，仔細地給中隊副交代清楚，他和弟弟回去看娘，安慰了幾句，也無非：

「不要着急，保養身子骨，好打游擊，他會回來的。」

不一會，又回到游擊組。走時候，叫中隊副放的哨，出的探，他再檢査了，才睡覺。

整夜通沒睡好，天亮了，他告訴爆炸組長：

「今天一定有大批汽車上來，我們要炸他個結實的。」

潦潦草草吃了幾口飯，手裏還拿着半個玉茭子窩窩，催着爆炸組長走。衆人勸他：

「李勇！看你臉色！」

李勇沒有聽，走了。

深夜秋葉落，寬闊的汽車路上，沒有一個人影。李勇說：

「你給我瞭着，我來埋。」

接過地雷，拿起爆炸工具，蹲在汽車路上，掘着。正掘呢，聽見有嗡嗡的聲音。爆炸組長說：

「李勇，你聽，不要是汽車上來了吧！」

「不會的，是飛機。」他卻暗暗加快了動作。

爆炸組長說：

「不大遠點啦！不是飛機。」

李勇不聽，還是掘。爆炸組長沉不住氣了，匆忙地喊：

「李勇！快跑！上來了！」

李勇一看，汽車眞的來了，只離他半里地遠。再回頭一看，爆炸組長不見了。他抱上雷，就地一倒，倒下汽車路南的低地裏，爬起來，跑着，輕輕喊着爆炸組長的名字，沒有應；他跑到了漫着三寸來深的水的地邊。不管三七二十一，他跑進水裏。出了水，鞋也沒濕。——走得過猛，把水濺起來了——。他又喊着，跑着，還是沒有應。汽車過去了，一輛又一輛……十幾輛，他也沒有工夫數它，還跑着叫爆炸組長的名字。

找着了爆炸組長——「開頭，爆炸組長和他跑了個相反的方向——他吐了一口血，眼睛黑了一陣，回去就躺倒了。」衆人把他送到十里地以外，一個僻靜的山溝裏去養病；他害了重感冒。

游擊組，爆炸組仍在外面活躍，經常和他取得聯繫。

却說他妹子給日鬼子捉去了，當天帶回據點。她沒有洩漏李勇的消息，也沒說她姓李，裝做村裏不懂事的婦女，只會作飯，喂猪、掃地、納鞋底、很頑固的樣兒。一個漢奸證明她是五灣的婦救會主任：

「今春節，她領頭在平陽集上跳秧歌舞。」

她死死地說：「你看錯了吧！我才不幹那種事啲！」

日鬼子把她押起來，她當有人的時候兒，哭着，露出一點法子也想不出來的樣子。日鬼子也不注意她了，只當她「平平常常的鄉下姑娘」。

一個白天，日鬼子大都出去搜山去了。她出來，看見一大堆東西。她認得這是日鬼子從老百姓這兒搶了來的。她找好的打了一大包，揹起，偷着出村。跑了半里多地，日鬼子看見了，騎着馬追她。不叫日鬼子追上，她丟了包，鑽了山溝。日鬼子張望一會，沒有找着她。

却說李勇病倒在山溝裏，急得慌。一天又一天，老是這麼盤算：「上級枉自栽培了我。算我去了吧！」想到這裏，他的心就酸酸的痛，有時裏就湧出一股股的淚水來。又盤算：「爆炸組長心眼靈，游擊組長眼長有準頭，他們也會搞得很好，不管怎麼樣，這一向的地雷戰，他們是參加的，都明白。」這麼一想，他又平平靜靜，還有些快活，慢慢他閉着眼睡去。游擊組寫給他送來信，知道了外面的情況兒，又兩隻眼睛一齊冒火，把蓋的衣服被子全都拌蹬，要坐起來。隨着頭一陣暈，又倒下了。

不看人，且看事，强將手下無弱兵。慢表李勇養病，且說五丈灣周圍幾十里的地雷陣。那地雷陣好比滿天星，滿天星斗有大有小；有明有不明；且把明的認一認。——

前面說過，民兵們都在學李勇，把「李勇要變成千百萬」的歌兒唱得手癢癢的。這回日鬼子一來，大家就來了個「八仙過海，各顯其能！」

一天，天氣很好，出太陽，刮着點小風。日鬼子行軍，慢得呀，像老牛一般，又像兔子般立着耳朶。到了阜平城東河灘，忽然發現了地雷，動手就拾石頭，站在遠遠的打。打一咚，爬一咚。又要破壞牠，又怕牠。突然他爬在一個地雷上，地雷請他坐了陣飛機。別的鬼子還不甘心，逼着老百姓去扒那死人投了一陣石頭的雷。扒開來，盡是沙子、石頭、這是：

地雷變神仙，
變化千萬般；
金蟬脫殼法，
誰也沒法辦。

這又叫「仙人脫衣」，又叫「眞假雷」。

凹裏有一片莊稼地，長着紅山藥。紅山藥，甜甜的，實在好吃。地邊又長着大蘿蔔，吃了解渴。日鬼子行軍到了那兒，坐下休息。破壞成性的傢伙，又想吃蘿蔔，又想吃紅山藥。要吃蘿蔔的，進了蘿蔔地，彎腰下去，伸手一拔，一聲響，他流了全身的血，澆了蘿蔔地。要刨紅山藥的，到處找小鋤，却好一把小鋤端端掛在小樹枝上。他伸手去拿，小鋤到手，他也倒了。這小鋤把連着地雷的。這是：

咱家半畝紅山藥，
一片蘿蔔長地角；
閻王老子不要摸，
一摸，地雷就發作！

西王柳，日鬼子的集合場，空蕩蕩，平滑精光。日鬼子又鬧又嚷，天天集在場上。晚上過了大天亮，場上照樣，一樣的平，一樣的光。日鬼子正鬧，突然人仰馬翻，人受了傷馬受了傷。人離了鞍，拖在地上；馬兒直跑，跑不出十半丈，也倒在地上。人們受驚，朝東，在東邊倒一片，向西，西邊雷又響。這是『把地雷拴在日鬼子的腿腕上』。

地雷好比土行孫，
鬼子到那牠到那；
來本無蹤去無影，
——連環爆炸力更大！

疙疸頭的日鬼子司令官們睡覺。一夜無憂無慮，早晨起身，精力充足，動手開門，門就爆炸。這是：

逼近設雷，
頂頂要命；
鬼子驚惶，
疑鬼疑神。

沙河沿上，日鬼子走大道，炸了雷；改走小道，又炸了雷；又改大道，又改小道，處處是雷。鬧得他只有走回頭路，回頭路上又有雷。這是：

正偏道上地雷陣，
鬼子來了就死炸；
給他準備回頭路，
東西南北全出岔。

日鬼子走後，雷坑旁邊，盡是血，盡是肉。第二天早晨，旁邊現出大字：『諸君，想想流血人的妻子，再想想自己已也有那麼一天。』日鬼子看了，低下了頭，士氣低落。軍官憤慨，就要去抹，還沒走到，仰面跌倒，血流地上。這是：

汽車變飛機，
說來太奇異；
汽車坐汽車，
奇異又奇異；
只要有地雷，
就玩這把戲。

汽車要不變飛機，還麼，誰先下車誰倒霉，誰修理汽車誰倒霉。

憑高用飛雷，山邊窄地使用跑坡雷，看好退路使用拉火雷。制高點上，飛機場上，水邊地邊，超道兒旁，那雷呀，都去的。

一個爆炸手指着一段路對中隊長說：『我要叫日鬼子在這兒集合！』埋上了雷就等着。果然第二天日鬼子到了這裏擠戰一團，雷才爆炸。原來他把道兒鬧得突然難走了。這還不算，最妙的是日鬼子進阜平城。

日鬼子在阜平城外挨了雷，仍然硬着頭皮進城了。當頭兩行紅字：

城裏地雷五百三，
看你鬼子那裏竄？

日鬼子以爲吓唬人的吧了，不大理睬，看着道兒走路。忽見街上有一處不好走，要找一扇門板搭一下就好了。日鬼子是人，也還麼想。尤其是他五百人的隊伍，路是越好走越好呵！也就剛好，路邊門上有扇門板，結實耐用。一個懂事的日鬼子就去摘，一個人不够，又去了幾個幫助着。門板下來，立着的幾個，沒了腦袋，成了肉樁子，倒下了。

日鬼子再往前走，街邊大槐樹下，一個大鼓，鼓上寫着「中隊部」三字。日鬼子看見這鼓就生氣。「這玩意兒是中隊部的，中隊部拿來幹什麼呀，還不是集合民兵！不能給他留着——打着也響吧？」一想着，他就走過去。別的也圍着看。敲了兩下，很響。拿手撥它。呀，一股煙，鼓上了天，碎成了片片；人倒了地，死成一團。

爆炸聲一停，遠近都喊起來。日鬼子個個腿打哆嗦。這時候兒，坐坐才好。為了抬死的，抬傷的，大隊停止了。有的坐在台階上，有的東瞅西望，找地方兒。眼見得有間沒有門扇的空房子，靠牆一條板凳。大概坐板凳解乏吧，一個日鬼子就去享福。坐下去便見得屁股底下冒大煙，一個身軀，分好幾股流血。

出了城，休息在河灘，游擊組在打槍，要找個地方兒躲躲槍子才好，一想就看見了，原先打燒餅的棚子。「好！」鑽進去，進去了就沒一個出來的。

地雷埋得好，
成了如意寶；
孔明猜不着，
一想就來到。

那幾個人抬的大地雷，炸得天驚地也動。日鬼子在台峪藍球場上集合，準備樓山。雷響以後，這血浸了的沙面球場，太陽一晒，像泥襪地一般，乾了龜裂。台峪村裏，牆上柱上，盡是日鬼子一面嚎，一面抹上的血。

大地雷，
威力猛；
驚天動地一聲響，
專治鬼子發了瘋。
毒手打毒蟲！

日鬼挨雷挨怕了，就抓老鄉，綁起來，趕在前面踩雷。可是這些雷還不是日鬼子挨。那老鄉們呀，看見雷是不言的，巴不得炸響點！日鬼子不把人當人，誰還管他挨得苦不苦。那一次，日鬼子從法華出發，往西，抓了六個老鄉在前面踩雷。一路上，雷卻在鬼子隊伍中間響。日鬼子大大驚異，自己走前頭，雷又在前邊響了。日鬼子唉聲嘆氣的說：

「地雷偏心！」

又一次，日鬼子從易家莊到城南莊，七里地，誰也知道，那道兒頂平，好走呀！日鬼子該怎麼走法？他們一齊彎下腰來，一口氣一口氣吹灰塵，找地雷。創造了世界上最異樣的行軍動作。

這就是日鬼子四大難處。那四大難處？要命，不行，當然，不沾。怎麼講？

橫衝直撞幹到底——要命！
立着不動待下去——不行！
抓人踩雷不頂事——當然！
抹着腰兒吹灰塵——不沾！

地雷這玩意兒，牠越響，人們越精神。人們就越愛護牠。村幹部見面總是「你村響幾個？我村響幾個！」人們翻來覆去晒地雷，埋上還想法叫牠不受潮，打游擊，抱着，怕牠丟了。——阜平城東有個村子的民兵，那才真正愛地雷愛到了極點。

一天，天黑前，他們埋了地雷。天黑，下雨了，那雨呵，破壞地雷，防礙群衆轉移。人們叫她漢奸雨。這漢奸雨，下個不停，幽幽雜雜，無窮無盡。唉！

天上昏昏濛濛，
地上淅淅瀝瀝，
就不刮起點風，
吹散滿天雲氣。

爆炸手們，游擊組們，都愁眉不展，戴着草帽，立在山頂上。直說。

「完了，完了！」

「李勇的地雷戰術也沒有這一條。」

「取了雷，日鬼子下來又來不及埋。」

比他們更苦惱的中隊長，直摸腦袋。把草帽抹下來了，彎腰下去，拾起來，還沒戴到頭上，忽然大聲說：

「對了！對了！」

就如此這般和衆人說了一番。衆人歡喜得不得了，蜂擁而下。到堤地雷那裏，一個個把草帽摘下來，給地雷戴上。俗語——

地雷戴草帽，
人在雨裏淋！

雨下大了。人們身上淋濕了，才到了有大麻葉的地方，頂上了大麻葉。一蓬頂大麻葉的人們又上到山上。吹起深秋天氣的小風，巴涼兒，人們牙齒「可可」地直敲打着。一個爆炸手雙手交叉緊抱着，衣服濕了，凍得西西的，還笑嘻嘻的說：

「李勇的地雷戰術又該加上一條了！」

還才是：

身上冷又冷，
心頭溫又溫。

天亮，剛把草帽拿開，日鬼子來了。這些地雷一個個都響得很好。數罷滿天星，再說大月亮。

且說李勇在山溝裏養病，病勢沉重。卻喜縣支隊一個分隊從一區轉移過來了。叫衛生員給他看病。指導員知道他是李勇，更加照顧得親切。他知道李勇要出了事，他要爲黨負責。他們就在這兒待了一兩天。好在他們的任務也就在這一帶活動。羣衆也來照顧李勇。

李勇的病竟一天天輕了起來，又抓耳搔腮，手兒癢癢的了。他妹子又來看他，說了她的遭際，一高興，李勇的病竟可以說是好了。他跟指導員商量好：游擊組在南邊活動，縣支隊去北邊活動，每天交換情報。縣支隊向北移了五里，他回到游擊組。

當天晚上，日鬼子合擊他們。

日鬼子趁着天明前那股黑勁，從溝裏進來的。放哨的沒有發現他。羣衆非常恐慌，腿打哆嗦，昏頭昏腦，找不着道兒走。李勇端着槍，站在樹林裏，作了一個個打算：「日鬼子發現我，我先開槍！」輕輕地告訴羣衆：

「上山，上！有我！」

羣衆見是李勇，都沉住氣了，順着山往上爬。日鬼子到了五六丈遠外那兒道上。滿山上人都就心李勇，叫着：

「李勇！李勇！不行啦！」

聽人叫他的名字，李勇才開始着慌，暗自抱怨：「你們還怕日鬼子不知道我在這裏嗎？」但是他堅持着，直把羣衆都轉移上去了，他才離開。

到了山上，帶領衆人過了幾個梁崗。李勇的意思；下山，過汽車路，到河南打槍，牽制着，免得羣衆受制。都同意了。中隊副說：

「你們先走吧，我上去瞭着點！」

說罷，他提着槍上山頂去，剛到山頂，從梁那邊伸出一隻手來，抓住了他的衣領。——日鬼子比他先一步到了那兒。——中隊副情知不妙，翻身仰倒，倒下山去。那日鬼子眼睜睜看着，忘了打槍，看着這種勇猛的動作，吓傻了。趁這工夫，李勇他們衝下了山，拉着中隊副，過了汽車路。前面嘩嘩流着大沙河擋住去路。衆人叫聲：

「唉呀！」

李勇說：「過河，過不了會給日鬼子敲死！」

初秋天氣，河裏浮着薄冰了。他領着衆人，棉褲也不脫，撲赤撲赤踏下水去，過了河，跳進渠道。棉褲就結了冰。

渠道裏躲着一個老百姓，臉吓白了，對李勇說：

「你們呀好大的胆子！就擦着日鬼子身邊過來的！不要命呀！」

李勇莫明其妙，那人用手一指：

「看吧，那不是二三十個穿黃衣服的！」

李勇抬頭看去，就在他們下水的地方幾丈遠有塊葦子地，那裏端端正正坐着二三十個黃衣日鬼子。這回痺呀，讓李勇也打了個冷戰！——諸位，難道那是死屍嗎？難道那是草人，吓雀子的嗎？——源來李勇他們的突然的動作，讓他們想不到，等他們想到了，拿槍來打，這邊早已進了渠道。說着，一排槍子擦着提飛過來。

李勇說：「打！」

衆人說：「打不得，槍灌了沙，了！」

李勇檢查，果然灌了沙，就說：

「快擦，擦了打！」

日鬼子也聽見了他們說的話，趁着他們沒還槍，下水過河。過到河當中，李勇的槍響了——李勇的槍是不會灌砂子的，好戰士保護他的槍就像保護他的眼珠子一樣——倒了一個日鬼子在水裏，泛出血水，別的一哄回去。

這樣子，李勇堅持着一天比一天殘酷的反「掃蕩」，從不洩氣。地委書記拿了一枝盒子槍，寫了一封信，獎勵他。縣裏又給他轉交來一面日本旗，那是青年英雄賈玉，打日鬼子繳獲來的勝利品，送給他，表示對他的尊敬。李勇幹得更猛了，除了地雷，還拿着那枝盒子槍領着游擊組爆炸組打伏擊。到平陽去襲擊日鬼子，日鬼子完全灰了心，再也不到五丈灣來找李勇了。

反「掃蕩」結束，李勇成了晉察冀邊區爆炸英雄，佔了英雄榜上地方英雄第一名。在縣的羣英會上，他看見了王快的爆炸手劉玉振，曾經宣佈：「向李勇看齊！」四進平陽，三炸敵人，是一個抱着地雷追日鬼子炸的腳色，響了一百零六個地雷，成了縣的英雄。在邊區羣英會上，他看見了給偽軍叫做孟良的爆炸專門，又看見了獎旗給李勇的賈玉，還有神槍手李殿冰，子弟兵英雄鄧士軍，男的女的勞動模範。李勇想到自已的槍還不夠百發百中，想到自已在勞動上還差，忍不住，要把這兩件事搞好。挑了戰，作了計劃，回家去。

在路上，牽着獎給他的一頭大騾子，他聽見了一套歌子，裏頭有他的名字，他仔細聽去，一面聽，一面點頭。

就在那年，呃，那年

一九四三年秋天，
李勇變成了千百萬，
千百萬的李勇，
出現在大道兒，小道兒邊。

滿山遍野，響起了雷聲，
快槍又打在大小山頂。
敵人走路呀不敢走，
是不行！就抹着腰兒吹灰塵。

又假又真，又真又假，
山藥蘿蔔也會爆炸。
敵人進村呀莫亂抓。
伸手一抓，那桌子板櫈也咬他。

炸了就跑，跑了又炸，
地雷還鑽進鼓底下。
正道有雷呀不敢走，
走那偏道，那偏道雷聲更可怕。

水邊地邊，超道兒旁，
地雷還跑到制高點上。
敵人住下呀也害怕，
天亮開門，那腳下冒火就爆炸。

神奇的雷，古怪的槍，
千百萬的李勇，
鬧得敵人心發慌！
打得更準，炸得更響，
千百萬的李勇，
一天一天更強壯。

書評

評「人生對話」

舒蕪

「人生對話」一冊，余家菊著，商務印書館三十三年十二月初版，約五萬字。

書中以「李和達」與「吳屏」二人對話，展開一套人生哲學的體系。所涉及的問題甚多，而以關于「超義務的心情」一部份為中心。

所謂「超義務的心情」的解釋是：「義務是以可能為條件的，超出人們能力範圍以外的行為，人們便沒有行為的義務。人實行不可能的當然，乃是出于超義務心以上的心情，是超人的心情，是聖賢豪傑的心情。不可能的當然，不是當然，而是超當然。」（頁一二吳）這是關于「超人」的。還有：「我活在此世，根據我的能力，斟酌我的境遇，善盡我的一切本分，便可以仰不愧天，俯不作人。我能力之所不及，或者事勢之所不許，皆非我之所能過問，從而便非我之所能負責。」（頁一九吳）這是關于常人的。

那麼，凡聖雖殊，其皆有所「不可能」則一；凡之所謂「不可能」雖未必即是聖之所謂「不可能」，其各自的「不可能」對于各自的固定不變則一；總而言之，就是任何人都有他的固定不變的「不可能」了。

所以「不可能」之故。據說由于「諸般情況之所不許可」（頁一一李）。而所謂「諸般情況」，大約又就是「能力」「境遇」這主觀與客觀兩方面。客觀方面限制了主觀方面，主觀方面也限制了客觀方面：二者對抗的存在，還本來沒有什麼問題的。但問題在于，對抗的形勢是否這麼簡單？本書也有答覆：「征服自然，只是於發現自然法則之後，順從自然的法則而加以運用，何嘗能違反自然的意旨呢？」（頁九吳）這意思，是認為簡單的。

其實，並不這麼簡單。自然的法則，並非一成不變。由于人類的努力，是可以日益增多的創造出有利于人類的自然法則來的。人類根據自然法則而創造，這創造出來的東西又必然有它自己的作用，使整個自然的系統蒙受它的影響；如果它是有利于人的東西，它所給予的影響，以及由這影響而生的效果，當然也就是利于人的。這樣的創造品日益增多，自然的法則所蒙受的有利于人的影響日益增多，有利于人的自然法則就也日益增多了。所以，就自然法則日益蒙受有利于人的影響，向着有利于人的方向變化而言，「境遇」的界限是日益後退的；就人類努力日益給予自然法則以有利于人類的影響，生出有利于人類的效果而言，「能力」的界限是日益前進的：這樣，「不可能」的固定不變的界限就並不存在，任何「不可能」都有通過人類的努力而變為「可能」的絕對可能了。

然其所以沒定那麼一個固定不變的「不可能」的界限者，原因實不在于自然。試看：「……於德育之外，另立一個羣育，則德育的內容還有什麼呢？……孤獨的道德，是矛盾的言辭。便是孤棲的隱君子，其操守的價值，依然在對于當時的社會，表示反抗的精神。便是說離社會的僧侶，其行為的旨趣，亦在向社會表示人生的真實途徑。」（頁四四吳）這豈不是一個非常簡要的說明，非常簡要的說明了把社會看作既成不可變的東西，對它的「反抗」只能出諸「孤棲」或「脫離」的方式，不能直接加以變革，這樣的認識麼？由這樣的認識，豈不又說明了那規定了「不可能」的固定無變的界限的，正是社會的限制麼？這麼，所謂「超義務的心情」者，就只是一種既明知當時社會所不許做的事是實在應該做的，卻又不敢為了做這件事，為了使這事成功而去變革社會，不敢與社會正面衝突，這樣的心情而已。

「……要認識人生和客觀世界的真實關係，然後可以得到一個好好自處的道理。」（頁九吳）「要立身在這個世界內，必須發揮自己的意志力，不可將自己看得太無能了。同時也要知道自己能力的界限，不可將客觀世界的力量太估低了。我們只是要爲其所能爲，而聽任其不可爲。」（仝上）這些話，都可以證實上段的批評。由這些話里，還可以看出：所謂

「認識」，所以「要認識人生和客觀世界的眞實關係」，都只是爲了給主觀活動劃定一個不可逾越的界限，並不是爲了幫助主觀對客觀的征服的。這種中庸的認識論，對于今天那些只知一味高唱「認識卽征服」，以爲這就可以解決一切問題的，洋洋自得的先生們，該可以作爲一個恰好的諷刺吧！

不僅如此。當這種中庸的認識，這種屈服于旣成事實的認識，被冠以「理性」的嘉名（頁四）之後，又被用來壓殺活生生的人的感情了。「在那些犯而不校的人們，受到別人的譏嘲時，他心中認爲猶如被狗咬了一般，還有什麼煩惱可言？在慣于逆水行舟的人們，……正歡迎阻礙之不暇，更何從而起煩惱？……失敗而由內在的原因，則往者不可追，煩惱何益？……失敗由于外在的原因，……失敗只能歸咎于運氣而已；……失敗只能歸咎于定命而已。」（頁七—八）這種「明達」的態度，當然只是一種被客觀界長久折磨，失去了作爲一個人所應有的生命的強烈燃燒力，失去了憑藉以與客觀界戰鬥的主觀的強烈的迎拒力，奄奄一息的，以死的方式來生活的態度。但與有一種冠有「堅定」的嘉名的，所謂「不哭不笑，認識眞理」的態度，比較起來，又何其相似呢？強烈的愛與憎，不僅是使認識見諸行動的助力，而且是使認識本身深入現實的原動力；這眞理，就由于這個態度，而得到反面的證明了。

這個態度的淵源，是在于對現實生活的游離。「人羣須正義維持，……這個必然法則，……我們只能認這個法則是宇宙的自然法則。那末，我們維護正義，便是體現了宇宙的自然法則。……此之謂「天人合一」，此之謂「接近天神」。」（頁二一—二二）在這里，明顯的存在着「天理主義」，繼承了中國幾千年來「天理」壓死人文的傳統。正是由于把正義看作一種從天而降的東西，所以才不能對之作熱烈的充滿了愛與憎的追求，所以才能對客觀界作這種灰色的「理性」的認識，所以才於認識到客觀界的阻礙之前劃劃止步，所以才於止步之後只好用所謂「超義務的心情」來自慰自娛。實則，一切正義，都是現實人生的現實要求。人能以全人類的廣大的人民生活立場爲生活立場，則自然感到這些要求的現實的迫不容已的衝擊，而作迫不容已的追求；那麼，態度就斷不至于如此灰色，對社會的阻礙就斷然重作正面的突破的。

不過，卻步于社會阻礙之前，用灰色的態度來作聊以自慰的「努力」，究竟還是「努力」不下去，自慰不了的。於是，「呵！神呵！請你赦免我的罪過，請你給我以安寧，請你賜我以智慧，請你鼓動我的勇氣，提持我的自強不息的精神，使我繼續不斷的運用我的最大的能力，去爲國家社會服務！」（頁六〇李）最後就出現了這麼一篇祈禱文。灰色的態度也保持不了，墮入迷茫沉暗之中去了。雖然也會用所謂「正義」來解釋「神的觀念」，又把所謂「愛」神化起來，作了墮落的費爾巴哈式的掙扎（頁六一——六四），但究竟無濟于事，還是墮入迷茫沉暗之中去了。

這個體系，與所謂「新理學」的體系，大體上是相通的。但還有一份眞誠，淸楚的表現出了絕望的無出路的心情。那麼，對于出路的指明，倒也未嘗不有反面的功用的。

四五、二、一〇

「依據物理學的能力不滅的原則，有一分努力，必有一分效果；便是失敗的努力也必發生相當的效果。……今我以弱力與敵之強力相衝擊，我雖個人失敗，而我之繼起者所有的成功把握，則隨之而加多了。」（頁一五五李）這是另一個「較爲簡捷明瞭」的對于「超義務的心情」的解釋。看這些話，似乎又並不把「不可能」的界限看作固定不變的東西，而對于「繼起者」的逾越這個界限，寄託了希望。

是不是呢？不是的。這不是戰鬥的理想主義者的希望，而是在現實世界里失敗之後就逃避到空洞的「未來」中去的那種希望，因此也就不能名之爲希望。戰鬥的理想主義者，對着社會作正面的勇猛的突擊，楔入社會深處，吸出那里面的新生的東西，把光與熱與力傳導給它們，使它們迅速長成，迅速的用它們自己的長成來換得它們的母體的死亡；這樣，眞正現實的未來，才在它們身上體現，掌握住了它們的這種希望，才見戰鬥的理想主義者的希望。至于那些失敗于現實世界中的人們，並沒有在現實世界深處發現足以展開未來，足以傳導自己的努力的新生成份，只用詭辯的方式（例如引用物理學定律）說着努力不會白費之類的話，就無非只是「總有一朝一日……」的意思，阿Q的心情而已。

十二日燈下補記

理想主義的破滅與新生

鍾雨

紀德在「女性的風格」里，控訴了資產階級的實用主義的平庸，和基督教的對現實妥協的虛僞。

基督教本來由于對人生的根本否定，而才倡導那種犧牲服務的人生觀。但這人生觀，接受它的如果是一個眞純良善的心靈，也還可以被變成一種高潔的，雖然不免悲涼的理想主義；如愛維琍在開始戀愛時那麼天眞的想像的，她爲羅伯犧牲，而羅伯爲他的遠大的社會理想努力奮鬥。

但不幸，資產階級的庸俗的實用主義的道德，已經破壞了理想主義的存在的可能。作爲這種道德的體現者的羅伯，是有本領把一切高貴的理想拿來服務于極其實利的目的的。看透了這些目的之後，愛維琍甚至對那些被利用了的高貴的理想都痛恨了。她自己的犧牲的奉獻，當然更是落空了。

落空之後，向修道院長布黑德陳訴。她的那種悲涼的理想主義，她一直眞誠信仰着的，原來就是從這院長來的。但院長這時却告訴她：重要的只是形式，應該竭力維持這形式。羅伯的理想主義，甚至你對宗教的虔誠，誠然只是形式的；但只要有形式就好，應該竭力維持住它，而應負這維持之責的，就是作爲羅伯的妻子的愛維琍。這樣，否定人生的理想主義就現出眞面貌了。它和現實人生接觸以後，就只能安協于它的假信徒，並且幫助假信徒來欺凌壓迫它的眞信徒了。否定人生的理想，反而被人生的現實所否定了。

但愛維琍還不動搖，又把犧牲奉獻給孩子們，奉獻給下一代。這結果怎樣呢？結果是：看透了那虛僞的一切和母親的悲慘命運的女兒日來未夫，決定從此過唯我主義的生活，並且唯我到公開向母親宣稱，拒絕了母親對她的奉獻。而另一面，兒子吉邁，却更是他父親的優秀的繼承人，從極小的時候起，就本能的精通了實用主義的一切觀點。在這一方面的破滅，恐怕比前兩方面更甚了吧？

三方面破滅之後，善良的悲哀的愛維琍，於是就只有脫逃，脫逃到戰時後方醫院去作傳染病人的看護。這種工作，在她未遇到羅伯以前，本來也就曾渴盼着去做，藉以實踐她的犧牲的理想的。但現在去，就只是爲了以大衆的目光爲避難之所，全然是兩樣的心情了。而終于，五個月之後，大約由于受了傳染病人的傳染，也就死在醫院里邊；絕對的唯我主義，和變本加厲的實用主義，就被當作理想主義破滅後，下代人的兩條道路而留下來了。

紀德的這個控訴，是沉痛的。他自己的理想主義，本來就和基督教有着微妙的理不淸的糾纏。雖然絕不是這樣的「女性的風格」，但要說這里的破滅之聲乃是他自己心裏的破滅之聲的擴大的回音，怕也不過份吧！

但事實上，是不會這麼破滅的。在新的國家新的社會新的生活裏，另有一種實用主義，不是把理想服務于既成的實利的目的，而是求得理想本身的實現來作爲可供實用的東西。在那里，理想主義也就新生了。

四五、二、二五、

市儈主義底路線

未民

一、

姚雪垠先生底「差半車麥稭」，是抗戰初期的有名作品之一。但在現在看來，還是客觀主義的，技巧的東西。它祇是現象和印象底冷淡的，技巧的羅列。在抗戰初期的那個普遍地熱情蓬勃，充滿着主觀的慾望而無法深入現實的時期，這篇東西，和其他的同篇這一類的東西，就以它們底冷靜而被注意了。雖然實際上那個時期的新生的熱情，和這熱情底發展，是耐不住，並且厭惡它們的，然而，因了文學界的社會姻緣，人們聽不到熱情的反對者底聲音，它們就獲得了它們底成功了。

在文學上，精神世界里面的冷靜的權衡是需要的，它是以高度的熱情爲基礎，爲了戰鬥，所以有宏大的思想力。但這一類的作品，它底冷靜是爲了偷着走小路，它底冷靜是旁觀，玩弄技巧。這種沒落的現象目前正迫害着我們底新文學，而它是打着各樣的社會——革命底旗幟的。

讓我們看一看吧。

在蕭軍底「八月的鄉村」里，出現過一個叫做小紅臉的農民義勇軍。小紅臉痛苦地渴念着土地和家庭，帶着這樣的矛盾，整天地吸着煙袋，經歷着血和火，戰鬥下去了：和革命的抗日鬥爭表現着一種矛盾，但又，以他底農民的純樸，成爲獨革命的抗日鬥爭底基礎。這人物的渴念——雖然作者寫得相當的粗糙——是深沉而迫人的。歷史底負荷，激動着讀者底心。在「差半車麥楷」里面，差半車麥楷同樣的帶着農民底習慣，並且懷念土地，參加了游擊隊。但還是用公式，技巧做成的。「八月的鄉村」里面的壯烈的呼聲，農民底深沉的渴念和痛苦，這里是絲毫都不存在的；這里，一切都跟隨着作者公式觀念走。「八月的鄉村」底作者是在社會一種鬥爭的追求的狀態下呼吸着的，「差半車麥楷」底作者則在「描寫」的閑情里面向革命理論不停地鞠着躬：「看吧，我描寫農民底轉變哩！」這里沒有抗日鬥爭的眞正的壯烈的鬥爭，沒有農民之爲農民的與這個土地聯繫着的血淋淋的精神鬥爭。人們聽不到心底聲音，看不到人生，並且，除了向公式理論頻頻地鞠躬以外，看不出來，抗日，究竟是爲了什麼。

「八月的鄉村」是產生在「九一八」以後！時間前進了，同樣的東西，已經在我們底文學世界里面活着的東西，却在「差半車麥楷」里面被作者模寫成僵死的了。

好久以來既流行着一種見解了，以爲小說底目的是刻劃人物，「寫出典型」來。但假如不是爲了血淋淋的人生鬥爭和歷史渴求，刻劃人物，「寫出典型」來是爲了什麼呢？豈不是爲了「賞玩」或者「增加知識」麼？而且，沒有了這樣的忠誠的戰鬥，理想、渴望，又怎樣能「寫出典型」來呢？

思想——一般流行的這所謂思想實際上是公式觀念——和技術——就是大家認爲是應該向「偉大作品」和「生活經驗」學習的東西——這兩個法寶，製造出來的東西，是虛僞的和可憐的。它們救不住那些垂死的英雄們。

比方說吧。在「差半車麥楷」里面，作者寫了差半車麥楷在鞋後根上揩鼻涕，夜里因愛惜燈油而吹熄了燈，在搜索敵人的時候檢了一根牛繩等等。作者特別致力於這些。這些，誠然是農民底習慣，但他底內部的世界，也就是歷史的世界，他底和鬥爭相臨又相拒的靈魂是怎樣活躍着的呢？他爲什麼參加游擊隊而捨身呢？難道是爲了「革命以後大家享福」這一個概念麼？

我們在劇園看看隨便地就可以撿到一些人們底生活習慣的，但這種是「人物」，是創造麼？在這里，是連抗日的熱情都找不出來。作者用他底一點點可憐的技巧來竭力地適應於他底渺小的觀念，人們甚至看不出來那個隊伍究竟爲什麼那樣注意差半車麥楷：戰鬥的隊伍也像作者一樣的賞玩「人物」麼？差半車麥楷是沒有生命的；眞的生命，他應該活潑，激發那個隊伍的熱情，更多的是引起苦難的感覺，對於歷史的嚴肅的心境和更强的戰鬥意志來。但隊伍賞玩「人物」，並且漠不關心。所以，和這個人物一樣，這個隊伍也是假造的，僵死的，它底目的和公式觀念，是虛僞的。

這是穿着客觀主義底外衣的機會主義。這是空虛的知識份子底做假和投機。

其後，姚雪垠先生又寫了「牛全德和紅蘿蔔」。這是這種寫作方式——生活方式底繼續。大約是因爲受了不負責任的讚美的緣故，姚雪垠先生發展了他底這種道路了。牛全德是兵士，紅蘿蔔是農民，兩種性格的刻劃，譬如此類。但那農民，仍然是不停地吸着煙袋——技巧，也顯得纖弱了。但我想特別提出的是牛全德嫖女人的那一段。作者描寫了性交的姿勢，聲響等等——大約這是寫實主義吧！作者又讓那墮落的女人聽了宣傳隊底宣傳而轉變了，說：「女人一向是受壓迫的，現在我要過新的生活了！」

可愛的先生們，向理論八股儘情地鞠躬吧！

二

但爲時並不很久，後方的社會整個地露出了它底糜爛和腐化了。色情的東西暢銷了。公式理論的客觀主義也受到了冷淡了。空虛的知識份子，在革命和反動中間待機着的這些先生們，就一直跨到市儈主義底酒池肉林里面去——自然，仍然是頂着帽子的，那鞠躬，是更爲頻繁的。

這就是「夏途」，「戎馬戀」，和「春暖

花開的時候」。我們不該責備「爲寫作維持生活」的吧！也不該責備「且寫且排，病在就急」的吧！但讀了這樣的東西的忠實的讀者，一定會如我似地感到被侮辱的被損害的痛苦和厭惡的。假如是「北極風情畫」那樣的赤裸的無恥，該要痛快得多些吧！但你看見一個崩潰了的，墮落的知識份子在鞠着躬，希望你讚美他底對於「少女們」的描寫，戴着抗戰和進步的帽子，至少希望你和他一同隱瞞眞實，你底感想是如何？

這里我們祇想看一看「春暖花開的時候」。

這才祇出了第一部，三分冊。這第一部底「故事」是：抗戰初期，在大別山下的一個城市里，一羣男女在幹着救亡運動。「人物」有：救亡青年羅明，楊琦，張克非，陶春冰，羅蘭，林夢雲，黃梅，吳寄萍以及反動勢力底代表羅明羅蘭底父親羅香齋。「故事」是這樣進展的：鄉下佃戶底女兒黃梅來到城里了，她是有着「大革命時代」的記憶的，發現目前的一切都與往昔不同，參加了救亡運動。於是作者寫了救亡的生活，其實是羅蘭，林夢雲等等的風情。又寫了吳寄萍底肺病，大概是當做點綴的枝節來寫的。其次，作者告訴我們，有名的救亡團體戰教團來了，展開了工作，於是看見了作者底傀儡底公式的講演。最後，「反動勢力」抬頭了，戰教團被驅逐了，「救亡青年」們也預備分散了，「詩人」陶春冰講了紅燈籠的故事」。……

人們都記得抗戰初期的狂風暴雨般的熱情的。人們都記得，那時候的青年們是怎樣的豪壯，熱情和悲涼。人們都記得時候的那一幅雄大的，悲慘又歡樂，痛苦又驕傲的，燦爛的圖畫。這並非從空洞的理論來的，還是從中國社會，中國人民底內部爆發的。但姚雪垠先生是怎樣地寫了救亡運動和這中間的社會鬥爭和人生鬥爭的呢？

在第一分冊，緊接着羅蘭的撒嬌之後，作者寫了宣傳隊底下鄉宣傳。

不管是男同學或女同學，都忍不住偷偷的欣賞羅蘭，好像沒有她，這錦繡的原野會頓然減色。（四五頁）

羅蘭忽然把話停住，若有所思地靜默片刻，用咀咒的語調說：「二哥，我不懂討厭家庭，討厭城市，我尤其是討厭生活，討厭爲生活而勾心鬥角的人類！」

「討厭並不是辦法」，羅明說，「我們要能夠改造人類的生活才好！」（四六頁）

「咱們女人也是過着奴才的生活，」黃梅又說道，「從前的女人們不是對男人自稱「奴家」嗎……」

「對啦，對啦！」有一個女人眼睛里閃着淚光說，「俺家「外頭人」從沒有把俺當人看待……」

「女人就不算人，」另一個女人接着說：「女人就是男人的奴隸！」（五一頁）

這「有一個女人」和「另一個女人」大約是鄉下女人罷。是女人，並且又是「人民」吧！賣弄了風情之後，姚雪垠先生是「革命」得很乖的哩！

救亡男女們，在姚雪垠先生底筆下，是怎樣的呢？底下是描寫：

假如把羅蘭比做李商隱的詩，把小林比達文西底畫，從王淑芬的身上就不容易使我們感覺到藝術趣味。（一一二頁）

又懂得李商隱的詩，又懂得達文西底畫的姚雪垠先生底這「藝術趣味」是如何呢？

第一一四頁，作者寫羅蘭喝冷水的時候被林夢雲阻止了。黃梅不懂得這個。小林就說：「你不曉得，她身體弱，有警報不能喝冷水。」於是黃梅就替作者演着丑角，跑出去躲警報了！可是卽刻她就知道了，原來「警報」是特殊術語——姚雪垠先生大約是指月經——「可是你們把新名詞也用得刁鑽古怪，什麼「警報」，還不如「月刊出版了」叫人倒容易明白！」

緊接着就是：

「小林：你眞是細心人，」黃梅又說道，「別人身上的事情你竟能留心記着，將來見了丈夫還不知怎樣體貼溫存呢！」

羅蘭忙接着說道：「好姐姐，我剛才跑了好些地方，累得喘不過氣來，你到廚房里給我弄點開水好不好？……」羅蘭又連叫了幾聲「好姐姐」。

「好姐姐，」她又用可憐的嬌聲要求說，「積積福，行行好，我喉嚨里在冒火呢！」

共餘的，第九九及一九四頁，有「在她的胳肢窩里亂撓起來」的描寫，第七四頁有「皮膚多嫩啊！」的動情，還有「手上的小酒窩」，「兩個小乳房」等等，以及第八十二頁的「她的月經已久久不再來了」之類。

而二六六頁，「不要緊的，女人的血是不值錢的」這句對話有如下的一個註解附在頁末：「舊日一般人都認爲女子的血不如男子的血重要，蓋因女子有月經而無礙健康。」云云。還「舊日」兩字，其實味表示作者是屬於「新日」的，他博學而又「前進」，大約知道了，在「新日」，女子的血如男子的血一樣的値錢，蓋「月經」是可以寫出來賣錢的也！

其藝術是如此。這里面的「救亡女性」，是作者底風情賣乖的傀儡，有人說還是抗戰紅樓夢，其實是不對的。這樣的作者何嘗懂得紅樓夢里面的人生底大悲涼和那一顆因生活失望而變瘋的，含淚的高貴的心！

而還里面的「救亡男性」則是完全的空洞無物，讀了下來連名字都少有印象，他們不過是作者用來背誦投機公式的傀儡而已。而即使那一大堆投機公式，也是非常拙劣的！索性再抄一點吧！

「客觀環境固然重要，」他說，「但最要的是我們底主觀力量。在向着光明的路上少不掉也有坎坷，……」（二六一頁）

「當然，××戰線不是磕頭主義，也不需要無原則的委曲求全」，陶春冰停一停繼續說道，「它不是政治上的陰謀手段，……一直到中國革命澈底完成的時候爲止。……」「××路線是爲了抗日，進步，爲了建設富強康樂的新中國。」（四七四頁）

話固然是好話，但好話並不能或者更不能隨便亂拉的。對於姚雪垠先生，似乎祇要可以賣錢，或者投機的東西，是都可以拿來裝點上去的。這里面的「父與子」的衝突是空虛而無聊的，「戰教團」，「扒城」，「善良的老百姓」等等，都是這樣地裝點上去的。

再看一看姚雪垠先生對於老百姓的描寫吧：

成萬成千的農民羣：在這個非常壯觀的集團里面，有不少駝背的老頭子……有不少老年的女人……有很多人害着眼疾，有些人眼皮向外翻，有很多人臉孔虛腫，……有很多人頸子里長着瘰包，因爲食物中缺乏碘質……也有很多小孩子患着禿子。雖然這個集團中人的成色非常不齊，但是單看這些人們所穿的破爛的衣服，單看他們結着繭及的變手，就知道他們是從鄉下來的眞正的勞苦大衆，純粹得像是用篩子篩過的一樣！……多麼善良，多麼古樸，多麼富於忍耐力呀！（四九二頁）

單看這一段一面虛僞地笑着的「體惜下情」的無聊和空虛，就可以明白作者底心慌意亂了！姚雪垠先生底讀者們，你們多麼富於忍耐力呀！

三

這是一個過於簡略的考察。這里面我們並未涉及我們底現實主義的理論的問題，同樣的沒有涉及文學的形式，內容的結構及語言的問題，因爲，在我們底對象不是什麼痛苦的錯誤，而僅僅是市儈主義的時候，這些，都是距離得十萬八千里的。

市儈主義是：看市場製造貨色，並且打着旗號騙老實人。目前的腐敗的封建，商業的社會需要色情的貨色——姚雪垠先生製造了他底「三種典型的女性」，並且裝做風雅。目前的政治情況又迫切得使這一類的英雄們又看見了另一「市場」，所以姚雪垠先生貼着八股膏藥鞠躬，並且拿這些來墊脚——就是站穩脚跟，注意下一步的意思。這是機會主義——市儈主義底本色。

「老牛草秦楷」，那態度，還是嚴肅的。但機會主義隨着生活而進展了。所以，那些直到今天還據守着客觀主義的營壘的作家們，就顯得是「笨拙的老實人」了。

在這個社會里，多少智識份子飄浮着。最初是時代的，社會的熱情戲荷着他們，後來他們就空虛地飄浮着，所能注意的就祇是商業的市場和政治的市場了。這些浮屍有的就發出惡臭來，散播着瘟疫。

我們底新文學是一個歷史的渴求，它所絕對要求的，是戰鬥的人生態度。它要求精神的以及人民的新生，它要求戰鬥道德底高貴。還是每天，每時的現實的要求——這才是現實主義底靈魂罷。那些隨遇而安，希望矇混的作家，那些拍賣技巧的掮客，以及那些投機取巧的市儈們，目前正在得勢而豪叫，他們正在毒害着我們底新文學底戰鬥的生命！　四五年六月

編後記

這一本，原是預定在五月一日出版的，所以把這釐的三篇小說收在了一起。當然，這些也並不是嚴格意義上的工人，然而，中國工人，絕對大多數是從農林來的，而且又負着容易變成漂泊的流浪漢的命運。在這幾篇里面，我們看到了苦痛，鬥爭，以及一些什麽在他們生活里面發動着的精神傾向。把勞動者看成都是動物性機器，這恐怕只有精神貴族們才能够做到的。

然而，這些或强或弱的精神的衝激，雖然是走向鬥爭之路的衝激，但到底還不能脫離痛苦的門限。于是就可以看一看報告「李勇和他的地雷陣」。戰鬥的力量，戰鬥的自信，戰鬥的歡樂。李勇者，雖然是一個實際的人，同時也是敵後廣大戰鬥海洋里面的，無數的這類英雄底一個象徵。如果讀者覺得這里缺乏過程，缺乏鬥爭底複雜性的氣息，實際上也正是如此，那麽，「新華副刊」上的韋明和史華底報告，是值得對照着讀的。

關于「思想建設和思想鬥爭的途徑」，有幾句解釋。這里的所謂思想，是指理論形式上的思想而言，其他像藝術創作里的思想內容是並不包括在內的。其實，雜文底特徵應該是把思想化成了方法，也就是化成了作者自己的血肉要求的，對于現實的具體的批評，社會批評，思想批評，文藝批評之類，使思想成爲突入現實的力量而不是反覆背偏的抽象原則，使現實內容不斷地豐富思想，發展思想。因而也就是不斷地豐富作者自己，發展自己。作者從這里得到思想和人生的深切結合，得到對於教條主義的反抗。服爾德，高爾基，魯迅，就是光輝的例子。一些偉大的批評家也是光輝的例子。這樣看來，問題底內容還可以是更深更廣的。沒有這樣着重地把握問題，所以作者沒有能够究明魯迅底雜文和他底創作的深刻的內的關聯，同時也就不覺得有必要指出：雜文可能是帶着深刻思想彈力的匕首，也可能是安于浮面現象的拚拚凑凑的空談，可能是發自深沉願望的搖辭，也可能是自扮丑角的插科打諢。

其餘的，本文具在，沒有什麽補議的話了。但在校對的時候，發現詩底題目字都太小了。用題目字底大小來暗示作品底重量，當然也是可用的方法，但我們却沒有這樣做，所注意的不過是形式。例如詩，因爲行子短，覺得題目字大了就過于凸出，如此而已。其實，依編者自己的心情，有些詩，是願意用頭號字標題，用四號字排出本文的。單就「給天眞的樂觀主義者們」這首怪詩說罷，以眞正詩人或正統詩人自命的詩人大概要投以冷嘲熱諷的，像句子太長，用字不妥，甚至技巧不巧之類，但我們，有着平凡的感受，有着平凡的悲憤的我們，却是不能不爲作者底痛切的控訴所動的。一樣地是反抗現實，但有的人只是用抽象的理想來保護自己，以能够在那里安居的幸運來渺視現實的紅塵，有的人却非得踩着現實生活里的荆棘開拓道路不可。我們這樣地讀「牢獄篇」，「低氣季」，「祭天」，「給詛咒者」，我們也這樣地讀「夜行曲」和「白衣女」的。

有兩件事應該申明：

預定作爲本期底別冊同時出版的「羅曼•羅蘭」，因爲印刷及其他關係，不能印出了。但已交南天出版社單獨排印，不久當可送給讀者的。

像本期三〇二面的緊急啓事所說明的，本刊底發行關係變更了。以後一切寄稿和訂刊的備件，請寄注明的新地址。連這一本在內，一共印出了三本。讀者們感受到了我們所賴以工作的願望底氣息，無數的反應加深了我們底所信。能够在眞誠的讀者們底激勵，監視，以至合作之下堅持這一個陣地，拓展這一個陣地，我們是有着健旺的心的。從第四期起，發行和編輯，却想有一點新的振作，至少想在發行上做到不致使讀者有看不到買不到本刊的苦處。當然，同時也希望讀者用直接定購的辦法來解決這一個難題。

花西里先生：信收到了，謝謝你底提示。我們當注意調查實情。在最高的意義上，人和文是應該一致的，但實際上却多的是第二義的文人，所以我們選稿時也許有被騙的時候的。

胡　風（七月二十七日）

再：第二期「讀史雜記」第三圖內，李師師之情人乃周邦彥，誤爲周密；「出痘」而死乃同治帝，誤爲咸豐。成都丁易先生「深恐中傷者引爲口實」，特來函指正。

緊要啓事：

到本期（第三期）止，本刊係由五十年代出版社發行，即一切經營業務由五十年代出版社負責。但自第四期起，本社收回自己發行，一切經營業務由本社設立經理部負責。本社號召讀者諸君熱誠贊助，本社邀請本外埠書業與本社經理部直接取得聯繫。現將有關事項聲明如下：

一：關于編輯信件

從即日起，一切有關投稿的來信和來件，請直接寄「重慶二一二號信箱希望社編輯部。」

二：關于過去的定戶

1。過去向五十年代出版社訂閱本刊之定戶，本社向五十年代出版社交涉，把全部定戶名單，通信地址，賬目及餘款移交本社經理部，第四期起由本社直接寄發定戶。

2·本社經理部接收定戶名單後，即向各戶分發通知。凡沒有接到通知的定戶，請即來信「重慶二一二號信箱希望社經理部」及五十年代出版社分途查詢，以免錯誤或失落。

3·寄款已完之定戶，請照下面的定閱辦法寄款本社經理部續定。

三　關于一二兩期的重版

本刊一，二兩期，早已售完，不但外埠讀者，連本埠讀者也有許多人沒有買到。本社經理部着手重印，以應讀者的要求。為了限制印數，並能夠迅速將刊物寄給讀者，特徵求預約。預約兩期者，請寄款六百元，只預約一期者（第一期或第二期），請寄款三百元。出版時照定價折算。

四　徵求新定戶五千戶

1·鑒于過去發行的困難和讀者買不到本刊的苦處，特再徵求新定戶五千戶。

2·寄款一千元到二千元者，即列為本刊自由定戶，每期出版時，儘先寄發定戶。定戶另立專賬，按期計算。

3·收到定戶書款時，即寄發定單。收到定戶變更地址的通知時，即按新地址寄發。

4·定戶可享下列優待：書價照定價八折。三戶以上聯合訂閱者七五折，五戶以上聯合訂閱者七折。

5·介紹三個以上的定戶者，本社編輯部選寄優秀的書刊，作為贈品。

五　徵求外埠批發

1·為求發行普遍，徵求外埠同行或同情本刊之人士批發本刊。

2·批發手續及辦法，請和本社經理部接洽。

希望社 編輯部 經理部

通信處：重慶信箱二一二號

饑餓的郭素娥

路翎

震動了大後方青年讀者的中篇小說，爲青年作家路翎的力作。美貌而窮困的郭素娥，「是這封建古國的又一種女人，肉體飢餓不但不能從祖傳的禮教良方得到痲痺，倒是產生了更强的精神的飢餓，飢餓於澈底的解放，飢餓於堅强的人性。她用原始的强悍碰擊了這社會的鐵壁，作爲代價，她悲慘地獻出了生命。」

這裏面「展開了勞動、人欲、飢餓、痛善、殘酷、犯罪……，但也有追求、反抗、友愛、夢想所織成的世界；在那中間，站着郭素娥和圍繞着她的，由於她的運命而更鮮明地現出了本性的生靈。」前冠胡風先生長序，對作者與作品有愷切的說明。（上海版，定價一千元）

民族戰爭與文藝性格

胡風

這是胡風先生第三批評論文集，都十餘萬言。寫作的期間約有四年，足見作者上筆之愼和構思之深。在這裏，他指出了文化發展與文藝發展的特徵和方向，他從最高的理論水準上解明了創作方法上的原則問題，他對於幾種基本的文藝形式提出了扼要的指示，他對於革命文學的兩大導師——魯迅和高爾基——畫出了最基本的特徵……。從實際問題引出理論上的要求，所以理論是活的，既能引起讀者對於理想的熱情，又能使讀者對於現實問題得到銳利的分析力量。（重慶版，生活書店，作家書屋有售）

青春的祝福

路翎

路翎先生底中篇短篇合集。作者抱着蓬勃的情熱，向時代突進，向人生突進，在勞動世界的搏鬥，殘害，友愛，仇恨的合奏里；我們看到了時代底青春。在戀愛追求的痛苦，懺悔，犧牲夢想的合奏里，我們看到了人生底青春。但作者一貫地用着祝福的心，不但使讀者感到熾熱的時代的呼吸，更使讀者得到對於人生理想和人生戰鬥的勇氣。（重慶版，生活書店，作家書屋有售）

棘源草

胡風

本書是作者底抒情的雜文集。一面撫傷，一面酣戰。能掘出小事件裏面的思想的根源，能剝開小花頭下面的醜惡的本相。讀「棘源草」，看得見一個士卒的刀光劍影，也看得見那擋路的、絆脚的、臃腫的軀殼。（重慶版，生活書店，作家書屋有售）

財主底兒女們

路翎

約一百萬字的大長篇，是抗戰以來的小說文學中的偉大的收穫。時間自一•二八戰爭到蘇德戰爭爆發，舞台由蘇州、上海、南京、江南原野、九江、武漢以至重慶、四川農村，人物有七十個以上（這裏有眞的汪精衛和陳獨秀），主要的是青年男女，一•二八一代的青年男女，抗戰發生後一代的青年男女。以這些人物爲幅射中心，在這部大史詩裏面，激盪着神聖的民族解放戰爭底狂風暴雨，燃燒着青春底熊熊的熱情火焰，躍動着人民的潛在的力量和强烈的追求。而且，作者是向着將來，爲了將來的，所以，通過這部史詩裏面的那些激盪的境界，痛苦的境界，陰暗的境界，歡樂而莊嚴的境界，始終流貫着對於封建主義和個人主義的痛烈的批判和對於民族解放，個性解放的狂熱的要求。這是現代中國底百科全書，因爲它所包含的是現代精神現象的一些主要的傾向。橫可以通向全體，直可以由過去通向未來的傾向。這是光明和鬥爭的大交響，在衆音的和鳴中間，作者和他的人物是舉起了整個的生命向我們祖國的苦惱而有勇氣的青年兄弟姊妹們呼喚着的。前有胡風先生長序和作者自己的題記。將分四厚册出版。（重慶版，國產上等紙紀念本，每部二千三百元，到滬數甚少，生活書店、作家書屋、中國文化投資公司有售）

抗戰八年中：

人民的精神經過了怎樣的鍛鍊？
人民的生活發生了怎樣的變化？

胡風先生編選：

傑出的新作家
優秀的新作品

七月文叢

呼吸……曹白
側面……蕭軍
我在霞村的時候……丁玲
閘北七十三天……S.M.
第七連……東平

七月詩叢

為祖國而歌……胡風
向太陽……艾青
我是初來的……胡風選
無絃琴……S.M.
旗……孫鈿
意志的賭徒……鄒荻帆

七月新叢

給戰鬥者……田間
醒來的時候……魯藜
預言……天藍
泥土的夢……杜谷
躍動的夜……冀汸
童話……綠原
北方……艾青
饑餓的郭素娥……路翎
白馬的騎者……東平
民族戰爭與文藝性格……胡風
青春的祝福……路翎
生活唯物論……舒蕪
追求者……孔厥

（尚有多種在編印中）

▶紙型陸續運抵上海翻印出版◀

希望

胡風編輯

4

·目錄·

希望

第一集　第四期

三十五年四月上海版出版

編輯兼出版者　希望社

主編兼發行人　胡風

代發行所：中國文化投資公司

上海威海衛路五八七號

電話　三九八九一

價目：

本期零售七百元

外埠郵費在內

掛號照章另加

致讀者：

一、願意廣收同好者底來稿，凡文藝創作和文化批評，不論哪一類（暫不收純學術性的文章）也不論長短，由幾百字到兩三萬字，除了我們認爲不好或者實際是好的但我們不能理解的以外，都願發表。

二、短稿請留底子，長稿附有退件郵票者不用時當退還。

三、來稿請用有格稿紙按格抄寫，這對於編者，排者，校者是一大恩惠。

四、爲了節省彼此的時間精力，凡中庸的議論或虛僞的聲音，請免寄。

五、來稿決定發表時卽發通知，發表後卽寄發表費。

六、來稿請寄「上海、威海衛路、中國文化投資公司轉」

對於沒有生活就沒有作品的問題，人們舉出來的例子總是這樣說：高爾基如果沒有在俄羅斯的底層里混過，高爾基就不會寫出那樣的作品，今日的蘇聯，不，今日的世界也就沒有那樣的一個高爾基。但有一個更重要的問題人們沒有提出：俄羅斯當時有多少碼頭工人，多少船上伙伕，多少流浪子，為什麼在這之中只出了一個高爾基？高爾基有沒有天才我們不能肯定，但高爾基能夠用自己的藝術的腦子非常辯證法地去認識，去溶化，去感動，並且把自己整個的生命都投入這個偉大的感動中是鐵一樣的事實。這就要看自己的主觀條件來決定了。在這里，我很高興舉出一個例子：就一塊磁石說吧，磁石在主觀上決定自己是磁石之後，它就能夠吸收了。不然，對於一塊石頭、鋼鐵也要失去存在的價值！中國的作家直到今天還說自己沒有認識生活，沒有和生活發生關係，我覺得這將不免是一種嘻皮笑臉的態度。其實中國的作家（尤其是年青的）早就和生活緊緊配合了，問題是缺少許多像磁石一般能够辯證法地去吸收的腦子。磁石和鋼鐵是兩種對立條件的存在，人們要說我是觀念論者也不可能！

那麼，這些腦子是從那里得來的呢，是不是一個人生下來就有這樣的惱子呢？當然不是的，作家們如果不隨便放棄自己的責任，不隨便拋掉手上運用已久的優越武器，不整天在街頭亂逛而自嘆一無所成，不把自己當作一個毫不相干的無靈魂無感覺的人而鑽進人堆里去，不為了在交際場上喝幾杯酒就醉熏熏的迷亂了心緒，連筆也動不起來……那麼，偉大的作品就不難產生了，即使在最艱難的環境里面，我相信用同樣的筆墨，同樣的紙張，也可以寫出不同樣的比較傑出的作品來。

東平　（一九三八）

終點，又是一個起點

——從一九三七年七月七日到一九四五年八月十日，共計八年一個月零四日。

綠原

一

中國底
體溫
蒸騰着，
脈搏
彈動着，

在沉默的廝殺里——
人民響應
勝利！

響應
勝利：
像黑暗世紀
聲應
宗教革命！
像俄羅斯底荒野，
響應
拿破崙低頭撤退！

人民底血管
快要乾涸，
但勝利
來了：
是怎樣的
勝利呀，
是怎樣痛心的
勝利呀？

勝利
來了：
呵，火種
出現在
冰河時代！

二

勝利是
你底，
中國！

在戰爭里，
誰沒有看見
你底

血呢？
你底血，
在廢墟上
瀦化成
泥土底顏色……
呵，曾經賜給我們以
自由、
信仰、
　生命底燃料的
血呀，
將被無數代的中國人民供奉着：
血永遠是
中國底
神聖的圖騰！

三

這是
九死一生的
勝利，與失敗幾乎沒有距離的勝利呀，
中國底人民
再前進！
脚下
是冒煙的彈殼，
頭上
是五彩的天空，」
我們
渡過了
從奴隸身份到主子身份的
閃電同急雨交加的
狂暴的海峽，
我們怕什麼呢，
連最沉重的
年月，都被
我們擔負着
走過？
一江水喝了，」
還在乎
一口水嗎？
中國底人民，」
再前進！
在那長遠的
痛苦的時間裏，」
有多少鐘樓
受不住風暴般的襲擊，」
倒塌了？
有多少秒針

受不住潮濕的腐蝕
銹斷了？

用什麽計算時間呢，
只有
我們底
從紅變紫，又從紫變黑了的
血呀，
我們底
變白了的
骨骸呀，
我們底
用以突圍出來的
意志底
痛擊的
粗糙的稜角呀！

中國底人民，
再前進！

四

起來，
再前進，
中國底人民！

起來，傷兵！
起來，地下軍！
起來，淪陷的城池！
起來，監獄裏的政治犯！
起來，解放區！
起來，混亂的大後方！

起來，
再前進，
像太陽
旅行了黑夜，
從西方
回到
東方
去！

我們要回去，
不再逃亡！

回去，
從火災底灰燼里
去找尋
沒有燒焦的
木材，
回去
蓋房屋；

回去，
將尸首的堤防

挖掘成
田畝，
回去
播種；」
回去，
向襤褸的行列
呼喚
活着的骨肉；
回去，
到軍旗一色的營房
去同伙伴們
會師！

五

回去，
寡婦！
回去，
孤兒！
回去，
失去了兒子的母親！」
我們給你：
以肥沃的土地、
　強壯的牛、
　新的村莊、
有收獲的勞動…………；
我們要
叫家畜同主婦在一起
叫馬匹到草原去跑，
叫斑鳩回到桃林唱詩去，」
叫白鷗恢復它底笑……
叫逃亡的嬰兒
回去喝
故鄉的河水；
叫表兄弟們
互相握手，
並且喊出
一樣的口令；
叫痛苦的經驗
來訓練
我們下一代……

六

我們走近
抗敵陣亡將士們底公墓旁邊，」
不會慚愧！
因為我們一定要
像寃鬼一樣堅決
為這些英魂們

報仇！
我們沒有死在
煉獄般的時間里，
我們就要
將剩餘的生命
去延展
這些英魂所建築的長橋，
讓下一代
更平坦地
走過去！

七

人民底軍隊呵，
當那些沒有流血、沒有流汗、甚至做夢也沒有想中國
　還會勝利的壞蛋們
而對着
中國人民底狂歡
而心驚
而肉跳
爾陰險地計劃中國底第二次難關
……的時候，
我們底武器
不能放下！
我們底
淒涼的記憶
不能遺失！
我們有
戰鬥底知識，
不能迷信
過去的
奴隸底習慣！
因此我們有
更艱難的課程：
我們要保衛
這一次用多少次痛心的失敗換來的勝利，
粉碎
一切肥皂泡般的
保護色，
用新的號召！
用新的戰鬥！

八

時間
以火車底速率
前進着，
我們呀，
吐棄掉
過去的唾沫，
咬嚼着
未來——

我們要帶看
虹色的榮耀，
用雲塊般的鋼鐵
將中國
建築在
世界底大街上，
同北方的大熊爲鄰。

中國底門牌
按着
1945, 1946, 1947 ……的號碼
改變，

在中國底門口
插着
路標：
——左通歐羅巴
——右通阿美利加

讓北方的風砂
向南方吹，
讓南方的太陽
晒到北方；

讓揚子江
向太平洋流，
讓它
從巴拿馬運河
到大西洋去
再穿過蘇彝士
回來，

讓黃河底波濤
跟着
揚子江底
波濤，
表現出
中國底
豪壯的風度！

呵，到那時候
中國底人民
決不再是
痛苦底原子，
連我這個羞澀的歌者
也決不再
爲人民底苦難
而低頭哭泣。」

九

我們將最後
慶祝
勝利——
不用鞭炮、

不用狂吹的號角，
不用輕汽球、
不用上拋的草帽、
而用一種虔城的默念！
——默念
殉道者們，
——默念
一個在敵人底射擊之下盡職的傳令兵，
——默念
一個死了還不倒下去的旗手……
我們
慶祝
勝利——
不用放映電影、
不用表演戲劇、
不用遵行紅字日底規則、
而用
德謨克拉西底實踐！
而用
今天流的汗同昨天流的血可以比賽一下的
工作…………！

一九四五，八月二十日

生命

冀汸

——寫在一九四五年十二月，寫在
霧重慶，寫的是我對於南方底
死者的沈重的悼念。

沒有一滴葡萄酒
沒有發光

沒有反叛者底號召
一[illegible]嘯，四野都是廻響
沒有燎原的火
一星爆炸，便成猛烈的泛濫的燃燒
沒有一把即使萬分遲鈍的匕首
和瘋狂者作五步以內的決鬥
我們都是徒手……

生命呵，生命呵
在今天，在中國
沒有更多的期求——
能够唱歌最好
能够大聲哭泣也好
能够驕傲地活着最好
能够不屈地死去也好

風雪的晚上

魯藜

一

今夜我感覺快樂
我站在門邊上
看着風雪在飛舞
聽着風雪在歌唱
我的心又充滿了幻想
又充滿了愛和生命的節拍

我愛北方的雪
我愛這沒有窮人痛苦的北方的雪
我愛這純潔像羔羊的雪
我愛這美麗像海邊貝殼的雪
我愛這輕飄像浪花的雪
我愛這透明像水晶的雪
我愛這形體像白薔薇的雪

二

啊，我好像聞到花香
從我的門邊陣陣沁來
我感覺舒服，我感覺沉醉
這是冰冷的雪香
這是全山谷，全曠野噴出的芳香
這是我所愛的北方土地的香氣

在這裏，雪落着
每一片却像珠寶
裝飾着我們的山
裝飾着我們樹林
裝飾着我們劉子丹走過的河流和田野
裝飾着我們人民走向自由和幸福的道路

三

唉，我也明白，我也想到
在另一個被黑暗統治的角落
風雪呀，我知道你們要唱的歌
將是一長串受難人民的哀歌
在那裏，沒有歡樂，
沒有幸福的夢
沒有溫暖的爐火
沒有充饑的食物
雪徒然堆積在窮人的耕地上
而收起來的金黃的穀粒
則落在掠奪者的倉庫裏
悲哀是已經孕育了怒火

受苦者的眼淚已經冲激着黑暗的王座
那些蒼白的饑餓的臉
那些凍僵的麻木的心
都已覺醒，都不願再匍匐地下
爲那些滿身羔裘的人的飽暖
自己長久去吞食着雪水

四

在我的故鄉，那裏很少落雪
那裏滿山滿野是白色的薔薇
年青的姑娘愛把牠戴在鬢角上
可是，她們一生在勞苦裏
沒有享過人生一刻的幸福
就像花朵一樣凋謝

而北方的美麗的雪啊
在今夜，你所漫蓋的村落
你是用怎樣活潑的調子
去配和那從暖窖中響出來的歌聲
因爲你的降臨，你的輕柔的足所踐踏的地方
都預期着未來的豐收
每個勞動者的歌聲里
都湧溢着新的勞動的熱情

五

可愛的北方的雪啊
飄落像高山飛來的瀑布
我知道明天，太陽一出
這里的村落就再不認識
每條道路都像經過了粉刷
古老的房屋好像用大理石重新建築
屈曲的樹木發閃金屬的光芒
而那枯黃在斜坡上的野草
好像又開滿了春天的花串

今夜，我也許又要做夢
做那一個很久以來就常做的夢
夢見我們新的祖國
夢見我們新的城市和鄉村
夢見在那自由和幸福的世界里
到處是花朵和甜蜜的歌聲
可是，我知道美麗的夢的實現
要通過殘酷的鬥爭
風啊，雪啊
更有力地去搖撼我的祖國吧

一九四五，一，一九。

> 如果這樣，你自然非莎士比亞式地寫不可罷，然而，我以爲，把個人轉化成了時代精神底簡單的傳聲筒的席勒的方法，是你底最大的缺點。
>
> K．馬克思

小說集：

勝利小景

路翎

中國勝利之夜

一九四五年八月十日晚上九點半鐘，日本政府接受波茨坦宣言無條件投降的消息從鎮公所裏和附近的一所學校裏同時傳了出來，這座鄉鎮上立卽傳出了鞭砲聲和歡呼聲，大半的人們，特別是公務員們、學生們、商人們和其他的所謂上流社會的人們，投到一個狂歡的漩渦裏去了。在鞭砲的烟霧和繁雜的燈影裏面瀰漫着，並且騰起了一陣歡樂的、幸福的氣氛　一個什麼辦事處底主任放了一萬塊錢的鞭砲，他底孩子們在烟火裏尖叫着，打着滾，和那些襤褸的野孩子們爭奪着；一個煤坪底老闆，在抗戰的第二年就購置了一隻大木船，時時地準備着載着財物回到故鄉去的——雖然這隻木船到今天已經破爛了——放了三萬塊錢的鞭砲；隨後他就去到賭場裏去了，一夜之間輸了十萬。幾個大學生在街上大叫而且高歌，唱了一句「馬賽曲」又唱了一句「何日君再來」。沒有多久，鑼鼓的台子在街邊上搭起來了．一個肥胖的、赤膊的、表情傲慢的老闆，用棒棰在擠在台前的一個窮孩子底頭上狠狠地敲了一下，使他哭了起來，而後就異常滿意地敲了一下鑼，檀板響了起來，川戲開場了。有年青的學生們喊着萬歲而走了過去；有嬌弱的女孩們互相地摟着肩膀而嘰嘰咕咕地走了過去，而鞭砲不停地響着，苦力們和各色的窮人們擁在街頭。……

×

某機關底男女職員們，聚在門口談天，不時發出快樂的笑聲來；鞭炮時而在他們底左右響着，時而在他們底前面響着。

「抗戰勝利了——我一直坐船回南京。」一個女的說。

「我才不一直走——我要到處玩玩，悠哉遊哉！」一個男的說。

「我要把家鄉吃口味一個飽，先吃一個月再說！」第二個女的說。

「這一下要吃你的喜酒了！」第一個女的說。

「我才不！先吃你的！」第二個女的說。

「這一下非趕快趕回去，有錢先買起地皮來，你不信，南京的地皮值錢呢！」一個男的說。

「你是南京人——二天我上南京買地皮，你哥子要幫我把言語拿順，啊！」

「我不管，我說要吃她的喜酒！」第一個女的說。

「我曉得你的心理，你希望我說你嘛，我偏不說！」第二個女的說

「我要到東京去，弄一個日本老婆！」

「我底叔叔到日本去過！日本女人，見到丈夫回來都跪下來接！」第一個女的說。

「那才安逸！」

「唉，眞想不到中國也有今天！」

「我說嘛，把日本那些女人都弄到南京來，由各人去選……

……」

「哪有那麼容易！我回去先收一下租……」

「記罣收租！南京風景多好啊！哪個蹚這個四川！這些四川耗子嘛，看他還兇不兇，告訴你，跟我磕頭我下江人都不來了！」

「回家了歐！」第一個女的，興奮地叫。

啊，在那一片遙遠的凝着血的土地上，有這些小鳥們和可愛的小兎們底美麗的，甜密的家！

×

小燒餅舖底司務黃福貴，聽見鞭砲聲，聽見日本投降，可以回家去了，心里騰起了瘋狂的快樂。他跳了一下，打了兩下拳，跳到桌子上去又跳下來，跑到街上去叫了一聲又跑回來，衝進房去了，接住了他底正在跑出來的凌亂的，生病的女人，快樂他捶打着她底背脊。

「乖乖要回家了呀，乖乖呀！」

「鬼東西！鬼東西！」他底女人叫，推着他。

「七八年來心里好想呀，乖乖呀，回家了呀！」

可是突然地他沉默了，垂下了手在暗澹的燈光里站着，然後他衝動地哭了出來了

「家里是燒光了。親娘又是炸死了嘛！哦哦！」他哭着說。他並且想到，掙扎着帶着孩子們回了家以後，仍然是這同樣的辛勞的，受欺的生活——雖然他底悲傷又是奇異地混合着甜密的。

「福貴呀，我們總是苦人，不哭了吧！」他底女人，難受地，親切地說，摩着他底頭。

× × ×

兩個窮苦的，赤膊的男子，張海云和王得清，在騰着歡聲的街上親密地說着話而慢慢地走着，一直走到河口，望着坡下的黑暗的流水，停了下來。天上，繁星在靜默中閃耀着。

「他們說不准日本天皇——天皇是個厲害傢伙哩！」張海云說。

「曉得！」王得清說。他們是在一種沉醉的，溫暖的，親密的感情之中。

「日本天皇，美國人說要廢除，還有蘇聯人，那樣兇的德國都讓他打敗了呢！」

「是咯！」

「唉，那些美國兵啊！一個個那樣快活！」張海雲說；「就是不尊重中國人，看見中國女人嘛，隨便的鬧！」

「這都是國家有強弱——我心上在想着我那個哥哥啊！」

「打完了仗 他怕要回來了」

「曉得！」王得清說。「要是不打死呢，」停了一下他接着說，「總有一天要回來的罷！我那個嫂子是日夜的哭，我下力的人又莫得辦法——生活艱苦啊！」

「打勝了日本倒是値得呢。」

「怕就怕回來了還是找不到生活！」

「唉，我們中國啊！」

於是他們就長久地沉默着，並肩地站着，望着下面的發着聲響的黑暗的河水。

×

歡鬧的街邊圍着一大羣窮苦的人，一個侍候老太爺上街來耍的男用人，在人羣中舉着紅字的，堂皇的大燈籠。一個瘦弱的，披着綢衣的男子，造船場底管事方吉民，指手劃脚地高聲談論着

「羅斯福拿起手裏頭的棍子來就在他頭上打了一下，說，

跟我罰站兩個鐘點！羅斯福叫罰站，哪個敢不站呀，他比我們中國將委員長還要多點兒權威！好！」他說，搖了一下頭，「好，羅斯福就說；我叫日本投降，你敢說日本不投降麼？罰站！——老實說，美國人頂多祇是罰站，我們中國人呢，就要打屁股！」他巧妙地小聲說，周圍的靜默着的，愈聚愈多的窮苦的人們，笑起來了。「好！福斯福心裏一想，就發了一個通知：跟我用原子彈炸日本！嚇呀呀！這個原子彈，是一種科學發明，你不見了火光，眼睛就要瞎！羅斯福說！」

窮人們聽得異常的緊張了，那個男用人，高舉着他底燈籠。忽然地，一個穿着破襯衣的，強壯的男子，玻璃廠的工人胡海洋，打斷了他說：

「羅斯福早就死了呀，是杜魯門！」

「啊：」管事方吉民說，被提醒了，有些發慌；「你龜兒懂得屁！」他輕視地說。沉默了一下，臉上有些燒熱了，說不下去了——這奇怪的故事，奇怪的熱情的幻想底產兒。

「你龜兒當心點兒，在本碼頭！」他說，搖了一下身子，擠開了呆站着的，莫明其妙的人羣。

「你龜兒吹牛皮！」強壯的工人說，發出了嘯聲，並見快樂地大笑了起來。他覺得非常的幸福

×

大學生郝樸誠，在街上鬧了一陣，回來了。他底同學王靜明，因爲喝多了酒，在拉着胡琴唱戲的時候吐了，不久就睡去了。但郝樸誠不能睡去．他覺得這日子是偉大的，想到他不久就可以回家去，把財產好好地整理一下，休息半年，然後出國——到美國去留學，也許可以娶一個美國女人，想到這一切，他底心就快樂得發抖、他坐在門前和他底鄰居，一個獨住的年輕的太太談天 他談着他底這一切計畫，那個太太也是非常的讚同他。末後這太太也進去睡了，已經夜里一點多鐘了，他仍然不能睡，獨自坐在門前。

「啊，我好快樂，好興奮呀！」他大聲說。

於是他忽然地長篇大論地獨白起來了，——用着十分蹩脚的戲台上演戲的調子，因爲，對於話劇，像對於平劇一樣，他是非常愛好的。

「啊，我底心啊，你爆炸了吧、爆炸了吧！那雷電，那風暴！風暴！讓這世界上的一切醜惡都死滅了吧！都死滅了吧！我沒有眼淚，沒有眼淚！；我覺得我是坐在美麗的海邊，那碧綠的海波上走來了一個美麗的女郎，啊，姑娘，我在這一個夢中等待你。」他用溫柔的聲音說，而且站了起來、伸手去擁抱，「啊，姑娘，年輕的，大而黑的眼睛的姑娘，在這抗戰的幾年裏，我受盡了人間的辛苦，而現在，抗戰是勝利了！讓我們到那邊的山里，故鄉的流水的旁邊結一座茅屋而安慰這痛苦的人生吧！啊，姑娘。爲了你，我財產也不要，人世的一切榮華富貴也不要，啊，答應我，啊，我底心是像原子彈一樣的要爆炸了，爆炸了吧！』

不知他是喝醉了，有些昏亂呢，還是果然的要爆炸了，他一下子就抓住了他底女鄰人，那個獨住的，會唱戲的年輕太太——她是因了他底胡言亂語而又跑出來的。她驚嚇地尖叫了起來，一瞬間周圍的門都打開了，一些人跑了出來。大學生郝樸誠，趁着這種混亂，疾速地溜到自己底房屋裏去了。

翻譯家

吉甫車從郊外的一個有名的風景區開回到這小城里來的時候，已經是黃昏的時候。車上的四個美國兵都已經醉了。車子

在熱鬧的街邊上停了下來，一大羣赤膊的，窮苦的人，其中穿得較好的是一些理髮師和店夥計們，擁了過來，圍住了它。強壯的美國兵們，躺在車子里，安閑而疲倦地環顧着，都沒有想到要動作。一個矮胖的，穿着黑綢短衣的人，快樂地擠進了人羣，用英語向美國兵打招呼。這就是這個小城里有名的周善眞了。周善眞是非常愉快的，善良的人。在上海的一個什麼大學里畢了業，但並不曾沾染到浮華的青年們底那些惡劣的氣息。幾年以前他就到這個小城里來了，開了一家很蹩脚的舊書店，艱苦地養活着他的妻子和孩子們；默默無聞的幾年間，面對着人世的滄桑，他是在唸着那些破舊的書，憐恤着自己，而生活着。但自從那些快樂而年輕的美國兵們到了這里，自告奮勇地領着這些美國兵們玩了一下風景和古蹟，他就突然地煊赫起來了。很快地，他就收起了他底那些破書，開起了「盟友咖啡店」。雖然有很多人嫉妬他，但這是無可奈何的，因爲他有學問，而且天性溫良——不僅美國兵們喜愛他，常常高興地擰一下他底耳朵，就是他底隣人們也非常的喜愛他，說他對人誠懇，做事負責，並且「一點脾氣也沒有」。

現在他就是來接這幾位醉昏昏的可愛的大兵到他底店里去用晚餐的。他等待他們已經很久了；時間已經不早，他生怕這些大兵們突然不高興起來，不吃晚飯就走掉。

「成斯先生，你們回來了！」他親熱地用英語說。」

那個叫做成斯的，瘦長的，年輕的美國兵，懶散而舒適地躺在車椅上。定定地望着身邊的窮苦的人羣，顯然地正在想着什麼。那主要的是一種溫暖的，疲倦的，憂傷的感情；並不一定是想着他底故鄉，家庭，也並不一定是在想着他身邊的這些貧窮的中國人，但他甜蜜地覺得憂傷，並且非常的嚴肅。對自已底將來，不確定地，有一種渺茫的，失望的感覺：他是經歷過殘酷的砲火的了。忽然地他激動了，跳了起來，站在車椅上。

他底一個肥胖的同伴，在那裏懶懶地分散着紙烟，並給周善眞一枝，同時搖起頭來，懷疑地看着他。然後，他就把剩下來的幾根紙烟一齊抛到人羣里去了。人羣擾亂了一下，叫了起來，有兩個人巧妙地接着了紙烟，有好幾個人同時蹲下去爭奪着，並且發出罵聲和笑聲來。周善眞點燃了烟，倚在車身上，安閑地看着他底同胞們，然後抬起頭來，親切而會意地向站着的成斯笑了一笑。然而成斯站在昏暗的光線中，非常的嚴肅，他想，在這個偉大的世界中，他應該尊重這些窮苦而不幸的中國人，他們底劣點並非由於人性底醜惡。

但在這陌生的土地上，昏暗的天幕下的美國兵底思想和感情，自然是沒有人知道的。成斯看苦難的中國，並熱情地覺得它偉大——這個時代的年青人，他們底頭腦里，是被灌注了一些動人的理想。成斯想到，當西方和東方携手的時候，世界就可以向前飛躍——他讀過羅曼羅蘭的書。但實際上，他底思想與他底單純的心相反，是頗爲混雜的。

成斯希望向中國人演說——他要發表一篇動人的演說，像羅斯福一樣。街燈亮了。

「親愛的紳士，我希望能向貴國人民說一點話，」成斯向周善眞說，突然地變得溫柔而雅緻，心里充滿了感動，「你允許替我翻譯嗎？」

周善眞看了他一下，點了一下頭，笑着說，親愛的先生，這是沒有什麼不可以的——不過時間不早了。

「這位先生要跟你們講話，大家聽好：」周善眞說。成斯嚴肅地，挺直地站在車椅上。

「親愛的，偉大的中國，各位女士，各位先生們！」成斯說，雖然下面並沒有女士。他等待着翻譯。

周善眞底臉上，浮起了一個瞭解的，愉快的，嘲弄的微笑，好像說，他很明白，親愛的成斯，爲什麼要如此發瘋。

「這位先生叫你們聽倒！」周善眞說，於是人羣寂靜了。」過路的人們停了下來，多處的人們跑了過來，人羣塞滿了整個的街道。年輕的成斯，面對着有生以來的最動人，最偉大的場面了——他覺得是如此。

但成斯底演說並不高明。他努力地模仿着那些有名的人們底優美的風格，說得有點凌亂。

「我來到中國，我們偉大的盟邦，感到非常的榮幸。」

「這位先生說，」周善眞說，笑着沉思了一下，「他說他來幫你們打日本，心裏很高興！」

「要得！」人羣裏面，大聲喊。

成斯底眼睛裏閃着激動的光輝了。」

「我相信貴國底文化底無上的價値。貴國政府和人民，處在這一偉大的理想之中，英勇不屈地戰鬥，我特別向各位女士及各位先生致敬！」

「這位先生說，」周善眞，覺得時間不早，愁悶起來了，說，「他的意思是，他叫你們各人走開！」

人羣裏面發出了嬉笑的聲音，周善眞覺得是被傷害了，嚴峻地皺起了眉頭。他底愉快散失了，他底心裏煽起了對於人羣的敵意，覺得他們愚蠢而卑鄙。

「我相信正義必會勝利，仁慈的上帝不止一次地在不幸中啓示我們，並且扶助犧牲者！貴國底偉大的犧牲今天已得到了它底報償！中美兩國並肩作戰，表示了東方與西方的偉大的攜手！」成斯興奮地說，「人類底黎明已隱約可見，我們對於我們共同的敵人祇有一項答覆，一個條件，這就是開羅會議底條件，卽敵人必須無條件投降！」

周善眞皺着眉頭聽着，然後沉思了一下。

「這位先生說，他很，……」他又想了一下，「他很高興中國，又喜歡中國人，但是你們這樣圍着他，氣味臭得很，他不高興。」他說，愁悶的臉上，忽然閃露了一個狡滑的微笑。他覺得他是在諷刺成斯。

「成斯先生，這些人很愚蠢，聽不懂你底話。」他抬起頭來，溫柔地用英語說，愉快地笑着

「但是我相信，人類底一切弱點都是社會所造成，人底善良而光明的天性不能負這項責任。」成斯向人羣激動地大聲說。

「他說，你們圍着他底車子不走，他就要打人了！」周善眞威脅地大聲說。

但人羣稀少地寂靜無聲，大家懷疑地看着周善眞，所有的頭腦都在努力地思索着這外國人底態度和聲音，大家模糊地覺得他們是受了那翻譯家底騙了。大家不能確定什麼，呆呆地站看不動。

「我是得到了極深的印象……各位可敬的女士和先生，我，一個美國人，祝大家向光明的理想前進！」

「他說要開車子了，大家走開！當心他發脾氣！」

「要不得！」有人叫。

「走開走開！」周善眞說，憤怒地抑着手。

「他們說什麼？」成斯問。

「成斯先生，他們說他們非常感謝你！」周喜眞溫柔地回答，快樂地笑着。

「頂好！」成斯快樂地叫，並且揮着帽子。於是周善眞有點狼狽了。

「大家舉起手來，」他向人羣叫，「大家搖手，叫頂好！頂好！」他說，並且做着樣子。

但在中國人底愚昧的羣集裏，奇特地到來了死一般的寂靜。沒有回答：懷疑和戒備、沒有人叫頂好。

「好，走開走開！」周善眞憤怒地叫，揮着手。然後他就快樂地笑着爬上了吉甫車。美國兵搖着手，叫着，但中國人寂靜着，在寂靜中吉甫車開走了

人羣繼續地寂靜着，然後慢慢地分散了。

一九四五年八月十七日

英雄與美人

車子在秋天的陽光里行駛着，兩旁是美麗的，清爽的、閃着顏色和光芒的田野。忽然是一大片柔媚的深綠色的竹叢，好像巨大的綠色的綿羊羣，忽然是一座黃色的土坡和一條灣曲的，在陽光里快樂地流着的溪流，車子發出吼聲通過了一座橋，在遠遠的前面，那偉大的晴空之下，矗立着閃着紫金的光彩的，樹木蒼鬱的山峯。

車上的乘客都坐得很舒適，他們特別滿意今天的車子一點都不擁擠。但年輕的鄧平却不想坐了，他是幻想得過於興奮了，於是站了起來，拉住了頂上的皮圈，注視着窗外，又注視着坐在左邊的兩個在談天的，穿西裝的、高雅的乘客。他是——他是誰呢？他是如人們所說的，小康人家的子弟，他是讀過高中二年級的學生，但成績很壞；他是隨着他底整天在窮苦里吵鬧的家庭經過了那麼多的痛苦的、苦悶的日子的，在那些日子里，他是厭惡着一切，渴望着一有機會就逃跑。在那些日子里，他沒有一個朋友，沒有人愛他。但這些都還不能够說明他。他是，如他底黃布軍服和梅花臂章所表明的，知識靑年軍；就是在那些日子里人們所看見的，在手臂上紮着紅綢子，被從各個小市鎭上打着旗幟放着鞭砲歡送出去的那一種。鄧平是被歡送了出去，心里非常的豪壯，不理會他底老年的母親底哭號，覺得從此是和過去的那苦悶的日子訣別了。他現在心里更是非常的豪壯，日本已經投降，他是不久就要換上美國的裝備出發了；他是請了假回來看一看他底母親的。

左邊的那兩個穿西裝的，高雅的客人，是在興奮地談着中國目前的種種。他們說，今天日本要在南京簽字了，最多還有三個月，他們大家就可以到南京去。那比較瘦的，戴眼鏡的一個說，八年的抗戰眞是叫人疲倦了，他覺得大公報底社論說得眞好！不過他有一個疑問，就是，在勝利了的今天，中國人里面，誰最光榮呢？

「那當然是蔣主席蔣先生他老人家咯」！那比較胖的一個，陶醉地笑着，用異常溫柔的聲音說，恰如人們在說着什麼心愛的的時候一樣。

那比較瘦的一個說，這自然是沒有問題的。可是他是說一般人，那麼他覺得，那些任勞任怨堅守崗位的公務員，如大公報所說的，是最光榮的了。那比較胖的一個，因爲快樂的緣故，好像是故意地要反對他，就指着鄧平說，他，軍人、是最光榮的。

鄧平臉紅了。特別使他幸福而羞赧的，是左邊角落里的一個嬌小的，年輕的女子底注視。這位女子打着兩個個辮子，穿着一件紅色的外衣，在放在膝上的籐做的光潔的皮包上，繡着「Happy」兩個字，意思是「快樂」。「快樂」是那樣的嬌柔美麗的，用着一種稚氣羨慕的美的目光，注視着鄧平。鄧平底眼

睛發燒，眼前的一切都模糊了，有了一種幸福的、又是痛苦的感情，正如那些從來不曾知道愛情的青年一樣。他想：這是可能的嗎？

「請問」貴姓？」那比較瘦的一個，愉快地問。

「我姓鄧。」鄧平老實地回答，覺得那位在皮包上繡着「Happy」的小姐在聽着，又臉紅了。

「我姓張。」那比較瘦的一個說，顯然地高興談話，「他剛才說你們最光榮，我要解釋我是一點都不否認這個的！」

「哪里！」鄧平說，但不知道自己是否應該這樣說，那位矮小的「Happy」，就是「快樂」，仍然在注視着他。

「你們是要開走了吧！開到哪里？」那比較胖的一個，和藹地說，好像是在欺騙小孩。

「我們還不知道。」鄧平說，一陣熱情衝擊着他，「大概下個星期先到芷江，也許到台灣，也許到……日本！」他激動地說。

「啊呀！那你們眞出風頭呢！」那比較胖的一個，說，打了一個呵欠。

「快樂」。微笑了一下，她覺得「這個怪人」打呵欠非常有趣。

「你們要到日本去嗎？」她問，溫柔地笑着，覺得這眞是非常了不起的。這就使得鄧平整個地落在那種胡塗的熱情的火燄里了。而那兩位穿西裝的乘客，忽然地掉過頭來，嚴肅地，監視地看着她。

「還不一定，大概要到日本去。」鄧平說，紅到耳根了，含着興奮的眼淚，呆呆地看着她。而那兩位高雅的客人，就抬起頭來，嚴肅地，監視地看着他。

「這眞了不起啊！」「快樂」說，然後微微笑着望着窗外。

「你們恐怕要換一換裝備了吧！」那較瘦的先生，就是張先生，用一種懷疑的，搜索的態度，顯然地這態度與他所說的話無關。

「要換！自然要換！」鄧平說，陶醉地笑着，顯然地這也與他所說的話無關；「這一下總該要穿漂亮一點了吧！」他興奮地說.

「美國的卡嘰眞漂亮哩！」那比較胖的一個，說。

鄧平這時注意到，那位小姐，已經在呆呆地看着窗外了。

「不過我倒是不喜歡卡嘰的！」他大聲說，紅了臉，敢於表現自己，爲的是驚醒那位美麗的小姐，那位「快樂」。「爲什麼呢？穿起卡嘰來，覺得行動都不自由！像現在這破衣服，要在那裏坐，就坐下去了！要在那裏一躺，管他的，」他興奮地笑了起來，「就躺下去了！我眞可惜這破衣服跟了我半年！我以爲，到日本去不必穿好的，就讓日本人看看眞的貨色！中國就是這樣打仗的呀！」

小姐，又看了他一眼。兩位先生，又向小姐看了一眼。另外的幾個乘客，向兩位先生看了一眼。車子在顛簸着。

「你這眞是現代軍人！而且是中國大國民風度！」較胖的先生說，又打了一個呵欠。

「哪里！」

於是他們沉默了。車子下着坡，疾速地行駛着。但鄧平却不能安靜了，他不時地偷看那位小姐，呆呆地注視着她底美麗的皮包上的兩個綠色的英文字——快樂。一點也不錯的，她眞是快樂的天使，而人生應該快樂，特別是在這樣充滿了希望的時代。而且，像有些小說上說的，女人的心事，總是一個謎，也許她是故意地逗你，也許她是眞的，大膽的，但假如錯過了一秒鐘，她就不會理你了。

「她剛才跟我說話，我爲什麼不和她多說一點呢？她對我是一定很有意思的，而且這個時代的女子多半愛軍人。不過我怎麼辦才好呢？」他想，呆呆地望着她，她底皮包上的那兩個英文字，在他底眼前擴大了起來。她底目光偶然地又向着他了，他就鼓起所有的勇氣來向她笑了一笑。但她好像不覺得，又看着窗外。

他底臉上掠過一陣熱辣。

「難道她不想戀愛嗎？我就不信！她是單身一個人，她大概是沒有愛人的，不過，也許有呢？而且我連她底名字都不知道！但是可見得她是浪漫的，因爲皮包上寫着 happy——眞有趣啊！她一定在希望着我！我早上還照過鏡子的，我也不醜！而且我是軍人，就要遠遠地走開了，何必膽小呢！……啊，我發昏了！從前我是那樣膽小，我底生活是那樣的毫無希望！現在一切都擺在眼前，我難道還要膽小！又沒有家庭管着我！而且朋友們都是有了愛人的！……啊，我眞昏！……我是最光榮的，女子不愛光榮麼？也許她在想跟我一路去日本呢！」

車子在一個小站上停下來了，那位嬌媚的少女，站了起來，垂着眼瞼，拿起了身邊的一把精緻的雨傘，走到車門這邊來。鄧平緊張極了，看着她。

她冷淡地看了他一眼，走下車去了！

「別人都是這樣成功的，而且她是很騷的！我跟她下去！我下去嗎？」他想，流着汗；「不怕，反正我身邊有錢，我今天不去帶她開房間就不是人！」他憤怒地想。

「還有！」他向關門的站員叫，於是跳下車去了。

「怕別人看出來了吧！」他恐慌地想，「不管！哪個干涉我我請他吃槍！而且如果她不愛我，我就用槍打死她 打死我自己！」他悲痛地想，雖然他身邊並沒有槍。他是充滿了悲痛的感情。向那位小姐的路上走了幾步，他忽然覺得荒唐，奇異，孤獨而且悲涼，覺得他底前途是非常迷茫的了。覺得他底未來是痛苦，黑暗，可怕的，他將死在什麼一個荒野里，——悄悄地死去。這一種感情是這樣的深刻，以致於他即刻就悲壯起來，向田間的小路上追去了。

兩邊是赤裸裸的水田，太陽照耀着，他有一種眩暈的感覺。那美麗的身影，靜靜地走在前面。

「喂，你站住一下，我有話說！」他慌亂地喊，於是那位小姐站住了，他又看見了，那皮包上的英文字；他拚命地跑近去，「我問你，你看見我底手槍沒有？」他大聲問；天曉得他怎樣想起，這句話來的。

「快樂」變得灰白了——顯然的她很恐怖。

「我問你！」鄧平叫了出來，我連你底名字都不知道，而我是一個軍人，也許明天會死了，我求你可憐我！我又年輕，我從前沒有自由，受過那麼多的苦！現在是一個大時代，哎，老實說，……我愛你！」他說，如在可怕的夢中，呆呆地站住不動了。

那位小姐同樣地呆呆地站着，呆呆地看着他。忽然地她發抖了，舉起手里的雨傘來在他底頭上敲了一下。被自己底這個動作所驚嚇，他就叫了起來。

「救命呀！」她叫，拚命地逃了開去：但突然地她又停住，覺得是無論如何都逃不開這個可怕的兵的，坐倒在草坡上恐怖地大叫大哭起來了。

鄧平茫然地站了一下，看見有人從遠處跑來，突然地覺得很可怕，於是就轉身拚命地逃開去了。

一九四五年九月十三

旅途

一年以來，何意冰是一直在重慶底周圍奔波着，大半是因爲失業。這次他又經過這小城。已經是黃昏了，幾朶潔白的雲浮在明亮的，黃色的落日底光輝中，天氣仍然是悶熱的，街上擁滿了人，灰塵飛揚着。這一切他都覺得是和幾年前他在這里的時候相同，但又不相同。仍然是這一類的和他毫不相干的人們，但已經再沒有一個臉孔是熟悉的——或許在先前就一直沒有注意過他們——並且他覺得他自己已經不同了。他有一陣悲愴，他很希望這已經是悽清的秋天，他覺得，這樣，對於他底難於說明的沉重的心，要比較好些。

他找了旅館出來，去看他底女友王潔芝。三年前，他在這裏的一個小學裏教書，戀愛了他底同事王潔芝。他底拘謹的，缺乏華采的性格不能贏得他底對手，他底那些看來是不可解的笨拙的狂熱使那具有着溫淑的天性的女子覺得慌張，他就被拒絕了。他當時覺得自己是全然罪惡的，經過了一種痛苦的內心鬥爭之後，就向她懺悔，並請求她原諒，就是說，繼續着他所能給他的友誼。他覺得這友誼將是他底人生底長途上的唯一的芳香，安慰，與犒賞。他眞的覺得是如此。誠實的男子，是以這樣的一種姿態去戀愛的，而且他們又迫於這個時代底一些道德的原則。溫良而活潑的女性，並且看來是幸福的使者，愈加在他底眼前光輝了起來，一個微笑和一個動作，帶着無限的神秘的智慧，就治療着他底饑渴的心了。他是在暗暗地等待着有一天她會被感動，而向他伸出手來。對於他特別重要的是，她底思想——就是對於社會和時代的那印着神聖的記號的簡單的理論——和他完全相同。在這裏別人是不能說什麼的，因爲他自己覺得是如此。對於這個的這一時代的崇奉，就迫住了他底一切私心了。

離開了她以後，他仍然懷着穩秘的希望。他也希望突然地就接到她底和別人結婚的消息，以免除他底煩惱。但不久他就對自己懷疑了起來，他覺得自己底心里原來並無愛情。假如他果然敢於有那爲他所恐懼的狂風暴雨一樣的愛情的話，在當時，祇設再略略前進一點他就可以得到她了。並且，離開她，她也不覺得有什麼痛苦。他在她底頭腦里雖然有的是帶着浪漫的光華的和高貴的，但大半的時候却顯得是平庸的。他看出來她是平庸的，而且他底心里是充滿了人世的利害的紛擾，浪漫的青春和崇高的夢境是迅速地就消失了。他所描繪給自己的，也祇是那世俗的利害，丈夫和妻子互相吵架的圖景。他常常不滿意，或者說，懼怕她底幻想，他覺得她不能做一個很好的妻子，如他在別的男人身邊所看見的。

對於人世間一切，何意冰底態度都是如此，重要的他是誠實的和單純的。他底心裏充滿了現實的利害，對於他底將來，他是萬分的恐懼。但他底不甘屈服的理智常常要喚起一些幻想來，以和這痛苦的現實抗爭。對於偉大的時代的憧憬造成了那些瞬間的狂熱，因爲，這偉大的時代已經在他底心裏彼一種黑暗的力量窒息了。於是結果是更深的頹唐，混亂和疲勞。離開了王潔芝以後，他是預備和幾個朋友去辦一個中學的，但這事情毫無頭緒地就失敗了。不過他也不覺得有什麼，祇是在實際的生活問題上受了一下打擊。這以後，他是經常地失業，他幾乎什麼都不願意幹，也幹不了。

那日益累積下來的是對於自己底身世的一種莫可名狀的感傷。雖然那熱狂的心境時常起來，但也祇是幻想着暴動，殺人，放火之類的事，實際上他是祇能隨遇而安了。他顯得是很匆忙的，但他什麼也沒有做。計劃着給自己看的一本什麼哲學史，半年來，是一直擱在那一頁上；而舒舒服服地在床上躺了下來以後，是用那樣的幻想來娛樂着自己，比方說，突然地發財，突然地成了有名的領導者　突然地被美麗的女人所愛，等等。先前的幻想枯萎了以後，這樣的幻想就在一塊肥沃了土地上開起花來。雖然是密切地注意着那些政治鬥爭，從這而盼望着自己底解脫的，但他却的確是一個與世無爭的，善良的人了。

從政治勢力的變化來盼望自己底解脫——戰爭突然地結束以後不久，這樣的盼望就在局勢底複什的變化里受到致命的打擊了。他痛苦地感覺到，在將來的那個龐大的局面里，他會是非常渺小的。他有了一種可怕的孤獨的感覺，就是，他已經被一切人遺忘了。

他現在經過這小城，是準備到縣里的一所中學里去敎書；他底當校長的堂哥將給他一些接濟，並且他可以探問一下他底孤零的母親的消息。

不知爲什麼，他希望王潔芝已經離開此地了，他希望會不到她　他覺得他底這行動是很無聊的。他經過噪雜的，擁在街邊的人們走上坡去，經過一個空場，左邊有草地，和看見那巨大的，灰色，頹敗的房子同時，聽見了王潔芝底瞭亮的，興奮的笑聲。這是他所熟悉的。那種甜密的感覺驚動了他底沉睡着的心，他臉紅起來了，不得不站住而躊躇了一下。

王潔芝和母親住在一起　她已經沒有工作了，是靠着她母親底積蓄和兩個叔父底接濟而生活着。母親原先是頗爲富有的，死去了丈夫以後，就在女兒底身上放着唯一的希望。在這種情形里，那做母親的女人，照列是反對着一切親戚的。王潔芝和母親吵鬧過很久——一直到現在都在吵鬧着。她出去過兩次，一次是八年以前，投身於救亡運動的，一次是三年以前，在何意冰離開了以後，辭去了學校的職務，跑到成都去考了大學。但一年以後她便因生病而回來了，而這病是因了一件痛苦的戀愛——這樣她便一直住在家里，過着痛苦的，失意的生活。她是用了一種堅强的自制，和一種憤怒的犧牲精神生活下來的。先前她拒絕了何意冰，幻想着和藝術家或革命家的戀愛，但現在她底年歲已經不小了，對於這種幻想，悲痛之後，是持着一種惡意的嘲笑。但她又是決不願向母親屈服的，爲，她的婚姻的間題，她是在不時地和她底母親爭吵着。

她正站在門前和一個年輕的女子談天而大笑着。何意冰覺得有點驚異，他不能想像她能和那些庸俗的女子這樣簡單地相處，他總覺得她是在內心里面過着一種高貴而深刻的生活的，他慌張地走了上去，希望被她看見。他底心里是洋溢着快樂了。

王潔芝驚異地叫了一聲，跳了起來，發紅，快樂，奔下坡來了。何意冰，善良地，但有罪地笑着，站住了。

「我們好久好久不見了啊！」她動情地喊。

但何意冰却顯得不安起來，注意着周圍的人們。各個屋子前面的人們，以及和王潔芝談天的那個年輕的女子，都沉默地看着這邊，這些目光，喚起了他心里的重壓的感覺。他突然微微地發抖：他厭惡這些人們。他覺得，幾年來他一直忍受着的，便是用這些目光所代表的這種重壓。他看見台階上有洗衣的女人，半赤祼的小孩，以及蒼白的男子，他聽見有敲糖的聲音。他告訴他自己說：「好了，現在什麼都沒有了！」他嚴肅地隨着他底快樂的女友走了進去。他底女友是完全不覺察到這個，相反的，她還顯得有一種驕傲。

「媽媽見過何先生的，這是媽媽。」她說。

半老的，莊嚴的女人，冷淡地笑了一笑，說了一句什麼就走到後面去了。王潔芝露出了一種憤怒的表情，接着就痛苦地假笑着坐了下來。

他們沉默着。王潔芝，在想着她底母親。

「不行！假如我愛他，沒有誰能干涉我！」她想，同時對自己覺得吃驚，看着他。

他心里有了各樣的紛亂的問題。他覺得，到這里來，果然是非常無聊的。

「抗戰結束了。」他說。

「是的。」她說，笑了一笑，「你打算怎樣呢？」

「我不曉得。」他說：「眞的，我不曉得，」他振作起來加上說，因自己底散漫而覺得羞愧，善良地笑着看着她，他覺得她底感情仍然是非常優美的。

「他還是那樣。」她憐愛地想。

「你這幾年在做些什麼事情？你顯得很疲勞。」

何意冰笑了一笑，於是他們就又沉默着。

「你沒有事情麼？我們出去走走好不好？」他忽然地問。

她沉思了一下。

「媽！」她喊，「我出去，就回來的！」

她突然露出堅决的、憤怒的神情來，打開了手邊抽屜，取出了一個小的皮包。她底這種神情，就便何意冰覺得是從一切束縛獲得了解放，快樂起來了。

× × ×

他們吃了東西，出來走在燈火的街上，晴朗的天上有淡白色的星河。他們沿公路走下去，黑暗中開始有冷風吹着，他們是落在迷胡的夢境中。他們底過去的誤解已經不必再說明，但他們都有這樣的一種感覺，就是，這兩顆心之間的溫柔，來得太遲了，並且是來在一種匆促之中。他們走進了一塊草地，草地里面是槐樹底密叢，從樹葉間透出一座茅棚底燈光來，他們並且聽見有嬰兒底哭聲。

他們在這黑暗的草地來回地散着步。他們漸漸地有點清醒，覺得自已是在和那不可見的命運做着殘酷的鬥爭；但他們都希望掩藏這他們竭力地使一切重新朦朧起來。他們聽見有嬰兒底哭聲。

對於過去的生活，痛苦，思念的動情的叙述；對於往昔的感情的溫柔的複習；對於人生，對於那美麗的未來的希望——他們互相鼓舞，重新地又振奮起青春的靈感來，爲了在那即將來臨的新的時代，去走嶄新的路。

「我覺得非常的希怪。我從來不曾料到會有今天、又看見了你。」何意冰幸福地說。

「是的。」

「有時候人需要夢想——爲什麼要向現實低頭呢？我們白過了這麼多的時間！」他激動地說。

王潔芝含着眼淚了，沉默地走在他底身邊。那些幻想、那種幸福的熱狂，使他發顫，窒息了。

「眞的，我爲什麼要向現實低頭呢？錯過了的，是一生的悔恨！」他想。

「我們……都需要……」他說，他底女友，低低地發了一個聲音，落在他底懷裏了。他們熱狂地互相親吻。……然後，他們兩人在黑暗中站着，突然地又聽見那强烈的嬰兒底哭聲了，都覺得有點狼狽。

「你究竟怎樣想呢？」王潔芝痛苦地問。

「什麼怎樣想？」何意冰茫然地說。

「我覺得很委屈。」她說，「從前你就不能怪我、我那時候雖然對不起你，可是今天我對得起你……」她底聲音破裂了，「關於我們底將來，你究竟怎樣想呢？」

何意冰，對於她底這直率的態度，覺得非常驚異。

「我想……我決不會辜負你的……」他痛苦地說。但是你底毌親會仝意麼？」他悄悄地、嚴重地問。

「她沒有權利管我！」

何意冰沉點了一下。

「你不應該懷疑我！不過我覺得我們都沒有看清現實……不！我說錯了！」他痛苦地叫，站在黑暗中。

他不知道要怎樣才好了。但忽然有猛烈的，迷人的慾情起來了，他想，他現在是和一個女子在黑暗中在一起，他多時以來所想望的，他應該，而且，必須不顧一切。而且他也並沒有想到在得到了她以後就拋棄她：

他混亂地在草中走了幾步。他不能決定。……

「你是明天要走麼？」王潔芝冷淡地問。

「不！我決定不去了！為了你！」

「不行！」她說，恐懼地推開了他。「我要回去——明天再談！」

王潔芝迅速地就奔出去了，他茫然地，長久地站着，一點都不明瞭，又聽見了那嬰兒底强烈的哭聲

回到旅館裏去，他開始了冷靜的思索了 他想，有誰說過，假如一個人在三十歲以前不能在人生中有所確定的話，那麼他便再不必指望什麼了。他覺這句話是一個可怕的眞實。他想，他底青春的年華是已經過去了，王潔芝並不如他所想像的那樣優美，而且他能負担她麼？這一切又有什麼意思呢？

他不禁因自己剛才的熱狂而戰慄！怎樣荒唐的事情！他幾乎鬧出怎樣的禍事來啊！她是完全不美的。她是蒼白，瘦弱的！沒有生活的常識，並且連一件衣服都不會做。

但他又覺得剛才的遭遇有一點甜蜜，稀奇。他仍然喝望得到她。他覺得別人都在這麼做，他是可以這麼做的。也許他底境遇好了起來，那麼，和她結婚也是未嘗不可的。

「不過我又並不是公子哥兒，祇有公子哥兒才能享樂……」他想，迷迷胡胡地睡去了 他迷胡地覺得自已是站在一個斜坡上，無數的人，有的是年輕力强而光華燦爛，有的是嫉妒，怨恨，含着那樣沉默的目光的，他們全體都指望着他底滅亡，要把他擠下坡去。他想，這是人生底可怕的下坡，他不要下去。他竭力地掙扎，他不要下坡，他不要！——於是他醒來了，風在屋頂上吹着。

「啊，我底不幸的娘啊，多麼可怕！」他想，流出慰籍的眼淚來。「我幸而沒有失去理智，不然便完了！朋友們都忘記我了：他們對我還好，因為他們覺得我誠實，但他們跟本看不起我，因為我沒有才能！其實呢，他們都是在政治上投機，將來他們可以有好的生活，有勢力——而祇有我是一個傻瓜！有些人他做得好看，其實骨子裏還是如此的！……我現在祇要有二十萬塊錢，一切問題都解決了！計畫是現成的但是那裏有這個錢呢？該死！該死！我是一個失去了一切機會的混蛋！」他搥着自己；「但是啊，這個時代是就要結束了，我見到了什麼呢？醜惡！懶惰！沒有眞正的光榮，沒有偉大！」

風在屋頂上吹着。他得悽傷並且孤零，是在喝望着那一個溫柔的，親愛的人了。這是不可抵制的。但是他坐了起來，點燃了燈，寫信向這溫柔的人告別了。這是不得不如此的，他寫了不短的信，說，請她原諒，他們將來或許可以再見，並希望她紀念着他，一如他紀念着她

寫了這個，她覺得是獲得了一點安慰。他又決定親自把這

信交給她。

×　　×　　×

王潔芝，是在悲痛、憤怒，和衝突的心情中。她非常屈辱，她是受了何意冰底欺凌了。她覺得他是平庸的男子，沒有奮鬥的意志，並且沒有才能。她告訴自己說。她是完全看不起他，於是她回來以後就奇突地快樂了起來，大聲地唱着歌，她要向母親，何意冰及她底命運挑戰！想到戰爭已經結束，不久就可以回到故鄉去，一切都可以有新的希望。她就覺得自己是堅定了。但深夜里她又頹喪了下來，覺得何意冰究竟是她所碰見的最好的人

她是非常的傷害她自己，這個創傷是難得平復的了 她決定嚴厲地拒絕何意冰，使他能夠明白她

早晨，何意冰來了，她陰沉地迎出來。他們一同走到坡下。何意冰，非常難受地，拿出那封信來。早晨底明朗的陽光照耀着他們。

王潔芝看完了信，搯了起來，變得灰白，盼顧了一下。

「沒有關係！」她說，嘴唇戰抖着。

「我覺得……非常的對不起說。」何意冰激動地說。

「沒有什麼，也不必說得太遠，」她說，她底如夢的眼睛對直地望着遠處的蔚藍色的田野「你是要走了嗎？

何意冰抬起頭來，懷着對於她的敬畏，誠懇地，溫柔地看着她 這眼光表示愛情，表示正直的意念，也表示離別——他是要繼續地在他底旅途上去奔波了。王潔芝沒有看他，但感覺到這樣，含着眼淚了 於是她底心里萌生了新的勇氣了

「我媽說，我們預備隔兩個月回南京……我送你到車站去吧！」

何意冰失望地歎息了一聲。

「不。我走了！」

「我祝你前程遠大，生活幸福。」她說，目光未變，露出了一個譏刺的，然而善良的笑容。

何意冰迅速地走了開去。但不久他又走回來了：那親愛的人，那被他吻過的純潔的女性已經不在，他就在她剛才站立着的一塊石頭上坐了下來，在陽光中長久地抱着頭

「不，我還是要走！」他說，站了起來，揩去滿臉的眼淚。

一九四五年九月八日

德國的文人——實在是德國的殉教者！你也不會認爲不是這樣罷。可是我幾乎不能爲我一個人怨歎，別人的遭際也都不比我更好，大多數人，甚至於還比我更壞。在英國和法國也和我們這裏完全一樣 莫利哀多少受了苦惱呀，盧梭和福爾特爾怎樣呀！拜倫被毒舌逐出了英國。假如他不因夭折而得避免了俗人及其憎惡，他終於會逃到世界盡頭去罷。……

——哥德

我們今天需要政治內容，不是技巧

阿壠

一

詩到今天，不幸是啞了的！

怎麼呢？

當民族戰爭爆發的那個年代，同一爆發姿態的詩，是轟然的，鏗然的，譁然的。雖然那時候的詩，詩底根株的情緒，是非立體的，原始的，但是裏面所包含了的東西却是極爲嚮亮的。今天，和抗戰初期相比，詩這一課題自然應該從激動的向深純的發展，從游擊小組底蜂起向主力軍底會戰推移；但是事實上，當那火花一閃而逝之後，除掉個別的存在，詩已經毫無聲音，詩已經不再向世界說話，詩已經悄然退潮。今天，——假使今天還有詩的話，今天的詩是墮落的，小聲小氣的，聰明而其實並不聰明的句行攪拌了的渾濁的顏色……

這僅僅因爲：今天的詩，是遠離了政治的。抗戰初期的詩，詩的熱性，能夠以粗嗄爲洪亮，能夠以簡譜爲大軍進行曲，就是政治的感受力這個東西支持了牠，保證了牠。

不是把標語口號推高到詩，甚至超過了詩的說法。

恰恰相反，我們底要求極高。

事情是簡單得很的。我們祇要這樣提出問題；在今天，在這裏，我們中國人到底是不是政治的人類底一部份？或者，作爲一個時代的發言人有沒有某一寬度和厚度的政治生活？這無疑是是的，有的，正好這樣的。不僅僅所謂政治家才有政治生活；否，人民同樣有政治生活，在政治裏生活，而且祇有人民才是政治生活底主流；因此、詩人自然也就有政治生活了，不得不有政治生活了。對於政治家以及對於人民，政治生活在詩人，應該是更爲本質的，戰鬥的，敏感的，強度的，先見的，永恒的。因此，要求詩有政治內容，並不是奇怪的；沒有政治內容而作爲詩，倒是值得奇怪的。

所謂政治內容、不論直接以詩搏擊政治要求也好；或者，通過一種生活情緒，表達了牠底日常樣相，感覺或者衝動，諸如此類，都可以的。

歎息也是政治的的；蘋果樹也是政治的的；海燕也是政治的的；馬爾沙克也政治的的。而且，十分奇怪，在另一意義和形式，刺過了斑斕的表皮，刺過了種種假裝的心不在焉，刺過了僞善的藝術自己主義，從絕對古文化擁護的孤忠和胡塗蛋羣以及有挖脚丫下酒吟詩的癖好的人們，也可以看出那影子裏的政治來，那些試帖詩，那些國民文苑，那些買洋樓的詩的創作，那些文藝部隊底先鋒們底哼而哈之，，那些一樣也是政治的。……

詩是啞的者，是因爲人在政治生活中畸形地缺乏這生活底情緒，是因爲詩而沒有詩所必須有的生活的內容。多少沒有感覺，不敏銳，沒有要求，不強烈和不深沉啊。

今天的生活內容，是今天的詩 我們生活在反法西主義的今天，生活在反反民主的今天，詩人是——而且必須是民族戰士，是——而且必須是人民底號手和砲手。是——而且必須是時代底發言人，和預言人。

或者說，今天詩底低潮，就是直接由於政治之故。那是逃兵們底說法；但是牠祇有證實了我們底觀點。

不必解釋，或者說須得解釋：所謂政治內容者，是以覺醒的勞苦人民底戰鬥的要求去擁抱以至突擊以至昇發現實生活底眞實，豐富人民的政治鬥爭，滙合人民底政治鬥爭。不能是也不應是政治概念底空洞的反覆，那種非自內而外的「注入」方式 問題底提法旣和公式主義無緣，因而問題底實踐也不能被公式主義所利用。

二

和流行的靈感說是荒謬的同樣，流行的技巧說也極爲荒謬的。那是把詩當作了外部的東西，而且僅僅是外部的東西了的。

尤其嚴重的是，這個技巧的東西，牠並不在今天的生活裏，彷彿今天的生活一無光彩，一無硬度，這東西得到古董舖裏去搜索，得去用今天的精力挖掘荒廢的古墓；彷彿文化愈古而高度愈大，彷彿歷史是一列逆行的列車，彷彿二十世紀的人類一和古人相遇就必須縮成白癡，低能，彷彿我們底生活——沒有文化，甚至簡單得像我們底生活並不是什麼生活，——我們底詩麼，不是詩的。

這是以『文化遺產』的說法出現的，動人的學究裝束的，悲天憫人的長嘴大耳的。——這是把我們青年們加工趕造作古人，或者活着的古人也就是活着的死人的魔法。

地質學家挖掘古地層，並不是爲了找出已經滅絕的恐龍們底骨骸來好教我們心向往之地匍匐地上努力學習成長爲小爬虫們，因爲我們是並不能夠照樣偉岸了的，也沒有那樣做的必要，我們並不需要弄得原始樣子而給歷史再無情地滅絕一次的。地質學家是僅僅爲了知識：世界是怎樣成立的，生命是怎樣獲得和進步的。這知識也僅僅爲了今天，爲了人。這知識必須成爲今天的——或者還跨出了今天去的人底利益，我們生活的武裝。至於方法，自然也被新陳代謝的法則支配的。

考古學家挖掘古墓也由於同一理由。因爲我們是需要知道的：人類活動底足跡，我們從怎樣的古文化蛻化而來，古代器物底文化特徵和社會性質，和牠自己底藝術高度，——從認識和欣賞到把握。一點不是崇拜祖先，是擴張自己，同樣不是迷戀過去，是在加强今天，——而且向將來燦然跳躍。考古學家並沒有要我們服用古之衣冠、行古之道、作古之人的地方。

但是在我們底詩國——底詩學院——底詩市場，却囂然着完全相反的調子：無論那簡直是假藉所謂復興運動之力來復興舊詩吧，或者是從新文學向舊世界叛賣和弔膀子吧，或者是——客氣百倍說是胡塗和庸俗吧，客觀上總是一樣的，總一樣是關於詩的開倒車主義，總是要我們底詩人變成像古生物大爬虫的小爬虫，總是要把今天鮮血鮮肉的生命做成背負破棺材板深夜浪行吃人的僵屍，活鬼。

我們向杜甫們學習什麼呢？杜甫之有中有什麼技巧值得以今天的全部生活的資本去博擊呢？學到了吧，會有什麼所得呢？學不到吧，又眞有什麼所失呢？——和我們底生命離得遠而又遠：第一、今天決非昨天；第二、昨天的顏色於今天無用。假使——卽使吧！今天的詩是破碎了的的話，也絕不可能用昨天的染料塗補起來；第三、詩不是技巧，並且，卽使再好的技巧，也救不了再壞的詩。

一九四三，八，一六。渝。

釋「戰鬥要求」

方然

1.

「在現實生活上，對於客觀事物的理解和發現，需要主觀精神的突擊。」（胡風：在混亂里面頁一三五）

這「主觀精神的突擊」，是「戰鬥要求」也就是「戰鬥力」。這是怎樣的呢？

「這思想力底豐富和加强，是經過了一個大的生活激動或生活鍛鍊得到的，所以在生活底感受方法上就必然地同時產生了新的性。質」（同上揭十五頁）。

當這種「戰鬥要求」，再經過生活激動，生活鍛鍊，變成豐富的思想力與新的感受方法時，它便由作用力變成堅强的戰鬥力了。

於是，以這樣的戰鬥力，愈戰愈酣，不斷地放射英雄底戰鬥要求，新的戰鬥要求，這就是「進步」。

2.

這里要特別注意的，是「思想力」與「感受方法」這兩個東西。

「思想力」並不就是「思想」。當思想是自眞實而嚴肅的戰鬥中產生，復領導這戰鬥時，於是才有「力」。

有的人以「思想」作高帽子，有的人以「思想」作符咒，有的人以「思想」作變戲法的手巾，（例如，某名小說家曾說過，他是用「新現實主義」加上「革命的浪漫主義」，再加上「民族形式」來創作的；又有一位名小說家是專寫「革命的浪漫主義」的東西，那就是起頭必先大寫「草原」或「原野」底風景，中間再寫一位英雄，最好是女英雄，騎在白馬上飛馳而去，紅綢子裹着白朗林「拍，拍，拍：：」；有一位「詩人」說他底詩，是「以最高的思想與最卑微的事物結合」，於是宇宙之大，蒼蠅之微，一律慷慨激昂；又有一位「詩人」叫我們捐起「正確的世界觀」走進生活：：：：：）

人不是以「思想」與世界開始接觸的，而是以感覺，情緒。

「思想力」底纖維是「感受方法」。

只有戰士才有戰鬥要求。

奴才，乞丐與戰士，同在壓迫下面，而他們底「感受方法」不同，因此「要求」也就不同。

奴才，在鞭子下面，叩頭如搗蒜，希望鞭得輕一點。果眞鞭得輕一點了，於是就想到鞭子底權威。

乞丐，則「揭露自己底創傷，乞求別人底憐憫」，哭泣加謊語；要是有人把他底創傷醫好，他就會感到無法生活下去了，因此憎恨醫治他的人。

奴才說：「甚麼民主!? 智識不够，時候不到！」

乞丐說：「甚麼民主?!分贓！」

奴才說：「勝利就要到來，光明不遠了！」

乞丐說：「別個國家『政治藝術』多好，多有『氣派』！」

3.

奴才們，乞丐們，「心」是毀壞了啊，「人性」被毀壞了啊！

我底隔壁，住着一位「爲人師」者，每逢假日，天陰下雨，他便像風氣痛發作了似的，滿院子跑：「無聊，無聊透了！」每天興高采烈是在兩個時候：一是「吹大氣」的時候，二是放屁的時候。昨天生了一個兒子，現在，「吹大氣」已經從祖父底光榮吹到孩子底身上了；瞧不起一切活着的人，但是有人要送他一隻母雞，他趕快提起來，摸摸雞屁股下面還有個蛋，這一下，差不多就要跪下來了。於是，晚飯後，就可以一面放屁，一面大搖大擺地散步了。

一位最聰明的「前進」朋友，他會私下里對你大談他底名成利遂的最得意的「打算」，打算得來步步青雲，毫毛孔里都是樂觀，大笑着說：「你看，天下事！」

一位「詩人」不幸生了病，於是就趕快想到「死」。回到家里小田莊上躺起，滿壁上寫着「萬念俱寂」，「四大皆空」，「長髮山人書」等等，四處寫信哭訴着：「死亡之神來叩門了」。躺着，躺着，忽然有一天，接到一位「作家」底信，對他底詩稱讚了兩句。於是，從這天起，他便到處發出通知說：「這是我底生命中畫界的時期」，「我要戰鬥」，於是枕頭下藏着那封信，在戰鬥。

高爾基在人間里說到：「那些良善的人，在四十年中間，拚命想使我底心變成殘廢……」

爲甚麼說是「良善的人」呢？

艱巨的戰鬥是保護心底健康，保護最珍貴的「人性」，意識改造，感情改造。

而却有沒有「心」的人大談其「戰鬥」！

4.

戰鬥與哀歌在一起。

米蓋朗其羅浮雕一個偉大戰鬥者，當他戰勝時，他底面部表情是失望的，悲哀的；

唐吉訶德與風車作戰；

契訶夫與篩子作戰（他曾把俄國人比作篩子：三十歲以後，便甚麼都沒有了）；

魯迅與「無物之物」作戰；

偉大的戰士，是最先而又最後地凝視着時間與土地的。

有甚麼可以換去他心中的戰鬥要求與手中的投槍呢？是那卑劣的敵人底死亡麼？是投來的石頭與暗箭麼？是堂皇的墓誌銘麼？……

偉大的戰士，是控制着整個的歷史的現實的。在那上面，他底戰鬥要求是像阿波羅底車輪，燃燒着，奔馳着……

奔向「未來」麼？「未來」，就是他們造成的。

有人把「未來」認爲是解除武裝，卸卻戰鬥的地方；

有人底「理想」是吃飽了散散步的花園；

有人在唉聲歎氣，怒目橫視，摩拳擦掌，而却是在等待別人「肩起黑暗的閘門」，讓自己躦過去；

有人只知道對於某一種社會現象不滿；如果這種現象暫時消除，那就再聽下面分解了：

……………

5.

戰鬥，是與生命在一起；生命，是與人民在一起。

戰士不是法師——不能騰雲駕霧。

智識份子，往往靠感染而生存，靠表現而喜悅。所謂「與時代結合」者，往往只是意味着：投入某種雰圍里，因此得到表現而喜悅。「青年文藝工作者」有些抗戰初期投入「歌頌」的情緒里，後來投入「文壇似水，作家如魚，其樂也融融」的情緒里，投入製造「形象化」以收羅社會現象的情緒里，而現在又投入「人民」的雰圍里　這里面當然有着可貴的東西；這歷程當然是進步的，但是我們要更進一步檢視。

主觀精神因爲體現了客觀精神而熾烈地燃燒，產生高度的戰鬥要求，其來源與結果都必然是具體的戰鬥。至於那些始終只是以一點情緒放在「時代精神」的雰圍里，蕩來蕩去的，這是騰雲駕霧，這是法師

而戰士也不是「打手」——只是由於「聽命」或者由於「任俠」。由於「聽命」，則根本無戰鬥要求，因而不能眞正執行命令；由於「任俠」，則戰鬥要求不能延續，因而「俠」也就任不成。

「心安理得」，聰明人知道得了一個「理」之後，心就安了，聰明地打算聽命於「理」以自慰，自衛。

普通人認爲羅亭是一個會說不能行的軟弱的人，其實這樣看法是膚淺的。最重要的是屠格涅夫所寫的一句：「他的內心是冷的。」

普通認爲巴札洛夫是一個幼稚的虛無主義者，盲目地否定一切。其實，最重要的是：他自以爲情感是屬於偉大的，因此鄙視一切常人底情感。

許多人永遠讓自己掛上一顆「好心」（？）而自覺，但擺在面前的甚麼是一點一滴的「好事」則無聞，無覩；永遠存心找「好人」，而不存心把「人」變「好」……

一八四八年，二月革命風暴之時，法蘭西藝術家，連波特萊爾都忽然放棄「爲藝術而藝術」的理論．認爲那是「兒戲的東西」，而且放言道：「藝術非替社會的目的服務不可。」然而不久，他們便都成爲「巴爾納斯」派了，認爲詩歌是「將理想的生活給予那沒有現實的生活的人」了。

在抗戰前一刻，還在那里大寫其「乳罩」之類的東西，抗戰之後便以「老資格」來教導人怎樣寫詩，怎樣放逐感情，怎樣製造民謠，怎樣眼耳口鼻都在動地朗誦，怎樣用「自然主義」與「現實主義」方法來寫，怎樣認識黑格爾，怎樣認識拉司金（Ruskin），怎樣叫作「美文」……

這是些怎麼在變？曰：與戰鬥要求無關。

戰士．法師．打手。

儍子．聰明人．奴才。

一年來，我親眼看到：有一天到晚坐茶館的「詩人」；有白天坐私包車大做生意，晚上大寫其「詩」的「詩人」；有每會必到，每人必拉手的「詩人」；「文憑第一」的「詩人」；有領津貼作「特種工作」的「詩人」……但都在喊「人民」，都「有詩爲證」。

請想想：如果世人都不識字，你以甚麼來「爲證」呢？

請給我們看看你底一點一滴的生命吧，生命內容及生命意義，一點一滴地！在文字以外！

我們是凡人，看不到雲里霧里，也不會武藝，不知道怎樣要花槍！

生命，戰鬥要求，戰鬥，如同呼吸。

生命是具體的，戰鬥要求是具體的，戰鬥是具體的。

所謂具體底意義：人，是具體的「人」；感覺，思想，是從具體客觀來的，復伸入具體的客觀里去。

所謂具體底意義：完整。——生命，是延續的，呼吸，是不可須臾離的；戰鬥要求，不是破碎的，不是一時衝動的，不是一時喚起的，而是「永恒」底火把；戰鬥，是全部的生活姿態。

所謂具體底意義：眞實，熱烈。

6.

戰鬥是與進步在一起。

從哪里檢視進步與否？不是從戰鬥要求麽？

朝一個方向假作射擊姿勢，這就够了麽？

如果戰鬥只是一場戰鬥就完了，那就無所謂。如果對戰鬥底性質有所要求，對戰鬥底前途有所規定，那就非得要透視具體戰鬥者底戰鬥要求不可。

向每個喊「人民」的人問一句：「你爲甚麽喊人民？」只管「外」不管「內」，只管戰鬥，不管戰鬥的要求的人多得很，爲甚麽不想想：戰鬥，是爲什甚麽？靠甚麽來支持？而他們都知道「提高士氣」，「提高戰鬥情緒」這兩句話，但他們不知道：「士氣」與「戰鬥情緒」高級地偉大結合，就是「戰鬥要求」：「士氣」，新的思想方法；「戰鬥情緒」，新的感受方法。二者結合，具體地形成偉大的人格力量！

今年「詩人節」，有位「詩人」慷慨呼籲，大意是說，現在是一致對外呀，就不要對內苛求，批評了。

我不相信他是已經確實知道：「外」是怎樣的一個「外」，「內」是怎樣的一個「內」，怎樣「對」法？

我不相信他會忘記「解除自我批評，就是解除武裝」這句老話。

我只能相信：他說這番話，是有某種「自衛」作用的。

是的，現在一對「內」提出批評，那就是：「分不淸敵與友」，「態度成問題」，「宗派主義」；一涉及人底內在過程，那就是：「唯心論」，「主觀唯心論」，「客觀唯心論」，「馬赫主義」……

凡是非生產的就是錯誤的傾向，又，傾向若是錯誤，則做成的東西便無價値。在別人身上看淸錯誤，並不很難；而在自己身上，却不容易看淸。那是需要精神的偉大的自由的。又，知道其如此未必有用；往往躊躇，憂慮，而不能決斷，譬如屢次明知自己所愛的女子不貞，也不忍分離一樣。我這樣說，是因爲我想起了：等到我省悟我對於造型美術的傾向是錯誤，是費了很多年數；知道了之後，停止它也費了好多年月呢。

——哥德

雜文

青面聖人

鄭建夫

讀七月二十五日的新民報，有兩條關于死亡的消息：一是希臘人民解放軍中的七個人，因「暗殺警察」罪，最近就在他們用戰鬬恢復過來的祖國土地上被處死刑；一是死了「大約」有兩週年的杜重遠先生，最近就在我們的戰時首都被他的親友開會追悼。希臘是自己產生了古文明，現在又在文明大國統治之下的國家，那死刑的執行法一定也很文明，大約不外槍決之類，倒還算好。至于杜重遠先生，則據追悼會上某先生的發言，是被勒斃，被勒斃的。

我沒有勒斃過別人，也沒有被別人勒斃過，那滋味究竟如何，是當然不大清楚的。有時妄加推測，以爲其悲苦必遠過于槍斃乃至殺頭，到底却也無從證實。但據清朝的法律，絞罪却又的的確確的排在斬罪之下，先擬斬而後改爲絞者算是「減刑」，可見我的推測還是不對的了。不過，古今事異，清朝的道理未必一定就和民國相同；我的推測是民國時人的推測，而民國法律中又並無絞刑的規定：此其所以終難質證者也。

但因這勒斃，我就想起前些時所讀的陳忱的「後水滸傳」。這部書中，胡適之先生以爲寫得最好的，是燕青于「徽欽北狩」時獻黃柑青果的一段，以及樸天鵰李應所率領的一幫人在途中遇到蔡京父子，設宴報仇，挖二人之心以祭宋江的一段；但我讀後最感震動的，却是柴進陷在汴京牢獄中，被蔡京密令勒斃，繩子已套上頸項，終于還得逃生的一段。放他逃生，並且後來還和他一同落草的，是那牢頭禁子。他奉到蔡京的密令之後，不動聲色，于「黑獄寃魂哭，三更獄吏尊」之時，吩咐一幫小獄吏把柴進剝去衣服，綑綁起來，頸上套上繩子，于是才忽然說出，要到蔡京處去看看，怕還有什麼命令，叫大家暫緩動手。他出去走了一轉回來，就假稱蔡京有令，要把柴進提去，當面看着處死。這樣，就把柴進帶了出來，兩人一同逃掉。這里有生和死的尖銳的對照，由死的恐怖而顯現出生的歡欣，還對于螻蟻似的貪生的我輩，當然是極能感人的。但我之所以特別不能忘，還有別的原因；是因爲，已剝衣服尚未綑綁的時候，牢頭禁子叫柴進向「青面聖者」磕一個頭以求保祐，而柴進在大悲苦之中當然拒絕了，這觸動了我的恐怖的記憶。

小時住在家鄉，常到外祖母家玩，那里距西城門只有三四十步，城門總是閉着的。據外祖母說，在先前，城外就是斬殺囚犯的地方，後來不知爲什麼改在東門城外，這西城門就永遠閉起來了。她說，那時每次處決死囚，當然都要從她門前經過。有一次，一羣劊子手正擁着一個死囚急馳而過，距城門僅十餘步的時候，他的鞋子忽然跑掉了。他於是大呼：「慢一點！鞋子掉了，等我穿起來。」劊子手們說：「到都到了，穿什麼？」他說：「不行！非穿起來不可。」終于還是讓他穿好鞋子，再到城門外受那一刀。那時，只覺得這死囚非常可笑，就哈哈大笑起來。笑過以後，又探問處決死囚究竟是怎樣一種制度。外祖母說，是把他提上公堂，問他還有什麼話說，當他答說無話，或雖有話而也當作無話之後，就宣判，把朱筆一點，把公案礄的一下推翻，表示無可挽回的意思。接着，就給他吃酒吃肉。接着，就要他拜「青面聖人」。接着，就是綁赴刑場。……

……………

「青面聖人是什麼東西呢？」我急急的問。

「不曉得。」她說。大概總是一個菩薩，專管殺犯人的。」

「是他要殺的麼？」

「大概是吧！」

「那麼爲什麼還要拜他呢？」

「求他保佑呀！」

「他要殺的人，他還保佑麼？」

「保佑他死得不太苦，保佑他的鬼魂不再受苦。」

這道理，我那時一點也不懂，現在還是不十分懂。但從那時起，頭腦裏就留下一個極可怕的影子；一個儒衣儒冠的人，高坐在死囚牢里什麼一張祭桌上，眉目口鼻不甚分明，但一片濛濛作青色；而從他全身，都散散出劊子手的死亡的氣息。這影子無論如何膺不掉，以致看到女士們身穿淡青天青亦或濃青的衣裳時，無論人家怎樣讚其美秀，我總是只感到恐怖。長大以後，遇到一些很有學問的人，向他們探問「青面聖人」究竟是怎麼一回事，也並無所得。前不久，在「希望」二期上看到卒尼的「略談祀灶」，對于灶神的來源詳加考證，繁稱博引，心里很是羨慕，想也找一些材料研究一番，或者還可以寫出一篇「青面聖人考」來。這雖然好像不登大雅之堂，但幸而生當今日，在胡適之先生已經宣稱「學術之前一切平等」，並且實際的做出「賀雙卿考」一類文章之後，「學術之前」言路已寬，或者還並不要緊的吧！但不但並無所得，而且根本無從着手；不但找不到材料，連材料要往那里找也不知道：終於還是廢然而止。

等到讀了「後水滸傳」，材料算是有一條了。這可以證明兩件事：一，此種規矩明末已有；二，「青面聖者」與「青面聖人」乃是同一物之異稱。但這兩個結論仍無多大用處，我于該「聖人」或「聖者」本身還是茫然。只是在那樣生動的文藝敘述之中，更增加了該「聖人」或「聖者」的恐怖性而已。

考據之學既然碰了壁，只好轉而運用推論之法。蒲留仙的「幸雲曲」中，記明武宗微行嫖院，與富家子王龍鬥富爭風，等到文武百官前來接駕的時候，就下令把王龍剝皮揎草。王龍的揎了草的皮「抬到樓前，立站不倒，面不改色。萬歲說：『王官！你死了也稱財神。』忽的一聲，面前陰風一陣，左轉三遭，右轉三遭，謝恩已罷，歸天不提」。這也是一個死刑犯者的鬼魂，但當然是特等的死刑犯者的鬼魂。夫王龍既可以蒙此殊恩，「青面聖人」亦未嘗不可。「援也者，子然，我奚獨不可以然也」：此見于「墨子」「小取篇」，固亦邏輯之古法。因此，我推測該「聖人」或亦死囚之一，于被剮被斬或被絞之後，經某一皇帝說了一句「你死了也稱死囚之神，」于是就陰風一陣，左轉三遭，右轉三遭，謝恩已罷，歸天去的。其人當是儒生，按照敕封和尙總封爲「活佛」，敕封道士總封爲「天師」之例，故稱爲「聖人」。至于所以「青面」之故，可是不大淸楚。也許因爲在五行方位說之中，青是「東方甲乙木」之色，主生育長養，他是死囚之神，故正必需裝起這樣的面孔吧。我的見聞很是淺陋，于古人之中，除掉「青面獸楊志」而外，不記得還有什麼以「青面」著名的人；但這位好漢與「青面聖人」又顯然不會有什麼關係。

那麼，總之，在我的學說體系之中，其所以「聖人」而且「青面」，就是爲了表示「好生之德」的了。裝起「好生之德」的面孔來當死囚之神，此死囚之所以于被他決定要死之後，將死之前，仍必需向他磕頭禮拜也。鬼神之事，雖然是難言之矣，但從人事上亦可推知一二：即如明武宗，王龍的皮雖是他下令剝的，但因王龍死前並無一點怨望之意，而只是「有王龍，顚巍巍，罵大姐，（案，即王龍所嫖的妓女，當王龍知道那是皇帝而想逃時，她卻把他縛獻于皇帝）吃你的虧，千刀萬剮賊賤的蹧，得罪朝廷都是你，臨危了還要獻諂媚；臨死咬的牙根碎」，全屬自怨自歎，向更弱者諉罪，所以雖剝了他的皮，還是封他爲「財神」，王龍的鬼魂也還是「謝恩」。由此推之，死囚倘不禮拜「青面聖人」，死後亦必無好處，恐怕還要大大的受苦，故不如拜一下之爲得也。

而且，中國的事也有極不可解的。照例死囚處決時，只要是出於皇帝的聖旨，都需望北叩首謝恩，然後引頸受刃。好像吳稚暉先生的「上下古今談」裏記衞汝貴受刑時，就有這麼一個節目。但這所「謝」的究竟是什麼「恩」呢？當眞希望死後還可以被封爲「財神」麼？「幸雲曲」之流，究竟是「街談巷議道聽塗說者之所造也」，恐怕未足以爲典據。即使可以爲典據，王龍之「謝恩」也還在死而受封之後，並不在死前，並且不在「抬到樓前，站立不倒，面不改色」之時。那麼，這下令殺人而還能得到被殺者的謝恩的事，眞是無因之果，或者果不對因，眞非「西方因果邏輯」所可說明，必需請林語堂先生用「易經」的邏輯來說明一下才行了。

也還是在故鄉，就在那西門城外，有一次，和幾個「救邏」中的指導者在那先前作爲刑場的地方玩。有一個指導者忽然指着那些埋葬死囚的亂塚說：「這裏面恐怕有不少無名英雄呢！」我那時已參加「救邏」，受過所謂「新思想的洗禮」，一聽當然了解其中的含義，於是印象十分深刻。後來隔了好久，我們又去玩，不自覺之中，我也那麼指了一指，說了同樣的一句。但那位指導者忽然問：「爲什麼？」我說：「因爲他們都是造反的，搶劫的，不服從皇帝命令的，等等。從我們看來，都是客觀上的反抗舊社會的戰士。」這答覆立刻引來他的一大套敎訓，說那些人不能算戰士，說戰鬥時不能陷入流氓路線，盜匪路線，說這種路線正是無政府主義者所執行的，說我的意見已經犯了無政府主義的錯誤，等等等等。我那時對於理論所知甚少，所以被教訓得啞口無言，只暗自驚異於他自己的意見之前後矛盾。但又想，也許這就是他的認識的進步的表現吧，那麼我眞得跟在後面永遠受他的領導才對了。然而，到現在，我自以還沒有變成無政府主義者，但對於從前皇帝手下被殺的那些死囚，倒仍然認爲大抵是反抗的英雄。當然也有很少的一些貪官污吏，但根據黃宗羲的理論，一切皇帝都是「使天下之人不敢自私，不敢自利，以我之大私，爲天下之大公」的，則那些貪官污吏也不過是以小私小利觸犯了皇帝的大私大利而已，他們死於皇帝的治下，也還是大寃。

既然一切被處死於皇帝治下的死囚不是大寃就是大仇，那麼，上述死前的謝恩就很有道理了。那是，不但在肉體上，而且在精神上的，不但對死人，而且對活人的，不但混亂了是非之分，而且混亂了恩仇之分。那也就是心的征服，心的虐殺。

對于「靑面聖人」的禮拜，作用大約也是一樣的吧！對于顯然可見的謀殺者的皇帝都還謝恩，何況渺渺茫茫的鬼神呢？對于「有威可畏」的皇帝都還謝恩，何況「有儀可象」的「聖人」，而且還是「靑面」呢？主肅殺的「西方庚辛金」其色爲白；這位明明是主肅殺的「聖人」，却把主生長的「東方甲乙木」的靑色拿來裝在臉上，正如死刑却名爲「解放」，以德國人民手中刼得政權的希特勒却自稱爲「受權于人民」一樣，更易騙取犧牲了。

就是「聖人」，讀書必多，于五行方位之學知之必稔，所以我推測其所以「靑面」之故，最如前所說。但在世俗，「靑面」兩字之下，最容易想起的，却是「獠牙」；這就不是什麼好像貌了。天下事本難兩全，眞正雅俗共賞之道，蓋甚希少。學者聖人之流拿出來的許多高妙的法寶，從愚俗之人看來往往全是另一回事，適得其反。例如學者說：絕棄物慾。愚人聽來却是：餓死了也不要作聲。又如聖人說：犧牲小我，成全大我。愚人聽來却是：犧牲你的小私，成全我的大私——大公。所以，該「聖人」依據高深的學理，要使人相信他的「靑面」是表示「春氣發生，長育萬物」；而愚人看了，却只想到那上面的隱而未露的「獠牙」：你看，這眞是死也說不到一塊兒去！

不過，平心論之，我小時聽到「靑面聖人」的名字時，其實倒也並非爲了「靑面獠牙」而恐怖。那時，我總有一個奇怪的意見，是認爲一切鬼之中，惟吊死鬼最爲可怕，至於「靑面獠牙」之流倒是「何足道哉」。曾向老爺少爺和太太小姐們都發表過這個意見，結果前一類的人們大抵全部同意，後一類的人們則認爲「靑面獠牙」也是一樣可怕的。但我還是堅持我的意見。因爲我以爲「靑面獠牙」已距人的形相過遠，即使看到，無非等於看到狒狒猩猩；只有吊死鬼，大體上保留了人的形相，因而特別顯出「人的非人化」，特別引起恐怖。看「聊齋誌異」與「閱微草堂筆記」往往弄得夜不能寐，看「西遊記」却全無所懼，恐怕也是這個道理。這個道理，當然只是現在才說得出來的；但現在若是「自覺」，那時就是「自在」，可以自信決無牽强傅會之處。所以，總之，那時就本於這一不自覺的標準，去衡量「靑面聖人」，或者說去創造「靑面聖人」：不但使他面部輪廓和五官位置都與常人無異，而且使他穿戴上儒衣儒冠；在這一切都完整的人的形相之上，却抹上一片非人類的靑的面色，這是直到現在我都認爲不能更可怕的形相了。

我想，這位聖人，從長久的年月以來，就君臨於古中國的大大小小的黑獄之中，享受着人的血和肉的供奉，並且接受這些犧牲的禮拜，恐怕是我們的民族宗教中最偉大的一位尊神了。閻羅，據佛家說，乃是「嗔心」所化，那麼倒是一位復仇之神。我們雖然也普遍的崇拜他，但究竟是異域傳來的，與我們的民族精神怕還不十分親切，所以弄得也不大有「嗔心」的樣子。只有這位「靑面聖人」，躲在人所不注意的暗角，平常極少露面，實際上却眞正的掌握着萬千小民的命運。人們之所以不大注意到他，大約就因爲平時他不露面，而等你看到那非人類的靑色的面孔時，又已經來不及，你再也沒有機會去轉告你的父母兄弟愛人或朋友了。於是你的父母兄弟愛人或朋友還是不知道，直到他們不幸而竟又知道了的時候。而他，也就利用這種局面，得以長久保持他的黑暗之中的統治，從長久的年月以來直到如今。

他所要的只是一件事：殺戮。被殺者是誰，他是不管的；爲什麼而殺，他也不管的；只要殺戮的命令出于皇帝（或其同等人物），以及皇帝（或其同等人物）的走狗奴才；只要殺戮的執行者是劊子手。他並非兼管一切死亡的「死神」，也不是專管戰爭的殺戮的「軍神」，更不是專管正義的殺戮的「復仇之神」，而只是只有我們這個民族才能產生的——確切些說，只是「劊子手之神」。試看「後水滸傳」所記，是獄吏們先向他禮拜，然後才叫柴進向他禮拜的。可見他實在是劊子手的「最高結晶」，而死囚之所以需要向他禮拜，亦正如死囚之需要向劊子手磕頭，有時還要送大量的錢給劊子手而已。

今天的黑獄中，究竟如何情況，蓋不可知。據推想，「青面聖人」的統治總該還存在，不過杜重遠先生等人被勒斃之前，當然不會去拜他，劊子手也不會要他們去拜他，只有劊子手們自己大約仍然要拜的。那麼，他就更純粹的成爲「劊子手之神」了。

因此，他就隱藏得更爲秘密。也因此，我希望我們更多多的研究他，使他的大名家喻戶曉，使他的尊容至少每天有一次出現在每一個中國人（我說的是中國人）的心目之中。倘眞有一個「有歷史癖與考據癖」的先生寫出一篇「青面聖人考」來，我雖將不免偶或笑其拘迂，但實在却也是歡迎，尊敬的。

一九四五年七月二八日

今天的「狂人」和「莎樂美」

孫子野

前天看報，說希特勒恐怕躲在阿根庭，繼而阿根庭政府又加以否認。連前兩回關于愛爾蘭與西班牙的傳說，以及愛爾蘭與西班牙政府的否認，這是三次了。今天，幾個人談天，有人忽然說：「說不定希特勒在日本呢！」我們都笑了起來。

笑過以後，回來看書，就看到果戈里的「狂人日記」。那個小書記在報上看到西班牙沒有了國王，大爲焦急，認爲一個國家怎麼能够沒有一個國王，于是就天天注意尋覓。尋來尋去，終于尋到了，原來就是他自己。從此以後，他卽自稱西班牙王，簽字，下令，並且拿舊衣改造成王衣王冠。並且等待着西班牙特派來的使臣的迎接。左等右等，終于等到了。坐上馬車，開進了西班王宮。而這西班牙王宮，原來却是俄羅斯的瘋人院。

現在西班牙還是沒有國王。但在我們中國，「先儒」大學士徐相原就否認西班牙葡萄牙等國的存在，說「西班有牙葡萄有牙，寧有是理」的，所以這國家於我們的「固有文化」無徵，其有國王與否我們本不必管。而況，佛朗哥英雄似乎也馬上要捧出一個國王來，更不成問題。我們的小書記，是大抵不會自以爲西班牙國王的。

但希特勒英雄，乃是國際人物，因被頌爲新世紀的救世主。我們對他，曾有「斯人不出，爲蒼生何」的期望。現在，可眞的是不知去向了。志存開濟之黃臉乾兒，爲天下蒼生着想，恐怕也正在注意尋覓的吧！

世界的大瘋人院，已經收容人數太多了。我眞的希望趕快把眞希特勒找到，趕快在世界各報上用特號字登出消息來。——眞的，眞的迫切的這樣希望着呢！

不過，來在救世主之先的施洗者約翰，是墨索里尼。此公屍體倒懸於羅馬街頭，被打成的腫加上本來的胖，如大肥豬，非常壯美。那照片，也在重慶街頭展覽過。我不知道我們這里亦有抱他接吻的莎樂美姑娘（或先生）否？

一九四五・八・一・

史學的奧竅

但公說

「蟲鳴漫錄」，舊題「采蘅子著」。其人未詳，但其議論頗有可觀。有一條是：

「論古當就彼時遭遇；若就目前以例古人，未免隔膜。三國以蜀爲正統，習鑿齒已有此說，非朱子之特筆；不過朱子名高，衆善所歸耳。要之，帝魏帝蜀，皆時爲之：陳壽固無論矣；司馬溫公生於北宋，太祖以禪讓開基，事與魏合，斷魏有爲時忌；朱子南宋人，高宗以藩邸繼起，不帝蜀則有妨本朝：所皆古人之隱衷。若陳壽身爲晉臣，晉嗣魏後，倘倡爲帝蜀之論，豈非悖逆之甚者也？曾是身事一姓者，而敢出此耶？」

這議論確是明智不隔。倘有聽史論或說書而聽得頭昏眼花，如墮五里霧中的人，得此以後，將頓然有耳目清明，頭頭是道之樂。去看那一大羣史臣史官史學家的千花萬錦的跳踉叫呼之態，亦自能邈然會心，如看猴子衣冠作戲時之所以欣賞之者了。

但朱蘅子蓋亦有所味於「以言教者訟，以身教者從」之理，故當他自己論史時，就又有這麼一條：

「……自于帝王之興，全係天命，亦無一定。而以成敗於人者，皆事後附會其說，毫無卓見。如宋齊梁陳隋之于唐，梁唐晉漢周之于宋，其得天下相同，而獨以唐宋爲正統者，以其享國長久。若唐宋如齊梁等朝之短祚，齊梁等朝中亦有一享國數百年者，以待以正統歸之，而唐宋爲閏統矣；何足爲定評哉？元主以漠北入主中國，百餘年中，無一中國人割據稱帝者，于儒無以措詞也，又不肯以正許元，遂于吏冊內低格記事，而不大書其年號，以示鄙薄；尤爲刺謬。天之生材不擇地，而氣所鍾不擇人，初無夷夏之別，亦不關歷年修短。統何必分正閏？帝又何必別夷夏哉？大哉高宗聖諭：「命儒」臣命以遼金元各爲一史，南宋又作一史，分疏其事，而不强分正閏，如南北朝體例：眞可爲作史者萬世法！」

前半論正統論之實質，極有見地。由此，應該便可以看出這是一種奴才主義的歷史觀，而予以根本推翻。但不料忽而轉到夷貢，以彼例此，說這分別也不必要；又不料又忽而一轉，根據分別的消除，就說無論大小中外的主子都是同樣的主子，一視同仁；經此二轉之後，前面那一條明智不隔的議論，就可以看出，又不過陪襯的意義了。

但在他那一方面是陪襯，在我們這一方面卻也不盡然。若無前一條，則當我們讀了後一條之後，而又倘若認眞的去想時，就又似「未免隔膜」了也。

一九四五、三、二五、下午

譯音

丁易

過去有些人翻譯外國女人的名字，總喜歡加上一個草頭或女傍，以示其爲女性，如「利」必作「莉」，「尼」必作「妮」等等。自然，也有鬧笑話的，像「西」字，一加上草頭就變成了「茜」，音就根本不同了。

不過這種翻譯法卻倒也是古已有之的。

前些時看過一部清人筆記，書名已經忘記了，作者大概是喜歡弄點「洋務」的，其中記載外國的事情特別多。有一則大約是談到美國，大意說是其國君數年一易，人民見之必致「三蝦腰」之敬禮，尊之曰：「大伯璽理天德」。

「三腰蝦」一定是三鞠躬，鞠躬一名詞雖然甚古，但並不像「頓首」「稽首」之類，是一種禮節的專名。所以這位作者不采用，而拿「蝦腰」一詞來象形，這點是很容易想到的。只是「大伯璽理天德」是什麼呢？左思右想，鬧了半天才醒悟過來，原來是President的譯音，再加上一個形容詞「大」字。

這譯法可眞不能不令人拍案叫絕了！請看，「伯璽理天德」這五個字，有的是尊敬皇帝的名詞，有的是皇帝專用的東西，連在一起，猛然一看，簡直就和「奉天承運」「聖德明哲」一樣的派頭了，

然而現在看來，這譯法實在比譯外國女人的名字加草頭加女旁還要可笑。這位筆記作者生於滿清帝統王治之下，只曉得最高的統治者是帝王，所以也就以尊敬帝王的名詞來尊敬美國的總統，卻想不到美國在那時已是民主國家，民選的總統根本就不能和帝王相比，他不過是人民的公僕，拿尊敬帝王名詞來尊稱，與其說是尊敬，毋寧說是侮辱！

時代不同，政體不同；許多專制時代的名詞典故，例如：「九鼎」，「萬幾」，「神聖天縱」，「儀則天下」，「五百年必有王者興」等等，都是屬於帝王專用的。倘非帝王時代，則這些該早已成爲文字的殭屍，如若還有人拿來引用比附，連綴成文，那就是一方面表示自己天生奴性，甘受豢養；另一方面則是傳播帝王思想，散發專制毒菌，直是別有用心就不像譯「利」音必作「莉」，譯President爲「伯璽理天德」僅是可笑可憐，而是可憎可惡了。

好像康有爲曾這麼說過：「如若廢去跪拜禮。則天生此膝嚮何用？」一時傳爲笑柄，難道這樣笑柄，現在還會出現麼？

好名二術

丁易

三代以下惟恐不好名，可見好名也並不是件絕對不應該的事。自然，如若太上忘名，那就更好了。

不過，名者實之賓，實至才能名歸。如果眞是好名，只有先務其實，因爲實之不存，名於何有？縱能倖獲虛名，也當不起人家來循名責實，終於還是露出馬脚來。

然而這「實」也並不是隨隨便便可以獲得的。必須要脚踏實地的去做，而脚踏實地是件吃力的事，這就難壞了許多人，於是求名捷徑，也就應運而生，層出不窮了。

捷徑當然是多的很，但歸納起來，大抵也不外兩種：一是故意地附和着大家說，是曰趨時；一是故意地不附和着大家說，是曰立異。二者似相反，其實相成，都是「故意」，而非本心，一言蔽之，曰：僞！

光說趨時。世間萬彙，紛然雜陳，自非哲人，是非之辨，往往是容易混淆的。所以一時期人情之所向，未必卽爲眞「是」；同樣，一時期人情之所背，亦未必卽爲眞「非」。但是求名之徒，是不管事之是非的。只要風尙所歸，便趨之若鶩，假如碰得好，那一時風尙是「是」他也就夾在里面「是」起來，但「是」在何處，他自己還是莫名其妙。若果碰得不好，遇到的是個「非」，那只要能助他成名，也是在所不計。前者如滿淸末年大談洋務的那些官僚，後者如義和團時投拜大師兄的那些糊塗虫。可是所謂風尙，是變化莫測的，風尙一變，這些人又自然而然跟着變過來，所以談洋務的官僚，只要遇到一個扶乩卜卦的大師，立刻可以議形於色的痛罵洋務是「用夷變夏」；而義和團失敗後曾經投拜大師兄的人，又到處申明自已不是義民了，可惜那時報紙太少，否則一定要登個自首啓事來表白一番的。俗話說「牆頭一棵草，風吹兩面倒」，形容此輩，是再恰當也沒有了。

立異，這法子是趨時的反動，趨時人多，獲名不易，趨而碰壁，乃求立異。當然，這與趨時本質仍是相同，仍是不問事之是非的。只要大家都這麽說，他就偏要反過來那樣說，一鳴就要驚人，乍一看來，似是一家之言，稍一考察，盡屬違心之論。舉個例吧，大家都在提倡抗戰文藝，好，他舉出一套古怪理由來說文藝可以與抗戰無關。大家都說婦女應當解放，好，他從某一刹那的快感上來說明女子應服從男子。這樣固然危言足以聳聽，嘩衆亦可取寵，得名較趨時爲易，但卻也比趨時危險，一個不小心，就落在萬丈深淵，永難自拔！比如說，十幾年前，研究墨學之風甚熾的時候，就有位先生出人意外的說墨翟是印度人，後來上海灘上又有解放詞人出現，可是喧嚷一陣，曾幾何時，這一位學者，一位詞人已早被人忘卻，卽或談起，也不過如本文中當作笑料而已，而上面能說的主張文藝無關抗戰，女人應服從男子的兩君，不也銷聲匿迹了麽？章學誠文史義通砭異篇有幾段說得最好，他說：「天下有公是，成於衆人之不知其然而然也，聖人莫能異也。」聖人莫能異的公是，而賢是之，焉有不敢之理！至於歷來獨標特見的哲人，他們也並不是立異，他們是「於學求其是，未嘗求異於人也。學之至者，人望之而不能至，乃覺其異耳，非其自有所異也！」（同上）而專爲了求名立異的人，則是「於內不足。自知不足，而又不勝其好名之心，斯欲求異以加人，而人亦卒莫爲所加也。」（同上）

上述二端，是爲原則，本此原則，可就變化繁多了：有在趨時中又立異者，例如大家都說「是」，他也跟着說「是」，而這個「是」卻又與大家所說的不同。有在立異中又趨時者，例如大家都說「非」，他卻認爲是「是」，但卻又對「是」非上兩句，對「非」是上兩句。但無論其怎樣變化，其混亂是非，冀得虛名之目的則一，歸根結蒂還是一個字：僞！不求其實，惟務虛名，縱有所得，也是海市蜃樓，轉瞬卽逝。俗話說得好：「實主名歸」，此語雖簡，意義實深，好名之士，曷深思之！

第三期所徵求之「七月」和「棉花」，除第三集第三期之「七月」外，都有了。

我的懷鄉

舒蕪

我家的大門，是在外門之內，約一丈高，包裹了黑鐵皮，掛着兩個重沉沉的鐵環，終日緊閉着。頭上有五六根短柱，成一橫排，向外伸出，與大門成直角，顏色沉暗，雕有一些花紋。我平常不很注意，後來經長輩指點，才知道就是「閥閱」，可以表示我族的高貴的。知道之後，也頗引爲光榮，竟至於每在紙上塗寫自己的姓名時，都要加上一個「閥閱之家」的頭銜。雖然能看到的還只是我自己，但自己看着也就足够得意。

站在這一排「閥閱」之下，敲着那兩個重沉沉的鐵環，才可以敲出一個看門的老人，把你引進這「閥閱之家」。這裏面，有我的祖父伯父，和祖母以下的「婦」，我以下的「孺」，以及男女僕人若干個。但雖有這麼多的人，却可以從早到晚都在濃厚的寂寞中度過；除了祖父的馳名的詠詩聲，伯父的對小孩子們的呵罵聲，間或沉重的在寂靜中浮起。

我以下的「孺」，共有六個；又按照年齡，略分爲兩級。我和一個堂弟一個堂妹，是高級；在家塾裏讀書；另外幾個小弟妹，是低級，就都還在家裏玩。但所謂「玩」，又只是「還沒有進家塾」之意而已，與通常的解釋並不相同。他們如果眞的「玩」起來，或跳或笑，立刻就要被伯父的呵罵聲阻住。我們如果在晚飯之後，上夜學之前，間或也眞的「玩」起來，或跳或笑，只要祖父的「塵世難逢開口笑，菊花須插滿頭歸」的聲音一傳來，我們也便不約而同的，互相望一望，自動停住了。——祖父其實很慈愛的，並不常罵人，但我們總是爲了他的「塵世難逢開口笑」而就停止了我們的或跳或笑，不知什麼緣故。

自動停止以後，大家隨即悄然走散。我不知道別人在這種時候通常是幹些什麼，自己則大抵是走回房裏，找一些紙片，在黃昏的黯淡中，縱橫塗寫着「閥閱之家×××」的字樣，自己看看，得意一番。到了黯淡進爲黑暗的時候，就點起燈籠，穿過陰森的竹園，多蛇的花園，跨進八卦形的門，爬上作爲家塾用的「亭子」，去讀「王若曰：猷告爾多方」，或是「履虎尾，不咥人，亨」了。這時候，聲音倒是越大越好。但我們自己却又發不出大聲來，只能在瞌睡中拖着聲下去；一面用力搖動着坐在椅子上的上半身，時而左右，時而前後，時而左右前後並用而成一小圓圈，這樣變換着花樣。這搖動不知是否合法，但似乎也從未遭禁止，大約是可以默認的吧！

這樣，在這「閥閱之家」裏，白天夜晚都是「王若曰」之流，中間夾有一小段「閥閱之家×××」，我就日復一日的如此度過，倒也很平安。

然而，我又有一個外祖母家，却成爲我的一切歡樂與痛苦的源泉。那裏的「家長」，是三個舅父，其餘也是不少的「婦孺」和男女僕役。外祖父是古文名家，在民國初年，一篇幾百字的文章，價錢動輒就是幾百，甚而至於上千。因此，雖未做過什麼「正印官」，仍有不薄的「餘蔭」留下來。舅父們就「襲先人之餘蔭」，兩個成爲「紈袴子」，只知道吃鴉片，一個雖不吃鴉片，也只能如家鄉俗語所說，「吃老米飯」。不過，我這些惡評，當然只是現在的話；至於在當時，對他們倒是遠甚於對自家祖父伯父的親切的。因爲，當他們躺在雲烟繚繞的房中吞雲吐霧時，我就可以和表兄弟們在房外跳踉叫囂，無所顧忌；我們準確的知道，他們决不會從雲霧中跳出來干涉的。他們的大門，也與我家不同，是整天開着，可以讓我們隨意進出，而無須給別人知道。因此，那雖不是我自己的家，反爲我所留戀，一有機會，總要纏着母親，要她帶我去住上幾天。在這幾天裏，我就把從自己家裏得來的「少年老成」的令譽置之不顧，不避「爬高上梯」「手閒脚不住」的惡名，痛快的大玩起來。

這痛快之中，却又有一種刺骨的隱憂：過幾天又要回家了，怎麼辦呢？每當酣嬉暢笑，意興正濃之際，還隱憂即刻出現，使我即刻呆呆的退到一邊，想着眼前這些快樂原都與我無關，而且簡直是對我的諷刺，就對表兄弟們有了無比的艷羡，轉爲嫉妒，化爲仇恨，終于發爲爭吵與鬥毆，眞是使大家都樂極生悲了。

有一件事，至今我還不能解釋。那是暑天，也在外祖母家，大家約好晚飯後洗過澡，就去作一個我現在已記不清的什麼極有趣的遊戲。我一面洗澡，一面着急，怕他們不等我去就玩起來。匆匆的在身上淋了幾把水，就站起來絞乾毛巾，預備擦乾身體就穿衣。但正在絞毛巾時，那隱憂突然出現了，並且一下子來得極强烈。眼前又沒有可以爭吵鬥毆的對象，悲哀、艷羡、嫉妒、仇恨只好混在一起在心中攪動翻騰。忽然，似乎由於一種化合作用，這一切情緒就凝成一個死亡的恐怖，淸楚尖銳，猶如眞在最後一息的時候望着人間一樣。這大恐怖的襲來，使我全身無力，隨着掉下去的毛巾，轟然一聲的也就坐下去了。這以後，當然沒有再去參加遊戲。而且接連幾天，全部感覺都糾纏在死亡上面，終日奄奄如病。以至驚動了外祖母，請了醫生來看，也看不出有任何病情；大家都以爲奇。我自己是知道的，但那時無此分析說明的能力，所以什麼都沒有說。現在回想起來，情緒變化發展的過程是很淸楚的；但還有無法解釋者在：我那時才只十二或十三歲呀！

隱憂越來越迫切，最後就要成爲事實。往往是，偶然走到大人們談話的地方，聽到外祖母或舅母挽留：「再玩幾天吧！」母親說：「我倒不要緊，就怕他荒了書，他祖父又要說話了。」諸如此類的話，我一聽到，立刻一切都明白，也一切都完了。眼前隨即出現了黑鐵皮的大門，重沉沉的鐵門環，以及門上頭的光榮的「閥閱」。而這些「閥閱」，就化爲一排釘爬的利齒，似乎被一隻巨手高舉在那里，等我走近，便猛然磕下來，把我磕成肉醬；又有一隻巨手，則把我向那里拖。我的心靈在掙扎，在滾頓，在呼喊，終於還是被拖了過去，一下子被那五六根利齒釘在地上了。因此，表面上也就什麼都不表示：只默默的走開，像被判定了徒刑的罪人靜待着明天的入獄。

兩家同在一個小城裏，相距不到一里，但來往大抵坐轎。由男僕人抬送。當第二天夜晚，跟着母親坐在那抬向黑鐵門和「閥閱」的轎子裏時，我是多麼希望這條路的延長啊！延長，延長，延長到無窮盡，讓我就這麼坐下去吧！當然，我並不顧到抬轎的男僕的肩頭。但是，抬進一條長長的巷道，從兩邊的轎窗望出去都只見到模糊的磚牆了。這是到我家去的必由之路，走完它，再穿過一片荒場，就是我的家。而這巷道，是相傳常常有一個高約丈餘的無常鬼出現的。我一看到兩邊的模糊的磚牆，立刻閉上眼睛。這時，倒有些希望趕快走到「閥閱」下面去。並且還有一種很明顯的理智上的努力，努力改造情緒的狀態，壓之使平，抑之使靜，以便迎接就在眼前的「閥閱」下鐵門裏的生活；「閥閱之家」的光榮感，也被努力的召喚回來。於是，終於也就帶着這平靜和光榮，被抬進「閥閱」之下，鐵門之內。接着自然仍舊是「履虎尾，不咥人，亨」的滾滾而來又滔滔而去的日子。

「履虎尾，不咥人，亨」的地方，方才說過，是在「亭子」裏。所謂「亭子」，是住房之外的專供點綴遊觀之用的閒房之一，不知什麼時候起成了家塾；但家裏人只稱之爲「亭子」，連給它命名的祖父也這樣叫，並不叫它的正式的高雅的名稱。那正式的高雅的名稱，只用在祖父的詩集上，題爲「某某亭吟稿」。可是，據我所見，他又根本未曾在那裏住過，也並不在那裏吟詩；那時很以爲怪，當然也沒有問。倒是我們眞的在那裏閒或吟着「蘭葉春葳蕤」之類；可惜那又明明是什麼「蘅塘退士」的「唐詩三百首」，不能給題爲我們的「某某亭吟稿」的。但總之，我和堂弟就是在那裏讀書，從「弟子規，聖人訓」，一直讀到「履虎尾」之類，前後五年。堂妹則半途加入，大約沒有讀到我們一半，就和我們同時進了學校。自此以後，「亭子」就眞正成爲閒房，不再有塾師坐在裏面。而我們三人，在家族史上就成了最後一批「家塾出身」的；將來也許會是一種光榮，猶如現在談起某某人是最後一批「科舉出身」的吧！

祖父少年時其實是維新黨。所以，家人中除他自己而外，都是「洋學堂出身」，他自己也到日本去過兩三次。但在未進「洋學堂」之先，又都需在家塾中讀上幾年，謂之「打個根底」。「打個根底」之後，在「洋學堂」裏，「國文」的本領當然大抵都很出了一些風頭。因此，祖父的「善于教子」的聲名，也就馳傳於鄉里。而我們，也就作了這聲名的最後一次證明，在「亭子」裏消去五年的生命了。

「亭子」裏，每年舊曆正月初七，總有一

次祭聖人的儀式舉行，是開學讀書的序幕；我們謂之「磕聖人頭」，或謂之「上七」。現在每一想起「亭子」，還「磕聖人頭」或「上七」，總就連帶着想起來。其中又有一次，特別記得清楚。那是——當然就是舊曆正月，從初二到外祖母家拜年起，就住在那裏，因爲新年，玩得更加痛快。但眞是「光陰如白駒過隙」，有一個早晨，剛穿好衣下床，立刻想起：今天不就是「上七」了麼？何以昨天直到睡時都沒有記起呢？但不管記起與否，總之今天是非回去不可了。「磕聖人頭」，通常是在午飯之前。記算一下，還有三個多鐘點。好吧，儘量的玩掉這三個鐘點，「屆時」才趕回去吧！那時那種絕望後的狂歡的心情，大約正可歸於「世紀末」的一類。於是，就齊着這「世紀末」的心情，和一個表哥踏着積雪，穿過兩座高聳半空的貞節牌坊，競走式的跑上街去。目的地，是新年中專爲兒童開設的玩具舖；目的物，則是洋鐵做的形作小兵或老人而鼓起肚子的叫叫兒，從脚的一頭吹進去，發出尖銳的叫響。那樣式也很繁多，其實並不僅小兵和老人兩種。我們挑選了許久，終于各挑了最合意的，付了錢，一路吹着回來。雪已經停止，行人又少，我們來時的行脚迹還清清楚楚的印在路上。我們試着把步子仍合上那脚迹，互相監督，誰發現了另一個人走錯步時候，立刻吹一聲叫叫兒以作警告。但這警告往往反而弄得更糟，愛的往往因慌亂而就走得更錯，引起警告者的大笑，連他自己也笑起來。尖的銳叫聲和歡樂的笑聲，劃出一條輕快的紋，迅速的馳行在古城的鋪雪的道路上。那貞節牌坊，本是褒獎一個吊死的節婦的。這個「貞魂」，據說還常在夜間顯靈，頸帶繩索，舌長一尺，高坐牌坊頂上，俯視下面過往行人，格格而笑。我們平時，卽使白天，走過下面時也不免惴惴，夜間更是望而却步。但在這靜寂無人，雪中的景色不免現出相當悲涼的時候，我們却完全忘記那些鬼影，叫聲笑聲的紋路仍向着它筆直的疾馳而進了。

然而，快要走到時，前面忽然起了一聲呼喚，分明是喚着我。望過去，外祖母家一個女僕正從那邊也向着牌坊走過來。我立刻站住，立刻直覺到不妙，立刻想起已是家裏「磕聖人頭」的時候了。和她問答了幾句，果然是祖父派了僕人來叫我，等着一道回去，並且說是祖父非常生氣云。我只有垂頭喪氣的走向外祖母家去，雖然脚的速度仍然是近於奔跑，但心靈明明又經歷了一次滾顛掙扎與呼喊。

望見外祖母家的大門時，同時也就望見站在門口等待着的母親、舅母、小表弟和奉命叫我回去的祖父的書僮。我默默的走上去，表兄也跟在後面。忽然，母親和舅母一下子就迎過來了。舅母的手掌，打在表兄的臉上；我的臉皮，却被扭在母親的兩個指頭之間；小表弟的惶然的面貌，好像在什麼遙遠的地方搖幌。

據心理學家說，凡是極度的驚駭，事後總難回憶出詳情。我在被扭了一下之後，究竟怎樣走回家去，怎樣走進「閥閱」之下的黑鐵皮門，現在也都記不起來了。記起的，已是剛一走上「亭子」時的印象。那時，「亭子」的當中一間（共三間），已經陳列得快齊備了，大家都在忙碌。迎着我的，首先是堂弟的同情而又幸災樂禍的眼光，和伯父的看不出是什麼意義的眼光。我在這樣兩種眼光之下，就在龕門處站定，靜候祖父回過頭來，他正忙於祭台上的陳設。許久許久，他還在陳設，慢慢的放下，仔細的打量；伯父和堂弟則來往奔走，把應該用的東西送到他手上；都不作聲。我只好依然站着，一面觀察室中的景況。室中除門的一方而外，三方牆壁都挂滿了畫相或拓相，上方是聖賢之類，左方是詩人文人之類，右方是學者之類。現在還記得的，上方正中當然是孔子了，緊靠着是孟子，最左端是曾國藩——不，應該說「曾文正公」；右方有王船山和一幅一羣的漢儒，船山相上題有他自題畫相的「鷓鴣天」詞，漢儒相上似乎許叔重是個跛子；左方有蘇東坡和黃山谷，此外好像還有姚姬傳。祭台上面，除香燭之外，是不少珍貴的書籍字畫，以及古里古怪的祭器。我看着，漠然的想：不知道王船山究竟爲什麼要「我自從天乞活埋」？黃山谷何以那麼胖，蘇東坡又何以那麼瘦，何以與他們的詩的印象恰恰相反？想了一下，也想不出所以然，就再看看祖父的動靜。可是，祖父不知何時轉了身，正看着我。那眼光，我永遠不會忘記的啊！那裏面並沒有憤怒，只是一種冰冷的無情而慘酷的輕蔑，剛一和我的視線接觸，就隨着全身的轉動而閃開去；然後由一種同樣冰冷而輕蔑的聲音，叫我把一個什麼「笙」遞給他，讓他陳列到祭品一起去。他背向着我說，也並沒有指名叫我，但我明白是叫我，而且也看到那個「笙」就在我身邊的凳子上。然而，我被他那眼光完全壓倒了，提不起脚，答應不出聲音，好像根本沒有聽見。他等了一會，就自己走來拿，完全不看我，只當走過我身邊時，把我向旁邊一推，好像推開一件礙手礙脚的東西。這時，伯父和堂弟也驚住了，走來走去都望着我，帶着難著的同情。

陳設好了，祖父走到祭台前開始磕頭。我沒有忘了我的職份，也機械似的走到祭台左側的小几旁去敲磬。——這在外祖母家是僕人做的，在我家則向「门，子弟」擔任。祖父磕過了，伯父磕過了，就輪到我。我把磬交給堂弟，也在磬聲中磕起頭來。跪下去；左脚跨前，右脚跪下，身體還挺直，再收回左脚跪下，不要像女人一樣兩脚同時跪下，兩手始終應該兩旁垂直，不要忘記呀！磕下去；兩手撐在兩旁，不要像女人一樣合在當中呀！一下，兩下，三下，好了，站起來；磕聖人頭只要三下，不要像磕祖宗頭一樣的四下呀！再跪下去，三下，再跪下去，三下，好了，這就是「三跪九叩首」。然後又回到左側的小几旁，敲出磬聲，給堂弟的「三跪九叩首」伴奏。

但還沒有完。堂弟磕完頭之後，立刻走到祭台的右邊站定，我也走到左邊和他對面站定。我們面前，先已擺好了兩本「孝經」。於是，祖父伯父就在室內嚴肅的徘徊，我們則同聲朗讀「孝經」，以完成這莊嚴的儀式的最後一個節目。可是，我敢說，那時的兄弟兩人，是沒有一個用心在這部據說一唸就可以唸退黃巾賊的書上的。堂弟時而偷眼看我，又看看祖父。我裝作不知道，兩眼專注書上，心裏却想着與所唸的全不相干的事：——

「仲尼居啊！（唸完就要罰了吧！）曾子侍啊！（或者還要打呢！）子曰喲！（也許是罰跪！）先王有至德要道哇！（大概不至於吧！）以順天下呀！（不過也說不定！）民用和睦啊！（買叫叫兒的事說不說出來呢？）上下無怨喲！（說了更要打吧！）汝知之乎啊！（恐怕只要不罰跪就好了！）曾子避席曰喲！（恐怕還是要跪吧！）參不敏呀！（恐怕還要跪一天呢！）何是以知之呢！（恐怕要用板子打吧！）……」

就這樣且讀且想，一直到「孝子之事親終矣」，想固然沒有想出一個結論。但中間却又忽然想起，曾國藩的畫相就緊挂在我背後，我的這些窘態，大約都被他知道了，正在背後鄙笑吧！所以，剛剛「孝子之事親終矣」，我立刻回頭去看他，果然覺得他那眼光裏也有一種冰冷的無情而慘酷的輕蔑，像利鏃一樣正射中我的心。我忍受不住了，突然放聲哭出來；使對面的堂弟驚惶得把書掉到地上去，使伯父站定了而陰沉的但仍意義不明的向我注視。正在徘徊的祖父，却還是繼續徘徊。大約一分鐘之後，才走到我面前，看定了我說：「趕快認錯！」我却止不住自己的哭聲，也不知道點頭承認或搖頭否認了沒有。淚水遮住了我的視線，什麼都看不見，只在淚光中閃動着曾國藩的冰冷的無情而慘酷的目光。我恐怖得近於瘋狂，極想逃開，却又一步也移不動。等到稍稍清醒之後，才發現別人都已經走了，室中只有哽咽着的我一個人，而曾國藩則高高踞坐在我的頭頂上。細細看去，那尊容其實是笑着的。但我恨這樣的笑，我怕這樣的笑，我覺得這樣的笑裏還是帶着那冰冷的無情而慘酷的目光；而這樣的笑開了嘴，就要冰冷的無情而慘酷的我把吞嚥下去。

那以後，究竟怎樣，也記不清了；但大概並沒有打罵，也沒有罰跪。接着，就是先生來上館，我們上學。上學以後，當然也沒有什麼特別的事情。只是某一天夜學時，爲了曾國藩的什麼「天君司命，敢告靈台」「陪臣牧豎，敢告馬走」，總是讀不熟，又挨了一頓大罵，被罵之前，雖是明明知道讀的是誰的作品，也並無所感；但一被罵，就記起了「上七」那天那悲慘的一幕，因而奇怪：爲什麼我的不幸總與曾國藩有關？

更不幸的是，我後來又知道了，我家之所以起家，門頭上之所以能有「閥閱」，與曾國藩實有極其密切的關係。這使我卽使平靜的住在鐵門之內，也無法再以「閥閱之家」爲光榮。而且覺得這「閥閱之家」裏面，無處不有曾國藩的鬼影，使我有時幾乎無法呼吸。

現在，我離開那「閥閱」已有十年多了。凡在我所走過的城市和鄉村之中，假如看到了頭上安有「閥閱」的大門，我都渴想放一把火把它燒毀。但我，又是曾被它那利齒釘過的，殘廢無力的人啊！我一時恐怕也未必就能放火。我只是熱心的搜集一些對曾國藩（以及曾國藩們）的虛僞兇殘卑鄙貪淫的實證，研究一些對曾國藩（以及曾國藩們）很不利的事情，以報我幼年的私仇。這，雖不是直接的對于「閥閱」，但也是間接的對于造成它的那個（以及那些）人吧！

至于我的堂弟，那時和我並坐而讀「王若曰」，又對立而讀「仲尼居」的堂弟，現在正艱辛的奔走於淮河的南北，也早就跨出了「閥閱」下的鐵皮大門。我不知道淮河的南北可也有這樣的大門沒有。如果有，我倒希望他眞的放火去燒。這火焰倘一直燒到我們的家，家裏那幅曾國藩的畫相自然就會成爲灰燼的了。

然而，當然，燒成一片空地，和外面連成一大片空地的時候，我還是懷念它。那是我消耗了幼年的生命的地方啊！——雖然是那樣灰白的生命。

一九四五，五，三〇，於汗雨篝燈下

書評

紀德底姿態

冰菱

在「僞幣製造者」底譯序里，譯者用紀德底「地糧」里的這樣的話放在卷首：

拋開我這書；千萬對你自己說：這祇是站在生活前千百種可能的姿態之一。覓取你自己的。

這句頗爲動人的話首先就是一種姿態。這是西歐的個人主義的姿態，它與老大的歐洲底深厚的文化基礎及這個世紀開初的社會底崩析有着血肉的關聯。對於封建主義的個人的反叛，是帶着一種悲壯的英雄性的，在它底背後呼吸着一個新生的，帶着歷史的渴望和痛苦的，英雄的集團，那些盧騷們和那些拜倫們，是它底最高的旗幟。紀德所反抗的，却祇是資產階級的，市儈的頹廢了，特別是在文化的概念上的，所謂社會的僞善，所謂文明的醜惡，所謂宗教的墮落。在他底天性的感覺和視野里不能出現代替這要不得的一切的，必須是英雄的人羣的時候，他，紀德，終他底一生，祇能做一個苦悶的智識階級底代言人。

就是這樣的一種姿態。在我們所讀過的紀德底作品里，在「地糧」，「新的糧食」，「田園交響樂」，「窄門」，以及這「僞幣製造者」里，紀德是苦悶而渴望着英勇地尋求代替那社會的僞善，文明的醜惡，宗教的墮落的新的人羣的——用他自己底話說，是新的一代。

他厭倦於這和他糾纏不休的他的整個社會底煩膩了，他呼喚着新鮮而潑剌的一代底起來。以致於說：「前途是屬於私生子的。」這樣的感情是很容易理解的罷。但是，這新的一代的要求，在對着現實而搏鬥的時候，紀德却不能找到它底血肉的根源，它始於一個感情上的强烈的要求，終於一個被現實戰敗而灰暗了的文化的概念。這是祇要看他底對象，以及他底小說里面的人物，都是被社會腐化窒息着而孤單，無力的中層社會的青年，就可以了解的。

這孤單和無力，這感情上的纏綿，這一個觀念底單調的重複（永遠是自我，自我，自然的美，以及自由——它們是在現實底大交響里變成可憐的和單薄的了）——這時而是赤裸的慾情時而是宗教的渴望的知識人底流浪，無論如何不會是眞正的新的一代應有的姿態罷。

而且，這慾情既不强烈，這渴望也不迫人，它們常常是閃灼的　祇是非常的精緻——在「僞幣製造者」里面，那千千萬萬人生活着和戰鬥着的偉大的歐洲，是變成可有可無的，淡漠的，疲倦的影子了。

這歐洲沒有被紀德底新的一代所照明，如羅曼羅蘭底英雄的呼吸所照明的；倒是流露着對於人生的雖然含着微笑的却是絕望的心境。而且，這微笑，可能的祇是他底個人主義的性格和文化概念所提供的勇氣而已。

在「僞幣製造者」底里面，作者寫了社會底墮落，以及這社會墮落底影響下的一批中產階級底少年。但紀德自己是不願承認說他是寫了這個的，因爲這個是被歷史和人生的血與肉所限制的；他含含糊糊地希望說，他想寫的是其中所沒有寫的，他所指望的是未來，他所着眼的是人性等等——顯然的，紀德渴望這作品的意義底永恆。然而，沒有有限，也就沒有無限，不顧看見歷史鬥爭底限制，常常正是被鉗挾着而成爲萎弱的；逃開了今天的苦行的和尙，他顯然地不會登入天堂。在「僞幣製造者」里面紀德是在現實人生的表象之上滑行，用着一種輕鬆而靈活的形式：他底人物說着各各所執着的人生觀念，適應着這些觀念底完成，有着一些小小的灰白的情節。紀德自己說：「藝術品里面，思想祇是在這些人物某一特殊而瞬間的境遇下所產生的；它們始終是相對性的，始終祇直接適用於由它們所產生或產生它們的某一事件或某一姿態……」然而，在這作品里，他正是安排情節，境遇等等來適應，並完成他底思想觀念，那思想觀念之所以並不顯得絕對，祇是因了這里面的人生動作底灰白和貧乏，以及人物底缺乏眞正的血肉的生命和魂靈而已。

常常有一兩個地方是生動的，但接着就是令人倦厭的思想表象底演述，而流露着某種淡漠的失望。這作品里面的作家愛德華，他是一個淡漠的傀儡，紀德顯然的是過於愛着自己底這個投影，不敢，並且也不能給他以歷史生活的位置。苦惱應該是：在人生里面找不到自己底戰鬥的位置，但不敢說出來，於是含含糊糊地宣說了：心靈的不安呀，靈魂的永不安定呀，等等。所希望於人生和藝術的，應該是如古典主義那樣的光明和健康吧，然而在實踐里面，却常常是神經質的顫動。小孩子底病態的感情，小波利底舉槍自殺，拉貝魯斯老頭子底狀態，多少地令人想起杜斯妥也夫斯基來，而據說作者也是深愛着杜斯妥也夫斯基的，然而，精神狀態的模仿多於創造，而且，如杜斯妥也夫斯基那樣的近於瘋狂的向着靈魂的追力，這里是並沒有的。杜斯妥也夫斯基，如人們在很多地方所看到的，是變成了現代的苦悶的智識人的慰藉了，他向他們唱着：「受傷的心兒啊，到我這里來吧！」

「在每一個不能追替的瞬間去體驗生命底熱誠」，然而不能看見人類底整體。「一切事物都會驚慌地引起我底崇敬」，這是因爲自己與「一切事物」是孤立地隔離着。「我底作品是爲了未來的人們」以及「永遠的今日」和「永遠的青春」，但是，俄理維與斐奈爾這兩個灰白的概念，與現在的青年是並不相干的。

紀德是反抗者，這反抗底本身是輝煌的。他底旗幟是「自然」。自然，曾經一度地是人類底革命的旗幟，但到了這樣的時候，人類已經清楚了自己底命運，這個旗幟便再無光輝了；在美學上，也失去了它底作爲整體的意義。

盧騷坦白地渴望着從痛苦的人生現實逃入自然，但事實上他揭起了雄壯的革命的大旗；紀德宣說着自然是人類底再生，這意味着他以爲自己並不逃避現實，但實際上，他底自然，一條流水和一朵芳香的花，祇是精緻的擺設，苦悶的內心底在文化意味上的安慰。一個詞句，在那個時代包含那樣的東西，在這時代却祇能包含這樣的東西，這是無可奈何的。但這正又是那些執着於文化的概念的人所不願理解的。

而我們分明地感覺到，在我們這個時代，紀德是變成了怎樣的一些人們底「心靈的避難所」。如果紀德底「體系」完整一點，他是一定會跑到我們底大學講座上面去的。文化的批判呀！心兒底苦惱呀！靈魂底永不安定呀！這些紀德的信徒們！

一九四五年八月五日夜

「淘金記」

冰菱

沙汀先生底小說「淘金記」，是一本有着某種成就的書。這成就，是指作者底對於生活（文學素材）的某一限度的忠實，和從這忠實產生的某些關於農村生活的圖畫底樸素而言。然而，「淘金記」底內容，它所包容的生活和追求，應該是更爲深刻而熱辣的，作者却僅僅走到現象爲止，在現象底結構上擺弄着他底人物。

在對於人物的描寫上面，有着不少一般的所謂風趣的東西。即是，這種東西，人們不會注意到的，尤其是生活在都會里，被所謂理論和藝術弄昏了的那些迷茫的智識份子所不會注意到的，被作者特別着重地點染了出來，然而，僅止於機智或風趣，缺乏着更深的熱情的探求。

作者好像是被興趣吸引着，含着一種淡漠的，嘲弄的微笑，在觀察他底任何人物：「萬物靜觀皆自得」。於是，對於並無這樣的興趣的讀者，很多頁，很多篇目，都是過目即逝，不留一點印象。這是一幅這樣的一種圖畫，你可以去看它一下，得到一些關於這里面的這種生活的常識，却不需要懷着鬥爭的熱情，它不能給你關於那個高度的　強烈的人生的任何暗示；而人們走近一件藝術品去，却總是懷着某種鬥爭的熱情的興奮，希望着一場惡戰，希望着提高人生，希望藝術的幸福和人生的勇敢的。

假如能引起這樣的感應的東西是藝術的話，那麼，「淘金記」，是沒有這種成就的。這表明了，作者走到「淘金記」里面去，是並未懷着前面所說的這種東西的。

這表明了，作者，是被理論刺激着去看見人民的。而對於他底周圍的這些人民，作者是表示着被逼着非看見不可的，無感應的，淡漠而無可奈何的態度。正因爲被逼着，作者底不甘滅亡的主觀，就變成了淡漠的嘲弄了。

在關於淘金的爭鬥上面，作者描寫了何寡母底頑固，白醬丹底狡獪，林么長子底無賴，人種底弱懦，等等。讀者，對於這些人物，有了一些實感或者概念；然而，讀者却是需要着這以外的某種東西的。在描寫底進程上，作者挾着一種關於時局，關於抗戰，關於中國社會的理論的敍述；這些敍述，應該是表示着一個廣泛的，强大的內容的，但這種感覺却和「淘金記」的內容底灰白完全不相稱；這些理論的敍述就變成了貼上去的，小市民底常識和機智了。假如中國底民族解放戰爭是由人民所支持，被人民所願望，而且，應該由人民所領導的話，那麼，從「淘金記」里面，是看不出這種力量來的。這種力量經由着屈折的道路，受着舊勢力的折磨，是事實，然而「淘金記」里面，對這個也並沒有暗示。

這里面表現着對於生活（特定的時代的熱情的內容）的麻痺，和對於生活的被動的，無可奈何的客觀的態度。藝術底創造，比起一切鬥爭來同是，有時更是一種鬥爭，它不必是無微不至的，却應該是掌握一切的。它是應該激起或種熱情的興奮來，在這種光輝下，給予現實生活的燦爛的畫幅的。假如作者應該把他目前的生活當作向着未來的人類的生活來創造的話，那麼，即使是從最微賤的人物里，也能够得到對於人民的熱情和力量底啓示和注釋的。對於醜惡的表示最强的憎惡，對於英勇的表示最强的讚頌，但應該一律地以鬥爭的熱情來對付，用活的形象來表示時代的思維，這是我們底現實主義的道路。

「淘金記」里面的機智的賣弄興趣主義，作者在每一節描寫里都好像在說：「你看這多有趣啊！」——這里面的人物性格的概念化，這里面的思想力底灰白和追求力底微弱，以及從興趣主義來的對於人物底無故的嘲弄，都是從對生活的客觀態度來的，雖然，作者底觀察的才能，使他寫出了某一限度的農村生活的現象。這種作品，是典型的客觀主義的作品。

有人說：什麼客觀主義不客觀主義，看的事情多，生活經驗多，就可以寫出好作品來。那麼，這作品，就是這種理論底傑出的注釋了。——他實在是這一類的作品里面的最好的了。

有人會說：他所寫的，全是壞蛋呀！然而我們要問，你讀了以後，除了得到一些關於壞蛋的知識以外，你得到了眞實而强烈的對於這些壞蛋的憎惡，和由這而來的對於人生的勇敢和熱愛麼？，在這一類的作品里，你能得到任何一種熱情的洗禮麼？

——一九四五年，三月一日。

編後記

日本投降後大約兩週左右罷，就集成了這第四期，想印一印，但因爲沒有印的資金和其它的原因，壓下了。後來資金有了，朋友募的，讀者寄的，但又因爲「復員」的心情正旺，誰也弄不清幾時就會走掉，就又躊躇了起來。這一個月來，「內亂」正殷，對于交通工具和旅費幾乎絕望了，因而想，還是印一印罷。

不過，也只能印薄薄的一本，一些較長的文章都抽出了。其實，現在印出來這一些，也不但不是什麼「經國之大業」的文章，印了出來就可以使天下太平，蒼生得救，恐怕還會得到使讀者「有害」的結果罷。但我們想，人們底精神活動總是一個交流的過程，給予者的作家不能把讀者當作一張白紙，汲收者的讀者也不會把作品當作獨木橋的。以爲能够用一篇作品把讀者一下帶到極樂世界去，這雖然是很不「貴族」的理想，但也只是時時刻刻不忘指導別人的批評家底美麗的幻想而已。文藝當然是爲了人生的戰鬥，但如果以爲可以用文藝擔當甚至代替一切的戰鬥，這對于文藝作者雖然是無上的光榮，但同時也就使文藝成了至難之業，不是非凡的人就休想動手了。

由於這種沒有出息的理解，所以我們也不鄙視現實生活裏的一些精神狀態的批判。當然，能突進時代精神底中心，當然最好，但如果一時還做不到，局部的戰役，甚至小小的狙擊也是可以要的。問題是，是在作戰呢還是在游山玩水，甚至不過是在紙扎的布景前面做戲？

但到這裏就說來話長，只好按下了。

總之，在八年來的戰爭當中，說來慚愧，我們沒有上過火綫，只是在這紙筆間混過了。但我們也算經過了小小的艱辛，付出了小小的勞力，是功是罪，只好聽任月旦家和讀者底判斷，「勝利勳章」之類是不敢也從來沒有想過的。現在戰爭過去了，又將轉到新的一年，我們又要移到上海去開始過「非」戰時的生活，這就不能不說是走完了一點終點又走上了一個起點，如像我們底詩人所唱的。那麼，讓我們向死別者致敬，對生離者懷念，向能够傳遞到聲息的友人們和讀者們祝一聲「珍重」罷。

胡　風　十二月二十五夜）

鄉鎮散記

路翎

天是這樣的寒冷了，這是一個嚴酷的冬天底開始。我底附近的一家煤礦底工人們，在十幾天以前，因爲好幾個月沒有得到工資，不能維持生活而開始罷工。同時我底周圍是充滿了各樣的歡宴；新興的權貴們底豪奢和破落戶底子弟們底豪興。我在這樣的晚上坐在我底房間里，關於我自己，和一切中國底男女們底命運，心里充滿了荒涼的思想。我不想用這樣的思想來擾亂我們時代底滿懷着豪興的人們。但我突然想到，我期待這一切的結束已經很久了，我底這期待是錯誤的；到了今天，這一切才是剛剛開始。

我時常有機會走過我底附近的這家煤礦。以前我看見了它底轟鬧的，凌亂的，拚命求生的景況，和坐在辦公室里的老爺們底悠閑和漠不關心。這幾天它是荒凉了，連最小的職員都跑掉了。

罷工開始的時候，各處的官員們，委員，主任，隊長，以及紳糧裏面的大爺們都來了。幾百工人站在空場上，聽着訓話，解釋，叫罵，威脅。這些先生們都說：沒有問題，明天就會有錢來，復工吧。然後他們就被公司裏面招待到街上去，大吃了一餐。我看見有兩張桌子排在一起，上面有十幾個盤子，保長，委員們在大聲划拳——我不能確實知道這一餐的價值究竟有多少。可是，在第二天，當這些先生們又去的時候，剛剛說了「國家」，「政府」之類的話，工人們裏面就有的叫了起來：「吃油大去！油大擺好了！」

我記得我聽了這個喊叫曾經瞭解地笑了一笑，我還記得我那時候的感情是頗善良的。

★

我知道工業家在現在的情形下面的痛苦。但是我也知道他們底生活，經驗，思想。他們底家族，朋友，慾望和手段。這家煤礦聽說有兩個老板。兩個老板之間有利益的衝突。抗戰「勝利」，煤礦突然地臨到危機，——這大家都知道。但是，這兩個老板之間，有一個據說是拿出幾千萬來毫不成問題的，但他不拿出來，因爲現在行政的責任是在另一個老板身上。負責的人向政府告貸，請求，但是毫無辦法，於是一家大煤礦的大老板在宴會里說了：「我出六千萬買你底礦！——鐵路我不要！」六千萬？據說存煤也要值六千萬

寫于不安的城

胡風

1．

校完了全部校樣以後，看篇幅還有空白，一時又找不出字數恰好的稿件，就寫幾句放在尾巴後面罷。想到什麼寫什麼，寫滿空白就停住。

前幾天，偶然看到了第十卷第二期的，「中華警察學術研究社主編」的「警聲月利」，封面當中印着「警察文藝專號」六個字，看目錄，前面是一篇「論建立警察文學」的論文，其餘是五篇作品，當然都是「警察文藝」或「衛察文學」了。

爲了不願變成頑固派，匆匆地把那論文讀了一遍。雖然匆匆，但大意却是讀懂了的。

「要建立新的國家，必須建立新的社會，要建立新的社會，必須首先建立現代國家的警察」，但人民却這對這樣重要的警察懷有『誤解』和『成見』。這就非給以破除不可了。如何破除呢？

如何破除？最有效的辦法，是讓人們鑒別出現在新警察的姿態，與滿清政府，軍閥時代的警察有着爲何的不同。這就有賴於對警察任務的洋細解釋，對抗戰以來，廣大警察人員如社會爲國家，不計榮辱，犧牲奮鬥，犯強權，拒賄賂等情形的有血有肉的廣泛報道。

這「有血有肉的廣泛報道」當然是文學，也就是所要建設的「警察文學」。對於這文學的任務，還有進一步的解釋：

警察文學的任務，是在解釋並反映一切警政發展上的問題，通過這種解釋並反映，把廣大的人羣號召到警政的發展上來。是在解釋並反映一切警政修養上的問題，通過這種解釋與反映，把廣大警政人員的宗教情操和革命精神提高起來。所以，警察文學應該是警察問題的。

這種有用的警察文學能不能够建設起來呢？能够的，因爲有「羣衆背景」。

再就羣衆背景來說，受過高等警察教育的有六千餘人。以二分之一從事業餘寫作，以十分之一從事專門寫作。警察文學的作家便可以有三千數百餘人，至於讀者，則全國警察人員和與警察有關的人員以及和警

的。而且鐵路怎麼辦呢？但一直到現在政府對這件事情還沒有作聲。

我看見那位愛漂亮的，年輕的負責人奔忙得異常沮喪。我看見他站在邊，一句話都不說，望着那些在向工人們講話的官們，我想他是很輕視這些官們的——，這些官們，其實都是在說着連他們自己也不相信的話，而在心里暗暗地指望齊晚上的油大，好的香烟，麻將，梭哈。

「你們曉得今天來跟你們講話的是哪個？」一位大爺向工人們叫，「他是，×××的委員！——請！」他向「委員」說。

於是「委員」說話了，這是一個禿頭的，嚴厲的人。

「聽好！我是代表政府的！我負責你們三天以內就拿到錢！你們馬上就喃我復工！」他說了很多，但工人們不讚成了，他們要馬上就拿到錢。他們說他們不能信任。委員生氣了，要工人推出負責的代表來，跟他一道去解決。但工人們說，他們怕推了代表去讓關起來。

委員忽然非常感動了。

「哪里啊！」他叫，「假如我要關你們，我不會去叫一排兵來嗎？我叫兵來，開他媽兩槍，你們敢不復工？但是現在政府是講民主啊！比不上從前軍閥時代了啊！」

但仍然沒有結果。官們威脅，叫罵了起來，走進去了。來了茶又來了烟，大家坐了下來。大家都非常感動，因爲覺得自已做了什麼大事了。大家都感動地談論着，說工人里面有危險份子。一個斜眼睛的職員，快活地在椅子上扭着身子，說：工人是像畜牲一樣，愚蠢得很。

有的官們主張逮捕幾個工人，有的不主張，他們說，這樣一來，事情會不可收拾的；而且會被危險份子利用。幾天之後，工人們得不到結果，發了代電了，貼滿了一街，說是再沒有人來負責給錢解決，他們就要挖鐵路，賣存煤了。於是空氣又緊張了一下：危險份子。但仍然沒有人能負責解決，一直拖延到今天。

★

我看見那些工人們來了，起初是兩三個，後來是一羣，暴露在赫赫的官們底面前，一個個顯得非常的忸怩，好像是非常的怕羞。老實說，我總私心以爲這是一些在這種情緒下會變得很可怕的人們。但我看到的卻是這樣的一些簡單，老實，笨拙的人們。官們要他們集合，工頭也喊他們集合，但是他們忸忸怩怩笑着互相推擠，有的在遠處的木頭上坐下來了，有的站在更遠的

察朝夕相處的人民，更不知其數！

三有千個業餘作家，六百個專門作家創作「警察問題的」「警察文學」，而「不知其數」的「和警察朝夕相處的人民」都來讀這「警察問題的」「警察文學」，試想一想，那該是多麼使人興奮的偉大的風景！那還不可以使人民「鑒別出現在新警察的姿態，與滿清政府，軍閥時代的警察有着如何的不同」麼？那還不能够「解釋並反映一切警政發展上的問題，把廣大的人羣號召到警政的發展上來」，「解釋並反映一切警政修養上的問題，把廣大警政人員的宗教情操和革命精神提高起來」麼？

這樣偉大的「警察文學」是值得歡呼的，這樣偉大的「警察文學」底理論家或指導者更是值得歡呼的。我願意提議，這樣的理論家或指導者，不能和「不計榮辱，犧牲奮鬥，犯強權，拒賄賂」的普通「警察兵」等量齊觀固不用說，而且應該高出派出所長，所長，分局長，局長之上，而和警察總監平起平坐，至少也應該是警察總監底新金最高的參議。因爲，「要建立新的國家，必須建立新的社會，要建立新的社會，必須首先建立現代國家的警察」，要建立現代國家的警察，必須首先建立「警察文學」。這「警察文學」底建立，當然非先有理論家或指導者不可了。對於這樣的指導者，又怎樣能够吝惜我們底尊敬呢？……

2·

這不過是偶然看到，偶然談談而已，我並沒有想畫一張漫畫的意思。但同時也就想到了，這幾年來，文藝漸漸受到了人們底注意卻也是事實。

但不幸的是，這被注意有時反而成了所謂可感謝的災難。這只要想起那些獎金，那些出題徵文，那些津貼刊物，就够了。「警察文學」論不過是這類現象之一而已。

爲什麼被注意了呢？冒昧地說，大概因爲文藝在這民族解放和人民解放的大鬥爭裏面也發生了一些力量的緣故罷。

不過，當注意並且有重這一事實的時候，同時的也得注意爲什麼發生了力量以及怎樣發生了力量這裏面的根由。要不然，就難免會走到和「警察文學」論者殊途同歸的結果的。

當敵人投降之後，和一切人一樣，我也想到了許多事情，在這許多事情裏面就有戰鬥的文藝和它底困苦的歷程，戰鬥的作家們和他們底堅貞的奮鬥。後來起意編印這一期「希望」的時候，會打算把幾個死去的作家底來信整

灰堆上——大家都不走近來。

這邊就大聲地吼着。有兩三個人，走近來了。有兩個年青的，好像爲了掩藏他們底忸怩，互相地摟着肩膀走近來了。而官們沒有說到一半，他們就疲乏，渙散，又慢慢地溜開去了。這好像不是一個集體，這是一些怕羞的、自覺卑微的人們。他們都是臃腫的鄉下人。但是他們却是那樣執拗的，漸漸地情緒集中，表露出來了，漸漸地激動了，而在忽然的一陣宣告，一種肅靜里，你可以感覺到一種不可侵犯的東西。

「你想想，」一個穿着破制服的，强壯的漢子說話了，他剛說話就臉紅，以後就一直地望着地面，而激動地擺着手，「我們這些也還都是人，公司里面上個月不發錢，主任擔保了，我們就去上工！但是到今天還是不見錢！我們工人還是深明大義，抗戰期間，不能上前方殺敵，總算在後方流了點汗，這回子，勝利了，大家都有的，這不說；一家大小要吃的，又不說：草鞋錢你總要給我們吧！光着脚哪個好放車子呢？剛才各位主任，委員底話都是對的，不過我們工人，勞力，懂不得那麼多，我們是要養家活口，還是要請原諒！」他鞠了一個躬就退到後面去了。

「我們不說這些年來的層層剝削，我們這回祇要工錢！」後面有人大聲說。

「不給錢，還是不得復工！哈！」

「不許亂說！」台階上的官們叫。於是那個最後說話的工人，一個留着鬍子的老人，在羞辱，恐懼和憤怒里紅了臉。

官們剛一走進去，這些工人們，就好像是下了課的小學生似的，跳了起來，互相地攬着肩膀又互相地摸臉，起初有點怕羞，後來就惡作劇地大叫大唱着散開去了。

我想：平常在做着那種可怕的勞動的，就是這些人們。我又想，這些樸實而笨重的人們，即令是表示自己們底那麼簡單的意志，也是如此艱難，好像這是一種難受的重負似的。我想中國是因了這種重負而沉默得太久了。

☆

第二天，落着雨，我又走過礦廠。辦公室鎖着，職員們都不見了。我走過工人們底棚子，聽見有微弱的三弦琴聲。一個强壯的工人坐在木頭上，低着頭，在彈琴，幾個人躺在旁邊，有一個在閉着眼睛輕輕地唱着。棚子里面，站着兩個都抱着小孩的蒼白，襤褸的女人，在呆呆地看着他們。

因琴聲我想到，現在那些醜惡的英雄們又在用血來掩沒這個中國了。我覺得這琴聲是寂寞而悽涼的——但現在的這深夜里，寫了上面的這些，我倒也覺得生命底迫來的。

一九四五年十一月二十九日

理出來發表一下，當作文藝在這個大的鬥爭裏面也曾盡力作戰過的紀念。那些信曾經鼓勵過我，我相信現在也還能够鼓勵讀者的。但在現在這裏，因爲沒有篇幅，只好擱下了。

那裏面的一個，是東平。不管批評家怎樣抹殺，裝作沒有看到，但直到現在，東平所留下的作品還是放射着這人的光輝，和他把生命獻給了戰鬥，獻給了人民的最後是有着必然的一致的。這次把他底一節話抄錄在目錄後的扉頁上面，當然是爲了表示一點紀念的意思，但我以爲，在這段素樸的文字里面，如果不在嚴格的科學意義上對用語作苛求，那中心的意思應該是不可動搖的。

眞實的作家底成長和眞實的作品底產生，是由於爲人民的血肉的要求。和空洞的概念無緣，和即使看來是爲人民的空洞的概念也無緣，這血肉的要求是人民底要求，但却應該是被作家體現在自己身上的不能自已的戰鬥的要求。要這樣，他才能在生活里成爲一塊磁石，把客觀的因素變成主觀的所有，他才能在創作中成爲一個坩鍋，把主觀的所有變成客觀的形體。要不然，就只有等待奇蹟，讓生活經驗自動地化成作品了。

東平自己是這樣開拓了他底創作道路，這樣戰鬥了過來的。不但東平，只要是眞實的戰鬥的作家，都是這樣開拓了道路，這樣戰鬥了過來的。由於匯集了這樣戰鬥，在這個偉大的民族戰爭當中，文藝也發生了它底力量。如果文藝不能表現人民底要求，這力量就沒有產生的基礎，但如果人民底要求不能够在作家底主觀上體現出來，這力量又從哪里找到產生的路徑呢？

所以，文藝，眞實的文藝，只能爲人民所有，只能被在血肉的感受上體現了人民底生活要求的作家所產生的。

3.

由於文藝也參加在內的人民底鬥爭，戰爭得到了堅持，而且挨到了勝利。也由於這鬥爭，得到了有可能爭取到的民主中國的前途。人民要有這個前途，但現在還須要爭取。所以，劫後的中國就陷進了不安里面。如果沒有這可能，那當會沈緬在麻疲昏沈里面罷，如果民主已經實現了，那當會沈醉在歡樂和工作熱誠里面罷，但現在都不是，所以中國陷進了大的不安里面。而且，一般地說，這不安是承繼着八年戰爭期的疲乏和創傷而來的，因而尤其顯得難耐。

然而，由于文藝也參加在內的人民底鬥爭，人民底力量是生長起來了。「置之死地而後生」，何況已經從死地走上了堅實的生地呢？那麼，中國要從這不安里面堅定下來，爭取到所要爭取的罷。我不知道這個過程將有多久，我只知道，只有通過這個過程才可以得救；我不知道在這個過程上文藝能付出怎樣的力量，我只知道，如果要文藝能够眞正付出力量，首先就要撕碎「警察文學」式的理論，剝掉「警察文學」式的理論指導家底紙扎的八卦衣。

（一九四五，十二，二十八，夜，重慶，若不聞齋）

抗戰八年中：

人民的精神經過了怎樣的鍛鍊？

人民的生活發生了怎樣的變化？

胡風先生編選：

傑出的新作家

優秀的新作品

七月文叢

呼吸……曹白

側面……蕭軍

我在霞村的時候……丁玲

閘北七十三天……S·M·

第七連……東平

人的花朵……呂熒

七月詩叢

為祖國而歌……胡風

向太陽……艾青

我是初來的……胡風選

無絃琴……S·M·

旗……孫鈿

七月新叢

意志的賭徒……鄒荻帆

給戰鬥者……田間

醒來的時候……魯藜

預言……天藍

泥土的夢……杜谷

躍動的夜……冀汸

童話……綠原

北方……艾青

饑餓的郭素娥……路翎

白馬的騎者……東平

民族戰爭與文藝性格……胡風

青春的祝福……路翎

生活唯物論……舒蕪

追求者……孔厥

（尚有多種在編印中）

◀紙型陸續運抵上海翻印出版▶

饑餓的郭素娥

路翎

震動了大後方青年讀者的中篇小說，爲青年作家路翎的力作。美貌而窮困的郭素娥，「是這封建古國的又一種女人，肉體飢餓不但不能從祖傳的禮教良方得到痲痺，倒是產生了更强的精神的飢餓，飢餓於澈底的解放，飢餓於堅强的人性。她用原始的强悍碰擊了這社會的鐵壁，作爲代價傳她悲慘地獻出了生命。」

這裏面「展開了勞動、人欲、飢餓、痛善、殘酷、犯罪……，但也有追求、反抗、友愛、夢想所織成的世界；在那中間，站着郭素娥和圍繞着她的，由於她的運命而更鮮明地現出了本性的生靈。」前冠胡風先生長序，對作者與作品有愷切的說明。（上海版，定價一千元）

民族戰爭與文藝性格

胡風

這是胡風先生第三批評論文集，都十餘萬言。寫作的期間約有四年，足見作者上筆之愼和構思之深。在這裏，他指出了文化發展與文藝發展的特徵和方向，他從最高的理論水準上解明了創作方法上的原則問題，他對於幾種基本的文藝形式提出了扼要的指示，他對於革命文學的兩大導師——魯迅和高爾基——晝出了最基本的特徵……。從實際問題引出理論上的要求，所以理論是活的，旣能引起讀者對於理想的熱情，又能使讀者對於現實問題得到銳利的分析力量。（上海新印•一千八百元）

青春的祝福

路翎

路翎先生底中篇短篇合集。作者抱着蓬勃的情熱，向時代突進，向人生突進，在勞動世界的搏鬥，殘害，友愛，仇恨的合奏里，我們看到了時代底青春。在戀愛追求的痛苦，懺悔，犧牲夢想的合奏里，我們看到了人生底青春。但作者一貫地用着祝福的心，不但使讀者感到熾熱的時代的呼吸，更使讀者得到對於人生理想和人生戰鬥的勇氣。（重慶版，生活書店，作家書屋有售）

棘源草

胡風

本書是作者底抒情的雜文集。一面撫傷，一面酣戰。能掘出小事件裏面的思想的根源，能剝開小花頭下面的醜惡的本相。讀「棘源草」，看得見一個士卒的刀光劍影，也看得見那擋路的、絆脚的、臃腫的軀殼。

（重慶版，生活書店，作家書屋有售）

財主底兒女們

路翎

約一百萬字的大長篇，是抗戰以來的小說文學中的偉大的收穫。時間自一•二八戰爭到蘇德戰爭爆發，舞台由蘇州、上海、南京、江南原野、九江、武漢以至重慶、四川農村，人物有七十個以上（這裏有眞的汪精衛和陳獨秀），主要的是青年男女，一•二八一代的青年男女，抗戰發生後一代的青年男女。以這些人物爲幅射中心，在這部大史詩裏面，激盪着神聖的民族解放戰爭底狂風暴雨，燃燒着青春底熊熊的熱情火焰，躍動着人民的潛在的力量和强烈的追求。而且，作者是向着將來，爲了將來的，所以，通過這部史詩裏面的那些激盪的境界，痛苦的境界，陰暗的境界；歡樂而莊嚴的境界，始終流貫着對於封建主義和個人主義的痛烈的批判和對於民族解放，個性解放的狂熱的要求。這是現代中國底百科全書，因爲它所包含的是現代精神現象的一些主要的傾向。橫可以通向全體，直可以由過去通向未來的傾向。這是光明和鬥爭的大交響，在衆音的和鳴中間，作者和他的人物是舉起了整個的生命向我們祖國的苦惱而有勇氣的青年兄弟姊妹們呼喚着的。前有胡風先生長序和作者自己的題記。將分四厚册出版。（重慶版，國產上等紙紀念本，每部二千三百元，到滬數甚少，生活書店、作家書屋、中國文化投資公司有售）

緊要啓事：

一

本刊自第二集第一期（總號第五期）起，在上海編印出版，出版發行權已授予「中國文化投資公司」，完全由「中國文化投資公司」負責。本刊郵購定戶與批發戶，請直接向「中國文化投資公司書報部」接洽。本社過去所有之郵購定戶，賬目及餘款均已移交「中國文化投資公司」，如有遺漏，請函本社查詢。

二

本刊第一至第三期，發行未能普遍，以致本外埠不少讀者無從購得，紛紛函詢補購，深以為歉，但翻印初版已無存書，當於最短期內全部再版。內地向本社預定第一集各期（一—四期）之讀者，再版出書後如郵寄已通（現在尚未通），當立即寄奉。

三

本社預定翻印及排印之書籍，仍由本社經理部獨立出版，現已開始陸續付印，已出者有「饑餓的郭素娥」與「民族戰爭與文藝性格」二種。為適應外地讀者需要，特徵求郵購及郵購定戶，郵購者請照所購之某書定價滙款，外加郵費，郵購定戶請滙至少五千元，並指明定購本社書目中之何書，本社經理部另立專賬，出版後立即寄奉，以定價九折計算，外加郵費。信件及寄款由「中國文化投資公司」轉「希望社經理部」。書款將盡時，當即通知，或補滙，或退回餘款，由定戶自便。

四

本刊在上海印出後，陸續收到不少來稿，但因編輯人最近始到上海，遲覆為歉，現已整理就緒，當於日內陸續閱覆。

希望社（四月二十五日）

中國文化投資公司爲出版「希望」啓事

一、「希望」雜誌，自第二集第一期（總號第五期）起，改由本公司出版。以後一切本外埠郵購、訂戶，及同行之批發及代銷事宜，請直接向上海威海衛路五八七號本公司書報部接洽。

二、第二集第一期以前，直接向希望社預定之各定戶，其賬款已全部由該社轉交本公司，由本公司接發。其有遺漏者，請卽來函申明。

三、本公司爲便利讀者起見，訂有直接預定辦法如下：

（一）預定本刊，請先付國幣三仟元。

（二）本刊出版時，當儘先寄發直接定戶，收費照定價八折計算，並奉送平寄費及包紮費。（掛號自理）。

（三）本刊如中途停刊，或讀者興趣轉移，其存款可通知改訂其他刊物書籍，或退還，悉聽讀者處置。

（四）憑定單向本公司書報部購書，得享九折優待。

四、本刊歡迎本外埠同行批發經銷，定有經銷辦法，函索卽寄。

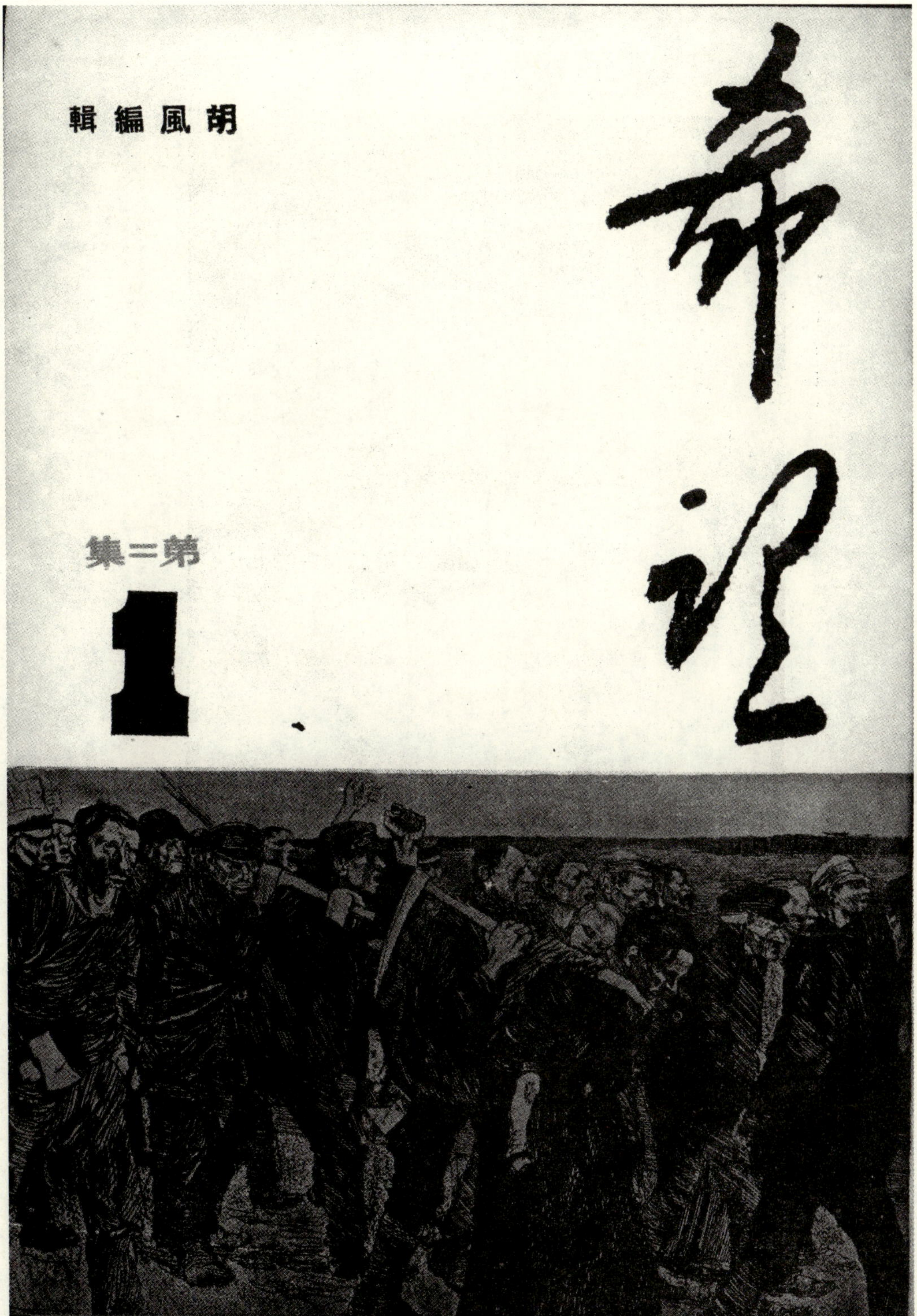
希望
胡風編輯
第二集
1

思想者　　A. Rodin

譯文

第二集 第一期

織工隊：德國 凱綏・珂勒惠支 作

（一八六七——一九四五）

Weberzug。銅刻，原大 22×29cm。同上（「織工」）的第四幅。隊伍進向吮取脂膏的工場，手裏捏着極可憐的武器，手臉都瘦損，神情也很頹唐，因爲向來總是餓着肚子。隊伍中有女人，也疲憊到不過走得動；這作者所寫的大衆裏，是大抵有女人的。她還背着孩子，却伏在肩頭睡去了。

——自魯迅：「凱・珂版畫選集序目」

思想者：法國 阿古斯特・羅丹 作

（一八四〇——一九一七）

Le penseur。青銅，全高2m。一八八〇——一九〇〇作。原來是爲「地獄之門」所塑，坐在門眉的正中央，俯瞰着全門扉兩百以上的浮雕像的全景。後來把這單獨放大，做成了獨立的塑像。題名「思想者」，但我們所看到的都是野獸一樣的巨大的肉體。思想，是全身筋肉底總動員，這個凝然地默坐的人正是凝積着的精力本身底表現。

——F. F.

目錄：

1946

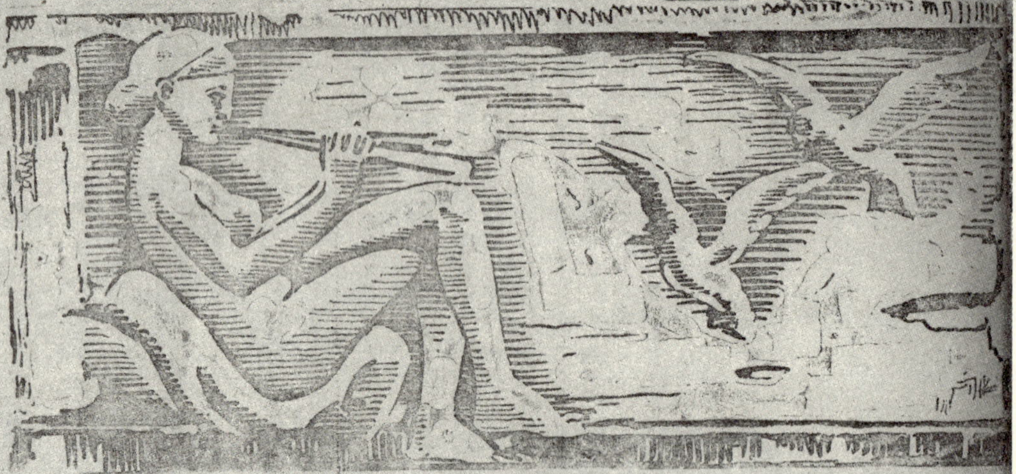

1946

要眞實，深湛地，毅然地。諸君所感到的，卽使發現了那是和世間一般流行的觀念正反對的，也不要遲疑於表現。最初，也許諸君不會被人理解。但諸君底孤立不久就會過去的。不久，會有同志們來拜訪諸君。因爲，對於一個人是深湛的眞實的事物，那對於萬人也必定是眞。

然而，不要爲引誘羣衆而皺眉扮臉，裝腔作勢。要直率，要樸實！

最美的主題在諸君底面前。那就是諸君最熟識的東西。

…………………………

所謂大師，是能夠用他們自已的眼去熟視別人已經見過了的事物的人們，是能夠認出對於別人是過於陳腐了的事物所含有的美的人們。

壞的藝術家，總是戴着別人底眼鏡。

重要的是要能夠使人感動，使人愛，使人希望，使人戰慄，使人生活。在做藝術家以前，得是人。拔斯卡爾(Blaise Pascal)說，眞辯才看不起辯才。眞藝術看不起藝術。我再舉卡利哀(Eugene Carriere)做例子。在展覽會里，大多數的畫不過是畫而已，但在別人底作品中間的他底作品，使人感到好像是開向生命的窗子。

…………………………

要歡迎正當的批評。對於諸君，那是不難於認出的。由於那，使諸君困惑的疑慮可以得到確定。不要爲諸君底本心所不承認的事物而徒然地損害諸君自身。

不要害怕不正當的批評。它們會使諸君底同志們更加積極的。它們使諸君底同志們記起他們對諸君所寄與的共鳴，這樣，當隨着他們更好地認淸了那共鳴底根據，他們就要更堅決地表明那共鳴的。

如果諸君底才品是新生的，那時候，最初諸君也許幾乎找不到同志，倒是會有一大羣的敵人。不要失望。前者(同志)一定會勝利的。因爲，他們知道他們是由於什麼喜愛諸君。而後者(敵人)，却是不知道諸君使他討厭的理由的。前者爲眞理燃起熱情，不斷地造出新的同志，而後者不能爲自己的錯誤的見解拿出什麼持久的熱情。前者堅定不移，後者隨風轉向。眞理一定能夠戰勝。………

Auguste Rodin

918

上海是一個海

胡風

1

在戰爭將近結束的兩三年間和結束以後的兩三個月之內，對於許多人，尤其是原來住在上海但被戰爭逼到了後方各地的許多人，和在戰爭中間發跡了因而預備在上海創造天下的許多人，上海是一個夢：有的是英雄夢，有的是黃金夢，有的是佳人美酒夢，有的是安居樂業夢……當然也有的是光明夢。

我沒有做過這些夢，但我還是回到上海來了。回到了上海以後，宛如掉進了一個海里。茫茫滔滔，一望無際。有深不可測的無數的洞窟，有各各長着特別爪牙的無數的水獸，有此起彼落的無數的風濤變幻。萬事萬物皆有一個根，然而，對於那些不能看到脚尖前面三寸以外的嵬嵬峨峨的小市民，這個根又在哪里呢？

當然，英雄夢者有的做成了「英雄」，黃金夢者有的得到了黃金，佳人美酒者有的享受了美酒佳人，……但那些安居樂業夢者就不免十之八九受到了事實底打擊。至於那些光明夢者呢，如果他們還不至於「頹然睡下」或「望而逃走」，那麼，祝福他們罷。

當風濤不起，旭日將昇的晨光熹微的時候，海應該是一個奇景，比幸福本身還要幸福的奇景。上海也似乎經過了那樣的時期。那是敵人剛剛投降，載着接收大員和法幣圖版的飛機將來剛來的時候。勝利底狂喜，解放底沉醉，大國底驕傲，民主自由底憧憬……。你也見過晨光熹微中的沒有風濤的海麼？那裏飄拂着千萬種的柔和的色采，那裏發散着千萬種的柔和的氣味，那裏應和着千萬種的柔和的聲音，由這些織成了一個似幻似眞的夢境，使人連結着永遠，連結着無窮的夢境。

然而，那些英雄夢者，黃金夢者，佳人美酒夢者飛來了，恰像童話影片里的魔鬼底顯法一樣，馬上天昏地黑，風濤怒起。和這些飛下來的呼風喚雨者相呼應，從海底各種洞窟裏面跳出來了形形色色的坐觀形勢的水獸，舞爪張牙，連唱帶飛，頃刻間造成了一片另外的風景。在這片風景里面，我們聽到了笑聲和哭聲，得意的嘖嘖聲和苦惱的呀呀聲，有醉生夢死的嘻嘻哈哈聲，當然也有憤怒的恨恨之聲。在這片風景裏面，一切沈澱了多年的植物，動物，人類底尸骨都翻動了起來，在變幻的風濤當中跳舞。讚美那些飛下來的和跳出來的罷，他們底神通是値得讚美的！

一位垂危的老人呻吟地說了：

「勝利，到底是誰的勝利？」

2

這是一個汚穢的海，我已經游泳了兩個月了。我也有一點記憶的。

一個淪落了多年的妓女被人暗殺了，但報紙上却名之曰「豔尸案」。度過了多年被玩弄生涯的妓女，而且成了被鎗殺了的死尸，還會「豔」麼？人還會對她起「豔」的感覺嗎？這不是記者先生的失愼，而是上海人心理狀態底有力的反映。如果沒有這個「豔」字，看報的人就不會那麼起勁的。

廣告上登的黃色刊物的目錄裏面，有一篇文章下面打括弧註着「豆腐文章」四個字。黃色刊物的目錄雖然無奇不有，但這個「豆腐文章」，却奇怪得非常特別。「吃豆腐」是上海特有的用語，我只模糊地懂得它底含義。上海人底心理狀態逼得我們的「作家」創造出了這樣一個新的文學形式。

•

然而，也有不同的事。在三八婦女節前後，有一天我走在馬路上看見了一條字跡拙劣的標語：「婦女爲眞理發光」。

當時我不禁微笑了。標語，是要表現一個具體的要求，爲了組織一個具體的行動的。這，當作一句詩，是好的，但怎樣能夠算是一條標語？

但接着我就失去了笑容，反而感到了一種嚴肅的歡喜。這是由於受過長期的壓抑而被解放了以後的質樸的心情，它表現了化爲具體的要求之前的廣闊的願望，或者說，它表現了過於具體的要求反而無法得到滿足的廣闊的願望。一切健康的生命都是從理想主義的願望里發端的。那拙劣的字跡要比畫報上的采色的體育明星或跳舞明星更美麗，更健康。

•

上海是一個海，但在汚穢裏面有不汚穢的東西在潛伏，在腐爛裏面有健康的生命在生長。

3

五·四來到了上海。文藝節來到了上海。

•

上海，曾經是新文藝底中心地，曾經是五·四底一個主要的舊戰場。它是有資格迎接勝利後的第一個五·四，勝利後第一個文藝節的。

•

但上海現在正被黃色刊物所泛濫。有的人搖頭皺眉，有的人眼紅垂涎。

•

應該搖頭皺眉的，因爲它迎合了病毒，散佈了病毒。

値得眼紅垂涎的，因爲它銷場大，讀者多。

•

但當眼紅垂涎，想學習它底作法，創造「高級趣味」的時候，我們固然要承認「從敵人學習」的理論，但同時也不能忘記了「取木乃伊的人自己也變成了木乃伊」的故事。

•

在我們，文藝底對於讀者的力量，是眞實，是在相稱的飽滿的藝術力量里面的眞實，不能也決不會是「趣味」，卽令是所謂「高級趣味」。

•

而且，上海現在正是在文藝上沒有輿論的時候。這時候，衒學可以壓住人，自圓其說可以網住人，大招牌可以虎住人，「高級趣味」或進步的風花雪月也可以迷住人……。但這些只可以敷衍一時，如果不是志在一時的，那就決不能把這些當作根本之計。

•

在上海，有無數的對文藝愛好的文藝青年，這是新文藝在此時此地的基本力量，可以寶貴的。但文藝青年的可寶貴，並不僅僅因爲他們愛好文藝，還要看他們愛好的是什麼文藝，用了怎樣的態度去愛好文藝。

文壇風氣可以影響他們，他們也可以改變文壇風氣。

•

他們是從人民里面來的，但同時也是從舊社會來的。他們受到了戰鬥底號招，但同時也受到了陳舊力量底營養。他們可以走向人民的道路，但同時也可以陷入虛浮的生活。

•

兩個方向：

民主的道路——反民主的道路

人民的欲求——舊社會的趣味

•

那麼，紀念今年的五·四和文藝節，我們應該在這兩個方向的決定上加進一點力量。

•

腐爛的存在要使別的存在跟着它腐爛，健康的生命纔能啓發健康的生命。猶如腐爛的存在是和舊中國底一切腐爛相通一樣，健康的生命正是和新中國底一切健康的生命有着血緣的連係的。

在今天的上海，革命的新文藝所佔的比重是太小了，然而，大海總是由細流匯成，開發有抗毒素的淸潔的細流，擴大有抗毒素的淸潔的細流，將是我們底任務。

一九四六·四·廿九夜急就草。

個人・歷史與人民

舒蕪

一

梁實秋先生曾經提倡過他的老師白璧德的「人文主義」，那究竟是怎麼一回事，當然不很容易知道。但他後來却又主張，字典裏應該永遠註銷，政府應該下令永禁使用這個「人」字。理由是：

「聰明絕頂的人，我們叫他做人，蠢笨如牛的人，也一樣的叫做人，弱不禁風的女子，叫做人，粗橫强大的男人，也叫做人，人裏面的三流九等，無一非人，近代的德謨克拉西的思想，平等的觀念，其起源卽由于不承認人類的差別。」（轉引自「而已集」：「盧梭和胃口」）

我不想因此而去研究德謨克拉西思想怎樣起源這種艱深的問題，只是覺得他給字典編纂者的這個指示，向政府獻的這道策，實在很有興趣。因爲，這可以建立于另一種理由之上；而我們的某些社會階段論者與階級論者，對之亦未嘗不于暗暗之中極端同意也。

人，似乎是一切「圓顱方趾」者之大共名。然而，原始社會與奴隸社會，奴隸社會與封建社會，封建社會與資本主義社會，資本主義社會與社會主義社會，在一方面確是這樣的不同；而奴隸主與奴隸，地主與農民，資本家與工人，在另一面確是這樣的有別：在這中間，要尋求一種共同的「人」，怎麼辦得到呢？那麼，「人」之一字，恐怕也眞的非取消不可了。

但其實，當然用不着取消的。卽使在上述那樣古今不同，貴賤有別的困難局勢之中，共同的「人」也還是能夠存在的。不過，這共同之點，倒也並非「圓顱方趾」，而是要待我們向別處去探尋的罷了。

探尋的結果是，我們說：人的本質，乃存在于個人與歷史的結合之中，個人與人民的結合之中。

原來，人是社會的動物，這一命題是必需首先鄭重肯定的。因爲有了社會，人才從猴子進而爲人。這以後，人要保持其爲人，亦必需好好的保持他的社會性。

但在這裏，問題就出現了。社會，並不是一般的社會，總是具體的這樣那樣的社會。而所謂具體的這樣那樣的社會，如前所說，又是有着本質的不同的。我們旣不能像馮友蘭教授那樣，在具體的這樣那樣的社會而外，又建立一個一般的社會，那麼，又怎能在具體的這樣社會中的人與那樣社會中的人而外，找出一種共同的人呢？

我們的解答是：「世間無水不朝東」，這在從前的中國人看來，是正確的，在已經了解所謂「世間」的含義的我們看來，也是正確的。但我們試遊河套，則將見那水確是朝北又朝南，絕無朝東之狀。當此之時，我們若能了解這朝北與朝南仍是朝東的大奔流之中的一段，我們卽必不否認此河套之爲「世間」一水的資格了。這一點粗淺的道理，我想，大抵沒有什麼謬誤的。

換一個方式說：運動，是一切存在的基本存在方式。運動之中，必有變化不同，但這變化不同却正是運動。倘說運動卽是存在的本質，這變化不同也就是本質的顯現了。當然有特定的本質，但也就有特定的運動。本質大抵不可見，卽于運動見之。運動每進一階段，本質卽愈顯露一層；以前的諸現象之孰爲本質的與孰爲非本質的，也就愈能分辨得清楚。至于分辨之法，則就是看它與這已經顯露出來的較深一層的本質的關係。這其實也是粗淺的道理，容易明白的。

所以，社會諸階段雖各不相同，但因其總是一貫的向着社會主義社會而運動，我們就不能任意割斷。而況，這社會主義社會，乃是眞正的「人的社會」，關於這一點，大概已沒有什麼問題。這一點既沒有問題，則以前諸階段之因爲是向着它運動的，而亦然具有「人的社會」之本質，也就不能有什麼問題了。不過，那些之中，凡屬違反于這個一貫的運動方向的，當然就是非本質的因素，這也不容忽略。那些非本質的因素一直很多，「人的社會」之本質才一直被掩蓋起來；只是到了社會主義社會，才大抵都是本質的因素，其爲「人的社會」于是也就彰彰在人耳目了。

我們不能說社會主義社會以前的諸階段皆無關於「人的社會」之本質，同樣，我們也就不能說那些階段中都沒有眞正的「人」。在以前諸階段中，只要是向着社會主義社會而運動的一切社會因素，都是「人的社會」的本質因素，同樣，在那些階段中向着社會主義社會而運動的人，也就都是眞的「人」。他們因時代之遠近，距離所向者當然有遠近之殊；但無論遠近，仍同在一個運動方向之中：所謂「人」的共同之處，也就在這裏的。

而這種運動，具體言之，就是最科學意味上的「歷史」。所以我們說：人的本質，乃存在于個人與歷史的結合之中。因爲，任何社會都只能在大歷史的進程中獲得「人的社會」的意義，而任何個人又必在社會中方能獲得「人」的意義。社會中的外于歷史進程乃至反于歷史進程的部份備能使人成爲「非人」，則其屬于歷史進程乃至利于歷史進程的部份就能使人成爲眞正的「人」了。

因此，個人必需與歷史結合；詳細言之，必需與他所處的社會中的屬于歷史進程乃至利于歷史進程的部份結合：這才能鞏固與發展人的本質，而成爲眞的「人」。事實上，這樣的人也是無代無之的；所謂歷史的進程正藉他們而實現，而我們所謂古今貴賤不同的局勢中仍能存在的共同的人，亦正謂是也。

二

個人與歷史的結合，說來雖然容易，其實却是困難的。

所謂「歷史」，許多人都把它當作「過去」的代替詞。例如說到霍亂，要說它應該不復出現于文明的現代，就說道：「霍亂」兩字，應該是歷史的名詞了。在這普通的說話裏，却含有一個極可怕的原則，就是以過去爲歷史的重心。而其實，歷史是一個向前的運動了，是以未來爲重心的。

人總生活在歷史中，所以，事實上都是與歷史結合着的，問題只在于是怎樣的結合。而這結合的方式，就又決定於他對歷史的態度。倘以歷史爲一個向前的運動，重心在於未來，那就能與他所處的社會中的屬於歷史進程乃至利於歷史進程的部份相結合，就能與「人的社會」的本質的因素相結合，就能鞏固和發展自己的人的本質，就眞正的成爲「人」；反之，倘以歷史爲一種陳年賬簿，重心在於過去，那就不得不與他所處的社會中的外於歷史進程乃至反於歷史進程的部份相結合，不得不與「人的社會」的非本質的因素相結合，不得不漸漸失去自己的人的本質，不得不成爲「非人」了。

所謂歷史的重心在於未來，還有兩方面的意義。第一，是就整個歷史進程而言。如前所說，只有由於後一階段的運動而顯露出來的較深的本質，才是分辨前一階段中諸現象的標準。站在今天，要了解以前的全部歷史，只有緊緊掌握住明天，掌握住明天所將顯露出來的歷史的本質，則於以前各種歷史現象之美醜是非善惡與利害方能分辨得淸；因爲，合於那本質的自然爲美爲是爲善爲利，反之自然爲醜爲非爲惡爲害，這是十分確定的。第二，是就個別歷史階段而言。每個歷史階段之中，都交織有過去的末稍與未來的端緒，並不是形而上的單純的內容。其中的人與事，有些是吊在過去的末稍之上的，有些是掌握了未來的端緒的；其是非善惡彼此不同，但都出於必然。這同樣的必然，並不足爲「彼亦一是非，此亦一是非」的論據，因爲眞正的是非標準還是只有一個，就是「歷史」。所以，在這種場合，也必需以未來爲重心；只有掌握了未來的端緒的，其所是非方合於「人的社會」的本質，方出於人的本質，那才是「是」的是非。至於吊在過去的末稍之上的，其是非雖亦本於他自己的必然的立場，但因那立場就反於「人的社會」的本質，反於人的本質，所以整個的都還是「非」了。以上兩方面，當然還是相通的；只有在自己的時代中就緊緊掌握住了明天的人，才會與別的時代中緊緊握住了明天的人相通，相感，相應。

五四時代，戰士們最初就是用了對於未來的擁抱以批判過去的。先驅者魯迅控告了封建道德（過去）的吃人，正因爲他肯定了「將來是容不得吃人的人」，正因爲他要「救救孩子」（孩子就是未來）。而這控告，也確乎就判明了封建道德的本質；到今天，除了還在吃人的和打算吃人的而外，恐怕也沒有誰能修改這句話吧！

但五四以後不久，以胡適之先生爲首的一派人却忽然高唱「歷史的態度」了。那彷彿是說，不能只以現在的眼光定過去的是非，因爲過去另有其是非，所以我們於我們的是非而外，也還要研究他們的是非，承認他們的是非。這樣一來，就在表面上歸到「彼亦一是非，此亦一是非」的路上去，而實際上更是丟掉了「此」之是非，投降於「彼」之是非了。「此」是非實乃唯一正確的，即在任何過去時代也都可適用的，而「彼」是非則爲絕對不正確的，即在任何過去時代都不能適用的；今自認「此」是非並不唯一的正確，又承認「彼」是非有適用的範圍，這不就顯然是投降麼？

再後來，新社會科學介紹進來，有一小部份人就覓得到掩飾投降的好工具。他們說：「對於儒學孔教，人們大半取着一種排斥，嬉笑怒罵的態度。過去人們把綱常捧到天上去，如今人們却把它罵得狗血淋頭，一文不值。痛快的確是痛快了，乾脆也的確是乾脆了，但可惜缺了歷史主義的評判，依然不能搖動着儒學的根底。」到這裏爲止，說得還大致不錯；雖然好像以爲「綱常」還應該值得什麼「一文」似的，好像以爲不應該痛快乾脆似的，這些態度已經有些不可解。但是，接着又說：「所以五四時代的反孔教運動，只使人憎惡孔教，但却未曾澈底批判了孔教。」這態度，就更奇怪了。未必不該憎惡麼？未必「澈底批判」以後，就如馮友蘭教授所謂「眞正了解物質史觀或經濟史觀的人」，因爲知道了「人的行爲，是爲他的經濟底環境所決定底」的道理，覺得「一個人若是一個資本家，他爲自己的利益，必須剝削勞工」，於是就「當工人底，雖仍可以反抗他們的雇主，但亦可以不恨之」（「新世訓」第六篇）麼？這一點感情，其實就是對於歷史的附着力，對於未來的擁抱力的表現；先掌握了未來的「人的」東西，接着自然就能認識過去的「非人的」東西；因爲憎惡就是認識的開始，那認識之中也必然充滿了憎惡。如果連這一點感情都沒有，則自己之爲「人」抑爲「非人」皆尚難說，又怎能獲得以分辨「人的」與「非人的」爲目的之認識呢？

總之，歷史固是科學研究的對象，但並不廢感情，而且正要感情，只要這感情是對於未來的擁抱力的表現。而這個，又不但是爲了什麼「學術研究」的了。

三

上節所謂以「過去」爲歷史之重心，因而屈服於「過去」，因而仇視「未來」，仇視一切通向「未來」的東西，仇視戰鬥者對於「未來」的擁抱，因而排斥感情的那種態度，現在有一個極好的標本，就是廢名先生所作的「周作人散文鈔序」，茲節錄於下：——

「豈明先生一晌對於歷史的態度，我在最近的三數年來每一想起不覺惻然有動乎中。……他彷彿總是就過去的情形推測將來的趨向，歷史上有過的事情將來也還會有，人的老脾氣總是沒有法子改過來。（着重點是我加的，下並同。——蕪）……

「……我們的文字學何曾能夠解決漢文的一個最重要的問題？我常想，漢字既然有它的歷史，它形成中國幾千年的文學，（尤其是詩的文學），能夠沒有一個必然性在這裏頭？它的獨特的性質到底在那裏？如果有人從文字音韻上給我們歸納出一個定則來，則至少可以解決今日的新詩的問題。然而中國研究文字學的人，不去認過去的事實，却遠遠的望到將來去，把氣力用於一個漢字拚音問題，我恐怕這也免不掉瞎子掛扁之譏，不能不說也是一種八股，因爲它也是一種『主義』，八股便是主義的行家。（蕪案：主義的特點，就在於其中含有對未來的理想，以及實現這理想於未來的途徑。）……豈明先生是新文學運動者之一，但那時的新文學運動是一個浪漫的運動，這是當然的，大凡一個運動的開始恐怕都逃不了一個浪漫性，我們不可抹殺首倡者的功勞，然而運動開始以後，就得有人漸漸的認識事實（蕪案：實即遠離未來，漸漸的被吸引於過去），那這個運動才可以眞正的得到一個『意識』，從而奠定它的基礎，不致無源之水其渴可待，豈明先生到了今日認定民國的文學革命是一個文藝復興，即是四百年前公安派新文學運動的復興，我以爲這是事實，本來在文學發達的途程上復興就是一種革命。……胡適之先生也曾說中國文學史上一個時代有一個時代的文學，但適之先生的含義與我們今日所說的不同，適之先生似乎是把一個一個的時代截斷了看，我們則認爲是一整個的發達路程、各時代文學的不同有一個必然的變化在裏頭，古與今相生長而不相及，所以適之先生說文言文學是死文學，白話文學是活文學，而我們以爲如是死文學則當生之日它已經是死的，白話文學只是文言文學的一個『窮則變』，而它自然的要與文言文學相承。……豈明先生當初是做過新詩的，後來他乃說『詩的事情我不知道』，這個不知道正是他知道，他知道原來的新詩運動的意義之不合事實。胡適之先生最初白話詩的提倡，實在是一個白話的提倡，與『詩』之一字可以說無關，……直到現在，一般做新詩的人都還是陷於一個混亂的意識之中，以爲一定要做新詩，而新詩到底不知道應該是一個什麼樣子，大家納悶而已。（蕪案：這是在擁抱未來的過程中必有的困難，但是應該克服，也可以克服的。）……說到這裏我不禁想起魯迅先生，魯迅先生與豈明先生重要的不同之點，我以爲也正就在一個歷史的態度。魯迅先生有他的明智，但還是感情的成分多，有時還流於意氣，好比他曾極端的痛恨『東方文明』，甚致於叫人不要讀中國書，即此一點已不免是中國人的脾氣，他未曾整個的去觀察文明，他對於西方的希臘似鮮有所得，同時對於中國古代思想家也缺少理解，其與提倡東方文化者固同爲理想派。豈明先生講歐洲文明必溯到希臘去，對於希伯來，日本，印度，中國的儒家與老莊，都能以藝術的態度去理解它，其融會貫通之處見於文章，明智的讀者諒必多所會心。魯迅先生因爲感情的成分多，所以在攻擊禮教方面寫了『狂人日記』，近於詩人的抒情，豈明先生的提倡淨觀，結果自然的歸入於社會學人類學的探討而沉默。魯迅先生的小說差不多都是目及辛亥革命因而對於民族深有所感，乾脆的說他是不相信羣衆的，結果却好像與羣衆爲一夥，我有一位朋友曾經說過，『魯迅他本來是一個 Cynic，結果何以歸入多數黨呢？』這句戲言，却很耐人尋思。這個原因我以爲就是感情最能障蔽眞理。而誠實又唯有知識。」

鈔錄既畢，回過去看看，覺得要說的話已盡於着重點與幾條案語之中，現在不打算再說什麼。但也眞是本質由運動而見吧，這一篇二周優劣論，在今天，在中華民族抗日戰爭中的今天，也實在很有意思的。

四

現在再回到個人與歷史之結合的問題上面去。從這上面，我們還要展開關於「自我」，關於個人主義中之所謂「自我」的問題。

個人主義中之所謂「自我的發現」，原與「人的發現」爲同義語。人的本質，如前所說，既然就在個人與歷史的結合之中，既然就在個人對於社會進步動力的感受與感發之中，則所謂「自我」，可見自然就是社會性的東西。倘了解這一點，則個人主義的一切問題便都可以解決；但不幸，這一點却又往往不是個人主義者所能了解的。

個人主義，乃是「適合於知識分子情緒的知識份子宇宙觀」，「這知識份子是以資本主義社會爲立脚點的」（考茨基）。他們具有敏銳的感受能力與強劇的感發能力。當末期封建社會內部已經孕育了資本主義的新因素，這新因素就在既成的社會生活體系之中提供了新的生活關係，構成了新的生活觀念的時候，遲鈍的人們所看到的，還是完整無缺率由舊章的既成生活體系，只有敏銳的優秀的知識份子們却就由於廣泛伸張的生活觸手，不自覺的把這藏存在新運動所生的震動傳導到內心中來了。敏銳的感受之後，必然就是強劇的感發；他們把他們內心的震動（實際上是內心所受到的震動）理爲旋律，譜爲樂章，歌唱出來，是爲個人主義。

他們本身是「以資本主義社會爲立脚點」的，故當封建社會末期，他們本身的存在就已是個人與歷史的結合。而他們對於新的生活關係與生活觀念之感受與感發，又就是對於未來的擁抱，就使他們與歷史的結合更加鞏固起來。所以，他們實際上已從濃厚的社會性中鞏固與發展了人的本質，取得了所謂「自我」。在這一意義上，他們的「發現自我」是眞實的；而且，他們確是在深心中「發現自我」，確是倚靠這深心中的「自我」的不容已的要求來進行戰鬥，所以這「發現自我」也是具有戰鬥價值的。

然而，第一，他們的感受與感發是進行於不自覺之中，——確切此說，他們由外在的新社會因素而得到感受是進行於不自覺之中；第二，他們的感受與感發的時候，是「衆醉而獨醒」的時候；第三，你們的新的歌唱必與旣成的樂調不相容，必受旣成的樂調的壓迫，而他們亦必進行抗爭：由於這三個原因，他們就要以爲「自我」眞只是生於內部的東西，與社會無關，且必需與社會爲敵了。當旣成的東西憑着「社會」之名要求馴服時，新生的東西自然要憑着「自我」之名進行抗爭；抗爭的對象若是「社會」的整體，就以之爲「外」而自居爲「內」；若是被「社會」鑄爲定型因而代表此「社會」的人羣，就以之爲「人」而自居爲「我」：這樣，實際上的新舊之爭又就變形而爲「外內」「人我」之爭了。

但這「自我」，旣被當作非社會而且反社會的東西，它與社會之間又被設定了「外內」「人我」這樣絕對的障隔，於是它就成了一種奇怪的東西，好像是什麼先天存在而寄寓於人的內心中的絕對眞理的實體。個人主義者們也就確乎憑着這實體以去批判一切，打擊一切，「所向披靡」；然而却從不想到批判這實體本身，打擊這實體本身。他們可算是批判主義者，視一切皆爲批判的對象；但却在一個最重的地方放棄了批判主義，把一個最重要的東西看成了超批判的東西：這種無批判無反省的態度，就是他們的特色。

易卜生主義，是「適合於知識份子情緖的知識份子宇宙觀底出色代表」（考芡基）。它的基本原則，就是娜拉所說的：「我要看看究竟是我錯了，還是世界錯了。」不用說，錯的當然是世界。所以，據胡適之先生的論文「易卜生主義」（潘家洵譯「易卜生集」的附錄）的分析，在易卜生主義中，無論家庭，無論法律，無論宗教，無論道德，無論社會輿論，無論國家利益，無論什麼，就要一碰「個人」，一與「個人」發生衝突，總歸都是錯的，而「個人」總歸都是不錯的。這就是所謂無批判無反省的態度。

當然，要說易卜生是把「自我」或「個人」置於絕對超批判的地位，他自己倘聽到了，一定會以爲不公平的吧。「鬟鬼」中的阿爾文夫人明明說：

「不但父母傳下來的東西在我們身體內活着，並且各種陳舊的思想信仰這一類的東西也都存留在裏頭。……我們永遠不要脫身。……世界上一定到處都有鬼。他們的數目就像沙粒一樣的數不清楚。……」（據潘譯；上引娜拉語同。）

而醫生對歐士華更明明的說：

「做父親的造的孽，重新要在兒女身上發作」。

這些觸目驚心的話，難道不就是對於「自我」或「個人」的批判麼？

不是的。這些都只是一種應該可以引起批判的懷疑，而實際上仍然並未引起批判。眞的批判，必須在社會的規模上進行。因爲，如前所說，每一個社會的交織裏面，都含有過去的末稍，而這末稍就是這社會裏面的「死鬼附身」或「遺傳病」。人是社會的動物，所以人的內心中的如阿爾文夫人所說的「死鬼附身」，或如醫生所說的「遺傳病」，還是由他所處的社會得來。發現了內心中的——「自我」中的這些東西，就去追尋其社會根源，在社會的模規上沒法消滅之，這才是眞正的科學的批判。

而易卜生，正如他不知道「自我」的社會根源一樣，也不知道「自我」中的「死鬼」或「遺傳病」的社會根源。所以，他就和歐士華一樣，雖自知遺傳病將要發作，仍只好坐以待斃了。勃蘭兌斯親見這位十九世紀偉大的個人主義者在二十世紀中的破滅，說道：

「在這新世紀，他什麼事都不能做。……

「自此以後，他總是衰退。他所受的痛苦，我們可以設想。廿五年前（蕪案：據譯者註，此文作於一九〇六年），他命『鬟鬼』戲中的 Oswald 這樣說：『永遠再不能工作！永遠！永遠！這是在活中死亡。媽媽，你想有這樣可怕的事嗎？』

「然而這是六年間的遭遇。」（「奔流」一卷三期；語堂譯：HENRIK IBSEN）

勃蘭兌斯對於「鬟鬼」的主題的了解不必與我們相同，但他剛剛選取歐士華說到自己將要發作的「腦腐症」的話來表明易卜生的個人主義的悲劇，我們看來却是很有意思的。

五

說到對於「羣鬼」的主題的了解，我們又可以作一項有意思的考察。

上文提及的胡適之先生的論文「易卜生主義」，一九一八年發表於「新青年」的「易卜生專號」（作爲潘譯「易卜生集」附錄的是後來又加修訂的），「因爲牠所提倡的個人主義在當日確是最新鮮又最需要的一針注射」，所以在當日也就「能有最大的興奮作用和解放作用」（「胡適文選」自序），而在今日看來又是文化革命史上一篇重要文獻。但從這裏面，我們就可以看出，中國的易卜生主義的介紹人，對於「羣鬼」的主題，却似乎是鮮有所知的。

這篇論文，根據易卜生的幾個重要劇本立論；如「死人復活的時候」，「娜拉」，「羣鬼」，「羅斯馬莊」，「社會棟樑」，「雁」，「博克曼」，「國民公敵」，「海上夫人」，還有易卜生的信扎，等等。通觀所論，除掉「羣鬼」而外，關於其他諸劇的大都不錯；卽使深度偶嫌不夠（如「死人復活的時候」被簡單的解釋成宣揚寫實主義之類），總也找到了主題所在的地方。獨於「羣鬼」一劇，就根本碰都不曾把主題碰到一下。他說：劇中的阿爾文夫人是表現了家庭問題上裝面子和怯懦的罪惡。又說：劇中的牧師表現了宗教的僞善與愚蠢。這些都不錯，但與主題何關呢？與題名叫作「羣鬼」的這個劇的主題何關呢？而尤其是，他說：「誰知他」（阿爾文夫人）兒子從胎裏就得了他父親的花柳病的遺毒，變成一種腦腐症，到家沒幾天，……他兒子的遺傳病發作，腦子壞了，就變成了瘋人了。……這就是腐敗家庭的下場。」似乎竟不知道這所謂「遺傳病」所象徵的精神上的意義，更是謬以千里了。

歐洲的個人主義的代表人，遠在十九世紀就已經發出的對於「自我」的懷疑，而中國的個人主義的介紹人，到了二十世紀作介紹工作時都還不能了解：這是一個很好的歷史對照。

當然，也不僅胡適之先生，那時能了解這一點的，實在很少。五四以後不久，反對新文化的「學衡派」興起。其中的梅光迪先生，在他的「評提倡新文化者」裏面說：

「今之主文學革命者，曰文學之旨，在發揮個性，注重創造，須『處處有個我在』，而破舊時模仿之習。易詞言之，則各人有各個之文學，一切模仿規律，皆可廢也。然而彼等何以立說著書，高據講席，而對於爲文言文者，仇讎視之，不許其有我與個性創造之自由乎？」（轉引自李何林：「二十年中國文藝思潮論」）

這是在「自我」的問題上的故意糾纏，要答覆他，還不必運用我們現在所說的個人與歷史結合之原則，只須對於「羣鬼」的主題稍有了解，借用一下前引阿爾文夫人的話就夠了。但是，在當時不可謂非先進戰士的周作人，却是怎樣答覆了的呢？他說：

「近來有一羣守舊的新學者，拏了新文學家的『發揮個性，注重創造』的話做擋牌，以爲他們不應該『而對於爲文言者仇讎視之』；這意思似乎和我所說的寬容有點相像。但其實是全不相干的。寬容者對於過去的文藝固然予以相當的承認與尊重，但是無所用其寬容，因爲這種文藝已經過去了，不是現在的勢力所能干涉，便再沒有寬容的問題了。所謂寬容乃是說已成勢力對於新興流派的態度，正如壯年人的聽任青年的活動：其重要的根據，在於活動變化是生命的本質，無論流派怎麼不同，但其發展個性注重創造，同是人生的文學的方向，現象上或是反抗，在全體上實是繼續，所以應該寬容，聽其自由發育。若是『爲文言』或擬古（無論擬古典或擬傳奇派）的人們，既然不是新興的更進一步的流派，當然不在寬容之列。——這句話或者有點語病，當然不是說可以『仇讎視之』，不過說用不着人家的寬容罷了。他們遵守過去的權威的人，背後得有大多數人的擁護，還怕誰去迫害呢。老實說，在中國現在文藝界上寬容舊派還不成爲問題，倒是新派究竟已否成爲勢力，應否忍受舊派的壓迫，却是一個未可疏忽的問題。」（他們「自己的園地」：「文藝上的寬容」）

在這一段話裏，也有「一個未可疏忽的問題」，就是：除了對於「『爲文言』或擬古（無論古典或擬傳奇派）的人們」稍致不滿而外，竟對於一切「過去的文藝，卽並非「遵守過去的權威的人」而是「過去的權威」本身，竟承認它們也是「發展個性注重創造」的「同是人生的文學的方向」。這樣，所謂「新文學」也者，就與六朝散文公安派文學之類成了一樣的東西了。這是投降以後的請求寬容，實在算不得戰鬥，而且，卽照他所說，「已經過去了」的「過去的文藝」固然「不是現在的勢力所能干涉」，固然要「予以相當的承認或尊重」，但「擬古」的人們却明明是把「已經過去了」的東西硬拖到現在來，自投到「現在的勢力所能干涉」的羅網中來，爲什麼也要當它是「已經過去了」的東西，也要肅靜迴避呢？爲什麼就不能「仇讎視之」呢？舊派（當然是「擬古」的）明明已經在「迫壓」新派，已經對新派「仇讎視之」，自居新派的人還不敢「以直報怨」，這眞是奴性十足了。其實，不但對於「擬古」應該「仇讎視之」，就對於「古」的本身也應該「仇讎視之」，不但對於「遵守過去的權威」應該「仇讎視之」，就對於「過去的權威」本身也應該「仇讎視之」：其重要的根據，就在於「古」與「過去的權威』的本身雖皆自以爲「自我」，我們却肯定那是反於人的社會的本質，反於人的本質的僞的「自我」。我們若是因擁抱了未來而有眞的「自我」，就決不能承認它也是「發揮個性注重創造」的。

周作人接着也還有「一句附加的說明」，就是說舊派並非「發展個性注重創造」，因爲「服從權威正是把個性汨沒了，還發展什麼來」。這說明當然不錯；服從權威的人當然與權威本身有別。但既有別，對待它們的態度也就應該有別，又何以對權威本身既「予以相當的承認與尊重」，對服從權威的人也不敢「仇讎視之」呢？不敢「仇讎視之」，至少也就等於「相當的承認」。這樣一來，服從權威的人又變得與權威本身無別，也早就是「汨沒個性」變得與「發展個性」無別了。不敢仇視過去，不敢擁抱未來，終於必屈服於過去，必遠離了未來；而强說過去卽與未來相同，終於亦必使未來反與過去相同：這都是勢有必至，理有固然的。

然而，也是在五四時代，魯迅先生就說：

「我們幾百代的祖先裏面，昏亂的人，定然不少：有講道學的仔生，也有講陰陽五行的道士，有靜坐煉丹的仙人，也有打臉打把子的戲子。所以我們現在雖然好好做『人』，難保血管裏的昏亂份子不來作怪，我們也不由自主，一變而爲研究丹田臉譜的人物：這眞是大可寒心的事，但我總希望這昏亂思想遺傳的禍害，不至於有梅毒那樣猛烈，竟至百無一免。卽是同梅毒一樣，現在發明了六百零六，肉體的病，卽可醫治；我希望也有一種七百零七的藥可以醫治思想上的病。這藥原來也已發明，就是『科學』一味。……祖先的勢力雖大，但如從現在起，立意改變；掃除了昏亂的心思，和助成昏亂的物事（儒道兩派的文書），再用了對症的藥，卽使不能立刻奏效，也可把那病毒略略羼淡。如此幾代之後，待我們成了祖先的時候，就可以分得昏亂祖先的若干勢力，那時便有轉機，……」（「熱風」：「隨感錄三十八」）

這就不但暗合於「羣鬼」的主旨，而且更進一步尋求醫治之方；不但於現在存留的過去的殘餘是「非人」的東西，而且說這些東西卽在它們自己的時代都是「非人」的了。

而在一九二九年，五四運動後的十年，周作人才也注意到了「羣鬼」中阿爾文夫人的那一段話，並且也提到了法國的呂滂的「民族發展之心理」（前引魯迅先生的話，也是從這部書說起來的，因爲其中說到民族心理中昏亂因素之遺傳）。但其結論却是：

「已有的事後必再有，已行的事後必再行，此人生之所以爲虛空的虛空也歟？……

「……虛空儘由他虛空，知道他是虛空，而又偏去追踪，去察明，那麼這是很有意義的，這實在可以當得起說是偉大的捕風。……」（「周作人散文鈔」：「偉大的捕風」）

這種「萬物靜觀皆自得」的態度，和魯迅先生那種「懲前毖後治病救人」的態度對比起來，眞是好看極了。

六

周作人之流的先天不足的個人主義沒有能進爲集體主義，並且成了集體主義的敵人，這是當然的。但卽使極健全的個人主義，要進到集體主義，也非越過大的障礙，經歷大的困難不可。這裏，自有其社會經濟上的原因。

原來，奴隸主義生產方式孕育在原始社會之中，封建主義生產方式孕育在奴隸社會之中，資本主義生產方式孕育在封建社會之中，所以，舉凡奴隸主義的與封建主義的與資本主義的革命，都以政治革命爲終點，取得政治上的勝利來鞏固已有的經濟上的勝利就行了。只有社會主義的生產方式，却非資本主義社會的母胎之所能容。在末期資本主義社會中，強大的足供建立社會主義生產方式之用的生產力，是可以有的；而現成的社會主義生產關係，却是無論如何無論何處都不會存在的。因此，社會主義的革命，就不是到政治革命爲止，而是從政治革命開始；不是取得政治上的勝利來鞏固已有的經濟上的勝利，而是取得政治上的勝利來爭取未有的經濟上的勝利：它與以前各階段的革命都不同。而這不同，在社會實踐社會意識上所生的影響當然是很大的。

因爲，意識是存在的反映。新的生產方式倘能孕育在舊社會之中，則如前所說，就能在既成的社會生活體系之中提供新的生活觀念，而被敏銳的人們「自然的」感受到，「自然的」感發爲新的世界觀。「以資本主義社會爲立脚點」的知識份子們，在末期封建社會中創造個人主義，就享有這種順利的條件。由於這種順利的條件，新的世界觀就好像是從內部「自然的」放射出來，而無須着力。但集體主義就只能有完全相反的條件。作爲它的物質基礎的社會主義生產方式，既不能孕育於末期資本主義社會之中，就不能在資本主義生活體系之中「自然的」提供集體主義的生活觀念，就不能使人們「自然的」由內部放射出集體主義來。所以，集體主義，無論對何人，似乎都要求他壓制「自我」，接受外在的規範，服從外在的規範，而不予以發自「自我」的機會。

當然，將要手創新的生產方式的工人階級，是不但存在於末期資本主義社會之中，而且與資本主義生產方式之產生以俱來的。它在社會經濟上的地位，強劇的逼向於未來，絕不調和的反對着舊制度。然而，它在資本主義社會中的時候，究竟還沒有自己的生產關係，並且還是舊制度的主要組成份子。所以，——

「『經濟主義者』之硬說社會主義的思想系統能從工人階級自發運動中產生，這就是欺騙工人階級，因爲在事實上，社會主義的思想系統，並不是從自發運動中產生，而是從科學產生的。」（「歷史」二章二節）

所以，即使對於工人階級而言，集體主義（社會主義思想系統中的一部份）的興起，也還是一樣的有困難。他們都有困難，就更無論知識份子，尤其是慣於「忠於自我」的知識份子

他們看到那是「從科學產生的」，不是從「自我」產生的，就以之爲「非自我」。一以之「非自我」，又就要拿「自我」來與之相較，把一切與之相同相似或相近的因素都從「自我」中盡數剔除。其所以如此做，是爲了保持「自我」之純全，然而也就成了梅光迪先生所謂「逆流而行，與舉世爲敵」的「豪傑之士」，危機也就非爆發不可了。

但其實，由個人主義進爲集體主義，這中間究竟是否眞有什麼不可逾越的鴻溝呢？倘「自我」確是個人與歷史，與社會進步動力相結合而生的產物，那麼我們說：沒有的。

首先，集體主義也是一段歷史運動的目標，個人主義者第一次與歷史結合起來之後，倘不鬆懈下去，而且日益使結合加緊，以至於交融，那麼就可以隨着歷史而向前運動；當運動到歷史本身要求着集體主義的時候，他也就可以進爲集體主義去了。在那樣的時候，情形當然也並不順利，倒往往是，忽然面前出現了別一種力量，好像是敵人，至少也是很令人厭煩的障礙物。然而，由於一向的向前的戰鬥，明知後無退路，只得仍然硬着頭皮迎上去，甚至和它肉搏。而肉搏乃是最眞切的認識的源泉，生死存亡之變，不能不把對方看個明白，這樣，就能對於集體主義得到眞切的認識，而自己亦進爲集體主義者了。只有慣於後退的人，才是在碰到新的力量時立刻後退，祭起什麼「已有的事後必再有」的法寶，從過去的寶庫中隨手拖一個醜惡面具來掛到新力量的臉上，不再求認識它的全然新穎的面貌，而心安理得的自己想着在和過去作戰，决不以爲是和什新力量作戰的。

其次，「自我」在事實上旣是社會性的東西，個人主義者卽使在最初不能知道，後來也就應該能夠漸漸知道這個社會性。如前所說，這種知道是由懷疑引起的。而懷疑，又卽是在和社會接觸中發生的。個人主義的主體雖是「個人」，其對象却不能不是社會；倘竟不是，那也就是一種「自得其樂」的個人主義，不是我們所要說的了。而我們所要說的，却是這樣一種個人主義：卽始終堅持「自我」的原則，要把社會整個的按照這原則加以改變。在這變革的實踐中，就不能不漸漸感到社會對於「自我」的相生相尅的種種決定力，不能不由這決定力而漸漸了解「自我」的社會性。於是，這也就成了推動他進爲集體主義者的契機。

總之，只要個人主義者是戰鬥的個人主義者，則簡直可以說，他之進爲集體主義者乃是絕對的必然。必然並不等於順利，所以進步途程中還是有許多的困難。而困難中之最大的，就是重心之由內而外的變遷。但我們並不以重心在內這一事實爲不好。事實上，集體主義也可以是，而且應該是重心在內的。因爲，最初進爲集體主義者時雖是要用歷史要求來否定「自我」，但歷史要求本是使個人之中產生「自我」的力量，它旣是要否定原來的「自我」，一定是原來的「自我」已有被否定之必要，更新的「自我」已有產生之必要，所以這否定實是用將生的眞的「自我」來否定將滅的僞的「自我」，也就是眞正的肯定「自我」。所以，否定之後必然繼以肯定，肯定了新的「自我」，重心就還是在內，不過也知道這重心是由外來的，在這一點上與個人主義不同而已；這是說「可以」。至於應該重心在內之故呢，那更簡單，就是因爲只有重心在內，才可以作發自深心而迫不容已的戰鬥，而不是機械的非人的運動或「反射」。我們今天，集體主義據說是大家都有了，但似乎有些集體主義者已經進步得太遠，全沒有了個人主義者所曾具有的這種發自深心而迫不容已的精神：這實在不是可以樂觀的事。

實際上，個人主義的原則通於集體主義，集體主義的原則也可以通於個人主義。客觀上，都是歷史的運動；主觀上，都是眞正的「人」的長成：總都是趨向於「人的社會」的目標的。

至於工人階級之終於「接受」了社會主義思想系統，那當然不是由什麼主義者進爲什麼主義者的問題，只是一個由「自在」到「自覺」的過程，所以情形當然不同。這本是另一回事，但因上面拿來做了旁證，現在還是引一段話來把它交代清楚：

「……『無產者本來並沒有階級的自覺。是幾個過於富同情心而又態度過激的領袖把這個觀念傳授給了他們』（蕪案：這是梁實秋的話），要促起他們的聯合，激發他們自覺的。不錯，但我以爲傳授者應該並非由於同情，却因了改造世界的思想。況且『毫無其物』的東西，是無從自覺，無從激發的，會自覺，能激發，足見那是原有的東西。原有的東西，就遮掩不久，……」（「二心集」：「『硬譯』與『文學的階級性』」）

七

所謂歷史要求，如上所說，要由科學來照明，但又並非懸空吊在塵世之上的什麼東西，它其實就是一般人民的生活要求，尤其是先進的覺醒了的人民的生活要求，以及他們在科學的光輝之下爲實現這要求而找到的途徑。所以，知識份子們致力於自己與歷史之結合時，首先就要肯定這種要求，肯定這種提出要求的意志力與實現要求的創造力；然後就要汲取這種力量，消化這種力量，用這種力量充實自己；而這就是個人與人民的結合，也是可以鞏固與發展人的本質的。

然而，個人主義也就往往在這裏遭遇到大的艱險。

我們已經指明，個人主義原是在「衆醉而獨醒」的情況下產生的。所以，易卜生的原則是：少數總是眞理，多數總是錯誤。據勃蘭兌斯說，這是誤將「無政府主義，仇視國家」的「精神傾向」與「貴族思想」混爲一談，好像托爾斯泰誤將同一精神傾向與「相信平等」混爲一談一樣；這可以是對的。但無論如何，這種對於「庸衆」的鄙視，一方面是否認了眞理的生活根源與生活歸宿，是反唯物論的；另一方面是否認了羣衆的進步的前程，是反辯證法的。固然，個人主義者大抵並非辯證唯物論者，但若他是眞正忠實而在無間息的追求之中，或遲或早，就應該不藉助於辯證唯物論而亦能或多或少的感到羣衆的這種存在與運動。倘竟不能，那個人主義就必日漸墮落，而終於破滅了。

我們的革命文化史上，正有一個鮮明的對比。

一方面，「當會黨一類的賤民被當作奪取滿淸統治權的力量的時期以後，當立憲，護法等政治號召正鬧得滿城風雨的時候，但魯迅，而且只有魯迅，却使阿Q站向了歷史舞台底脚燈前面。他不但說明了阿Q們在怎樣生活（『阿Q眞能做』……），而且陳訴了阿Q們要求什麼（阿Q要『革命』……）。而且，最後他還指明了：他不能不無助無告地讓阿Q們用鮮血祭奠了生他的土地。魯迅是遠遠走在當時的思想界底前面。」（胡風：「民族戰爭與文藝性格」：「文學史上的五•四」）這「陳訴了阿Q們要求什麼」，的確是非常重要的。因爲，魯迅先生雖在最初說過：「苟奴隸立於前，必哀悲而疾視，哀悲所以憫其不幸，疾視所以怒其不爭。」但在這時，就已看到阿Q們實在能「爭」，已經在「爭」，把這潛伏的「爭」的因素發掘了出來，通過阿Q，魯迅先生早已肯定了人民的力量。廢名「乾脆的說他是不相信羣衆的」，是「乾脆的」胡說。何凝先生在那篇輝煌的「魯迅雜感選集序」裏面，說他的早期的雜感，「往往看不見這種羣衆（燕案：指農民小私有者）的『革命可能性』，看不見他們的笨拙的守舊的口號背後隱藏着革命的價值」，因而「引起他對於革命失敗的一時的失望和悲觀」，恐怕也未必對的。

另一方面，早在一九一七年二月就高張起來的「文學革命軍」的大旗，上面大書特書的革命軍三大主義，第一個就是「推倒彫琢的阿諛的貴族文學，建設平易的抒情的「國民文學」。後來的文學的大軍，也的確就在這旗幟之下前進。然而，前進不久，就有人落伍，並且揭出相反的大旗來，上面大書特書四個大字「貴族精神」了；說是，「關於文藝上貴族的與平民的精神這個問題，已經有許多人討論過，大都以爲平民的最好，貴族的是全壞的。我自己以前也是這樣想，現在却覺得有點懷疑。」「平民的精神可以說是淑本好耳所說的求生意志，貴族的精神便是尼采所說的求勝意志了。前者是要求有限的平凡的存在，後者是要求無限的超越的發展；」「求生意志固然是生活的根據，但如沒有求勝意志叫人努力的去求『全而善美』的生活，則適應的生存容易是退化的而非進化的。」「從文文藝上說來，最好的事是平民的貴族化，——凡人的超人化，因爲凡人如不想化爲超人，便要化爲末人了。」（「自己的園地」：「貴族的與平民的」）玆且不問其所謂「勝」是怎麼一回事，即使就是「無限的超越的發展」，或「『全而善美』的生活」，在它本身無可非議，但以爲平民就只是飢思食渴思飲的動物，絕無較高級的人生要求，斥之爲「退化」，詆之爲「末人」，而把「超人」歸於貴族，這也是只要一看就知道全出於「貴族的」偏見的。個人主義者從這裏出發，那不算希奇；但若本來倒並不由此出發，發展到後來却到了這裏，那就也眞的是「是退化而非進化的」了。

退化下去，在各種問題上，尤其是文化問題上，對於人民的力量就絕無所見。「方中國的普羅文學運動鬧得像煞有價事的時候，一般人都彷彿一個新的東西來了，倉皇失措，豈明先生却承認它是載道派」（廢名），絕不承認它是革命人民形成新結合以後在革命文學上的表現。本來，人民既只是飢思食渴思飲的動物，在還沒有「貴族化」或「超人化」的時候，怎麼會有什麼文化要求，怎麼會表現力量到文化上來呢？試看：

「……於是官罵思業照舊經營下去，不過如智士所云已『易主』耳。鄙人記性不佳，文獻匱乏，愧未能詳徵博引，考其源流，但就所知說來，這個運動大約是始於成仿吾的詩壇之防禦戰，……隨後又聽見『勸』的口號，勸的對面自然還有『撫』，雖然這個名稱沒有顯明的聽說過。這樣，官罵便以一種新的姿態第二次出現於舞台上了。……也有硬朗一點的，始終力戰不屈，罵不絕口，……相持不下，終究有個了局，如何了法其機密不能詳知，大抵看『水滸傳』可以知道一點，如及時雨之率衆推戴玉麒麟，歸根結蒂仍是一種撫法，又是一種降法，不過是極高妙的一種罷了。」（「周作人代表作選」：「論罵人文章」）

這是暗指魯迅先生與創造社論戰的那一段公案，大家都看得出的。經他這樣一說，就成爲一場無聊的人事糾紛，純粹的文壇陰謀，而上文所說的促使革命文學向新階段前進　革命人民的新結合，以及吸引魯迅先向新階段前進的革命人民的新結合，這種結合所生的力量，在這裏就都無影無踪了。

「不過魯迅只後倒曾說過：『這革命文學的旺盛起來，在表面上和別國不同，並非由於革命的高揚，而是因爲革命的挫折；雖然其中也有些是舊文人解下指揮刀，來重理筆墨的舊業的，有些是幾個靑年被從實際工作排出，只好藉此謀生；但因爲實在具有社會的基礎，所以在新份子裏，是很有極堅實正確的人存在的。」（上海文藝之一瞥）他並不一概抹殺。」（李何林：「近二十年中國文藝思潮論」）並不一概抹殺之故，未必是因爲成了「玉麒麟」，受了「及時雨」的率衆推戴，實在是因爲一向追求着與人民力量的結合，在這新興運動裏也分淸了人民的因素（即「社會的基礎」）與個人的因素（即「舊文人」與「被從實際工作排出的靑年」）。個人的因素可以有投機，有八股，有一切的卑劣，而人民的因素却無論如何都是眞理的體現，歷史要求的體現。

是的，任何偉大的運動中，都可以有，而且必然有這兩種因素的。個人因素往往是表面上的主導因素，而人民因素却總是實際上的主導因素。與人民相通的戰士，對於一種偉大的運動，都是首先感到其中的人民因素，因而予以第一義的肯定，然後也淸醒的看到其中的個人因素的種種卑劣，因而予以第二義的否定。他不根本的反對，但也不盲目的無條件的崇拜其中的一切個人；他看到其中個人的卑劣，但又絲毫不影響於他對整個運動的肯定態度。只有遠離了人民的墮落了的個人主義者，才總是於一切爲人民的力量所發動的運動中，僅僅看到其中（大抵在上層）的卑劣的個人，這就給他以反對整個運動的藉口。

而這種墮落的個人主義，在中國，又與士大夫的淸高主義的「潔癖」結合起來。所謂「潔癖」，就是「愛潔成癖」的意思，稍見不潔，避之惟恐不及，例如張岱在「又與毅儒八弟書」（見「瑯嬛文集」）中，指出東林黨人中幾個惡劣的，就下結論曰：「則是東林二字，直與蕺爾魯國（獺案：謂明代）乃汝偕亡者。刃此輩，置之湯鑊，出薪眞不可不猛也。」這就是「潔癖」的最典型的表現。「然而他的嚴責東林，是因爲東林黨中也有小人，古今來無純一不雜的君子羣，於是凡有黨社，必爲自謂中立者所不滿，就大體而言，是好人多還是壞人多，他就置之不論了。或者更加一轉云：東林雖多君子，然亦有小人，反東林者雖多小人，然亦有正士，於是好像兩面都有好壞，並無不同，但因東林世稱君子，故有小人卽可醜，反東林者本爲小人，故有正士則可嘉，苛求君子，寬縱小人，自以爲明察秋毫，而實則反助小人張目。」（「且介亭雜文二集」：「『題未定』草」）淸高主義的必然下場是如此，取譬不遠，周作人就是好榜樣。雪峯先生說：「他理應能夠派作中國最後的一個處士的，……因爲他在附敵以前，總算是做到了『淸高』。」（「鄉風與市風」：「談士節兼論周作人」）老實說，他若眞能一直「淸高」下去，作爲中國最後一個處士，殿於諸先賢之後而走過歷史的舞台，就是我，恐怕也會「以藝術去理解它」的。然其所以終於不能，其所以諸先賢皆能而獨他不能者，就因爲今天已非諸先賢的時代，社會生活太復雜，敵友對立太尖銳，才以「潔癖」遠離開這邊，馬上就非落到那邊去不可之故也。

而且，「進步」與「反動」爲定名，「這邊」與「那邊」爲虛位，在他那時是遠離「這邊」就落入「那邊」，在我們這時則又是遠離「那邊」就落入「這邊」，方位雖殊，情形則一，所以這又是我們今天深應警惕，非丟掉白手套不可的。

八

今天中國的淸高主義者，往往自命爲董•吉訶德主義者，其實不是。

董·吉訶德主義者認爲什麼是惡，馬上就要向它挑戰，和它肉搏，淸高主義者認爲什麼是惡，只有遠遠避開而已：這是很淺顯的不同。

而這很淺顯的不同，也是深刻的不同。因爲，如前所說，肉搏往往是最眞切的認識的源泉。董•吉訶德主義者勇於行動，雖然就有敗亡的危險，但也就有獲得眞切認識的可能；淸高主義者逃避這個，逃避那個，無所不逃，終於就一無所知了。所以，董•吉訶德主義者在現時代自有其進步的前程，如盧那却爾斯基的「解放了的董•吉訶德」（何凝譯）一劇中所指示，如高爾基等人的戰鬥生涯所證實，那本是偉大的心靈之誤用，始終都値得崇敬；至於淸高主義者，在現時代，除了「從天上掉下來，掉到地上最不乾淨的地方去」而外，是沒有別樣的道路的。

但當然，並不是贊成董•吉訶德主義。

董•吉訶德主義者的錯誤，在於僅僅抽象的作了個人與歷史之結合；而具體的結合却必須通過人民，以人民爲基礎，尤其是先進的覺醒了的人民。

我們暫以紀德爲例。一九三三年三月，國際革命作家大會在巴黎開會，保衛文化，抵禦法西斯的野蠻主義的進攻，他在會上演說道：

「有人會對我說：『在蘇聯是這樣的呢。』那是可能的事；但是目的却是完全兩樣的，而且，爲了要建設一個新社會起見，爲了把發言權給與那些一向做着受壓迫者，一向沒有發言權的人們起見，不得已的矯枉過正也是免不掉的事。

「我爲什麼並怎樣會在這裏贊同我在那邊所反對的事呢？那就是因爲我在德國的恐怖政策中見到了最可歎最可憎的過去底再演，在蘇聯的社會創設中，我却見到一個未來的無限的允約。」（戴望舒譯，轉引自「南腔北調集」：「又論『第三種人』」）

「這說得淸淸楚楚，雖是同一手段，而他却因目的之不同而分爲贊成或反抗」（「又論『第三種人』」）。尤其是最後關于「過去」「未來」的那一句，簡直是我們的個人與歷史結合這一原則的最好的說明。有了這種認識之後，在了解蘇聯的工作中，應該沒有太大的困難。然而，他後來到蘇聯去，竟發生了那麽大的失望，寫了那麽一本書，引起了那麽大的責難，這又是什麽緣故呢？

原來，如前所說，他與歷史之結合，並沒有通過具體的人民。所謂具體的人民，是一方面固然作爲「人民」而存在，一方面却也作爲具有許多現世的缺陷的個人而存在的。在他們身上，固然可以看出人民的意志和能力，同樣也可以看出許多不好的個人因素。倘只看到前者，以爲只應該看到前者，那就是沒有和具體的人民結合過來。而紀德正是這樣的。例如他遇到那個電報局職員，對於人民的領袖却表現了那麽可惡的奴才態度，使他大怒。這大怒怪不得他，誰都要大怒的。但他在大怒之後，沒有更深的考察，沒有把人民由於生活而發的對領袖的眞誠的崇敬，和這種不好的個人因素嚴格分開，這却表現董·吉訶德主義者的局限性了。

但紀德還不是最能代表董·吉訶德主義者的典型，如魯迅先生在「解放了的董·吉訶德」的後序裏面所說，蘇聯革命剛成功時的高爾基才是的。他，雖如羅曼羅蘭所說，是「直接地從民間來的——有力的，堅實的」（見何凝呂伯勤合譯「爲了人類」的附錄），但在那時，仍不免被董·吉訶德主義所糾纏。他像盧那却爾斯基所寫的董·吉訶德，向紅鐵匠德里戈宣講「你們應當用新世界的慈愛，去對抗舊世界的殘暴」一樣，他也著文在「新生日報」上，向政府質問道：

「俄國的民主主義者曾否記得，他們對專制君主政體的專橫奮鬥，是爲着追求什麽理想的勝利而來的？

「他們是否自以爲現在還有能力繼續這個奮鬥？

「他們曾否記得，當羅曼諾夫（俄皇族）的警察把他們的領袖，拋擲到監獄裏和苦工場裏去的時候，他們痛罵這樣的對付方法是罪惡？」（轉引自「高爾基」，Alexander Kaun著，韜奮編譯。）

對於他這種董·吉訶德主義的批判，盧那却爾斯基已卓越的做過了；那主要的意思，就是董·吉訶德的頭腦簡單的從者山嘉所說的：「可是，這是很簡單的事情，我的好老爺。他們的敵人一定會來打倒他們。」只要這幾句話，就已經很夠了。所以，在這方面，現在不必贅說。

現在所要的是，盧那却爾斯基使這幾句話出諸山嘉之口，是有用意的。董·吉訶德聽了這幾句話之後，就說道：「嚇，甚至於這個山嘉也會來磨難我。如果這個半吊子的人的理性，也會提出一些問題來中傷我的良心，那麽，我的良心是不是保護得太不周到呢？」這是瞧不起頭腦簡單的山嘉。但其實，眞理無不是最簡單的，愈到能夠實現它的時候就愈是。因爲，如前所說，眞理本卽是人民生活的要求。當此要求尙無實現的可能，因而尙未由人民自已實際向提它出來的時候，憑着高級的文化工具去推測它，一定只能推得大概，再以想像的精微曲折補足它。但到了由人民自已實際的提出來的時候，大體上雖然仍如以前所推測，而一些具體的簡單的方法步驟與關聯就是現出來，全與想像中的精微曲折不相同了。這時，就需要和人民緊密結合，用人民的方式去感受，去設法，不嫌其簡單，而且毅然丟掉以前那些頗堪愛悅的微妙的想像。董·吉訶德主義者最初往往不能這麽做，弄成重歷史而輕人民，這就是他們最大的缺點。

但若眞是董·吉訶德主義者，則在和這個眞理作肉搏式的戰鬥的過程中，也必然會漸漸認識它，承認它，終于接受它。而實際上，就如高爾基，也確乎就完成了這種進步。他後來發出偉大的響亮的戰鬪號召：

「如果敵人不投降，那就要消滅他！」（「爲了人類」：「論仇敵」篇首題詞）

這就是極簡單的，但也就是對于董•吉訶德主義的最有力的批判。

九

總之，個人必需與歷史結合，而且必需與人民結合。能這麼結合起來，而且結合得緊密的，就可以首先鞏固人的本質，其次發展人的本質。而在這更高的發展之中，個人的偉大性就能存在。文藝復興時代的人文主義，那基本精神，我們是加以肯定的。我們這歷史的人民的人文主義，一方面絕對承認那與歷史與人民不可分的人的本質之價值，另一方面更承認那與歷史與人民不可分的個人的特別偉大性之價值，而那一切的基礎，又就是人類的向前的生活要求，又就是最普遍的人文。我們必需通過這種人文主義來反對機械主義，也倚靠這一武器來殺退種種對集體主義進攻。

在這些進攻之中，最主要的，也就是指集體主義爲機械主義，說集體主義壓抑個人的特殊發展。我們其實不是這樣，是這樣的，倒恰恰是那些主張什麼「普遍的人性」的人們。他們明知階級社會中的一切都帶有階級的烙印，即使戀愛，也確乎因階級而不同，于是他們所找到的「普遍的人性」，就只好是「戀愛的本身，不是戀愛的方式」（梁實秋語）了。但這不用「方式」的「戀愛的本身」，在這階級的人間，卻是沒有的。于是，勢所必至的，「倘以表現最普通的人性的文學爲至高，則表現最普遍的動物性——營養，呼吸，運動，生殖——的文學，或者除去「運動」，表現生物性的文學，必當更在其上。」（「二心集」：「『硬譯』與『文學的階級性』」）這就是說，倘不從歷史運動中掌握所謂「人性」，那「人性論」必然落到動物學或生物學中去。動物學或生物學的「人性論」，還能培育個人的特殊發展嗎？

而周作人之流（因爲還包括了今之「策士」們在內，故曰「之流」）也確乎歡喜講生物學，這是大家都知道的。而他那種生物學的「人性論」，反社會反歷史的「人性論」，也確乎壓抑了個人的特殊發展，否認了個人的從社會從歷史取得的特殊偉大。試看：

「我所有的資料（蕪案：即關於魯迅的資料）都是事實，……因爲這多是平淡無奇的，不是奇蹟，不足以滿足觀衆的欲望。一個人的平淡無奇的事實本是傳記中的最好資料，但唯一的條件是要大家把他當做『人』去看，不是當做『神』，——即是偶像或傀儡，這才有點用處，若是神則所需要者自然別有神話與其神學在也。」（「周作人代表作選」：「關於魯迅之二」）

由這裏，生物學的「人性論」的效果，已表現得非常顯然了。「但周作人之流不知道，猶如人裏面有狗的存在一樣，人裏面也能夠有神的存在；周作人之流當然更不知道，就算是被神化了罷，但何以被神仙了的單單是魯迅。」（胡風：「在混亂裏面」：「從『有一分熱，發一分光』生長起來的」）

那麼，究竟何以被神化了的單單是魯迅，而且又何以人里面又有神的存在與狗的存在之區別呢？

原來，「個人和大衆之間的這種相互的賞識，是絕對不能避免的，只要這個人是具有某種程度的成功和忠實而反映着歷史所賦與的革命工作的執行者的大衆積極情緒。」「個人越是能夠把人們的情緒的精力吸收而成觀念和形象，那麼個人的社會革命的價值也就越是顯著。」（高爾基：「爲了人類」：「論個人與大衆」）

同時，「如果卓越人物底觀念和願望是違反着社會底經濟發展，是違反着先進階級底要求，那他們就會變成廢物；反之，如果卓越人物底觀念和願望，是正確表現出社會經濟發展底要求，先進階級底要求，那他們就能成爲眞正卓越的人物。」（「歷史」一章二節）這所謂「廢物」與「眞正卓越人物」的分別，就是人裏面的狗的存在與神的存在的分別。

說到這裏，本來可以完結了。但因爲本節說到人文主義，又提及梁實秋先生，想起前面借用了他們師弟兩人做了開場白，不禁有點抱歉，現在打算再說幾句這方面的話來補過。

老實承認，白璧德的書我是簡直沒有讀過的，只看了一遍梁先生所編的「白璧德與人文主義」。前面我說對於這「人文主義」不知道是怎麼一回事，那不是假話。因爲，這部書，據梁先生說，白璧德的思想的「主要論據在這裏是都完備了」。但我看了這些「主要論據」之後，才知道那所謂「人文」是對立於「物質」，而「物質」又卽指科學，我實在從不知道竟有這樣解釋的。他反對盧梭的擴張情感，又反對培根的擴張理智，前者我還能了解不點，後者我實在想來想去都想不通。想不通當然也只好算了，好在這穩健尊嚴和平中正的思想，也要講實證，而且還要兼顧「東方西方人羣經驗」，我這個東方人還沒有經驗到情感與理智大被擴張的壞處，反而正經驗着情感與理智不得擴張的壞處，那麼暫時就不必理會它吧。而且白璧德先生也說現在趕快要「正名」，足見有些名詞之中確乎還有幾種不同的意義，那麼姑且由他們講他的「人文主義」去，我們自講我們的「人文主義」，亦未嘗不可也。

本意是要補過的，不料說了一通，也許更增加罪過了。幸而這不是所要說的範圍之內的，就此不復深究也好。

一九四五、七、一七、初稿，

八、四、二次稿，

八、八、三次稿，於汗雨齋。

> 凱綏・珂勤惠支的作品是代德國的最偉大的詩歌，它照出窮人與平民的困苦和悲痛。這有丈夫氣概的婦人，用了陰沉和纖穠的同情，把這些收在她的眼中，她的慈母的腕里了這是做了。犧牲的人們的沉默的聲音。
>
> ——Romain Rolland

反對邱吉爾

鄒荻帆

邱吉爾狼狽不堪地
走在雨里的馬路上，
他再也不像在開羅
　或者克里米亞一樣
兩腿張開露出他的青蛙般的大腹
雪茄煙那麽樣吊兒郎當地啣在口裏
食指兒敲着椅圈。

因爲議會裏面
人們噓他的演說詞
　鼓他的倒掌，
大選的票上
公民們用橡皮擦去了邱吉爾這個名字。

你會這樣多情地喊着自已的名字的，
『邱吉爾
　邱吉爾』
『你把太陽交給了這不夜之國
現在
　這些畜牲們
　竟用牛角和馬蹄對付你』……

邱吉爾
你是正如我們不能忘記仇恨一樣
你不會忘記你『光榮』的日子。

你曾經是內政部長
用皇家御林軍
用靑鋼般純粹的武力
要罷工的復工；
要喊着『吃飽肚子萬歲』的人
　再束緊肚皮，
要工人們肺病的腥紅的臉
　去面對着鍋爐，
要工人們蒼白的手指
　去撥動引擎，
要麵粉廠的工人們
　沒有麵粉吃而被麵粉的工作壓死；
工廠的門口
汽車裏跳出一條大漢
高舉着皮鞭的
是你呵
邱吉爾，
你給工人們的罪狀是
『資本家用錢養了你們
　你們不圖報
　還要罷工』
這罪過當然不能饒恕。

你曾是慕尼黑協訂的贊助者，
反共同盟的車輪
　就從你修好的大馬路前進，
而當希特勒向着有茫茫的冰雪
　也有倉庫和煙囪的蘇聯進侵時，
你從倫敦的炸毁的
　鋼骨水泥架的廢堆中
用塞緊着耳朵的食指
　揉了揉眼睛
堂堂皇皇地向世界廣播：
『這不是階級的戰爭，
……………………
　這是不分種族
　　不分信仰
　　不分黨派的
　一致抗戰』……
轉回頭
你拍着史達林
和紅軍的肩膀
　『你們是爲全世界各處的人民的自由
而奮鬥』！

然而
就在這個『一致抗戰』的日子
希特勒的刀鋒所未達到的許多地方
米字旗和邱吉爾政治一齊出現，
在奴隸們爲民主自由而流血的印度
國民大會場上
被英鎊所買收的特務們
在鳴手槍，揮皮鞭，扔石子……
邱吉爾
你儘可以在你的『家庭般親密』的議會裏說
『國民大會根本爲印度人民所反對，

而且（請注意這『而且』呀）
他們妨害交通，
他們受到日本第五縱隊廣泛的協助
　放棄了阿薩密及孟加拉灣的防務。』

於是你
溫柔地像若無其事一樣
　得了你的結論，
　『甘地和其他領袖都在
　極端舒適
　　與照料周密的情況下
　　遭受拘禁。』

在藍色的愛琴海上
繁星般約島嶼
油綠的大樹葉
有一點點紅花
有海窗外一張張白鷗，
這是我兒時歷史課的醉心呵！
那一圈圈擴大的愛琴海文化
就像我在小河邊扔下石子的漣漪，
就像我收拾書包回家時的
　一朵朵炊煙，
咦，這是希臘呀！
這是蘇格拉底和柏拉圖的理想國！
這是荷馬和亞里斯多芬斯的故鄉！
這里應該有音樂、
有詩、
有好公園、
有好花、好草、好人民、好政治、好幸福的
生活……

就在這里，
英國大軍艦和希臘流亡政府一齊回來
旗艦上的史攷比將軍
　用望遠鏡照着
　那飢餓着然而鬥爭着的城郭，
　那燃燒着依然有救火隊的土地，
他要打散救火隊，
要拆除火場上的新房屋，
要大英帝國的行宮用希臘的名義在希臘建立
！

因此
噴火機和佘曼坦克在青天白日下進行，
地下軍一排排轟然倒下，
一股股殷紅的血呵……
那殷紅的血上
舉起了彈片，
那彈片上是
MADE IN AMERICA
三個大字。

而在倫敦的唐甯街10號，
你的對德戰略圖
老早被風刮到壁爐邊去，
你的米字小旗兒正一針針插在希臘地圖的脈
絡上…………
…………
…………

邱吉爾

這都是你『光榮』的日子，
在伯明罕，曼徹斯特和格拉斯哥的工廠裏
工人們每一擊鐵錘
就想着你的腦袋，
印度的監獄裏
政治犯們只要有呼吸
希望與仇恨就永遠存在，
希臘的紅通通的血
和你的政治誓不兩立！

邱吉爾
你被噓下了台，
我知道
你決不會甘心，
因爲希特勒的道路
你還沒有走完。

你一步步走上人山人海的絞架……

你發表了福爾敦演詞。

你說
『沒有英語民族的聯合
就沒有勝利
沒有世界組織的繼續發輝光大，
……
但現在
同盟國勝利光輝照耀的場所
目前已有陰影籠罩，
蘇聯和她的共產國際
誰也不知道

　要幹些什麼。」
於是你大聲急呼地說
　『我們需要澈底解決！』
結論是戰戰競競地暗示出來
——英語民族應該主宰世界，
　原子彈是英語民族所特有的工具。

不，
這是希特勒和他的暴徒們的啤酒店演說，
這是褐衫黨的種族論又一次出現，
這是用毀壞力來分裂世界的一種建議，
這是新奴隸論，

這是反共宣言，
這露出了的原形是誰的？
邱吉爾，是你！

反對你，
從渝白堂和鞍場口的中國
我站出來
反對你，
因爲世界上正直的犧牲者的血匯成了江匯成

丁海

　時代的木筏決不後退，
因爲活着的奴隸需要麵包、需要木房、需要
高聲講話的會場、需要自己的牧場、大家的煙突
……
　不需要奴隸制！

邱吉爾
看一看呵，
在西半球和東半球的奴隸們
他們在要求新文字，
　要求世界語，
有什麼語言的區別？
痛哭與嘩笑聲
永遠一致。

> 新世紀的前幾年，她第一次展覽作品的時候，就成爲報章所喧傳的了。從此以來，一個說，「她是偉大的版畫家」；人就過作無脚的不成話道：「凱綏·珂勒惠支是屬於只有一個男子的新派版畫家裏的。」別一個說：「她是社會民主主義的宣傳家」，第三個却道：「她是悲觀的困苦的畫手。」而第四個又以爲「是一個宗教的藝術家」。要之，無論人們怎樣地各以自己的感覺和思想來解釋這藝術，怎樣地從那只看見一種的意義——然而有一件事情是普遍的：人沒有忘記她。誰一聽到凱綏·珂勒惠支的名姓，就彷彿看見這藝術。這藝術是陰鬱的，雖然都在堅決的動彈，集中於强韌的力量，這藝術是統一而單純的——非常之逼人。
>
> ——Ferdinand Avenarius

人生與詩

阿壠

一

內容一論

我們常聽到說，或者自己也常說，以詩本身而論，怎樣怎樣吧。例如，我自己，就從某一面，曾經喜愛過卞之琳底一些小詩，感覺到過那麼强固的某一性質的吸引和同時並存的拒斥；驚喜地傾心，因此也就進行了艱澀的否定。在一篇論小詩的短文裏，就曾經引用過他底小詩「斷章」；而引出了好像劍門不得不驚歎於對敵的劍底光采和力量的說法。

但是F先生指出來：我底說法，並沒有否認或者貶低什麼；而且是把牠說得太好的。原來在他底看法，那個詩，謎一樣，謎而已。

這，我不得不想了；用柔和的態度來好好地想一想。原來藝術不能夠完成牠本身；藝術底完成，是一種必須通過內容的完成。我以前是混淆了兩個問題：一個是有沒有內容的問題；沒有內容的詩當然不是藝術。另一個是有了怎樣的內容的問題；卽使有了內容，還要看是什麼內容，才能夠叫做詩，特別叫做好詩的。不論從藝術來看詩，或者從內容來看藝術，有一個而且祇有個同一的度量衡。

那麼，爲了方便，還是先展開我對「斷章」的讀法：

人在橋上看風景
看風景人在樓上看你
明月裝飾了我的窗子
我裝飾了別人的夢

可能有幾種讀法：一種是唯美的，另一種是哲學的，以及混合的。

人，在橋上：橋邊的古樹，橋下的流水，是風景；展開在橋前的平疇秋割，羣山晚翠，是風景；工廠如林的烟囱，城市如星的燈火，是風景；大路上大軍行進蜿蜒無盡如大爬蟲，鎗刺毫芒閃爍如一身鏘鳴的鱗甲，是風景。……

看風景，這個人首先就必須是飄然在外的。這也就是要把自己飄然從人衆引開，把態度悠然從生活引開。一面是風景一面才是這個人，一面是可看的，一面才是在看的。這也就說明了看風景的生活態度是什麼。不然，一個田園詩人是會同有那西秋割的瘦牛和那個作伴的瘦人底悲涼的負担的；一個都市詩人是要熱切敵視或者關心那一城燈火所照耀的荒淫與無恥，政治與鬥爭的；一個戰鬥詩人是和那個戰鬥集體莊嚴行進的任務在感覺上完全結合的。很難飄然在風景之外。唯美主義是藝術上或者思想上的嗜痂者；生活膿血痛苦之間所結，那裏有美味可尋？但是我們底唯美主義者，却正好如此；藝術與淸高。

但是卞之琳並不至此而止。人不但逍遙於風景之外，還必須消失於風景之內。因爲，在橋上看風景的，這個人，從他自己來說，他是在看風景呢。這樣他明明白白和風景對峙相立，是一面，而他以外的一切是風景也明明白白，是又一面；他是他，人是人，風景是風景。但是從在樓上的那個看風景人來說，你是什麼？你在橋上，正好是風景呢，不是別的。看風景人所看的，既然無非是風景，看風景人那裏能夠獨免於風景，看風景人也就一樣變了風景；橋上的人如此，樓上的人也如此，橋外有樓，樓外有山呢，層出無窮，而同在唯一的命運支配底股掌之間；風景固然是風景，看風景一樣是風景。人啊，這樣消失於風景之內！……

人是風景者，是到達了地底極端的唯美主義。

但是，人是風景者，又不得不是出世主義，甚至厭世主義，甜美而又悲涼地通過風景而否定了人自己。

人不是主宰的存在，而祇是風景的呈現；人不是歷史與社會的實在，而祇是風景的華采甚至虛無；人不是主人，也並非看客，而祇是一種不可捉摸究詰之物。……

那麼，人生底意義是什麼？目的又是什麼？比定命論更絕望！而他絕望得多嫵媚和吸引。

第一節是風景，第二節是裝飾，一件東西，兩個說法。我們也可以這樣設想：夜靜開窗，對月獨坐，窗是一角，月來相照，窗是空窗，得月幽美。我乃以明月作爲我底窗子底裝飾——明月是什麼呢？不作爲我底窗子底裝飾吧，牠又會是什麼呢？不論天體多大，不論牠實在存在於地球以外，不論牠激盪了海洋潮汐，但是牠却正好是在這個時候、這個地方、這個狀態、這個情緒裏出現的這個景物。或者，還是把牠當做了裝飾的東西看，才有意義的吧？……

明月既然是裝飾，那麼，我，我呢？我同樣是裝飾。正像明月跑到了我底窗子上來，我跑到了別人底夢裏去。我也是裝飾；而且爲的裝飾別人；而且裝飾的不是偶然的窗子之類，而是裝飾了夢。……

裝飾已經頹廢可憐，夢是格外幻譎無稽。我等於裝飾，裝飾等於夢，我等於夢；夢又在那裏？我在那裏？不可知，不可說。我和人生，就這樣，而且不得不這樣沒有憑據嗎？就這樣，而且不得不這樣荒誕不經嗎？明月是宇宙底象徵，而宇宙竟是裝飾嗎？我是人類底演繹，而人類不過在裝飾別人所做的夢嗎？

多絕望的詩！多絕望的哲學！

在第一節，風景是風景，人是風景，人世和人生是風景。

還有色彩光影的存在。

在第二節，宇宙是裝飾，我是裝飾，裝飾了夢。

什麼也不是，什麼也沒有。

所以在這裏，對於「斷章」這一首小詩，這樣的一首小詩，也說以詩本身而論吧……這樣的話，是有着上面所提出了的問題的。好麼？不好麼？確認藝術足夠完成牠自己的，當然要說是好詩。有美學的光輝和情致；何況此外內容又有牠底密度和深度。但是問題是在：這個內容是什麼內容，這麼一個樞紐上。

說一個比方：藝術自己主義者底詩，是四時不凋的絨紙花；藝術加了卞之琳底內容，是罌粟花。

絨紙花不必說。罌粟花愈豔愈毒，愈講園藝愈爲害。

藝術與內容底完美依存，是蘋果花和水仙花；要結蘋果給大家吃，盛開給大家芳菲。

一九四六，一，二〇。R生日。

二

再舉一個例吧，還是卞之琳，他底「魚化石」：

我要有你的懷抱的形狀，
我往往溶化在水的線條。
你眞像鏡子一樣地愛我呢，
你我都遠了乃有了魚化石。

十幾年前讀這一首小詩，沒有讀懂；十幾年後讀，照樣不懂；一直到R拿自己底理解幫助我。

費解。

第一句——

我是魚，你是水：魚以魚獨有的魚形狀才爲水所浩茫容有，這魚形狀也原來是魚自己爲水而選擇；我也有我底生活的獨特風貌，但是我多願意這個我底生活風貌，於我爲所取，於你爲所納，於我爲所出，於你爲所歸。

第二句——

如魚得水——魚生活於水，沉潛於水，和水無間的依存和結合；我和你，我溶化於你，這一個人生活於那一個人。

第三句——

水不改魚形狀，雖然養了魚；你保留我自己，雖然愛了我。魚從水，魚存在；從你我鑑照我底生活，反映自己，認識自己——是你麼？是我麼？是你，但是有我，是我，但是從你。

第四句——

千百萬年，水已早涸，魚已早枯，但是却留了下來一種魚化石：你也滑逝，我也寂滅，但是生命彼此雖然已遠，卻也留了下來從生命結合而來的一點永久之物，不朽。

第一句和第三句，也可以用魚化石作解的。譬如第一句——

我是魚，你是魚化石：魚是石中的魚，不失魚形狀但是是已經化到石裏去了的魚，石是含魚的石，不損魚形狀而同化了魚的石；我要佔有你，而我爲你所擁有，從你底愛得生活，滲透與無我，從滲透到再造形。……

——第二個方法的解釋，一首詩底完整之處就破壞。

費解。但是這也可以，那也可以作解的。穿鑿附會所到的世界，不是詩世界。這是爲了不是由於生活底深掘，而是由於符籙底玄奇。詩底寫法不應該是謎面，內容不應該是謎底，然而卞之琳，恰好是要猜的。一猜，就一場糊塗了。

其實，說起來是簡單的。這我我你你地四句東西，不過說的是愛與不朽，生命與永恆。很可以不必故求煊麗，故作聰明，故尋晦澀，因爲並不能夠增加什麼。

你們走了
好像在冰冷的冬夜
從我們身邊
移去了火盆

都帶去吧
不要丟棄一點點
這純潔的崇高的
同志之愛
——路
都是相通連的

這裏所引的小詩，寫得非常明白，比喻非常平易，但是讀了的感覺，是如同被燃燒了一樣的。藝術上——樸素無華的藝術，並不比華麗的詩有所遜色吧？不，相反，因爲牠是明白平易的，牠底感染所以也就明白容易了，感染力更强。那麼，那種故爲曲折、故作搖曳的，祇有放到古董架上去。那麼看看吧。

所謂技巧，所謂美：——所謂藝術，首先應該是表現內容的最適度的方法。超過了，違反了，那是買櫝還珠，削足就履了。祇有在內容所需要或者所允許的範圍與條件，來求表現底經濟、含蓄、强烈、明朗、深邃、娟好。這樣，我們看了卞之琳，可以得到一個理解：卞之琳們底藝術怎樣斷喪了卞之琳們自己底詩。

但是，到這裏我們還要回轉身來重複說一說內容——是怎樣的內容的這一個問題。同是說的人和人的愛，卞之琳底，卻成爲魚化石了；這是不朽，但是這個不朽多荒落，荒落於二十世紀底動盪以外，成爲隨聲而散的小唱歎了，於人並沒有熱辣的生活關係在內。相反，我們再看看冰底小詩，卻是不同的，不是冷冰冰的荒落，而是火辣辣的燃燒，不是死物底陳列，而是活人底行進，不是哲學的個人徘徊，而是新歷史的集團擁抱。

卞之琳底不朽是黯澹沉澱，冰底愛情是澎湃高揚；卞之琳底生命是殘餘，冰底人類命運是擴張。

即使是相類的內容吧，已經相差得多大了呢，表面上的近似，不能夠抹殺本質上的歧異。

即使同使花，但是有罌粟花和蘋菓花之別。

即使是對于人的愛吧，但是有士大夫底愛和集體主義者底愛之別。

即使同是給與生命的最後評價吧，但是有絕望與否定和樂觀與肯定之別。

而且在藝術上和在內容上所達到的，結果是奇異地相同的，兩者內部都有一致的這麼一個屬性在作用，種瓜得瓜，種豆得豆。

一九四六，一，二二。

風格片論

「吹劍續錄」，記載了一則關於蘇東坡的逸話：

東坡在玉堂日，有幕士善歌。因問：「我詞比柳如何？」對曰：「柳郎中詞，宜十八、九女郎，按紅牙，歌『楊柳岸，曉風殘月』。學士詞，須關西大漢，執鐵綽板，唱『大江東去』。」

說的是兩種劃然的風格。而且說得明白如畫。

杜甫「詩史」，李白「詩仙」，袁枚「詩娼」，——同樣是關於不同的風格底若干說法。

但是第一要確定的：風格是非形式的。

把田間和瑪耶闊夫斯基混同起來，並不接觸到或者展開到戰鬥的本質這一面的東西，不把人和革命所警急編組而勃起的短距離突擊放在裏面，企圖純形式地來解決問題，是無用的。田間和瑪耶闊夫斯基之間，形式底某些近似，不能夠就叫做風格底近似。

蘇東坡和柳永，風格底距離，也完全不在他們所取的不同的形式。這兩個人，本來同屬於士大夫階級；兩種風格外部的不同却由於內部的同一。這說法是了解問題的第一焦點。雖然如同晁旡咎所說，蘇是橫放傑出的人，他底詞不諧音律，「自是曲子內縛不住者」；柳却纏綿情致，一唱三歎，吳虎臣說是「三變好爲淫冶之曲」，蔡伯世說是「耆卿情勝於辭」。豪情和閒情之別，無非是士大夫生活一般的產物；多面體底兩個不同方向的面而已。但是雖然都是士大夫，既然說是兩個不同的面了，內部的同一並不抹殺外部的不同，而且可以產生外部的不同。而且這內部的同一，也不過是在基本上的，並不是數字的，機械的。這說法是了解問題的第二焦點。士大夫生活原來就有種種色：接近廟堂或者耽於酒色；得意或者失意，轉爲睨視的失意或者不忘仰望的失意，失意而獷野或者失意而瀟灑，失意而不甘失意的失意呢或者失意而不管失意的失意呢，從失意獲得了權威呢或者獲得了甜美呢。士大夫中，蘇、柳都不是得意的人。蘇「一肚皮不合時宜」，「喜笑怒罵，皆成文章」。柳却「認把浮名，換了淺斟低唱」。蘇自負，倔強，失意了，對於失意不但轉爲睨視而且不忘仰望，特別愈是失意愈有正直和才華的自覺。柳和易，恬淡，優婉，失意與否是並不執着的，失意了，還是樂其所樂。蘇是不能夠做政治家不得已而做了詞人的，做了詞人還是沒有忘記做政治家，偏於爲政；柳是不一定要做官的詞人，教坊底本色的藝術家，偏於行樂。風格底距離，是生活距離；卽使在基本上是同一生活，但是這生活底深淺，明暗，强弱並不同一。蘇、柳風格底差別，由不同的生活態度，由不同的生活性格，由不同的生活幾何空間發展而來。

就是田間和瑪耶闊夫斯基，一樣存在着有所不同的地方。就我個人所讀的詩，我個人底感覺：瑪耶闊夫斯基底激盪和田間底沉着，瑪耶闊夫斯基底辛辣和田間底淳厚，瑪耶闊夫斯基底明快和田間底拙訥，瑪耶闊夫斯基底高傲和田間底潑重，對比是相當鮮明的。雖然俄羅斯和中國同有革命要求，俄羅斯底資本主義是已經向前發展起來了的，中國比較就更偏向於土地問題；俄羅斯革命底總部大體屬於產業工人，中國革命底主要隊伍却是龐大農民；瑪耶闊夫斯基和田間自然都是衝鋒機關鎗手，短距離突擊的發動者，但是他們所接觸的，所擁有的，所生活的，是不得不有所不同的。

例如把田間底最潑辣的詩之一「肅清偏農意識」，對比了瑪耶闊夫斯基底「穿褲子的雲」來讀，是頗爲有趣的事。因爲就是在這樣的詩，田間還是比較淳厚得多。

這樣傢伙，
嘴裏說
是來參加抗戰的
心裏却想吃猪肉，
想賺大錢。
（混一天算一天）
這樣傢伙，
需要教育。

田間底打擊當然也不是不沉重的。但是瑪耶闊夫斯基要雄辯得多，就是在「穿褲子的雲」裏，一樣諷刺得無比地銳利。

相近的——但是是不同的風格。

那樣把瑪耶闊夫斯基——田間在形式上混同起來，——卽使說是用新美學的觀點來看，卽使說是用革命的熱情或者意識來看，假使看到仍僅僅是這種形式，至少混淆了兩個問題：形式底近似，不能夠就直接解釋做風格底近似；和卽使風格上有某些近似，還是兩種獨特的風格。

田間底短音節，聞一多說是「鼓」，才是他底風格底素描，才把這風格第一次地給我們指了出來，成爲適當不移的形容字。

所謂「鼓」，因爲不祇是形式上，主要是在戰鬥上的。這樣才成爲風格。

人，生活，詩，風格，是一元的。

把風格單獨提出來，是如同把一種顏色從圖畫提出來，是如同把一個影子從物體提出來，一樣是不適的，無效的。

而且風格雖然可以有着蠢類，但是是並沒有什麼同一可言的。同是春花，朝顏和幽蘭有什麼相同呢？同是猛蛇，响尾蛇和眼鏡蛇有什麼相同呢？而且，這籬笆上的朝顏和那露水中的朝顏有什麼相同呢？這毒咬了旅行的人的眼鏡蛇和那在印度管樂聲前跳舞的眼鏡蛇有什麼相同呢？蘇、柳底階級生活相同，但是風格有什麼相同呢？瑪耶闊夫斯基——田間底戰鬥要求相同，但是有什麼相同呢？風格沒有同一。

一九四六，二，七。虎穴。

形象片論

山
山
山
東面望一望
東面一帶
山
山
山
西面望一望
西面一帶
山
山
山
南面望一望
北面望一望
都是山
又是山
山呵
山呵
山呵
屋前屋後都是山
窗門外面都是山
街頭巷尾又是山
四周圍都站着突兀的山
駱駝的背的山
重重疊疊
包圍住了十萬人的桂林

這裏引的是鷗外鷗底「被開墾的處女地」底第一節。同時被一些人所反對；也受了若干人底贊賞，稱爲隆凸於紙面的詩底新形象。

但是，即使這就是所謂詩底形象吧，那麼，影展，Album，浮雕和繪畫，不是要更能夠形象些麼。有趣的是：我們底這一位詩人，他是曾經實地以「雄獅獨步荒郊」的他底豪氣手握照像機每天在香港街上攝取過詩的鏡頭，企圖從這些形象的東西來政治地、經濟地內外透視像香港的沿海岸的若干大城市的。這些形象是什麼？這是一個半殖民地知識份子底一種不太可靠的苦悶，一種洋場才子底自喜的敏感底嘔吐物而已。

對抗着觀念，提了出來形象。

連我們底好銷的姚雪痕，用他底虛僞的形象慣於不斷地製造着他底色情的小說，不夠，又來向我們底詩指出第三個毛病：藝術藝術，形象形象了。

如同鷗外鷗底形象，那祗是一種雜湊，一種堆砌，——一家百貨公司。

如同姚雪痕底形象，那祗是一種胭脂，一種魔影，——一句謊話。

難道我們底詩，還必須這樣貧弱麼？難道我們底詩，還必須這樣墮落麼？

即使觀念是灰白的，這樣的形象同樣灰白。

詩不是觀念，同樣不是形象。

形象是客觀主義，或者自然主義；形象是沒有生殖力的螺蠃，什麼地方弄了牠底螟蛉來作爲兒子，蝘聲呼叫「像我呀，像我！」的；形象是主觀的情感貧弱，捉住一些外面世界的浮光掠影就誇耀爲上帝一樣偉岸的原始生命底創造的，而自己實則一無所有。

所以，本來對抗着觀念提了出來形象，結果却恰好掩飾了觀念。觀念在形象掩護之下公然進行，狼狽爲奸。

小說和戲劇，一般是由作品中的人物來活動的。但是詩，却純然是詩人自己底世界；他自己底直接活動。因此這一種活動，在詩裏，是這樣主觀地的。因此詩底生命的東西，是情感；而且祇是情感。既不是觀念，也並非形象。

祇有敍事詩，形式上接近了小說或者戲劇一步。但是一步也祇不過是一步；在敍事詩，形象還是爲了情感的。而且無所謂邏輯地嚴格；往往任性地誇張。

小說或者戲劇，一脫離了形象，就無從藝術地完成起來了。詩是不是這樣？假使不，那麼，可見詩有詩自己有着的東西。

例如陳子昂底登「幽州台歌」吧：

前不見古人，
後不見來者；
念天地之悠悠，
獨愴然而涕下！

有什麼形象在裏面呢？沒有的。但是這一首詩，不但是詩，而且是好詩之一。

再例如 H. W. Longfellow 底 Silence Love，一樣沒有什麼形象可言：

Who love would seek,
Let him love ever more
And seldom speak;
For in love's domain
Silence must reign;
Or it brings the heart
Smart
And pain.

就是論小說和戲劇，形象並不完成於形象本身的。形象不是藝術；藝術者，是形象力。

形象不是藝術，那麼反而是詩麼？——

詩是强的、大的、高的、深的情感，這個情感對抗觀念也對抗形象。但是並不對抗思想力和形象力，當兩者在藝術的條件擁抱了牠。

一九四六、二、八。虎穴。

效果片論

一切的藝術是宣傳。

那麼，對詩直接要求牠底效果，應該不是一種偏向了。

但是這一種偏向是存在的：對抗着若干人在咬文嚼字，很多人又單純地以藝術作爲手段了。不錯，藝術誠然是手段；但是這個手段，首先本身就應該是「藝術」。大的政治效果跟着大的藝術效果來。如同果實跟着花，風暴跟着低氣壓。不能夠直接就要求果實，不能夠直接就要求風暴的。

但是從對於革命的青春的熱切，到市儈們底投入市場，前者不能夠再有等待，後者根本在求推銷，前者連自己也受着從自己來的强大壓迫，後者却歡喜這一角落最不費力，於是以觀念代替了藝術：混淆了藝術，壓倒了藝術，支配了藝術。

但是看戲的人是要看戲的，並不是聽演說。再演說下去，人不是走開，就是打呵欠了。藝術效果沒有，政治效果又那裏有？在今天，我們對於觀念文學，對於標語口號，對於公式主義，對於這些祇知道演說忘記了演戲的明星們，不得不喝起倒采來，請牠們下台去。

麼，瑪耶闊夫斯基底窗子呢？瑪耶闊夫斯基底廣告呢？

——那是詩！

因爲，瑪耶闊夫斯基，是那麼壯大的，猛烈的，鮮明的。而我們底却不同於此：衰弱的，空洞的，灰白的。

就以田間而論，卽使像他底詩，他底街頭詩，他底「肅清偏農意識」這樣赤裸的詩，政治詩，若干人認爲這是一種叫喊的詩，實在並不流於觀念或者公式，也大異於標語口號的。

讀了瑪耶闊夫斯基，就被那種壯大、猛烈、鮮明的東西所撼動，那是被引起了迫切的戰鬥要求，被激起了狂暴的革命熱情；那是首先被他底藝術地突擊的東西所煽動，才成功了他底政治上的煽動的；而且這祇有從人底靈魂引起，不是也不可能從皮毛的；反過來說，人底靈魂不能夠被觀念或者公式所激動，必須是藝術，而且必須是眞實的藝術，眞實的詩，如同瑪耶闊夫斯基底詩。

政治必須克服藝術；但是同時牠又必須被藝術所克服。對立地統一，一種詩的完整。祇有在這個條件下面，卽使是政治詩，無論如何政治吧，牠還是詩；而且愈政治祇有愈好。不然，卽使觀念文學以文學的姿態出現，無論如何文學吧，牠還是觀念，毫無用處。

所謂政治克服藝術：一面是反對象牙之塔的原來不變的立場，另一面，是要接觸到思想力的問題的。思想力不同於觀念。不但因爲鋼鐵不同於礦砂，特別因爲首先牠不是穿一件衣服似的。因爲牠首先就不是思想或者觀念底原物，牠首先要從物質轉化到能，牠首先就需要爲了更加高級地完成自己而分解自己。牛奶和糖是富於營養的，但是首先必須爲了可以喝而沖一杯開水。思想力是滲透到詩裏面去，如同無物的。思想力在詩是順從的，如同渠水在渠道是順從的，灌溉計劃和利益這樣才得到。人不能夠吞食生米；更沒有人願意咀嚼帶殼的穀。思想力，祇有在最高的地方，最後的時間，牠才出現於詩的廣場，接受萬人底歡呼瞻仰。

觀念文學是穿了一件外套；詩拒絕！

標語口號是貼了幾張膏藥；詩拒絕！

公式主義是搭了一座空台，也可以說是給年青的詩預定了一口未必尺寸相合未免善頌善禱的棺材；詩拒絕！

有一個問題，是彷徨於政治和詩兩者之間的：政治所要求的效果，是直接的，立刻的。但是從藝術產生的效果，往往是緩燃的，深潛的。於是政治家和詩人走了不同的路，甚至似乎相反的路了。

直接的、立刻的效果，好的詩不是不能夠有的，例如瑪耶闊夫斯基底就如此。但是却是不常能夠有的。一般地看來，直接的、立刻的效果，往往祇是浮面的效果。歡呼了，拍掌了，但是歡呼，拍掌完了也就完了。我們在演講會中常常可以聽到一些掌聲，在祈禱會中常常可以看到一些淚水，但是一出門來，吃肉的還是吃肉，塗口紅的還是塗口紅吧。

其次，直接的、立刻的效果，看起來是多數，甚至是壓倒的多數；而政治所要求於藝術的，或者說詩底政治任務吧，就正是這個廣泛的、集體的東西，羣衆，人民。但是一到了藝術，這又不是恰好能夠一反手得到的，祇是可能得到的而已，甚至是完全兩樣的。於是藝術對於政治就變得黯澹，感到了從政治來的壓迫。

但是，「白蛇傳」，「珍珠塔」是場場客滿掛牌的，而「大獨裁者」最後簡直沒有人看，不得不提早換片了。小市民趣味並不同於政治效果；假使那麼樂觀地把小市民趣味當成了效果，不但是錯亂，而且是失敗。

在某一政治情勢下面，爲了政治的緣故，藝術不得不讓步。但是這並不是說，放棄藝術了。

效果在藝術，特別是大的藝術，不可能性急地在政治上做要求的。拔草可以一下拔掉，移山不是能夠一下移去的；拔掉的草不久要再生，鏟平的山永遠是鏟平。大的藝術是要掘去歷史底舊根，從新創造一部歷史的；要有這樣大的力量。大的效果是要達到社會底崩壞了或者癱瘓了的靈魂，使牠復活的；要有這樣大的作用。

這樣的效果，藝術的效果正是政治的效果。

從政治底一般來看，不講直接的、立刻的效果，那是捨近求遠。但是，從政治底高處來看，不講深遠的，浸潤的效果，又是捨本逐末。政治本身也兩難；表現在文藝政策上，這樣就起了矛盾。一切以政治情勢爲中心而轉移。但是這個情勢，在革命的波濤中，爲難是在：牠是傾向了那個一時的、功利的東西的。

直接的、立刻的效果，祇有當牠被引起來了，政治有一種強力足夠直接控制牠，而且有一種強力足夠繼續支持牠時，牠才有意義；但是這個時候却是政治意義了，藝術顯然是附屬的，不重要的，沒有血肉的。

這祇有在某一特殊政治空間中才是被保證了的；而且僅僅祇在那個非

常短暫的時間。當情勢一有改變，一切也就跟着急速改變了；如同前哨戰鬥，出現的次數大於決戰若干倍，活潑也若干倍，不是不關緊要，但是顯然不是取得決勝的。

直接的、立刻的是效果，那麽，深遠的，博大的何嘗不是呢？一樣是政治，但是後者是藝術。這是因爲：前者可能是藝術，並不一定是藝術；後者必須是藝術，也必然是藝術的。

我們以詩論詩，我們還是歡喜瑪耶闊夫斯基、田間、孫鈿，還是歡喜「暴雷雨岸然轟轟而至」、「寒冷」和「生命」、「給天眞的樂觀主義者們呢」？還是歡喜王亞平、臧克家們，還是歡喜他們樣子的詩呢？——

哎呀！你是中國底救星呀！
哎呀！你是我們農民底大蘿蔔呀！
哎呀！你是工人底旗子呀！
哎呀！哎呀！
你是鐘呀，你是蘭花好香呀……

這樣的詩，能夠迫使我們得到什麼感受呢？這不是詩！這是諛媚的乾叫，投機的招徠，這是辭藻和意匠的剽襲而已。

一九四六、二、一〇。虎穴。

王興發夫婦

路翎

六月底清朗的早晨。黎明底金紅色的神奇的光輝，最初是在山峯底右邊伸展了出來，以後是在山峯底頂上舖張着；它好像是因什麼一種力量而顫動着。一片白光在這金紅的、沉醉的光輝裏逐漸地加强了它底効果，它使它從什麼樣的一種夢境裏甦醒了；最後它就完全地滲透了出來，幾乎是突然地，太陽昇起來了。山坡和田地裏，各處出現了明亮的反照和暗藍色的，鮮潤的暗影：一切都好像是假的，它們好像是精緻的玩具。可是，籠罩在大地上的那一片深沉的，溫柔的寂靜突然地消逝，各處都發露了新鮮的、活潑的、快樂的生命。

這裏是一片荒涼的坟山，年青而有力的陽光在那些歪斜的墓碑和雜亂的野草上面照耀着。那邊，下面，是一道細小的，峻急的溪流，它底兩岸的小樹和竹叢在陽光裏甦醒，愉快地抖動着，發出聲音來，彷彿輕微的歎息；它底急奔着的水流，蒙在那種可愛的光影裏，美麗地閃耀着。在一大片豐饒的，綠色的稻田裏，滾動着活潑的風浪。風浪首先是在這邊的田地裏開始——它突然地就跳過了彎屈的溪流，落在右峯的田地裏，迅速而輕柔地拂過那些美麗的暗影和光明，一直滾到山邊去了。活潑起來的稻田，好像那些頑皮的孩子們，接應了這一個愛撫，立刻就回過頭來，頑劣而癡憨地斜視着，等待着那第二下。「看吧，你簡直就追不上！」那第二下剛剛跳過溪流，它們就，帶着一種活潑的嬉笑，向前逃奔了。「嘻！嘻！追不上嗎？」於是它們就一直追逐到山邊。

各處的莊院和農家，隱藏在矮林裏的，或者是暴露在山坡上的農家，開始冒出烟來了。那些和平的人們在燒他們底早飯，同時田地裏已經開始了勞作了。在這些晴朗的日子裏，在這些忙碌的、迫近收穫的日子裏，在這片光明的大地上，每一個早晨的開始，都好像一個榮耀的節日底來臨。遠遠的場上有鑼鼓聲，山坡上有女人們底叫聲，田地裏有歌聲：溫柔的夢幻消逝了，白晝，完全清醒過來了。

王興發，懷着每個光明的早晨所有的新鮮的歡喜，在他底猪圈旁邊洗着冷水澡，預備下田去工作。他剛剛動手穿衣服，場上的肥胖的楊隊附和其餘的幾個穿短衫戴帽子的人就兇惡地走了進來，好像他是一個可怕的敵手似地，抓住了他一把把他拖了出去。王興發來不及明白這是怎樣的一回事，但因爲衣服沒有穿好，羞辱地和他們掙扎着。他底女人，恐怖地喊着追了出來，在她底後面跟着他們底那些小孩們。隊附，和他底伙計們，憤怒地吼叫了起來。以致於好幾個在田地里勞作着的人疾速地穿出稻田向對面的坡上逃去了。同時，在周圍各處的空地上，以及對面的坡上，黑綠色的大樹下面，站滿了緊張的老人，婦女，和小孩們，向這邊沉默地望着。

王興發突然憤怒地摔開了那幾個抓着他的人。

「要我跟你們走我就跟你們走！」他大聲說，使那幾個人退了一步；「要拿錢我就拿錢！你們未必是畜牲，連衣服都不讓我穿！」

於是他就大步地奔了進去。從那幾個披着軍服，或者穿着短衫的人們裏面，發出了一種微弱的笑聲，他們並且痛苦地笑着盼顧，希望討好周圍的沉默着的人們。

王興發，憤怒地穿着衣服，不願明瞭已經發生了什麼，並且不可能明瞭這個，在穿着衣服的時候說着話。他希望安慰他底女人，並告訴她，沒有什麼可怕的事情發生，同時他決不會懼怕什麼。但他底發抖的聲音表示着，他已經不再年青，沒有能力承担這麼一件可怕的不幸了。

他底女人，抱着一個穿着夏布衣裳的小孩——這是他們東家底孩子——站在他的旁邊，痛苦地，害怕地笑着，看着他。

「我們這些人就是不懂得公家上底事情，未必心裏還虧這些畜牲！」王興發說，「說做活路就做活路，說挑鵝石塊就挑鵝石塊，說聲繳捐，立馬就拿跟你！」他說，好久不能束起衣帶來，「前回子說聲繳壯丁費，用不着說第二聲，立馬就賣掉包穀拿跟你五千！啥子都不指望，……未必我還怕當壯丁，老都老了！」他說，突然地流下眼淚來。

他底女人，趕緊地丟了懷裏的小孩，幫他束衣服：他是簡直不行了。

然而，女人也是病着的，在她底灰白的，衰弱的臉上，好久地保留着那個痛苦的，害怕的笑容，好像是忘記了它了，但流着眼淚。顯然的，女人懼怕增加丈夫底痛苦。外面又叫起來了。王興發突然地抓了一下胸口，看着站在他底前面的，他底小孩們。但接着他就困惑地，輕蔑地笑了一笑。

他，和他底女人，都假裝着並未發生什麼，同時他們也不十分清楚究竟發生了什麼。因爲，這件事情，是超出了他們底力量和生活底範圍的。

「未必我還怕！……」他說，向門外走去，對着那種喊聲，裝出一種勇氣來。但他突然地又站住了，回頭看着他底女人和小孩們。

「沒得關係，一下下就轉來！」他說，發白而且流汗。他遲疑了一下，飄樣地走出去了。

那個女人，大家叫她做王家么嫂的，異常的恐怖，因此什麼都不明瞭，也不敢明瞭。她有了一種絕望的，可怕的神情，但即刻就又原先那樣痛苦地，恐懼地笑着：他懼怕明瞭這件東西，懼怕弄錯，並且懼怕加重她底丈夫底痛苦。她在門前的一張櫈子上坐下來了，這樣地安慰自己說：沒有什麼可怕的事情發生。她看着那幾個人帶着她底丈夫走下了土坡，忽然地她明白了什麼，站了起來，向前跑去了。

她底小孩們追着她跑。

「回去看倒門！」她說，帶着一種瘋狂的神情。這種神情殘酷地要她底孩子們更可怕地明白她剛剛明白的：「一切都完了！」對於孩子們的這種不覺的、無辜的報復，使她心裏突然有了殘酷的快樂。

突然地她又想起了什麼。她跑回來，抱起了那個放在床板上的，別人底小孩。這是人們中間常有的情形。她底丈夫將完結，因此她將完結，因此她底小孩們將完結。她可以對這一切做主，這完結將殘酷而快樂，毫無可以顧惜的，但是對於別人的責任，別人底小孩，應該，必需顧惜。

「哪個叫你來的！回去！」王興發，因羞辱然而倔強，並且，實在說，害怕她底女人跟着他而使他軟弱，憤怒地叫，同時跳着脚。

王家么嫂站下來了，害怕他會痛苦，先前那樣恐懼地笑着。

「叫你回去，婆娘！又不是去殺頭！」肥胖的隊附，回過頭來，大聲叫。

王家么嫂，顯得是那樣的沒有主張，她覺得他們是對的。她寧願相信他們，她寧願相信：沒有什麼可怕的事情發生。於是她轉過身去了。但即刻她就覺得，這是不行，無論如何不行的，於是又悄悄地追了上來。

「把別個底娃兒嚇倒了！」王興發寃屈地叫，使她寒戰了一下，昏迷地笑着，趕緊用她底粗糙的巴掌遮住了小孩底面孔。

「唉，老是這副瘟脾氣，寃家啊！」王家么嫂小聲說，安慰自己心中的那個絕望。她底眼淚，在她底奔跑的震動裏，落在小孩底身上。

王家么嫂，在鎮公所底屋簷下蹲了整整的一天：任何希望都沒有了。中午的時候，她還看見有一兩個年輕的女人站在衛兵底前面哭着，從她們得到了些微的安慰，但現在她們也走開了。她餓得發昏，奶水上去了，小孩哭着，使她哭了起來。她覺得，街上的人們，都是幸福、快樂、有力量的，唯有她是被拋棄、可憐而渺小的。但後來她便連這樣的悲傷都沒有了，在絕望中她祇是罣念着她底小孩們，他們最大的才十歲。她不知他們找到了吃的沒有，在床下的那個木箱子下面，是還有一點包穀的。

雖然她竭力地警醒着，黃昏的時候，她終於靠在牆上昏迷地睡去了。那個小孩，掙扎得疲倦了，在她底懷裏咬着乾癟的奶頭。酷烈的陽光，從對面的那一排房子上消失，在鬱熱的陰暗中，街上的人們增多了起來，各處都發出了嘈雜的、愉快的聲音。那些很難斷定他們底職業的人們，那些很難知道，在這個世界上，他們究竟是幹着什麼的人們，那些破爛的房屋底主人，惡劣的田地底東家，以及那些汚臭的店舖底老闆們，敞着衣服，拖着鞋子，搖着扇子，安閑地走。穿得鮮豔而呆板，或者放任而凌亂的婦女們，在各個巷口，各個店舖底前面，聚在一起。正街轉角地方，響起鑼鼓來，接着就有了尖利的歌唱聲：傀儡戲開場了。王家么嫂，在她底痛苦的夢境裏迷胡地聽着這一切；並且彷彿是夢見了這一切。她夢見了傀儡戲：在兒時，對於這個，她是這樣的熟悉。她突然向什麼地方奔跑起來，她突然看見了一個散鬟的，穿着綠色的衣服的女傀儡，拿着一支臘燭在台上打旋，奔跑。她是在尋找着什麼。王家么嫂知道，她是在尋找着她和她底丈夫底兇手——她並且是在尋找着替身，因爲她是一個幽魂。這個幽魂拿着燭光奔跑，歌唱而呼叫，忽然地她找到了。王家么嫂緊張着，甜蜜而痛苦。這個幽魂，在一陣絕對的寂靜之後，舉起她底手來發出了一個復仇的聲音：同時從什麼地方發出了一個更可怕的復仇的聲音，從天上投下一條紅布來，勒住了她底仇敵底咽喉。從天空，從極深的地下，發出了更多的叫聲，喊聲，可怕的聲音，這個復仇的幽靈就戰抖着，舉起她底尖刀來。

王家么嫂突然地嚇醒了，寒戰了一下。强烈的快樂混合着恐怖，她覺得不明瞭，她覺得自己就是那一個復仇的幽靈。她迅速地站起來拖着小孩奔進了鎭公所：衛兵已經不在了，並且昏暗的院落中沒有一個人。她喊了一聲，奔近了一扇窗戶。她看見王興發坐在一張櫈子上，扶着頭，好像已經睡着了。

「出來！出來！」她說，「一個人都沒得，出來走！」

王興發看着她，好像不認識她。

「我不走，告訴你我不怕！」王興發憤怒地說。

但隨即他走到窗邊來，伸出頭來張望了一下。她看見了鎭公所門前的昏暗的街道。於是他就跳出了窗戶，好像一頭逸脫的野獸一樣的奔出去了。

王家么嫂急迫地追隨着他。他奔進了一條黑黑的巷子，她跟着溜了進去。他們都回頭看了一下：沒有人發覺。他們底眼光短促地相遇，於是他們全身都彌漫着那種恐怖而幸福的感覺了。簡單的人們底這種簡單的行爲，是招致了那個爲他們所不曾知道的，痛苦而甜蜜的命運了。他們心裏是突然地充滿了新鮮的、强烈的愛情；他們底眼光互相地證明了這個。他們奔進了昏暗的田地，乾枯的，稠密的包穀叢。

「么嫂，快點走，娃兒我抱！」王興發用戰抖的，溫柔的聲音說；這種聲音，是那個可憐的么嫂久已遺忘的了。他涉過了一道水溝，轉過身去，那樣地仔細而親切，牽着那個因新生的快樂而發着抖的么嫂走了過來。

「么嫂，安生點兒，你是在生着病啊！」王興發說。

這樣地他們就走到了離他們家不遠的，一片稠密的包穀地裏。王興發是那樣地興奮、快樂而迷胡，以致於他底女人不得不暗示給他說，他們是回不得家的了。同時她猶豫地提議說，他們可以到他們底老闆家裏去找人求求情。

「你說的是哪些啊！」王興發，懷着那樣强烈的愛情，動情地說，扳住了他底女人底肩膀；「你去求他們，他們又有啥子辦法，頂多嘛就是把娃兒抱回去！有錢，還怕找不到奶媽！回不得家嘛就回不得家！你去把娃兒都牽出來，明天把東西都賣掉，要不就交在你嬸嬸那裏，我們就不要這個家！」

王興發，是這樣的興奮，迷胡，顯然的他是亟於要說明他心裏的那個幸福的，强烈的東西：他並不曾考慮到這些話底實際意義。顯然的，他阻攔他底女人去求他底老闆，並非因爲他是明白這些人的，——雖然他的確是明白他們——而是因爲，他懼怕別人知道，羞於讓別人知道，並且損害他心裏的這個强烈的、幸福的東西。王興發，原是痛苦地掙扎着，準備遺棄一切的，但他不能忘記的，祇是這個女人，他是浪費了時間，在應該讓快樂的時候給了她那麼多的痛苦——意外地從那個可怕的命運逃脫，他是顯得有點瘋癲了。他底女人，愁慘地笑了一笑，像一切這樣地愛着的人們一樣，同樣地遺忘了實際的一切，不覺得有什麼可以反對的，鑽出了包穀地。

王興發，並不如表面上看來那樣的蒼老。他剛祇四十五歲。他結婚很遲：在他底年青的時代，他是在這周圍的鄉村裏各處流浪，靠着替別人做長工過活的。這樣地勞苦了差不多有二十年，他才積蓄了很少的幾個錢，又借了一些錢，這才接了親了。他底那一間房子，是負着債蓋起來的，這債，是一直到去年才算還清。而他所耕種的那一塊小田，是積年地欠着東家底債，它們差不多是不可能還淸的了。在現在的這種奇異的熱情裏，回顧了他三十年來的勞苦，他覺得這一切是沒有什麼可以留戀的了。

三十年來，是逐日加重的一長串的苦役。那些無辜的小孩們，一個跟着一個地來了，現在一共有五個。兩個月前又生了一個，但生下來幾天就死去了：他們不能知道這是幸運呢還是不幸。代替着這個不幸的小靈魂來吸着母親的奶汁的，就是現在的這個男孩。王興發夫婦，對這個小孩有如對自己底兒女，因爲，那種艱苦的責任，那種因責任而有的榮譽的感覺，是祇有他們才感覺到的，然而，他們仍然受着老闆底苛責。報酬是這樣的微小，每當他們想到，這樣地被他們撫養着的孩子，在夜裏這樣地吵鬧，使他們焦灼、不眠的孩子，被自己底兒女們這樣天眞地喜愛着，保護着的孩子，有一天會完全不認得他們，並且賤視他們和他們底兒女們的時候，他們就要感到一陣傷痛。而這種傷痛，又特別地刺激起他們底愛心和對於自身的犧牲的榮譽的感覺來，這是他們對他們自己底兒女不曾有的。

可是現在，王興發在他底强烈的感情裏回顧這一切，他向自己說：這一切是爲了什麼，又有什麼用呢？爲別人受苦，希望得到美意的報償，即使眞的得到了這樣的報償，又能有什麼用呢？

關在鎮公所裏整整的一天，王興發是在掙扎着，希望能夠倔强起來的。但是他不能挽救他底內心底頹唐。他想着他底女人、田地、草堆、猪圈、小孩們。他想到了幾十年來，他是這樣的勞苦，在田地、水車、磨房、穀場上，他底那個年青而强壯的身體，就變成了現在的這一付醜陋的軀幹了。他記得，在一個夏天底早晨，他曾經在草坡上看見過一匹强壯的馬。這匹馬底美麗的軀體和牠底有力而安寧的姿態，是那樣地驚動了他。一年以後，他經過一間磨坊，在磨坊底門前重新地看見了牠，認出了牠以後，就被牠底瘦削、骯髒、血淋淋的創痕和瞎了的左眼打動了，走到田地裏就難受地哭了起來。

關在鎮公所裏，他想到了他是要和他底女人離別了。她是這樣的勤苦和善良，但這十幾年來，他祇是忙碌着，掙扎着，有時又病着或憤怒着，不曾愛過她一點點不曾顧念她一點點，並且毫不感激她底愛心和顧念。他現在已經記不起這十幾年來他是爲什麼而忙碌、掙扎，並且這種忙碌、掙扎有什麼必要；他痛心時日的荒廢，他痛心他淡忘了那個重要的，重要的東西。他向他自己說：這一切，祇有等待來生了。假如他再能和他底女人在一起生活的話，他將從頭來過。他將抛棄另外的那一切，而緊緊地抓住那個曾經被他荒廢了的、幸福的、重要的東西。

這樣，當他意外地逃出來以後，這種强烈的心情就使他顯得迷胡，並且有點瘋癲了。他覺得別的一切都沒有什麼可以留戀的了。他擎着他底女人走過黑暗的水溝，從來不曾覺得有這樣的幸福、溫柔。戀愛和青春，就是這樣地在不幸中復活了。重要的是人們明白了時間是短促的，悠長的歲月底黯淡的夢境，是被打碎了。

「唉，她哪個還不來呀！」他說，站起來看着：坡上有昏暗的燈火。天氣是異常的鬱悶，蚊虫，麥虫，和其他的小虫們，圍攻着他，使他跳着脚。「唉，人在世界上，要好好地過活啊！」他說，流下眼淚來。他想起了那一匹瞎眼的馬。他底意思是：時間，是短促的，他底女人，應該和他一道好好地生活。

王家么嫂，同樣也處在一種强烈的感情中，其中幸福和悲傷是同樣的强。她是簡單地從王興發感染了這種夢境的。她是這樣的慌亂，發冷而且戰顫着；她是在冀求着從來不曾有過的，美滿和幸福。坡上有燈火，各處有和平的聲音，在坡上歇涼的人們有笑聲，艱辛的白晝是過去了，好像不幸是從來不曾存在過的。

「么嫂，王興發哪個了？」隣家的女人，問。

王家么嫂站了下來，發冷而戰顫，她不知道應該怎樣回答。

「我跟你說，么嫂！」他底隣人說，希望能夠安慰她，「對門山上的吳二哥，還不是給拉去了！」

「你沒有碰到吳二嫂！啊，那才兇！」

「都是有冤仇啊！」一個老人，在黑暗中，說，發出扇子撲撲的聲音來，「我就不曉得王興發跟這些有哪些冤仇！就是打國仗吧，也要公平嘛！」老人說，顯然地，對這個，已經嚴肅地思索了很久。

「我不曉得！」王家么嫂，可憐地說，回答她底隣人們，希望他們能夠原諒她。

忽然的，籬笆後面的黑暗中，發出了女人們底哈哈大笑的聲音，王家么嫂，被這大笑聲感動得流淚了；她什麼都不明瞭，她不知爲什麼流淚。她走回去，走進門，黑暗而且寂寞。她底豐滿的心忽然覺得異常的悽涼，她覺得她離開這個家已經有好幾年那麼久了。

她輕輕地喊着她底兒女們。她們都睡着了。大的一個，睡在門前的地上，兩個小的，擠在一起，蜷縮在一張破蓆子上。她抱着懷里的小孩，站着，孩子們底均勻的純潔的呼吸聲在她底四周，蚊虫們在黑暗中怒鳴着。

「娃兒，你們都睡了啊！」忽然她說，哭了起來。

大的一個，醒來了，跳了起來。

「爸爸哪個了！」

「泥娃兒啊！爸爸沒得事情……你們都吃了沒得啊！」

「我們吃了。」泥娃兒柔順地說，驚異地看着母親，並抱過她懷裏的小孩來。

她是這樣的驚慌、發顫、悲傷而幸福。她底整個的生命都是甜適的，爲一件緊要的，從來不曾有過的事情而活着。可是，她剛剛弄好了飯，要泥娃兒送一碗到包穀地裏去的時候，一羣可怕的人堵住了她底門。小孩們都醒來，有兩個大哭了。

她是好像在做夢；她底心，是已經不能適應這件粗厲的，可怕的東西了。

「請進來坐，楊隊附。」她小聲說，柔弱地笑着。

「出了屁漏了，坐個櫈子！」肥胖的隊附說，沉重地坐了下來，看了一周，「說老實話！王興發到哪裏去了？」

他所謂出了屁漏，是指十萬塊錢而言：王興發，或者說，一個壯丁，是值得上十萬塊錢的。他站起來，走到房門口去張了一下，並用他底棍子在各處敲着，而後他從又原先那樣地坐了下來。

王家么嫂，一點都不知道應該怎樣對付這個，毫未準備對付這個，仍然柔弱地笑着：她希望大家原諒她。

「王興發，不是早上都拉去了！」隣家的女人，抱着小孩，站在門邊，說。

「是啊，他早上就跟起走了！」王家么嫂說，她看着她底隣人們，他們是那樣同情而憂愁地看着她，而這以前她是總在有些猜忌他們的，於是她就突然地從她底夢境裏清醒了。她喘息着，她底眼裏，射出兇惡的光芒來。她知道她所保衛的，是什麼。

「你們這些人啊！」突然地她大聲叫，帶着一個瘋狂的表情，「這麼多人都看見的！拉了人還要來要人，我家裏大小這麼一大堆就是這麼一條活路，要是有個差錯啊！」她叫，充滿着新鮮的悲傷和甜美的熱情，大哭起來了。她悲傷她底理想的幸福和實在的不幸，她悲傷她十幾年來的徒然的勞苦。她底叫號的聲音，就使得那個隊附和他底伙計們沒有辦法開口了。天氣是這樣的鬱悶，那個肥胖的隊附，托着下巴坐在櫈子上，顯得疲倦而頹唐，似乎什麼都沒有聽見。「你們不曉得別個這些人是怎樣的做牛做馬，怎樣的過活啊！你們底心就好比是鐵打的，你還我底王興發啊！」她覺得她可以因愛情和仇恨底力量而得救，她大叫一聲，向那個隊附衝過去了。

隊附被她撞了一下，好像睡醒了似地，揉着肩膀站了起來。同時，她倒在地上，突然地覺得疲倦，那一陣瘋狂的熱情就消退了。她覺得疲倦，昏迷，然而甜暢；她底甜暢的，哀憐的心覺得，這些人，剛才的一切，都是遙遠的；她想到了她底母親，從她死去以後，她便一個人活在這個世界上了，王興發給她帶來了這麼多的痛苦；這個世界底這種兇惡，她當時是以為她是決無能力與之抗爭的。她需要一件溫柔的東西。他需要依賴，順從，憐惜的斥責，溫和的眼色和呼喚。「親娘啊！」她喊，悲傷地，溫柔地哭起來了。

隊附，叉着腰站在旁邊，努力地做出一種嘲弄的臉色來，看着她。「沒得這麼便宜！」他說，好像是回答他自己底思想，同時擠了一下左眼。「總歸是！」他忽然大聲說，指着王家么嫂，彎下腰去，「你這個女人麼，狡猾不過我！我這些人嘛，你問問看，都是出名的痞子！祇有我這些人痞別個，未必你還想痞我！」他說，沉默着，顯然是在做着嚴肅的思索。「我這些人嘛，都是出名的痞子，嘍！」他向大家說，擄着衣袖。像一切頭腦簡單，僵硬的人一樣，他重複地說着這個他以為是真實的，並且表現了他底聰明的思想，而致於興奮地笑了起來。

然而，王家么嫂在地上哭着，想念着那個溫柔的、輕輕的東西。沒有人懂得隊附底這個聰明的思想，大家沉默着，似乎是在同樣地想念着那個溫柔的、輕輕的東西，於是隊附被激怒了。

「起來，混帳東西！」他們，一下子就衝到女人底面前去，而後又同樣迅速地退了回來。「跟你說嘛，拉壯丁，是國家上底事情，違反命令嘛，就要槍斃！未必你以為我這些人就不會讓槍斃嘛！」他說，又想到了一個聰明的思想；顯然的，他害怕他周圍的這些眼光了。他衝到一個駝背的老頭子底面前去，希望得到同情，「我這些人，做差了，還不是要讓槍斃！我底頸子都是伸得哪個長——在等着！」他說，伸長了他底頸子。然而，大家不做聲。「吳細娃，我就不信你底頸子不伸得哪個長！」他指着他底夥計滑稽地說。

那個叫做吳細娃的，細瘦的青年，快樂地縮了一下頸子，有幾個人笑了。然而，他突然覺得痛苦，並且憎惡吳細娃。

「嚇！有些慘！」他望着地上的王家么嫂，想。「這個事情還是怪不得我們啊！」他向大家說。

於是，他就理直氣壯地，並且帶着一種報復的感情，兇惡起來了。

「起來！」他吼。

「我不曉得啊！」被那件溫柔的東西弄得軟弱、迷胡的女人，在地上坐了起來，求饒地說，她使隣人們裏面發出了一聲惋惜的歎息。

「要是不說，我就派人在這裏守起！」隊附說，「明天早上就拆掉你底房子，賣掉你底青苗！」

有人在門外大聲歎息。隊附，正在沉醉着他自己，嚇了一跳。

「哪個出氣！」他倉惶地叫：「哼，聽到點兒，我這些人嘛，就是瘡子！你說！」他向女人說，愈發威風了。

「楊隊附，可憐我們大大小小的，我不曉得啊！」

「哼，硬的不行軟的來啦！」隊附得意地說，「吳細娃，他不交出來，進裏面去搜！」

於是他們，擁到房裏去了。王家么嫂，坐在櫈子上，低着頭。隣人們，有的看着裏面，有的看着她，大家沉默着。突然地小孩們在裏面叫起來了，他們叫：我們底猪兒呀！同時傳出了母猪底叫聲。但王家么嫂仍然低着頭，她不感覺到這些，她在想着王興發。她覺得這些都是可以丟棄的了。

「么嫂，攔倒他們！」一個女人，在門外緊張地說。

王家么嫂突然地站了起來，好像不明白，盼顧了一下。但是她看着那時被拖出門來，哼着，叫着的猪，站着不動。她是被什麼一種沉重的東西壓着了，不能移動。她是在祕密地冀求着那件幸福的東西，願意喪失其餘的一切了。

「你們這些人嘛眞是！」那個駝背的老人，抓着烟桿，顫抖着，擠了進來，說。「人嘛，是拉去了！王興發要是回來過，你砍我底頭，別個，是女人家嘛……啊啊！」老人，哭起來了。

王家么嫂同樣地哭起來了，但並不爲猪，而是爲了老人，她可憐老人和她自己，他們，活了一生，但不知道幸福。

「我們底猪呀！媽媽呀！」女孩，赤膊站在角落裏，哭了起來。

「妹兒，不哭。」王家么嫂說，意外地露出了一個嘲諷的，快樂的微笑。她走過去，抱起了哭着的嬰兒，撩起衣服來給他吃奶。那個笑容，長久地，有力地留在她底臉上，並在她底眼睛裏閃灼着。

「么嫂，你追去呀！」矮小的女人，焦急地說。

么嫂就用這樣的笑容向着她。好像說：「可憐啊，但是也值得快樂！爲什麼你不知道，在世界上，有比猪，或者別的什麼，更重要，更重要的東西？」

散開了的隣人們，特別是那些兇惡的女人們，在黑暗中向拖着母猪下坡的隊附們投着泥塊和石子，引起了一陣兇惡的咆哮。最後隊附重新衝上來了，但坡上沒有一個人。天邊昇起了黑雲，閃了一下强烈的電光。在電光底照耀裏，王家么嫂，抱着嬰兒靜靜地站在門前。

王家么嫂走了回去，關起門來，甜蜜地安慰着她底哭泣着的孩子們，告訴他們說，爸爸已經回來了。接着她就瘋狂般地奔到田地裏去。王興發正在吃着泥娃兒給他送來的飯，他已經知道了一切了。

「不要急！猪，不要了！我們不要這個家！」他說，激動喘息着。他底女人，來不及說什麼，就伏倒在他底肩膀上，爲了幸福和不幸，爲了怨恨和感激，抑制不住地哭起來了。

「我們……去到荒山裏！」王興發用同樣激動、沉重的聲音說，「泥娃兒，你回去守倒門，叫妹兒們都睡！」

漆黑的天邊，閃了一下强烈的電光。王興發夫婦，走到田地底深處去，被周圍的深沉的，鮮美的香氣陶醉了，女的，伏在男的肩膀上，哭着；男的，綳出一種倔强的、傲慢的、可怕的模樣來，覺得全世界都不能壓倒他，沉默地望着天邊。一陣活潑而疾速的大風吹過了田野，黑雲底大幕昇到半天裏，威脅着那些閃灼着的、安靜、又是調皮的星星了。風過去了，一切都靜止，窒悶。但突然地有更强、更密的電光從山峯底正面照射了出來，照見了蓬鬆的、飄動着的、襤褸的黑雲。電光使雲隙間的星星消失，接着它們就閃耀得更純潔和更明亮。但大風起來一捲起灰砂，狂暴地呼喊着，一切都消失了。

包穀底乾燥的葉子，被大風吹得緊貼在王興發夫婦底身上。他們站在原來的姿勢裏，都安靜、屏息着了。沉重的雷聲，在山峯上滾動着，金色的、兇惡的、細瘦而美麗的電火，在濃密地活動着的黑雲裏，瘋狂地閃灼着。有一種輕微而神祕的聲音在大地上運動，突然地一個大雷在田地底頂空爆炸，好像什麼巨大的建築突然地傾倒了。

「翠珠啊，不要傷心！」王興發說，撫着她底女人。她底衣裳在風裏飄了開來，那個叫做翠珠的女人，就更緊地貼着他了。「那年子我們結婚，我們想不到有今天！這十幾年都這樣過去了，我們想不到有今天！翠珠啊，我儘管不怕，你想想這麼多年我們是爲了啥子！」

「我們轉去吧，別個看不到的！」生病，顫抖着的女人——幸福的、做夢的翠珠，說。

「不要轉去！我跟你說啊！」王興發說，「我心裏拿定了主意，這個世界就害不倒我！我本來不懂得，我跟我自己說，我說：『王興發，啊這回子你是到了最後了，不要再想別的，翠珠她自己會過活，你要做一個大丈夫！』我跟自己說：『祇要我對得起這個世界！當壯丁是去打國仗，打日本，你是中國人，你是男子，你要是有一點點兒害怕——我跟自己說，——你就對不起翠珠！』我說：『你想想吧，翠珠是看不上她底男子跟別個磕頭求饒的！』我拿定主意了，不想，嗓子都不——』一聲巨雷，他神聖地沉默。「我跟那些強盜說：」他低聲說，「好，我就去，不管跟你們到哪裏，打死我也行，不過你們要讓我底女人生活！翠珠啊，要是我這顆心能夠丟得下你！我以前總是叫你吃苦啊！」

翠珠，甜蜜地哭着。

「天公地母啊！雷神電火啊！是你們叫我長了這麼大的！你是看得清楚，嗓子都知道的！」王興發，全身都浸透了那種神聖的感覺，激動地大聲說，「我是一個窮人，我是你們底兒子，要是我有錯，你們馬上就打死我吧！我站在這個地方，這是我幾十年來過活的鄉土，我底家，我底田地，我底心——你們神靈啊——」那些猛烈的雷電，連續地在空中奔突，擊響着，「我是像剛生下來一樣的沒得罪過，你們帶我去吧！這十幾年來我是誤了，但是今天我是對的啊！」

他突然地就伏在他底翠珠底肩上，沉默了。在一陣大風裏，挾着有砂粒般的、强硬的、溫熱的東西打擊着他們。一陣强大的嘯聲在黑暗中以無比的威力奔過田地，奔馳過來，這就是暴雨了。他們來不及做一種防禦，就無助地站在可怕的狂風暴雨之中了。然而這就是幸福，爲他們從不會知道的，它莊嚴地來臨了。雷在高空震動，滾到低空，在低空爆炸，跌到地上，在地上爆炸，滾過他們底身邊。在强烈的電光裏，他們看見了神奇地波動着的田地，田間的美麗的道路，以及坡上的他們底那一間孤零的房屋。

他們突然聽見了他們底兒子底尖利的，恐怖的喊聲。不久之後，他們聽見又加進了一個喊聲，這是他們底八歲的女孩。他們喊着：「媽媽呀！」時而一致，時而參差。暴風雨底嘯聲總是迅速地就消滅了他們底軟弱的聲音。

這聲音告訴王興發說：他底女人，以及他底孩子們，在這個天地間，是如何的孤單而可憐。這個感覺使他充滿了勇氣：他要扶助，並且拯救他們。

於是他就扶着他底女人走出了包穀地。可怕的熱情使他丟開了那個生着病的，疲乏而衰弱的翠珠，拚命地在大雨中向他底孩子們奔去。一聲巨雷，他後面發出了滑跌的、沉重的聲音，在電光裏面他看見，他底翠珠從一丈多高的坡上跌到田地裏去了。

他跳下去把她抱了起來，喊了兩聲。她不回答，他失望地哭了。他抱着她爬上坡去，衝進了門。

「爸爸喲！你回來了啦！」小孩們叫，他們大哭了。

王家么嫂在昏迷的燒熱中夢見，她底丈夫去了——再不回來了。已經過去了很多、很多的歲月。她沒有田地，沒有住房，沒有家，沒有孩子們——但有一個女孩，最小的女孩留在她底身邊，女孩已經長大，扶着她在街上飄流。她們唱着歌，向人們乞討。她看見房子倒塌，女孩被壓死。接着她夢見，在大路邊上，在一個美麗的橋畔，她和女孩坐在地上賣燒餅，橋下的水是那樣的澄清，有水草飄浮着。忽然一個穿白汗衫的，肥胖的人走了過來，拿去了她們底牌照：沒有牌照，就不許賣燒餅的。女孩吞着剩下來的燒餅大哭了。她抱着女孩，在大哭中醒來。沒有女孩，王興發坐在床前。她繼續哭着，抓着王興發底手。王興發問她爲什麼，她不能說。

接着她又睡去了。但她在喊叫中醒來，她叫：「你們不能賣青苗啊！」

「哪個說要賣青苗？」王興發，跳了起來，問。

但是她不回答，她在燒熱中昏迷過去。雷雨在外面猛烈地繼續着，王興發覺得好像是在做夢，他覺得從昨天早晨到現在好像已經過去了十年、幾十年的時間。他走到外面來，坐在櫈子上，就迷胡過去了。醒來的時候，他第一件注意到的事就是霽雨已經止歇：雷雨不能旦夕地繼續，可怕的事情大約要來了。但他仍然不能懂得，這可怕，究竟是什麼。已經黎明，亮瓦上照耀着柔和的光明；屋簷，在清晰地滴着水。

他走過去看看孩子們，並摸了一下王家么嫂底發燒的頭。他聽見她底吸呼異常的急促。

他無聲地哭着走到門邊，打開門，寒顫了一下，望着坡下的照耀在黎明的光耀下的、潮濕的、新鮮的田地。田地裏有強大的流聲。

「這多水！莫把田壩冲垮了！」他想。

於是他覺得並沒有什麼可怕的事情曾經發生，正在發生，將要發生。他拿起鋤頭來就下到田地裏去了。田壩沒有垮，稻子發着芳香，一切都安好。雷雨後的，黎明的空氣，是這樣的鮮美，他回來，看了看王家幺嫂，在門邊坐了下來，立刻就甜暢地睡熟了。特別因爲稻田底芳香和黎明的鮮美，他覺得所有的變故都是不可能的。他睡去了，直到什麼一個人喊醒了他。

「王興發，你還不快些走掉！」駝背的老人，顯然剛起來，臉上塗滿了污穢，緊張地說。

王興發盼顧了一下，冷淡地搖了一下頭，立刻又靠在門上睡去了。他迷胡地聽見田地裏嘹亮的歌聲。老人，拾起地上的一件髒衣服來，覆在他底赤裸着的胸膛上，揉着頭走開去了。

但不久他就被另一個人碰醒了，陽光直射着他，是那樣的強烈，使他一時看不清什麼。

他猛然抬頭，看見了楊隊附。於是他站了起來，用他底遲緩，燃燒，可怕的眼睛，看着他。

「這下該沒得話說了吧！」隊附，快樂地笑着，好像覺得非常的有趣，說。

王興發突然地閃了一下，抓起了牆邊的斧頭，猛烈地擊在隊附底腦門上。隊附，來不及叫一聲，沉重地倒下去了。

王興發奔進房去，拖住了他底昏迷的翠珠，和她，並和這一切生活告別。他奔出來奔下了山坡，好像他是要投奔到世界底盡頭去似地，可是，走過他底田地的時候他就在田邊坐下來了。半個鐘點以後，人們找到了他，他底脚浸在水裏，他底頭伏在他底手臂上。聽見了聲音，他就突然地站了起來。

「我跟你們走。」他說，露出了一個昏迷的輕蔑的笑容。

四五年五月六號

編後記

從這一期起，開始在上海編印出版了。新的時期，新的地方，應該有一個新的開始，也就是說，應該更奮發一些，使內容充實一些，活潑一些，才好。然而，限於才力和能力，我們依然還只有一些微小的感受，微小的悲喜。過去的四期曾經在上海翻印過，也曾經得到了若干友人和讀者底鼓勵，現在只想以後不至辜負那些從泛濫的黃色刊物里面向我們寄與了期待的友人和讀者。

但到底是一個新的開始，也有了一點變動。首先是，我們和「中國文化投資公司」合作了，出版和發行完全由他們負責辦理。這一是因爲我們自己沒有印的資力，一是因爲「中國文化投資公司」是一個新起的純潔的出版機構，這合作當更能夠滿足讀者的。也因爲這，這一期改爲第二集第一期，以後每月按期編印一本，算是表示一點更新的意思。

至於內容，最切實的說明當然是作品本身。然而，同感的讀者也許可以汲取到一點什麼，拿着偉大的衡量尺的大家也依然不免要嗤之以鼻罷。但也記起了一點：還聽說近來讀者一見到與抗戰有關的作品就掉頭而去。這一本里面也有幾篇是寫的抗戰時期的人民底生活變革和精神狀態，但我們却並不就心。歷史總是由過去走向將來，更何況抗戰時期的社會性格現在還並沒有成爲過去？我們底讀者決不會那麼健忘，那麼只顧追求當天的賞心樂事的。舉例說，三個詩集里面所寫的戰鬥的理想和戰鬥的情緒，還哪里是做着武力統一夢的內戰發動者所能夠了解的？

還有兩篇民間傳說，還是一個小小的嘗試。民間傳說總含有教訓的意義，但那個由於衆人之力而美麗起來了，但却反轉來輕蔑衆人的寒侯鳥，那個得到一點把柄就儘量作威作福起來了的水鬼，在我們這社會却未免太多了。縮小一點說，在我們這文壇也不見得不會遇見的。只不過，現在還不到他們凍死或者還原成一堆泥土的時候。

凱綏•珂勒惠支，這位強有力地抒寫了窮苦和鬥爭的巨匠，由於魯迅先生底介紹，對於許多讀者，已是熟悉的了。她受夠了納粹底壓迫和戰爭底痛苦，竟於去年冬天她在擺脫了納粹底鎖練的德國去世了。爲了她底對於勞苦人民的獻身和給予中國人民藝術的感奮，我們不能不表示悲悼。但也只能複製一幅她底作品做封面，另外還轉錄了兩則關於她的評論。「文匯」(週報)第三期也有一點介紹，有心的讀者是可以參看的。

由於介紹了「思想者」，因而從羅丹底「遺囑」里面摘譯了幾則放在前面。是他在他底時代里的他底追求，然而，如果放在我們今天的正確的社會基礎和正確的藝術方向上面，這些話還是多麼切中時弊，多麼使人感奮。

最後，要向讀者致歉。本刊翻印出版後，收到了來稿不少。編者來得遲，又被一些不必告人的事牽住了時間，直到最近才開始閱讀。在我們這樣的生活，這實在是沒有辦法的事。

胡風　(四、卅夜)

私鹽販

演漢

一

在這支抗日的隊伍裏被目爲神槍手的林德生夫婦倆，是掛過彩最多的最勇敢的兩個戰士。每一次出動，他們總會留下一些叫人稱奇不置的事蹟。

但在兩年前，他倆却有我這裏將要敍述的與射擊毫不相關的故事。

二

「飯做好了嗎？」那個男人在床上叫着。他還沒有張開眼睛，似乎是對着他夢幻中的人物說話似地。

「還早得很呢，太陽剛剛下山。」他的妻子在那暗黑的灶後回答。她繼續着把一束稻草放在鍋底的灰燼上，於是滾出一團摧淚性毒氣似的濃煙。接着，突然的一聲輕輕的開玩笑似地爆炸，紅色的火光照亮了她的瘦削的然而依然有青春之美的雙頰。她的永遠睜得那麼大的眼睛注視着在灶裏變幻着的火燄，好像是一個孩子的對於新事物的驚奇。

她用火鉗把最後加進去的一束稻草的殘燼撥開，站了起來，取下了她頭上四角用銅錢弔着的頭巾，現出在從狹窄的窗口射進來的光束裏。她的烏黑的頭髮由於稍稍的蓬亂使她看起來更覺年青。端正的鼻子下面的上唇雖然短了一些，然而她那稚氣的美却是大半因爲有這一個特點的緣故。是的，如果她生長在城市的上流人家裏，她一定是一個十八九歲的漂亮的小姐呢。但因爲生活的鞭策，使她變成了一個平凡的村婦。

她開了鍋蓋，用筷子在那些山薯乾上鑿了一個個的窟窿，好讓下面的蒸汽上來。這是她從別人那裏學來的手續。她又夾了幾顆今晚特地爲她男人加在鍋的一邊的白米，在嘴裏嚐了嚐，看熟了沒有，她對這種他們不常吃的食物的燒法，覺得毫無把握。然後蓋上了鍋蓋，讓灶下的餘火發揮出最後的熱力。

農曆的九月，在別的人家，還儲藏着鮮山薯，但他們沒有一個可以儲藏的地窖，而房子裏面，也找不到一塊乾燥的地面。在陰濕的地方，山薯是非常容易腐爛的。他們爲避免這種損失起見，所有的山薯，他們都把它鉋成絲，晒成山薯乾了。

她把那專爲盛鹽用的籮斗也攞好了。把每一隻的繩子都束短了，弄成一個圈子一樣的結，套進扁挑的兩端，再把扁挑架在籮斗上面。把那個盛着四五個麥餅的小布袋也擱進籮斗，這些麥餅是她丈夫在停下來歇力的時候要吃的，或者在路上遇到什麼同伴的時候，他可以微微地一笑，說：「來一個吧。」

天色漸漸地暗下來了，秋天的日子已經開始縮短。蟋蟀在灶脚裏奏着音樂。那高聳的十二盤嶺上的山路已經看不清了。平常的日子，她丈夫也已經從田裏回來，洗過了他的塗滿了污泥的脚，鑽進他們的被窩了，那兒是這些種田人們在這世界上惟一的可以休息他們辛勞了整日的身體的時候。

但是今晚，他們這個茅屋裏却點起了不常點的昏黃的油燈。什麼都準備好了，只是等待那個男人起來用他們貧脊的晚餐。這之後，他就可以趕路了。

一個時辰的睡眠，那個男人顯得比平常更富於生命力。他不等他妻子的叫喚，看到由牆壁的裂縫漏過去的燈光，已經起來了。在燈光下面，他的眉毛更顯得濃黑。他的顴骨很高，有如一張營養不良者的臉的輪廓，但是因爲太陽的長久的烘烤，却反射着紅黑的健康的光輝。那高大的身材遮蔽着油燈的光線，在土牆上映成一個巨人一樣的黑影。

他們香嚥着在鍋裏已經用竹片硏得很軟的山薯乾。男人的胃口很好，顴骨很快地動着。這是因好在山薯乾裏加了白米的緣故。而他妻子面前的碗裏，仍舊是他們平日吃的純粹的山薯乾。雖然因爲是在同一的鍋裏燒的緣故，也泡進去了一些白米的香味，但還是發着那使比較富裕的人們都不齒間的霧氣。她也是不加咀嚼地吞嚥着，但在兩次下嚥之間的餘暇，却是很長的。他們四隻眼睛默默地對看着。在這些閉塞的山地間生長的人們，無從學到那些新穎的言詞去訴說他們的熱愛的。

「都預備好了嗎？」長久的無言之後，男人用他的粗而稍稍沙啞的聲音問，嘴養還含着山薯乾。這話是每次快要動身的時候照例要問的。那回答也照例是清淅的聲音：「都預備好了，點心也放進去了。」

「麥餅沒有在飯上蒸過吧？」男人問。

「沒有呢。」妻子回答。

「很好，蒸過了，等一會一樣要冷的，還是硬的好。」

「你總有你的道理。」妻子像埋怨似地逼視他，這樣說。

晚餐之後，男人要走了。挑起他的籮斗。妻子手裏拿着燈火，爲他開了這座房子惟一的門。密密的星星在天空睒着眼。他走出茅屋。妻子把燈光舉得高高地，似乎要照亮屋外的整個世界。

「看得見嗎？」她問。

「等一會就會看得見的。」他的微啞的聲音答着，於是沒入了黑暗裏面。

秋夜的山谷間的微風搖曳着燈火。狗的吠聲夾雜在蟋蟀與紡織娘的精細的合奏裏。

三

夜的可怕的黑暗套住了整個世界，叫人無法猜度周圍物體的遠近。說不定偶然一脚會踏到路旁的溝裏去，或者無意地把鼻子在岩壁上狠狠地撞一下。夜似乎是專爲昆蟲們而存在的，近處遠處，牠們都在無顧忌地高聲歌唱着，爲着娛樂牠們自已，也爲着歌頌黑暗。

然而在德生，黑暗算不了什麼。他的妻子每次都說這路太黑了，他應該帶一隻燈籠。他總是笑着以那句俗話回答：

「嘿，我在這條路上掉的脚肚毛恐怕也有一担了。」

的確的，這條路是用多少塊石頭做的，甚至每一塊石頭的顏色花紋，他都是淸楚的。他走過那只用一塊石板架成的橋，已經能夠辨別出一條白布似的路轉過深得叫人腿部發軟的澗谷的上面的轉角，他就如白天一樣地若無其事地走了過去了。

這是近海邱陵地帶邊緣的縣份的一條動脈，是這縣份五份之一的地面上的居民們食鹽的來路。這座大山使這縣份五份之一的地面上的人們與其餘的平地隔開，叫他們過着山居者的少往來的生活。然而這些山居者的祖先終於給他們留下了對自然鬥爭的光榮記錄——這條巧妙的迂迴曲折的十二盤嶺。整整二十里全是由就地開出來的白石砌成的石級。這座山的那一邊，是一個住有富有的鹽商的村莊。那些人們已經用船隻從一百六十里的海邊運來了堆得小山那麼高的食鹽，等待着這些貧苦的種田人去販賣。這是沒有納過鹽稅經過許可的私鹽，他們的行爲是犯法的。然而那些大腹便便的鹽商們與有關方面已經得到過相當的諒解。而奇怪的，却是這些爲了生活的壓力而販賣私鹽的種田人，却仍舊是不被饒恕的。「鹽警」們爲了工作的成効起見，在十二盤嶺一帶等待着捕捉物的時候，他們都聰明地換上了當地種田人的服裝以代替制服。於是，那些私鹽販不得不也從求生的慾望所給予他們的智慧，想出應付的對策：星夜往返。

這的確是一條險峻的山路。有幾十個地方的石級是鋪在懸岩絕壁上的。人們在路的外側，留了枝條密茂的灌木，這樣似乎可以顯得安全些。間或有年久的高大的槐樹，這是因爲這種木頭當地的人們還不知道用途才被留下的。當夜行者能夠在黑暗裏稍稍辨別東西的時候，這些槐樹便像一個渾身漆黑的巨鬼，以各種不同的姿勢站在那兒，去測驗人們的胆力。

他是什麼也不在乎的。那些巨鬼在他還是小孩的時候，本來就以這樣的姿勢站立着的了。雖在年幼時，他曾經被他的幻想的能力所累，而現在，生活的爐子已經將他磨鍊成一塊鋼鐵。偶而他也會疑心，那些叢叢樅樹間說不定有「鹽警」在等候着他，但在他的身體裏燃燒着的年青的驕傲之火，使他並不害怕。他在這路上，在相像的黑夜裏不知道走過幾百遍了。

在這秋天的夜裏，他似乎可以呼吸到岩石的氣味。春天開的野花的芳香，已經被季節驅散，連茅草的氣息也因開始黃萎而匿蹟了。夜風在他的耳朵上已漸漸可以感到刺痛，而衣服却使身上的因運動而來的溫氣不能逃開，使人覺到自然的矛盾。他一步一步地跨着石級，把他的腿一起一落地機械似地動作着。

「眞要命，」他想着，他並不是一個完全沒有思想的人。「好好的路要等到夜裏才能走。如果沒有她，我眞不肯幹這個。那個劉先生不是說過嗎？一個人跑到軍隊裏去幹，無牽無掛，那是很好的。如果有了孩子，那可更不得了，我這鹽担一直要挑到老了。……」

他有時甚至埋怨過他在他年幼時就死去的父母，他們爲什麼不多留些田產給他呢！？但是到了輪到他想到自己做父親的時候，他就不同了。他似乎記得，那個可憐的父親，不到五十歲，就顯得很衰老了。那個老頭子甚至連夜過嶺之先，也不睡覺的。有一次爲了躲避「鹽警」，他老人家在這山路上幾乎要摔到那深得可怕的潭淵裏去，總算攀住了懸岩上的宿草，才把他的性命救下來了。那時候鹽警與現在可說毫無分別，他們把一個人的私鹽挑走了是當然的，如果連人帶貨捉住了，他們是還要另外再搾些油的。

「他們全是些地痞！」他自言自語地咒罵着。是的，我們決不能因爲這是一個農民的粗野的咒罵，而忽視了這判斷的正確性。當民國三十年敵寇在這個縣份的海岸登陸的時候，有些事實很可以作爲這判斷的證明。那些「鹽警」們曾經持着他們的短槍，乘着政治狀態的混亂，在鄉間橫行着。他們公然地到鄉間人家要錢，搜索種田人家的比較貴重的什物，如錫燭台與銀手鐲之類。毫不害羞地殺了種田人們相依爲命的黃牛嚼。成羣地趕走山羊，至於鷄鴨，那是可以不算一回事了。起初人們猜度不出這些帶槍者到底是些什麼角色，是土匪嗎？是游擊隊嗎？是軍隊的便衣隊嗎？都無法判斷。對着那些猙獰的面孔，誰敢去問個清楚呢？有一次，在一個黃昏，那些帶槍者對林德生的村莊作一次狠毒到無以復加的掠奪。他們要牽走這整個村莊的全部黃牛，天知道他們將在什麼地方尋找這大批牲口的買主呢。全村的人們對這狠毒的掠奪的回答倒是並不輕鬆的。開始，幾份人家是被陷入無可挽救的絕望裏，他們對那些帶槍者的哭求的結果，都是被背上或者肩頭給以沉重的槍托的重擊，黃牛在豪笑與號哭的交響中被牽出了牛欄。這些可憐的農人們將因此而無法如往年一樣地，在柔和的陽光下，鞭策着他們的牲口，作着寄以不小的希望的冬耕了。他們將因此而必須吃得更少更壞而工作得更多更辛勞了。那種生活是可能的嗎？後來許多誠樸的種田人們，他們一向殺一隻牛也認爲是罪過的，因爲死的恐怖的威脅，不得不拿出他們砍樹的闊背刀。子彈在響着，由那些流氓的槍口向這些種田人的頭上飛來。這是勢不兩立的戰鬥。而且他們相信着：沒有做過惡事的人，是有天保佑着的。於是他們拿着闊背刀，毫不畏縮地挨近那些流氓。他們砍倒了好幾個，其餘的就忙亂的抱頭跑掉了。林德生曾在那次砍掉了一個，那是他第一次制死一個活活的與他自己一樣的生命。

「砍裂了的腦袋眞有點可怕。」他想，一面在這黑暗的險峻的山路上走着。那血裏夾着白的腦髓，像醋裏面爬着的蛆蟲。如果他們不做得那麼惡毒，他是決不會幹掉一個人的。

一隻雁在暗黑的天空叫了一聲，好像一個孩子的號哭。這種想像使人聯想到山坡上死嬰的叢塚。後面的村莊裏送來一陣的犬吠。風化了的岩壁把一塊碎片掉在他的後面幾步的石級上，他不禁回過了頭去。左後的高二三丈的茶園裏的茶樹間，似乎有一團爬動的黑影。

「呸」他吐了一口唾沫。

「那是一叢叢的茶樹，」他毫不遲疑地判斷着。「我的眼睛怎麼會靠不住呢。那是風吹着茶樹。」於是他繼續走他的路，他的腿機械地舉起又落下。但在他平靜的心裏，却浮起了兒時聽來的鬼與殭屍的故事。雖然他已經不相信這一套，但總覺得有些戰戰兢兢似地。那個被有蛆蟲的醋浸着的頭顱竟也似乎在他眼前一閃。爲了壯膽起見，他乾咳了一聲，接着唱起兩三句他僅僅能夠唱的京調，用那一點也不合調的啞聲與非常做作的咬音：

「摧馬加鞭……」

在星光下爬上了十二盤嶺的頂巔，在那楓樹下的荒亭裏歇了歇脚力。他始終沒有遇到過一個可以談天的同伴，這種情形是往往有的。白天，在這兒可以淸楚的看到他的村莊，在那深藍色的球似的榕樹右邊，可以看到他的換上了新稻草的金黃色的茅屋上，一團團破舊的但是彈鬆了的棉衣似的炊煙（他們是沒有煙囱的）。而在這深夜裏，黑暗浸着整個世界，從那方向看去，什麼也不能辨別出來。

「她已經熄了燈了，」他想，「她一個人，睡到那兒，她一定是睡不着的。」這巨大無際的漆黑的夜所籠罩着的那個小茅屋裏，有着一個他惟一的親愛的而且完全在他的保護之下生活着的年輕妻子。「她一定會胆小的。」他想。

眞的，他的妻子也在想着他呢。他一個人走在這險峻的山路上，在黑暗裏，如果是她，她是沒有這種膽氣的。但她是相信他的，崇拜他的，他能做許多她不能做的事情，在明天的早晨來臨之前，她的丈夫一定會安全地來敲着那惟一的門。於是他會把鹽担放下，吃了早餐，在床上休息一個上午，讓她到那些人家去詢問去，誰家要買他們的貨。……

他的妻子在床上轉側着，完全如他所想像的。他微微的一笑，站了起來，準備走那下坡的路。那微笑如果以時髦的話翻譯出來，那一定是：「親愛的，我是永遠愛你的。」

下坡路非常省力，他輕捷地熟悉地從一個石級跳到下一個石級。因爲走得很快的緣故，籮斗在蕩動得很厲害。於是他伸開雙手，抓住那籮斗的邊緣。秋夜的寒氣在他的耳邊形成似乎呼呼地發着響的涼風。他如一隻猿跳得那麼快。到了最後的一段山坡時，他的膝蓋似乎有點發抖。但他的腿已經像一隻壞了犁子的車輪，不由自主地疾馳而下。

四

當他在一個大廳裏完成了交易，負起他的担子重新走回那個荒亭，已經是村鷄啼唱的時候了。在那個燈火輝煌到刺眼的大廳裏出來，眼前比家裏出來的時候黑暗多了。他本來打算在走廊裏歇息一下，以便眼睛能看那黑暗裏的路，並且休養休養脚力，以全副精神去負起那沉重的担子爬上峻險的山頭。但是，從大廳出來剛放下担子時，一聲突然的狗的怒吠嚇了他一跳，是他把担子壓着了那貴族似的牠的某一部份了。立刻四邊起了呼應，不同的方向都來了響應，都如那個把秤的胖子那麼不能放鬆地叫着。他急忙拿不出他的扁挑，退進了大廳，脚不自覺的一踢，於是又來一聲同開始時一樣的一聲怒吠。

「你是幹什麼？」那個胖子把那細成一個縫似的眼睛向他這邊一揚，手裏還拿着秤鎚的繩。

「險些被牠咬了。」德生笑着說，他的腿沒有給那狠惡的畜生嚼了一口，他覺得好像得到了一個新的幸運似地高興着。

「好！你打我二爺的狗!?」那個胖子乾脆地放了手了，「二爺的狗是看門的，你得負責！」

這話簡直叫劉德生無法了解。「『負責』!?這是什麼話呀！」在那個荒亭裏，他坐在他的扁挑上面想着。「我眞想去給他一個耳光，什麼脚色，好像二爺就是他自己，就是他父親似的。呸！好像那隻狗就是二爺似的。」

背上的汗水黏住了內衣，已經使他感覺到冷冰冰地，有如別人在他背上濺過了一盆冷水。夜半以後的山風，也漸漸由清涼而加強至陰冷。於是他站了起來，把肩膀頂住那個套着籮斗繩子的扁挑，厭惡地聳他的腰與臀，使籮斗離開地面。

因爲兩天內私鹽販們沒有遭遇到「鹽警」的襲擊，感覺靈敏的鹽商已經開始提高鹽價，他們很懂得當販運安全的時候，這生意就似乎已經脫離開冒險的意味，是會吸引更多的農民們去從事的。不但鹽價提高了，而且在稱的時候，那細眼胖子的手總是在掛秤鎚的一方一送。

「我也會發財嗎？如果我幹得勤？」他突然這樣問了問自己。在上嶺的任何一刻，各種不同的東西，例如欺詐與狠惡等等，從不同的事象之中伸出頭來在他的眼前搖晃。現在，他却突然地這樣自問了。

從前，他是這樣想過的：「如果我發了財，我也一定在那小河頭開一個大鹽舖，但我決不像那個狗屁二爺那樣地敲別人的竹槓，我要自己拿秤。我總會記得我自己就是一個小販子出身的……」他是想得非常美麗的。但是現在，他問了他自己：「我會不會發財呢？」

「會有那麼一天？」他疑惑地想。「挑一挑鹽賺五十塊錢，而草鞋也有四十元一雙的賣價呢！一天積十塊錢，我會發財嗎？……」

「對啦，還有碰到那些鬼的時候，一遍來回，一天的工夫，數十次才積下來的本錢，全要一碗湯似地被人家喝掉了！那倒霉的事情誰知道不會來呢？」

夜風括着樅樹，發着沙沙的聲音，與路下溝谷裏的水聲相混。他在那聲音裏面，似乎聽到一個人在踏着晒乾了的樹葉上面向他走來似的。

當這担子在他肩上的時候，他總是胆怯些的，因爲他已經沒有很輕易就可以躲開他的捕捉着的那種自由。那担子代表着他的生命，他是不能丟開這個而使自己存在的。在今夜交易剛成的時候，他是被埋葬在怒憤的火裏面，那火，趕去了在他身上作祟的叫人胆小的魔鬼。而秋夜的輕鬆的氣流却重又在走了長長的上嶺的一段時間之後把那魔鬼引了回來。

「那是不會的，」他這樣安慰自己。把那重担從壓腫了的右肩轉到左肩去，害怕，懷疑與憤怒也如重担似地壓在心頭。他加快了脚步。那個用一塊石板鋪成的橋，也如白天一樣地，脚步配合着肩上担子的擺動，很快地走過去了。

他家裏的鷄叫着。門縫裏漏出燈光，他的妻子已經起來爲他燒着早餐。他推開了那他妻子已爲他下了門的破門，鬆了一口氣，丟了肩頭的担子，用粗糙的手背揩了揩額上的汗珠。

他妻子爲他擺好木臉盆，放進了一些兒熱水，說：

「你洗洗臉吧。」

她那張大的眼睛看着他的黝黑的臉孔，猶如對他的一夜的辛勞給以衷心的感謝，她知道，這種辛勞，可以說是爲了她的緣故。而他呢，如一個戰敗了的巨人，在那木盆旁邊的小櫈子上，沉重地坐下。

五

吃過了早餐，他睡到床上去。他準備下午能起來照常到田間去工作，但是偏偏睡不着。他合上眼睛，如一段木頭一樣地躺着，一動也不動。而心裏卻在計算着，他應該以怎樣的價錢賣他的鹽。太高的價錢是不好意思的，因爲大家都是隣居與房族，而且有時候，他也許還問他們周轉周轉鹽本的。太低的價錢呢？誰吃的是這一夜的苦頭!?那是爲了誰!?

「提起錢，是沒有誰同我客氣的，」他想，「沒有人不撈，不管良心地撈。」他的鉄錘似的拳頭在那塊用不少的舊布補過的草席上捶了一下。

但因爲一夜的疲勞，他終於握着拳頭，漸漸地模糊起來，睡着了。

他的妻子已經出去兜售去了。問了好多家，他們都說，在秋收之前，他們打算自已過嶺去挑鹽去。那些婆婆嬸嬸倒是相當和藹的，因爲沒有答應買她的鹽，大都說了許多抱歉的話。然而她心裏的慌張卻並不因此而減少，一家一家地走，她漸漸地懼怕起來了。「怎樣辦呢?·要是誰都不要!?」她對那些抱歉的客套，報以沉靜的微笑，這微笑終於漸漸地變成了苦笑。

跑得很遠，走了一個上午，才找到兩三家主顧。賸下來的只得由她丈夫挑到別的村莊去叫賣了。當那如平日一樣的若無其事似的太陽快要把她的影子照成很短的時候，她匆匆地跑回家。她得在丈夫起床之前做好山薯乾的飯。

有兩個陌生的男人，跟在她後面，漸漸地近來。

「這個看身材不錯呢。」一個注視她的後影這樣說。

「噓呀！」另一個一聲怪叫。

她不自主地回頭看了一眼，完全慌亂了，便加快了脚步，心臟的跳動也如脚步一樣地快得多了。

「眞的，你看我的本領！」那個怪叫的勝利似地對着另一個說。

「跟上去，不要給她溜走。」

那兩個流氓相視會心地笑着，也加急了脚步。

狂笑與一些不堪入耳的猥語全來了，那聲音緊緊地追在後面。她索性跑了起來。抹過那個古井旁的轉角，走上了那豆園塍間的小路。她狠狠地推開了門。

「回來了嗎？」她的丈夫被驚醒了。

她喘着氣，半響才回答說：

「大家都說他們要自已去挑去，一連跑了一個上午，只有四家，一共只要五十斤。」

說着，她就準備燒飯，把鍋用抹布擦了一下。

男人起來了。自已倒了一些熱水洗着臉。屋外的狂笑聲一陣陣地進來。

妻子像生氣似地咕嚕着：

「你聽。」

男人沒有理，走出那只一個斗那麼大的灶房。狂笑聲還是一陣陣進來。

「這些人眞惱！」她說，「這些骨頭要等人去磨呢！」

「什麼!?」

「在我後面跟了半天，說些不三不四的話。」

「你不要理他們好了。」他拿起了鋤頭。

「可惜我不是男人，我直想揍他們一頓。」

「還得挑着去賣，媽的。」男人把話頭撇開，出去了。

「你倒像我們婦人。」她還在說着，在鍋裏放了水。「不知道是那裏來的鬼，這些骨頭！」

沒有回答。外面的笑聲也暫時停了下來。

「怎麼!?」她站起來，把頭伸出那個灶房的門框。看了看那個堆農具的角落。「眞奇怪，這個人，連飯也不吃就走了！」她自言自語地說着。拿起那裝山薯根的竹斗，把山薯一把一把地放進鍋。

「他要餓壞的。」她想。她丈夫是熱愛工作的，他捨不得讓一點點時間浪費。當然，一半是爲了生活，一半卻是爲了愛惜他的作物。那些山薯的壓條，眼看着一天天地長了，每一株不時地放出嫩綠的新葉。一顆顆的蠶豆，從泥土裏探出頭來，如一個初生的嬰兒那樣叫人愛戀。這些性情，是他妻子不能了解的。

「這人眞奇怪。」她又自言自語着，如一個姐姐責備她的小弟弟似的，一面燒着火。

有兩個人的脚步聲進來。

她馬上伸頭張望，就是那兩個跟在她後面的脚色。

「你們做什麼呀！」她有些莫明其妙地叫。

「大嫂。」一個說。

「家裏没有人嗎？」另一個說。

「不冷清嗎？」

「我們來陪着你好嗎？」

「你要規矩些，你不要看錯了人！」她發怒地叫。

「好，規矩得很，我們是來查鹽的。」一個說。

他們如到自己家裏一樣地隨便，東張西望。這一下倒把她驚住了。她眼看着那兩個鹽警走進灶房，走進房間，在那些陰暗的角落裏都彎腰摸了摸。後來他們又走近灶後的稻草堆。

「我們没有鹽呀！」她慌張地叫。

但是已經太晚，一個伸手在稻草堆裏抓出了一把鹽，冷笑地看着她：

「這是什麼？」

有如一個人在她頭上重重地打了一棍，血液都在血管裏停住了，她臉色變得更蒼白。她丈夫一夜的辛勞，幾十次整夜的辛勞，都變成了一朶朶的火星向屋頂飛開。半天，才想出了一句話：

「我們自己吃的呀！」

「自己吃？」旁邊的一個冷笑着，「我們是不管的，是私鹽，就得捉。」說着，就推開了那蓋在那裝鹽的籮斗上面的稻草。

「你們吃這麼多的鹽？」那個手裏抓着鹽的說，「你們不吃飯嗎？」

「没有關係的，大嫂，」另一個嬉皮笑臉地說，「我們不捉你的。」說着，一隻手朝她的胸膛伸了過來。

懼怕變成了驚慌，又變成了憤怒。一個手力推開了那有毛的手。但是這孩子樣的手掌，對那個男人不發生更多一點的震動。

「好！我們一定要捉！私鹽一定要捉。」那個放下了手裏的鹽。

「找她男人去挑！」那個動脚動手的傢伙也發了火了。

「我們看他出去的，我們一定找得着。」

兩隻狗出去了。屋子裏她一個人呆呆地站在灶前。突然地一個智慧驚醒她，她想看看她的丈夫，做手勢叫他快跑。但她又想把那私鹽挑開在別的地方藏匿起來，她一時幾乎忘記了他們是没有後門的，她必須打前門走。這兩個想法叫她忙亂起來，叫她在屋子裏來回跑了好幾次。那鐵的鍋鏟的木柄在灶的前面突出，被她一碰，一個茶碗翻了，滾到地上，砰的一聲，向四邊濺開碎片。

那兩個就在那屋旁一箭的圍墻間，越過一道矮牆，發現了他們要找的人。他們故意若無其事地把眼睛看着別處，以便一把抓住。

「德生！德生！」女人的尖叫聲。

他正在爲蠶豆除草，抬起頭來。他的妻子有如一個瘋人似地向他使勁地搖着兩手。

「跑呀！德生！快跑呀！」

他還没有懂得，兩隻手已經圍住了他的腰。另一個上來要搶他手裏的鋤頭。

一個拳頭往身後揮去，兩隻手組成的圈裂開了。一鋤頭打在前面那個的腿上，倒了。後面那個來抓他的後領，於是他轉身，把他的鋤頭一揮，但這回却落了空，那個傢伙也跟着他的身體轉到他的後面去了。

「掏槍呀！」那個跌在地上的提醒着。

他們倆個只帶一支短槍。而更討厭的，是這兩個笨傢伙竟没有想到首先拿出槍來，然後再來捕捉他們的俘虜。那樣便安全多了。

那個果然要掏槍，但是劉德生已經轉過了身。使勁地一推，那個便倒退了幾步。他乘勢衝上去，剛巧把那兩個壓在一堆。把槍也奪了過來。但劉德生那時候還不知道槍是怎樣開的呢。他就和劈那個以前的土匪一樣地用槍筒在上面那個的額頭狠狠地敲他一下。血如紅水一樣地噴出來，那個嘴角在抽着，連叫喊也不會了。

下面那個求饒着：

「放了我的狗命吧。」

劉德生笑了。這簡直是一個夢。這是爲了什麼呀！他又打死了一個人！還有一個在求饒着。「我一定是在做夢，我没有和他結過讎！」他這樣想。

他的妻子氣喘喘地跑過來了。她還怕這一場惡鬥她丈夫一定要吃虧的。一個人怎麼打得過兩個人呢。她是要跑過來幫忙的。

但當她看到那個滿是血的頭，却楞住了。他們兩個對看着，他好像已經忘記了那兩個倒在地上的傢伙，站着不動。

「他剛才還欺侮過我呢！」她指着那個打破了頭的說。

「我可沒有呀！大嫂！」還會說話的那個聲明說。

「他們是來捉鹽的。」她說，「在家裏找了半天，被他們找出來了，我不是叫你跑嗎！」

德生向他的茅屋那個方面移動脚步。她替他檢起鋤頭。他們在茅屋的簷下回過頭來，看那個會說話的從地上爬了起來，向他們倆如老鼠那樣地看了一眼，一拐一拐地走了幾步，就跑了起來。

德生作了一個苦笑。

他妻子照他的意思去看一看那個還躺着的。那傢伙如一個被人搗毀的寺廟裏的紅臉的木偶。血染紅了他身邊的褐色的泥土，也染紅了那已經枯黃了的野草。

她走近些，側着耳朵聽了一會。向着她丈夫叫着：

「還會呻吟的，還是活的呀！」

六

那事情的結果當然是相當嚴重的。大隊的鹽警曾經開到他們的村莊裏來。結果當然又是擾亂了一翻。他們沒有找着劉德生，也找不着他的妻子。

那時候，劉德生就在我開始的時候提過的那支軍隊裏了。他學會很好的槍法。在三個月之後，得到了長官的允許，他到她妻子的一個遠房叔叔那兒把她也叫了來。他們夫婦倆是在並肩作戰。

他現在也是一個很好的槍手。在日寇的軍隊佔領着那個縣份的時候，他們把槍口對着日寇。長官說，他們還有另外的敵人，那就是吃着他們的膏血的人。這話，德生夫婦完全同意。不過他們對過去的農民生活，却依然是非常懷戀的。那茅屋，是他們的世界，那些田園，是他們的詩。

——一九四五，四，十七，寫於沙坪壩。

從重慶寄來

(一)

但因此也就略一回想：這兩年來，壓在陰慘的現實之中，沒有能發出什麼歡笑的，也是眞實的聲音來。這回呢，却又是在用模擬的調皮討伐「騙子」了——但又不能不承認他是連鎗砲都殺不死的。

××一時走不走，還在猶豫。和我一同走，我是較便利的。但聽說南京一帶的「生活」貴得不得了，因此就存着畏懼，覺得倒不如在嘉陵江兩岸盪來盪去的好。但盪來盪去，昨天就看到了上海寄來的各種小報了。×兄氣憤地說：「上海還是這樣壞！去又有什麼用呢！眞吃不消呀！」我想，這也的確是的。有幾十幾百的讀者，好像「獻金」一樣，在那里擠着，推着，搶了，搶那些小報看。我也擠着，推着，搶了幾份看了一下。

我想：這就是上海。於是想，你們正是在這擠着，推着的中間吧！……

(二)

我今天跟一位老叔到山里去過「山王天子」生日去了，又經過宏大的後峯岩。我仍然走着這條路，在山里穿行，不，是坐在滑桿上在山里穿行。玩了有四個鐘點，看老叔們爲地皮、水溝等等吵架，看礦工在鳳炭爐子邊上烤飯團吃。這種飯團不知你們見過沒有，是煮了以後，在布里包緊成一個碗大的扁扁的球，再去蒸熱的。每人一個，烤了吃，據說是因爲可以吃到鍋巴。

我是昏沉的。並不如前些年，一切顯得都在我底脚下震動了。現在，一切是豎立了一個強固的壁壘，在我底四周。我不知道我可以從哪里着手打出去。……

(三)

你們那邊，不知弄出一點結果來了沒有？我這里已經有跳蚤在咬着，蚊子已開始唱歌，耗子們仍舊在奔馳。但昨夜對面院子的槐花香浸透了空氣而淌來，並且朦朧的月光下有杜鵑底柔和、短促的歡叫聲。在那一剎那間，世界是非常的完整、美好。我躺着，覺得很是「幸福」。啊啊，你聽！又是這樣的叫聲！但現在是白天里，原來是我窗下的一個滑桿伕叫了一聲而醒來了。人們說，一個燕子不能造成春天，我却想，一個燕子是一定能夠造成春天的！……

你們是在「春天」里生活麼？……

四月十三日

名匠陸明

平　旦

民國三十二年，飢餓的中原春天：人口、牲畜、剝了皮的楡樹、失掉了葉的楊柳、一脚踩去砂一樣鬆的田土……都似乎向天地罷着澈底的工。是那樣罷工的春天，我抱着改革的雄心，到黃河流域的磁業重鎭申后去做陶瓷廠的廠長。申后是古鈞瓷的產地，我既然也負有復古的使命，便必須羅致鎭上唯一的鈞瓷聖手陸明。

關於陸明，實在是，一路上便聽得不少：如果打聽申后的名匠，羊肉館，涼粉攤上，尤其是挑碗的行脚，都會首先提到陸明。可是談到羅致，就會有人搖搖頭說：

「你官長要請他出山？好是好——可是……」

「不，他們要，是不生問題的，陸老二不敢……」

「可也難說得很，老二不肯眞心實意的幹。」

「說的也是，老二是連女兒都不傳的啊！」

看來，陸明似乎確是個怪人，在素樸的鄉下人心中怪得有點近乎傳奇了。

鈞瓷是一種天藍色的古瓷。我在××一家書香人家，有福看到一隻乾隆年間的鈞瓷花瓶，果然藍得像晚秋高糧頂上的藍天，還掛着幾絲紅色的晚霞。在申后一帶隨着古鈞瓷的失傳，神話的成分也頗爲濃香了。照申后人說來，鈞瓷的燒煉，雖說也有規尋，但成品如何，是要全靠窰神爺的。可惜年代是忘記了，人物的名字也都壓在時間的塵封裏，以致許多生動的神話都無從說起。只記得他們說：鈞瓷的失傳是由於洪水。原來申后四周的山裏出有一種特別石頭，把它碾碎成粉，就是鈞瓷的礫子，就靠這種礫子，鈞瓷才得像晴天一樣的藍。但是後來經過一次山洪，便再也找不出這種石頭，於是鈞瓷便失傳了。

申后是個苦地方。位在叢山裏，除開陶土是什麼都不出的。三寨四千多人口，間接直接，都靠七十多座窰過日子。這一年由於中原遍地旱災，申后窰業幾乎全在停頓中，幸而沒有餓死的工人，也大半逃荒出去了。申后的縉紳聽說我挾帶巨資去辦廠，雖然頗感不安，但也希望藉此吸住一部份工人，做春收後復興的基礎。所以我的到來，實實在在是山裏頭的一件大事。固然由於背後的勢力，實在也由於上述的希望。

我當然沒有忘掉陸明，只要有機會，就不免「隨便談談」陸明。但也許當地人誤解了我的口吻，以爲我果眞只是「隨便談談」罷了，所以往往看我一眼便算了，話題依舊。但也有幾次是得到回答的，比方有一次我哈哈笑着提到陸明，全桌的人靜了一會，便有人說道：

「陸老二近來也頗有餓色了。」

有一次大家談起鈞瓷，哈哈聲中又有這樣一句話：

「上海瓷器店的玻璃櫃裏是有這樣的條子的：『謹防陸瓷』(山裏頭人說起時總是語必上海的。)」有一次我向我的經理問起陸明，實在的意思是想把陸明拉來幫忙，但是我的經理說：

「做鈞瓷有啥難，只要從上海買來鷹牌藍，做的人有的是。陸明是因爲專搞這，所以說起來總提他，其實有什麼？」

又有一次，我在盛福興號吃飯，我又隨便談起陸明，冉經理慢吞吞地說道：

「可是，虛名倒是不小的。」

我到申后不久，凡知名的都紛紛去看我，唯獨陸明，我以爲他必來，却終於沒來。我想：他是鄙視我的「改良」罷，同行相嫉，原也難免的！

時間過得很快，我的廠在經理的一手經營下開工了。自己由於事務的繁忙，由於周圍對於陸明的意外的淡漠，或者不如說：由於改良窰業的熱誠被現實條件冲淡了的緣故罷，關於羅致陸明的事終於漸漸擱下了。並且終究相信：要談改良就非到陷區去請陶瓷專家澈底科學化不可。

我的居所靠山，在我的屋後山坡上，有許多供窰神的古廟，現在雖然都已破敗，磚瓦散亂，幾成廢墟，但還留有許多前代的遺跡。每天日落以後，我總喜歡獨自到後山坡上散步，看看三鎭的人烟，借着雲天遐想遠方的種種。有時上去得較早，便也看見一個人蹲在古廟牆根，或者匆匆下山。因爲總是遠遠的，所以不知道他的音容如何，看來也不過是上了年紀的鄉下佬。有一次，我偶然離他得頗近了，只見他正在一堆碗礫中撥什麼，我便想順口問幾句鄉情，可是他站起又走了。這以後，自己有了別樣更好的去處，便簡直的不上山了。

山裏的黃昏落下得早，夏夜，黃昏挨落了紛

紛的蚊虫，塵埃一樣往鼻子上掉。我坐不住，便自然走向瓷校的教員江紋那裏去。這一位曾遭兩次婚變的年青女子，在人前似乎完全失去溫存了。然而在這樣的黃昏，在那小小的園子裏，我却從她身上找出了女性的本能，那暴風雨過後一掌藍天那樣寧靜的女性的本能。這寧靜鎮靜了我的慌張，填滿了我的空虛，然而也終於使我忽視廠務，鎮日價沉沉於霧一樣的未來，陸明一流的人久已不在話下了。

中秋那一天，瓷校校長請客，我是唯一的客人。許是由於江紋能，我委實高興得很。同着幾個外省的年青人，隨在她身後嘻嘻哈哈地打轉，人沒到齊，便先喝起酒來。都說要學本地人的規距，於是我便只有笑着喝酒的份兒了。等到本地人的幾位職員絡續上座，我大概已經不屑於介紹一類的客套，哈哈地豪放得很了。

「主任喝……不，敬……敬主任一杯，是我……」一位五十歲巴的人從斜對過遞過盞來，話音頗爲含糊，以致起先我幾乎聽不見。

「不能喝了，實在對不起，不能喝了。」我十分和氣地說。

「不，要……要喝……噯，我不會說話，不會說……」他求助地向旁邊看，很有些窘。江在旁座扯我一下。

「那末謝謝了。」我乾了杯。

「陸先生你自己不喝一杯？」江的話後似乎藏着無限的玩意兒，却眯眯笑着裝正經。

「陸……？」我輕聲問江。

「嗯，陸明，你不認識？喂，陸先生你還不喝？」

「我是要喝，可是規距，主人不……」陸明拿杯在手。

「廢話。」

「就是，我喝。」

「可是，老二，今天校長難得請客，你無故遲到，該罰一杯。」小林說，向江一擠眼。

「我是有事，事先提過的，校長清楚。」

「那裏，我並不知道。」校長抬起了臉。

「罰一杯，罰一杯。」

「我喝，我喝。」陸明一飲而盡。

「杯子不滿，不算數。」

「你看，江先生眞是……唉，是的，我喝，我還喝。」

從此以後，只見他一杯一杯的喝，搖搖頭，就是一杯。我看着他的笑，心中有些不忍。

陸明穿着白土布的短衫，領子很高，很硬正，是出客的衣服，無疑。五十望外了，仍然不脫鄉下人的健朗與粗拙，然而這與我想像中的陸明却相去得很遠。我在六十里外，就已聽見陸明的種種：從勞働人的口中聽到了近乎傳奇的陸明：那是讚美，是同情，是推薦；而從本地場面上人物的口中，則聽到：譏嘲，冷淡和故做不知的口吻。但無論如何，陸明是個出名的脚色是無疑的，而出名的脚色竟這樣樸拙，却出乎想像，而實在也很令人失望。

可是從這一天起，陸明在我的意識中又漸漸復活了。然而這已非先前「求賢」的存心，而是通常交友的一種衝動。日子久了，漸漸的也就很熟了。

「老二，你五十三了不是？兒子也沒有一個，我看你就傳人罷！」每當我說這一類的話，他會忽然停住長尾巴的話頭，看我一眼，根本不開腔。可是別人偏又會接口說：

「老二是硬了心了，窰神爺也不許啊，老二！」

「都說我不傳，到底怎麼個不傳法呢？難道連自己的女兒也不？」老二分明是急了。

「可難說得很，……可是老二，說正經的，你答應的花瓶呢？」

「花瓶……花瓶後天家去看。」他原已下死心，决定不開腔，可是終於壓低嗓子，仍然說出這樣習慣了的好心話。

那時候，我與瓷校的幾個年青教員漸漸的成了中后的一個顯著羣。但我要說，陸明也是我們的一伙。幾乎每天，他帶着興奮，快嘴地來訴說些誰都不聽的新聞，但往往被我們弄得忽然停住，風紋不動，直至於散局。但第二天來時依然高興，依然有新聞。我注意到：陸明在本地是很孤獨的，本地場面上，大家不提他，而工人羣中自然也插不下足去。他自己也一向絕口不談本地人物。他在街上走時，總是低着頭迅速地走，好像不勝兩旁目力的重壓。自從飢餓降臨中原，陸明也陷於絕境，他從沒有想及向有借貸的一着，大概「面有餓色」的話，是並非虛語的。就是這時候，瓷校校長給他教員做，借給他麥子，跟着便不時從他手中得到瓷器，而且現在還在得到。時至今日，校長的這手法，也成了我們的笑料，可也是陸明在我們中間忽然停住，一聲不響的原因之一。比方：

「給我的小香爐呢？又送校長了？」

「隨你說就是。」

「可是，昨天下午校長到你家去了是眞的。」於是陸明便默然，再不開口，直至於散開。事實上，陸明是避忌着我們到他家去的，他總是說：「後大家去」，可是到後大便無動靜。大家知道了毛病，便說成了習慣：「老二，啥時候到你家去看看去？」「後大。」

只有一天，我眞的到他家去了。那是我從楊姓的窰場回來，走過東寨牆，只見他蹬在沿街的土級上逗孩子玩，裂着沒門牙的嘴笑。

「老二，這是你的家了，進去看看去。」

他有些失措，但結果還是領我走進土牆去。這是中等的窰場，陸明與他哥哥同住在牆角的兩間小屋裏。其時，他哥哥正在碗坯上描花。

「坐，主任請坐，」老人安靜地說。陸明却正找不着櫈子，很爲難。

「這是什麼瓷呢？」我請問老人手中的碗坯。

「這是倣宋，那時王上吃飯便是這樣的碗——燒成了便是這樣的花色。」他從低矮的窗台上，檢起一片紫色的碗瓣。

「這些是那裏來的呢？」

「是附近山上檢的。」

「老二檢的？還是您檢的呢？」

「都有，我們老人家檢的都有。」

這使我想起那在古廟牆根檢東西的老人，不覺心中起了敬意。

「那你們老人家便是從這些碎片中學做鈞瓷了。」

「是的，其實我們各樣古瓷都做，不光是鈞瓷。」

從隔壁出來的陸明，手裏拿着藍色的花瓶，不斷地摸着。

「這是新出土的，前三天我從秦趙找來的，一共是九件……你看這瓶底的土，這土，」陸明湊近我，摸着那珍貴的古瓷，眼睛裏笑着矇矓的光。我是無話可說，眞心實意地嘖嘖稱道：

「是的，嗯，是的，是好。」

「你看那色氣，那是有水色的，看出來沒有，有水色的！喏……不錯，正是這，這是水色……你比比這，不同，是不同的。」他拿起一隻鈞瓷湯碗，並排着比，是的確不同。「是現在人做的，現在人就差了。」

我點點頭，雖然關於現在人的議論是很不以爲然的。

「這裏，你看，這粹紋，不是比蜘蛛網還細百倍嗎？」從籮底碎紙堆中，又拿出一隻金黃水盂的陸明，簡直的眉飛色舞了：「這也不是現在的東西，你看脚底的土。」

「嗯，嗯，眞好。……老二，可是你自己燒的呢？」老二叉着腿，矇矓地笑着，仍然留在方才快樂的心境裏，看着我，一時想不過來。虧得老大接下去說道：

「現成的一樣都沒得了——成本高，燒不起。從前燒的都叫人要光了。難得很囉！」

忽然記起別人的話，陸明的窰只有八仙桌子大，用風箱生火。我以爲這自然是一句譏刺的話，所以一向沒有問陸明。因爲中后的窰通常比鄉下的單進樓房都不小，燒熟一個窰少說也得五千斤烟煤。「用風箱生火」豈不是一句極刻薄的話。現在想起，便想看看。

「喏，這就是。」在房外，陸明隨手向右手邊指了指，垂着眼，驟然說道。企圖立刻結束話題，休提第二句。

原來就在脚邊的低地上，差一點就看不見，八仙桌是個好比喻，我幾乎哧地一下笑了出來，但終於忍住了。

「那末，那個大窰呢？」

「租人了。」

「什麼時候租出去的？」

「二十年了，……走吧，江先生那裏去。」陸明忽然向我做出一個笑臉，是因爲免强我走，覺得抱歉。

晚晌，依然在紋的房子裏。我談起陸明收得了可愛的古磁，眞是難得，紋笑了笑：

「什麼古磁呵，他自己燒的——這傢伙眞有意思得很。」

「可是瓶脚還帶得有土呢……」

「他是把燒好的瓷埋在土裏，再掘出來的。這種做法，其實中后人都清楚得很，老二還把它當神通。老二其實是個老實得化不開的人，而偏想滑頭一下，眞是可憐得很。」

第二天，陸明一早就來了，我還沒有起身。在房裏來回走走，幾次停下來，似乎有話說，最後才含糊地說道：

「……路子多，替我問問，看是有人要否？——現在……現在校長還不知道。」陸明已經很久不叫我「主任」，但也沒有別樣的叫法，所以常常是含糊的地。

我默然，但也終於沒有替他打聽。因爲我的「路子」也多半是校長一類，或尤勝於校長的人。不然，就如自己一樣，小氣得很，眞的都不要，何況假的呢？其後不久，小林說，校長那裏新有一個很好的花瓶。

「老二，你原該大量生產的，」一天，我沉重地說。近來，老二在我面前是非常多話了，隨心所欲地說話，我淸楚，這是因爲我從不否定他的「古瓷」。「比方說，你做一千個碗能，每個就算只賺五元，那就是五千元；但如果你只做五個呢？每個便必須賺一千元才夠數，然而這就很難出手了。」

「你不知道，你不知道的……」他像寬宥一個外行人說蠢話那樣大量地笑了笑——不再責備，但也不想說什麼。然後安慰我似的懈然說道：「那我的瓷便不值價了……你是認識縣長的罷？」

「是認識的，怎麼樣？」

「沒什麼，嗯……」他顯然有話說，但又囁住了。「你下一窰什麼時候點火呢？我帶點貨可以罷？」

自然可以的，但我說，燒熟了要檢幾樣好的收着。「那是自然，那是自然。」他說。裝窰那一天，我吩咐經理留出好地方給陸明裝，但是等到正午，還不見陸明把坯子送來，而我又意外地兩天不見陸明了，不知究竟爲何。生氣的經理，便逕自把窰裝起，而陸明也終於沒有送來。據小林他們的意見，是因爲老二怕我真的扣成品，想想不上算，所以罷了。「也許還兩天睡不穩呢！」

其後兩天，遇見陸明，我什麼也不提，只聽他說：「那天下鄉去了。」

陸明是小氣的，我不能不說。他常常在我那裏吃飯，也在小林他們那裏，也喜歡小東西。比方外國雜誌的瓷器畫面，便喜歡得緊。他是覺得：朋友們是自然不會見外的，而確實我們也沒把他當外人。雖然譏笑是有的，但從不傷他的自尊心。比方「小氣」兩字，就從未明說過。而我也覺得，除開好瓷，別樣東西，老二也許不在乎，只因赤貧，所以沒法罷了。

談到瓷上頭，陸明顯得是個驕傲的藝術家，他不屑跟你談，動一動鼻孔，便說別的去了。但是關於他自己的「古瓷」問題，却常常又是心虛的。

就有這末一次：那是我第二次上他的窰，大家一起的。他拿出一個香爐，一隻細頸的花瓶，眼睛不安地看着小林，大聲宣稱是乾隆年間的瓷，並且說什麼瓷都逃不過他的眼力。小林鼻子裏哼了一聲，說：

「你在土裏才埋幾天，又來唬我，去你的！」

「如果不是乾隆埋，就不算……我跟你賭，罰咒！」陸明的臉都紅了，但仍然努力地笑着：「我把頭輪給你，要是不，不的話！」但是已經在收拾起瓷器了。

但其實陸明的瓷何嘗差於古瓷呢？可惜的是陸明爲得要做古，有時不免犧牲了美。至於說要充耳目，那是决無問題的。據陸明自己說，他也是「抗戰的」，他曾經大大地敲了日本人一下，不過那自然是戰前的事了。「如果現在，」陸明宣佈道，「一件瓷器不敲他個萬兒八千就不算人了。」

日子過得快，轉眼又是秋盡，看看樹葉又要掉光了。舊棉軍衣分別增添了朋友們的蒼白，小林他們的窗子也嫌闊大而單薄了。秋涼以來，陸明的結實的聲氣隨着額際的汗漬漸漸地退却。領口的鈕子依然開着，只見油亮而硬的青布領子層層加多，然而他依然現得冷，縮着手，益發不做什麼了。

「老二，多久不點火了呢？」

不響。我知道，秋涼以來，老二除掉閒或繞道山坡，經過廢墟，用腳撥撥碗瓣之外，似乎什麼都不做了。好像我的經理說過：「陸老二的窰又冷得回潮了。」

離開中后的前三天，我覺得該向陸氏兄弟告辭一聲。是陰冷的早晨，敗破的寨門，阻隔不了外郊荒涼的侵襲。寨內乾溝一樣的街道，憑幾葉就地索索地轆轉，沒有一個行人。我走進陸氏的門，好像走進久無人居的敗屋，感到一陣濕冷。在中后，這季節，凡是窰場的工作房都早已生火，是使坯子早些乾，也免匠人手殭，做不成活。而這裏，這名匠的工作房，因爲沒有火，滿屋溼泥的冷氣，像一領冰冷的蛇皮貼上身來。

「忙啊，陸兄，」我不覺打了個寒噤，對正上輪子的老大說。

「天冷，做不成活啊！」說着，擱捏了一個成形的碗，丟在泥堆裏，「坐，主任坐……老二，潘主任來了。」

老二揭開被蓋，走下床來，動了動嘴，却無聲響。

「我後天要走了，今天是來告辭的。」

「多久回來呢？什麼？……不，不回來了？」

「老二，我是要走了。」停了半晌，我說，「我看你這樣下去，也不是辦法。反正在家也不幹什麼，倒不如幫人罷。如果你肯，我是可以替你說一下的。我們廠裏。或者盛福興號，……再掌櫃那裏我去說，看是怎麼個分派法：四六呢？還是三七。我們廠裏，因爲是公家，所以收入要少點……你看怎麼樣？」

他遲疑一下，不說什麼。然後笑了笑：

「那末你這回是去定『四川』了……江先生呢？聽說小林他們仍舊要回部隊去。」

「潘主任，幫人也一樣吃不飽的，人家發財，自己倒反受氣，我們這樣，苦是要苦點，可是是自然……是……我說是自在一些。提到盛福興，潘主任不知道，還是我們老人家打下的底子呢！……可是，我們呢？潘主任看見的，還是這樣，所以我們老二寧願……」

「你四川是去定了，江先生呢？你說，」陸明不在意地插進嘴來。

「自然是一起去。」

「那你們是打算一起過了，江先生人是自然不差的，可是，聽說她已經不是……不是第一次了。你自然是不曉得的……其實也沒什麼，好，也好的……」

我只得笑笑。

「老二，還是說說你自己的事吧，校長還常常問你要瓷不？」

「也不常常，只有時候替縣長要件巴……你是快走了，就告訴你罷。校長說，縣長總問起我，打算把校裏的窯給我專燒鈎瓷，等上海的鷹牌藍一到，就動工，這話說着也半年了，想來藍就快到了。」說着話的陸明，漸漸浮起清淅的笑。

我的到嘴的話，又不覺嚥下去了。

「我覺得老二實在可憐，而他却似乎還從這裏得到幸福，一心一意的等。」當天晚上，我同紋談起老二，不覺說出這樣的話。

「人還沒有全明白過來的時候，是靠這些不實在的希望過日子的。實際上，這社會裏一般人的所謂『希望』，就是這一類東西。就讓老二在這『希望』裏幸福些時罷。」

「但這騙局就快要拆穿了！」

「那他會更長出一層堅甲，抵拒如是一類『希望』的引誘；他會更練成別樣的眼光，來看穿如是一類的騙局。你不見老二對於中后大戶的態度嗎？如果老二這一生萬一長不全足夠的堅甲來抵拒這社會上種種的誘惑，如果他萬一練不成全亮的眼光來透視這社會上層層的圈套，他會把他所學得的傳給他的兒子，像他父親傳給他一樣，而下一代便差不多跟玩石一樣了。」紋的許多話，是我一向所不能同意的。這一番話，她雖然說得那樣平靜，我聽來仍然過激，但又明知反辯是全然無用的，便只得闔聲不響。

走上坦蕩的山口，天色依然留在五更的陰暗裏，脚邊的衰草兀自禁不住打顫，天空又飄下幾片雪花來。回頭看看黑然無聲的三鎮的屋脊，卻像一羣垂暮的老人垂頭在故友的墳前。自己雖然原是偶然飄來，偶然同這一羣煤煙底下的生物共同呼吸了八閱月；自己雖然在這古國裏也是到處向人伸手的人，然而現在走了，却感到不忍。在這煤煙底下，我看到壓搾、搶奪、嫉妒、飢餓、倒斃；我看到人們掀動着煤黑的鼻翼，仰起臉來說些陳舊的騙話；我又看到大腹的商人，細眼睛的扁嘴權威者……。古國的毒液，像地縫裏的水銀，無聲地迅速地流，而終於流入了這萬山叢中久被人忘的古老人羣了。……

「怎麼走得這樣早啊！」陸明從後面追上來，「我送你們一陣。」

三個人走下嶺來，陸明是唯一高興的人，右手探在衣袋裏，眼睛裏映着笑，不時看紋又看我

「我帶來一樣東西……一定，一定得收着。」他從衣袋裏掏出一個鈎瓷的小香爐，遞在我面前，却看着江。

「又是什麼朝代的瓷呢？拿來我看，是的脚底還有土，」江玩笑地說。

「看看，眞是……」陸明無可奈何，却快活得很。

我覺着老二這一次的贈送，一定三天以前就開始考慮了，也許今天早晨才最後決定的。一決定就趕緊門，想不到還是晏了點。

他一直送我們走下第一段陡嶺，喘息着另碎地談着無頭無尾的話。一如往日。

現在，時間過去兩年了。但我仍然忘不了那爬上山溝一樣的嶺，低着頭無覺地要鑽進灰色天空去的陸明的背影：天氣冷，鳥都不響，兩邊紅土的高坡增加着寂寞的恐怖，然而陸明是無覺的，爬着要鑽進灰色的天空去了。

這兩年，其實我也不比陸明明白，被一個個騙局——不，還是說「希望」罷，——所引誘，一段段的跑路。從烽火的中原追索到長安，騙局拆穿了，——不，還是說「希望」破滅了罷——於是到蘭州；破滅了，於是到甘肅的洮河流域，聽說是水草豐富；又西入青海，聽說那邊到底不比臨洮，有意義得多，誰知終究不得不抱着頭逃出雪封的高原呢！而於是到「東亞的燈塔」；而於是乎又到昆明。日子是這樣和着脚下的塵土無蹤跡地逝去了，離開紋的病死長安不覺也竟週年，藍色的小香爐裏插着香，夜靜更深，想起紋的話，不知山裏的陸明，現有又跟誰一伙了，眼力練得如何，堅甲又長得如何了！

一九四五年六月尾雨中的昆明外郊

我們是愉快的

孫鈿

望遠鏡

望遠鏡
可以
望見你

★

望遠鏡
照向
山
可以
望見
草
草的莖，
山羊
嚼着草
白鬚
在抖動

★

望遠鏡
望不透
人的心

祇望見
你笑
你
讀着
魯迅的
「野草」

★

而
信仰
和
行動
可以
望透你

★

望遠鏡
常常幫助我
發現
躲在山凹里的
敵人
在戰鬥中

它
是機關槍迫擊砲的
眼珠

★

到每個村子
孩子們
特別
歡喜
要要這望遠鏡

★

但我不能
隨便地滿足他們
要是
捧破了
我們
就會
失去了
眼睛

我底月光曲

什麼人
還記住我呢
我們
正走在

皎潔的
月光下
★
我們
沿着
泥土的堤
穿過了
敵人作爲封鎖線的
竹籬笆
★
我
祇聽見
一兩聲
輕輕的
咳嗽
草鞋的脚聲
也是輕輕的
☆
月光
叫我想起——
被囚禁在獄中的
同志們
★
月光
叫我想起——
寫「海路歷程」的
詩人
還伏在桌上
寫着什麽罷
★
月光
叫我想起——
母親
又在喚醒貪睡的弟弟
工廠的汽笛
快響了
★
我們
這里
是銀白的
月光
我們
這里
是田野，草
泥土，露水
是山麓，樹林
鄉村，狗的吠聲
★
我們
背着槍
肩膀上
沾滿了
露水
月光
照着
我們
向前，前進
★
我們，終於
望着
月亮
淡淡地
隱沒了

我們是愉快的

我們有時候會擠在一起
喝的
開水
有
火藥味
對於城市里的咖啡
我

卻想像不出什麼了——
對於
由那邊
敵人那邊的
那幾支機關槍
我們是想念過了又想念
☆
我們有時候會聚在一起
開談，
電台同志
歡喜
由那邊的
手搖發電機
軍需同志
說
襲擊到敵人的
倉庫
該多好！
女同志
希望
有一本記事册
一支鋼筆
或者

希望
有一支手槍，
醫務室里
需要奎寧片
需要硫磺膏，
俱樂部主任
張開了大喉嚨
談他底理想——
要糖
要咖啡
好讓大家開一開洋葷
☆
河南小鬼
拍起手
喊着：咖啡！咖啡！
一會兒
有人說咖啡是沙粒
有人說是像墨水
★
我想不出要些什麼
我說
我要寫
我們是愉快的

我們
要保證
戰鬥成功
現實的理想
會實現
☆
我們
是愉快的
是愉快的呵
女同志在唱歌了
小鬼們扭動着身子
笑了
唱了
軍需同志
伸出了粗實的胳膊
一只手
把小鬼舉了起來
我們唱着
我們
自自由由地
大聲笑了

眞實的生命

魯藜

眞實的生命

像生命一樣，一顆飛落的星
當她的旅程接於終點，
她就要作一度飛舞，一度噴射，
把生命的一切凝結爲一朵花而消逝；
在消逝之前，她照耀過世界
獻給宇宙以自己的色彩。

啊，生命，一切眞實的生命
她都要朝着那終極的方向前進，
而在那時間的洶湧的波浪里；
放射給永恆以美麗的火花。

生命在呼喊

生命躍過生命，
奔向前去……
啊，偉大的人生，偉大的人生，
是無窮的開始，是永遠的青春。

從無限到無限，
從永遠到永遠，
活着就是爲了鬥爭；
在鬥爭里消逝了年華，
剝落了菓實，
我們不怕一個生命凋謝，
但要讓千萬美麗的新生命萌芽。

青春永遠在照耀，
永遠在呼喊！
白雪飄落，綠草再生；
人生的白髮
是青春的莊嚴的桂冠，
永遠消失的是形色，
永遠生活的是生命，是未來。

讓我們躍進啊，
青春的戰友們！
沒有不能征服的黑暗！
沒有不能攻克的敵人的堡壘！
沒有不能傾覆的暴君的寶座！
而永遠熊熊不熄的是青春的火焰，
是熱烈的生命，是戰鬥的靈魂，
是眞理的號召，
是歷史運動的狂風暴雨。

草

一

我要新生，我是綠草。
我要伸出嫩綠的小手去接取陽光，
讓黑夜留下的淚滴消溶；
我歡喜，我生長在新的土地上，
我永遠沐着和愛的光和甜蜜的雨，
我要用我小小的生命，
裝飾這黃色的山谷。

二

我是綠草。
我的裝束很樸素，
也沒有美麗的花朵……

可是，我是春天的信號，
人們看見我而高興；
盛夏，勞働的人們
喜歡躺在我的懷里憩息，
到秋天，我就枯萎，
我準備火種給嚴寒的世界。

素描

霜降了。
霜柱支起了冬天的序幕，
疏落的樹枝，
放散着淋漓的水蒸氣；
霧，從一個山
跨過一個山走着。

太陽迷糊地從雲里出來，
像月亮那樣陰森，
大地，辛苦地呼吸了黎明的光線；
柿葉，槐葉，
紅了，更紅了，
照耀着枯黃的田野。

田野接着田野，
村莊對着村莊，
晨星落了，
山更藍了，
冬天的風開始航行在山的曲線上；
白楊葉帶着露水一齊降落，
樹林呼嘯，
白草擺動，
一隻晨鵲在寒冷中飛叫。

風捲入村屋，
從院落里
帶出公雞驕傲的對話；
門響開了，
從堅壁的小洞中，
狗跟小猪打伴擠擁出來，
在河灘上徬徨，
牠們的鼻樑上
滿長着霜鬚。

小河燦爛着光亮，
流繞在小山的旁邊，
河橋的霜痕上，
印下了長長的足迹；

自衛軍剛走過去的，
他們漸走漸遠，
標槍和棗樹枝交織在一起，
從曠野中迴旋來他們的早操的歌聲。

炊煙與霧結合了，
太陽更加模糊，
大街上
有老頭子套着手，
在一張牆報下邊張望；
井上，轆轤哇啦咕咕地叫，
水滴像溶臘，潑灑在街道上，
拖磙的，在吆着驢，
驢兒昂頭高叫，
像銅喇叭那樣響，山都震動了。

這時，子弟兵走來了，
一行列從街上經過，向山那邊去，
哨兵站在小山丘上，
像一棵天然的小松樹；
在山的那邊
聶司令員騎馬在前，
成羣的騎者跟着奔向棗林里去了……

在星下面

衛寄宇

星

無須點亮馬燈
不是怕風吹滅
因爲天上打着燈籠
陪着我
守衛着我們的司令部

兵

我是農民
穿上軍服，我就是兵
有犂鋤一樣的
我有一隻槍
有種子一樣的
我有子彈
土地永不荒棄
　土地上有我的旗
戰鬥永不失敗
　戰鬥中有我的血和意志
而我
永不怕
我忠於人民
信仰我的主義

意志

花要在冬天開
樹木要在冬天直立而常青
人，要在戰鬥中生活
將自已
比作冰
莫貪溫暖
否則就要溶解

希望

將這些木頭
搭起一座房屋
將這些石塊
架起一座橋
將蜜
分散給弟兄
將花朵
戴在人的頭上
將我們的旗呵
在唱歌中
升起來

同志

蜜蜂去採密去了
螞蟻子去搬糧食去了
我來割稻
蜜蜂用翅膀飛
螞蟻子用全身爬
我用脚走
然而是一樣的
我們都是工作者
都在作工
都不是爲自已

敵人

耶蘇只有一個餅子
分給七十二個門徒吃
太陽只有一個
給每人一份光
地球只有一個
給每人一塊地
不管是誰
破壞這個原則的
就是敵人

掘墓者

賈植芳

漆黑的深夜，我在廣野上獨行。淒厲的風吼過去，捲過來，像一羣無告的冤魂在這人世都入夢的時間，作着他們的悲哀的申訴和抗議，仇視着生活的人類。貓頭鷹在遼遠的山林間喀喀的獰笑着，竟是勝利者的歡呼一樣，使人心悸。這黑暗的勝利者，他在這寂寞和寒冷中歡呼，沒有顧忌，沒有憐憫。蝙蝠們，先前還是在這低空上匆忙的迴旋，現在是收起了翅膀，又到他黑暗的洞穴中作自己可笑的夢去了。當他已眞的造出了這一個悲哀的恐怖的場面，完成了使命，自然可以放心的休息了，因爲他還有他「明天」的工作呢。……

沒有恐懼，我是深沉的悲哀，——不，簡直可以說是寂寞。難忍的寂寞，使人憤怒的寂寞：

我挺着身子站定了，風的吼聲是更大了，好像是加入了新來的悲屈和憤懣。大地被激烈的震憾着，砭骨的陰氣刺入肌膚，直到心的深處。森林中，狼又開始他的嗥叫了，起先是嬰兒的哭聲一般，婉轉而哀淒，漸漸的聲音撕長了，竟壓過風的怒鳴，在大地上抖動，使我毛骨森然……

我從寂寞中感到絕望了，于是繼續移動我的失掉知覺的脚步。這不是散步了，我想，這是無目的的彳亍。于是，我低下頭去，舐着乾澁的嘴唇……。

風勢捲過山峽去了，貓頭鷹的笑聲和狼的嗥叫，像也暫時停止了，宇宙是眞空一樣的寂靜，好像掉一根針在地上都聽得見響……。

我聽見金屬掘在石頭上的輕脆的聲音。我心裏起了一種溫暖的混和着希望的情感。我想，在這樣的深夜，在這樣凍結的土地上，竟有掘着土地的聲音，好勤勞的播種者啊！

我怀着羨慕和渴望奔向聲音的地方去。一個人類，身材是這樣的高，一張寬闊的臉上，兩隻迷亂的眼睛，在黑暗中閃着陰淒淒的光。他是這樣的衰弱，正彎着腰，用脚踩着鉄鍬掘着，并沒發現我這個同類者。

金屬激烈的響在凍結的土地上的聲音，……

「喂，在這樣寒冷的深夜，你一個人這樣的工作，是——？」

我懷着極大的同情，溫和的發問，覺得自己牙齒上下的嗑礹着。夜太深了，風捲過山峽，像是休息去了，猫頭鷹的勝利，已然慶祝完畢，「倦勤」了，只有狼的嗥叫，又是細而長的延續着……。

「我在掘墳墓！」

他仍舊彎着腰，辛勤的工作着，并且冷冰冰的答覆我了。我感到迷惑，實在太迷惑了。

「掘墳墓——」我低語着，重復的，舐着自己越發乾澁的嘴唇，「是村子上，或是，——請你原諒我，先生，自己的家裏，有急病的人？但是，先生，卽或有這樣不幸的情况，那你也得朝希望的路上想辦法，比如，走一點遠路，請個有名的大夫，或者，就乾脆送到城內的教會醫院裏，卽或萬一人不中用了，那你也得請陰陽先生，然後按次序舉喪，何必這樣上緊呀？而且……」

「我在給自己掘墳墓！」

他的答語，顯然沒第一次溫和了，腰彎得更深，鉄鍬的聲音，已不復發出金屬相撞的音響，他已掘入地層，在鬆土上工作了。

我是窒息一樣的，從頭頂到脚跟，都冰冷了。寒冷，狼的嗥叫，都像到另一個世界去了。

「先生」，我溫婉的說，「你有什麼事想不開？要知道，一個人的生命，是貴重的呢。一個生存的價值，是無從估量的。……」

「這不用你管！」

他竟憤怒了，一直沒有望我一眼，身子彎得更低，因爲他的脚，已踏進了他掘的土中，工作在加速着，而且也容易……。

「先生，你不能！」我幾乎是含淚的大聲喊，「你不能！你的生存價值，……」

「說不用你管，不用你管，簡直是討厭！」他的聲音，竟這樣激烈，使我在悲哀中喫了一驚。「因爲這是我的意志。我不是帶着使命行事的，這是我的意志！」他又像解釋，又像自白，但聲音溫婉一些了，我恍然記起古人的話，「精誠所至，金石爲開」，大概我的眞誠已經感動他了，于是，雖然是更激動的，但也更興奮的，我竟一步奔上去，奪住他的鍬把。

「先生，你要想開，希望，朝希望的路上走，一個人不可自尋短見……」

他沒答語，我是已經喘不上來了。他激烈的抗拒着，我的脚已經踏入他掘的鬆土上了，像掉去一樣，我喫了一驚，——已然掘得這樣深和廣！他的抗拒卻忽然停止了。

灰白的面孔上，鼻翼掀動着，他笑了。——開嘴邊有兩道深深的紋。

「你眞可感謝，」他平靜的說，「但是你一個人，在這深夜的荒場上亂走什麼呢？這樣寒冷，恐怕也是懷着什麼悲哀的心思罷？」

「我在想一個問題，這已然好久好久了。」我說，心裏想，事情有轉機了，于是，心裏竟洋溢着成功的溫暖……。

「問題？」他歪着頭，正式打量着我，「我看，和我一樣的解決這個問題罷！」

忽然，我覺得自己已然在他的腳下，沒有疼痛，我看見他的笑，——是這樣的笑，死的笑，刻在他的灰白的臉上！

恐怖！我的全身都冷卻了，我掙扎自己，……。

我到底離開他了，我在廣野上狂奔！

風尖利的刮着，天空突然出現了星辰，空間是淡藍的，在東方的天際，開始閃礫着血紅的光亮。

村中的鷄啼叫了，許多聲音應合着……。

一九四六年四月十日

舞龍者

冰 菱

我是很喜歡聽見鼓聲的。

「勝利」之後，似乎並沒有多久，就是舊曆年了。我覺得很無聊，很無聊。一天晚上，在房間里實在奈不住了，又聽見外面有要龍燈的熱鬧的聲音，就走了出來。但待到我趕了去，龍燈已經不要了，但我發現了，走在破爛的、狼狽的，實在有些可厭的龍燈之前的，是兩個鼓手，一個是駝背的老人，一個卻是稚弱的小孩。我看不清楚他們底臉。他們敲起來而前進了。

是在密集的人叢之中前進，後面是那一條破爛的、狼狽的、實在有些可厭的龍燈和那些舞龍的赤膊的青年們。敲聲不停地響着，我突然覺得歡喜。我急於要看見那老人和那小孩底臉，並猜想他們底心境，但我看不到，鼓聲響着，後面有狂呼聲。我們一同前進了。

後來我不再想看清楚他們了。單調的鼓聲在彌漫的烟霧和熱鬧的人聲之間響着，它本來是那麼荒涼的，現在卻突然地迸發了勇壯和快樂。好啊，快樂！我想，於是我們前進，經過光亮的街又經過黑暗的街。

末後我們走進了一家紳粮底院子。那里面燒着紅亮的爐火，準備放花的。鼓聲停止，龍燈在火花中舞了起來。突然地鼓聲又起來了。

我厚着面皮去要了兩筒火藥來，我決心放一下花試試看。龍燈再要開始，我正要點燃我底花的時候，一個赤着膊的少年從破爛的龍燈里鑽出來了，脫下了他底滑稽的破草帽，筆直地站在我底面前，向我嘻嘻地笑着。

「你是我們底先生，我們是你底學生啊！」他快樂地說。

我看着他，是的，他是我底學生哩。是這樣的學生，上過幾個月的歷史課，罵過他幾次，因爲他是非常的拙劣和愚笨。有一次，考着曾國藩怎麼打洪秀全之類的東西，他兩個鐘點都做不出來，別人一齊繳卷了，他還在吸着鼻涕，挖着鼻孔，剔着手指，抓着頭髮。我有點替他着急了。我想，誰知道他媽的曾國藩與他有什麼關係呢，他又何必這樣認眞。我去收他底卷子了，但他抬起頭來友愛地，又是頑固地看着我，好像說，他和我之間原是很親密的，不過，因爲分數的緣故，他非要拚命做出來不可。他一定不叫我收卷子，同時那麼友愛地望着我笑。我被他征服了。

「你及格了。」我說。

現在，他因爲我是他底先生而榮幸，這鄉下的笨拙的少年。他一定是快樂而又幸福，因爲他原是那樣羞怯而害怕說話的。我看着他。他赤裸着他底瘦削的，難看的上身，戴着奇怪的破草帽，頭上又扎着紅布，臉上又畫着花紋，簡直好像荒山中的小强盜。我想，他現在該已經忘記了曾國藩之類了吧，這眞是極好的。我也因他是我底學生而覺得榮幸。

「你們要起來，我來燒花了。」我說。

他活潑地跳了兩下回到那條破爛的、狼狽的、實在有點可厭的龍燈里面去了。火藥在我底手里爆響了一下，以無數明亮的火花噴向空中去了。那條破爛的龍在烟火中突然好像獲得了生命，因飛騰而變成了壯麗的。突然的他們一面舞着一面喊叫，狂歡起來了。我相信我底學生是喊得最嘹亮。他們不停地狂歡了，那些赤膊的青年們！破爛的龍燈就在猛烈的烟火中，繼續地飛騰着。

它也能飛上高空嗎？——但那老人和那小孩底鼓聲卻在大的喧鬧之中頑强地響着。它急速地，勇壯地響着。

四六年三月十五日

雜文

乾隆皇帝聖慮發微

鄭達夫

清乾隆朝的許多文字獄中，尹嘉詮爲父請謚，並請以其父和「我朝」其他一批「名臣」一同從祀孔廟，又爲他自己討賞花翎一案，魯迅先生曾據「清代文字獄檔」第六輯，以及尹氏所纂的「小學大全」，寫了一篇「買『小學大全』記」（見「且介亭雜文集」），論述其事，甚爲詳盡。

尹氏所請三事，本來實在並無一點惡意，而其所以竟然惹得乾隆皇帝如此赫然震怒，竟然闖下了這樣的大禍者，據魯迅先生分析，原因是：——

「……這回的禍機雖然發於他的『不安分』，但大原因，却在既以名儒自居，又講將名臣從祀：這都是大『不可恕』的地方。清朝雖然尊崇朱子，但止於『尊崇』，却不許『學樣』，因爲一學樣，就要講學，於是而有學說，於是而有門徒，於是而有門戶，於是而有門戶之爭，這就足爲『太平盛世』之累。況且以這樣的『名儒』而做官，便不免以『名臣』自居，『妄自尊大』。乾隆是不承認清朝會有『名臣』的，他自己是『英主』，是『明君』，所以在他的統治之下，不能有姦臣，既沒有特別壞的姦臣，也就沒有特別好的名臣，一律都是不好不壞，無所謂好壞的奴子。

「特別攻擊道學先生，所以是那時的一個潮流，也就是『聖意』。……」

我也以爲是這樣。因爲，從來所謂「太平盛世」，都要誇詡什麼「一道同風」；這就是說，統一之大業，必須把人的心思智慮都統進去，才能算是做到了家。張居正一下令禁毀天下書院，至今還爲人稱道不衰，這就是明顯的例證。大抵思索生於懷疑，懷疑生於是非，而是非又生於比較：只有一種是非時，人們只能認爲它是得對，也非得對，結果都還是「是」，並無所謂「是非」；必有兩種以上的是非，一方面固然是其所是與所非，另一方面却又非其所是與所非，這才眞的非判斷一下「是或非」不可；而等到有此必要時，懷疑之心也就逼出思索的必要了；而等到大家都認眞的思索起來時，那所能引起的後果，也就眞的難說得很了。故凡大一統之君，必皆惴惴於紛歧錯雜之思想，儘管其中或者並無直接不利於他的思想在，亦非力謀「定於一尊」不可的。

但魯迅先生據「清代文字獄檔」第六輯，說這一案的結果只是絞殺了尹嘉詮一人；茲據「春冰室野乘」的「尹嘉詮罪案異聞」一條，則又有異說。異說的來源是，「膠州逢福陵觀察恩承」的「姻家某氏之先人」，「於乾隆中爲刑部郎中，總司秋審，此案經其一手辦理，曾奉旨爲紀事一篇，今其稿尚存某氏家中，逢君實親見之」云。紀事略謂：——

「嘉詮既得罪，爰書已定之次日，上知某君之與嘉詮契也，特命某君往獄中宣旨。且賜御廚酒肴一席，命某君齎赴獄中，陽爲己所攜入，以與嘉詮餞別者；諭令酒酣毋遽就死，而先以嘉詮所言，暨飲食與否親自回奏，再俟後命。某君遵旨往，有頃復奏，謂嘉詮謝恩就坐，顏色不亂，陽陽如平常，惟深自引咎，辜負聖恩而已；凡飲酒三杯，食火腿及肥肉各一片，云云。上聞奏微哂。俄頃，命召嘉詮至，先數其罪，後乃宣旨，赦令歸田。又問尙有何奏。嘉詮頓首奏云：『臣蒙皇上天恩，至于此極，感激之忱，靡可言喩。惟年逾七十，精力衰頹，無以圖報，祇有及未死之前，日夕焚香叩天，祝皇上萬壽，國家昇平，雖至耄期，誓不敢一日間斷。』上大笑曰：『汝尙欲活至百年乎？』因揮之出。」

這樣看來，尹嘉詮不但未被絞決，而且竟蒙赦歸田了。誠如「野乘」所云：「嘉詮雖奉嚴旨，旋蒙赦宥。聖人之明罰勑法，而未嘗不俯順人情，操縱之神，固非下士所能知矣。」

我當然也是「下士」，但竊以爲於「聖人」之用意，髣髴又還可以仰窺其萬一。蓋乾隆皇帝發放了尹嘉詮之後，「翼日，復召某君入見，賜酒食，即於御前就座，且命內監給紙筆，使某君將此案始末情形，詳細紀錄。某君且飲啖，且書，日旰始脫稿。上閱之，頗嘉許其詳盡，即以賜之。逢君所見，猶是當時呈進眞本也。」這明明是，凡所做的這些，實在正惟恐人之不知；不過又不便正式宣佈，就弄成這麼樣而已。下令要殺，其所欲藉此以昭示世人者，已如魯迅先生所說；至其所以忽然又不殺的用意，亦有可得而言者焉。

原來，清朝對於朱子，雖說不許「學樣」，究竟還是「尊崇」；睿慮淵深，聖謨遠大，所以如此，必非偶然。講學聚徒，門戶紛爭，是道學家的壞處，但除此而外，好處可也太多太多：「臣罪當誅，天皇聖明」，是其一也；「反躬自責，盡其在我」，是其二也；而第三，「死生之際，鎮定不亂」，這尤其重要無比。蓋人雖奴隸於平日，及至性命將被奪去的時候，往往也就會挺而走險，不奴隸起來；至少也會口出怨言，再不濟也會有怨望之心，見於容色。而這一點怨望之心，雖不一定就做得出什麼，但也不一定就做不出什麼；「聖人」知其然也，故制爲臨死還要北望叩首謝恩之法，以弭禍於無形，——這個道理，我曾在別處研究過一次（見「希望」一集四期所載「青面聖人」），這裏不復贅說。這裏所要說的是，叩首謝恩之類的形式，力量還是有限，未必就能使叩謝者中心悅而誠服；於此，求所以治心之道，皇帝又有所不能，不得不藉助於聖人——另一意義的，通常使用的狹義的聖人，例如朱子就是。傳說邵雍臨死時，朱熹在旁邊就給以提醒曰：「戒之戒之！平日所學，正要於此時受用。」那麼，他們的「平日所學」究竟是怎麼一回事，也就很容易知道了。人之常情是每每因死的脅迫而反剌激起生的追求，道學家却能使人一死到底，使人一直雖生猶死，最後就帶着這「猶死」跪迎眞死的降臨，這實在是絕大本領；而對於皇帝，故亦有絕大用處也。

尹嘉詮自命「名儒」「名臣」，可能激起是非朋黨之爭，這是道學的壞處，乾隆皇帝故即因此而「明罰敕法」；但他於聽宣死罪之後，居然還是「謝恩就坐，顏色不亂，暘暘如平常，惟深自引咎：辜負聖恩而已；凡飲酒三杯，食火腿及肥肉各一片」，這又正是道學的大好處，乾隆皇帝故又非因此而「俯順人情」不可了。但當然不是什麼「俯順人情」，倒是明明示以獎懲褒貶的「無言之教」，亦即是文化政策的示範；使天下士子既了然於道學中何者爲不可學，又更了然於何者爲不可不學，只在一怒一喜，一誅一赦之間，立刻就能端士習而正人心，——眞的，連我也要說：仰見大聖人操縱之神，固非下士所能知矣！

尹嘉詮，博野人，官至大理寺卿。其父名會一，字元孚，官至吏部侍郎，以顯官而兼鉅儒，孝子，以及詩人；並且著有「健餘詩草」，「清詩別裁」選其「居庸關」七律一首，在二十七卷。至於嘉詮自己所著書，據魯迅先生說，有書籍八十六種，石刻七種。關於他們賢喬梓的事，現在只知道這些；好在並無替他們作傳的意思，也懶得再加考索了。

不過，同在博野，同是清朝，一方面出了這個恪守程朱而恰恰替程朱出醜的尹嘉詮，另一方面又出了力攻程朱而終身確保其高風亮節的顏元，不知二人之間可有何種關係，惜一時無法查出；否則，一定很有趣的。

學生與政治

宗珪父

列曾曼，德國的名記者，英勇的反納粹運動者，在他的反納粹的名著「地下火」裏，分析了青年歐洲的生活方式與精神動向，這樣說：「我們這一代的年青人，到了夜間，會往那裏去呢？他們是怎樣度過春宵的？是不是約了女性去逛公園？是不是到旁的地方去玩耍？他們會不會去跳舞，或者討論人生方面命運方面的不道德的問題，以消磨長夜嗎？不，那是絕對不會的！年紀在二十至三十中間的年青人，既不會跳舞，又不會討論人生問題，他們對於宇宙間大自然的美，毫不注視，而且也毫無感情。古舊的歐洲的年青人，已經轉向於政治。政治對於他們，是以代替大自然，愛，美，和宗教了。」這是一段含有極深的啓示的話。

當我們觀察文藝復興以來的歷史時，不難見到，這實在是一段先進人類在找尋着自己的生活，找尋着決定生活的關鍵，日益迫近於生活的集中之處的歷史。中世紀的宗教統治，其最大的目的無非是引導人們遠離於生活的集中之處，使人們掌握不到決定生活的關鍵，因此看不到全生活的眞實相，而專一望向天堂。等到布爾喬亞興起，陳舊沉暗的社會生活裏注進了一股新的血液，人們于是就被鼓舞起來，因自己的初始發動的飛躍式的生活要求而就有了找尋生活的從要。最初，還是通過宗教的，把人間的生活引進宗教中來，把種種較有生活性的異教當作生活的關鍵，希望由此而把生活變好。其次，較進一步，找到了美和愛情，把一切生活的鬥爭都從這兩條道路推進過去；這大約也就是浪漫主義的生活實質。

較之異教，浪漫主義的美和愛情，距離生活的集中之處當然已近得多了；通過美和愛情的道路的生活鬥爭，確乎也能較實在的實現那種生活要求的原來目的。然而，它們終於還並非眞正的生活的關鍵，終於還並非眞正的生活的集中之處。布爾喬亞的興起，只能把先進人類在找尋生活的道路上推進到這一步。因爲，他們所建立的生活秩序，根本就還有曖昧之處，根本就顧不合於人民的生活的眞理；他們有不得不隱蔽起眞正的生活的關鍵和集中之處的原因；他們之所以只揭露出美和愛情來，供給人們作生活鬥爭的道路，正由於他們所能容許的生活鬥爭也就只在這個限度之內。

到了新的人羣興起的時候，情形就大爲不同了。他們所要建立的生活秩序，正是與人民的生活的眞理全相符合的。必須動員全部的生活鬥爭，解放全部的生活要求，從生活的全領域集中起一切力量來，才能眞正建立起這種生活秩序。因此，他們不但不隱蔽，而且非把生活的眞正的關鍵和集中之處宣示出來不可。在這種宣示之下，先進人類這才終於面對面的迫近了生活，有了一轉捩而全部社會生活圍之轉動的可能。這就是說，生活原來眞正的集中於政治，而先進人類在找尋生活的道路上終於找到了政治，如列曹曼所云云。

在中國，生活鬥爭也經歷了上述的幾個階段。反映於五四階段的新文藝中的，生活鬥爭正是圍繞着美和愛情的軸；五卅以後的新文藝中所見的，就日益顯明的總是動員了一切生活節目而爲了政治了。這當然完全並非偶然。

因此，在今天的世界，在今天的中國，嚴格的生活集中點就不得不是政治，只有通過政治才能解決一切生活鬥爭上的問題。在今天，正因爲整個的鬥爭是必須特別緊的掌握住生活的這個決定關鍵方能制勝的，鬥爭本身就已空前的集中於生活的這個集中之處，所以生活本身之向政治集中的程度也是空前的。這種具有高度的集中性的生活局勢，迫使每個忠實於生活者都必需使生活具有積極的政治性，否則就連不求鬥爭的生活也將沒有機會了。這是今天中國的社會生活的鐵的紀律。

對於青年，特別是學生，情形當然也並無一點不同。只須承認學習也是生活之一階段，就不能說學生與政治無關。而況，所學習的即既是種種生活的知識與技能，又怎能獨獨把關於生活的組織的知識，和掌握生活關鍵的技能，這最重要的兩種丟掉呢？

所以，在今天的中國，學生的生活必然經常的具有最積極的政治性，和一般先進的人們一樣，或因其急待學習而還比一般人更甚。拿東漢和宋代和戊戌時代的學生運動來比擬，都已經不夠的了，因爲那是應變而這是處常。就拿五四運動來比擬，也還稍嫌其政治性未能充份的滲透。今後的學生生活，不僅要在「運動」時具有積極的政治性，就在不「運動」時，就在上課，聽講，下課，筆記的生活程序中，也必須一刻不放鬆的掌握生活的這個鍵，轉動生活的這個輪。

有所謂政治鬥爭退出學校的主張，那是不對的。即使是爲了消滅那惡劣的政治因素，這樣做也無用。能消滅惡劣的政治因素的，還是同爲政治因素的那進步的政治因素，而兩種政治因素還是就要鬥爭。舉一個例，就說反對學校裏特務的橫行吧，在他們還正橫行的時候，豈不是只有發揚學生中的進步政治因素，才能反對的麼？

這次，許多學校的「運動」，就應該是今後學生的經常的政治性的生活的開端。政治性隨「運動」以俱長，但決不能隨之以俱消。

一九四五・一二・一六・夜十二時

「政治雜感」雜感

竺亮之

接到朋友的一封信，在「匆匆祝好」之後，又有兩句附言：一句是：「能寫點短的政治雜感麼？」另一句是「私事」這裏不必說它。不知從什麼也是雜感之類的文章上看到過，說西洋人的信總把主要的意思寫在正文的前半，中國人却把它寫在正文結尾處，或者簡直完全在附言的一兩句裏，由此可見民族性之差異，文化系統之不同，云云。我的朋友很少，常通信的尤少，「國際友人」則是一個也沒有的。所以看了這封信之後，立刻想：這是專爲出題目要文章，才來信的吧！但又立刻覺得也未必然，蓋以我自知非那種一字千金，廣通聲氣，應接不暇的文豪作家之流，要我寫點什麼，儘可開門見山的說，殊不必如此之謅謅也。我常常寫點什麼，我的朋友們也常常寫點什麼，彼此傳觀，當作較完整較系統化的通信；有時借什麼出版物的篇幅印了出去，也不過爲了向茫茫人海中尋求幾個近似於已知的友人的未知的友人。「涸轍之鮒，相濡以沫，相煦以息，不如相忘於江湖」：這誠然是名言。但既沒有在江湖中閙閙洋洋的福氣，當這還輾轉困頓於涸轍中時，恐怕能做得到的也大抵只有這樣；雖不免「門戶」或「宗派」之嫌，將使一切圓融通達的賢人君子齒冷，也顧不得了。而我之並非文豪作家之流，由此也就昭然若揭了。

但既並非文豪作家之流，對於朋友的眞誠的期望，就不能管它寫在信上什麼地方，總得拿出一點實績去才是，——就是說，要做文章。這樣一來，一難臨頭。而且既沒有文豪作家的本領，不能妙筆生花，又面對着朋友的眞誠的期望，更不忍推脫敷衍，——就是說，要搜索枯腸。這樣一來，又二難臨頭。雙難臨頭之下，於是又回到「政治雜感」上面去。

要說政治，當然，是有很多可說的。國民大會，政治協商，接收東北，收復人心，懲處漢奸，淸查逆產，乃至管制東下木船，登記還鄉義民，信手拈來，那一個不是腥紅的墨水寫出來的時髦的問題？然而，嗚呼，我覺得我沒有一句話可說。

現在的不行，還有將來呢？當然，中國前途，世界和平，百年樹人大計，十萬里鐵道計劃，較近的還有建都，還都，都是與國家興亡有密切關係的事，匹夫有責，也大可以起而仗義直言。然而，嗚呼，它們之於我是渺渺茫茫，我之於它們亦惟模模糊糊而已。

至於過去的，什麼代表人民的宰相制呀，人民參政的科舉制呀，中國式的民主呀，世界各政體中最優良的君主專制政體呀，有一個時期，確乎也都曾關心過的。然而，嗚呼，我現在又覺得，現在還去糾纏這些，簡直是十足的蠢才。

欣逢言論自由之時，本可以自由的言論一番，然而却還是這麼思前想後，終於說不出一句話來，這當然只有怪自己低能，無所怨尤。但有時從朋友的來信和談話中，也隱隱發現了類似的情形。我不以爲他們是也一樣低能的，却以爲他們說不出什麼的緣故是和我兩樣。這所謂緣故，又斷非暗示什麼無形的壓抑，暗中的羈絆之類。對於此中門坎，我一點也摸不淸。舉例來說，陝西省主席祝紹周到重慶後，即向記者發表談話，自稱贊成「言論自由」而反對「自由言論」。我從報上看到後，研究了兩整夜，用過演繹法又用過歸納法，結果就一點也沒有弄淸楚他說的究竟是什麼話。至於方才所說的「自由的言論一番」云云，是否即在其所反對之列，當然也不知道，很難說了。

我曾經很想學佛，到現在竟也沒有學。只據耳食之談，知道佛家之中有禪宗一派，是不涉理路，不落言詮，直指本心，立地成佛的。而「直指本心」的方法，據說也還是不用語言文字，只給以迎頭一棒喝；或雖有語言文字，也只是簡簡單單「作獅子吼」的一問，相機指點，並無什麼一定不變的繁多完整的理論。我想，這恐怕是確乎太好了的方法。蓋若專以教義寄託於語言文字之間，即不免因此生出許多麻煩。或有言與事之不符，或有言與行之相違，更或有言與言之自相矛盾；不但引起攻訐詰難，是非紛紜，天下從此多事，而且連本身的存在或亦不免受其影響。只有先由自己什麼不說，或說而等於不說，然後才能使別人也什麼不說，或者說而等於不說，麻煩省却許多。對於有所言的人，正經的言其所言的人，則言之與事不符，言之與行相違，言之自相矛盾，任何一項都可以用作攻擊他的武器。對於根本無所言的人，或明明白白的自己就毫不把所言當作一回事的人，則即使用了上述所有的武器，又能有什用呢？聲聞路絕，言語道斷，以大混沌，得大方便，則所據雖僅耳食之談乎，而我亦不得不歡喜讚歎，合十頂禮，推爲眞正大乘無上妙法也。

我於佛學實在無所解，這是第三次聲明了。凡以上所說，或許一無是處也未可知，敢請內行的人不要攻擊爲幸。（自註：這其實即是上述方法的實際應用，但未必用得好耳。）然而，我又依稀覺得，近幾個月來正如置身于一個大禪林中，眼前紛紛，皆爲迎頭之禪棒，耳邊喃喃，無非猛喝之「話頭」。私心也每有不以爲然者，想說一點出來。但即刻，那所不以爲然的對象似乎並無其物了，連這「不以爲然」也即刻竟似並無其心了，於是成天開口不得，實在氣悶已極。而且還說不上氣悶，因爲是在內部就自行消縮至於無，並非有什麼要突出來的東西而却被「悶」住。這樣離奇的「精神狀態」，實在從未有過，無以名之，只好冒充一回，自詡爲「禪悟」。而在「

禪悟」之中，要寫什麼「政治雜感」，又怎麼行呢？

但在給朋友的回信中，却並未用「禪悟」字樣，只說是「痲木」。因爲當時恰巧另有一個朋友來信說：「看着你的信，就好似讀着你的那些雜文似的。」云云。不知其本意究竟如何，但我總以惡意推測爲諷刺。因此，頗自檢飭，一覺到「禪悟」字樣正又有「雜文」氣味，立卽不敢使用了。其實，「雜文」氣味究竟是怎樣的呢？也說不上來。天地之間大約並無什麼專供入「雜文」的東西，話語裏面也未必有什麼只在「雜文」裏才許出現的話語。不過，有些東西，有些話語，較多次的在雜文中出現，大家對它們就髣髴嗅到一種「雜文」氣味而已。所以，我的檢飭恐怕其實只是過慮，而這也就可以作爲又一證據，證明我並非「雜文專家」，要寫「政治雜感」是確乎困難的。

如果是雜文專家，情形當然大爲不同了。前文所說的那些俯拾卽是的問題，再加以一管生花妙筆，一定可以寫出不知多少篇精采的雜文來。天天聽得到與行相違的言，看得到與言相違的行，也找得到自相矛盾的，或與事實正作反面的對照的名言讜論，只須隨手拉出幾組來，再隨意點染一下，就可以達到預定的效果。但從我看來，恐怕這也只是「文章」而已。當現實本身已成了最好的雜文時，當血與淚與汗已寫出了最好的雜文時，彊寫的關於同樣題材的雜文，恐怕眞也只能成爲「文章」而已了吧？一個友邦的五星元帥來當大使，說明了任務是解決中國問題，而中國問題又就是軍事問題云。在這迎頭棒喝之下，你看，還不是聲聞路絕，言語道斷？還有什麼可說，有什麼曲曲折折的雜文可寫呢？

於是，我還是只有寫些當作較完整較系統化的通信的東西，給予已知的友人，尋求未知的友人。已知的友人之一，似乎不願意我把信寫成雜文的樣子，我卻打算把一些像是雜文的東西來代替信。我也還有，——就是現在也還有未能「禪悟」的地方，就在這些地方我將說我的話。有人將斥爲不急之務吧？但我的友人們也許「急」於要看的。

那麼，現在這一篇就終於不是「政治雜感」，只是一封拉雜無倫次的信了。但總還算是關於「政治雜感」的雜感，就倒回去以此意命題，塡上去。至于信的寫法，是否也是合于中國民族性的那一種呢？大抵未必是；但又難以確說了。

四五，一二，一，深夜。

忘掉

郭晼

四川的氣候，雖在炎夏，也是「一雨便成秋」的。昨天這時，還在院中喂蚊子，手搖蒲扇不停，汗下也不停。此刻，却坐在燈下，聽夜雨淅瀝，居然有些淒「涼」之感了。正好做事，但又無做事的心緒；其原因，一大半是昨夜沒有睡好，還有一小半則不知道。

本來，昨夜還醒在床上時，就已聽到時雨之降，爲之大悅，算定可有一場好睡。但雨前的特別的悶熱，大概就已在精神上和肉體上留下了影響，所以結果還是輾轉反側，直至天已微明。而在這輾轉反側之中，偏又忽然想起亡友冀底與替冀，深沉的暗夜中特別顯明的幌動着兩個面影，比暗夜更暗，大概已不是這人間所有的色，人間最暗的色也掩它不住的了。

認識他們在五年前，得到他們死訊在三年前。五年前，大約有整整四個月的時間，是和他們朝夕在一起的。不過友誼上融洽的只是冀底，和替冀却頗有些齟齬。隨後，當那塊土地帶着人民從中國飛開去的時候，我們就狼狽的背向着它走掉，大家也分散到不同的地方去了。而三年前，也是酷暑之中，却得到他們的死訊。死的方式都很慘，但比較起來，使我覺得沉重的却是冀底而非替冀。

這與友誼的厚薄無關，並非因爲替冀和我曾有齟齬，遂於其慘死後以淡漠爲報復。世間固有不少這樣「恩怨分明」的人，對於逝者，雖被人民的歷史的力量所迫而不能不作表面上的推崇，實際上却仍牢記着小小的舊怨，仍不時以巧妙曲折的方式進行其破壞與詆譭；這樣的人或者也未嘗不是「英雄」，但可惜我實在不是。我之所以對於替冀的慘死比較不感到沉重，就只因爲他的死雖「慘」而實在並不「沉重」，並無別的須要隱諱或值得張揚的原因。

至於冀底的死況，三年前聽到的當時，就使我發生一種遠非「悲悼」二字所能說明的感覺，或者簡直與「悲悼」的感覺不能相容。其原因，當然還在「死況」本身之中。不過，雖是現在，要把它詳細陳述出來，還是不可能的。只記得那第二或第三天，就在無可奈何之中，寫了幾首打油詩；現在鈔兩首如下：——

「模範夫妻」衆口傳，「齊家」「治國」兩爭先；幾生修到「雙飛」福，有客旁觀亦快然。

死去原來萬事空，爲仇爲愛總相同。——生前幸好能「唯物」，免見人間仍舊春。

這所說的，只是他的生活中的某一部份，由生前到死後的變化發展，其實還不是眞正的「死況」。但眞正的「死況」也並無可說，也只是「慘」；而除「慘」以外還有「沉重」的，却正是這所說的這些。倘要「委注」一下，大概是：他曾經爲愛和仇而生，又爲愛和仇而至。這死，本來可以直接的證明仇，間接的證明愛。但在他已用死證明了仇，將更進而證明愛的時候，愛的本身却忽而消解了仇，忽而以它本身紊亂了愛與仇的界限，使愛與仇兩無所着，一無所有，使他的全部的死以至全部的生都幾乎無所附麗了。生本來是沉重的，死本來更是沉重的，忽然無所附麗而墮落下來，承担住的人能不感到承担不住的沉重麼？

而我那時，以曾經確實存在過的友誼，就承担了這承担不住的沉重。而既然承担不住，我也就終於想法擺掉了它。

這一擺掉就是三年。也曾經幾次從別的思路上想起五年前的各種舊事，但對於他們，却覺得還是活着，至少也不覺得是死了，是那樣的死了。有嚴肅的討論，有輕快的談笑，有湊錢上館子去的大吃，也有爲了工作中不同意見而生的爭吵，更有一些勤苦的經營奔走與鬥爭，在這些事件之中，在回憶之中的這些事件之中，他們和我，都一樣的在做在說在笑，都一樣的有着鮮明的生命的形相，而死亡的陰影在這三年之中却從未有一次蒙蓋上來。三年前的沉重，幾乎等於完全未曾有過的了。

然而，昨夜，這沉重忽然又落到我的輾轉反側的身上，較之三年前且更有加增。我在重壓之下感到慚惶，覺得這三年的忘却是罪惡，是以亡友的那麼沉重的慘死掉了的生命，藉着忘却和回憶的魔法，拿來作了充實自己的貧弱的生命的材料。我設想，假如自己死了，還不必那麼慘死，假如「死而有知」，我就不能忍受朋友單獨回憶他和我共同參與過的事件，更不能忍受他在那回憶之中不痛哭流涕於我的死亡。這麼一想，再推以馮友蘭先生所提倡的「絜矩之道」，就更覺得深負亡友，實爲逝者之罪人。

「親戚或餘哀，他人亦已歌。」於是我就這麼吟詠出來，悽然有感於陶潛先生之先獲我心了。他這兩句詩貌爲曠達，實在正出於死亡的劇烈的嫉妒，這是很能領會到的。

但卽刻，可以標識一種社會傾向的這個詩人的大名，也就使我猛然驚覺：何以我的心情竟落到這一條路上來了呢？近些時日以來，朋友正從我的書信中看出我的生活道路上的某種危機，正以忠誠的友誼向我開展了鬥爭，我自己也逐漸看出，正在開始克服擾正。那麼，我之有這種心情，以及實際上正因有這種心情才引起那個回憶，恐怕就都並非偶然的吧！

和陶潛那種態度相對立的，是魯迅先生的態度：「忘掉我，管自己的生活；倘不，就是蠢才。」這並非「幽默」的反語，而是生活的眞理。世界總要存在，生產總要進行，爲了「管自己的生活」，非得把逝者的死亡「忘掉」不可；否則，死亡拖住了生活，歷史愈進而拖累愈重，生活就非得斬絕不可了。

卽如我之不願死後被「忘掉」，到那時，結果當然還是被「忘掉」。我們的祖先大抵也不願被「忘掉」，我們現在則已經把他們「忘掉」。這是什麼？這就是生活的永恆的勝利，生活的所向披靡的進軍。

對於戰鬥者，也還是要「忘掉」吧！但所「忘掉」的只是他的「已經死亡」這一事實，以及由這事實而引起的哀愁，至於他的生活，當然還是活着的。卽如我們說到魯迅，我們說他與「現代評論」戰，與「創造社」戰，與「新月派」戰，與「第三種人」戰，與「民族文學」戰，等等；而這些，都是活魯迅所做的事。我們並不老是說一九三六年十月十九日的魯迅的死，並不老是說他死後的「哀榮」。而且，歷史上任何偉大的戰士，也都如此，也都是以他生時的戰鬥的業績被人們記憶，並不是以他的死亡被人們記憶的；我們所記憶的歷史上的戰士，都是「在某時曾經活過的」，而不是「在某時死去的」的，卽使他的偉大之處就在於爲某種任務而犧牲，這也還是「爲某種任務」和「而犧牲」，不過二者相距極近，還是兩個段落，而且重點所在也極易明白的吧！

那麼，冀底的死，也就還是充實的了。個別的愛與仇的混亂，而仍無害於整個的愛與仇的對壘的分明，這適足證成這愛愛仇仇的人間的堅實；何況死亡究竟是被生活所充實，生活並不待死亡來證明呢！

一九四五，七，一三。

寒候鳥

——民間小故事

胡田

一

山西懷仁縣一帶有一種鳥，這鳥很奇怪，除了在它的尾巴上長了一根長毛以外，身上只長一些很細很細的絨毛，乍看起來，就像沒有毛的一個肉疙疸。牠生長在沙窩子裏。如果肚子沒有餓，他的脚是不想往外伸一伸的。

牠有一個很慈和的舅父，名叫喜鵲，很關心牠，時常到牠那裏來看牠；對牠沒有長毛，在露天里受凍，很覺可憐。牠便向鳳凰請求在每個飛鳥的身上捐出一根毛來拯救牠的甥兒。鳳凰答應了，就開會和衆鳥商議。大家都答應了，就從自己身上拔下最好的毛來贈給寒候鳥，把它按在牠的身上。於是，他就有毛了，能飛了。牠的羽毛中有紅的，綠的、翠綠的、金黃色的……把牠配扮得非常美麗，比其他的鳥都好看，毛也更豐裕。這時喜鵲看了很歡喜，羣鳥們也都很高興。許多鳥都來拜訪牠，和他做朋友。

寒候鳥覺得自已高傲起來了，對於來來往往的客人覺得有些不大配和他來往。首先是麻雀，其次是烏鴉，再其次是黃鶯，最後連燕子，海鷗……總之，他再不願意那些小東西和牠來往了。牠現在只感興趣於「閃動着五色的翅膀，在萬里無雲的青藍的晴空下」唱着牠最得意的兩句歌：

格嚕嗒，格嚕嗒，
鳳凰也不比我大！

羣鳥們看到自已不受歡迎，漸漸不來了，大家都去告訴鳳凰，要求收回自已的毛來。鳳凰開始不相信。但有一天她坐在宮門口，她也聽到寒鳥飛翔在他的頭上，唱同樣的歌了。她想：『這還行！簡直要造反！』第二天便去叫喜鵲來問：『你的外甥爲啥這樣狂妄？』

喜鵲答道：『好我的王爺哩，不用提啦，牠自從有了羽毛那一天起，牠的眼睛就從不再看得上我了。』

鳳凰聽了大怒道：『豈有此理！』就下命令，叫各個飛鳥到寒候鳥那里去拔回自已的毛。飛鳥都去了，各自從寒候鳥身上，恨命的拔下自已的毛，走了。從此寒候鳥就又永遠成了一個肉疙疸，只有喜鵲——寒候鳥的舅舅，念舅甥之情，把牠自已的一根毛，仍舊給了牠說：『那根毛我不要了，讓它留在你的尾巴上吧，』說完就走了。

從此，寒候鳥就孤獨的，只拖了一根長尾巴。

二

寒候鳥的羽毛沒有了。到夜里沒日頭，只得颼颼地，牠伸開腿躺着，不行！縮做一團躺着，也不行！直冷得牠叫：

嘶嘍嘍，嘶嘍嘍，
冷死個我，
二日天明壘個窩。

天明了，太陽出來了，山里山外到處都是暖。寒候鳥翻了個身，就躺在地裏伸開兩腿睡了。牠覺得睡覺比做任何事情都舒服，牠什麼都不幹了。直是唱：

得過且過，
陽格峩峩里暖和。〔註〕

牠一天又一天的，就這樣過去了。春天完了，夏天沒有了，秋天也看不見了。但是，寒候鳥仍舊沒有一個窩。只在北風吹得牠忍不住冷的時候，只在這冬天的夜里，牠才記起牠應該造一個窩。然而天亮了，太陽出來了，牠就又懶懶的睡在山格峩裏唱起來：

得過且過，
陽格峩峩里暖和。

衆鳥們見了牠，不再理睬牠，有的還吐牠的口水——寒候鳥孤獨了。不過，牠仍舊這樣活着。只有一天，那眞是：人倒霉，禍就臨，天上的雪花一縷一縷的往下滾，地上的雪墊起了兩三尺厚。所有的鳥都飛進自已的巢里去了，暖暖的。鴛鴦還在巢裏說悄悄話哩。但是，寒候鳥呢？早凍死在雪裏了。沒有鳥再去看牠。牠的舅舅也沒有去。

一九四四·七·二十日·南泥灣。

註：陽格峩峩是山西的土話，即形容山窪窪里晒着太陽的意思。普通話即：晒着太陽的山窪窪里。

張天師的同學和水鬼

——湖北民間傳記

梅志

一

清明前後，雨水正多，有一位縣官，因爲調了差事，只好在這泥濘的路上奔波着去越任。他坐着轎子，雖然沒有受到行步艱難的苦處，但他可生成洒脫的脾氣，眼見到那兩名轎夫，抬着他，氣喘氣咻的在爛滑的田岸邊小道上艱難地走着，左右傾跌，心里老是感到不忍。

「喂，停下來吧，讓我來自己走走。」

轎子停在一塊山石邊，它下面有一股溪水潺潺的流着。

「此去張天師的上清宮還有多遠呀？」老爺問。

「囘老爺的話，再上去幾里就到了。」轎夫囘答。

「好，我慢慢的走上去吧，也表示我訪友的誠心。」

這位老爺正是張天師的舊同窗，在他知道自己赴任的路上要經過龍虎山附近的縣份過，就決定繞一繞道去拜望那位老同學。他心里、：不知道他做了天師以後變成怎樣了？是不是眞地成了神仙，再不像從前當凡人的時候和我們一樣有說有笑了？

轎夫抬着空轎，在前面引路，老爺拿着雨傘當棍子，一步一步地柱着，路上的浮泥黏着鞋底，又膠滿了傘尖。在走過一個池塘旁邊的時候，他用傘尖撥掉了鞋底上的泥，再把傘尖伸進池塘去洗一洗。實在累了，於是又坐上轎子，讓轎夫把他往山上抬去。

張天師熱烈的接待了他，還是和凡人一樣有說有笑的。用過了豐盛的飯菜以後，就引他到花園的亭子里閒坐，一面喝茶談天，一面欣賞龍虎山的風景。這亭子高據在園牆的上面，園牆外面是繞着它的一條山路，下半山的細雨濛濛的景色都呈現在前面。是多年不見了的老同學，而且各人的環境不同，一個話題接着一個話題地談了下去。正談得起勁的時候，這位老爺偶然向亭子外面的山路上望了一下，性情曠達的他也不免吃了一驚：一個溼淋淋的像人又不像人的綠色的東西正在那里向他們跪着，一對眼睛閃閃地放光。

「你看你看，那是什麼東西？」他連忙地問張天師。

「唔？呵，他麼，沒有什麼，不要管他，我們談我們的罷。」張天師只斜過眼睛望了一下，好像毫不奇怪的樣子。

他不好意思追問，又和張天師繼續談了下去。但心里總有些不自在，過了一會又向那里望了一望：那東西還是在那里向他們跪着，一對眼睛閃閃地放光。他抑制不住自己了，站了起來：

「他到底是什麼一回事，你非告訴我不可。」

「不要管他罷，我們還是談我們的好了。」

「不成不成！你做了天師，我這個老同學好容易來看了你這一趟，未必這一點天機都不肯洩露麼？」

張天師知道拗他不過，只好說了：

「還要問，還不是你惹來的！」

「什麼！是我惹來的？奇怪奇怪，沒有這個事！」

「沒有這個事？那麼，我問你：你是不是在路上下轎子來走了一段路？」

「不錯。」

「是不是柱着雨傘走，傘尖上黏了一尖子泥？」

「不錯。」

「是不是你把傘尖子在路邊的一個水塘里洗了一洗？」

「不錯。」

「那就對了，他就是爬着你這個貴人的傘尖子上來了的。」

「呵……，原來如此。——現在他跪在這里做什麼呢？」

「做什麼？有什麼好事，還不是想討一點東西。」

「那你就給他一點什麼好了，我看他也很可憐的。」

「給他一點什麼？那怎麼行！你不知道這些東西，不要管閑事罷，我們還是談我們的。」

但話是再也不能和諧地談下去了。張天師底這位洒脫的老同學，從不肯相信世界上有什麼嚴重的事情，所喜歡的就是一個爽快。過了一會，斷斷續續的話也談不起勁了，於是又站了起來，說：

「老張，我說，這樣太殺風景，你還是給他一點什麼，把他打發走罷。」

「不成呀！老兄，你不知道，他會出去搗亂的！」

「不管他，事情既是我惹來的，算他的造化，我就要成全他。也算是我和他有緣，你一定要替我完成這一椿功德。老同學，這一點面子總應該有的！」

兩個老同學相持了很久，張天師看看知道拗不過了，只好說：

「也罷。不過，你看就是了，他一定要闖禍的。」於是吩咐道童，拿來了珠筆和一小條黃表紙，用珠筆隨便地在黃表紙上點了一點，用火焚化了。

那位老同學回頭望一望牆外，那個東西已經不見了影子。

二

二十多年過去了。張天師的這位老同學已經白了頭髮和鬍鬚，老了。但生成一個洒脫的癖氣，不會吹牛拍馬，不會迎合上司，左調右調，調來調去，依然還只是一名縣官。現在又被調到別的縣份去，正坐着轎子去赴任。

時候是三伏天，太陽當頂，熱不可當，望着轎夫汗流如雨，但無奈自己上了歲數，再也不能下轎來走一段，讓轎夫們休息休息了。

但當轎子走到一個高山山脚的時候，轎夫却停下來了，說：

「老爺，要上山了，請您下來自己走罷。」

「你們說笑話呀！我這樣一大把年紀，就是走不動路，怎樣到了這樣的高山反而要我走呢？」

「不是這樣說的呀，老爺。不是我們不願抬，是這山上的菩薩不肯呀。菩薩定下了規矩，無論什麼人，到了山脚都要下轎自己走上去，不然就要馬上見怪的。靈得狠呢！」

「菩薩也要講理呀。越靈就越好講理，是不是？我這大的年紀了，怎樣爬得上這樣高的山？菩薩也會賞一個臉的。你們抬上去罷，上了山我當面和菩薩講去。」

轎夫不敢違拗，只好說：「老爺，回頭菩薩見怪，那就怪不得我們呀！」，又把轎子抬了起來。

但是，還沒有走上十步，轎子裏面的老爺叫了起來：

「停轎，趕快停轎！好靈的菩薩！好靈的菩薩！」

老爺兩隻手按着肚子從轎子裏鑽了出來，一面連連地說，好靈菩薩，好靈菩薩！請菩薩不要見怪，我自己走上山去，我自己走上山去，上了山就燒香磕頭還願！

這樣一說，肚子就馬上不痛了。鬚髮都白了的老爺，只好自己柱着拐杖，流着汗，喘着氣，一步一步地走上山去。

山頂上果然有一座宏大的廟宇，享受着周圍幾百里路以內的旺盛的香火。老爺一到喘息稍定，就馬上親自點上了香燭，虔誠地行了三跪九拜的大禮。

還過了願以後，退到旁邊坐下，向送上茶點的知客道人說：

「師父，我活了這大的年紀，還從來沒有見過這樣靈的菩薩。不知道可不可以讓我瞻仰瞻仰菩薩的金身？」

知客道人滿面笑容地連聲說「請！」，把老爺引到神龕前面，用竹竿挑起了綉花的紅綾帳幔，菩薩的渡金塑像馬上在香烟氤氳中間顯露了出來。這位張天師的老同學抬頭一看，不覺失聲地叫了起來：

「哦，原來是你呀！」

聲音還沒有消失，就聽見了「咵嗟！」一聲，只見那菩薩的塑像攤了下來，一陣泥土撒滿在神座上和神座前面的地上。

從川北寄來

信早得。給引起一些可憐的幻想，如眞能樂觀一下，做點願意做的事，也好。但，我所感到的，仍然還是沉悶。好多事，都是無法可想似的。這個小城，聽說也游行，蹊蹺之至！

這里常看到一些上海書報，眞是「你以爲這熏魚味道如何」的樣子，掃興得很。抗戰文藝怕已作「走狗烹」了罷？

我許久沒有寫什麼，好像自己內心也有一次這樣滑稽的「勝利」似的。以後，我想比重慶更難。又是「雜文」時代來了。……

F. 三月廿六日

郭沫若文集第一輯

上海版將自六
月起陸續出版

十批判書	計包括「古代社會研究自我批判」等批判性論文十篇，
青銅時代	與十批判書姊妹篇合名爲「先秦學術述林」，學術論文集。
屈原研究	包括屈原身世及其作品，屈原時代，屈原思想，離騷今譯四篇。
棠棣之花	春秋戰國時代四大悲劇之一，是聶政聶嫈刺韓國丞相以抗秦之故事，
屈　原	春秋戰國時代四大悲劇之二，是屈原被讒屈辱亡命之故事。
虎　符	春秋戰國時代四大悲劇之三，取材自信陵君竊符救趙之史實。
筑	春秋戰國時代四大悲劇之四，是高漸離擊筑刺秦王爲荊軻復仇之故事
南冠草	五幕歷史劇，清順治年間「神童」夏完淳之故事。
孔雀胆	四幕歷史劇，以明朝末年時雲南爲景背，取材自新元史梁王傳史實。
波	包括一九四一年以後之散文集，計「金剛波」等十三篇，

羣益出版社出版

中國文化投資公司印行

緊要啓事：

一

本刊自第二集第一期（總號第五期）起，在上海編印出版，出版發行權已授予「中國文化投資公司」，完全由「中國文化投資公司」負責。本刊郵購定戶與批發戶，請直接向「中國文化投資公司書報部」接洽。本社過去所有之郵購定戶，賬目及餘款均已移交「中國文化投資公司」，如有遺漏，請函本社查詢。

二

本刊第一至第三期，發行未能普遍，以致本外埠不少讀者無從購得，紛紛函詢補購，深以為歉，但翻印初版已無存書，當於最短期內全部再版。內地向本社預定第一集各期（一——四期）之讀者，再版出書後如郵寄已通（現在尚未通），當立即寄奉。

三

本社預定翻印及排印之書籍，仍由本社經理部獨立出版，現已開始陸續付印，已出者有「饑餓的郭素娥」與「民族戰爭與文藝性格」二種。為適應外地讀者需要，特徵求郵購及郵購定戶，郵購者請照所購之某書定價滙款，外加郵費，郵購定戶請滙至少五千元，並指明定購本社書目中之何書，本社經理部另立專賬，出版後立即寄奉，以定價九折計算，外加郵費。信件及寄款由「中國文化投資公司」轉「希望社經理部」。書款將盡時，當即通知，或補滙，或退回餘款，由定戶自便。

四

本刊在上海印出後，陸續收到不少來稿，但因編輯人最近始到上海，遲覆為歉，現已整理就緒，當於日內陸續閱覆。

希望社（四月二十五日）

希望

第二集第一期（總號第五期）

民國三十五年五月四日出版

編輯者：希望社

主編人：胡風

發行人：胡國城

總發行所：中國文化投資公司 上海威海衛路五八七號 電話三九六九一

分發行所：杭州中國文化投資公司 杭州迎紫路一三三號 電話一四一五號

特約經銷：
上海 上海書報雜誌聯合發行所
重慶 生活書店 三聯書店
漢口 上海雜誌公司
昆明 新新出版社
廣州 上海雜誌公司 三聯書店
開封 青年書店
華北 大學出版社

希望

胡風編輯

第二集

2

凑热闹的人们　　H. Daumier

希望

第二集　第二期

關於H・杜美埃（一八〇八——一八七九）

玻璃工人的兒子。生於地中海文化輸入法國的進口：馬賽。玻璃工人的父親把工餘的全部時間消磨在詩的創作上面，常常挾着詩稿跑到巴黎去。因而七歲時的杜美埃也得到了接觸采色的巴黎的機會，開始喜歡塗抹些什麼了。

美術舘的希臘彫刻更加深了他的美術興趣，但也曾出版詩集想得點錢，他底命運當然不會比許多其他的詩人底好一點的。於是做侍者，但又忍受不了而逃回家去。他的父母這才認識了兒子的興趣，正式地允許了他專門學畫。

二十五歲時卽已享盛名，但他參加了一八三五到一八四八的反對復辟的革命行動，作品就常常受到了禁止。一張諷刺路易・斐力的畫使他過了六個月的牢獄生活。雖然如此，他沒有放棄鬥爭，他沒有擱筆，更沒有把畫筆轉向妥協的道路。

他的題材是當時被貴族鄙視的民間生活。例如浣衣婦，市街事件以及三等列車等作品，不單是風俗的紀錄，從那適切的性格表現上面，是充滿了諷刺的光芒的。風格上的輕快，筆觸的蜿蜒，以及色采的強大效果，都流露着這個偉大的民主主義巨匠的積極，豪邁，愉快。

性情豪爽，嗜酒，晚年因此失明，陷入窮困，常常付不出房租。一天，收到了他的敬佩者之一的友人高羅（C I. B. Corot）的一封信，里面是一張房契和一張條子，條子上寫着：「再不怕房東來走你了，」所以，他死的時候不是在馬路邊而是在寓所里。

——所　亞

目錄：

1946

1946

……世界生活的速度更加快起來了，因爲青春的覺醒的强有力的驚慌，越來越深刻的滲入了生活的地心里，到處都感覺到叛逆的震動，——內在的精力認識了自己的創造的能力，而在準備着行動了。

慢慢的，然而準確的在人民之中生長着自我認識，社會正義的太陽在燃燒着，而在將來的青春的呼吸之中，很顯然的，融化着僞善和偏見的冷淡的外殼，無恥的暴露着現代社會的畸形的骨骼——人類精神的監獄。

幾百萬隻眼睛燃燒着歡樂的火焰，到處閃爍着憤怒的閃電，照耀着那積累了幾百年的愚蠢和錯誤，成見和虛僞的煙雲：我們，是在人民的全世界復生的佳節的前夜。

…………………………

人要是知道人民是無窮盡的精力的源流，是唯一能够把一切可能的變成必然的，把一切幻想變成現實的源流，——這些人才是有幸福的！因爲他們永遠有活潑的，創造的感覺，覺得到自己和人民之間的有機的聯繫，現在這個感覺應該生長起來，使他們的心靈充滿了偉大的歡喜和創造新文化的新形式的渴望。人類復生的徵象是很清楚的，「文化社會里的人」似乎看不見這些徵象，可是，這並不妨礙市儈們都覺得全世界的大火災不可抵抗的接近了。

M. Gorky (1908)

在瘋狂的時代里面

胡風

一

有人說，這是一個瘋狂的時代。一般地看來，這時代正有着瘋狂的一面。因爲，在全國的規模上經驗了而且隨着新的形勢還在經驗着激烈的鬥爭。一方面，產生了空前的變動，產生了如火如荼的對於新生的渴望和理想的奔赴，另一方面，舊社會的勢力依然保存着雄厚的基礎，原有的本能再加上對於新的變動的恐懼，也現出了毒蛇怨鬼似的掙扎的情形。從這裏就有了瘋狂性。

•

有一句話，「騎在虎背上」。這可以當作舊勢力底瘋狂心理的一個說明。舊勢力，養成了剝削人民、壓迫人民的習性，因而就自外於人民，甚至敵對於人民。然而，人民底意識覺醒了，人民底力量成長了，因而在他們底眼裏，從前被他們當作牛馬騎用的動物現在就幻化成了虎相。在他們看來，要麼把虎打死，要麼被虎吃掉，沒有第三條路。因爲，第三條路須得他們放棄剝削人民、壓迫人民的習性，而這却是他們不願做也不敢做的。於是，燃燒在仇恨和恐懼的火焰裏面，任何倒行逆施，任何塗炭生靈的渴血的行爲都做得出來。

我們只好把這叫做瘋狂。

•

又有一句話，「在火山上跳舞」。這也可以當作舊勢力底瘋狂行爲的一個形容。站在有可能被燒死的火山上面，人還會作樂麼？然而，居然會，而且作樂得那麼縱情，那麼毫無顧忌。舊勢力，貪慾成性，荒淫成性，而又宿命主義者似地，「死生有命，富貴在天」，即使臨到了使他們恐懼的程度，他們底意識深處也隱隱地潛存着不相信人民底力量能夠勝利的「信仰」做他們底支柱。而用人民底血肉和信心所換得的民族勝利底果實是那麼大，那麼豐美，值得拚命搶奪，馬上享受，「一不做，二不休」，使他們感到恐懼的動盪的社會情況又逼得他們拚命搶奪，馬上享受，「今朝有酒今朝醉」。從這裏，幾個月來我們看到了史無前例的貪慾橫流的現象，連「荒淫無恥」、「男盜女娼」這一類的用語都不能夠形容到應有的程度。

我們也只好把這叫做瘋狂。

•

這是眞正的瘋狂，是瘋狂底最高音，是吸着半封建半殖民地的黑奶長大的「英雄」們底本相。

二

然而，舊勢力是漂浮在人民的海洋之上，是棲身在人民的海洋之中。他們瘋狂了，在他們底瘋狂行動下面的人民呢？當作他們底瘋狂行動的對象的人民呢？

受得住的忍受，受不住的抗爭；忍受不了而又不能抗爭的，被冤屈所啃嚙，被痛苦所燃燒，被失望所窒息，有的也就陷入了瘋狂。

•

一個例子。在重慶附近的一個小鎮上，有一個老婦人，腰纏紅巾，手執竹棍，在小鎮上和小鎮附近盪來盪去，有時候高聲唱歌，有時候當衆講演，有時候用竹棍做着瞄準或衝鋒的姿勢，因爲，她底四個或五個兒子全被抓去當了壯丁，而且都一去渺無消息，因爲，她看見別人底兒子應該去的却一個也沒有去，他底兒子不應該去的也全被抓去了。

這是因爲含冤而瘋狂了的。

•

又一個例子。也是在重慶附近的一個小鎮上，住着一個靠人施捨活命的科學家。遇着人就談他底發明，向你說原理，給你看圖樣，說得途途是道，也頗有根據，而且要你好好地保守祕密，生怕別人盜竊了去。但實際上，那些發明都超過了現在科學所能做到的可能性，都不能夠實現，他自已也正是過着瘋人的生活。據說他確實有過一件發明，但被人搶去了或被人壓死了，所以弄到了這樣的地步。和這相類似的，有隨口唸出流暢生動的韻語，自稱代表成都文化界來向郭沫若先生獻花，談了些語無倫次的話以後失聲痛哭了的瘋人，有用流暢的英語在重慶菜館裏講演抗戰大道理的瘋人，還有，在一個大學裏，瘋了幾個成績很好，平日沉默寡言的學生：……。

這些是，追求的熱情和能力受到了摧殘，但又不能甘於失敗或安於平凡，因而瘋狂了的。

•

又一個例子。在一篇來稿裏面附了一封信，下面是那中間的一段：

這篇拙作，是我在以前的美麗的夢幻碎了以後才寫的，其中一部份的生活我都困苦地嘗過。說是奮鬥吧，那時候的確有許多人在江南一隅爲了自由奮鬥過，憧憬過明天。現在明天來了，但是如此的情形。我失望，我們失望，什麼人都失望。先生看過這篇文章的時候，或許會以爲是莫須有的故事而已，然而，是事實，的確有瘋了的，有死了的，有人仍在艱苦支持，有的倒了下去，都是陷在以前的盲目的希冀的幻滅裏的。……

巨大的熱情的幻想被黑暗的現實粉碎了以後，弱者敗北，强者堅持，不甘於敗北但又無力堅持的，那可能的生存方式之一，也是瘋狂。

•

這些也是眞正的瘋狂，這一類瘋狂底幾個例型，但却是瘋狂底最低音，是對於壓迫者的一種無可奈何的報復，也是對於壓迫者的一種無可奈何的控訴。

如果說人底生存方式就是一種道路，如果說壓迫者與被壓迫者之間也還有道路，那麼，這一類的瘋狂也是一種道路，在壓迫者與被壓迫者之間的道路，雖然是不能算做道路的悲慘的道路。

如果說反抗有種種的形式，例如沉默在某種情形下面也是一種反抗底形式，那麼，瘋狂也算得一種反抗底形式，雖然是不能得到眞正的反抗效果的悲慘的形式。

三

兩種瘋狂，是這時代心理狀態底兩個極端。

極端，是最凸出的表現，猶如有奔流纔能有爆散出的浪花一樣，有造成瘋狂的社會內容纔能有被造成的瘋狂狀態。

極端，是最凸出的表現，有深厚的社會內容作爲不能不這樣表現的基礎。

•

那麼，這時代底奔流，這時代底社會內容是什麼呢？

我們說：大的苦難產生了大的理想和大的鬥爭，大的理想和大的鬥爭產生了大的變動——震盪着整個社會的大的變動。這變動底果實，是民主力量底成長和民主運動底高揚。

於是，在這個變動當中，廣大的人民，苦難底承受者們，向理想頂禮，向鬥爭躍進，而舊勢力底選手，苦難底製造者們，就仇恨這個理想，害怕這個鬥爭。兩大趨向相碰相交，變動愈大就敵性愈深，衝激又衝激，自然就有了浪花似的最凸出的表現。

四

所以，在兩個極端之間有着複雜萬端的胴體，一片生活的海洋，一片鬥爭的海洋。

•

有的本能地因襲着舊的生活道路，有的意識地追求着舊的生活道路。這就形成了舊勢力底堅强的基地。

有的本能地反抗着舊的生活道路，有的意識地改造着舊的生活道路。這就形成了新勢力底勇敢的營壘。

•

對抗舊勢力底殘暴，需要新勢力底堅强。

對抗舊勢力底瘋狂，需要新勢力底健康。

•

這堅强，這健康，從客觀上說，是產生自歷史的要求和人民的需要的結合裏面，從主觀上說，是產生自巨大的熱情和遠大的認識的結合裏面。

這客觀的條件供給了創造戰略、運用戰略的基礎，這主觀的條件供給了創造戰略、運用戰略的能力。

樞紐，是在於主觀的努力。客觀的條件需要主觀地把握，主觀的條件也需要主觀地培養。

道路，是在於對客觀社會的鬥爭過程裏面。客觀的條件只有鬥爭過程裏面纔能夠把握得到，主觀的條件也只有在鬥爭過程裏面纔能夠培養得成。

走進了這樣的過程以後，纔能夠用非瘋狂的形式去反抗舊勢力底瘋狂，纔能夠不會被寃屈、失望、痛苦的熱情紐彎到瘋狂的道路上面。

只有鬥爭能抵抗瘋狂，在這個瘋狂的時代爭取到一個滅絕瘋狂的將來。

一九四六、五、五、急就草。

六

從鄂北寄來

半年來，緊張的鬥爭生活，幾乎使我忘記了一切，腦子裏只有一個想頭，為理想而工作，而死！縱然偶爾也會想起住在另一個世界的師友和親屬，但立刻就被密集的槍砲聲所冲散，被嚴重的使命所掩壓，被接踵而至的工作所拒棄……

停戰命令雖然下了好久，我們這裏却還經常遭受到襲擊，交通人員被逮捕，井裏被放毒藥是天天可以聽到可以發現的。如果你能到這裏的邊界上看看，會發現一種奇景：那邊在强拉民伕築碉堡，修戰壕，這邊在幫助老鄉犂水田，挑大糞；那邊在禁止老鄉拜新年，放鞭砲，這邊在扭秧歌，踩高蹺慶祝和平；那邊的士兵都愁眉苦臉，這邊的戰士却個個喜笑盈盈……

目前，這個邊區的局面眞是危急萬分！四方八面都是層層的封鎖，立刻就有爆發第二個事變的可能，糧食已到了山窮水盡的地步，外面的接濟又不能進來，連救濟總署接濟的麵粉，在路上都被冒充的土匪（實在也就是土匪）搶去了一部。現在有的部份連一頓稀飯都不能維持，只好發動挖野菜，捕魚蝦來充飢，一旦這些東西都吃完了，我看就要吃草根樹皮了。……

D.（四月一日）

回家

蕭軍

汪大辮子被釋放了。

這對於他完全是一個夢！他恍惚而又清明地記得：冬天，天還沒有完全亮，他就被一班狼似的人們從溫暖的被窩裏，一隻小猪似的拖出來了。但是他却沒有像小猪那樣嚎叫過。雖然他也曾經沒有把握地爭辯過幾句，但接連地兩個又響亮又沉悶的嘴巴打得自己眼前一閃金色的星花，也就懂得了這是應該沉默的時候了。那時候，他反倒爲自己的老婆那樣不顧死活地和那些兵們爭吵，有些担心和發怒：

「你爭辯和不爭辯不全是一樣嗎？人是要聽天由命的……眞金還怕火鍊嗎？誰不知道咱汪大辮子家從祖宗到如今，是這凌河村第一等的善良人家，老天爺總是有眼睛的啦。你一個老娘們家瞎吵吵什麼呀？……」

他一面憤怒地噴着吐沫底星點，一面還跺着脚，似乎下意識地還想把自己這管老婆的威風給那些兵們也見識一番。兵們之中的一個，終於伸出一隻姆指來稱讚他了：

「不含糊，汪大辮子眞夠一條漢子，有家教！一個老娘們子跟着吵吵什麼呀！」

這使那些正在各處搜查的以及用刀探刺着老鼠洞的兵們全大笑了。就在這笑聲中，他們把他連牽帶擁地扯下了山坡。當剛走出院門的時候，他扭回頭，樣子還像要說幾句什麼話，可是碰巧翠屏的一隻手指正在後面尖尖地指着，向他動着那蒼白的菲薄的小嘴唇：

「你去死吧！不知死活的猪……我跟你這『無能廢』〔註〕眞也夠啦……」

這又引起了兵們一陣笑聲。不知誰把他的腦袋扭轉了一下嘲笑着說：

「看什麼呀？這樣的老婆，不等你到了義州城她就要坐上別人花紅小轎嘍！」

他現在第一個想起來的却還是他底孤皮帽：

——這……一點也不含糊，我是清清楚楚記得扣到孩子的腦袋上啦。這是沒有錯的，我清清楚楚記得，那孩子還把它向上推過了。……

從那天早晨，他的耳朵就凍開了花。接着春天來了就開始滴流膿血……一直到現在，那些膿水雖然不滴流了，瘡痂也落了……可是那耳扇的樣子却成了兩片有着若干缺口的，沒了輪廓的平滑木片。——但對於這損傷他是沒有任何悔恨的，却感到一種充實。究竟那祖傳的寶物沒有落進那些飢狼的嘴裏面去，它將要經過自己的兒孫，也傳流下去罷。……

剛被抓去的時候，他在離自己的鄉村幾里路一個鎭上的區公所裏被審問過一番。沒有動大的刑法，僅是打了幾下手板，抽了幾下鞭子，他就說了一切。到了縣城，他又被審問過一番，他這一次就不等那些刑具——皮鞭，槓子，手板……——捱到自己的身上來，就什麼全說得乾乾淨淨。甚致說了一些離開『原供』不必要的話，以致引起了問官們的不耐煩：

「誰要聽你這些雞毛蒜皮的屁話啊，先押他下去。」

他起始被押在警察所的『看守所』，接着不久就提進了正式的監獄。在沒到正式監獄以前他和林青那老頭也還在一起。到了監獄以後，他們就分開了，他是被放在了『坤』字監，林青却放進了『離』字監。他對於自己的罪名是糢糊的，對於林青的罪名也是糢糊的。只是在最後分別的時候，從法庭上下來，林青才匆匆忙忙向他說了這樣幾句話：

「大辮子恭喜你好運道！你是『嫌疑犯』，不久——至多一年就能夠回家看你的孩子老婆了……我和你不同，我是『唆使犯』啊，我要住二年半。我的這隻眼睛恐怕要完了！」林青指一指自己的一隻臨來時被兵們馬鞭子打傷了的左眼，微笑地在戴着高頂白帽子的獄兵催促下面，響着脚鐐走了。這小老頭還是那樣自然和安寧，他像是一隻到處爲家的『啼寒鳥』〔註〕，並不想到『明天』。汪大辮子竟是什麼也不能說，看着這小老頭

註：『無能廢』即廢物的意思。

靜靜地揣着身子走下了那法庭的石堦……他這時眞要哭一場，他覺得這人生底海上，除開這老人，他再也沒有可以使自己停一停船身的小島或港灣了！

「林老叔……」他的聲音還沒有斷，一隻肥厚的手掌從後面給了他一個耳光，幾乎把他打下台堦。隨着這打擊從牙齒縫裏却另外擠出了一種人底聲音：

「嚷叫什麼呀？這是在你們家裏嗎，這樣隨便大嚷大叫的。怎麼這樣不懂規矩……」

「叫一叫有什麼呀？……」大辮子從這意外飛來的侮辱中猛然地感到了一種生理上的反抗。他眞的忘了這是什麼地方，又像在凌河村和什麼人戰鬪似的，他的大額頭突向前面，小公牛似的把一雙大眼睛瞪起來了。但這僅是一刹那的時間，等到他一眼看到站在自己身邊的那庭兵露了一下牙齒，罵了一聲「你還對付嗎？」，接着就緊咬了嘴角，準備把第二個耳光送過來的時候，他就啞默了。——他懂得這是個應該沉默的地方了。並且他一個月裏從『看守所』那些有經驗的犯人們那裏學到了他所從不知道的一些知識和法門，並且他更看重自己那「好漢不吃眼前虧」的人生哲學以及「見風就轉舵」的辦法。這辦法他去年冬天在凌河村南山看見海交他們就曾經有效地用過一次。可是這災害的烏鴉大概也是從那一天就飛進自己的運命的圈裏來了，留下了這樣可恥的糞便。——那個守庭兵走向另外一堆犯人堆中去禁止着什麼去了。大辮子看這個庭兵，一隻手提着安着短小生了銹的刺刀的步槍，那肥胖的身體被裹在那樣瘦小的黑色軍衣裏的背影，那肌肉時時有要炸裂的可能，……他不知爲什麼竟笑了一下。把憎恨海交以及楊三和劉元的心情竟也斷落了下去。一片碎亂的脚鐐聲，水似地浸流過來，他被一個獄兵喊叫了名字和號數，就參加進了嗎啡犯，鴉片犯，小偷等這不大莊重的一隊罪犯裏。被一個獄兵在前面領着，又一個在後面催趕着，走下台階。經過一道黑色的包了鐵葉和鐵釘的大門又一道大門，一道小門又一道小門，左一個拐彎，右一個拐彎……就迷迷糊糊地被送進一個大的屋子裏了。那裏是已經住着很多動物似的人了的。直到什麼人喊了他一聲，猛不防在屁股上又踹了他一脚，他就一顆球似地被滾了進來。

他記得在自己那一羣裏，並沒有一個低垂腦袋的。更是那些嗎啡犯，他們的頭髮豎立着，牙齒狗似的尖露在外面，每一隻眼睛就是一朵燐火，時時在轉動，似乎要尋什麼燃燒，又似乎怯懦地自己在照耀。……

這還是像昨天一樣，出了獄門，天空是照樣的天空，太陽是照樣的太陽……所不同的這時候的風是溼暖的，不是來的時候那樣刀似的刮劃着人的臉。

——我失落了什麼呀？

他確是像是失了一些什麼東西了。脚下感到輕飄飄的，頭上空蕩蕩的，身上却有些沉重……。他把那八個月時刻不離的老朋友——那付被自己的脚脖擦磨得明光滿亮的脚鐐失落了；也失落了那條三十年來用以表示自己聰明標記的大辮子。身上却穿起了冬天自己的那套破棉衣。

「這算什麼官家呀！媽拉的，打官司連套衣服全不給。那套破衣服還留下了，這算什麼官家呀，一點也不大方。」他惋惜似地自言自語着。拍了下棉衣上面的灰塵和泥菌，看了看天空的太陽——却正在一顆火球似的向天空中慢慢地在滾轉——馬上覺得自己的身上有汗水在大量地漫流着了。他回頭望了一下那獄門——它是那樣既不拒絕也不挽留的沉默和無情的樣子，像一張大的鐵色的什麼人的臉——這臉使他想起一個人來，那就是楊洛中。

獄門前一個守兵，背着一枝褪了色的步槍，正在沿了那牆陰的地方走來走去。這人的樣子是怕要把自己睡倒，但忽然他停止住了，向汪大辮子懶懶地叱責了一聲：

「喂！朋友，你還沒有住夠嗎？」大辮子還止在仰着頭看着院裏面那高聳的望樓上——一隻白脖的山烏鴉的樣子輕輕走着的崗兵。爲了那哨兵槍刺刀在那湖似的藍天的背景裏，一條小銀魚樣地閃閃動動，這使他有點出神。……猛然被這聲音一震蕩，他才開始了恐慌。他向那門前還在望着他的崗兵露了下牙齒——誰也不知道這是笑還是無聲的回答——就匆匆忙忙走出了那監獄門前的弄堂。

橫在他面前的是一條很冷落的大街。順着這街，他到處向人詢問着，終於走出了向自己家鄉去的那條大路的城門。這時候，那林青閉着一隻眼

註：故事傳說「啼寒島」不喜作窠。夜間牠叫：「凍死我！凍死我！……明天可搭窠……」第二天太陽一出來，他就轉變了自己的決定：「太陽出來照照我，照照我……得過且過……」這裏比喻人的無憂無慮。

睛的削瘦的多骨的小臉，才在他的記憶裏又浮現出來。他記得他們來的時候，就在這座城門前面，才一同被兵們把牽着自己的繩頭從馬脖子上解下來。那時候林青還微笑地問過那些押解他們的兵：

「爲什麼解下來了呀，就這樣進城不是很好麼？犯了法的人是不怕羞恥的。」

一個兵橫了他一眼，用鞭子在自己的『蹬土馬』〔註〕上抽打了一下說：

「你這小老頭，到現在，你的嘴還是這樣刻薄啦——放開你們是給你們點面子。……」

「我在城裏是沒有一個熟人的……」林青冷然地笑了一下，那老人的清鼻涕已經沿了那稀疏的幾根較長的鬍子結成了一串冰溜。——兵們不再答理他，他們——另外還有幾個別的犯人——就被夾在幾匹馬的中間走進了這城門。馬蹄打着城門下的鋪路石塊發出空洞的清脆的聲音。黃昏淒冷的太陽剛剛棲落到後面一帶山梁上，透過那一帶灰藍色的煙霧，一些毫無暖意的火色的焦紅，在那暗灰色的一帶城牆上，寂寞地勉强地停留了一下也就不見了。

今天，當汪大辮子臨出獄時去看過這小老人。他是正在監獄的工廠裏勾着身子作着絞蔴繩的苦工。他的頭髮和鬍鬚竟是完全地白了！他被允許和汪大辮子做五分鐘的交談，可是這老人竟用沉默佔去了近乎三分鐘。

「林老叔……我要出去啦，你有什麼信息捎嗎？」汪大辮子却有些焦急了。他見那面一個看守背了一隻手，用另一隻手裏的籐條，正在無聊地抽打着飛動在空氣裏的蔴屑和蒼蠅在消遣。籐條和空氣相擊，尖銳地鳴響着。一刻又用那困憊的眼睛，陡然地向那些正在絞着蔴繩的囚犯們放一次光，馬上走向一個孩子似的青年身邊去了。籐條尖利地在空氣裏響了一聲，接着就是一聲沉悶的肉味的響動。……那監工又無事似地走了回來看了他們這面一眼……這使汪大辮子的背脊陡然引起了一陣痙攣性的寒涼！林青從什麼地方呢，摸出了一個完全成了泥灰色的破布小捲，一隻眼睛閃着異樣的光急急地遞給了汪大辮子，用低微得有些聽不清的聲音命令着：

「收起這個來——路上你用夠了，回去就交給四姑娘他們吧，這算一點念心。讓他們好好看顧那孩子……告訴他們，我在這裏像在家裏一樣舒服，只是不能夠隨便拉胡琴就是啦——記住罷，千萬不能提到我的『眼睛』……」

幸好那個監工又去抽打另一個懶惰的人了，他們算是順利地把那小布捲辦了交接。大辮子的手抖顫得幾乎成了痲木，心臟跳動得幾乎使他暈倒下來，幸喜林青那坦然的微笑鎮定了他。

「大辮子……你的臉色有點不大好啊！浮腫！」他警告似地說着，又把汪大辮子的身子看了一下，「八月天，你就這樣穿着棉褲棉襖走回去嗎？九十里，你會讓它把你弄熟了啊！」他無可奈何地又笑了一下，說，「你還是等到夜裏再上路吧，那會涼快些。這時候先找個地方去吃些東西，願意，就喝一杯酒，睡一睡，把褲子裏的棉花掏出些甩開它，這樣再走：……」

監工走過來，他們就這樣被分開了手。當大辮子回頭想再看一下，而那小老人却並沒有回頭，動着瘦小的身子，一直竟走向了自己原來作工的地方。那些紡蔴車營～～～營的聲音，把那腳鐐細碎的響聲，不久也就吞沒了。

汪大辮子他沒有遵照林青的吩咐——夜間行走。他不能等待，他也怕夜間遇到狼或者「歹人」。他手裏如果沒有鬮槍，就是一隻山兎子也是使他吃驚的。何況自己的「家」是一塊磁石似的正在吸引着自己的心。他却按照林青的吩咐，把那小汚布捲裏的幾元錢，抽出一元來，到一家小飯館，他吃了，也喝了：……到正午的時候他已經離開了那可憎惡的城有二十里的路程。……可是當他回頭望過去，仍然還可以看到那聳立在城中的圓尖尖的塔身，它是那樣巍然的一枝鉄色的巨大的桅桿似的挺立着。圍在它腳下的那多齒的城牆，却像是一條被降服了的盤結起來的青灰色的大蜈蚣，又像他在畫片上所看過的外國鉄甲船的船牆。——一條白色的河就沿着這船牆底南面，伸向了遠方。……

他用柳樹條編了一個圈兒，頂在頭上算做帽子。把棉襖也脫下來，赤着發白的上身和太陽在競走着，但他却不忍扯出那褲子裏的爛棉花。

黃昏的時候，他爬上了最後一帶山樑，第一眼看到的是那村前不動的凌河——腿忽然軟下來了，一步再也不能前進，他爬伏在一片石板上開始了昏迷。……

註：「蹬土馬」是軟皮製的抵膝靴子，內面有毡襪，冬天穿起騎馬，溫暖不滑鐙。

孩子們集合着羊羣，響着鞭子，吆喝着，唱着，暴燥地罵着那些不聽自己命令的山羊。用石子拋出去，彼批比賽着腕力和準頭，看誰能把這石子不偏不斜正好打在那些羊們底鼻梁上。

一羣回家的羊羣從大辮子的身邊經過了。那些綿羊們是柔順的，牠們或是一路行走着啃一下路邊的草尖，或者就自足地舉着腦袋凝視着那空茫茫的大眼睛，在自己的羣裏無主張地擁擠着前進。那些山羊們却是刁狡的，牠們的生命力和感覺也好像特別强，隨處嗅着，吃着，攀登着……對於自己的牧者們的吆喝和鞭打也並不怎樣在意，總是在執行着自己的意志。

一隻山羊竟在大辮子的身邊停下來，用嘴巴嗅了一下，而後就用着拉鋸似的聲音叫住了兩個同伴。牠們開始用舌頭舐取人底手上和身上的汗漬。……從後面，這羊羣底牧童跑上來了。他正在和另外一個孩子在岔路上彼此使用着自己能夠使用的巧妙而又無恥的駡詈道着離別。忽然他發現自己的羊羣已經離開自己有了半里的路程，那幾隻山羊又落在後面，這使他憤怒了。當人感知了自己在什麼時候，什麼地方爲尊、爲大的時候，卽使最小最懦者也能行使出暴君的憤怒和力量。

「狗肏的們，我打斷你們的驢腿……」一塊石頭飛過來了。因爲忘了計算距離，這石頭在半路上就落在了地上。他又接連地從地上一隻雀子似的尋找到了準備第二次拋擊的石頭。……山羊們終於知道了這權盛者的憤怒，捨開了大辮子，跳躍着，搖動着禿禿的小尾巴，跑下了山樑。七星已經來到了大辮子的身邊，這使他遭了一下驚諤：

——這是個『死倒』嗎？

他惶恐地停止住，睜起一雙怪形的小三角眼研究着。心裏同時也在作着逃開還是怎樣的決定。……

汪大辮子深深地透了一口氣，他的眼睛睜開來，爲了剛才那些山羊們的舌頭底亂刺亂舐，一時迷惘的精神，又開始清醒。他看見自己面前正站着一個滿臉泥汗，一隻手提着一頂破草帽，另一隻手牢牢地抓着一根鞭桿的瘦長的孩子。彼此看了一刻，大辮子猛然地坐起了上身，露出了牙齒，他要叫喊，可是喉嚨被一種黏膩的什麼東西格塞住了。一陣奇癢，要嘔吐……竟沒能發出什麼聲音——孩子在大辮子剛一坐起來的時候，就神經質地跑開了兩丈遠。現在他正準備着一個要逃走的姿勢。大辮子一面擺着手企圖停止住孩子底逃跑，一面乾乾地嘔吐了一刻，吐出了一些黏黏的吐沫和痰汚，才算透出一點聲音來：

「朱……七星……不要跑，我是你……你……汪老叔……」他又在乾乾地嘔吐。孩子這時似乎也鎮定了一些，他走近了一步：

「你眞是大辮子……汪老叔？」孩子不信任地又把大辮子盯盯地看了一番，提高了嗓子叫着：「怎麼你的『辮子』沒有啦？」

這使大辮子有些惱怒了。但他知道，自己平常在本村孩子羣裏並沒有什麼威信和被尊敬的地方。孩子們是喜歡勇敢和有趣的人們的，像井泉龍、林青、楊三那些。他却常是被不尊敬地戲要着的一個丑角。何況在這時候，他只有忍耐地請求着：

「好七星，你快到什麼地方去弄一口水給我吧，我要渴死了！火要燒焦了我的心、肝、肺……啦……」

「這山樑上有什麼水呀——我的羊去吃人家的莊稼了呀！」孩子打算走了，可是大辮子却指着路對面一片山田裏說：

「七星，我知道，那塊劉三麻子的田裏就有一個泉……」孩子對於汪大辮子的渴，並不如大辮子那麼關心，他却問了這樣的話：

「你不是被抓進大獄了嗎？爲什麼他們沒有槍斃你，又把你放出來了？」

這使大辮子可眞不能忍受了，他向孩子站着的方向乾乾地吐了一口，礎動了一下牙骨，駡着：

「滾……小王八犢子……我殺了你——」他眞的搖幌着準備站起來了。——孩子却連聲大笑着跑下了山坡，去追趕自己的羊羣。

他站了起來還恨恨地向着那跑去的孩子底背影指劃着手脚；

「眞他媽，沒有好種子就生不出好芽兒來呀！朱三麻子也只能有這樣的後代根苗。看那鼻子上一堆鬼麻點，這是他好老子的標記，那決不是好寶貝……」

因爲駡人，就又引起一陣嘔吐。渾身的肌肉幾乎每一寸全在作痛，骨架要崩解了的樣子，這和八個月以前受完了刑以後的滋味是差不多的，也許比那還難過。兩隻脚掌皮像是剛剛被煙火燎烤過，又像是被滾水剛蒸煎過或是裏面包裹了不少的碎玻璃，每移動一步疼痛得使他的心全酸軟到要溶解……忽然，兩顆很大的淚點從他的眼睛裏摔落到地上，他懂得自己是在哭了！哭，在大辮子是很難的，對別人的哭他平常是譏笑的：「哭！哭算什麼呀？這是老娘們的招招兒。若是我……」下面的意思就是說，就是天塌下來的大事落在大辮子的肩膀上，也不用想輒出他一滴眼淚來。

決定了，他先要到對面田裏自己所知道的那個泉子裏喝個飽，而後再走下村子去罷。

有幾隻青蛙正在泉水旁邊小聲地咕咕咯咯，被他趕進了草裏去。他伏下了身子——這使他驚惶得兩隻手臂幾乎支持不住自己的身子了。在那靜靜的水面上，忽然一個他從來沒有見過的醜惡、浮腫、霜侵過的冬瓜似的人底臉像和他見面了——他忘了乾渴。

水是喝過了。坐在泉旁的石塊上，他決不定該怎樣：是在這時候趁着太陽光還沒消滅就走進村子去嗎？還是等到天黑下來偷偷地就鑽進自己的家，一輩子也不再出來見人罷。他幻想着自己的孩子們現在是在幹什麼呢？正在吃晚飯嗎？翠屏——這小老婆——現在忙着什麼呢？他做夢也不會想到自己今天就飛回來吧？她會怎樣接待自己呢？就是罵兩句也好吧！他在這八個月裏面簡直沒有一天，一刻……不想念她。他每一次想到不能遏止的時候，馬上就想飛回來咬下她身上一口肉。更是那些犯友們閒下來，他們總是談着一些可厭惡的淫褻的話，談論各樣的女人，談論自己的女人……談得是那樣醜惡、露骨和有味……。可是汪大辮子並不敢，他也不屑加入這樣的談論裏。他們逼迫他，打他，吐他吐沫……要他說自己的女人。但他這時候却是堅強的，他拿出了即使殺頭也不肯的氣概拒絕着。可是另一面他思念她的心却也更強烈，同時還有一種驕傲的力從心底支持着自己，那就是凡有天下的女人是不能和自己的老婆相比的。自從他知道了自己不至於被槍斃，就被一種一天比一天漲大的強烈的妒嫉的火燄煎熬着自己的心！第一個他想到的當然是宋七月。這小子會不會趁着這時候把她勾搭上？比方借着照顧生活啦，幫忙一些小事情來啦……就到他的家裏去，像一隻到處尋找縫隙和腥羶的綠豆蠅，嗡嗡地不走。他把凌河村從老頭子像——井泉龍——到小孩子像——朱七星——這樣猴崽子全妒嫉過了。他一面信任着自己的老婆，那是特殊的，有刀一般斬斷力量和蜂一般刺的女人。可是女人究竟是女人呀！他們是有着一眼就能看到的毛病啊！比方喜歡聽人誇獎的話，喜歡小殷勤，愛戀小便宜。……自己的女人也是不能夠逃開這些『老貓』的爪牙的啦。他把自己對於女人的這些信念堅固起來又自己推倒，踏得粉碎，接着到了無可奈何的時候再推搭起來。他一直是一個孩子遊戲似的在砂上建着自己的塔，又推倒它，踏碎它……。他越接近自己的家，這茫然的禍患和什麼不可知的災害就像是更貼近他了。他像似已經聽到了這災害像一隻貓頭鷹似的，從村中已經向他用翅膀敲着節拍似的拍起了那可憎惡的聲音來了。另一面，他所更竭力希望的還是那八個月以前，不，過去的三十年那樣的歲月，那樣平安。……

——老天爺！保佑罷，什麼也不要再發生在我的頭上吧；這已經夠受了呀！

太陽已經完全沉沒了。脚下的凌河村以及附近的大小村莊，全被攔罩在一層淡藍色紗似的煙氛裏。只有凌河村對岸的一些較高的山峯上還拖留着一點淡黃色和淡赭色的陽光；天東有的地方升起了一些半紺色的雲條。——凌河成了一條不動的，淡白色的銀帶，輕緩地，一串連結起來的手鐲似的扣緊着每個自己的彎懷裏的山脚和村莊。

一種和諧的，悠長的，女人們呼喚雞和豬的嘹亮的聲音，還在柔軟的，透明的交響着。——汪大辮子，眼睛盯着北山坡自己的家底方向，沿着山樑到村莊裏去的曲曲彎彎有着波浪狀起伏的大路，走下去了。這時候，他似乎恢復了一種力，那是一種走向母親懷抱裏似的力，這安靜了他，鼓動了他。……

——本篇爲長篇「第三代」中之一章

更正

一、上期譯載的「遺囑（斷片）」里面：

「重要的是要能夠使人感動，使人愛，使人希望，使人戰慄，使人生活。」應譯爲：「重要的是能夠受到感動，是愛，是希望，是戰慄，是生活。」這說的是藝術家主觀的態度，不是藝術品對於讀者的效果。

二、本刊第一集 第四期底封面刊有「本期內容由重慶圖書雜誌審查處審查通過」字樣，應取消。到這一期，審查制度算是取消了。——三期還是審查了的，四期的這一行字就是從三期版子上一道移了來的。中國國民黨中宣部特來函囑予更正。

胆怯的人

揚　波

一

『汪表叔死了。』

母親輕脚輕手走進屋來，劈頭劈腦的說一句，就站在屋中間嗚咽，牽線不斷的眼淚，沿着瘦削而蒼白的臉頰淌着。後面跟着進來的是引弟，手里拿着一根黑竹棍，三步併着兩步的走到父親面前就是一個頭，同時帶着哭聲說：

『二表叔，爸爸多謝你了。』

父親很激動的扶她起來，右嘴角一顆痣上的幾根長鬍鬚，不住的在顫動。她站起來又車身給我一個頭，然後嗡嗡的大哭着說：

『爸爸今天清早過世的，奶奶打發我來放個信。還叫我給二表叔二表嬸娘說：「在也是多謝你們，死也是多謝你們，在這青黃不接的時候，我們實在安埋不起人，只有找親戚設個法。」』

『唔……』父親漫聲應着說，『坐嘛，你坐。』

『這有哪個說場嘛，至親至戚的。』母親帶着哭聲應着。

我們都坐下，窗外的芭蕉葉被旱風戲弄得嘀嘀的響，湛藍的天空沒一片雲。胡二給引弟端來一碗涼水粉糟，她在勉强的吞嚥着。父親在默默的裹着葉子煙。

引弟快要成人了，放給干裁縫屋的，聽說是這一兩年的酒。天足、團臉、大眼睛，長得還清秀，只是面黃肌瘦的顯得營養不足。穿一身破爛的補疤衣裳，但洗得潔白。

『汪大叔害啥子病死的？』我問。

『駭死的呀。』父親答。

『哪個會駭死?!』我大聲驚異的追問。

『拉他的兵駭落了魂呀……』母親更大聲的悲憤的斷叫起來。

『爸爸被拉兵拉去，沒有驗起放了回來，就那樣駭着了，回來話也不說，飯也不吃，陰陰沉沉的一病不起。』引弟解釋的說，找糍粑二起魂哪，找范昌應跳端公哪！找花二的舅母子觀花哪，到九龍口提神水哪，到老皮山許愿燒香哪，啥子家私都搞交了，還是不好。』

『找醫生沒有？』我問。

『找的，醫生說不出啥子病，只說駭很了，慢慢就會好。』

『這三四天來病得人事不醒，一天就亂說，一會大叫的說：「拉兵的來了，你們把門關上，我要躲到床脚去。」一會哭着說：「鄉長我是單丁獨子呀！我上有老娘，下有妻氏兒女哪！」一會又告哀憐的說：「檢驗先生我有病呀！我老了呀！隔一陣又忽然大聲的驚叫，問他叫喚啥子，又迷糊糊的不認人事了。到了昨天突然大燒大熱，屎尿都屙在床上。今早晨連人都認不得了，只聽很小聲的說：「我不去，我不去，不該我當兵，他們三個五個的還沒有去。」就這樣叫着落了氣。』

『引弟你也不要着急，只怪他只有那個壽源，你們只有那個命。』父親吸上葉子煙，勸慰又在哭着的引弟說。

『汪大叔是哪個拉去的呀？』我好奇的問。

『哪個嘛，在四五月的要兵要得凶，他躲了一個多月，到當栽紅苕尖的時候，你汪大娘又在福中去了。大家都辦齊地在等雨，得了場雨，那個又不想搶看栽些，他就偷倒回去栽紅苕尖，就着拉去了。』母親敍述着。

『那天我在趕場，聽說拉去了，我去他屋頭看，他們一家人哭住一團，要我想法，我說有啥辦法，只有憑命種，鄉公所放人，要保長打條子，保長在拉你，他又會不會給你打條子呢？兵役科也可以活動放人，但是要錢，未必還拿得起十萬八萬嗎？我說不要怕，雖然要是要得凶，聽說還是很「打」人，他近年來出老相，還是不容易驗起。當眞不到五天就把他放了回來，那晚得這鄉頭人沒有見過世面，就這樣駭落了魂。』父親說到這里，提着涼水壺咕嚕咕嚕的喝了一頓。

公鷄在屋外瓜蓬架下喔喔的啼，太陽快當頂了，我從窗口望出去，很多屋頂都在冒着炊煙。

『嗨……』很久之後，母親長嘆一口氣說，『汪大叔這一死了，他那一家大和細小哪個得了啊！老的又太老，小的又太小，汪大娘又三脚當不了四手，拖兒帶女的她能做啥子！』然後回憶的說下去，『他得這一個么兒很歡喜，跑來找你們小時候的衣服穿，我問他，我說：「是銹花的嗎？是看水的呢？」他說：「是個放牛的。」我說，「恭喜你，汪大叔，現在你兒齊女齊的，將來一定享福。」他眉毛交作一堆的苦笑着說，「哼！享福？享啥福呵？享麼福，這還不是圖你一句話。一家人穿不成穿，吃不成吃，還常常把鍋兒搞輪起，才真逼死人啊！」說得眼淚花花勤勤轉。』

我知道連年年歲不好，汪大叔實在是搞得光火，有一年大天乾，一家人餓得剜眉剜眼，他們吃過蕨頭芭蕉頭，吃過梧桐樹枇杷樹皮子，有時連草根樹皮都沒有吃的，就不食不飲的關着門在屋里睡覺。

他家原本很好的，就是民國十四年許旅長來淸鄉，有人誣告說大姑公是匪，人雖躲出來，產業卻被提作匪產拍賣，大姑公一架大爺也從此耍不亮了，就在那年一氣嘔死，家境也就一落千丈。

『你們有了些啥安排！』父親問引弟。

『啥子都沒有，只奶奶說把她的一口棺材給爸爸。奶奶和媽媽光着急去了，請二表叔過去給她們出個主意。』

父親沉吟着。

『我看你還是去一趟吧，』母親勸着說，『只看差些啥子？』

『我看給他揹五升米，背捆紙，找套舊衣裳。』父親邊想邊說，『他這個未必燒得起齊嗎？還不是請道士開個路就是了。』說着站起來，『我去看有不有好期，這天氣人是放不得的。』

父親看期去了，母親去收拾東西，剩下我和引弟，一句話也沒有講的默坐着。

二

抗戰後的第五年，我回到家裏。到家的第三天，就是我們村裏的岳爺會祈雨唱戲，仍然在我們屋前大青松樹林裏。開戲的第二天，汪大叔來看戲了，穿一套半新半舊的藍布汗小衣，戴一頂新草帽，赤着脚，拿一根長菸桿，提一個籃籃，走攏笑嘻嘻的向我說：

『好久回來的？發了財喲！嘿嘿，那天就說來看你，這一向活路緊，總是沒得空。』

『不敢當，不敢當。』我連連的應着。

『鄉頭沒有啥送場，送你點蛋。』

『無憑八故送啥子禮喲。』我推謝的說。

『嘿嘿，小意思，你也難得吃到我的傢伙。』

『好，那就多謝了。』我只得領受了。

接着另一個戲目開始了，在噪急的鑼鼓聲中，張巴口嘴嘴的出場了，戲壩肅靜起來，大家注意看戲去了，我們的談話也就終止。我注意汪大叔的背有些駝了，臉色黃黃的，顴骨突起，頭髮鬍鬚很深，額上的縐紋，像一根一根的豬蹄筋，還不到四十歲的人，總要看五十開外了。人是蒼老多了，我想起母親和我談起汪大叔的話來：

『你汪大叔嘛，汪大叔這幾年人口""，焦愁大，手勢又緊，人都老了。』

汪大叔當天就在我家裏吃晌午。

吃過飯，乘涼，睡的睡覺，只有我同汪大叔坐在桌邊還沒的離開；他和我擺龍門陣，從戰事談到兵役，他這樣的自己敘述起來：

『我當過甲長，每次拉人，我總是走後頭。他們進屋去搜，我就在外面守路口，人一跑出來，他們就喊：「汪守成，汪守成，快短倒起！」我大聲的答應：「來了，來了。」我才趕緊蹲下去屙屎，再不，我就大聲的吗喚，說脚着刺刺了。我每回這樣借故挨，挨到人已經跑脫了，或者已經捉住了，我才走攏去，這樣免得帶死過。這樣做過幾回，有一次保長很不高興的問住我：「哼！你的屎尿眞多。」』

『嘻嘻……』我聽得忍不住笑了。汪表叔停住了他的敘述，站起來，走到屋角火坑邊去吸煙。幾隻受驚飛起的蒼蠅，重又降落在桌上，機敏而貪饞的舔食着上面還未揩乾的菜湯。我輕輕舉起篾把扇，一下擊斃了三個，一個受傷的在桌上嗡嗡的叫着翻滾，其餘的飛跑了。

『有一次朝我守的口子跑來了，我就讓他跑過去，保隊附氣憤憤的跑來問我：「你爲啥不捉住!?」我說：「他手里拿得有傢伙。」保隊附冷笑兩聲說：「放屁，明明是你放走了，還說帶得有傢伙。」於是他和保長商商量量的就把我取銷了。我想取銷就取銷，甲長當不當屁疼，你要叫我去謀財害命，就打死我，我也不幹。就像他們拉順喜嘛，人家單傳四輩人，一家只有兩口，八十歲一個老奶奶，瞎得雙目不見，順喜沒有娶媳婦，老奶奶就靠他做米供養她，他們把他拉去，他奶奶在屋里茶水都沒有人遞一杯，一天哭到黑，不到三天就餓死了。順喜體子很單薄，送去還不到一個月，就在萬縣師管區拖死。甲長是親房，就幾叔姪把絕業分了，保長同保隊附也得得有錢。』

他臉上呈現着一種憤懣和苦痛的表情，他又捲好一隻葉菸吸着，說：

『唉！那曉得甲長一脫手，他幾爺子就要拉我，有一回攆我幾匹山，逢岩跳岩，逢坎跳坎才跑脫了。從此我就躲躲藏藏的過日子。

『我從今年三月間就躲起，整整的誤了我一季春。別人在犂田了，我的冬季還沒有收，別人秧栽完了，我的田還沒有犂。屋里就只有你汪大娘，田里活路她不能做，地里活路她做不贏，喊人喊不到，這硬把我着難了，我就黑了回去，半夜犂田，做了兩夜，他們也曉得了，他們又晚上來捕我。

『我躲在我老丈人家裏，一天就像坐牢一樣，吃飯睡覺，屙屎屙尿，都在我二舅母子的歇房里。夜裏聽着狗一咬，心里就卜咚卜咚跳；只要屋背後稍有一點響動，我就疑心疑腸的爬起來豎起耳朵聽；時時做惡夢，驚醒來是一身大汗。

『白天天麻麻亮，老丈人一家大小都上坡了，把我倒鎖在屋裏，就像關在籠裏的雀，只有在門縫窗孔裏望望。看着一捆捆冬季背了回來，胡豆張了殼，露着黑嘴；豌豆張了角，像一顆顆渾圓的珠子；麥子又黃又大吊，我看着就想起我地上黃落了的莊稼，我急得掉淚。

『我一天就吸煙，吸了一桿又一桿，有時氣得莫可奈何，把煙桿在石頭上亂敲亂磕。』

他停住話頭，連連嘆氣。半嚮，帶着乞憐的口吻向我說：

『你好久出去，帶我出去，給我找個小事做吧。』

『外面也興拉兵呀！不容易，還是在家鄉好多了。』

他很絕望的垂下頭去嘆氣。

我默默的說不出一句寬慰他的話來。

長久的沉默之後，汪大叔突然抬起頭，用很激動的幽靈似的聲音哀懇的說：

『老賢姪，我求你給我想個辦法。你看我在屋裏哪個逃得出來嘛，拉一回兵，三魂駭掉二魂，到處躲躲藏藏的像出不得世的人。』

『我有咪辦法？』我愛莫能助的說。

『唉……』他長長吁口氣，然後緩緩的一字一板的說：『我想找汪廷魁幫我到縣政府去補個紅名字，又要幾萬塊錢。警察局長倒是我父親一手超拔出來的大爺，但是父親又過世多年，我們也從未去走動過，現在是「只重衣冠，不重賢」，我這樣就像根豇豆站，哪個好去嘛？唉！你看我硬是走頭無路呵！』

他的眼淚像一串露珠似的滾下來。

我心裏很沉重。

三

在重慶工作了一年半，我感覺身心俱碎，辭掉工作在家裏養息，不料在家反而害了一場大病，到仁濟醫院去住了一個月。醫院距城有五里路，我出院進城去買點日用品，同時爲土地呈報有錯，去聲請復查更正。在老街碰見汪大叔，他一爪抓住要請我去吃酒，我說我忌酒，他說茶館人多，不好說話。於是我們進了一家冷僻的小酒館，他給我斟上第一杯酒，很憂鬱的說：

『我下城來，是爲我們保甲上扯筋。我們九十家人告新保長汪遠林，不讓他接事。』

『呵！你們保長是汪遠林了。』

『呃……汪遠林借他和鄉公所的嚴師爺的一點內親關係，弄到我們那一保的保長。他接到委任那天就在場上揚言說，他要公事公辦，有錢出錢，有力出力，兵役硬要做到三丁抽一，五丁抽二，當甲長的屋頭的有三個五個的還是興去。

『甲長怕他拉兵，就聯合花名反對他，前任保長汪廷魁不想下台，也叫我們告他。我們先告到鄉公所，鄉長斷說：「別人才接手，你就知道他能不能，公不公嗎？這個保長總比前任保長好，前任保長一字不識，現任保長還是中學生，所以我勸你們等他辦幾天看，不對再說。」

『下來大家不服，說鄉長袒護汪遠林。汪廷魁說他的舅子在衙門說得起話，叫我們進城告，他包打贏官司，我們又告到縣政府。

『告准了，明天是審期，我們三十多個代表都趕進城來。汪廷魁一攏就找他舅子進衙門去活動，剛才出來說，案子是分給周科長的，周科長和他不對，他沒有說，叫我們各人去滾。另外夕聽到個謠風，說汪遠林請一個接兵的排長在杏花村吃飯，活動他來拉我們的兵。聽說接兵的這幾大在城裏得錢放賣了，又亂拉去去塡補；又聽說汪遠林託人去給周科長說了情，官司是輸定了。唉！要是官司打不贏，又要得罪人，又要犯危險，你看嘟個說？』

『你犯不着跟倒他們夥。』我淡淡的說。

『甲長來約我，說打贏了包不拉我的兵。』

『哼！你想，一百家人就有九十家告他，就打贏了，試問九十家都不拉，去拉那一個呢？』

『唔！理信倒是那個理信。』他領悟的說。

他們住在高陞棧，我也歇在那裏。謠言越來越多：說小巷子今天拉了幾個米販子去，他們連門口都不敢跨，又說周科長明天要把他們一齊送壯丁，駭得一個個綠眉綠眼。走又不敢走，和又不能和，你怪我，我怪你，吵作一團糟，像就要折伙的樣子。汪大漢子才站攏去拍起胸膛說：

『怕啥子？就是上刀山，過火焰山也還是要去滾出來。』

『不要怕，，當兵就當兵，有啥來頭。』汪癩子吼叫着。

有人正了膽，擾嚷又才漸漸平靜下來，商量着明天的事如何應付。

晚上我和汪表叔同一個房間，他臉青面黑的，一說話牙齒勤勤打抖。我盡量想了些話來寬解他，給他正膽，他只是睡在床上「唔，唔，」的應着。

睡到半夜，他突然大哱大叫的哭起來，我喊：『汪表叔，汪表叔，』他不答應，只是哭。喊了好幾聲才叫醒。我問：『汪表叔，你哭啥子。』他說：『我做了一個夢，夢見我被拉兵的拉去關在馬王廟。他們都睡着了，照我的也在打瞌睡，我悄悄的爬出去翻沿牆。剛爬上牆一團泥沙垮下來，把守位的驚醒，他喝住一鎗朝我打來，打中了我的腿。連長起來緊急集合，就在廟後一塊空地上要把我活埋，泥巴築成我的下半身，然後才叫新兵來一個剮我一刺刀，不剮的他自己就要挨一刺刀。每個剮着我的都哭起來了，手就像打擺子一樣抖，我大聲的哭着，叫喚着，我心都痛熱了。』

他說完嗡嗡的哭着，哭得很傷慘。

我一夜未合眼，睜起眼睛等天亮。

第二天上午間，結果是汪遠林撤職，保長另選，下堂來他們結隊出城跑了。據說汪遠林上堂嘴巴像嚕穀泡子，舉他們貪贓枉法的事，說得甲長些啞口無言。周科長大發脾氣的說，你們自己作些壞事還要來告別人，給我一齊送兵。有些駭哭了。汪表叔駭柔下去，蹲在地上哭。才是汪大漢子挺身而出的說：

『報告科長，服兵役是人民的義務，三丁抽一，五丁抽二，抽到我們那個名下來了，我們那個去，不逃不躲，你今天不該把我們一船推呀！再有我們今天是爲保長問題，不是爲兵役案子呀！嘟個能把我們送兵呢？』

汪大漢子一翻話解了圍，大家才得走出衙門。

四

在毒日下走着，我的襯衫被汗水濕透。石板路像炙熱的鋼板，堅硬而且燙脚。經過還剩點水的田塍上，兩旁田中蒸發起來的熱浪，一股股的襲來，夾着魚蝦的腥氣，使人要昏吐。偶爾一股涼風來輕輕掀開熱浪，又給人帶來清涼的快感。

穿過一座濃陰蔽空的松林，眼前就是一條小小的溪流，過了橋，爬上一條小坡，離汪大叔家不遠了。

『夏天的雨分屋樑，我們比你少得一次雨，你看乾得喋場火。』爬上坡引弟指着眼前的一些枯死了的莊稼說。

『唉呀！哼！火都點得燃了。』當師夫蔫嘆的應和。

『哼！你們看，天老爺還越晴越剛健了。』父親望望纖塵不染的天空說。

過了幾根田坎，就是汪大叔的家。那院子是一座三合院的瓦房，宅前的桃李同橘柚都成了林。宅後是茂密的修竹同松柏，這在從前興盛時代，汪表叔是一家人領有這座莊院。那時他們的田產雖然才三十石谷，但是大姑爺正走紅運，在場上作坐堂大爺，生活過得相當富裕。現在據說只剩左邊的幾間橫屋，和一些山地同石多毛谷子。

我們進屋時只有一條餓癟的狗遠遠吠了兩聲。跨進門汪大娘就給父親磕了一個頭，孩子們也一個個來磕頭，汪大娘失聲痛哭的說：

『二哥，我們命不好的人，你看以後哪格辦啊！』

她的眼睛哭腫得像胡桃，頭髮散亂着，臉就像一張青菜葉子，比從前消瘦多了。雖然憔悴了，但是風韻還是留得有一點影子。她從前在這一方，漂亮和潑辣是一樣著名的。過酒不久，汪大叔不知爲什麼清早同她打一架，她就早晨罵到太陽落土，還是大姑公回來才收了風。他們夫妻倆也就止鬧過那一次，以後就和好無異，不過左鄰右舍始終沒有人敢惹她。

『仲文你也動駕了，你看你姑婆的命好苦呵！就你汪大叔一個兒，也不能送我上山了』。說着老淚縱橫的梗咽住了。我正想安慰她，她又轉向父親說，『定邦，二娃又帶不大，大的帶大又是這個下場，你說我這是啥命呵！』

大姑婆已七十九歲，頭髮大半都白了，額上刻着又多又深的縐紋。大牙全脫，臉頰的兩邊凹了進去，走動起來顫巍巍的，像風都吹得倒。

『仲文哥哥，』汪大娘跟着小孩稱呼我，『大熱天你也來了。請坐，我們這裏窄逼得很，你不要笑呵！』

等我們坐好了，汪大娘遞過菸茶，她又憤憤的說：

『二表叔，這個事我是丟不了的，等人埋了，我要去找保長拚命。三個五個的不拉，拉我們單丁獨子。有錢的不拉，拉我們窮家小戶。他保長一家七八個，爲啥一個都不去？』

『定邦依他的蠻脾氣，是打算把屍背到保長屋去辦蹬，不埋。我說這不是辦些空燈，三伏天的人擱起爛嗎？那不是自討涼賤。』大姑婆較爲平靜的說。

我趁他們在談話的時候，我開始注意這屋子。橫屋一共三間，另一間灶屋，屋子的開間不大。左手角上停着汪大叔的屍體。臉已經撻上錢紙，只穿了一身半新不舊的汗小衣，腳赤着。頭側點了一盞燈，插一柱香青煙裊裊的上升。右邊靠壁一張破桌子，桌上放着涼水壺，水煙袋，葉煙桿，豬腰子的，長方形的，各式各樣的烟荷包，這都是汪大叔在生用的。挨着靠耳門邊一個火坑，滓渣屋着火，冒出大股的烟霧，跟着烏黑的牆壁沿冲筒鈎上昇。

在大門口擺了兩條八字形的凳子，我們坐在左手邊，大姑婆同汪大娘住在右手邊，幾個孩子站着睜大淚汪汪的眼睛望着我。父親問了一些必需知道的情形，說：

『既揩了汗，跟卽就把我帶的衣服給他穿上，現在你們也不用着急，也不要說那些空話，這樣大的天氣，埋人要緊，馬上找幾個幫忙打雜的，拿一個人去請唐富恩來看期，看地，開路。我看了一下，今天怕還有期。今天能埋，就今天埋了。』

聽了父親的舖排之後，大家分別的忙碌起來。汪大娘背着娃娃在灶屋燒火煮飯，汪二和引弟喊人去了。大姑婆在屋里打雜。先打掃屋子，然後又準備的東西，她們都不停的哭哭啼啼的從這屋走到那屋。

正午人到齊了，期就看在午后申時埋人，地看在大姑公墳側邊，道士同父親看了地轉來，已經擺上飯了，幫忙打雜的共一桌人，推的豆花，兩碗青椒煎胡豆，鄰居送了一壺淡酒。

父親吃了幾杯酒，我喝了兩碗豆漿稀飯，主人從大人到小孩，顆粒未沾，在一旁飲泣。幫忙打雜的雖然吃得大汗長流，也還是在拚命的吃喝。

正午的太陽像一籠火，屋里的桌凳都熱得燙人。

飯後吸的吸烟，打的打瞌睡，有些就倒在長凳上吹撲打鼾的睡着了。我同父親被安到左邊屋里的連舖上去午睡。汪大娘同大姑婆洗了碗，餵過豬，然後才坐在靈前「哥子呀人哪」的細聲細氣哭訴，大姑從根根打底底的數起來，她們兩人用一些大小悲劇織成一首詩篇，包含了她們一生的不幸，包含了小小家庭的悲劇。我陪着她們淌了一枕的熱淚。父親也像睡不着，起來吸着烟。

太陽偏西了。

開路的小鑼兒響了，道士用悲哀的調子歌唱着。大姑婆同汪大娘收住了哭聲忙起來。棺材抬進來，揩乾淨了，道士的法事一完，就把屍體移進棺材，於是一家人都痛哭着圍攏來向死者告別，大姑婆聲嘶力竭的脫氣脫氣的說：

『兒哪，你沒有送到我，我到要送你了。』

『引弟的爸，你硬是死不閉眼哪！』汪大娘摩着他半睜的眼皮說，『你落心落腸去吧！老娘我會替你送老歸山，娃兒我會替你帶大，你這口氣我會替你出的。』

『爸爸呵……』

『爸爸……』

孩子們眼淚長流的嚷成一片。

『汪守成你好好的回去，不要躭心，家裏的事我會幫你照管。』父親也流着淚寬慰死者。

『走開！走開！棺材蓋來了。』

幫忙的抬着嚷了進來，等棺材蓋一放上去，一家又圍攏來，更大聲的嚎哭着，從縫隙中望着死者作最後的告別。棺材蓋一合上，大姑婆就暈倒下去，汪大娘在棺材上幾鑽頭，碰得頭破血流，也無力的倒下去，無聲的抽泣着，大家望着地下的兩人，被悲哀襲擊得麻木了，孩子駭啞了，睜大淚汪汪的眼睛，恐怖的癡呆的望着。突然引弟一下撲到汪大娘身上去大聲狂哭着叫：

『嗎呀！嗎呀！你死不得呀！』

汪二撲到大姑婆身上去叫：

『奶奶！奶奶！』

孩子們又重新爆發着哄亮的哭聲。

我不忍看的站到一邊去抹眼淚。

十多個人組成一個送葬行列，家人的哭聲，和抬棺材的號子，配合成一個送葬的樂隊，在夕陽下的田野進行。

坟地靠近堰溝邊，是一塊小小的平地，三面山。坟前有幾株松柏，一株桂花，汪大叔就葬在大姑公左手邊。下葬儀式完畢後，大姑婆又哭暈死去。汪大娘像一匹瘋了的野獸，站起來往大路上飛跑起去，父親驚異的大聲叫着問：

『汪大娘你走那去，呃……你到那去？』

常師夫提涼水轉來攔都攔不住，她更快的往山上飛跑去了。等父親爬上山頂，她像跑了很遠了。父親站在山口上，浴在夕陽的紅光裏，招着手大聲的呼喊：

『汪大娘你轉來，不要去拃些空燈，要扯轉來進城去告他。』叫着又追了下去。

我站在大姑公的坟前，等他們扶着大姑婆緩緩的走後，我悲哀得無力舉起沉重的脚，只好倚着一顆不大的桂樹幹癡癡的立着。

夕陽變得又紅又大，就像一個火球，燒紅了半個天。漸漸的太陽接近天邊，雲霞更煊染得血紅。一會天同地都通紅了，霞光耀得我眼睛都睜不開，只聽在遠遠稻田里割草的一個農婦嘆息的說：

『早晨發霞，等水燒茶；夜晚發霞，乾死蝌螞。哼！看這樣子還不曉得那天有雨喲！』

（一九四五年）

從南京寄來

今夜大風，稍得安靜，遠處有跳舞的音樂聲，這都城平安，忘記了血與淚，將得到更大的平安，於是天地間一切都平安，各各都得到安樂，——我底咀咒也許沒有力量，但上帝將是殘酷無情的。……

L.（五月二十九日）

王炳全底道路

路翎

一

王炳全，經過了整整五年的艱苦的，動亂的生活之後，回到草鞋場來了。

他是當壯丁出去的，那原因是，鎭公所敲詐了他底頗爲有錢的姑父張紹庭，張紹庭就設法陷住了他，一面給鎭公所出了錢，一面攏絡了鄉隊附，用他去代替了自己底兒子。他胡胡塗塗地，懷着强烈的仇恨的心，面對着無法抗拒的命運，裝出毫不在乎的樣子來，去了：丟下了他底稚弱的女人左德珍和一個剛會在地上爬的女孩。那時候，他還是單純的、天性活潑的、倔强的青年。

兩年以後，開拔到火線上去了，又退了下來，在南方底一個城市里害了重病，他就被他底隊伍遺棄了。當時沒有一個人相信他還能活下去的，但他却自已爬到一個祠堂里去：一個老人可憐他，給了他水和稀飯，他就慢慢地好起來了。他渴望一能夠站起來行走就向故鄉奔來。但待到他能夠走動的時候，他所亟待解決的，倒是面前的生活問題。他是聰明的青年，這顯得並不怎麽困難：一家木材廠招雇小工，他去了。但在木材廠里沒有做好久，他希望多幾個錢，好凑起一筆路費來，就轉到一家破瓦窰里去。此後他又到了一家規模相當宏大的機器廠里。但幾年的時間過去了他不但一個錢沒有，反而發瘋地喝酒、狂暴地賭搏起來：他突然地懂得了命運，並抱着冷淡的心，不再想念他底親人和土地了。他所寄回來的那些信是一點回音都沒有，因此他相信他底那不幸的、可憐的女人是已經死去了。

這幾年的劇烈而又疲勞的生活，是大大地改變了他。他是逐日地自私起來，懷着絕望的苦悶的心情，對一切都漠不關心；有時候，他隨便地馬虎一下，或者開開玩笑。他是聰明而善變的人，所以過着這種生活並不覺得有什麽困難，倒是覺得先前的，束縛在土地上的生活是可憐的了：在偶然的興奮里，他覺得這幾年來他所經歷、看見、想像的這世上的一切是壯大的，並且有着深刻的意義，他將有他底遠大的前途。這就是說，他仍然懷着對於人生的嚴肅的、執着的心。不過這有時候倒使他底心境變得更爲絕望起來。

這年，一九四四年的秋天，他在機器廠里已經學滿了兩年，成爲一個良好的技工了，得到了兩萬塊錢的奬金。機器廠里有三十幾個單身漢，大家用這錢去賭博，王炳全忽然想到了，他應該打算他底前途，他不應該這樣下去。思慮了一夜之後，他立意回到遙遠的故鄉來走一趟了。

但想到家鄉，他底心是非常悽涼的。他底女人在六年前哭着送他出來，是確信已經和他永別了。他曾經渴望報復的，但時間過去了，一切都不相干。回去了祇會更痛苦，又有什麽意義呢？但他仍然決定回去走一走了。

他決定，回去了再出來，他將重新開始他底生活。他在他底朋友們里面是受着一種愛戴的，他們又給他凑了一點錢。這樣他就出發了。

但愈走近家鄉，他便愈覺得這是在和做夢一樣。對於那在等待着他的他一點都不知道。他甯可想像它們是最壞的。不過，他又想，他底孩子應該已經會在地上奔跑了，他底女人應該已經變得蒼老、沉靜了：她是已經在痛苦中生活得太久了。這樣的一種親切的思念，回憶起她底一切來，她在他底心里是純潔、高貴而光明的。他用熱烈的愛情和對於生活的虔敬的心來看她：在這個世界上，祇有她一個人，能在他底混亂的心里喚起這對於生活的虔敬的感情來。

他底心異常的紛亂，他懼怕失望，有時倒懊悔起自已爲什麽要回來了。但故鄉山野里的特別明朗的天空，他自己建造的土屋，春季的油菜花地，以及赤脚仰在早晨的草地上的那種感覺，是在强烈地吸引着、大聲地呼喚着他。使他覺得，他是流浪了這麽多年，他底心已經變壞，他是需要着親愛的感情和休憩的了。

但接着，草鞋場底富人們底險惡，他底姑父張紹庭底肥胖的面孔，就又浮顯在他底眼前。他底姑每是早已死去了，張紹庭已經續了弦，對待他素來是刻薄的，因爲他是窮人，並且在那些年是不肯低頭的窮人。

冬天快要到來了，他走過一個山峽，進入一塊明朗的、顯得荒涼的平原，看見草鞋場後面的大山了，不覺地寒心起來。他不去招呼熟識的人們，他們担着貨物迎着他走來：沒有改變，有些顯得老了，但仍然是先前一樣的勞苦。他們已經認不出他來了，他雖然才祇二十八歲的年齡，却已經生出嚴厲的、深沉的相貌來。穿着一件舊了的黑制服，粗黑的、瘦削的頰上有一大塊疤痕。但主要的，他們，這些先前的隣人們，跟本沒有想到他。他底心是冷了，他覺得他自己底回來，這件行爲，是幼稚而且愚笨的。但他爬上高山，已經看見草鞋場了。

深秋的悽涼而嚴肅的黃昏，山下的草鞋場，密集的一大堆房屋上，飄展着烟霧，各處的山溝旁或者莊院底後面，突出綠色的大樹來。沿着山坡，以及險陡的削壁，是一片黑色的松樹林，在暮色里靜止不動，那後面松林底遼遠的下面，就是他底家了！這個幾年來被遺忘的角落！這個在廣大的世界上是這樣的渺小的、奇怪的角落！

從前是那樣的生活！鄉下的愚笨的人們，依靠着石頭、木塊、鐵片而生活，一生固着在這個地點，這周圍的坡上是埋葬着他們底列代的祖先！但是，幾年以來，王炳全是依靠着什麼一種雖然渺茫却是壯大的東西而生活，他底飄搖的心是不時地面對着這個不可言喩的權力，他好像是懂得了它，於是就好像是喝醉了，不再知道艱苦的慘澹經營，並且對僅有的一點糧食也隨手地就丟棄！

他覺得他咀咒過他底親人：他在外面所做的那些卑下的事，是把她們傷害了。他覺得自己是深深的不幸，而且是罪惡的。

……他站在他底土屋底面前了。他底兩腿在發抖。他是罪惡的，他底土屋底兩邊和前面已經倒塌了，牆縫里和門前的土路上生着荒草，荒涼的景色，被圍繞在四近的人家底晚烟和噪雜之間。

他飄搖地走了幾步，招呼一個背着小孩，提着籃子的年輕的女人。他認出來這是他們隣家的周三嫂，一個熱心的女人，同時他也被認了出來。周三嫂，說了幾句，她說，他底玉娃兒，是曾經放在她底家里養了一年的，去年死了，他底女人是已經嫁了吳仁貴了。她說完了就呆呆地看着王炳全，然後，她哭起來，又說，人們都說他，王炳全，已經死了。而這些都是由張紹庭做主的。

「玉娃兒，她埋在哪里呢？」王炳全問，聽着自己底聲音，並奇異自己問了這樣的話。

「這里，」她說，領他走到荒坡上，「哪，我曉得的，那個樹後頭！」她說，好像是抱歉自己是過於幸福的，又呆呆地看着他。

「三嫂啊，我們是不幸的人哪！」王炳全用那麼悽涼、酸心、而且善良的聲音說，大聲地歎息了一聲。但突然地他向坡下跑去了。他奔進了兩棵大樹中間的，張紹庭底院落。

張紹庭，他底家庭是已經敗落了。鎭上的有勢力的王家，爲了田地的糾紛，是拚命地攻打着他。他底兒子，逃脫了當壯丁的命運，却在今年春天病死了，女兒在縣城里讀書，又鬧出不愉快的事情來；而他底那個續弦的女人，是抽着雅片的。他是算不得什麼大紳糧的：一個小地主而已。這接連的打擊使他生着病了。他坐在堂前的石凳子上，裹着一件寬大的黑袍子，在抽着烟，王炳全奔了進來。他看着他，拍着身上的灰，慢慢地站起來了。

「你回來了？」他底軟弱的、懷疑的聲音，問。

「我回來了！」王炳全陰沉地說。

這樣地他們就沉默了下來。張紹庭，覺得王炳全是可怕的，心里虛弱、恐怖了起來。他想：這個人是會一下就打死他的，於是他就發出痛苦的，可憐的呻吟來，又倒在凳子上去了。他底虛胖的頰上的那兩個肉袋，戰抖着。

「他們說你……在前方……打死了……」他說，站起來，慢慢地，彷彿害怕跌倒，向里面走去。里面已經不大看得見了。

王炳全，奇怪這個人變得這樣軟弱，心里略略靜了下來，跟着走了進去。

「我看，你是知道了。」張紹庭說，坐下來，看着他。「你請坐。」他加上說。

王炳全看着他：希望能決定自己底態度。

「要是女人家不願……哪個又能說咪子呢？」張紹庭，軟弱地說。

「那麼她是自願了！」

「難說……」

「我底田地呢？」

「在我底名下，……女人家沒得吃的，賣給我了！」

王炳全覺得這種談話是無益的。他看着，想到了，在他底面前的，是一個孤單的、軟弱的人。但他卽刻就想到，這是和他不相干的，眞正孤單的，在這個世界上，祇有他自己。

「我寄回來給你的信你收到了吧？」他問。

「信？鬼才見到過信！我，」張紹庭冷淡地搖頭，「沒有收到。」

「好了！」王炳全，突然地感覺到了面前的一切有着什麼意義，冷酷地、狂暴地叫，站了起來。

張紹庭看着他。周三嫂已經傳了消息了，很多人堵住了台階。有短時間的寂靜。張紹庭覺得是無法逃避了，就希望能一下子壓倒王炳全。他站起來，在桌子上擊了一下烟桿，發着抖，叫：

「你滾！」

王炳全看見張紹庭底女人叫罵着奔了出來，就向她奔去：他是特別仇恨她的，並且他異常的可憐他底女兒和女人。他覺得自己是絕望了。

「你們有錢人，你跟我說！你跑不脫！」他叫。

但他突然地又跑回來，好像發怒的野獸，向張紹庭奔去。

「老子要你賠命！」他叫。

他渴望扼住張紹庭底喉嚨，但他沒有這樣做，他暴跳起來，把桌子掀翻了。桌上的杯碗，發出破碎的聲音來，落在地下。同時張紹庭叫罵着向里面逃去了。但是，在這種破碎、轟擊的聲音里，王炳全似乎重新清醒了，他站着不動。台階上的人們，看着他；而那個抽雅片的瘦女人站在牆邊叫罵着。

「我是完了麼？」王炳全想，突然地轉身，推開了站在台階上的人們，奔了出去。

王炳全在紛爭和報復的熱情里狂奮，但卽刻又想到，並喚起了心里的那絕望的悲痛，覺得他不明白一切，覺得紛爭是無益的。月亮昇起來了，從山奧底上空照出它底光輝來，生長着荒草的山坡上，呈顯着一種荒涼。王炳全坐在那一棵孤單的桐樹下面，他底身邊的小小的土堆，周三嫂告訴他的，是他底女孩底坟墓。他在這大的悲痛里躭溺，並懷着强烈的熱情，希望永不離開這種悲痛——他相信，從這里一回，他將得到一種全新的、關於他底生活的**眞理**。

他長久地坐着不動。他不曾注意到，一小羣人，站在坡下的一座斷牆下，在看着他。

「這也是難怪的！」他昏亂地想，「你叫一個女人怎樣過活呢？單是她一個人要來料理一切，她又是那樣的好心腸！不過我今天倒寧願她並不活在人世，而是埋在這黃土下面，要是她死了，她在我底心里就是神！」他說。「他自己願意的？眞的她自己願意的？我不知道！可是就在幾年前，她挑水走過這個坡，我是坐在門前！我都記得，我底娃兒啊！你底媽她是不要臉的賤貨！…我哭了？不，我沒有哭，我要想想我底計劃！這地底下是冰冷的沒有知覺的嗎？我祇要拿一把刀去殺死她就行了嗎？一定的！我殺死她，再殺死自己，她在我心里就是神！這有什麼關係呢？我還要田地，還管這些有什麼用？」

忽然的一陣悲痛使他覺得自己是要炸裂了。

「我底娃兒啊！」他說，站起來就撲倒在他身邊的土堆上了。

有三個男子，一個年老的走在前面，走了上來。

「王炳全！」他們喊。

王炳全不動。

他們在旁邊站住了，在明朗的月光下，悲哀地看着。

「二爸，我們抬他轉去吧！」一個年青人說。

「王炳全！」老人蹲下來，搖着王炳全底肩膀，又摸着他底頭，輕輕地喊。婦女們已經跟上來了，在不遠的旁邊站成一羣。

「你們不喊……」王炳全底微弱的聲音說。「我要殺人啊！」忽然地他喊，跳了起來。

但是，看見周圍有這麼多人，他就忍不住地，好像迷路的小孩又見到母親似地，傷心地哭起來了。

二

已經在不幸中散亡了的山後的貧窮的左家底小女兒左德珍，就是王炳全底女人，她底生活是艱難的。王炳全走後的第一年，她請了短工來收割，一切都處置得很好，但謠言立刻就起來了。第二年春天，那一小塊田地就被張紹庭用了她所不懂的理由拿去了，到了冬天，寒冷和風雪之下，她就過着乞討的生活了。什麼辦法都想盡了之後，他就把孩子寄託在周三嫂家里，到縣城里去站市，當了女僕。她對於這樣的生活也覺得滿足，她底勤苦受着讚美。她間或也回來走一次，帶點東西來送給周三嫂，看看她底孩子。她覺得她底孩子是瘦弱得可憐了，沒有人注意她，因爲大家都忙碌：她在泥灰里呆呆地坐着。但她，左德珍，是必需回到縣城里去的。……秋天里，孩子病了的時候她回來了，張紹庭告訴她說，她底男人已經死了。接着孩子死了。她哭着，夜里希望上吊又被別人救起。她又到縣城里去，但不久就回來：這次她沒有找到工作。她請求張紹庭底幫助，張紹庭却告訴她說，她是年輕的，應該另作打算。她胡塗地看着支配着她底命運的事情在她底身邊發生，但不能夠反抗——她幾乎是沒有力氣了。張紹庭收了吳仁貴底一筆錢，又在鎮公所里取了一個什麼手續，她就嫁到吳仁貴家里去了。祇在上轎的時候她才醒悟，覺得羞恥，大哭起來。

吳仁貴家底生活是非常貧苦的，並且有一個不滿意這種婚姻的、刻薄的婆婆。但吳仁貴是忠厚的人，四十幾歲了，不久就發現了她底好處，特別地寵愛着她。因此，雖然貧苦而困難，她終究是又在勞苦着，並且愛着，在這個世界上又有了一個位置了。她愛着她底生活。勞作底對象，以及她所操勞的一切。因了她，吳仁貴底田地里，就顯得漸漸地旺盛了起來。

已經又過了秋天了：過去了一年的時間。這地方，離開草鞋場有三里路；到了閑空的季節，山邊上顯得荒涼。這些日子，黎明的時候她就出門了，担着昨夜批發來、整理好的菜蔬到草鞋場去。菜蔬底生意有時頗好，她就帶一點布，或者別的什麼回來，造成了吳仁貴底喜樂；而她也特別注意地奉侍着她底婆婆。她已經有了孕了，吳仁貴憐惜她，禁止她多勞作，但她仍然不息地忙碌着，到井泉邊去挑水，回來又照顧着猪圈里的那一口肥大的猪。這就使得忠厚的男人底心里充滿了感激。

雖然她已經變了原來的姣好的樣子，一天一天地憔悴下去，但她實在還是很年輕的，過去的痛苦似乎容易被忘却，所以有時候她就會突然地興奮、快樂起來，而且顯出了她先前的那種稚氣的調皮。吳仁貴是整天地在忙着田地，他自己雖然祇有一點點山地，他却替老板家里耕種了一大塊，老板家的東西是麻煩的，所以工作就永不會完結了。是翻扒泥土，準備小春的時候了，寒冷的、光赤的田地里，犁頭在水里翻起潮溼、光潔的泥土來，發着一種甜美的、清冷的氣息。左德珍——不過，在這個世界上，已經再沒有人稱呼她底名字了——蓬着頭髮，在黃昏的冷風里走下坡來，用她底清脆而柔和的聲音喊了一聲。

吳仁貴，站在田邊上，用冷水洗着泥脚，愉快地回答了她。那一口噴着氣的、潮溼、安靜的水牛，站在他底身邊。年輕的女人先是呆呆地站着，但被吳仁貴底愉快的回答所鼓舞，忽然高興起來了，跑下坡來，在牛底背脊上拍了一下，快樂地笑着。

「咦！這傢伙今天才乖啊！」她說，伏在牛的頸子上了，發紅，興奮，看着她底老實人。

老實人是很嚴肅的，覺得這有點不正經，照舊地洗着脚，不理她，但他心里有什麼東西奔放起來了，他忽然地就站了起來，皺起眼角的雞脚爪一般的皺紋，笑着，看了她很久。

「下去！」他說，「哼！牠要咬人的哩！」他說，擠了一下眼睛。

「屁！我小時候就當過牛娃子！你看哪，」她在牛的身邊繞了一個圈子，又伏在牠底頸子上了，「你不信我就爬上去了！」

吳仁貴不能懂得，她爲什麼要浪費自己底力氣，這樣有興緻，繞着牛跑一個圈子，但他說·

「嘻，你爬嘛！」

她突然地就爬到牛背上去了，欠着腰，抓着牠底兩隻耳朵，搖幌着，並且興奮地大笑了起來。那巨大而馴順的動物，斜着眼睛，搖了一下頭。

吳仁貴着慌了。

「下來！」他叫，盼顧了一下，臉紅了，「別個看見了！」

但他還沒有說完，牛就突然地奔了起來，顯出了牠底野蠻的，對於這不可理解的情況的憤怒，向荒坡上奔去。左德珍，大叫了起來，翻滾到草地里去，牛站住了。吳仁貴追了上去，但他聽見了站在坡上的他底年老的母親底叫罵，說是他放縱了這個女人，讓牛晦氣了，並且將把壞的運氣帶到他們底乾淨的家里來。左德珍揉着跌痛了的腿，變得蒼白、沮喪、爬了起來，無助地站在吳仁貴底面前。吳仁貴呆呆地看着她。坡上，繼續地叫罵着。

「滾回去！」突然地他向她狂暴地吼。

「我下回不了。」左德珍，可憐地說。

老女人，聽見了兒子底吼聲，滿意了，走了轉去。左德珍呆呆地向前走着。她是把一切看得過於簡單了，不過她原來祇是爲了使她底男人歡喜。否則，她本來已經是非常軟弱，苦悶的了，她爲什麼要騎牛呢？

她走過去牽牛。

「不許牽！我來！」吳仁貴叫。

她寒戰了一下，縮回手來了，呆站着。

但在往坡上走去的時候，吳仁貴心軟了，替她覺得難受，並且就心她是跌壞了

「要是跌傷了，那祇怪你自己！」他憤恨地說。

「沒有……一點都不痛。」左德珍小聲說。

「我看你……噯！」忽然地吳仁貴沉痛地叫，顯然地是在衝突的心情中，「我是說，你心里放寬點兒吧！……我這個老娘嘛，累了我一生！」

「我曉得！」左德珍感激地小聲說。

「明天去買種子。你看……天眞的冷了！」吳仁貴說，偷偷地揩去了傷心的眼淚。

他們牽着牛走上坡來。天色已經昏暗了，冷風吹着。左德珍想着很多的事，覺得寃屈，痛苦；不過她覺得這是不能怪別人的。主要的，是她底命運是這樣的壞。人們常常嘲罵她喜歡討好或者不安份，但她也不喜歡他們——他底隣人們。好久以前王家大嫂偷了隔壁的一籃子胡豆，她看到了，沒有向誰說，但結果別人反而責怪她，甚至以爲是她指示王大嫂偷的。這個創痛她永不能忘記。後來，時機一到，她熱情地，報復地說了她底仇人們底隱祕了，她以爲，她現在是和別人一樣地在說了，該會和別人平等了吧。但結果別人又一齊責怪她，惹得她底婆婆捶打了她。她受着這樣的歧視，她很明白，是因了她底這個可羞辱的結婚。常常地，想到這些，她就偷偷地哭着。

她常常想到，鎭上的金三嫂，和別的一些女人們，也都是死了丈夫再嫁的，她們不覺得這有什麼特別，於是大家也不覺得這對她們有什麼特別：她們是如任何女人一樣地生活着，敢於和別人打鬧，也受着人們底尊敬。爲什麼獨獨她會受着這種不公平的欺淩呢？是因爲吳仁貴底年齡比她大得多，她在這個家庭里全不相稱嗎？是因爲她在這個家庭里不能夠做主嗎？但這個家庭缺少了她試試看！那麼，是因爲她底心常常飛在外面嗎？但她是從來不曾有過什麼差錯！

她常常覺得她底生活是不實在的；也許在什麼時候，她會忽然地被人們置棄在荒山里，雖然她身邊的這老實的吳仁貴是決不會置棄她的。……

忽然地她抬起頭來，看見了，在右邊的竹叢下面的小路上，站着一個衣裳舊污的、瘦而黑的人形。她像是被從頭頂上捶擊了一下。她本能地裝出那種什麼都沒有看見的樣子來，然而却變得灰白，在發着抖了。

那在專心地想着自己底事的吳仁貴是絲毫都沒有覺察，他們就慢慢地轉到屋子前面去了。但她迅速地回過頭來又看了一眼。

這就是那個悲痛的男人，準備復仇的不幸者。他底身上是揣着一把尖刀，這使他自己覺得，並且樂於相信，剛烈而且光榮，一切問題都解決了。人們是慣於這樣地欺騙自己的。現在，他看見她了，讓她從他底眼前走過去了，並且顯然地也被她看見了，却好像是石頭一樣地站着，忘記了一切。他是被一個什麼巨大的力量捶昏了。

已經過去了兩天的時間。他有各樣的計劃。他和張紹庭瘋狂地吵鬧，弄到了八萬塊錢，算是他底田地底代償。當時就有人告訴他說，他不應該要這個錢，如果到鎭公所里去控告，是可以得到更多的。這個意見使他後悔了一下，但有了錢，他覺得自己是胆壯起來了。

但頭一天他沒有絲毫的動作。他坐在草鞋場底酒館里，他顯得是深沉莫測的、險惡的人物了，對於任何人都不屑理會。晚上他醉了，跑到張紹庭家長工底房里躺了下來。

他憑着他個人底熱情來引動，不覺地把他自己放在一個艱難的處境中。他希望在這作事上他能夠是高貴的。有無數的念頭在他底頭腦里盤旋。他想，他已經懂得生活了，並且是一個站在家鄉的人們之上的男子，他應該馬上就走開：南方有他底朋友們在等待他。但是，過去的生活，年輕的戀愛——回憶底壓迫他既不能忘懷，成熟了的愛情又是這樣的強烈。而且還有良心和自尊心底指示，以及鄉人們底惡毒的嘲罵……

這就是問題了。怎樣是好呢？他毫無決定。他竭力地把他自己弄得孤另另的。突然地他奔出草鞋場：他決心用鮮血來解決一切。但是，那牽着牛而走上坡來的吳仁貴對他表現了一種強大的、不可動搖的生活，而他底女人已經屬於這生活——這是十分簡單的。陰暗的山野和各處的人家底火

光告訴他說：「你是孤另的！」於是他就被嫉妬和絕望擊昏了。

三

他問自己：他是否要就這樣走開呢？他眞是非常悲痛的，在這上面沒有人可以援助他。她是否認出他來了呢？她是否在想念着他呢？但是，他究竟需要什麼一個結果呢？帶走她嗎，還是不呢？

他知道這是完全不可能的：帶走她。他是决不能夠再和她一道生活的了！那麼他究竟需要什麼呢？

他不知道。他不知道，他所需要的，是她底痛苦和毀滅。這種渴望是在黑暗中燃燒着。可是另一面，因爲有了錢，他就起了一些複雜的念頭。

他在頭幾天內是痛苦得幾乎癲狂的。有時候他突然地站起來就走出鎭去了，他告訴自己說他是要不顧一切地走開了，但他心里知道這是在裝假的：不久他就恍惚地又走了回來。有時候他突然地就又跑到山邊去，站在吳仁貴家底旁邊，看着烟子怎樣地從那間茅屋上昇了起來。但也再沒有看見左德珍。

可是不久他就走到賭場里去，開始賭博，用這個來遺忘他底痛苦，並希望從這里着手在草鞋場站立起來了。

他忽然地受到了賭徒們底熱烈的歡迎，並且好像整個的草鞋場都在歡迎他了。他也忽然地容易親近，變得活潑起來。

一天晚上，天氣很冷，王炳全喝醉了，裹着一件舊夾袍，走進了賭場。在這幾天里，他是在希望着發一筆財。昨天在酒館里，花子窰底頭兒，一個跛脚的老人，和他親密地談起來了；他輕易地就相信了花子窰底頭兒，指望做一筆鴉片：他是在希望着能在家鄉生活下去了。這賭場是在一家豆腐店底後面，是一個寡婦開的。大家叫她老寡，或者老刮，雖然她底年紀並不頂大。她是有着一種快樂的性格。她用了一個跑腿的小孩，叫做周銀光。小孩崇拜着王炳全，常常地站在桌邊緊張地看着，如果王炳全贏了，他就會發出一種興奮的，尖銳的吼叫聲來，浮在一切吼叫聲之上。於是在下場的時候，王炳全就，並不看他一眼，迅速地對他摔過一張票子來，好像摔一張爛紙似的。

王炳全進來的時候，坐在黑暗的角落里的周銀光底眼睛就發亮了。「老寡！」裹着夾袍的，醉了的王炳全，喊。

「你這個瘟神！」老寡喊——「你這個瘟神」，她對來這里的任何人都這樣喊。「𠰷子事情呀！是要烟麼，還是要酒？」

「𠰷子都不要！」王炳全得意地大聲說，「祇要你今晚留半邊舖讓我睡！」

「眞是貴人哪里看得起小地方呀！」老寡叫，看着王炳全。「呸！瘟神，你笑，未必我還怕你嘛！」

王炳全覺得非常快樂——他第一次感覺到他是又在故鄉生活了——說了一句粗話，老寡叫着，於是圍在桌邊看牌的人們都大笑起來了。老寡，捉住了王炳全底手臂，捶打着他。

「你還不去找你底媳婦去呀！」

「我底媳婦跟別個了！」王炳全快樂地說，希望當着大家表示，這對於他是非常輕鬆的，於是他這些時來的一切絕望的痛苦，都忽然地並不存在了。

而那個周銀光，站在不被人注意的角落裏，已經興奮得發抖了。

王炳全一走進賭場便覺得快樂，離開了他底那種嚴肅的、陰沉的、厭惡的神情。他樂意這樣地放肆，嘲弄自己底秘密的痛苦，並顯示他底英雄的，或者說，流氓底氣魄。在故鄉，或者說，在賭場和酒館里生活，指望着一筆橫財，一切是這這的舒適，他何必去想那無望的痛苦，並且去走艱難的道路呢？

鄭四毛，蹲在凳子上，每發一張牌就要大叫一聲，到了開牌的時候，他底叫聲就更強大，他簡直是爬到桌子上來了。他底手脚是異常靈活的。突然地他在桌上做了一個手勢，叫着：「么妹呀！」就有一張牌滑到他底衣袖下去了。

「看着！」王炳全大聲喊。

「荷！」鄭四毛說，滑稽地笑起來了，「這個龜兒，往你伯伯底手下跑，你們看，它自己跟我講戀愛！」他說，拿出那張牌來。

「滾下去，你個狗種！」副鎭長張得運叫，給了他一個巴掌。

「你打我，我是說，打得好來打得妙！你是鎭長，你哥子，有小婆娘！」四毛，快樂地蹲在凳子上搖着身體，說，「不過，說轉來——兩邊唱，你哥子鎭長又去碰碰王炳全嘛！有本事，再拉他一個壯丁！」

王炳全奇怪地笑着。

「張鎮長，」他說，看了鎮長一眼，「那時候我還年輕，不見怪，啊！」他說，因了奇妙的對於鎮長的感情，眼睛潮溼了。

「這還要請教咯！王大哥！」鎮長，抓着牌，感動地說。

「哪里！要承關照！」王炳全說，和鎮長平等，他是過於感動了，因了自尊心而露出了冷淡的表情。

「我是說，喂！我是說哪個借我四百元！」鄭四毛叫，快樂地、卑屈地環顧大家，「噯，還是你王大哥，是吧！從前我們是鄰居，這些年你沒有死，我也沒有死，都是好朋友！哎呀，你又贏了呢，看見你贏，我心里比喝雞湯還快活！登兒！登兒！」

王炳全，因爲感動，冷淡地捧了四百塊錢給他。小孩子周銀光，站在旁邊快樂地，笑出了一種高亢、尖銳的聲音來，使注意着牌的人們吃了一驚。鄭四毛瞪着眼睛，活潑地在凳子上轉過身來，在他底太陽穴上捶了一下。

「個龜兒，笑！」

「嘻嘻！」小孩哭喪着臉笑，看着王炳全。

「你看啊！」王炳全大聲叫，他和鎮長祇差一點點，贏了。

立刻就騰起了一陣強大的吼叫聲，大家移動着位置，混亂地跑着。但即刻就沉靜下來了，發出了推牌的聲音，王炳全瘋狂地使自己興奮起來——爲了忘却痛苦——他狂熱地賭着。

「胖子底一千拿來！」他說。

「欠起。」

「拉我的壯丁的倒不是張鎮長！」他轉過頭來，向鎮長說，「不過張鎮長底手腕我倒是知道的，張紹庭底那個兒，對不對？」他活潑地說。

「那是小事情咯。」鎮長，冷淡地說。

「不過要是張鎮長肯幫一手，」王炳全說，浮上了一個痛苦的微笑：他懼怕別人討好，「我就包張超庭在泥巴里頭打滾！」

「哪個的呢？」

「我上狀子告他——我是豁十，不跟。」他說，推開牌。

他看着鎮長。

「我們出來談一下。」張得運說，點了一下頭，走出去了。

強壯的，穿着呢軍服的鎮長打開了側門，走進了寒冷的、積着汚水的院落。王炳全走了出來：天上有星光，他覺得自己已經清醒了。

「你來，」鎮長張得運說，「我跟你談談你底事情，都是熟人了，不必繞彎子。」

「是的。」王炳全說。

「有人跟我說你勾結花子窰底那些人，又說你回來是做雅片生意的，說你私賣槍枝。喂，哥子，有好吃的大家分一點咯！」

王炳全驚呆了。

「哪個跟你說的？」

「自然有人。」張得運冷淡、嚴厲地說。

「那麽……鎮長你是相信我私賣槍枝這些的吧！」他說，浮上了一個痛苦的，譏刺的笑容。

「我這是跟你講交情——我限你十天之內離開草鞋場！」

於是鎮長走進去了。他底寬大的、強壯的肩頭在經過燈光的時候顯露了出來。房內騰起了一陣強大的吼叫聲，幾乎連房屋都震動了。

王炳全清醒了！他以爲他是夠資格的，但現在他被人隨手地就丟棄，重新孤單地站在這里了。想起了他剛才曾經快樂地叫：「我底媳婦跟別個了！」他就羞恥得無地自容。他覺得他是從人生底正直的道路上墮落了，他覺得他對不起他底不幸的女人和孩子。他傷心地哭了起來，伏在牆上。

可是他仍然不能放棄他在草鞋場的希望，他覺得他不能屈服。突然地他心里騰起了報復的、孤注一擲的激情。他祇是一個人活在這世上，有什麽可以懼怕的呢？而且他底世界是寬闊的：張得運又能把他怎樣？

房內又騰起了一陣吼叫。他輕輕地推開門，走進去了。他底臉上，是一種冷靜、輕蔑的表情。大家回過頭來注意地看着他。

他衣袋里還有七萬塊錢。

「一萬！他說，丟了一叠票子在台面上。大家寂靜了。鄭四毛看看他，又看看嚴厲的鎮長。空氣是突然地緊張起來了。

沒有人下場。鎮長，磨動着強壯的下顎，擲下了一萬。鄭四毛謹愼地分着牌。

牌局在寂靜中進行。王炳全輸了。大家仍然寂靜着。

「周銀光，跟我拿瓶酒來！」王炳全，說。

又進行着。他又輸了。小孩赤脚奔了進來，他就搶過了酒瓶，發着抖，一口氣喝下了半瓶。他揩了嘴，從內衣底荷包里摸出錢來。

「五萬！」他說。

「跟上了！」鎮長說，敲了一下台面。

王炳全贏了。大家突然地鬆了一口氣。王炳全再放下原來的數目，又贏了，大家看見鎮長移動了，就突然地站了起來，好像全部從惡夢里清醒了。

「德珍啊！」那個在和命運搏鬥的王炳全，呼喚着他底女人底名字，在一陣昏暈里，舉手朦住了眼睛。

「跟我來拿錢！」張得運說，在大家底寂靜中，走了出去。

王炳全跟着他。「我就去拿！」他想。

「王炳全，轉來！」鄭四毛喊。但王炳全已經走了出去。

不，他不要去拿。他還要留在草鞋場，爲了好看見他底女人底狠毒的心，爲了好在這里死去，死在她底面前。於是他在街邊站下了。

「張鎮長！」他喊。

鎮長站下了。

「張鎮長，不必當眞，你底錢我都還給你。」他用發抖的，痛苦的聲音說，站在對面的店舖照過來的昏暗的燈光下，「張鎮長，你曉得我遭了不幸，這因爲我從前太年輕了。」他說，由於那種對於權力的崇敬之情，覺得對方是偉大的，必定能夠同情他。他是軟弱了下來；說出了他底痛苦，他覺得自己是純潔得多了。他臉上出現了一種輕鬆的、期待的、柔弱的表情。

張得運冷笑了一聲，接了他底錢，就把他一巴掌推到牆上去了。

「臭雞毛帚子亂充好漢！」鎮長說，走了開去。

「你不能！……」王炳全悲痛地叫，他想說：「你不能欺侮我！」但他茫然地站在街邊，看着强壯、有力的張得運在冷靜的街道上走了過去。

於是他底頭腦里就又瘋狂起來了。他覺到，從前他是一個正眞的、受着尊敬的人，愉快地做着工，但回到故鄉來他就改變了！他不會想到自己底心會這樣複雜、卑下！他是墮落了，但從前他是在這一片土地上耕種過的！

他决心挽救他自己。做鴉片生意，勾結幫口，在賭場里討飯吃，從此永遠脫離了正眞的工作，這個念頭是多麼可怕！他覺得他應該離開這個可怕的地方了！」

但他又覺得，這些痛苦全是他底女人給他的，她却毫不知道，不思念他，在那里快樂地生活着——他覺得是如此。他覺得他是再沒有力氣生活下去了，他希望能爬到她底面前去，倒下來，讓她看着，死掉。

他就向張紹庭家里走去。他是喝得太多了。鄭四毛跟着他，和他說什麼，他一點都沒有聽見。但他感覺到鄭四毛對他是友善的，這種友善使他在這種發作中整個地依賴下來了。於是他就喪失了他底理智和意志了。

已經是深夜。鄭四毛扶着他走下坡，並替他敲開了門。張紹庭家底長工開了門。王炳全是靠在門上的，他大吐起來，這樣他就倒到門內去了。

「你龜兒，靈醒點！」鄭四毛向長工叫，這是一個耳朵不大聽得見的老人。他們扶起了王炳全。

「我完了啊！」王炳全叫，「我是一個好好的人，如今我是完了啊！」

張紹庭開了堂屋底門，披着衣服，拿着一枝臘燭走了出來。

「王炳全，不准叫！」他憤怒地說。

「張大爺你不曉得，嗳，他簡直喝了十幾瓶酒哩！」鄭四毛，快樂地，討好地說。

「鄭四毛，我這個人憑良心說是沒有虧他的！」張紹庭說，然後又厭惡地看着鄭四毛。忽然地他跳起腳來了。「你個龜兒鬧得我好苦喲！」他跳着腳向王炳全叫，「我要啃你的肉！」

「那好極了啊！」王炳全叫，「你們帶我上我底娃兒底坟上去啊，你們叫我底德珍來啊！」忽然地他掙脫了耳聾的老人，向坡上衝去了。他打了張紹庭一拳。恐怖的張紹庭，丟了臘燭，抱着頭往坡下跑，隨即又轉過身來，大叫着跑了進去。關上了門。

王炳全撲在門上。鄭四毛和耳聾的老人，拖着他。

「還我底心上的人啊！」王炳全叫，倒到地上去了。

鄭四毛把他扶了起來，使他坐着。耳聾的老人，在石欄杆上坐下來了，慢慢地抽着烟。他們聽見張紹庭屋里有腳步聲和女人底叫罵聲。但即刻就又寂靜了。

「鄭四毛，給一根烟。」王炳全說。

「我沒得了。」

長久地沉默着。稀疏的星在深夜里隱沒了，天上浮着可以看得見的，沉重的黑雲。

「四毛，我是完了。」王炳全底軟弱的聲音說，「我本來是一個莊稼人，我祖上也是莊稼人，我們一家人，在僻靜的小地方活完了一生，沒有見過大世面，從來都是安安靜靜的，也不玷一點壞習氣，我如今是完全不像了。」他沉默着。「我想，這樣下去，這個世界是要變了。」

「唔，是的。」鄭四毛說，顯然地沒有興趣聽這些。「朱瞎子說你，曖，不要見怪，他說你要弄點兒土來……出門幾年，總是有點兒辦法了吧？」

「朱瞎子跟張得運是一夥。他騙得我好兇呀！……昨天，我遇到他……」他又沉默。

「那麼你要哪個呢？」

「不！我要走！」王炳全突然地說，「事情弄清楚了我就走！我要再闖頭，好像剛生下來的小孩！」他用甜蜜的、發顫的聲音說。

「啊，就不想我們這些人了嗎？」鄭四毛說。

「不過，家鄉的田地我是耕種過的。我們底心血……」王炳全輕輕地、朦朧地說。

沉默了一下，遠處有賣麵的悽涼的叫喚聲，牆外的桐樹葉，發出輕微的聲音來。

「曖！我看我們兩個還是合夥做生意吧！」鄭四毛高興地、引誘地說，「你出二分本我出一分本，我跑腿，我這個人，不是吹的，頂可靠不過了，這雙狗腿又會跑！嚇嚇！……喂，你哥子，喂，你睡着了？」

寂靜着。王炳全底頭，垂在胸前。

「可憐啊！」鄭四毛，輕輕地說，四面看了一下，伸手去摸王炳全底衣袋，但看見聾子坐在旁邊看着，覺得羞恥、不快，就站起來了。

「喂！你龜兒扶他去睡！老子走了！」他向聾子大聲叫，迅速地走過院落，打開了大門。好久之後，還可以聽見他在山坡上和吠叫着的惡狗們爭鬥、喊叫的、愉快的聲音。

但忽然地里面吵鬧起來了，門開了。王炳全胡塗地跳了起來，看見一個女僕打着燈籠奔了出去，顯然地是發生了什麼事情，但王炳不覺得這與自己有什麼關係，坐下來就又睡着了。

四

那天黃昏從坡下回來，勉力地做了一點事情，左德珍就病倒了。她不能證實她底猜疑，她以爲是看見了亡人底魂魄，於是過去的一切就被喚醒了：它們壓迫着目前的生活。昏暗的屋子里彌漫着辣味的、濃重的柴烟，她默默地坐在灶前燒火。她底眼睛不動地看着灶內的熾烈的、烘閙的火燄。幾年以前，她幾乎還是稚弱的女孩，她坐在王炳全底灶前燒火，也是這樣的昏暗的、寒冷的晚上，草柴底烟子是芳甜的，火燄是明亮而溫暖的——如果沒有意外的壞事來臨——那些日子是幸運的。柔和的、灰色的、芳甜的「我們家底烟子」在門外的空場上活潑地打旋，王炳全，和鄰家的禿子講完了什麼呆話，微笑着走進來了。他進來坐在她底身邊，但是總不想安靜，在她底肩上捏了一把，又扯着她底衣裳。他眞是呆笨的！總是隨着一時的高興，而不替將來的日子着想。他坐在她底身邊，籍了灶內的火光，捧着一本小書高聲地讀起來了，但忽然地又捶了一下膝蓋，下了大的決心似的，要她去打酒。她走出門去，走在冷靜的田邊的小路上，有一點憂傷，但心里是多麼興奮。回來了，她聽見小孩底哭聲，王炳全是一點都不愛惜那辛苦賺來的貴重的金錢的，這麼早的就點亮了燈了！

夏天底黎明，王炳全赤着膊——他是多麼強壯！——在空場上和老頭子方石本鋸着木頭。方石本那個老人，後來得病死了，還留下一個小的孫女……王炳全和他是互不相讓地說着廢話又鬧着玩笑。木頭鋸好了，王炳全在場子上走了一圈，他眞呆，不知爲什麼那樣快樂，舉在方石本底肩上，使老人家恐慌地大叫起來，跳起來有好幾尺高！

他眞呆！……應該給他燒一點紙錢，雖然現在是在別人家里。

左德珍輕輕地歎息了一聲，昏倒在灶門前了。

這樣地她就不能再起床了。第三天，他懇求吳仁貴替她買一點紙錢，吳仁貴，心里同樣地慌亂，立刻就買了。並且扶着她走到坡上去，把紙錢焚化掉。對於神祕的鬼神，吳仁貴素來是虔誠而且細心的：他在心里嚴肅地請求那個死了的王炳全寬恕他，並且說，他決定不虧待這個女人。他們在小土地面前叩了頭回來，好像是完結了什麼重大的事，覺得心安了。吳仁貴重新地大聲說話，並且含着一種確信；左德珍困難地掙持着，重新操勞起來了。但她仍然不敢出門，下午的時候她忽然猜疑到前天那站在坡上的人眞的就是王炳全自己，於是她就又睡倒了。

第二天早晨，吳仁貴到街上去，希望賣掉從秋天積下來的一點花生，他底鄰人指給他看從街上走過的一個陰鬱的男子，告訴他說，這就是王炳全，回來好幾天了。於是他就對於他底女人底病有了一點覺悟。他想把這個老老實實地告訴她，可是又有點害怕。他想親自去和王炳全談一談，讓他知道他底心是怎樣的。這個想頭看來極好，但他終於想到王炳全是決不會同情他的。他忽然受了這種寃屈，就默默地憎恨着他底女人了。

她底病仍然不好，於是他就想到了張紹庭：張紹庭可以告訴他他應該怎麼做。不過，要上這富人的門，就必得送一點禮。他遲疑了很久，終於搜出所有的十幾個雞蛋來。但他剛剛走進張紹庭家底大門就看見了那個他覺得是可怕的人——那個陰沉的王炳全坐在台階上。王炳全，顯然地認得他，狠毒地看着他。他慌亂地走了進去，但已經再沒有勇氣說什麼了。

張紹庭底女人說：老爺病了。他看見屋子里有幾個男女在走動：顯然地是發生了什麼嚴重的事情。事實是：昨天晚上和王炳全那樣地一鬧，回來時跌了一下，虛弱的老人就中了風。早晨，張紹庭底內弟趕來了。他剛剛找來了王炳全，王炳全一進來就狠狠地坐在台階上，他們還什麼話都沒有談。

張紹庭底女人，憎惡吳仁貴在這個時候來。她陰鬱地指了一下門外，意思是：你回去吧，王炳全在這里。但這個動作讓王炳全看見了，他是正在激怒之中，站了起來。

他走了進來，胸前的鈕扣鬆落了，衣裳敞開，他站下，輕蔑地看着。吳仁貴，是嚇慌了。

「王炳全！你出去等倒，這里沒得你底事！」張紹庭底女人憤怒地叫。

「有我底事情吧！」王炳全說，變得灰白了。坐在台階上的時候，他聽候着別人底擺佈，覺得沮喪，並且猶豫不決。現在他就變的理直氣壯，決心鬧翻了。上次他看見吳仁貴牽着牛走上坡來，覺得是面對着一種强大的力量，但現在却看見了這同一的吳仁貴底卑劣——他覺得吳仁貴是來謀害他的——和微小，狠惡了起來。

「我正在找你，姓吳的！」他說。

「你找我？」吳仁貴恐慌地說。

「找你！你拐騙別個底女人——我是王炳全！」他叫，奔了上去，在張紹庭底女人底大叫聲里，打了吳仁貴兩個耳光。

吳仁貴，躲避着接着來的打擊，逃到門邊去，發着抖。

「你打嘛！」他可憐地說，一面恐懼地看着王炳全，一面做着手勢；「你打嘛，我這個人，就怕你不打！」

王炳全輕蔑地站下了。吳仁貴，忽然地流出屈辱的眼淚來，走了出去。但走到門外他就站下，痛苦地，憤怒地跳着脚，大罵起來了。他大罵着走了出去。

很多人擠進了堂屋。王炳全站着不動，忽然地非常傷心。這時張紹庭底內弟，一個穿得很漂亮的少爺，奔了出來。

「你造反！土匪！」他叫，威風地打了王炳全一下。

但王炳全，捱了這一下，却站着不動。他有些畏懼，覺得自己底禍事是越鬧越大了，他似乎沒有覺察什麼，他看着這個穿綢衫，梳西裝頭的年青人，帶着一種閃避的，捱了打的痛苦的臉色，好像在奇怪着這個年青人爲什麼會站在他底面前。

但忽然地他底臉色變了：他看清楚了自己底創傷了。他告訴自己說：他馬上就可以離開草鞋場。於是他動手還擊。而這是出於對方底預料之外的。但那年青人馬上就大叫起來，他底兩個滑杆伕一齊向王炳全撲來，把他抱住了。

張紹庭底內弟捶打了他，並把他關了起來。不久之後，他聽見從里面傳來了女人底哭聲和一些人們在門外跑動的聲音，他明白這是表示張紹庭已經死掉了。他跳了起來在房內走動着，他極端的恐怖起來。他忽然發現這房間底後面的門是可以從下面抬開的。於是他跑了出去。

吳仁貴跑了回去，聽見他底女人在呻吟，憎惡着她，暴怒了。他走進去就把桌子推翻，問她究竟有什麼了不起的病。

他底母親，站在門前，輕蔑地笑着看着他。左德珍，停止呻吟，掙扎着坐了起來。

「你不必生氣……我起來就是了。」她說。

吳仁貴，看見母親走了出去，就拉了一張凳子坐了下來。

「告訴你：王炳全回來了。」

左德珍，絲毫都沒有驚動，沉默地看着他。這就使他失望了。

「你說吧！」他憤怒地說，「你還是跟他，還是跟我！你要是跟他，就叫他拿錢出來！辦事情用的，張紹庭拿了兩担谷子，還有這一年的吃喝！你莫當我是傻子！」

左德珍，就溺在自己底感情之中，忽然地浮上了一個譏嘲的笑容。

「他哪里來的錢？你這個人……」她說。

「啊！他沒得錢，我就有錢！根本你早就跟他串通了！」吳仁貴狂暴地叫，跳了起來。他心里是這樣的痛苦，他瘋狂地衝了過去，對着她底臉捶打起來了。而後他揪着了她底頭髮，把她拉下床來，摧在地上。

但左德珍始終沉默着。她爬了起來，站在門邊，呆呆地看着外面。她想到她反正已經是如此，就奔出來了。這是她對於吳仁貴，也就是對於她底命運的第一次的反抗——因爲她從來不曾如此。

吳仁貴，以爲她馬上就會轉來的，就暫時沒有理會她。她向場上奔去，決心要找到王炳全。但在半路上她就看見了王炳全：她向這邊急急地跑來，她要找他，但現在突然覺得他是可怕的，並且自己底這種行爲是可怕的，就避到一座房子後面去了。

王炳全，沒有看見她，跑了過去。

「他到哪里去？」她想。

「王炳全！」她喊，跑了出來。

王炳全站下了，呆呆地看着她。她在離他一丈遠的地方站下了，同樣地呆呆地看着他。不知爲什麼，他們都覺得他們之間是生疏的。

「你到哪里去？」她問。但同時她底頭腦里閃過了這樣的思想：「這麼多年，就問這句話嗎？不行的！好像我們沒有分開！」於是她底眼睛被淚水遮住了，她看不見王炳全了，但她感覺到那個最親切的，最實在、明白的東西，這是祇有她面前的這個人才能給她的。

「你到哪里去？」王炳全問，兩隻乾枯而明亮的眼睛，看着她。

「王炳全……我心上總是想着，你回來了，你曉得我對不起你，……可憐的人喲！」她哭起來，說，「你走開，你走開吧！這里沒得你活的了！」

她從衣袋里摸出一個紙包來，捧在王炳全底脚邊，害怕別人看見，迅速地轉身跑開去了，完成了這幾年來所盼望的，這樣的重大的事情，她心里較之悲痛，倒是覺得滿足了。所以也就決未想到這個世界對她會如何。

吳仁貴和他底母親站在坡旁，看見了這一切了。並且，有七八個她底隣人，看見了這個短短的場面。她看見他們了，但勇敢起來，帶着完成了她底人生的義務的高貴的意識，不看他們一眼，從他們底面前走了過去，一大羣人，在吹着冷風，但晴朗、愉快的田野上，跟隨着她。

她剛剛走上她家門前的空場，她底六十幾歲的婆婆就追上來了，一把抓住了她底頭髮。她是毫不害怕，掙脫了她，堅定地向前走去：她輕視那幸災樂禍地看着熱鬧的、她底鄰人們。但吳仁貴奔了過來，攔在門前，並且把她推開。

「不許進門！」吳仁貴跳着，叫。

她站下了。

「跪下來！你爛婊子，跪下來！」婆婆叫。

「媽，你少開些腔！」吳仁貴痛苦而忿恨地叫，因爲老人底叫罵是傷害了他。他站在左德珍底面前，喘息着，好像要炸裂了。

「求了饒算了吧！」鄰家的王二嫂，左德珍平素最嫉恨的，討好地笑着向她說。她轉過頭來，憎厭地看着她。王二嫂，並不想掩藏自己底得意，笑着環顧大家，好像說：「你看她還看着我哩！」

「你……跟你不相干！」左德珍憤怒地說，轉過頭去。

「跪下來！」吳仁貴叫，並且跳開了一步，爲了好讓她向着門內的「天地君親師」的紅紙牌位跪下。他是那樣的兇橫，發着抖。左德珍從來不曾看見他如此，她底心是冰冷了。

她可看了他一眼，帶着一種光明的、安靜的、堅定的意識，沒有對着「天地君親師」，却是對着荒涼的田野，跪下了。她覺得她對得起一切人。那些看熱鬧的婦女們，嚴肅起來了，讓到她底背後去，站成了一小羣。

「我們這人家不大不小總有個家教！你雖說是過婚，却總是三媒六證抬進來的！」吳仁貴痛苦地發着抖，指劃着，說，「我當初是看你可憐！我怕，我是認錯了人！」

「你哪個不要臉呀！」老太婆，跳到她底面前去，叫。

「我這個人，別的不說！」看見了母親底樣子，吳仁貴更痛苦了，他叫，「別的不說，心里總講個行孝！你看嘛！」他指着門內，「天地君親師！我早就跟你說過了：天地君親師爲大！女人家要講個三從四德！」他忽然沉默了，呆站着：他想到了她平日的馴良和親切，覺得自己所說的這些，都是並不相干的。

「替媽媽叩個頭！」他溫和地說，希望把這個場面趕快地結束。他覺得他再不能忍受自己了。

左德珍，轉了過來，安靜地垂着眼睛，向老女人叩了一個頭。

「吳大娘，算了吧！」一個年輕的，抱着孩子的女人，說。

吳大娘冷笑了一聲，驕傲地走進去了。顯然地她仇恨着她底兒子。吳仁貴看着她，憤怒而痛苦，心里好像有尖刀割着一般。他想着，他底命運，是這樣的可怕。為了抑制這種可怕的感情，他就正對着門，向「天地君親師」跪了下去。他希望鬼神們能夠幫助他，他憤怒地叩了三個頭，他覺得鬼神們也是過於兇殘了。然後他站起來就跑了進去。

大家沉默着。左德珍站了起來，向着田野。

「進來！」吳仁貴走出來，蒼白，昏暈，嚴厲地說。顯然地他是仇恨着他底鄰人們了：他覺得他們沒有權利知道他底羞恥和不幸。左德珍走了進去，他就憤怒地關上了門。

五

王炳全拾起那個紙包來，看着左德珍走了開去。他打開紙包：那是他多年以前買給他們底小孩的一個細小的銀鐲子。他明白他應該走開了。他明白他底盲目的衝擊完全是徒然的：左德珍叫他走開，並且抛給他這個銀鐲子。他覺得他應該聽從她，因為，回想起來，她所做的一切都是完全無錯的。過去的生活是過去了，雖然痛苦，但也並不需要，並且不可能挽回。他，王炳全，近來所做的一切，完全是胡塗的。然而他捧着這個銀鐲子，又覺得自己是一點力氣都沒有了。

他什麼都想到了，祇是沒有想到這個：她這樣會見了他，並且抛給他這個東西。她表明她是忠實於他的，但祇是如此；一切都是平常的，實在的，他，王炳全，應該走開去。但他底感情還不能習慣這個，一瞬間他是消失了一切勇氣，對他自己底生活整個地失望了。他在旁邊的草坡上坐了下來。

卽刻他就看見，張紹庭底內弟，帶着兩三個漢子向這邊奔來。他這才想起來他在草鞋場的事情並不曾了結。他站起來，冷笑了一下，跟他們走了。

張紹庭是在昨天晚上跑進去的時候跌壞的，但現在人們說他是被王炳全打壞的。王炳全被關進了鎮公所。晚上，一個工人進來，帶他走進了一間辦公室。點着一盞油燈，張得運坐在桌前。

「王炳全，我們又見到了！你好吧！」張得運嘲弄地說，舒適，活潑，把兩條強壯的、打着綁腿的腿翹在桌上。

王炳全，被他底這種似乎是帶着一種友善的活潑感動了，悽楚地笑了一笑。

「你是打算要走開草鞋場了吧？啊？」

王炳全沉默着。他看出來，假如他軟弱了，他會吃虧的。

「是嗎？」

「這要看鎮長怎麼說。」他說。

「那倒很明白：我們驗過了又問過了，人不是你打死的！懂吧？人不是你打死的！龔老漢跟鄭四毛都說了。……懂吧？」張得運問，抬起眉毛來，有趣地看着他。

王炳全懂了。他本來是已經不再做什麼好的希望了，他想別人會殺死他，或者把他關到監牢里去，等等。他帶着一種安心的，悲慘的意識，準備對一切都不反抗。他對生活已經失望。而他自信他底這種態度是高貴的——為了他底罪惡，為了他底離開了他的女人和死了的孩子，甘願忍受一切不幸。但現在事情突然地並不是這樣。他激動起來了，覺得，在自由的天地里重新去生活，是異常的幸福的；這樣他就對張得運充滿了感激了。

他取出五萬塊錢來，放在桌上。對這個他現在是絲毫都不痛心。他並且老實地告訴張得運說，他身上是祇剩一萬多塊錢了，他希望能留着這個錢做路費。張得運沒有做聲，輕輕地打開抽屜把錢擄了進去，同時顯出一種憂鬱的、沉思的樣子來。王炳全微微地覺得傷心，看着張得運底動作。周圍是非常的寂靜，王炳全突然地覺得有什麼熱烈的東西向他迫近來又逝去了。他抬起頭來，向黑暗的窗外望了一眼。他覺得：草鞋場在生活、睡眠，他，王炳全，懂得他底命運了。

「我跟你承起了。」張得運憂鬱地，悄悄地說，彷彿害怕打破周圍的寂靜。「不過你還要關三天，明天做一天工：挖水溝。好，你去！」

還是原來的那個年輕的工人，把王炳全帶回囚房里來。走下台階時他聽見張得運底向另一邊走去的寂寞的脚步聲，他替他覺得憂鬱，並覺得他是可憐的。他走進囚房，聽見了上鎖的聲音，倒在牆邊的兩塊木板上了，但卽刻又坐了起來。

從僅有的一個小窗洞里，可以看見天上的微弱的星光。他聽見更鑼的聲音和更夫底叫喊的聲音漸漸地近來。

他覺得張得運是直爽的、坦白的人，然而，這樣地生活着，是可憐的。他一直到今天爲止也是這樣地生活着，可是他自己却常常的引爲驕傲。假如他在家鄉一直混下去，他底命運是可以想見的。

「這就是了！」他對自己說。

他想，他應該早就懂得這個的。爲什麼，他回來了，要做的事情一直沒有做，却和這些人一直鬼混到今天呢？他早就應該去找吳仁貴和左德珍，把一切都弄清楚，做一個決定的。

可是立刻他就想到別的了。

更夫敲着鑼走了近來。

「睡警醒點！啊！」更夫大聲叫，在寂靜中這聲音是如此的響亮，而且顯然地，這是一個老人。

「他天天打更麼？」王炳全想，「他喊叫着走過去，看護草鞋場底人睡覺——他心里愛着這些人，好像他們都是他底親人。所以他底生活是好的。我却是祇剩下一個人了！」

他站了起來，抱着手臂站着。

「說眞的，」他高聲說，「我自己以爲什麼都不怕，自己以爲在這個社會上樣樣都行，其實我不過是可憐地騙騙自己！我自己居然不懂得我心里是受了多大的傷！我不過是一個平常人，也配不上那樣的女子底愛情！……多麼傷心啊，」他悄悄地說，「你今後如果要有出路，你一切漂亮的東西都不該想念，而且必需不能再那樣卑劣無恥，活像一個奴才！」

他底這種反省引起了大的悔恨和痛苦。他希望能夠發現自己底高貴，讚美他自己，但他底心不讓他這樣做。在這樣的內心的衝突里，他疲倦了，昏迷地站着。他不能自制地想到了過去的生活和愛情，他幻想着那稚氣的女人底親切的撫愛。他呻吟了一聲倒在床板上。

三天之後王炳全被釋放了。他變得蒼白而沉靜，悄悄地走過了草鞋場。他顯得是洗濤了一切雜亂的念頭，變得堅決而坦然了。他迅速地就走進了吳仁貴底屋子。

他看見老女人，吳仁貴底母親，睡着在進門的一張小床上，好像是病了。他站下來了，聽見了後面的一個女人底叫聲和猪玀底奔竄的聲音。這聲音興奮而柔和，並且含着一種快樂的感情，使他吃驚了。他痛苦地、妒嫉地聽出來這是左德珍底聲音——他以爲祇會在這里看見與他有關的那種生活的悲慘，他是，懷着高貴的決心，來解脫別人底這種悲慘的；他沒有料到他會聽到這個。那麼別人是生活得很好的，他何必進去呢？別人底安靜的生活與他有什麼關係呢？

但他心里的那個堅硬的東西在一陣暖熱里溶化了。左德珍底這樣的聲音是親切的！這聲音好像在對他說：「王炳全啊！我是在盡我底整個的心活着——雖然這生活是這樣的痛苦！」

「不過你會老起來，想起我們！」王炳全在心里說，拉起衣裳來揩了一下眼睛。

左德珍，顯然地是因了見到了王炳全，完成了她底心願，安心了；已經從那個悲慘的吵鬧里恢復了，在這晴朗的早晨喂着母猪。

「不許亂跑，你要吃！咯咯！」她喚，「啊，你這才乖！」她親切地說；傳來了母猪嚼食的大聲。

「眞的？」王炳全向自己，悽楚地，然而嚴肅地笑了一笑，走了進去。

王炳全心里湧起感激的、新鮮的、愉快的感情，他覺得他眞的應該走開了——爲了她底這樣的生活。他出現在她底面前。

她是站在猪圈里，高高地捲着衣袖，露出瘦弱的，點綴着傷疤的手臂來，提着一個木桶。她抬起頭來，微微地張開了她底憔悴的嘴，呆住了。隨卽她就恐慌得發起抖來了。

王炳全心里的新鮮的感情消失了。他剛才似乎覺得她是一種不可侵犯的、神聖的力量，這個力量安慰着他。但現在他看見她是可憐、軟弱、並且對這個世界上的生活差不多完全無知的。他憐恤這個，——他覺得他一直並不曾眞正地和她在一道生活。

「我要走了。」他溫柔地說。

她呆呆地看着他。

「我來見你一見。」他輕輕地說，哭笑着，眼睛潮溼了；在他底一生中，他從來不曾如此地愛着自己。有一種道德的提防使他堅定起來，他是決不願再玷惹這灰暗的、痛苦的、可憐的生活了。他輕視這生活，——但他所意識到的，祇是自己底憐恤的、溫柔的感情。「事情我都曉得了，也完了，我見一見你就走。」他說。

左德珍放下了木桶，機械地搽了一下手，走出了猪圈。

「你到哪里去？」她問，然後就抑制不住地輕輕地哭了起來。

王炳全突然地覺得自己底居心——他輕視她——是卑劣的。他站着，看着她。這樣他就從自己底堅定的高處跌落了。他覺得左德珍是在可憐他，他感到了自己身上底混濁的、狼狽的樣子，並且覺得，他在這個社會上微賤地混來混去，原是很可憐的。他不覺地痛苦起來。

「我雖沒得多大能力，」他痛苦地說，「不過我總不能再蹲在草鞋場了；世界上總有我底路。……你也不必可憐我，……我心里想，你總是可憐我，」他說，他底嘴唇發着抖；他用燃燒般的眼睛貪婪地看着她，希望知道，她是不是會永遠可憐，並且記得他。

「我心里想，你總是可憐我。」他重複地說。然後他茫然地沉默了很久。

「我要走了！」他對自己說，好像奮力地企圖從什麼一個東西掙脫開來：他要血淋淋地從過去的年輕的生活掙脫開來，他要把它推開去。然而他茫然，覺得不可能。

「你忘掉了我這個人吧！」他說。

但吳仁貴走了進來，使他從這種境遇解脫了。吳仁貴，激動得發白，發抖，好像要跌倒似地，迅速地扶住了猪欄。

「王炳全！我都聽見了！我是知恩報德的！」他大聲說，喘息着，他底蒼老的臉變白又變紅。

王炳全，覺得他這樣老實是過於簡單的，冷淡地看着他。王炳全，帶着一種哀傷的、頑强的感情，表示他決不會屈服，看着停止了哭泣的、發呆的女人。他重新聽見了母猪吃食的大聲，看見了骯髒的窗外的美麗的陽光，覺得自己是已經從那個東西掙脫了。

「王炳全！你今天要曉得——要曉得我這個人底心！」吳仁貴激動地大聲說。

「我曉得。」王炳全說，驕傲地、輕蔑地笑了一笑。

「走！」他對他自己說。於是他向左德珍看了一眼，轉身就走。但因爲在那種驕傲、痛苦的熱情里過於激動的緣故，他底脚步是飄搖的，他底頭重重地在門上碰了一下。

左德珍是憐恤着他又害怕着他，希望着他底走開，在吳仁貴底身邊，她是全然不敢動作的。但王炳全底驕傲、激動的樣子，在她底心里反而祇能是親切、可憐的。她懂得他是如何的痛苦，他碰在門上，這就使得她不顧一切了。

「王炳全，」她喊，走了出去。「我送你。」她說。

吳仁貴覺得羞恥，因爲他覺得王炳全看不起他，並且因爲他覺得他是決沒不權利在這個時候去阻攔左德珍的。他希望能夠當着鄰人們底面替他辯護，於是追着走了出來。

這周圍的一些男女們，有的跑到路口去站下來，有的，緊張地擠在一堵籬笆底前面。婦女們發出一種悄悄的議論聲來又寂靜了。王炳全在他們底面前顯得冷淡而傲慢，他筆直地望着前面，走過了他們。左德珍同樣地是冰冷的，帶着一種輕蔑的臉色。祇有那個吳仁貴是慌亂，激動的，他希望掩飾他底女人底行爲，但他底女人，那個不幸的左德珍，却反以這樣的行爲爲驕傲。

他追上去，紅着臉，跟王炳全說起話來。然而王炳全不理他。這種驕傲的感情，以及一種光榮的、高貴的意識，一直鼓勵着王炳全走上了坡頂。

他走到坡頂了，周圍的荒草在微風里輕輕地響着。是晴朗的、有些寒冷的天氣。山下是一片寬闊的平原，由頂上有一種空曠、荒涼、雄大的感覺。他不覺地回過頭來向遠遠的草鞋場看了一眼，灰黑色的、房屋密集的草鞋場，在陽光里飄展着成百的各色的烟帶：已經是午飯的時候了。

他不吝吳仁貴和左德珍；他決心冷淡地走開。

「王炳全」！吳仁貴，用難受的，發抖的聲音說，「這個是我……我底一點小意思，祇得一千塊錢……」他說，不知道如何表白是好，恭敬地用雙手捧着兩張鈔票。他底這樣子使左德珍覺得心酸，她哭起來了。

「我不要。」王炳全說。冷淡、嫌惡地看着這兩張票子。但忽然他勇敢地、對直地看進了吳仁貴底眼睛，於是他懂得了這個人底痛苦，並懂得了，對於他，生活是艱難的。「眞的我不要！」他大聲說，臉紅了。「你這個人！你留着自己用！」他憤激地說。

「你拿着嘛！要麼你就是嫌少，看不起我！」

「我……眞的我不要！你這個人我罵你眞蠢！」王炳全痛苦地、憤激地叫，忽然地他底眼睛里閃耀着眼淚。

「不，你一定要拿的，出門，」忽然地吳仁貴停住了，看見了王炳全眼里的淚水，並且聽見了身邊的女人底幽切的哭聲，第一次覺得，自己是殘酷的，擱在別人底中間，割斷了別人底愛情。他覺得，如果沒有他，別人將幸福地生活，勝於他底這種辛苦無望的生活，於是他就突然地伏到身邊的一塊巨大的崖石上去，大哭起來了。

「我對不起人啊！」他哭着說；「我底生活不會過得好，德珍，你跟他去吧！」

左德珍，覺得自己是這一切的原因，害怕了起來，停止了哭聲。

「吳仁貴，你不必難受！」王炳全，站在他底旁邊，含着一個譏刺的、痛苦的笑容，說；你要曉得，在這個世界上，各人有各人的路，不是你我都能夠做莊稼人過一生的，也不是你我都能夠——」他指着山下，「走這條路的！」

「這個錢你死人都要拿！」沉默了一下，吳仁貴憤激地大聲說。

「我拿了。」王炳全說，悽涼地、溫柔地笑了一笑，接過錢來。

於是他們肅靜了。這是一件說不出來的、重大的事情。冷風吹着崖石上的荒草，左近的蕭條的樹林在輕微地歎息着。王炳全慌亂地想到，他離開他底遠處的工作——那艱苦的工作在現在是甜美的——已經很久了。他向他們點了一下頭，並向那呆呆地站着的憔悴的左德珍看了一眼，勇敢地，但是有點慌張地，向坡下走去了；隔着一片荒涼的雜木和岩石，遙遠的山下是一平寬闊的平原，全體都暴露在輝煌的陽光中，空曠、明潔、幽靜，各處的水田和池塘，閃耀着好像小的，精緻的鏡子。

「王炳全！」忽然地左德珍叫，向前跑了兩步，「身邊有錢的時候不要亂來，製點家私，帶點暖呀！」她又向前跑了兩步，站在荒草中，彎着身子。「王炳全，過年過節的時候，想想我們，記着玉娃子呀！」

「曉得了！」王炳全回過頭來大聲說，然後又繼續地沿着隄坡走下去，最初是慢慢地，後來忽然跑起來，似乎是發生了一種狂暴的感情，衝到一座竹林里去而消失了。

一九四五年十月

鳳仙花

孔厥

『鳳仙花，
惡鬼抓了她！』

鳳仙花就是鳳兒，鳳兒是個十足的土包子！

大清早，她媽引她來，她不進門，她媽和她低聲說話，好一會，她們進來了，她胆怯的站在房門口，兩手捲衣角，把眼皮抬起來看看我抱的小C，又看看我的臉。她媽和我招呼了，推她說：『走上呀！』又對我說：『就是這樣的，怕生……』

我看鳳兒，我心裏驚異，想：『這孩子怎麼啦？』她臉孔很難看，瘦的，白裏帶青的！一排額髮，雖然用水塗濕，緊緊貼在額上，却仍舊是黃的！她不過十二三歲，却少女一樣羞澀；被媽說了，不好意思的扭轉臉。我看見她的小辮子，繞着一寸左右紅絨繩，在汚黑的衣衫上，紅得很鮮豔，看起來是這天新換的。

我問她：『高興給我引娃嗎？你看，就是這娃娃，才三個月，白白胖胖的！』我舉起小C，恰巧小C笑了，還伸手。她媽說：『看這娃娃，多親呀！』鳳兒却沒有看，只是捲衣角。她媽說：『唉！實在怕生得過於呢！』我說：『怕什麼！給公家人引娃，旁的什麼事也不要做，更不會打你駡你的！你高興吧？』鳳兒不答，她媽催她說：『高興的，說呀！』我說：『她一定是不高興呢！』鳳兒似乎急了，瞟我一眼，低頭咕嚕什麼話。她媽有些不滿意她，說：『大樣些呀！』又笑着對我說：『你看，就是這樣的！』

後來這中年農婦回去，鳳兒就留下了。

男同志們見了鳳兒，說：『哪裏來的土包子！』女同志們見了，卻說：『這小鬼老實呢！』

鳳兒也眞老實！默默的抱小C玩，不偷懶，不調皮。過了幾天，我已經完全信任她。我的工作是經建科會計，常常幾千塊錢放在抽屜裏，一大堆零票放在桌面上，只要有她在家，我可以放心出門，半天半天不回來。

不過鳳兒有些惹人厭！起初她怕我，很拘束；後來慣熟了，可也不露點兒孩子的天眞！特別是，我看了她那額髮，她那骯髒青白的臉，她那辮子，她那長到腿彎的破上衣，還有她那纏住的脚，我看了，我總不好過！她呵，我覺得，不像孩子，不像大人，像什麼？像個鬼東西！

我要改變鳳兒，我給她打算新衣服。我先買給她毛巾、胰子、牙刷、牙粉，可恨，給她她不受，生怕害了她似的！我又勸她剪辮，勸她放脚，她也不敢，又怕害了她似的！我眞氣！跟她說說，她總是不看我，不理我，被我問緊了，才自語般的回答我：『受苦人，不一樣兒！』

好個不一樣兒！天天肚子痛，照她自己說是：肚裏有『枝節』，可是，她還喝冷水，生的，仰起瘦臉，把水罐兒倒轉來，喝個飽。飯可只吃拳頭大那麼一點兒！我看不過，她卻說：『飽勁兒了！再也吃不下了！』我說：『公家飯不好？』她說：『不——！』我說：『菜不好？』她說：『不——！在家裏我不吃菜呢！』我說：『哦！家裏可沒菜吧？』又是：『不——！』不管怎麼說，我看她總是餓肚子，別人乾着急，她卻似乎習慣了！

其實，鳳兒何嘗難看呢？是的，她臉是瘦的，髒的，白裏帶青的，可是，她的雙綫眼皮抬起來，大張開一對碧藍眼睛，雖然有點呆相，眼珠子卻是大的，黑的，通明透亮的；在大人們面前，那眼皮又垂下了，像閉着，睫毛很長的，畫一樣淸晰；它們，會趁你不見，偷偷的撑起來。嗳，這怪東西呵，你厭她，你憐她，你卻不由得會疼她呢！

可是，就讓誰疼她吧，她卻孤獨的，默默的，甚至於是陰沉的，畏怯的，不像旁的小鬼。

旁的小鬼，青年隊！

男的，司號員、通訊員、勤務員。女的，大多也是引娃的，也有的和男孩一樣，已經正式參加八路軍。他們閑了都來找鳳兒玩，還請她加入青年隊。青年隊，有一面血紅的旗子呢，怪美麗的！在晴天，把這血紅的旗子插到青草地上，讓它在太陽光裏閃耀，在風裏翟翟飄飄，而，在它左邊，一條線的站着男孩和女孩的隊伍，很有神采的，向右看齊，向前看，唱：

『戰鬥的號聲響曉！
戰鬥的旗幟飄揚！
戰鬥的火燄，燃燒在
大西北的原野上！……』

他們要鳳兒也去，跑來對她說：『鳳兒，你也加入吧！就抱着小C，插進隊伍裏！』其實，他們指導員叫不要急，先一步一步對她宣傳，但結果，他們總是忘了指導員的吩咐，惱怒的批評她：『你這落後分子！你脫離羣衆，你還不接受意見！』

他們走了，我勸鳳兒說：『你就加入吧！他們還上課學習呢！』鳳兒坐在門檻上搖着小C，好像沒聽見。我又說：『加入他們，好不好？』她默了一會，忽然說：『不——！』我說：『爲什麼？』她說：『爲什麼？——誰知道！』我說：『不加入麼，你總得有個道理呀！』她似乎想了一想，說：『大要罵！』我說：『嘔！那好辦！我去跟你大說！』她回頭來奇怪的望我一眼，有些恐慌似的。我就給她講學習的好處，我還想講集體的鍛鍊，她却忽然頂住我說：『受苦娃，不會學！』

我眞恨呀！叫她住在青年隊，她不肯！住在我這裏吧，又不肯！夜夜要回去。我說：『你不吃奶！』我抱着小C，不滿意的看着她。她兩手攤開，摸住背靠的門，屁股在門板上擦來擦去。總之，不聽話！我望望黑下來的天色，想，她家在東山上面那崖邊，高得很！這時候，路又看不見了，路邊有刺兒樹，路上有亂石塊，一滑呢？一失足呢？每天，我工作忙，可不能讓她早回去呵。每夜，她終於走進黑暗裏去了，好像黑暗就是她的家！

過了幾天，我實在看不慣，我再也耐不住，大聲說：『夜夜摸黑！這裏又沒老虎，怕吃了你？』我忽然從老虎想到狼，我就變了念頭，揮手說：『好好好！你去吧！快去！讓狼吃了你！』她怔住了，我說：『去呀！』她分辯說：『狼遇不着的！』我說：『哼！一羣一羣狼呢！來來去去，常常有的！你遇着，你就該死！』她可眞被吓唬住了，全身都像緊張，呆呆的瞪視我！天色黑下來，她臉變了色，更加白晃晃的，我就後悔不該那麼說，可是我又很快活，我看見她遲疑了！

趁這機會，我安頓她住在青年隊，和許多女孩一炕睡。早起問她：『睡得怎樣？』她似乎有些笑影，說：『可好呢！』我說：『有老虎嗎？』她不好意思起來，說：『不——！蝨子也沒！』雖然這樣，這天卻還是要提早回去！第三天又住在青年隊，以後才常住了。

這一住，她卻變了！

初來的時候，她老是沒有辦法稱呼我，只好不稱呼，有時候，她要引起我注意便難了。我說：『叫我名字呀！』她不敢！別人都叫我名字，後來她聽慣了，也不好意思的叫着我，

這天，她叫我名字，對我訴說，青年隊狠狠批評她了！這是他自動和我閑談的第一次，天天，她住在青年隊，她和小鬼們搞熟了，白天也常去在一起。他們，男孩們，和女孩們的大多數，都戴着小軍帽，穿着小軍衣，束了皮帶，小腿上裹了綁腿布，可不知怎麼裹法的，就和老八路一樣，上下裹得一樣粗，那麼直筒筒的，走起路來怪有勁兒！就是幾個不穿軍裝的女孩子也，不像鳳兒那樣土包子。鳳兒被他們看不慣，鳳兒被他們批評！

這天，鳳兒被批評太狠了，差點流下淚。我聽她說了，就問她：『批評了什麼？』她翹着嘴唇，說：『我已經羣衆接近了，卻又嫌我……』我說：『嫌你什麼？』她說：『老是嫌我……』我說：『嫌你什麼呢？』她說：『髒！』我放下工作，拍手說：『哦！可不是！我叫你講衛生，你不聽！現在可怎樣呢！』她惶惑的望着我，沒有辦法。我說：『我給你買的毛巾胰子，牙刷牙粉呢？』可不巧，這時候有個同志來接洽一件事，小C正睡着，在小床裏。我和那位同志談話，聲音便放得很低。我忽然聽見克托一響，回頭一看，鳳兒紅着臉，又羞又怕的正對我望。她儍了！胰子跌在地上，毛巾吊在手裏，原來她在悄悄的拿東西！

從這天起，她乾淨了。頸根上蛇皮那樣的老痕，我也幫她擦淨。而且，一把剪子在她頸根後面夾搭一聲，辮子被我痛快剪下了。她急得直哭！哭什麼？大要罵！我說：『你大不是到綏德去了嗎？』她大是到綏德去做買賣的。她說：『以後要回來的！』我說：『你住在這裏，怕什麼！』我又說：『就是回去，也有我呀！』我不管，我給她梳起來。梳好了，修齊了，很新式。我捧住她的頭，近看，遠看，左看，右看，我不禁快活得叫起來：『可美的太呀！』

眞的，她兩邊鬢髮披下來，襯着白淨臉蛋兒，瘦伶伶的，兩隻水波似的大眼睛，這就顯得更加美！但是污髒的破衣，卻使顯得更醜了！索性給她脫下。新衣還沒有辦法，就把我最小的舊軍衣給穿上，洗得乾乾淨淨，發了白的。束着腰，還捲一寸褲脚，然後給她鏡子。她不肯照，但終於看見了鏡子裏的自己，眼淚還在眼眶裏呢，卻笑了！怎樣的笑呵，抑不住的，那樣滿意，卻又那樣不好意思。

好像難關已經打開，甚麼也就容易！一次躲飛機害她摔交的她那雙纏住的脚，情情願願由我給她解放了，遠遠丟開，丟開那臭脚帶兒。鳳兒這就完全新樣了！別人才發覺．『噓，鳳兒，好漂亮的小姑娘！』青年隊圍着她跳，圍着她唱：『鳳仙花！好一朵鳳仙花！』不管她怎樣羞得慌，逃又逃不掉。鳳仙花就此出名了！眞奇怪，一次鳳兒含有笑意的對我說：『小C和我更親了哩！』小C也愛新樣嗎？吃飯時候我說：『多吃些嗎！吃壯了，才好呢！』她眞的一天天壯起來，眞見她這樣，人該多麼喜歡呀！

可是，她總是恐怖地担心着：『大快回來！』有一次，她媽來看她，見了她樣子，更恐怖得額上幾塊疤兒都發青，也担心着：『大回來見了，怎麼辦！』誰知，她們的担心却是不虛的！

一天……

鳳兒已經加入青年隊。別人都加入了，很好！她還能不加入嗎？鳳兒挺能起早，早操沒有問題。鳳兒不能遲睡，天黑了，却還要上文化課政治課呢！可是上課很有趣啊，一有趣，就不瞌睡了。有時候，還開會檢討生活，有時候，還開會討論問題。最有趣是政治課，什麼政治課，簡直講故事！講的人是指導員，一個長征老幹部，女的，臉孔又紅，又胖，頭髮從軍帽裏面披下來，身體挺粗，挺結實，兩隻胳膊能夠一下子舉起三個大孩子，一口湖南腔，講課眞會逗人笑！她常常問鳳兒：『解得開嗎？』鳳兒說：『解不開。』後來鳳兒解開大半了，有一次，鳳兒聽聽就哭了！

那次，指導員講的是一個女人，她一生下來就被鏈條縛住，她一生下來就成了奴隸！她的第一個主子是父親，第二個主子是丈夫，第三個主子是兒子。父親管束她，丈夫拷打她，兒子欺侮她，他們大家奴役她，她是這樣不幸，做了比一般奴隸更要痛苦的奴隸！指導員講那女人的種種具體遭遇，鳳兒好像認識那女人的，很熟，可叫不出名字來。指導員說：『她的脚是小的，跑不動路！她的身體是弱的，沒有氣力！她的腦筋是糊塗的，沒有知識！她的心是軟的，沒有勇氣！她不會反抗！她不敢反抗！那鏈條就永遠縛住她，緊緊的縛住她，不讓她有一點兒自由，不讓她有一點兒幸福，一直到死！』

一天，我知道鳳兒已經聽了許多故事，我偶然高興，我要她講個故事我聽，就是指導員的長征故事也挺好。鳳兒却扭捏起來，說：『不會講！』我解開衣服，給小C吃奶，鳳兒就坐在小凳子上，拿着細木棒子在沙盤裏寫字。不戴帽，披下來的頭髮遮了她半個臉，已經胖起來的臉上，隱隱有着兩團紅了！那太陽光，透過白窗紙，照在她臉上，很光彩，好像她生來就是光彩樣！她的軍衣，更使她很有小革命家的風度，我看了，我暗暗快活的笑了。

我笑，鳳兒却覺察了，她飛過來眼光對我瞅着，沒有聲音的，也笑了。她笑什麼呢？她那可愛的眼睛，已經變得很靈動，在大方裏，含着愛嬌；在沉默裏，含蓄着深沉的感情！雖然她比初來時候已經活潑多，她可始終還是個不多講話的人，在青年隊裏，她年紀不算大，却被稱做大姊呢！

我說：『鳳兒，我問你，你將來要做怎樣的人？』她笑着，說：『誰知道！』我說：『你想想看！』她眞的想了一會，却對我笑着，不說出口。我說：『說呀！』她不好意思的說：『我要做，像你一樣的人！』我尖起嘴巴，說：『噓！我有什麼好！』她眼睛笑着，拿沙盤的左手擱在膝上。拿木棒的右手放在頸後，仰起頭，靠在牆上扭動，不說話。我說：『做個指導員吧！嘴巴子也來得，筆桿子也來得，槍桿子也來得！好不好？』她却說：『不——！』我說：『這小鬼！爲什麼？』她又不答，笑着斜過來的眼神好像說：『我就是要做你一樣的人！』

於是我想起了自己的童年：我從過去想到未來，又從自己想到鳳兒，我不禁充滿了熱望，對她說：『鳳兒吓！不要專愛唸書，專愛寫字，還要愛上操，愛開會，愛集體生活，你要希望自己以後能文能武，做一個最好的女革命家！』我以爲她不會全懂的，可是，這小鬼，永遠不能使我忘記，我嚴肅，她也自然的嚴肅了起來，而且，你想這是眞的嗎？她答應了我！

不料就在這天，可怕的出了岔兒！她到河邊去洗毛巾，另一個女孩和她同去，不久那女孩急沖沖的跑回來告訴我，鳳兒被人打爛了腦袋，拖死猪一般的被人拖去了！

立刻我明白了什麼事！我來不及遲疑，趕忙把小C交在那女孩子手裏，就飛奔了去。

鳳兒的大，是個兇恨的人！臉孔鉄青，眼光冷酷無情的斜看我，陰險的，只一邊頰上顯出紋絡，翹起一角髭鬚，對我假笑。後來我才知道，原來他是鳳兒的『後老子』。他還是個舊時代的地主呢！此刻，他請我上炕，我却忙着尋人。這天，鳳兒的媽可不理我，我只見她一對眼睛直直的，呆看我，樣子她是嚇壞了！鳳兒呢？我不見鳳兒！

實在，這窰洞也太暗啦！煙薰黑了牆！蠅子巴黑了炕，巴黑了灶，牠們，轟的一聲飛起來，我眼前就發花，肉也麻！我從大太陽裏走進來，只覺窗口是亮：窰洞的深處可黯洞洞的，甚麼也看不清，只見角落裏什麼磁缸兒釉彩放光，另外什麼上面貼着紅紙兒，也發亮。一個低泣的細聲音引我過去，我在灶門前的灰堆裏摸着了鳳兒！

呵！鳳兒！她連頭連脚縮成一團，坐在地上，兩手捧起衣服，壓住在頭上，呵，我明白的，我明白的！我拉她起來，她不知道是我，忽的直叫起來，她掙扎着，哀哭更響了！我拉她到亮光裏一看，她已經不像了！身上沒有軍服，撕破的襯衣，緊壓在頭上，血沿它流下來，流在白白的小肚皮上，鮮紅的！我不敢拉開她手來，她頭髮也被血水濕滿了！

我說：『鳳兒！鳳兒！是我呀！』她聽見是我，忽的停了哭，她的手放開了，染血的襯衣落下來，呵，可怕，一個血臉！她看我，我看她，我全身都打寒戰了！她，已經分不清傷在那裏，大概是在腦殼上，一定打開了不小的洞，只見好幾道血流爬過她那蒼白臉兒，還在往下滴！腫了的眼皮卻大張着，對我望，牠們，淚水又潮湧了，她失聲的又哭起來。

我抱住鳳兒，我嚥了自己的眼淚，說：『鳳兒！鳳兒！好孩子！你怎麼啦！』她抽抽噎噎的說：『他，他要打死我！』她的話還沒說完，誰知那鉄青臉兒的魔鬼神，就從鼻孔裏冷笑起來，咬緊的牙縫裏，透出惡毒的聲音，對我說：『同志，不勞你管咱家務事，這是咱女兒，咱女兒由得咱管！』我倒被她說得不好意思起來，可是我說：『就是你親身女兒，你也不能打呵！在新社會，誰都沒有權利打人。』他也許以爲，我暗指了他是『後老子』，他恨恨的對我瞪着三角眼，說：『你同志可也沒有權利干涉老百姓，干涉老百姓的自由！』我說：『你可不能這樣說！自由，自由，打人可不能自由的！』他忽然惱怒起來，提高了聲音，說：『可是你管不着！反正咱女兒不做「公家兒！」』他一點也不客氣的揮着手。

我想好好跟他講理，他却不耐煩了，回頭對鳳兒媽瞪了一眼，說：『死了嗎！把衣服還給她，好讓她走呀！』那鳳兒媽，被他這樣一瞪一喝，立刻嚇慌了，趕忙捧出鳳兒的軍衣來說：『好同志，這你快快收回吧！』我說：『這你幹嗎！當初不是你自己叫鳳兒引娃的嗎？』可是，她的手在發抖，她那很多傷疤的臉上，那可憐委屈順從的表情，好像在說：『就是這樣的，沒辦法呀！』她硬把軍衣塞在我手裏，同時一滴老淚落在我手上。

那男人又說：『至於辮子呀什麼的，也就不用你給還原了，老實說，你也不會有辦法！你只把她幾個月工錢交還我！往後她做別的活，她不再引娃，我家與你就不相干！』一邊他把一根又粗又長的紫銅烟管在炕沿上敲，托，托！那麼有力，那麼狠！我想，他背地裏打老婆孩子，一定就用的這傢伙！

我眞憤怒透頂了，可是我還忍耐着，說：『哦！天下倒有這樣便宜事嗎！不再引娃，做別的活，可是她要引，你也不能毫無道理的不許她引呵！』那男人氣得叫喊起來：『哦！你要強迫她引嗎？』我說：『你要強迫她不引嗎！……看是你強迫還是我強迫她！』他說：『對！叫她自己說！叫她自己說！……引不引，福兒（鳳兒的土音），你說！』他用烟管兒指着鳳兒，聲調這樣狠，眼光這樣兇，眞會叫孩子嚇壞的！鳳兒呢，我急忙看鳳兒，我急忙想從鳳兒那血淚模糊的臉上，察出她心裏的言語。這時候我忽然的緊張起來，我立刻提心吊胆了，我想，這裏只要一句話就能使那男人抓住口柄，將她奪回去！鳳兒卻仇恨的指着那男人，扁起嘴唇，帶哭的說：『你！你壓迫我！我不由你！我不願在家裏，我不願在家裏！』不過她的牙齒打戰，使她發音不清楚，然而她是恨恨的，堅決的！這孩子呵！感動得我心一酸，再也留不住自己的眼淚！我緊握着她的手，她拉着我就向門外走。

那男人怔住了，一下不明白她的意思，可是他立刻明白了，大叫着追出來，衝得那麽急，差點跌下了崖，他後面還有誰在哭喊。我便回過身去，對他說：『好老鄉，你放明白些吧！你打得她這個樣子！我回去還得給她醫治呢！』趁他一遲疑，我便帶着鳳兒走遠了，回來了。

指導員和全體青年隊，在緊張地等消息……

就在這天，鄉政府給調解了這件事情，那男人已經允許鳳兒，正式參加了八路軍。

青年隊唱道：

『鳳仙花，鳳仙花，
大家歡迎她！』

從重慶寄來

蚊虫特別多。因此近來想寫過一篇叫做吸血虫的雜文；情緒還是泥濘，沒有認眞寫出來。吸血虫原是可惡的事，但是更可惡的，是不但可惡，而且無恥之故，如同現在政治。

在這種時候，人是往往冒火的，因此打蚊子時，往往一掌猛擊，不是打得自己腦響鏗然，就是巴掌發熱，但是爲了打死蚊子，也管不了自己吃巴掌的。

……………………

最近翻了一翻卡之琳底十年詩草，非常糟糕，斷章中『人在橋上』的『人』，『我的窗子』『我裝飾了』的『我』，都是第二人稱的『你』。翻翻以前的舊稿，却並沒有錯的。這個錯處使我狼狽。手邊沒有書的時候，全憑記憶，就要毫厘千里。幸好主題還是這樣的主題，不過以人稱而言，却由『主觀』的，跳到了『教訓』的了，記憶力衰退，工作缺少仔細。

壞處是如此：『你』——這個字有曖昧性質：諷刺也可以，說教也可以；前者是否定的，後者才是肯定的，才是我所要打擊的。幸得卡之琳，是需要如此的。

近來忙累，有時候痲木，有時候惡毒。

……………………

但是總之，我還是這樣的我：悲痛還是悲痛。能稍有不同的，祇是冷冷然憎恨一切。這種憎恨很奇怪，幾乎近於沒道理的樣子。例如憎恨一個蚊子就好像憎恨一個元首；而憎恨一個元首也像憎恨一蚊子。大的痛苦往往在小的事件上爆發。而小的東西底堆積也不下於大的東西。…………

A.（六月二日）

關於思想與思想的人

舒蕪

論文的風格

「眞理不屬於我，是屬於一切人。我是眞理所有，並非眞理是我所有。我的所有，單只是形式；形式是我的精神的個性（La style C'estl'homme）。『作風卽人』。」（卡爾：關於普魯士最新審查條例的備忘錄）

因此，對於一個理論工作者，他所寫的論文是否形成了，或正在形成着一種獨特的風格，這就是測驗他的精神是否已融進他所探求的眞理中去的最好的標準。而理論工作者的精神是必需融進他所探求的眞理中去的，不僅爲了工作態度的忠誠，而且也爲了眞理本身之應該有生命。

有生命的眞理才能感動有生命的讀者。而且，某些較有長久的時效的眞理，也必需時時有更新的精神融注進去，使它具有更新的生命，方可以和更新的讀者更爲接近。而且，人的精神的類型也本來有許多種，雖是同一個眞理，如果不分別融注以不同類型的精神，就在同一個時間，也不易於爲精神類型本不相同的讀者所一致接受的。

看演講記錄和親自聽演講，所得的効果一定是後者大得多。就因爲聽演講時還接觸到演講者的聲容笑貌，這些中間就有具體的人的具體的生命在。顏之推說：「夫同言而信，信其所親；同命而行，行其所服。禁童子之暴謔，則師友之誡不如傅婢之指揮；止凡人之鬬鬩，則堯舜之道不如寡妻之誨諭。」這也就因爲對於所親所服者一向接近，一下子被吸引起來也就更爲容易的緣故。

我什經拿「熱風」和「飲冰室文集」前三册比較過，發現魯迅在五四時代說過的，往往很有些是梁啓超在戊戌時代先就說過的。就魯迅說，他在靑年時代還有不讀梁啓超的論文的麽？爲甚麽他又要重說一遍？就我們說，對於同一個理論項目，又究竟是通過戊戌時代的梁啓超，還是通過五四時代的魯迅，哪個更容易接受些呢？精神狀態決定於生活過程，生活過程又於因時代的不同而有不同；在一個新的時代裏，用新的精神融注到前人所已發現的眞理中去，這原來也就是把眞理發展了一步，使它適合於新的時代的需要了。

同在戊戌時代，梁啓超和嚴復的風格不同；同在五四時代，陳仲甫和胡適的風格不同。梁和陳都可以說是「衝鋒陷陣，辟易千人」，嚴和胡都可以說是「言無不明，意無不盡」。於是，有些感受力較强的人就可以從梁陳那裏獲得更多的益處，另一些思考力較强的人則可以從嚴胡那裏獲得更多的益處。由此可見，對於不同的對象，卽使說着相同的事，說的方式也還是非有不同不可的。

其實，今天所謂「雜文」，原來也可以說就只是「魯迅體的論文」，和「胡適體」「陳仲甫體」「錢玄同體」一樣；不過後來歷史的發展，特別需要這種風格的，和與這風格同類的論文，才使它變成一個獨立的文學部門而已。但在這部門之中，各個作者仍然必須發展自己的精神的個性，完成自己的精神的形式，完成自己的風格；如果專以「學魯迅」爲能事，那又正是製造假古董，像古代文人的「學韓」「學柳」一樣無聊了。

而今天常見的論文，就簡直更是無風格可言。有一個時期，盛行過「第一，……第二，……第三，……第四，……」體；後來又盛行過「首先，……其次，……復次，……最後，……」體；近來，這樣明顯的分條列舉已經不大看得見，骨子裏却仍然差不多。這樣的「開中藥舖」式的論文，表現了作者的思考和感受能力的薄弱；自己沒有整個的進入眞理之中，不能以自己的精神的運動表現出眞理的構造和發展，只能站在眞理的外面，一下子挖它一點下來，一下子撕它一點下來，零零碎碎，丁丁掛掛，結果當然就只能寫出那樣的東西來。

因此，今天的論文，眞能打動讀者的心的，實在太少。讀者讀了，當時知道有這樣的理論，有這樣的一套，覺得很好。但丟開以後，除掉有些特殊的讀者，例如讀着教育學論文的教育學者而外，大抵也就逐漸忘却，終於等于沒有讀過了。

反過來，一般讀者，對於理論本身或者不容易一下子就了解，但對於理論中的作者的精神，作者的人格的力量，却是像容易的就藉着他們自己的精神和人格力量而通感到的。而這通感，就不僅吸引着他們非求了解不可，而且鼓動着他們非自求發展不可。這樣，作者與讀者的關係，就不是片面的給予和受取的過程，而是相吸相推的有機的過程，那意義和效果之增大是無可估計的。

活生生的人，是世界上最容易被了解的東西；今天，如果說論文應該通俗化，那麼就等於說應該人格化，個性化。必需把精神融注到眞理之中，必需把人格在眞理之中建成，使個性在眞理之中發展，必需把自己的精神，人格與個性又通過眞理而透露出來，這樣的完成自己的風格，寫出來的論文才是通俗了，而又並非庸俗了的東西。

似乎有誰說過，敢於在論文中心「我」出而說話的，才是反而能被更多數人所接受的。倘不拘泥於字面，這實在應該是今天的理論工作者的箴言。

一九四六、二、二五、

過程與結論

有些人讀一篇論文，一心只想找尋幾條，或者一條結論，以爲其他都不足重輕。如果找不着，就慌張起來，可以駡這論文簡直沒有意義；如果終於找着了，但因爲在結論之前還有探求結論的思想過程，他也會煩燥起來：爲什麼不直接的作結論呢？一定是故意繞灣子，要花頭，可惡！

這態度其實是錯的。

因爲，「並非僅僅結果屬於眞理，到達結果的過程也是屬於眞理的。眞理的探求，在其自體也必須是眞理。眞理的探求是展開了的眞理，它的各個構成份子，在結果上是被綜合的。」（卡爾：關於普魯士最新審查條例的備忘錄）

說起這里面的原則，是並不新奇的；那無非就是：存在與運動不可分，運動是存在的方式，存在是運動的結果。對於這個並不新奇的原則，有些人在口頭上承認，在實際上却完全違反，例如希望結論而能沒有探求過程，就是的。

結論——這一存在，和探求——這一運動，也絕對不可分。結論就是先前的探求之結果，又是往後的探求之原因；而且，倘嚴格的說起來，那就只能說，在無盡的探求的運動中，常有構成相對穩定的質的階段，而結論就是在這些階段上的各個橫切面而已。倘離開無盡的探求過程而把結論孤立起來，它就沒有任何意義。例如，就算是形式邏輯的三段論吧，倘使沒有「大前提」和「小前提」，那「斷案」也就成了誰也不需要的東西；倘使沒有「凡人皆必死」，也沒有「孔子是人」，單單一句「故孔子必死」，誰知道你是在說些什麼呢？

遺老和革命家都不滿現狀，東方法西斯主義者和集體主義者都反對個人主義，盧森堡（「二十世紀之神話」的著者）和高爾基都主張强力，尼采和早期的魯迅都主張「超人」，韓愈和戴震都攻擊佛教，他們之間，可以說出字面上很相同的話；但其所以不必等待他們的理論本身的往後發展，也不必等待他們的理論所造成的實際效果，而先就可以判定他們之逈不相同者，就因爲知道他們是由逈不相同的過程而來到這外表相同的結論的緣故。倘不要過程，就會弄到把他們相互等同起來。

而且，卽使本質相同的結論，也並不是沒有個性的分別。而個性就是被全部過程所決定的。例如，同是德意志的唯心論哲學，因爲康德是從認識論出發而黑格爾是從方法論出發，彼此就不能混同。又如，同是法蘭西的唯物論哲學，因爲笛卡爾系統之下的是從自然科學出發，而洛克系統之下的是從社會生活問題出發，彼此也就不能混同。倘使混同了康德和黑格爾，那就不能了解康德的理智主義的進步性，那麼，德意志古典哲學的價值在那里呢？倘使混同了笛卡爾和洛克，那就不能了解法蘭西唯物論的歷史，就不能了解梅特涅之怎樣綜合這兩大源流而把法蘭西唯物論又更向前發展了一步，那麼，法蘭西唯物論的「和共產主義及社會主義的必然聯繫」（卡爾）又在那裏呢？倘使對於哲學史的硏究並不是一種精神的奢侈，那麼，這種本質相同的思想之間的個性區別，就是不容絲毫忽視的。否則，一部哲學史，就只要「某某等是唯物論者，某某等是唯心論者」這樣兩句話就足夠了，此外還有什麽可說呢？

「資本論」一書之所以不但有經濟學上的巨大意義，而且有哲學上的巨大意義，就因爲它展示了詳盡曲折的思想探求過程，在這部論究經濟問題的書裏面同時也就教導了研究一切問題的方法的緣故。它并不是按照完成以後的結論的結構而結構的，它的第一章並不是「何謂資本」，而是「商品」。「商品這個東西，幾百萬人，天天看它，用它，但是熟視無覩。只有卡爾，偏偏研究了它，他拿了商品，這樣看，那樣看，……他從商品的實際發展中做了分析工作，從普遍的存在中找出理論來。」（整頓學風黨風文風）就從這裏，就可以看出認識論和方法論上面的無比的價值了。倘讀這部書而只記住一條條的結論，那是就顯然損壞了這種價值的。倘說，那究竟是經濟學範圍以外的事，就經濟學範圍之內而論，只注意結論有什麽大壞處呢？不，那也是不可以的。第一，這研究一切問題的方法，當然也就是研究經濟學範圍之內的問題的方法。而且，第二，這主觀的辯證法同時也就是客觀的辯證法，資本主義社會的複雜萬端的矛盾，本來也就是函蘊在，展開於那簡單的商品的簡單的矛盾之中。所以，即使只就經濟學範圍之內而論，倘不注意那已被展示出來的思想探究過程，對於這部書就仍然不能算是有一點點了解的。

此外，「試舉一例，從來沒有一個哲學的命題，和黑格爾有名的命題——『一切現實的，都是合理的，一切合理的，都是現實的。』——一樣，這般異常地取得了褊狹的政府之恩寵，惹起了同樣的褊狹的自由主義者之憤怒。於是，這一點，就明明是視存在的事物爲神聖的東西，對於專制制度，警察國家，專斷裁判，出版檢查法，都與以哲學的祝福。……然而，在黑格爾看來，一切存在的事物，絕不是因其存在，就直截了當的是現實的。黑格爾認爲只有那同時是必須的事物，才夠得上說它是具有現實性的東西；『現實性，在它的展開中，顯示爲必需性』。……似此，則從前一切現實的東西，在發展進程中，失了它的必需性，失了它的存在根據，失了它的合理性，便成爲非現實的；……並且，凡在人類頭腦中認爲合理的東西，縱令它和現存的外觀上的現實相抵觸，它也都定規了要成爲現實的東西。似此，一切現實之爲合理的這命題，按照黑格爾的思維方法，便轉化爲另一命題：凡是現存的，都值得毀滅。」（弗列德里契：費爾巴哈論，第一章）

這一段解釋，是和它所解釋的那個命題同樣，而且更加有名的。這就是恰如其實的把那個命題解釋爲「凡是現存的，都值得毀滅」的意思。但爲什麽只有他能這樣解釋，只有他的這個解釋能夠恰如其實，而他所指責的那些「褊狹的自由主義者」們便不能呢？就因爲，只有他，才能夠把這命題與「黑格爾的思維方法」，不是分開，而是聯係起來考察，只有他，才能夠不僅僅從這命題本身，而且從「現實性顯示爲必需性」那個命題出發，考察從那個命題到這個命題的探求過程。如果他想：反正結論就是「一切現實皆爲合理」，只要知道這個就夠了；那些探求過程，還管他幹什麽呢？如果他這樣想，而且也這樣做了，他就不能了解黑格爾的眞意，就與那些「褊狹的自由主義者」們在這一點上並無不同。

總之，眞理的路是太悠長了。我們現在，無論是站在那一點上，又能算得什麽呢？可貴的不是某一點比另一點遠了幾步，而是每一點都是一番辛勤跋涉的結果。誰能一個人走完這悠長的路呢？只希望大家都堅持着辛勤跋涉的精神，或者就可以使後代人總都能比前代人少走上幾步，而却又看得遠幾步而已。因此，就又不但當有結論時應該把探求過程展示出來，而且，即使經過一番探求而並無結果，這並無結果的過程就也有着重大的意義，也應該展示出來的。因爲，這仍然是一番辛勤的跋涉，雖然還沒有走完一個段落，但或者這毫末得到休息的辛勤，就更可以鼓勵別人加速行進的。

不過，當然，這和那些專愛結論的人就更難說得淸了。

一九四六、二、二八、

雜文

性與革命與統一

竺夷之

「清宮瑣聞」據「竊名筆記」錄「清宮祕事」一條，開頭就說：「清室自稱姓愛親覺羅氏，其實已數易矣。」以下就歷舉順治是山東王皇之子，雍正是史某之子，乾隆是海寧陳氏之子，光緒是慈禧太后與金華飯館櫃夥史某的私生子而寄養於醇親王家中者；最後下結論曰：——

「由以上各野史觀之，是清始而王，繼而衛，繼而陳，終而史，已四易其姓；而前歲革命軍起，猶存種族之見，豈非以漢人自革漢人哉？」

此四事中，乾隆一事傳說最盛；魯迅先生曾分析津津樂道者之心理動機，謂爲「生殖器革命論」，實卽「精神勝利法」之一種。由此種心理，必然的進爲奴才心理；上引「祕事」的結論，就表現得很明白。

而王仲初的「清宮詞」中，也就有一首關於乾隆的這傳說的；詩曰：

——

「鉅族鹽官高渤海，巽開百戲每傳疑；冕旒漢制終難復，曾向安瀾駐翠蕤。」

並有註曰：——

「海甯陳氏有安瀾園，高宗南巡時，駐蹕園中，流連最久。乾隆中嘗議復古衣冠制，不果行。」

詩裏的第三句，對於這位乾隆皇帝，簡直被站在「民族立場」歌頌起來，不勝欷歔歎惋之情；髣髴只要他當初「冕旒漢制終能復」，那麼大的一個民族問題就可以解決，命也可以不革了似的。

樊樊山題「清宮詞」絕句曰：——

「太史謙謙託馬牛，風人下筆自溫柔；絕勝明季張蒼水，苦把微詞詆建州」

這是推崇王仲初的態度，順帶就拿張蒼水來墊了腳。但張蒼水的「建州宮詞」中的「春官昨進新儀注，大禮恭逢太后婚」兩句，和「滿清宮詞」中的「而今屈煞兒皇帝，暫把封銜借太公」兩句，都說的是順治的母親嫁多爾袞一事，意氣激越，其實連「微詞」都不是，而是破口大罵，與王仲初的奴才態度當然不可同日而語。蒼水爲明季遺民中之錚錚者，縱橫海上，力抗清兵，人格高卓，故其詩所運用的題材雖也近於「生殖器革命論」的題材，但運用的態度既殊，作品的全部性質也就爲之一變了。

不過，時至今日，還有人舉漢代的文成公主下嫁烏孫王一事，證明中國一向只有一個民族，這簡直可以叫做「生殖器統一論」；觀其內容，卑劣又更下於「革命論」一等，但巧妙也就上於「革命論」一等。眞的，我也要說：「絕勝明季張蒼水，苦把微詞詆建州。」不知蒼水先生以爲何如？

四六、二、二一

鄧肯女士與中國

鄭達夫

鄧肯在她的自傳裏面，自述曾在開赴俄國去的火車中，做了一個赤裸全身而在大雪地裏打滾的夢。並且說：不知弗洛伊德先生的解釋又是如何？

弗洛伊德先生的解釋究竟如何呢？他的著作，我一共只讀了幾頁，當然無從推測。那是章士釗先生譯的，名曰「心解學」，只看書名，就知道譯單純是「邏輯」，我輩居然讀了幾頁，已經不容易的。

那次失敗以後，就一直望洋興嘆，只好茫然的看着周作人諸公因而「悟道」，以及沈從文諸公因而與其諸「德配」建立「生物的平等」。「道」與「平等」，固皆可羨之物，我豈不知？其奈沒有那份學力，終于還是望洋興歎了。

歎氣之餘，有時也根據一點耳食之談，胡亂加以推想。我想，其中精義，大抵是說，人的諸種思慮云爲，歸根到底都是性心理的變形。至其在中國的具體運用，則女性尤爲其主要的對象；這是只要看「生物平等」論，以及什麼「看虹錄」之類的大文，就可以知道的。

我有一個舅母，很歡喜寫些詩詞，我在十一二歲的時候，已經看見她的詩詞稿訂成了四大本。後來却只賸下一本的殘編，只有幾十頁了。那原因，據說是，她偶將稿本放在舅父的書桌上，家中請的塾師來訪舅父，就翻看而且讚美了一下；塾師走後，舅父即與她大鬧，說：「你做什麼詩詞，還不是都爲了攞給某先生看麼？」她一怒之下，立刻拿來付之一炬，幸有別人搶救，才賸下這幾十頁的。我的舅父未必研究過弗洛伊德的學說，但他這種文學批評論，我以爲實在是與弗洛伊德天才的暗合。

「紅樓夢」中，什麼一次「桃花社」社期，大家作詩。後來，寶玉却將薛林諸女士的大作寫在扇上，搖了出去。被薛女士知道，就以「閨閣中詩豈可輕易爲外人見」的大道理，把他申斥了一頓，使他謝過不遑。她所根據的原理，也是與弗洛伊德暗合的。

我有一個朋友，曾在湖北某學校教音樂。每次點名，總有固定的幾個人不到。細查起來，原來都是女生。于是就去問女生管理員，那管理員鬨而大詫曰：「什麼，她們也去唱歌，這裏從來沒有這種事。」我的朋友只好讓步，提議男女生分開教。她說：「不行，那麼大聲唱歌，男生聽了，那還了得？」不用說，這種音樂批評的原則，更是與弗洛伊德暗合的了。

由此可見，中國實在是最宜于流行弗洛伊德學說的國土；眞可惜這位先生竟沒有來講學，以致一定少了不少信徒。現在雖有「悟說」「看虹」諸公之鼓吹，力量究竟還嫌太小的。

然而，猶有足以慰懷者，即中國亦幸而沒有，或甚少有鄧肯那樣的女人也。照例鬧新房時，新娘越是羞答答就越有趣，若都像「廿年目覩之怪現狀」中的焦黑儒侍郞之女，鬧房客人進來時，發現她竟在新床上躺烟燈，見客人來，即招呼請坐倒茶，大家只好愕然相顧，唯唯而退了。同理，中國即使有一個鄧肯，「看虹」「平等」諸公的嘴巴也要淡下去，終于打起呵欠來，或者覺得還不如去唱「四郞探母」之爲有趣了。

太平景象

方　然

「大學新聞」載某大學某院長，在紀念週上大談「民主」，結論說道：「校長，代表政府，是可以談民主的；教授是校長聘來的，稍微可以談民主；至於你們（學生）就根本不夠資格談民主！」

有人認爲這位院長反對「民主」。這是不識其本心。因爲既是院長，當然知識很高：第一、當然是留過洋的，當然知道現在談民主，正是其時。第二、既然政府與「校長」都在談「民主」了，那麼，「民主」何可反對？

有人認爲：這位院長是害怕學生談民主，這也是不識其本心。因爲，第一，院長上面有校長，校長上面有政府，這還害怕什麼!?第二，學生們也不過是談談而已，他們幼稚得很，還能談出什麼大乾坤!?第三，若果眞的値得「害怕」的話，院長博識多能，當然知道這樣態度以應付是絕對不行的。

那麼，院長本心何在？詩云：「他人有心，予忖度之。」我試揣測如下：

第一，中國是禮義之邦，現在政府欲示「民主」，這是一種「禮制」，一種「朝儀」，這是行之於朝廷郊廟之中，諸候大夫揖讓之間。「禮不下庶人」，如果泥脚漢也闖入太廟，也穿起「禮服」，這豈不是弄成笑話？在這「禮崩樂壞」之時，可見院長爲國之心。

第二，你們「學生」甚麼資格都沒有，「民」的資格總是有的，你們談是可談的，但要知道，你們只能談「民」，我們才能談「主」。不能籠統混談一氣。這是「春秋正名管」。在這「微言絕，大義乖」之時，可見院長爲民之心。

第三，漢書「刑法志」有幾句話：「鬻棺者，欲歲之疫，非憎人欲殺之，利在死於人也。」賣棺材的，希望年年是瘟年，希望人人都變成死人。他的本心並不是憎恨人或害怕人，不過是想得點利而已。院長所以講這番話，擺弄這番神氣，也許本心根本沒有想到什麼「民主」，甚麼「學生」，不過是說出來，討討好，賣賣乖，「裝裝蒜」而已。宋朝有個宰相（不記得是賈似道，還是韓侂冑了。）有一天，到郊外去遊玩，看到一片竹林茅舍，風景很好，就對旁邊隨從的人說：「可惜聽不到兩聲犬吠，就差這一點。」馬上就有一位隨從倫倫地溜開了，藏在樹林里，學起狗叫，學得像極了。宰相聽到，完全以爲是真的，開心極了，搖頭擺胸地說道：「這眞是太平景象！」

關於「發抖」

一筒

中國人有一句偉大的習慣語，就是「壯士不病虐」，見博物志。原因似乎以爲虐疾總是發抖的，只有壯士一向不會發抖，應付環境，一切行動都很鎭定的。這大概是用少數被壓迫者的發抖病態，來反襯那多數反封建制與反奴隸制乃至帝國主義者的壯士美吧。

另一方面，在四川有一種奇特的疾病專有名詞，就是「奴隸虐」也見博物志。這，誰都知道奴隸與虐疾病的關聯，也在於發抖。人們在虐疾里發抖，乃是生理病態，奴隸們在被支配里發抖，乃是心理病態，這個疾病專有名詞，似乎反映奴隸們平常慣會發抖，而且似乎在那些行尸走肉的人羣里，只看見有奴隸們發抖，而且似乎肯定奴隸們的本領只會發抖，這似乎可以肯定發抖是奴隸的病根。

然而，事實上又似乎不盡然；陳勝吳廣何嘗不是農奴，叛亂反秦，偉大的史家司馬遷極看重他，爲之寫世家，又在史記的自序里，並提湯武陳勝。洪秀全石達開，又何嘗不是領導農奴們反對滿清專制的統治，中外都推他們爲民族英雄！

那末，發抖，不見得是奴隸的病根。佛記，五根百病，却沒有這樣病根，也可以說沒有這樣的奴隸病。一切平等，一切自由，才是人羣的幸福。如果，眞的以爲發抖是奴隸們的病根，「豈不罪過」，「豈不罪過」！

尊理性

宗珏文

一　理性舉例

前些時路過重慶，借住在一個大衙門的辦事處裏。晚上很喧鬧，不容易入睡。好久之後，逐漸清靜下來，於是也就逐漸朦朧過去。但這時，忽然有人敲門回來。睡在我的鄰床上的人被吵醒，奮身起坐，大有吵架之勢。繼而一看，乃是熟人，遂轉爲招呼，且繼以談話：

「啊！這個時候。看電影的吧？」

「唉！唉！不要說了。倒霉！」

「怎麼呢？」

「先不知道。走去一看，已經很多人，就趕快擠進去。——他媽的！那知道是俄國片子」

「唉！……」尾音極長，後且極高，不勝歎惋之情。

「眞倒霉。你看是不是？」

「眞是。俄國片子眞是太……，太……，咳咳！咳！」

「是呀！就是太宣傳了，過火得很。」

「對了，太宣傳。像美國片子就不同，樣樣都近情近理，一看就相信是眞的。」

「那些什麼拖拉機，什麼收割機，什麼民衆自動去打仗，有人相信嗎？」話如連珠，氣復凜然。「當然不會。不眞實的東西，誰會相信？」這麼自行回答着，一面打呵欠，一面解褲帶了。

「那麼，」聲音很急，是突然想起了要事的樣子。「你不是寃枉花了票錢嗎？」

「哈哈！那倒沒有。你看，弄了這個東西。」手指指向中山服的左上角口袋。

「哦！」尾音也長，但後來很平和。「好本事！這就行了。——你那裏弄的？」

答話變成切切私語，我也困倦，聽不淸。沒有聽淸而寫在這裏，又要成爲「太宣傳」，沒有人相信了。

二 盲從舉例

到了目的地，把帶來的幾本書往架上陳列起來。但雖是「幾本」，在這荒僻的地方，却使我儼然成了藏書家。於是常有人來借。

這「常有人」之中，大部份是小姐們。有一位來時，聲明要找女作家的作品。我就把一本「我在霞村的時候」介紹給她。

幾天之後，還書來時，就發表讀後感，說是「好得很」云。問她爲什麼好。

「近來大半看的是外國名著，這回看這個，特別覺得好：多親切的！」

「所寫的地方不是很遠麼？」

「地方遠？那倒沒有關係。不過，情形倒眞是很遠。就像那老太婆，那麼樣的轉變，那麼好，眞不容易相信。」

「是的。恐怕是不眞實的吧？」我想，又要有「眞實論」出來，搶先就說。

然而：「不！不！我相信是眞實的。那樣的新的生活，是會產生許多出人意外的效果的。」這些話眞也出我意外，令我狼狽周章。

「爲什麼我們這裏沒有呢？」我還申辯。

「哼！這裏……」不久就托詞走開，大約很看不起了。

三 結論

但我想，這樣輕於相信，是盲從；眞是靑年思想前途之危機，要趕快「領導」才好。

從渝郊寄來

……………「王興發夫婦」給我很大的滿足，讀到王興發從田裏回家，他底孩子們看見他說「爹爹喲！你回來了啦！」的時候，我想到了我底孩子，而且覺得有一種感情在身上流動，想哭。讀到王興發最後給楊隊附一斧頭的時候很想大叫一聲，以後冷靜下來的時候一想，這一斧子雖有點兒不平常，但沒這一斧子是不行的，我如果是王興發，到那時候也非來那麼一斧子不可。近來接到家信，說是連荒數年，現在又大軍雲集，徵粮拉夫，大家簡直沒有日子過了，我心裏就湧起一個念頭：「你們幹土匪去吧」，有時候看報看得氣悶不過的時候也有這種念頭，希望兵變，民變。這恐怕還不是爲圖一時痛快的「出氣主義」，但弄到人忍無可忍的時候也應該爆發，應該像王興發那樣給他們一傢伙。…………

H.（六月一日）

沉悶期的斷想

賈植芳

一　人之子

讀一篇安特列夫(Andreev)的創作「齒痛」，寫一個卑小的商人般妥別忒(Ben Tobit)一面患着劇烈的齒痛，發脾氣，站在樓上欄干旁皺着眉望着街中正在進行的事，——這是別人給他提議的一種臨時止痛辦法，一種精神娛樂。耶穌在如狼似虎的羅馬兵的鞭子下，在被欺騙而變得蠢昧的觀衆的呼笑聲中，帶着「原宥他們罷」的感情，走向各各地屠場的情形，我們覺不到狼狽，而想到創造的艱辛，再看到現在的大城小鄉的教堂，就覺得滑稽。

二　被損害的靈魂

雜讀古田大次郎的「死之懺悔」，春秋文庫本。這樣的書，我怕一頁一頁的讀。雖然祇是零碎的亂翻，但我已看見那痛苦，是如深冬荒原的積雪一樣的深厚潔白，使忘記了自已要保養身體的話。偉大的精神生活者，盡人的義務的人，總常是忘了自己的肉體（也就是忘了世俗的所謂幸福），而努力創造人間精神的聯合。古田大次郎是剛剛踏進這條愛的路，便被刺傷了，損害了，因之在他的書里還留着疑問：「死可以解決事情嗎？」的話。他才二十六歲，就離開了他熱愛着的世界而走到另一個他不願去的世界了。

三　書與生命

書這東西是可以增進世界的發育，但也可以消沒著書人的生命。中國古時一個文士說：「大有爲人不著書，」似乎是一種市儈的說法，帶「人生營業」性質的，姑置勿論；但一個年青青的有血有骨頭的人就躲進書齋，以著書立說爲事，總是可怕的事。而且是一種無聊。安特列夫說，「垂死的人想活在著作上，是太可悲的事，」這位被謚爲「一個負傷的知識階級」的話，確實是可以思議的。

看到過一冊論杜思退益夫斯基的書，題名爲「理智的敗北」，作者記不淸了，那書裏有一句話：「理智往往壓倒了生命。」雖然幾年了，我還沒忘掉這句話，而且寫了出來。

四　平凡人戰慄的圖繪

安特列夫說，他因爲看了一本叫做「天才與遺傳」的小書（這書有日譯本，岩波文庫版），把一生過壞了。近來想了想，覺得頗有道理；太相信書的人，往往是悲劇的。市俗說法，說這是違反「自然生長律」；醫生說，這是神經衰弱。迂闊可笑。但可悲的是，因爲人間有這樣的人，我們纔有現在這個聲光化電的世界，人生纔顯得深刻，有前途，完成了和完成着「人在歷史中的意義」。

痛苦的人生創作者，是怎樣可哀的使凡人戰慄的圖畫啊！

五　文字以外的力量

一生能爲人類寫一卷書，是高尙的德行，但這寫必建築在堅固正直的人生基礎上。在這個世代，我覺得文字還不夠是一種眞正的手段，用來報復自己所切恨與憎惡的。

像一個多戀失敗不再相信愛情的女人，我不大相信文字，雖然愛情和文字都是創造的力量。

拿破崙說，我教你一個字，要做「主人」，拿破崙的「主人」是指人生征服者；但我們要一種「人生的主人」。

六　神的出路

讀芥川龍之介遺書，（這位「鬼才」是自殺而死的），說是自以爲很早便是神。這是一個良心者不妥協的感覺。這里芥川自殺的原因，可以說他把自己祗看做一塵不染的神，所以終了變做飄渺的虛無的神，這樣沒出息的「神」，活在這個到處是窟窿的世界上，肉體精神極是痛苦的，在不打破精神現狀的局面下，那唯一的出路，便是把這付身子從地上移開，完成了詩人的「美化」或「昇華」。

我也覺得自己是一個神，但我同時也覺得自己是一個惡魔。我並不是馬基佛利的徒弟，我的簡單意思，就是和肉體存在的世界，一定要鬥爭。

七　要和世界一齊痛苦

一個人不僅要溫習過去生命裏的歡樂，更應該溫習過去的痛苦，後者對於「人」的生長上，極爲重要。

開拓者的生命，就是痛苦繼續的生命。生命的開拓者不唯有一個修道者的忍耐，殉道者的意志，而且他也必須是一個力士，能一脚踢開一切，就是紛紛滾到他面前的，向他獻媚或恐嚇的各式誘惑。

能和世界一齊痛苦的人，是最偉大的人。這痛苦包涵了創造和鬥爭意義。

八　伊爾文一瞥

看伊爾文見聞錄（Irving's Sketch Book）是無聊的消遣的讀着。伊爾文在現在看來，是一個「淺見」的人，但在當時，美國戰勝英國而獨立，却是一個懷了解放的大的喜悅而諷刺過去的加在他們身上的奴隸色彩的人。因爲此，就不免有一點誇張，有暴發戶氣味。

九　成立另一個系統的進化

——難道進化了幾千年的人類，還是這樣的和一切動物差不多麼？我的心裏時時這麼響着。

但是，這是愛世而厭世的年青的迦爾洵(Garshion)的思想。他說「你們卑怯而自私的動物！」於是他要愛不能的（不是愛莫能助），憤憤的從世界離開，以事實完成他的「思想體系」。

這該是社會進化來的悲劇。「進化就是罪惡」，這話不能成立。亞里斯多德要提高人類精神生活，主張限制財富和禁慾，這種神經不健全的辦法，被人說是「犬儒」。

要改造，得用另一種方法，就是成另一個系統的進化。這又叫做革命。

十　小論合理的生存法

一個人在馬路上無目的地蕩，泛起一種感想。就是覺得世界的人應該分爲兩種。一種是太不愛惜肉體，而視靈魂至上的人，靈魂不健全，比喫不飽還難受；另一種英雄，是在無論怎樣的局面下，只注意健康，而不在靈魂上找出路的人。這種人自己衷心的佩服，社會也公認是一種合理的生存法。

十一　接論記合理的生存法

關於兩種人的說法，我覺得蕭伯納的分類法對：世界有兩種人，一種是努力做事的人，一種是努力阻止別人做事的人。

十二　卑劣滅亡的時候

卑劣這東西，我想，有他的勢力存在的；在人類生活的土地上，它當是一股劇烈的暴風，盲目的摧毀一切，許多可愛的天眞的生命都被捲得無無影蹤或是殘缺不全了。

可怖！

我想，沒有整年纍月的刮風天氣，甚至沒有整天都是刮暴風的日子。人應當樂觀。——不是達觀。

要正直的生活，青春就會爲這暴風所消沒。

在舊社會，人感到孤獨的時候，每每就是邁步前進一步的時候。

十三　不是簡單的一件事

文學，一定得賭着自己的生命。那樣，玩弄了文學，首先就得玩弄自己的良心。

這並不只如隨便玩過一個女人就拋棄了毫不足奇一樣的簡單。

十四　生命的話

打倒生命平凡！

十五　近乎敷衍的奮鬥

有一種卑下的生活：小兒，無聊，自私，捧人，打呵欠，睡覺，看相，談性交，說駡人，眞是一種生活範圍最狹的生活。——許多人就這麼活着，麻木了，老了，死了。……在這樣地位的眼睛看來，這「花花世界」也許眞是不可思議罷！

易卜生說，一個人能保持着自己的內心生活是難事，是一種超等的唯心論說法；但做起來確是近乎一種苦行。否則，就會是近乎敷衍的奮鬥。

十六　兩種「超人」

易卜生把『國民公敵』裏的醫生司鐸門——一個爲公衆謀福利而遭到侮辱的人，寫成一個尼采式的英雄，把羣衆的盲目症看做羣衆性的全般，所以他悲觀，講孤獨的偉大。但在另一個被稱爲尼采式的浮浪人的劇本裏，却有另一種羣衆性的寫法。"Night Lodging" 裏的小偷沙丁說：「你給我五盧布，我就承認你是英雄，天才……」

十七　易卜生的憤慨

一本好書和一個好人在這世界上生存，都是很不容易的事。難怪司鐸門醫生失敗後，要找一個無人的小島去居住。

「世界太卑鄙了，」全個易卜生的生命和著作喊着。

十四　俾斯麥的人性

看着有名的傳記家•依路德威忌(E. Ludwing)的「俾斯麥」。這位以「仇恨，驕傲，勇氣」構成生命力的「鉄血人物」，愛樹愛狗而不愛人的人物，是眞正的理解了和運用了人類的惡根性，——絕對的殘酷；但在普法之戰裏，當這位偉人正和威廉第一談話的頃刻，突然報說他的大兒子負傷了，這位俾斯麥，立刻「面呈灰白」，不顧一切的，馳馬向戰場而去了。——充分的一個弱者的面像。

作者說，普法之戰所以完的快，這也是一個原因呢。

我們發現，俾斯麥是也存在着濃厚的人性的，不過他的表現法是自私的。

十九　馬基佛利要在戰爭中毀滅

看着馬基佛利的「帝王論」(The Prince)，這是一本西洋的政治古典，專講統治，奴役，減亡，霸佔諸事的，彷彿中國「法家」的學說。是馬基佛利這位「臣下」給意大利皇上上的「條陳」，聽說莫索里尼爲這書做過一篇有名的序，（這是從路德威忌的莫索里尼傳知道的），可惜是沒有看過。

西洋的政治惡棍，差不多都是這位作者的徒弟。至於莫索里尼自稱是尼采的連襟，卻是寃枉的事。

我想，這是一本罪惡的書。這書的出世，等于給人類歷史塗上了一個汚點。

祈禱這書的「精神」，在戰爭裏死滅，不要再擾亂我們這個已經痛苦得夠了的世界罷！

二十　生命的零餘者

一年多了，我住在一個沒有公園的城市。公園，是城市的精神排泄所，矛盾的城市人的生活緩衝處。但後來我纔發覺了，這里也原有一個公園哩！而且照例還擺着幾種「生命的零餘者」的動物哩。

一切東西都貴了，這些動物們，也是怪可憐的。但想到牠們對於人類社會生產活動本來就沒什麼用處，——甚至作爲生產原料；這些不能產生市場價格的動物們，以牠的存在算是牠的價值的；失掉了上帝賦于牠們具有的「性情」，寂寞的接受着人們的鑑賞、好奇、嘲笑的眼睛，甚至小孩和無賴的石塊，都麻木的忍受了。

這是一種什麼美學原理呢，可憐的動物們？

悲憤的人們

綠原

一

十幾年來
敵人底子彈
磨擦着空氣
從耳邊劃過去……

記得有一天
狂風在空中奔湧
我從地窖裏鑽出來
跟着大家跑

四周有人被殺
年老的同志
叫我不要哭
不要對人蛇膜拜
不要哀辯

（血
比
淚水
更濃，更嚴肅
更好祭奠
死者
瞑目呀）

我底胆子漸漸大了
在全世界底沒有幸福裏
對刑具，對判詞，對死
我敢紅臉相見

我有勇氣陪我活，怨毒地活在
在那些誣賴的日子
被捕的日子
槍斃的日子裏

二

對血汚的景色所擁繞的天堂
不是攻奪
而是毀滅

然而，不能忘記
更不許人間有
被淡淡的陽光諷刺地照着的地獄呀
記住，必須發揚
中國四千年帝王時代强盜們搶法場的精神
散播着
復仇的福音呀
悲憤的人們！

十幾年來
流了多少淚水，多少血
而我們底服裝
還是
鎖鍊呀

我們底食糧
還是
曠古的噩夢同
　噩夢似的烏雲呀

我們底生活
還是
一串唱不完的哀歌呀

我們底生命
還是
隨便給粗暴地砍伐的
灌木林呀

我們底家
還是
地窖呀
——還是
從前打裏面鑽出來
在血的河、肉的山中間
輾轉流離
奔跑了十幾年
又向裏面鑽進去的
地窖呀

三

悲憤的人們
向前面走着
帶着冷笑的傳單
同發抖的愛……

熱情的石像們
勇敢地呼吸
　受苦，掙扎
　失敗！
在男性的鬥爭裏
用白血球
對細菌作戰

這些，將永遠像
霹靂的弧線
熱響在
中國底凍雲的天空裏

悲憤的人們
在東方，要從
殘廢的幾千年
突圍出來——
才是勝利！

一九四七、三月。

冬夜

魯藜

我不會忘記這一夜啊，
親愛的兄弟們！

當我們解決了戰鬥，
從戰場上下來，
我們走過一段山路，
走進一個農民的小屋子裏；
篝火升起來了，
我們互相擁擠着睡覺。

半夜，我醒來一會，
兄弟們還在打着鼾，
火焰已經熄滅了，
月光洒進門來，
照清着兄弟們的疲乏的臉。

冬夜啊，沒有一滴聲響，
附近的小河流都凍結了。
在寂靜中
我的心在跳動；
我的眼睛四處尋覓，
再看到幾個白天還在一起談笑的兄弟，

在這個戰役裏，
有的掛綵了！
有的陣亡了！

親愛的兄弟們！
我不會悲傷，
我是你們中間的一個，
我們的血都要準備
去換取每個勝利。

我重新又躺將下去，
爲抵擋那冬天的寒冷，
我們是靠得緊緊的，

我閉住了眼睛，
我用我的心，
去傾聽門外的寂寞。

在門外，
在山的邊際，
世界在不息地運行；

在那裏
到那裏
有我們偉大的愛：
——愛世界，愛祖國，
愛眞理！

在那裏，
到那裏，
有我們的兄弟，
我們的伙伴
在爲全人類而工作，戰鬥。

今夜啊，
我們都甜蜜的睡去，
我們要休息，
去準備明天的鬭爭。

——啊，兄弟們，親愛的兄弟們！
讓我在你們安靜的睡夢中，
輕聲地叫喚你們，
祝福你們。

3204

詩集：

喜悅

牧青

錶

一

哥哥走了
留下了錶

我愛錶
深夜裏
我把錶攤在桌上
開始工作

時間底馬蹄
一刻不停地叩打着
我工作底馬蹄
追隨着前進

二

我愛錶
我懷念着哥哥

我知道
哥哥到了一個艱苦工作的世界
所以我也
艱苦地工作

哥哥走了
音訊斷絕
錶
聯系着哥哥和我
聯系着兩個工作的世界

二、十、一九四六。

在一九四六年底恐怖中

生活像捲在旋風里
自己難以決定自己底去留………

不是逃遁，
也不是苟留；
既是黑夜里一粒火種
這里可以發光
那里也可以照耀………

正如同
爲活着而鬬爭
或者 爲鬬爭而死
都要一樣地堅決

三、十三。

默悼幾支捕火者底死

對着燈默默地敬奠這些
蒼翠精緻的英雄們——魯迅

箭 射向靶
你 射向火

小河
奔突、衝撞、搏擊
追求海
你
奔突、衝撞、搏擊
擁抱火………

死了
那麼殘酷
又那麼寧靜

死了
甘心瞑目：
死於追求
死於理想……

四、四。

愛花

不是不愛花
不是不被花感動
不是不愛摘一朵花—插上
　你底額頭
　我底心頭
工作完了，走在林蔭路上
只是還沒有一條平坦的路
沒有一刻解放的辰光
　一顆解放的心——
我們這世界依然寒冷而荒涼
理想的花朵還沒有完全開放！

四、六。

喜悅

我有大喜悅……
冰雪統制的日子
黑風進行陰謀與反動的日子
我訴說着關於解放时故事
我說大地不該如此荒蕪
我說大地應該有春天
接受我認眞而痛苦的耕犁
接受我心血灌溉的溫熱
土地孕育着埋下的種子
如今
播種過的土地都復活了
土地凸現着煥發的綠光
呵，我有收穫的喜悅……
我是一息春風、一縷春光
我是大地底一棵綠苗！

四、廿日。

從川南寄來

所謂冷寂的環境，具體的說，就是一座空山。先前住了七百多人，現在却只有╳先生和我兩家。荆榛蔓草，長蛇野狗，就在我們周圍跋扈。這個鎭距重慶已三百里，這座空山距鎭又還有五里的樣子，那一向學校最後崩潰，我又值開水燙傷甚重，就整整有二十天沒有看到一張報紙，現在，看報還是艱難的。所以對于天下大事已經非常隔膜，只大概知道在打仗，而且打得很起勁，很有「威信」的樣子而已。但這也還是與自已切身有關，因爲一切船隻皆運軍糧，「軍事第一」，我們既不能當作軍糧，所以原定出川計劃就大抵又落了空，陷在這裏了。陷在這裏，囘想這幾個月來學校的事，事雖小，仍然有着豺狼，鬼蜮，狐鼠，「哈吧狗」，「媚態的貓」，有它們的耀武揚威，有六百多純潔的生命在這一切的淫威之下的掙扎，抗拒，哭泣，歡欣，進攻，慘敗，有我們的無川的悲憤，有他們的有用的算盤，等等，豐富倒也不能說不豐富的；然而，當然，這只是「小事」，竟究不值一說，說也來不及，不過時常想想，問問自已，生命在這中間消耗了幾個月，竟究怎麼一囘事呢，如此而已。要說有價值，當然是不會有的；要說沒有價值，當其時似乎也顧忌較攪不了這麼多，日在其中，看着，受着那些壓迫，侵凌與侮辱，要想置身事外，悠然旁觀，還是不容易的。而今已矣，一切都過去了，我們也失敗定了，這時囘想，倒反而悠然起來。人世種種，無論當時怎樣緊張熱烈，往往事後看來都可以無所謂，這眞不知是幸呢還是不幸。……

S.（六月四日）

春天

揚令

繁華的夜

翻過山，
今夜
我來到這裏。
笑着，
堆着羅漢的山，
戰士們
燒着野草，
野火
一列列地
流走，
一個美國記者說：
　咦
　這鄉村的霓虹燈
　好亮！
夜
有這樣的繁華。
有燈火的地方
是晚會，
琴弦響着
是秧歌，
磨坊
和
木紡輪
還在工作，
深水
還在流響……

我不由地緩慢地走在山坡上，
我問着自己：
　世界上活着了我
　是寫着什麼？
幾盞紅燈籠
從我對面走過來，
那是
回寢室去的
工作人員。
　路生嗎？
　拿這盞燈去。
我仰起頭，
縱使我望不見什麼
也會想到——
一切的峯頂
有戰士的崗，
冰涼的
刺鋒上
亮着
高高的
北斗星。

他們沉默地喊着：
　夜呵
　醒過來！

這里有春天

夢裏面
我寫着：
　城市
　有監獄，
　鄉村
　有春天。

昨天
我同秧歌隊去訪問，
走出門來
好！
我叫了一聲，
紅紅的

藍藍的
青青的
白白的
黃的
紫的
一片
一片……

油菜花的上面
樹着白粉牆，
有紅土大字：
——建設新民主
我怎麼不幻想着
這是油菜花的
大菓實，
我怎麼不幻想着
這些土字兒
散着香味，
看啦
那些蜂兒
蝶兒
都在那裏兜着圈兒呢。

你又怎能想到
國際歌
是和河邊的情歌
響在一起，
青草裏
有蛙聲
還有無綫電的馬達。

又怎能想到
軍區總司令
每天早晨
在他的菜園裏
澆水，
戰士們
上山打柴
下河捉魚。

堤埂上
你會看到的，
盒子炮柄上
佩有葫蘿蔔色纓絲的戰士
同莊稼漢挽手
笑着……：

世界呀
多麼年青！

萬人大會

夏天
這是河的
床，
冬季和春季的早晨
土貨攤
把這地方排成了
小型的城市。

現在
有貝殼
和白沙的
沙灘
是萬人大會場。

那天
我參加了
歡迎三人小組會，
我接近了眞正的人民。
他們剛剛收拾了貨物攤，
剛剛放下犂頭和斧，
現在
正在歡迎
和平。

而我又想：
這不是上海劇場
歡呼聲
爲什麼這樣響！
這不是搖着
聽不清的
重慶公共電話
喊民主的聲音
爲什麼這樣高！

這山野
有多闊，
搖音機也沒有，
有多大聲音
就一齊拿出來。

等歡呼
和控訴
完畢，
再是
秧歌和
花鼓，
「打漁殺家」和
「一朵紅花」。

月亮
照着，
他們還沒有散會。
這裏被封鎖了
這裏將有
戰爭，

是誰
要用火
焚燬
這一園菓樹林呢？
滿山
滿谷
都回響着這個聲音。

編後記

這一個月，是臨到了高爾基逝世十週年紀念的。但我們寫不出什麼紀念的文字，就摘錄了他自已一段的話在前面。他說了這一段話是反映了他底那個痛苦的時代，我們摘錄了它也是略略寄寓了我們這個時代底苦懷的。精神巨人所給予我們的力量，猶如他在他底那個時代苦鬥了過來一樣，是要我們在我們底這個時代也堅強地苦鬥下去的罷。

在現在的中國，一切都現出激烈的變動，一切都現出鮮明的對照。以四篇小說爲例。這些都寫的是農民，然而，「回家」是在抗戰前的東北農村，那種黑暗情形下面的農民底遭遇，「胆怯的人」和「王炳全底道路」却是抗戰期間後方農民底受犧牲的形象，前者死於無告的寃屈，後者經驗着深刻的心理變化，在走向工人階級底集體生活的道路上克服着悲劇的命運。到了「鳳仙花」，我們就接觸到了解放底過程和被解放了以後的景象了。

也可以用詩做的例子。兩首較長的，前一首和後一首鮮明地對照着，兩個詩集，前一集和後一集也對照得是非常鮮明的。如果我們能夠感受得到這樣的對照中間包含了多少的痛苦，多少的鬥爭，我們就可以明白這對照對於中國底前途將有什麼意義罷。

兩篇散文所寫的，是這個時代的知識份子。「憶李邦梁」裏面，一個上昇，一個墜落；「地獄中的塑像」里面，一堆渣滓，一個鉄人。

知識份子，無論他從現實人生取得什麼，怎樣取得，向現實戰鬥給予什麼，怎樣給予，總是要通過他底思想武裝，也就是精神發展的過程的。那麼，「關於思想與思想的人」，當能使我們得到針對時弊的參證，「沉悶期的斷想」也可以使我們感到那種向過去憑吊，因而也就是告別的心情罷。

介紹了一首美國詩人桑德堡底詩。現在是美國即一切的時代，打內戰的美國武器，餵害蟲的美國物資，把中國人踢到黃浦江的美國皮靴，固不用提了，單就「文化」方面說罷，頂頂吃香的也就是美國底大腿電影和美國底發鬆小品。但我們並不是敢於追求時尚，只不過爲了借這暗示暗示美國也有和大腿電影，發鬆小品之類截然不同的東西。據譯者底信，詩集編者說「作者在美國除了惠特曼之外，沒有人更受崇拜，也沒有人像這樣頌揚過美國人的堅固的樂觀同尖銳的懷疑的」。是否如此，只有等深通美國文學的人來告訴我們了。

關於書評。上一期沒有，友人們表示了不滿。其實，我們手頭本積有幾篇的，但却沒有付排的決心。這並不是因爲過去爲書評吃了不少的苦頭，主要的還是因爲摸不清發表出去會不會得到相反的效果。但這回還是發表了一篇。那麼，就讓它去闖一闖看看罷。

胡　風　六月一日

給德米特瑞·蕭斯答柯維奇

美·卡爾·桑德堡

全美國在上星期日下午流行着你底第七交響樂，幾百萬人傾聽着你底音樂，那血同影子裏面的俄羅斯的肖像。

一年前的夏季你坐在莫斯科寫着音樂——直到葉子飄落起來，雪片吹括起來的時節，你還在寫。

有時候，像一個救火隊員，你奔到街上去，幫忙撲滅一次納粹魯夫特瓦菲（Nazi Luftwaffe 德國飛機）底炸彈所縱放的火災——然後你走回家，寫出更多的音樂。

當莫斯科向世界訴說新聞的時候，它報告着領袖斯大林，元帥提摩盛科——同作曲家蕭斯答柯維基。

在一條向莫斯科傾斜的火線上，紅軍抵抗着從不曾向任何國家挺進過的戰爭機器。

俯衝轟炸機怒號而下，像亡命的鋼鐵的鷹隼，從不唱任何的歌，它只說死，死，死。

阿克阿克（意爲高射砲），高射砲，向天空投出一陣鉄雨，比在風暴裏落下來的雪同雨更快更快。

坦克來了，咆哮着像象一樣，像陸地的鯨魚一樣，穿的鋼鐵的獸皮，噴出鉛質的毒涎，意味着殺，殺。

對這些屠殺者，紅軍安排了它底捕機，又派出了它自已的坦克，大砲，同射坦克的來福槍，想去割切納粹，用死餵養它們。

外面的世界旁觀着，抑壓着呼吸，遠在巴坦（Bataan）的美國將軍D·麥克阿瑟拍無線電給斯大林：「雄壯！無匹！」

而我們聽到你底消息，德米特瑞·蕭斯答柯維奇——我們聽到你坐在那兒一天趕一天地製作一個將來講述這故事的音樂。

這些人民，你底人民，被納粹領袖名爲「獸性的野蠻人」，沒有文化沒有高等教育——你底音樂是爲他們說話嗎？

我們這樣看到一種人民，在快失陷首都的可怕的試驗裏，告訴世界他們有一個作曲家，他在炸彈落下來的時候寫着音樂呢。

在柏林，沒有新的交響樂家，在巴黎，布魯捨爾，阿姆斯特丹，哥平哈根，奧斯陸，布拉哈，華沙，在納粹橫掃過並且建立起新法律的任何地方，都沒有新的交響樂。

而在莫斯科，你，蕭斯答柯維奇先生，三十六歲，寫成了六個交響樂，又開始寫第七個了。

一九四二年的春天的太陽溶化了最後的雪，霜從地面滲透出來，俄羅斯的戰役卻又在鋼鐵同血的爭吵裏閃爍，呼喊。

夏天來了，你德米特瑞•蕭斯答柯維奇看着你自己所寫的音樂，你底草字體，灌在微小的膠片上，一個交響樂放在一個番茄罐子裏。

從莫斯科經過古波斯到更古的埃及，從開羅輾轉地到紐約，這個小小的膠片罐子流行着。

後來怎樣呢？後來一個作曲家托斯坎尼尼說，把這隻九十二張的管絃樂播放到空中去給幾百萬的聽衆聽一聽吧。

它裏面是些什麼呢？我們底耳朵聽出些什麼呢？它經過海洋，經過護送艦，經過飛機，說些什麼呢？

嗯，裏面並沒有在夏天的野宴裏一個胖子底賽跑，沒有爹爹在夜俱樂部買的一塊糖，也沒有什麼保證舒適同便利的執照。

它平靜地從幸福的土地開始，從爲追求收穫同麵包的人底勞動而裸露的平原同山谷開始。

它使人感動地繼續着，像人們在太平年代有一個機會追獵着他們所諦聽到的個人的幸福之鳥。

然後來了大鼓同槍砲，更多更多的大鼓同槍砲，戰爭行進着，一個國家同一個民族底攷驗——全人類家庭底一次大審判。

音樂挺進着戰鬭着，它鬬爭着格殺着，它站起來說，有一千次可怕的死呵，去死比讓納粹佔領你底故鄉要好，並且告訴你你必須怎樣去生活。

有時你所說的，德米特瑞•蕭斯答柯維奇，同麥克阿瑟由無線電拍給斯太林的電文一樣：「雄壯！無匹！」

俄羅斯人民也許會倒下來，陣亡了，陣亡了，年歲過去了，時間長久了，歸根結蒂他們仍然會勝利的。

他們知道什麼時候沉默，受難，什麼時候戰鬥，什麼時候一面戰鬬一面唱歌，怎樣在灰燼同血的損失裏說：「Nietchevo——沒有什麼，有什麼係關呢？這都是爲了我們底聖母俄羅斯！」

我們有些人聽到從莫斯科到開羅到曼哈坦來的番茄罐子裏面的一切，我們向你敬禮，道謝，德米特瑞•蕭斯答柯維奇先生。

你底歌曲告訴我一個偉大的唱歌的民族，不會失敗，不會被徵服，在未來的歲月裏它一定要得到爲人類底自由同紀律底意義所付出的一份貢獻底代價。

（一九四二年七月二十六日作
一九四六年四月一日譯）

——綠原譯

憶李邦梁

郭　晥

一九三九年冬天，我和向銘兄倉皇的出了三峽，寄寓在Y城的一個商行裏。我們原先只爲了逃避一些東西而來，後來當然也就打算着找一個可以獲得一些東西的地方而去。然而，有什麼地方可去呢？找了幾個關係，說是浙江，說是廣西，又說是福建，都非常遼遠，最後却都沒有成功。在這個陌生的城市裏，在殘冬風雪之中，于是差不多兩個月的時間，就常見我們兩個苦悶的身影在大街小巷成天到晚盲無目的的穿行，直到雪色已爲暗夜所掩，雪花却又滿積在我們身上的時候，才回到住處來，在昏黃的電燈光下無言的擠在一張板床上睡下。有時兩人也分開出去，但到晚上，出去的人回來時，彼此就都因爲一整天孤獨的苦悶，把變得畸形了的情緒互相發洩在對方身去，彷彿兩個患頭相依的朋友突然成了不共戴天的仇敵，兇猛的爭吵，惡毒的辱駡起來。這一陣過去之後，都安靜了，然後大抵是默默的對看一眼，一個輕輕的提議：「出去吧！」另一個也不回答，只是立刻站起來動脚就走，兩個人就這麼在午夜的陌生的城市的道路上又歸於和好，忘却自己的悲苦，縱談着歷史的歡樂，人類的神奇，鬥爭的大交響樂，生生死死愛愛仇仇的無家的連鎖，還有中華民族與中華民國的過去現在與將來。臨江的街口的小酒店是澈夜開着門的，於是我們就坐在那裏，叫一盤「粉蒸肥腸」，四兩白乾，且喝且談，且談且喝，終於踏着搖擺不定的步子再回去；雖然那樣夜深時叫開大門是一件很艱鉅的工作，也管不得了。

但對於Y城，向銘比起我來還算較爲熟識的；他曾經在這裏生活過，工作過，還有幾個過去的友人。因此，單獨出去的機會他就比我多一點，常常是輪着我整天坐在住處。有時心情較好，也可以看一點書，寫一點筆記，但這樣的時候很少，還是悶坐發呆的時候多。悶得太久，就走到晒台上看看，看着人家的灰黃的屋脊，聽着晒台側面的房間裏那個小商人和他的姨太太在鴉片燈旁笑的聲音，又想着一些似乎曾經那麼接近然而却又變得非常逸遠的事。吃飯了。走下樓去，在大圓桌旁擠上一個座位，胡亂的吃了幾口，又默默的上來。然後又是坐下來看書，站起來徘徊，走出去看房脊，又回來坐下，又站起來走出去，又下樓去吃飯，又默默的上樓來。扭開電燈，看了幾頁書，寫了幾封信，又什麼也不做的坐了許久，但向銘還沒有回來，只好先行睡下，漸漸的也就入于矇矓。

「喂！睡了？」被驚醒過來，向銘正站在床前，一臉的笑，興高彩烈的聲音，四五個月以來都沒有見過了。我也報以微微的一笑，就當作無言的詢問。

「好了！」他在床沿上坐下。「我們不必走了，就在這裏，辦中學。你看，多好！」他扶扶眼鏡，這是他興奮時照例的動作

「怎麼一回事呢？」我那時是，一面雖然爲了茫茫的前途而感到頹喪，一面却又壯烈的期待着天涯海角的遁逃，異鄉的流竄，遠土的潛藏，聽說是就留在這個對我只有灰暗與平庸的印象的城市裏，實在非常冷淡，而這冷淡就從這句問話裏完全流露了出來。

但他並未注意到，仍然在興奮之中接着告訴我，是他的幾個往昔的朋友而現在還在這城市裏苦鬥着的，向他提議，借用一個原在這城市而現在還走了的中學的招牌，以「分校」的名義，在這裏辦起一個中學來。因爲他與那中學的董事會有些關係，他自己也有可以當中學校長的資歷，所以就找他出面來弄，而他們負責供給人員，他說，這些朋友是如何的好，如何的能夠苦幹，教育工作也還是很有意義，將來還可以如何的擴充，還有一些散在四方的朋友將來也可以藉此聚合到一處，等等；熱情越來越充溢於他的話語之中彷彿要把我也融化進去。然而，我在心的深處還是冷淡的。好的！好的！好的！好的！——我口裏說。哼！且看吧！——我心裏想。

然而，並不必「且看」，一捲到工作之中，立刻出乎自己意料之外的，完全被鼓舞起來，又恢復五個月之前還在三峽裏面時的那樣欣欣向榮

的心情了。議定之後，立刻籌辦；人是不成問題的，只是找校址，製校具，一個星期也就辦好了，然後就開了「第一次校務會議」，討論學校的組織。我們當然都是主張民主的，所以什麼都拿到會上討論，記得那次最重要的幾個議案是：（一）推舉向銘爲校長；（二）待遇一律每月二十元，不分等級；而(三)訓育主任一職却推舉了我，理由是我的樣子有些嚴厲，正合訓育主任的條件云。我不大懂得這個理由，但訓育主任，就訓育主任吧，反正推辭不掉，徒然多費一番唇舌又何必呢？但招生廣告已經貼出去，明天就開始報名，這事得找教務主任主持。可是，往回一想，糟了，會議上似乎並沒有提到教務主任這件事，那麼找誰去些？問向銘，向銘說是已經決定了一個人，不過一時不能來，「我看，暫時還就是你代辦一下吧！」並且告訴了我那個教務主任的名字。也好，我就代辦，於是連忙趕着準備，聽到的教務主任的名字隨卽在忙亂之中忘却了。從第二天起，就忙着請人出試題，製試卷，佈置試場，等等。但這些還是偷空去做的，主要的却是成天守在報名簿的旁邊，等人報名。有一次還提着麵糊桶到大街小巷去補貼招生廣告，跑了大半天；因爲發現請的工人貼得不好，引不起注意，而又再也請不到工人，只好就這麼自己跑去幹。臨去時，向銘勸我換一件破衣，戴一頂鴨舌帽，並且還要戴得越低越好。我先是莫名其妙，隨卽了解了他的用意，苦笑了一下，遂辦了。等到貼完回來，就取下鴨舌帽，換上大衣，又坐別報名簿旁儼乎其然的主持着報名。在這樣的忙碌之中，要苦悶也沒有時間，對於我，這當然倒是好的。

校址距Y城還有六十多里，沿江而下，上岸後再走五六里路才到，是一個兩縣交界的荒僻的地方，「最高行政長官」是一位保長；借了一所觀音庵，後來自己又添蓋了幾間草房，就這麼因陋就簡的成立起來。我們在Y城招生以後，不久就到這裏來開學，教務方面的事也還是我代。後來上課了，我才想起還應該有一個教務主任來，然而爲什麼還不來呢，可惡！

「那個教務主任名叫什麼呀？」我找着向銘質問了。

「李邦梁。」他一面寫給我看。

「他在哪裏？再不來，我不管了；自己的事都還忙不了呢！」

「你還是幫幫忙吧！他有家庭，住得很遠，很困難，很困難。最近總就要來的，你還是幫忙到底吧！」

我答應了，然而我很不平，我想：誰沒有困難呢？哼！……

向銘告訴我，李邦梁就是本地人，父親替人家作工，他自己才讀到初中二年級就因「思想問題」而被開除，以後一直沒有再進學校，先是參加了一個劇隊，後來又在小學裏教了很久的書，再後來就在一個師範學校教書，現在就是從那師範學校來。失學以後，他努力的自修，除掉參加許多艱苦的工作而外，就是極勤懇的學習，所以現在一方面固然有着明確的戰鬥的認識，而且就在學校裏也是很出色的教員。向銘說，他如果來了，對於這學校一定有很大的益處。

但因此，我就更爲覺得他的遲遲不來是太不應該的，更爲急切的盼望着。

大約上課之後兩個星期，終於來了。事先我們得到了信，晚餐特別預備了一點菜算是歡迎。但晚餐時沒有到，我們吃過晚餐後就聚在辦公室裏等，左等右等，等到八點鐘左右，都非常奇怪。從Y城搭船下來，下午四五點鐘可以上岸，再走四五里路，無論如何也走不到這個時候，那怎麼弄的呢？一種憂慮彷彿同時浮上大家的心頭，大家平換了一下眼光，又都趕快移開視線，怕從眼睛裏洩露出大家所共知的祕密。

汪！汪！老遠有狗叫了。向銘猛的站起來，扶扶眼鏡，毅然決然的宣佈：「老李到了。我們去接去！」大家也都毫不遲疑的轟轟的一陣擁了出去。我跟着跑了幾步，想起自己素來不善於走夜路，況且旣是「訓育主任」，也應該到自修室（其實就是教室）裏去看看，就沒有再跟着走。查過了自修，回到辦公室，還是空無一人。又等了許久，才聽得他們談笑着走回來。等到走進辦公室的門，細細看過去，只見一位胖胖的女士抱着一個小孩，被擁在大家之中，而向銘却沒有回來。

「這是桂先生。」有人向我介紹。「她們先到，李先生同他的老太太還在後面，老向迎上去了。」隨卽又向桂女士介紹了我：「這就是我們的訓育主任。」

「走得眞是狼狽得很呀！」桂女士立刻很熟識似的向我說，很純粹的國語。「我抱着小孩，邦梁扶着老太太，這四五里路就走了四五個種點，天又黑，路又不熟，問路都問不着人，一路還有狗咬。」

「對不起得很！我們一共只有一個校工，我們自己又都忙得很。否則，應該有人到碼頭上接的。」我說。

「嚇！外交詞令來了！」旁邊有人說，大家

笑起來，桂女士也笑起來了。在這一片笑聲中，我們就開始研究那小孩：是女孩，非常清秀，滿臉都是乖巧的樣子，看見這許多生人，只是笑，並不嚇怕。我剛剛對於這一點讚美了幾句，她的媽媽就加以解釋：

「這是環境的緣故呢，生下來就總是在學校裏，大家抱去的，弄慣了。」

但這時，向銘和李邦梁還有一位老太太進來了。於是介紹，詢問，忙亂了一陣，又才各自坐定。我發現他的面貌完全遺傳給他的女孩了，也是非常清秀的，整個風度却是溫文爾雅，簡直還可以說是「飄逸高華」，與我想像中的苦學出身堅苦奮鬥的樣子完全不同。在這樣一次狼狽的旅行之後，他還是生氣勃勃，談笑風生，頃刻之間就使這辦公室裏充溢了生氣，把因長久的等待而生的沉悶一掃而空，但他的談笑也並非那種交際場中做作出的樣子，臉上總是溫良而謙虛的，又略帶幾分幽默的微笑着，聲音不大，却充實有力而且分明，話語中間就更多一些幽默的成份。他說接到這邊的朋友邀請的信時怎樣急於要來，怎樣爲路費而奔走了幾十天（雖然所需的數目並不大），動身時怎樣麻煩，路上怎樣發生許多波折，最後這四五里路怎樣難走，他的小脚的母親怎樣埋怨，他怎樣設詞安慰，他扶着母親走的時候怎樣幾次都險些掉到水裏去，等等。一面用那並不高大却充實有力而且分明的聲音敍說着，一面仍是滿臉的溫良謙虛而略帶幽默的微笑，使人覺得這些好像都是非常好玩的事情並不艱苦似的。他娓娓不倦的說，桂女士也常常生動而大方的插上幾句，小女孩則在大家的手中傳來傳去，跳呀笑的，更增加了歡樂的氣氛。若不是兩位女同事不知什麼時候悄悄的溜出去，這時忽然走來通知飯已弄好，要幾位客人立刻去吃，這談話眞不知道什麼時候才會停止。

但聽着有飯吃，他們就停止談話，過去吃了。我們也跟過去，看見桌上擺着三大碗鷄蛋炒飯，色香味俱佳，引得我也饞涎欲滴。

「呀！這樣好的伙食呀，這裏！」果然，他也一見讚美起來了。我們不禁都笑起來。他彷彿也覺得說錯了，立刻又說：「我曉得，這只是招待貴賓才有的，是不是？」

當然是的囉。這時我們的伙食是五元一月，實在吃得苦極了；那生活一般的總算是快樂的，就只是每天三頓飯却給人不少哀愁。但經費是那樣窘，各人收入又是那樣少，又有什麼方法改善呢？我們看邦梁那樣近乎天眞的歡樂，就也不想立刻打破他的好夢，對於他的問題置之不答，只仍然用談笑陪着他們一家三人津津有味的把這一頓「盛宴」用完。

第二天是星期天，我起身很遲，偶然走到辦公室，大出意外的，看見邦梁獨自坐在那裏，專心的在紙上寫着什麼。以爲他是在寫信，我就沒有招呼，打算悄悄的退出去。然而，他已看見我了，立刻站起來招呼，並且說：

「昨晚累你睡遲了吧？對不起！請坐坐，我正在等着你談談。」

和他對面坐下以後，他就告訴我，今天一早已經和向銘談過，打算立刻來辦教務方面的事，同時把他寫着的那張紙遞給我。那上面一條一條的都是教務方面應辦的事，寫得很清楚，但下面多注了幾個字，是要向我問明才能辦的意思。我一面就想着這些事務，一面又感到非常羞愧：大概他在昨夜那樣狼狽的旅行之後，今天却一早就已起來，趕着就要負起責任來，而我却還高臥未起；況且我代他的職務，其實也並未好好的辦，有些事本可以早就辦好的我却因爲是在代理而就沒有辦，有些事雖然辦過了，也只是馬馬虎虎的辦過，到現在所以還沒有一個清楚的頭緒，所以對於他所要問的一時也不容易清楚的回答出來。這樣想着，再注意他的表情，還是那麼滿臉的溫良謙虛而略帶幽默的微笑，並沒有一點矜張作態，彷彿在說着吃飯喝茶一類的極當然而又極平凡的事。於是，對於自己的羞愧之心也感到羞愧了，只得勉强收拾心神，好好的和他談起來。而在談話之中，發現他實在有着卓越的辦事才能，所問的都非常扼要，明確，而且周到，使我這樣最不善於辦事的人眞是窮於應對。但他却非常謙虛，這謙虛且充份的眞誠，又使我感到異樣的不安。我想，先前給這樣的人代理了那麼一點點時間，還並沒有做什麼事，却那麼怨天怨地，彷彿負了天大寃屈似的，眞是不成樣子，還應該就向他好好的學習才是了。

但他立刻大忙起來，除掉教務方面的事，自「主任」至「書記」都是他一身兼任而外，還担任全校(三班)的數學和公民，桂女士担任全校的英文，他們兩人所以又都得負責照料小孩。不過，在白天，小孩究竟還是祖母照料的時候多，而他就成天的坐在辦公桌旁，辦了公到時間就去上課，下了課又坐到桌旁辦公。一面辦公。一面還偶然說出一兩句幽默的話，引得全辦公室的人大笑。我的辦公桌就在他的後面，有時被一些麻煩的事務弄得煩燥不堪的時候，只要一抬頭看到他的背影，看到他那習慣的把披下的頭髮一揚頭甩上去的動作，活力就又來到身上，精神就又振作起來了。他從來不但不故意表現他的忙碌，而且總是自自然然的顯得從容，安閒；就這一點而論，我也自感遠不及他，因爲我是每當工作忙碌的時候，雖然也不至於故意誇張，暗中却還期待着別人看到，讚賞的。

桂女士是和善，大方，出身富家小姐，對於這樣清貧的生活却安之若素，在學習方面或許還可以在某一程度上領導邦梁，敎書也非常受學生歡迎。對於這一對夫妻，我們的一致的印象是「模範夫妻」。有時幾個人在比較夜深時去訪他們，看到桂女士踏着搖籃搖小孩，和邦梁對面坐着，都在靜靜的讀書或寫作的情形，我們覺得更能證實我們的印象。

學校內部發生風波了，有了幼稚的猜疑，毫無必要而徒然消耗有限的生命的糾紛，君銘，邦梁，我和另外兩個朋友都是目標。這樣的幼稚，這樣的對於敵與友的分辨不清，使我們實在感到悲苦；而片刻不停，愈來愈甚的神經戰，又把我們也弄到幾乎精神崩潰的程度。我們一面嚴正的擊退這些糾粉，一面有時感到窒息太過，也就趁課餘的時間一同跑到近的小鎮上去吃點麵，喝點酒，再痛快的談談，聊以舒發積壓太重的悶氣。知道邦梁很忙，我們總很少邀他，但每次吃過談過談過夜間回校時，要是到辦公室去看看，大抵總會發現他獨自坐在菜油燈下，專心致志的在弄什麽表册，試卷，出席統計表之類；頭髮披了下來，他就一揚頭甩它上去，壁上的巨大的黑影，也就跟着一動。如果跑進去和他談談這些無益的糾紛，他也就很自然的放下工作來和你談，他也認爲這是太可悲的；但從他那溫良謙虛而略帶幽默的微笑看起來，彷彿並不可悲，倒很可喜似的。不過，每當看到他那樣辛勤的工作時，我們總是一方面爲自己感到慚愧，另一方面覺得以這樣的人都還受到那種幼稚的猜疑，覺得便爲可悲，更爲沉重，所以大抵就默默的各自回去睡覺，跑進去和他談的時候也並不多。在這一些糾紛之中，老實說，向銘和我都很受一些影響，辦事的精神很有些渙散，就全靠他這麽辛勤的工作着支持過來；當時我們是很受感動的，不過也並沒有向他表示過什麽，因爲他一定不曾自以爲這是怎樣了不起的事，我們的沉默也就可以是向他學習吧！

到了夏夜，我們總在操場上吃晚飯，飯後也就在那裏乘涼，談天。他的笑話很多，又會唱許多民間的粗俗的山歌，碰到女同事們都不在的時候，就大唱特唱起來，就是有學生走過，他也不以爲意。有一次，學生們要到附近作兵役宣傳，他在敎他們唱一個歌，聽起來詞和曲都很有趣。等他敎完，我就找着他，一定要敎給我，於是才知道是當地民間流行的「打三板鼓」的曲子，詞却是他自己所編：——

（一）

提起了三板鼓呀，
學得我眞正苦呀，
鬼子趕得我無路走哇，
出門來出門打三板鼓哇。

（二）

家住在湖北省呀，
地名武昌城呀，
鬼子進城我出門呀，
出門呀出門逃性命呀。

（三）

父母年紀老哇，
不能跟着我們跑呀，
鬼子看見捉住了呀，
一刀呀一個殺死了呀。

（四）

哥哥年紀輕呀，
鬼子拉去當鬼兵呀，
頭道火線是他們呀，
打來呀打去自己人啦。

（五）

弟弟年紀小呀，
鬼子運往東洋跑呀，
長大了變成東佬呀洋，
回國來是他們當火炮呀。

（六）

再說鄉婦女們啦，
說起了更傷心呀，
鬼子拉去送進鬼子營呀，
輪流啊輪流來開心。

（七）

奉勸同胞們啊，
我們都是中國人啊，
莫說鬼子來了不要緊啊，
鬼子喲來了都活不成啊。

（八）

再勸同胞們啊，
個個都要認眞啊，
人人認眞當壯丁啊，
跑到啊前線去打日本啊。

這歌詞編得怎樣，從文學和音樂的眼光看來究竟好不好，我都不知道，只知道自己對於它異樣的感到興趣，我是一個什麽歌都不會唱，連簡譜都看不懂的人，但從學會了這個歌的時候起，直到現在，要是在什麼「餘興」之類的場合被逼得非唱不可了，最有把握拿出來唱的總就是這個歌。

但大約也就在學會了這個歌之後的四五個星期，戰局突然緊張，Y城震動了。敵人溯江而上，攻Y城，自然先要經過我們的學校，但我們那裏交通太不便，還是什麼都不知道，還在照常的上課。一天，城裏的朋友突然來了，見面第一句就是：

「你們還不準備麼，快點收拾！至遲明天下午就要離開這裏。」

於是我們全體動員，趕辦結束，第二天辦了一整天才算辦完。消息傳開去，學生，紛紛來找向銘，找邦梁，找我，都要求我們不要走，願意跟着我們打游擊。可是，我們有什麼辦法呢？赤手空拳，就是游擊，也怎麼打得起來呢？事先，這樣的打算我們也有過，也想向已成的一些游擊隊接洽接洽，但就被那幼稚的猜疑像一堵銅牆鐵壁一樣阻擋住，弄來弄去總是弄不出一點頭緒來。到這時，對着學生們的眞摯的願望，好意的信託，我們都感到悲憤；邦梁並且流淚了，接着又一揚頭，把披下的頭髮甩上去，還是帶着那溫良謙虛而略帶幽默微笑，用那種充實而有力的低聲說：

「實在沒有辦法了，好，你們記住，這回是我們對不起你們，希望你們將來能對得起比你們更年輕的朋友。不過，道路還是各人自己走的，而且道路也非常之長，……」他沒有說完，但我明白他的意思，向銘也明白他的意思，學生們也是明白他的意思的。

我們在黃昏時回到Y城，電燈沒有了，街上的警察沒有了，傳說治安機關都已撤退，偏僻的街巷裏貼出了維持會的佈告，滿街都是背着包袱攜着行李的人，在暗中默默的擠動。戰事到底在哪裏進行，誰也不知道，只有炮聲清晰可聞，而傷兵一個一個的抬下來，從街上經過，鎮守Y城的將軍在三天前發表談話，說是據他估計，戰事倘不勝利就要失敗，但十天以內可以保證沒有問題云。但比將軍的保證更爲可信的，是事實。愚民們相信事實，又寶愛自己的蟻命，所以也顧不得尊嚴的「秩序」，就這麼「盲動」「蠢動」起來。江邊槍聲不斷，這倒不是敵人，却是要撤退的部隊或軍事機關放的，抓木船，封木船；抓的時候要放槍，抓住以後另一部隊或機關來爭，於是又要放槍。在這樣偉大的場面之中，邦梁夫婦趕着把老太太送回鄉下的老家去了，和我們約好入川相會；向銘和我則糊裏糊塗的擠上原先寄住的那家商行的運貨的小火輪，因爲岸上不能住了，打算在這上面且住一夜，明天再想別的辦法。

這艘小火輪太小，本來不敢上水走長路的，但我們睡在上面，第二天絕早醒來，却發現正在開動，而且是上航。原來半夜裏形勢更加緊張，主人只好冒險下令往上游開，能走多遠且走多遠。走着走着，終於走到S鎮，這是由Y入川無論水陸道路都必經的地方；船實在不能再往上走，而且商人們也急於要聽Y城的消息，於是我們就停下來，候船再進三峽去。想着邦梁夫婦也一定要從這裏過的，就和向銘上岸，在街頭巷尾，到處用粉筆寫幾個字，說明我們住在什麼船上，希望他們來找。我們這樣做，實在只是聊盡人事，在這樣滔滔滾滾的流亡羣中，又在這樣匆忙迫促的時間裏，雖是區區的幾行字，究竟又有多大把握保得住它們不是浪費呢？

消息傳來，Y城在我們離開後第二天就失陷了，殺戮很慘；敵人的先頭部隊雖然只是十八個騎兵，城裏等着的却只是萬萬千千赤手空拳的無告的黎民。那麼，邦梁他們怎樣了呢？他們的小孩是那麼小，而桂女士又是那樣胖！那樣倉皇之中，他們也未必找得到車船的吧？而從Y城上來，沿江的山路又是那樣崎嶇啊！我和向銘輪流到岸上探望，留一個人在船上恐防他們找來。過了五六天，我們已經買好入川的船票，第二天就要離開S鎮了。在岸上找了半天，已經絕望，以爲再也不會見到。下午，正和向銘在船上閒談，回想我們初到Y城來的時候那樣寂寞悲涼，後來幸而遇到邦梁他們，友情和工作重新溫煖了我們的靈魂，現在才隔半年，心情就逈然不同了，我們再三的陳述我們的感激，向銘尤其反覆的讚美邦梁和桂女士的「模範夫妻」。

「向先生！向銘先生！」岸上忽然有女人的聲音喊。我先還沒有聽到，只見向銘忽然扶扶眼鏡，跳起來向岸上張望，我也跟着望過去，正是桂女士，却沒有邦梁。

跑上岸去，經過一番急遽的問答，才知道他們都來了，從Y城對江走了四五天旱路來的，邦梁的脚走破了，現在正睡在本地一個親戚家，桂女士上街買東西，看見我們寫在牆上的字才找來的。

「唉！唉！脚都走破了麼」我問。

「你不知道路多難走呀！」桂女士說。「許多人，走着走着，脚一軟，翻身就倒到山谷裏了，別的人看也不看一眼，還是走。抱着小孩的，抱不動了就牽，牽不動了就丟，一路上盡是小孩坐在路邊哭，別的人看也不看一眼，還是走。

邦梁背着小孩，——先還帶着一大包學校裏的重要文件，後來也只好丟了，——赤着脚，上面大太陽又正當頭頂上晒，特別吃力，走到一看，脚上破了幾個大洞，都化了膿。唉！唉！這回眞是，……」

「你們住在那裏呢？」向銘問。

「邦梁的舅父，這裏的一個農家。我們現在就去看看吧！邦梁還不知道你們在這裏呢！」

這麼說着，同時我們就已經走起來。到了那裏，果然是牛山上一個農家，很寒苦的樣子。堂屋裏有人在推磨子，磨黃豆，旁邊一張門板搭成的床，邦梁就坐在上面，脚上果然包紮了，但臉上還是那熟識的微笑，突然看到我們，就跳起來，跛着脚，向我們迎上來。這樣的生氣勃勃的人，我實在還很少遇到，看到他，自己也感染了力量，頓然覺得世界比先前光明了許多。

我們高高興興的談了許久，桂女士就在旁邊磨黃豆，時時有幾個公鷄跑來啄食，邦梁就跛着脚過去驅逐。我想，人類的命運實在奇妙得很：這樣的幾千年沒有什麼改變的，到處都刻劃着被侮辱與被損害的痕迹的農家，却坐了這些「上等人」似的親戚朋友；從主人看來，我們一定都是高貴的「先生們」，但並不知道我們的工作和生活正是要通向他們去；而桂女士出身於北平的富豪之家，先前一直過着闊小姐的生活，現在却在長江邊上這樣寒苦的一個親戚家磨着黃豆：是什麼東西攪出了這些變化，什麼力量決定了這些散散聚聚合合分分呢？邦梁這樣的人，才幹是這樣高强，認識是這樣清楚，却又如此溫良謙虛，絲毫不見鋒芒稜角，這恐怕眞與那艱苦的出身有關，不是我這樣的人所能輕易學到的了。想着這些。也愉快的談着話，覺得情緒是未曾有過的健康，最後，暮色已經起來，再不走就要摸黑路，只得告辭，並且說明天就要離開S鎭。邦梁跛着脚送出門外，還是微笑，但頗有些淒然，說：

「我還要在這裏再住幾天，再見吧，我們總要再見的。」一揚顯，把披下來的難髮甩上去，又向我說：「趕快走吧！等一下天黑了，又要跌交。」

入川以後，生活總難安定，奔波了幾個月，才在一個學校裏住下來，快到學期終了時，接到他的一封信，給向銘和我兩人的，說是和桂女士都在F縣教書，母親和小孩都在一起，並且特別對我說了許多勉勵的話，說我很可以在理論工作上努力云云。那時學校正忙，因爲貧窮和生病，同時學校下學期就要停辦，心緒很壞，只請向銘代替我們兩人覆了一封信，打算把生活弄安定了以後，再好好的通信。

第二個學期換了一個學校，生活是安定了，但因爲許多大的小的原因，整整半年都在極其陰黑猥褻的心情中度過，也並沒有給他寫信，只從向銘那裏間接的知道他們還在原處未動，教書教得很好，非常受學生歡迎。這學期終了時，又不得不開始狼狽的奔波；後來在一個極偏僻的地方住了一學期，心情更壞；再後來又莫名其妙的撞進一個表面上很安定，實際上却萬分惡劣的環境中去，因爲隔絕得太久，更無從通信了。

在那惡劣的環境中，幸而還有屠羽兄在一起。然而，雖有兩人在一起，也還是感到無比的窒息，就熱烈的希望朋友們來玩。一天，向銘突然來了，「見面就帶來了邦梁的消息，原來已經跳崖枯井，跌破頭顱而死。以下是當時的日記：——

「向銘忽然來，『救苦救難觀世音菩薩』！但聽說梁兄和同兄就義，桂女士本來也在一起，當他臨死時還答應一定好好的繼承遺志，過了兩三個星期却就出來，結了婚，而且是『委身事仇』。梁的方式本是英雄悲壯的，而經他這位『賢內助』如此一做，却變成『什麼也沒有』時，『根本無話可說』時，那殘酷就是『殘酷的』了。對於死亡的悲憤，還是由于人間，而到自己的妻子親自用行動掃盡最後一點人間味，關斷最後一道人間的門時，悲憤又放在哪裏呢？我們一整天都注意着不再談起，到了晚間，就幾乎使自己相信已經忘却。然而，向銘述說『孔雀胆』的故事，屠羽述說『死人復活的時候』的故事時，我始終只聽得斷斷續續，只捕捉到一些不相連貫的字句；這樣，才吃了一驚，恍然於一天的抑鬱仍都爲此。我懷念而且尊敬亡友，但想起桂女士的行爲，就覺得彷彿證明了這與死掉一條猪並無不同，又覺得簡直眞無可想。梁死於所仇者之手，他的所仇就是他的死亡的意義；然而，他的所愛却立刻否定了他的愛仇之分，那麼，你，邦★，叫我怎樣思想，怎樣感覺這件事呢？邦★！對不起了，我惟有痲木，用痲木把你遺忘，你總能原諒的吧？」

再隔四天，又有這樣的日記：

「梁始終在糾纏我，想來當用『佛法』擊退它，於是撰成咒語四道，如下

相逢回首記雲池，毋老妻肥步履遲，鷄蛋炒來三碗飯，一家歡到打更時。

倉皇兵火共流離，幽默依然挂嘴皮，江畔人家鬱

破脚，跛來跛去趕公鷄。

「模範夫妻」衆口傳，齊家治國兩爭先，「幾生修到雙飛福」，有客旁觀亦快然。

死去都云萬事空，爲仇爲愛便相同；生前更幸能「唯物」，免見人間仍舊春。

我欲麻木，總難忘情，情重難勝，如逢鬼祟，製此咒語，夙夜諷誦，庶幾却之，庶幾退之。邦梁邦梁，永別了！」

然而，邦梁，你說過，「我們總要再見的」。是的，我總是常常見到你，還是那麼低微而充實有力的聲音，溫良謙虛而略帶幽默的微笑，清秀的面貌，飄逸的風度，還有那一揚頭把披下的頭髮甩上去的動作。你是不是也這麼一揚頭之後才跳下枯井的呢？被撈起來，睡了兩天，將要死去，你妻子要你放心，說她一定繼承你的遺志的時候，你是不是還帶着那溫良謙虛的微笑在聽的呢？這些都無從知道了。你的死換來了，保障了許多朋友的生，這些感激是無窮無盡的，但你一定也是很自然的這麼做，不以爲有什麼了不起吧；這個我是知道的。

前天晚上，我獨坐院中看落月，長久的反覆唱着「三板鼓」，於是彷彿又見到你；再倒上去，從相識到分別，又一幕一幕的展開了。我想，這些還是應該記下來；因爲，我是，如你所說，「必須趕快走，否則天一黑了就要跌交」；然而，又如你所說，「道路還是各人自己走的，而且道路也非常之長……」——你沒有說完，但我是懂得的。

還有些遺漏，有些根本寫不出的吧？但不要緊，「我們總要再見的。」

一九四六、五、一二、

地獄中的塑像

唐湜

賈島把頭深深地埋到兩臂中間，深深地埋到書頁里，差不多他那近視的眼球已碰到一個個字了，好像他要用眼球摸摸每個字的形狀與突出的輪廓。他讀着盧騷，他的心里親切地感覺到了他的存在，從那澄清如泉水的語言里，他彷彿還聽到鄉鄉然的夢中的聲音。讀完了一段，合上書，他抬起頭來，凝望着窗外，窗外該是花與鳥的夏天吧——

然而，窗外却是一座三層樓的洋式建築物，連都市的天空也滿是縱縱橫橫的電線，沒有盧騷夢幻中的自然，也沒有自己所從來的田園。有一聲鳥雀的哨子清脆地從門外的竹籠子里傳來，但汽車的喇叭却打破了這想像中的自然的和諧。

這是都市呵——

都市也有它和諧的合奏呢！

他合上眼，作着習慣的默想：一切抽象的概念都變成了活生生的人類，披着他想像的顏色，走了出來，悄悄地扮演着他的意志。他的朦朧的眼似乎看到了那個蒼白的羅伯斯比爾，如何羞怯怯地走進了盧騷的寓所，走到他那個零亂的角落里，又慌亂地，語無倫次地發言，好像一個發高熱的神經病患者，而那個大師却似乎很熟習似地，用一份應有的親切的語言回答了他。半嚮，兩個人像石膏像似的沉默地相對着，而語言拌和着感情的波動在兩對眸子里交互地流着，流着……

階前只有兩三丈見方的花圃，雖有兩朵孤獨的紅花與兩株沉默的小柏樹，但圍上了鐵絲網，就顯得煞風景極了。自然是廣大的心胸，這個只是枯死的標本而已。賈島不知道自己什麼時候放下書本，踱出屋外的，他只覺得自己彷彿就是那個沉默的火山——羅伯斯比爾，渴血又貧血的知識份子，他的胸襟覺得突然擴大了起來，彷彿在廣大的海岸上旅行。

——我憎恨一切。

——我輕蔑一切。

彷彿這一下就脫下了全部肩上沉重的負担，他洒脫地聳聳肩，對自己的心熟稔地笑了一下。他記起易卜生的孤立與高傲，他是有理由高傲的，不是嗎？創造者是有理由高傲的，羅曼羅蘭還說創造能戰勝死亡，消滅死亡。「歡樂，如醉如狂的歡樂，現在與未來，一切的已成與未成，都受着陽光照耀，這是創造的神聖的歡樂呵——」而他自己，賈島，也寫詩，也在摸索新的，光耀的，聖潔的天地，也要創造……

他點着頭，好像爲回憶的散步打着節拍。

戰爭一開始，賈島就離開了學校與狹小而蜜人的家，要到廣大灼熱的世界上去！家的記憶，到現在爲止，還是他情感的枷鎖，像是命運的得意傑作，家里的每一個人都有一份可以搭擋的脾氣，父親會赤裸裸地擲過叫喊與咒罵來，母親時時會尖叫一聲，像給火燙着了手指一樣，兩個人正好給一家製造一種緊張的可惱氣息。生活在這種氣息里面的人，就像是熱鍋上的螞蟻，到處爬，到處一樣熱，一樣迫人的窒息，除非飛到鍋子外面去，寶鳥就這樣飛出去了。

波浪，波浪，

捲向前，向前……

彷彿就騎了那匹理念的天馬，他擁擠着，在那些臃腫的人羣中。他的馬彷彿是踏在那些浪頭上面，他的眼前閃過了一系列的圖畫，但只是模糊的，不能接觸的影子。幾年的日子在熱情的燃燒裏過去了，最後，馬落入了陷穽，小圈子的迫人的現實硬要他張開眼來，他才看到這與書房裏的理念世界，或者羅曼羅蘭的新英雄的理想有如何大的距離。這是一個塑像似的滿是弓弦似的筋肉的世界：一個方方兩丈的泥屋子，一張泥坑床，不容許有一段短鉛筆，一枚銅扣子與一條褲帶的存在。夜晚有受火刑者的叫喊在發酸的黑窒氣里拷打每個人的恐怖的心靈，使它難受地悸動起來；白天有最難受的渴刑，那時間凝結着——像那個生銹的鐘不再走動了，鼻子冒火，眼睛冒火，小便像醬油。而在冬天，風雪來叩門了，飢餓與太陽缺乏症使堅定的心靈的巨人都能垂下頭，偶而「開恩」給「護送」到太陽地里「放風」，便會眼花頭暈，昏倒在土牆的旁邊，最後，最使人難受的，是那醜惡的人性的暴露，瘦骨峻峻的可憎的面目呵，一付付陰森森的鬼相呵。一杓子黃泥水，一片饃饃皮，甚至一頓好皮鞭都會叫人獻上最珍貴的一切——

——是他，他，一切都是他。

——不，是他，是他自己。

相互出賣，相互告發，甚至相互攻訐，像一個個風乾橘子相互剝開了皮，剝開了自己的皮。生命就這樣賤賣了嗎？一切理念不過是狂人的囈語嗎？那些看守兵，原先是一顆顆農人的質撲的心靈，而現在却在愚蒙與自大里借故鞭打囚犯，剝取囚犯的每一滴油水。一個瘋人舉起刀子向自己的喉管砍去，一聲落葉似的歎息從小窗口飄出，最好最美的青春在荒廢里過去了，夢幻與歌唱的時代過去了，剩下的只能是露筋露骨的鬪爭了，像那些羅丹的「力」的塑像。一陣霧湧到心上來了，那些在冬天的火車背上過夜的情景，在隧道里的隆隆的可怖的聲響，那些在戰爭里淌流着的羣像：給說服了合上嘴的農人的虔誠的心，有着野獸的堅韌的心的戰鬪員，一切一切，連同四五個春天的郊野，都溶化了，溶化在白色的霧里了。眩目的驕傲的日子流去了，現在是赤裸裸的生命與死亡的搏鬪。

——不甘滅亡

——不甘滅亡呵

於是，就讓乾渴，飢餓，就讓恐怖，嚴寒來熬煮吧，我是一個赤裸裸的生命，赤裸裸的心呵。於是，從那可怕的山谷里出來了，轉入了平靜的河流，生命的帆孕滿了春大的風；於是，又在書頁上的關起門來了，想把自己關在一個溫柔的小圈子里，讀一點書，以後再切切實實地掘開那些純潔的幼小的心靈，播下一些健康的種子，然而，那些耶蘇詛咒過的「稅吏」——那些地頭蛇的鄉保長每天來敲打他的門，以最醜惡的面目出現在他的眼前，叫他不能不放下書頁。

——再到現實里去。

——對現實的挑戰的熱情呢？

於是來到了這大都市，住在這最離寂靜的一角，他聽見了自己澎湃的心音。

他踱回自己的房間，一份報紙已經放在桌子上了，打開一看：

「中原區形勢緊張

雙方大軍百萬在對峙中」

眉頭一皺，他想起了這人民的大悲劇在一個小圈子里也曾有過喜劇式的小演出。五四那一天，他到H城去看看他那過去的母校，兩個遙遙相對的壁報，一個貼在禮堂前，另一個在號房前；這里是如火如荼的燃燒的熱情，那里是村婦罵街式的詛咒，這里是血淋淋的事實的報道，那里是閉門造車式的「放風箏」（紙謠），這距離，正是那個大悲劇的小模型，這正是可怕的現實；一些人挖出了自己的心，另一些人却零拆或批發地出賣靈魂，這是人性的毀滅呀。那些滿口四維八德的先生們把臉一抹，以爲人家不知道，就掩耳盜鈴地來幹這些下作的把戲了，導演一個個醜劇，還自鳴得意以爲人家也是挖了眼睛的呢。這是可恥的人性的毀滅，可恥的厚臉皮……

他凝視着「的的搭搭」的時鐘，他回溯着年歲，一年，兩年，三年……他打了一個冷噤，眼睛不安地轉着，看看四圍，似乎怕有人在窺視着他，他的眼前出現了那間破廟里的正殿，幾百個人集合着，都是襤褸不堪的一付吃相：破出了棉絮的「爛褂」軍服，外加足上一付鐵鐲子；走路要提提縛在褲帶上的一頭縛着鐲子的布繩子，每一步都給限定了尺寸。那里的人們都是這樣不安地轉着眼睛的，因爲隨時有人在遞「小報告」。幾百個人都在聽那個從犯人里面走出來，先前也曾上過吊，而後來却踏在難友們頭上的「先生」演說，那位「先生」舞手舞脚地咒駡着「頑固份子」，「頑固的不肯覺悟的奸黨份子」，「非要給他一點厲害瞧瞧不可」，每個人都緊綳着心弦，偷偷地跟别人交換一下眼色；只有一個人，只有這個人發着苦笑，而且驕傲地聳聳肩，從不看别人的臉色。這是美國記者福爾曼先生那本書里提到過的作戰參謀陳得勝。賈鳥翻了翻桌上的那本福爾曼的書，又沉落在陳的自述里：他的不幸是與勇敢連在一起的：在平型關戰役里給炮彈埋到泥土里去，挖了出來以後已經昏迷到不能說話，於是輾轉給送到新疆養病養了三四年，回來帶了他的看護太太一起却在甘肅碰到了最近死難的××氏，半夜里××溜走了，他却被人當做「國際間諜×××」逮捕了起來，賈鳥記起跟他在一起蹲過三個月的那間斗室，他給賈鳥講白朗底女士的「倜愛」的故事，他給他分析平型關戰役的部署，他那樣得意地講着他那得意的傑作，他還跟他爭辯過葉青的理論，他大聲地斥責他，賈鳥却大聲地抗辯，因爲旁邊就有人在「表現」自己——遞「小報告」，可憐的蛆虫掙扎着要從糞窖的深處爬上來，爬上來呵。當時他那樣憤慨地斥責着這狼狽的「近視眼」，過後也自然了解了，對他笑起來了，賈鳥驚異他那份傲慢，也驚異他思想的純潔與意志的虔誠——一個懷有不可屈服的信心的殉道者呀，還有他那可怕的記憶力，能背誦出整部厚厚的書。他就運用這武器在那些「先生」面前背出海陸空軍懲罰令，戰時軍律，問那些審問者到底他犯了那一條。他拒絕談政治問題，「三民主義我可以信仰，共產主義却也决不放棄。」就這樣倔强，農民的倔强。審問者常請他注意他自己是犯人，因爲他常常以審問者的姿態詰問着那些審問他的變節者。

這是泥土里的珍珠，這是人性的典型。

然而這人性的典型終於毁滅了，他昏迷着，譫語一夜到大亮，責駡着别人的卑汚，責駡着那些「天曉得」的東西，又懷念着他的部隊，他們唯一的親人——遠在香港十多年不音通信的妹妹，最後噴着血，噴着噴着，使用了最後的一份倔强，死去了。

賈鳥抬起了頭——沉重的頭里像埋藏着什麽火藥，沉重地透一口大氣，那黑忒忒的臉，憎恨者的臉，露筋露骨的臉，還有那對嵌在黑框子里的圓睜着的眼，驕傲的眼，一個烏銅的銅胸像，一個富有人性的塑像……

但却是毁滅了的

遙遠的記憶呵

他在房里兜了兩個圈子，心里像有螞蟻爬着似的，於是輕輕扯開了門，到街上去，到初夏熱鬧的街上去。一陣電車的鈴聲飄過耳邊，他趕緊跑出街堂，攀上電車，坐下來，看每一張鬆弛的臉，沉默的臉，看有沒有人懷着跟他一樣的想像與記憶。那些都會的忙碌的臉上富於表情地閃爍着善良的光輝，翻着報，憤憤地咒駡着警管區制度。從這些善良的光輝里可以發掘出人性的珍珠，如沙里掏出的黃金吧，賈鳥的臉默默地笑着，有如早上的太陽。

小啓

一、到上一期出版時爲止所收到的來稿，都已看過，附有郵票的都退還了。

二、機關團體函索贈刊者甚多，未能一一應命，特此致歉。

三、本刊第一集二、三、四及第二集第一期尚有少數存書，欲補者從速。

評「蝸牛在荊棘上」

路翎著　新新出版社印行

馮亦代

路翎先生有支多彩的畫筆，善描人生。即令祇是人生場景的一角，也總是雍容並蓄，旖旎而又瑰麗的。他從沒有對於人生絕望，因爲他參透了生活的眞諦。平易地他執着了他的人物，把他們羅織在一些動人的故事裏，給予他們必需的生命。看來這些人物多孤單伶仃，可就從這些孤單的人物身邊，感到了生活滔滔的洪流。而作者那顆善感的心與這支洪流汨汨同逝，浮沉於生活的汪洋裏。譬如在作者另一本動人的小說裏，那個飢餓的郭素娥，她對於生命的執拗，使得我們吃驚；但她的淒慘命運，把人世苦難擺列在我們前面。作者一己的心嚮往之，招致了讀者的共鳴，郭素娥不祇是路翎先生的筆下的人物，而是我們生活中常見的一個，分享了歷史所給予我們的悲愁與恥辱。

這支筆現在給我們在「蝸牛在荊棘上」繪畫了秀姑和黃述泰，這是齣愚蠢而又原始的悲喜劇。質樸，善良的黃述泰背負着傳統的農民的鎖枷，爲人戲弄抑壓而無可告訴，屈辱在他心裏孕育成仇恨的根。他在尋覓一個及時的機會。當這個機會到來時，他對英雄的企慕幻成了驕傲與殘酷。原始的瘋狂磨折他，不自覺地使他屈服於自己無知的狂熱；於是「他確定要以殘酷手段對秀姑使鎮公所戰慄。」憧憬於流浪漢的了無牽掛，他把自己埋藏在一種悲涼的心情裏。橫亘在他前面的不復是和平的田園而是血與死，他感到害怕；或種的懦弱使他在狂亂的仇恨中，檢選了最軟弱的對象。

路翎先生寫黃述泰的成功是無由否認的。黃述泰的二重人格——本能的善良與人爲的粗暴，使他成爲一個極不單調的角色。他的愛情爲英雄的誇耀所掩飾，他的懦弱倒躲藏在莽撞的衝動裏。路翎先生極有把握地捉住了這一點性格上的矛盾，黃述泰便在他筆下顯出是個活生生的人物：老實，良善的典型。也許你會覺得他太笨拙，太依仗於他自己的設計；但也正因此，才使作者有了充份的機緣，去豐富一個人物，給予他多樣的生命。有時你以爲這人物的單純與原始而感到可笑，就在這可笑的心情裏，使你意識到自己對他的愛戀。

與黃述泰的濃豔色彩對比之下，秀姑是顯得有點蒼白了。依她的逃亡，她必然有着或種倔強，正如路翎先生所寫的，她具有那種無知的狡猾。譬如她甘心以錢賄賂張學文，這正顯示了她對于生活本能的世故；但在許多場合裏，作者把她輕輕地忽略了。這忽略自然不是出於作者的疏漏。也許作者企圖使她在和黃述泰的距離中，位置得更被動更軟弱，而讓男主角有了更凸出的地位。無疑地這毀損了男女角色間的和諧與勻稱。不過這是小疵，也許是我們求全之責；因爲在秀姑尖叫「不要，不要拆開啊，我底親人」時，我們禁不住爲這善良而單純的婦人同情地鼓舞起來。

以張學文而言，路翎先生的筆觸是出色的！我們看到了一個平日在鄉里間所常見的狡猾而貪婪的角色。他之不同於其他人，因爲他能夠寫上些似通非通的書信或是訴狀。這給予他在鄉里間的特殊地位，也因爲有這一份非凡的地位，才能使他左右一鄉人的意志。看來，路翎先生之抓住這樣一個人物，是給予黃述泰的諷嘲，但也仰仗於他，才使這愚昧的悲劇引渡到喜劇的結束。至於劉應成，不要以爲他是多餘的人物。作者對於他是黃述泰人爲的粗暴的解救。劉應成以「安靜的，神奇的力量」把他「拖到回憶裏去了」，就在這一霎那間，黃述泰本能的善良重複又昇上了他混濁的情緒裏。

但，我們所認爲路翎先生的成功處，到不祇限於他對於人物的繪畫上。「蝸牛在荊棘上」所給予我們的喜悅，是它的那一份深湛的人情味！都市人永不會體驗到鄉里人的可愛，他們生活的錯綜繁複正不下於都市人的聲色風緻。黃述泰的粗暴給鎮公所場景中抹上了瑰麗的色彩。作者不願公式地去寫那些紳糧們平日的暴戾與鎮長的權威，但在這看似人性展覽的場合下，他們用着活的社會性格幫助了這場喜劇的演出。對於被他們所造成的生離死別的犧牲者們的溫情，正是中國封建主們的毒狠的一面。在人情的渲染中，每個人獻出了自己一份的幽默感，溫暖了我們的心胸。看看張學文是扮演了多麼令人歡欣的角色。通過他，這悲喜劇的成就，才達到了盡善盡美。而在黃述泰最後和秀姑小坐山頭時，那一絲永恆的悲哀，輕輕地撥動了我們的心。大風暴的海洋必有片時的甯靜，在生活裏，人又何能例外？可是我們感到這甯靜的沉重！這一絲悲哀是生活的詩，路翎先生卻爲這詩寫下了明麗的字句。這是作者那顆善感的心——它親切地浮沉於人民生活的海裏，汲取了生活的精髓，給我們一幅人性的彩繪。

卅五年五月杪。

世界文學名著譯叢

被開墾的處女地
蕭羅訶夫著　立波譯

這是蘇聯社會主義建設期間的一首偉大的敘事詩。描繪了人類進化的一個極其複雜的歷史過程，創鬪了新人類的各種各樣典型人物；火花似的鬥爭，秋的蘋菓一樣的戀愛，偉大的社會遠景，繁複不堪的矛盾心理，這一切都雜駁紛陳，令人迷惑而神往，可也令人學到無數生活的教訓。

▲曹靖華譯蘇聯文學名著▼

蘇聯作家七人集　拉甫烈涅夫等著　定價三千二百元

鉄流　綏拉菲摩維支著　定價二千二百元

我是勞動人民的兒子　卡達耶夫著　定價二千二百元

侵略　李昂諾夫著　一七〇〇元

回憶·書簡·雜記　茅盾譯　一千七百元

復仇艷遇　曹式庚著　立波譯　一千二百元

駱駝書店版

貝多芬傳
羅曼羅蘭著　傅雷譯

附：譯者作貝多芬的作品及其精神

本書闡述貝多芬艱苦的奮鬥與偉大的人格，深切動人，馳名世界文壇已歷四十餘年；不獨爲音樂學者所愛好，且爲一般文藝界思想界重視。譯本內附有譯者作「貝多芬作品及其精神」一文，對其重要作品一一詮釋，尤足備國內音樂學者參考。

定價一千八百元

約翰·克利斯朵夫　傅雷譯　一萬五千元

相持　史坦倍克著　董秋斯譯　四五〇〇元

煙草路　加德維爾著　董秋斯譯　一七〇〇元

亞爾培·薩伐龍　巴爾札克著　傅雷譯　即出

馬克思傳　梅林著　羅稷南譯　上冊一七〇〇元　下冊在排印中

紀念高爾基逝世十周年

下列各書即將出版

和列寧相處的日子　羅稷南譯　八五〇元

某特工的一生　夏衍譯　排印中

奧羅夫夫婦　周揚譯　排印中

蘇聯的文學　曹葆華譯　排印中

高爾基創作選集　瞿秋白譯　排印中

發行所　總經售　**生活書店**

地址：上海呂班路六號（霞飛路口）

致讀者：

一、願意廣收同好者底來稿，凡文藝創作和文化批判，不論那一類（暫不收純學術性的文章），由幾百字到一兩萬字，除了我們認爲不必發表，或者本來很好但我們不懂的以外，都願發表。

二、特別徵求紀錄實際事件或實際人物底特徵的，短小的報告。

三、短稿請留底子。長稿附有貼好郵票，寫好地址姓名的退件信封或封皮者，不用時當退還，否則不退，查詢時亦不覆。這對於各個寄稿者費力甚少，但對於無分身法、無止日衛的編者都可以節省出相當時間的生命。

四、來稿請用有格稿紙按格抄寫，這對於編者、排者、校者是一大恩惠。

五、爲了節省彼此的精力時間，凡虛僞的聲音或中庸的議論，請免寄。

六、來稿決定發表時卽發通知，發表後卽寄發表費。

七、來稿寄「上海威海衛路五八七號中國文化投資公司」轉。

徵求：

希望 透滬出版 紀念定戶一萬戶

一、每戶先交或寄法幣五千元。

二、出版時儘先發定戶。

三、照定價七折計算，且不收平寄費及包札費。

四、讀者興趣轉移，可以改定其他書刊或取回餘額。

參加定戶的讀者可以——

幫助推廣本刊的發行，

外地讀者不致有買不到本刊的苦處，

能夠用最低的書價得到本刊，

外地的讀者不受加價的負担。

我們希望愛護本刊的讀者——

踴躍定閱，

聯合定閱，

介紹朋友定閱，

定本刊給知心的朋友作爲贈品。

中國文化投資公司啓

（上海威海衛路五八七號）

希望

第二集第二期（總號第六期）

民國三十五年六月十六日出版

編輯者：希望社

主編人：胡風

發行人：胡國城

總發行所：**中國文化投資公司**

上海威海衛路五八七號

電話三九八九一

分發行所：**杭州中國文化投資公司**

杭州迎紫路一三三號

電話一四一五號

特約經銷：

上海 上海書報雜誌聯合發行所

生活書店

重慶 三聯書店

漢口 上海雜誌公司

廣州 南光書店 三聯書店

開封 青年書店

華北 大學出版社

胡風編輯

希望

第二集

3

東平照像

（一九三八在安徽岩寺）

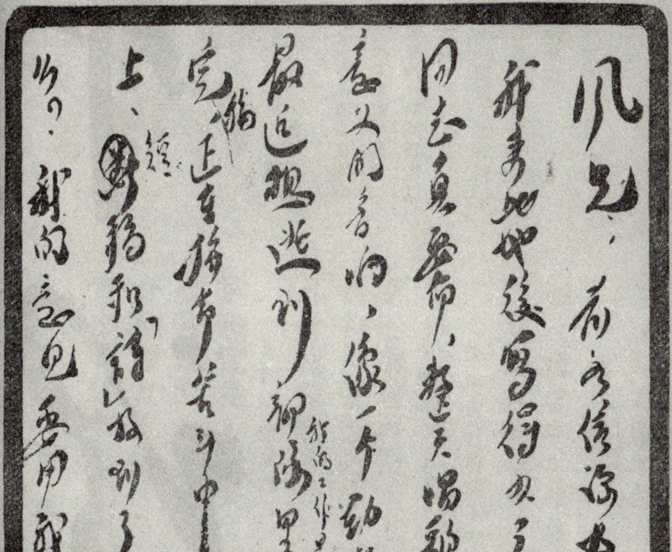

東平筆蹟（一九三八）

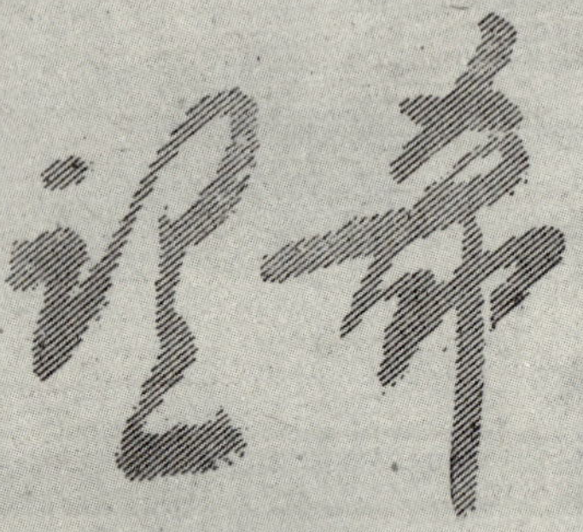

第二集　第三期

關於李樺

李樺，在中國進步美術運動中初以木刻知名。他似乎是最初的木刻運動的創作者之一，但由於堅實的技術基礎和辛勤的努力，他得到了受同輩作家尊重的地位。他底作品底意識主題，是通過生活底實感和線條底力感來達到的，還對於當時只僅僅有浮在紙面的意識概念的木刻創作是一個特殊的存在。

抗戰前一兩年，他就呼喚着抗日戰爭，讚頌着抗日戰爭。抗日戰爭發生後，他一直參加軍隊工作，主要的是在湖南江西一帶。由於經常流動和工具使用底限制，他漸漸由木刻轉到了鋼筆畫，墨筆畫，竹筆畫。寫兵士，寫人民，也寫戰災下的自然和被破壞的與再建的農村和市鎮。然而，由於他所在的地區底影響罷，他底人物還不能現出積極一面的性格，由於工具底限制罷，他底作品還不能達到一種綜合性的深度。「野火」爲墨筆素描，原大12吋×10吋。另一幅竹筆畫「休息中的湘北農民」，將在下一期刊出。

——高　荒

目錄：

1946

1946

碑

朱谷懷

爲偉大的死者
我們造碑……

碑
是死者
向世界飛去的足跡

碑
是死者
活在活人心裏
不滅的記憶

太陽在碑前
昇起又沉落
風打碑身流過
花草在碑下
盛開又謝落
而碑屹立着
碑給人們的記憶
要活向無窮
要活向永遠

一束信

從香港逃出，再回到重慶以後，找出了一包東平底信，那是沒有丟掉或毀掉的。於是保存着作爲紀念。勝利後就想發表的，現在挑去了僅僅報告行踪和關於私事的幾封。從這些里面，我們可以感受到他底聲音風貌和思想感情底生動的鱗片。（胡風附記）

一

（一九三七年）

風兄，

前信諒收到，到漢口後情形如何念念，我們還在濟南，但日內總得走了，辛人在上海受傷不知你聽到這消息沒有？你現在還辦什誌沒有？寄一個短篇給你，請你看看，如好請在你編的什誌上發表，如你沒有什誌或有而不肯讓我的文章發表，請轉大公報寫禱！祝好！聶兄均祈問好。

弟東平 十月十三日

註：這里所說的短篇，卽「暴風雨的一天」。

二

風兄，

信和「七月」都收到了。你們幹得很好，劉白羽回南京不知到那里去，荒煤還在濟南，我又回來南京，日內也許要來漢口，翁照垣受傷在漢口，希望你們去慰問慰問他。

辛人沒有流血，只是暈了半天而已，自已從醫院跑出來了，現在也在南京，日內和葉先生一同出發來漢口，就可以見面了。

從濟南曾寄上一個短篇。給你看也許還不算「自由」，現在選擇一篇較「自由」些的寄上，請查收。

歐陽已有信來，也提到你去信，說就要寫文寄你。

祝你和所有相知的朋友都好！

東平 十月廿二日

註：葉先生卽葉挺。不算「自由」的短篇卽「葉挺印象記」，較「自由」的一篇卽「善於構築防禦工事的翁照垣」。後一篇雖發表時較「自由」，但我沒有發表，因爲我不同意對於對象的看法。

三

風兄，

廿二日信收到，前信及「七月」二本收到時曾覆上一信，并寄稿二篇——「葉挺印象記」，「善于構築防禦工事的翁照垣」，不知已收到否，「葉挺印象記」恐未收到，茲再寄上底稿，請查收。辛人已到漢口去了，諒已見了面。「七月」你們用全力來支持是很有意義的，現在較有力量的文藝雜誌實在太少了。你叫我寫的稿子要現實些，是很對的，你大概還知道，我并不是一個喜歡空想的人，有時形容辭，名辭等用得不妥當，希望能負責任改一改，我現在正努力使文句寫得平易些。

我還在南京住一住，此次在濟南逛了一塊錢的窰子，病又來了，很糟，好在我自已已經是一個醫手！祝你和許多在念中的朋友都好！

東平

廿八日

註：這里提到的勸他「要現實些」，大概是對記翁照垣那一篇說的，因爲他主觀地把對象誇張了。

四

風兄，

近來好嗎?念念。我搬來大和街二六號和辛人一起了，電話是二四六八六，因爲要完成一個長篇，每日在桌子上釘根，沒有來看你。「七月」出版了，我看到廣告了。爲了我的弟弟在南翔打仗受了重傷，又失了蹤，非常悲痛，情緒非常激動，好在還能坐下來寫文章，大約這長篇（是歐陽山，草明，于逢，邵子南和我五人的集體創作）日間就可以完稿，打算自費出版，這邊出版界我很生疏，我想日間來和你商量關于此書出版的計劃，來之前必定有信先和你約定一個時間。

祝健！你父親病怎樣了？

蕻兄及田間兄的地方請告我。

弟 東平

十一月十九日

註：大和街二十六號即新四軍辦事處。失蹤了的弟弟即「第七連」的連長丘俊。長篇即「給予者」。

五（一九三八年）

風兄，

昨日交上的文諒收到了。答塔斯社社長的信我覺得有發表的價值，因此抄給你，請你看看，並盼在這一期的「七月」發表。我的意思是在於激刺許多有希望的青年文學朋友們。希望他們快快產生偉大的作品。

羅果夫找中國抗日文學甚急，他說蘇聯朋友急於要看我們的抗日文學，我曾對他舉出田軍的「八月的鄉村」，因爲他的要求很高，動不動要長篇，弄得我沒有辦法。風兄，怎麽辦呢？中國文學總似乎是走得太慢了呵！現在他要我幫忙他把抗日的短篇收集給他，我看得不多，希望你能夠爲我舉出若干種，要精彩的，可以見得人家的面的。祝你

康健！

尊夫人

諸友均此

單舉出書名及作者。我日間來找你。

弟 東平

十日

註：「給塔斯社社長羅果夫同志的信」，發表了的，引起了周行底討論。此信月份不明。

六

風兄，

信收到，我們那個「土包子」勤務員寄了個瓷杜的航空信一塊多錢，實在氣死人！你對我說的話很嚴正，我很接受，那稿子既然寄來了，適夷兄又催了幾次稿，問他要不要。要就請轉給他吧！並叫他發表時剪一份給我！我繼續寄上「我認識這樣的敵人」不知收到沒有，這一篇我想至少比江陰砲台的那篇充實些。一笑！

我過去常常想把一些寫過而未滿意的稿子重寫，這個想頭是不對的，最少使自己老是覺得的題材很可留戀，而放鬆了新題材的發掘了。

其禰兄望你多多催促他一下呵！他到了漢口如果不寫是千萬不應該的。前寄上的劇本後來覺得放在傷兵肩上的担子太重些，喘不過氣來的樣子，望你代把題目改改。（已取得作者同意），最好能强調軍民合作的那一點，不知你以爲如何？祝好！

（「第七連」的稿費當然不必寄。）

東平

二月八日

註：這里說的「對我說的話」，不記得了，也不記得是對哪一篇。劇本是吳曉邦底歌舞劇，沒有發表。這信是他參加新四軍到南昌以後寄來的，這以前應該還有信。

七

風兄，

信收到，六七期「七月」，也收到，謝謝。

我來此後產量頗受生活影響，情緒躁急，開頭每不易完成，正在努力克服中。我想日內或有新作寄上也不定。我急于出集子大半是爲了錢的緣故，我的老五苦得要命。眞實印書如不審愼，貽害非淺，你的話當然很對，那麼就慢些吧。近來坊間發現亂編叢書甚多，請你注意「保衛」作品，不要讓人亂編爲盼。「七月」無論如何是非使它更充實不可的，你的新的創造精神非常充分，這點也激勵了我，我一定要拚命多寫一些，不過要時時得到好作品有些不容易吧了，這的確時時刻刻都是苦惱着我的。

（是從香港寄來的麼？）

周行的信看到了，他是故友黃×，當在申報讀書問答與柳湜同事，後來到廣西去有××嫌疑被趕，我也因此和他遠離，對他表示××，不通訊已久了。他這信寫得很嚴正，儼然是一種很正確的態度，我看他有要求我從新了解他的意思，所以他故意說得特別嚴正些，他的話當然是對的，但也有毛病，前信已經寫明了。不知你能否同意我的意見？如有不妥之處，望你代爲修正。今早已去信增加一點，現在又覺得須再加一點：

此段請接上今早寄上的一段的尾末（即「關于作家與生活」之尾末）。

總之，作家的生活固然重要，作家對于自己的事業的把握也同樣重要。在抗戰中成爲一個好作家，是不會變成中國人以外的另一人的。是不是「作爲一個中國人而存在」的問題在這里也只好不能成立。

謝謝你，煩勞你把這一點加上去吧！

其爾兄望你時時推動他，他的材料一定很多的。雜文我很難得寫，我的火氣太旺，寫雜文是很容易開罪人的。祝康健！

他們走後，你一個人太忙了！

東平

二月十七日

對于「給予者」的話使我很不滿足，有空望來一信。

註：他要把作品編印一本，他勸他慢一點。他回答周行的文章也發表了。

八

風兄，

前各信諒收到，近來好麼？念念。我來此地後寫得少了，眞是失敗，我們服務團的同志眞要命，整天唱歌，噪嚷，大笑，作毫無意義的音響，像一個動物園，弄得我頭暈，最近想逃到部隊里去。我的工作是自由作文，可以隨便到部隊中去。一個新的小說還未完稿，正在拚命苦鬥中，我想不久定可以寄上。短稿和「詩」收到了嗎？其爾兄寫得多麼？我的意見要用我的行動去表現，我企圖既不放棄工作，又能寫得挺多，我現在完全爲實現這企圖而苦鬥，如果這企圖成功，證明我對作家多生活多寫文的要求是正確的，否則，那就是過高的要求。

「少年先鋒」要來了一份，看來還好，是（不）是你前次提到的那個呢？原來就是這麼？

祝康健！

弟東平上

二月廿八日

九

風兄，

「七月」九號五本，信及十元均收到，謝謝。關于「馬古六」你的批評是確當的，我想，這些地方妥當是不十分妥當的，但也許不關重要吧，江浙，滿洲祗是在以爲不關重要中寫出來的，但是你最着重這些，從此以後，一點稍爲不負責任的嘻皮笑臉的態度也不准有了，我願你永久用這嚴肅的態度對我！那稿子請你代爲保存，詩既然有毛病應以不發表爲好，不過敵機屢次來襲南昌皆被我們強大的空軍擊退，南昌安靜了，熱鬧了，人民生命有保障，我有好幾天充滿着抗日勝利的驕傲和快樂的心境，所以那樣寫的。不想是失敗了。這個是不好玩的。信，只是把自已的面目弄清楚些而已，能如此不再想嘮叨了。星期文藝給人印象很好，是忙不能繼續吧，太可惜了，交給其爾如何？我當然繼續多寫些，祝好！

看到鹿地的信，又非常興奮，他要不要來漢口呢？

東平上

五日

註：這所說的作品，就是前信所提的「馬古六」，內容是從內戰取來的，但當作抗日游擊戰來寫，因而把背境移到滿洲。但那些人物，和初期的抗日游擊戰是有距離的，很容易看得出來。沒有發表，太平洋戰爭時在香港時失掉了。另一首詩，也沒有發表。

十

風兄，

很久沒有寫信給你。未知你近狀如何，「七月」是否繼續？在五月份的新華日報上看不到「七月」廣告，殊為焦急。其爾兄是否仍在漢口，我想為了大武漢的保衛，工作一定非常緊張，大概他是不會離開的吧？聶、艾、田、蕭、端諸兄的情形怎樣？無時不在念中。

通過封鎖綫到現在已三個多月，生活方式習慣完全改變，從這個區到那個區，這個村子到那個村子，不斷的走新的地方，不斷的接觸到新的人物，新的事件。材料，故事，一天多似一天，一天重似一天的壓在背上幾乎令我不能喘氣了，這是苦惱的事，却沒有再好，再新，再有效的法子來打發這些材料，相反的我寫得又粗又少，質和量都表現了極大的遺憾，生活太流動了，而創作總是切求着安靜，我日夜焦思着如何把自己從新改變來負担起這個新的任務。在以前，如果有三天沒有作品產生就不免悲觀失望，現在一個月沒有作品產生還是覺得事有可為，這不能不說是一個進步，不過只是消極的表示了一點頑强和矜持，另一面却是一個大失敗！

先遣支隊結束了，我被調到第一支隊部來了。這里做文化工作的人還是太少，我非常盼望有更多的人到這邊來。為什麼許多人喜歡到八路軍方面去而不喜歡到這里來呢？

告訴你一個新消息，我們成立了一個魯迅文藝社。很迫切的想弄一個什誌把江南的文藝運動（配合一般的文化運動）推動起來，但人手少，一點把握也沒有。這里王天基和我一道，還有別的作文字工作的同志，但應付通訊稿還沒有應付得好，辦什誌似乎近於妄想了，文藝社的同志程度高的我想還是很少，但他們迫切地要求文藝運動能夠展開，我和王天基二人實在沒有法子滿足他們的要求。文藝座談會開始舉行了兩次，非常奇蹟地我竟然在大庭廣衆中報告文藝理論，不知是否對板，心中覺得危險萬分。我每次能夠講兩個鐘頭以上，故事和理論溶在一起，聽的人都覺得有趣，問問王天基，他說並無錯誤之處，危險危險！——

寄上的關於魯迅文藝社的稿子望你設法把它發表在引人注意的位置上面。

我的密斯吳不知生死如何，讀書生活社的稿費不知拿到了沒有？

風兄，我的思家的心緒頗為作怪，這是自從有了密斯吳之後才有的，但我並不因此而影響工作。我承認這是我的精神生活的內容的一面，即使我很苦惱，我也只能把苦惱作為生命的本質看待。

風兄，這里的物質生活是苦的，但我們以前不曾有過好日子，現在也再沒有好日過。我們所受的損害只有從侵略者壓迫者的身上尋抵償！

今晚聽到九江失守的消息，風兄，武漢在風雨的飄搖中了，中國人不斷的在和敵人的殘酷的決鬥中把自己教育着，使自己長大，這條路誠然是艱苦得很，然而這才是正確的路，偉大的新中國是從這條路去開拓的呵！

望你寫回信寄與軍部鄧子恢主任轉我！

祝康健！

密斯居均此

小弟東平

七月廿七日

註：王天基是木刻家，逃到武昌後就參加了新四軍回到了江南。現在沒有消息。

密斯吳是東平底夫人。

十一（一九三九年）

風兄，

有一年的光景沒有通消息了，武漢陷落時我聽到關于你與其爾的許多不好的消息，說你們已經在突圍時犧牲了。這消息傳來時我寫了一個電報稿子請陳司令代拍與新華日報問你們的消息，但陳司令告訴我你們已安然到達重慶，這平安的消息是黃源同志告訴他的。奇怪的是聽到那驚險的消息時情緒上并沒有什麼激動，彷彿那是必然的一件事，而我自己正準備綁以同樣的不幸的消息送達給你們，這也許是我受過了短期鍛鍊的結果，是一種進步，然而同時也令我警惕，戰爭使我們的生命單純了，彷彿再沒有多餘的東西了。我不時的有一種奇異的感覺，以爲最標本的戰士應該是赤條條的一絲不掛，所謂戰士就是意志與鉄的堅凝的結合體，這顯然是一種畸形的有缺憾的感覺，而我自己正在防備着這生命的單純化，這過分的單純化無疑的是從戰爭中傳染到的疾病。不久又傳來了重慶大轟炸的消息，我簡直說不出什麼來，只是暗中爲你們作默禱而已。

我在這里的生活情形紺弩同志可以告訴你一些，也沒有什麼特別的消息，只是身體很好，戰鬥的艱苦的生活顯然吃不了我，也沒有什麼疾病，彷彿這殺人盈野的戰場比上海東京還要衛生一些，這當然又是生活工作有規律的緣故，這一是可以告慰你們。

紺弩兄我們本希望他不要回去，但他自己攷慮的結果以爲回去對于自己較爲適合，如果是這樣，回去也應該贊成。遠祝你們有一個比較稱心遂意的工作場所，遠祝你們開闢出新的絢爛的天地！

其爾，山，草明諸兄也很久沒有通訊，這里有給山兄的信請你設法轉給他。對于舊時的好友都有着不泯不滅的系念。

我的文章現在簡直無法再堅持了，精神上在各方面都覺得爽快，只有這一點令我惶惶不安，現在又養成了這樣的脾氣：小的不寫，要寫，要寫長的，大的，長的大的不容易寫，那麼根本什麼都沒有寫得成。特別因爲我現在對于寫東西還是保留着過去亭子間的習慣，常常把文章與工作對立起來，文章與工作互相妨害，好在這里的同志都了解：文章也卽是工作。

希望你有信與我，我又盼望能接到你編的那個集子。密斯吳一點消息也沒有。密斯居好麼？請代問候她。致戰友的敬禮。

其爾兄均此

小弟東平上

雙十節于溧陽城外。

十二

風兄，

昨日從郵政寄上一信，恐怕不能收到，因此再寄一信。柏山來前方，「七月」二頭也收到了。關于李陵與夾谷，爲什麼其爾會有這個態度，總是令我懷疑，我以爲以其爾的身份、地位以及朋友的關係上，總不應爆發這件事，以前老周就是過于濫用自己的政治地位，動輒以帽子戴給別人，以爲不費吹灰之力而可以打倒論敵，而胡風所以終未被打倒者正有他的不能打倒的骨干，我想這是用不着加以辯解的。我與白丁曾經討論過，這兩篇文章，我們以爲李陵這文章可以用不着發表，但既然發表也沒有問題，因爲總是一篇無關大旨的文章，因爲它所表示出來的幷沒有任何可以攻擊的一面。至于夾谷，看來還是一篇好文章，蕭軍的寫法常愛從反面側面去提出論據，因此未能如宣傳員似的站在前頭去大喊大叫，但我素來是反對大喊大叫的，因此你看我的文章中就找不出一句口號。我們以爲你儘可以不必去管這些，但與其爾的工作關係以及情感的恢復倒是必要的，如果其爾要板起面孔再來一套，那無論如何是一種損失。

我現在已開始在寫一個長篇，時時感覺着應該努力，希望能不枉費許多朋友的鼓勵，但在這環境中要寫出好文章來是不容易的。

密斯吳通訊處在「香港深水埗長沙灣道二百六十四號保德堂轉交吳笑」。那三十元希望你寄一半與她，一半寄與我，非常麻煩你，今日接她來信說從未接到我半個錢，她過着非常悲慘的日子。

紺弩回去了，一切由他告訴你吧，我的新女友頗好，謝謝。祝

康健！

歐陽山草明處曾託紺弩帶信去，望他們有來信。他們如何，非常掛念。

小弟 東平上

十一月一日

註：這里所提的糾紛是——「七月」復刊前，那位其爾寄來了一篇小說，想趕第一期發表，但那是非常公式化的虛僞的東西，我沒有刊登。出版後，他寫信來大發脾氣，攻擊那一期里面的「峽谷」和「李陵」是反動的作品。其爾和東平與我是五六年的朋友，當時還處在極有威望的地位上面。所以寫信給東平的時候提到了這一件事。

十三（一九四〇年）

風兄：

屢次從柏兄處看到你的信，也屢次寫信給你而沒有發出，我曾從郵局寄信與你，也曾托紺弩兄帶信與你。但你大約都沒有收到。沒有通訊或收

不到信的事現在對於我已經沒有什麼了，因爲長年都是沒有接到信，戰爭對於我似乎特別加重了味道，家里久未通訊了，一切朋友通訊都好像特別困難，但看別的人卻還是經常能收到信，眞是羨慕。其循也不寫信，歐陽山一個字都沒有了，寄出的一些文章都是黃源胡亂的代送，到底送到那里去，結果怎樣，都無從而知。對於這些都好像無從根究，近來的確寫作的情緒很壞，提不起筆來，而我與柏山兄都不願意有這個現象，都正在想要來克服。每次看到你的來信，都感到責任心的加重，但還是無從轉變，只有徒自譴責而已。你在那里支持一個刊物，環境困難，一想而知，而你的苦鬭的精神，是令我非常感動。紺兄回去後如何，希望你能多把從柏兄信中所知道的告他一點，並希望他以後寫文章要小心，不要鬧無謂的糾紛。他的那篇文章的確很成問題。

山兄已到我這邊來了。能夠和弄文藝的同志特別是能夠互相了解的老同志一道是幸福的，也只有在互相鼓勵中才能把寫作的情緒經常的保持，不然很有暫時被冷視或被棄置的危險。但雖然如此，結果還是一無成就。回憶在漢口時的我是何等的雄心勃勃，而現在也被捲入「戰爭」的漩渦，應了徐懋庸的估計，眞是不勝感慨！風兄，我想總能掙扎起來，把寫作的雄心提到原來的高度！

「第七連」至今未看到，如已出版希望寄幾本來，款子請寄香港深水埗長沙灣道二六四號保德堂收轉吳奚收，爲盼。寄一半給我。

寄款至香港時請注意一邊寄匯票一邊寄證明書（卽：現寄上港幣〔或國幣〕××元請查收該款係某人之稿費。等語。）收款人卽可將此信拿到郵局去取款，否則是收不到的。以前從漢口寄到香港去的款子照吳來信一個銅板都未收到，豈不寃枉！項先生帶的款子他並未轉與我，忘掉了。前次接到你信時以爲只有三、五元，不敢問他，現在才知道有二十多元，數目非少，已寫信去問他去了，大約他總會記得吧。

曹白在前面未看到。望來信！

康健，密斯屠均此

小弟東平

三月廿日

十四

風兄：

從柏兄處看到你的信，你給我的信也看到了。你那邊現在如何，非常懷念。紺弩兄諒已到達你那邊了。

你勉勵我的話，使我很感動，可是文章直到現在還是不能衝破沉悶的狀態，計劃好了而且開筆寫的長篇至今還是保持原狀。這里爲了強制學習，天天弄理論，可是幷沒有什麼心得，弄得有點奄奄一息的了。而小說是始終都不能完成！風兄，我想你能夠原諒我，我呢，也準備原諒自己！

但是我不願意放棄，眞是「耿耿此心」，到什麼時候總能有所表現。期待着，心里也感受到異樣的痛苦，像孕育着什麼。

柏山兄常常見面，現在他竟走得很遠，所謂「在前者在後，在後者在前」。過去他在後我在前，現在我雖然還是在前，可是他是比我更前，我就變成在後了。

我的稿費和書到現在都未曾收到。交通是太成問題了。香港方面的確沒有法子，國際匯兌已經苦死人，過去寄去的錢一點都未曾收到，陳子谷最近回香港轉告了我的消息，敎老吳氣得要去自殺。人類眞是痛苦的動物，不知要苦到什麼時候爲止呢！

現在還是要看淡一點好，譬如我最近得一支筆，忽然把它踩斷了，一點也不歎息，柏山也說，要看淡一點！

因爲淡就減少痛苦，減少痛苦就不擾亂前進。不過我的小說要削弱不少了！幸而我幷不相信這是削弱，或者相反的是加强。

我的書還希望你再寄一本與我。

寄書通訊處：江蘇溧陽竹簣橋月字十號附五七號丘山子收。

希望來信！

敬禮。

小弟東平

五月廿三

註：這里所說的「我的消息」，當是前信所說的「新女友」。老吳卽他底太太。

東平小論

石懷池

一

從「底層」爬出來的作家，他們往往是「力」的化身，給溫文爾雅的文學圈子帶來一顆粗獷的靈魂，一股逼人的銳氣的。他目睹而且身受着血腥的壓迫和剝削，他只是朦朧地感覺到卻不能明白地指出什麼是黑暗，壓迫，惡濁和一切不幸的悲劇的根源。於是，他憤怒，他憎恨，他舉起投槍向「無物之陣」擲去，他高呼着鬥爭的英雄的事業，牠讚頌着勇敢的爲受難者的獻身，他慨嘆着那些超人式的個人主義的英雄淒楚地倒在愚昧的血泊裏的悲劇。但是，他們卻不能就在這裏止步的，他們的文學的生命還要向前突進；而悲劇的歧異也便產生在這裏，由於當時的客觀的必然的社會現實，而走向不同的道路。高爾基再不從「流氓無產階級的隊伍裏或是古舊的吉卜西傳說裏去選取他眞正的人間的英雄」，他開始明白「流氓無產階級的世界到底是甚麼一回事，而且明白在爲全人類的適當的合乎人道條件鬥爭中所看到的最好的戰士並不在這裏。」這樣，「反對過物質的和精神的貧困，反對過沙皇俄國生活的野蠻的殘酷性的高爾基，便在不但爲推翻帝制，並且爲社會主義而鬥爭着的無產階級裏面，尋找到眞正的人類，眞正的人間的關係」（吉爾波丁）。這是從「沉淵」來的作家的一條路。而生活在美國布爾喬亞社會裏的傑克，倫敦，便走向另一個完全不同的悲劇的結局。如同高爾基一樣，他也是從「貧困」和「屈辱」裏打滾出來的，他做過報販，水手，碼頭小工，洗衣工人和其他「上千種的不同的職業」，他爲「深淵下的人們」發出「野性的呼聲」，他是一個健康的完整的力的存在，從他那裏，我們感到「生命的莊嚴，從而也體會到做人的歡喜」。然而，對於「拜金主義」的市儈社會，他卻是一個不調和的粗野的存在，他從庸俗的美國的布爾喬亞現實中，看不見一星星的希望的未來的光，「他的命運只有一個，不被毀壞，便得滅亡」。於是，他在四十歲的盛年以鴉片中斷自己的生命，正如他所創造的馬丁·伊登一樣，作爲這個吃人的社會的犧牲。

而東平，則又是另一個從「底層」來的東方的作家。同樣地，由於他所生活的特定的時代與社會現實，歷史便安排給他另一條與高爾基·傑克倫敦都不相同的道路：被苦難的奴隸的命運枷鎖着的祖國要求他，不僅是一個持筆的文藝作家，還得作一個時代底興兵的「帶槍的人」，他底永遠活在人民心裏底雄偉壯麗的詩篇，是醮着他自己底鮮紅的血塗抹成的，而終於，他英勇地仆倒在爲掙脫祖國底半封建半殖民的沉重的鎖鍊的，艱苦而持久的戰鬥的血泊裏。

根據某些回憶他的零碎的文章，我們知道，作家丘東平在童年時代就曾捲入不平凡的大風暴裏，後來跟着幾個伙伴到香港去，度着艱苦的流浪生活，做過海上的漁夫，做過街頭的小販；其後，因他哥哥底關係，投入十九路軍，任翁照垣將軍底私人祕書，參與上海「一二八」抗戰的全部史程；其後熱河抗戰，他也追隨翁照垣將軍之後，馳騁於古北口外的冰雪風砂之中；有一個時期，他曾做過「太白」的校對，但不久就脫離「太白社」，以活躍的戰士的姿態，躍入當時正在香港展開的促成全國一致抗戰的救亡活動裏；再後，約一九三五年冬天，東渡日本，回國後，參加「八一三」上海的神聖的戰鬥，巡禮山東戰場一帶，以後就一直活躍在新生的江南的原野上，一九四一年，終究把自己的生命也奉獻給人民底光輝的英雄業蹟。

「東平短篇小說集」的編者在題記裏說：「展開牠，我們就像面對着一座晶鋼的作者底雕像，在他底燦爛的反射裏，我們面前出現了在這個偉大的時代受難以及神似地躍進的一羣生靈。」作爲編者的人並沒有爲東平吹噓，實在的，這是一座煥發着一種新的雄偉的英雄主義的光芒的「晶鋼的雕像」。

二

高爾基寫過一個很美麗很人性的神話——關於但珂的神話。人們要想從黑暗裏找出一條道路，爬出生活的爛泥坑，而走到新的光明而自由的生活那裏去；他們彷徨着。一個青年但珂，他充滿着對於人類的獻身的熱情，決定要幫助他們。他就把自己的充滿着愛的心挖出來，把牠高高地舉起，好像一個燃燒着的火炬一樣，他拿自己的死做代價來引導他的兄弟們走向自由的地方去。高爾基所做的就是這樣的事，而與高爾基有類似的生活的東平，也正是這同一的新英雄主義的精神的化身。

這種新的英雄主義並不是從天空落下來的，牠有着牠底堅實的地下基礎：這便是近百年來的在血泊裏打滾的祖國和她底從不會有一分鐘休止的浸血的殘酷的狂風暴雨的戰鬥。而這種新的英雄主義與中國的許多堅忍刻苦的文藝作家（東平是其中的一個）底結合，也不是偶然的，牠有着一條血的必然的社會學的紐帶；關於這，東平自己解釋得很明白：——

「我們，從艱苦的環境中，從牢獄中，從壓迫和殺害中留存下來的一些少數的文學朋友，我們對於抗日戰爭的期待也夠了，——中國的青年作家們不會看不清楚，不會誤解這個戰爭的，不會趕不上這個戰爭的，不會厭倦，懼怕或逃避這個戰爭的。……」

新的英雄主義是近百年來爲祖國底解放（反帝）和進步（反封建）而戰鬥的獻身者的光榮的戰鬥傳統。而青年文學者也正是這種精神的具體體現者之一。他們一直沒有與戰鬥的主流脫節，他們生活在戰鬥裏，把「新的歌頌，鬥爭的歌頌」，「傳達到這殖民地底與一個汚穢的，陰暗的，鐐銬和鎖鏈在奔走着的，不自由的角落裏」，「傳達到這殖民地底恐怖的村莊，血腥的柵欄，以及那些不能被主人哺養着的吐出最後的呼吸，呈出最後的臉色的小牲畜，小生命裏。」他們是精神領域裏的鬥士，他們是蛻化過的智識人的新的英雄。

東平曾用着一種示威似的聲調說：——

「我們要大胆的寫呵，我們一定要用我們過去的實生活，譜出雄偉的調子，壓滅那些蛩聲和囈語啊！就像我們在打仗時間射的大口徑的砲彈，去震破那些庸俗者底耳膜吧，格格格……。」

聽着這氣勢雄偉的原始的野性的呼喊，在我們的想像裏，不是就似乎有着一位羅丹或米蓋朗琪羅似的忠實於人生的藝術大師，揮着他們底銳利的雕刀，向一切庸俗的市儈的，低伏於金錢和商人脚下的拙劣的雕刻匠們忿怒地吆喝着嗎？——但東平並不是虛驕縱橫地蔑視一切的，也不是夜郎自大地爲自己胡吹，不是的，他之所以這樣說是有着權利的。他以那篇描寫國內戰爭的，結構嚴謹而藝術力很深的「通訊員」展開牠底道路，接着陸續寫成「憂鬱的梅冷城」，「火災」，「長夏城之戰」三個集子，一個以前完成的不知名的長篇，直到發表描劃「新的人民領導者的典型，肩負着這個時代的苦難的阿脫拉斯（Atlas）型的人民的雄姿」的「第七連」和「一個連長的戰鬥遭遇」，在中國的貧困的文藝園地裏，作家東平已經栽植上一株枝葉豐茂的菓樹。在這些作品裏面，有那個「大風暴時期」的「狂風掃落葉」的故事，有上海「一二八」和熱河抗戰的驚心動魄的眞實的反映，有被窒息着在地下生活的生靈塗的掙扎和呼喊，特別是這次作爲整個民族底大的激動和大的昂奮的解放戰爭裏的，由人民自己行動出來的無數的可歌可泣的輝煌業蹟的寫照，——而特別醒目地，是一條貫穿過全部作品的紅線：一種新的英雄主義的號召，一種對於黑暗勢力搏鬥的呼喚，一種對於自由與光明獻身的熱情。

三

這個命題也許提得太早一點，但卻可以作爲一個探索的起程，就是：作家的新的英雄主義的主觀精神，在與被處理的客觀現實的聯結的過程中，往往甚至是必然地採取着一種革命的浪漫主義——作爲現實主義的發展的更高階段的一面的浪漫主義的創作方法。

關於這種革命的浪漫主義，A·拉佛勒斯基說得很明白：

「社會主義的現實主義（新現實主義在蘇聯社會的特殊運用），由於方向是在於一個未來的無階級的社會，是在於在永遠生長的進程中向着未來，而獲得特殊的重要性。新的現實主義跟舊的浪漫主義和舊的現實主義比較起來，是「第三種事物」，是更高級的事物，因爲牠在牠的現實的形象中包含着未來。「因爲對於牠，這未來並不是一個空洞的夢，而是要在人們眼前創造出來的一個現實。」

而這種新的革命的浪漫主義創作方法底最初的運用者高爾基，也曾很深入地談及這個「現實的形象中包含着的未來」，他說：——

「我們切不可只知道兩種現實——過去與現在……，我們必須知道第三種的現實——那未來的現實。我把牠看作是一個無可推諉的命令，像這時代革命的號令一樣，我們必須設法把這第三種現實包括在我們的行動裏面，我們必須表現牠。沒有牠，我們就不會理解社會主義的現實主義（革命的浪漫主義）是什麼東西。」

這裏，我覺得，所謂第三種現實——未來的現實，具體地說來，便是一種歷史的必然方向的認識，一種對於光明的未來的嚮往和爲爭取牠底實現的鬥爭的熱情。他不僅理解歷史的過去和現在的實況，他還憧憬着未來，信賴着未來。把握着這種健康的創作方法，才不會陷落到自然主義的悲觀的泥沼裏去，即使是剖解着陰暗的醜惡的現實，卻能從陰暗中看出光明，從醜惡中看出純潔，而東平，正是把握着這種革命的浪漫主義（新現實主義）的創作方法的，而且是熟練地正確地運用着的。

譬如，在「第七連」和「一個連長底戰鬥遭遇」裏，可以不必說，作者全心全力地生動地刻劃着一個時代的人民的英雄軍人怎樣地成長起來的全部歷程，健康地給讀者指出一個滿有希望的充滿着陽光的歷史的遠景；即使在其他一些描寫我們祖國大地的受難和牠底可恥的醜陋的瘡疤時，也只是煽起讀者底對於舊的憎恨和一種對於新的事物底更强烈的愛與追求的；看，第七連底連長丘俊是怎樣參加鬥爭，怎樣痛苦地目睹着戰爭初期敵我力量底懸殊的對比的，可是，他仍是怎樣地堅持鬥爭，怎樣地光輝地完成任務的啊！看，那個江陰砲台守將方叔洪上校是怎樣內疚地回憶着屈辱的無可奈何的敗戰，可是，他沒有消沉，頹傷，並沒有對民族戰爭感到幻滅的悲哀，相反，他是要積極地再次躍入戰鬥的！再看，在難民W女士的一段經歷裏，無恥的侵略者是怎樣地在上海掀開戰爭，怎樣慘酷地屠殺着我們的無辜的人民的，可是，這種戰爭是不會被敵人取得勝利的，這種無理性的屠殺也不會持續多久而且要報復的，東平告訴我們：中華的不屈的人民已經徒手地與敵人搏鬥起來啦！——在他底所有的作品裏，跟隨着作者的視野所及，我們見到一個廣漠的無限生動的世界：有哭泣的村莊，有愚昧的小鎭，有血腥的壓迫，有殘酷的剝削，有着我們底殖民地命運的各種各式的桎梏和鎖鏈，可是，東平也告訴我們，在同時同地已經出現新的希望，新的覺醒，對於奴隸命運的掙扎和死命的反抗！

四

像執着於戰鬥底生活一樣，東平更執着於藝術底勞作，那種急就的潦草的產品，東平是永不滿足而且蔑視的，他渴求着一種紀念碑型的，挖掘到現實的深處，而在藝術的深度和廣度上也能達到完整無瑕的程度的「偉大作品」。他批判抗戰初期的一般的報告文學說：——

「抗戰以來，每天每刻我們在報紙上以及小刊物上看得見許多報告啦通訊啦一類的作品，如果把這些當作文學看，那當然熱鬧得很，但是，我們想一想，這些是不是可以留到將來？如果不能，將來不是沒有文學了嗎？例如寫四行倉庫的八百壯士，報告囉，詩啦，出特輯囉，熱鬧得很，但在這些文章裏面，那篇是最好的？誰也不能回答。這是現在一般的毛病。」（見七月社主催「抗戰以後的文藝活動態和展望」座談會東平發言紀錄。）

於是，他苦悶地拷問着文藝作家們，同時也拷問着他自己：——

「他們（作家）爲什麼不寫出偉大的作品，以文學者的本行的工作遂行抗日的任務呢？他們爲什麼只是寫了些雞零狗碎的東西呢？他們爲什麼不曾使自己的偉大的靈魂發生感動，而竟然把驚天動地的民族革命戰爭大題小做地當作什麼，隨筆，小品，短篇故事，片斷的報告文學看待呢？」（見其「答塔斯社羅果夫同志問」。）

在這種意義上，對於藝術力底追求，東平是非常認眞而努力的，而且，還有某種程度的收獲。例如「通訊員」「一個連長的戰鬥底遭遇」「紅花地之守衛」等篇，都是一些非常嚴謹的美麗的感人至深的藝術作品。可是，我們如果苛求地說，正如同歷史上所有的藝術巨匠底精心傑構都有着微細的瑕疵一般，東平的作品也或多或少地存在着某些缺點的。譬如，在結構底嚴整性上，東平的小說有時候僅只是正如他所詬病的速寫式的報告；在人物底刻劃上，雖然都能把握住藝術的概括的原則，有時卻也僅只是浮雕似的，沒有能挖掘到靈魂的深處；在詞句的文彩上，有時顯得很硬澀，沒有修養的讀者會感到很難消化；一句話，就是所謂粗線條的炭畫式的作品。——關於這，我們想一想蘇聯作家托斯妥益夫斯基與老伯爵托爾斯泰底創作的故事，以及近來蘇聯文壇對於流行的戰爭作品的粗糙問題的討論就會明白的。東平不僅經常地生活在物質的貧困中，他還是戰士，他日以繼夜地在白熱化的沒有休止的戰鬥中過活，又怎能有時間給他，餘裕地，精細地，更深一層地雕塑潤飾他的作品呢？據別人的回憶，他曾幾次地聳着粗黑的眉頭說：——

「勿論如何，要想寫文章，總是非得過安靜的生活不成，……唉，唉，這樣跑來跑去，多可惜啊，可是，在今天，又怎能有安靜的生活可過呢？唉唉……」

由此可見，東平曾是深深地爲着自己的作品的粗糙而苦惱的。關於這個問題，周行有一個解釋，他說：「因爲戰爭還正在進行中，大家，連文藝工作者都在內，都正在忙於更直接的出全力去搶救那垂危的祖國，沒有好好的執筆的機會，甚至也沒有好好的構思的機會。在這時候，他們只能抓住現實的某一片斷，用最單純最直接的形式把牠反映出來，這，在抗戰中正盡着一種巨大的作用，而未來的偉大的史詩，也正是由她們發展而成的。」他並以蘇聯革命文學作例，「綏拉菲莫維支的鐵流，是在一九二四年完成的，而法捷耶夫的毀滅則還要晚四年」。適英也說：「文藝的形式一定要變化，如像被開墾的處女地，就是以許多報告文學做材料寫成的。現在，我們雖然只能看到些報告通訊等，但其實，這就是產生偉大作品的過程」。東平是從「底層」走出來的作家，他不曾脫離過血腥的戰鬥，而他自己便是最多量的最眞實動人的報告的作者，無疑地，他可能是我們底「靜靜的頓河」，我們底「工廠史」「內戰史」「鐵流」「毀滅」的最理想最可能的作者，可是，當他還在孕育的過程中，已經爲人民爲祖國奉獻出他底生命，長眠在江南原野的青草叢中了。

五

高爾基說：「我們都餓於人間愛，但在餓着的時候，烤得壞的麵包，也是——美味的。」東平的作品是有缺點的，但他底更光輝的超過一切的天才的光芒壓過牠，牠不是「烤得壞的麵包」。

牠本就是「美味的」，那末，「餓於人間愛」的我們怎能不寶貴地來重視牠呢？

東平寫道：——

「在村子底南面，在一個高聳的陰綠色底小丘底峯頂上，馬松桑底黑灰色的影子像一塊插在田塍上的小小的界石，在暴風雨的侵襲中屹然不動地站立着。」

東平已經死去，但他底晶鋼的雕像永遠活在人民底心裏。

「對於純美的人們，讓永遠的記憶長在！」

——十月，北培。

東平作品目錄：

一、長夏城之戰
二、憂鬱的梅冷城
三、火災
四、給予者
五、第七連
六、向敵人的腹背進軍
七、茅山下

（憑記憶到的，暫編）

憶東平

胡風

一

一九三二年冬，我因事從東京回到上海，住了大約一個月。當時承一•二八之後，文學運動在救亡熱情底激盪中頗有生氣，我也參加了幾個學校文藝團體的講演。我對上海的情形一點不熟悉，只憑一股熱情，朋友們要我去什麼地方我就去什麼地方，從沒有事先問問清楚，作一點準備。

一天，丁玲告訴我，有一個參加過海陸豐鬥爭的青年，想到日本讀書去，留他在上海留不住，你去談談罷。那就是東平。

照着約定的時間和地點，我找去了。記得是施高塔路附近的一個僻靜地方，但却是很好的房子，似乎走廊上有水汀。他和另外兩個朋友住在三樓一間大房子里面，但沒有一件傢俱，空空洞洞的，在地板上打着地舖。現在記得的是，他背靠着窗台，兩手插在料子很好的大衣口袋里，個子瘦小，頭髮直豎着，兩眼烱烱有光。我對着他坐在地舖上或箱子上。他底兩個朋友（有一個是他底哥哥）靠着牆壁站着。

我勸他不要去日本，去了一兩年不會有所得，離開國內的實際生活是不好的。

但他反問我：「那麼，你自己呢？」

「因爲去了，知道情形，所以不贊成你去呀！」

「你還回不回去？」

我有些窘了，但說明有些事未了，還得回去。

沒有等我說完，他就笑了起來。只聽見格格格的一種乾枯的笑聲，除了眼睛鼻子有點縮攏的動作以外，感不到一點像笑的表情。我覺得那笑聲好像說：算了罷，何必來騙人呢！我受到了威脅。

接着他說了這樣意思的話。說到實際生活，他參加過血的鬥爭，但看到了因爲猜忌，自己人怎樣殘酷地屠殺自己的同志，所以覺得中國問題不那麼簡單，還得作進一步的研究，還得充實自己。聽了他底話，我想作一點所謂理論分析，但他聽了兩三句就又格格格地笑了起來，我覺得他底眼光已經望到旁邊去了。

談話當然沒有結果，我帶着受威脅的感覺走出了門。忽然想到我自己也好像我們所嘲笑的從美國回來的洋博士一樣，就更加狼狽了。

那以後不幾天，我讀到了新出的一期「文學月報」上的他底「通訊員」，不禁吃驚了。作者用着質樸而遒勁的風格單刀直入地寫出了在激烈的土地革命戰爭中的農民意識底變化和悲劇，這在籠罩着當時革命文學的庸俗的「現實主義」空氣里面，幾乎是出於意外的。讀了以後耳朵邊又響着了那種乾燥的格格的笑聲，但這一回我所感到的不是狼狽而是興奮。後來又讀到了「瀠河上的橋樑」，是很短的報告式的或速寫式的東西，然而，形式上的抗日民族英雄主義的旋律正吻合着內容上的抗日民族英雄主義的氣魄，使人感到一股雄壯的迫力。

對於前一篇，當時有幾個敏感的友人注意到了，表示了佩服，在那以後的兩三年當中，談話中間有時還被提起，但後一篇，却似乎一直沒有受到任何人的注意。

東平一開始就是受着文壇底冷遇。但當時似乎他自己却意氣很豪，曾在幾個作家抗議魯迅先生對于中間作家的「妥協態度」的公開信里簽了名的。

二

第二年夏天，我被日本警察驅逐了回來，知道東平參加了福建人民政府的起義。

一天，C君問我：「丘東平回來了，你知道麼？」

「不知道。」

「回來了，你猜他住在哪里？——妙得很，住在胡××家里！」說着，露出了輕蔑的笑色。這個胡××，曾經撕下馬克思主義的文藝理論向左翼文學發過炮，C君也是一個對手，但實際上却是焦急地想從政治的空隙爬登到一個什麽位置上面去的。他是「社會民主黨」的中心的理論家，當然也參加了人民政府的。

猶如當初東平自己參加了的抗議只是一種不顧戰略要求的，有害的意氣的躁動，現在C君底懷疑我覺得也是太早了的。

但第二次是怎樣見到他的，我已經忘記了。現在回憶得出的，他已經住在敦和里的一個雜誌社底一間小亭子間里面，做着校對。他衣着大不如從前了，也沒有了那種輕蔑人的格格格的笑聲，但却不是消沉，而是現得更鎭定。一到他那里去，他就忙着從這里那里拿出稿子來談着什麽，連聲音都是放低了的。他這小亭子間好像和整幢房子是隔開了的一個世界，生怕聲音一放高就會使這個世界和外面的世界混和了似的。

談到人民政府，他就搖搖頭，說他參加了發動人民的工作，那簡直是兒戲的笑話。他寫成了以海陸豐土地革命爲題材的長篇，題名「小莫斯科」，交給我替他看一看。我轉託了歐陽山，因爲他也是廣東人，對題材比我熟悉，提供意見當更爲可靠些。歐陽山讚賞了他，但也有批評。東平決定了要再修改，但似乎一直沒有實行，這作品大概終於失掉了。

但到他那里去得小心，先在後門外輕輕地喊他，要他自己跑下來開門，如果逕直敲後門進去，主人就會以爲是拜訪他的，給讓到客廳里去坐，打擾了他又無話可說，以至弄得很窘。不知做了多久，東平終于離開了那里，到日本去了。

不知是眞是假，後來聽說，東平校對的時候看到太不妥的字句有時就順手改動了，但終於被發覺了受到申斥：人家都是全國聞名的大作家底文章，你一個校對，懂得什麼，怎麼好亂改的！他拿去的作品也碰了壁。到他離開了以後，寄了一封信給主人：我對你有一個要求，那對你毫無損失，就是，讓我在你底臉上吐一口口水。

到日本以後，似乎沒有通過信。後來在「雜文」或「東流」上面看到郭沫若先生底「東平的眉目」，以托爾斯泰或巴爾扎克期待着東平底將來。看到了的人有的發出冷笑，但我以爲那並不是郭先生底詩人的誇張。我爲東平高興，至少可以因此受到注意了。後來看到東平連續發表的以土地革命爲題材的短篇，但也不過發表了出來而已。直追人物底心理性格的寫法，以及爲了發表而不能明顯地畫出背境，還不是被庸俗的「現實主義」統治着的文壇所願意接受的東西。

記不得他什麼時候回國的。

三

魯迅先生底逝世是一陣大風暴，一切都突破「常態」而飛舞地表現了自己。

那時候我們不能出刊物，只能向外面投稿，編者比較熟識的刊物就投稿得多些，從外面看來，就好像有什麼一定的關係。實際上只是個人的投稿往來而已，編者自己還是以他底文學見解，私交範圍，以至市場觀點決定取稿態度，我們是不能也無法强求的。因爲這，我們里面有些朋友，即不被看作「全國聞名的大作家」的朋友，雖然在我們看來是超過了那些「大作家」之上的，但却受到了不被約稿，甚至投寄了去也受到退稿的待遇。在這些朋友看來，旣然那些刊物是以魯迅先生爲首的左翼作家底合作在讀者中間建立了地位，那他們底受到冷遇是太不應該的。要就尊重左翼作家底文學立場，否則左翼作家就應該全體撤退。然而，這不滿和這見解那以前雖然零碎地表示過，但也只零碎地表示過而已。革命文學底新的力量應該爭取發展，但只能用我們自己底努力，不應也不能用强迫的手段使文壇接受的。

到魯迅先生逝世以後，好像解除了壓迫大家的束縛似的，突然對我們經常投稿的「中流」爆發了。東平也是參加的一個。大概是投寄了文章而被積壓或退回了罷，他給編者寫了一封信，開頭一句是：「我×你十八代的祖宗……」

這在當時是一個很刺激人的風波。「中流」底編者很氣憤，甚至要把那封信製成鋅版登出。東平是一個左翼作家，雖然沒有明說，編者當然以爲我（我們）也有責任，但實際上，因爲我也經常向「中流」投稿，東平和另外幾個朋友是連我也攻擊在內的。他們以爲我在文壇底客廳里面忘記了他們，因而也就是出賣了他們。

然而，當時正在大風暴所造成的混亂狀態里面，我能夠說什麼呢？和這一邊，對於當時向我投來的許多謠言和攻擊，我都默默地忍受了。

風波過去以後，東平要我到他那里去。我也想解釋一下他們底舉動在客觀上所招致的不利，至於對我的攻擊，那是不會造成我們之間的隔膜的，但我一開口他就低下了頭，連忙低聲地攔住了：那回事，不提了，不提了！……那聲音和表情似乎告訴我說，我所要解釋的，他自己比我還要理解得更爲痛切。

接着他用着低沉的聲音說：「我很慚愧不能成爲一個眞的革命者……
……。」

我沉默了，因爲我感受得到這句話底重量和他底眞心。他底「怪癖氣」，他底粗野的舉動，總是對着他所認爲的敵人或僞善的友人的，但也毫無心機，直率地爆發出來，猶如突然從沉醉的工作里面跳起來向他以爲是妨害他的什麼動物撲打一陣，撲打過了以後就又沉入他自己的世界里面去了。至於對朋友，他卻是虛心的，甚至有時候虛心得過份。

對文壇善於觀察形勢，隨聲附和，善於做遵守秩序的客廳的交際，對自己的朋友善於看風使舵，口頭上表示積極，善於做取得信任的私室的交際，這樣相互爲用，才是無往不通的路，有的是從那時一直得意到現在的例子，但東平卻正是反其道而行之的。

四

八・一三以後，大家懷着興奮的心情前前後後地離開了上海。我走之前去看了他的。他和歐陽山兩對夫婦和孩子們住在一間房子里面，擠得很，但收拾得很乾淨，都愉快地忙着燒飯洗衣之類，那愉快的神氣好像是爲了一種不必張揚的幸福的大事（例如姑娘們底結婚）在趕着做準備。東平在寫着什麼，大概就是「給予者」罷。

八・一三戰事爆發後，上海的作家發動了一個十多個或二十多個作家的集體創作，大家商量一次，編一個故事，於是一個跟着一個寫一章，一面寫一面在報紙上發表。這是一種迎接戰爭的態度，這是對於集體創作的理解。但東平和另外一兩個作家拒絕了參加，把這種做法看作笑話。「給予者」大概就是對於這種做法的一個回答。這也是集體創作，但只是在料底搜集上和內容底把握上能夠同感的幾個人作幾次討論，交換或補充意見，實際的創作還是東平一個人担任，因而還是想求得作者與人物的高度的相生相克的統一過程。那個大的集體創作在當時是一個很榮譽的事件，但東平卻毅然地拒絕了那個榮譽。

他不久也隨着十九路軍關係的誰到南京濟南一帶去了，但我到漢口不幾天就接到了他底信。接着又寄來了短篇「暴風雨的一天」，附信里面有「……如你沒有雜誌或有而不肯讓我的文章發表……」，顯然地，他依然懷疑我對他有什麼芥蒂，而且會因這影響到對於他底作品的看法的。他所追求的是民族戰爭中的人民底英雄主義，內容底處理和風格底旋律都是和「灤河上的橋樑」一脈相通的，然而，即使是對於最敏感的創作家，預計中的抗日游擊戰爭那時候還很難成爲血肉的實體，所以，東平還是根據內戰底經驗來組成那個短的樂章的，因而在實感上不能不現出了一種距離。我發表了它，但回信告訴了他這意見，並且勸他自今天的戰爭現實中汲取題材，而且一定隨時可以汲取得到的。

不久，他來到了武漢，首先給了我們「第七連」，眞眞實實的抗日民族戰爭英雄詩底一首雄偉的序曲。接着又寫了另外的兩篇。

在大和街二十六號，新四軍辦事處二樓的一間小房間里面，用兩條小板櫈架着日本蓆（Tatami）做床，把日本机（Tsukue）四條脚接高了做書桌，他據在那里專心地寫着，不但文學運動、文壇現狀好像和他毫無關係，甚至這偉大的戰爭也好像和他無關似的。但實際上他正在準備把全身投向戰爭底最前端，而且有時也談到別的作家，但他不大願意涉及具體的批評，只說他要求每一個作家能創造自己的「格調」。這話，在上海的時候他已經說過了的。

在革命文學運動里面，只有很少的人理解到我們底思想要求最終地要歸結到內容底力學的表現，也就是整個藝術構成底美學特質上面。東平是理解得最深的一個，也是成就最大的一個，他是把他底要求他底努力用「格調」這個說法來表現的。

當時我們着重地提出了「報告」這一個形式。由於從深的理解來的追求，東平把「報告」提昇到了極高的完成度。

因爲他跑了一些地方，有一次我寫信給他，要他更自由地寫一些雜記，像正在報紙上發表的某先生底×××那樣寫法就可以，但開玩笑地附加一句，要比×××寫得好十倍。他答應了，說是好十倍不難，好二十倍也做得到的。過幾天，寫了兩節送來了，中心內容是對於否定人物的畫像。我讀得很高興，但却躊躇着壓下了沒有發表，因爲，當時已經有對於「七月」的背後的攻擊，說是過於暴露了黑暗，我知道這攻擊後面正準備有一個破壞抗戰的罪名的，不過一時不便拿出罷了。聽到了幾次，把我弄得非常胆小了。東平說，暫不發表罷，但也再沒有接寫下去。

直到現在，那里面的一個小人物，氣色煥發地穿着很好的獵裝，戴着鋼盔，掛着防毒面具和望遠鏡，大聲地叫着在防空洞里跑出跑進，好像參加運動會一樣的神氣，回憶起來還生動地跳躍在我底眼里。

五

他隨着新四軍軍部人員經過南昌、建德到安徽去了，我們是幾乎沒有經驗到所謂別離的心情分手了的。

從南昌寄來的，有一篇報告（題目忘記了）和小說「馬古六姊弟」給我失掉了。那篇報告是訪問一個紅軍戰士由內戰到抗戰的精神過程底紀錄，轉換時代底戰鬥的生命凝晶在他那種遒勁的炭畫式的筆鋒上面。因爲當時我還受到了只顧「自己的」刊物的非議，新刊的「抗戰文藝」又要我介紹稿件，於是把這一篇交了去，然而，不但沒有發表，連原稿也討不回來了。直到現在，我還沒有忘掉他在搖晃着微弱的燈光的貨車車箱里面和那個戰士對坐着靜靜地對談的畫面。

至於「馬古六姊弟」，那是他由「報告」突向構成性的創造的一個大的鬥爭。但那內容還是從內戰的經驗生發出來的。在僞軍統治了很久的，但游擊戰已經生長了的農村里面，心理性格本來已經被窮苦壓成了變態的一家人怎樣地被這兩種力量磋揉着，互相對敵，一步一步走向了悲劇的命運，只那個堅韌而愚蠢的女孩逃脫了死亡而投進了鬥爭的陣營。作者自己也知道當時的抗日戰爭還沒有發展到這個高度，所以把背境放到了東北。

我提出了這一點，擱着沒有發表，東平雖然有些戀戀，但也同意了。今天看來，寃屈了那篇作品的，是我底對於現實主義的庸俗的理解成分。東平所寫的並不是罩着現在的外衣的過去，憑着藝術的透視力量，他預言了兩三年以後的敵我力量交錯着的農村底某一典型。

這一篇，敵人佔領了香港的以後丟掉了。

過建德，他完成了「一個連長底戰鬥遭遇」，中國抗日民族戰爭底一首最壯麗的史詩。在敍事與抒情的輝煌的結合里面，民族戰爭底苦難和歡樂通過雄大的旋律震盪着讀者底心靈。從「暴風雨的一天」起的作者底追求，到這一篇，無論在思想內容上或藝術力量上都達到了更眞實也更宏大的境地。

然而，雖然這幾篇作品（雖然只有幾篇作品）受到了廣大的讀者底感激，但正統的文壇却始終裝作沒有看見似地不理，倒是對於幾篇用虛僞的心所寫出的庸俗的作品不斷地讚美。我爲東平不平，但有時想到也許因爲它們是發表在「七月」上面的緣故，因而感到對這些作品和它們底創造者不起。

到安徽以後不久，他就加入先遣支隊轉到敵後去了。由於鬥爭底緊張，不但少有作品寄來，連通信也漸漸少了。我覺得他和我很遠但同時又覺得和我很近，我感到他漸漸經驗着變化，一步一步地走進了鬥爭底深處。

但他底加入先遣支隊，却是經過了努力的爭取的。原來那支隊底成員，從身體到思想意識都要經過嚴格的挑選，東平是文人，而且身體不好，不能得到允許。但他一再地要求，終於以會說日本話，能做俘擄工作，隊里非要他不可的理由成功了。他在信里提到這非常得意（這封信沒有保存），說是想不到到日本一次也居然有了用處。事實上，我知道他是連一句較完全的日本話也說不好的。

六

所謂江南事變發生了，這在當時是一個大的風浪，衝打着在戰爭中經驗着苦痛的中國人民。那時我住在一個荒山脚下的土屋里面，寒夜獨坐，清理着稿件和信件之類，受着各種感情底襲擊。但感情總是更容易朝向摸得着的對象的，我檢出東平和柏山底信，回憶着他們底身世，像畫記號一樣，在一張紙上記下了我底悲憤底痕跡：

劫灰三載說江南，地凍天荒又歲寒；

幸有哭黎成勁旅，恨無明鏡照西天：
閩穗喋血倭奴笑，一榻鼾眠傀儡閒，——
回首京華尋舊夢，石頭城內血斑斑。

書生毛戟非無用，為殺倭兒拾鉄槍：
贏得風霜磨壯骨，忍將憤懣對穹蒼，
溫情不寫江南夢，宿恨難忘塞上殤；
耿耿此心猶擱筆，來今往古一沙場。

然而，東平（和柏山）那一次都還在敵後，並沒有在沙場上成仁。

但等我到香港（一九四一年五月）後不久，從上海傳來消息，說是東平在蘇北遭到敵人圍攻的時候犧牲了。這本是意中的，但却又似乎意外，我願意這消息不確，但心里又知道那大概是眞的。終於，由香港回到上海的M底來信證實了。她還報告了聽到的情形。敵人來了，東平帶着魯藝的學生撤退到一個只有一座橋可通的四圍是水的洲島上，這已經是失策了。第二天得到報告，敵人又逼來了，這時候應該馬上奪橋撤走，但東平却集合學生講話，叫他們臥下，直到聽得到圍攻的機關槍聲才從橋上衝出。衝出了以後，他檢查還有一部份學生沒有過來，於是又衝回去領他們衝過橋來。這樣返覆了三四次，敵人注意了，他又留着小鬍子，於是把他當作軍官，向他集中火力，把他射中了。

不知道是否眞是這樣，總之，東平是走完了他底戰鬥的路。

如果情形眞是這樣，那麼，東平底最後是遙遙地呼應着他在創作上的出發的。在他底處女作「通訊員」里面，那個通訊員的農民帶着一個知識份子通過敵人哨線，因爲被帶的人自己不愼，被敵人發覺射中了，但那個通訊員被責任心苦痛着，終於用手鎗打死了苦痛的自己。看東平底全部創作過程，那內容總是被戰鬥道德底莊嚴的意識貫串着的，那麼，到了他最後的處境就必然會得到這樣最後的完成，雖然我們決不能把他底犧牲生命的戰鬥精神還原爲補過的行爲。

在綿綿陰雨的香港的秋天夜里，我一個人坐着，想到革命文學底艱苦的過程和東平底經歷以及他底工作所應有的意義，忽然更加深切地感到了他底死對於革命文學是怎樣大的損失，但我不能用明白的話寫出我底悲痛的心情，依然只能畫記號似地記下了這樣的痕跡：

傲骨原來本赤心，兩豐血跡尚殷殷，
慣將直道招乖運，賦得真聲碰冷門，
痛悼國殤成絕唱，堅留敵後守高桂，
大江南北刀兵急，為哭新軍失此人。

五年的時間過去了，在中國人民忍受着韌性的災難的這五年，中國文學經驗着市儈主義的猖狂的這五年中間，我更懂得了看到一個人格成長時的歡喜和看到一個人格崩潰時的痛苦，對於東平的記憶就常常使我感到沉重的負担。然而，東平，眞誠的朋友，堅強的同志，今天我來向你告別了。我再一次地經驗了我們交誼的路程，我再一次地汲取了你所給予我的那些精神的素質。我相信，這決不會是爲了我自己的友誼損失或我自己的感情渴望的。

然而，要寫東平，只有用他自己的那種鋼一樣的筆鋒才能夠寫得出來，而且，我所寫到的和我應寫到的又相差得那麼遠，所以這告別也還是留着有血肉的牽連的。我知道，在勞苦人民底鬥爭道路上面，在革命文學底鬥爭道路上面，東平底背影還會常常出現在我們底前面。

一九四六年，七，十六晨五時，上海。

一封信

蔣弼

風兄：

這回是卄八到的漢口。第二天和孟克到漢潤里看你，你不在。一個看來不過三四歲的小朋友告訴我們，說你才走不久，他的清楚的口齒和那副大人的神氣，逗得我們很樂的。

我編的那個刊物，因爲印刷方面的麻煩，還得幾天才能出世。但我很着急，恨不得馬上就把牠弄妥，放下心來。第二期，務必請你寫一點，不知可以不。

前晚××轉給我一封信，是我們軍隊裏來的。第一句就是：「我師已開至津浦右翼台兒莊，棗莊，嶧縣一帶，已與敵接觸數次。聞一八六團之王團長震，及該團兩營長均受傷。」其次就說到我們做政治工作的同志的消息，那是說，他們大都上了前綫了。「有」字底下，跟着一長串平時和我在一起的怪熟悉的名字。我很興奮，巴不得自己也回到這叢名字裏面去。

你大概也很知道的吧，近來智識青年參加軍隊的，非常之多。據我在山西見到，幾乎是大批大批的去。臨汾失陷以後，那方面的消息幾乎完全隔絕了。有些是還知道的，例如石友三那邊，據最後那邊回來的人談起，智識青年有好些勇敢的作了犧牲。除死了十多個之外，全部七八十個女同志，有一半被俘虜過去。

有一個叫崔偉岩的，剛剛才學會放機關槍，當敵人已經緊逼到面前，砲火非常猛烈，而所有我們軍隊及政治工作者完全轉進的時候，他却獨自握住那唯一的輕機關槍，對準跑過來的敵人射去。無疑的，他自己也終於作了犧牲。當時跑得最後的，有四個人，其中有個姓安的，師大學生，他親眼看見崔憑了一挺機關槍支持着，無論如何不肯下來。而他們四個，因爲走得最後，目標鮮明，惹得敵人在他們前前後後發了三四十炮，幸而沒有被轟死。然而，英勇可敬的崔偉岩，是犧牲了。

崔原名「恩召」，是齊魯大學社會歷史系學生，出身於基督教的家庭，但他自己却有着新的信仰。蘆溝橋抗戰爆發後，他參加一八一師作政治工作。這次的事情是發生在焦作東面的李河車站。

有一個姓陳的，是崔的同班同學，當人家告訴他這消息時，他悲痛的哭了。他說，崔上前線時，曾留了一個寫了地名的信封給他，并且囑咐道：「我已經抱了爲民族解放而犧牲的決心，大概是一下回不來的了。你要是知道我死了，請你拿了這信封去找我的姊姊，告訴她，我是不會再回來的。」

我不認識這位可敬可愛的朋友，只聽說好些和他相識或不相識的朋友要爲他傳播這不幸的消息，并且要開追悼會。但是，也許大家都以更實際的莊嚴的工作代替了這種紀念的方式吧，結果是誰也沒再提起他，追悼會也不見開成。

昨天，有位朋友從接到軍電的地方得來的消息，說卅一師在台兒莊衝鋒了七次，犧牲很壯烈。卅一師正是我工作的那一部分，那壯烈的犧牲裏，當然有我的熟人，朋友，特別是那些可敬可愛的弟兄們，他們尋常從我學救亡歌曲，和我談作戰的經過，在山西前綫時，有些還攀着我的肩膀，慷慨的發表他忠誠偉大的心願。他們也熱烈的咒罵那些說漂亮話的怯懦的傢伙，貪圖做官享福而不肯爲民族國家犧牲的傢伙。一提到這類人，他們就皺着眉，噓着鼻子，吐着唾沫，表示看不起，嘴裏也不屑的罵出：「眞孫子！」但他們愛着我們，像弟兄似的愛着我們，從沒有向我們投過一次輕蔑的眼色。

然而，當大家流着血，耳朵被砲聲振得發聾的時候，我被派到漢口來了。而這裏有的是擁擠的行人，排場的食店，打扮得妖精一樣，神氣八担的少女，看不起我這種列兵衣服的老爺或先生，……

風兒，我現在很不安，像該了誰的賬似的。我想馬上就走。是的，倘不是爲了刊物，這封信恐怕也來不及寫了。今天報上又是用大號字標着：「台兒莊激烈爭奪戰」。小字裏有：「敵三路犯台兒莊，與我在台兒莊圩內外白刃肉搏，不知有若干回。……」「棗莊東北……之敵，廿八日與我×師×旅激戰一晝夜，雙方傷亡均大……」啊，這不明明是和我熟悉的那三個師中的一部分嗎？我想着他們，想着砲聲，血，肉搏，……熟悉的面孔。從前晚接到那些消息起，我便不安的由這兒逗到那兒，由漢口跑到武昌，又由武昌反跑到漢口。我恨自己倒霉，留在這地方接消息，要是也在前線，也許還在炮聲裏談笑着，搶着吃的哩！

告訴你一個好消息：××也要參加我們軍隊去工作。我眞高興透了。要是接得快信或電報，我們可以一塊兒走。

好，到前線再給你來信吧。祝

安！

弟弼上　四月一日

蔣弼一斑

胡風

我認識蔣弼，大概是一九三四年的夏天罷。當時，光華大學有一個文學團體（田間，周而復都在那裏面），N君向我談到那個團體的時候，差不多總要提到歐陽弼的名字，這名字就是他用來和我們取聯繫的。好像他是事務上內內外外最活動的份子。在我底記憶裏面，他一直沒有發表過文章，是文學活動的事務工作者。

不知道是因爲放暑假還是別的什麼，那個夏天，他和田間住到了法租界。一個晚上，我到他們那裏去。是一間寬敞的亭子間，收拾得非常乾淨，電燈很亮，因而現得更加乾淨了。說明着這亭子間底主人們正準備開始一種什麼新的生活的快活的心境。但天氣是悶熱的，我們都冒着汗；照在明晃晃的電燈光裏，好像那些乾淨的小鉄床，書桌，書架以至白的牆壁都會冒出快活的汗來似的。

坐在明晃晃的電燈光裏，我揮着扇子隨便地談着什麼，但他們却都站着，靜靜地，不大說話，現在回憶起來，幾乎好像他們一句話都沒有說過。田間眼睛向下，除了好像是極其信任地聽着以外，沒有其他的表情。但蔣弼却是帶着微微的笑容望着，始終是這個同一的表情，而且不見波動，好像是一團暖絨絨的棉花，但裏面却包着有鎮定的質樸的什麼東西。

那以後，記不得過了好久，他找到了一點錢，要弄一個刊物了。這也是當時的一般情形。因爲壓迫，我們沒有法子出刊物，因而和我們有聯繫的文學團體裏的活動份子常常找點錢來合夥弄。但大抵都只能出一兩期，不是錢用完了就是遭到了禁止。

因爲這，和他又有了好幾次的見面。他一個人住在法租界一處三樓的後樓，光線壞，不大乾淨。似乎他不大在家，見面的時間總是事先約定的。依然是帶着微微的笑容，而且，除了談到籌錢，稿件，印刷，校對的事情以外，依然不自動說什麼話，那印象，還離不了像是一團暖絨絨的棉花，但包在裏面的鎮定質樸的東西却露出一角來了，那就是對於籌錢，印刷，校對的興趣。那刊物底名字好像是「綜合」，而且出版了一期。

然而，那時候，不但我們底團體是犯法的，凡是和我們有關的文學小團體或小刊物也都是犯法的。過不好久，終於，蔣弼被捕了。被捕的當天晚上我還到他那裏去過，記不得是走進了後門受到房東女工底警告因而退出來了呢，還是望見後樓沒有燈光，因而沒有敲門進去，總之，雖然事後聽說，那時候正有包探守在他底房裏，我是幸而沒有和他們面對面地碰着的運氣。

過不幾天，聽到了傳聞，說是蔣弼帶着包探出來在街上找人了。再以後，聽說他已被釋放。那以後就再也沒有聽到關於他的消息。好像飛得不見了的螢火蟲，他這一粒光從我們底世界裏消失了。

直到抗戰發生的第二年春間，我在武漢意外地又見到了他。幾年不見，還是帶着微微的笑容，但穿着一身小兵的灰布軍裝，束着小皮帶，打着綁脚。他參加到了一個部隊，當時就是奉命從河南到武漢來爲那個部隊辦一個刊物的。看來，那個部隊在抗戰的高潮中很興奮，正想展開軍中文化工作以及和外面文化界的聯繫。蔣弼本人也很興奮，忙着弄刊物，約人參加那個部隊。幾年不見，已經開展多了，但依然是微微的笑容，雖然是在那樣熱烈的空氣中間，也依然不見急燥的或浮誇的氣色。現在看看他底信，我們還可以感覺得到那一股興奮的皈依戰爭的心情，但却是蘊含在極其質樸的鎮定的表現下面的。

見面了好幾回罷，我們沒有觸到過上海的舊事以及他被捕的經過。然而，顯然地，逮捕並沒有摧折了他，他現在就正被理想底熱誠引導着旺盛地活在我們底面前。關於他被捕後的傳說，他出來以後不會沒有聽到的罷。如果眞像傳說那樣，他當時曾經軟弱過，那麽，他現在就是用再生的勇氣開始着新的途程，經過傷害的生命復活以後，當然要更爲堅韌的。如果事實與傳說相反，那麽，被捕以及那以後一段離群的時期，對他就有了承前啓後的，使他得到了堅强自己的作用。逮捕是統治的武器，但它並不能摧毀眞正的生命。蔣弼就是一個例子。這一粒光現在是更加熠熠地發亮了，發亮在戰爭的中國大地上的萬萬千千的光粒裏面。

不久他就回到部隊去了，以後再也沒有聽到過關於他的消息。到他死難了以後才知道，和無數的在工作願望中碰壁了的知識青年一樣，後來他到八路軍裏面去了。大概是前年或大前年罷，在一次戰鬥中被敵人俘虜着送到了太原，想使他屈服，但忠於民族忠於人民的現實鬥爭所加强了的信仰使他堅定不移，好像還破口大罵，馬上被激怒了的敵人用刺刀亂刀刺死了……。

一九四六年，七月十日，上海。

「第七連」小引

本集所收的「報告」三篇，小說兩篇，人物特寫兩篇，是作者突進了敵後以前的幾乎全部作品。說幾乎全部，因爲還有作者自己同意不發表的小說和加進軍隊以後的生活報告，後者屬於他底另一階段的創作活動底開端，似應收入那以後的集子里面。

已經是一年多以前了，作者來信希望把他底作品編成一本，交給什麼書店出版。我在覆信里面提議「七月」計劃出一叢書，編進那里當比單獨出版更能得到集中的印象。他回信高興地同意了，但希望頂好能夠防止奸商們襲用坐吸作家血液的技倆，亂把他底作品編入什麼選集。因爲那時候有一兩篇已經遭受了這樣的命運。然而，「七月文叢」和「七月」本身一樣地運氣不好，直延到作者突入了敵後一年以上才能夠出現。所以，這一集底編法只好完全依着我底意思。

關于內容，我不想在這里加什麼解釋。這些其實是英雄的詩篇，不但那藝術力所開闢的方向，在中國新文學史上加進了一筆財產，而且，那宏大的思想力所提出的深刻的問題，也值得爲新中國底誕生而戰鬥的人們反覆地沉思罷。

這時候，我親切地懷念着他底堅强的意志和天才的雄心，希望這集子能夠傳到他底手里。祝福他底健鬥和平安。

一九三九年六月七日深夜，于重慶

胡　風

給石懷池

冀汸

雷電
是這樣短促地
閃光，
暴風雨
是這樣激劇地
轟響而去，
彗星
是這樣匆忙地
帶着呼嘯
掃過，
年青的生命
是這樣開花
又這樣謝落，
不必說
你死得好年幼，
不必說
你死得好冤屈，
因爲
我們是
誕生在
一手捧着信仰
一手捧着生命的世紀。
永遠地
永遠，

這不透風的
石窟，
這紅色的
泥土，
埋葬了你！
埋葬了
堅強的
意志，
埋葬了
有望的
青春，
埋葬了
赤子的
愛愛仇仇，
埋葬了
少年底
驕傲，
少年底
熱情的
幻想……
一年了
江水
綠了又黃了，
一樣的

是你見過的
炎炎的夏日，
一樣的
是你熟悉的
好寂寞的黃昏，
而你底墓前
還沒有
一塊石頭
刻下你底
名字，
戰鬥過來的
還沒有親人
走來，
獻上
毋忘我的花束……
想起
積雪的季節，
打了敗仗，
你從
失去茵綠的
江南，
敗退到
荒寒的
西部高原，
想起
你帶着
人世的悲涼，
流浪的歌者一樣
漂泊於
嘉陵江上，

你像
翅膀未健的小鳥
就飛出了巢穴，
你像
失去哺乳的小獸
就勇敢地
向荒莽
突擊！

你無所畏懼
反叛地
用嘲笑
打擊嘲笑，
你作着
放肆的
手勢，
你瘋狂地
向瘋狂者
噴射，

沒有歡呼
沒有榮譽
沒有裝飾，
你全部的收穫
是二十一個
無笑的春天，
暴政
報償你
以嘉陵江水底
吞沒！

我們
永遠
失去了
你……

戰士
要戰死的，
戰士死了
并不就是
失去陣地，
在生長你的 你熱愛過的
又埋葬了你的 土地上
火光
更亮，
憑着
永生的信仰，
死亡
并沒有
把我們
隔離，
憑着
對於未來的
共同的意志，
在我們底
進軍的呼喊里
永遠有
你底名義。

四六年，在夏壩

「刺激」與「和平」

方然

據說現在ㄑ能「刺激」，我們的「和平」在閉目養神。

也的確，「刺激」是永遠破壞甚麼「空氣」的。魔術家正在台上布置時，台下是不能亂吹口哨，亂鼓掌，亂催的：一催，一刺激，魔術家要是手忙脚亂，滿頭大汗，戲法不靈，那「空氣」是的確難受的。

我的家鄉，有一個傳說：有一種鬼，名曰「白路鬼」。它專門迷弄孤身行路的人：當其月黑天高之時，它帶着你漫山遍野，谷底河邊，和平安步。一直到天亮。但你假使靈機一動，突然站住，解開褲子，撒一泡尿，並且轉一個三百六十度，繞一個尿圈子，那末，這一「刺激」，人便立刻清醒，白路鬼也就不知往何處去了——還是被圈在尿圈子之內呢？還是好漢不吃眼前虧，飄然而退了呢？不得而知。

魯迅先生說：「我們有痛覺，一方面是使我受苦的，而一方面也使我們能夠自衛。假如沒有，則即使背上被人刺了一尖刀，也將茫無知覺，直到血盡倒地，自己還不明白爲甚麼倒地。」（「准風月談」）

「直到血盡倒地」，這才叫做眞正「和平；「自己還不明白爲甚麼倒地」，這才叫做無「刺激」。

論「實事求是」

舒蕪

一

八年的民族革命戰爭過去以後，我們需要檢討一些問題。這些問題，如果是關于我們自己的，我們有權利來檢討；如果並且是關於民族的生活的，我們更有義務來檢討。

我們知識分子中，形成了一種虛矯的，浮誇的，豪奢的生活精神。這是往日的書生的傳統，加上民族革命戰爭的際遇，這樣形成的「新」的東西。怎樣批判它，消滅它，就是問題之一。

這個民族革命戰爭，在民族的生活史下，是對於黯淡的過去的決絕的告別，和對於燦爛的將來的堅毅的皈依；而在過去與將來的盤根錯節之間，所引發的震動是石破天驚，山奔海立似的巨大的。這震動，宕開了人們的感情，擴張了人們的感受，使人們能藉此超越自己，超越自己的個體生存，而與種種更大更高的存在相摩，相接，相激，相蕩。——這是一面。

另一面，這個民族革命戰爭，又是民族生活力的猛然凝結，猛然集中；髣髴太古的星雲，在浩浩茫茫的太空中旋轉了好久，運行了好久，熱與力的蘊蓄到了一定的關頭，就突然一下子凝成了一個星球，有了固定的形態和體質。人民，民族，祖國，以及這一類的其他存在，當然本來早就存在，然而當這民族生活力的大凝結時，就以最感性的方式，向着每一個人顯現出來。宙斯和亞坡羅，普羅米修士和波斯頓，就一齊從遙天，從峻嶺，從海濤和日光之中，來到這個人間。無限的俯接於有限的，永恆的俯接於短暫的，神聖的和平凡的到了一起來，在一起工作，在一起進行。

就這樣，一面是有限者的擴張，一面是無限者的顯現，在這歷史的奔赴與召喚，祈求與允諾的期會之中，於是出現了多少神一般的人，多少神話一般的事蹟，祝福了，讚美了這生氣淋漓的八年。這是幸福，這是光榮。

然而，這光榮不屬於那些虛矯的，浮誇的，豪奢的生活，不屬於那樣的生活着的人們。人必須首先生活着，光榮才有所照耀，有所依存，而那樣的生活却等於沒有生活。

「人民的語言是很豐富的，生動活潑的，表現實際生活的。這種語言，我們很多人沒有學到，所以我們在寫文章做演說時沒有幾句生動活潑切實有力的話，只有死板板的幾條筋，像癟三一樣，瘦得難看，不像一個健康的人。」（「整風文獻」三版三八頁）有實際生活自然就有生動活潑的語言，現在要學着說，已足見生活是如何的不實際；學還學不會，更可悲了。可見這是，一點點實際生活都沒有的。

人在未死之前，總不能不說是生活着，然而生活得不實際，就與沒有實際生活相等。在虛矯，浮誇與豪奢之中，生活完全被改裝，被蒙蔽，被浪費了，結果就是「華而不實，脆而不堅」（「文獻」五九頁），只成爲虛空的虛空。而虛空的虛空，是不但不能受光，且將使光輝消散的。

他們趁着這歷史的大震蕩，格外誇張的把自己宕開，拚命的擠到那些神聖，永恆與無限的東西一起去，把自己縛在它們的尾巴上面，跟着擺擺搖搖。他們每一個尋常的家宅，都佈置成傳奇式的舞台，他們就在裏面洋洋得意的過着擬傳奇的虛僞的生活。伯林斯基說到古希臘的演劇，是這樣的：「戲子出演的時候，穿着厚底的悲劇靴（Kotyrn），戴上假面具；他們的聲音一定要很平穩的，響亮的，表示出尊嚴與偉大；厚底靴增加了戲子底高度，使他脫離了現實性而近於理想性，而他們所扮演的英雄，也就成爲另一較高世界的居民了，如以普通人底高度出演，則未免屈辱了英雄；假面具底應用，擴大了戲子底臉相，使牠具有一般理想的神氣，讓觀衆們看來，悲劇底英雄帶有一種特別理想的光彩。希臘人覺得用戲子平常的臉相來扮演英雄，乃是瀆神的行爲。」（「伯林斯基文學批評集」•「論文學」，王凡西譯。）這種扮演，原來也很好，在希臘時代的生活的基礎上也是必要的，因爲，正如伯林斯基所指出，「他們的生活是飽滿的，多方面的與完整的」。然而，希臘時代，又如卡爾所說，究竟是人類的一去不可復返的美好的童年，事實上它也正是去得遠了。假如兒童的游戲是一個人的生命的繁花，那麼，誰能根據這個，便說老萊子的「詐跌仆臥地，爲嬰兒啼，弄雛於親側」不是令人嫌惡的虛僞呢？就是舞台上，伯林斯基也說，「在近代的社會中，生活底散文在詩的戲劇中早已獲得了充分存在的權利，」更何况於生活本身？把今天中國的生活當成舞台，而且是傳奇的舞台，那實在除了荒謬而外，不能有別的意義。

然而，比例上並不算多，數量上却也並不算少的一些知識分子們，在這八年之中，就過着這樣虛僞的，荒謬的生活。他們在那中間相互陶醉，自我陶醉。他們都以超凡的傳奇人物自居，用意是要人們也以此相待。對於超凡的傳奇人物，當然，誰都理應另眼相看的，於是他們的存在就可以獨獨超脫於實際生活的秩序和紀律之外。他們的一切行動，一切要求，連借錢求婚之類都在內，——其實恐怕主要的就是這一類，他們都自稱是，也自信是爲了祖國，民族或人民，以及一切這一類的了不起的東西。憑着這些神聖的名，他們自己的任何缺陷與腐爛遂皆不容指摘；依據「爲目的不擇手段」的神聖的原則，他們又便可以無所顧忌，無所不爲，而且要求別人的退讓和犧牲。他們跳着，舞着，叫嚷着，企圖把他們的聲音充塞於這個國家之中，掩蓋在這塊土地之上，而把人民的呼吸都包裹起來。其實，結果當然只是掩蓋了他們自己的實際生活。

被掩蓋住，見不到陽光，就要腐爛，也已經腐爛。而民族的生活需要健康，不容許有腐爛的東西。現在，民族革命戰爭過去了，它將像巨潮一樣把這一切都冲掉，捲走，只留下大滌洗之後的淨潔的大地——深沉，沉默而堅實的人民。只有實際的，才是存在的；凡是虛僞的，都必滅亡。歷史不是詩人，他實在毫無關心於那些美麗的毒之花，甜蜜的毒之果，他必將把這一切用斧頭砍下，丟進烈火中焚燒。

二

這種虛嬌，浮誇與豪奢的生活精神，是稟承着古中國的書生的傳統的。

回顧古中國，我們不難看到，越是孱弱的書生越好抵掌談兵，越是浮沉塵海的人越好做出飄然出世之狀，越是粗豪的官僚越好自鳴風雅，越是俗惡的市儈越有溫柔纏綿的感傷。幽麗空靈的「玉溪生集」，作者却是李商隱！清狂跌宕的「樊川集」，作者却是杜牧！（要認識這兩位大詩人的嘴臉，只要看看陳寅恪先生的「唐代政治史述論稿」，就很夠了。）那麼高華而冲淡的「詠懷堂集」，又誰能把它和錢秉鐙的「皖髯事實」裏所寫的那個阮大鋮連繫起來呢？古中國給我們留下了不少的動人的文采，使我們常能悅目娛心；然而，你切莫太好奇，切莫探手到文采之下去，須知這正如昔年的聞一多先生的詩，「死水」裏所歌唱的，文采愈華豔就愈是裝飾着穢膩與腐臭啊！

所謂書生，和知識分子，原是大有不同的兩種社會學上的存在。必需從這個區別出發，問題才可以展開。

「什麼是知識？從古至今世界上的知識只有兩門，一門叫做生產鬪爭知識，一門叫做階級鬪爭知識，民族鬪爭知識也包括在裏面。此外還有什麼知識呢？沒有了。」（「文獻」一四頁）這是簡明深刻的關於知識的天才的定義。由此可見，眞正的知識，必需是「也沒有什麼好看，也沒有什麼神祕，它只是很有用」（「文獻」一九頁）的工具，用來從事於實際的生活鬪爭，用來實際的經營與組織生活的工具。也由此可見，必需是具備了這樣的知識，或是這樣的來運用知識，那才可以算得眞正的知識分子。

誰都知道，按照歷史科學來說，知識分子的最初出現是以資本主義社會爲基礎的。資在主義社會的生活原則，就是「有用」，雖然這裏含有很狹隘的意義。而在這個原則之下，知識份子當然也並不能例外。正如考茨基所說，在物質生活方面，他們就以知識爲勞動，「不得不出賣自己勞動的產品，而且還時常賣自己的勞動力」；在精神生活方面，「運用論據來進行鬥爭。他的武器——這就是他個人的知識，他個人的能力，他個人的信念。他只憑靠自己個人的品質，才可獲得相當的意義。」（轉引自「文獻」二五八——九頁）無論如何，這總之是符合於眞正的知識的定義的。而且，也如考茨基所說，這種知識份子與無產階級，「沒有任何經濟對抗」，只有因其生活狀况與勞動條件的不同而生的「在情緒中以及在思惟中的一定對抗」。那麼，卽使到了新社會，改造成，產生出新式的知識分子，所當改造的也只是這種情緒與思惟，至於知識的性質，以及被運用的方式，當然也還是就從這樣的基礎上繼續發展的。

但在書生，就不是這樣。他們的「學問文章」，不是經營與組織生活的，而是潤飾與裝點生活的。在古中國，你無法找出一個專靠自己的「學問文章」而生活的書生：山林派的，大都是中小地主，不必說了；廊廟派的，若幫忙，則全是「學問文章」之外的別一套本領，所以「儒術」終於只能「飾太平」，若幫閒，所謂「文章華國」也者，就更證明了潤飾裝點生活的性質。他們雖有一套祖傳的「內聖外王」的理想，繙遍二十四史，卻從來沒有一個人實現過一回。終於，他們也只有自認是無用；然而這自認又不可以老老實實的看，並不能以爲眞是無用了，他們其實又即以這無用自傲，以之爲最大的用，或一種與衆不同的無用，總之高出於一切有用之上：黃景仁的「十有九人堪白眼，百無一用是書生」兩句詩，就是這心理的最好的表現，因此也爲一切書生所喜愛。

他們的「學問文章」既絲毫無助於實際生活，然而究竟有着「學問文章」，與衆不同，於是便用它來作生活的潤飾和裝點，把生活也弄成與衆不同的樣子來，例如袁枚做了十幾首「落花」詩，惜年華，歎薄命，感零落，悵蹉跎，彷彿有連天匝地的人生的幽怨似的；其實呢？只是翰林院散館，他竟被放出去做了縣令，這麼一點不得升官的牢騷。袁詩的本事是我們知道的，其他不知道而與這相同，或更甚的，當然還多。龔自珍的思想比較解放，所以痛快的說道：「閱歷名場萬態更，原非感慨爲蒼生。」可知流傳到今天的許多儼乎其然的感慨蒼生的作品，也許有很多就只是名場失意後的牢騷罷了。官場或名場的失意，倘直白的說出來，大抵自己也覺得不好，必需說成「落花」或「蒼生」才好聽，這就是所謂潤飾裝點。潤飾裝點以後，就可以再去鑽營奔競，求利求名，做得比先前還更自我感動，更起勁些。但鑽營奔競時所用的方法，當然還是完全另外一套，並不是「落花」「蒼生」之流，所以這些到底仍然不是有用的工具。（即使是在這些事情上有用，工具總得承認它是工具的。）而說到這裏，前面指出過的官僚市儈偏有風雅感傷等等現象，也便得到解釋了。

眞的知識，原與「學問文章」不同，但未嘗不會被變得相同。因爲，「一切比較完全的知識都是由兩個階段構成的：第一階段是感性知識，第二階段是理性知識，理性知識是感性知識的高級發展階段。」（「文獻」一四頁）這裏，感性的，也就是實際生活的基礎，顯然重要得很。然而，如果是帶着書生傳統的知識分子，就是「半知識分子」，也因此便會發生問題。「假定他們的知識都是眞理，也是他們的前人總結生產鬬爭與階級鬬爭的經驗寫成的理論，不是他們自己親身得來的知識。他們接受這種知識是完全必要的，但須知道這種知識對於他們是倒轉的，是逆行的，是片面性的，是人家證明了，而在他們則還沒有證明的。他們須知學這種知識並不那麼困難，甚至可以說是最容易的。」（同上）正因爲最容易學到，所以也並不覺得有在生活實感中去求得證明的必要，任其倒轉，任其逆行，任其片面。本來由實際生活出發，所以能有助於實際生活；現在倒轉逆行，當然只能從外面給生活以潤飾裝點，這就被變得與「學問文章」並無不同了。

不用說，這些新式的裝點，其實比舊式的更爲美觀，更爲動人。至少，在所謂「陽剛」之美方面，乖巧的人總都會舍舊而取新。唸一百遍「舉觴對客且揮毫，逐底中原亦自豪」，總不如說一句「爲了人民我怎麼怎麼」之更像一個英雄的樣子。所以，新裝一到，舊服全藏，看來是一種風靡一切的勝利，其實看風轉舵，入時媚世的成份，中間並不太少。「文獻」上說到「華而不實，脆而不堅」，前面冠以「無實事求是之意，有譁衆取寵之心」，這句話就是指明其動因的。

三

前面說過，民族生活必需健康，不容有腐爛的東西。當這腐爛的東西行將化爲嚴重的毒素的時候，人民的意志就要發動起無情的自我療治的運動，要從生活的機體裏把一切可容毒菌滋生的東西清除。民族革命戰爭以後的新時期，固然將有這活動的大規模的開展；即在民族革命戰爭將近結束的幾年，也就早有這種有意識的號召與努力，早已在這個任務之下集中並發動了羣衆的力量，引導了新時期的到來。

我們曾在擬傳奇的人物的萬紫千紅，金鼓喧天之中聽到，掃開了一切，澄清了鎮定了一切的，這樣清明堅實的號召：——

「馬列主義的態度，即辯證唯物論與歷史唯物論的態度。……這種態度，就是實事求是的態度。『實事』就是客觀存在着的一切事物，『是』就是客觀事物的內部聯係即規律性，『求』就是我們去研究。……而要這樣做，就須不憑主觀想像，不憑熱情，不憑書本，而憑客觀存在的事實，『詳細佔有材料』，從這些事實中材料中引出正確的結論。」（「文獻」六

一頁）

又說：「我們應該是老老實實的辦事；在世界上要辦成幾件事，沒有老實態度是根本不行的。」（同上二二頁）

又說：「凡眞理都不裝樣子嚇人，它只是老老實實地說下去和做下去。」（同上三六頁）

這些號召本身，就是簡單樸素的，然而明確有力，包舉無餘的；我們今後全部的道路，都在這裏。

這是淺薄的麼？不是；這就是唯物論，就是生活的唯物論。如果高談唯物論，高談社會如何如何，宇宙如何如何，而在最切要的實際生活的領域裏，却從唯物論的立場退却，那算得什麼呢？用主觀想像，熱情與書本來蒙蔽了實際生活，代替了實際生活，這就是生活的唯心論；只有推開這一切，直接與生活的「實事」相對，那麼唯物論才可以在生活裏生根。

這是容易的麼？不是；這正是抵抗力最大，因而所需的進取力也最大的道路。一是實事，一是虛空，難易已極顯然。而況，生活，是可喜而也可怕，有光輝而也有芒角的東西，要正視它，白手把捉，而且挺身承當它，更是並非不困難的事。揮劍向遙空，英雄的姿態誠然有了，但辛勤的揮汗掘土者，恐不免在一旁暗暗的鄙笑吧。紀德說，眞正的古典主義，所需的力量，所含的情感，是比浪漫主義更大更多的。這雖是關於文學的討論，而文學也正與生活不可分開。

現在所要批判，所要消滅的，當然還並非眞的浪漫主義，而是擬傳奇主義。所謂擬傳奇，就是「裝樣子嚇人」，正如戴假面具，登厚底靴，冒充另一個更高的世界的居民，博取人們的懾服一樣。登在厚底靴上，走動都不方便，自然一件事也辦不成了。天下最難的事，往往就是最爲樸質無華的事。「文獻」十四至十五頁，曾說煮飯殺豬都比學習教條難上萬倍，實在並非戲言。擬傳奇的英雄，實在沒有普通一個廚師的萬分之一的價值，然而却有萬倍的容易，當然人人趨之惟恐不及了。

往日的書生，可以在家裏和老婆因飯菜吵了一架，就跑出來，一面喝酒，一面搖頭幌腦的唸道：「勸君更進一杯酒，與爾同消萬古愁。」等等等等。現在的虛矯浮誇的知識分子，可以因求愛未得，忽然想起來：中國人民的苦難呀，無邊的黑暗呀，亞細亞的悲涼呀，俄羅斯的黑土呀，等等等等。這樣唸着想着，或者還寫成文章或詩的模樣的東西，自己一看再三看，甜蜜蜜的自我感動，落下淚來。問他究竟有什麼「萬古愁」，究竟與「俄羅斯的黑土」之類有什麼相干呢？仍然只是因飯菜而吵架，或者求愛而未得罷了。

成天念念不忘於飯菜，吵架和求愛，當然也不足爲法。萬古愁，人民苦，無邊暗，當然也應該想。然而，應該固然應該，却不能在這裏變起戲法，掉起花槍來。其實，飯菜，吵架和求愛，也是生活，也並非可以輕侮的事；以後飯菜如何改進或不改進，繼續吵或不繼續吵，繼續求或不繼續求，都也很值得思索，且並不容易解決，；何必一定要塗抹蒙蔽，自欺欺人呢？說穿了，那看似偉大的萬古或人民，究竟渺渺茫茫，比之實際的不易解決的問題，到底還是容易得多，又漂亮得多，仍是這麼一回事而已。

「實事求是」，有一實事即有一是，遇一實事即當求其一是，於實事本身並不需分別等第大小。所以，吵架求愛之類的確可「求」，也的確可以求出「是」來，這「是」也的確可以成爲一種眞理，至少足以幫助自己好好的生活。但若明明是這些實事，却硬要改裝成那些實事，結果只成虛空，那就無「是」可求，適成兩傷了。這是普遍如此的，並不因事的性質而異，改小作大，和改大作小，都是一樣。不過現在所說的，當然以改小作大的情形爲多。

其實，例如夫婦吵架，何嘗不可能卽爲萬古愁之一段？例如求愛不得，也何嘗不可能卽爲人民的苦難之一端呢？誠實的從自己這些切身的感受追求起，愈進愈深愈廣，終於和大的眞理相通，古今聖哲往往如此，且正因此而其大的眞理乃有實際的底子，不是蹈空。然而，這是可遇而不可求，可終到而不可先定，可由客觀方面判定而不可由主觀方面自期的成績。從來沒有一個聖哲會自期爲聖哲，沒有一個英雄會自定爲英雄；一自期，便不免機詐詭譎，又成做戲了。

實際生活本是脈絡旁通，源流四達的。所以，只須處處面對實事，不作自欺，處處求實事之是，不浮光掠影，自然可以四達旁通，萬古蒼生，縱橫不礙；而不必有意的求其偉大，求其超凡。有意的這麼求，往往會像志在遠遊，不甘心從立脚處切實的走起，却要跳到半天空，終只能跌得動彈不了一樣。有些擬傳奇的生活，最初倒還沒有很壞的意思，就只是這麼天眞的不滿於自己生活的平凡，天眞的嚮往於那些大的高的歷史的存在，不自覺的做起戲來。他們不知道，唯有實際的存在方能大能高，而且「條條道路通羅馬」，生活是不容分割，也不會被隔離的。

總之，實事求是的道路，是今後唯一的道路。這是理智主義與英雄主義的高級的綜合，然而又是最普通的人民的生活精神，最科學的唯物論的一部份。只有這個，才可以解決我們的問題。

四

我們常常說，人民的道路；但我們很難眞正了解這個名詞的意義。我們喧囂的叫着這個，實際上往往只是毫無意義的叫叫嚷嚷。但這是不行的。

什麼是人民的道路？就是生活的道路。生活，必須有感性的實質，也必須有理性的提高。所謂提高，仍是以感性的實質爲本，由它出發，以它爲對象。所以，最好當然是二者兼全，退一步說，則與其有昇華而無實質，固不如有實質而無昇華；無實質的昇華只是虛空，未提高的生活則究竟是生活，將來求其提高是完全可能的。在今天的中國，人民是在蒙昧之中，不大知道什麼別的東西，但却知道老老實實的，清清楚楚的生活。他們只在他們的地方，固執的，卑微的，慘淡的經營着自己的生活，而民族的命運與國家的道路，就都產生在，決定在這個中間。這種慘淡經營的熱和力，是民族之所以能忍耐過這樣長久的歷史的荒寒，抵禦過這樣頻繁的歷史的災難的唯一原因；而國家的道路，也就是一切爲這種經營所選擇，所拒絕，所開闢，所堵塞的綜合的軌迹。人民還缺少政治的文化的覺醒的時候，生活的經營誠然是困難的，但也不過是困難，却並沒有根本截斷了生活的路徑。而且，如果他們在經營中可用的工具很少，那麼取巧偷懶的可能也就很少，非更加切實，更加清明，更加執着不可。他們與生活之間，沒有任何迴避退讓的路徑，所以他們只有整個的面對生活，全身的走向生活，所以他們的道路就是生活的道路。

在沉酣的中國，人民是這樣生活過來的；在覺醒的中國，人民也還是這樣的生活着。誰曾向這中間學習得最多，誰就曾經成爲民族的優秀的掌舵手。一切眞正的人民的領袖，都是具備這種樸素平凡，清明切實的人民的生活精神的。不論最機動的政治，不論最複雜的經濟，不論最精微的文化，都只在被處理得像人民處理他們自己的生活一樣的時候，只在具備了人民那種樸素清明的作風的時候，才是於民族於人民爲有用，能得到光輝的成果的。就在這民族革命戰爭的八年中間，每一個正確的，因而是勝利的政治，經濟或文化的路綫，其所以是正確，其所以能勝利，都決不因爲別的，只因爲它曾經以最樸素的方式，掌握了人民的最樸素的生活眞實，清明確定，容不下一點浮誇，要不得一點花頭；而民族的命運的幾次的顚危，也都因爲錯誤的路線違反了人民生活之江流的「水性」的緣故。

在中國，英雄是人民。只有人民，才是能在清明的沉默中決定實際的步驟的。一切擾攘都不能破壞這種清明，一切障礙都不能阻擋這種穩定確信的步驟。他們自己也決不喧嘩；只有歷史的大道震動於這種步伐之下的聲音，作爲歷史的「英雄頌」而致予他們以歌頌，證實了他們的偉大的事業。而這個沉默的浩浩蕩蕩的行列的行進，也才是唯一眞正的，二十世紀的中國的傳奇。

我們一部份人，在民族革命戰爭中獲得了很多，然而倘使長此與這種人民的精神遠離，則一切的獲得都沒有任何意義。卽將到來的歷史的大清洗，將證明給我們看，容許存留下來的，以及必須消滅的，究竟是些什麼東西。我們想藉喧嘩和裝飾來達到永恆，殊不知反更助成了短暫。華麗較之樸素，當然一時的更爲觸目，但論其存在和發展的命運，却顯然是樸素更爲久長。在歷史面前，才眞正是「事實勝于雄辯」，沒有人能憑喧嘩和裝飾就壓倒，嚇倒了它。

要實事求是，要走上人民的道路。首先，喧嘩和裝飾都必須停止。「當我沉默着的時候，我覺得充實；我將開口，同時感到空虛。」（「野草」題詞）能於沉默之中充實了自己，才能夠「老老實實地說下去和做下去」。人民都是不喧嘩的；眞正的英雄，例如托爾斯泰所寫的庫圖索夫元帥，（更不用說伊里奇），學習于人民，也都是不喧嘩的。人民都是不裝飾的；也只有那些可笑的「英雄」，例如拿破崙第三處處把自己裝成拿破崙，希特勒也努力模仿拿破崙，才需要五顏六色的裝飾，而結果還是可笑。裝出來的，吹出來的一百分價值，實在一分都不值；本來眞正的半分價值，半分却就是半分。何況，大鑼大鼓的敲打起來，只足以鬧昏了自己，濃脂豔粉的塗抹起來，只足以掩住自己的眼睛，於別人其實毫無影響呢！

走上人民的道路，並不是老子的「焚符破璽，掊斗折衡」的道路。眞正的知識有助于生活的組織和經營，正爲人民所需要。「如果就以經驗爲滿足，那也很危險。他們須知自己的知識是偏于感性的或局部的，缺乏理性的知識與普遍的知識，就是說，缺乏理論，他們的知識也是比較的不完全。而要把革命辦好，沒有比較完全的知識是不行的。」（「文獻」一七頁）必須從生活的感性的實貨出發，不可逆行，這是我們的意思；但因不逆行就根本不行，守住感性的實貨就目以爲足，則我們的意思並非這樣的。

總之，知識必須服務于生活。而生活，在今天的中國，又是急待高揚起來的東西。它也是一種存在，一種運動，所以知識對于它的服務，首先就應該是，從唯物論的立場，闡明它的物質性，以便我們「唯物的」來對待它，掌握它。而「實事求是」，就是生活唯物論的最深刻而最基本的原則，首先應該透澈的了解，否則，唯物證的立場是根本談不到的。我們一部份人，在這民族革命戰爭的八年中，大抵都陷入生活唯心論的泥潭，要圖振拔，要圖自救，一切的關鍵都包含在這個原則之中。我們說這原則來自人民，其實也就意味着「唯物」的意思；因爲，社會和歷史，正是以人民的生活爲一切的最終的物質基礎的。

——「生活唯物論」第一講

一九四六，六，一六，改寫完成于白蒼山。

「東平短篇小說集」題記

我得到了東平死在敵人底機關槍下面的消息，大概是在前年的秋間或秋冬之交罷，但無從知道殉國的確實的日期。想來總在那一年的春間或夏間，因爲，隔着敵人底重重封鎖線，信息至少總要兩三個月才能夠傳到的。那麼，算起來快要滿兩個年頭了。在這將近兩年的時間里面，在後方，除了幾個朋友底幾篇短文，我們沒有替他舉行過什麼紀念，因而就有熟識的或未見面的人發出過嘆息的聲音。

但他底純鋼似的鬥志活在戰友們底心里，他底在創作上的英雄的聲音活在眞誠的作家和讀者們底心里，要說他底精神已和我們遠離或者死去，那是決不會有的事情。

不過，在將近兩年的這期間里面，我們沒有能夠把已經成了新文學底財產的他底作品重印給讀者，使他底精神更新地成爲爛花結果的種子，這却是非常內疚的。在去年五月中旬，我就接到過「一羣讀者」底要求重印他作品的來信，這封信一直夾在我底扎記本子里面，有如在東平底戰死所給我的傷口上另又釘下了的一根鐵刺。

現在，我將辭別這座大城而去了，這一個願心非趕快了結不可。於是，從他底第二個集子删去兩篇，再從第一集選出五篇加入，編成了這一本。要把他底全部作品搜齊排印，不但在條件上不可能，而且事實上也做不到。零散發表的文章不必說了，就是第三個集子和死前完成了的一個長篇，現在是無論如何也無法求得的。東平爲它戰鬥，爲它獻命了的祖國底明天終于要到來的，那一天也就是東平在全貌上和讀者見面的一天罷。現在只能送出這樣的一本，我想東平自己和讀者諸君都能給我原諒的。

而現在的這一本，在斤兩上又何嘗輕？展開它，我們就像面對着一座晶鋼的作者底雕像，在他底燦爛的反射里面，我們底面前出現了在這個偉大的時代受難的以及神似地躍進的一羣生靈。暫時只送出這樣的一本，雖然對不住東平自己，但却決不會對不住讀者諸君的。

在第二個集子前面，我寫了一則「小引」，那結尾是，「希望這個集子能夠傳到他底手里，並祝禱他底鍵鬥和平安。」但現在，我已失掉能夠透露這樣的心緒的幸福了。

一九四三年一月十六夜，

于桂林之聽詩齋。

胡　風

釋「過程」

方然

這篇東西去年就寫成了，爲了不便得罪人，尤其是名流，故不願發表。今年拿來修改，看了一遍就毫無興趣了。似乎覺得廢話太多，而且夾纏。

最近一家書店特別信任我，經常借給我一些上海印的高貴的雜誌。在「決不污損」的條件下，我一一拜讀。而且，有一天，忽然讀到「大公報」那篇「可恥的長春之戰」社論，其中，主筆先生大爲感慨，感慨世事盡爲「過程」，不得「結論」。當然，他的「結論」就是「定於一」。不知怎麼的，這一下到揭起我的興趣，又把這篇文章鈔了一通，而且準備投出去。

1

「存在決定意識」。這「存在」是絕緣的麼？是先驗的麼？這「決定」是怎樣的呢？——是「意識」在等待着決定麼？或是「存在」是個魔杖，就朝着「意識」上點呢？

這二者不是甚麼內外之分；這「決定」是個交流的過程。「存在」，是感性的「存在」，「意識」，是被作用了的「意識」；這才能有「決定」。「決定」，是矛盾的統一。這「統一」永遠在一個過程里。里面有彼此相親愛的，相戰鬥的，或卑屈，或昂揚的過程。

沒有「人」底存在，就沒有「人」底覺醒；沒有「人」底覺醒，也就消失了「人」底存在。

說這過程是「路」，是「靈魂」，都可以。於是，說偉大的作品是「里程碑」；說偉大的作家是「靈魂的技師」。

我們曾有過各式各樣的「環境決定論」，「偉大的時代決定」論，「階級意識決定論」。

向來是把「傳統」與「遺產」同義，認爲是傳遞的貨色；把形式看作可剪裁的外衣，把現實主義看作是一種手法，把作者的意識作用看作是一種「技巧」。而就在這些基礎上，檢討文藝底發展與傾向。

不認識人底過程，不認識藝術創作底過程，於是就有了目的論的「民族形式問題」論，有了二元論的現實主義論。

2

「神聖的家族」：「社會人的感情，與非常社會人的感情不同。只有從人類本性的客觀的（對象的）展開的豐富性，才能接受人類感情的豐富性。」

有「存在」與「意識」相衝激的過程，便是「社會人」。在這過程中，便有客觀精神底豐富的感性，與主觀精神底强大的作用力。

「費爾巴哈論」：「只是發展了自己底物質生產，與自己物質感應的人，在自己底行動上，變更了自己底思維與自己思維底產物。」

同樣的，這里所謂的「發展」，「行動」，「變更」等是多末重要！這是「社會人」底實踐過程！從「物質生產」到「物質感應」的過程！高度發揮其意識作用，與血肉的存在作生死的鬥爭的過程！

現實主義，必須是反映現實底基本矛盾。怎樣才能反映基本矛盾？必須得認識。怎樣認識？不止於研究，不能是觀照，不應是貼上一道「正確思想」的符籙，而是：自己就是這基本矛盾（存在）進步方面的一個細胞（社會的人），在這意識與存在糾纏如毒蛇的生死鬥爭中，最後意識戰勝存在，這就叫「認識」，復成爲戰鬥力量。在激烈的戰鬥過程里，才能認識，把握基本矛盾。是戰鬥者，才能反映。

大概是一年以前吧，徐遲先生曾著專文（「載青年文藝」新一卷五期）評袁水拍先生的詩。他要作者對現實「關心點，再關心點！」於是就可以由「自然主義」進入到「現實主義」。「關心」，是有着各式各樣的來源的，有着各式各樣不同的「關心」的。就憑這點「關心」就是現實主義者底生活態度麼？作者與現實是主客關係，作者存在於被「關心」的對象以外，這對象便沒有從「心」里流出相衝擊的感性了，而只有一點被賦與的理性的「關」了。這與徐先生所卑夷的朱光潛底「距離美學」並無甚麼不同。徐先生把現實主義視作一套方法，就是從「一般過渡到特殊」。這「特殊」，是在「純粹感性的媒介中顯示的」。於是，「詩人」在已有了「他關心到了許多事物，他把它們堆積起來」，「前面的三行是屬於卡片索引的，而後面的三行是屬於詩歌的；前面的三行是智力的，而後面的三行是情感的」。這種方法，與「正在栽培起來的關心現實的態度」，再「關心」一點，就可以渡到「現實主義」底彼岸了。

「這些知識人，經過了一次大潮底震蕩或冲洗，變得比較老練，消失了多油的情熱，學得了一些經驗，帶來了一些習慣，對於平凡醜惡的人生，他們自以爲非常明白，但多少又感到了一點疲乏，對自己不滿，而又替自己原諒。因而對於未來的煙雲，很少有過分的熱力，或忘我的突進。這一方面說來，是素樸的唯物主義觀點，另一方面說來，是情熱薄弱的觀照態度。」（胡風：「文藝筆談」：「張天翼論」）

再引一段：「對於一切社會現象，都用着和自己相關聯的利害觀點去適應，冷却了熱情，迷失了方向。最大的幸福是平安，最高的野心是功成名遂——這可以叫做小市民社會底凡庸主義，文學上身邊瑣事的現實主義是從這個基礎來的。」（同上：「五四時代底一面影」）

這些，說明了直到今天還在氾濫着的觀照態度，經驗論，客觀主義！早就有人喊着：「深入生活」，「生活圈子狹小」。是的。但怎樣地深入呢？怎樣地生活呢？爲着甚麼要如此？「圈子」怎樣才是大呢？這「圈子」是甚麼？怎樣造成的呢？

像阿Q滿足於「飄飄然」，念上了「銀桃子」，人底心境有了某種滿足，掛上了「銀桃子」，飄飄然。於是，「存在」底豐富感性就逐漸消失，於是它對於意識便眞的是一個「圈子」了，如是「決定」。「意識」縮在那里面，或順從，或可憐地掙扎，或打磕睡，或作着無聊的夢。

於是，近年來，有人對文藝工作者大聲疾呼：「人格力量」，「主觀精神」，「戰鬥要求」！是要求：「眞正的勇士」，要求眞正的國民精神的火花」！這嚴肅，熱烈的「人」底過程，「詩」底過程！

然而，有人認爲這些是多餘的，不必檢視「過程」，只要「政治性」加上「藝術性」就成了「現實主義」了。

然而，怎樣叫做「政治性」呢？怎樣叫做「藝術性」呢？就是作家的政治思想麼？那又怎樣成爲「性」的呢？那就是「技巧」或「形式」麼？那又怎樣成爲「性」的呢？「政治性」第一，「藝術性」第二，在「人」底身上，在作品里面，這是怎樣地統一呢？世界觀（政治性）與創作方法（藝術性）矛盾統一的過程，才是現實主義底靈魂，抽去這過程，則只賸下「政治性」，「藝術性」二元論的屍骨。

一腦子的「政治認識」，然後去尋覓「題材」，然後加上一番「藝術」，這就成了「現實主義」作品麼？舉個例吧，有些小說讀過之後，除了覺得留下這末一個「公式」之外，毫無別的。這是爲甚麼？「技巧」沒有到家麼？

又比如，×××底詩「豐收的土地」：

昨天，土地哺育了我們，
今天，土地給我們豐收，
明天，土地要我們愛護，
我們要像鞭打豬狗一樣，
把法西斯從我們土地上趕走。

全詩不過是這五行的死硬地拉長而已。一點點人云亦云的概念底留聲機（還說不上是：「政治底留聲機」）。從這中間，看不到「我們」底「存在」；更看不到「我們」在「昨天」，「今天」，「明天」中的過程；看不到「土地」底「哺育」，「給」，「要」底過程。「土地」與「我們」都是無機物。

「存在」沒有進入「意識」里面，因此是無「感性」的；「意識」不是從具體的，血肉的「存在」中，自然地，衝激，因此是不起作用的。好了，後來，乾脆大貼其標語弄完蛋。

三年前的一個炎熱的下午，我爬上一個高坡，聽某先生講過這末一句：「詩，是情緒底突破。」這句話底內容是極豐富的。所謂「情緒」，不僅是生理學，心理學上的名詞，而是「必然底洞察」底結果。只有這樣，它本身也是一種「突破」。突，然後破。這是一個戰鬥的過程。突破甚麼？突破「存在」底制約。

前面所引的「文藝筆談」底話，所謂「過分的熱力」，「忘我的突進」，也是如此。這「過分的熱力」，不就是諸「情緒」麼？這「忘我的突進」不就是「突」「破」底過程麼？這過程進行底最高，最强烈的頂點，就是「忘我」境界。這里所講的「忘我」，不是王國維，馮友蘭等所講的那「境界」，這是說：「我」（意識）是來自最廣闊的，最豐富的「存在」中，而與其血肉相關，如波浪之於海洋。而不是小圈內的「我」，先天不足，營養不良的「我」，市儈抒情主義的「我」。其次，這種「忘我」，是意味着：「過程」進行底眞實而熱烈。

雪萊底「沈茜」與莎士比亞底「李爾王」二大悲劇，題材與認識上有很大相似處。然而雪萊底力量是差得多了。因爲雪萊是以他底理解來發現「罪惡」的；莎士比亞是以血肉來感覺着罪惡的。雪萊以無衝激過程的「理想」，來生强地附麗於「善」；莎士比亞底「理想」，是「遭受」底一種反應。雪萊以爲有着「愛」，「忍受」，「仁慈」，是爲「完全」（Perfection），是爲「不朽」，而結果，他底意識作用被這些小圈子圈住了，因無血肉之滋養而蒼白。莎士比亞則以其「過程」而不朽。赫爾岑稱這爲「深入禁地的，對生活的勇敢的追蹤」。其實，豈只是「追蹤」，而是，他底「意識」如斯米爾諾夫 (A. Smirnov) 所說的，是自「存在」底「深刻的內部挫折中來的」。因之，那末强力地作用於「存在」，「對整個生活過程與人底評價改變」。

3

偉大的人民領袖，說過一句極重要的話：「思想，情緒與工農兵的思想情緒打成一片」。

「思想」打成一片，「情緒」打成一片，「思想」與「情緒」彼此打成一片，這告訴了：「政治性」與「藝術性」的統一。

這不是甚麼「文章下鄉」，「文章入伍」的問題，而是知識分子改造自己的痛苦的「過程」！

「情緒」是怎樣打成一片的呢？這不是哭就跟着哭，笑就跟着笑，甚至是假嗓子，而是一切生活過程與人民血肉相關。

情緒是屬於眞實的「存在」的，而後「思想」才能眞實地作用於「存在」。這樣，才叫作思想底打成一片。這，征服了現實了。現實主義。「現實主義」必定是戰勝現實的戰鬥過程！

一九四五，初稿。
一九四六，改定。

補記（關于幾個女人的是是非非）

寫完這篇小文之後，看「宋人軼事彙編」，卷十八採自「樵書」的一條，使人確認我們的歷史實乃非人類的歷史，中國的婦女向來受着地獄以下的待遇，而中國的詩人畫士之流，向來也很有些是禽獸以下的心腸；茲照鈔如下：「姚叔祥『見只編』云：余嘗見吾鹽名手張紀臨元人『宋太宗強幸小周后』粉本：后戴花冠，兩足穿紅襪，襪僅至半脛耳。裸身憑五侍女，兩人承腕，兩人承股，一人擁臂後，身在空際。太宗以身當后。后閉目轉頭，以手拒太宗頰。有元人題云：『江南剩得李花開，也被君王強折來。怪底金風衝地起，御闕紅紫滿龍堆。』蓋以靖康爲報也。又有宋人『書后圖』（原注：書字疑誤。）：一婦人裸跳，爲數人抬昇。人皆甲胄帶刀，有嚙唇與乳及臂與股者，至有以口衝其足者。惟一大齊露形近之，更一人犁之不就。又有跣足吊履襪袒衣相追亟者。計十有几人。上有題云：『南北飜風，汴城吹動 吹出鮮紅蕫黃。潑蝶攢蜂不珍重，棄雪拚香，無處著這面孔。一綜兒是清風眞的樣子。那將軍是報粘罕的孟珙。』此指宋元滅金事也。但珙不至織發至此，不知據何野史而作也。父云：有『天興墨淚』一書，乃託名亡金侍臣誌宋元破金之事，其記汚辱宮闈事不忍讀，蓋必宋人借此吐氣耳。」

按小周后即南唐後主之后，宋滅南唐，把他和後主一同提個來的，但我先前直在不知還有這一段事。那麼，這也就是另一個息大人了。居然有這樣的畫，還樣的詩！我還說什麼！然而，居然還有人要「借此吐氣」呢！吥！

（二十四，下午。）

我的師傅

胡田

一

我是一個知識份子，一聽到人說：『知識份子就會說，……』心就煩了，我決心要改造去……。

我去的地方，是個木工廠。住在一個大深山裏，走出窰門口就是楡樹、柏樸樹。四面都是深溝，我們就住在溝岔上。站在院子裏，無論往那邊看，都是黑壓壓的，看不見溝底。這裏，除了我們之外，從來就沒有人來過。我們住在這裏，就像和野物生活一樣：野豬常跑到我們窰頂上來啃爛南瓜，野雞總是大搖大擺的，到廚房門口來撿小米吃。燒飯的老陳，看得眞太不像話了，從灶孔裏，抽出一根燃燒着的火柴頭，向牠們擲去，牠們得意的，咯咯咯的叫着，拍着翅膀飛到對面山上去了，昂着頭朝這邊看着。老陳回到窰裏，牠們就又飛了回來。

我去的時候，正是春天，樹子全在抽芽，山桃和野丁香正在開着花。山格棵上，山窪窪裏，全是淡綠的，柳樹和櫻桃，像抵住嘴，皺着鼻子在呼吸。風從樹梢上響着走過來，更特別使人清醒——人在美麗的大自然里，眞感到滿足了。我也抵着嘴，皺起鼻子來呼吸。……

『眞好呵，全是新的！』我不禁這樣讚賞的說。

我要到這裏來學的是拉大踞。對這工作我是什麼也不懂的。無論什麼，都得從最初的基本動作學起，連怎樣搭架，綑繩、下木板、拿鋸、站位置，整椙櫓……都必須師傅來教我。我的師傅是個矮胖的結實個子，二十來歲，似乎比我稍小一點。紅黑臉，大眼睛，大鼻子，看起來有點燥性。他是陝北鬧革命時，參加過劉志丹的少先隊的。他父親是個木匠，他小時候從父親那裏學會做木工的。貨做得很好。廠裏人，過去據說都對他有意見，說他固執，脾氣大，發火了就不容易軟下來。但大夥對他工作的熱情和忠實，都蹺起大指頭，稱讚不已。隊長把我介紹給他的時候，他走過來緊緊抓住我的手，看着我笑。

『好好敎我呵。』我也笑着盯住他。

『你可多多幫助我，咱火性大！』

他很坦然的，述說他自己的缺點，好像他早已準備好等着告訴我一樣。

『沒啥關係，咱們大家多原諒些。』我說。

『對着哩，你若對我有啥意見，你可隨時講。』他笑着，看着我，表示對我的歡迎。

這在他來說，似乎是很誠懇和溫和了，但我從他的容貌上的感覺，以及從旁聽來的關於他的個性的描述，使我感到仍舊是一副嚴肅的臉龐，心裏禁不住有幾分戒備。

『好的，』我說，戒備的看着他。心裏感到配上了這師傅有些倒楣。但爲了不流露我自己的感情，避免一種不愉快的印象，想隨便拉談幾句，就結束我們的談話。可是，他却從嘴裏拖出旱烟袋來，也不擦一下煙袋嘴子就遞給我。

『抽煙吧』他說：『這是托合作社到合水買來的，可好哩。』

我來不及謝絕（因爲昨天我在他面前抽過煙的），他兩眼熱情的看着我，似乎在等着我回答他：『這眞是好合水黃，』。我看了煙嘴子，沒敢用手擦，——我怕這引起和他感情的隔離，忍耐着放在嘴裏。

『好吧？』他又問。

我不知道怎樣回答，因爲，我心裏想起了煙嘴上的口水味，實在已經忘了關於煙的味兒了。但我不能不點一點頭。

『前次我買了一斤半，』他見我表示同意了，很滿足的說：『咱們足夠抽它半個月！』

我着他心地確是一個熱情和誠懇的人。但這對我，彷彿和看照片時候的情緒一樣，隔着一種東西，不能直接投進在他的熱情裏面去，和他一樣的歡笑。我緊壓着自己的情緒，我想：『勞動了幾天，就會跟他一樣的！』

我希望改造的成績比生產的收穫更大些。

二

到森林裏去，我很興奮。剛吃過早飯，我就扛着大鋸要走。師傅從廚房裏走過來，看着我的樣子，詫異的盯住我。

他說：『你這樣還行嗎？』

我說：『怎樣？』

他說：『非穿棉衣不行，你穿兩三件單衣，走進溝裏去，冷不壞你才怪哩！』

我爲了準備今天的工作，夜裏思慮了不止一個鐘頭。我想：森林裏括不起風，樹枝遮住頭頂，定比外面暖和，拉鋸一運動起來，渾身大汗，那還冷什麼呢？我便把這些理由講給他聽。

『不行，』他反駁我道：『時候還沒到哩。』

我正懷疑着他的話，他把旱烟袋又遞給我。

『抽吧，不要慌，第一天咱們慢慢來。』他說：『熟練以後，多加點油就補上啦。』

我們沿着岔溝進去，溝裏還結着冰，冰上蓋着一層薄薄的雪，兩旁全是密密的白楊和榆樹，兩旁的樹枝錯雜着，蓋成了一個棚頂；太陽從樹枝的縫隙中透漏到水凍的溝裏已經失去了溫熱；許多柏朽了的古樹，横躺在溝裏，腐蝕了，發出一種悶氣。我們直往裏走，我已經覺得很遠了。

我問師傅：『還不到麼？』

他說：『就到啦。』

我新奇的四面看着。因爲，直到這時，我還不知道今天我應該做些什麼，怎麼去做。又轉過了幾棵大樹，看見溝旁邊倒着一棵剝了皮的樹子，被解成了幾段，幾塊新解下的木板靠在旁邊倒着的樹杈上，一個樹榾櫓，被解了半邊，還沒有下架；我這才知道，我所要來學的，大概就是這個活了。

師傅一進工場，就和我談這工作上必須懂的一般理論和知識。他走在踏板上用力閃着，試着架子結不結實，然後，就去撥鋸齒。我沒有說話，我今天是決心要來聽他的指揮的，一切都聽他的話，我仔細的看他怎麼做。他臉上表現得很嚴肅，眼睛的每一轉動，在我看來，都顯着他是主持這一個工場的，負責任的人。

我對他了解很少，加之聽說他脾氣不好，開頭我一切都採取愼重態度，在心裏頭總提防住，害怕兩個人中間發生不愉快的事。他把一切都準備好了，車轉身，看着我，似乎也感到不像他們往日的生活那麼協調。

『怎價，你不吸煙麼？』他關照似的問。

『看你修理工具哩，』我說：『行了麼』

『行啦，你耐心的看幾次，你很快也就能做啦，』他看了我一眼，指着工場裏的傢具說：『過去你沒摸過這些東西吧？』

『沒，一直唸着書哩。』

『呵，那你可把書唸飽啦，』他有點半開玩笑似的說：『咱過去識字不多，看見人唸着大本頭書，心裏可過得慌，日後你敎我認字吧？』

『好呀，這也像拉鋸一樣，只要耐心，學起來可是快哩。』

他聽着我的話，似乎很歡喜，兩眼和善的看着我，但他沒有笑。

一站上踏板，我感到茫然和新奇了。我完全不知道我應該怎麼動。眼睛直盯住他，端起鋸來，手就打顫，他鼓勵我說：『拉吧；不要怕。』但我盯拉過來，他就再也拉不回去了。我着了慌，拚命一推，用力過猛，一直推到踞環頂住了樹榾櫓。他是照往常的習慣站住的，這一下搞得他來不及退，推倒下了踏板。我臉紅了。他笑着滿不在乎的，又走上踏板來，輕輕的說：『你用力小一點，不要太猛啦。』我很不好意思的答應着他，身上急得熱出汗了。但幸運得很，總還算沒有再出第二次。

工作一開始，我們就不停息，天天如是。

山上的事情一切都由他辦理：撥鎼、發鋸、搭架、甚至連我自己站的踏板，他都必須來給我包辦。——這不是我懶得不做，也不是他想做，實在是由於不得已。有幾次，我實在不好意思再讓他搞，便自己抽空搞起來。但每次都要不得，他又來拆了重新搞過。每次，他發鋸，我就把棉衣墊在腐爛的樹葉上睡覺了他發完了鋸，再叫我起來。我睜開眼睛，總看見他把棉花給我蓋住，自個穿一件單衣在樹榾櫓旁邊，呼哧呼哧的工作，臉上

3262

流着汗。他每一件事，似乎都顯得對我寬容，原諒和體貼。在工場裏他把最適當的地方讓給我，給我方便。我們拉的時間長了，他見我汗從頭髮尖上滾下來，他就放慢了速度，笑道對我說：『慢一點吧，過去一滿沒干過，可不要一下把你熬壞啦，咱少分點紅沒大要緊的，將來熟練啦，再趕着補。』

但他對料子却看得很重要，每踏上架，他都要很認眞的向我講，注意不要把一塊木料拉壞了，兩個人的勞動力白費不要緊，現在料子難找了。稍一有點不對，他就來給我糾正一頓，這仍舊說我對他很害怕，心裏常記住他是個火性子。有一次，還是開始工作之後的第三天，我工作的技術仍舊和第一天差不太遠，剛上架扯兩下，就把鋸條搞偏了，鋸齒開始往線外跑，我拉得就更胆怯了。手脚笨得比往大更厲害，扣得使他扯都扯不動。

『怎麼搞的呢？你越拉越重啦』他看着我說。

我一聽他說話，更滿心羞恥，怕他發火，也怕他寬容。因爲我覺得在寬容的人面前，不注意對自己的尊重是可恥的；一個人被仇人痛駡，那是光榮；被朋友鄙視，那就要命了！我便十分提起了注意，想盡量使他感到，我對於他并不是個無法補救的累贅。我提心吊胆的，死死抓住鋸拐，平平穩穩的，照住他告訴我的方法去拉。人急了總是幹不出好事，剛拉兩下，鋸齒被木屑卡住了。我用力一推，天知道這是倒了什麼運，鋸拐竟碰在他的鼻子上，流出血來了。

『怎搞的？』他有些氣惱了：『叫你用勁小一點……』他第一次用厭惡的眼睛看着我。

『糟糕！』我急了，想道：『這一下可闖下大禍來了！』我不敢看他，扯住鋸拐，呆了。

我發抖了，走過去看他，急忙用手巾給他拭血。

『不要打髒手巾啦，抓把樹葉給我把！』他伸着頭叫着，讓血不要流在他的衣服上。

我給他些破紙擦乾了血，在地上抓了把雪，叫他把手洗一洗。我很難爲情的，我咕嚕着，譴責我自己，意思是希望他原諒，不要火了，不要弄得不快活。他看着我，態度眞變溫和了。

『沒啥關係，拉吧，開頭，總會出些岔子的。』他安慰我似的說：『做兩天熟練了就好啦，哪個人還不是一樣。』

我呆立着，沒有說話。……

晚上，我長久的安不下心。我想：『今天他是原諒我了，但誰知道日後會發生什麼不快的事情呢？一個有脾氣的人可忍耐總是有限度的，它不能支持他長久和善下去的！』

這使我很苦惱，但我又不能不天天提心吊胆的跟着他去工作。

三

時間長了，我仍舊改進不了我的技術。他漸漸說話多了；每天一上工他就給我說：『今天拉的時候多注意些，你學的時間不短啦。』我一聽他的話，覺得他有些不耐煩，心裏就有點打顫，怕他快要發火了。便仔細的警惕自己，不要觸怒他。但另外，却感到很大的不舒服，覺得『你比我聰明多少呢？一開口就教訓人！』對他感到不滿意。他說話，便故意裝着不聽，表示對他的反抗。有時，拉得他似乎不順手，他便說：『你站遠一點吧，怎價老膝在鼻子尖上來呢？』或者，叫我給他把大鋸稍抬起一點，不要死扣住。

他的責備，在我常覺得有些寃枉，因爲，我自己認爲，他并不比我好多少。但爲了我們日後繼續工作得好些，不要互相抱怨，我常常忍住氣，一點不哼，自己照着他的話做。

『再錯可怪不到我了吧，』我想：『看你還有啥可說的：』

但他一不順手，又叫開了：『還不對，再站遠一點！』我忍住氣，又退開樹榾櫓半步。但不一會他又說我站得太遠了，叫着：『站近一點吧，怎麼站這麼遠呢？』

『怎麼搞的？』我實在忍耐不住了，冷氣冷氣的說道：『你自個站得不對吧？』

他聽我這樣說，就再不叫我了，只翻着那對大黑眼睛看着我，臉色都變了。……隨着時間，我們就這樣，彼此忍耐下去。

我實在怕，不知道甚麼時候，互相忍耐不住了會演一場惡劇，因爲我也並不是太怕人的！

一天，可怕的事情終於來了。

我們剛吃過早飯來工作不久，忽然下開雪了。我的師傅叫我把棉衣穿上。怕我沒在山林裏住慣的人，受不住風雪，但我拒絕了這樣做。

『拉吧，沒有關係。』我說。

可是，他却堅持着要我穿上。他自己穿着那件破袖子單衣，在雪地裏站着，很嚴肅告訴我，他的話我一定得聽從，他對我是要負責任的！

『管我這些幹些？這又不是拉鋸，要你來技術指導！』他的話使我很不高興：『二三十歲的人，還沒你懂麼？』

『怎價這麼說呢』他以爲我的話是瞧不起他，說着，翻了我一眼，不再說第三句話，轉過身去，抽開大鋸就擺出要拉的姿勢來。

雪下得越來越大了，從樹稍上縷縷往下滾，掉在我的熱頸子上，一下就化成水，流進了背心里；脊樑上的汗珠和雪水碌碌往下流；眞難受極了。但很久的時間，我們都不說話。他埋着頭，只顧自己拉；我埋着頭，也可顧自己拉。山溝裏，可聽得鋸齒抓住木渣。呼哧呼哧的，在雪地裏揚起了響聲，又被雪壓了下去。他連一句關心的話都不問我了。我偷偷的翻了他一眼，只見他喪着臉，像被人打過耳光一樣，嘴閉得緊緊的，眼睛發了紅，我有些害怕了。但我又想：『這是什麼意思？你不睬我，我還來給你磕頭麼？你會幾鋸又有甚麼了不得呢。』

我的氣也冒上頭頂了，埋着頭，只管兩個胳膊一伸一縮，啥也不管。有時還故意昂起頭，表示對他抗議，告訴他：『不要驕傲吧，拉鋸沒甚了不得！我也會教人的！』

但他突然叫我了。

『怎價，跑了線麼？』他問。

我低頭一看，糟糕！眞跑線大。但是，這怎麼能說呢？這不是叫我自已承認不行麼？不能！一方面我急忙按着他告訴我的方法，想把線糾正過來，一方面吱唔着說：『沒，沒跑——』

『那你爲啥把鋸壓得死死的呢？』他又問。

『怎麼？我還抬着給你送的哩。』我臉上發燒了。

『那就怪哩！』他不相信的，賭着氣走了過來。他看到我的線跑開得太遠了，竟驚訝得叫了起來：『天呀，你怎價還說沒跑呢？』

責備人的眼光是可怕的！他鼻孔一漲一縮的亂動，臉通紅，頸子也粗了。兩隻大黑眼睛死死盯住我，他要拿我怎麼辦呢？我頭也抬不起來了。

『糟糕！』我想；『這會兒可該他說話了！』

衣上蓋住了薄薄一層雪花，背心濕透了。我格跣在樹楷櫓旁，靜靜的等他發火了！不做活，身上有點冷得受不住，不時打起了寒戰！我的眼淚忍不住了。但我咬住牙齦，恨命一逼，又把它吞回了肚子裏去。我失悔來在這森林裏作這號徒弟了。我想：『幹那樣工作不比這强呢？偏要來學這鬼木工！明天回去了！』

正在這時候，我的師傅走過去，把我棉衣拿過來，輕輕的把我背上的雪拭去，手按在我肩膀上，向我說話了。『穿上吧，』他叫道：『雪下大了，天氣冷着哩！』

這突如其來的，深厚的同志的友愛，像火燄掠過我的全身，熱得急了我一跳。我回頭瞪住他，不知道應該說什麼。他的火性子脾氣，我以爲這一定要大爆炸了，但他爲什麼軟了下來呢？

『不，不冷，』我詫異的看着他，很不理解這是怎麼回事，但心裏却知道是被同志的友愛惶惑着了。

但他站了一會，看我不說話，又有點窘了，無可奈何的，走到我面前說：『算了吧，你去拉我那邊，讓我來把線糾正過來。』

我覺得太不好意思了，順從的，像一個孩子似的走過去。

正午吃飯的時候，路上盡是泥漿，我在前面扛着大鋸，抱住樹，一步一步往外移。陳腐的樹葉，被雪水透濕了，眞滑！腳一踏上去，像冰刀走在凍結的河上一樣，站都站不住。一層枯葉被括開，又現出一層漏爛了的葉子，路上仍舊是滑的。動不了步子，我沒走慣這號路，腳簡直怕沾得地；今天，加上和師傅鬧着彆扭，心裏不舒服，走起來更感到特別困難。師傅看着我很狼狽，很快把工場上的傢具收拾妥善了，大踏步的走過來，抓住我的大鋸說：『來，給我扛，路不好走，小心些。』

但他不說『你……』，也是正在氣惱中。

四

眞不行！白天過氣穿濕衣服，現在竟全身發燒，頭暈暈的發開瘧疾了。支持不住了，我想躺一躺，但我一想到師傅會嘲笑我充英雄吃了虧，就也不想躺了。我在院角裏，大大的提來滿筐子木炭，堆在火上，把窰裏烘得人都不敢住，有人說我發瘋，很不樂意的走了出去。我坐得近近的，但還是冷得發抖。

『怎價，你發冷麼？』師傅似乎察覺了我，走來問。

「嗯……」我不好意思的低聲說：「不打緊……」

「是午響冷的吧？」他說着，伸手來摸我的額門蓋。「哎呀，燒成這號樣兒啦！先躺躺吧，不要聽讀報啦。」

我還想强辯，說是炭火烘熱的，但他硬把我扶到炕上去了。

「看你，」他責備我說：「難活都不敢說，這有啥可害羞的！又不是小孩子！」

我沒說的，服從他了。他把他的被子給我蓋上，還怕我冷，又把毯子也給我搭在上面。他嫌我枕頭太低，又把包袱裹的衣服解了兩件出來，給我墊高了些，然後，告訴我：「睡好，咱去找找隊長去。」不多會，他和隊長同來看我，粗壯的手摸着我的額門蓋。

「你要吃點啥嗎？」他輕聲的俯身問我。我搖搖頭：「那好，等會兒你要啥，你叫隊長，咱到那邊去一下。」

隊長問我的時候，他已經走出去了。

暈暈迷迷的，我也不知道過了多少時候，忽然，我覺得有個東西，冰冷的壓在我的額門蓋上，我嚇得心一跳，叫了起來。我以爲是什麼狼豹之類跑進窰來咬人了，猛的就跳了起來，幾乎要大嚷大叫，但當我看見是我師傅，拿着燈站在炕前，我羞壞了。

「怎價？」他問我，有點怕我着了邪似的說：「是我，是我，是和你一起的王德明……」

我躺下了，自己覺得很可笑。

「邇刻感到舒展些麼？」他問着，把燈放在炕頭上。

「仍舊那樣，」我看着他說：「你爲啥還不睡覺呢？」

「就要睡去，」他坐在炕頭上來，「你坐起來吃點藥吧。」

「怎麼？」我吃驚了，「你去找醫生來了麼？」

這里，到隊伍上去找醫生，來回有十來里路。在夜裏他冒着虎豹的危險去替我奔走，我實在感到太麻煩他了，很對他不起，

「這算什麼呢？」他阻住我的話說：「那個人吃五谷不生病，同志間，這有什麼！」

他把燈拿過來，又端來一碗開水放在我旁邊，一隻手扶起我，一隻手交給我幾顆阿斯匹甯，默默的靜候在我旁邊，眼睛憐憫的注視着我。我躺下了，他又摸我的額門蓋，試試燒退沒退。在靜靜的深夜裏，他坐在炕邊看守着我。我注視着他，想起白天的事，懊悔得直想哭。我遏那末口氣，給他多大累贅呢！我口口聲聲說，我要改造，我遠遠的跑到這森林裏，我想：「到實際工作中去，跟工農同志在一起，我一定進步很快！」但仍舊遏不住一口氣，這是誰給我這號壞脾氣呢？燈老在炕頭上微微顫動，好像在嘲笑我，要叫我認錯，要我告訴他日後我還準備怎樣生活。

師傅在火堆旁打盹了，不謹愼的響起了鼾聲。我輕聲的叫他。他睡得眞甜，竟喊不應。

「老王！」我提高嗓子•叫道：「把被子拿去睡覺吧，夜深啦。明天還要干活哩。」

他迷迷糊糊的看着我，很顯然，他全沒聽懂我的話。他急忙走到我炕前來問我要什麼，他似乎在這裏等着專爲我服務。

「不，我叫你睡覺咧，」我看着他說：「你把被子拿去吧。」

「你好好蓋住，天氣冷哩，」他又來摸我的額門著：「咱和老陳講過啦，有地方睡的。」

「那怎麼行呢？這樣冷的天氣。」我對他的照護感到不能安靜了。

「沒有關係，你好好躺着對了，不要又像午響一樣。」說着，他把我的棉衣蓋在被上，給我墊了墊枕頭，叫我好好休息，就走出了。

我很難過的看着他，心裏譴着自己：「爲什麼不聽他的話呢？他熬壞了，我還拖累他，黑天打洞的，他還得去爲我跑，唉……」想着，一顆熱淚從我的臉上滾下去，我悄悄的哭了。我想：「像這樣人家會把我看成什麼人呢？我骨子裏長得有美諦克的壞血液將天天被人嘲笑！美諦克，這是多麼卑微的形象呀！滾開！我要健全的生活！」

我決心明天要乾乾淨淨的洗過澡，把一切都向他談清楚，像他一樣生活……

五

一個人，生活的自信和忍耐，是攀上希望的目的雲梯。我生活，忍耐，我快活了。我和師傅，友愛的談笑着，開着可怕的玩笑，再也不會紅一下臉。過去，是作爲嘲弄來回憶了。

但是，人們對於燥性的評論，我却抱着很大的不平。實在覺得這是一個誠懇的人，受了莫大的寃枉。

今天是你休息，大家吃了飯，都跑到森林裏找木耳去了。洗完了衣服，我也跑去找他們。樹林裏，現被綠葉遮蓋得不漏風了，冷森森的，恐怖的靜默着。從漚爛的樹葉中流出來的水，發着臭味。樹稍上，各種鳥亂叫着，一個也看不見。我走着，吆吼了幾聲，找不到人，有點害怕再走了。忽聽得裏面的深溝裏有唱歌的聲音，仔細一聽，正是我的師傅在裏頭。

天上有顆北斗星，
中國有個毛澤東；
他的辦法好又多，
條條爲咱老百姓。

這是他最喜歡唱的歌，我已經聽得爛熟了。他的嗓子很不好，唱起來大家都叫做『打破鑼』，有的却諷刺地叫他『音樂家』。我走過去時他正在一堆格針樹中蹲着搬木耳，唱着。……他完全沒想到我去。

『好，唱得好！』我突如其來的叫着，故意奚落他。他猛一抬頭，『嚨』的碰到格針樹上，我更大笑起來。

『混蛋！』他摸着頭，自己也忍不住笑了，

『你不是不來嗎？』他看着我又說：『「文化」嘛，坐着吃就對啦。』停了會他又補上一道：『怎麼？來啦，還想站住偷懶麼？』

『文化』是我每天晚上教他認字，他給我叫上的。在他一半是奚落之詞，一半是當着教員的意思。我走下去，也鑽進格針刺裏去。那裏長的木耳眞多，我蹲在他旁邊，足足搬了一帽子。

『火性子！』我想起替他抱不平，叫道：『爲啥你到像個閻王呢』

他沒聽懂我的意思。我把話重新說了一篇，於是他講起了下面的事：

他十二歲上就成了孤兒——他大死了，他和她娘過着苦日子。娘挖苦菜，他把他大的行李去和一個木匠合夥（因爲人小了，沒有人來請他幹活），那木匠看他人小，就常常駡他，打他，他們是夥計，但也却像閻王那末兇的對待他。這樣苦痛的過了兩年半，就把他的脾氣完全變壞了。好駡人，好賭氣，有時還愛動手脚。這樣慣了，參加了革命性子燥的尾巴總帶着一點，到這裏來，同志們批評得他又很嚴厲。

『一開口就是思想落後，舊社會的東西！』他說：『這眞氣破了我的肚子！把我直弄翻了！我想：『咱曾參加過劉志丹隊伍的，你們才吃過幾年八路軍的小米？哼，到教訓起老子來了！』

他在這時，常驕傲的誇耀自己十四歲上就和革命在一起，十八歲上正式參加了革命，工作都很忠實和賣力，自問沒有偷過懶。但是，當同志們問他：『那麼你爲什麼要對同志發脾氣呢？你參加了革命是來幫工麼？』這使他閉了嘴，頭也不肯抬起來。他想：『是的，沒有革命，我幫一輩子工，也不會養大犍牛，耕種自己的地的。婆姨娃娃，那就不知道在哪裏了。』但他想起說他思想落后，舊社會的東西！他的眼睛就又楞起來了。

有一次，老陳在會上批評他，意和他大吵了一頓。老陳說：『你是怎搞的，好像誰請你來革命似的，總是和人搞不好！』

『怎麼？』他氣得暴跳起來叫道：『到水井裏照你自己的樣子！蒼蠅也要咬人麼？』

老陳聽說：『蒼蠅』兩個字，氣得坐也坐不住了，站起來，指頭指着他叫道：『你這就是落後！思想沒有搞通！』

『我眞忍不住了，』他說：『手裏正拿着旱煙袋，嘣的就朝他擲去。我想：「落後就落後，打了你再說，你這樣無禮的東西！」但煙袋沒打着他，碰到門枋上撞碎了。會場上的人，看我這樣全站了起來，瞪住我喝道：「你要幹什麼?!」「隨便幹什麼！」我也叫起來：「怕你們人多麼？」「思想沒通呀！」我隊長看得沒法，向我走來說：「你怎麼這個樣呢？」我頂了他一句，衝出窰門就跑了，大家氣兇兇的瞪住我。我出來以後，有的人很不平的嚷道：「他倒直稱霸稱王了！」我回到窰洞裏，氣透頂了，我想：「看你們怎麼辦，咱姓王的還把人怕了麼？」我躺下了，衣服也不解，等他們追過來和我打架了。好半天不見人過來，我以爲他們定在討論處治我了。我躺着胡盤算，猜他們定逃不了兩個方法！不是明天開會鬥爭我，就是送我回總廠去叫上級處罰我。

『「好的，」我想：「送我回去正好，咱要求學習去！有了文化，咱就幹別的工作去，再不回來了！」至於鬥爭會，咱是不大怕的，就爲了我這衝撞人，開會鬥爭也不止兩三次啦。開了半天，我頂多說一句：「是的，我也有些不對！」事情不就算完了麼？第二天誰要觸着我的鼻子，我就又要得罪人。……

『一夜過去了，誰也沒驚動我。第二天我還對老陳賭氣哩，隊長倒和和氣氣的走過來，把我拉到窰裏去，好言好語的和我談起。

『「夜裏，大夥太態度不好，」他說：「同志們都自我批評啦，你還有甚意見？我們來談一談。」奇怪透了，這叫我談什麼呢？楞起眼睛成了啞巴，啥也說不出來。他見我不說話，以為我還在賭氣哩。他說：「看你，大晚上氣還沒消完麼？你無論什麼都可以說呀，何必還這樣使性子呢？」他的話逼得我實在受不住，眼淚滴下去，落到了他的手上。他惶惑的看着我，手扶住我。

『他說：「看你男子漢家也哭開了，同志，這是可羞的！心裏有什麼話就應該說出來。」』

『我受不住他問，我怕他看我，在他溫和的眼光和强烈的友愛底下，我渾身打着顫，……半輩子沒說過的話，第一次我這樣忠實和懇切的告訴他了。』『「是咱不對！」我顫動的嘴唇再壓不住我的聲音了：『隊長！隊長！」我叫道：「同志們是對的！咱以後改！改！……」

『隊長抓住我的手。緊緊的，深怕我跑掉似的，鎮靜了一會才說：「不，同志們也有些地方不對，但大家都會改正的。你休息會去吧！」不要過分激動了。」』

他講着這段故事，激動得連木耳也忘記搬了，臉上淌着汗，像顯得瘦了些。

這故事正發生在我來這裏以前的不幾天。

一九四五年五月二十六草完

六月十六第一次改完

編後記

早在幾個月前，有人提議在今年的七·七，勝利後的第一個七·七開一個大規模的在抗戰中死難了的作家追悼會。由於「打」風正熾，由於大家忙於急迫的事情甚至忙於應付不來的生活，這個提議沒有實現，但吃了「勝利」的果實以後回頭來回憶一次那些犧牲者，回憶一次他們底犧牲精神所包含的民族解放戰爭底神聖的目標和苦痛的歷程，那意義是莊嚴的，對於置身在抗戰結束了以後的這一代的中國人，決不只是向着過去的追悼而已。

在戰爭中用血祭奠了祖國大地的文化文藝工作者，決不止一個兩個，但人底感情人底認識總是比較容易地發自摸得着的具體的對象，所以我們暫時追悼了這兩個死者。因為是摸得着的具體的對象，因而他們在我們底心里是免不掉矛盾的實際的戰鬥者而不是淨化了的英雄，然而，如果他們對新的一代有所啟示，那就必定是以矛盾中的苦鬥和發展啟示我們的，只可惜我們還沒有能夠深入地突進到他們底生命世界里去。本應約請更深知他們的別的友人寫一點的，但時間倉從，這一次不能做到了。

同時，我們應追悼「東平小論」底作者石懷池。他是在抗戰中成長的二十二歲的青年，但在勝利前一兩個月犧牲了。他不是在戰場上犧牲於民族敵人底手里，而是給學校里黨化勢力的設施葬送了。他非常努力，創作，翻譯，批評，不但數量很大，而且向着現實主義的方向探求前進，這在近兩三年瀰漫着市儈主義的後方文壇是並不容易的。然而，黨棍子連過江的渡船都壟斷謀利，超過了他們自己規定的載重量，把他和另外兩個從事文藝工作的青年以及幾個農民沉到了急流里面，而且還阻止別人去營救。現在，復旦大學復員了，他和另外兩個同伴底尸首被留在俯瞰着取去了他們底生命的江流旁邊的土山上面。

這一篇，是前年冬初寫來的，可以看得出他迫近了體現着時代脈搏的現實主義的生命，但因為他底理解還停止在一個最本質內容底前面，一直擱着沒有發表，想不到現在竟彀作對於他自己的追悼了。

戰鬥的路總是用生命填成的，「後之視今亦猶今之視昔」！

另外，不想補說什麼了。只是，這一本，因為印刷廠忙於急工，出版期稍稍延遲了。

胡風（七月二十日）

掛黑牌的人家

劉黑枷

我在某鎮的中學找到一個敎書的位置。

學校非常狹窄。除掉敎室，辦公室，以及別的必要的地方外，留給敎員住的，便沒有幾間房子。我不得不住在校外。

房子在一家店舖的樓上。這里平常並不住人，是這店舖放東西存貨的地方。陰黯，狹窄，抬起頭，就可以碰到屋瓦，到處都積滿了灰塵和蛛網。探出一面小窗子，就看到這店家的天井，遍地都是髒水，垃圾，滿處都搭着橫七豎八的竹竿，上面晾着女人的褲子和嬰孩的尿布。這是一座所謂「四合套」的房子，我住的這排正和售貨的那間舖面平行着，左右都有房子，只是我住的這間樓的後面緊臨着郊野，牆上連一面窗子也沒有。

花費掉一天的工夫，總算把屋子收拾好了。因爲屋子裏的光線太陰暗，空氣也不大流通，除去在屋頂按上兩塊亮瓦，另外又在原先有一面小窗的對面牆上開一個窗子，這很費了一番周折，跟店舖的老闆——也就是我們的房東交涉了很久，這扇新窗子才算開成。

新開的窗口非常寬大。從窗口向外看，有一間低矮的草屋，牠的屋脊跟我們這一面牆緊挨在一起，構成一個垂直線。這小房裏的人，在他們門前這一片地上的活動，我都看得很清楚，如同擺在我的眼前一樣。如果扶着窗台，把頭低下去一點，有時就可以看到那草屋內的事情。

因爲這是一個小鎮，只有條像貓尾巴一樣的街道，餘外便是荒野，所以我的住所的後面，也就是說那草房的周圍和左近，除掉零零碎碎的一些或好或壞的草房，或瓦屋外，都是田野。那間小屋的門前便有一小塊大約十畝多的土地。

我到一個新地方，對於方向總是辨不大清的。我猜想新鑿開窗子的這面也許是南面吧，覺得這面的光線很好，就將桌子放在這一面。改完卷子或讀幾頁書後，便把眼光從這個窗口射出去出神或凝視，看着遠天，看着起伏的山巒，田疇，路上的行人，田裏的禾物，或一座座的草屋；尤其在我眼前的這一個草屋，和牠的主人。

我漸漸對這草屋的人熟習起來。這家姓鄒。我首先認識了這家的女孩（我先前懷疑她是男孩子），她有七八歲的模樣，厚嘴唇，有一個朝天的小獅子鼻，皮膚很粗，不大喜歡說話，經常光着兩片方方正正的小脚板。她每天很忙，幫着家裏人割野菜喂猪。到河壩上割茅草，或到泊在水邊的木排上剝木皮，拿回家裏晒乾當柴燒。有時到鎮外我們學校的垃圾堆去檢一些東西。——那正是秋天，我們學校剛開學不久的時候。她經常到別家田裏掘人家收割後的稻根，或在翻過土的地裏檢花生。偶一閒下來的時候，就靜靜地在自己門前那一小片空地上玩，拿着不知從哪兒檢來的紅布片綠布片，或有色的亂線頭在一起纏弄着。一聲不出，顯得那麼寂寞，那麼沉靜。

我試驗着跟她談話，先前她躲避着，而且露出非常羞懼的模樣。我偶而從窗口丟下幾粒炒胡豆或一個餅子，她也怯生生地，顯得很害怕的樣子，很久之後才敢用手去拿；有時就連動也不動。但漸漸我們就混熟了，她雖然還是少講話，却不大顯得躲避或含羞了。

「你爸爸呢？你爸爸做啥子？」有一次我問她，但她瞪着眼睛看我，沒有回答。怕她不懂，便改說，「你老漢呢？」

她低下頭去，慢慢地又仰起臉，小眼睛盯盯地看着我，好久，才幽幽地說：

「去，去，去打國仗去嘍！」

說完就又勾倒頭，剝着我給她的胡豆，一面仍捨不得放下那幾塊有色的破布片。

於是我才發現了懸掛在他們門前的一小塊黑漆的牌匾，上面落滿了灰塵，看光景是久經風霜的了。如同小廟裏常掛着的「有求必應」「佑我一方」的一類寒傖的小匾一樣，而且被香烟，蠟燭烟弄得非常漆黑汚舊。但如果仔細去辨認，還可以看出這塊懸在小草屋門上的牌子，分明是寫着「光榮之家」四個字的。

除了這塊牌匾之外，她們有的只是一間小屋，歪斜欲倒，完全用茅草和包穀稭蓋成的。門前一小片地種着紅苕和雜粮一類的東西。家裏有幾口小猪，那邊圍着一圈茅草和包穀稭籬笆的地方是茅房，也是猪欄。

她們家裏人很少。這小女孩的祖父，聽說兩年前因爲點事情跟保長爭吵過一次，自己彆滿肚子氣，後來得傷寒病死掉了。此刻家裏除掉小女孩，就是祖母和母親。祖母有五十多歲，體質很硬朗，有時很喜歡說笑，眼睛裏總射出有力而生動的，不像老年人所常有的那種目光。讓人一看，就認出這是一個很要強的老太婆。

女孩的母親有二十七八歲的年紀，人非常和善。婆媳倆的感情是極好的，從來沒有看到她們爭吵過，連眼眉間呈露出的家庭不和悅的表情也沒有。只是喜好沉默，跟她女兒似的。模樣非常醜陋，臉色經常是蒼白色的，而且虛腫。肚子特別膨大，讓人會想到：那裏面一定有一個至少已經七八個月的胎兒的。雖然這樣，仍不停地操勞着家務，背着籮兜出出進進的。

她的丈夫離開她已有五六年，而她竟能懷孕！

於是她們隣近那些小屋的人們，沒事時，便悄悄放開嘴巴議論起來。

我因爲熟了，也常常到這左近去玩，他們曉得我在教書，都喊我做「老師」。我聽着他們的議論，這之中，對鄒家的遭遇，雖然有不少同情的：屋頭沒得男人，生活無法維持。但多半是譏諷和責備。我深深地驚訝了。

『唉！做孽嘛，報應！』一個塌鼻子老太婆向我說，因爲鼻子不管用，一說話，嘴巴裂得多大，聲音嗡嗡的，「兒子不見啦六七年，老頭子也死啦。」

「鄒家老太婆不會做啥子愧心事吧！我看她屋頭的人都還要得嘛，很敬菩薩的。」我說。

「哪！哪！總是有因由的，今生沒有造過罪孽，前生造下的也作算。前人撒土迷了後人眼嘛！」塌鼻子又嗡呀嗡地，好像怪我不相信似地，馬搭了一下眼皮，「你老師還不曉得，你看她兒媳可是個正派女人，男人不在屋頭，可懷起肚子來啦。」

「哦！哦！」我打算爲那個女人辯白一下，「許是，許是啥子怪病吧？那女人，那女人，我看倒還——」

我這樣說着，但一看塌鼻子不以爲然的樣子，就立刻把話收住，藉便走開了。

然而那女人的肚子却更漸膨大了，臉色也更蒼白，像塗了一層白臘，浮腫得厲害，行動也特別顯得吃力。但她仍然操勞着，鄒老太婆幾次地攔阻她，她還掙扎着到很遠的地方去提水。有時坐下後就站不起，用手扶着地，弄得一臉豆大的汗水，半天才爬起來。最後，大概她實在支持不住，便躺進屋去，不見出來了。

我推想她害的一定是某一種病，絕對不是懷孕。

我斷定她得的是「臌脹病」。

這種病，在我們那裏叫「大肚子病」，或「氣肚子」，「肚」讀做上聲。病人的肚內完全是水或氣，據老年人說愛生氣的人最容易得這種病。假如把病人的衣服脫下，可以看到那膨大的肚皮幾乎如同打過了臘一樣，光滑而透明。

總之，這兒又沒有學醫的朋友可以請教，我也懂得不太詳細，然而我斷定那是一定屬於這種病的，從她的症候的現象上看，也絕對不是懷孕的樣子。

她們的小猪少了數。但這是我以後才知道的。

鄒老太婆給她的兒媳找了醫生，在趕場時請到的，一個所謂「郎中」先生。這位先生斷定病人確有身孕，說是胎動，而且就要臨盆。匆忙地給開過一付安胎的藥方就走了。

當醫生走後，屋內曾發出哭聲，老少三個女人同時啼哭着，那眞是非常哀悽的。我猜想一定是老太婆含着淚，很慈愛地在詢問兒媳是否自己覺得眞有孕。而兒媳便立刻着急起來，喘着氣，因爲呼吸困難，原本蒼白的臉色也漲紅了，於是就辯解自己的清白，接着就哭了。而善心的婆婆也淌下眼裏含着的淚水，惹得小女孩也哭了起來。

「老大娘，」當老太婆在她的門前熬藥時，我扶着窗口問她，「你兒媳病好了沒有？」

她仰起臉苦笑，搖搖頭，打了一個唉聲，便又繼續去添柴。看神色，好像當前的怪事，她無法理解。那女孩不出聲，悄悄地跟在祖母的後面，近來她顯得更見黃瘦了。

四五天後，又看見鄰老太婆在她的門前熬藥。我就又跟她談起來。

「不怕老師笑，沒得辦法。唉！又看了兩位醫生，趕場時買了些東西，硬是窮人害不得病。」她顛三倒四地說。一面把草藥放在瓦罐裏，其中最多的是像爛猪肉皮和陳舊的破窗紙一樣的東西。「不怕老師笑，別個都說她……噯！我硬不相信哇，我曉得小年子她媽。……一個先生說是怪胎，又說也怕是水臟，他斷不定，也沒有開方子。我跟到又請了一個，這個硬說是水膨，他說得都還有道理，看樣子，這先生還得行。他說吃下他的方子就會好的。你老師看，這就是他先生開的方子，有敗鼓皮，說是啥子鼓的皮嘛。」

說完，她的悽苦的臉上立時就浮出一些歡喜和希望，縐結的眉頭也舒展開來。接着就把嘴巴緊貼在地上去吹火。

這以後又過了七八天吧，一個夜間，我正睡熟的時候，忽然聽見一片哭聲，我立刻被吵醒過來。因爲先前也聽過這哭聲，所以開頭並不大驚訝。但等打開了窗子，我打了一個冷噤，眼前的事實像閃電一樣刺進我腦子裏：那害鼓症的女人已經死了！

草屋裏的燈光極黯，也許有風的緣故，在不停地搖曳着，就更顯得悲涼。模糊地看得見屋後的苦楝子樹在搖擺着，一叢矮竹也在沙沙地抖顫不停。深夜的天空更爲灰藍了，星子也更蒼白，彷彿耐不住冷，連連抖擻着；瞇眼看去，如同無數人們眼角凝結着的哀傷的淚珠。遠處江流在嗚咽着……是這樣一個深秋的夜晚。

鄰老太婆哭着，泣訴着，用手拍擊着門板，又一面告訴那小女孩喊媽媽。但小女孩的嗓子已經嘶啞了，也許她是因爲懼怕，緊貼在祖母的身上，發出的聲音被抑塞住，顯得呆滯而懾人。

接着老太婆走出來了，如同瀕死的人呼援着救命一樣向四鄰喊着：

「王老么，王老么……，張大爺，張大爺，王老么，袁大娘……。」

哀悽的聲音在夜風中震蕩，飄過人的心頭，使人的心不禁地緊縮起來。

四鄰的狗應聲吠叫起來，夾着低泣的哭聲是那樣哀慘，使人聯想到世界上沒有一處有幸福。不久以後，才有一兩個人影飄來，瑟縮着，匆忙地扣着衣鈕，走進低矮的茅草屋裏。

天就要亮了。明天是星期日。關好窗子，我躺在床上，鼻子感到一陣酸楚。哭聲仍在繼續，但已變成嘶啞而抑制的低泣，還夾着剛到這屋的人們切切的話聲，但我已聽不大清。

第二天天大亮時，我大概才睡了一會，早飯也沒有到學校去吃。我又打開窗子。小女孩頭上已經包起一塊破舊的白布，兩端垂下來搭在肩頭上。那可憐的女人的屍體大概放在屋裏的另一個角落，我沒有看見。

鄰老太婆的眼珠通紅，眼圈周圍却分外烏黑，一夜的工夫已經瘦多了，先前那種健旺的有力的目光已經沒有了。但仍然可以看出她是在竭力地抑止住自己的悲酸，醒着鼻涕，一面向人訴說着，一面去搬爛竹椅給剛到的鄰人。

來到這裏的人，都是我不大熟習的。而這之中最多的都是女人。她們穿着打了許多補釘的衣服，此刻勾着頭，緊縐着眉，到這裏，好像只是來陪老太婆流眼淚，陪她一同抹鼻涕似的，而想不出一個更好的主意。

最後跑來一個乾瘦的老頭子，首先就嘆兩口氣：

「四娃他伯伯說，說他不來。唉，眞是！他說前五六年，四娃出去時，領安家費，優待穀爲啥子不一家分？既是一個屋頭的人嘛，這陣用着啞……」

「四娃是讓別個估到……有啥子那些費嘛！」鄰老太婆立刻着急起來，嘴唇抖顫着：「這口氣硬是……」

「這年辰硬說不得，當話道無事世人親，有事兄弟急，如今可家門也不顧家門嘍！」一個突牙齒的女人說，搖着頭，慨嘆這艱險的世道，「大前年子，我們都沒領到那個費。四娃那陣子，慢說沒得，當眞有，又幾個錢嘛！記得這麼牢，五六年都還沒搞忘。」

「保長也喊不見人，」乾瘦老頭子又接着說，「他，他說跟到就要去城裏開會。他們沒得那項規定，他說他沒辦法，說一百錢都拿不出。」

鄰老太婆聽老頭子說完，就不禁把上牙扣在下嘴唇皮上，眼睛睜得很大，凝呆呆的，而且彷彿眼光要凝結住一樣，讓人從那裏看出一些可怕的東西。

另外一個人湊上去，對乾瘦的老頭子說些我沒有聽清的話，意思好像在說猪已經牽去賣了。

這時，就有個極矮而跛脚的人跑來，氣喘吁吁地說：

「豬兒賣啦，他說那板說錢還差，喊，喊在屋頭找些料子，木料。」

鄒老太婆嘴巴張得很大，聽完了矮子的話，好像終於抑止不住自己，便一陣風似地飄進屋去哀訴起來：

「爲啥子你走了，不喊我一路去呀！你死得倒撇脫，丟下我孤老婆子咱個活喲！……」

小女孩先是呆呆地看大人在說話，看見祖母跑進屋去，就立刻哇地一聲叫起來，跟進去。幾個婦人也趕忙走去勸。

最後還是乾瘦的老頭子和幾個人决定，把這家惟一的一塊門板拆下來，那個矮傢伙就背起向鎭裏走去，一面回過頭來說：

「跟到就備好，一下就送來。」

乾瘦的老頭子向那些人嘰咕了一些話，我猜想大概是說應找個人去通知這女人的母家，但看有一個人的樣子好像說那死人的母家沒有人，又說七十里，八十里的一類話，別人也吵嚷着，又好像已經有人去報信了。

老太婆又被人攙出，小女孩跟在後面。餘外的人把帶來的有限的一點紙錢焚化了，紙灰在風裏不住地迴旋着。

我不忍再看下去，瞥一眼掛在那門上的小黑牌，就下樓走出去了。

當下午回來時，死者已經裝殮好，正要抬起來去埋葬。

棺材的手工極粗糙，材料不一樣，顏色不一樣，顯然是勉强擯湊起來的。我懷疑那可憐的女人那麽大的肚子怎能塞進這個小方匣呢。從這小方匣的一面，人們很容易辨認出就是那矮傢伙剛才拿去的木板，木匠師傅連鉋一鉋都吝嗇。那上面，昔年過春節時貼的對聯還一塊一塊地殘留着，像人的汚舊斑斑的血跡。

送葬的儀仗是簡單的，沒有香火，也沒有祭奠，沒有吹鼓手在奏着葬曲，沒有一個紙紮的燒活。棺材上放着兩把鍬，放着少得可憐的香紙和臘燭。兩個人抬着。後面跟着自己的親人，和幾位善心的隣居。老太婆沒有流眼淚，小女孩也沒有哭，緊拉着祖母的衣襟，因爲趕不上前邊的速度，兩個小脚片不停地匆忙地走着。她的白孝巾，像兩個飄帶，被風吹拂着，不住地抖動着。

太陽的光很弱，輕輕地描着他們的影子，凝視着這送葬的行列走向遠處的山頭。

之後，這屋子裏便只有兩個女人在生活了。其它的一切都好像沒有變，只是先前用木頭做的門板，此刻却換了一個竹條編成的。老太婆和小女孩更見瘦弱了，小女孩臉色更蒼白，分外顯得沉默，總是怯生生的。天氣已經漸漸冷了，她還光着脚片。老女人也不像先前那樣硬朗和愛說話了。同她談話，她也只是搖頭，嘆氣或苦笑。我很慚愧，對她沒有甚麽實際幫助，無謂的閒談，反會勾引起她的悲哀，就也很少跟她講話。

這之間，我曾到另外的一些人家去閒走，偶而也談起鄒家的事。

「你那天做啥子不去幫下子忙，街坊隣右的。」當那塌鼻子老太婆說起那件事時，我首先問她。

但她並不回答我的問話，裝做耳聾的樣子，或也許她眞沒有聽淸，只顧啥呀嗡地說：

「可不是造孽呢，該是？你老師？我說是怪胎嘛，兒子不見嘍，老的也死嘍，兒媳婦也死嘍，一件一件……菩薩的眼睛是……」

我不好說什麼，走開了。

一天，我檢出了兩件不能穿的舊衣服，送給鄒老太婆。因爲看她孫女雖然在寒天還穿着破單衣裳，就叫他拿去縫縫剪剪，給那女孩穿。

老太婆極力地拒絕着，並且說她孫女不怕冷，好久之後才收下。

問了問她生活怎樣。

她苦笑一下，說都還要得。

「不怕你老師笑，別個都說我們鄒家造了孽，可造了啥子孽呢？可你說沒造孽，咱個又『湯』着這麽多的事，硬是想不通。……小年子，把這兩件衣服拿去，這是老師給的。」她說着，悽苦地笑着，把衣服遞給了孫女，「也怕是前生造了孽吧？唉！這些事哇！……她老漢，她公公都是本份人，做過啥子孽呢？她公公就是氣大，前年子還不是氣痛害病死的。他年輕時——我們屋頭先前過得都算要得——爲了啥子稅的事，一個旱天，跟別個和一些紳粮扯過，這怕是犯上，可，可這也不是傷天害理的事，做啥子我們要遭惡刼？」

她這樣向我叨叨着。她的本是綯摺很多的嘴不停地痙攣着。眼睛深陷下去，臉只是一張單薄而枯乾的皮包着骨頭而已。從她的眉頭，眼睛和聲音，看出她內心是非常苦痛的。她知道有些隣人把她當成有罪孽的人看，而不知道她內心的痛苦，但她無法向那些人去辯解這「不白之寃」。

我雖然盡力勸慰她不要總想這些事，她也點着頭。但看得出她並沒有十分相信。

過了不久，那小草屋旁的一些樹，已完全脫落盡了葉子，灰枯的樹枝像一面網籠罩住草屋上面的一角天空。那株苦楝子樹也挺着瘦弱的枝條，沒有一片葉子，只單調地掛着一嘟嚕一嘟嚕的白色的苦果，在風中寂寞地微抖着。

一個晚上，老太婆跟我借繩子，我當時就把一條捆行李的繩子從窗口丟給她。但到夜裏，我一想，便深怪自己的疏忽。她爲什麼無緣無故借繩子，而我就借給她，她這不是要拿去尋死嗎？假如眞這樣，那簡直是我殺了她。那夜，我簡直沒有睡好，幾次打算下樓到後面要回那條繩子，之後，又決定只要等到一有奇異的聲動從下邊的小屋發出，就立刻去看，並使自己盡量警醒，不睡得太熟。

但幸而第二天起來，一切仍然照舊，鄒老太婆並沒有自殺。於是我便責備自己的多疑，對自己的神經過敏，不覺好笑起來。鄒老太婆即使眞要自殺，也不會向我借繩子的，而且不管怎樣窮，不會連一條索子也找不到。

這一天，老太婆把草屋前打整得很乾淨，她的衣服還是那一件，但可以看出經過修整的樣子。頭髮也攏得很光平，小女孩也被她收拾得很乾淨。而且還燒了幾炷香敬菩薩。那天，她們在門前吃飯時，我看到除掉紅苕稀飯和照例的辣椒之外，還特別多了一樣蘿蔔泡菜。只是老太婆並不大吃飯，時時停下來好像在思索甚麼重大的事情一樣。

我想她也許遇到甚麼喜事啦吧！不過她的臉上並看不到喜色，反倒很陰鬱，眉頭也縐在一起。……但我沒有仔細去看，也沒有用心想，因爲是時我正有幾十本卷子等着要改完。

晚上，小草屋內例外地露出燈光，往常，因爲買不起油，每晚上她們的屋子總是黑漆漆的。今天，外邊門上還扦插着幾炷燃着的香火。

當我躺在床上時，聽到屋裏老太婆在講話，哭哭啼啼地，像跟另一人訴說的樣子，喊着很多的人名，我猜想大概在叫她的丈夫，兒子和兒媳。之後，聲音又非常低沉，不容易聽見，如同在自語。有時又高一點，勉强可以聽清「保長」「優待」這些字。一會兒，黯弱的斜射在我的窗子上的燈光沒有了。但訴說的聲音仍然在繼續，而接着就聽到小女孩緊張而恐懼地尖聲哭起來，好聽有鬼怪在身後追趕着她一樣。

但那夜我實在太倦乏，而天氣又很冷，不久便睡熟了。只記得好像在睡中還模糊聽見「婆婆不離開你，跟你在一起。」這些話，大概是鄒老太婆對小年子說的。

清晨，我起床後，忽然記起昨夜小屋內的怪異的舉動，便立刻打開窗子去看，老太婆和小女孩早已起來，一顆不安的心才放平靜下去。第三天，老太婆把繩子還給我了。

舊歷十月初一，或者是學校舉行第二次月考時，我記不清了，只記得那天本地的風俗是牛王菩薩的誕辰，做莊稼活路的人都到本鎮外一個大廟去祝祭。我一人到野外散步，順便轉到鄒家去，老太婆很高興，我看得出這是正常的歡喜，不是異樣的興奮。

「老師，聽別個說仗要打完了，她老漢不是要轉來嗎？」她劈頭就問。「老師是讀書人，你曉得的，別個都那麼說嘛。」

接着她就搬來一個矮竹凳，用她的衣袖抹了一下，又很仔細地擦着，請我坐在那上面。

我怎樣回答她呢？這是從哪兒得來的消息呢？是別人有意騙她，還是看她可憐，故意這樣安慰她？

她在認眞地高興着，含着笑，眼睛裏又煥發出從前那種有力的光彩，那裏面包着眼淚，看樣子立刻就要歡喜得流出來。她盯盯地看着我，盯盯地凝視着我的嘴，期待着回答。又一面好像很抱歉：沒有甚麼好的招待，來款待我這位貴客。

「對的，對的！就快要打完了，要勝利了，你兒子總會回來的。」我只得這樣說着，但又感覺這未免太空虛，太渺茫，就又加上說，「她爸爸，她老漢跟到就要轉來了。」

說着我就指她的孫女，這孩子今天也分外顯得有精神，顯得高興，緊緊地握着祖母的衣襟。她已經穿起一件小襖，正是我前次給她的草綠色制服改成的，脚上拖着一雙肥大的爛鞋。因爲營養不良，天天吃紅苕和包穀，不消化，所以臉上有一層薄膜，都龜裂開了，但現在却顯得很紅潤。

「前些日子我尋死的心也硬有過的，不怕你老師笑，屋頭沒得一個男人，老的老，小的小，吃啥子過活嘛？」她張開嘴笑，很悽然，「唉！可咱個死嘛？讓這娃兒一路嘛，也太造孽，自已造下的罪，做啥子叫小的一輩也去替死。把她丟下，我一個人去死吧？唉！也都……不怕你老師笑，這都是過去的事嘍。」說着就用手撫摸她孫女的髮絲，「看，也不怕老師笑，還跟小娃樣，貼得這麽緊。」

「哦，哦！慢慢過吧，你老大娘硬不容易哇！日子總會好起來的。」我說着，不自覺地低下頭去，感到有一絲慚愧襲到心上。我這不是完全在欺騙人，而且在做着幫兇的勾當嗎？

「硬是呀，兩手握不攏四拳頭，還容易？這陣嘛，對，對！借你的吉言，但望像老師說的呢！只求菩薩保佑多活些日子，等她老漢轉來，——我只這一個兒——我把這娃兒交跟他，也算對得起他啦。熬吧！熬——吧！」

接着眼裏就流下兩滴淚水，一面向遠方凝視着，含着無限的期待，也好像在極虔誠地向上蒼禱告一樣。

這以後，我們很久沒有談話，甚至很少看到老太婆。我在學校上課，她們祖孫兩個大概在外面做活路，整天都不在家。

是一個場期，我又到街上去溜。在一個叫做郭知機的卦攤那兒看到鄰老太婆。郭知機正在比比劃劃向她說着話，看情形，她一定在占問她的兒子甚麽時候可以回來。臉色很憂悽，好像剛流過眼淚不久。正如同一般鄉下女人似的，在卦攤上，向相士坦白地傾訴自己的歷史，而接着又恭聆着相士的批評和指示，誠懇地流出悲嘆命運的眼水，也誠懇地淌下感激指引的淚滴。

我本打算上前跟她招呼一下，但被一位同事叫住，走到一個茶館的前面談了些話，等到回來，看見老太婆手裏拿着一封信，郭知機正把筆放在筆插上，一面說着話，因爲人聲嘈雜，聽不十分眞切。老太婆臉上露出了微笑，燃起無限的希望，頭不住地點着，很愼重地從衣服裏掏出一個小破藍布包，一隻粗糙的老手像風裏的樹葉似地抖顫着。

從那以後，老太婆突然年靑了許多，好像添上了活力，眼裏又射出了先前所當有的那種有力而生動的目光。不停地工作着，紡線，編草鞋，砍茅草趕場時到鎭上去賣，替火炮鋪子按炮芯子，到學校裏給住校的學生洗衣服。靠她自己和小年子，在門前那一小片扯過了紅苕的地上，也種下了一滴點胡豆和麥子。這是她們僅有的指望，我是很淸楚的，她們的紅苕和包穀只能勉强吃到今冬，明年要指望這一丁點的麥子，是靠不上的。但老太婆却特別高興，當撒完了最後一粒種子，直起腰幹，拍着手上的土，在冬天的陽光下，顫巍巍地搖動着她蒼老的身影，向遠處展望着，看得出她對未來寄託多麽沉重的希望啊！

一天的中午，是一個冬日的晴天，我打開窗子，看着她和她的孫女正在給鎭上的店鋪纏臘燭芯子。那是本地用來敬神的臘，分幾種，最小的叫「蹅頭臘」，稍大的，叫「一通宵」或「二通宵」。在長短不等的竹棍棍上面，纏上燈心草，然後送給店家蘸臘的。

「老師，我給她老漢打啦一封信，求占卦先生寫的，他說收得到的。他說她老漢要陞啥子長的，跟到就要轉來啦！」她一面說，一面理出一根燈心草往竹棍上纏着。

「要得嘛，恭喜！」我說，「可你爲啥子不找我寫信呢？三天再寫信，找我吧，莫又去找占卦的，還要花錢。」

「對，對，要得。就是怕老師太忙。……恭啥子喜，我們寒苦人也沒得啥子妄想，當啥子長，這些年不通消息，曉得人……唉！只要有信，曉得他還在，能早點轉來就要得嘍！還希罕他當啥子長哪！」她這樣跟我叨着非常興奮，眼睛裏射出渴望的目光，但又顯得很幸福很安祥，一邊還忘不掉她手裏的活路。

在夜間因爲點不起燈，她們睡得很早。但在有月亮的晚上，她甚至不怕冷，在外面月亮地下紡線，直到夜深很久還聽到紡車吱啞啞地在嗡嗚着。

我深怕她這樣會累倒的，假如她眞害了病，那就一點辦法也沒有了。果眞，不久，我便漸漸聽到她在咳嗽。白天看到她的時候，頭上緊緊纏着一塊黑布帕子。也再聽不到紡車的嗡嗚的聲響。

不知道她是否曾躺過幾天，但有一天她跑到樓上來找我，仍然緊緊地包着帕子，臉色汚暗無光。看模樣比先前更瘦得多，咳嗽也並沒有好，但精神却仍然不見怎樣衰頽。在她經過這鋪子的店門時，曾和鋪子裏的人吵過，原因是那些人不准她這「乞婆」進來。她手裏提着一個深藍色的破蔴布包，剛走完最後一級樓梯，邊咳嗽邊就說：

「老師，又來麻煩你，本來已經給她老漢打過一封信，多少天都不見回信，怕我兒收不到，想麻煩老師再寫封，喊他轉來就快轉來，莫再在路上就擱！」

她站着說，把提來的包放在地上，用手摸着另一隻手，顯得很拘束，讓她坐下，她不坐，爭了很久，就又連連地咳嗽起來，像要把心裏的甚麼嘔吐出來一樣。坐下了，只是用身體貼着凳子的一點邊。

我自然答應了她的請託。

「老師要得閒，這陣就寫，我跟到去買信殼子去。」說着就站起來，做出要下樓的樣子。

我把她攔住，告訴她我這裏信紙信封甚麼都全，不需要再去買。

接着她從懷裏摸出一個白布包，手微微地抖顫着，很仔細地一層層地打開來，顯得那麼珍惜。解開繩子最後一層是條土產的毛巾，上面印着四個紅字：「抗屬之光」——是某年過春節時別人贈送她的慰勞品——毛巾沒有用過，但特別骯髒，看出曾被撫摸，展視過無數遍的。裏面包着四封信，還有一張較硬的紙，好像是甚麼執照。這些，記得前次在卦攤上，我彷彿也見過。

這些東西都很破爛，都很老朽，上面有些字跡都不大清晰，用我們鄉裏的話來形容，這些東西爛得都可以「熬湯」了。這些信都如同市面上所流通的被千人摸過，萬人數過的鈔票一樣。信封上都寫「鄒安有」的名字，猜想大概就是老太婆已死的丈夫。

「我的娃兒不識黑（字），」她非常珍貴而鄭重地一封一封地遞給我，「這信，都是央別個替寫的。」

她弄不清究竟哪張信是寫着哪一類的話，先前爲她讀信人的解釋，她都記得爛熟。她叨叨地親切地向我背誦出一封封的內容，如同對別人敍述她兒子親口對她說的話。

其中有一封，裏面的一張是寫給那得臌症而死的妻子的。信和那幾封一樣，別字很多，字跡歪斜。開頭寫着「賢妹粧次」，下面屬「良人」，中間寫着「不能共夫妻之樂」，「但爲國……」等等，又希望妻子「帶爲供待雙親」。我覺得這代筆的人倒是滿有風趣的。然而展視這張紙，只有令人悽然，誰料到那可憐的妻子早已不在人間了。

另外那張好像執照的東西，是一件甚麼證明書，上面字跡模糊，但如果仔細看，還可認出是寫着這樣的話的：「……家屬應得享受優待……條例所規定之一切權利，特此證明，以誌榮譽，並昭激勵……」以及「年發……」，「按季……」，「無力延醫者……」，「無力掩埋者……」，「保障……」，「免除繳納……」等等工整的楷體字樣。

就是這樣的一張東西，我本來有很多話，但我沒有說，也無法說，便把這個東西摺好放在桌上，又重拿起那些信。

我懷疑，也可以說斷定那占卦先生曾騙過這個老太婆，相信那由郭知機代寫的信是一定收不到的。不知郭知機在信封上的地址是怎樣寫的，我是一點辦法也沒有。四封信有三封是從本省發出的，那都是前五年的信，只有一封是從火線上寄來的，時間比前三封晚了一年多，但那地方如今早已失陷了很久。而且地址上有些字跡也無法辨認。

「你的兒這陣子在啥地方呢？」我提起筆很躊躇地問她，「信殼子上寫啥子地方嗎？」

「你老師看到寫嘛，隨便寫，這四封信上說得有地址。」

我不便再細問，只好硬着頭皮舖開信紙。

她又不停地咳嗽着，重複在占卦先生處的那一套。一面告訴我要我在信裏寫的話，一面傾訴起她自己的身世，幾幾乎乎像一篇自傳一樣。而且用袖子揩着鼻涕和淚水，弄得我只有盡力抑止住自己的情感，才沒有陪着她流下眼淚。

「唉！說着說着搞忘了，在老師面前哭起來。唉！他老子死了，他還不曉得，前次占卦先生寫的信裏，我告訴他，他老子死啦。誰料到，他走時，他老子還硬朗，二天轉來人却不在了。……你老師看，告不告訴他，還有，他婆娘死了，喊不喊他曉得？」她等着我回答，接着醒了一下鼻子，把腰幹直起來，好像做了一個決定說，「唉！還是不喊他曉得吧。上次，我後悔把他老子不在的話告訴他，——也許那信打不攏。莫再喊他曉得啦，都不告訴，免得他在路上着急。」

我只有點頭，一面把寫好的信念跟她聽，並且向她講解。

「要得，要得。告訴他，屋頭大人娃兒都很好，他的娃兒也好。唉！小年子，她老漢出去時才三歲，這陣子，到今年這月二十幾滿九歲了。」

她雖然不認識字，但却盯盯地看着我寫的信，如同信紙就是她的兒子，她親切地向他說訴着。眼睛射出無比的母親的慈祥，「告他屋頭好，紅苕扯過了，又種了麥子，胡豆，……再有屋頭的豬都賣沒得了，給他婆娘看醫生，買棺材，——不，不！這不要寫啦。」

我總算耐着心把這封信寫好，把一顆母親的心，母親的渴念，母親的希望寫進去，而且也費了很大的心計把信封寫好，猜度着那隊伍可能在哪兒，寫了幾個地名，並標示着「探投」的字樣。然而我這豈不是在做着騙人的事嗎，在延長着這老女人的痛苦，麻痺她對現實的認識，我在做着殺人的勾當，害兒的勾當，我深怕這美麗的紙糊的希望一旦破滅時，會給她添來更多的痛苦，那都是要由我來負責的。

她把擺在樓板上的深藍色破蔴布包打開，裏面放着三個又肥又大洗刷得很好的生紅苕。

「謝謝老師，老師待我們太、太好嘍，菩薩保佑！老師做好事了。」她雙手捧着紅苕送到我的面前，老臉上的皮膚在顫抖着，這裏有說不出的眞誠的感激，但我也從她的眼裏看出羞愧，羞愧她的禮物竟這樣菲薄，「唉，這本是不好拿出的，本是我們寒苦人吃的東西，給老師嚐嚐新，嚐嚐土味，莫嫌棄，……？等我娃兒轉來了，再，再喊他給老師道謝！」

我接受了，我奇怪我的手竟也戰抖起來，我雙手捧過來，像捧過幾個沉重的鉛塊，我的心更沉重了。這面前站着的不是我的母親，或祖母嗎？啊！中國的母親們啊！我的眼窩潮溼了，但我抑止住自己。把這喊着千恩萬謝的老太婆送下樓去。信，我給她貼上郵票，告訴她投到本鎭的郵寄代辦所，就是那門口掛着綠箱子的。

「唉！老師做好事嘍。說的話，爲國效力也是對的，該當的，該當的！唉，就是屋頭沒得辦法。」她還叨叨着，站在樓梯口上攔住我，「仗打完了，跟到就轉來吧！哎，莫送，莫送啦！」

那以後，鄒老太婆精神極健旺，只是咳嗽還沒有好。那小女孩也更顯得羸瘦着黃。有太陽的日子，就坐在門前勾倒頭，胸脯一起一伏地喘着氣，她祖母問她話，她也不願說。

冬天的日子很快地過去了，大概到陰歷十一月廿幾吧。我記起前次老太婆說的那小女孩的生日，也不確切曉得是哪一天，總之是這幾天不成問題，也正趕上學校裏發下薪，便買了二斤機器麵，半斤肉，因爲看她們每天乾吃紅苕，就又買二斤鹽一切送給她們。同時做前次她送我紅苕的回禮，也算給那小女孩過生日。一共花了不到三百元，我慚愧我不能能出更多的錢，也只能用這點微薄的禮物表示我對這位母親，這個家庭的敬意。那天，小女孩破例地大聲叫我「老師」，小眼睛盯盯地看着肉，但我遞給她，她還是怯生生地不敢拿。……

下午，因爲昨夜貪看了幾頁書，睡得很遲，正趕上沒有課便打算躺在床上休息休息，就聽着下邊小草屋裏發出不平常的鬧聲。

鄒老太婆在哭訴着，糢糊地聽得見「保長」，「沒辦法」，「窮」，甚至「我們只有不活着」這些話。而另外是一個中年男人的很粗壯的聲音，先很和緩，之後非常嚴厲，叫着甚麼「拆房子」的話。但最後又好像沒有辦法，在歎着氣，我只聽到這個聲音在連連地重複着一句話：「那是一保的事，沒得哪個不攤的，……經常費，管你是啥子……」

小女孩在低聲地啜泣着，老太婆先是哭鬧，繼後便哀告着，這以外還有另外的男人的話聲，而最後又是那粗喉嚨大聲地喊了一句「機器麵……」意思好像說：「你有錢吃麵，爲啥子不繳……」

我的一顆心又深深地不安起來，料不到我可憐巴巴地爲那久沒營養的孩子買一星半點的麵條，也變成吃人者的口實了。

幸而吵嚷了一陣，當我下床開窗子時，正看見那些人已經走出，其中一個穿土布長衫，左胳臂上纏着寫有「公所」字樣的布條；肩上背着槍。另外一個四十幾歲，戴瓜皮帽的人，就是很久前，我在小茶館見過的。他走在後面，一邊轉過頭來粗聲粗氣地說：

「莫亂扯，快生辦法，下一場還要來收的。」

但幸好，第二天，第三天，以後，也再沒有聽到像這類的吵聲，也沒有看到那一夥人再來過。我想，大概他們看到這窮老婆子恐怕也眞榨不出油來，所以便只好做算了。

看看一幌兒就要到陰歷的新年，天氣一天比一天冷，每早上都是沉重的霧，滿地面滿屋頂都凝着霜，直到中午，霜才化完，霧才散完。風很有勁地吹着，太陽總是無精打采地蹲在天空上。

學校裏已經放寒假幾天了，大多數的同學和同事，都紛紛地走了，回家了。只有像我這樣單身漢依然住在這兒，每天既沒有課，也不用改卷子，一閒下來，就反倒顯得寂寞，尤其在這樣歲暮天寒的時候。而這裏可談的人又很少，如果自己到小酒館買點花生米，喝它一小泥壺酒，固然可以略略排遣一下愁悶，但久了也就沒有意思。因而便想起了遠地的朋友，盼他們的信，希望聽到他們的聲音。

這小鎭只有一個郵寄代辦所，沒有送信的郵差，先前學校裏的信，都是由校役代取。但因爲寒假，校役也常常懶得不去拿信，便往往自己跑去看。

那天霧散得很快，太陽早就很明亮了。早飯後便去看信，郵寄代辦所距我的住處是並不太遠的。

但今天，擺在郵寄代辦所那張大櫃台上的信很少，不管怎樣翻，也看不到寫有我的名字的信。我完全失望了。直到最後，卻無意中發現了寫着「鄰老先生安有收」的信，這名字我是熟習的，前次我已知道，這就是老太婆死去的丈夫。

我的心高興得幾乎跳起來，這高興超過我得到我自己的信時的歡喜。我想，老太婆的兒子寄到回信了。看一看，雖然下面的地址。是蓋着一個隊伍的長條的紅戳，並不是我前次寫信探投猜想的那個地方，但上面的地址保甲號數是很確切的，就是那老太婆住着的小草屋，那我最熟習的地方，那門口掛着一小塊黑牌的人家。

我決定立刻就拿給老太婆。但想了一想，還是先回到自己的住所，等我先看完，從窗口喊鄰老太婆，再唸給她聽，也是一樣的。

陽光正照在我的屋子裏，我很高興，心跳着，一刻也不顧意延遲，急切地抽出信，匆匆地看了一遍。……

外面，我的窗下，在小草屋的門前，老太婆和她的孫女正在晒太陽，她在紡線，小女孩坐在她旁邊搓着棉花捲。

今天是一個稀有的冬日的晴天，鄰家傳來了嘹亮的鷄啼，地面上滿舖着溫暖而愉快的陽光。她們不再像往日那樣瑟縮着，而顯得很愉悅，很舒適。小女孩的頭髮在陽光下閃着晶亮的光澤，平常蒼白的兩頰也被太陽的手微塗上一層紅暈。老太婆很安祥，不時地，向小孫女射出愛憐的目光。望着自己面前那一小片田地，——此刻，麥子和胡豆已經油綠油綠長得很高了。眼裏煥發出明亮的光采，不像一個衰弱的連遭打擊的老人所能有的，對未來的生活很自信，充滿了無限的希望和期待。

我又一次地瞥着那懸掛在低矮而傾斜欲倒的茅草屋門上的黑色的木牌。

那一天，我整日沒有出屋，沒有吃晚飯，天一會便黑下來了，而且起了風。

雖然昨天收到學校一個通知，是奉令召集留校員生開會，討論組織寒假鄉村兵役宣傳隊的事，但我連一點去的意思也沒有。

我的心很沉重，全身一絲力量也沒有，連握着那封寫有「令郎身染重病，因乏醫治，現已亡故。」的信，也感到非常地吃力。

一九四四年十一月十八日

「兩全」以外

張禹

江西田糧處長程懋型在督催軍糧的時候，自殺了。據前線日報（洪都近訊）所載，先後有兩節「史料」，足資參考。

其一爲糧食部長徐堪的電令，曰：「誤國之罪，實在可逭，希轉知戴罪圖功。」

其二、便是程懋型的絕筆書，曰：「國家的需要，人民的痛苦，事難兩全，本人既不能達成任務，惟有一死以報國家，以謝人民。」

「國家（？）的需要，竟然出奇的與人民的痛苦」不能「兩全」，事雖費解，卻已公然存在。在「忠孝兩全」的時候，一死以報，實在比掛冠而去的人更負責任，也更忠直可愛。而死在「戴罪圖功」之時，「誤國之罪」，當已不道而逭的了。但人民在被「謝」之後，大約是不會有什麼好處的。

因爲，「國家」據說是「至上」的（其實「至上」之上，還有一個黨的「太上」），至上是無可比擬的意思，自然也沒有什麼可以對立，人民何物，何必一定求其「兩全」？要不然，所謂「人民的痛苦」近來已經表現無遺，而負有治國「責任的人何以還曰「××××再說」的堅決主張呢？這一點，是程懋型所不能了解的，自然也便是在諸多糧官救國有功、公私兩適的時候也要單獨自殺的原因。

「明季北略」中有一段記載「人相食，草根俱盡，土寇並起」的河南義封府事：

「時頻年旱飢，邑令宋某催科不息，百姓苦之。（李）巖進言，勸宋暫休微比，設法賑濟。宋令曰「湯閣部（指兵部楊嗣昌）飛檄雨下，若不微比，將何以應？至於賑濟飢民，本縣錢糧匱乏，止有分派富戶耳。」

這一位邑令的宏論，對於已經救國有功公私兩適的英雄，不過先得吾心，並沒有什麼了不起，而對於程氏的繼任人等，卻足資借鏡，得免於死，大有裨益。——而不幸，賢邑令的作風卻引起「百姓共怒」，而「赴縣殺宋」，流寇蠭起，民間「望寇劉兵」（郭沫若：甲申三百年祭語），致使坐寇——明社稷終於崩潰。難於獨全。

鳴呼！言實在是一個可悲的年代，不獨程懋型之流，也不僅是人民，卽使打官話的大人，「至上」的「國家」，以及太上的黨，也到了可悲的窘境。

四六，五，廿九。弱水村

咦，美國！

綠原

不要——
不要放肆，
不要
忘記了
這是中國！
聽見了嗎，
山姆大叔？
這是
中國，
不要把
中國
當做
東方的
西班牙！
None of your business，
親愛的先生！
在太陽底下
掩不住什麼
陰謀：
從華盛頓　從白宮
從紐約　從skyscrapers
從支加哥　從寫字台
從波士頓　從無線電會議
我聽見
慢吞吞的
意見，
和嘁嘁喳喳的
討論，
和迅速的
進行；
我聽見
摩根們
梅隆們
福特們
洛克菲勒們
那六十名
彪形大漢
赤裸着
肥胖的
肉體
跳進了
巴拿馬運河
在橫渡
大西洋
和
太平洋；
在上海　在北平
在青島　在長春
在重慶
在成都
在昆明
我親眼看見
你
——帝國主義者
把
輪船
開進了
我們底
寬闊的
港口，
並且
開着
吉普
在
我們底
公路上
旋風似地
刮過，
並且
在飛機上
用砲彈　火藥　汽油
填補着
我們底
千瘡百孔的

土地，
——擾昏了
我們底
青空！

你
叫你底軍隊
在中國
喝醉了
（歪歪斜斜地
拿着酒瓶——）
如入無人之境，

你
叫他們
醒了之後
匆匆忙忙地
到
中國底
砲火的劇場
去做
舞台監督——

Don't try to be smart，
親愛的先生！
且慢
用繁星和條紋
點綴着
你底
白種驕傲吧，
且慢

闖進
菲律賓底
鄰居！

親愛的先生，
入境問俗吧：
把
嬰兒
和
汚水
一同潑掉
是
不划算的，
你底胃
並不
健康，
不管
你底牙齒
再尖，再尖……
那麼，
請嘗嘗
中國底
胡桃！

你
不要
把
林語堂底「瞬息京華」
不要

把
熊式一底「紅鬃烈馬」
來作
望遠鏡，
不要
看錯了
中國！

不要
被
那些
俯首貼耳地
在你底牛油 果醬里
寄生的
中國肉蟲們底
嬌滴滴的
羞答答的
花言巧語
灌昏了——

你會後悔的，
親愛的先生！

從前
吳佩孚
段祺瑞
那些買辦們
所不能辦好的，
今天
在你底
租借法案下面

哨骨頭的
這些木偶們
也一樣
不能辦好！
也一樣是
廢料！
它們永遠賣不了
中國！
美孚油
不能
淹沒
中國，
花旗橘子
不能
叫
全中國
稱讚，
別以為
一塊美金
值
法幣兩千元，
中國人
（聽清楚，是
中國人呀！）
不怕
窮！
秋中國 [illegible]

處女地，
只要
人民
不死……
中國人
一定要活在
自己底
理想里，
——誰也
沒有辦法
制止的！
告訴你，
中國
沒有維他命
沒有血清
沒有紫外線
我們
（中國人）
單憑
一條命 一顆最後的抗毒素
和
日本人
講過價錢，
告訴你，
中國人
——我們，yours truly
也單憑 [illegible]

回答
你底
不識相的
"How much?"
中國
沒有
你底
生意！
中國人
決不會
被你收買！
決不會！
決不會！
決不會！
叫
杜魯門們
——那些偽君子
少
口是心非吧，
叫
赫爾利們 魏德邁們
——那些戰爭掮客
少
賣關子吧，
叫
麥克阿瑟 [illegible]

在日本
要花槍，
讓全世界
都知道
你們
在中國
的
第二個節目：
中國
有一半
沒有腐爛，
有一半
會燙傷
你底指頭
記住，
在中國
一個火伕
會對你
說：
「我發誓，
憑了
這一枝槍——
你們
一定不能
再來了！」
「開槍吧，
要是

打倒了
我一個，
就會有
十個
起來
代替
我！」
親愛的先生，
你知道
自由
是
一種習慣，
我
——一個中國人
聽過羅斯福底廣播
讀過惠特曼底詩
也曉得林肯　傑弗遜　華盛頓
敢以
這種習慣
向人類
保證：
今天
誰要是
侵犯了
這些光輝的預言，
誰就會
被這預言
咒死！

瞧吧，
有一天，
早晨起來，
你會忽然發覺
沒有
牛奶
沒有
報紙
沒有
汽爐　電燈
沒有
電鈴　電話　電報
沒有
街車　火車　飛機
沒有烟子
從
烟突
冒出來，
沒有鑰匙
打開
辦公室底
門
沒有一切！
你會
驚惶失措地
打開
華爾街底

窗子，
望着
潮水似的
罷工底
力的漩渦
轉動着
一大股
一大股
一大股的
人羣
輕蔑地
把手插在褲袋裏
走過去
走過去
走過去
最後，
你會
癱瘓在
睡衣同拖鞋裏，
啣着
最後一支雪茄
不覺痙攣起來：
那里
遠遠地
在太平洋底東岸，
中國底兄弟們
蓬首垢面地
向
美國底兄弟們
招手高呼！

一九四六，六，二〇。

「王氣」的寒流

張禹

奴才羣中唯一有「遠見」而且巧妙的工作，是努力抬高主子的地位，因而奴才自身也便按照等比抬高了起來，（自然也有因「功績」而特別邀賞的）。陳橋兵變中，趙匡胤便是這麼被捧爲皇帝的；連狂野成性的李逵也不能釋然於「大宋皇帝」「小宋皇帝」。

做慣了奴才的人，離不了主子，所謂「君辱臣死」；而反之，也只有主子萬壽無疆的時候，可以平安食祿，主子晉爵的時候，可以多得一點油水。

這是奴才的正宗。

證之事實，有「獻金鼎以爲大王壽」的，自然也有些瀝情勸進的表奏。即在公開發表的文字裏，也不難略見端倪。

「長江的水，不斷的向東流去，蔣山的雲，終年繞着峯樹質飛（？——張），金陵的王氣，誰能使她長久中斷的？……只爲着日本軍閥入寇，『江南（該爲「金陵」之誤——張）王氣黯然收』……最後勝利眞屬於我了，金陵的王氣又在向我們招手。」（南京版和平日報，黃假我：勝利帶我進京來。）

勝而不利的慘勝，匆匆的好幾個月了，「金陵的王氣又在向我們招手」了嗎？這個我們至少是不包括老百姓的；最後勝利屬於「我」，而空前災難屬於老百姓，「招手」的只有更大的晦氣。

然而，把「我們」的內容減去廣大的老百姓之後，這認識却是可以成立的，西幸之後，「黯然收」了一陣，如今，該是「天旋地轉回龍馭」的時候，爲「我們」着想，「王氣」是亟須蓬勃起來的，「誰能使她長久中斷」嗎？好！給汝美式武器。

前些日子，有過惶惶然的「勤王會議」，更有些慷慨激昂涕泗縱橫的「民意」，一萬萬元代價的牌樓，××萬張三呼萬歲的嘴巴，「金陵的王氣」，已經發揮得足以令人駭倒；加以「長江的水」，「蔣山的雲」，盡爲「王氣」而獻身，只少一個「天文學家」來證明「紫微星」已大放異彩，就可以龍翔鳳舞，百鳥來朝了。懿歟盛哉，好一個「王氣」也！

好一個「王氣」公司，好一羣「王氣廣播員」！可惜我們還無從獲悉：如此爲「王氣」所鍾的王朝，是否將如始皇帝呂政想得那麼長遠？

——我們，就活在「王氣」的寒流中。

四六、五、廿九、弱水村

雜文

雨夜談龍

白君勺

空山夜雨中，被蚊子咬得睡不着，忽念聽雨也是雅事，何不借此機會實驗一番呢，乃毅然推被揭帳而起，穿上長褲，點起蚊煙，坐到窗下來聽。雨中有雷，雷與電俱，故不但可聽，且又可看。罔察諸夫在「懸岩」中嘲笑他的那位英雄，說他駕着馬車，羅曼蒂克的跑到山谷裏欣賞雷雨，弄得狼狽恐怖而歸，終於乃自認了，還是坐在家裏隔着窗子看出去，比較妥當，也比較適意些。我現在是「迎頭趕上」，一開始就採取他後來的辦法，狼狽恐怖當然不會的了，儘有的是適意與妥當，於是放心雅下去。

因爲能雅，一面也就很感謝使我能雅的人。這是誰呢？希臘神話中，是哪一位尊神掌管下雨，有沒有這樣一位尊神，我都不知道。現在新派的鴻儒碩學，都是言必稱希臘的，提到這一層的想必不少，可惜平時不曾留心，現在着急，也奈何不得。

至於中國的，要詳加考索，材料也未必不多，以我之淺陋，也還是未敢輕試。只據耳所習聞的，知道有所謂「雨師」，常與「風伯」並稱，好像「雷公」與「電母」之常常並稱一樣。但在社會上的聲望，似以雷公爲最高，電母連帶着也算不錯，所以他們倆的尊容與行事，大家都很能知道一些；至於雨師風伯之流，可就不甚了然；倒是所謂「風姨」，尙屬比較的清楚，例如「鏡花緣」中，首末就都曾詳記她和「月姊」的事。本來，雷電較風雨更爲可怕，對於可怕的人物，總想多知道一點，是人之常情；風伯變爲風姨，性別已經不同，以讀者常常偏愛打聽女作家身世的例子推之，則獨獨於她知道得較多也無足怪；可惜的是，雨師也者，兩種便宜都佔不上，遂只落得一個空名，在若有若無之間了。

除此而外，據「西游記」，觀音菩薩楊枝上一滴水即成甘霖，可見她也是兼管下雨的；又據六月一日「民主報」上的「請玉崑小姐看戲記」，可見這位女士也與這有關，但未必是她的專司，可能是替她父親代辦；又宋玉所說的高唐神女的行雨，這個自當別論；至於前年和去年，糧食部長徐堪氏在重慶長安寺率衆求雨，因未曾躬與盛典，更不知道是向誰求；總之，或非專司，或難質證，這些都是不可靠的。

想來想去，最爲確實而普遍的，還是龍王。試看民間求雨必舞龍，關於他怎樣行雨的故事也常見傳說，就足以爲證。意者，天上的駢枝機關大抵也多，所以他雖管下雨，而與別的管下雨的尊神或亦並行不悖乎；乃其所以獨能顯名，則恐爲衆望所歸之故也。老實說，我對他就極有好感。嘗讀「柳毅傳」，每眷眷於「洞庭君」，遙想平平常常的一個人，忽地霹靂一聲，電目血舌，鱗爪飛揚，破空而去之狀，實在神往，覺得倘有這麼一個朋友，是很好的事情。「獨醒雜志」云：「蔡元長嘗論薦毛友龍。召對，上問曰：『龍者君象，卿安獨得而友之？』友龍不能對，遂不稱旨。退語元長。元長曰：『是不難對；何不曰：堯舜在上，臣願與夔龍爲友。』」我當然並無做皇帝的野心，也並不想致君堯舜，輔弼明時，但覺得雖然變化莫測，却又面目分明，來去清楚，加以海闊天空，高明剛健，這樣的人實在是很可以打打交道的。當然，「洞庭君」倘眞跑來，眞在我面前那麼一下破空而去，也許又要嚇得魂不附體，像葉公一樣徒然留下一個笑柄，殊未可知；好在學過一點生物學，知道至少在現在的世界上已經沒有龍這個東西，吹的牛既不至於戳穿，就仍然可以吹吹，無後顧之憂了。他下雨使我能雅，又不會跑來戳穿我的吹牛，所以對他就更感到親切，將來也許會寫一篇「我與龍王」，以述說我們的交誼，好像一九三七年以後人們常常寫的「我與魯迅」一樣。

研究古生物學的人說，龍就是被傳說所美化了的大蜥蜴之類，又說是這樣被美化了的大鱷魚之類。聞一多先生說，龍就是以蛇圖騰爲主幹，加上了馬圖騰的馬頭，鳥圖騰的鳥爪，魚圖騰的魚鱗，以及其他等等，這樣造出來的一個混合圖騰。大概還有其他解說，我不知道。在這三說之中，却有兩個共同點，一是，並無後世所傳的那樣的龍，二是，雖無那樣的龍，却總有一種爬蟲做傳說的底子。關於此爬蟲究竟爲何，由我外行人看，似乎聞說較可徵信。蓋以這東西總是中國上古某一最強大的部落的圖騰，而蜥蜴鱷魚則皆熱帶產，未必與中土的部落有什麼關係也。

然而，無論如何，這總是中華民族的民族心理所創造的一個最美的形象，如上文所說，正是雖然變化莫測，却又面目分明，來去淸楚，加以海闊天空，剛健高明，恐不僅爲民族的對於美的最高理想，卽對道德的最高理想，或亦在是歟。「易經」劈頭就談龍，潛龍在淵，見龍在田，飛龍在天，而乃終以亢龍有悔，這恐怕已經是中庸主義的東西，一切帝王及其臣僕所崇拜的恐怕也只是這種龍，我們且不管它；至於一般人民所崇拜的，大抵仍如「洞庭君」之類，是全然不同，無所謂悔不悔的。霖雨於蒼生本爲至寶，故亦以此職專屬於所最敬愛的龍王，孰謂民愚，我卽於此窺見他們運用民主的能力了。

說到行雨，於是乃又有一問題：無論是蛇，是蜥蜴，是鱷魚，皆與下雨無關，究竟有何經驗的事實爲本，以造成行雨的傳說呢？我想，恐怕是將雨之時，洞穴燥熱，蟄蟲不安，爬出來舒暢舒暢，那以後就下起雨來。下雨本是因，爬蟲出穴本是果，但由人們所見，後者居前，前者反後，屢見不已，就倒果爲因，以爲它卽爲行雨而出了。這所根據的並非什麼學理，而是最近自己兩次見蛇，有一次且把它打死，以後不幾天就都下了雨的事。那時正是望雨的，旣雨之後，大家就視爲一件了不起的事而時常談論，我忽然想起，說道：前天那蛇莫非就是龍吧！大家聽了，都欣然微笑，覺得很有趣。我的話旣被賞識，便也不能忘記，這裏就把它冒充了「民俗學」一回。

可是，此刻想來，感覺又稍稍有些不同：倘使實情正是如此，覺得蛇的命運也眞可悲得很。它本來只是耐不住自己的苦痛才奮身而出，並無號召雷雨的意思，且其苦痛正由於雷雨，於它實在不是什麼幸福；然而人們偏偏以此推爲它的功績，把它推崇到那個田地；但它的聲名雖然成了「龍」，自己每次出來，乃又不能免於被打死，卽被打死於推崇者之手；後來雷雨來了，打死它的人却仍然可以欣欣然的，於雷雨表其感謝之忱，於它復致其禱頌之意：旣然這樣，我又能怎麼說呢？

何況現在雷雨已取，東方神白，我的夜雨談龍也還是算了吧！

一九四六，六，六。

關於幾個女人的是是非非

鄭逵夫

「香祖筆記」云：「高季迪，明三百年詩人之冠冕；然其『明妃曲』云：『君玉莫殺毛延壽，留備商岩夢裏賢。』此三家村學究語，所謂下劣詩魔，不知季迪何以墮落如此！而旨者反以爲警窮！其後有彭三吾者，又云：『畫師休盡殺，夢弼要人圖。』轉入魔道矣。又胡虛白詠綠珠：『枉費明珠三百斛，荊釵那及嫁梁鴻？』郎瑛稱之。皆所云癡人前不得說夢也。若永叔『耳目所及尙如此，萬里安能制夷狄？』所謂詩論，亦自近腐。」王漁洋標榜「神韻」，認爲詩裏面只應該有一點點游離於現實之上的輕浮漂渺的風情，不該有任何思想內容，卽使最正統的思想如上舉四詩中的也在所必去，所以當然要如此云云。他自己的「再過露筋祠」絕句：「翠羽明璫尙儼然，湖雲祠樹碧于煙，行人繫纜月初墮，門外野風開白蓮。」沈德潛評云：「闡揚貞烈，易入于腐，故以題外着意法行之。」（「清詩別裁」卷三）沈氏又評岑霽的「露筋祠」云：「賦此題者，多黏賦近腐。王漁洋以寫景別行一路，爲避俗也。：……」（「別裁」卷二十三）由此，可知卽使「闡揚貞烈」這樣毫無問題的思想，做起詩來也須謹避，以免于「腐」和「俗」；但當然也並不能另去尋求旁門左道的思想，于是只有「題外着意」，只有「以寫景別行一路」，流連景，通篇扯淡，此之謂「神韻」云。

女人身上本來是好做文章的，一向是幫閒的詩人詞客的好材料。但遇到「貞烈」如露筋女者，暗中雖未嘗不也轉轉念頭，表面上究竟礙當尊敬，不好說什麼，不得已退而寫景，也實在無趣，不能過癮了。於是，遇到另一些以「豔名」見稱的，可就老實不客氣，不妨趁此大大的輕薄一番，旣博詩人之名，又快意淫之實，實兩得之。漁洋「馬嵬坡懷古」云：「巴山夜雨却歸秦，金粟堆邊草不春。一種傾城好顏色，茂陵終傍李夫人。」就是這一類中之還較好者。沈德潛評云：「傷其不得傍金粟堆也。以李夫人形容之便曲而有餘味。」（「別裁」卷三）其實何嘗眞的「傷」了？但借楊妃來「曲而有餘味」一番，倒是實實在在的。同是楊妃身上的文章，李義山的「海外徒聞更九州，他生未卜此生休。……此日六軍同駐馬」，當時七夕笑牽牛。……」比較起來就更爲輕薄，直如流氓，所以說漁洋還較好些了。

實亦幫閒而心又不甘於幫閒的，對於這類的題目，做法當然又有不同，大抵須發些「正大」

的議論。漁洋所舉的四人是一類，議論雖「正大」，對於那幾個被凌辱被玩弄而又被犧牲的女性，倒還沒有太壞的態度，不過認爲毫無益處亦無大害的玩物而已，雖輕之而尚不惡之：也就是說，只如封建社會的通常的婦女觀，神經却沒有太過的變質。「程史」卷三有宋人王義豐的「館娃宮賦」，中有云：「夫沉湎以喪國，固君人之失道；然而，有鍾鼓者，胡可以弗考？闡管籥者，民喜而相告；苟厥妃之當愛，惟恐王之不好矣：然則，女樂亦可少乎哉？必曰：夏有末喜，商有妲己，周有襃姒，而吳以西子。苟求其故，未必專於此也。齊有六嬖，威公以興，正而不譎，聖人稱焉。非夫九合一正之業得仲父以當其任；則其一己之內稍有以自適者，豈不是以害成耶？……以夫差之資異，在列國亦翹楚：一戰而越沮，再會而諸侯懾。使僅得一中佐，置雙翼於猛虎。惟自剖其骨鯁，而放意於一女，敵乘其間，無以外禦。杯酒之失何足算，獨爲此邦惜殺士之舉也。此士不遭戮，夫差不可懸，苧羅之姝，適足爲我娛，胡得而竊吾之符？……惟忠良之既誅，始猖狂而自如，……」這就是說，女人未嘗不可玩，而且也應該玩玩，並無害處，但不可太玩而已。王漁洋所罵的高彭等人的詩，以爲不可因昭君而遷殺畫工，尚須留之以備賢臣入夢時好繪影圖形去訪求者，也就是同樣的意思，不過詩體自然不比賦體說得明白。這種意見，以今天看來已夠可惡，但在「禍水」之說風靡天下之際，能說夏商周吳之亡未必專與末喜等女人有關，並舉齊之六嬖只爲確實的反證，也就很能算是卓然之見了。方望溪的「詠明妃」，說是「蔦蘿隨蔓引，性本巢貞松，若使太眞見，焉知非女戎？」夫明妃總算是最無「禍水」的嫌疑的，他却連她都要這樣惡罵，這自然是道學家的本性，不足爲怪，但因此也就更可見王義豐以及高彭等之未可厚非了。「宋人軼事彙編」卷十七引「西湖志餘」，記陳讜爲韓侂胄跋楊妃畫卷曰：「開元天寶間，丹青不及『麒麟』『凌煙』而及此，世道判矣。」這是說畫楊妃即妨礙了畫功臣，近于「禍水」論。世傳方孝孺七歲作釣台詩，起首兩句是，「進賢先遠色，治國先齊家」，可以作此跋的注解。倘據此，說高彭等之意亦即謂昭君之畫與「商岩夢裏賢」之畫不兩立，當然樣也未始不可說。但仔細參究，以此爲昭君罪究竟牛頭不對馬嘴，高彭等非道學家，恐尚未糊塗至此吧。

「正大」議論的另一類，就是正式的「禍水」說。方望溪詠明妃最爲徹底，已見上引。元人淮的「楊妃入蜀」云：「楊妃亡國禍根芽，剛道宮中解語花，慣得祿山謀不軌，釀成中國亂如麻。……」（「元詩紀事」卷五）這個直不成其爲詩，但拙劣之作也許倒說得明白些，使人如見其肺肝然，也有它的好處。清人朱受新的「吳宮詞」云：「夜擁笙歌百尺台，太湖月落宴還開。君王自愛傾城色，却忘人從敵國來。」（「清詩別裁」卷三十）意思還是那樣，說得却非常巧妙了。又如清人黃庭的「馬嵬」云：「方士鈿釵何處得？農夫羅襪此間收。蒙塵莫漫尤傾國，猶剩唐家士半邱。」沈德潛評云：「本禍水也，偏說爲唐家生色，見文人筆舌之巧。」（「別裁」卷十六）沈氏所評大義是眞的，但「巧」到這樣，嬉皮笑臉，插科打諢，則又不如朱受新的「人從敵國來」云云，裏面究竟還有他自己的嚴肅。而如清人沈樹本的「李白墳詞」云：「花前承旨筆如飛，三閱新詩萬古稀。被酒不忘規諷意，故將燕瘦比環肥。」（「別裁」卷二十三）則是連發這麼一點議論的膽量都沒有，硬拉李白來推在他身上，何其卑怯！「故將燕瘦比環肥」云云，乃拾高力士的餘唾，又何其陋劣可笑也！總之，此輩既然見解如此，當然大抵愚庸，雖依傍於「正大」，實在很少人能弄出如何的花樣來，所以同類的議論固然還多，亦不復一一列舉，免致生厭了。

但最嚴正的道學與最淫猥的色情，常是一物的兩面，所以「正大」的「禍水」論而又兼輕薄的調笑者，也就很有一些。最露骨的如薩都剌的「楊妃病齒圖」，略云：「……朱唇半啓榴房破，臙脂紅注珍珠顆，一點春寒入瓠犀，雪色鮫消濕香唾。九華帳裏薰蘭煙，玉肱曲枕珊瑚偏，金釵半脫翠蛾斂，龍髯天子空垂涎。妾身日侍君王側，別有閒愁許誰測？斷腸塞上錦繃兒，萬恨千愁言不得。……君不聞，延秋門，一齒作楚藏病根；又不聞，馬嵬坡，一身濺血未足多；漁陽指日鼙鼓動，始覺開元天下痛。雲台不見議功臣，三十六牙何足用？……」（「元詩紀事」卷十五）前幾句在一個被蹂躪的病弱的女子身上調笑夠了，尤其如「龍髯天子空垂涎」云云，卑劣的意淫夠了，後半再突然板起面孔來，慘刻無人心的說什麼「一身濺血未足多」，把亡國的禍因一齊推到她身上，而「一齒作楚藏病根」云云，「正大」之中又仍有濃厚的淫猥份子。這樣的詩讀之實令人自疑是否身在人間，那麼，也許倒還是誰（忘其名）的詩中「紅錦繃盛河北賊，紫金盞酌壽王妃」兩句，雖輕薄相同，究竟沒有太重的「正大」氣，因而也較少慘刻氣，讀起來還覺舒服些了。「歸田詩話」載楊鐵崖詠楊妃襪云：「安危豈料關天步，生死猶能繫俗情。」評云：「題目小，而議論甚大。」我想，其實也還是色情狂。

「正大」議論中有發揮些「哀而不傷」「怨悱而不亂」的奴才道德，婢妾道德的，是爲第三類。記不得誰詠昭君的詩云：「漢使却回憑寄語：黃金何日贖蛾眉？君王若問妾顏色，莫道不如宮裏時。」這就是一個典型。清人劉獻庭「王昭君二首」之第二首云：「漢主曾聞殺畫師，畫師何足定妍媸！宮中多少如花女，不嫁單于君不知。」沈德潛評云：「若故爲自幸之詞，不怨深于怨矣。」（「別裁」卷六）怨就怨，就可以如杜甫所謂「千載琵琶作胡語，分明怨恨曲中論」那樣長怨，又何須「故爲自幸之詞」呢？其實並沒有什麼「不怨深于怨」，還就是奴才道德，婢妾道德而已。元人李祁的「昭君出塞圖」末四句云：「漢家恩深幸不早，此身終向胡中老。此身倘負漢宮恩，殺盡青青原上草。」（「元詩紀事」卷十八）清人顏光敏的「昭君曲」云：「一辭宮闕出秦關，長得丹青識舊顏。爲報君王休愛惜，漢家征戍幾人還！」（「別裁」卷九）也都是這一類。顏詩雖借了悲憫征人的大題目，彷彿未可厚非，但借的題目終於是借的題目，本身仍只是奴才婢妾，只要看「長得丹青識舊顏」之句，卽可知是與「不嫁單于君不知」之意完全一樣的。從漢代以來，在這個題目上發揮這一類的意思的，恐怕很多，而且最易博得好評吧，那麼，想起王安石的「漢恩自淺胡自深，人生貴在相知心」，就眞感到揚一揚頭吐一口氣之樂，不禁拜服，深仰此老確實不凡了。但我還要另外擧兩個例子，一是清人盧景的「班婕妤」：「翻因棄置久，轉念寵恩偏。燈暗增長夜，花飛長信年。秋風有時歇，團扇豈常捐？獨惜羅衣色，塵生不再鮮。」（「別裁」卷二十三）一是清人翁志琦的「反班婕妤怨歌行」：「團扇復團扇，皎皎白于雪。永晝引清颸，良宵延素月。秋來置箱篋，尋常不輕發。薄俗區故新。君子秉貞節。炎曦會有時，誰云恩義絕？」（「別裁」卷二十四）拿這兩個和王安石比較一下，當可知人之度量之相越，往往又豈僅人禽之遙而已哉？

上文說過有些人是慘刻無人心的，而這也造成「正大」議論之一類。已指出過的薩都剌的詩句，不必說了。「鷗陂漁話」中有「桃花夫人祠題壁詩」一條，却正可以爲此類之代表，略云：「漢陽大別山下有桃花夫人祠，志乘相傳，所祀爲息夫人，……然徐曾二公文（廟碑文）皆主『左傳』之說，理實不足以祀。寰伯先生襲曾取『韓詩外傳』，劉向『列女傳』所載息夫人事，作『桃花夫人詩』以矯之，所謂『美人死不嫁東風，至今花開成慘紅』者也。及楚游後，復爲一文，參考『世本』『史記』，辨堵敖成王非夫人所生，則左氏不足憑，而『韓詩』『劉傳』爲可據，夫人于祀典，庶無愧色。……余客漢上時，本寰翁詩文意題祠壁云：東風憔悴此蛾眉，家國傷心只自知。設誓定償同穴願，報恩何異墜樓時？誰憐薄命花飄溷？莫信成陰子滿枝，千古青燐同怨血，漢濱轉惜託叢祠。』潘順之邃祁曰：『有關風敎之作。』……未幾，學使王侍御贈芳有毀祠之議，……蓋亦據盲左之言，謂夫人不應崇祀耳。惜無人以韓劉諸說解之也。」息夫人作爲戰利品被楚王擄去，三年不言，生堵敖及成王，這實在是極爲可能，也極爲悲慘的事；這三年的沉默，就代表了幾千年的黑暗中的被凌辱損害的弱女子們的哭聲。對着這個，實在什麼議論都不必發，也不當發。有名的鄭漢儀的「題息夫人廟」：「楚宮慵掃黛眉新，只自無言對暮春。千古艱難惟一死，傷心豈獨息夫人？」這濃厚的同情，深澈的了解，才是唯一可能，唯一適宜的態度。今仍毫無感動，必欲慘殺之于千載之後，以快其悖戾狠毒之私意，然後再從而假哼哼一陣，順帶的並且又暗暗的意淫了一番（薄命花飄溷云云可證）；否則，卽準備好了「理實不足以祀」，「於祀典有愧色」，「有傷風敎」等等罪名，加以壓迫，終于還是弄死而後已。史實如何是另一問題，而其一定要「翻案」的動機，證以所題的詩的態度，則說它是無復人心的慘刻，是毫不過份的。前幾天看胡適的「貞操問題」，中引當時某報所載的海甯朱爾邁的「會葬唐烈婦記」，于唐烈婦的慘死大大的歡喜讚歎了之後，又說了一件俞氏女爲未婚夫之死而絕食七日的事，加以論斷曰：「嗟呼，俞氏女蓋聞烈婦之風而興起者乎！……俞氏女果能死于絕食七日之內，豈不甚幸？乃爲家阻之。……其家人妨之者百端，……雖有死之志，而無死之間，可奈何？烈婦倘能陰相之以成其節，風化所關，猗歟盛矣！」爲了什麼風化，竟至于祈求鬼物來弄死人家的女兒，還要說「猗歟盛矣」，——嗚呼，也實在無話可說了。然而，這和一定要證明息夫人是慘死了，不過有古今或並時之不同，態度是完全一樣的。

卽爲吳亡以後西施的下落，也就有生死兩說，而關心風敎之徒也都希望她死，好像還有許多詩，現在無從擧證了。惟「鷗陂漁話」中記許若洲女史詩，有「西施」一首云：「歌舞含顰已不祥，功成身亦幸吳亡。蛾眉尙有『藏弓』歎，文稱何須怨越王？」獨能于無人不罵的西施，發現其崇高的悲劇性的命運，作如此動人的禮讚，究竟同屬女性，心靈易于相通；然而，當然極難得的。

以上所說，大抵今人慘抑不歡。那麼，最後隘畢袁子才的一首吧：「莫唱當年長恨歌，人間也自有銀河：石壕村裏夫妻別，淚比長生殿上多。憑」着這一下拓開，也許可以稍舒向來的慘抑吧！然而，這慘抑自然也就會更廣，更深。

（一九四六，五，二十三，夜。）

談「婦言」

孫子野

「鷗陂漁話」有「吳福堂宮怨詩」一條云：「古人于交游出處之際，賦詩言懷，往往借兒女之情以寄其意指；其原出于『國風』『離騷』，最得古意。如張文昌作『節婦吟』，以却李師道之聘；陳后山賦『妾薄命』，以明不負曾南丰，皆一種筆墨也。余友吳禮堂明經嘉亨，少工詞賦，詩筆清麗，中年不遇，好以『宮怨』言情。憶乙酉秋試前，同社諸友結夏課，招之；不赴，以詩謝云：『欲把開元門舞新，微歌直到綺羅人。入宮不是防謠詠，記謝鉛華已廿春。』『感恩也學畫眉長，對鏡沉吟轉自傷。龍腦香銷金縷暈，綉痕難熨舊衣裳。』是秋病，未赴試，和友人見懷云：『長門深鎖又經年，冷眼多蒙阿監憐。不少承恩蟬鬢女，錦袍新賜綉簾前。』『懶攜鸞帚下堦遲，憔悴驚看鏡裏姿。縱使宮紗終繫臂，風光不似鑄錢時。』四詩眞有絕代銷魂之意，而溫厚和平，怨而不怒，可以覘詩品矣。」

對于「國風」「離騷」的這樣的解釋，我一向不以爲然，我看周代的人的心理還不至于這樣不健康，會閃爍扭捏到這個程度。但愈到後來可就眞是愈加難說，人們大抵怯于自己的眞實情感，自然閃爍扭捏起來了。事實上，士大夫們的生活，他們的「交游出處」即例如吳禮堂的「中年不遇」之類，及其所引起的感情，也確乎庸俗狹得很，需要裝點一下，方能美化；而最適于裝點的東西是，當然就取了「兒女之情」。所以「國風」「離騷」固然未必是那樣，而後代這些自命繼承「國風」「離騷」的傳統的詩詞，大抵倒眞是那樣的。

如此說來，眞正的「兒女之情」就該是更爲美好的東西，能得重視的了。則又不然。蓋自「天理」主義流行以來，一切「人欲」皆在排斥之列，「兒女之情」乃被視爲最「人欲」的東西，因此也就是最應排斥的東西。此理易明，不必多說。而倘這「兒女之情」是出自女人的作品，便又加上了另一個應予排斥的理由。

「韻石齋筆談」記宋甯宗的姨妹楊妹子的詞云：「楊妹子，楊后之妹，書法類甯宗，御府畫多命其題詠。其題馬遠『松陰鳴琴圖』詞云：『閒時一弄七絃琴，此曲少知音，多因淡然無味，不比鄭聲淫。松院靜，竹樓深，夜沉沉，清風拂軫，明月當軒，誰會幽心？』『晉史會要』云：『語含情思，人或譏之。』」詩詞正以富有情思爲佳，此「人」未必不知道這個道理，所以「譏之」者，實言之，即以此情思乃是「兒女之情」，且出自女人之口故也。至相傳的「女子無才便是德」云云，便乾脆的不要她們寫什麼東西，免得有情思的流露。

這也未必是怕「誨淫」；在這種效果的較量上，畢竟還是男人所作或代作的，要大得多。人們常以婦女的社會地位爲測量那個社會的文明程度的標準，可見在黑暗的社會中，女人所受的壓迫往往更多幾層，所感的苦痛也就更重更深。士大夫階層的男性的詩人，還可以一味的歌功頌德，至于女性的，縱使怎樣富貴終還是奴隸，縱使不出錦繡叢中一步終還是受着慘酷的壓迫或侵凌，她們當然也無不感到的。這樣，倘個個都做起詩詞來，便難免一片怨憤之音，大足以損害太平氣象了。和坤妾吳卿憐詩云：「三十六年秦女恨，卿憐就是淺宮人。」試想當日阿房宮中，倘使那些三十六年不得見君王一面的宮女們，全都直抒胸臆，發爲歌詩，成什麼景況呢？恐怕秦始皇首先就要在宮內頒佈出版法，設立檢查所，大興文字獄的吧。那麼，不許女人寫什麼東西，萬不得已也不許寫出來的含有眞切的情思，原因大抵齊就在此了。即如上引楊妹子的詞，那情思，正未必不是當日宮永巷中的無邊寃苦的反映，爲「也家治國平天下」計，被「譏」是當然的。

雅片戰爭以後，當時的新黨如鄭觀應等人論婦女問題，每謂古有「婦德、婦言，婦容，婦功」之說，足見言亦與「德」並重，不可拘于「無才便是德」的俗見，而應使婦女也認字，也能文，云云。殊不知所謂「婦言」，恐怕正是一種特別的言，大抵要經過一種特別的訓練，使之說不出眞正要說的話來；如「笑不露齒」之笑，雖笑而等于不笑一樣。這是縱使未有專門的研究，據以上所說的推測起來亦並不難斷定的。

（一九四六，五，廿八。）

從重慶到南京

冰菱

這是事後匆匆補記的，有些事象怕已失眞。我記下它們來，一面因爲在這類似亡命的旅途中，我也偶爾有一點感情和思想，一面因爲我是到了這樣的南京：我還無法用什麼詞句來形容它，但我是在它底里面生長的，我記得，在九年前，當炮火逼近的時候，我和我底弟兄們是渴望着它底全部的毀滅，以便在遙遠的時間以後，在這平原上有一個全新的城池。雖然現在我並不失望。……

五月十四日

明天要離開重慶了。這些時來，因爲急着要走掉而又無法走掉，在咀咒着這個城市。從鄉下來到這里四天，已經覺得非常的疲勞。一直到昨天都還在做着依賴別人的好夢，之孟底朋友K君前天說，他可以有辦法幫我們在軍×部里弄到船票，他自己就是在那里以一位科長底兒子的身份而買到飛機票的，是十三萬塊錢，他拿來轉賣給別人，這別人出了十萬塊錢的訂錢又不要了，連訂錢也送了他，於是他就祇花三萬塊錢坐了飛機。他又說，他和軍×部的這科長是打牌的時候認識的。「算是他看得起我，待我眞不錯。」我和之孟聽了都覺得頗爲羨慕，於是就決定請他吃晚飯，「和他交際一下」。

之孟懊惱地說，像K君這樣的人，平常是不願意來往的，臨時有事又總得找他們，顯得太功利了，覺得頗爲狼狽。於是我們就努力地和他交際，而被他帶到那位神通廣大的科長家里去了。但這事終於不成，科長太太要我們二十萬塊錢一個人，船又沒有確定的日期。

但那科長，又能有多餘的飛機票，又能有多餘的船票，的確是神通廣大的。他底肥胖的太太很會管家，他底老實的女兒替他點烟，拿茶，又確實很是孝順。送我們出房門的時候，說飛機明後天就要起飛了，他還非常親熱地握了一下K君底手，使我覺得非常感動。

這之間，K君還帶着我們到一個小旅館里去會見一位軍官，大概是那位科長底下屬或鄉親吧。這軍官和他底女人剛起來，我們在他底房里站了一下，那女人顯是是很善良的，說了一聲請坐，就呆呆地站在那里。我看她是鄉下的女子，雖然她底裝束像是城市的婦人。我覺得有點難受，急急地走出了那骯髒的旅館。

終於我們決定自己登記車子去了。不管關於土匪、黃河、斷橋、「共產黨」的謠言是怎樣多，我們得自己走。這樣地決定了，心里倒覺得痛快，但馬上又懊悔起來了，爲什麼就擱着時間去和K君交際呢?

晚上，心情昏亂的時候，走過一段昏暗的街道。看見了，在四周圍的無邊的喧囂中，一個賣扇子的婦人坐在路邊上在悄悄地收拾着她底扇子，她底大概有五六歲的一個孩子，靠在她底膝上已經睡熟了——睡得非常的香甜。

我靜靜地走過，我底昏亂立刻消失，我環顧四近的繁密的燈火，我想：這一片土地和人民，是神聖的。

我也有了走完我底道路的自信。

五月十五日

再會了，重慶！如果是永遠地，那就永遠地，再會了！但車子却開得異常的慢，還沒有到山洞就拋錨，到了山洞又拋錨。車子停在路邊上，我下來，隨着一片田地望着兩山之間的S底住房：歷盡了侮辱與損害，他是在怎樣地過着他底悲痛的生活呢？本來預備離開前來看他一次的，但忙於那樣的「交際」沒有得到時間。現在我也要走了——他大約不會想到我在現在經過這山邊的——他一個人孤另另地在這山巔生活着，他是在怎樣想，他是在怎樣忍受着呢？我們底S，他是道德和理想底化身，他爲什麼要受到那樣的欺騙呢？他說他要報復的，是的，對於那卑劣的小人兒，我們是必會得到復仇的。

同車的大半是××大學的學生，大約都是會跳舞的少爺吧，一路上不停地唱着「蓬擦蓬擦」，並不停地談着上海，顯得非常得意。另有一個看來是生着病的、瘦弱的人，帶着一個女人和兩個小孩的，境況好像很窮，但開始和大學生們談起政治來，大聲說，國民黨不要公務員活，現在全國都左傾了。他底女人，聽了他底這種過激的議論，狠狠地搗了他一下，但他仍然說下去。接着，兩個大學生辯論起日然、宇宙來了。接着就一齊都打瞌睡，祇聽見沉重的馬達聲。車子在曠野中奔馳。

晚上趕到遂甯。找不到旅館了，終於我和之孟宿在一家大旅館底走廊上。老板看我們底樣子，大約以爲我們是司機或生意人吧，對我們說：今天是結個露水緣，不必給錢吧。於是我覺得非常可惡，和之孟說，他明明是想多要錢。但立刻就在這可惡之中睡熟了。

五月十六日

早上修理車子到八點鐘，重新前進。「蓬擦蓬擦」的聲音仍然和昨天一樣的多，不過再沒有聽有什麼議論了。於是我就想，議論確實也是不大容易的，比方現在就發不出來，但「蓬擦蓬擦」却可以無處不在。車子停在三台吃午飯，臨上車時發覺少了一位大學生，據說他是到附近的一個大學里去看朋友去了。於是大家都叫駡了起來，用之孟底話說，就是，把所有的痰都吐在他身上。怎麼辦呢，據說這位荒唐的先生要三點鐘才能回來。於是有人主張不等他，作這種主張的，是他的同學；有人主張祇等一刻鐘，作這種主張的也是他底同學。之孟忽然覺得丟下了別人究竟不好，於是自告奮勇，說他認識這大學，願意坐車子去找他。

我頗想反對他去，但終於沒有作聲。他走開了有十分鐘，那位去找朋友的興緻極好的先生突然跑回來了。大家——他底同學們——本來說要大駡他一頓的，不知爲什麼結果都不作聲，反而懷疑之孟是自己有事才去的了，用之孟的話說：把所有的痰都吐在之孟底身上。我憤而伸辯，這才使「蓬擦蓬擦」們沉默。幸而之孟很快就回來了。

事後我告訴之孟，人們怎樣把痰都吐在他底身上，他有點發白了，好久之後憤怒地說：「你不知道這批傢伙多麼自私！」

五月十七日

一路不停地咀咒司機、汽車、咀咒交通，但每一到達，立刻就又沾沾自喜，讚美起司機、汽車、交通來。我想，我們大約很容易變成奴才。

廣元過河過了三個鐘點，大家咀咒爲什麼不搭橋，但一過了河，覺得還是照舊，或者比現狀更壞的好，免得後面的車子會趕上我們。走了有三天了，我暗暗地發覺我底心已經變得極度的自私與冷酷，我發覺，如果遇見了別人底不幸，祇要不是我們自己，我是不會同情的；豈但不會同情，有時反而會覺得高興。這是野獸一般的心理。我暗暗地發覺，這是野獸一般的生活：我們豈止容易變成奴才！

站在荒涼的河岸上等候渡河，之孟和我說：你看這里的景色很像我們所住的鄉下。我一看，果然很像。於是想起這兩年來的生活，想到T兄，他現在大約也是在這條路上奔波着，向遙遠的青海而去吧，那里有他的親人和牛羊的；想到G兄，他現在是怎樣呢？大約是躺在茶館里寂寞地喝茶吧，和之孟談了起來，兩個人笑了一下。

五月十八日

上午十點鐘在廣元換車繼續前進，這回車子較好，司機老板有紳士派頭，比起前一個司機底年輕、急迫、良善來，不同得多了。然而是卡車，我和之孟輪流地坐在車頂上。山路異常的險惡，「蓬擦蓬擦」的歌聲漸漸減少了。

昨天過劍閣的時候覺得景色奇險而壯麗，這一帶的山更是奇險而壯麗了。還沒有見過這樣的原始的、年青的、有力的山。但風景之類的確與我們距離得很遠，在這野獸一般的狀況下，我們祇求快一點走過去。但也偶然想到，在這壯大的景色之間，如果能建立一個全新的國度的話——這樣的景色是應該喚起人們底對於善的、美的、偉大的事物的渴望來的吧。

暗夜中宿沔縣，有人指着荒涼與昏暗中的一段土城說：這就是諸葛亮唱空城計的空城。於是不覺地有點「懷古」了，但想到戲台上的諸葛亮的樣子，又覺得頗爲可笑。

但這却是一個極小的地方，已經過了晚上九點鐘，歇下了兩車子的人，找不到吃的了。同行的一位江北人帶着他底太太和孩子在那里啃大餅，歎了一口氣說：「這簡直不是走路，是拿錢買罪受！」——「受罪」「受罪」，一路來已經聽得很多了，不知爲什麼我這次特別地不能同情這些「受罪的人」，我十分冷酷地想：我們中國人是很容易得到滿足的，小市民式的抱怨原祇能是糞便一樣的東西！

五月十九日

出發得很早，肥胖的司機顯得很闊氣，派頭十足。八點鐘過褒城，於是又走入叢山。氣候漸漸地變冷——已經離開四川頗遠了。半路上下起雨來，祇好在車頂上淋着。那位在三台跑開去找朋友的興緻極好的先生在什麼時候，採了一束野花。車子遇到了阻礙停了下來的時候，恰好靠近一輛滿是女學生的車子，於是我們這車子里又「蓬擦蓬擦」起來了；那位興緻極好的先生就把那一束野花放在女學生們底車頂上，女學生們一瞬間也顯得非常活潑，快樂地吵嚷了起來。又是「蓬擦蓬擦」，興緻極好的先生在這種鼓勵之下拿起花來向女學生們遞去，她們原是活潑，或裝做是很活潑的，這一下子却突然完全沉默，沒有人接這個花，——我看見中國底女性們底默默的靈魂。幸而我們的車子迅速地開動了，「蓬擦蓬擦」們在大笑了一陣之後就又「蓬擦蓬擦」了起來。

車子在雨中和泥濘中顛波着，忽然的前面的一輛一個大學的車子在轉彎的時候和一輛空軍的車子相碰了，於是大家都停住。空軍車子沒有受損，客車却撞壞了，不能繼續前進。和空軍車交涉要他們的車子帶一帶，因爲這一路他們的車子是很多的，也沒有結果，於是那些男女學生們都下了車，默默地、垂頭喪氣地站在雨中。

我們的車到廟台子吃午飯的時候，他們之中的幾個也搭別的車子來了，滿身泥汚，垂頭喪氣地站在路旁。之孟認得他們的一個，問了一下，他們搖搖頭回答說，他們中間有人在這短短的路上翻了兩次車。

於是我們就覺得自己幸運，在雨中和低垂的雲中跑着，去看了張良廟。

末後他們之間的有幾個要求搭我們底車去，大家覺得擠不下，拒絕了。不過後來我仔細地研究了一下，覺得還是可以擠得下一兩個人的，於是覺得很不安——一直到現在都還覺得很不安。

車子奔馳如飛，黃昏時霧中過秦嶺，除了連山的雨霧以外，什麼也沒有看見。到寶雞又是夜晚了，和之孟出去喝了一杯酒，在滿是泥水的空蕩蕩的街上慢慢地走着。之孟說，沿路來沒有看到別的，除了破落戶就是暴發戶，這里是一個暴發戶的城市。

這里算得上是北方了。我常常聽說北方的風俗如何淳樸可愛之類，但在這個城市里却見不到。據說北方人做生意是客氣的，但在這里的館子里，每當遇見「小費在外」「謝謝」之類的强大的喊聲的時候，我就要不寒而慄，覺得這種喊聲是要使你在被剝取了一切之後還要謝謝他底禮貌，遠不如直接的索取來得爽快。我想，眞正的北方人是不應該如此的，之孟說得不錯，這是一個暴發戶的城市。

沿路來時見到不少的窰洞，想着詩人底詩句：「如果不是山的顏色比夜濃，我將以爲我是航海歸來，而遇見了燈塔。」

五月二十日

我們有一種做傻瓜的感覺，每當我們走進什麼館子里吃一點什麼的時候，我們底同胞，不論是「直爽的北方人」或是「狡猾的南方人」都對我們顯得善良可愛，他們愈是善良可愛，我們就愈覺得是做了傻瓜，因此心里老是憤憤不平，這也是我底前面的一些議論底來源。聽到寶雞火車站站長說有鋼皮快車可到西安，我們馬上高興起來，決心好好地坐一下多年不坐的火車，到西安去要一天了。同時也頗願意先走一步，與「蓬擦蓬擦」們分手。但馬上就大爲失望，因爲不但沒有鋼皮，而且幾幾乎連座位都沒有。

又聽說前面難走，有土匪、黃河、翻車，什麼什麼的。但不走又是不成，於是和之孟互相安慰說，必要時我們可以丟掉行李而步行的。安慰了也不行，眞是前途茫茫，心情惡劣之餘，和敲竹槓的獨輪車夫吵了一場，這是一個鼻子很高，臉相愁苦的年靑人。

去洗澡，又被當做是做生意的，或是被假裝當做是做生意的，對我們說：「不用付錢了吧。」

五月廿一日

到陝縣的火車，擁擠得可怕，車子到的時候車頂上就滿是人，看來擠不上去了。但終於不顧一切地從窗口爬進了頭等膳車，座位沒有了，地上也沒有空，就擠在餐桌上。兩個人各各得到了餐桌底一角之後，緊張和恐懼都過去了，反而有點高興起來。不久就打瞌睡。火車在大平原里前進，兩邊全是麥田，——慢得好像牛車。

夜十時半過潼關，漆黑中也是什麼都沒有看見。聽同車的人說，在「勝利」以前，敵人不停地對潼關發砲，車子在夜里偷過，是非常危險的。

坐在我的旁邊的一位低級軍官，在對我們談了潼關之後，就對他底一個比他年輕的同伴談起他對於他們底前途的憂慮來。他抽着煙，慢吞吞地說，他心里很苦，一直到現在都不能決定要不要過黃河去，但如果去，走不通了怎樣辦呢？往南去吧，又怕旅費用盡了，三兩個月找不到事，精神受刺戟。他底聲音很疲勞。他說起受刺戟，使我想起了我們所住的一些小客店的牆壁上的一些歪斜的詩句，那些都是受了刺戟的流浪的人們塗畫的，都是描述着流浪的和人生的辛苦，怎樣的回不了家，見不到白髮的老母之類。這一類的詩人大半都是流落的低級軍官吧，有時候，見到骯髒的客店的牆壁上滿是凌亂的歪斜的字句，我覺得頗爲可怕。我覺得我底周圍盡是寂寞的鬼魂，就是在這些寂寞的鬼魂之上，奔騰着人間底華彩和喧鬧。

但這位軍官的那個年靑的伙伴，卻顯得是滿不在乎的。他說他什麼都不計較，他決心三年以內不回家。看他的口氣，他是想要在外面闖出一片天地來才回去似的。他底這種心情使我對着他笑了一下，雖然直到現在我還不清楚，我是爲什麼笑。

在寂靜中聽見之孟在對面的餐桌上和一個軍官說着美國怎樣建設田納西流域的事情。昏沉中想到，中午上車的時候，一位很是活潑的，顯得頗有才氣的女子對一個爲她送行的頗爲老實的青年說的話。她說，一切思想都是好的，但是你要行動。她又愁苦而又得意地說，人的思想有神學、玄學、科學的三個階段，她現在還是在玄學的階段里面。我不懷好意地想，幸而還是玄學，如果科學起來，這樣的聰明的女性是反而會成爲舊社會底主力的吧！我又想，我自己究竟是神學、玄學的、還是科學的呢？沒有想通，氣勢洶洶的查票員從坐在地上的人們底頭上踏過來了，要我們補頭等車的票。

我決心和他吵架了，這樣的擠法也算頭等車麼？但他嘹亮地嚷着走過去，極其兇暴地拿一個鄉下老人下了手。第二次走過來的時候，他顯得非常客氣，走過去咬着之孟的耳朵談了起來。於是我們反而受寵似的補了錢。

廿二日黎明到陝縣，城市破落，各處有廢墟，曠野中一片單調的荒涼。但這也是一個暴發戶的城市。

五月廿二日

到這里要換汽車到洛陽。早就聽說這一段路的難走了，心里存着不安。到公路車站登記的時候，又遇見了「蓬擦蓬擦」們，原來是同一個火車到的。

他們里面的一位D君，因爲我們得和他們一道登記，對我們發號施令起來，我們也就默然，於是此後的一路上都是他做了領袖。

到這里，我們已和江北人夫婦及那位發牢騷的疲弱的先生分了手，他們都是自己幹自己的去了。我看見那位疲弱的先生每次都躺在行李上不動，一切都由他底女人去奔忙。聽說他們是東北人，要回到東北去的。

午飯吃得奇貴而惡劣，被敲了竹槓，憤憤不平。又買了一包大前門香煙，抽起來才曉得是假的，更爲憤憤不平了。

各處看了一看。城外的空場上停了有幾百輛的軍車，是用來運軍火的吧。看見三四馬的鐵輪貨車在澗河橋下涉水而過。兩三天來在路上就不斷地見到這種車子，每四馬底眉頭上掛着紅絲，埋着頭在崎嶇的路上慢慢地吃力、地走着，鐵輪就發出一種奇怪的、尖銳而拖長的吱吱聲來，在單調的黃土地帶，這是一種令人心醉的音樂。趕車的都是憂鬱、健壯、襤褸的漢子，也有白眉白鬚，但仍然健旺的老人，在山邊慢慢地走着，他們底路似乎是無窮的，但他們顯得是異常的安靜。

在澗河長橋上見到一個衣服破汚的、生瘡的、白髮的老人，他扶着木杖慢慢地走着，時而停下來讓路給別的人們。他顯得是快樂、有生趣的，不停地露出蒼老的笑容來，低聲對自己說着什麽。我們走過橋又走回來，還看見他在橋上慢慢地移動，笑着盼顧周圍的人們。

在街上看到了十幾個「書寓」，就是妓院：這里原來是公娼的。看見妓女們站在門邊。

黃昏時去黃河邊散步去了，但並未走近黃河，却是上了河岸上的一個黃土高坡。看見了在黃土坡上下蜿蜒着的防禦工事，交通壕和炮位。這里曾經淪陷，不知作過戰沒有。之孟憤慨地說，像這樣的工事，簡直是敷衍，一點用也不會有的。

黃河對岸就是山西，閻錫山底罪惡的王國。比這邊的低坡不同，沿河豎立着較高的山，山上滿是碉堡。

因爲明天可以走成，很高興，在旅館里唱了半下午的歌。

五月廿三日

黎明，落雨了。往車站去，雨愈大。上了車，但站里的人說：走不成了。去交涉，說是無論如何也不能開車的，下一天雨兩三天不能走，下三天雨就說不定十天不能走，因爲路面極壞，或者說，根本沒有路。如果車子當天到不了洛陽，停在半路上，就會遇見土匪的。

於是人心惶惶。爲行李搬上搬下的事又吵架。本來行李是應該交給車站的，但昨天過了磅之後，又說不負責，要大家搬回去。大家吵起來，鬧得那位管理過磅的活潑而矮小的老頭子跳了起來大叫着說：「我們昨天開了一天的會，都沒有想到好辦法！」

原來他們是開了一天的會的，於是我們祇好回來了。但又來了謠言。一位穿西裝的青年向大家說，他得到了特別的消息，共產黨已經發動全面內戰，離隴海路祇有五里，馬上就要破壞隴海路了。說了這個他顯得很得意。先前和我們同行的北江人馬上跑過來告訴別人，說了也顯得很得意。

於是一天不舒服，雖然不時地大笑大叫。幸好下午雨止了。黃昏時散步一直到黃河邊。

五月廿四日

早晨往洛陽出發。開車時聽見隔壁車上吵起來了，一個穿西裝的人極其威風地叫着：「我是中央調查統計局的專員，他侮辱我的太太！我昨天跟縣長說過，這里有搗亂份子！」等等。

有一個戴眼鏡的，穿西裝的文弱的傢伙，昨天曾經跳着大罵鄉下人沒有良心，說他們原來可以推動一千斤的，現在推幾百斤還要嫌重云。我和之孟叫他做小知識份子，我說這傢伙看來非要痛打一頓才行。這「小知識份子」帶着六七個有孩子的女人一同行路，有十幾件行李，恰好在我們底車上，把我們底生存空間差不多完全擠去了。一路上這「小知識份子」不停地發議論，時而叫別人這樣坐，時而叫別人那樣坐：「我包你舒服。」他和我同坐在一個行李上，一面叫着包我舒服，一面拿一隻腿插到我這邊來。終於我發現了他底詭計，對他毫不客氣了。但他仍然不停地說着，恭維一位太太說，她底兒子將來要做部長甚至國民政府主席，那時候她就不成問題地有小包車坐了。他們里面還有一位蒼白的小姐，和我們同行的一位少爺去逗弄她身邊的孩子，和她說起話來了，我聽見他們在說着上海的電車如何如何之類。

在我對小知識份子反攻的時候，這位小姐忽然掉過頭來，說我「要不得」。我生氣了，和她吵了幾句，於是她顯出了不屑理我的樣子。於是我憤懣已極，竭力地希望找機會來攻擊她，然而以後一直沒有找到機會。

這條路的確是可怕的。車子每次顛簸起來都似乎要翻掉。通過什麼村鎮的時候，在狹窄的街道上，把人家屋簷上的瓦都刮掉了。似乎有成千的車子在這條路上走着，不時地走不通了，一歇下來就是很久。終於我們底車子陷在泥里了。大家下來推，我弄了一身的泥污。一共祇有一百五十公里，其中要涉過幾條無橋的淺河，整整地走了一天。高低不平的道路，泥塘，窒息的灰砂，以及橫衝直撞而來的軍車，都顯得很可怕。大家簡直不敢相信會走到的，但晚上也終於到了洛陽。

洛陽車站的辦事人很客氣，告訴我們明天十一點半有車東開，但需要夜間去預先找空，第二天黎明去佔據好，免得臨時無座位。我疲憊得好像要生病，這些都由之孟和一位少爺去弄了。

我們所住的旅館內住滿了兵。我們現在是看到兵就要膽寒的。

五月廿五日

黎明去佔據車位，雖然是鐵皮貨車改成的客車，比起昨天的可怕的公路來，大家依然覺得滿足了。開車前看見「小知識份子」如一條泥鰍似地在月台上鑽着而大叫着，我憤恨地對之孟說：不要理他。但後來我也頗有點懊悔，覺得我底心腸眞是過於狹窄了。

我底對面坐了一位小姐，使得我無法自由地打盹睡。車行又是極慢，過虎牢關時經過七八個山洞，我們底車子沒有窗戶，煤煙燻進來叫人差不多要窒息過去了。但以後便在大平原里前進着，兩邊是黃色的麥田，偶爾看到窮苦到極度的人家。

這一片土地是飢餓的，有無數的人流離失所。雖然麥田仍然金黃可愛，種麥子的人自己却不能夠得到吃的。不時看到兩匹黃牛拉着的犂頭在田野里工作。看見有强壯的婦人跟在犂頭後面播種，孩子們爬在高高的麥稭車上。看見收割的忙碌的興奮的情景。之孟對我說：這樣的平原，是極適宜用拖拉機工作的。

但現在，這樣的平原上，祗是黃牛們，以及和黃牛同樣的辛苦無望的男子和婦女們在工作着。他們甚且得不到吃的。……我茫茫地想了過去，覺得自己底這樣的存在畢竟是罪惡的。想到黃河的那邊：不知他們是怎樣的情景。想到一位同路的人所說的話；人民再也不能忍受了！

沿路碉堡林立。最初想：是日本人留下的業跡吧！但後來看見了，成百的男子和老人，被荷鎗的兵士驅趕着，在那里修築碉堡。有的碉堡上站的疲憊的不成樣子的戰士，是這面的戰士！

到鄭州知道十天前被黃河的急流冲斷的中牟大橋已經修復，可以直通徐州了，很高興，和之孟去吃了蝦仁。

原來想吃「黃河鯉魚」的，但太貴了，沒有敢吃。聽茶房說，原來並不貴，但復員的人都要吃，不怕花錢，所以才貴了。我就想，我們也算得是「復員」的吧，也是在吃着，比較起「飢餓的中原」來，眞是一個鮮明的對照。——人們就在這饑餓的中原人吃着。

鄭州有豪華的館子，稠密的行人，幽明參半的夜晚的街，毀於炮火的廢墟就屹立在這幽明參半的中間。在街上走着，總覺得有些異樣，看見高台上站着的警察底影子，忽然覺得仍然是日本人統治着這個城市。警察台是日本式的，警察也極不像我們自己底同胞。於是我對之孟這樣地說了。但之孟回答說：他總覺得他並不是走在自己底國土上。……

五月廿六日

通夜未睡，一點鐘左右就上車。六點鐘開車，八點鐘左右過中牟橋，這橋十天前被水冲斷，使我們憂慮了一陣，現在已修好了，却是快的。然而與我想像的鐵橋不同，却是笨重的木頭插在淺而急的黃河里造成的，火車用極慢的速度通過，看來有隨時崩毁下去的危險。從窗口望着險急的寬闊的黃河想着：要是崩落下去呢？

然而一過了橋，也就覺得這橋到底還不錯了；不禁讚美牠底結實。這橋是因黃河改道而有的，這可怕的黃河底改道，大約冲走了無數的微賤的生命吧：看牠底洶湧的氣勢，一直奔入無盡的灰黃色的平原里。

到開封下車散步，見到一個日本軍官，伸着穿着馬靴的直挺的腿，抱着手臂，傲然地站在一個帳蓬前望着我們。然後，和他底一個同伴說了幾句什麽，異常自在地抽起煙來了。於是我們車上的人罵起來了，說他「亡了國，還有這麽大的架子」云。

忽然地來了兩個矮小、猥瑣的警察向這日本人走去。這兩位帶着鎗的我們底同胞，用之孟的話說，好像僴直要被肩上的鎗壓死似的，彎着腰蹣跚着走近那兩個日本人。這兩個日本人仍然抱着手，挺着腿，異常自在地抽着煙。我看見我們底兩位武裝同胞在那日本人回答了一句什麽的時候受寵地、快樂地笑起來了。末後他們拿到了一張什麽表册，笑嘻嘻地走開去了。於是車上的人都憤怒地叫罵了起來，都覺得「中國非亡不可」，都覺得這兩個小警察是非常的丟人，可殺。

那兩個日本人仍然站在那里靜靜地抽着煙。

但忽然地一個高大的，披着號衣的苦力向這兩位天皇的忠民走去了。他是去向他們借火點煙，他底姿態和神情是安靜的，他借了火，沒有給日本人什麽禮節，安靜地大步地走開去了。我看着而覺得歡喜，我覺得，這個苦力，這個北方大漢，他才是眞正地懂得仇恨，也懂得「勝利」的。

同車的多數人也覺得滿意，望着這苦力底背影而爲他叫好。望着他底披着灰色的號衣的强壯的，高大的背影消失在土堆底後面，我想：他是不會受寵若驚的。但願中國多有這樣的懂得仇恨的人們。

過開封後車行頗快，晚上七點半到徐州。聽說十點二十分有「勝利號」特別快車由徐州往浦口，明天早晨八點鐘就可以到。那麽，這旅程意外地提早結束了。

坐在月台上等着。「勝利號」快車進站了，果然是藍鋼皮，燈火煇煌，完全不像沿路來的破落了。大家都非常的高興，進了這漂亮的快車，想到就可以到南京，連疲倦都忘記了。

但我終於支持不了，爬到行李架上去打瞌睡。醒來時車在黑暗的平野中疾駛着，發着時而輕脆時而沉重的敲擊聲，明亮的車燈偶爾照見掠過窗外的樹木和土坡。我感覺着：馬上就要到南京了，我是在南京生長，熟悉它底一切……在那遙遠的山里的十年的生活，別了！

但心情忽然慢慢地沉重了起來。我回來了，我帶來了什麼呢？過去十年，我對這個大地，這個人民，做了什麼呢？我是抱着怎樣的心離去的？誰能料到，誰會願意像這樣地回來？於是我又想，南京是一個庸俗的、可惡的髒臭的都城，人們現在在血腥里尋樂，腐臭的鬼魂各各得到附麗與昇騰，我能希望從它得到較好的麼？

出浦口站走向江邊，看見了對江的在白光與迷霧中的建築，看見了明亮的長江波濤。好的，不管你願意與否，我回來了！我僅僅希望我能夠成爲血腥與仇恨的見證人，我要站在你底面前！

略談明思宗

張禹

一向以爲明思宗（崇禎帝）是一個好皇帝，這個念頭，到最近才被推翻。但是說他是怎樣的昏聵糊塗，到也並不公平。崇禎十年四月的「罪己詔」足爲佐證：

「張官設吏，原爲治國安民。今出仕專爲身謀，居官有同貿易。催錢糧先比火耗，完正額而欲羨餘。甚至已經蠲免亦悖旨橫徵，纔議繕修，乘機自潤，或召買不給價值，或驛路詭轎抬。或差派則賣富殊貧，或理讞則以直爲枉。阿堵違心，則敲朴任意，囊橐既富，則奸慝可容。撫按之荐劾失眞，要津之毀譽倒置。又如勳戚不知厭足，縱貪橫于京畿；鄉官滅棄防維，肆侵淩于閭里。納無賴爲爪牙，受奸民之投獻。不肖官吏，畏勢而曲承，積惡衙蠹，生端而勾引。嗟此小民，誰能安居！」（「明季北略」卷十三，轉引自郭沫若著「甲申三百年祭」。）

那時候，飛機沒有發明，做皇帝的人還沒有飛來飛去「親民勤政」的幸福，連密告箱之類也未曾開始設置，而他還能說、敢說，這種才具和勇氣，就非後繼者所能望其項背了。而且居然在三百年後的勝利大國中呼之欲出，比預言家劉基之流確切得多，更其叫人驚奇佩服。

論者以爲明思宗愛下罪已詔，愛弄些減膳撤樂的把戲，但「舊有鎭庫金積年不用者三千七百萬錠，錠皆五百兩，鐫有永樂字」。（「明季北略」卷五）直到李自成打破北京還是原封未動，於是說他僅僅是一個「要譽專家」；甚至說他和以後的南明諸王不能聯合農民力量一致對外，以爲非是。這實在是過當之論。

明朝是一個完成的（亦卽頑固的）封建主義的王朝，關於封建主的特性，清末的專政者曾有一句體貼入微的說明：「甯亡於洋，不讓於奴」——主奴之間的鴻溝是永遠無法超越的。一直到三百年後，中華官國的學者也還在代表他的主子叫着：「其時對流寇常以議撫誤兵機，對滿清又因爲（迫）於廷議不得言和，遂致亡國。若先和滿，一意剿賊，尙可救」。（錢穆著「國史大綱」五六七頁）惺惺識惺惺，對明王朝不能當機立斷和滿剿「寇」，痛心疾首。

無視於此，一定要把明思宗之類拉到如何的境界，要他跳過他所不能超越的鴻溝，心地未免太忠厚，理想亦未免太奢侈，倒不如還他一個本色，使他早點完蛋。

還他一個本色，我們可以認爲明思宗倒不是怎樣壞的皇帝，甚至較任何封建主，並無愧色。他必須保持他的正統皇位，僅僅這一點，就規定他不能眞的變更傳統政策，卽使到了變與滅亡的歧路，也必須以不變的皇帝身份吊死煤山。譬如說，罪已詔下過之後，知道了吏治的敗壞，可是爲封建專制所必有的貪污昏聵，却非他所改革得了，因此所謂愛民，所謂整飭，所謂責已以至其他種種，適成醜不可耐的「要譽」或者「窗飾」了。何況他還有大纛的奴才，王家貴族，御用學者之流，慫恿他，逼迫他，不讓他在死路裏有一次回頭（卽使他要回頭）的機會。

這是一件固執得可怕的事。卽使是李自成吧，除逼死他外，亦不能强人所難。而爲他所統治的人民，也就遭遇到可怕的賜與。

但，卽使在明末，人民要自救，也還是有辦法的。要是李自成的隊伍能夠繼續强大起來，能夠走上正確的革命的路綫，那麼，三百年來的歷史，就會是另一種寫法。

四六，六，弱水村。

我憎惡

冰菱

我憎惡，我底憎惡使我難以呼吸。我來到這作爲我底故鄉的大城，這所謂中國底首都已經有半個月。我發覺牠仍然像九年前一樣地生活着，我們底統治者和它底豪華腐爛的階層已經用歌舞、用酒宴、用人肉的買賣、豔麗的衣粧、彩色的霓虹、以及演說、歡迎、歌頌輕輕地抹去了中國人民多年來所流的鮮血。我走在街上，無論是白天或是夜晚，都感覺到異樣和陌生，於是我發覺我已失去了九年前的淳樸的心，我底心情已經不同！

這憎惡壓倒了我。我能做些什麼呢？我能說些什麼呢？但我感覺到我必需說出來。

我現在坐在別人底桌前，偷着寫幾個字。正對着窗戶不遠的地方就是北極閣，牠是仍然和多年前一樣地立在那里。剛才有一陣暴雨，但天氣仍然炎熱。街對面是一家戲院，我伸出頭去就可以看見牠底牌子，牠正在演着「法門寺」和「玉堂春」，牠底鑼鼓聲和不絕的叫好聲時時地震動着我。街上走過着叫賣零食的小販，我也憎惡他們底叫聲，我對於這些求生的掙扎似乎已經不會同情，因爲我知道什麼叫做奴才，什麼叫做順民的。前兩天有一個年輕的婦人在這附近的一個臭水塘里自殺了。自殺的原因我不知道，我也沒有看見死者底樣子，我祇知道有些嬌弱的人們晚上不敢走過這水塘，說是這里面「有鬼」。

有一個有名的機關，牠底有名是因爲它臭名昭彰，牠所「接收」的房子原是日本的一個軍事機關住的，聽說那里面殺過不少的中國人。現在大家提起來的時候，也都說「有鬼」。

「南京的鬼一定很多。」一位小姐說。

一位用流氓手段起家的官僚走上他底小汽車時文雅已極，輕輕地好像怕踏死螞蟻，並且用手帕掩着鼻子。

一位名貴的太太夜間出來，去聽京戲，由好幾個僕人侍候着。一位漂亮的小姐在院子里大叫着，邀她底朋友一道去「捧歌女」。

酒吧間門口停着各樣的車輛，美國人在里面豪飲、奏樂、跳舞。拉門的小孩戴着白色的高帽子，向他底站在門外的襤褸的同類擠眼睛。窗外圍着各樣的我們底同胞在看熱鬧。我走過的時候，美國老爺們對窗外的奴隸們生氣了，淋出啤酒來，淋了我一身。我迅速地默默地走開，默默地揩乾，因爲我懂得什麼叫做奴隸的。

百貨陳列櫥燈光燦爛，我看見里面有不少用黑人做商標的貨品，我想，我們這民族，將來也會變成美國人底百貨商標的吧！

但這是決不會的，快樂的奴隸主們！

一位什麼主教來「開展教務」了，廣播電台廣播特別的節目歡迎他。我憎惡地關閉了收音機。這電台就是由什麼主教之類的一批高等華人辦的，但無論早晨和晚上，你都聽得到腐爛的歌聲，有捏着嗓子的歌女唱着：「有人告訴我，你有了愛人……」這大約就是被神聖的「天父」所昭示，這大約就是天堂里的歌聲吧。但或許這是地獄的歌聲，因爲高等華人們是不久就會到天堂里去的！

我希望粉碎南京底一切收音機！我希望用尖銳可怖的怪聲到你底播音機前來叫囂，仁愛的先生們！

街上各處有從飢荒的河南逃亡來的襤褸的人們，有潦倒的青年，落伍的兵士。聽說要「整頓市容」，驅逐這些難看的乞丐們了。

城門很早就關上，車子經過城門時要檢查，據說是防備「新四軍」。

「驅逐」和「防備」之後，這大城將永遠太平了！但是，「南京的鬼一定很多」，冤鬼們在暗中糾纏而奔騰，火燄將從地下噴出，我底憎惡也將因極度的壓縮而爆炸，一切都會得到報償。

……

一九四六，六，九。

我的聽明

舒蕪

「希望」一集四期有一篇雜文，「沉默成功了什麼」，略謂以沉默爲最高的輕蔑，用這戰法時也得看清對手，有些東西正希望你沉默，他便可以說你已經默認，或是被罵倒了。這個意思很好，也有許多實事可以證明，看了之後所以頗有印象。

前天接到朋友寄來的一篇文字，登在廣州出版的一個雜誌上的，專爲教訓我，以我的「論主觀」爲材料，其末尾云：「舒先生，多讀一點書對你是有益的，而且我相信，沉默將證明你是聰明。」這使我又想起那篇雜文，更覺得他說得很對。這所謂「聰明」，意義相當於「識相」，故除預先派定我當默認或被駡倒外，尚有一種威嚇的作用，也是可能的；然而又未嘗沒有一種「激將」的作用。我倘沉默，他固然可以說是被駡倒，嚇倒，或是遵行了他的教訓；倘不，而老老實實的去和他對說，他又可以說是中了由人妙計矣，雖然這話未必公開說出來，總之，二者必居一於此，在我是天羅地網，在他就總會優勝。

那麼，「多讀一點書」是不成問題，無論誰說，或竟沒有誰說，我都應該這麼做的；至於沉默，究竟是否這樣做呢？想了一想，也還是照做。他要優勝由他優勝去，反正沒有法子可想，而在我這方面却又有我的打算：直白的說，就是想省此麻煩。蓋若寫成文章，發表出去，加以辯解，對象不外兩種，一就是他，一是讀者諸君，我自己固不與焉。他，是已經證得明明白白，本意只在教訓我一頓，並不要聽我說什麼了；然則我又何必一定要對他說什麼，自輕自賤至於是哉？就令上文所說的「激將」的作用乃係眞有，被激出來之後亦徒供其笑樂，別無任何意義；使他失去一個笑樂的機會固然也有些抱歉，好在這笑樂亦尚非生命所繫的東西，則我之犧牲也還是可不做則不做耳。對於讀者諸君，儘可能的把我的微意解釋清楚，本是我的責任，但解釋的機會儘有，在這個情形之下來解釋却可不必，且諸君所要詰問的亦未必正與他所指指點點的地方相同，解釋起來還是毫不相干的。昔人固嘗以無益之事遣有涯之生，然我所做的無益之事亦已不少，如今總想不再加多，這一點微衷，諸君當可相諒吧！

我有時想，對於了解者，不解釋他也會了解，對於不了解者，解釋再多也還是不了解，所以解釋均無必要，惟沉默最爲得體。但又想，這也許是「形而上」的看法，了解與不了解之間或亦有相互轉化的可能，於是亦不能無暫時的中間狀態，於此，解釋乃仍有其必要。但至少，對於無意了解，存心教訓一頓完事者，與夫早已完全了解者，皆不必解釋什麼：這樣修正一下，總可以以說得通了。偏從人而說之，強聒而不舍，枯槁而不已，此誠往聖之高風，雖莊生亦不能不因此贊墨子爲「才士」；然泰岱之高非螻蟻所能攀登，螻蟻好容易爬上一丘一垤之後已更無餘力，與其妄希泰岱，遂長力竭，徒隕其身，又固不如好好的爬他的丘垤，如道學家所謂「盡其性分所固有，則其職分所當爲」之爲得也。以大聖哲的精誠，才可以無不感格；如我輩者，對於有意了解而尚未了解的人，努力求其相通，已需竭盡所有的力量，遑及其他？即使強行兼顧，亦正無分毫裨益耳。

「宋稗類鈔」記楊叔賢事，謂其「爲荊州牧時，虎傷人，楊就虎穴磨崖刻『戒虎文』，如『鱷魚』之類。後改官鬱林，以書託知事趙守基打『戒虎文』數本。趙遣人打碑。次日，本耆申：某月日磨崖碑下大蟲咬殺打碑匠二人。趙即以耆狀遞答。」夫人虎之不相通久矣，不去戒它，也沒有誰會加以譏笑的吧；乃看得韓文公眼紅，偏要這麼學一下，不幸而老虎偏不湊趣，又弄得這樣當場出彩，遂難免爲趙君所揶揄矣。「顏世家訓」「名實篇」記有人居喪本極盡禮，以孝子稱，乃自以爲未足的用巴豆塗臉成瘡，表哭泣之過，事爲左右所洩，遂使外人連他先前的盡禮都只爲僞。凡力不能及而勉強去做者，往往連固有的都要喪失，皆此類也。韓愈的「祭鱷魚文」，幼年誦讀時本也很感興趣，後知其實情，不過是章獻金匱給主葬之類，西洋鏡乃被拆穿，也總算得了一種啓示。楊君生在那個時代，想所爲當尚出眞心，未必明知韓愈之僞更從而仿效。在我們這個時代，却眞的應該「聰明」一點，度德量力而爲之；不然，不更爲楊君所笑乎。

道學家動輒駡人禽獸，有時却又望禽獸能聽他的話，「信及魚豚」，這眞是「人類的自私心」。這個名詞，本是「論主觀」的附錄裏我的一個朋友所說，批評我的，我現自覺已正前非，故以之轉贈道學家。因爲，上文云云，實在並無自居「萬物之靈」，却把誰比爲鱷魚或老虎，以示輕侮之意，不過借此說明不相通之狀罷了。記有笑話：謂二人合扮武松打虎，先扮虎者被扮武松者痛打，表示抗議，武松乃曰，不打你豈不被你吃了？於是互換角色，後扮武松者又被扮虎者痛咬，再表示抗議，虎曰，不咬你豈不被你打死了？由此可知，倘鱷魚或老虎也做一篇文章，以圖感化韓愈或楊叔賢，其可笑亦正相同；我也無妨是老虎或鱷魚，然所以自謀之道，大抵也還是那樣耳。

（一九四六，六，一〇。）

致讀者：

一、願意廣收同好者底來稿，凡文藝創作和文化批判，不論那一類（暫不收純學術性的文章），由幾百字到一兩萬字，除了我們認爲不必發表，或者本來很好但我們不懂的以外都願發表。

二、特別徵求紀錄實際事件或實際人物底特徵的，短小的報告。

三、短稿請留底子。長稿附有貼好郵票，寫好地址姓名的退件信封或封皮者，不用時當退還，否則不退，查詢時亦不覆。這對於各個寄稿者費力甚少，但對於無分身法、無止日術的編者都可以節省出相當時間的生命。

四、來稿請用有格稿紙按格抄寫，這對於編者、排者、校者是一大恩惠。

五、爲了節省彼此的精力時間，凡虛僞的聲音或中庸的議論，請免寄。

六、來稿決定發表時卽發通知，發表後卽寄發表費。

七、來稿寄「上海威海衛路五八七號中國文化投資公司」轉。

徵求：

希望 遷滬出版 紀念定戶一萬戶

一、每戶先交或寄法幣五千元。

二、出版時儘先發定戶。

三、照定價七折計算，且不收平寄費及包札費。

四、讀者興轉趣移，可以政定其他書刊或取回餘額。

參加定戶的讀者可以——

幫助推廣本刊的發行，

外地讀者不致有買不到本刊的苦處，

能夠用最低的書價得到本刊，

外地的讀者不受加價的負担。

我們希望愛護本刊的讀者——

踴躍定閱，

聯合定閱，

介紹朋友定閱，

定本刊給知心的朋友作爲贈品。

中國文化投資公司 啓

（上海威海衛路五八七號）

希望

第二集第三期（總號第七期）

民國三十五年七月出版

編輯者：希望社

主編人：胡風

發行人：胡國城

總發行所：**中國文化投資公司**

上海威海衛路五八七號

電話三九八九一

特約經銷：

上海 中國圖書雜誌公司

重慶 生活書店

三聯書店

漢口 上海雜誌公司

長沙 大公店

廣州 南光書店 三聯書店

開封 青年書店

西安 亞光書店

華北 大學出版社

內政部登記證京字第九四六七號（轉移登記在呈請中）

[illegible]

本期定價貳仟元

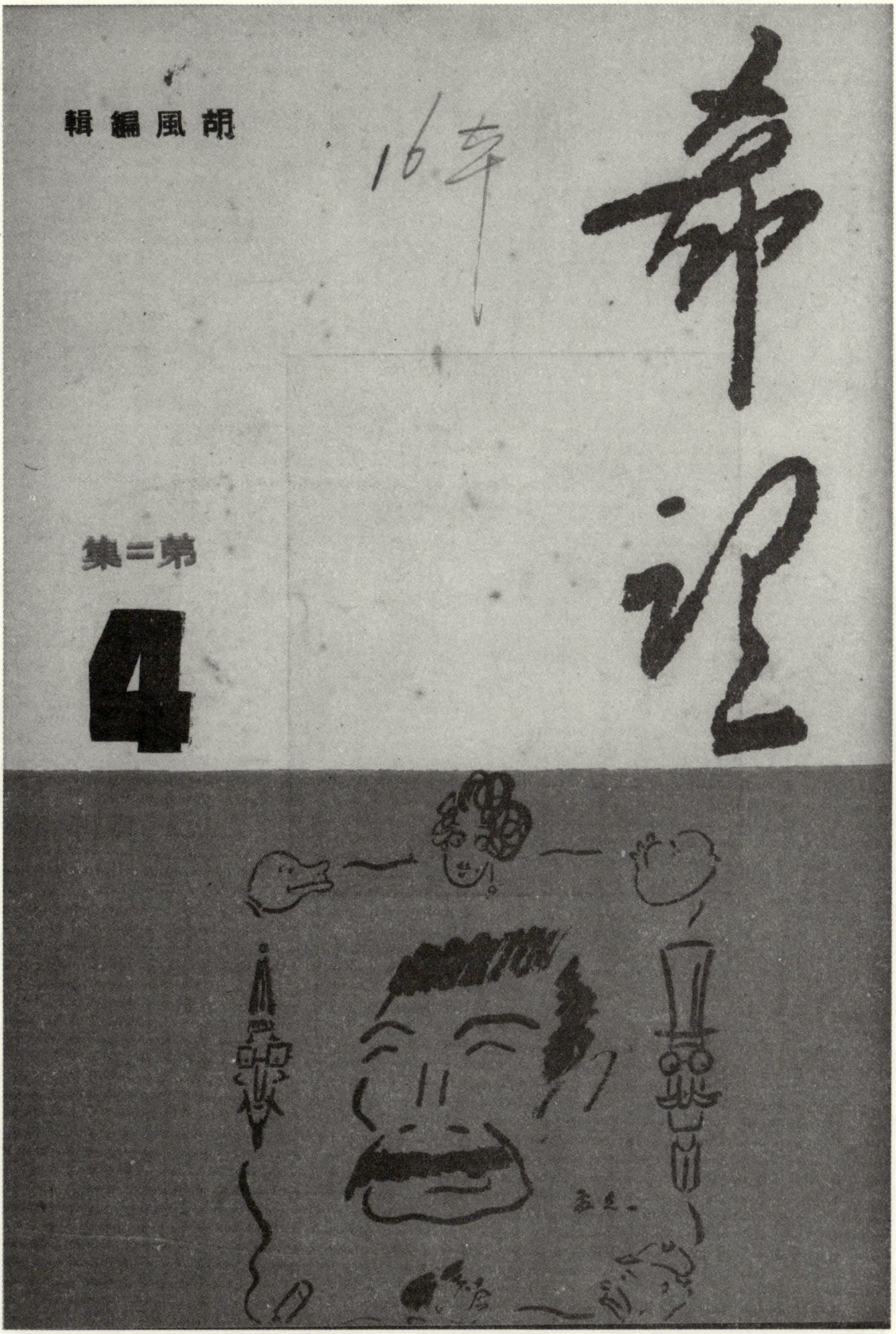
胡風編輯
希望
第二集
4

魯迅先生照像（五十歲時）

希望

第二集　第四期

魯迅先生語錄

1. 殘害了幾萬幾十萬人，還只『能博得一時的慴服』，爲『成功的帝王』設想，實在是大可悲哀的：沒有好法子。……

2. 要論中國人，必須不被搽在表面的自欺欺人的脂粉所誆騙，卻看看他的筋骨脊梁。自信力的有無，狀元宰相的文章是不足爲據的，要自已去看地底下。

3. 石在，火種是不會絕的。

目錄：

1946

1946

關於魯迅精神的二三基點

胡風

魯迅先生逝世以後，全國哀悼底怒潮比什麼都更強辯地說明「他底戰績底偉大。但恰如爲了證明魯迅爲那戰鬥了一生的黑暗勢力還是存在的一樣，有些蒼蠅蚊子之類的東西，在這樣的時候依然在他身上尋找發議論的材料。其一是說：魯迅沒有創造出一個完整的思想體系。

不錯，魯迅一生所走的路是由進化論發展到階級論。在初期，他相信社會一定會從黑暗進到光明，在自然科學里面找着了對一切黑暗勢力反抗的根據，但到了後期，他底思想里的物質論的成份漸漸成長,明確,認定了什麼人應該死滅，什麼人才有將來。進化論也罷，階級論也罷，這都不是魯迅本人所創造的「思想體系」，但如果離開了人類數千年歷史所積蓄起來的人類智慧底最寶貴的路線，獨創地弄出一個什麼「思想體系」，那即便不是「大同書」的康有爲，「東西文化及其哲學」的梁漱溟，至多也不過是一個森林哲學的泰戈爾或不合作主義的甘地罷了。魯迅先生生於封建勢力支配着一切的中國社會，但却抓住了由市民社會底發生期到沒落期所到達的正確的思想結論，比什麼人更早也比什麼人更堅決地用這來爭取祖國底進步和解放。這是他底第一個偉大的地方。

但如果他祇是進化論和階級論底介紹者或宣傳者，也就不怎樣爲奇，但他同時是最了解中國社會，最懂得舊勢力底五花八門的戰術的人，他從來沒有打過進化論者或階級者的大旗，只是把這些智慧吸收到他底神經纖維里面，一步也不肯放鬆地和舊勢力作你一鎗我一刀的白刃血戰。思想底武裝和對於舊社會的豐富的知識形成了他底戰鬥力量。思想運動里面不知道有過多少的悲喜劇，有些人根本不懂中國社會，只是把風車當巨人地大鬧一陣，結果是自己和幻影一同消亡，有些人想深入中國社會，理解中國社會，但過不一會就投入了舊社會底懷抱，所謂「取木乃伊的人自己也變成了木乃伊」，只有魯迅才是深知舊社會底一切而又和舊社會打硬仗一直打到死。這就因爲那些思想運動者只是概念地抓着了一些「思想」，容易記住也容易丟掉，而魯迅却把思想變成了自己底東西，思想本身底那些概念詞句幾乎無影無蹤，表現出來的是舊勢力望風崩潰的他底戰鬥方法和絕對不被舊勢力軟化的他底戰鬥氣魄。他自己說：「因爲從舊壘中來，情形看得較爲分明，反戈一擊，易致強敵的死命」，魯迅不是一個新思想底介紹者或解說者，而是用新思想做武器，向「舊壘」「反戈」的一刀一血的戰士。五四運動以來，只有魯迅一個人搖動了數千年的黑暗傳統，那原因就在他底從對於舊社會的深刻認識而來的現實主義的戰鬥精神里面。

最後，魯迅的戰鬥還有一個最大的特點，那就是把「心」「力」完全結合在一起。別人當戰鬥的時候是只能運用腦子，即所謂理智，或者只能憑一股熱血，但他則不然，就是在冷酷的分析里面，也燃燒着愛憎的火焰。——不，應該說，惟其能愛能憎，所以他的分析才能冷酷，能夠深刻。他自己說，「能憎才能愛，能愛才能文」，翻開他底全部作品來，不是充溢着愛心就是噴射着怒火，就是在一行諷刺裏面，也閃耀着他底嫉惡愛善的眞心。這是一個偉大戰士底基本條件，也是一個偉大藝術家底基本條件。他底作品或雜文之所以能夠那樣在讀者心里發生力量，就不外是他底筆尖底墨滴裏面滲和着他底血液的原故。蒼蠅蚊子之流的論客一開口就說他尖酸，刻毒，那只是說明了他們只能永遠地被排斥在他底慈愛的光圈以外而已。「吃的是草，擠出的是牛奶，血」，沒有比他自己底這一句話更能解釋融合着思想家，戰士，藝術家的他底一生。

魯迅底一生爲了祖國的解放，祖國人民底自由平等而戰鬥了過來的。但他無時無刻不在「解放」這個目標旁邊同時改着叫做「進步」的目標。在他，沒有爲進步的努力，解放是不能達到的。在神聖的民族戰爭期的今天，魯迅底信念是明白地證實了：他所攻擊的黑暗和愚昧是怎樣地浪費了民族力量，怎樣地阻礙着抗戰怒潮底更廣大的發展。爲了勝利，我們有努力地向他學習的必要。

一九三七，十月十七夜，漢口。

魯迅的中國與魯迅的道路

舒蕪

魯迅的中國與魯迅的道路。魯迅的中國造成了魯迅的道路，魯迅的道路貫串了魯迅的中國。

一

魯迅的中國，是這樣一個國家：——

在這個國家里，「舊社會的根底原是非常堅固的，新運動非有更大的力不能動搖牠什麼。並且舊社會還有牠使新勢力妥協的好辦法，但牠自己是決不妥協的。」（二心集：對于左翼作家聯盟的意見）

在這個國家里，充滿了「做戲的虛無黨」，「他們的對于神，宗教，傳統的權威，是『信』和『從』呢，還是『怕』和『利用』？只要看他們的善于變化，毫無特操，是什麼也不信從的，但總要擺出和內心兩樣的架子來。……雖然這麼想，却是那麼說，在後台這麼做，到前台又那麼做，……。」（華蓋集：馬上支日記）

所謂做戲的虛無黨，就是社會鬥爭中舊社會方面的優秀的選手。他們之所以能在妥協的外形之下決不妥協，並且能使新勢力反而妥協，這種好辦法的全部祕密，就在于做戲，就在于那種做得越逼眞就越是虛僞的做戲。不知多少新運動已在這里被消滅；更不知多少新運動已在，正在，將在這里被削弱，傷損，阻滯！

例如，「五四運動之後，……表面上却頗有些成功，于是主張革新的也就蓬蓬勃勃，而且有許多還就是在先譏笑，嘲罵『新青年』的人們，」（熱風題記），這本來正是一場好「戲」，正是一件大可悲哀的事。

然而，對于這件事，却又有一種別樣的看法：「巴黎和會的消息傳來，中國的外交完全失敗了。于是有『五四』的學生運動，……這一年（一九一九）之中，至少出了四百種白話報。……一年以後，日報也漸漸的改了樣子了。從前日報的附張往往記戲子妓女的新聞，現在多改登白話的論文譯著小說新詩了。……時勢所趨，就使那些政客軍人辦的報也不能不尋幾個學生來包辦一個白話的附張了。……因此，民國八年以後，白話文的傳播眞有『一日千里』之勢。」（胡適文存二集二冊：五十年來中國之文學，十節）這好像一個將軍在戰勝之後陳說戰績，很有志得意滿的神情。可是，剛才還在「記戲子妓女的新聞」的日報的附張，搖身一變就「改登白話的論文譯著小說新詩」；幾個學生「包辦」的「白話的附張」，却倚賴着「政客軍人辦的報」，而且是被政客軍人「尋」來「包辦」的：這究竟是誰戰勝了誰，誰俘虜了誰，誰的領域包容得更廣了，誰的陣容的整肅被傷損了，未必不是很值得研究的問題麼？

人們生活，行進，戰鬥于這樣的國家之中，對這國家就必須作這樣的認識，認識它的這樣。必須認識：舊社會的根柢的堅固；必須認識：舊社會憑藉着它的堅固的根柢，就可以放心大胆的做任何戲；必須認識：不管任何戲，不管怎樣逼肖新運動，都無損于舊社會的堅固的根柢之毫末。必須認識這些，才是眞正的認識了中國。

而這樣的中國，是在魯迅的光芒的逼射之下呈現出來的，所以當歸屬于他的名，所以是：魯迅的中國。

二

魯迅的中國，既然是那樣一個國家，魯迅的道路，因此也就是這樣一條道路：——

在這條道路上，是需要善良的，然而它的具體形式只能是惡毒；是需要和愛的，然而它的具體形式只能是憎恨。

在這條道路上，信任的心要存在，反而必得藉助于懷疑；，公平的心要存在，反而必得藉助於偏狹。

在這條道路上，必須通過自衛，才能實現犧牲；必須通過冷酷，才能實現熱情。

在這條道路上，追求光明的心，不能不依靠正視黑暗的眼。在這條道路上，籠罩着全人類全世界的大的高的思想情感和精神，就不能不變爲對於區區「小我」的一切苦樂恩仇視聽云爲的毒蛇似的糾纏與怨鬼似的執着。

這條魯迅的道路，就是魯迅的中國所造成的。魯迅，用他的正視黑暗的眼，正視黑暗的中國，就在這樣的國家裏面「走」出了他的道路。他說：「我的作品，太黑暗了，因爲我常覺得惟『黑暗與虛無』乃是『實有』，却偏要向這些作絕望的抗戰」（兩地書，四），這就是他開闢他的道路的過程的簡略說明。

「惟『黑暗與虛無』乃是『實有』。」

是的，這就他的基本認識，也就是他的道路的路基。當他踏着這道路而前進，這道路也隨着他的脚步而展開的時候，他不斷的戳破各種「光明」，拉出那裏面濃重的黑暗；撕開各種「高潔」，顯出那裏面濃重的卑汚；踢翻各種僞天堂，使之復呈地獄的原形；打倒各種僞天使，使之再現魔鬼的本相；「那些頭上有各種的旗幟，繡出各樣好名稱：慈善家，學者，文士，長者，青年，雅人，君子……。頭下有各樣外套，繡出各式好花樣：學問，道德，國粹，民意，邏輯，公義，東方文明……。」（野草：這樣的戰士）就都是他在全生涯中不斷找尋，不斷打擊着的對衆。

因此，他正是「于浩歌狂熱之際中寒，于天上看見深淵。于一切眼中看見無所有；于無所希望中得救。」（野草：墓碣文）因爲實是凜寒，做戲的虛無黨偏做出狂熱之狀，騙得人們浩歌；惟有他不爲所欺，自然中寒而戰慄。實是深淵，做戲的虛無黨偏佈成天堂美景，騙得人們爭先恐後的奔赴；惟有他不爲所欺，自然狂呼絕叫的阻住他們，指出前面的的險境。

然而，他何以獨不受騙呢？「于一切眼中看見無所有。」眼睛是心靈的永難閉得住的窗，做的戲儘管逼眞，亂眞，心內的「虛無」却總難以不被自己告發出來的。

然而，又何以「于無所希望中得救」呢？「『絕望之爲虛妄，正與希望相同。』（野草•希望）他是，首先是「用這希望的盾，抗拒那空虛中的暗夜的襲來，雖然盾後面也依然是空虛中的暗夜。然而就是如此，陸續地耗盡了我的青春。」（同上）進一步是「就還要尋求那悲涼漂渺的青春，但不妨在我的身外。因爲身外的青春倘一消滅，我身中的遲暮也卽凋零了。」（同上）而終于是「縱使尋不到身外的青春，也總得自己來一擲我身中的遲暮。」（同上）看來是希望的涿漸的潰滅，其實是涿漸的內斂；青春的希望往往支持不到遲暮，現在到遲暮還要尋求身外的青春，到不見身外的青春時仍要就把身中的遲暮付之一擲，這希望就其實是無物可以損害其一毛的，永生不死的大力量。只有具備「這種大力量的大勇者，才能只對于黑暗的輕蔑的正視，對于天眞的樂觀家的諷懲的刺諷，說：「絕望之爲虛妄，正與希望相同。」而且宣佈：「于無所希望中得救。」

他說：「你的反抗，是爲了希望光明的到來能？我想，一定是如此的。但我的反抗，却不過是與黑暗搗亂。」（兩地書：二四）他其實豈眞是不希望光明的到來？不過看清了古國的黑暗之濃，重，深，厚，看清了光明非可倖致，更不可驟致，便用了內部的光明對于外部的黑暗的不可忍受，作爲大熱大力，以不斷的發動此時此地的戰鬥而已。

人們說着「明天的光明」，想的其實是「今天下午的光明」，或「現在的光明」。眞正向明天的光明，魯迅是當然看到，而且愈到來愈清楚的看到的。但他不認爲有什麼「今天下午的光明」或「現在的光明」，現實中確也沒有。那，只存在于做戲的虛無黨所做的戲中，只存在于天眞的看戲者的輕信中；前者可以用它來掩飾黑暗的自己，後者可以用它來陶醉軟弱的自己；而正因此，魯迅在自己的道路上就必須剷除它。

可以這麼簡單的說：不斷剷除着這樣的「光明」，顯現出「黑暗與虛無」之爲「實有」的道路，就是魯迅的道路。

三

人們說：戰鬥總是爲了追求光明，想開闢一條出路，如果這麼一片黑暗，還戰鬥什麼呢？魯迅說：「但不是正因爲黑暗，正因爲沒有出路，所以要革命的麼？倘必須前面貼着『光明』和『出路』的包票，這才雄赳赳地去革命，那就不但不是革命者，簡直連投機家都不如了。」（三閒集•剷共大觀）所以，在他，就正如景宋所說，是「以悲觀作不悲觀，以無可爲作可爲，向前的走去」（兩地書：四）的。

但在這種場合，決定的支持着他的戰鬥的，當然就是內斂了的希望，深濟于內部的光明和開拓。倘內部沒有這種光和力，則不但不能以悲觀作不悲觀，以無可爲作可爲，而且卽使樂觀也樂不出什麼，卽使可爲也爲不出什麼的。因此，在他的道路上有一件最重要的任務，就是「革命人」的養成，內在的蘊有光明和開拓力的「革命人」的養成，由于這種內在的光和力而就不管怎樣都非革命不可的「革命人」的養成；對于他，對于繼承他的道路的人，這是最重要的。

他反對革命文學中的八股主義的時候，曾經說過：「如果先掛起一個題目，做起文章來，那又何異于八股，在文學並無價值，更說不到能否感人了。爲革命起見，要有『革命人』，『革命文學』倒無須急急，革命人做出東西來，才是革命文學。」（而已集：革命時代的文學）這里面有的原則，不但適用于文學的問題上，而且適用于革命本身的問題上。因此，當別人往往是「去革命」的時候，他却是首先「革自己的命」：革自己的命，革掉「不革命」的自己的命，把自己變成「革命人」，然後凡有革命人所做出來的事，才都自然的是革命的事。

在這一項任務之下的努力，可以防止自己于不意之中變成做戲的虛無黨，因此也就直接的成爲對于一切做戲的虛無黨的進攻。

因爲，做戲的時候，總是滿口漂亮堂皇的話語，滿身漂亮堂皇的姿勢，愈做下去就愈發昏。這些漂亮堂皇的東西，當然顯得崇高廣闊，遠遠超乎區區「小我」之上，又最容易吸引人。而魯迅，在對于自己的場合，偏偏就是明白的宣稱：「可談的問題自然多得很，自宇宙以至社會國家，高超的還有文明，文藝。古來許多人談過了，將來要談的人也將無窮無盡。但我都不會談。」（三閒集：怎麼寫）並且更明白的宣稱：「切己的瑣事總比世界的哀愁關心」（同上）。這樣，就不在任何光華奪目的背景之前，而在最現實最眞實的「切己的瑣事」之中，淸淸楚楚的認識自己，切切實實的革自己的命，革除掉使自己變爲做戲的虛無黨的一切可能。

同時，因爲那些做戲的虛無黨，「『理論』是有着很多的，然大都僅是一個幌子；現在很認識吧？而其實又並不如此。社會活動裏要找幾部『老實』的理論，系統的學說，是不容易找到的。……在這裏，要捉牢『某種社會的典型』，就特別要通過這『變戲法者』的實際行爲，而且要具體的從他前後的行爲上去辨別，才容易得手。這時『理論』的奧妙也就明晰了。」（雪華：導師的喪失）魯迅的雜文，他的通過雜文而表現的戰鬥方式，就是進攻那些做戲的虛無黨的利刃。他不管所做的戲的情節，不管所唱的戲詞，而只是向戲子本人進攻；換句話說，他不管對方表白了什麼，陳說了什麼，而只問他是否「反動人」。這就是他所說的：「要看淸對手。」（墳：論「費厄潑賴」應該緩行）詳細的辦法是：「爲人也則幫之，爲狗也則不管之，爲壞狗也則打之。一言以蔽之：『黨同伐異』而已矣。」（同上）

而當「革命人」與「反動人」接觸，發生種種關係時，看來只是私人糾紛，那中間其實就最眞實的蘊有着大的高的社會鬥爭或歷史鬥爭的意義。魯迅對于恩仇愛憎苦樂悲歡的那樣執着，那樣糾纏，正是建立，發展于這個基礎上的。

四

所謂「韌性的戰鬥」，是魯迅戰略中最有名的一個戰略，然而這也是由正視黑暗的態度產生的。

因爲正視黑暗，深知古國的厚，重，堅，牢，並非用一拳一脚，于一朝一夕就可打翻，所以必須如愚公之移山，沉住氣，耐住心，堅持到底，固執到底；勿急躁，勿瘋狂，尤其不要弄到「盛極之後難爲繼」；把石頭一塊塊的丟開，把泥土一担担的拋掉；好在究竟已非愚公的時代，集體可以日大，實力可以日增，「而山不加增，何苦而不平？」

在這裏，就須提防做戲的虛無黨的襲來。他們可以忽然于移山者們之前，搭起戲台，裝好一場平陽大道的佈景，做出山已移去之後的歡欣慶祝，開正步走向前去的樣子，騙得移山者們鬆下勁，停了手，呆呆的望着，終于懶懶的走散。在這里，就須有魯迅所歌頌的天津車站上替人運行李的潑皮們的精神：倘說這山是天下名山，應該留下，答覆是，再掀起一塊石頭；倘說這山也還平坦，無妨走點山路，答覆是，再挖起一担土；倘說山下另有迂路，也還可走，答覆是，再把一塊石頭丟開；倘說山下更有捷徑，趕快去走，答覆是，再把一担土拋掉；倘說此山行將自己崩倒了，還是要移；倘說有大天神要來助你移山了，還是要移；倘說不妨稍歇一會，還是要移；倘說最新的穿山機快要到了，還是要移；就是說得活龍活現，說此山已被你們移掉，並且恭維一番，但倘足下仍有崎嶇之感，或覺得自己出的力實不能得此意外效果，那樣也就還是要把眼睛再睜大些，再去搜索石塊泥土，把它們丟開，拋掉。——但當然，倘另一方面有人高呼：就要完了呀！大家在這幾天裏而拚着不飲不食不睡不言不笑，就把它幹完吧！那也還是絕對不聽的。

在這里，也須提防自己變爲做戲的虛無黨。一塊石，一担土，本來都很渺小；丟一塊石，拋一担土，這些工作也都顯得很無用，很卑微。做着做着，手酸了，脚軟了，看看還無損于山之一毛，耐不住了，只希望怎樣一下子就來個旋乾轉坤。實際上無此可能，就只好做戲，在做戲中做出旋乾轉坤的樣子來，既以騙人誤人，又以騙己誤己。或者，更因爲知道有共工首觸不周山的故事，就也來倣效一下，一頭撞上去，一命嗚呼，這雖然是用生命來換取一片光輝，照例無可非議，然而從這平凡現實的人間看來，仍然不能不說是有些做戲化的。而且，倘大家都受感化，都照樣做，結果就只能落得無人移山，讓頑山屹然長存，並且看着它自己面前狼藉的屍骸而發出終古的得意的獰笑了。

這種歇斯的里亞的傾向與行動，固然未必盡出于騙取光輝的動機，用生命行騙的事也究竟少有。然而，總含有一種「聊以快意」的心情，而這心情就證明他自己也並非眞的相信一頭就可以把山撞倒了。至于失足墮岩，或與山神格鬥而死，這一類的犧牲，當然又不能相提並論。

總之，所謂「靱」，是專用來對付作爲「實有」的黑暗——其實也就是「靱」——的。雙方都是「靱」，都是「實有」，才打得起仗來。也是專用來對付做戲的虛無黨的「虛無」的。這「虛無」的拿手好戲，就是能于失敗之後，「一切都頹然倒地；——然而只有一件外套，其中無物。無物之物已經脫走，得了勝利，」(野草：這樣的戰士)，仍然逍遙自在，到別處去做別的戲文。這時對付的辦法就只有是，也仍然追着打過去，刺過去。——而這「也仍然」，也就是「靱」。

五

魯迅戰略中的另一個有名的戰略，就是復仇主義。他在那篇有名的宣揚復仇主義的論文，「論『費厄潑賴』應該緩行」(墳)的結論裏面，就明明白白說過：「反改革者對于改革者的毒害，向來就並未放鬆過，手段的厲害也已經無以復加了。只有改革者却還在睡夢裏，總是吃虧，因而中國也總是沒有改革，自此以後，是應該改換些態度和方法的。」由此可見，他的復仇主義，就正與他的正視現實，正視黑暗的態度息息相通。不然，不但要復仇也找不着對象去復，而且，復仇主義這樣沉重的大砍刀，也不是懶洋洋的閉着眼睛在做好夢的人所能揹得起，舞得動的。

精神柔脆的人不敢實行復仇主義，往往是怕自己的復仇未得其平，怕要做得太過。魯迅說他自己，「有時也想：報復，誰來裁判，怎能公平呢？便又立刻自答：自己裁判，自己執行；既沒有上帝來主持，人便不妨以目償頭，也不妨以頭償目。」(墳：雜憶，三)這是勇于自己負起責任的話。但實際上，改革者只有以對方的目償了自己的頭的時候，決不會——或退一步說，太少有以對方的頭償了自己的目。原因很簡單，就在于反改革者對于改革者的毒害，手段的厲害已經無以復加了；既無以復加，無論怎樣毒辣的報復，就頂多也不過和對方一樣厲害，不可能更過于他的程度。個別的情形之下，偶然也會有報復得稍過一些的，但結算雙方的總賬，這稍過的一些，就遠抵不上其他報復不夠，和根本無報復而純粹吃虧的份量了。對于歷史規模的黑暗勢力的兇殘情況，倘能正視，得到全面的認識，自然就會毫無顧忌的復仇，能怎樣毒辣就怎樣毒辣。

而且，即使在個別的情形之下，報復得太過的事，仍不妨說是絕無僅有的。對于黑暗勢力的代表人物能生報復得太過之感的時候，大抵總是他們有些失勢的時候。在這種時候的他們，「雖然有時似乎受傷，其實並不，至多不過是假裝跛脚，聊以引起人們的惻隱之心，可以從容避匿罷了。他日復來，仍舊先咬老實人開手，『投石下井』，無所不爲，」(墳：論「費厄潑賴」應該緩行)只須清楚的看到他們後日的行徑，就絲毫無所用其惻隱之心，即使有了也當自行壓制下去。這壓制，當然是不容易的，人們總易爲當前的可憐之狀所動。因此，在這裏又有透澈的認清做戲的虛無黨之種種技倆的必要：無論其怎樣搖尾乞憐，戰戰兢兢，或自悔自恨，搥胸頓足，一概以做戲視之；待其做完，或不待其做完，仍自給以復仇的一劍。

只有復仇的劍可以刺向黑暗之後的虛無，他若遁身于光明的庇蔭之下，那麼，也還是刺過去。

但在這里，爲了怕老實人會發生誤解，得加上一點解釋．復仇主義並不等於「盲動主義」。盲動主義只能是赤膊上陣，但復仇主義是戰鬥底本質的要求，它得創造戰略與戰術，更得運用戰略與戰術的。所以，對於敵人，有時甚至會舉杯言歡，握手以至擁抱的．「像熱烈地擁抱着所愛一樣，更熱烈地擁抱着所憎——恰如赫爾庫萊斯(Hercules)的緊抱了巨人安太烏斯（Antacus）一樣，因爲要折斷他的肋骨。」

六

總之，在這個一向是惟「黑暗與虛無」爲「實有」，而此「實有」的「虛無」又善于做種種戲的中國，在由魯迅的光芒的逼射而顯現出來的這樣的中國，一切爲了光明和眞實的，也只有在光明之下和眞實之中才能以其原形而存在而作用的東西，在這裏都不得不要求着種種與原形相反的形式，不得不變形。魯迅的道路上，大抵都是經歷了這種偉大的變形的東西，引導向眞實與光明去。到了那裏，這些變形當然不必再繼續，也自然的不會繼續；而這些東西在自己的解放了的形式之下，回顧先前的苦痛的形式，或者也將發一聲苦痛的大笑，然後掉頭逕自走去吧！

然而，現在還沒有到。現在的中國，還是魯迅的中國。在魯迅的中國，還不能遠離魯迅的道路。

然而，抗戰一代的覺醒了的知識青年羣中，却確乎有一部份是和魯迅逐漸疏遠，從魯迅的道路逐漸遠離了。他們對於魯迅，保有一種漠然的尊敬，但對於魯迅的道路，却大抵不甚了然。他們在接受先進國家先進文化比較順利的條件下，精神上覺得親切的，是居格涅夫，是托爾斯泰，是高爾基，是紀德，是羅曼羅蘭；然而他們生活在，行進在，戰鬥在魯迅的中國，精神上覺得親切的，却不是魯迅。

當然，如果居格涅夫以至羅曼羅蘭，都是重重甲胄的戰士，因爲甲胄的樣式和文釆而各各具有鮮明的特徵；那麼魯迅，就只是帶着自己的身體上陣，一層凝血加一層傷疤，一層傷疤加一層凝血，用自己的血和肉製成「皮甲」。

如果居格涅夫的西歐主義，托爾斯泰的福音主義，高爾基的新人文主義，紀德的新個人主義，羅曼羅蘭的理想——英雄主義，都是各各具有特異的構造和效用的步鎗，大砲，坦克，飛機；那麼魯迅主義，就首先叫不什麼名目來，只能叫作「魯迅主義」，其次又只是，「蠻人所用的，脫手一擲的投槍」（野草：這樣的戰士）。

如果居格涅夫以至羅曼羅蘭，都是人類的高樹繁花；那麼魯迅，就只是「野草」。

如果西歐主義以至理想——英雄主義，都首先是世界的；那麼魯迅主義，就首先是中國的。

總之，相形對比之下，魯迅和魯迅主義，並沒有耀目的光，並沒有震耳的聲，並沒有熾天的焰，有的只是沉重和闇澹，靜寂和凜冽，堅硬和鋒稜，糾纏和慘刻。

正因爲這個，抗戰一代的一部份進步知識青年就疏遠了他和它。這些都是良善的和愛的快樂的人們，在精神上都是一出世就處于有光明在招引的情勢中，彷彿以爲他們的中國已不是魯迅的中國，他們所當走的道路已不是魯迅的道路。

也正因爲這個，有些打着進步文化的招牌的市儈和掮客們，就不能不和魯迅的道路發生決定的分裂。他們的柔懦不能承受那沉重，他們的浮華不能接受那凄苦，他們與魯迅是本質上就不相同的人。

但市儈和掮客們無論要怎樣，就由他去罷。那一部份良善的和愛的快樂的青年們，却必須趕快重新走上魯迅的道路，因爲現在的中國畢竟還是魯迅的中國。

七

魯迅的中國需要魯迅的道路，魯迅的中國不能不需要魯迅的道路。辛亥以後抗戰以前的文化動態證明了前者，抗戰八年的文化動態却證明了後者。

由于人民的力量的高漲，抗戰八年中，魯迅的中國似乎是改變了面貌了。這時，一部份覺醒了的青年們，只看到這種面貌，就以爲魯迅的道路可以終止，原先不得不變作惡毒，憎恨，懷疑，偏狹，自衛，冷酷的形式的，這時已經可以恢復原狀，已經可以簡單的直接的就作爲良善，和愛，信任，公平，犧牲，熱情等等而作用，而發揮。因爲，他們覺得，黑暗是退下去了，光明已照臨了，在黑暗中不得已的變形，在光明中當然無用；而且，他們自以爲已經是全新的一代，已經不會成爲做戲的虛無黨，當然更可以直接的接受那些大的高的思想情感和精神，而不必把他們再變成「切身瑣事」之類。

實際上呢，魯迅的中國還是魯迅的中個，改變了的僅僅是外貌。這並不是說人民的力量的高漲不是眞實，而是說反人民的力量的高漲同樣是眞實。這具體表現在大批的做戲的虛無黨都也裝成人民的樣子這一事實上。這樣，正如所謂「水漲船高」，結果只是在更擴大的規模上繼續了魯迅的中國的存在。而那一些覺醒了的青年，就因爲良善的心而只能看到全部眞實中的一個片面，結果不自覺的成爲客觀上的反眞實的虛僞者，成爲客觀上的反魯迅主義者。從這裏，基礎根本不穩，全部建築亦無所附麗；在自己，那一切良善，和愛，信任，公平，犧牲，熱情等等，都不自覺的只成爲做戲的虛無黨的「做工」和「唱工」；對別人，尤其更容易被做戲的虛無黨所欺騙，而吃虧上當了。

那些老的做戲的虛無黨，也就趁此機會，更加緊的做戲，更順利的騙取信任，博得台下的鼓掌喝采，漸漸成爲「名角」。又爲保持自己的地位，拚命做些誇大光明，虛張聲勢的戲文，宣揚和愛信任寬恕的必要，使大家都對他們和愛信任寬恕，免得揭露他們後台的醜態。這就是說，他們有意識的違離魯迅的道路，因而獲得了他們的成功。

而這些東西的成功，當然又等于良善的青年們的被欺騙，玩弄，以至損害。這些青年們，就因爲良善，容易輕信別人，看做戲虛無黨之做戲而信以爲眞；或雖明知其做戲而仍爲其「做工」所誘惑，好像看戲而愛上了武生的英俊的，後來雖明明看到他下裝時鴉片鬼的樣子，仍不能自禁的隨之逃去。所以這又就是說，良善的青年們無意識的違離魯迅的道路，因而只落得失敗。

魯迅的道路，在這魯迅的中國，是一刻也違離不得的。魯迅的道路，要通過廣漠的荊棘叢，所以要求人們用憎恨用懷疑用嚴刻來鍛鍊自己，來踏倒荊棘。這些憎恨懷疑與嚴刻，其實就是結成「皮甲」的游血與傷疤，當然不會對精神的正常發展提供什麼助益。然而，我們正生活在戰鬥在就這麼不正常的國度裏，我們根本沒有正常發展的那一份福氣，有什麼辦法呢？

我們的這個中國，魯迅的中國，本來就不是屠格涅夫和托爾斯泰的俄羅斯，不是高爾基的蘇聯，不是紀德和羅曼羅蘭的法蘭西，只是一個病弱的衰頹的國家。生在這個國家裏的人，精神上也就是一個病弱者。因此，除了用自己的血和肉做甲冑而外，也實在受不住別樣的甲冑；除了用投鎗而外，也實在用不了別樣的新武器。別人的甲冑雖好，套在我們身上，結果只會擦傷原有的傷口，壓得站不起來；別人的新武器雖好，交給我們使用，我們看都沒有看過，結果只會把它弄壞。這當然是可悲的，但既實在「可悲」，則雖強作別的恣態也仍無濟于事的了。——還是要正視它。

今天，在魯迅的中國，堅持魯迅的道路，就要從正視自己的這可悲的狀況出發。

八

最後，還有幾個問題，和對于它們的解答：——

第一，魯迅是怎樣才認識了這個中國，因而「走」出了他的道路呢？

是爲了戰鬥，依靠戰鬥，並且就用戰鬥來認識的。爲戰鬥的心無比的切，依靠着戰鬥無比的緊，戰鬥力無比的強，這樣的進攫到古中國的頑由人，才能痛感到它的堅牢厚重。「反彈力與壓力成正比」，能以大力進攫的人，才能在反彈之中感到同樣的大力。倘是遙坐袖手而作靜觀，恐怕倒會欣然有味于其風影出光，讚美膜拜之不遑吧。

第二，今天固然是要堅持魯迅的道路，但怎樣才能堅持魯迅的道路呢？

也就是要戰鬥：在生活戰鬥中戰鬥，在戰鬥生活中戰鬥；使生命的每一根纖維都與戰鬥着的集體呼吸相通，使生命的每一面鋒稜都與古國的頑由相碰。而在任何場合任何情況的戰鬥中，革除魯迅所謂「聚衆滋事時的心理」（熱風：隨感錄三十八），力求用上節所說的那些鍛鍊自己的東西來鍛鍊自己，使自己成爲隨時隨地都可以獨立作戰的戰鬥者。

第三，憎恨懷疑和嚴刻，是不是也當用來對待人民，對待戰友，適用于人民的戰友的集體之中呢？

當然不能。一個戰鬥者和人民的戰友的集體，其間並無無距離，本不可以之作爲對象。一個戰鬥者的憎恨懷疑和嚴刻，並不是他一個人的，而就是吸收了集體的情緒再放射出來；或者說，就由集體灌注到每個戰鬥內部再放射出來的。

第四，那麼，有沒有戰鬥的愛，革命的信呢？

當然有的。我們說，什麼是什麼的變形，如果沒有後一個什麼作爲前一個什麼的實質，那就並非變形，而是根本相反的另一個東西了。惟其有了戰鬥的愛與革命的信，所以雖憎恨而不超人，所以雖懷疑而不虛無，所以雖嚴刻而不會成爲「神」或「上帝」。

第五，既然只要有了實質，就會變形，那就是一件自然而然的事情，又何必多說呢？

不是這麼自發性的。由于幾千年來「中國的最黑暗的壓迫和剝削制度」，中國人向來就不敢正視現實，更無力正視黑暗。又有「科舉式的封建等級制度，給每一個『田舍郎』以『暮登天子堂』的幻想；租佃式的農奴制度給每一個農民以『獨立經營』的幻影和『爬上社會的上層』的迷夢。這都是幾百年來的『空前偉大的』烟幕彈。……大家在欺人和自欺之中討生活。統治階級的這種『文化遺產』甚至于像沉重的死屍一樣，壓在革命隊伍的頭上，使他們**不能**够迅速的擺脫。」（何凝：魯迅雜感選集序）現在，這「沉重的死屍」未必就已擺脫，所以要能正視那使愛與信不得不苦痛的自行變形的黑暗和虛無，仍然非有一番自我戰鬥的過程不行的。

一九四五，九，八，初稿；十一，二十，改稿。

給胡風的六封信

魯迅

雖然是同住在上海，但有些並非面談不可的瑣事就寫信，免得打擾他底時間。這是保存下來的幾封，其餘的有的毀掉，有的無從找到。談的事情，大半非加注不能明白，但也不想加了。（胡風）

一

（一九三五年）

十五日信收到了。前天遇見立先生，談到你要譯草葉的事，他說，爲什麼選這個呢？不如從英德文學里，選一部長的，只要有英日文對照看就好。我後來一想，草葉不但字數有限，而且詩這東西，譯起來很容易出力不討好，雖草葉並無韵。但剛才看了一下目錄，英德文學里實無相宜的東西：德作品都短，英作品多無聊（我和英國人是不對的）。我看波蘭的火與劍或農民，倒可以譯的，後者有日譯本，前者不知有無，英譯本都有。看見鄭時，當和他一談，你以爲怎樣？

那消息是萬分的確的，眞是可惜得很。從此引伸開來，也許還有事，也許竟沒有。

蕭有信來，又催信了，可見「正確」的信，至今沒有發。

這幾天因爲趕譯死魂靈，弄得昏頭昏腦，我以前太小看了ゴーゴリ了，以爲容易譯的，不料很難，他的諷刺是千錘百鍊的，其中雖無摩登名詞（那時連電燈也沒有），却有十八世紀的菜單，十八世紀的打牌，眞是十分棘手。上田進的譯本並不壞，但常有和德譯本不同之處，細想起來，好像他錯的居多，翻譯眞也不易。

看申報上所登的廣告，批許家侍桁先生在論從日文重譯之不可靠了，這是眞的。但我曾經爲他校對過從日本文譯出的東西，錯處也不少，可見直接譯亦往往不可靠了。

豫上　五月十七夜

你有工夫約我一個日子談談閑天麼？但最好是在二十三日之後。

二

來信收到。鐵流之令人覺得有點空，我看是因爲作者那時並未在場的緣故，雖然後來調查了一通，究竟和親歷不同，記得有人稱之爲「詩」，其故可想。左勤克那樣的創作法（見譯文），是只能創作他那樣的創作的。曹的譯筆固然力薄，但大約不至就根本的使牠變成欠切實。看看德譯本，雖然句子較爲精練，大體上也還是差不多。

譯果戈理，頗以爲苦，每譯兩章，好像生一場病。德譯本很清楚，有趣，但變成中文，而且還省去一點形容詞，却仍舊累墜，無聊，連自己也要搖頭，不願再看。翻譯也非易事。上田進的譯本，現在才知道錯誤不少，而且往往將一句譯成幾句，近乎解釋，這辦法，不錯倘可，一錯，可令人看得生氣了。我這回的譯本，雖然也蹩脚，却可以比日譯本好一點。但德文譯者大約是猶太人，凡罵猶太人的地方，他總譯得隱藏一點，可笑。

靜靜的頓河我看該是好的，雖然還未做完。日譯本已有外村的，現上田的也要出版了。

檢易嘉的一包稿子，有譯出的高爾基「四十年」的四五頁，這眞令人看得悲哀。

猛克來信，有關於韓侍桁的，今剪出附上。韓不但會打破人的飯碗，也許會更做出更大的事業來的罷。但我覺得我們有些人，陣綫其實倒和他及第三種人一致的，雖然並無連絡，而精神實相通。猛又來逼我關於文學遺產的意見，我答以可就近看日本文的譯作，比請教「前輩」好得多。其實在「文學」上，這問題還是附帶的，現在丟開了當面的緊要的敵人，却專一

3312

要討論檢的亮不亮（此說如果發表，一定又有來辯文學遺產和槍之不同的），我覺得實在可以說是打岔。我覺得現在以襲擊敵人爲第一義，但此說似頗孤立。大約只要有幾個人倒掉，文壇也統一了。

葉君曾以私事約我談過幾次，這回是以公事約我談話了，已連來兩信，尚未覆，因爲我實在有些不願意出門。我本是常常出門的，不過近來知道了我們元帥深居簡出，只令別人出外奔跑，所以我也不如只在家裏坐坐。記得托爾斯泰的什麼小說說過，小兵打仗，是不想到危險的，但一看見大將面前防彈的鐵板，却就也想到了自己，心跳得不敢上前了。但如元帥以爲生命價值，彼此不同，那我也無話可說，只好被打軍棍。

消化不良，人總在瘦下去，醫生要我不看書，不寫字，不吸煙——三不主義，如何辦得到呢？

「新文字大系」的「小說二集」出版了，便中當奉送一本。

此布，即請

夏安

豫 上 六月二十八日

此信是自己拆過的，又及。

三

二二日信收到。我家的奶奶的生病，今天才知道的，眞出乎意料之外。

書簡集賣完了，還要來的，那時當託他留下一本。

那客人好像不大明白情形，這辦不到，並非不辦，是沒法子想。信寄去了，很穩當的便人，必到無疑，至於何以沒有回信，這也實在無從知道，也無能爲力，而且他的朋友在那邊是否肯證明，也是一個問題。

葉君他們，究竟是做了事的，這一點也好。至於我們元帥的『慳吝』說，却有些可笑，他似乎誤解這局面爲我的私產了。前天遇見徐君，說第一期還差十餘元……。我說，我一個錢也沒有。其實，這是容易辦的，不過我想應該大家出一點，也就是大家都負點責任。從我自己這面看起來，我先前實在有些「浪費」，固然，收入也多，但天天寫許多字，却也苦。

田，華兩公之自由，該是確的。電影雜誌上，已有他們對於鄭正秋的輓聯等（銅板眞迹），但我希望他們此後少說話，不要像楊邨人。

此覆，即請

暑安

豫 上 八月廿四日

四

十一日信收到。三郎的事情，我幾乎可以無須思索，說出我的意見來，是：現在不必進去。最初的事，說起來話長了，不論它；就是近幾年，我覺得還是在外圍的人們裏，出幾個新作家，有一些新鮮的成績，一到裏面去，即要在無聊的糾紛中，無聲無息。以我自己而論，總覺得縛了一條鐵索，有一個工頭在背後用鞭子打我，無論我怎樣起勁的做，也是打，而我回頭去問自己的錯處時，他却拱手客氣的說，我做得好極了，他和我感情好極了，今天天氣哈哈……。眞常常令我手足無措，我不敢對別人說關於我們的話，對於外國人，我避而不談，不得已時，就撒謊。你看這是怎樣的苦境？

我的這意見，從元帥看來，一定是罪狀（但他和我的感情一定仍舊很好的），但我確信我是對的，將來通盤籌算起來，一定還是我的計劃成績好。現在元帥和「懺悔者」們的聯絡加緊（所以他們的話，在我們裏面有大作用），進攻的陣線正在展開，眞不知何時才見晴朗。倘使削弱外圍的力量，那是眞可以什麼也沒有的。

龜井的文章，立意大部份是在給他們國內的人看的，當然不免有「借酒澆愁」的氣味。其實，我的有些主張，是由許多青年的血換來的，他一看就看出來了，在我們裏面却似乎無人注意，這眞不能不「感慨係之」。李「天才」正在和我通信，說他並非「那一夥」，投稿是被拉，我也回答過他幾句，但歸根結蒂，我們恐怕總是弄不好的，目前也不過「今天天氣哈哈——！」而已。

我到過前清的皇宮，却未見過現任的皇宮，現在又沒有了拜見之榮，殘念殘念。但其のカフリ，河淸要請客了，那時談罷。我們大約一定要做第二，第三……試試也好。木屑已算帳，得錢十六元餘，當於那時面交，殘本只有三本了，望帶二三十本來，我可以交去發售。

今天要給文學做論壇，明知不配做第二，第三，却仍得替狀元捧場，

「而又要顧及第三種人，不能示弱，此所謂「啞子吃黃連」——有苦說不出也。

專此布達，即請

「皇」安。

豫上　八月十二日

五（一九三六年）

有一件很麻煩的事情拜託你。即關於茅的下列諸事，給以答案：

一、其地位，

二、其作風，作風(Style)和形式(Form)與別的作家之區別，

三、影響——對于青年作家之影響，布爾喬亞作家對於他的態度。

這些只要材料的記述，不必做成論文，也不必修飾文字；這大約是做英譯本『子夜』的序文用的，他們要我寫，我一向不留心此道，如何能成，又不好推託，所以只好轉託你寫，務乞撥冗一做，自然最好是長一點，而且快一點。

如須買集材料，望暫一墊，俟後賠償損失。

專此布達，即頌

春祺

隼上　一月五夜

附上「補白」兩則，可用否？乞酌。又及。

六

又要過年了，日報又休息，郵局大約也要休息，這封信恐怕未必一兩天就到，但是，事情緊急，寫了寄出罷。

雖說「事情緊急」，然而也是誇大之辭。第一是催你快點給我前幾天請願的材料之類集一下，愈快愈好；第二，是勸你以後不要在大街上賽跑；第三是通知你：據南京盛傳，我已經轉變了。

第四，是前天得周文信，他對於刪文事件，似乎氣得要命，大有破釜沉舟，幹牠一下之概。我對于他的辦法，大有異議。他說信最好由良友之汪轉寄，而汪公何名，我亦不知，如何能轉。所以我想最好于明年小飯店開張時，由你作爲磨心，定一地點和日期，通知我們，大家談一談，似乎比簡單的寫信好。此事已曾面託悄吟太太轉告，但現在閒坐無事，所以再寫一遍。也因心血來潮，覺得周文反會中計之故也。

專此布達，並請

儷安

樹　頓　夏歷十二月二十八日

革命時代總要有許多文藝家萎黃，有許多文藝家向新的山崩地塌般的大波衝進去，乃仍被吞沒，或者受傷。被吞沒的消滅了，受傷的生活着，開拓着自己的生活，唱着苦痛的和愉悅之歌。待到這些逝去了，於是現出一個較新的時代，產出更新的文藝來。

中國自民元革命以來，所謂文藝家，沒有萎黃的，也沒有受傷的，自然更沒有消滅，也沒有苦痛和愉悅之歌。這就是因的沒有新的山崩地塌般的大波，也就是因爲沒有革命。

——魯迅（一九二六年）

知識份子與法國的復生

R·蓋諾德

這是法共中央委員Roger Garaudy在一九四五年六月廿六至三十日的第十屆法共全國大會上的報告。英譯載於一九四六年二月二十至二十三日的美國「工人日報」，但只是幾個要點的節譯。

我們的多萊士同志在他底報告里已特別强調地提到，法國文化的復興是黨的任務中的一個。

我們的黨必需是鬥爭的主要推動者，經濟建設的主要推動者，也必需是知識和道德復生的主要推動者，因爲只有我們能夠完成這個任務。

在這方面，我們還有許多工作要去完成。我們也有這個能力。思想方面和藝術方面最偉大的人物全是和我們在一起或者是與我們很接近的。這次大選里，我們得到都市中的中層階級的擁護就足以證明我黨在知識份子和半知識份子的社會階層里有多大的吸力。

在法國有五十萬的男女從事自由職業。他們在民族生活上的影響是遠比這數字所顯示的力量大得多。目前國內的領導者大部份都是他們。他們有的是發動，提示和創造的機會。

然而在今天，除了共產主義，他們沒有其他的出路，沒有其他能吸引他們的智識的北極。但是，此刻他們里面有許多同情我們的人，却很少與我們一同戰鬥的人。

爲甚麼我們還會遭到這些困難呢？

精神的疾病

首先這因爲選擇自由職業的方式都是由階級利益去決定的。一點都沒有接觸到民族的知識富源中的主要部份。

法國人民里面，有半數是沒有在小學里畢業的，每一百人中只有一個人是得到大學修業兩年的證明書。而在這些人里面，四份之三的人，都把才力消耗在平庸的公務員的工作上面。又有一半成功了失意，無用，而怨苦的敗北者。而最後僅存的人，——研究工作者和藝術創作家——又是那樣的無助，被這個社會制度把他們底研究成績和藝術創作變成商品，任憑冶金公司，成藥製煉公司，大編輯，出版公司，藝術掮客，戲劇演出人的擺佈。

對於現社會中財富的關心，是這個選擇的過程中的一個極重要的因素。就這一點也足以說明我們知識份子道德的動搖性。一線極狹窄的進行挑選過程的距離，使他們與人民的基層大衆分開。他們因此極容易失去對義務，責任和事件的緊張性的感覺。他們很容易把自己的孤高當成美德，把自己的無用當作高貴和美麗的標誌。在他們看起來，要是和羣衆一樣的那麼熱情地追求這個共同的目標，就會使自己從顯赫文雅的人羣里開革了出來。如果一個藝術家把那個全民族所關切的眞實而急迫的問題處理到他底作品中的時候，其他的同行藝術家就會排斥他於行列之外，因爲他「縱情於宣傳」。

在過去，有許多人都贊成這種無血肉的智慧底說教宣揚。他們認爲那些參與人類底痛苦和爭鬥的智識份子是「有教養者的叛逆」。紀德就是這種傾廢思想底最完全的代表。對於行動，他說過這樣的話：「我很怕把自己與它妥協。我意思是說，我怕用我所作的限制了我所能作的。」他贊成一個隔離的生活——孤單的等待，一無附屬的人。一句話，就因爲這個社會制度的緣故——在這制度里，由「二百家」（註一）中一些少數的寄生蟲來控制四千萬法國人底頭腦和雙手做出的財富，——一個智識份子容易變成一個意脆弱的詭辯者，一個失去平衡的個人主義者。

（註一）二百家指的是法蘭西銀行的二百家股東，法國的眞正主人。

虛僞的預言家

這一切說明爲甚麽知識份子最不能夠明白一九三八年和一九三九年，這慕尼黑協定的年代，這瞞天大謊的年代。

從阿蘭（註二）那里學到『甚麽都不要信』，從奇奧諾（註三）那里學到倚賴或少或多的詩情來逃避問題，從蒙德蘭（註四）那里學到用藝術自我主義來麻醉自己的學生和知識份子，實在太多了。又有法郎岱（註五），羅歇（註六）這類的人在他們每次公開的轉變里，宣告得到一個新的人生的祕密，每一次的改變都不過使得他們更接近一步希特拉的陰溝，——而最後終於跌到里面去了。他們這批小丑，每人都有一羣觀衆，隨着四處亂走。當我們底青年學生對於這種頹廢的個人主義，平庸的冒險感到厭倦的時候，他們也就正適宜於成爲莫拉（註七）的信徒了。

在這個虛無主義的頹廢的賭博里，希特拉每一局都是得到勝利的。莫拉也是每局都獲勝的；吸引到他底主張之下的亡命之徒正和希特拉在德國的黨羽是一樣的人。他立刻變成那些有疾病的靈魂的人底主宰。他追溯到罪惡的泉源：人不能爲他自己而生活，人們一定要放棄在自己內心中生活意義的尋找，「我只有一個願欲」莫拉寫道，「就是打倒個人主義。」

根據莫拉的道理，個人主義只能產生一個「汚穢」的混亂。那一個「人權宣言」和一七八九年法國公民所造成的混亂。人權宣言被他稱爲是「一個可憎的自由與平等的福音」。

他希望把一七八九年從歷史上抹去（希特拉在『我的奮鬥』里也有這個心願，而一切莫拉的哲學，政治學作品的精華也就是它），不害怕任何後果。爲了要摧毀民主，他毫不猶豫地摧毀他門徒心中的良知和基督徒所謂的「人底個性」。爲了要摧毀民主，他毫不猶豫地出賣法國，使法國屈降。因爲這些原故，在戰爭的前夕，在知識和道德方面，失敗同叛國的條件早已成熟了。蘇德協定的反應更使這類思想中最卑下的一級都得到公開登記的機會。

（註二）ALAIN法國上一世代的大哲學家。
（註三）GIONO
（註四）MONTHERLAND
（註五）RANON FERNANDEZ
（註六）DRIER LA ROCHELLE
（註七）CHARLES M. MAURRAS是保皇黨日報「法國行動」的主筆——原註。

每時每刻都是共產黨員

敵人的鎭壓和地下的鬥爭洗淸了許多知識份子底孤高主義，抽象的思想，同個人主義。

爲了保存法國底生命，文化，和自由，就只爲了這個原故，人民無限地把自己獻了出來。

我們知識份子中最優秀的人物，接受了工人階級的範例——工人階級以最大的血的祭奉和犧牲支付了解放的事業——，參加到鬥爭里來了。有些倒了下去，像貝里(Peri)，波里澤(Politzer)，索羅門(Solomon)所留下的崗位，還沒有別人來塡上。當我們崇敬地想到他們的時候，我願意提起大家，我們不獨要以他們底死，也要用他們生時底鬥爭，來作自己的榜樣。在他們的死里，他們是以一個人民的資格服務了他們的黨。在他們活着的時候，他們却以一個知識份子所獨有的才能來給黨，給法國服務。

我要堅持着這一點：黨希望他的知識份子都是戰士。不獨在參加黨的集會，參加游行的時候，不獨在星期日和星期二是戰士，而是在每天的生活里，在他知識份子的工作里，都是戰士。

一個共產黨員的敎學家，他第一樁責任就是做一個優秀的敎學家。
一個共產黨員的工程師，他第一樁責任就是做一個優秀的工程師。
一個共產黨員的藝術家，他第一樁責任就是做一個優秀的藝術家。
一個共產黨員的歷史家，他第一樁責任就是做一個優秀的歷史家。

這是甚麽意思呢？

這意思是說黨所給予我們的人生觀擴充了我們職業的視野；幫助我們更好地提出我們的問題，把問題放置在一個大過於我們自己的部門的全局的地位上。因此，可以更好地解決問題，也就是說，用全部人性的力量，而不是從一個抽象的觀點，去解決問題。

共產黨員的人生觀，辯證法唯物論的觀點，是一切偉大精神的泉源。

這一些似乎很抽象，此地有幾個我們注意到的例子。

我們黨內有幾位歷史教授，他們是最卓特的同志；他們參加他們的區或組的黨的會議；一切要求於他們的，全都做到。基本上，他們是共產黨員。但是，當他們進行他們教授的工作的時候，就把自己共產黨員的性質忘記了，他們所教授的課程，是與別的同事所教的一樣，像得和孿生兄弟一般。馬克思主義統治了他們的舉止，但並沒有統治他們的思想。對於知識份子而言，這一點總是極重要的。黨要求他們在教書時是一個馬克思主義者，但並不是指定他們去研究一黨的歷史，而是研究科學的歷史。共產主義的開創者本人就是科學歷史的奠基人，所以一個信仰共產主義的歷史家，却繼續作唯心的，非科學的授課，自然是一件可恥的事情。所以我們才這麼說：一個共產主義的歷史家，必需首先就是一個優秀的歷史家。

對於藝術家我們也注意到同樣的情形。有好幾位最偉大的畫家，在地下運動和解放運動的時期，曾丟下了畫筆而抓起手提機關槍。手里握了槍，他就聽命人民的指揮了！然而當他們重新拿起畫筆的時候，他又在爲一個狹窄的，勢利小人和頹廢份子的集團而作畫了。

我並不是說，一個畫防禦工作或是多萊士同志的像的人就是一個偉大的畫家。我主張的是，一個偉大的共產黨員畫家，一個可以和人民一樣爲一個共同的要求而行動的人，一定需要能夠利用他底才能來表現這個熱情激烈的要求。

問題就在這里。

我們底知識份子已經學會了如何像普通公民一樣來爲黨服務。可是還未學會如何以知識份子的資格來服務。

當敵人很明顯地穿着制服的時候，這些知識份子找得到非常勇毅地作戰的工具。然而今天，敵人是比較不容易尋出。因此，問題已不是在於戰鬥，他們必需創造。

我們的作家知道怎樣和波希(註八)同貝當作戰，但是今天，爲自由而鬥爭的延續不止是要求能夠出版任何作品的權利。當我們、服了德國佔領區和維希的檢査制度以後，這個權利應當有更積極的意義。我指的是要創造爲一個復生和復新的法國所需要的新思念和新夢想。

(註八)德國兵士的諢號

偉大的熱情創造偉大的人

我們底畫家已經開始工作。他們已不把自己的作品交給商人；已不去找一些怪誕的刺激，虛構的情節，幻想的，與民族生活無關的現實的逃避來討好少數勢利鬼；他們已經在爲人民大衆作畫了。畢卡索(Picasso)正忙着爲多萊士(Thorez)畫像，畢薩(Pignon)爲杜克洛(Duclos)，傅傑龍(Fougeron)爲加香(Cachin)畫像。其他人則爲法賓(Fabien)作畫傳。當人民底信念被畫到畫布的時候，這信念替他藝術帶來了他們自己都感得到的偉壯。這些偉大的作品，我們將有彩色的翻版製出。不久之後，我們偉大畫師的作品，就可以在每一個農民家裏掛起，代替郵局頒印的月份牌。

我們藝術家的工作就是要完成藝術和民族的結合，這種轉變對他們自己也不是沒有好處的。從今以後，他們不是去滿足那一羣小小的疾病的勢利鬼了，這批人是他們經常的主顧，領導他們走向壞的試驗和錯亂中去。他們必需去反應人民的需要，而人民底熱情是比他們的藝術更強烈，更健康，更人性，更生動的。

我要問此刻在場的畢薩和傅傑龍，「到底在那個環境里你更覺得自在？是在那個小小的繪畫陳列室里，在陳列着你底懶人宗教底偶像的廟堂里？還是在這間屋里，這里你底作品在美麗底諧和里表示了人民的需要呢？」

這是不是來到我們黨以後所得的力量呢？要是你不能執着你底良知，你最高的職責，和你爲藝術家的工作的話，你參加黨又有甚麼意思呢？對於一個藝術家，加入黨就是接受，尋求一個轉變到偉壯的冒險。

一個國立劇場

這兒又是一件事情。巴黎的各大劇場繼續演出靈魂走向崩碎，顯示頹廢社會底失望悲觀的戲劇。演出虛無主義詩人薩特(Sartre)底「鎖閉的門」，消沉的阿諾雅(Anovilh)底 Antigone 哈勒温特(Hurlevent)底「高丘」，等等一大串病態的劇本。我們還應該活在那老頭兒(貝當)底時代，那個陰險的時代，他們老要叫我們相信是個垮了台的民族的時代嗎？一個重新立起的民族會像法國一樣，不管別人的說法，而去要求生存和征服危險，也一定要離開這種影戲院劇場的，就因爲他們不願意自殺。法國人民希望我們作家，演員幫助他們生活，達到人的，個人的最大限度的豐滿地生活，獲取充滿了快樂和信心地生活。他們飢渴着地要求强壯，英武和民族的傑作。那些頹廢的藝術家，他們底感情小於他們底名聲，是無力給予人們這些東西的。

在青年人身上，我們發現他們充滿了這種新生的精神。一九四五年九月一日起，「法國復興百科全書」的一個劇團要在巴黎近郊演劇。就在國立劇場演出新的劇本。他們要遂行吉米（Gemiek）底願望，願在解決那些熱情地打動我們的問題中得到自新。

★

要求知識份子工作，而不給金錢上的酬報，這一定需要被我們看成一個有害的烏托邦的既成習慣。我們還生活在資本主義的制度下。一般的說來，藝術家和知識份子的生活是很窮困的。我們一定得建立有進款的出售知識份子作品的企業。使他們得到出版的酬報。劇場演出也有酬金。我們沒有理由使知識份子機構中的財政管理不夠健全。我們能夠，也一定要付償創作者和研究工作者。一張圖畫，翻印十萬張，要是每張都給他一法郎的版稅的話，他就可以過一個很好的生活，等於把這幅畫用十萬法郎的代價，賣給一個收藏家或是藝術掮客一樣。此外，這種翻印的辦法使畫家有道德上的獨立性；並且因爲他和大衆接觸的原故，這辦法在他作品里加了一種生氣的呼吸，一種人性的平衡——藝術精神底康健所必需有的兩件東西。

爲了要達到這兩個目的，我們必須：

（一）作一個我黨所有的知識份子的調查——這件工作的重要性，任何部門的戰鬥的知識份子都能明瞭的。

（二）把知識份子的工作與黨之間的聯系結得更緊，同時協調黨內知識份子的努力。

如同雨果所說的：

「活着的人就是爭鬥着的人，

也就是靈魂里，頭腦里充滿了高貴理想的人。」

是的，這才是生活着的人。同志們，這些活着的人，不管來自甚麼地方，祇要是來服務的，就早已和我們聯合了。他們是新世界的建設者，他知道他們底地位是同我們一起的，在這個充滿了從法國人民深處得來的血漿和活液的我們黨里。

知識份子的同志們，我們要把這偉大的工廠里的一切的新力量，——法國文化就在這工廠里復活的——集聚在我們周圍。我們不能繼續那種無聊呆板的程序，要我們的黨每星期花去兩個晚上，去進行些與我們真正工作無關的事情。讓我們把這個偉大的黨，這個叫我們翻身的黨放在我們生活，尤其是我們知識生活的中心。我們的黨會同我們沒有關連，也會永遠離得遙遠的，要是他不能改變我們底生活，使我們生活更廣闊，有一個新的風格，——宏壯的風格的話。黨把我們的注意力移轉到民族問題上面去。讓我們避開那麼多動搖而頹廢的知識份子所有的個人主義，唯美主義，同孤高傾向。讓我們不像他們一樣害怕一個民族底熱情的努力，這個要革新他們自己的民族，這個仍然摯愛着將來的民族。讓我們不要忘記我們偉大的祖先，十八世紀的理性主義者和唯物主義者們底教示，他們其中之一赫韋休斯（註九）在一七八九年的革命前夕告訴過我們，「只有偉大的熱情才能創造出偉大的人」。

只有這樣處理我們自己，我們才能工作得配得上法國的光榮，配得上我黨所担當的民族責任。

（宗瑋・蘆蕻共譯）

（註九）CLAUDE ADRIEN HELVETIUS（1715—71）代表作「論精神」，曾公開在巴黎焚燬。

伊里亞·列賓及其作品

K. Chukovsky作

（一）引言

一個人往往受到災難的突然侵襲。在這種時候，他會經驗到從未有過的巨大激動——遠遠超過普通人類精神所能容受的感情激動。伊里亞·列賓（Ilya Repin）所最喜歡描寫的，就是這種非常猛烈的情緒。

例如在他的名畫蔡麗芙娜·索菲亞（Tsarevna Sophia）中的女主人公，就是在最危險——正是災難臨頭，天翻地覆的緊急關頭，也是很鎮定地站着，沉默地凝視着前面。這種姿態雖然極平常，可是在他的筆下，却是最深刻地表現了絕望，憤怒，和連死神也撲滅不了的精神之火。她絕不咀咒，也不在那跟墳墓差彷不多的監房里衝來衝去，却祇是沉默地站着。從這里我們就可以看到這位藝術家厭惡浮誇淺薄和矯揉造作的態度——看到列賓的偉大處。

如果列賓不是始終單純和自然，那他決不能成爲一個俄國的天才；對於墨守成規和過份誇張的表現，他是永遠無緣的。

他那一幅表現囚徒的速寫拒絕供認（Refusal of Confession），也沒有一點修飾或者浮誇的痕跡。那個囚徒只是一動不動地坐在牀上，穿着犯人的衣服，彷彿想避免任何動作。列賓把這囚徒的手藏在袖筒里，不讓它們暴露在外面；可是一般人却認爲表現人類感情的最有效方法，就是手的姿勢呢。

而事實上，却是全靠這種人爲效果的避免，才使得列賓能以他所特有的眞實力量，表現出一種激烈而且偉大的感情——激骨憎恨敵人的感情，和克服殘暴死亡的精神勝利。

在論到賽洛夫（Serov）的時候，列賓極力讚美那種瀰漫在俄國精神界的，含蓄沉着，溫良謹愼的特殊英雄主義。這種基本的俄國民族性和痛恨虛偽浮誇的俄國藝術傾向，就是列賓繪畫的主要特徵及其表現深刻的主要原因。

他的繪畫本領是這樣偉大，卽使一點不用誇張的手法，他也能夠使得每一根頭髮，每一個衣服的褶皺，都表現出人物的複雜感情。在很多油畫和其他圖畫中，他很注重地描寫背像的背部。這是非常值得注意的，因爲他所畫的『背部』，實在比其他畫家所畫的面部，還要更眞切，更維妙維肖。突然回來（Unexpected Return）中的老母親之背，就是這種表現力的典型——從她的背上，我們不但可以看到懷疑與希望，熱情的注視，急切的關懷，生怕認錯的焦慮，還彷彿可以聽到那深沉的，戰慄的，充滿着母愛的聲音。而這複雜多變的人類感情，却只是用那連面孔也看不到的傴僂背影表現出來，試想這是何等的本領！在國務會議（The State Council）中，我們也看得到同樣的成就——不但那些政治家的臉，就連他們的頸子和背部也洩漏出各人的祕密，表現出各人的個性。

一般的講，列賓所最感到興趣的，覺得最重要和最有價值的，就是人類的共同性格和每人的個性；而在這一點，他也是一個眞正的俄國藝術家，也是那些曾把萊蒙托夫、托爾斯泰、屠格涅夫、杜斯妥也夫斯基、以及契訶夫的心理小說和故事貢獻給世界文化的人民的優秀代表。

在每幅最好的作品中，列賓時常表現這樣深湛廣闊的感情；就是顯然次要的，其他藝術家不大重視的題材，他也很認眞的加以處理，賦與很眞摯的感情。例如他的尼泊爾河流域的哥薩克（Dnieper Cossacks），就決不只是一羣捧腹大笑的哥薩克，而是哥薩克的綜合表現和某一階段烏克蘭歷史的具象化。

人們很難在俄國繪畫中，找出一幅比列賓的柯爾斯克省的宗教行列（Church Procession in Kursk Province）還更能多方面地綜合表現舊俄國社會的繪畫，而這在其他畫家，也許最多只能把它畫成一幅風俗畫能了。

列賓的伏爾加縴夫(Volga Haulers of Barges)，也決不只是單純地描寫若干襤褸消瘦的，擁擠在伏爾加岸上的窮人，而是一首歌詠偉大人民和遲早都能被他們贏得的幸福生活的詩歌。

『是的，俄國人是在痛苦的重厄下面，』這幅畫很明白的告訴觀衆：『他們一生都是受着痛苦的熬煎；看看這些可憐的人們，和他們用之不盡的精力！他們燦爛的前途，已有一個多好的開始！』

列賓工作範圍的廣大，也可以從他所畫的各種油畫，圖稿，速寫，素描，和肖像中看出來。當他的五十畫展在莫斯科屈累塔珂夫陳列室和列寧格勒俄國博物館開幕的時候，人們似乎很難相信以他一人的精力，居然能把這些高大牆壁掛滿自己的創造品。

他所有的作品，從最初一幅畫到最後一幅畫，都增加了俄國的光榮。列賓爲了表示對於俄國音樂家的崇敬，畫了密開爾·格林加(Mikhail Glinka)、莫達斯脫·墨索爾斯基(Modest Massorgsky)、亞列山大·鮑勞廷(Alexander Borodin)，亞歷山大·格拉雜諾夫(Alexander Glazunov)，安納托里·拉陀夫(Anatoli Lyadov)，和蕾珂萊·呂姆斯基珂爾薩珂夫(Nikolai Rinskykorsakov)的肖像。俄國文學使他畫了果戈里，屠格涅夫，托爾斯泰，弗拉第米爾·史塔索夫(Vladimir Stassov)，伊凡·阿克薩珂夫(Ivan Aksakov)，高爾基，安特列夫，珂洛倫科，以及旁的作家們。爲了俄國的美術家們，他畫了代蘇里·叟呂珂夫(Vasili Surikov)，伊凡·雪希金(Ivan Shishkin)，伊凡·克蘭姆斯科(Ivan Kramskoy)維克托·代斯納佐夫(Victor Vasnetsov)阿基伯·規吉(Arkhip Quinji)，蕾珂萊·居(Nikolai Gue')，弗蘭丁·賽洛夫(Valentin Serov)等等的肖像。他也畫了伊凡·賽契諾夫(Ivan Sechenov)迭米屈呂·曼特里夫(Dimitri Mendelyeev)，伊凡·帕夫洛夫(Ivan Pavlov)，和弗拉第米爾·倍克脫萊夫(Vladimir Bekhtelev)等科學家，蕾珂萊·巴洛哥夫(Nikolai Pirogov)，尤金宜·帕夫洛夫(Eugine Pavalov)——在圖畫中，後者正施行着手術——等外科專家。總而言之，凡是俄國最優秀的人物，都因列賓的畫筆而得到永生。

雖然他曾在外國旅行或寄寓，但如果當作一個創作家和藝術家，那他不論處身何地，卻始終是和留在俄國一樣。在巴黎時這位諸伏哥洛特旅客並不畫那些儘在他面前炫耀的外國美人，卻很愛表揚他認爲單純無瑕的俄國少女，薩特珂(Sadko)就是他在那時候畫的。

到了特萊斯登以後，他就用了很大的熱情，來畫俄國藝術擁護者弗拉第米爾·史塔索夫的肖像。

當列賓幼年初次出國時，他曾寫信給美術學院：『我雖身在國外，但已有了更多的俄國題材；我不打算在這里久住，我們必須研究我們的俄國』(一八七三)

可是，當然這並不是單純的題材問題。他的藝術風格——嚴格的單純和正確，極力避免裝飾的人工美，充滿了憤怒，同情，愛人類的暴風雨似的熱情——也正是俄國藝術的主要風格。在一九四一年十一月六日那天，史達林曾經特別表示我們俄國人的共同信念，當他計算了那些不朽的人物——俄國的光榮——以後，而在那些偉大的人物里面，也包括着我們的列賓。

(二)極端的愛與憎

姿態和語言的放任，是列賓行動的主要特徵。爲了理解他對人們的熱情究竟大到什麼程度，祇要看看他對那些二流作家，音樂家，和演員的態度就夠——就是對於那些人，他也同樣熱烈的讚美：『一個天才詩人！多大的天才！』或者諸如此類的感嘆之詞。

在普通場合，祇有人們的『天才』最能吸引列賓的注意，對於他，最大的侮辱就是『無能』這個字。

『替我們料理伙食的女人，是多麼的無能啊！』他在他的伏爾加遊記上，曾經有過這樣的話。

我喜歡朗誦給他聽，他老是很注意地聽着，就是小小的逗點也不給漏過，在特別動人的地方，他就會衝動起來，抑不住奔放的感情。

當他的回憶錄付印的時候，排字工人竟感到他們所有的感嘆號不夠應用。在他的書信——特別是以後的一些書信中，每一行都有感嘆號，有時甚至一連三個或四個。

在他的著作中，開頭就是這樣兩個字：『我的狂喜』，他像後面似地描寫音樂的狂喜：

『我渴望跳躍，呼喊，狂笑，號哭，瘋狂地沿着大道狂奔。哦，音樂！牠往往深入我的骨髓！』

接着，在這同一著作中，他形容他初戀時的興奮：

『我眞是全身都戀愛！……一股內心的火燃燒着我……我被窒息了，燒燬了，昏迷了！』

列賓善於欣賞別人天才的勞力，是和一種偉大的——幾乎是不自然的——謙遜結合在一起。

在他給我的信中，他時常很輕蔑似地說到他自己：

『孜孜不倦的庸才，造成了很多錯誤。』

『我的圖畫還是放在畫架上，而我，老是不滿我自己的庸碌，拚命鞭策我的老馬洛耶南提(註二)去追擊那些駿逸競走的馬。』

『當然，一匹老馬很難訓練成(縱然有長時間的工作)一匹賽跑的馬，就連魔術也沒有辦法。』

在一封很親密的信中，他曾坦白地承認：

『我不能複述我自己的任何事物，因爲在我看來，凡是我自己的東西都是拙劣到如此地步，如果加以重述，簡直是愚蠢。』

當他提到他和靄代佐夫斯基(Aivazovsky)合作的名畫普希金在黑海邊(Pushkin on The Shore of the Black Sea)時，他很認眞地說：

『靄代佐夫斯基畫了一個奇妙的海……可是我却把普希金的形象畫糟了。』

我記得最初和他認識的時候，最使我感到驚異的就是這種性格。這個衆口交譽的藝術家和揚名當世的天才，不但沒有給榮譽所陶醉，而且往往戰戰兢兢的自覺失敗，或者，如他自己所愛說的一樣，他往往自覺『淺薄，卑賤，和沒有價值。』

『曾經有一個主顧來過，』他說：『我却勸他不要買畫，說我自己的畫太壞，不值得買，因此他眞的掉頭不顧了……』

『你是一個親密和經常的目擊者，可以證明我的畫雖然不好，却曾費了多大的努力，曾經有過多少緊張的奮鬥。』在臨死前，他還會這樣的寫信給我。

我記得開始時，這種個性是這樣的使我驚奇，竟使我懷疑到他的忠誠，覺得他一定有幾分裝腔作勢。但過後，當自己較爲了解一點的時候，我就發現他這失敗的痛苦感情，他這『缺乏天才』的自覺，是和他的日常工作很有關係，他畫的每張畫，都是用了那末緊張的努力和辛勞——他不斷精密地塗改，或索性從頭開始，重起爐灶——而同時他的要求又是那末的高，即使以他的天才，也實在難以畫得被他自己認爲完美無缺，因此他老是覺得自己無能，不能達到要求的苦惱，而輕蔑自己，埋怨自己。

『當我一到這里，我就發現自己粗製濫造的蹩腳作品，彷彿比以前更壞了。』他像這樣地寫信給他的學生維羅芙基娜，向她訴苦，說在他的畫室中，他感覺到『失望，沮喪，我們所有作品的「精華」，也都使人難堪到想要上吊……』

他的理想是那末的高，簡直可以使他已畫成的畫幅，在相形之下，變成完全的失敗『對於自己的苛求超過自己能力的人，是最不幸的——沒有和諧，也許有快樂。』這是他在一八九四年寫給維羅芙基娜的話。

這種『神聖的不滿』，是天才所獨有的特性。它曾折磨過果戈里，困惱過倍林斯基，托爾斯泰，和尼克拉索夫，但對於那些小有聰明的人，却是無緣的。

我們可以注意到一件事實，就是列賓對什麼人都是溫和，謙遜，甚至自卑，除了觸犯到他那神聖的信念。但爲了保衛他的立場，他却會固執到粗暴的程度，用最堅決的言語表示他的態度。

誰都知道他是多麼熱愛着弗拉第米爾·史塔托夫，可是當他一和史塔托夫對於藝術的評價發言異議，爭持不下，他就寫信給史塔托夫說：

『請不要以爲我在裝腔作勢，以爲還會來要求你的友誼。不，絕不！我甚至要請求你——我是對你始終坦白的——別再寫信來煩擾我了。我希望不再見到你。這究竟有什麼用呢？

祝福，並致最誠懇的敬意。

I·列賓。』

在有關原則和立場的時候，列賓就是這樣的。在這種時候，又那里看得出他的溫柔和謙讓，他的自卑和自我的貶抑！

有時，如果因爲違忤了他對於某一問題的看法，觸犯了他的信念，那他也會寫同樣粗魯的信給我。

對於任何意見和任何作品，他照例都是用最坦白的熱情，祇要在這種意見和作品中，他發現得出一絲一毫的天才的光輝。例如，他寫給我的信中有一段——主要是關於我當時寫的一些論文的——就是典型的例子：

『如果我是一個年輕美貌的女子，那我一定會挽住你的頸子，瘋狂地吻你，直到狂吻到失了知覺。』

我引用這些例子毫無什麼困惑，因爲，據我所知，如果把列賓的所有信札都搜集起來，那末，大半和他通信的人，照他自己的話說起來，一定都是『人性很美和富有才能的人。』

所有這些熱情都是眞摯的，雖然不了解他的人，常常會感到一點虛僞和矯飾。我坦白地承認，開始我也感到他的熱情過於激躁，過於不自然，但不久我就了解列賓的感情，不論表現在那一方面，確實都是非常嚴肅的。

伊齊台北斯基（Izdebsky）沙龍——一個形式主義者的畫展，是在彼得堡開幕的。在芬蘭會見他的時候，這位輕浮和虛僞得幾乎到了冒失程度的伊齊台北斯基，穿着一件漿得挺硬的襯衫，邀請列賓去參加他的畫展開幕禮。列賓鞠躬，道謝，陪他一道到門口，又再鞠躬，一雙手放在心口上。他一到達展覽會，穿着閃閃發光的襯衫的伊齊台北斯基，又就在樓梯口迎接他，儘量用恭維的話來逢迎。列賓不斷地鞠躬，把手放在心口上，很愉快的和他談天。

接着他就走進陳列室，走近一幅畫去，看了一看，然後又去看其他圖畫，向四周環視着，於是忽然大聲的叫駡起來：『斯伏洛契（註三）！』他跺脚，做手勢，彷彿要把周圍的東西都加以破壞似的。

伊齊台北斯基奔向狂怒的列賓。在狂怒的時候，列賓每每氣得只能像這樣似的叫駡：『倭子！』『畫匠！』『半雌雄！』『奴才！』『賤胚！』這一陣叫駡的颶風，把伊齊台北斯基吹得團團轉，像蒼蠅在暴風雨前一樣的狼狽。

（三）列賓的工作情形

所有這些放縱的情感，他都運用在藝術上面。

他一早醒來，就跑到工作室去，一直工作到筋疲力竭。他的努力確是聞所未聞的，幾乎把全部精力都貢獻給那些環繞在他四周的巨幅油畫；他從早到晚，一刻都不停地揮着畫筆，從不知所謂疲倦。這種不可思議的工作熱情，連他自己也甚至有些覺得不好意思。

我經常到他的畫室里去，一連好幾年沒有間斷。我親自看見他以工作虐待自己，有時甚至昏暈過去。每一幅畫他都是從頭到尾的重畫九次或十次。在他正工作得熱烈時，往往忽然感到那末大的失望，那末厲害的缺乏自信，他竟會瘋狂地一下子就把窮年累月繪成的畫完全毀掉，重新來過，像他自己所說似的，把事情重新開始。

『像我這樣一個自我教育成功的畫家的努力過程，是你親眼看見的。』在他死前，曾經這樣寫信告訴我：『我從沒有向你隱瞞什麼。每張畫我曾易稿多少次數，你是一個證明人。』

當我初次見到他的時候，我看到一幅關於普希金的畫放在畫架上面，叫做尼瓦河邊的普希金（Pushkin by the Neva），那時他正在畫着。但我在他死前 看他，在一九一七年革命以後，却看到這同一張油畫依然放在畫架上面。一連二十年，他都爲着這幅油畫苦惱着。他至少畫了一百個普希金。他先畫頭的位置，再畫其他，一個是傍晚站在河邊的普希金，另一個却又改成了在早晨的詩人，這一個穿這樣的衣服，另一個却又穿上了另外一套，這一次畫成了悲哀的苦笑，下一回却又畫成了激動的微笑，而且使人感覺到這幅『未完的』傑作，起碼還得化他多少年的心血。

在他周圍，有無數巨幅的油畫。我知道如果每幅畫都以八個肖像計算，那事實上就有八十個或者甚至八十倍的八十個。在黑海哥薩克的志願軍（Black Sea Cossack Free Troops），顯奇蹟的聖像（Wonder-Working Icon），和受審的普希金（Pushkin at an Examination）中，我親自看到他曾在每個肖像的臉上，不斷地改動，以致那數目竟多到可以和一個城市居民的人口相比。

當他右手因爲過勞和年邁，逐漸衰敗的時候，他就用左手代替，以免浪費一分鐘。衰老使他不能使用顏料板，他就把它石塊似地掛在頸上，用繩子吊得緊緊的，從早到晚的不斷工作着。誰都可以隨時到他那個蹣跚，擁擠，低矮的房間里去；在那工作室下面，我們可以時常聽到他那蹣跚逡巡的脚步聲音。這是表示每畫好一筆，他就要去端詳一下他的畫稿，他遠遠地注視着他的作品，加以研究和改正。因此他一天起碼要在每一張畫前來回走上幾個英里，只有在疲倦得不能支持，全身麻痺了以後，他才肯略事休息。

有時，在我看起來，他這種對於藝術的巨大熱情，似乎不但可以克服衰老，甚至可以克服死亡本身。一九二五年，我們在芬蘭會面時，我看得清清楚楚。這位已有一隻腳伸入墳墓了的老人，是以超人的工作支持着生命，他之得以不死，全是由於這種不斷的努力。在臨死以前，他還寫了一封信給我，愉快地感謝那個即將逝去的生命，因爲它一直到他臨死以前，都給他以豐富的工作幸福。

信是這樣的：

『我願意埋葬在自己園里，就在做了記號的那塊地方；埋了以後，還希望在墳墓上栽顆樹木。照一個富有經驗的芬蘭人說，並不需要一口箱，這意思就是，並不一定要棺材……再也不能等待了！就如今天罷，當我醒來時，是感到那麼的昏暈，那末的迷糊，好容易才梳洗完畢和穿好衣服。我必得扶住火爐、碗櫥，和別的傢具，以防跌倒呢。

『是的，現在已經是想到墳墓的時候了，因爲維蘇威(註四)很遠，我已沒有爬近那個火山口的精力。設法使我近親免去葬禮的糜費，是很值得高興的；那實在是件可怕而且愚昧的事。

『請不要以爲我很怕死。不，正相反——我反而覺得快樂——就是在我寫給你的最後一信中，也是如此；親愛的朋友……

『我要告訴你在臨死前，在目前，究竟是什麼事情使我感到興趣，是什麼最吸引我的注意。

『首先，我感到自己的繪事從沒有間斷。我最後的思想，都集中在這點。我承認我畢生的精力，都是從事於繪畫。我已有足足的六個多月(爲什麼現在還要保守秘密？)在紀念莫達斯脫．墨索爾斯基的油畫霍貝克(Hopak)上用功夫；不能把它完成，是多麼可憐的一件事情！此外還有其他的一些圖畫——它們的畫題，也都是富有生命力，眞正有血有肉的。

『我已選定了我的花園，不打算再變動了。我要馬上挖掘墳墓。可惜的是我不能親自動手，我所剩餘的精力，已經不夠使用，即使夠用，也許不會被親友允許。但那里確是一個很好的安息地方——在那巧格耶夫山的山麓。你可不曾忘掉罷？……

你的伊里亞．列賓。』

就在這些最後的話里面，當列賓已臨死的邊緣，當他只差一口氣就會物化的時候，我們也可看到那種同樣堅決的意志，和那同樣猛烈的情感；就是一隻腳已經跨進了墳墓，他還孜孜不倦地畫着一幅奉獻給青春的幸福，奉獻給跳舞和狂歡的油畫。

所以，我們可以想像得出當他在精力瀰滿的時候，他是這樣一種人。那時在他周圍都是畫架：這個畫架上是他的宗教行列，那個畫架上是突然回家，第三個畫架上是恐怖伊凡及其子伊凡(Ivan the Dread and His Son Ivan)，第四個畫架上是執行前的懺悔(Confessio Beforen Execution)，第五個畫架上是史塔索夫的肖像，第六個畫架上是迦洵(Garshin)的肖像，而在第七個畫架上，則是當時還不曾向人公開的尼泊爾河流域的哥薩克。那時克蘭姆斯科曾經這樣的說到他：『好像一下子他就變了脾氣，熱情燃燒着，他拿起了調色板，畫筆，像着魔似地在畫布上塗着。在我們之中，是沒有一個人能夠和他一樣工作的。』

這種着魔一樣的瘋狂，這種創造熱情的風暴，這種對於人類身體，面孔，眼睛，頭髮，姿態和儀容，對於表現一切『客觀世界的客觀事物』的無饜的慾望，這種對於有形肉體極端的愛——他以最大愉快的心情，把它再現在畫布上面，給他以那樣維妙維肖的表情，我敢說，他的每幅畫和每個肖像都彷彿呼之欲出，會從牆壁上大聲叫喊——就是因爲他有這種巨大的天稟的創造熱情，才使他成爲一個偉大的現實主義者。

但這並不是機械的自然抄襲和剽竊。他老是勝利地，感激地，溫柔地描寫着自然。我曾不祇一次地看到他用熱切的愉快表情，凝注着他所繪描的東西。

更值得注意的，是他自己曾經親自告訴我：在畫肖像的時候，他常常會愛上那個對象，對於那個對象會發生一種濃厚的仁愛心和特別謙遜的柔情。我想他不但對於人的肖像，就是對其他的繪畫對象，也是懷有和這同樣的感情。

很多人都記得他對伏爾加縴夫喀甯的友愛，是多麼强烈。

『我和喀甯駢肩地走着，』他在回憶錄中寫道：『我的眼睛一刻也不離開他。我越看越喜歡他，他個性中的每一特點，他那大麻襯衫和皮膚的色彩，我都愛得要命，那是多麼可愛的色彩啊！』

正由於他不僅把自然當作線條與顏色的結合欣賞，却主要的看成一個在愛上時會在眼前展開全貌的性格來研究的才能，使他成爲一個偉大的心理主義的肖像畫家。

可是，一個畫家對於線條，色彩，形式的純粹的愛，列賓不但具有，而且眞摯到了一個可驚的程度。

記得有一個冬天，我們都在他的珂克拉花園里，我看到列賓的一隻狗在那白璧無瑕的雪地上留下了一個狹長的深黃水迹。不加思考地，我馬上用靴尖掘攏周圍的雪，想把那個難堪的污點遮掩。

忽然列賓好像很痛苦似的呻吟起來：

『幹什麼！幹什麼！一連三天，我都上這兒來欣賞這種深濃的琥珀色……可是你……』

他是用那樣譴責的眼光看我，好像在他面前，我曾毀了什麼名貴的藝術品。

有天他告訴我：他是如何的愛好太陽，彷彿還是初次在鄉間看到它在早上湧出來似的。在他的眼前，漂浮着很多光圈，綠的，紅的，藍的；他把這些彩色的圈圈畫在布上，很眞實地表現旭日東升時的光彩和美麗。有次我提醒他的『研究』，他的覆信却是這樣說：

『那並不是什麼「研究」，却是一幅太陽光圈的圖畫。爲了它，我在柴特拉甫民伏整整的工作了一個夏天；我已記不清是那一年。每個晴天，我都一早跑上西地味納河的河岸，離家約有三十步距離。我陶醉在天色和那浮在太陽上的玫瑰色的雲彩中；但這種色彩，却可惜難得再現，往往都是轉瞬即逝，千變萬化的。而那條西地味納河，因爲夏天乾涸的關係，漸漸變得狹窄了，對面就是一個灘，河的外緣却是一片大森林。有天在莫斯科我偶然看到這幅畫掛在牆上，裝在一個很精美的大框子里，這樣美，連我自己也很歡喜它；不斷地看着，看着，於是那些小小的光圈，彷彿又在我的眼前跳舞起來了——綠的，紅的，藍的……』

當他已經衰老時，醫生禁止他毫無休息地工作，不准他在星期日拿鉛筆和油畫筆。這對他，顯然是很困難的。每個星期天他都跑來看我，爲了不違背醫生的囑咐，我把所有鉛筆，甚至凡是筆類都搜藏起來。他會服服貼貼地忍受一二個鐘頭，可是一有一個可以『入畫』的客人進來，和我一把那能照亮來客的吊燈點着，列賓就東看西看的找尋鉛筆或者旁的什麼筆。如果找不到，那他就會從灰盤里拿出一個煙蒂，把它浸在墨水瓶中，在任何能夠找到的奇奇怪怪的紙頭上，認眞地畫了起來。

他使用煙蒂，好像一支畫筆；墨水的痕迹就像顏料。當我注視着那些以柔軟潮濕的烟蒂塗成的斑斑點點的墨水漬時，往往被那鮮明的色彩所吸引，感到很大的興趣；因而想起一個和他敵對的批評家的話：『列賓最能表現才能的場合，就是調配顏色的明確。他用正確和明快的手法，表現空間萬物的色彩，在這一方面，他的天才確是無可比擬的。』

有次他在頃刻之間就畫成了一張婦人的肖像，而這婦人實在是沒有任何特徵的。在這肖像中，那些代替顏料的墨水漬，由於天才的筆觸和潤色，竟呈現出色彩的奇觀，很巧妙地畫出了衣服的樣式，皮膚上的所有皺紋，以及她那稀薄的栗色頭髮。

可是列賓的力量，並不是在機械地照抄他所看見的東西，而是在他那以衣服的皺襞，頭部的轉動，小指的彎曲等等極微細的動作和外形，來表現人們心理狀態的卓越的才能。

在宗教行列中，不知有多少人像。雖然他們擠成一羣，沿那酷熱的道路慢慢前進，大家都在灰塵的烟霧中窒塞着，透不過氣來；可是，其中竟沒有一個人沒有顯著的性格，沒有一個不以各種不同的方式，表示出他自己所特有的個性——或以步態，或以頭髮的式樣，或以姿勢，眞可謂各有千秋，但同時却又異常的調和，異常的統一。我們可以在畫面上看到那個風騷地搖擺着香爐的助祭，浮誇地裝腔作勢；那些消瘦遲鈍的香客們，謙卑而又順從；那個腦滿腸肥的汗淋淋的富農，很堅定地在聖像旁邊走着，顯出高貴而又恭順的虔敬；兩個信女恭敬地捧着空的木製聖像匣子，步態謹愼而又婀娜；那肥胖得猶如蝨子似的女地主，得意忘形地高視闊步，很迅速地舉着她的短腿，淌着汗水——只有托爾斯泰能夠像他一樣成功地同時表現這麼多的人物，只有他才能和列賓的畫筆似地應用許多辭彙，來描寫具有這麼複雜而又這麼明確的性格的人物。

在構圖方面，像這幅畫似的嚴密，精微，也是我所從未見過的；因爲不論它的着色是如何大胆特殊，形象是如何錯綜複雜，却沒有一點不調和的地方。所有那些不同的步態，鬍鬚，肚腹，前額，旗幟，馬鞭，甚至油膩的髮尖，都是那樣的和諧統一，實在是難能可貴。在這樣一幅圖畫旁邊，相形之下，其他羣處場面的圖畫，幾乎都會顯得虛僞而好笑。這是由於這幅畫包含着百分之百的眞理——現實主義的眞理。他的調色，是這樣的明確眞實，如果我們凝視畫上的行列十分鐘，那它就會幻化成立體的形象，它的背景似乎消失在遠處，距離至少有四分之一的俄里。

開始我還不大明白他所以成功的祕訣，不大懂得何以他能使那行列的行動有如電影；雖然那些騎馬者正在前進，他們的馬看不清楚，只從人羣中露出身來，可是那些馬身却擺動得很勻整，每匹都有它自己特殊的節奏。

我想像得出列賓完成這幾百個肖像時的快樂。如果可能，他一定會把這行列不僅延伸到四分之一的俄里，而是延伸到二十或三十俄里，而且就是這樣，也不會滿足他那藝術天才的巨大創造慾。一般的講，這種創造慾確是非常巨大的。

和他一道在火車上或電車上旅行，我們可以看到他帶着外國人的好奇心，觀察坐在他前面的人，而且暗中描摹着他們的肖像。這種觀察，在他確是一種創造的快樂。他曾經說：「我的最好的圖畫，還不曾畫好哩。」

他不論上那兒去——到小餐館或歌劇院——都是隨身攜帶速寫簿，就是最小的機會，即使是括風或落霜的天氣，他也要把任何看到的東西速寫下來。

對於他，素描是和呼吸一樣的重要，一樣的不可缺少；因爲，雖然大幅油畫化了他很多心血，但大自然的直接描寫，却是他生活的主要因素，就如睡眠和飲食。當他以迅速而簡單的幾筆，就很成功地畫成了一個人頭的時候，列賓就是全世界最幸福的人了。在這種時候，他的眼睛閃耀着這樣快樂的光輝，似乎他一生就是等待着表現那樣的一副臉相。

他保存了所有的速寫簿，因此在他老年，光是這些畫册就有了滿滿的幾隻書箱，形成一個小小的圖書館；他從不曾把這些畫册示人。

一九一五年，他表示特別的友誼，准我瀏覽這些速寫簿；我看到了一個新的列賓，這個新的列賓，甚至把那個我在大幅油畫中見慣的列賓也投入了陰影，使其黯然減色。

就是那些神妙的筆觸，那些鉛筆的勾劃，那些簡單的線條——畫鉄就像鉄似的堅硬，畫天鵝絨就像天鵝絨似的柔軟；這能耐，使他所畫的東西都很逼真——它們的絕技，使我感到了絕大的魅力。

在這些筆觸中，我們可以看到真正的列賓——表面上是謙遜的，柔順的，缺乏確信的，意志力很薄弱的，事實上却有一種不可抵抗的力量。

在他的繪畫中，沒有什麼粗線條，全幅畫都很工整，很細膩，看上去似乎脆弱，可是它們却很明確，不論什麼東西，只要他的畫筆一接觸，就有很顯著的特色，毫無誇張和塗飾，而且從頭到尾都是一貫的。

單單一幅尼泊爾河流域的哥薩克，列賓就有幾百個畫稿——關於當時的烏克蘭生活。在我看起來，那些草稿的一筆一劃，都是道地烏克蘭底的——柔軟的，和諧的，抒情的。在技巧，形象，表情各方面，它們甚至比那油畫本身還要好些。但我剛想暗示這個意思，列賓就憤怒地皺起眉頭；他只把這些畫稿當作素材，認爲沒有什麼獨立的價值。他甚至自悔竟有這麼許多畫稿，雖然他也高興重覆的說：所謂靈感也者，實際上只是辛勤工作的報酬。

「在努力了八十年以後，」在死前不久，他曾寫信給我說：「我得到了一個結論，就是對於任何繪畫的題材，我必得長期的工作（我尋，變更，和重畫，不惜化費任何精力），然後才有意外的發現，而且加珍惜……覺得這是稀有或者竟是從來沒有過似的。……」

(四)列賔的日常生活——他的信心

他整個的生活態度，也是和他偉大的努力互相結合。他以爲如果他讓自己有一點浪費，那末他的創造力就會衰退。他的眼前，不斷地因着克蘭斯科的悲慘命運——他怕被晚年成功的舒適和士紳的生活所誘惑，不能完成最好的作品；因此他對自己很嚴厲，從不肯有一點苟且，致成一個「名譽上的不肖子孫」。他不但不備私人車輛，而且也不常坐租用馬車，最多也只以電車或鉄道馬車旅行。他常常走路。

當他離開珂克拉，遊歷聖彼德堡的時候，他往往不進大餐館，却在便宜的小館子里用餐。他親自清潔房間，整理房間，而且祇要可能，他必定親自生火爐，並料理自己的調色板。雖然他很愛中國茶葉，可是每天他自己吃的，却都是極經濟的便宜茶，只有賓朋滿座的假日，才沏好茶。如果他收到一個紮得好好的包裹，那他絕不會因爲節省時間，而一刀把繩割斷，却會慢慢地，忍耐地把繩結解開，而且把它保存起來。

可是，他難道是個吝嗇鬼嗎？他在珂克拉認識的一個作家，曾被彼得斯堡當局所放逐，陷入可悲的窘境。列賓給我一張一百元的盧布新鈔，對我說：

「把這給他……孟特斯塔克（註五）……請你告訴他這是出版家的墊款。」

這位作家的綽號就是「孟特斯塔克」，因爲不斷的吸烟，使他老是帶一股烟的臭味。如果他至今還活在人世，那就是由于在極困難的時候，列賓老是給他那些『出版家的墊款』。但對於乞丐一類的無業游民，他却以一個勤儉者的心情，給以極端的憎厭，往往很輕蔑地驅逐他們。

他非常重視任何一種體力勞動，只要他的精力允許，每天他總要化幾個鐘頭在花園里掘土，鋸木或伐木。

列賓常常睡在露天的陽台上，就是在正月和二月里也是如此。他很愛整潔，有時甚至過份到近乎挑剔。如果他從你這里借去八個戈貝克，那他一定會在大雨滂沱中走上三公里路，親自送還你這筆欠款。

列賓認爲覆信是他的義務，不管是誰的信，他一律答覆，因此每晚都得化上好幾個鐘頭。他每天都閱讀書報，而且每一本書，他都很重視。他那廣泛的文學興趣，甚至超過一個職業的作家。在他寫給我的信中，就可以看到這種廣泛的興趣：

『我正在讀着柯洛倫科的作品，』他在八十三歲時寫信告訴我說：『他的影子是多麼出色啊！』

另一封信中他又這麼說：

『前幾天雨拉把格拉伯（Grabar）的"Vrabar"給我看。這是一本可愛的著作——聰明，有趣，寫得很美。』

第三封信中他說：

『我已開始閱讀盧那卡爾斯基的作品——我很奇怪爲什麼他會受到批評。在他的評論中，確多有趣的見解，特別是關於高爾基的論文。』

我記得他曾懷着多大的興奮，讀着車尼雪夫斯基的西伯利亞來鴻（Letters from Siberia）；他曾經想畫一幅叫做車尼雪夫斯基的受刑（The Execution of Chernyshevsky）的油畫，而且曾經勤手搜集過材料。他對於車尼雪夫斯基的崇拜，很可能是在他的青年時期，在六十年代他的性格逐漸形成時卽已開始。他特別重視做什麼？（What's to be Done），甚至有幾頁能夠背誦——特別是『維拉·帕芙洛芙娜之夢』。卽在老年，他還對我說：『不久以前，在車尼雪夫斯基的信札中，在他的身上，我還想像得出俄國天才活活被埋沒的可怕的現實。』

一般的說，他在學生時期受到而又表現在優秀作品中的六七十年代的激烈思想，就是在他的晚年，也還有影響。

當一九二五年，他已亡命國外的時候，樸彼毒諾斯柴夫（Pobedonostsev）的兩卷書信集出版了。在那里面有一封寫給沙皇的信，以最大的憎恨告發列賓的恐怖伊凡及其子伊凡。我抄了那封信，送給正在芬蘭的列賓。

列賓馬上覆信說；

『樸彼毒諾斯柴夫的信，甚至是不值得轉抄的。我早已知道他是一個很卑鄙的小政客。至於亞歷山大第三，却是一頭天生的驢子。他們替他們自己準備的災難，已變成更確定了——他們一定會自食其果的。』

我記得當屈魯貝斯珂（Trubetskoy）在俄京把那亞歷三世紀念碑建立起來的時候，他是如何的高興，如何的快樂。『眞像！眞像！活像一個肥臀的吹牛大家！』列賓叫喊着：『這果然像他，眞像他這毫無人心的暴君！』雖然受着百黑團報紙的攻擊和迫害，他仍然泰然自若地唱着這支諷刺的歌，『頌揚』着這個『和平使者沙皇』。

他在樸資茅斯和約以後，曾對尼古拉二世表示他的態度：

『現在反動的野蠻主義正在蠢動，摧殘着和玩弄着無辜的人們。曾受欺騙的農奴們，並沒有很好的支持他。他們曾經很熱情地爲沙皇的統治效死，但現在却已不再任人愚弄了。他們在東西兩半球，都有倔起的勢力。』

他極端憎恨專制政體：

『……專制政體是多麼愚魯啊！……這個野蠻人的發明物，是多麼不自然和危險，它的結果是多麼可憎！』

在八十年代反動到了極點時，六十年代的精神已毫無遺留了，而列賓却還是大聲的自稱爲『六十年代的人』：

『我不能從事直接的創作（意卽爲藝術而藝術）。我得張着困惱的眼睛，辛勤地用自己的畫來做地毯，鑲花邊，趕時髦，總而言之，每天都要使自己的神聖天才和無聊的異教徒們鬼混，隨時隨地都得勉强適應時代的潮流……不，我是一個六十年代的，落伍了的人，對於我，果戈里，伯林斯基，屠格涅夫，和托爾斯泰們的理想還不曾滅亡……週遭的生活使我苦惱，它不斷地攪擾我，使我得不到一刻安甯，侵入了我的繪畫世界。現實太黑黯紛亂，我實在沒有辦法靜下心來繪畫——我只得把牠讓渡給那些富有敎養的年輕的貴婦淑女。』

從這封煇煌的信里，我們可以得着理解列賓所有創作品的祕訣——這種對於『俄國黑暗現實』的憎恨，有個時候也曾燃燒過伯林斯基及其後繼者們。

列賓身上的六七十年代激進精神，在後來——第一次世界大戰期間，也曾經表現出來，雖然像大家一樣，開始時他也難免受欺於虛偽自由主義的宣傳。

記得有一個星期天，我曾約請朋友們回答一個問題：他們希望怎樣的戰爭結果？他們都是千篇一律的回答：『我希望條頓民族的完全失敗』，『我確信柏林一定是我們的』，以及諸如此類的話。但列賓却正相反，他回答說：『我希望德意志聯邦改建共和！』

當被要求解釋和說明的時候，他就把墨水瓶移近，馬上畫了一幅很小的畫；我一直把它保存到今天。它表示勝利的德國工人把威廉清除出去，用手車運走。這是預言式地表示一個信念（這個信念在那時候似乎還是幻想），就是戰爭的最後結局，一定是普羅列塔利亞推翻舊的統治。

在十月革命以後，我很久沒有看見列賓。在革命期間，珂克拉成了外國的領土，因此他也被隔絕於他的祖國。

（註一）伊里亞·列賓爲舊俄著名畫家，惟我國尚少介紹。前年八月，蘇聯曾爲其舉行盛大的誕辰百年紀念。作者珂尼·巧珂夫斯基（Kornei Chukorsky）亦爲俄國作家，與列賓交遊至密。

（註二）洛穫南提(Rosinante)，爲唐詰訶之戰馬。

（註三）斯伏洛契(Svoloch)爲俄語罵人的話，意即『流氓』。

（註四）維蘇威(Vesuvius)爲意大利著名火山。

（註五）孟特斯搭克(Mundstück)，意即烟嘴。

——何家槐 譯

編後記

第四期，應該在八月出版的，但現在却已經是十月了。沒有別的原因，出版的公司在整個經營上發生了困難，我們也就只好眼看着脫期，無法可想。脫期就脫期罷，好在這不過是一個小刊物，無關於國計民生，和那些無數的在內戰炮火下面犧牲了的人民相比，算得什麼呢？和我們這個又要陷入苦痛過程里面的民族底命運相比，又算得什麼呢？

在這期間，有一些友人關懷，有一些讀者關懷，沒有能夠一一作覆，現在在這里一併表示謝意。而且，還不得不告訴讀者，這期以後能否接着按期出版　現在還不能確定，如果有變動，當在預留着的地位上登一啓事。生命無論貴賤，總希望能繼續，工作無論大小，也總希望能支持，這心情，我們和讀者諸君是一致的。只要現在大放特放的砲彈兩個頂多三個底價錢就可以出版一本「希望」，但難就難在我們連這麼一點力量都沒有，難就難在願意拿出這麼一點力量用在文化工作上的人都不容易有。

在這一個月里面，臨到了魯迅先生逝世十週年。應該認眞紀念的，但由於困難，由於我們底無力，沒有法子做到。兩篇文字，而且還有一篇是舊作底重載，是不能滿足我們以及讀者底願望的。想到紀念先生的當有許多眞誠的作者，繼承而且開擴先生的道路的正有千千萬萬的人民底血的鬥爭，我們就更加慚愧了。

關於這一本底內容，不想補說什麼，這並不是接受了大編輯家底理論，以爲編者一說到內容就落入了下乘，實際上只是沒有寫什麼的力氣。例如這兩篇譯文，就可以引出許多話來的。就第一篇說罷，對於一聽到熱情就覺得罪大惡極，自以爲只有他那一把冷靜的「理論」才是一切的不「盲動」的批評家，不是也可以參考參考的麼？

胡　風（十月十四夜）

秩序

向北方的詩人們寫的一篇報告

鄭思

一

同志，短行而跳躍的詩句
暫時只好讓給瑪耶可夫斯基或者田間
那些被新鮮的血液所鼓動的嘹亮的歌者，
洋車夫赤膊上的汗粒
和女郎在車上翹起二郎腿的姿勢
令我有了一些奇異的靈感……

我只看見南方的海洋在不平地起伏
只看見一羣越獄不遂的囚犯
　在判決之前的死寂的臉孔
只看見大廈像重疊地堆起的堡壘
我所能見的只是在一場大雨之後
伏法者底屍首被親屬抬走的時候沿途滴下的
汚血

騎樓底下——
那些待埋的餓孚們睜着尚未完全死去的眼睛
那兩塊給飢餓蠶蝕得發綠的眼白
有如兩塊未曾塡補的人生空白
露出了寃曲和仇恨……

那麼，同志
我底奇異的靈感
將是多麼不愉快而且大殺風景
在老爺們或者少爺們看來
簡直就像那些卑微的臨死之前的乞丐底
一場多餘的悲切的呻吟

二

畫家符羅飛他熱情地向我說：
「我所看見的人體都是透明的」
於是他畫了四條臂膀的劊子手
在殺戮之後疲勞喘息的姿態
而且他用智慧的朵筆
在勾畫他所透視的人體
以人和野獸的雜種姿態
興高彩烈地在進行着魔鬼的環舞……

我從他底畫室走出來
我抄襲了他底瘋狂的思想
我也用透視的眼力去觀察一個摩登貴婦
我幾乎忍不住了
學着一個醉漢攔住她底去路大聲地喝問：
「喂：你到底是魔鬼還是人呢？」
我也想用暴力命令汽車停住
打開老爺們那些闊氣的胸膛
好像打開什麼收藏贓物的大箱子
檢查一下——
那些心肺的形狀和顏色

三

我底朋友鄧紀林
當他底思想剛從痲醉的學院裏驚醒
他就大聲疾呼：
「是什麼時候
來了這一條
摧殘人類的法令——
男人須
生產小孩？
女人
該長出
鬍鬚？」

一個老誠的數學博士簡直要急得投河了
爲了一條一加一要等於七或是八的算題，

一個年老的顏色製造匠
戴上他那有用過三代的老光眼鏡
向一個老爺解釋着：
「先生　這是黑色的……」
「混蛋！我說是紅的就是紅的……」

這到底是誰錯了呢
而醫官們以過半數通過了結論：
根據檢查的結果
除了領子上金星閃爍的老爺之外
所有的眼睛都患了不可醫治的色盲

一個美國裝備的禁衛兵
打了一個獸醫教授的兩記耳光
（因爲該教授情不自禁地摩了摩他底上司的
馬）
理由從他嘴里怒罵出來：
「老子看你的樣子就是奸匪！」

同志，你以爲我在說神話或者講故事嗎？
那麼，我負責地告訴你——
這正是
環繞着法律的
秩序

四

我是但丁的信徒
不問是做夢還是清清白白地睜着眼睛
我都明明白白地看見了「地獄」裏的

那條「可詛咒的黑色的河」
在河邊
牛頭馬面的加龍叱吼着生靈們：
「喂，生靈們，親愛的同胞們，
上帝啦，我即刻就渡你們
到那幸福的永無天日的彼岸去……」
而且，就在河邊的演講台上
一匹意大利種或者德國種的脫毛的老狐狸
站在上面聲嘶力竭，痛哭流涕
做着各種煽動的手勢
「民主——王八蛋！
獨裁——OK！
蘇聯——這軍閥共產主義
根本要
開除人籍！
逐出地球！」

於是，幻現在我眼前的二十世紀五十年代
有如一座黑色的大升降機
載着中國底襤褸的人民
在向着一萬公尺的煤坑的最下層降落下去……

五

於是，我底多餘的腦袋又想到鴉片煙燈
而且，想到了政權
而且，我冒失得很
又想到了抽鴉片煙的和過政權癮的……
想到一九九九年，姨太太們底裸體時裝
想到五萬元一雙的玻璃絲襪
和一個快樂的透明的女人完全不穿褲子的世

界……
而且，我底思想實在不成體統
想到老爺們陶醉於色情的肉體時
在房門外面
那守衛着底鋼盔和美國衛鋒步槍底青銅光芒
和那娘娘的，被電風扇吹出的脂粉香味是多
麼不調和

六

都市，環繞着一個核心在建築
秩序，日以繼夜地蔓續
尖嘴猴三，殺豬肥油滿腹的大肚皮
無聲手槍，巡查隊
女人的口紅，白蘭地，啤酒
老爺們君臨在小民們的面前每一個細胞都充
滿權威
小民們的頭顱常常像一朵紅色的野玫瑰哄然
開放
以及那些熟鍊的「媽特皮——！」
和長官們畫「行」的姿態……
這一切全不可缺少
刑場上犯人頭上的標子和米店門口表明米價
的米籤
對我的刺激和反應完全一致
而郊外的亂墳堆和囤積的米包
又似乎是一種本質的兩種形式
吉卜車壓死了男人和女人
警察安詳地搖着棒子和白手套

恭候汽車「的的——」地開過
僅僅這一個立正的姿勢和一揚手的角度所需的訓練費用
就足夠令小民們底背脊彎曲到像一張弓

負債者從五層的高樓上跳了下來
用自己的血和生命償清了債務

寡婦帶着一羣無法活下去的兒女
把小船划到江心
趁黑夜，在孩子們給飢餓弄得疲倦的時候
她便用竹子削成的尖刀戮穿了自己底喉嚨

在熱鬧的黃昏，太太們閒散地坐汽車去兜風
一個年青的婦人和一個襤褸的孩子
抬着一具用破蓆子包裹的屍首
凄然地走向荒野
孩子喊着爸爸
女人哭着丈夫

而霓虹燈跟豪華的貴婦一樣，以各種色調閃耀

電影院的門口又有好萊塢的新片預告
廣告上畫着：男人吻女人，女人閉着眼睛……

在門口，電影院的老板公佈了一條法令
「服裝不整，恕不招待。」
於是警察的棒子向好奇的鄉民羣揮去
映過了五光十色的廣告以後
電影正式開場了
全體觀衆一致恭敬地肅立

這裏的秩序的確很好
而報紙上每天都登載着：
路屍：×××具
虎烈拉：×××宗
刼案：×××起
巨匪×××就捕
市長爲「肅清匪盜，維持治安」發表談話
以及共產黨姦淫燒殺、破壞和平的消息

七

同志，這現實像是什麼大作家寫的童話一樣
說貓和老鼠在一起生活得很幸福
狼教授發表了一篇有名的演講
兎兒們，鷓鴣們，野雞野鴨們都拍破了手掌

那麼，也如詩人愛羅先珂所寫的童話一樣
說：無可分辯的，教育家們
用道德的鉸剪，在那里弄短兒童和學生的舌頭
正義的尺和法律的劍
按一定的長度，砍短了勞働者的手足………

憲兵：檢查公共汽車和行人………
特工：盯梢，燒書，舞動鐵尺，封書店……
稅務員：拿着簿子收稅……
住客：塡調査表，報戶口……
印刷廠：印着「警察區管制」條規第X條，第N條……

結果：小民們
只留下廁所的地盤來抒憤懣
板壁上寫着：
「天下那有屎完稅
這里唯有屁無捐」

八

呵，同志們
這里風景很好！

呵，詩人田間
你要不要看看秦始皇——這私生子的肖像？
人們批評說：
面無四兩肉
肚內一把刀……

呵，詩人魯藜
你要不要看看希特拉巡查的姿態？
他命令他底士兵
把 所一再歌唱的星星都判了死刑
而且宣佈：
用狼或者狐狸的碧眼
做街上的路燈

呵，詩人孫鈿
你用不着驕傲你底司令從敵人那里得來的望遠鏡
我們的黑名單和鎖人的鐵鍊
比你底司令的望遠鏡所能看的距離更長

呵，詩人艾青
當你歌唱英雄吳滿有的時候
你所歌唱過的火把早已給人吹熄了
而你所歌唱的太陽
別人說：
美國的什麼步槍就可以把它射落……

九

呵，詩人們！
眞的，這里的一切都十分美觀

海洋在大陸邊緣起伏
色情的大廈一層層地建築，升上了天空
收音機用白癡的喉嚨大聲叫喊
電風扇，懸掛在堂皇的酒巴上
以僕歐一樣忙碌的典型的服務精神
爲喝酒的嫖客們和老爺們在起勁的旋轉
狗見主人，搖着尾巴，又吠着生客
男人，追逐女人
女人，嬌媚地吊在男人的臂膀上向同性示威
老爺，在姨太太面前眩耀美國新到的朱古力
，奶粉，透明衣，煙斗，雪茄……
而下賤的農村女人，照舊推糞車
毫不假思索地，用粗手替人家洗着馬桶……

環繞着
法律
這是
飽和的秩序

在這秩序的金光閃耀之下
流浪者只有資格讓自己的腿餓成兩條筆桿
去垃圾堆上選擇蒼蠅吃賸的食物……

而功蹟的勛章
便懸掛在老爺們的胸膛
無數的官員們，也正因爲這井然的秩序
在領薪水，擺官架子，討姨太太，下判決書
，考試，坐小驕車，開會，打電話，發
脾氣，拍檯子……以及其他。

十

呵，同志

我底原意是想來寫一首讚美詩
我底手却在不停地打抖
我底心似乎有火在燃燒
我想到原野上也許正燃着熊熊的野火
我有一股渴想出擊的熱力
我想着
人類一開始就以自己的集體擊敗了野獸

於是，我走到原野
我看見那些迷人的
閃耀着晶瑩的光點的星星
我底思想翻滾着
我想着那些和野花們戀愛的古城
我想着那些沒有眼淚的人民
我想着那些爲汗珠裝飾着的胸膛
我想看那些凡蛾玲和詩章……
而且，我也想着——
爲了迎接大風雨
英雄們正在集體地死去……

於是，我便嚴肅而且靜穆地
向遠方送出了我底親熱的祝福……

約翰、穆勒說：專制使人們變成冷嘲，而他竟不知道共和使人們變成沉默。

——魯迅

3331

復仇的哲學

綠原

一

淒厲的警笛
狂叫着：
噓！——噓！

起來——柴棒似的骨頭們！
　銹釘似的手指們！
　石箭似的牙齒們！
起來——饑餓王！
是的，是我們，
是中國底人民！

從中國底悲慘的天空，
蝗虫來了
冰雹來了
颶風來了

田畝拒絕了我們
倉庫拒絕了我們
兩隻脚的人獸拒絕了我們
我們聯合起來，
逃荒去！

貧窮的鋸子
鋸着
我們底頸項；
飢餓的大風車
輾榨着
我們底乾燥的肉渣：

我們連一滴唾沫
都沒有了，
然而，
這種生活
就是敎育。

不要依賴國家，
不要依賴狡猾的公僕！
沒有舞台演過
這樣的悲劇：除了
熱火沖霄的中國！

燒吧，中國！
只留下
暴君底
那本高利貸的賬簿，
讓我們給他
清算！

二

當年在俄羅斯，
杜斯妥也夫斯基
在著名的「罪與罰」裏
給我們介紹
一個變態心理的大學生：
貧窮扭曲了他底神經，
他勇敢地
殺了人！

今天，我們也來
霍霍地磨刀吧，
到花園錦簇的樂園裏
去做一名
搗亂份子！

我們羞愧什麽？
痲瘋患者底疙瘩們
又羞愧什麽？

人吃不消
　觀音土
　草根
　乾枯的樹皮……

我底許多好鄰居
一個個倒下去了，
他們底尸骨未寒，
眼睛不肯合攏，
我知道
他們死了：
餓死的！

我們這些個，
不能再餓死呀；
把馬糞燒起來吧，
烘一烘我底手，
讓我去，
去找
豺狼底遺族；

明朝會，朋友，
我決定帶糧食回來。
等我們吃飽了，
再談旁的：
　再談人道主義、
　　政制、
　　科學、
　再談藝術、
　　文化、
　　愛情、
　再談骨肉的團圓吧。
不信，請檢查我們底證書：
除了頭髮同鬍子，
你再括不出什麼來！

家住在
青面獠牙的曠野；
在荒涼的高峯
同暴雷答話的
吃死人的鷲鳥
是我們底伙伴。

朋友們，能說我是
一條只有觸角
　沒有毒囊的爬虫嗎？
能說我是
一個在盒子裏生長起來的
侏儒嗎？
能說我
在貧窮卽罪惡的世界裏，
是
一個拜金主義者嗎？

三

告訴你，我也是
一條好漢。

我曾歌頌過
一切殘酷同一切憐憫。

小時候，我就在
大街旁，碼頭上，黑巷子裏，
嘴角啣着拾來的烟蒂頭——
做一名有用的扒手。

我是光榮的：
因爲我能夠
扭直
命運的曲線，
——對準
它底太陽穴，
——對準
它底咽喉；
因爲我能夠
反抗，我能夠
活：痛苦地
活！

半夜，冷風吹來，
我聽到
我底祖先們
在飢餓的火災裏
絕望地叫喊！

而今，我又聽見
我底姊妹
用一根冷淡的繩套
自己勒死自己；
我底兄弟，
——那個伶俊的影子，
在枯井底沉墜裏
對自己
哀鳴！

昨天，我還聽說

有一個男人，
讓白髮蒼蒼的老頭子
在普吉車底飛馳下
輾斷了呼吸；
讓十三歲的女兒去賣淫：
去換一根香烟底代價……
這個面熟的男人
含憤地撕破了
那張可恥的鈔票，
他底心在微弱地跳動……
回去，竟殺死了
他底生病的妻子，
將可憐的尸體
埋在地下……
那隻寃屈的靈魂
漸漸地 用强烈的氣味
警告了
這無情的世界：
她底丈夫於是瘋狂了，
在人心惶惶的街頭，
用刀子割掉了
自己底拇指……

悲哉，我不知道
他叫什麼名字，
我也不必要知道
他叫什麼名字；
我認識他：
像認識我自己。

諸位，不要想
我們這樣的人
會做善人吧。

你看吧，
一隻襤褸的動物
出現在
原野的銀幕上了——
他底買賣是
　血的貨品！
　血的廣告！
　血的商標！

了不起，
在今天
還能活着！
活着，
堵住
血的瀑布！

四

一朵朵不祥的烏雲
蓋在我們底頭頂上，

沒有做虧心事，
我們不怕暴風雨，
　不怕更猛烈的雷電，
讓它們都來吧！

我們發現自己
在懸岩削壁底面前，
——跳過去！
跳過去，
在晦氣的天空下
讓我們赤裸着身體
跑過去！

餓了，我們又要吃
生肉，
渴了，又要喝
熱血，

組織起來，
逃荒去，
不再頭昏眼花，
不再遭荼毒！

恢復祖先們底本色：
對那些
躺在脂肪的山峯上睡覺的野獸
進行
鬥爭！
像我們底祖先一樣：
靠自己一雙手
改變
世界！

敲碎，並且溶化
歷年來眼淚凝結成的冰河，
今天準備讓它
縱情地傾瀉，瀉盡

在中國，
有人吃飽了，
關起房門在睡覺，
——惡狗在屋外狂嗥……

孤獨地嘆氣的朋友，
來吧，什麼也不要，只帶
一柄斧，或者
一塊石頭也好：
今天是
我們底
紅字日！

張三底腸子
像斷臂者底袖子一樣空，
李四底胃
像鼓一樣空，
聯合起來：
我們就是複數！
讓我們
向前面去！

向前面去，
一起站在
那座不平衡的天秤上
去！
——左邊太輕了，
一起站到
左邊
去！
——把在右邊盤子裏打斛的，
做夢都含着獰笑的
那隻獅身人面獸
推到岩下
去！

五

我們又歡喜，
又悲哀：

我們瘋狂地
向前面奔去：
我們糾集着
一羣犯人　流浪漢
　迷途的羔羊
　私奔的童養媳
　被開除的學徒
　貞潔的妓女
　在內戰裏叛變的傭兵
　沉船的水手
　粗野的馬車夫
　解雇的工人
所有的
戰鬥的新婦們！
起來，為了
自由與饑餓
對你們底管理者罷工吧！
起來，向前面去，
向前面的
熱烈的宴會
奔去！

廝殺去！
推着柩車迎上去，
拿着誌哀的白蠟燭迎上去，
唱着送葬進行曲迎上去，
鬥爭並不
神祕，然而
壯麗呀。

我們底鬥爭
沒有禮節，
我們不肯死！
飢餓！寒冷！漂泊！
透明的三棱鏡
把我們
集合在
一個焦點上，
使我們發出
憤怒底
轟然的光輝！

在絕望的漩渦裏，
讓我們
互相擁抱吧，親愛的朋友，
誇耀我們底
偉大的向心力吧。

我們不能
　像蝴蝶
那樣美麗地　然而那樣短命地

活過
一個夏天；
我們要熱辣辣地
活，像象一樣長壽。
我們死了，
也要留下
鬥爭底遺產，
像象一樣
把它底牙齒，
——它底武器，
交給了祖先們底洞窟，
才肯去死。
我們不向歷史
索討獎章！
然而，也不准誰來侵犯
我們底
卽使是一刹那的生命呀！
要滿足
動物底
起碼的慾望呀，
我們不能再悲痛！
要斬斷
這塊殭硬的國土，
劃出
一道疆界，
組織
一個嶄新的部落，
去保衛生命，
保衛自由，
保衛人格！
要追逐敵人，
要火焚棧道，
刀切繩梯，
要陷落
用骷髏做符號的陣線，
卽使追到遙遠的冥王星
也要把它們
一網打盡！
我們這一輩子
算是和
鬥爭結了姻緣：
鬥爭
襲捲着
我們——灰色的人羣，
不再是難民了：
做一名亡命者吧——
讓我們
出生入死地
去嚐一嚐
生命底鹽，或者
生命底蜂蜜。

六

哦，我是一條好漢，
在中國底黑夜，
在用血洗着
仇人底尸體的時候，
我要唱
最後一隻可怕的悲歌：
一隻用痛苦底象形文字寫成的悲歌，
我一直紅炭似的沉默着；
今天，我汽笛一樣狂叫，
膨脹在我底胸脯裏面的是
一口
怨氣！
然而，我堅信
我們底勝利！
我們搶住了
命運底韁繩，
因此要麵包，
也要火藥！
要白糖
要小麥　葡萄
要牛肉
要黃金
要煤和鋼鐵；
要一個
自己底國家；
要人人有
一個快樂的黃昏，
大夥兒
圍着絮語的火燄，

傾聽
飯粒在水鍋裏歌唱……
鐵軌聯絡着我們，
列車在上面洶湧過去，
我們底希望
在冒烟的車頭上
飄揚着
朱紅色的手巾。
發報機咖咖地響着，
新聞紙傳遞着，
廣播電台底電流四射着，
——帶着
彷彿是一尊拿神所創造的
我們底奇蹟
到世界底每一個角落去……
這時，曾經如此凄厲地狂鳴着
　集合過我們這一羣的
那隻警笛，
又愉快地
向東方的天邊
叫了：挖掘着
輝煌的金礦！
於是　烈日象徵着
我們底生命；
琺瑯質的海洋
在我們面前
豪邁地展覽着
它底壯波！
波浪掀簸着我們：
它永遠教育着我們，以
咆哮的
復仇的哲學！
（一九四六年五月廿——廿四日）

祖國

牧明

有銹蝕在彈道里沒有發射的子彈
有砍伐花枝的收割者底鐮刀
有在春天枯萎的薔薇
有出門不再回來的孩子
有偏愛南方的北斗星
有不能見陽光的向日葵
曠野的夜
有狼嗥，有殞星，有棄嬰底窒塞的哭號，有
等待着最後一聲雷鳴的密雲……
祖國呵
透過了我底被痛苦燃灼得如此漲痛的眼睛
我總像看見了
在昏濛的夜底邊緣
有巨人在泥濘的道上打滾
爬起了
跌倒
爬起了
又跌倒
向着東方的天空
高伸着
鮮血淋漓的
一隻巨大的手臂……

一九四六，一，八。昆明。

平原集（小說集）

路翎

平原

胡順昌，滿臉都是乖戾的，絕望的神色，跟在他底女人後面吵叫着；他們在平原里面走着。小路上積着很厚的灰塵，連路旁的荒草都被灰塵蒙蔽了。陽光强烈得刺眼，無邊無際的平原上是籠罩着火焰一般的暑熱：各處都反射着强烈的光，一切都顯得辛辣、有力、鮮明，在深沉的寂靜中各各顯示出它們底熱烈得差不多就要昏迷了的生命來。平原底遠處有一排紅色的西式建築，在陽光中特別地耀眼；一面旗幟在它們底中間飄揚着。很多的深綠色的茂盛的樹木生長在這一排建築物底四周。樹木底後面，在極度的明亮之中，長江底水帶閃耀着，一羣白色的卷雲就停留在那水帶底上空，但這是要忍受着眼睛底刺痛才能夠看得清楚的。一條小河在平原底中間彎屈地流着，通過那些被樹蔭遮着的寂靜的人家而流到金黃色的田野中去；稍微踏得遠一點就看不見河身，因爲河的兩岸是綠色的高堤。但那些豎在人家底旁邊和稻田底中間的破爛的布帆却可以給你指示出河的所在。這些布帆好像是豎在平地上似地，在明亮的空氣中看起來似乎是一動都不動，但祇要你稍一疏忽，它們就奇異地變換了位置。有的已經移到稻田底深處去，有的却消失在房屋或樹叢底背後了。這些布帆似乎是在稻田底金黃的海里航行着，在强烈的光照下，它們底神奇的移動是特別的美麗：稻田一直綿延到平原底盡頭，一直綿延到長江底明亮的水帶那邊，消失在一片明亮的暈光中。漸漸地往前走，繞過一排房屋，你就可以看見在綠色的堤岸之間的美麗的河身，以及那些張着帆的木船了；現在你可以辨明那些破爛的布帆是屬於怎樣的一些木船的了：它們雖然都很老舊，却是非常靈巧的，每一條船上都晒着很多的衣服，都有女人和小孩站在船頭。澄清的河水輕輕地，溫柔地拍擊着它們。一些精緻的石橋跨在這條清澈的河上，這些橋是這樣的高，所以那些船用不着卸下它們底桅桿來就可以通過。現在從平原底遠處傳來了一陣轟轟的震動，一列火車出現了，噴着濃烟，迅速地滑行着，扭動着，遮住了長江底明亮的水帶。不久它就消失在那一排紅色的建築物底後面了，但它底嘶啞的汽笛聲和轟轟的震動聲仍然很久很久地留在空氣中。

這時有一個年青的、精力飽滿的漢子，赤着膊，戴着一頂大草帽，騎在一隻滿身都是瘡疤的瘦小的驢子上從胡順昌夫婦底後面跑了過來。在這些時候人們是很難看到這種精力飽滿的，卽使在這樣的暑熱之中都還是非常活潑的角色了。他很快地就追上了胡順昌夫婦，吹了一下口哨；驢子揚起了塵土。他轉過頭來，有趣地皺起了一隻眼睛對胡順昌夫婦看着。驢子底劇烈的顚簸使他顯得滿是得意的高興的神情。

「喂，胡二禿子，你送胡二嫂上哪里去呀！」他擠眉弄眼地喊。「我是上火車站去接我那個姐夫！」看見胡順昌沒有回答，他快活地說，「我底姐夫這回來信說今天來的，他是在郵政局當主任，我們簡直有五六年沒有見面了哩！……喂，老胡！」

「是哩，郭老二。」胡順昌說，勉强地笑了一笑。

郭老二懷疑地看了他一眼，然後就揚起手里的枝條來在驢子屁股上猛擊了一下，使得那隻毛驢發狂似地向前蹦跳起來了。但遠遠地他又回過頭來，覺察了什麼似地，看着胡順昌夫婦。他這樣地看着，一直到驢子跑上了那座很高的橋，揚起了一陣塵土，好像跌下去似地在明亮的天空底背景中從橋脊上消失了。

胡順昌在郭老二看着他的這個時候停止了說話。他底臉上仍然充滿了乖戾的、絕望的神情。他是一個三十歲左右的人，瘦而結實；雖然剃了光頭，却並不禿。他沒有戴帽子也沒有拿任何遮太陽的東西，他底一件白布的衣服完全被汗水浸淫了，他拿它披在肩上，不時地用它揩着臉上的和胸前的汗水。他跟在他女人底後面走着，他女人是短小、瘦弱、然而很美麗的：菲薄的小嘴唇有點向上翹，就好像那些刁頑的小女孩。她底手里是提着一個很小的藍布包袱。她急急地走着，左眼角上有一塊青腫，臉色慘白，充滿着冷酷的、怨恨的神情。顯然地在他們之間是發生了一件重大的事情。

「我這個人就是不會說好話！你就是把我殺死了我還是要說你不對！」胡順昌又開始說了，憎惡地，瘋狂地鼓起眼睛來看着她底背影。「你自己憑良心想想看好了！沒有關係！不管怎樣都沒有關係！」他說，他底嘴唇痛苦地顫抖着，顯然地他不知要怎樣說才好。

「回去吧，桂英！」忽然地他擦着胸前的汗水哀求地說：「回去吧！你又何苦呀！」

「你自己回去好了！」他底女人冷冷地說，仍舊急急地往前走着。

於是他憤怒地看了她一眼，站下來了。

「好，你叫我回去，是你叫我的啊！」他悲痛地喊，但看見她仍然不回頭，就又追了上來，猛力地抓住了她。「喂，你聽我說呀！」他把她扭轉了過來，對着她底臉喊：「你說天下有沒有這種道理？我是你底男人，我難道不能管你？——你說！」她一掙扎，她就狂暴地吼叫了起來。

他無論怎樣警告自己不要發怒都不行，他滿臉都是絕望的兇橫。她現在不掙扎了，然而卻更爲冷酷地看着他。於是他又軟弱下來了，放了手。他剛一放手，她就又向前走去。她在烈日下痛苦地，艱難地走着，不時地閉起眼睛來揉着胸口，顯得快要支持不住了。

「好吧！」胡順昌兇橫地大聲叫，重又追了上來，「要是你眞的要回你媽的娘家，老子就從今日起跟你一刀兩斷！我從來不說假話的，一刀兩斷，這都是因爲你太不近人情！你架子大的很是不是？不過你要曉得你娘家也並不是了不起的呀，哼，上個月還跟街上劉和記借了帳，還又還不起，人家都要攔你家底那幾畝田了！——他們自己還不是沒得吃的！」他冷笑着，極端輕蔑地說；他竭力地傷害着她，覺得非常快意。「你去吃他們的，我都明白，心里更無非是想丟我底臉！不過你看我在乎不在乎，反正我這個人底臉早都讓你丟光了！……你聽不聽我底話呀！好，說好了一刀兩斷，我回去啦！」於是他又站下來了。但是她仍然不回頭，完全和他決裂了似地，急急地向前奔走着。他焦急得差不多要發瘋了，用力地捶着自己底胸膛；突然地就又向前跑去，跳到她底前面去一把抓住了她。

「你要說明白！我底話你聽見了沒有？」他狂暴地叫，野獸一般地蹦跳着，「你以爲我今天打錯了你罵錯了你嗎？我就是不認錯！我還要打你！」於是他一拳打在她底肩上。他恐懼地覺得他錯得更深了，但是同時卻叫得更爲兇暴起來，「哪里有這種女人！男人不在家自己做主把米糧都給別人拿去，還不許男人回來講幾句，動不動就要回娘家！我看你回娘家！我看你回……」

他暴起拳頭來捶在她身上，同時他絕望地覺得他已經不像一個人了。

「你打就是了！」他底女人，一點都沒有躲避，用平靜的小聲說，「反正我底這條命是在你手里頭。」

「自然……」

「我求你讓我走。」

「我不准！……哎喲我這個人怎麼變成這樣了喲！我可憐喲！你就饒了我吧！」他拿他底衣服蒙在臉上，呻吟着，用發抖的，絕望的聲音說。

於是靜默了一下，太陽毒辣無情地照射着他們。

「我求你聽我說啊！」他哀求地說，拿一隻手扶在她底肩上，但是被她推開了，「你想想，你還要我怎樣跟你說好話呢！我不過跟你說：我不在家，你就回保長他們叫他們等一下來好了！就是徵糧收米麼也要等男人回來做主，你把外面桶里的兩斗拿給他們還不算，連床底下的四斗也拿給他們了！你想想，這四斗米我們要度多久的命啊，一直要到收了稻子！你未必不曉得這個月徵糧我早出過了，你未必不曉得你底男人一年四季在田野頭辛苦，如今是一點指望都沒得，還欠了十幾萬塊錢的債？就是照你說的別人保長是帶了兵來的，你一個女人家未必還怕他們，他們眞的還把你吃掉不成？再不然的話，給了他們，你也該向他們取個字據呀！不然的話他們明天又來要了，你怎麼辦？你想想我們這些窮人家怎麼受得了喲！我不過這樣地說給你聽，我又沒有先罵你打你，你反倒罵起我來了！你還說你有理！」說到這里他又不能抑制自己底憤怒了，於是他痛苦地哼了一聲。「哭！你就會哭！」他突然地暴叫了起來，「你就會撒潑，我看你回娘家吧！我看你回娘家吃屎！」

說着他又拿起衣服來狠狠地揩着汗，以抑制自己底痛苦的、絕望的情緒。接着他偷偷地看了她一眼，希望能夠看到她底難受的，悔過的表情；如果眞的她已經難受、悔恨，如果愛情和溫柔悲傷的眼淚眞的重又來臨，那麼那幾斗米就會簡直算不了什麼了。然而她是望着路邊、整個的蒼白的臉冰冷有如鉄石。於是他茫然地抬起頭來，看向稻田底遠處。

「唉，眞可憐啊，我們這些莊稼人！爲了幾斗米！」他想。但是想到這幾斗米，他又動氣了，重新憎惡地看着她。他嗅到了她衣服上的汗酸氣。覺得她是骯髒、愚蠢、討厭的，覺得她要是眞的走開了，他一定反而會生活得舒適而自在。並且覺得，別的男子都能征服他們底女人，祇有他一個人是太軟弱了。

「你怎麼說？」他用强硬的口氣問。

她底眼睛里有兩顆眼淚，但她底整個的臉仍然是充滿着怨恨和冷酷。作爲回答，她看了他一眼，從他底身邊衝過去了。於是他歎息了一聲，絕望地搖着手，又捶打自己底胸口。

「你走吧！你走好了，沒有關係！你總要記好，我們算是要好了一場，你自己想想，這幾年，有吃的總給你先吃，有穿的總給你先穿！你走好了！」他對着她悲痛地叫，希望能夠感動她。「從今以後，我胡順昌底生死存亡你也用不着管，老實說我也給你罵夠了！……你以爲你自己了不起，」他大聲地絕望地叫，「其實你又醜又笨，你以爲我胡順昌討不到別的女人麼？笑話！」

但回答他的卻是暑熱下的眩暈的寂靜；遠處的那一排紅色的建築在深綠色的樹叢中閃耀着。他底女人提着布包走到那個高而窄的石橋上，迅速地消失在橋那邊了。

「唉，我這個可憐人，我怎麼好喲！」胡順昌蹲了下來，昏迷地抱着頭。一陣熱風吹起了地下的灰塵，同時兩邊的田地里發出稻子搖動的響聲來，好像一陣强大的呼喊。他覺得他就要倒下了，或者快要發瘋了。「她眞的走了嗎？眞的從此分開了嗎？」他這樣想，立刻就又站起來飛速地向前奔去，從橋頂上直撲下去，一直撲在她底身上，抓住了她。她身上的汗酸氣，以及她底怨恨，凌亂和骯髒，現在一瞬間對於他都是非常的甜蜜了。

「唉，你何必苦你自己喲！」他激動地說，「來吧，桂英，你聽我跟你說話！」

於是，不顧她底反抗，他把她拖到橋邊的一棵柳樹下去。但一開始說話，一提到他們之間的裂痕，一說到那四斗米，他就又不能抑制他底狂野的憤恨了。他底女人底堅定的怨恨和冷酷是很重地打擊了他，叫他完全不能控制自己底情感了。爲着他們底苦痛的生活，這些時來他們是不住地吵着的；每吵一次，先前的一切裂痕都要被重新地提出來，他是非要說服她，叫她屈服才能干休。但她這一次是下了決心了，無論他怎樣說，她都是同樣的不變的冷酷。他愈說愈痛苦，他底神色也愈來愈乖戾。他慌亂着，不知道究竟是哀求她好，還是威脅她好。他擦着汗，做着手勢，並且不時地推着她，大聲地說着。

「你自己想想吧！哪一個人不講氣話呢？我又不是神仙！像這樣子我怎麼能夠跟你過活下去喲！」他說；「，總該可憐可憐我吧，你看我急成這種樣子！」

「又不是我叫你跟我來的！你讓我走就是了！」她說。

「好，好！」他拍着手瘋瘋顚顚地叫，「你還在說這種話，您就不能怪我了啊！你自己想想你是不是忘恩負義的，我從來沒有見過像你這種忘恩負義的人！」

「我當然是忘恩負義的，你讓我走就是了！」

「我讓你走，你自己難道沒有脚麼，又不是我……不准走！」他大聲叫，拖住了她；「我話也說完了，有句俗話，婆婆爲一直叫到死，我跟你說完了你再走，你一走，我們就一刀兩斷，」他痛苦地顫抖着說，「你看，現在我們是站在這里，這里是橋，是河，是稻田，你一走，我就不會去找你了，我就去死！反正這種日子我也過不下去，我也沒有什麼指望；我們也沒有什麼兒女！你既然沒有牽掛，我未必還有牽掛麼？——可憐的就是我們這幾年的日子沒有一天好的啊！我要是不是一個莊稼人，你今天未必會起這樣的心思！我曉得你不過是嫌我窮，自己打算去另外想辦法！好吧！我死了，你要是去嫁人，您去嫁人好了，我不會怨你的！總算是這兩年我對不住你，委屈了你，不能讓你穿綢戴玉！……」

「隨你怎麼說都行！」她異常平靜地說，長久地看着他。

「我要說的！我自然要說……」他說，忽然地咬着牙齒停住了，注視着陽光下的明亮而清潔的河面。他歎息了一聲，覺察到她仍然在靜靜地看着他，就更緊地咬着牙齒。他底眼睛是漸漸地出現了一種可怕的神色，他忽然地跳了起來猛力地撕開了他手里的那一件潮溼的衣服，把它們一片接着一片地丟到水里去了。她仍然在安靜地看着他，他就瘋人一般地咬，開始脫鞋子，同樣地一隻接着一隻地摔到水里去。然後他猛力地捶打自己底臉。他痛苦他自己，威脅着她，顯然地是渴望着溫柔的愛情底救治，但是她顯得是一個冷心腸的女人，含着一個異樣的冷笑靜靜地看着他。

他發出一陣可怕的獰笑來。

她仍然冷笑着看着他。忽然地她丟下了她手里的藍布包袱，甩了一下頭髮，撲下了河岸，在僅僅來得及驚駭的那一瞬間，跳到水里去了。

他呆住了。接着他就迅速地跳下水去。那烈性的女人在水里掙扎着，哮喘着，她底頭忽然地冒了上來，兩隻恐怖的眼睛對着他望着。他奮力地，迅速地向她游去，她却拚命地拍打着水正圖逃開他。他底心完全冷了：她竟是這樣的厭惡、怨恨他！他追着她游了過去。她似乎悄悄會游一點，但已經不能支持了；一直向河心溜去，眼看着就要沉沒了。但他現在是有着連他自己都不知道的強大的力量，他一直游到她底前面，攔住了她底去路，然後，爲了使她無力反抗，對準着她底臉打了一拳。但他剛剛拖住她，她就在他底手臂上狠狠地咬了一口。他一點都不覺得痛，更沒有放鬆。她漸漸地無力了，他抓着了她底頭髮，拖着他向岸上泅來。

這個生死存亡的爭鬥是在完全的沉默中進行的。他把她拖上岸來她已經差不多昏迷了。她微弱地喘息着，閉着眼睛躺在草地上，而他是極其小心地跪在她底身邊。他底心現在已經完全冷靜了，因爲他相信他已不可能得到她底任何愛情和寬恕了；他準備承担這個，他决心不再煩擾她。……但她忽然地睜開眼睛來對着他看着。

「桂英！」他小聲喊，伏在烈日下面的草地上，「你要回娘家，你去好了，都是我不對，你去住些時好了。」

她無力地搖搖頭。

「桂英，」他流着眼淚可憐地說，「你不要再這樣了！」

她又搖搖頭。她迅速地閉上了眼睛，眼淚從她底睫毛里流了出來。

「都是我不對！」胡順昌爬在她身邊說，「那幾斗米有什麼關係呢，拿給那批狼心狗肺的東西就算了，反正我們是窮人，多一點少一點都還是窮人！人要緊呀，俗語說，留得青山在，不怕沒柴燒，我們慢慢地來好了！還有個把月就收稻子了，算一下，把帳還了，我們還是有點點剩的，那就都拿給你，拿給我底好桂英，」他擦着眼淚，天眞地笑着說，「拿給我底好桂英過重陽的時候買件把衣料，留着過冬天，……」他底女人難受地、甜蜜地哭了起來，於是他哭得更天眞了，抓着了她底手，更近地靠着她跪着；「眞的呢，要是有錢，要是一年的辛苦也能弄到一點點的話，就都拿給我底小桂英明年生個小娃娃……唉！」他抓緊了她底手，猛然抬頭，河的兩岸的美麗的景色在他底眼前一閃，陽光强烈得使他重又閉上了滿是淚水的眼睛。

這時那個精力飽滿的郭老二騎着驢子奔回來了，和去的時候一樣的快活，在驢子上大聲地怪叫着。他非常英武地跨開了兩腿，鞭策着他底疲乏不堪的小毛驢上橋，簡直就好像古代的英雄。但看見了河岸上的胡順昌夫婦，他就迅速地翻下驢子來，一直跑到那棵柳樹底下面。

「喂，胡二禿子，你們在這里幹什麼呀！」他開玩笑似地滿頭大汗地叫，但即刻他就有些明白了，嚴肅地、猜疑地看着他們。

「郭老二，」胡順昌底女人在草地上坐了起來說，「你不是說接你姐夫去的麼？」

「是哩……哪個曉得這傢伙這班車又不來！眞是一點都不錯，當了主任的人放放屁，我們這些人就滿街戲，一個人，一當了主任科長什麼的，他媽的馬上就變了！」他嘲弄地大聲說，同時懷疑而難受地看了胡順昌夫婦一眼。喂，胡順昌，你說什麼軍糧不軍糧的，車站上又到了兵哩！又是機關槍，又是八五生的的大砲，幾百箱子彈，恐怕總有一營人，我們這街上哪里夠他們吃呀！……好，你們談心，」他又向着他們懷疑而難受地看了一眼，「我先走一步了！」

這一次他不再對着驢子怪叫，也不再試驗他底英雄的姿態了。他默默地騎上了驢子，猜想着在胡順昌夫婦之間發生的事情。終於他歎息了一聲，騎着驢子過了橋，消失在那一片金黃而無際的稻田底海里了。

四六·九·二·

易學富和他底牛

江岸上很是荒涼。黃昏的時候，霧氣從峽谷里伸展出來了；在陰暗中急流沖擊着礁石，發出迫人的大聲來。是蕭條的秋天，沙灘後面不遠的地方，村鎮底燈火在大的寂寥和明淨中閃耀着；江流底對岸則是豎立着綿延不斷的黑色的，光赤的崖壁。這時有一個年青的鄉下人坐在水邊上，嘴巴浸在水里，滿臉都是痛苦、冷漠的神情。一頭衰老的黃牛站在他底身邊，在那里慢慢地喝着水，牠底一對憂鬱的大眼睛在陰暗中閃耀着。這年青人是用着他底深沉的、痛苦的眼光一時凝望着牛，一時凝望着對面的險隍的崖壁，一時又凝望着江流奔騰而去的遠方：江流投入平原，消失在一片蒼茫暗澹的白光里。雖然他瘦臉是生得很難看，他底眼睛却是很美的，明亮而熱烈。那頭牛很久地喝着水，喝飽了就靜靜地站着，搖動着牠底尾巴，似乎是在等待牠底主人來牽牠。但牠底主人是一點也沒有要走開的意思，仍然坐在那里對着面前的憂鬱的景色呆看着。他底臉色顯得更痛苦了；他底兩隻手擺在腿上，一動都不動；他底眼睛漸漸地半閉了起來，他底厚大的嘴唇吃力地張開着，好像他底呼吸已經被窒息了。總之，他已經完全沒有力量，痛苦已經把他壓倒了。天氣很涼了，陰暗的大地上充滿着單調、明淨、悲涼的氣氛，似乎一切都經歷過了熱烈的生命，而在靜靜地等待着衰亡和休息了。衰亡和休息就要到來，衰亡和休息已經到來了——一隻烏鴉在附近的砂石上寂寥地走着，另一隻在江面上飛着。當飛着的一隻發出了一聲嘶啞而短促的啼叫，一直向着對江的黑色的崖壁投去時，砂石上的一隻也就拍着翅膀躍了起來，向着陰暗的峽谷飛去了。

天色更暗了，可是這年青人仍然在水邊坐着，那匹黃牛靜靜地，溫順地站在他底身邊。水波不斷地拍擊着鵝卵石，發出輕微的啜吸似的聲音來。這時一個老人從沙灘里面慢慢地向着這邊走來了。這老人是穿着一件寬大而破舊的黑夾袍，衣襟敞開着垂在他底身邊；祇要他稍微走得快一點，這兩片衣襟就會張了開來，在昏暗中擺動着好像一對奇怪的翅膀。他顯得是精力充沛的，眼睛里面閃耀着一種嘲弄的、快活的微笑；一面走一面拿着一根很長的烟桿慢慢地吸着，顯得對於無論什麼都是很有把握的樣子。

看見他走了過來，這年青人底臉突然地在劇烈的痛楚里抽搐了起來了，他迅速地爬了起來，錯亂地跑到他底那匹老牛底身邊去，拿一隻手擺在牠底背上撫弄着。但其實他底手是在發着抖；末後他底臉重又抽搐起來了，他底眼睛定定地看着走近來的那個老頭子，充滿了害怕的，痛苦的神色。

「劉二伯，」他用幾乎不可聽見的無力的聲音說，「你都回來啦！」

「你怎麼跑到這里來了呀！」老頭子用強旺的嘶啞的大聲喊，顯然地他無論在什麼地方都是這麼喊着的，「是不是叫牛吃水啊！反正是畜牲，易學富，明天他就跟別個吃水了，我勸你不必認眞！這種時候，沒得什麼事好認眞的，死了的人是死了……我都跟你弄妥了，是十五萬塊錢，別個王老板先拿了十萬！啊呀，你這匹牛還是乖哩！」

說着他就有趣地笑着拿起他底烟桿來在牛背上敲着，顯然地他無心傷害易學富，他希望使他快樂。天色很昏暗，易學富臉上的表情已經很難看得清楚了，但他底那一對眼睛是在昏暗中閃耀着燃燒般的痛苦的光輝。他緊緊地靠着他底牛，覺得很是害怕，覺得一切都是無力的、迷糊的；他底一隻手放在牛頭上，另一隻放在牛背上，好像是要把牛擁抱起來似的。他長久地沉默着。

「究竟怎麼說呢，易學富？」老頭子生氣地說，一面慢慢地彎下腰來拿烟桿挖着鞋底上的泥塊。「我到你家里去了，你那個女兒在哭哩，她說你下河來了！我問：牛呢？她說：牛跟爸爸喝水去！」他模倣着女孩底啼哭的腔調說。「你這個女兒倒還乖，有八九歲了吧！可惜就是運氣不好，這點大就死了媽！不過這也難說，人家還有一生下來就死了媽的哩！……易學富，究竟怎麼說呀！十五萬塊錢！焦躁地他大聲說，「你不要把我老人家弄火了啊！告訴你，跟別個都說好了，牛呢，今天晚上牽明天早上牽都是一樣的！」

「你說呀！」看見他不回答，老頭子冒火地叫，「你這個人！死了婆娘有什麼關係，哭了一天還不夠，就像個女子家似的！她是我底姨姪女，我都不哭哩！」

易學富仍然沉默着，心里很悲痛、很軟弱、很害怕。他底女人是前天死去的，在這之前整整地病了兩個月。今天早晨他把她埋葬了。兩個月來欠的債，以及埋葬死人的各種用費，都是用這匹牛去抵押的。劉二伯老頭子是經手替他担保的，現在來牽這匹牛了。但易學富覺得一切都是不明白，可怖、無常的，他害怕着，覺得有什麼可怕的事就要發生了。他胡塗而軟弱，完全被恐慌壓倒了，不能弄清楚他目前的際遇。忽然地他又開始想到他底女人，他非常切實地覺得她仍然活着，在那里對他喊叫着，呻吟着，叫他不要賣這匹牛。她說：她甯可早點死，祇是希望不要賣牛因爲這匹牛是不容易來的！於是他落下淚來，同時恐怖着，害怕她眞的會死掉。他呆呆地站着，聽見了江里面的强大的單調的水流聲，害怕着什麼可怕的事情會發生：害怕着那已經死掉的人眞的會死掉！

「唉，易學富，人死了嘛就算了！」老頭子靜靜地吸着烟說，「怎麼樣呢？」

「她死了？」他茫然地問，但隨卽他就有點淸楚了，發出了一個痛楚的呻吟，從牛的身邊跳開了，「隨你怎樣吧，你牽走就是！」

「唉，你跟我老人家發脾氣有什麼用嘅！」老頭子難受地說；「我老人家還不是一個人過了一輩子！……好，這樣子吧！」他走過來牽着牛快活地說，「十萬塊錢都在我這里，各處的帳我先替你算一下再說！」

那頭牛噴了一下鼻子，慢慢地隨着老頭子轉過身去了。似乎對於無論怎樣的遭遇牠都是很溫順的，牠底憂鬱的。聰明的眼睛在幽暗中安靜地霎動着。老頭子輕輕地在牠底頭上撫摸着。

「還有五萬呢？」易學富惶惑地問，仍然害怕着不幸，不明瞭究竟是發生了什麼事情。

「你這個人！」老頭子不高興地說，「你是不是以爲我要揩你底油？老實說，別人的油我是要揩的，不管是哪個！你易學富的油我倒是不要揩，你不像個男子漢！……哼！……不過我老人家忙了一陣，跑得腰酸背脹，滿脚都是泥巴，你也總要給個人情呀！照規矩是要提一成的！」

「劉二伯、你看死人底面上吧，」易學富悲痛地說，「她還是你底姨侄女呀！」

「姨侄女！」劉二伯說；「天要冷了，我老人家還是要過冬天的呀，我跟你把事情弄完了，就到小李家的館子里去吃杯酒，要有事情你來找我好了。」

於是他牽着牛向沙灘里面走去了。易學富呆呆地站着，看着那畜牲底龐大的身體慢慢地擺動着而在幽暗中迷胡了。他忽然明白了正在發生的是怎樣的一回事。一切都隨着那匹牛而去了，一切，全部的生活，所有的那一點點溫暖、慰藉、希望；牛漸漸地遠去，空虛的、被遺棄的感覺就漸漸地增大了起來。在那掩迫而來的無邊無際的空虛里，他終於發覺他是一個人孤單單地站在荒涼中了，於是他變得更軟弱、更害怕。他悽涼而慌亂，發起抖來了。隨卽他就叫喊了起來而向前追去。

「劉二伯！你轉來啊！」他喊，同時刺心地哭了一聲，「我跟你說；這個牛我還是不賣的，你拿來還我！」

他底聲音是這樣的急迫。老頭子站下來了。

「我看你是瘋了吧！你又不是小孩子！」

「我就是有點瘋了！告訴你，就是一百萬我都不賣，牛是我的！」他大叫着，「我就是做十年苦工也還得淸債，未必我這個人死了女人連這一口氣都不能爭！劉二伯，你做做好事吧！」

「你胡說！你是讓什麼鬼迷住了吧！」老頭子憤怒地說。但易學富已經撲了過來，奪過了牛繩，拖着牛重又向沙灘外面跑去了，他底這種錯亂的樣子，好像是害怕着誰會把他底牛搶去似的。但終於他又有點淸醒了，想到不賣牛終歸還是不行的，於是站了下來。

「我明天早上回你的信！」他喊。

「那怎麼行啊，你這不是叫我倒台！」老頭子說，看着他底那種熱亂的、興奮的樣子，相信他是有點失常了，耽心會鬧出什麼事情來，於是跑了過來企圖搶牛：但易學富現在是完全沒有理智的，他突然地對這個老頭子有了可怕的憤恨，覺得自己底一切不幸都是從他來的，猛力地推開了他，並且發狂地大叫着衝了過來向他打了一拳。於是老頭子驚叫着逃開去了。但他自己也是十分驚駭，他覺得他是做了什麼可怕的事了，牽着牛疾速地向水邊逃去。

但接着他又站下來，喘息着，緊張地向黑暗里聽着。

「劉二伯，你在哪里？」他喊，

沒有回答。於是他覺得他和他底牛可以平安了，牽着牛向水邊走來。他底心仍然在急劇地跳着；他渾身都在發燒。他重又在水邊坐了下來。

月亮從對江的崖壁後面昇起來了。除了激動的水流聲外，一切都靜靜的。霧氣已經消散了，空氣冷清而明澈。江流中間的那一般激流在月光下泛着銀白的浪花，在沙灘底尖端上迴漩着，然後就一直衝到對江的崖壁新投下來的那一片巨大而濃厚的黑影里去了。易學富凝凝地坐在牛的旁邊。而那頭牛是在月光下靜靜地站着，兩隻眼睛溫柔地凝視着江水，好像什麼事情都不曾發生似地。

「都是你這個畜牲！」忽然地易學富憤恨地說；「這麼多年，夜里睡不好，白天里吃不好，都是爲了你！」

他站了起來，長久地看着牛。想到牠就要屬於別人，爲別人而勞作了，他就抑制不住地痛恨了起來，而牠底靜靜地站着的安適的樣子，叫他覺得牠完全是忘恩負義的。

「我看你還舒服！」他大聲叫，「我曉得你會忘掉我的！你總歸會忘掉我，就好像沒得我這個人，哪個餵你吃你就跟哪個了！」他說，用力地揮起拳頭來擊在牛背上。「我看你好！我看你舒服！」他喊，接聯地捶打了下去，使得那匹牛忍受不住地蹦跳起來跑開去了。但沒有跑上幾步牠就又回過頭來站着，靜靜地看着他。

「不許動！」他喊，於是向着牠走去，重又站在牠底面前長久地看着牠。「我曉得你是會舒服的，你這畜牲！你不想想，去年鎮公所把你牽去了，我化了四萬塊錢才把你贖回來！就是你害得我那女人病死的，你這瘟神，你這討債鬼！看吧，看我把你打殘廢，沒得哪個會佔到我底便宜的！我看你值不值十五萬塊錢！」

他撿起一塊巨大的鵝卵石來，對準了牛底眼睛，發狂地擊了過去，同時心中騰起了一陣殘酷的快樂。他恰好擊中了牠底左眼，使得牠騰躍了起來，憤怒地鳴叫了一聲，向着水邊衝去，然後沿着江岸向前狂奔了。

但易學富仍然不能饒恕這個溫順的畜牲，他是在那種絕望的瘋狂里抱着闖禍的、孤注一擲的念頭了。他需要叫人們知道，他是一個男子漢，他是決不會乖乖地丟臉地屈服下來，賣掉他底牛的。他抓了一大把鵝卵石追了過去，跟在牠底後面猛擊着。他疾速地跑到牠底前面去，對準着牠底臉猛擊着。於是牠重又騰躍了起來，悲痛地鳴叫了一聲，轉過身體來一直衝到水里去，掀起了一大片浪花，在水里站着不動了。

「你跑！我看你跑！」易學富叫，一直追到水里，然而卽刻沉默了，靜靜地在水里站着。這時他才感覺到這江邊的風有多麼冷，月光下面的一切有多麼荒涼！他重又覺得軟弱、害怕、他再也不能忍受了，他悲痛地，碎心地發出了一個高亢的哭聲。

他哭着在水里走了過去，抱住了牠底頸子。彎下腰來看了一下牠底受傷的眼睛他就哭得更傷心了。……

而當那個老頭子喊了一大羣男女下到河岸上來的時候，易學富和他底牛是正躺在水邊的鵝卵石上睡着。老頭子劉二伯到街上去驚叫了一陣，告訴人們說易學富發瘋了，現在正在河邊尋死，於是拖來了十幾個人，而在他們底後面是跟着易學富的女孩，她一面跑一面可憐的哭叫着。但無論是她底哭叫，無論是人們底叫喊，都不能使易學富從地上起來：他緊緊地抱着牛底頸子，枕在牛底肚腹上睡着。女孩哭喊着爸爸，男人們踢他，拖他，女人們淌着眼淚勸他，他總是不起來。他底痛苦的臉在月光下顯得慘白而瘦削，他一句話都不說，緊緊地閉着他底眼睛。那匹牛是睜着眼睛的，然而卻顯得很安甯，躺在易學富底身邊；人們底吵叫也不曾驚動牠。當人們奮力地拉着牠底鼻子的時候，牠底對於易學富的顯明的依戀使得大家驚動了。牠被拖了起來卽刻又躺了下去：輕輕地鳴叫了一聲，重新躺在易學富底身邊。而易學富，猛力地推開了人們，翻了一個身，又拖着他底牛了。這樣，人們祇好冒着他底拳頭把他硬抬起來了。他咬着牙齒憤怒地掙扎着，幾個强壯的男子抬着他向沙灘里面走去；而老頭子拖起了那匹頑强的牛。那個女孩，是擠在人羣里，拖着他底爸爸底衣裳哭着。

易學富不再掙扎了，但仍然不說一句話。快要走出沙灘的時候，他突然地掙脫了拖着他的人，向前飛奔了。但跑到坡頂上他又站了下來，對着這邊望着。

「牛啊！我易學富對不住你啊！」他大聲喊，響徹了整個的曠野，而後迅速地翻過堤岸消失了。

這一羣人牽着牛走上了堤岸，慢慢地也消失了。女孩底哭叫聲偶爾地從風里傳來，滿圓的月亮已經昇在天頂，明澈而冷靜，照耀着荒涼的江流和沙灘。

一九四六·九·四·

張劉氏敬香記

這是南京底一座有名的廟宇。

還祇是早晨，到山上來敬香的人已經很多了。法事也已經開場了，年老的和尚在亂烘烘的一團中用他底疲倦、淡漠、蒼老的聲音歌唱着。香火彌漫了整個的大殿，各個菩薩底面前都跪滿着磕頭的男女，在求籤的急劇的響聲中間雜着不規則的、有時有力，有時微弱的敲磬的聲音——這是一個穿着破爛而奇怪的紅衣服的年青的禿子所敲出來的，聲音底大小，大半襯磕頭的人們底身份而定。磕頭的人們是各種樣子的，有那種打扮得很俏的，戴着白蘭花的婦人，滿臉都是客氣的、和悅的、虔誠的表情，叫人覺得她們和菩薩是很有交情的；也有那種挾着時髦的皮包的、燙着頭髮的年輕的女子，她們底表情則多半是寂寞而愁苦，因爲這里似乎本來不是她們底世界。有穿着長袖的白綢衫和青布鞋的男子，也有穿着制服或西裝的年青人。這些人們，在雜亂一團之中用各樣的姿態爭取着神靈底護佑。在一切人之中最活躍的，是一個肥胖的、穿着一件黑色的綢衣的女人。她帶着一個八、九歲的男孩，迅速地繞着大殿走着，磕着頭。她底梳得非常光潔的頭髮上是插着兩朵紅色的絨花；她底眼睛有一點斜，半開半閉地瞟着周圍的一切，老是帶着一個特別和悅的，得意的微笑，無論在磕頭的時候或是敬香的時候她都是在笑着。有兩顆金牙在她底嘴里閃爍着。她磕頭做揖都很隨便，老是要笑着環顧四周；她剛剛向這個菩薩跪下來就向另一個菩薩微笑着了。她剛剛跪下就爬起來，點點頭，歪着身子迅速地作了兩個揖，馬上就拉着她底綢衣向第二個菩薩跑去了。如是地第三、第四個菩薩——無論是慈善的菩薩或是兇惡的菩薩，她都一律地用她底微笑征服了它們。她底那個穿着一件白綢衫，頸子上掛着一把金鎖的孩子捧着一把香燭跟着她跑着。

和尙們敲着傢伙開始繞着大殿轉圈子的時候，一大羣女人和小孩合着手掌跟在他們底後面，每走過一個菩薩就作一個揖，她是跑在頭一個。她迅速地用她底肥胖的小手作着揖，不停地微笑着而盼顧着。但沒有跑上一圈她就忽然地從人羣中跑了出來了；跑到一張桌子前面，從她底懷里取出了一大綑鈔票。

「大師父，你來！」她坐了下來，笑着向旁邊的櫃台里的一個年青的的管事的和尙說。

那年青的和尙，尖鼻子，嘴里有一顆金牙，啣着一根牙骨的烟嘴，穿着一身白布的短衣，鈕扣上還拴着一根鍍金的錶鍊，兩手插在口袋里，慢吞吞地似笑非笑地走過來了。走到她底面前，他就從嘴上取下了他底烟嘴，噴了一口烟。樣子完全像一個小老板。

「大師父，」那女人說，一面斜着眼睛從頭到脚地觀察着他，「您底法號是？」

「我叫圓通！」和尙有點冷淡地說，用着那種不在乎的神氣，一手抄在口袋里，一手拿着烟嘴。

「我是劉淑媛！」胖女人說，突然睜開她底斜眯着的眼睛來向着他銳利地看了一眼，「我底婆家姓張！你要是寫簿子，就寫張劉氏好了！張劉氏，曉得麼？」她托着下巴大聲說。「你坐下來聽我說：我婆家是在南門外開醬園的，娘家是太平門外開油號的！我這個人不會多嚕嗦，這里是七萬塊錢，你請老和尙替我放一台燄口！」

她底一隻肥胖的戴着金鐲小的手壓着錢。和尙用金牙齒咬着下唇看着錢，她也就用金牙齒咬起下唇來，看着和尙。她對這個和尙是一點都不客氣。

「你聽我說！」她又生動地大聲說，「你不要說錢的事！我們這些人是老主顧，不會少你的！我都是有數的，街上放一台燄口不過六萬塊錢，我是個爽快人，拿七萬就是七萬！」

年青的和尙冷淡地笑着，一面猶豫着，不知道要怎樣稱呼她。

「太太」終於他異常和悅地笑了起來，說，「我們這里定規是七萬五！」

「五？」劉淑媛，就是劉張氏，皺着眉頭說，「什麼五不五的？我就是沒得五！你未必不認得我？不過看這樣子你恐怕眞的也不認得我！我們到重慶去了六七年，上個月才囘來，日本人來以前我們是年年在這里放燄口的，你問問你們老和尙就曉得了！你眞是會興花樣，五呀五的！」她哼着鼻子，輕蔑地說。

年青的和尙突然地張開嘴笑起來了，好像他覺得這女人底話是不値一駁的。他底笑聲是空洞而乾燥。末後他又緊閉着嘴唇——用下唇抵着上唇，從鼻孔里笑着。一面摩弄着他底胸前的鍍金的錶鍊，這是使得劉淑媛，就是張劉氏，非常生氣了。

「你大師父是出家人呀！」她說，看着他。「聽好了沒有，沒得什麼五的！」她教訓地說；「你這個和尙眞是陰陽怪氣，告訴你：放一台平安燄口，就是說，一家大小把菩薩保佑都囘南京來了，忍飢挨餓，受盡千千萬萬的苦，在那個不是人的四川過了六七年，心里想起來呢，要不是菩薩保佑也不會有今天的！不過你這個人你聽我說好，你不要裝佯：小和尙我不管，老和尙我却是非要這一個，」她指着那做法事的瘦弱不堪的老和尙說，「我是要晚上九點鐘和尙上台，錫箔香燭祖宗牌位都由我來供，說好了我馬上就坐公共汽車回家去喊人！」

「太太，」年青的和尙嘲弄地笑着說，「七萬恐怕是不成的呢！」

「你這個和尙眞是，什麼五不五的！」她喊。「喂，老和尙！」看見老和尙下台了，她站起來喊，「老和尙你來！我跟你這位小師父談不通！喂，老和尙，您好啊，你還認不認得我？」她喊，她底聲音是如此嘹亮，使得周圍的人們都靜了來看着她了。

「認不得咯！」衰弱的老和尙走了過來，皺着眉頭看着她，疲倦地、安靜地說。

「我是張二太太，我叫劉淑媛，你要寫簿子你就叫你這小師父寫張劉氏好了！」她大聲說，那「小師父」是在狡猾地笑着，「我底婆家是在南門外開和生醬園！日本人來以前，我們年年在你這里放燄口的！這六七年我們是到四川去了啊！」她用元氣充沛的大聲叫，然後就斜眯着眼睛殷勤地笑着，好像是在等待着老和尙會因她底敍述而快樂地驚跳起來。

「那是的！」老和尙，仔細地看了她一下之後，疲弱地笑了一笑，「還記得一點！」

「我說是的吧！」劉淑媛，就是張劉氏，勝利地叫，同時環顧着周圍的人們。好多人都在好奇地，發呆地看着她了。這種女人，在任何地方都有這種力量，都能使別人發呆地看着她。「哎喲，得罪了，老和尙你請坐……你今年六十幾了吧！眞是功德無量！你聽我說！」她說，重新用她底肥胖的手壓着鈔票。那老和尙坐了下來，然而祇是坐在板凳邊上，好像馬上就要走掉似的；拿兩隻乾枯而瘦長的手放在桌上，異常安靜，異常疲弱地笑着，兩隻眼睛沉思地閃爍着。「你聽我說，老和尙！我是在日本人來以前年年在這里放燄口的！今天晚上我要借重你老和尙在菩薩面前做一台法事！價錢呢，我這個人爽爽快快，說一就是一，我給七萬！七萬該不少了吧！不過你們這位小師父——我還認不得他——」說着她向那咬着烟嘴的年青的和尙看了一眼，「他非說要七萬五！你想想老和尙，我們這些老南京人，從來不說二話的！菩薩面前的事情，哪有什麼五不五的！」

「阿彌陀佛！七萬就七萬好了！」老和尙小聲說，兩隻手仍然擺在桌上，沒有改變他底安靜的、疲倦的神情。

「對啦！還是你老和尙爽快！哪，這里是錢，我一次繳淸！我剛才說了，晚上九點鐘我來放燄口，上台轉殿，這都借重你老和尙了！平安燄口，保佑家宅平安！老和尙呀！」她忽然感歎地喊，取出她底手巾來在眼睛上狠狠地揩着，「你是德高望重的出家人，像你這樣看破紅塵眞是好喲！我們是些造孽的人，我們受盡了千千萬萬的苦呀！」她揩着那甜蜜的悲傷的眼淚，用嗚咽的聲音說。「我們這些可憐人，兒女是累，父母是一副担子，總是罪過的呀！唉！唉！」

她底這突然的悲痛的懺悔，使得周圍的好幾個女人都歎息了起來，並且在揩着眼淚了。老和尙仍然靜靜地，疲倦地笑着，一動都不動。那個年青的和尙，則是在那里數着錢，用力地用他底下唇抵着上唇。

「這些年可憐我們是受了多少苦喲！老和尙，我是看破了啊！我是指望年歲大了，也找這麼一個廟，帶髮修行也好，剃頭出家也好！……」說到這是她用手巾蒙住了整個的臉，差不多嗚咽得不能成聲了。

「阿彌陀佛！」老和尙靜靜地說。

「唉，老和尙！阿彌陀佛，你不曉得我們這些南京人這些年在四川受的那種欺喲！」她拿開了手巾，醒着鼻涕說，「那簡直不是人過的日子！那些四川人，不怕在菩薩面前罪過，簡直不是人，想起來我都惡心！」

「阿彌陀佛！」老和尙說。

「阿彌陀佛！」張劉氏說，「還有這一路上坐船回來，整整坐了一個多月，險一點都把命送掉了！要不是菩薩保佑，我心里頭就想，還不是早就死在那個四川了！」

「阿彌陀佛！」她身邊的一個老女人嘆息着說。

「是呀！」張劉氏轉過臉來笑着說，重又快活起來了，「你這位老太太貴姓呀！你也是走四川回來的啊！說句笑話，不是替我們南京人要面子，」她提高了嗓子用特別嘹亮的聲音說，「你在四川就看不見這樣大的菩薩！這樣做得金晃晃的，肥頭大耳的菩薩！」她笑眯眯地指着菩薩說，雖然她底眼圈還在發紅，「你在四川也看不到這些有德行的和尙！眞是，我六七年沒有聽見南京底和尙唸經了，打個比配，聽到了心里頭就像喝了鷄湯一樣！」

她拿雞湯來比和尙，旁邊的幾個男人都笑起來了。那個拿着錢的年青的和尙也忍不住地笑起來了；但立刻就又顯得很是莊嚴。於是她覺得有點不好意思，笑着而紅了臉——不過心里卻是特別的快樂。但那個老和尙却仍然是安靜、疲弱、淡漠，好像一點都沒有聽到她底話似地，微笑着坐在那里。

這時她底那個戴着一把金鎖的小孩，原來是被她底悲痛駭住了的，看見她高興了，就狂喜了起來，想起了一個主意，一直走到蒲團跟前去了。

「媽，我跟菩薩磕頭啦！」他尖銳地喊。

「你個死不了的！磕頭麼磕頭就是了！」她生氣地喊。

那小孩被澆了冷水，非常失望，但仍然撲了下去。他還不十分會磕頭，在蒲團上爬了兩下，扭了一下身子就趕快地爬了起來；預備跑回來了，但又想起來了似地跑回去作了兩個揖。

「媽，我磕好啦！」

「好啦就好啦！」他底母親煩厭地叫。

小孩嗅着鼻子，好像就要哭出來了。

「媽，」忽然地他又說，「我跟那個小菩薩磕頭去啦！」但他底母親這一次忙着和那年青的和尚談話，沒有理他，他就沒有去向小菩薩磕頭了，走回來發呆地又站在她身邊。

辦完了事情之後，已經接近中午，天氣很熱，大殿里人少了些了；劉淑媛就叫了兩碗素麵來坐在那里和她底孩子吃着。這時來了一個穿着一條破軍褲和一件破襯衣的軍人，這軍人臉色慘白，身體非常衰弱，顯然地剛從山下跑來，渾身都是汗水。他[illegible]了上來就跪在正殿上磕着頭。他磕得非常慢，非常恭敬，每磕一下都要筆直地跪着向菩薩注視很久。然後他站起來，立正，又注視很久，才再跪了下去。他是沒有香燭的，祇是磕着頭，但他底身體已經顯得支持不住了，走路的時候隨時都好像要倒下來。他輪流地一個菩薩一個菩薩地磕拜着，對每一個都是同樣地恭敬，雖然顯然地他不知道那些菩薩叫什麼名字。當他磕了一半的時候，劉淑媛非常地同情他了，跑過去送給他一大把香燭。他接住了，無力地說了一聲謝謝，燒了香繼續地磕拜着。他底臉更慘白了，他底發黑的嘴唇在顫動着。好容易他才又回到正殿上來，恭恭敬敬地跪了下去，拿起籤筒來開始求籤。他低着頭搖了足足有十分鐘，那根籤剛剛跳出來，他就不能支持地倒在地上了。

劉淑媛驚怪地叫了一聲，跑了過去，但她不是去救人，却是去搶籤的。那不幸的軍人倒在地上呻吟着，盡力地抬起他底頭來，貪婪地注視着這個股胖的女人，希望知道這究竟是怎樣的一根籤。這時他底周圍已經圍滿了人了。

「我底眼睛發黑，看不見啊！」他呻吟着說；「是什麼籤呀！」

「恭喜你，是上上籤！」劉淑媛緊張地從櫃台那邊跑了過來，擠進了圍着的人們，大聲說。「可憐我心里頭就指望這是一根好籤，果然是上上！……你聽我唸給你聽啊：深夜蒙心問自己，莫聽閑言與非語，千里行船萬里夢，到頭方識是天機！又說：家宅平安，行人即歸，求財得財，無病無災！你看好不好！恭喜你你這個人有誠心！」

很多人圍着這張籤聽着她唸着。當她唸到「家宅平安」的時候，那個坐在地上的軍人已經滿臉都是感恩的眼淚了。

「謝謝你啊！謝謝你啊！」他喃喃地說。

「這是菩薩看你這個人有誠心！我問你：你究竟是求什麼呀？」

「說不得啊，太太！我到南京兩個月了，上個月丟了差事，我本是在司令部里頭當文書下士。不瞞各位說，現在是沒得辦法了，出來了幾年，不曉得是家里頭人是死是活！」

「你又哪里人呀？」

「敝處是山西，」那軍人說，顫顫地站了起來，抓着那張籤看着，隨後就又走到菩薩面前去磕起頭來了，在他底神情里面是有着那種絕望、痛苦的緊張。

「看你這個山西人也是可憐，」劉淑媛一面對菩薩作着揖一面對他說；「我底心就是太軟了，看不得別人家一點點難過的樣子；你求籤的五百塊錢，我替你出了！你這下子該安心了吧，求的是上上！」

那軍人慢慢地磕好了頭，對着她慘慘地笑了一笑，用幾乎不可聽見的聲音說了一聲謝謝，拖着他底破鞋子慢慢地向台階下面走去了。在酷烈的太陽下面，他非常吃力地，一步一歇地下着台階，並且不時地看看手里的那張籤。

「你這下子該安心了吧！籤上說，」劉淑媛在他底後面喊，「家宅平安，求財得財，無病無災！」看見他走下去了，她就以尖銳的聲音長歎了一聲，轉過身來對着大家；在她底臉上，是有着一個難受的，譏刺的笑容，使得大家都驚異了起來。

「這可憐人還以爲他要發財呢！」她難受地說；「你們看，他底籤在這里！叫我怎麼說好呢？她又嘆息了一聲，湧出眼淚來了「是下下！」

她走到桌子邊上去坐了下來，展開了她手里的那一片紙頭。於是好幾個男人向着她圍攏來了，其中有一個一面搖着扇子一面高聲地唸着籤上的字句說：「家宅不安，求財得兇！諸事小心！——哎呀！」

「那張上上，是我自己求的，看他也是可憐，我就跟他掉了！」劉淑媛非常傷心地說，一面拿手巾擦着眼睛，「我看他求菩薩也是眞心，不過菩薩底愛思又有什麼辦法呢？我心里一動，我想，不如騙他一下吧，反而救了他一命！眞是，現在這種可憐人也是多得很呢！」

「你這個女人家是心腸好呀！」一個癟嘴的老太婆扶住桌子角說，「將來你福氣好呢！」

「多謝你老人家！什麼福氣啊！」她突然用感慨的大聲說：「現在這種可憐人多得很，你要做好事都做不完！那張上上籤是我替我家小兒子求的，」她指着她底小孩，「我心里一想，不如騙他一下吧，俗語說救人一命勝造七層浮堵，反正菩薩也不會怪我的！」她說，歪着身子向菩薩作了一個揖；「我呢，我自己曉得是一個作孽人，總算是蒙菩薩不見棄！」

周圍七八個男女都默默地看着她，似乎是陶醉在她所流露的感情里面了。那幾個老太婆又在揩眼睛；那幾個男人則是在輪流地看着那張下下籤。在香烟彌漫之間大家都在沉思着人生底幸福和悲苦，沉思着那個被善心所欺騙了的可憐的軍人。

「媽！」忽然那小孩子尖銳地叫了起來，「我又磕頭啦！」

「好，乖兒子，你磕頭！」劉淑媛斜眯着眼睛笑着說，看着他底兒子爬在蒲團上，又流出了眼淚，趕快地爬起來對着菩薩作了兩個揖。

於是她一面擦着眼淚一面領着她底孩子走下台階去了。但忽然她又想起來了似地轉過身來，對站在台階上的人們微笑着點點頭。

「多謝你們了啊，」她說，「喂，管事的和尙！」她向櫃台里的那個咬着烟嘴的年青的傢伙喊，一面撐開了她底一把黑布的遮陽傘：「九點鐘放燄口啊，我坐公共汽車回家去叫人晚上來！」

大家看着她走了下去，接着大家就聽見了她在廟門口對乞丐們叫着的快樂的、生動的聲音，大家都靜默着，落在一陣迷茫里面。但忽然地那個年青的禿子在神座旁用力地敲了一下磬：老和尙重新登台了，毫無慈悲地，迅速地唱出了他底冷淡、疲倦、蒼老的聲音。

四六·八·卅。

無花果

冀汸

一

屬於蒼蠅的廁所
屬於鳥翼的藍空
都是自由的天地
我們
還要選擇的

二

「呵！你要相信我：直到如今
只有我理解你，認識你底價值，
我選擇了你，作爲我底聖物，
我把權力橫在你底腳下……」
那個被枚逐的精靈
對處女達馬拉這樣說，
你也對我們這樣說麼？

再沒有什麼秘密的
我們早知道：
　魔鬼像上帝，
　終不是上帝！

三

——給S.M.

不必有基督底大度
連仇人也寬恕，
沒有我們底法律
就不服從這法律，
意志和理性
是你底
也是我底
最好的法律，
憑它們
裁判你和我
也裁判你和我底
仇人！

四

有一天，
我作爲
慶祝建設計劃完成大會里的
一名聽衆，
像工作倦困了的蚯蚓
躺在溫暖的泥土里
聽果實自己訴說生長的歷程，
我就幸福了！

人民化

陳家康

甚麼是人民化？人民化是以人民的思想爲思想，以人民的感情爲感情，以人民的語言爲語言，說話要人民聽得懂，寫文章要人民看得懂的一條文化路線。

從前有一個大毛病，就是死也不肯承認人民的頭腦是思想的源泉，人民的心胸是感情的源泉，人民的口頭是語言的源泉。因此，知識份子不肯拜人民做老師，不肯到人民中間去尋求文化。

中國過去把知識分子叫做讀書人。讀書人每每易於掉到書本裏面而不能爬出來。有的人掉在線裝書裏面，有的人掉在洋裝書裏面。這種人一旦掉到書裏面之後，就把書本當作思想、感情與語言的源泉，於是天天啃書。這種掉到書本裏面的人，好像掉到井裏面一樣，我們要把他救出來。

書是有益的，非讀不可。不過書本有兩種：一種是死書，一種是活書。讀法也有兩種：一種是死讀，一種是活讀。有的書是一兩千年以前寫的，現在看來還是活書，有的書是今天出版的，其實不過死書而已。有的人埋頭在圖書館裏幾十年，卻能活讀；有的人天天活動，碰見書卻又只能死讀。如果只能死讀，那就危險萬分，不但死書死讀有害，就連活書死讀也同樣有害。由於把活書拿來死讀，以致害人害己的事情，直到現在，仍然天天發生。眞是可怕已極。以故，我們只能允許活讀，活書當然要活讀，死書也不妨活讀。

在這裏所要提供的意見倒不是怎樣讀書，怎樣拿起書本，而是怎樣放下書本。一個做文化活動的人不妨天天拿起書本，然而也必須天天放下書本。

深入淺出的口號是對的。深入是研究方法，淺出是表現方法。不過，我們有一個時期把深入淺出的本領用在人類歷史中幾位大思想家所著的書本上面。固然我們的氣力並沒有白費。但是，仍然有一大部份人只做到拿起書本，而沒有做到放下書本，以致無法向人民中去活動，向文化的源泉中去活動。

今後，我們要更進一步，拿人民作爲深入淺出的對象，深入到人民的思想，感情，和語言中去，然後再行淺出。

這條深入淺出的新道路要比那條老道路困難得多。因爲老道路有現成的書本可以依靠。特別是那些學問有點根底，線裝書洋裝書都會查查的人，可以左右逢源。要走新道路，就沒有那樣容易。擺在面前不是靜靜攤開在桌子的書本，而是一望無涯的勞苦人民。你口袋裏只有一支剛剛削尖的鉛筆和一個完全空白的筆記簿。你好像一個剛進報館的外勤記者，一出大門就茫茫然，不知道向東還是向西，不知道訪問甚麼人，也不知道第一句應當問甚麼話。

然而，只要你自已把你自己看做人民當中的一個，與一般勞動人民沒有差別，那末，你就會發現在屋子內，在屋子外，在大街，在小巷，在城市，在鄉村，都有人民的存在。你就拜人民做老師。這位老師不收學費，也不肯寫講義，你得自己做筆記。凡是現代大學裏面所講的課程，他都講，現代大學裏所不講的課程，他也講。無論你是研究哲學的也好，研究藝術的也好，研究社會科學的也好，研究自然科學的也好，只要你拜了這位與宇宙同其不朽的老師，你一定受益不淺。

埋藏在中國文化中的有一種最壞的傾向，總要認定一位大成至聖先師。因此，眼睛永遠向後看。我們不但否認歷史上有任何大成至聖先師，就連目前這位與宇宙同其不朽的人民老師，也不是甚麼大成至聖先師、人民只是更成更聖的後師。我們永遠認定，後人要比前人好，明天要比今天好。

我們承認前輩偉大思想家發現過眞理。但一切眞理都是一定空間，一定時間，一定條件下的眞理。時間變了，空間變了，條件變了，以致昨天的眞理可能繼續成爲今天的眞理，也可能不復成爲今天的眞理。因此，對於前輩偉大思想家的眞理，應當絲毫不苟的重新檢查一遍，看它是否繼續有效。

繼承前輩思想家所發現的眞理是一件大事。但還有一件比繼承更大的事情，就是發現新的眞理。前輩思想家是人，我們也是人，爲甚麼我們不能發現新的眞理，不能發現更多的眞理呢？況且，時間一變，空間一變，條件一變，就會有新的眞理出來。如果我們不去找尋新的眞理，眞理不見得會拿着名片來拜訪我們。前輩思想家盡了責任之後，已經過去了，不能從土裏爬出來幫我們發現這些新的眞理；我們自己不爭氣，除了墨守前輩已發現的眞理外，又不能自動發現新的眞理，結果新的眞理，無從發現，人類文化不免就要停滯。因此，我們必須有點志氣，必須瞭解前人既然能夠發現眞理，我們更能發現眞理。

繼承已發現的眞理，尋求未發現的眞理，一件是大事，一件是更大的事，這兩件大事眞叫我們費腦筋。而且眞理不眞理，拿甚麼東西做準繩呢？根據人民化的原則，這個問題容易解決，便是拿人民的思想和感情做準繩，人民之所是是之，人民之所非非之，人民之所好好之，人民之所惡惡之。有了這個準繩之後，文化一定發展。

到這裏，我們立卽碰見了一個難關。一般知識分子自以爲文化程度很高，又以爲人民的文化程度很低。眞理不眞理以人民的思想，感情，和語言爲準繩，豈不等於文化程度很高的以文化程度很低的爲準繩，這還要得？其實，這個難關並不難攻破。我們今天首先不是從程度的高低來看文化，而是從本質的好壞來看文化。宋儒明儒的理學和心學，印度的大乘佛學，西洋的玄學在文化程度上是所謂高的，然而本質上是壞的。本質既壞，卽令程度再高，也非拋棄不可。本質是好的，卽令程度再低，也有提高的可能。

人民的思想感情和語言的本質最好。人民的思想，感情和語言最美。人民的思想，感情和語言最香。在中國，在世界上，沒有比這更美更香的文化。就程度而言，今天低一點不要緊。

文化的程度有四種：第一是深度，第二是高度，第三是密度，第四是廣度。批評今天人民文化在程度上太淺，太低，太粗，太窄，都可以。但是，這並不妨礙人民的思想，感情，和語言向深度，高度，密度，廣度發展。

人民的頭腦和心胸可以比作土壤，人民的思想和感情可以比作種子。不要一開始就嫌人民的種子不好，就企圖掘掉人民自己的種子而在人民的土壤上另撒種子。最好的辦法是在土壤上多施肥料，在種子旁邊多鋤草，好讓人民的思想和感情慢慢的生長起來。

給C.T.

鄒荻帆

將大笑地走過去
吹着口哨
揮着手
到森林那邊去。

「寂寞……」
你說
那拿花瓣爲你擦血的少女
那討論着帶油墨氣息刊物的朋友
那折磨了你的青春

而教給你戰鬥的圖式的地域
都將
再見！

到森林那邊，
鳥歸林
獸歸洞
你將緊壓着愛情所激動的心胸。

這邊
將有旌旗舉起
將有時代的聲音澎湃
你將捲土重來。

論生存

『呵，天爺爺，生活不放人安靜，到處都撥弄人！』

——奧勃洛摩夫

方然

1

周逆作人說道：「生活不是很容易的事。動物那樣的，自然地簡易地生活，是其一法；把生活當作一種藝術，微妙地，美地生活，又是一法；二者之外別無道路，有的則是禽獸之下的亂調的生活了。」（「生活之藝術」）

「動物那樣的，自然地簡易地生活」當然不足道，人爲萬物之靈，當然應該微妙地，美地生活。」但終究怎樣「微妙」？曰：「半個隱士，半個叛徒。」

因此，生存也並不很難。中國，「半」是極多的；「隱士」，「叛徒」也極容易作。

而「半個隱士，半個叛徒」確爲生存之「微妙」法則。

可以叛的時候，就叛，可以隱的時候就隱；在叛的時候，帶着隱的因，在隱的時候，帶着叛的果；在「叛徒」面前，他是隱士，在隱士面前，他是「叛徒」；隱與叛適可而止；叛與隱互爲體用。

爲誰而叛？爲誰而隱？曰：主子。

沒有找到好「主子」，或者沒有找到主子「好」，於是就「叛」；在人，在己身上找到了「主子」，找到了「好」，於是就「隱」。

「我的朋友」之類××君，前些時自重慶榮歸，一見面，笑過之後就感慨曰：「這次回來，看到朋友們不外兩種變化：第一種，以前不行，而現在大爲進步；第二種，以前還好，現在也沒有甚麼進步。這就是落伍了。」這似乎「叛」得很可以了。於是，摸出名片：「採訪主任」！又聽說「主任」曾帶了東西跪在一個女人面前：「你答不答應？不答應，我就自殺！」革命尚未成功，當然不能自殺。於是女士答應。有名片，有女士，很可以「隱」了吧，而臨行之時，又訓我曰：「這年頭，老兄，人要打江山的，瘟頭瘟腦是不行的！」於是，又是「叛」。

據說有些「詩人」是旣「熱情」而又「驕傲」的。一位女「詩人」寫信道：「我太不行了，因爲我太不驕傲！」這大概因爲「女」的關係吧，特別謙虛。而「熱情」「驕傲」確爲「詩人」的主要「氣質」。例如臧克家的「感情的野馬」就感動了許多男少女。幾乎每行有一個「花」字，「熱情」可想而知。軍長又特別賞識，騎在大白馬上，照理說，應該可以拉上一位佳人，放在馬背上，一道「隱」去，或者「叛」得更有味；但是佳人也居然「驕傲」，居然不答應，於是「詩人」眉毛一揚：「算完蛋，老子去了！」於是，「驕傲」終歸於詩人。又有一位「詩人」向人宣稱：「不管把我放到甚麼地方，我是不會墮落的！」這股子熱，似乎很可觀了。但有詩贈其愛人曰：「我是一顆炸彈，將爲你爆炸！」云云，手提炸彈，示之以威，這又是「詩人」之「驕傲」。若果一炸成功，則可以「隱」矣，或者「叛」得更有味。

叛法之妙，隱法之微，舉不勝舉。一付進步臉，兩條關係腿，對高貴符，對低說教，用最卑劣之方法取別人之「愛」，裝點自己之「情」，用別人的血來發自己的熱，還要嫌別人的血不熱，像煞有介事地走來，若無其事地走去，……

2

以前常聽說「生存圈」，現在常聽說「據點」。是的，生存是必得要有圈子，要有據點的。

「史記」：「田單列傳」，記載這位齊國名將保存「據點」的方法：引誘敵人來劓掉齊國兵的鼻子，來挖掉齊國人的墳，這樣激怒齊兵的士氣，於是打了勝仗。此法之妙，無待詳言。

奧勃洛摩夫在他的「據點」之上，活到脂肪塞破了血管。其「保全據點」的方法，就是：「關於過去的無效的哀惜，和燃燒似的良心的譴責，針似地刺着他，他竭力要擺脫這些譴責的重荷，要找另外一個人來歸咎，而將這針刺轉向他。」而奧勃洛摩夫是可愛的，奧爾迦愛他，房東太太愛他，斯托爾茲愛他，說他的心好，他儼然是個人道主義者，他曾教訓一位「作家」：「思想是愛所孕育的，伸出一隻手去扶起墮落的人來，或者在他身上流淚。」

因此，就有了「奧勃洛摩夫主義」：挾了算盤，挾了書本，挾了愛人，挾了「革命的武器」，爲了獲取「永久的保證，然後避向安靜與休息。」

一片血海中，據點是必要的，在那上面完成精神統治領域。

譬如，僅管相信自己作的是「進步的工作」，便可以躊躇滿志於「據點」之中，而且相信「天下烏鴉一般黑」論，而且統治着妻子，不準她唱歌，不準她「空想」，不準她多望外面。譬如，一位「批評家」，受朋友之託，監視朋友妻子的貞操，忙得很，而且還得爲一隻湯匙的價格，要同太太吵一夜。這些，可以想到：在據點之上，修牆補漏，爲了「保證」，也是不容易的。

至於大家默認「方向」相同，用各式各樣的資本，求各式各樣的淵源，把姚雪垠的名字刻成核桃那麼大，把施蟄存的信印作封面。也是不容易的。

據點是要「保」的，圈子是要「結」的，保結之法，就是成都名流兼學者姜蘊剛教授所提倡的「友情主義」。甚麼是「友情主義」？姜先生曾舉例曰：「有塊石頭，我要搬，搬不動；遠遠看見有人來了，於是，跑去同他講友情，於是他就跑過來了，於是石頭搬成了。」石頭是討厭的，兩人搬，這是「大的方向相同」，就發生更大的力量，搬去給他們墊脚吧，但不知搬來了甚麼。姜教授又有「新野蠻主義」，這大概是指搬的精神而言，「友情」之前與「友情」之後的不擇手段之類。於是姜先生的弟子歌頌春天，歌頌海，歌頌「生命力」云云。

你好，我好，大家好！

3

杜林先生曰：「眞的，在一切時代，在一切法律狀態之下，畸形人均被排除。可是從平常人到畸形人，到幾乎失去人形的人之間，還有許多階層的梯子。如果採取辦法，來預防醜惡的人的出現，那麼這顯然是有利之事。」（「反杜林論」）

這是保證平安，保證生存的重要原則。

「打落水狗」，惹起譁然，恐怕至今還是未息；「披散頭髮的戰起來」（「兩地書」），也絕對要被目爲不成體統，不顧環境。

常常有人自比爲「園丁」，這也是的確。拿起「理性」與「中庸」的大剪刀，剪去一切的杈杈枒枒，被「現實」的泥巴壓住，在「黎明」的空氣里成長。長得「如實」（用羅克汀語，見「萌芽」創刊號。）

據說有「小我」，有「大我」，「小我」生存於「大我」之中云云。大至無外，小至無內，內外融洽，矛盾統一。前有「眞理」，後有「人民」，無往而不可，縱有小不可，總有大可。生存之樂，即在於此。

有小說家而兼「青年教授」者，一面走一面捶着腰：「還說『青年作家』哩，腰就痛了，人家托爾斯泰到八十歲……蘇聯的作家那末舒服！」有「青年」可愛，有「托爾斯泰」可比，有蘇聯可想。這也許就是杜林先生所說的「許多階層的梯子」甚麼的。

虛偽的微溫，胆怯的利己，蠕動的人道。

膠體狀態的生存：過熱像要融解似的，過冷像要凝固似的；遇到了物，像被激蕩而馬上黏結；這種黏性就是它的「感性存在」：順應地，黏住一點氣雰，一片原理，一條公式，一滴眼淚，一聲呼喊，一個良心。但隨即攪成一片，無改於膠體狀態。

生存，文藝就是這樣。

4

虛偽，無恥，惡毒，瘋狂。
我們的時代底生存！
生存，生命底否定。眞實的生命否定過程，虛偽的生命否定過程。

一位朋位說：「不是死拖，就是活闖。」然而虛僞的生命是不死的，因爲有的是屍，隨便拖一個過來，就可以借屍還魂。

借了袁世凱的屍，借了張之洞的屍，借了袁子才的屍，借了希莫萊的屍……也借魯迅的屍。

某部長已經說明白了：中國害了病，如果「內服藥」不靈，那就要開刀了。開刀！好吧，偉大的醫生，「內服藥」也的確「服」得太多了，血管都要脹破了，請抽出 Made in America 的雪亮的刀，插向中國的心臟吧！殺死一切眞實的靈魂，留下一片屍首，你們要的是屍首！讓你們腐臭的靈魂在上面還魂，完成你們的「民意」的王國！

謝冰瑩在成都，講演又教書，告訴青年「文藝創作」；寫文章說道：「聽到可愛的青年們的熱情的聲音，使我心又熱烈起來，我又想從軍了。」云云。我從前「從軍」，這是「生活」；「我現在又想從軍了」，這是「熱情」。「生活」加「熱情」，乃成「文學家」。而拿津貼，努力毒害青年們的「熱情」，使變成獸一樣的屍首，然後她又在那上面「熱烈起來」了。

有以拜命自命的「詩人」，有以「中國的德萊賽」自稱的小說家，驕傲他們「美麗」的辭句，多情的「憂鬱」，在少女幻想的屍體上還魂的巧妙。

中國歷史底眞實：唯生論。

活着，爲着死得容易；死了，又可以還魂。

寶貴

聖門

你是提着你底刀走來的呢
還是提着你底頭顱走來的？

生命本不是賭徒們底賭本和賭彩
在愛與戰爭，但是我們不得不殘酷激烈像賭博！

玫瑰吧，也長刺啦
罌粟吧，也開花啦。

有人焚香開窗端坐迎納從白楊樹夜香中射來的皓月光
有人拚醉跳入牛渚底江波里去捉月魂

這一面是基督從它，誕生在馬廐里呢
那一面是項羽爲它，悲歌在被圍困了的垓下呢。

生命和愛情都祗有寶貴的這一份
我不能夠不認眞，你不能夠不苦戰！

一九四四，四，一七，夜。

理想主義者

賈植芳

一

「可又找到你了，——老李！」

這聲音非常熟稔，雖然充滿蒼老和疲倦，甚至有點悲涼，確使我喫了一驚。

「哦，你，史英！」

我說，站起來，請客人坐下去。於是，她就像一件貨物似的的頹然倒在椅子上，拭着額上的汗。接着進來了她的孩子咪兒，和另一個像她的丈夫方善里，但是比方善里疲老細高的多，戴着近視眼鏡的中年人。史英懶懶的介紹說，這是老方的胞兄，我們握握手，大家坐安定了。

這三個人，史英，她比三年前我們在西北聚會時老多了，雖然纔二十歲上的人，頭髮已脫了許多，甚至有幾莖白髮，兩個外眼角，更加垂下，猛一看，好像是腫着的樣子，衣服却比三年前還破舊，而且，就是三年前的一套，一件不成樣子的黑布棉袍。咪兒雖然已是六歲，卻還那麼弱小，怯生生的，把指頭儘塞在嘴裏，獃看着，接着看看他的母親，不出聲的嘿嘿，儍笑，鼻涕拖得很長。這個表情，給他的伯父，方善里的哥哥，招來不快，他使勁的推他一下，威脅的怒視着；小孩就顯得更麻木，更怯生了。他的伯父，這才應酬的笑着，焦瘁的臉上堆着困惑的光，深度的近視鏡片後，眼睛無所依的煩惱的睨視着。

我忽然記起了什麼似的，問道：

「你的那個小的呢？還留在重慶麼？」

在這樣的問題下，本年還平安的甚至有點活潑的空氣，一下被攪動了。史英首先就抽噎起來了，咪兒的伯父，用手扶扶眼鏡，也把頭低了下去。咪兒卻東張西望的，又把手指塞到嘴裏去。

這樣，馬上形成的悲哀和嚴肅，連我也出乎意外的喫驚。一陣難堪的沉默後，史英抽噎的說：

「死……了！」

「哦！」我和妻一同驚住了。

「眞倒霉！」史英拭過淚，拉了一下衣服說，「我們前一個月就從重慶到這裏了。善里在重慶混了幾年，勝利了，他才在交通部弄了個小差事，坐飛機回到北平，目的是趁機會回家，於是我們就和五哥，」他指着咪兒的伯父，他這時一點表情沒有的坐着，腦裏像在醞釀一件事變。忽然又把吃着自己手指的咪兒利害的推了一下，比前一回還形勢嚴重，咪兒裂開嘴，幾乎爆發出哭聲。史英這時拉過孩子來，像是照例的嘰咕着，「你管他幹什麼！」接着看着喫驚的我們說下去：「我們就隨五哥展轉到這裏來，再想轉到北平去。滿以爲沿途順利，不想在這里就待下去。我們一直不知道你在這裏，這是善里來信才知道的。五哥在這裏的職業專門學校找到了事，」這里，他頓了一頓，看看五哥，他已站起身來，低着頭在屋子裏踱着急速的步子，像根本沒注意到這裏的談話。「五哥在抗戰前是大學的物理教授！——」他說。

「提那些廢話幹什麼！過去，過去，都算死了。」

五哥幾乎是憤怒的叫着，忽然站定了，責備的瞪着史英。

「那有什麼，我們是無話不談的老朋友，你坐你的。」史英望着五哥說，抗議似的。

「唉，他媽的！」

五哥沉重嘆氣，又急速的踱起步子。史英繼續說下去：「五哥既然有了工作，我們就不着急了，滿想這樣待下去，等路通了再走，——」

「誰待下去，你待下去，這鬼地方，滿街軍人，夜夜搶案！——」

五哥又更洶湧的插進來了。史英奇怪的望着他，停了一下，繼續說：「可是，事有意外。先是給小倫光顧了一次，五哥的被子，和我的大衣，都丟了，再接着小的一個就得了急性傳染病，死了！」

說到這裏，史英就衝動的，出聲的哭起來了。咪兒吃着指頭，驚奇的望着。我看着五哥，他像置身在另一個地方似的，仍是激急的踱着步子，妻勸慰着史英，我搓着手嘆息。最後，最後，還是史英說：

「這地方眞倒霉，所以我想搬到你這裏住住再說。」

我們勸慰過了史英，五哥這時坐下來了，他的神色緊張，黑瘦的臉彷彿扭歪了。他像講演似的，大聲的激動的說：

「媽的，中國這個地方，我眞待不下去了。我從前在燕大畢業後，本來就想到美國走走，可是，可惜得很，因事就誤了；一半也是決心不夠，覺得這個國家還有點可愛；雖然髒，可是不能馬馬虎虎的活。這次一抗戰，那算完了，在重慶逃這幾年難，我算活夠了。這還是個國家麼！遍地土匪！可惜，我失去了個機會，去年美國來重慶招致華文教師到舊金山去，我沒有攷上，要不，早就在美國了。哼，在美國，當苦力我覺得比在中國做紳士强。這樣的國家，沒有秩序，沒點上進的樣子，简直沒一點生氣！報上說，第一次世界大戰後，法國因爲通貨膨脹，民衆把印鈔票的印刷廠打亂了，中國，哼，誰有那個勇氣？……」

我一邊吃驚於他這樣燥發的議論，一邊開玩笑的說，其實法國老百姓蠢得可愛，你把這里的鈔票廠毁了，那里還能印。而且，像我國，鈔票就多是在美國印的，難道老百姓坐了飛機到美國去示威去不成？哈，哈，哈……

我是想藉此緩和一點空氣的，但五哥還是挺認眞的神氣，而且更憤怒的說：

「我是不能在中國待了，非想法子到美國不可！」

說着，竟用拳擊着桌子，咪兒趕快把手從嘴裏掏出來，更緊的靠着母親，非常恐怖。

這樣，空氣僵下來了。五哥突然害了熱病似的，他更狂亂了，眼睛睜得更大，臉上泛起一層不正常的紅光，他好像懷着偉大的憤怒，這時不可收拾的泛濫起來了。

「這地方，我是決不待了。校長從南京回來我就辭職。這樣的地方，馬路這樣壞，沒一點都市的樣子；而且，軍人這樣多，老百姓這樣不講理，一羣混蛋，我算待夠了，我要走了。」

說着，他霍的站起來，我也站起來。

「方先生」，我說，「你上哪裏去？我們馬上吃飯，你太激動了。」

史英也接着站起來。五哥低下頭去，忽然迅快的又抬起來，恢復了牠的蒼白，現着笑容說：

「咱們不客氣，現在生活這麼高，兩便，兩便，你留步，學校要開飯了。」

我解釋着，挽留着，但是他堅持着「各人喫各人」說得非常堅決，好像是一條眞理。這使我彷彿想起在初中唸書時英文教員給我們講的歐美禮俗。最後還是史英說，我和方善里不是普通的友誼，在他們夫婦民國卅年從游擊區中看清楚了「中國事就是這麼一回事，誰犧牲了誰倒霉」這樣的道理，而決然的回到後方來，想不到又不被諒解的受了一點委曲，而生活在恐怖與恐慌里的時候，我雖然是責備了他們，但卻也同情了他們，甚至援助了他們，能使方善里在西北一個新興的城市中去做電影院的廣告畫師，以維持他們的日子，總算是不見外的自己人。這樣，五哥帶着充分感謝的神氣，纔勉强留下了。

二

飯後，五哥說還有課要上，告辭走了。我得和史英沉靜的坐談了很久。

她先說她那小孩子的死，本來有救的；可是，因爲這地方的醫院，私立醫院沒有充足的錢，不敢進去，而公共醫院，卻見大門上儘是封條，因爲接受，早停辦了。

「這是運氣，該有這麼一回事。」

我拿命運說勸慰着她。這在前五年，我要這樣說，一定要被她打幾個嘴吧。那時，她和方善里正沉醉在一種偉大的理想裏，以至雙雙以人間最美麗的名稱同志關係跑到華北的敵後戰地，把自己沉沒在戰爭的潮浪裏，而且就這樣的結了婚。但是在幾個衝天的波浪中，他們頹然退回後方來了，而竟睜圓了眼睛，夢想着逸樂。看着街上走的腦滿腸滿的圓胖胖的新興國民，他們舐着餓得發乾的嘴唇，用羨慕而又相嫉的口調說：

「這才是人的生活，這才像個人！」但是，命運竟像和他們開玩笑，他們先是在不諒解的恐怖裏發抖，繼而又長期的在飢餓裏打滾；而好多次的跑到城隍廟裏，抽籤問自己的流年。所以這裏我像一個商人迎合顧主似的，拿命運來安慰她了。

「但是，我的運氣就老不變好嗎？」她翻着眼白看我，認眞而悲楚的。

「那你最好去問運氣他自己去，一定有個結論。」我笑着說，這彷彿刺傷她了，她默不作聲。妻打圓場的說：

「你這個人，在人家悲哀的時候，還開玩笑，算朋友嗎？」

「那我答什麽呀！」我也彷彿很悲哀的說，「那明天罷，我們上城隍廟抽籤。這裏的城隍老爺」，我補充說，「眞像陝西人說的，靈的太！據說他名字叫紀信，是漢高祖赴鴻門宴的五個隨員之一，後來替漢高祖死于項羽手中的，是一個有大大勇氣的人。這地方的老百姓强的很，大概因爲他的勇敢才崇拜他的」。這話裏，也含着刺。史英一點聲音沒有了。妻白了我一眼，我笑着走了出去。其實，我的心裏非常的沉重和難過，像每一見到和想到他們夫婦一樣，好蠢的人呀，我心裏喊着說，……

我再回到屋裏來，史英和妻正躺在床上細語着。咪兒一手拿一個饅頭啃着，臉上糊滿了鼻涕和饃花。我進來她們都起來了，史英低下眼睛。還是妻說，史英的意見，還是回北方去，但是回到北方也沒確切辦法，方善里混的差事，每月所得，依那地方的生活水準說，三口人不夠吃開水；而五哥，口口聲聲不願在中國待了，只苦于機會，就要上美國去了。於是，我問史英，到北方生活成問題，怎麽辦呢，家庭可有什麽依靠嗎？這一問，史英像活潑起來了，趕快接着說：

「善里的姐夫倒是光景很不錯，是美國留學生，很佔個財政位置。」

「那你們也能沾點光囉！」我說。

「屁！」史英很重的屁了一聲，鄙夷的裂着嘴唇，「這些留美學生更自私。在重慶，我們倒見過面，那是我們剛到重慶的時候。滿指望投奔他們，不想剛踏進門，老方的姐姐，那個老妖精就首先聲明，我們住個天把還行，日子久了可大家不方便。住了兩天，她教我們在廚房裏吃飯；朋友來了也不介紹，人家還認爲我是新僱的老媽子哩。老方的姐姐還一個勁的哭窮，說他的孩子喝不到新鮮牛奶呀，本地老媽子又懶又偷，從前四個，現在只能僱起兩個呀。其實我們的孩子這麽大了還沒見過牛奶；老媽子的麥，我們早就沒有了。他的丈夫，那個留美學生，洋氣十足，斜眼看我們倆，除過做官，還和美國人合資開公司，整天在舞場混。可是，在我們早就一個錢沒有了。這樣，我纔和老方負氣走了出來，老方在重慶附近的茅縣裏民敎館裏畫畫，我做小學校員，各人在自己做事的地方搭伙。這年頭，誰有了誰好，誰吃了誰飽，你靠誰？」她說得激動了，吃力的瞪着我，眼裏充滿了活力，我彷彿又看見五年前的史英的表情了。

「那到北方怎麽辦呀？」我担心的問。

「碰運氣！」她說，隨着又有力的加添了一句：「天不滅曹！」

「哈哈，這才是驢子推磨，又回到運氣了。」我笑着說。史英帶着吃虧的神氣看了我一眼，把頭低下去了。忽然，我聽見咪兒哭，回轉頭，是五哥正奪他手裏的饃，原來他又轉來了，他奪着，一邊怒斥着：

「媽的，你是光緒三年生的，一天老吃不飽！」

咪兒掙扎着，但倒底給伯父奪去了。這彷彿就是敎育。但史英反對這敎育，她抗辯了：

「他吃饃，也關你事？」

做伯父的沒答話，他把饃很重的扔在桌子上，低着頭，在地上激急的踱步子。史英撫着哭的孩子，把扔在桌上的饃檢起還給他，咪兒馬上不哭了；一邊恐懼的望着伯父，一邊拚命一樣的張大了口，吞一樣的啃着饅首，彷彿害怕又被奪走似的。于是，連鼻子兩旁流着眼淚的地方也粘滿了饃花。

「這被方不能待了。不能待了。」五哥暴燥的嚷着說，活像一頭被關在籠裏的獸。我奇怪的看着他，這樣寒冷的氣候，他還穿着夏天用的灰派力司單洋服，而且衣服早走了樣子，變成黃黑色了。他的聲音裏還挾着冷得打寒噤的聲音。我眞奇怪，生活已經淪落了的他，竟還堅持着因爲這裏不算一個眞正像樣的都市，比如馬路不平之類，而說不能住下去了；明明一點綫索沒有，卻聲聲說要到美國去生活了，甚至說，一輩子都不想回來了。我眞佩服他的超現實的冷酷。史英不耐煩的辯駁他：

「不想待了，你到哪裏去呢。嘴裏說說倒容易。」

「到哪裏，」五哥停了步子憤怒的看着她，「往北去。」

「路不通呀！再說，你不是說，因爲北方混亂，不想回北方嗎？」史英答着，臉子很難看。我知道，大約來這裏很久的時間裏，他們就在每日的辯論這個了。

「那到南邊去。」五哥又踱起步子了。

「你愛走哪裏走哪裏。」史英顯然的生了氣。

我說：

「這樣吧，方先生，你們眞要往北走也容易，我替你連絡商人，相隨着走，聽說路上倒是挺平安的。」

「嗐，想送死嗎？」他對着我睜大了眼睛，「對不起，我雖然沒有錢，我可還要命。走旱道，不僅我犯不上冒險，也犯不上去受罪。你想，沿路上的小店多不乾淨，中國老百姓最髒，再給土匪一搶，那，那……」他生氣的說不下去了。

「其實」，我覺得這個人很有意思，眞是有傷忠厚的又要開玩笑的說了：「其實，幹土匪也沒有什麼。智識份子幹土匪，在這年頭，我倒認爲是智識份子的一條偉大的出路。」

「這不是笑話！」他怒斥着，「我雖然沒有錢，（我後來注意到這也是他的一句口頭話，又彷彿是創傷。）但我在燕京大學畢過業，做過人的導師。你老兄的意見，做土匪固然也算出路罷，可是他土匪能給我吃好的嗎？能給我穿好的嗎？能……這般無智識的人。對啦！這個年頭，智識固然是累贅，沒有大糞值錢，我正翻譯了半本俄國人做的「智慧之悲哀」的戲曲，翻譯完了，我願意不要一個板稅，請書店印出來給中國人都看看，智識固然沒有用，可是，我還有智識的身份！」

「你和土匪平等的幹，自然吃穿都會好呀，那怕人生就是簡單追求個人的吃穿！」我笑着發表我的意見。

「那，」他停了一下，譏諷的，或竟是惡毒的問着我，彷彿受了傷害，「我能和沒智織的人在一塊嗎？我看你老兄還有點夢想精神，其實，世界上除過麵包外，再沒有更眞實的東西。羅浪蒂克的思想早過去了，美里梅的小說我看過的，可是那祇是小說！」他哈哈的笑開了。忽然停住笑，抱歉的說：「眞對不起，打擾您，不該說這樣的話！」

我還笑着說：

「我們都算智識份子，談談也是好的。」

他忽然感動似的，抓着自己頭髮，沉思的，竟是痛苦的說：

「這三四年，我用全力追求麵包，雖然還往往失利，生活的機會越來越微小，但是我這個目的也愈來愈堅決；我不信世界再有什麼比麵包更偉大可愛了。不過，當我發見了在這樣的社會中枉費力氣的追求到麵包，而不能愉快的啃你自己的麵包，那眞不如到美國去，那里好得多了。」

三

這樣，史英他們在我這里就住了一月了。五哥上着課，一邊罵着校長混蛋，說他在抗戰前大學校教書，校長教務長等等負教育行政責任的，哪一個要不是教育家，他敢跨進學校門？可是，現在，他再進了相別八九年的學校大門，想不到校長之類，不僅是教育外行，而且，……他說不下去了。結論說，「有什麼辦法，這年頭？有智識的人侍候沒智識的人，還要看臉子，還吃不飽，眞不如叫化子。」有時，他上課回來，悄悄的飽到我的屋子裏，臉色慘白，使我頗吃一驚。他在我耳旁輕輕說，形勢非常嚴重：

「聽到什麼嗎？情形很不好，北方絕不能去了。這地方，將來也危險，也絕不能待了。趕快往南走是上策。李先生，我勸你，趕快離開這個軍事範圍。」

我哈哈笑着說：

「方先生，你哪裏聽到的，不要神經太敏呀！」

「千眞萬確」，他沉重的說，「將來，將來，……戰爭，戰爭，……」他就這樣吞吞吐吐的發表意見，「不過，我希望你注意我的意見，不要當笑話看！」他結束說，滿臉焦急的樣子。

於是，像週期瘧疾似的，我的耳邊時時聽到這種不寧靜的發抖的聲音。……

今天天氣非常好，是眞正春天了，陽光充滿了熱力，雖然還刮着微風。我們坐在院子裏晒太陽，我剝光了自己的上衣，露出胸脯，在陽光下曝晒，覺得自己像得到了一種力量。史英和妻坐在一旁，默默的。史英近來更憂鬱了，她發着許多的愁，惦記着老方，懼怕着到北方後的生活，可是又懷着一種僥倖，她甚至每天注意到報上的救濟新聞。我維持着我的意見，如其她急於要到老方那里去，那就找商人同伴也早走罷。可是，他始終搖頭。她要等待。她怕搶。我開玩笑的說，你這樣的蹩腳行囊，怕不會惹起什麼土匪的興趣罷？他說，命要緊。我說，只有圖財才會害命，沒有把害命當義務盡的罷？她仍搖搖頭。於是，她也不知道她該到哪裏去了。這當中，五哥一次告訴她說，可以發一筆洋財，他們都驚喜得一跳。五哥說，美國人將發給每個中國教職員一套上等料子的嶄新洋服，這很值幾個錢了，這一筆款，……於是，他們就在這筆款下發表了他們的明麗可愛的生活計劃，彷彿馬上就要實現，世界也突然明朗了。第二天他卻又懊喪了。他媽的，原來是救濟機關有個傳言，是就救濟的舊衣服內分給每個教職員一套，而且也只還是傳說而已，那一天發下來還難說。這樣興奮了一陣的歡悅，給痛苦與失望代替了。五哥罵着：

「媽的，人家把我們看成難民了。」

這樣，他就辭了學校的職務，不幹了，積極的想動身。這個地方，在他的眼內和想像內更醜惡了，也更危險了。但是到哪里去呢？卻還沒有一定。他們希望找到一塊羅斯福總統所宣言的有四大自由的地方。可惜，目前還沒有這樣的地方。他就只有抱怨和愁悶了。

我們正在晒着太陽，突然看見五哥比往日更匆忙的走進來，神色慌張，小咪，照例的每個手一個饅頭的從門口跟着怕父進來。只是，他已在伯父的怒容的教訓下，變得聰明了，他已能在看見伯父的時候把饅藏到背後，而且雖然是懵怯的卻仍故作震靜的跟他進來或走在他的附近，藉以保護自己的既得的權利。五哥迎面向我說：

「今天晚上我們一定要走了，先到南邊去。形勢更緊，不走太危險了。」

「哦！」我們都喫了一驚。

「犯不着冒這個危險，離開危險越快越遠越好。」五哥解釋着，最後的一句，竟像是格言。

我正想問是什麼危險，他忽然大驚小怪的把嘴唇湊到我的耳邊：

「我向你說了幾十遍了」。彷彿危險就來到了，壓着他似的。我點點頭。

晚上，我送他們上車站。夜裏天氣又變了，路上化開的冰凍又凍上了。烏黑的天空，風很尖利的刺着皮膚。冰發着白色的亮光，好像是一條平坦的路，你眞的走上去，卻會拿穩的給捧得爬不起來。一輛車子拉着他們的很少的行李，我們就藉着洋車的微弱的燈光，在這給冰封鎖的道路中找着道路的平穩的空隙前進。小咪在妻的肩膀上睡着了，手里緊緊的抓着吃剩的多半個饅頭，史英低着頭在前邊走着。我和五哥相隨着，他凍得牙齒直打嚮，我覺得你的渾身發抖，他的近視程度又深，吃力的尋找着放心的路，眞是好容易走過一步，還不知下一步如何的在尋找着。直到史英和妻隨着車子早走遠了，我們還留在黑暗的路上，走起來越艱難了。他重覆的勸我早點離開這里，不可用生命作兒戲。後來打着抖的咒罵着，這個國家不能住下去了，他這次無論如何先避開這個地區，南方較爲平安，假如有機會的話，他準備就到美國去了，或許一生能快活的在那里終老了。路眞難走，我伴着他，前面車上的燈光早就一點影子也沒有了，我聽見他的累得喘氣和冷得發抖的打顫。這樣很長久的留在暗黑的道路上，我眞躭心會誤了火車的時間。

——一九四六年四月中旬寫

我們仔細查察自己，不再說誑的時候應該到來了，一到不再自欺欺人的時候，也就到了看見希望萌芽的時候。

——魯　迅

黃河邊上

言半默

一顆白晶球一樣的日頭，現在正轉到晌午尖上。這時候——尤其是這剛剛入秋的季節，要在往年，啊！就是除去這三年的「外國人世界」，還得往前推過「鐩子」當道的那五六年，莊稼人在下晌兒的時候，決不像如今。你請看啦，從高粱棵裏鑽出來的人，照臉上抹一把汗就去捆他的高粱葉，在紅薯地或棉花地正鋤草的人，摘下草帽望一望頭頂上的日頭，把鋤頭上的泥土打脚一蹭，挑起盛水的瓦罐子就走出莊稼地了，從各方朝着莊村會聚的大小道上，那些扛着高粱葉捆的，揹着草籃子的，或是挑着鋤幹的，誰都是一路小戲兒。不是秧歌調，就是梆子腔。你聽吧，看誰的腔兒亮，看誰的調兒孅。可是如今，生活上像給大石頭壓得喘不過氣來，日子裏時時刻刻會有災難發生，人的生命簡單像粘在馬尾上的草末，隨時隨地都有被甩掉的可怕。所以，就是這下晌兒的時候，誰也提出起往年的歡心來哼一兩聲了。

瘤子駛着一輛拖車，一瘤一瘤地跟在紅馬駒旁邊，從大路上正朝着莊村走。他是犁耙黍子地下晌兒的。俗語說：「人勤地不懶」，黍子早人家幾天就熟了。早一地打耙出來，早一點接受雨水，同時也是給田地一個喘氣的機會。這是莊稼人懂得的道理。

瘤子無意地回頭一望，後邊好像沒有一個人影子了，滿坡都是紅高粱穗兒，青綠豆莢，和那些將要罩滿地皮的棉花棵和紅薯秧。因爲沒有風，只有又尖又細又單調的蟲聲，我感覺到野坡寂靜了。

「喂哈，喂哈！」

瘤子意識到下晌兒下遲了。他吆喝着搖起鞭桿，朝像外的黑驢搖了一鞭，接着在當中的黃牛背上也搖了一鞭，只有帶繩的紅馬駒胯股上僅僅挨了瘤子一把掌。

拖車立刻前進的快了。大路上磨出來兩條平滑的光印子，緊接着拖車的梆底一直進了莊子裏。

「咦！你打個老晌兒哇，瘤子大爺」（註）在一所雙扇門口立着一個十來多歲穿着花條子粗布衫的小閨女，朝向瘤子說。「我出來看幾趟，飯做中多一陣了，等着你哩。怎你不戴草帽呀，看你臉晒得多紅？」

（註：本地人普通稱伯伯爲喊大爺。但此爺字與稱祖父爲爺爺的爺字，讀音不同。）

「上晌的時候，唷喝！紅馬駒兒站住！」瘤子等全套牲口都站穩了，把長鞭朝地上一擱，順手拉起布衫襟，照着滿是汗水的臉上抹了一把，才顧得到接着說：「半陰不晴的。誰知道日頭一露頭兒，你看，紅馬駒兒脖子上的汗水吧！給人家說，說是爲乎牠嚇，耙一會兒就得歇一會兒。桃妮兒，你還是卸黃牛吧，紅馬駒兒這傢伙肯撒歡兒。」

桃妮把拉在手裏的紅馬駒的韁繩又放開了，轉去解黃牛的牛稜。

一個光赤着身子的小孩子，兩手拍打着屁股，從雙扇門裏頭跑出來。一看見瘤子，就迎頭撲了上去，在瘤子兩腿間糾纏起來：「擱在那里啦？擗褲裏嗎？」

瘤子揭下紅馬駒的夾板，摸着紅馬駒肩膀上的趼疤正心疼的時候，看見纏在腿上的小鐵蛋，鉄鍋似的面孔笑裂開了。問道：「你說的是啥呀？乖乖？」

「蟵子，蟵子！」

「你看，眞該打！明兒個一定記着給你逮。」

「不中，不中！非給蟵子不中！」小孩子扯住瘤子的褲脚撒起潑來。

「瘤子大爺，你非給蟵子不中！不給蟵子不叫你吃飯！」

「不叫你吃飯」這句話聽起來是不順耳的，不過這是出在一個不懂事的小孩子嘴裏，瘤子聽着只笑了笑，依舊好言好語的去解勸他，答應他把牲口卸了套，就去給他逮蟵子。

「得給我逮一籠子！」

「嗯，一定逮一籠子。小鐵蛋哇，去拿鞭給你姐姐趕趕黃牛吧。你看牠不想動了不是？」

瘤子給自已解了圍了。小孩子對於拿鞭趕牲口是非常感興趣的。

紅馬駒被瘤子牽到路中央，轉了幾個圈兒，就臥倒在沙地上滾起來。可是滾了幾次，都沒有像往常一樣：一用力就翻了一個過兒。

「唉，都是怨我！」瘤子看着翻不過過兒的紅馬駒，就怨恨起自己。「你這個小嫩骨頭吶，到啥時候才能長硬棒呢？」他憐惜的又說道。於是他打算伸手去幫忙牠一把，無意間一抬頭，忽然看見一輛大卡車，尾巴後拖起一條捲騰着的土煙子，衝進莊子來。汽車駛到大槐樹的涼陰裏停住了。一羣拿着槍桿的兵，慌亂地從汽車上跳下來。

瘤子看得楞怔了。突然：他好像驚醒似的，連忙抖着韁繩，急急地叫道：

「起來！快快快！」

紅馬駒後蹄一蹬，爬起來跟着瘤子跑進了雙扇門。瘤子一眼看見剛剛拴好黃的姊妹倆，馬上喊道：

「桃妮兒，趕快叫你爺爺去！外面出事啦。趕快！」

在這淪陷區的人，只要一提「出事」這兩個字，不要說是大人們，就連小孩子，也都明白那是什麼意思。所以桃妮連問都沒有問，轉身就朝奔內宅去飛跑。紮紅頭繩的小辮子在背後脫空地飄擺着。

瘤子扯掛着大門外的黑驢，手忙脚亂地把紅馬駒的韁繩往小鐵蛋手裏一拏（讀如音），踅回頭就跑出去了。

老掌櫃帶着滿臉驚慌從內宅跑出來，連連地喊着瘤子。然而却不見瘤子的影子。回頭又問小鐵蛋。小鉄蛋兩隻手握着皮韁繩，被大人的驚慌駭獃了。看見爺爺在問他，一時講不出話來，就用嘴巴往外指一指。這時候瘤子拉住黑驢衝進來了。

「出事啦嗎？」老掌櫃急迫地問。

瘤子撒開黑驢，就地抓起一根短棍，照驢胯上連連打了兩下，回答說：

「又來咧！」

「有多少呀？」

老掌櫃邊問邊去追着被打驚了的黑驢。黑驢朝紅馬駒跟前一竄，紅馬駒也發性了。於是兩匹牲口攪混着跑起來。小鐵蛋被拉了一個溜平地。

瘤子把門都門上之後，才對老掌櫃說清楚來的那部汽車，和載來的那些拿槍的。言語之間，他帶着無限的憤懣。

「這算啥世道啊！」老掌櫃惱恨地搖着頭說，「清鄉，清鄉！把莊稼的東西都清光，你們才甘心！」

他一面罵，一面和瘤子一同去追捕着那兩匹脫了韁繩的牲口。紅馬駒和黑驢都玩皮起來。一天到晚，一年到頭都被籠頭束着頭，韁繩牽在人手里，不論什麼東西都會覺得不舒服。既然得到了自由，誰肯放過快樂呢！

「我看來不及了！」瘤子伸手檢起幾片高粱葉，朝向紅馬駒追着說，「先把紅馬駒兒從後門逃走吧！」

「看吧，能都弄走還是都弄走。哪一個不是一疙瘩錢呀！」

「鬧鬧！鬧鬧！」

雙扇門被撞擊的發出一陣怪響。瘤子和老掌櫃都楞怔了。兩副慘白的面孔，面對面的望着，屏住呼吸傾聽着。門聲又響起來，聲音更大的可怕，同時還有人在喊。兩個人都感到失望了：方才的計劃完全破滅了，但是大門又不敢不去打開。老掌櫃强打精神，帶着小跑，故意提高嗓子一路嚷道：

「來啦，來啦！是哪一個門住的，餓了一個小豬，總走跑出去咬人家的莊稼。呵！」他打開門之後笑着說，「是老總們。不知道。嘿嘿，請吧，請到家裏吸袋煙。小鐵蛋！叫你奶奶燒茶去。多麽熱的天……」

跨進來的人沒有一個理他的。最前面是一個戴白晶片眼鏡的日本軍官，後面緊跟着一個日本兵和五個本縣的「自衛團」。

保長從後邊緊走幾步趕到前面，看看戴白晶片眼鏡的臉色，就指着老掌櫃說：

「回稟隊長，嘻嘻，他叫郭成業，是這一甲的第一戶。老好人。」戴眼鏡的邁着傲漫的皮靴，眼光向院子裏搜查着，好像他旁邊根本就沒有保長這一個人。可是保長仍在繼續地報告：「郭成業這一戶只有六口人：他，他的老妻子，守寡的兒媳婦，底下嘛，有一個孫女，一個小孫孫。」保長看見戴眼鏡的貪婪地看着在紅馬駒旁邊站着發楞怔的瘤子。這時候幾片高粱葉從瘤子手裏輕飄飄地落下去了。「呵，那是郭成業家的長工，他叫瘤子。在郭成業家里做十幾年了。是一個老實人——」

戴眼鏡的沒聽完保長的話，就一直朝着紅馬駒去了。紅馬駒看見來了一個奇怪人，於是不再啃樹皮，眼睜睜地看着奇怪人打算怎麼樣，牠在等候着去對付。那戴眼鏡的逐漸走近了，近到離紅馬駒只有兩步遠，他猛向前一撲，伸手去抓紅馬駒的韁繩，可是他馬上被半空中的紅馬駒的前蹄嚇得倒退了好幾步。

瘤子在旁邊一眼不霎地看得清清楚楚，紅馬駒那種有計劃地，當那隻可惡的手去搶牠的韁繩的一剎那，牠的頭猛一仰，韁繩早已甩到後邊，同時咿兒的一聲，兩隻前蹄就在半空中揮舞起來。瘤子看到那日本鬼子被駭的醜樣子，不禁暗暗稱快。他覺得紅馬駒今天特別的魁偉。忽然又覺察出有點不對，紅馬駒這副雄壯的恣態，說不定就正中那壞蛋的心意？想到這里，瘤子不由地又恨起紅馬駒來，恨他不該露這一手，早該像一匹半死不治的牲口搭拉着頭溜開。

戴眼鏡的看見紅馬駒這一跳跳的這麼高，越發有興趣了。他滿意而又奸險地笑着，用鞭子棍叉兜了幾回紅馬駒，當他好像要下令去捉紅馬駒的時候，被鞠躬鞠的像磕頭蟲一樣的郭成業連聲請「喝茶」請開了。不過，他臨進內宅門口的時候，又轉回頭來看看紅馬駒，冷笑笑。

瘤子獃在那里，非常的苦惱。他看見那個戴眼鏡的兜紅馬駒的樣子，就沒有懷好心。他預感着紅馬駒將要遭到了厄運，這不幸也許馬上就發生，那壞蛋從內宅趕出來的時候，他不會忘下紅馬駒的。紅馬駒是他瘤子一手扶養成大的，現在眼看着紅馬駒要遭災難，紅馬駒萬一不出了什麼差錯，怎麼能夠忍受得了呢！一時間，他憎恨的蒙着血絲的眼珠子更加發紅了，猛地：他心上好像被針刺了一下，立刻噗通噗通的跳起來。他像賊盜一樣往四外瞅了一遍，前院里就只剩他獨自一個。他馬上跑過去抓住了紅馬駒，用力地壓制住他那慌張的腳步，出了雙扇大門。

瘤子到了大街上。故意裝着沒有的樣子，往四外輪了一眼，除了汽車邊旁有一個司機扒在水桶上在洗臉，此外再沒有是乘汽車的人了。瘤子從腰裏抽出旱煙袋，暗暗地搗着紅馬駒的前膀，紅馬駒機警地跟着他順街邊往外溜。

瘤子覺摸着莊子裏看不見他了，他才敢轉回頭來看看，果然：那些樹木和房屋遮住了街心。他馬上放開了腳步，人和馬都在大飛奔起來——他的瘤腿已不再瘤了，這本來是他從小留下的殘疾，所以，他能夠跑多快。現在好像是賭博，他要贏，他要勝利，壓在他身上的那塊石頭已經掀掉了。他再跑上一程，只要能夠鑽進高粱棵，你滿共有幾個帶槍的，你滿共有幾個日本鬼子，要到高粱棵裏去逮人捉馬，那簡直比空手到河裏去摸魚還不容易。

後面有人聲在喊了，喊什麼，他並沒有聽清楚，總之他斷定和他的逃跑有關係。雖然鬼子兵要追趕的並不是他瘤子，但是他一向總認爲是主人家的東西，也好像就是自己的。正跑的，他忽然發覺着順大路跑是一個錯誤，朝高粱地他應該取一條直綫。於是他馬上岔開了大路，不管是莊稼地，或是什麼地，他是斜漫坡地跑了下去。當他們跑進綠豆地的時候，好像是跑進了淺水的池塘裏，被踢起來的豆葉豆花和豆莢，簡直像水花一樣的四外飛濺着。

從莊頭上傳過來槍聲了。但是槍聲已經嚇不住了瘤子的腳步。管你打什麼槍，他都不在乎了。假如眞是一顆子彈正射中他腦袋上或脊背上，到那時候該怎麼辦？他爲的是什麼？値得値不得？現在他沒工夫去想了。在過去不管是跑牲口，或替主人家去救火，他從來是捨命去拚的，他那忠厚的脾氣一向是如此。然而他每次都拚贏了。所以，這一次他照舊的不理，仍然打着馬飛奔。

瘤子看着高粱棵越來越接近了，於是他更不顧那後面的子彈了——雖說是越來越密，他跑的却越發拚命了。猛地一下，瘤子栽了一個大跟頭。紅馬駒兜了一個圈子，拚着韁繩把瘤子從地下又拉了起來。瘤子覺着不對，中上了，中在什麼地方呢？呵，胯股上！但是他依然沒有停下來，雖說是掙扎，終於連人帶馬都鑽進了高粱棵。瘤子同槍彈作了一場惡鬥，現在算是把生命奪回來了。他鬆了一口氣，可是胯股上的彈洞立刻痛起來，兩條腿劇烈地抖着，頭腦也暈起來，逐漸地感覺空了，輕了，汗水又蒙住了眼睛，慢慢地他昏迷過去了。他是怎樣壓倒高粱棵栽倒在地上的，連他自己也記不清楚了。

才剛綠豆地裏的蟈子聲，嚇的啞住了好一陣，現在聽聽又沒有什麼動靜了，於是又吱吱吱地叫起來，一處，兩處，立刻間，在高粱地的外面又連和成一片了。

火毒的太陽，在錦織着彩色的莊稼的野坡上，依舊的照射着。

×　　×　　×

「不能活，不能活！」

郭成業哭喪着臉，說着擺着頭，他在內宅里來來回回地走着。紅馬駒遭了禍了，也就是他郭成業遭了禍了。紅馬駒要値一大堆錢，錢，簡直像郭成業的第二生命。要割破一個人的生命，誰都感受心疼的！可，那個戴眼鏡的壞蛋，臨上汽車時，氣憤憤地朝着磕頭像搗蒜一般的郭成業踩了一馬靴，限他明天一天，馬要送不到縣南關中興客棧的話，他就帶兵來洗他們這村莊。郭成業越想越難過。他追溯這件事的根源，他認定根禍是起在瘤子身上的時候，禁不住脫口罵起來：「這全是瘤子給我鑿的大窟窿！不全是他給我惹的禍嗎？」郭成業罵的意思，是指着去年冬和今年春的幾回事情。那一天是飄着北風飛着雪花，有兩個牲口客倌，在他們這九里灣上已經買到三四牲口了。郭成業把他的紅馬駒也牽到大街上——瘤子一瘸一瘸地也跟了出來，偷偷地蹲在別人不注意的角落裏，靜觀着買賣的進行。當瘤子看着牙行在牲口官倌和郭成業之間來來往往地跑了好幾趟，大有成生意的時候。他咳了一聲，趕快走到郭成業的背後，用胳膊搗搗郭成業，小聲說：

「你到家，老掌櫃。我有句話。」

郭成業一跨進雙扇門，瘤子就鄭重其事地說：

「老掌櫃，您怎麼找虧吃呢？」瘤子說着翻起他那血絲蒙着的眼睛瞧瞧郭成業，忠厚的態度上盡力地遮掩着內心的不安，故意鎮定地繼續道：「嫩骨頭頂得住這刀子一般的風雪嗎？尋常還像一匹馬，今天你看看：縮頭夾尾的像一頭小毛驢了！給人家說，老掌櫃，要是今天賣牲口，眞是找虧吃！」

郭成業猶預了，瘤子的話也不無道理。於是就一直等到今年春天才把紅馬駒牽給牲口客倌看。瘤子眼看着紅馬駒又有賣成的危險，把老掌櫃又扯回到家裏，說紅馬駒並沒有長夠尺寸，從牠的骨胎上毛色上，將來一定會長成一匹好馬。快牲口這東西，能發一寸就是一寸的價錢。可是郭成業却半意識地覺察出瘤子是有意在留紅馬駒了。於是反轉口氣道：

「瘤子，你不能攪扒住紅馬駒兒不撒手呀！你該爲我想想看：如今啥世道，餵扎眼牲口不遭禍嗎？白這個籠兒怎能裝得住這種鳥兒呢？」

瘤子那鐵鍋似的面孔上，立刻泛起一層難爲情的顏色，一輩子了，他可以說句誇口話，無論什麼事，不管對什麼人，從來也沒有耍過什麼手段，唯獨對於老掌櫃賣紅馬駒這一樁事上，他承認他是有意地在阻擋。現在被老掌櫃一句道破，他搜遍枯腸再也找不出應付的智謀了。但是，紅馬駒果眞被牲口客倌牽走了，這實在是一種忍受不了的苦痛。他照應紅馬駒不是一天了。不錯，他是曾經給老馬親手接過兩匹騾駒子，一匹驢騾駒子的；每一匹他都一手照應大，給郭成業賣了一堆錢。可是那時候是有老馬在呀！本來紅馬駒一落地，老掌櫃就不耐煩，是一匹兒馬駒子——莊稼人對於兒馬不感興趣的。然而瘤子却不這樣想，因爲紅馬駒還沒有滿月，老馬就撇下牠死去了。從此這孤苦伶仃的紅馬駒的唯一依靠就是瘤子了。瘤子到地里去做活，把紅馬駒帶到地里去，回家，紅馬駒又像瘤子的尾巴一樣跟回來。

「你的紅馬駒兒該上籠頭啦！他的莊稼棵兒又被拖踏了一大片。」

郭成業的地鄰對郭成業警告了以後，瘤子就給紅馬駒縮了一付皮籠頭戴上去。但是瘤子覺着這對於紅馬駒未免太約束了，當他扎下犂子要犂去割過的麥地的時候，他抱着紅馬駒的脖子脫下了皮籠頭，說道：

「跟着犂子啃草吧！滿地都是青草，要跑到莊稼地做啥呢！」

當他正犂到半晌兒的時候，他彷彿聽見噗搭噗搭的一種棍打東西的聲音。他抬頭一望，紅馬駒被一個人扯住馬鬃用糞叉把沒頭沒腦地在打着。他立刻扎住犂子停下來，黑紅着臉不眨眼地看着那狠命的糞叉把。但是也不敢吭一聲。牲口蹧踏人家的莊稼棵，當然是輸理的事情，何況他又是一個長工！只好眼看着紅馬駒遭受酷刑了。他目不轉睛地一直看到紅馬駒掙脫那人的手，投奔到他的懷里來，他才遍檢着紅馬駒身上的傷痕，不由地發起火來，又狠狠地照着懷里的紅馬駒打了一拳，罵道：

「打死你算了！肏他個奶奶！」

自此以後，紅馬駒除了在家裏再也不給牠脫籠頭。可是家裏邊卻被紅馬駒鬧得天翻地覆的，老掌櫃看不過的時候就責備瘤子，瘤子總是一邊逮牲口一邊說：「足牠鬧也鬧不多久了，過了春兒誰還再撒開牠呢。」可是有一次卻把瘤子弄得啼笑皆非：當瘤子一推大門剛剛走進來的時候，紅馬駒正在啣着瘤子的短棉襖撕扯着，看見來的是瘤子，啣起短棉襖飛奔地撲到他懷裏了。瘤子看見他這唯一的一件短棉襖被撕得一片一片的破碎着，心上着實懊惱得厲害，然而那種像孩子一樣迎頭撲上來的親熱，在他心窩的深處卻又激起一種特別的滋味。在瘤子的全部生涯中，很少感到這種味道的。他從小就失掉了雙親的撫愛，前一輩的又沒有給他遺留下一分田莊，九歲上就跟着哥哥學打小工。哥哥被癆病纏倒之後，短工和長工好像就成了他的終身事業。人情的折磨，生活的鍛鍊，使他認識了現實：只有出力，才能吃飯穿衣。但是到哪年哪月這勞苦才有個喘息，才算個了給呢？連他自已也回答不出；大概是力出盡了，爬不起來的時候就算了結了。所以他總是永遠忠忠實實的做他的活路，從來都不大湧起閒心緒來。他這單純而又平淡的生活，一直保持到三十七八歲，不料被一匹畜生給他攪亂了。在他心板底下壓着的一股子感情，給紅馬駒一下子掀開了，在別人視若平常的一件小事情，在他就傾出一股不可遏止的力量。譬如紅馬駒，並不是紅馬駒可愛的了不起，實在是他自已覺得他照應牠，他愛護牠，是他生活上的一種愉快和滿足。因此，郭成業屢次賣紅馬駒，他曾用盡了心機屢次去破壞，半晌看不見紅馬駒，他心上就會感到空蕩蕩的像失落了什麼東西，要是他將永遠一伸手摸不住紅馬駒的脖子，那個跳着蹦着對他撒歡兒的影子永遠離開他的話，他怎麼忍受得了呢？可是老掌櫃一句話把他的陰謀道破了，把他的隱藏揭穿了，老實人一旦被人說中他的虛弱時，他是再也不會硬着嘴扯謊扯到底了。因此，瘤子那忠厚的面孔上笨拙地擠出一層求情的顏色，向郭成業央告道：

「老掌櫃，我說是，牠不滿月老馬就死了，給人家說，我一手把牠照應到如今，黑兒白兒都沒有離過我，您一提賣，我心上就——老掌櫃，把牠再留留吧？」究竟再留多久，他自已也不願確定這個時間，反正能夠拖一時就是一時，他看見老掌櫃又想開口時，馬上搶着說：「老掌櫃，留着吧，紅馬駒兒的骨胎，給人家說，眞是會有食頭兒的。一寸牲口一寸錢，老掌櫃。」

郭成業考慮了一番，他不能不承認瘤子是一個好長工，在他家做了十幾年，從沒有央求過他什麼事，又加上「一寸牲口一寸錢」，於是就慷慨地說：「瘤子，紅馬駒兒我完全讓你咧！將來萬一出了啥差錯，有你後悔的！」不料剛剛半年工夫，紅馬駒就果然招了禍。那戴白晶片眼鏡的壞蛋限他一天，非把紅馬駒送去不可，所以郭成業想起瘤子屢次阻擋他賣紅馬駒的情形，越想越有氣，巴掌朝大腿上一拍，罵道：

「他瘤子給我做一輩子，夠我紅馬駒兒的價嗎？」

「小鐵蛋兒他爺呀，」郭成業的老婆在旁邊揆了半天勁才說出來。過去她是和她兒媳婦，桃妮，小鐵蛋，全家人都像餓死鬼一樣不敢吭一聲氣，呆呆地看着郭成業在院子裏走過來走過去的。「您消停消停吧，看見您愁的那樣子，他心上直是焦的慌。」

「你還焦，你還焦吶！」

老婆被罵得退了幾步，小鉄蛋拉着他奶奶的布衫襟也跟了過去。

「我說多少次，」郭成業說，「如今世道壞，莊稼人的門頭兒低，錢拿手裏牢穩。他瘤子，總是沒皮揣臉地給您說『留着吧，留着吧』！這一下他可甘心啦！」郭成業一想到紅馬駒忽然又冒起火起來，罵道：「我們都是木頭啦！紅馬駒兒不要啦？那個瘤子祖宗也得去看看呀！唉，不能活，不能活！」

× × ×

自從下午以來，郭成業家里總沒斷來來去去的人。現在已是掌燈時候，牛屋裏仍然擁擠着，不知是哪一個，一進來就擠到瘤子躺着的床跟前叫道：

「瘤子哥哇？」

「嗯，」瘤子哼一聲。

「你心裏難過不難過呀？」

「嗯，」

「你睜開眼看看，認識不認識我？」

「別再問他啦。」截住說話的這一個是小名叫柳根。他在這里照顧瘤子半天了。柳根又說：「他已經不省人事了，讓他養養神吧。」

這時候老掌櫃婆進來了，把手裏的東西往瘤子的床頭上一放，說道：「瘤子哇，我給你找來好刀劍藥咧。那是誰呀？您槃開燈明兒，我給瘤子上上藥。」「她說着就蹲下來解藥包忽然看出在瘤子臉上用芭蕉葉扇子來回打蚊子的是桃妮，於是說：「桃妮兒，你出去吧，我老婆子家咧不計較，您瘤子大爺不礙事的，別難過妮兒，出去吧。」

桃妮經他奶奶一慰勸，呼吸立刻急促起來，一股子眼淚湧起，她趕快低下頭擠出去了。

柳根幫助老掌櫃婆把瘤子的腰帶解開，褲子脫下半截兒就露出了傷口，正中在左胯上。傷口上已經黏着一大塊旱煙絲，他們把旱煙絲一塊一塊地撥開，撥的瘤子幾次痾攣着尖叫。老掌櫃婆一面往傷口上敷藥，不住地嘆惜，還不斷地咒罵着那些殺人的强盜。當他們給瘤子梆紮好的時候，忽然聽見保長的聲音在牛屋門口喊着說：

「閒人們都去吧，我們要議公事啦！有公事的人都到後宅去。淘草水缸上坐的是誰呀？去去去！我們有公事。」

牛屋裏的人完全走光了，牲口呼隆呼隆的嚼草聲，立刻響滿了清靜的牛屋子。紅馬駒在槽頭上忽然抬起頭來，看看小油燈，燈頭兒像一顆大豆子，發射着暈黃色的淡光；牠又看看瘤子，瘤子孤另另地躺在單床上蜷伏着，斷斷續續地呻吟。

燈影兒里一幌，桃妮又回來了。他仍然拿着芭蕉葉扇子，靠在床邊去替瘤子趕蚊子。

「唉喲！」瘤子一扭身子，禁不住叫了一聲。

「瘤子大爺，我在這兒吶。」

「嗯，嗯，唉喲娘呀！」

「瘤子大爺，瘤子大爺，不難受吧，你看，我在您跟兒站着吶。……」

× × ×

郭成業的堂屋里八仙桌上點着一盞高台座的古銅燈，燈光里能夠照得見的有保長，老瓦，大運，和幾位上了年紀的莊稼人；其餘的不是背着燈光，就是故意把面孔藏在黑影里。

議論早已開始了，只是一團亂嘈嘈的沒有一個頭緒。保長就提高嗓子嚷着：「大家得往路上說呀！說不出一個路道是結議不成的。」但是怎麼說才算是這件事情的路道呢？不同的立場，各人就有各人的路子，有的說給他一個不理，有的說起聯莊會，現在正是青紗帳的時候，鬼子白天來，大家藏到高粱棵裏，夜里來，一齊下手摸！正坐着的大運，聽得興奮了，兩隻脚忽地往凳子上一踏，蹲了起來。插嘴就說：

「對！他奶奶！」他說着把搭在肩膀上的粗布衫猛地拉下來，甩的燈兒幌了幾幌，大運又把衣裳攔了攔往腿彎裏一夾，立刻又說：「人家說，柳根——不，郭得魁就是這種主張。我也說，如今的郭得魁不是從前拉棍要飯吃的柳根兒了。人家跑過多少地方呀！峨嵋山，江西山西南的北的都跑啦。別看我三十多咧，將來我也想跟他去看看世面吶！把我們那個桃園地——」

「大運你扯到那里啦？」保長站起來才截斷大運的話，忽然他醒悟似的又說：「呵！公事上哪約你啦！去去去，眞是一個燒不透！」

大運被趕走之後，大家的意見還是紛歧的。保長不得不把他的路子示意給大家了。雖然他講的事件大家都曉得，但是在這個地方，這個時候重提出來，還是會發生效力的。他說張相樓，去年只挖斷兩段汽車路，鬼子兵就在張相樓連操了三天，雞子狗都操光了，還帶走五個人；他又說三王店，年前只爲死他兩個鬼子，結果，燒了莊子不算，還得賠償八條人命。接着他又說：

「說起來都是一家一戶的，我決不是背地道柳根弟的壞話，自從去年他一回來，我就看出這個人不對了。大家要是聽郭得魁的話，咱九里灣可要受他的累！這話是不是？」他四外看了一遛，沒人答腔，他自己又說：「打仗打仗，莊稼人財命兩喪！一匹紅馬駒兒滿共值幾個錢，拿全莊子給他拚值得嗎？眼下單說這馬値多少價吧？成業哥，說說你的，光抱住葫蘆不開口，哪能當瓢用呢！」

在這以前，郭成業倒坐在堂屋的門坎上一直沒講過話。見人問他，才對臉回答道：

「事到如今，瘤子給咱九里灣闖下這個大禍，我還說啥呢？常言說的好：虧衆不虧一。大家爺兒們看着辦好了。」

郭成這話裏有話的意思，大家都聽得出來了，可是沒有人回答。於是堂屋裏只剩下拍達拍達的扇子聲了。

「這不是話呀！」老瓦咳嗽一聲說：「九里灣是大家的，不錯，紅馬駒兒卻是你郭成業的。你光想拿槓子頭往別人肩上推，這永遠也不會公平！」

所謂人情上的那一層面子，只要有一個勇敢的把它一揭破，從此誰也不顧再躲在虛僞底下。大家對於郭成業的「虧衆不虧一」發起一陣熱烈的攻擊。有的說新黃河沖去他十七畝地，本莊上有人賠他一分嗎？有的說鬼子從車上解走他兩匹牲口，九里灣賠他一匹了嗎？又有人說「自衛團」抓走了他三弟，前後化了一萬多才贖回來，又有誰給他攤過一塊嗎？還有人說——總之，紅馬駒是郭成業的，要大家來公攤牲口價，實在沒有前例。大家之所以來，這不過是因爲鬼子當時沒有抓住馬，馬送不去，鬼子有再來的可怕就是了。

正當會議僵住了的時候，郭成業的兒媳婦端着一盆熱茶送進來。她把瓦盆子放在八仙桌子上，手裏扣着的粗碗也放下來，笑着說：

「爺兒們都喝碗茶吧，您看，俺家就是碗少，不夠一個人一個。」

「碗少！碗少！」郭成業突然罵起來，「那個醬豆碗不會騰到碟子裏嗎？嗜嗜！好爺兒們都叫你們給我得罪完啦！我看吶，誰都欺負我！」

媳婦被罵的鈎下頭出去了。跟進來的小鐵蛋，嚇的張着嘴巴打楞怔。忽然發覺媽媽走了，哭着喊着追了出去。

「成業弟，你這氣是對誰發呀？」

老瓦說着站了起來，大家也跟着站起來嚷走了。保長張開兩臂攔了半天，才算把大家攔到原位。於是他扒在老瓦的耳朵上咕噥咕噥，祕密的會議場上又出現一種祕密。大家都小聲地咕噥起來。

最後，保長從郭成業身邊站起來，雖然郭成業仍在固執地說着「不中，不中！」保長還是直起胸脯，往中間一站，左手端着水煙袋，右手拿着火蘼稭往空中一劃，咳嗽一聲，講起來。開頭，他先講了一大篇從城市里的官場上學來的一些假仁假義的空話，接着又說紅馬駒公道平和值五千，除了郭或業，大家攤出五千塊錢來。這五千塊錢拿來幹什麼用呢？最後他說了：

「連小孩子也懂得，這是古今的大道理：天下衙門朝南開，有理無錢休進來！明兒個我把紅馬駒兒給那些龜孫牽去，託託人，請幾棹客，說不定我還得賠幾百呢！爲着九西灣老少的安生，賠，我也甘心！天不早啦，事情就是這麼辦，大家爺兒們可以散啦。

當大家剛剛走出堂屋門的時候，郭成業像哭一樣地罵道：

「瘤子哇，我眞給你害死嘍……」

× × ×

吃過早飯的時候，保長穿着一件陰丹士林新長衫來到郭成業家里。郭成業像是一夜沒有闔眼似的，帶着滿臉瞌睡，抬頭看看保長，一言不發又低下頭去綰他的粗蘼繩籠頭。保長搭訕着同郭成業的妻子閒扯了一陣，看見郭成業綰起了籠頭，將紅馬駒的皮籠頭替換下來之後，他覺得是牽走的時機了，於是就將話轉題道：

「那麼我就動身吧，早一點給龜孫們送去，早一點免災。」

老掌櫃婆看看她掌櫃的，又看看她的孫子孫女和她的兒媳婦，不由地眼圈兒紅起來。於是躊躊躇躇地說道：

「保長哇，我說是，紅馬駒兒不牽去，你到那兒多說點好話，試試中不中？」

「您怎麼糊塗哇，老嫂子？難道你不懂如今是啥時光嗎？有槍桿的就是閻王！不要說財帛，他要誰的命，哪一個還敢不給嗎？要是中的話，老嫂，我怎肯拿胳膊往外撇呢！

保長說罷，假猩猩地搖搖頭，嘆聲氣，拉住蘼韁繩把紅馬駒牽起牽走了。除下郭成業，他們一家子老小都跟着跟到大門外，眼巴巴地看着紅馬駒跟在保長後邊尾巴一擺一擺地走出了莊子，直到連影子都看不見，他們像失落了魂魄一樣還在大門口呆着。

× × ×

一顆子彈頭藏在瘤子的肉裏邊，鄉下人誰也不會替他剜出來。因此，那塊鉛東西在瘤子胯股上常常會膿，有幾次瘤子發高燒，燒的他昏迷過去好幾回，强壯的身體總算是把命保住了。現在，秋天早已過去，已經到了落過一場雪的冬天。雖然，那顆子彈頭仍然還在肉裏邊，傷口仍然還不時地流膿，但是瘤子的飲食比較前些時能吃了，也就是那槍傷的危險期已過去。正因爲有了這點好轉的現象，瘤子就無法再躺在單床上養他那未好全的槍傷了。郭成業雇來那個替瘤子的長工，雖說他對於瘤子不耐煩，沒有同情心，瘤子並不怎麼生他的氣，因爲那長工只看在眼前飯碗上的緣故。至於郭成業那種撐耳朵話，簡直不是讓人聽的，他居然當面說出來：「瘤子哇，你打個主意沒有？」打什麼主意呢？主人家所希望的，當然是捲起鋪蓋滾蛋啦！不香甜的茶飯，是比吃疾痢還難嚥的。從此，瘤子就掙扎着爬下床來，拄着拐棍，一步兩步地練習去走路。主人家對於他這個白吃閒飯的既然一天也不肯多留，瘤子也不顧賴住人家叫包骨養傷。他僅僅才練習了半個多月，老掌櫃就不住口地說：「瘤子哇，我看你這腿完全好了，你看！」這話實在太露骨了，何必乞憐地貪這碗眼角食呢！

「老掌櫃，瘤子吃過早飯，一個人孤獨獨地在牛屋開外的樹根上坐着，雙手抱着拐棍，下巴放在手背上，蒙着血絲的眼睛，死死地盯着脚尖在沉思的時候，他覺着背後走來一個人，聽聽：是郭成業的脚步，於是抬起頭來叫道。

「是叫我嗎，瘤子？」郭成業停下來說。

「我是說，老掌櫃，我有句話。」

「那你就說吧。」

「我想走吶。」

近一向來郭成業從沒有放開過他那副不耐煩的面孔，一聽到瘤子說走的話，霎時消散了 他捋了捋鬍子，嘆一聲長氣說道：

「你一提起走哇，瘤子，我心裏着實有點難受，你想，咱們一個鍋裏涮碗整整十四年名了，我一家大小從來沒有把你當過外人，我也承認，這個家你一向也看成和自己的一樣。要不是你這條腿，一輩子我也捨不得你走出我這個大門呀！可是有啥法子呢！不都是那些鬼子龜孫們害了你嗎？你想，紅馬駒兒要到如今値多少吧？唉！還有多少人家比咱更慘吶！說啥呢！也好，常言說得好：世上沒有不散的筵席。好攔不如好散。那麼你打算——」

「就今兒上午，老掌櫃。」

「那不中，瘤子，我不能光禿禿地讓你走！我叫給你弄幾樣菜去。」

× × ×

午飯後，天又起了黃風，牛屋裏顯得暗暗淡淡的。郭成業坐在淘草水缸沿兒上，靜靜地等候着瘤子開口。瘤子啣着旱煙袋，一直默默地吸着。郭成業等的不耐煩了，開口道：

「瘤子呀，你合計過沒有？」

「給人家說，反正您有帳，老掌櫃說出來就是了。」

「帳本嘛，呃，我心裏也就是帳本。」郭成業說着把身子又往後一縮，右手去搬着左手的指頭，繼繼說：「總給到前年，你存下的是七塊。去年存十一。今年的工錢是一百八十整。正月間用過八十，夏天你又使二十六。剩一百，一百的再去二十六有七十四。今年你還有七十四。瘤子，我對得起你吧？你只給我做半季兒，我就給你算到年底！我不是那種慳薄人！呃那麼這三年來總共你存下九十二塊錢。我算這個數兒對不對？」

「給人家說，您算出來就是啦。」

「常言說的好：親兄弟明算帳。瘤子，咱們擱合的太好啦，我給你添成個整數兒錢！」郭成業腰裏掏出一捲子鈔票，邊遞着邊說：「給！你的是九十二，我給你添到九十五，不添成整數兒我過意不去！」

瘤子接過鈔禁，塞進他那件滿是補釘的短棉襖裏，然後從肚子裏輕輕的噓出一口長氣，說：

「老掌櫃，給人家說，那我就走啦。」

「反正留你不住，也好，趕早不趕晚兒。」

「老掌櫃，您打開看看吧？」瘤子拄住拐棍站起來，轉一轉身，指着單床上捆好了的行李捲說。

「你不太外氣啦嘛！瘤子。說啥我也不會打開你的舖蓋呀！」郭成業雖然嘴裏這麼講，眼光還是落在那行李捲上了。「呵！」郭成業總算沒有白看，他發現一件東西是瘤子不該拿走的，於是搔了搔頭髮說：「瘤子哇，你用牲口籠頭捆舖蓋多笨呢，弄根蘆繩子不方便些嗎？」

「喔！你看，你看！幾個月來瘤子的那副病枯了的面孔總是蒼白的，現在立刻泛起一層緋紅，連連地解釋：「我一直想着，這付籠頭要對老掌櫃說明，我想把它帶走。你看，想着想着就忘啦！「

「你又不餵牲口，你要籠頭弄啥呢？」

「你說是，丢在這兒也沒用。」

「有用的，明年一開春兒，地里的活兒上來，我不得買牲口嗎？」

「嘿嘿！就是。」瘤子說着苦笑笑，他被苦惱困住了。紅馬駒既不是他的牲口，爲了牠幾乎送掉了命，况且又早已到了鬼子們的手裏了。還貪婪這付皮籠頭幹啥呢？然而自已像是陷進深泥窩的一雙脚一樣，心中明明白白的想不開，好像從一付籠頭上能夠想出紅馬駒的全部生活似的。他勉强地掬出一副笑臉，央求道：「老掌櫃，嘿嘿，您就讓我捆走吧？這算是紅馬駒給我留個遺面兒。也不値些啥，就讓我帶去吧？」

「可以是可以，」郭成業說着可以，但是仍然掩藏不住捨不得的意思，啣嘖一下嘴，很難爲的說道：「不過將來又得一堆錢。好吧，我光把籠頭解下來，繮繩你捆走算啦！」

瘤子等郭成業把籠頭剝下去之後，才靠住床邊把行李拿起來揹到肩上。他一手柱着拐棍，無意地往四下一看，忽然：一股子特別味道從心底上湧起來，好像事先絲毫沒有料到似的。這個家，這個牛屋，這張床，和這里的一切，在過去從沒有想到他和它們相伴已經有了十幾年，現在他要離開這里了，然而從此一去，將來永遠的分別。他明明曉得這里並沒有什麼可値得他再留戀的，然而禁不住仍有一股子惜別之感。他看看空蕩着的牲口槽，淘草水缸，草池，以及出牛屋又看見滿屋子的寂靜。在地上臥着的黃牛，安詳地嚼着口沫兒，靠在牲口樁上蹭癢的黑驢，和那根拴紅馬駒空着的樁子等等，雖說這一切的一切完全不是他的，可是一直壓服不住心上的忐忑。他再也抬不起頭了。出了大門，瘤子只說「請留步吧，老掌櫃，請留步！」連頭都沒有轉就走了。直到小孩子撲到他腿上的時候，他才看清楚面前的穿着一身厚棉衣的是小鐵蛋。

「你往哪去呀？瘤子大爺。」

「你——」瘤子一張嘴哽住了，苦笑笑才接下去：「我去西邊兒，乖乖。」

「啥地方去呀？我還去吶。」

很遠很遠。你長大了才能走得到。」

然而小孩子執拗着非跟去不行。正當這時候，桃妮趕來了。

「給！瘤子大爺。」桃妮說着把包裹的黑窩窩頭一個一個地塞到瘤子的懷裏，補充道：「俺媽叫我送來的。您帶着路上吃。小鐵蛋兒，不要再纏磨咱瘤子大爺啦！」

「他往哪兒去呀？」小鉄蛋懷疑地又問他姐姐。

「他回老家去吶。放手吧！」

「咱瘤子不是有病嗎？我不讓他走，我不讓他走麼！」

「給你說不清。放開！」

可是小鐵蛋死不肯撒手。把瘤子鬧的哭笑不得。直到老掌櫃婆趕出來，才把小孩子哄開。

瘤子出了九里灣，野坡里黃風早已颳大了。黃澄澄的黃砂，瀰天漫地地飛騰着。四外望不見村莊，也看不見行人，連太陽都是渾渾沌沌的。路邊偶而遇見一棵孤樹，孤樹也是禿了枝頭的。風在樹梢上打着尖銳的唿哨、陰森森的聲音，令人毛髮悚然。瘤子回頭看看，九里灣已消沒在黃風里連影子都看不見了。充滿在天地間的只有黃風，黃風里就只他獨自一個。現在，他是切切實實的無依無靠了，真真確確的被人家辭退了。因爲傷了一條腿，就失掉了吃飯的門路。雖然全是爲了主人家的財帛受了這樣重的槍傷，但是主人家並不因爲這功勞就養活他這殘廢的身體。明明白白的事實擺在眼前：有力氣，就有吃飯的門路；失掉力氣，就等於喪失了生命。爲什麼從前想不到這一點呢？哪一次不是拚着命去拚的？就這一回沒有拚過來呀！結果就遭到今天這種悲慘！一陣淒涼之感湧上心來，瘤子打了一個冷顫。好像從雲霧里一下子落到實地上了。從前簡直像做夢，如今才算明白了過去的糊塗。雖然，用生命買到經驗了，可是事點遲了，身體已經成了殘廢了。瘤子很痛心地嘆口氣。他仍舊迎着風，弓着背，彎着腰，拄着拐棍，馱着行李，一步一瘤很吃力地走着。他溯着新黃河的邊沿去尋找渡口，他要走往那邊去。他聽人家講，那還是柳根在九里灣的時候，曾經說過有一個地方，那里沒有鬼子，窮人也可以找到飯吃。但是那地方有多遠，他不大清楚；究竟在哪里，他也講不明白。但是他仍然很吃力地向前走着，因爲這邊他找不到生活的門路了。

一九四六、八、二、重寫於四川蒲陽河邊。

刪夷枝葉的人，決定得不到花果。

——魯迅

結合

晉駝

一

嚴肅、熱情、爽直、耐心、有學問、有經驗……團上的老幹們簡直就想把所有的漂亮字眼兒都搜集起來去稱讚他；常常有人瞪着眼，翹起大姆指，說他是「嘿！大知識份子！」

他們當着我這麼說，一定是把我看做「小知識份子」了。有人談到他，我就悄悄的蹓開去。關於他，我只是聽到一些：他是一個地方上的老黨員，是一個吃過十年粉筆末兒的小學教師，參加部隊以來，像一個飛升着的輕氣球似的，從教育幹事而教育股長，一年以後，就担負起全旅教育工作的領導責任。總之，他是全旅威信最高的一個新幹部，應該是一位不平凡的漂亮人物。所以，一聽到他，我就記起我的一位先生——對誰都不會笑一笑，可是誰都喜歡他的一位中學教員。

後來團部和旅部會合了。我和他們生活在一起了。天哪！整天嘮嘮叨叨的像個老太婆，連一個「現象」、「本質」等等的名辭都說不出，他算是一個什麼「大知識份子」呢？

他的個兒太高了，又瘦，背又有點兒駝，正像一根微彎的乾木頭；胳膊、腿也太細，太長了，可以叫人聯想起一隻螳螂的；那灰色的長臉是棗核形的；那濃黑的眉毛下一對深陷下去的眼睛是猩猩式的；那稀落的黃鬍鬚；那孔裏經常露出兩綹髒毛的高鼻子……但是，他並沒有害着肺結核病，也不是一個鴉片煙鬼。

他那個大型的木煙斗從前漂亮過，可惜現在有斗沒有把兒了。當他那麼甜密的和牠的下口接着吻，吸一口煙吐一口唾沫的時候，牠總是「吱……吱……」的叫着——裏邊到底有多少煙油？天曉得！

在相處半年的期間裏，我看見他總像吃下一塊臭了的肉。而他——不但別人替他吹——也眞是自以爲高明得了不起。最好去找他商量一件事情——那怕是沙粒大的小事情，那麼，你就瞧吧：他瞇縫起眼，讓他右手上那些又長又黑的指甲互相的剔着，兩條腿抖顫得像抽着風；想一會兒，噴出一口煙來，點一點頭。這不是正像農村裏邊的一位「明白二大爺」嗎？

他的度量本來不大——那明明是他說着說着氣就頂到嗓門兒了；可是，他故意的壓制着自己，擺出一副「循循善誘」的臉像，把對方看做小學生。從第一次見面起，我就憎惡他這一手兒。

那一天，我一進門就有點兒生氣。他爬伏在桌子上改着什麼本子，彷彿沒有聽見竹簾子響，彷彿我是一隻蚊子悄悄的飛進來了。

「誰是這兒的負責同志？」我問。

他的下巴尖兒慢慢的離開桌面了，衝我翻瞪着血紅的眼睛；撕開介紹信看了一眼——他早就知道我——眼一瞇縫，嘴一撇：算是他在笑了；說：

「噝噝……剛才你那麼一問，我以爲你是上級派來檢查工作的呢。」他又低下頭去改了；一面不經心的說着：「這個戰鬥可把敵人氣腫了。聽說他們集中起一百多輛大汽車，三千多人，跟着我們的屁股瞎摸索。這幾天團上也在夜行軍吧？你一定很疲勞。睡吧，說不定一會兒又要走。」

他連一句慰問我的話都不說。我是剛剛被團政治處開會鬥爭了一頓送來這兒的。在這個會上，我的腦袋像被幾十個鉄拳頭敲腫了似的，一路上耳朵裏打着鑼：我能睡得着嗎？我就賭氣坐在他對面的椅子上了。

坑上睡着兩個人。一個是小鬼；身上揹着挎包、水壺，胸口壓在一個打好了的背包上，腦袋垂在坑沿外，像是一不小心就睡過去了的。另一個矮胖子——文化幹事——打着拉風匣似的呼嚕：胳膊、腿伸直着，正像一個仰臥着的大烏龜；他的頭臉上，赤露着一部份（他的皮帶和他那軍服下半截的三個釦子都沒有解開）的胸脯上，冒着豆粒大的汗珠子，却不妨礙蒼蠅們在那上邊開大會。

竹簾子篩進來的太陽光已經變成淡紅色，還是那麼火熱的烘烤着人，而且牠好像帶着一種黏性，我一看到牠，眼皮就被黏得睜不開了。

『嘻嘻……早操——軍事課——政治課——這簡直是生活時間表——天天如此，豆腐賬！』

我以爲他在和我講話，不得不隨口問他一句『你在改幹部們的日記本吧？』好半天，他才又咕嚕着：

『從前連這個都不肯寫——這不是一個很大的進步嗎？……是的。』

他這種像一個得意的小孩子似的自問自答的神氣，彷彿屋裏沒有我，我也就不再理他了。我睡着了。

他雙手捧着我們的腦袋，把我們三個人叫醒了；一面收拾着桌子上的日記本，一面告訴我們太陽落了，準備行軍，他爲什麼不疲倦呢？這倒有點兒奇怪。

『組織科一定是怕你調皮，才把你交給我的。』他吸着一斗煙，在逐漸昏黑起來的屋子裏踱着說：『這不要緊，調皮的馬一定跑得快，不過是你的工作能力還沒有發揮出來——一定的……。』

我是一個物件嗎？「把你交給我」——這是什麼話?!不是我在團上碰了很多釘子，不是黨已經給我兩次警告，不是他估計我的工作能力強——這一點，他倒很有眼力——，我眞會一話不說，站起來就走！

『你對團上的同志提出那些意見，我猜是找藉口。——就算是他們有些不對，你也應該從各方面去看人。就說這次的戰鬬吧，在平原上，殲滅敵人的機械化兵團四五百人，簡直是等於我們那些同志空手去奪大砲。你想想看。——你一定是遇到工作上的困難了。如果有人給你半斤米，問你「同志，你能背動嗎？」那倒是看不起你。害怕工作的繁難，是可恥的怯懦——可恥的！——當然，人，誰能不犯錯誤呢：安心吧，同志，在這兒不會讓你爲難，也不會讓你有力使不出——一定的……』

我剛才在組織科聽說他才是一個代行科長職務的副科長啊，和我這個教育幹事比一比，能大多麼一點點兒呢，就敢這麼數落我，他的話，我也不敢默認——那是組織原則所不允許的呀！我摸着我這小兒上邊的「抗大」證章——這是警告他，我可不是沒有學歷的人——，擦着臉上突然出多了的汗水，問他：

『姜副科長！你這估計有什麼客觀事實上的根據：你……？』

文化幹事把喝進去的一口水噴出來，噴溼了牆上的破年畫；小鬼面向着竹簾子，笑得直不起腰；他那灰色的嘴唇裏邊也笑出一排放在那兒有些不配的，那麼潔白的牙齒：這是怎麼一回事呢？

據他笑着向我解釋：他叫李氏，並不姓姜；剛才組織科長對我說的『你到「老姜」同志那兒去吧』，是說的他的外號。

姓李爲什麼被人叫做「老姜」呢？眞怪！我也就趁勢下台，不再質問他。我的毛病已經被他猜中了，我有點兒心跳呢；外邊又已經吹了集合哨子。

二

別人送給他的外號一點兒都不錯：他眞是一塊「老薑」啊！他對別人「辣」，我不管；對我「辣」就不行。我是「人若犯我，我必犯人」的。我暗暗的留心着他的言語，行動，像一個初戀者留心他的對手似的那麼細密。三個月以後，他的毛病就被我抓在手心裏了。

別人已經看不起他了，他自己還不覺得，他是最愚蠢的人。（那時候我這麼想。其實是我太「聰明」，太可笑了啊！）

編教材，寫教育計劃，潦草一個字都不許；他上幹部科的提綱每一句都要拉我和文化幹事去討論；幹部們寫信求他解答問題——有人問過他舊金山在中國的那一省，他也不覺得那是可笑——，他答覆不完了，也拉我們的伕；這就夠麻煩的了。最怪的是，洗臉他也要干涉——他批評我洗臉的時間太長 不適於戰鬬環境。我就偏偏把頭髮左右分開，對着手心的小鏡子，一個一個的擠着臉上的小紅疙疸，任憑他在旁邊咕嚕着。

有一次，我像準備向一個驕傲的少女去求愛似的下了最大的決心：打算豁出來碰釘子去批評他，讓他知道我的不平凡。可是，整整的一天，我的計劃到底還是一個計劃。

開頭是行軍。

我們爬上一個山頭，太陽在我們的背後爬上一個更高的山頭。人們開始高興的談論着，唱着。太陽光是溫暖的，山風是涼爽的，我渾身舒服得像在洗着海水澡。

我緊跑了一節路，趕上他了。他正像一隻撫養小鷄兒的老母鷄，被一大羣小鬼圍繞着。

『李科長，門字裏邊加一個犬字念什麼？——又是沒有用的怪字？——告訴你吧，念「汪」。門裏一條狗，窮人來了，「汪」「汪」「汪」——哈哈哈哈……』

小鬼們笑。他也笑，脚下是一層亂石頭，是一個半里長的小山坡。他們踉蹌着——幾乎是滾爬着——下去了。如果把小鬼們比做一堆亂滾着的馬鈴薯，他就應該是夾雜在裏邊的一個地瓜了。他們就這麼着一直鬧到一個村莊。在吃午飯以前，我才得到和他談話的機會。

我和他坐在一個黑油大門外的石台階上。一個穿大紅褲褂的小脚兒姑娘，把門洞裏那條狂吠着的小叭兒狗拖回去了。我說：

『副科長，我覺得你很能吃苦耐勞。』

他緊着他那一條跑斷了的草鞋繩，擡起頭，嚴肅而懷疑的盯我一眼，好像有些憤怒似的。說他的好話爲什麼不高興呢？難道說他已經曉得我要向他「開火」嗎？我心跳着。

這時候我的腦袋裏無故的生出這麼一個念頭：對他這樣一個又老實又能吃苦的同志，不應該再去亂挑毛病。我摘掉帽子，擦着滿頭滿臉的汗水。好在這種念頭只是一閃，就過去了。

『一進太行山，人們的心情都變了。』不知道爲什麼，我說出這麼一句話。

『是的，在山裏註軍的時候比較多，』他接過小鬼送來的水壺，給我倒出一杯水，給他自己也倒出一杯，彷彿也是隨話答話的說：『我們的教育工作更容易進行些了。』

「勇敢些呀！是時候了！」彷彿有誰在鼓動着我；可是，我說出來的却是：

『這兒的太陽光都溫和些，這些樹，這些亂石頭砌成的牆，這些滿山滿谷的高粱、穀子——什麼都是親切的，像回到自己的家裏一樣。我想……』

『嘻嘻……一到秋天，太陽光當然會溫和些，這裏地形又高。——你是有些怕死吧？在平漢路東的時候，你一定是覺得死亡緊跟着你的屁股——一定的……』

文化幹事抱來一抱老鄉送給他的熱包穀，嚷着，打亂了他的話。我也只好再嚥回去一口氣。因爲文化幹事還沒有入黨，能懂得什麼呢？談起來一定不會跟着我說。

下午，他和民運科的一個幹事走在一起。他低聲的咕嚕着，一直咕嚕到宿營地。民運幹事臉紅脖子粗的不斷的點點頭——一定是被他數落着。我不好意思湊上去。晚上，他洗着脚，排解着兩個小鬼的吵架。接着院子裏就有人和他開玩笑：

『李科長！你怎麼「教育」火夫的？今天飯不熟，菜裏有蒼蠅啊！』

他答應着，急忙的穿上草鞋，牽着兩個還在爭執着的小鬼，跑去廚房了。回來，帶回一個從友軍來的客人—政治部的客人向來是歸他招待的。什麼教育科？簡直是雜貨鋪！算了，我何苦去找麻煩？等着看他的熱鬧好了。他這種管家婆似的作風自己就會碰釘子的。等我把生滿了虱子的衣服脫光——這是半年來的第一次——睡在被窩裏的時候，我諒解了我自己，覺的這一天的失敗，給我一個經驗教訓，說不定倒是一個成功呢。

三

這一天文化幹事下團去教唱歌，小鬼有病，也送到醫院裏去了。外邊下着一個點兒的大雨，還要我自己打飯來吃。我正在生着氣，他從團上檢查工作回來了。他像一隻從水裏撈出來的鷄，坐下就開吃，吃着吃着就咕嚕起來了。他好像害怕一不說話他的嘴就會生銹似的。

『你寫的教育計劃我讀過了。——你以爲我沒有教育宗旨嗎？——我們現在進行的是「前途教育」，着重在民族和階級的連系。現在個別的落後份子，因爲和從前不同了：從前今天參加革命，明天就打土豪；現在打漢奸都要費很大的周折——「這條路是到那兒去的呢？」他們迷惑了。新參加進來的農民們對我們抱着一個過高的慾望。我當營教育幹事的時候，有一個通訊員問過我：「八路軍不是共產黨嗎？什麼時候才共產呢？」不管他是多麼聰明的小孩子，他最喜歡的，常常只是一件新衣服或者是幾角錢的糖菓費。「到那兒去？」「爲什麼要走這一條路？」這是首先要弄清楚的。

『在方法上，應該把文化、政治看做半斤、八兩——像你的計劃那樣只看到政治，是一隻眼的瞎子、文化水平不提高去學政治，等於近視眼看山：只會看清楚碰到他的鼻樑子的那塊石頭。文化教育是一件螞蟻運米似的工作，要一個字一個字的教下去，寫幾句漂亮話，定幾個教育口號是沒有用的——當然，這是你的一個很大的進步：你開始注意到工作了。你一定會更進一步的注意到你的脚下——一定的……』

我費掉七天的時間，想出一個教育計劃，是打算讓他重新認識我一下的。好嗎？讓他這麼一說，連一個銅板都不值。我的內部像有一顆炸彈要爆炸似的。我吃力壓抑着我自已，幾乎是一個粒兒一個粒兒的吃着飯，讓我的腦子整理着他的「材料」——今天我可再不能放過他去了。

『這些日子，你對科裏這兩位非黨同志的態度太不好了！菜飯不好，你爲什麼鼓動他倆去提意見呢？你一定是認爲「羣衆」們表現得落後一點不要緊；你呢，又害怕吃苦，又表示有修養——一定的。那一天你和文化幹事談中秋節和端陽節，你用壓倒的姿勢，說教的口吻，硬說在農民看起來中秋節比端陽更重要些；逼着人家苦笑着點點頭。這有什麼必要呢？』

他停一下，幾乎一筷子扒進嘴裏去半碗飯。一個沉雷，像是從房簷上打出來的。我的耳朵被震得叫起來了。我的思想像一團亂絲。我的內部，我的臉，像被火燒着。

『你一定以爲我們高人一等。可是，我們共產黨人是服從眞理的呀。昨天在科務會議上，文化幹事給我的「建議」事實上是對我很正確的批評。你爲什麼紅着臉替我辯護？你在替我維持威信？靠別人來「維持」威信的是可憐蟲，是打算用紙糊一座樓房！當然，人，誰能不犯錯誤呢……』

當連隊文化教員呢，我害怕囉嗦；當副排長呢，大砲一響我渾身發軟；當民運幹事呢，整天動員民伕，搞糧食，像個管理排長——實在是浪費了我的「材料」；現在到了教育科，又偏偏遇到這麼一塊「老薑」；我簡直是鑽進牛角尖裏來了。我的腦袋脹得比笆斗還大，我只說出一句：『他媽的，你也太辣了！』吐出一塊辣椒皮，放下手裏那半碗臭倉穀米飯，倒在鋪上，悄悄的泣哭着。

『嘻嘻……你這個小傢伙，我知道，你在駡我是「老薑」。對的，「辣」，也許「辣」點吧；可是，你吃下去吧，保險對你沒有害處……』

糟了！他笑着，咕嚕着，過來挾我了。我害怕他那髒軍衣上的汗臭氣呀！好在他見我已經流出眼淚，也就把我往鋪上一放，不再管我了。

『一個革命青年會哭！眞是——豈有……！你不同意可以提到黨會上去嗎！』他的語調可眞是憤怒起來了。他大概又吃下去兩碗飯，「叮叮噹噹」的收拾起碗筷，到廚房裏去洗了。

接連不斷的雷聲和電光，好像是夜間進入了戰鬥。

抗戰爆發以後，同學們說：『看哪！這樣偉大的暴風雨！……』我一股勁兒上來，就不顧媽媽的痛哭，跑到延安；「抗大」畢業以後，我說「在後方革命不夠味兒，我要到火線上去殺敵！」——也是我自動要求來前方的呀。「老薑」，你這塊「老薑」！我爲了國家，爲了民族，爲了階級呀！你以爲我爲了喫飯，不革命活不成嗎?!

我想到我的故鄉：那兒有我釣過魚的小河；那兒有我放過鴿子的曠野；那兒有我的爸爸——他教書，我讀書，從小學到中學，直到我去延安才分開手的爸爸；那兒有我的媽媽——我長到七歲，她還蹲下來讓我打嘴巴的媽媽。可是，我的故鄉在淪陷區，我不能夠回去了——我回不去了啊！

好在屋裏沒有別人，我痛快的哭了一會兒。

哭有什麼用!?我推開被坐起來。我要和「老薑」大大的鬧一場，要求調換工作。不允許我就用我的老辦法——裝病！怠工！

想不到的是：他竟而一滑一擦的給我打來一份兒病號飯——一菜鍋子麵條兒。

四

不知道怎麼一來，我覺的他並不壞。我曾經想到回家，那倒是可恥的。他的「辣」實在是對同志的熱；他的好咕嚕，也是一種耐心的表現——就算是一塊石頭，也會被他磨穿的。我就這樣屈服了嗎？不，決不！我非把他治服不可。

他不但沒有碰到釘子，前幾天上級還發給他一匹馬呢。等着看他的熱鬧的戰略，是不會成功的了。我決定先把自己的工作搞好，讓他挑不出毛病；更多的搜集他的弱點，指出來，讓他分辯不得：勝利就是我的了。

這好像是「有鬼」的事。我當面把他教訓了一通，我兩中間的矛盾，到眞的統一起來了。——就算是我屈服了吧，我甘心。

中秋節的晚上，房東請我們吃過酒。不知道是喝醉了呢，還是有點兒想家？我總是瞪着眼睛不想睡。

南山頭上哨兵的刺刀不斷的閃着白光。其他，都是煙茫茫的。

是誰在門外打麥場上繞着圈子？微彎着腰，步子匆忙得像在跑着。那，那裏是散步呢？簡直就像一匹正在拉磨的騾子。

啊，原來就是我們的「老薑」。他剛才一杯酒都沒有喝，也不想睡嗎？

『副科長，我早就要和你談一談，前些日子——行軍——戰鬥……』我跟着他幾乎是跑着，一面說。不過我的話總有些含糊。我還沒有準備的十分完善呢，不知道怎麼一來，就說出來了。

『好吧。』他答應着，走得也慢些了。

抬得越高，捧得越重。這個，我懂得。我先把他的優點說了一遍，才入了正題：

『……不過，你要知道：你有着嚴重的弱點：你犯着事務主義的錯誤，你太主觀——什麼都是「一定的！」你對人太不客氣，你不講衛生，你……』

我興奮上來，講話有一個毛病：氣喘不勻；聲音又像，被一條繩往上提着——越說越高，直到喘不出氣來爲止。這時候，又有點兒心跳，又蹩住了。

『對的。』他誠意的點點頭，『這些不用你詳細說，我都知道。我正在努力的克服着。』

在直屬的下級人員的面前，這麼坦白的承認錯誤的人，我還沒有見過。我好像突然摘掉一副帶色的眼鏡似的，眼前的他變了顏色：不是被我輕視着，憎惡着的他；而是又老實又偉大，可以使我聯想起我的父親的他了。我有很多話要向他說，可是一句都說不出來；談話就這樣停止嗎，也不妥當。一種非常沉重的空虛壓在我的心頭了。

谷底的寒蛙單調而尖厲的叫着。那種「葛……葛……葛……葛……」的聲音，把我刺激的完全清醒過來。

『這些日子你工作很努力。』他說。

『那裏！我的弱點就太多了！』我本來打算接着說「我怯懦！我驕傲！我自私……」，但是，這種話那能眞的說出口呢？我只是說：

『我好像是留戀着過去，幻想着未來，忽略了現在。』

『是嗎?!你覺得了嗎？這是你的一個很大的進步啊！』他興奮的嚷着，按着我的肩頭，和我並坐在一個石磯盤上，『這是我們這些人的「尾巴」，比方說我吧……』

但是根據他的話去看，他和我是相同而又恰恰相反的——正像同是一種菌苗，注射在這個人的身上會害一場病；注射在那個人的身上，却會增加他的抵抗力一樣。比如：

他的過去只剩下一些破碎的影子了，他的所謂留戀，其實是對敵人的痛恨；我却常想回到爸爸媽媽的懷抱裏去。他爲了他設想着的未來，努力目前的點滴工作；我却是爲幻想而幻想未來的。他所忽略的，是他現在的個人生活；我所忽略的，却是現在的工作。

『聽說狼受了傷，在他的創口還沒有凝固成創疤的時候，只有不停止的走，不停止的嚎叫，才能減輕牠的痛苦。幾年來的我也是這樣。』他的腿又像抽風似的抖顫起來，他越說越興奮了。

『是的，就算我們是牛吧，如果有人燃着牠的尾巴，也會衝鋒陷陣的；可是，只是擺一個「火牛陣」，革命是不會成功的。我失掉了我的沉着和冷靜。這是我一切錯誤的根源。我們倆基本上的不同也在這裏。

『我常常這樣想：要敵人死過去和要自己的同志好起來，其實是一件事情。也可以說，這就是革命事業的全部。對待同志像對待路人似的那末客氣，那就是犯罪。在這樣，我忘掉了我自己——特別是我的學習。一個細胞會影響到人的整體的。同時，對待同志又和對付敵人不同，不能拿出一棒子把人敲昏的態度。我記得，那一天我惹哭了你。』

他爬伏在石磯盤上，用磕出來的煙火去燃另一斗煙。

五

如果他是一塊「老薑」的話，也是一塊偉大的「老薑」。因爲他的「辣」，不只是對付別人，也同樣的對付他自己。我憑什麼要治服他呢？老實說，我是連自己都弄不清是怎麼一回事的人啊！我慚愧，我像一個做錯了事的小孩子愧對媽媽似的，深深的低倒了頭。

『躲開吧，再聽他咕嚕下去就該喪失你的尊嚴了！』彷彿有誰在警告着我，但是，這有什麼用呢？我被一種巨大的力量吸引着不能夠掙脫了。我下意識的玩弄着他的一隻手，聽他繼續的講下去。

『在第一次大革命時代，我還不如現在的你。參加革命完全是爲「湊熱鬧，出風頭」。當然紙糊的燈籠是禁不起一陣大風的。當我被國家、家庭和學校放逐出來的時候，就失掉了「青年團」的組織關係。那時候的確經過一次組織的大破壞，可是，後來我也沒有積極的去投奔光明，讓自己的靈魂一天一天的桎梏下去。我這才認識了現社會——這個血腥的池子。人間最痛苦的事是被人裝進棺材裏去已經堙起來了，而自己又沒有死。後來，她——我的愛人又在這個「池子」裏，做了我的犧牲……」

讓他這麼一說，可糟了！我心跳着問：

「凡是爲了湊熱鬧，出風頭來參加革命的，都會落伍的嗎？」

「嘻嘻……你有點兒害怕是不是？」他笑着問。

「是的。」這是我第一次在別人面前有意的坦白的暴露自己的弱點，臉上還有些熱熱的。

「這倒可以請你放心，時代是不同了，敵人又已經斷絕了你們的歸路。只要你肯讓自己的「尾巴」一天一天的縮短，你就可以感受到雖然自己沒有嘗過而別人已經嘗過了的痛苦，會很自然的確定你們的人生觀。那倒不必把你們送到南京，北平去受一受折磨，再回來革命的。」

他檢起他那被一陣風吹落了的軍帽，重新戴在他那新剃的，好像放着亮光的腦袋上，語調又緩慢下去，沉重下去了。

「今天是我檢討自己的日子。在今天，我必須檢討我自己。那是一九三四年——五年前的今天了。也許就是這個時候。我像一般的小學教員一樣，閉起自己靈魂的眼睛，好像忘記了所謂「團圓節」，已經變成我的故鄉——東北的「殺人節」。我們吃着月餅，向我們那就要出走的小寶寶表示着無限的歡迎。僅僅是那麼一塊小石頭——突破玻璃窗飛進來的小石頭，就把我們的好夢打成碎片了。小石頭上裹着一個紙條兒。紙條兒上也不過是寫着那麼潦草的幾行字「……日本憲兵三名到學校裏找你……他們不知道你昨天搬出來……他們的汽車就在後邊……」

「那時候，特別是夜裏，如果誰家的門外突然停下了一輛汽車，或者有人在窗外大聲的咳嗽一聲，就會把整個的家庭變成地獄一樣的恐怖。——她給我披上外套——好像還喊喳着一句什麼話——打開房後的窗子。誰知道在他抖顫着手關起窗子的那一瞬間——我永不會忘記的那一瞬間，就是我們的永別了。我們的小寶寶聽說是在她——那從來沒有參加過任何社會運動的女人——被拷問着的時候生下來的；後來，和她同時死在監獄裏邊的醫院裏。

「老實說，從那以後，我才變成現在的我。逃到北平，重新入伍。謝謝我們的敵人，他一把火燒着我的「尾巴」，讓我永遠不會頹唐和疲倦。不過，今天我要問我自己：幾年來我的心理狀態，是不是一種歇斯特里？」

他突然的停止了他的話，默默的吸着他那早已熄滅了火的煙斗。

我彷彿看見一個正被毒刑拷問着的產婦，一隻巨大的血手扼死一個才離母體的嬰兒。接着，出現在我想像裏的，是無數的婦孺們正在血泊裏掙扎着的一副嚇人的圖畫。我開始意識到：不是人們爲了使自己偉大起來才幹革命，而是偉大的革命正在拯救着人類的子孫和他們自己。

他的眼裏倒沒有淚，只是瞪得圓圓的死盯着南山頭上那輪慘白的月亮——月亮顯得更慘白了些。

他是一個從陷阱裏跳出來的獅子。他是一隻中過箭的老鷹。我要從他那兒取得我所缺少的東西，來填補我這個空瓶似的軀殼。我懺悔一樣的向他說穿過去我對他的隔膜，我倆第一次懇誠的握了手。

大風起了，一片好像吹着哨子的聲音突破了夜的寂靜。

一九四一，三，七。

中國青年負担的繁重，就數倍于別國的青年了。因爲我們的古人將心力大抵用到玄虛漂渺平穩圓滑上去了，便將艱難切實的事情留下，都待後人來補做，要一人兼做兩三人，四五人，十百人的工作，現在可正到了試練的時候了。

——魯迅

錮黨史話

释未

一

中國「正史」的五行志，想是任何國家的歷史所沒有的，他們拿陰陽五行之說，來解釋一切的政治社會現象，——這也就是被豔稱的所謂「天人之學」。要是說明顯些，都不外將活生生的血的事實，塗上模糊不清的神祕的色彩；例如大者山崩日蝕，小者什麼人死了又活起來，女人生了怪胎等等，這一切都是上天對於下民的徵兆，也就是警惕老百姓們，你們不要埋怨皇帝老子的政治不好，那是天命應該如此；一經命定，便是不可挽回的了，你們放乖些罷，你們服從呀！後漢桓帝末年，當時首都有這樣一首童謠：

芳田一頃中有井，
四方纖纖不可整，
嚼復嚼，
今年尚可後年鐃！

五行志的解釋云：「芳田一頃者，言羣賢衆多也，中有井者，言雖阨窮終不失其法度也；四方纖纖不可整者，言姦慝大熾不可整理；嚼復嚼者，京師飲酒相强之辭也！言食肉者鄙不恤王政，徒耽宴飲歌呼而已也；今年尚可者，言但禁錮也；後年鐃者，陳竇被誅天下大壞。」這首童謠，確不好懂，經了五行家解釋，不禁令人毛骨聳然。原來這不可懂的童謠，是羣賢被屠殺，天下大亂之兆也。這又簡單了，不是什麼難懂的了，但我之所以能懂，不是那童謡本身，而是五行家所解釋的史實。這史實翻一翻黨錮列傳就可以知道了，——黨錮列傳却與五行志不同，它是以蘸血的筆寫出的，它底專制主的荒暴畫了供！我想，我們這個時代的青年，都應該讀一讀，雖然我並不相信歷史是一面鏡子；五行志可不必讀了，科學昌明時代，代替的自有學者們「貞元三書」之類。

下面是黨錮列傳敍論的話：「太尉掾范滂等百餘人，皆死獄中，餘或歿不及，或亡命獲免，自此諸爲怨隙者，因相陷害，睚眦之忿，濫入黨中；又州郡承旨，或有未嘗交關，亦離禍毒，其死徙廢禁者，六七百人。」又云：「海內塗炭，二十餘年，諸所蔓衍，皆天下善士。」范滂一案，就株連了六七百人，而這命運竟延綿至二十餘年，則被害者之多之慘，已爲歷史家無法統計與想像的了。可是在五行家看來，一面是食肉者不恤王政，一面是因有被誅者而影響了食肉者的天下；換句話說，你們好人固然倒霉，而人家有天下的也就覆亡了；但是既經上天預兆於無知的兒童的口中，便是有數存焉，怪不了誰的，被屠殺與被禁錮者，都是活該！

我雖非五行家，我之解釋，却不大錯，如不相信，我再提供證據來。輯本應劭風俗通義云：「延熹中，京師長者皆著木屐，婦女始嫁，至作漆畫屐，五朵爲系。謹案：黨事始發，傳詣黃門北寺，臨時惶恐，不能信天任命，多有逃亡，不就考者，九族拘繫，及所過歷，長幼婦女，皆被桎梏，應木屐象矣。」此「謹案」爲應劭的解釋，應劭者卽曾向鄭玄自稱「故太山太守應仲遠」者。應仲遠的識見雖不如論衡作者王仲任，然尚不失爲後漢的通達之士，可是依然脫不了五行家氣，蓋五行說之在後漢，原屬學官學，猶之今之統治者必有一主義作幌子也。但仲遠所說的黨事，仍與黨錮列傳有關。張儉傳云：「刊章討捕，儉得亡命，困迫遁走，望門投止，莫不重其名行，破家相容。……其所經歷，伏重誅者以十數，宗親並殄滅，郡縣爲之殘破。」又孔融傳云：「儉與融兄襃有舊，亡抵於襃，不遇；時融年十六，儉少之而不告，融見其窘色，謂曰：兄雖在外，吾獨不能爲君主耶？因留舍之。後事泄，國相以下，密就掩捕，儉得脫走，遂並收襃融送獄，二人未知所坐。融曰：保納舍藏者融也，當坐之；襃曰：彼來求我，非弟之過，請甘其罪；吏問其母，母曰：家事任長，妾當其辜；一門爭死，郡縣疑不能決。」不必多引，單就張儉之逃亡，便足證明：光明與黑暗，暴力與正義，在任何時代，都是相膠着的；而五行家的看法則大不然，卽使「九族拘繫」「一門爭死」，都是「不能信任天命」，罪有應得，上天不是先已示兆於女人的漆花高屐了麼？寫到這裏，要奉勸讀者諸君，千萬不要輕視今之仕女的高跟鞋，以古例今，它會關係於諸君的命運的；不僅此也，像吉普車或口紅之類，都不可輕視，要知天人消息，無往不在的。又如風俗通云：

「孝靈帝建甯中，京師長者皆以葦辟方笥爲妝。其時有識者竊言葦方笥，郡國讞篋也，今珍用之、天下皆當有罪讞于理官也。後黨錮皆讞廷尉，人名悉入葦方笥中，斯爲驗矣。」此所謂「讞笥」者，並不難解，卽今北平各地的告密箱是也；所難解者，天下老百姓皆當有罪，還有誰來告密？若以此有罪而告彼有罪，這在官方（廷尉）又不勝其憚煩；若單以官方作告發人，有一兩便衣少年足夠了事，「讞笥」之設更用不着；想來想去，實不得解，反正已有「閉特」矣，此置之不論可耳。

本來想介紹五行志，不意說了一通，竟是黨錮列傳上的事，率性再說幾句關於黨錮列傳的話罷。黨錮列傳是後漢書所獨有的，五行志不僅前漢書已有，而後漢書以下的「正史」還有，這自然因爲從來歷史家以爲書有黨錮，用不着爲之列傳了。要讀黨錮列傳，最好拿宦者列傳作參攷，這兩者雖沒有五行相生的關係，却有相爲因果的關係，如云：「構害明賢，專樹黨類，其共相援引希附權者，皆腐身熏子，以自衒達，同敝相濟，故其徒有繁，敗國蠹政之事，不敢單書（單盡也）。所以海內嗟毒，志士窮棲，寇劇緣間，搖亂區夏，雖忠良懷憤，時或奮發，而言出禍從，旋見拏戮；因復大考鉤黨，轉相誣染，凡稱善士，莫不離被災毒。」這不過抄幾句「宦者列傳」的敍論，讀書諸君，自家對照的看好了。同時亦不妨看看後漢書的逸民列傳，也可薄此知道一下，在屠殺與被屠殺以外，尚有一種「裂冠毀冕，相攜持而去之者」的人生態度。

我之所以寫這篇文章，不外自家恭逢民主時代，而同情到未曾沾民主光的古人，只是自家讀了一過，不禁失笑起來，這似乎在指明專制主的覆亡之路——像賈長沙的過秦論，這不僅無此必要，更如何可以？難道要學戰國策士，向誰上書麼？傳道者說：「風往南颳，又向北轉，不住的旋轉，而且返回轉行原道」，這古老的傳道者的話，我不是歷史還原論者，不會相信的；因爲現在已經是民主了。

二

任何一民族的歷史，總不會被切斷被抹殺的，這好像一根轆轤繩子，雖然落到幾丈深的水井裏，仍舊可以汲回去，——這話說來，頗有語病，彷彿我在提倡「文化還原論」似的。然而不然，歷史上的事却有點突特，光明與黑暗，遞進相後轉，往往是相映成趣的。因爲歷史上的人可以活起來，活着的可以等於腐尸的，如果不信，一查歷史，便會明白。但是歷史簿子，多得如「汗牛之充棟」，從何讀起？這亦有捷徑——學者們當笑我在賣狗皮膏藥了，我却眞個相信是有捷徑的。例如要知道後漢怎樣亡掉的，就用不着去讀的漢代史，但翻一翻後漢書的「黨錮列傳」和「宦者列傳」兩相對照，便可知其大概，這話我在上文已說過了。如「黨錮列傳敍」云：「海內塗炭，二十餘年，諸所蔓衍，皆天下善士」；而「宦官列傳敍」云：「大考鉤黨，轉相誣染，凡稱善士，莫不離被災毒」；單看這寥寥數言，似范蔚宗爲此兩傳時，猶懷戰慄而含痛惜，而漢之覆亡，亦明若觀火。

在「凡稱善士，莫不離被災毒」的時代，則「善士」的內心苦痛，黨錮列傳裏已有許多慘酷的記載，這里不必引證了。在離被災毒的生活以外，還可以看出一種遠引避禍的生活方式，後漢書卷一百十三「陳留老父傳」云：

陳留老父者，不知何許人也。桓帝世黨錮事起，守外黃令陳留張升去官歸里，道逢友人共班荆而言，升曰：吾聞赴殺鳴犢，仲尼臨河而反；覆巢結淵，龍鳳逝而不至。今宦豎日亂，陷害忠良，賢人君子，其去朝乎！夫德之不建，人之無援，將性命之不免，奈何？因相抱而泣。老父趨而過之，植杖太息曰：吁，二大夫何泣之悲也？夫就不潛鱗，鳳不藏羽，網羅高懸，去將安所？泣何及乎？欲與之語，不顧而去，莫知所終。

陳留老父顯然是楚狂接輿一流人物，既知「網羅高懸」，故主張龍要潛鱗，鳳要藏羽。然其時亦有「龍不潛鱗，鳳不藏羽」而能游翔於網羅之外者，一代高名的郭林宗便是。范書稱「林宗人倫，而不爲危言高論，故宦官擅政而不能傷也。」蔡邕郭有道碑亦云：「將蹈洪崖之遐跡，紹巢父之絕軌，翔區外以舒翼，超天衢以高峙，」看來林宗處亂世似眞能「危行言遜」者。然在陳留老父一流人看來，林宗的處世法仍有不足。後漢書卷八十三徐穉傳：

穉嘗爲太尉黃瓊所辟，不就。及瓊卒，歸葬，穉乃負糧徒步到江夏赴之，設鷄酒薄祭，哭畢而去，不告姓名。時會者四方名士，郭林宗等數十人聞之，疑其穉也，乃選能言語生芳容輕騎追之，及於塗，容爲設飲，共言稼穡之事。臨訣去，謂容曰：爲我謝郭林宗，大樹將顚，非一繩所維，何爲栖栖不遑寧處？

又後漢書卷一百十一范冉傳云：

冉好違時絕俗，爲激詭之行，嘗慕梁伯鸞閔仲叔之爲人，與漢中李固河內王奐親善，而鄙賈偉節郭林宗焉。……遭黨人禁錮，遂挽鹿車，載妻子，據拾自資，或寓息客廬，或依宿樹蔭，如此十餘年。……中平二人卒於家，臨命遺令其子曰：吾生於昏闇之世，值乎淫侈之俗，生不匡世濟時，死何忍自同於世，氣絕便斂，斂以時服。」

徐穉加林宗以諷勸，范冉對林宗以鄙視，是林宗雖爲後世史家所推尊，而其行跡實不足以比類隱淪，蓋林宗雖未被黨禍，亦時露火氣也。如後漢書郭本傳云：

建寗元年，太傅陳蕃大將軍竇武爲閹人所害，林宗哭之於野，慟，既而嘆曰：人之云亡，邦國殄瘁，瞻烏爰止，不知于誰之屋耳。

「網羅高懸」，猶發此憤慨，其未被黨禍，已屬儌倖。試觀鄭康成一生孜孜於五經，未嘗交接名流，互相品題，而終爲黨錮中人，此鄭林宗之所以儌倖而被諷勸被鄙視也。

三

理學家輕視歷史者，以爲玩物喪志，無關身心；非理學家亦輕視歷史者，大概是以今例古，——則歷史上的偉人，也黯然無色了。偶翻安徽通志金石古物考，有兩首碑文，正是關於歷史之可信與不可信的。

一是太監費亭侯曹騰碑陰，碑文缺字甚多，已不能貫串，觀其斷句，不外是進賢納士，約身自持，孝行純篤云云。後漢書本傳，說桓帝得立，定策有功，所進又多海內名士。看來碑文史傳，記載均佳，曹騰果眞是個好太監了。然以太監而參與定策，其政權之敗壞可知；以名士而走太監門路，則其賢佞可知；況後漢黨錮之禍，正成之於桓帝時代，則碑文史傳俱不可信也。至於曹騰究竟如何，却不難知道：陳琳爲袁紹討曹操檄文云：「司空曹操，祖父騰，故中常侍，與左悺徐璜，並作夭孽，饕餮放橫，傷化虐人。」這檄文流傳很普遍，許多通行的選本裏就有。後來陳琳投降了曹操還不能釋然於懷，說道：「卿昔爲本初移書，但可罪狀孤而已，惡惡止其身，何乃上及祖父耶？」（魏志陳琳傳）這意思就是說，身作身當，不必連祖宗三代都翻了出來。「隸釋」作者洪适，對此殘碑，竟發了一通感慨，說：「嗚呼，東漢之亡也以閹官，雖小人道長，作福作威，履霜堅冰，勢之必然者，蓋上失其道也。……騰用事省闥，三十餘年，其養子嵩，至於竊位台輔，至孫操問遂鼎矣。」

二是漢故幽州刺史朱君碑，碑文亦多缺失，其中有云：「永昌太守曹鸞上疏辨黨，以不糾摘獲戾，眚黭。」證以後漢書黨錮列傳敍云：「熹平五年，永昌太守曹鸞上書，大訟黨人，言甚方切；帝省奏大怒，即詔司隸益州檻車收鸞，送槐黑獄掠殺之。於是又詔州郡，更考黨人，門生故吏，父子兄弟，其在位者，免官禁錮，爰及五屬。」據此，史傳碑文，兩相符合，而史傳所記且較具體而陰森，是歷史上的記載亦不失其眞實也。

這里得交代的，此兩碑俱在安徽亳縣，不特同與曹府有關，並且又同屬於桓靈之際，所不同者，又未免太大了：即一係施威者，一係被禍者；一要「惡惡止其身」不必上及，一則「免官禁錮，爬及五屬」。然無太監專權，則無黨錮之禍；既有黨錮之禍，則有覆亡之日；這議論又蹈於抡搭題的魔障了，還是算了罷。

中國人要「面子」，是好的，可惜的是這「面子」是「圓機活法」，善于變化，于是就和「不要臉」混起來了。

——魯迅

雜文

「看」戲之類

力 然

「戲場小天地，
天地大戲場。」

不知古到何時，卽有思想家把世界人生當成戲，但沒有說明自己是當演員還是觀衆。

前不久，似乎是繆朗山教授吧，就寫有專文，論人生到處是喜劇材料。

管它喜劇，悲劇!?

但我覺得：實際上，人生並不如此藝術至上；戲是有的，觀衆却不多？其原因頗爲複雜，姑試分析之：

1

有藝術天才的觀衆，觀不多久，也就跳上台扮唱起來。例如，秦始皇帝出巡，項羽劉邦都看呆了，然而「彼可取而代之」，於是兩個都成爲名角了。演「鴻門宴」，演「分我一杯羹，」演「別姬」……似乎是演得有聲有色了，但那是「太史公」之流說得有聲有色，與夫今日梅博士，金少山等做得有聲有色。實際上，在楚漢當時，並無觀衆在喝采。項演員自己就曾說過：「愧無面目見江東父老！」劉演員是有面目的，唱着「大風歌」與故鄉父老一起「帳飲」了，那場面似乎「令人感奮」。但其實，說穿了很掃興：那些父老們乘機跪下，要求免稅！

王莽當觀衆，觀不多久，也就演起「假皇帝」那角色來了，似乎也演得「令人感奮」：那一套「託古改制」，比現在的甚麼「有清一代規模宏遠」，「手訂×××」之類要高明得多了；那種「親執孺子手，流涕歔欷」，也比現在的「含笑頻頻點頭」强得多；到最後，王位要垮時，一面在金殿向天大哭，「又作告天策，自陳功勞千餘言」，「能誦策文者除以爲郞」，一面望着天上的星說：「天生德於予，漢兵其於我何!?」這種領袖神通，似乎也比現在的「寬大爲懷」，「余自小卽對政治不感興趣」之類要生動得多了。但在當時，也是並無觀衆欵賞的，「漢書」記着：「民饑餓相食，死者數十萬，長安爲虛，城中無人行。」台下冷落！

2

大部分觀衆又是智識程度大低，所謂「其病在愚。」那些名角的高雅的台辭也就着實聽不懂，因此也就不高興多觀了。

例如，「中央日報」所載的一篇演詞，曰：「無論物價如何高漲，卽使無友邦資助，我們也可自足。」好一個「無論」！好一個「我們」！好一個「自足」！又曰：「吾觀察日本爲我國一大障礙，故決心先打伐日本……」啊，原來我們是「先」！「後」的名堂大概還多呢！

例如，上海「新聞報」所載的一篇大文：「論警管制與居住自由」，說是「隨時訪問」之說「根本無稽」，但「若要人不知，除非已莫爲」云云。

嗚乎噫嘻，其餘名角無不如是！這些台辭叫人如何能聽懂！

3

演員的「行頭」也的確是太朽了，觀衆看起來也的確是太乏味了！

昆明前李代主席宗黃，曾修了一所大房子，大門上兩邊寫着：「中央委員第」，「江防司令府」。似乎特別要吸引觀衆了，但其實這一幅「出將入相」的舊簾幕，觀衆看了幾千年了，其結果是「側目」而已！

主席出巡平津東北，恩准人民自由告狀。某長官特別聲明：「這與從前告御狀是不同！」特別宣傳是「新」，無奈觀衆也看了幾千年了，其結果是「搖頭」而已。

這幾天，又在鬧「嚴究」，「公審」之類，且加上一項「蘇北難民」當衆脫衣表演，煞是鬧熱。但無奈觀衆，其結果是「望而却步」而已。

「行頭」之類舉不勝舉，自衣冠以至鑼鼓，無不破舊不堪。於是觀衆只有「側目」，「搖頭」，與「望而却步」。

4

看，往往是看不得的，看來了橫禍。

「把戲，把戲。看的是眞的，玩的是假的。」但這「眞的」就不是看的！

漢朝有某一位宦官專權，不准皇帝登樓望遠，說是：「望不得，一望就民心大變，天下大亂！」晉朝有名才子衛玠，不幸短命而死，他的母親說道：「他是給人家看死的！」

嗚乎，皇帝如斯，才子如斯！

當其阿Q兩眼直盯住假洋鬼子大褂上所掛的

「銀桃子」時，假洋鬼子的哭喪棒便來了。

更其看不得的，是：「千夫所指，無疾自死！」這死的是誰？這一下還了得！

5

而，有台上就必定有台下。台下不覩，那末幹甚麼呢？也許是要「拆台」吧，但鬼曉得！

說到「民主」

耿庸

「朝野僉載」記：

隋末諸葛昂，好俠，與客競豪，互相請酒，……故令一妓女勸桊，小不如意，卽令退席，過不多時，妓女已被蒸熟：錦衣濃裝，端坐盤上，送上席來。主人以箸夾女肉勸客，客不敢下箸而吐，於是勝負始分。

古人筆記大都記載怪里怪氣的情事，是所謂「子不語」的，——不知是不屑語呢還是不敢語，總之是「不語」定了，但後代的人都實在能從古人筆記里領略，或者說：發掘某些可貴的事跡，而且往往是 史里硬找不到的資料。正史大抵是爲了對於某個朝代的貶褒，早就有評斷的話，曰：家譜而已；正是如此吧，既謂之「正」，遂就不能不顯得莊莊嚴嚴，一本正經，像上引「朝野僉載」里的記載就不會有，嫌爲瑣碎而「無稽」了。雖然，恐怕是還有別的更重大的原因的，那就是不便說或不可說，有它的言論自由的尺度的吧。那麼，「子不語」也者，大抵還是御用文人示忠的表現，雖然，好心一點想，或許孔子倒是有其難言的苦衷的。

但筆記小說的作者却往往敢於揭露不可說的祕密，倒如上面所引的吃人的筵席，吃人竟然成爲「競豪」的方式了，唯其「競豪」，所以吃人就不僅於吃人，還要「錦衣濃裝，端坐盤中」，面目如生，令人一定明白這吃的是人肉而絕非其他的肉，而且一定是全人一如全雞全鴨，並非什麼零碎拚盤，於是乎「以箸夾女肉勸客」，大方瀟洒，簡直到了雅緻之至的程度，豈特此也，是還要博得「好俠」之名的。而這就透露了隋末的社會是怎麼一個社會了。幸而還有「不敢下箸而吐」的人，但却「負」了，是「豪」不起來的人。

在隋朝前後，大攏其吃人的筵席的還不只是一個諸葛昂，就所讀過的筆記中所載而又能記得起來的，就有隋代開運河的麻叔謀，唐末五代時候的張茂紹，「世說」「汰侈」篇則還記有五代時石崇殺人佐酒的故事，如下：

石崇每邀客宴集，常令美人行酒，客飲酒不盡者，使黃門斬美人。王丞相(導)與大將軍(敦)嘗共詣崇，丞相素不能飲，輒自勉强，至於沉醉；每至大將軍，固不飲以觀其變，已斬三人，顏色如故，尙不肯飲；丞相讓之，大將軍曰：「自殺伊家人，何預卿事？」

這個王丞相該算是人道主義者，但却拗不過你爲主人的石崇和作爲客人的大將軍，結果弄得自己「沉醉」，毫無辦法，一旦「讓之」，却又「何預卿事」，丞相尙且如此，「蟻民」怎麼辦？看來，長得美的，就只好待殺，勢必遂令天下父母心，不重生美重生醜了。至於吃人和殺人以行酒的，自然都是富有階級和統治者，是不用說的，他們有的是財富和權力。被吃與被殺的，却大都是女人，婦女之受重重戕害，眞是自古已然，當今不過是「繼承前人遺志」而已。除了女人，被吃較多的是孩子，前面提過的麻叔謀，就是以吃小兒著名的，戰國時代也有殺自己的兒子給大王吃的妾人易牙，劍俠小說里則甚至有專門剖開孕婦的肚子取胎兒吃的和尙，莫非凡此等肉都是味鮮而甜？不的，彷彿也是吃人者的官爲節鎭的張茂紹說過：「人肉臊而腥，爭堪吃！」不堪吃，仍要吃，倒是一種渴血的習性了。這習性，在歷來的統治者及富有者中一向就未曾絕緣過。

所以，就有了「狂人日記」里面的吃人的筵席。雖然大體上吃人的方式是變了，恰如吃人者所常說的：「創業維艱，守成不易」，被吃的人一旦不安於被吃，逐漸覺醒過來，後輩的吃人者也就難以「守成」，不過，既然有「業」了，他們也就有了「繼往開來」的大志和能爲。這能爲的發揮，雖然業已不是大方瀟洒，「好俠」，與夫權力的高度運用，但技術方面都是空前，試看那種擺在仁義道德的重重帷幕里的吃人筵席上，業已不再是一個或兩三個被吃的人，而是一羣一羣，還有後備的，則在吆喝嘶喊，行拳猜令，磨牙運舌，手舞足蹈之中待吃。論「競豪」，吃人者的前輩是只好黯然失色，讓位於更惡的。

然而，惡事多磨，我張仁義道德的帷幕在二十餘年前叫「狂人」給掀開了，這自然是很不敬的，要吃人，可不那麼便當了，但也沒有什麼特別的困難，這一向，帷幕上掛得是「民主」了。

民國三十五年六月二十六。鈎棘間

「女作家」

白君勺

「閱微草堂筆記」卷十四：「舅氏健亭張公言：讀書野雲亭時，諸同學修禊佟氏園，偶扶乩召仙，共請姓名。乩題曰：『偶攜女伴偶閒行，詞客何勞問姓名？記否瑤台明月夜，有人嗔喚許飛瓊？』再請下壇詩。乩又題曰：『三面紗窗對水開，佟園還是舊樓台。東風吹綠池塘草，我到人間又一回。』衆竊議詩情悽惋，恐是才女香魂；然近地無此閨秀，無乃煉形拜月之仙姬乎？衆情顚倒：或凝思竚立，或微諷通詞，乩忽奮迅大書曰：『衰翁憔悴雪盈顚，傅粉薰香看少年；偶遺諸郎作癡夢，可憐眞拜小嬋娟！』復大書一『笑』字而去。此不知何代詩魂，作此狡獪；要亦輕薄之意，有以召之。」

讀了這個，我也不禁失笑。「偶遺」兩句，覺得實在做得很好，頗能鈎勒出那一類的樣子，當時被諷刺的「諸郎」的狼狽．是可以想見的。

魯迅先生說，紹興闊人家辦喪事，常有一種「解結」的儀式，用麻綫或白頭繩，穿上十來文錢，打成各種複雜的結，讓和尚一面唸經一面逐個解開，意在替死者解除冤結。「倘有和尚以為打得精緻，因而生愛，或者故意打得結實，很難解散，因而生恨的，便能暗暗的整個落到僧袍大袖裏去，一任死者留下冤結，到地獄裏去吃苦。這種實結帶回手裏，便保存起來，也時時鑒賞，恰如我們的或亦不免偏愛看看女作家的作品一樣。當鑒賞的時候，當然也不免想到作家，打結子的是誰呢，男人不會，奴婢不會，有這種本領的，不消說是小姐或少奶奶了。和尚沒有文學界人物的清高，所以他就不免覩物思人，所謂『時涉遐想』起來，……」（「且介亭雜文末編」：「我的第一個師父」）這裏所謂偏愛看看女作家的作品，本來未可盡非：受着苦重的文化壓迫的婦女，倘竟能掙扎出來，成為作家，也確乎值得「物以罕而見珍」，如嚴復所說。然而，雖是清高的文學界，覩物思人，時涉遐想的，又何嘗沒有呢？看了「詩情悽惋」，即疑心為「香魂」或「仙姬」，弄得「衆情顚倒」，便是明證。「偶遺諸郎作癡夢，可憐眞拜小嬋娟」，此其所以值得一個大「笑」字也。

羅曼羅蘭在「克利斯多夫」裏面，曾經嚴厲的斥責那個時代的法國的女作家，說她們的作品，往往只等於賣弄風情，勾引男人的眉眼。這種作用，正是利用男性讀者的「時涉遐想」的心理而來的。中國的讀書人，一向有「書中自有顏如玉」的信條，這種賣弄或勾引因此更為有効。隨園女弟子中有席佩蘭者，有一首出名的詩，題為「戲贈外子」：「夜深衣薄露華凝，屢欲呼眠恐未應；幸是天風解人意，窗前吹滅讀書燈。」這個風騷，已經賣弄得很夠。但前大翻舊雜誌，發現這麼一段文章：

「……據某君說他每夢做數學習題醒來就要遺精，我雖無精可遺，却也疲憊欲死。記得我在某女中時讀的是段育華的混合算學，……」（宇宙風四一期，蘇青：算學）

這比賣弄風騷就更進了一步，簡直是——，但寫了「文雅」，不必說下去吧。而男性讀者讀了這一類的作品，當然也就心領神會，其樂陶陶，於是報以大聲喝采，鼓掌。而「女作家」之名，亦遂由此而成。

自從五四以來，我們有了我們的可敬的女作家，這是不成問題的：她們或則以慈母的心加給一切被侮辱被損害者以愛撫，或則以秀麗的期望歌頌着明天，或則以悽惋的情緒咀咒着今日，都不是男性作家所能代作的。然而，席佩蘭之類的，雖在現在，也不能說沒有吧？這是婦女文學發展途中的大障礙，必需從速掃除。

一九四六，七，廿二。

請願日記

方然

×月×日。毛毛雨。

躺在牀上，想起「請願」，今天請願。請願會管個屁用，這日子，千萬人的死亡都似乎沒有震動甚麼，一二百人的呼喊會有甚麼？——但這種「取消派」是要不得的。凡事，「盡心焉而已矣。」人各有心，盡之而已。想起魯迅先生的「人權論是從鸚鵡開頭的。」鸚鵡用翅膀蘸着些水、洒在大火的山上為了救火。

決定「盡心」，馬上伸脚而起。

九點鐘，拖泥帶水走到一家茶館去集合。已經到了兩三百個「客籍教師」了。我心想：也許會碰到個老鄉吧？於是就墊起脚四處張，但突然發覺衆人皆對我注目。立刻慌忙坐下。心還在跳。注目是受不了的。於是就想起我的一位表哥，懷才不遇，天天在家，站在台階上，雙手背在後面，挺胸，瞪眼，口緊閉，練習作檢閱官。這也眞須練習，在衆目睽睽之下。

一會兒，一位穿黑衣剪平頭的，大聲宣佈：「等請願書拿來了，馬上出發！」你這才明白：請願，還得要有一個「書」的。大概是「誠惶誠恐」之類吧。

推舉「領隊」，推舉「指定發言人」了。於是出發。

雨傘搖搖，長袍拖拖，在微雨中，有莊嚴之感。忽有人曰：「秀才造反，三年不成！」

到了省府。看光景，省府是早已在恭候了。一隻碩大無朋的茶壺，一大堆茶碗，高聳在禮堂中心的桌上。

我們坐下，「指定發言人」們進去了。靜得很。一抬頭，發現四面窗子上皆伸出各式各樣的頭，望着我們，而且笑着。頓時心里厭惡至極：笑甚麼?!但隨即，我們也就抬頭望着他們，而且笑着。忽然一位西裝少年走來，打開照眞匣對着我們。噫，把我們尊容留下幹甚麼？製銅版乎？寄外國乎？當物證乎？但還是坐端正，雨傘立於兩腿之間。

鐘鳴十二，下班了，三三兩兩，膀子緊挽的摩登女郎走過我們面前，但都不朝我們望，大概是因爲我們正望着她們。

我們的「代表」出表了，報告祕書長與廳長的答覆：「代向中央據理力爭。」

心里都在想吧：這一下「爭」到何時？等到民國么年，拿到這票子作甚麼好？開茶錢嗎，點火燒煙呢？於是君子務本，心里一急，大家紛紛激昂起來。其中一位站起來，慢斯條理地說道：「既說『據理力爭』，那就承認我們是有『理』的了囉，那末，不答應我們的要求，那就是無『理』，豈有無理的政府！」嗚乎，此之謂「雜文式」的言論也。「雜文式」這名詞，最近在這里流行。上月，我在一個小報下寫了一則「短評」，就已被人罵道：「雜文式的，不莊重！」

這時會場幸好沒有流爲「雜文式」的，馬上得了結論：「請祕書長廳長出來！」幾位代表就進去「請」，大約三碗飯時間，兩位大人也就「出來」了。大家肅然起敬。

靜得很。廳長手搖大蒲扇，抑揚頓挫朗誦起我們的「請願書」。祕書長在後面挖鼻。而有七八個穿「重磅哈嘰」的，在我們四周踱着四平八穩的步子。於是引起我悠然遐思，思到重慶，思到昆明。……

朗誦完畢，廳長退後一步，祕密長上來，打「自抗戰軍興以還」說起。

一下想到：我們大概就要失敗了吧，有甚麼好法子？罷教嗎，那就來個「提前結束」；下次再來嗎，衛兵用刺刀比起：用頭撞嗎？……

耳邊仍舊嗡嗡，祕長似乎還未說完，抬頭一看，果然。看那精神，一定是剛吞下泡子不久，但要是就這樣把他困住幾小時，到癮發得發可奈何之時，一定會答應我們的要求的吧。

但忽然，聲音息了。大家恍然如有隔世之感，隔了片刻，又恍然回到現在。於是大家紛紛起立，振振有詞。

廳長在搖大蒲扇，祕長在挖鼻孔。

「請省府多少先墊發一點給我們，以作保證。那怕是一塊錢也好！」

這一下，可把祕長激昂起來：「諸位，我與廳長以人格保證，這還不夠??難道我們兩人的人格比不上一塊錢?!」

此時，一位同人起立，咳嗽一聲，發言：「兄弟的意見，兄弟覺得，我們在這里這末久了，我們坐着，我們倒沒關係；而廳長，祕長卻站着，站這末久，我們居心何忍！——兄弟提議：散會。」

散會。

因為失掉了現在，
也就沒有了將來。
——魯迅

魯迅先生頌歌

F=1
2/4

由于你，新中國在成長

胡風詞
董戈曲

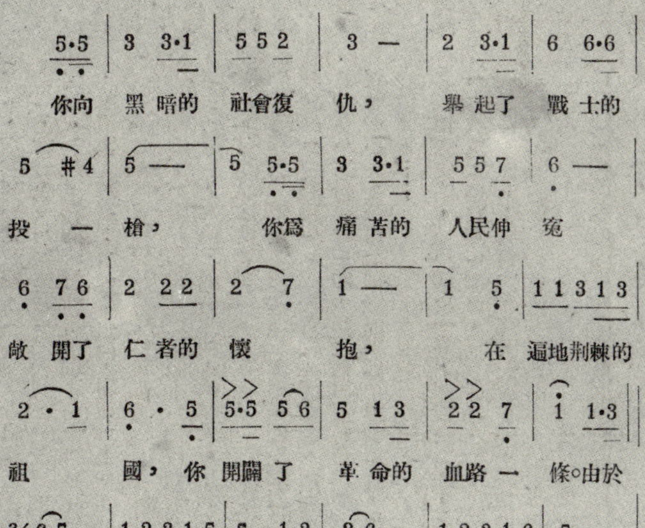
你向 黑暗的 社會復 仇， 舉起了 戰士的
投 一 槍， 你爲 痛苦的 人民伸 寃
敞 開了 仁者的 懷 抱， 在 遍地荊棘的
祖 國，你 開闢了 革 命的 血路一 條。由於
你 新中國在成 長，由於 你， 舊中國在動 搖
啊 先生， 中國 人民 高舉起 你的 大 旗，
中國 大地 嚮遍了 你的 戰 一 號。

緊要啓事：

一、本刊因出版關係發生困難，以致脫期，本期出版後，能否下一期接着出版，如何出版，尚不能確定。

二、暫不接受定戶。

三、過去定戶，待下期出版關係確定時卽依照原辦法辦理，但欲先退回餘款者，請函知原訂處了清手續。

四、寄編輯部之稿件信件請由上海施高塔路恒豐里七七號海燕書店轉本社。

希望社

（十月十六日）

中國文化投資公司啓事：

本公司發行「希望」月刊以來，承蒙各地讀者之愛戴勗勉，殊深感激；茲本公司以書報部之結束，致希望發行亦無法繼續，實感惋惜，而對讀者尤覺遺憾！過去定戶，如欲退款，請於本月底以前（外埠憑郵戳）來函關咨，（代購書籍亦可）否則經整理後移交希望社，以便該社於出版關係確定後繼續照寄。此啓。

希望

第二集第四期（總號第八期）

民國三十五年十月十八日出版

編輯者：希望社

主編人：胡風

發行人：胡國城

總發行所：中國文化投資公司

上海威海衛路五八七號

電話三九八九一

特約經銷：

上海 聯合書報社

上海 生活書店

重慶 三聯書店

漢口 上海雜誌公司

長沙 大公書店

廣州 南光書店 三聯書店

開封 山河書店

西安 亞光書店

華北 大學出版社

本期定價貳仟貳百元

內政部登記證警字第九四六七號（轉移登記在呈請中）

經中華郵政登記認爲第一類新聞紙類

上海郵政管理局執照第二五四七號

篇名索引

A

B